W0286284

Gerhard Hartmann
Für Gott und Vaterland

Dieses Buch ist all jenen Angehörigen des CV seiner 150jährigen Geschichte gewidmet, die aufgrund ihrer Glaubensüberzeugung und ihres Bekenntnisses zu den Prinzipien des CV Nachteile, Verfolgung, Haft und Tod hinnehmen mußten.

Sie sind für immer Vorbild.

Gerhard Hartmann

Für Gott und Vaterland

Geschichte und Wirken des CV in Österreich

Lahn-Verlag, Kevelaer

Zum Umschlagbild: Stiftungsfestkommers der K. a. V. Bajuvaria am Vorabend der Staatsvertragsunterzeichnung, am Samstag, dem 14. Mai 1955, in Hübners Kursalon, Wien. Trotz aller Widerwärtigkeiten ließen es sich Bundeskanzler Julius Raab (Nc) (2. v. l.) und Außenminister Leopold Figl (Nc) (1. v. l.) nicht nehmen, dabei zu sein. Raab erhielt damals das schon lang vorher beschlossene Band der Bajuvaria. 2. v. r. ist der Präsidialchef des Bundeskanzleramtes und Philistersenior der Bajuvaria, Eduard Chaloupka (Baj). Er wurde wenige Tage später, am 20. Mai, zum Vorsitzenden des ÖCV-Beirates bzw. der Verbandsführung gewählt. Rechts der damalige Apostolische Nuntius Giovanni Dellepiane (Nc EM). Kaum ein Bild symbolisiert so sehr die Formulierung „Für Gott und Vaterland", die sich in den Wahlsprüchen zahlreicher CV-Verbindungen in modifizierter Form, auf Deutsch oder Lateinisch, wiederfindet.

Bibliografische Information Der Deutschen Bibliothek
Die Deutsche Bibliothek verzeichnet diese Publikation in der Deutschen Nationalbibliographie; detaillierte bibliografische Daten sind im Internet über http://dnb.ddb.de abrufbar.

© 2006 Lahn-Verlag, Kevelaer
Alle Rechte vorbehalten
Abdruck nur mit Genehmigung des Verlages
Satz, Druck und Bindung: AALEXX Druck GmbH
Printed in Germany

ISBN 10: 3-7840-3362-8
ISBN 13: 978-3-7840-3362-4

Inhaltsverzeichnis

Tabellen

Raiffeisen
Capital Management

Fonds sind langfristig am ertragreichsten. (Nähere Details hierzu: in den Auslagen diverser Juweliere, Autohändler und Boutiquen.)

Irgendwann möchte sich jeder etwas leisten. Investiert man in Fonds, muss man zwar eine Zeit lang warten, hat aber am Ende eine hübsche Summe zum Ausgeben. Beim Juwelier. Oder wo auch immer. Mehr darüber in jeder Raiffeisenbank.

www.rcm.at

Vorwort

Seit mehr als 150 Jahren gibt es katholische, farbentragende Verbindungen, die im deutschen und im österreichischen CV zusammengefaßt sind. Bis 1933 in einem Cartellverband vereint waren sie wesentlich an der Herausbildung des katholischen Milieus sowie des Verbandskatholizismus im 19. Jahrhundert beteiligt und ein wichtiger integrativer Teil desselben. Dadurch geriet er zwangsläufig in die Auseinandersetzungen des Kulturkampfes, dessen Sonderspielart auf akademischen Boden besonders in Österreich und da wieder in Graz ihren Höhepunkt erlebte. Dieser akademische Kulturkampf war durchaus „handgreiflicher" Natur und kulminierte im sog. „Wahrmundjahr 1907/08". Die jahrzehntelange Frontstellung zu den sog. schlagenden bzw. national-freiheitlichen Verbindungen (Burschenschaften, Corps, Landsmannschaften etc.) wurde dadurch zu einem ideologischen Grundpfeiler des CV.

Eng mit der Herausbildung des katholischen Milieus und dem Verbandskatholizismus ist die des Politischen Katholizismus verbunden, der im letzten Drittel des 19. Jahrhunderts entstanden ist. Für die Christlichsozialen (bzw. Katholisch-Konservativen) in Österreich sowie für die Zentrumspartei in Deutschland stellte der CV Führungspersönlichkeiten, die die anfänglichen Eliten (katholischer Adel, Klerus) bald ablösten. Diese Funktion übt er im wesentlichen, wenn auch abgeschwächt, bis heute für die christdemokratischen Parteien des deutschsprachigen Raumes (ÖVP, CDU/CSU) aus.

Aus diesem Grund ist der CV in Österreich sehr eng mit der historischen Entwicklung der letzten 150 Jahre verbunden. Somit versteht sich dieses Buch auch als ein Beitrag zum Verständnis sowie zur Aufarbeitung, Erhellung aber auch Deutung der jüngeren österreichischen Geschichte und gibt einen Einblick in die Wirkungsgeschichte des CV sowie in seine Vernetzungen, die im wesentlichen für drei Bereiche zu finden sind:

Zum ersten im bereits erwähnten *Politischen Katholizismus* bzw. in der Folge in der Christlichen Demokratie: Eine personelle Dominanz des CV in diesen Parteien aus seinem Selbstverständnis als Elitereservoir heraus ist vor allem im zweiten Drittel des 20. Jahrhunderts offenkundig. So waren z. B. bis auf zwei Ausnahmen alle österreichischen Bundeskanzler der Zeit von 1920 bis 1970 – lediglich unterbrochen durch die Ära des Nationalsozialismus – Angehörige einer CV-Verbindung. Ähnliche Beispiele für andere politische Funktionen ließen sich beliebig fortsetzen. Eine spezielle Facette dabei war die enge Bindung des CV zum „Ständestaat" der Jahre 1934 bis 1938, auf die in diesem Buch besonders eingegangen wird. Auch wenn sich durch äußere Umstände – die ÖVP verlor 1970 die Regierung – und andere Ursachen die dominante Stellung des CV als Elitereservoir für die Christliche Demokratie abgeschwächt hat, so ist dieses Moment nach wie vor bedeutsam.

Zum zweiten in und mit der *katholischen Kirche:* Unbestritten ist der CV aus seinem Selbstverständnis heraus ein katholischer Verband, der zur Kirche steht, auch wenn das nicht immer belohnt wurde bzw. leicht war und ist. Vor allem nach 1945 geriet er in Österreich als demokratisch verfaßte Organisation katholischer Laien in Konflikt mit jenen damals maßgebenden Kreisen der Kirche, die glaubten, das Laienapostolat strukturintegralistisch aufbauen zu müssen. Den diesbezüglichen Auseinandersetzungen mit der Katholischen Aktion und deren für den CV relevanten Gliederungen (z. B. Katholische

Hochschuljugend) wird daher entsprechenden Raum gewidmet, weil dabei auch eine grundsätzliche ekklesiologische Frage tangiert wird. Durch das II. Vatikanum und die danach eingetretene Entwicklung sieht sich der CV aber in seiner Haltung bestätigt.

Zum dritten in der *Hochschule*: Ging es, wie erwähnt, anfänglich im Rahmen des akademischen Kulturkampfes um die Gleichberechtigung auf Hochschulboden, so steht nach 1945 vor allem die Beteiligung des CV an der studentischen Interessensvertretung im Vordergrund. Hier gelang es nach dem Zweiten Weltkrieg, die Dominanz der national-freiheitlichen schlagenden Verbindungen zu brechen. In der zweiten Hälfte des 20. Jahrhunderts hatten jene Studentenparteien die Mehrheit, die mit dem CV verbunden waren. Das hat sich um die letzte Jahrhundertwende geändert, wobei noch kein abschließendes Urteil abgegeben werden kann, ob das eine vorübergehende Erscheinung oder von dauernder Natur ist.

Ein nicht unbeträchtlicher Teil dieses Buches ist der *Auseinandersetzung des CV mit dem Nationalsozialismus* gewidmet.[1] Die sehr enge Bindung an die katholische Kirche sowie der erwähnte akademische Kulturkampf waren die ideologischen Haupt-Ursachen für die strikte Gegnerschaft zum Nationalsozialismus. Der Anteil jener CVer, die infolge der nationalsozialistischen Herrschaft Nachteile – von der einfachen Verwarnung, der beruflichen Schikane bis hin zur Haft und zum gewaltsamen Tod – erleiden mußten, ist beachtlich. Zweifelsohne stellte das für den CV nach 1945 ein hohes moralisches Kapital dar. Daher wurde der Versuch unternommen, all jene CVer, die davon betroffen waren, zu dokumentieren, wohl wissend, daß dieser ein unvollkommener bleiben wird.

Natürlich darf die eigentliche, d. h. *innere Geschichte des CV in Österreich* nicht fehlen. Sie beginnt 1856 in dem Augenblick, als der junge Tiroler Franz Senn, der als Student in München der Aenania beigetreten war, in seine Heimat zurückkehrte. Es sollte zwar noch einige Zeit dauern, bis nach und nach Verbindungen entstanden sind, jedoch ist das Wachstum des CV in Österreich vor allem vor dem Ersten Weltkrieg beachtlich gewesen. Wien wurde die Stadt mit den meisten CV-Verbindungen (22) des deutschsprachigen Raums.

Das Ringen um den rechten Weg des CV, d. h. wie kann eine Vereinigung, die Mitte des 19. Jahrhunderts entstanden war und sich des damaligen erfolgreichen „Gewandes" einer farbentragenden Verbindung bediente, um ihren weltanschaulichen Vorstellungen Gehör und Durchbruch zu verschaffen, in einer Zeit der Massenuniversität, der globalisierten Ökonomie, der „gesättigten" Gesellschaften u. v. a. m. zu Beginn des 21. Jahrhunderts weiter bestehen und ihrem Auftrag nachkommen – dieses Ringen ist eines der Kennzeichen der inneren Geschichte des CV der letzten 30 bis 40 Jahre in Österreich wie in Deutschland.

Wenn von der „Geschichte des CV in Österreich" die Rede ist, so ist zweierlei gemeint: Zum ersten wird unter Österreich nicht jenes in den Grenzen des Friedensvertrages von St. Germain verstanden, sondern auch und vor allem jenes „größere" Österreich, dessen Wirkungsmacht noch immer zu spüren ist und seit den paradigmatischen Jahren 1989/90

---

1 Die endgültige Abfassung der Kapitel über die Zeit des Nationalsozialismus erfolgte im privaten Arbeitszimmer des Verfassers, das früher einmal ein Ladenlokal war. In der NS-Zeit wurden dort „NS-Devotionalien", wie etwa Uniformen, Abzeichen, aber auch „Mein Kampf" usw. verkauft, weil dieses Haus einem führenden Nationalsozialisten Kevelaers gehört hatte. Im Nachbarhaus wurde während des Krieges der „Feindsender" gehört. Der nunmehrige Münsteraner Weihbischof Heinrich Janssen (Wf EM) stand als Junge davor „Schmiere", um die Radiohörer ggf. zu warnen.

gleichsam wieder zurückzukehren scheint. Der CV in Böhmen, Mähren und in der Bukowina und das, was auch nach 1918 aus ihm geworden ist, gehört daher essentiell zur „Geschichte des CV in Österreich"!

Zum zweiten gehört zur „Geschichte des CV in Österreich" auch seine gemeinsame Entwicklung im Rahmen des deutschsprachigen Raumes. Rund die Hälfte seiner Geschichte war der CV in Deutschland, in Österreich und anderwärts[2] in einem Cartellverband vereinigt. Erst der Nationalsozialismus machte dem ein gewaltsames Ende. Auch wenn 1933 die Separierung des österreichischen CV – oder die des CV in Deutschland von der gemeinsamen Idee – auch seine gewichtigen und auch für heute nachvollziehbaren Gründe hatte, so handelt es sich doch bei den unter dem Chiffre CV zusammengefaßten Ideen, Verbindungen und Personen auch gegenwärtig noch immer um eine übergeordnete ideelle Einheit und Gemeinsamkeit, der die Darstellung dieses Buches gerecht werden möchte.

Der CV ist regelmäßig das Objekt kritischer, oft dabei auch klischeehafter Betrachtungen und Beurteilungen in der Öffentlichkeit – ob berechtigt oder unberechtigt sei einmal dahingestellt. Unbestritten ist jedoch sein spezifisches Österreichbewußtsein. In Weiterführung seines Prinzips Vaterland (*patria*) wurde es zu einer Grundideologie des österreichischen CV, die besonders nach 1945 zu wirken begann. Der CVer, vor 1914 mit dem deutschnationalen-schlagenden Verbindungswesen in Konfrontation geraten, was sich dann nach 1918 mit dem Gegensatz zum Nationalsozialismus zuspitzte, wurde somit zu einem „kompromißlosen Österreicher" (Richard Schmitz). In dieser seiner spezifischen österreichischen Haltung, die weder ein „Hurrapatriotismus" ist, noch einen diskriminierenden „Österreichnationalismus" darstellt, war und ist er beispielhaft. Das gehörte nach 1945 zu einer Grundkonstante im österreichischen CV, der damit – nicht zuletzt auch durch die personelle Verknüpfung mit der ÖVP – einen essentiellen Beitrag für die Selbstfindung Österreichs in der Zweiten Republik geleistet hat.

Die ansonsten in einem Vorwort üblichen weiteren Erklärungen bzw. erläuternden Einführungen zum Text oder Danksagungen finden sich ausführlich im Nachwort, um dem Leser nicht gleich eingangs damit zu belasten.

Kevelaer-Wien, am Fest des hl. Klemens Maria Hofbauer 2006,
dessen Wirken für die Entstehung der katholischen Laienbewegung und damit auch für die des CV maßgebend war

2 Schweiz, sowie nach 1918: Tschechoslowakei, Rumänien, Danzig.

Liebe Leserinnen und Leser,
liebe Bundes- und Cartellbrüder!

Mit dem vorliegenden Buch hat Gerhard Hartmann, der zu Recht als einer der bedeutendsten Historiker auf dem Gebiet der Studentengeschichte bzw. des CV im deutschen Sprachraum gilt, ein epochales Werk herausgebracht. Er behandelt nicht nur die Geschichte des CV in Österreich in einem bisher noch nicht vorliegenden Detailierungsgrad, sondern bringt den Leserinnen und Lesern insbesondere auch Sinn, Wesen, Selbstverständnis und Aufgabe des (Ö)CV näher und stellt dessen Wirken in den Zusammenhang der allgemeinen politischen Geschichte wie der jüngeren Kirchengeschichte.

Hartmann greift dabei auf umfangreiches Quellenmaterial zurück, das er über Jahrzehnte auch im Zuge bereits früher erschienener Publikationen recherchiert hat. Insbesondere ist es erfreulich, daß noch aktuellste Ereignisse bis zum Frühjahr 2006 mit aufgenommen werden konnten.

Diese Geschichte des CV in Österreich erscheint rechtzeitig zur Cartellversammlung im Mai 2006 in München, die im Zeichen der Feiern von 150 Jahre CV steht. Es darf die Mitglieder unseres Verbandes ruhig etwas stolz darauf machen, was der CV und dessen Mitglieder über unterschiedliche Zeitepochen seit dem 19. Jahrhundert geschaffen und politisch verändert haben. Gerhard Hartmann führt dabei deutlich vor Augen, daß die Grundwerte des Verbandes langfristig überdauern und unterschiedlichem Zeitgeist – man denke nur an die unselige Epoche des Nationalsozialismus – standhalten können. Gerade dies stärkt den Glauben an unsere Prinzipien und an die Zukunft des CV, wozu das Buch einen wichtigen Beitrag liefert.

Der ÖCV gratuliert dem Autor herzlich zu seinem Werk und wünscht dem Buch, daß es die Verbreitung findet, die es verdient.

Wien, im Mai 2006

Dr. Anton Hopfgartner (AIn, AW)
Vorsitzender der Altherrenschaft
des ÖCV

Dr. Helmar Kögl (Dan, S-B)
Vorsitzender der Verbandsführung
des ÖCV

Die beiden Voraussetzungen für katholische Verbindungen: Die Entstehung des Korporationswesens und die Herausbildung des katholischen Milieus

„Wer nicht die Welt in seinen Freunden sieht,
verdient nicht, daß die Welt von ihm erfahre."

J. W. von Goethe „Torquato Tasso"

„Wir hatten gebauet
ein stattliches Haus
und drin auf Gott vertrauet
trotz Wetter, Sturm und Graus.

Das Band ist zerschnitten,
war Schwarz, Rot und Gold,
und Gott hat es gelitten,
wer weiß, was er gewollt!"

Lied geschrieben und komponiert 1819 nach dem Verbot der Burschenschaften.

„Hier wirft vor dir im Staub sich hin,
O Herr die Christenschar!
Zu dir erhebt sich Herz und Sinn,
das Auge zum Altar!"[1]

Die Entstehung der Studentenverbindungen

Es geht für viele noch immer eine Faszination von couleurtragenden Studenten aus, der sie sich nicht entziehen können. Die Welt des Farbstudententums ist aber heute mit dem Odium des Geheimnisvollen und oft Unverständnishaften umgeben, da nur mehr eine Minderheit der Studierenden ihr angehört. Einseitige Berichte in den Medien oder die klischeehafte Verwendung des Sujets der Couleurstudenten in Fernsehspielen und Filmen oder nicht differenzierende politische Urteile fördern das alles noch. Aber ihre Ursprünge reichen bis ins Mittelalter. Solange gesellschaftliche Formationen bestehen, gibt es auch Schichten, Gruppierungen, Klassen, Sekten und Bünde mit jeweils eigenen Binnenstrukturen, Subordinationen sowie Codices mit eigenem Jargon, eigenen Wert- und Traditionsvorstellungen, eigener Emblematik und eigenem Ritual. Je hermetischer solche Bünde organisiert waren bzw. sind, desto eigenwilliger – nämlich vom übrigen unabhängig und konträr – geriet der eigene kulturelle Überbau: die Subkultur.

Die ältesten von ihnen sind religiös: die Kirche samt Untergliederungen und Sondergemeinschaften (Orden). Im säkularen Bereich zählt zu den ältesten das Universitätswesen. Dieses hat zu allen Zeiten seinen sichtbaren, der Allgemeinheit immer wieder auf-

1 Ursprüngliche Fassung des Meß-Eingangsliedes „Hier liegt vor deiner Majestät" von Michael Haydn, zitiert nach Gebeth- und Gesang-Buch für die studierende Jugend. Eger 1834.

fälligen Ausdruck in der Organisation der Verbindungsstudenten gefunden, deren Subkultur einen hohen Grad von Kontinuität zeigt.[2]

Die neuzeitlichen Universitäten sind kirchlichen Ursprungs, sie entstanden aus den Domschulen. Die ersten in Europa waren die von Paris und Bologna, wo es bereits Anfänge studentischer Zusammenschlüsse gab. Die ersten deutschen Universitäten entstanden im 14. Jahrhundert: Kaiser Karl IV. gründete 1348 die erste in Prag, wobei ihm Paris als Vorbild diente. 1365, ein Jahr nach der Gründung der polnischen Universität zu Krakau, stiftete der Schwiegersohn Karls IV., Herzog Rudolf IV. („der Stifter") von Österreich, die Wiener Universität. Es folgten Heidelberg 1386, Köln 1388, Erfurt 1392, Würzburg 1407, Leipzig 1409 und Rostock 1419.

Als studentische Organisationen entstanden damals die **Bursen** und unter romanischem Einfluß in Wien, Prag und Leipzig die **Nationen**, die die Studenten nach ihrer Herkunft zusammenfaßten. Die Bursen beruhten meistens auf frommen Stiftungen zur Förderung bedürftiger Studenten und versuchten, den Idealen eines monastischen Edukationsprinzips zu folgen. Man lebte unter der Leitung eines Priors, der Tagesablauf war streng geregelt, und für die geistliche Betreuung sorgte ein eigens berufener Kaplan. Die Bursen gehörten zur organisatorischen Struktur der mittelalterlichen Universität, sie waren in einzelnen Fällen auch an deren Selbstverwaltung beteiligt. Zu Beginn der Neuzeit verschwanden sie. In Wien erinnert z. B. die Rosenbursenstraße in der Nähe des alten Universitätsviertels noch an diese Einrichtung.[3] In diesen beiden Organisationsformen – Bursen und Nationen – entwickelten sich bereits studentische Bräuche (Komment), wie sie noch heute im Verbindungsleben teilweise üblich sind.

Im Lauf des 17. und 18. Jahrhunderts entstanden aus den „alten" Nationen die „neuen" Nationen oder **Landsmannschaften** sowie unter freimaurerischem Einfluß die studentischen **Orden**, die erstmals das Lebensbundprinzip (Lebensfreundschaft) einführten, das bis heute ein Charakteristikum fast aller Arten von Studentenverbindungen geblieben ist.[4] Aus diesen beiden Formen entwickelten sich an der Wende vom 18. zum 19. Jahrhundert die **Corps** und **Burschenschaften**. Mit diesen wurde die bis heute bestehende „moderne" Studentenverbindung geschaffen, sie waren Vorbild für die Verbindungsgründungen des 19. Jahrhunderts – auch für die des CV. Eine der Grundlagen für die Herausbildung des modernen Typs einer farbentragenden Studentenverbindung war zu dieser Zeit vor allem auch das Einsetzen der „Epoche der Freundschaft", auf die im Zusammenhang mit dem Prinzip Lebensfreundschaft noch näher eingegangen wird (siehe S. 51f.).

Das Corps ***Onoldia*** Erlangen (gestiftet am 28. Mai 1798) ist die älteste heute noch bestehende Korporation. Ursprünglich hießen die Corps bis 1811/12 noch Landsmann-

---

2 Einen guten Überblick über das Universitäts- und Studentenwesen mit vielen Literaturangaben bieten Krause, O alte Burschenherrlichkeit (dazu die profunde Rezension in *Die Zeit,* Nr. 14, 28. 3. 1980, S. 39), sowie Boockmann, Wissen und Widerstand; Burschen Herrlichkeit; Ellwein, Die deutsche Universität; Girtler, Wurzeln des Farbstudententums; Golücke, Studentenwörterbuch; Grimm/Besser-Walzel, Die Corporationen; Jarausch, Deutsche Studenten; Klose, Freiheit schreibt auf eure Fahnen; Paschke, Studentenhistorisches Lexikon; Schulze-Ssymank, Das deutsche Studententum. Ihnen folgt weitgehend die Darstellung dieses Abschnitts, wenn nicht anders angegeben. Eine kritische Geschichte des Verbindungsstudententums aus der Sicht eines „Neo-Linken" ist Schäfer, Studentische Korporationen.

3 Hallermann, Präsenz der Kirche an der Hochschule, SS. 56-58. Beispielhaft für eine Burse sind die ebda. erwähnten Statuten der Burse *Collegium Sapientiae* an der damals vorderösterreichischen landesherrlichen Universität Freiburg/Br.

4 Müller, Landsmannschaften und studentische Orden; Reinalter, Freimaurerei, studentische Orden und Burschenschaften; rezent zum Thema Freimaurer: ZILLNER, HOLGER: Freimaurerei und Studentenverbindungen (= Schriftenreihe der Johannes-Kepler-Universität Linz Reihe B, Bd. 92). Linz 2005.

schaften. Sie hatten sehr viel vom Geist der studentischen Orden, insbesondere das Lebensbundprinzip, übernommen und gründeten relativ bald jeweils Allgemeine Senioren-Convente (ASC) an jedem Hochschulort. 1821 bildeten die ASC von Halle, Jena und Leipzig das Kartell der ASC. Durch das Auftreten der Progreßbewegung (siehe S. 110) kam es zu Spannungen, so daß im Jahr 1845 dieses Kartell zerfiel. Nachdem bereits 1848 wieder Einigungsbemühungen begannen, schlossen sich die Corps 1855 im noch heute bestehenden ***Kösener Senioren-Convents-Verband*** (KSCV) zusammen.[5]

In der Endphase der Napoleonischen Kriege („Freiheitskriege") entstand zwischen 1810 und 1812 die Burschenschaftsidee sowie auch der Terminus **Burschenschaft**. Man wollte damals das Korporationswesen reformieren, und es sollte nur eine Burschenschaft pro Universität als Sammelbecken aller Studenten – es gab deren ja pro Universität weniger als heute Schüler eines Gymnasiums – bestehen. Beeinflußt wurde diese Idee sehr stark von damaligen Schriftstellern wie Johann Gottlieb Fichte mit seinen „Reden an die deutsche Nation" (1807/08), Ernst Moritz von Arndt, Theodor Körner, Heinrich von Kleist u. a.

Verstärkt wurde sie durch eine emotionale Kriegsbegeisterung. Während in der ersten Phase der Napoleonischen Kriege auf seiten der Alliierten Berufsheere kämpften, wurde in einer späteren Phase, sicherlich beeinflußt durch Napoleon, in Österreich und Preußen Elemente eines „Volksheeres" mit der Landwehr eingeführt. Diese allgemeine „Teilhabe" an der Befreiung von Napoleon beeinflußte für Deutschland das Entstehen einer nationalen Idee bzw. einer Begeisterung, die sich aufgrund des bislang bestehenden extremen Partikularismus im alten Reich gar nicht entwickeln konnte. In diesem Zusammenhang ist vor allem das ***Lützow'sche Korps*** zu nennen, das sehr stark von Studenten geprägt war, die in der Folge die Frühphase der Burschenschaftsbewegung beeinflußten.

In Jena, das damals zum Großherzogtum Sachsen-Weimar-Eisenach gehörte, herrschte durch die Weimarer Klassik sowie auch durch den vergleichsweise verständnisvollen Großherzog Karl August ein günstiges Klima für die Gründung einer Burschenschaft. Nachdem sich bereits 1814 in Halle aus rückkehrenden Kriegsfreiwilligen eine ***Teutonia*** bildete, deren Wahlspruch „Ehre, Freiheit, Vaterland" später Allgemeingut der Burschenschaften wurde, gründeten am 12. Juni 1815 in Jena 143 Studenten die erste Burschenschaft, auch **Urburschenschaft** genannt.[6] Maßgeblich war dabei neben anderen Korporationen die dort bereits bestehende Landsmannschaft ***Vandalia*** beteiligt. Vom Lützow'schen Korps wurden die Farben Schwarz-Rot–Gold übernommen.[7] Nach 1918 wurden sie die Nationalfarben des republikanischen Deutschlands.

---

5 Der KSCV ist eigentlich kein Zusammenschluß der einzelnen Corps sondern seiner Seniorenconvente, d. h. der örtlichen Organisationen. Doch gibt es seit Beginn des 21. Jahrhunderts Überlegungen, aus dem KSCV einen Dachverband der Corps zu machen. Über die Corps speziell siehe Bahnson, Vorgeschichte und Gründung des Kösener Senioren-Convents-Verbands; Hümmer, Die Entstehung der Corps; Studier, Der Corpsstudent als Idealbild der Wilhelminischen Ära.

6 Über die Gründung der Burschenschaften, deren erste Geschichte und das Wartburgfest siehe neben der in Anm. 1 genannten Literatur vor allem: Asmus, Das Wartburgfest; Boockmann, Wissen und Widerstand, S. 192ff.; Brandt, Von der Urburschenschaft bis zum Progreß; Jarausch, Deutsche Studenten, SS. 35-46; Schröder, Die Gründung der Jenaer Burschenschaft; Studentische Burschenschaften; Mölzer, Demokraten der ersten Stunde. Kritisch zu den Burschenschaften der Sammelband Blut und Paukboden, darunter Schäfer, Die frühe Burschenschaftsbewegung.

7 Nach einer anderen Theorie stammen diese von der Mecklenburger Standesherrenuniform bzw. von der Vandalia. Siehe dazu Kater, Herbert: Entstehung der Farben Schwarz-Rot-Gold, und Ders.: Die Herkunft der Farben Schwarz-Rot-Gold, beide Beiträge in: Einst und Jetzt. Jb. 1989 des Vereins für corpsstudentische Geschichtsforschung. 34. Band. O. O. 1989, SS. 65-76 bzw. 107-116.

Mit dem **Wartburgfest** am 18./19. Oktober 1817, das sowohl im Gedenken an die Völkerschlacht von Leipzig (1813) als auch an Martin Luther maßgeblich von „Turnvater" Friedrich Ludwig Jahn vorbereitetet wurde, trat die Burschenschaftsbewegung an die Öffentlichkeit. Zu diesem Fest erschienen rund 450 von den insgesamt damals 8.000 deutschen Studenten, vor allem aus Jena, Göttingen, Kiel, Gießen, Berlin, Erlangen, Halle und Heidelberg. Solche von katholischen Universitäten, wie Wien oder Freiburg/Br., waren nicht eingeladen. Neben einer evangelischen Abendmahlsfeier, eines Aufmarsches, verschiedenen programmatischen Reden und anderen Veranstaltungen kam es ohne vorheriges Wissen der Veranstalter auf dem nahen Wartenberg zu einer „spontanen" ***Bücherverbrennung***, durchgeführt von einigen Turnern um Jahn, wobei sich nicht alle Festteilnehmer daran beteiligten.

Bedeutung gewann aber das Wartburgfest durch die von einigen Teilnehmern nachher ausgearbeiteten 36 ***Grundsätze und Beschlüsse vom 18. Oktober***, die als erste programmatische Zusammenstellung der Leitgedanken des liberalen Nationalismus in Deutschland bezeichnet werden können und die für die damalige Zeit eine gehörige politische Sprengkraft besaßen. Darin wurden u. a. gefordert: politische und wirtschaftliche Einheit Deutschlands, eine konstitutionelle Regierung, Abschaffung der Leibeigenschaft, Presse- und Vereinsfreiheit. Obwohl sie offiziell nie beschlossen wurden, beeinflußten sie maßgeblich den Konstitutionalismus des 19. Jahrhunderts. Ihre Forderungen finden sich z. T. in ähnlicher Formulierung in der Paulskirchenverfassung von 1849, in dem bis heute gültigen österreichischen Staatsgrundgesetz von 1867, in der Weimarer Reichsverfassung von 1919 sowie im Bonner Grundgesetz von 1949.[8]

Nach dem Wartburgfest kam es zur Gründung von weiteren 14 Burschenschaften an verschiedenen Universitäten. Da das Großherzogtum Sachsen-Weimar-Eisenach eine Wiederholung des Treffens auf der Wartburg verboten hatte – leitender Minister war damals dort Johann Wolfgang von Goethe – , trafen sich die Vertreter der Burschenschaften daher am 18. Oktober 1818 in Jena zu einem Burschentag, wo eine ***Allgemeinen Burschenschaft*** gegründet wurde. Um die Jahreswende 1818/19 waren bereits rd. 3.000 Studenten Mitglieder von Burschenschaften. Das war ein Drittel der Studenten des Deutschen Bundes; ohne Österreich gerechnet, wo es kaum Burschenschaften gab, waren das 40 Prozent. Studenten aus dem protestantischen Bildungsbürgertum gehörten sogar zu 60 Prozent einer Burschenschaft an.

Damit waren die Burschenschaften die erste gesamtnationale Organisation des deutschen Bürgertums. In und mit der Burschenschaftsidee wurde gemeinsam mit der auftretenden Romantik ein deutsches Nationalgefühl geschaffen, das auf weiten Strecken republikanisch orientiert war und somit in Konflikt mit den damals vorherrschenden Monarchien geraten mußte. So wurde dadurch die Herausbildung einer „politischen Gegenelite"[9] zum herrschenden System des Absolutismus und des Adels gefördert.

Die Burschenschaften waren auch die erste moderne, nationale Jugendbewegung der deutschen Geschichte, erfolgreich in der Politisierung einer Studentengeneration, in der Verbreitung nationaler und liberaler Ideen im Bildungsbürgertum und in der Herausforderung des Metternich'schen Systems des Vormärz. Fortschrittliche Tendenzen verquickten sich mit schwärmerischen Elementen, gemäßigte Reformansätze der Mehrheit mit

8 Kaupp, Das Wartburgfest von 1817.
9 So nach Stimmer, Eliten in Österreich, S. 115.

terroristischen und revolutionären Bestrebungen der Minderheit. Aber sie war auch christlich-religiös (im Sinne des Luthertums) geprägt. Deutschtum und Christentum verschwammen für viele Anhänger der Burschenschaftsidee zu einer romantischen Einheit.

Unterschiedlich sind die Bewertungen dieser frühen Burschenschaftsbewegung. Für die einen (Konrad H. Jarausch, Andreas Mölzer) steht sie am Beginn der liberal-demokratischen Entwicklung, für andere „neolinke" Autoren (wie z. B. Gerhard Schäfer und Herbert Marcuse) ist die romantische „Deutschtümelei", die sich in Reaktion auf das Napoleonische System herausbildete, der Anfang jener Entwicklung, die in der „deutschen Katastrophe" des 20. Jahrhunderts mündete. Dies ist genauso abwegig wie die Versuche der burschenschaftlichen Geschichtsschreibung, durch die Überbetonung der liberal-demokratischen Wurzeln ihrer Bewegung die deutschnational-rechtsradikale Vergangenheit und Gegenwart zu kaschieren. Interessant ist auch, daß die seinerzeitige DDR-Historiographie die frühburschenschaftliche Epoche grundsätzlich positiv beurteilt hatte.

Die rigorose Unbedingtheit der burschenschaftliche Idee, ein Kennzeichen auch der späteren zwei deutschen Jugendbewegungen um 1900 und ab 1968, führte bald zu einer Radikalisierung mancher burschenschaftlicher Kreise, die sogar den politischen Mord als „Krieg einzelner gegen einzelne" rechtfertigten. Von diesen Ideen wurde der eher schwerfällig-schwärmerische Burschenschafter und evangelische Theologiestudent Karl Ludwig Sand beeinflußt. Sein Haß wurde auf August von Kotzebue gelenkt, einen Schriftsteller und russischen Geheimberichterstatter, der die nationale und liberale Bewegung satirisch verspottete. „Schriften und Reden wirken nicht – nur die Tat kann jetzt einen!", rechtfertigte sich Sand und ermordete Kotzebue, den „Verführer der deutschen Jugend", am 23. März 1819 in Mannheim mit zwei Dolchstößen.[10] Obwohl dieser Tat eine gewisse Lächerlichkeit anhaftet, war sie doch der Anfang des modernen politischen Terrorismus in Deutschland.

Die Reaktion folgte auf dem Fuß: Abgesehen von der Verurteilung Sands zum Tod war nun die Gelegenheit gegeben, die nationale und liberale Studentenbewegung mundtot zu machen. Auf Betreiben des österreichischen Staatskanzlers Clemens Wenzel Lothar Fürst Metternich verbot der Deutsche Bund am 20. September 1819 mit den sog. **Karlsbader Beschlüssen** die Studentenverbindungen, insbesondere die Burschenschaften. Als Exekutivorgan dieser Beschlüsse wurde die *Zentral-Untersuchungskommission* in Mainz eingerichtet. Die Verbindungen wurden in der Folge in den Untergrund gedrängt, und es gab Verfolgungen, die erst ab 1827 abzuklingen begannen. Ein Ausfluß der resignativen Stimmung unter den Studenten war das 1819 entstandene und eingangs des Kapitels zitierte Lied „Wir hatten gebauet".

Die französische Juli-Revolution von 1830, der belgische Sezessionskrieg und der zur selben Zeit stattfindende Polenaufstand gab der studentischen Burschenschaftsbewegung neuen Auftrieb, die sich nun auch auf das ebenfalls unter dem politischen System des Vormärz leidende Bürgertum ausweitete. Am 27. Mai 1832 fand das **Hambacher Fest** (bei Neustadt an der Weinstraße, damals bayerische Pfalz) statt, an dem ca. 25.000 Menschen teilnahmen, die die deutsche Einheit forderten. Damals – im Zeichen des polnischen Aufstands – verdrängte der polnische Schnürrock (der spätere „Flaus") die bisherige alt-deutsche Festtracht, und die inzwischen populär gewordenen drei Farben Schwarz-Rot-Gold waren das Festzeichen.[11] Doch einige Burschenschafter, vor allem aus

10 Über Kotzebue siehe auch den Roman von Simon, Heinz-Joachim: Kotzebue. Eine deutsche Geschichte. München 1998.

11 Zum Hambacher Fest siehe auch Paul Warmbrunn in *Studenten-Kurier* NF 17 (2002), Heft 2, SS. 4-7.

Heidelberg und Würzburg, radikalisierten sich neuerlich und versuchten, mit ca. 40 Mann am 3. April 1833 die Polizei-Hauptwache in Frankfurt/Main, wo sich der Sitz der Behörden des Deutschen Bundes befand, zu stürmen. Die Niederschlagung dieses **Frankfurter Wachensturms** war leicht, aber es gab neun Tote und 24 Verletzte. Daraufhin setzte eine neuerliche Verfolgungswelle ein, und die nun geschaffene *Centralbehörde* in Frankfurt/Main arbeitete besser als die seinerzeitige Mainzer Zentral-Untersuchungskommission. 1200 Studenten wurden wegen Hochverrats angeklagt, in Preußen allein wurden 204 verurteilt, 39 zum Tode (sie wurden aber begnadigt).

Die Verfolgung der burschenschaftlichen Studentenbewegung war nun effektiver als die nach der Ermordung Kotzebues. 1838 wurden in Preußen alle Studentenverbindungen verboten, erst durch die Thronbesteigung Friedrich Wilhelms IV. lockerten sich dort die Maßnahmen. Auch in Österreich sind ab 1840 wieder burschenschaftliche Aktivitäten zu beobachten, nachdem dort die Vereinsgesetze von 1840 und 1843 derartige Möglichkeiten eröffneten, allerdings in einem engen Bewilligungs- und Konzessionskorsett.[12]

Das repressive vormärzliche System, das von Metternich aus Furcht vor der Wiederholung revolutionärer Ereignisse wie in Frankreich eingeführt und im ganzen Deutschen Bund oktroyiert wurde, war aber auf die Dauer nicht zu halten. Die vorhin genannten studentischen Aktivitäten haben das gezeigt, aber es gärte auch anderswo. Ab Mitte der vierziger Jahre gab es in Österreich Anzeichen von Unruhen, ebenso wurden Forderungen z. B. nach Aufhebung des Zensurgesetzes erhoben. Ab 1847 kam noch eine soziale Komponente hinzu, wodurch auch die Arbeiterschaft für eine Veränderung der Verhältnisse sensibilisiert wurde. Es kam zur **Revolution von 1848**.

Die Ereignisse im Februar dieses Jahres in Paris blieben in Wien nicht unbekannt, und in Köln, Mannheim, Heidelberg und anderswo kam es zu ersten Versammlungen und Forderungen nach einer Umgestaltung des Deutschen Bundes. Am 6. März fanden bereits erste Straßenkämpfe in München statt. Am 11. März richteten Wiener Bürger an Kaiser Ferdinand I. eine Petition für die Gewährung der Pressefreiheit, tags darauf wiederholten das burschenschaftliche Studenten.[13] Am 13. März begannen dann die revolutionären Ereignisse in Wien, und das Militär wurde eingesetzt. Am 14. März bildete sich die Akademische Legion. Am selben Tag griffen die Unruhen auf Berlin über, wo es dann am 18. zu aufstandsähnlichen Kämpfen kam. In Wien beruhigte sich zwar die Situation etwas durch die Abdankung und Abreise des verhaßten Staatskanzlers Metternich und die Ankündigung einer Verfassungsreform. In der vom Kaiser erlassenen *Pillersdorf'schen Verfassung* vom 25. April 1848 wurde in § 22 die Vereinsfreiheit gewährt, eine der wichtigsten Forderungen der Revolution, insbesondere der Studenten. Ab Mitte Mai begannen aber in Wien neuerlich Aufstände gegen restaurative Tendenzen. Am 6. Oktober 1848 brach dann dort wiederum eine Revolte aus, die mit einem Militäreinsatz beantwortet werden mußte. Die Belagerung Wiens dauerte bis 30. Oktober, danach kam es zu einer Reihe standrechtlicher Erschießungen. Etwa zeitgleich gab es auch in Berlin Unruhen, die ebenso militärisch niedergeschlagen wurden.

In dem von Kaiser Franz Joseph am 4. März 1849 „oktroyierten“ Verfassungspatent wird in § 7 das Vereinswesen geregelt, der sich an den *Kremsierer Entwurf* hielt, also noch ungefähr den Forderungen des Jahres 1848 entgegenkam. Mit kaiserlichem Patent vom

12 Schauer, Die historische Entwicklung des Vereinsrechts in Österreich, S. 22f.

13 Die Darstellung des Jahres 1848 folgt Frey, Die bürgerliche Revolution des Jahres 1848.

17. März 1849 wurde ein Vereinsrecht erlassen. Doch Schritt für Schritt schränkte der beginnende neoabsolutistische Staat dieses ein. Zuerst wurde die Mitgliedschaft von Gymnasiasten in politischen Vereinen untersagt, dann wurde im § 11 der Disziplinarordnung für die Universitäten vom 13. Oktober 1849 jedwede körperschaftliche Vereinigung von Studenten verboten.[14] Mit kaiserlichem Patent vom 31. Dezember 1851, daher *Silvesterpatent* genannt, wurde die März-Verfassung von 1849 aufgehoben, womit Österreich eine einheitliche (inkl. Ungarn) und straff organisierte Monarchie wurde. In der Folge wurde 1852 das Vereinsgesetz von 1849 aufgehoben und ein neues erlassen, das im wesentlichen auf dem von 1843 fußte.

Zusammenfassend kann man die wichtigsten Konturen dieses **Revolutionsjahres 1848** folgendermaßen charakterisieren:

1. Obwohl anfänglich die Beseitigung der die Grundrechte unterdrückenden Maßnahmen im Vordergrund standen, erhielt die revolutionäre Bewegung auch eine **starke soziale bzw. ökonomische Komponente**, so daß auch die Arbeiterschaft – und damit „Massen" – in diesen revolutionären Prozeß einbezogen wurde.

2. **Burschenschaftlich-studentische Kreise** – von Burschenschaften kann man wegen des strengen Verbots nicht sprechen – waren zweifelsohne die Avantgarde dieser Bewegung, besonders in Wien. Die Idee einer Organisierung der Studentenschaft konnte durch das repressive Vormärz-System nicht unterdrückt werden.

3. Die Bewegung richtete sich nicht nur auf die Erreichung von **Grundrechten** – vor allem Presse- und Vereinigungsfreiheit und Forderung nach einer Konstitution – , sondern auch auf die Lösung der **deutschen Frage**, d. h. die Schaffung eines einigen Deutschlands. Trotz vieler lokaler Unterschiede war dies das generelle Ziel. Erfolg war diesen Bemühungen durch die Einrichtung des **Frankfurter Paulskirchen-Parlaments** mit der Bestellung Erzherzog Johanns zum Reichsverweser beschieden. Ende 1849 scheiterte jedoch dieses Experiment durch die Haltungen Österreichs und Preußens.

4. Österreich speziell tangierend war die **Nationalitäten-Frage**: Es kam zu Aufständen in Oberitalien und zum Krieg mit Piemont-Sardinien, der durch Radetzky bereits im Sommer 1848 beendet wurde. Ebenso kam es zu Aufstandsbewegungen in Ungarn, die erst im August 1849 mit Hilfe Rußlands niedergeschlagen werden konnten.

5. Auch wenn die Ideen von 1848 weiter wirkten und später zum Erfolg gelangten, wurde in Österreich Ende 1851 wiederum das neoabsolutistische Regime eingeführt, womit alle rechtlichen Grundvoraussetzungen für die Entstehung und Entwicklung von Studentenverbindungen gestoppt wurden.

Doch der Konstitutionalismus war nicht zu verhindern, wie die weitere Geschichte zeigt. In Deutschland setzte er sich langsam durch und brachte in Zusammenhang mit dem Vereinigungsrecht sukzessive wiederum die Freiheit der Studentenverbindungen, wobei diese Entwicklung in einigen deutschen Ländern bereits vor 1848 einsetzte, in anderen, z. B. in Österreich[15], erst weit nach 1848 zur Wirkung kam.

---

14 Schauer, Die historische Entwicklung des Vereinsrechts in Österreich, S. 22f.; Scheuer, Die geschichtliche Entwicklung des deutschen Studententums, S. 181; Urbanitsch, Zum Verhältnis von Staatsmacht, (politischen) Vereinen und Parteien, S. 279f.

15 Über Studentenvereine vor 1848 siehe Gehler, Entstehungs-, Organisations- und Wirkungsgeschichte österreichischer Studentenvereine.

Die Jahrzehnte vor und nach 1800 waren von einem Transformationsprozeß gekennzeichnet, der Europa in unterschiedlicher Form traf. Durch die Aufklärung im letzten Drittel des 18. Jahrhundert begann sich die Gesellschafts- und Staatsform des fürstlichen Absolutismus langsam aufzulösen. Gleichzeitig wurden die Grundlinien eines Verfassungsstaates mit Gewaltenteilung sowie Grund- und Freiheitsrechten angedacht, die in der amerikanischen Unabhängigkeitserklärung (1776) und dann in der Französischen Revolution (1789) erste Formulierungen erfuhren und sich teilweise bis heute in verschiedenen Verfassungs- und Grundgesetztexten widerspiegeln. Die in dieser Zeitepoche diskutierten und formulierten Gedanken ließen sich nicht mehr rückgängig machen.

Durch die Napoleonischen Kriege kam es auch zu einer Neuordnung Mitteleuropas. Anfang August 1806 legte Kaiser Franz II. die römisch-deutsche Kaiserkrone nieder. Der „Flickenteppich" des Heiligen Römischen Reiches mit seinen zahllosen landesfürstlichen wie reichsstädtischen Gebilden verschwand auf dem Wiener Kongreß (1814/15), an seine Stelle trat der Deutsche Bund.

Im Zuge dieser Neuordnung wurde im Reichsdeputationshauptschluß des Jahres 1803 das für den deutschen Sprachraum wohl einzigartige *Reichskirchensystem* beendet. Es hat im 10. Jahrhundert unter den Ottonen seinen Anfang genommen und entwickelte sich ab der Stauferzeit um 1200 zu einem landesfürstlichen System zahlloser Fürst(Erz)bistümer und -abteien (Erz- und Hochstifte). Diese waren in der Zeit der Gegenreformation eine eminente Stütze für Rom, doch im letzten Drittel des 18. Jahrhundert machten sich vor allem bei den drei geistlichen Kurfürsten (Köln, Mainz, Trier) nationalkirchliche Tendenzen bemerkbar (Emser Punktuationen 1786). Rom sah darin eine Bedrohung für sich und gab in der Folge die deutsche Adelskirche auf. Auch wenn sich das Reichskirchensystem an der Schwelle zum bürgerlich-industriellen Zeitalter überlebt hatte, so gab es auf seiner Seite doch wichtige Verdienste. Nicht zuletzt zeugt die rege Bautätigkeit dieser Fürst(Erz) bischöfe noch heute davon.

Dieses Verschwinden hatte für die Katholiken gravierende Folgen, denn die meisten dieser Erz- und Hochstifte kamen unter die Herrschaft protestantischer Fürsten, insbesondere des Königs von Preußen. In diesen Staaten wurden die Katholiken zur Minderheit und hatten verschiedene Nachteile in Kauf zu nehmen, was in der Folge bei ihnen z. B. zu einem geringeren Bildungsniveau führte und ein Inferioritätsgefühl hervorrief. Damit war ein Grundstein für den Kulturkampf des 19. Jahrhunderts gelegt, auf den noch später eingegangen wird.

Die Amtskirche (und der Klerus) waren – vor allem außerhalb Österreichs – in der ersten Zeit nach 1815 mit der Rekonstituierung ihrer Strukturen und Vermögenssituation beschäftigt, die zu neuen Konkordaten und konkordatären Vereinbarungen für Bayern, Preußen, Hannover und andere Staaten des Deutschen Bundes führte, so daß die Katholiken daher von der Kirchenführung in dieser Zeit mehr oder minder alleine gelassen waren, um mit dieser neuen Situation fertig zu werden. Sie waren aber ebenso wie alle anderen Deutschen (und Österreicher) von einer Aufbruchstimmung erfaßt, die einerseits zu dem bereits erwähnten erwachenden deutschen Nationalgefühl führte. Andererseits kam es durch den kirchlichen Umbruch, der in Österreich bereits durch den Josefinismus vorweggenommen wurde, auch unter den Katholiken zu einer geistigen Bewegung bzw.

Neuorientierung in der katholischen Romantik des Vormärz – es seien als Vertreter bzw. Initiatoren nur Joseph Görres im Rheinland (Gründer des *Rheinischen Merkur*) sowie der hl. Klemens Maria Hofbauer und sein Kreis in Wien genannt – , die aus den vorhin genannten Gründen sehr stark von Laien geprägt war.

Damit entstand im deutschsprachigen Raum ein spezieller Katholizismus – der nicht identisch mit der Kirche ist, die ja in erster Linie eine theologische Größe (Ekklesiologie) darstellt –, der zur Herausbildung eines spezifischen katholischen Milieus führen sollte, welches als Vergesellschaftungsform der Katholiken teilweise die Nachfolge des Konfessionsstaates antrat.[16] Diese Milieubildung wurde durch erste Anzeichen eines Kulturkampfes in Preußen entscheidend gefördert, der durch innerkirchlich-theologisch-disziplinäre Konflikte begleitet war, die wiederum ihre Ursachen in für die Kirche außergewöhnlichen Bedrohungen hatten. Sie führten u. a. zu einer „Bunkermentalität" und einem „ultramontanen" Zentralismus des römischen Papsttums. So verurteilte 1832 Papst Gregor XVI. in der Enzyklika *Mirari vos* neben anderen „modernen Zeitirrtümern" auch die Gewissensfreiheit. 1835 folgte mit dem päpstlichen Breve *Dum acerbissimas* die Verurteilung der Irrtümer des Bonner Theologieprofessors Georg Hermes, der den christlichen Glauben aus reiner Vernunft zu begründen versuchte.

Ein weiterer Meilenstein bildete die Enzyklika *Quanta Cura* des Jahres 1864 (der sog. *Syllabus*) von Papst Pius IX., in der sog. „moderne Zeitirrtümer" wie Rationalismus, Liberalismus, Sozialismus u. a. verurteilt wurden. Hinzu kam noch die von diesem Papst geförderte Neu-Scholastik, die diese Tendenzen theologisch unterstützte. Das Unfehlbarkeitsdogma des Jahres 1870 (I. Vatikanum) sowie die Antimodernisten-Enzyklika *Pascendi Dominici gregis* (1907) von Papst Pius X. setzten diese Entwicklung fort.

Die damalige Haltung der Kirche war sicherlich auch von den außenpolitischen bzw. inneritalienischen Ereignissen beeinflußt, die zu einer Dezimierung des Kirchenstaates führten. Der Papst sah sich so in einer politisch ausweglosen Situation, in die er gerade durch die „freisinnig-liberalen" Kräfte des italienischen Nationalismus (etwa Garibaldi) geraten war. Der Abzug der französischen Schutzmacht aus Rom während des I. Vatikanums 1870 beendete den Kirchenstaat. Der Papst, zwar nunmehr „unfehlbar", aber „Gefangener des Vatikans", sah sich – mit Ausnahme Österreichs – durchwegs nichtkatholischen bzw. laizistischen Großmächten gegenüber, während „neue Zeitströmungen" (Liberalismus, Sozialismus) in zunehmendem Maße eine aggressive Haltung gegenüber der Kirche als religiöse Anstalt einnahmen. Durch den nun forcierten ultramontanen bzw. integralistischen Kurs wurden aber die Konflikte noch größer. In diese gerieten dann in der Folge die katholischen Vereine wie Parteien, die sich in der Spannung zwischen verschiedenen Loyalitäten bewegen mußten.

Doch zurück vor 1848: Die Konflikte wegen der Besetzung von Professoren an den katholisch-theologischen Fakultäten in Preußen und der 1837 entstanden Kontroversen in der Mischehenfrage eskalierten am 20. November 1837 mit der Verhaftung des Kölner Erzbischofs Clemens August Droste von Vischering (sog. **Kölner Ereignis**).[17] Dieser *erste preußische Kulturkampf* beschleunigte nun die katholische Erweckungsbewegung und Milieubildung, die in der Folge zum machtvollen Vereinskatholizismus führte.

16 Dazu siehe Damberg, Bildung und Auflösung des „Katholischen Milieus".

17 Esser, Albert: Kirche, Staat und Öffentlichkeit. Das Kölner Ereignis (1837). Köln 1987. (= Kleine Schriften zur Kölner Stadtgeschichte 7)

Mit dem Regierungsantritt des preußischen Königs Friedrich Wilhelm IV. im Jahr 1840, des „Romantikers auf dem Königsthron", entspannte sich die Lage etwas. Zu seinen ersten Versöhnungsmaßnahmen gehörte 1842 der von ihm initiierte Beginn der Fertigstellung des Kölner Doms. Er ist bis heute das Symbol des deutschen (bzw. rheinischen) Katholizismus schlechthin. Die Romantik und das entstehende deutsche Nationalgefühl des Vormärz war auch durch eine Sehnsucht nach dem Mittelalter gekennzeichnet, so daß es bei Kirchenneubauten zu Rückgriffen auf frühere Baustile, insbesondere auf die der Romanik und Gotik, kam (Historismus). Ebenso entstand in der Romantik ein spezifisches Kirchenliedgut, das eine weite Verbreitung fand und zu einem Identifikationsinstrument in der beginnenden katholischen Milieubildung wurde. Der zu Beginn des Kapitels zitierte alte Text des Eingangsliedes der Michael-Haydn-Messe ist ein Beispiel dafür (später bekannt unter „Hier liegt vor Deiner Majestät"), ebenso dazu gehört auch die Schubert-Messe („Wohin soll ich mich wenden").

Im Zuge dieser Erweckungsbewegung ließ nun der Bischof von Trier, Wilhelm Arnoldi, vom 18. August bis 6. Oktober 1844 den „Heiligen Rock" ausstellen, zu dem über eine halbe Million Katholiken[18] pilgerten, eine für die damalige Zeit mit ihren Verkehrsbedingungen gewaltige Zahl. Das war ein weiteres wichtiges Datum im Rahmen dieser katholischen Selbstfindung bzw. Milieubildung.

Aus diesem Prozeß heraus entstand im Lauf des weiteren 19. Jahrhundert infolge des Kulturkampfes eine katholische Emanzipationsbewegung, die u. a. zum Ziel hatte, die Rechte der Katholiken im Rahmen der (z. B. in Österreich ab 1867 gewährten) Grund- und Freiheitsrechte nicht nur nicht zu sichern, sondern auch zu ermöglichen, daß die Katholiken ihren legitimen Platz innerhalb des sich ausbildenden parlamentarischen Systems einnehmen können. Daraus entwickelte sich dann der *Politische Katholizismus* bzw. die Christliche Demokratie.

Zusammenfassend hatte die Formierung dieses katholischen Milieus folgende Auswirkungen:

1. Die Herausbildung eines für den deutschen Sprachraum spezifischen und sehr differenzierten katholischen **Vereins- und Verbandswesens**, das in seinen Grundzügen bis heute überdauert hat und nach wie vor eines der wesentlichen Grundlagen des – wenn auch „verdunstenden" – volkskirchlichen Systems darstellt. Diese katholischen Vereine waren Institutionen des katholischen Volkes selbst und nicht nur solche für das Volk. Äußerer Anlaß ihrer Gründung war das oft starke antikirchliche Klima im öffentlichen Leben. Der vom liberalen Freisinn ausgehende Antiklerikalismus begann zeitlich zuerst in der Schweiz, dann in den verschiedenen deutschen Ländern in unterschiedlicher Form (am stärksten in Preußen, wo es in den siebziger Jahren des 19. Jahrhunderts zu zahlreichen Bischofsverhaftungen kam) und zuletzt in Österreich wirksam zu werden. Dieser **Kulturkampf** machte es notwendig, sich katholischerseits zu sammeln. Er begünstigte daher von außen das Entstehen des Verbandskatholizismus. Nach Abklingen der ärgsten Kulturkampfstimmung gegen Ende des 19. Jahrhunderts war es dann die **soziale Frage**, mit der sich der Verbandskatholizismus befaßte. Schon im Vormärz (vor 1848) gab es

18 Zwar zählte die Trierer Domwache 1,050.835 Pilger, doch haben aufgrund von Nachforschungen und Berechnungen des Kölner Historikers Wolfgang Schieder die meisten Pilger mindestens zweimal den Rock gesehen, so daß nur etwas mehr als eine halbe Million nach Trier gepilgert sein dürfte, eine trotzdem für die damalige Zeit gewaltige Zahl, siehe *Frankfurter Allgemeine*, 2. 9. 2005, S. 38.

dazu Ansätze (Bischof Wilhelm von Ketteler, Adolf Kolping), jedoch wurde man erst infolge der zunehmenden Industrialisierung und durch die Enzyklika *Rerum novarum* Papst Leos XIII. (1891) stärker auf diese Probleme aufmerksam gemacht.

2. Die Herausbildung des **parteipolitischen Katholizismus** in Form der Zentrumspartei (Deutsches Reich) und der Katholisch-Konservativen bzw. Christlichsozialen Partei (Österreich), die ihre Fortsetzung nach 1945 in den von den Ideen der Christlichen Demokratie geprägten sozialen Integrationsparteien der CDU/CSU und ÖVP fanden.

3. Lange vor dem II. Vatikanum entstand schon in der ersten Hälfte des 19. Jahrhunderts auch außerhalb der Amtskirche bzw. des Klerus und ohne deren unmittelbaren Einwirken bei den „Laien" das Bewußtsein, für die Anliegen der Kirche und der Katholiken einstehen und somit „laienapostolisch" wirken zu müssen. „Geradezu revolutionär war vor allem der Charakter der neuen Laienvereine, die Geistliche zwar nicht ausschlossen, sie aber beinahe egalitär als Mitglieder wie die Laien behandelten."[19] **Praktizierte(s) Laienapostolat und Laienmitwirkung** sind daher keine Erfindungen des 20. Jahrhunderts.

4. Die Herausbildung eines katholischen Milieus hat die im Zuge der Industrialisierung und Verstädterung im letzten Drittel des 19. Jahrhunderts einsetzende Entkirchlichung über einen längeren Zeitraum hinweg verzögern, allerdings nicht dauerhaft aufhalten können. So kam es in der ersten Hälfte des 20. Jahrhunderts sogar zu einer gewissen **katholischen Renaissance** und „Verkirchlichung" – man denke an die Intensivierung der Stellung der Pfarrgemeinden, die Liturgische Bewegung, die Einführung der Katholischen Aktion u. v. a. m. – , die mehr Menschen als bisher an das Leben der Kirche heranbringen konnte, die sich aber dann ab Mitte des 20. Jahrhunderts in teils schmerzhaft empfundener Weise durch einen einsetzenden Säkularisierungsprozeß zurückzubilden begann.

5. All diese Punkte waren wesentliche Voraussetzungen dafür, daß im Rahmen dieser katholischen Milieubildung, in die der Prozeß der Herausbildung des katholischen Vereinswesens wesentlich eingebettet ist, eine spezifische katholische Studentenkultur entstehen konnte: die **farbentragenden katholischen Studentenverbindungen**.

Die ersten konfessionellen Verbindungen

Da die Universitäten des Mittelalters entweder kirchliche Gründungen waren oder stark vom Klerus dominiert wurden, war ursprünglich das religiöse Leben innerhalb der Studentenschaft vor allem in den Bursen fast klosterähnlich geregelt (siehe oben). Die Reformation, der Humanismus und in der Folge die Aufklärung entfernten das studentische Leben immer mehr von der religiösen Praxis. Seit dieser Zeit entwickelten sich die Universitäten und somit die mit ihnen verbundenen Studentenorganisationen immer mehr außerhalb des christlichen Bezugs, ohne jedoch die persönliche religiöse Haltung des einzelnen Studenten dabei zu berühren. Dem versuchten die im 16. Jahrhundert gegründeten Jesuiten mit der Idee der *Marianischen Kongregationen* entgegenzuwirken. Das waren kirchliche Vereinigungen (*associationes*), die sich im Gegensatz zu den Bursen außerhalb der universitären Organisation entwickelten und sich besonders der Studenten annahmen. Ihren

19 Wolf, Hubert: Pacelli, die Kardinäle und der Nationalsozialismus, in: *Frankfurter Allgemeine*, 28. 1. 2006, S. 39.

geistlichen Leiter nannte man Präses. Diese Kongregationen wurden zu Beginn des 20. Jahrhunderts auch Anknüpfungspunkte einer offenen Seelsorge.[20]

Die in den Freiheitskriegen erwachsene Burschenschaftsidee verstand sich anfänglich auch als eine allgemein christliche, wie wir gesehen haben. Nicht zuletzt hieß ihr Wahlspruch ursprünglich „Gott, Ehre, Freiheit, Vaterland". Naturgemäß wurde jedoch das konfessionell protestantisch verstanden, wie ja u. a. der Ablauf des Wartburgfestes gezeigt hatte. Katholische Studenten fanden sich bei den Burschenschaften nur selten ein.

Da das christliche Konfessionsprinzip innerhalb dieser der zunehmend radikalen Politisierung zum Opfer fiel, mußte sich die religiöse Sehnsucht der protestantischen Studenten andere Organisationsformen suchen.[21] Anfang des 19. Jahrhunderts entstand bei den Protestanten eine vor allem von Friedrich Schleiermacher beeinflußte religiöse Erneuerungs- und Frömmigkeitsbewegung, die in der Folge die Grundlage für konfessionelle Verbindungen war. Bereits 1826 ist ein sog. „Erbauungskränzchen" in Leipzig nachweisbar, und ab 1830 sammelte sich in Erlangen ebenfalls eine Gruppe protestantischer Theologen zu einem solchen, das sich ab 1836 als fester Verein konstituierte. Sie nannte sich ***Uttenruthia*** nach dem Dorf Uttenreuth bei Erlangen, wohin deren Mitglieder oft spazierten. Obwohl die Uttenruthia asketisch ausgerichtet war (sie hatte sogar ein Keuschheitsgebot!), übernahm sie trotzdem die Verbindungsform, die damals allgemein im Studententum eingebürgert war. Es ist dies das erste Mal, daß die studentische Form nicht als Selbstzweck betrieben wurde, sondern als Mittel zum Zweck. Wichtig für die Uttenruthia war das religiöse Prinzip. Um aber innerhalb der Studentenschaft nicht zum Außenseiter zu werden, konstituierte sie sich als Verbindung.

Dieses Beispiel führte zur Nachahmung, so daß es zur Gründung ähnlicher Vereinigungen in Halle (1841), Bonn (1841), Berlin (1843) und Heidelberg (1844) kam. Die Bonner Verbindung nannte sich als erste ***Wingolf***. Der Dichter Friedrich Gottlieb Klopstock regte zu dieser Namensgebung an, der unter dem Namen Wingolf einen ideellen Freundschaftstempel verstand. In der Folge nannten sich fast alle derartigen Verbindungen Wingolf und gründeten am 27. April 1844 den Wingolfsbund. Strenggenommen ist er allgemein-christlich und ohne Konfessionsprinzip, jedoch treten ihm fast ausschließlich Protestanten bei, wobei bis zum Ersten Weltkrieg der Anteil der Theologen mehr als 50 Prozent betragen hatte.

Damit war ein erster Schritt getan: Es gab nun Studentenverbindungen, deren Mitglieder ein aktives Christentum auch im Rahmen einer Korporation pflegten und sich dazu bekannten.

---

20 Über die Kongregationen siehe Hallermann, Präsenz der Kirche an der Hochschule, SS. 58-60. Unter den ersten Studentenseelsorgern (aber auch später) finden sich viele solcher „Präsides". So kam z. B. der ÖCV-Seelsorger der Jahre 1967-1971, P. Alois Schrott SJ (Nc), auch aus dem Bereich der Marianischen Kongregationen. Diese nennen sich nach dem II. Vatikanum „Gemeinschaft des Christlichen Lebens" (GCL).

21 Über die christlichen Verbindungen und die Gründung des Wingolfs siehe: Großmann, Die Anfänge des CV in Österreich, S. 130ff.; Großmann, Die Vorgeschichte des alten CV, S. 4; Hartmann, P., Die katholischen Verbände und der Wingolf, SS. 295-297; Klose, Freiheit schreibt auf eure Fahnen, S. 159f.; Krause, O alte Burschenherrlichkeit S. 95; Schulze-Ssymank, Das deutsche Studententum, S. 207ff.; Wurm, Die katholische Studentenschaft im 19. Jahrhundert S. 157ff.; Zocher, Der Wingolfsbund, SS. 20-24.

Die Gründung der ersten katholischen Studentenverbindungen und des CV

„Jene 14 Studenten, die am 5. Februar 1851 in München nahe dem Englischen Garten im Gasthaus 'Zum Himmelreich' zusammengekommen waren, um einen soliden akademischen Freundschaftsbund mit Gleichgesinnten, die katholische deutsche Studentenverbindung Aenania, zu gründen, konnten bei allem jugendlichen Optimismus nicht ahnen, daß sich daraus ein Verband von heute 116 Verbindungen mit 35.000 Mitgliedern entwickeln würde."[1]

Die Gründung der ersten katholischen Verbindungen

Katholischen Studenten traten organisiert in den ersten vier Jahrzehnten des 19. Jahrhunderts nicht hervor.[2] Wenn sie einer Korporation beitreten wollten, so mußten sie bei einer der bestehenden aktiv werden (Burschenschaften, Corps, Landsmannschaften). So trat z. B. der spätere Bischof von Mainz, der bekannte katholische Sozialtheoretiker Wilhelm Emanuel Frhr. von Ketteler, dem C! Guestphalia Göttingen bei. Das Duell- und Mensurverbot war damals seitens der katholischen Kirche noch nicht klar genug ausgesprochen. Die erste katholische Studentenverbindung entstand in der Schweiz, es ist dies der ***Schweizerische Studentenverein*** (StV), der 1841 in Schwyz gegründet wurde.[3] Sein Wahlspruch lautet „Virtus, Scientia, Amicitia", Duell und Mensur wurden mit Entschiedenheit verboten. Als eigenständige Studentenverbindungen des StV entstanden Ende 1843 die *Helvetia* in Freiburg/Br.[4] und in München die ***Helvetia Monacensis***.

Der Bischof von Trier, Wilhelm Arnoldi, absolvierte 1844 nach der vorhin erwähnten Ausstellung des „Heiligem Rockes" in Bonn einen Erholungsurlaub, wo ihm zu Ehren die katholische Studentenschaft einen Fackelzug veranstaltete. Der 22jährige Theologiestudent ***Johann Josef Burg*** nahm daran teil und war so beeindruckt, daß er mit sechs weiteren Studenten am 15. November die erste katholische Studentenverbindung gründete. In Verehrung für das katholische Bayern gaben sie ihr den Namen ***Bavaria***.[5] Die Verbindung hatte so einen großen Zulauf, daß 1847 fünf (!) Tochterverbindungen[6] in Bonn gegründet wurden. Am 5. Juli 1847 schlossen sie sich zu einem ***Gesamtverein*** zusammen, der sich den Wahlspruch „Förderung der Wahrheit in Erkennen und Leben durch Wissenschaftlichkeit und Geselligkeit" gab. Weiters wurde beschlossen: „Der Gesamtverein teilt sich in mehrere kleinere Verbindungen ab, die unter verschiedenen Namen und Farben ihre Einrichtungen selbst zu treffen haben ... Um aber das Prinzip eines eigenen Gesamtvereins möglichst zu wahren, verbindet alle ein gleiches rot-weiß-rotes Band [Die Farben der

1 Ac 74 (1981), H. 3, S. 9.

2 Über die Gründung katholischer Studentenverbindungen siehe u. a. Großmann, Die Anfänge des CV in Österreich, S. 130f.; Hartmann, Hundertfünfundzwanzig (125) Jahre Cartellverband, S. 3f.; Klose, Freiheit schreibt auf eure Fahnen, S. 159f.; Schulze-Ssymank, Das deutsche Studententum, S. 213f.; Werr, Geschichte des Cartellverbands (1900), S. 8; Wurm, Die katholische Studentenschaft im 19. Jahrhundert, S. 189.

3 Schönenberger, Geschichte des Schweizerischen Studentenvereins.

4 Zur Helvetia Freiburg siehe *Studenten-Kurier* NF Nr. 17, 1994, S. 5.

5 Zur Gründung Bavarias siehe Mayer, Katholische Farbstudenten im Kulturkampf, SS. 20-31; Weiß, An der Wiege der katholischen deutschen Studentenverbindungen; Werr, Geschichte des Cartellverbands (1900), SS. 9 und 258ff.; Wurm, Die katholische Studentenschaft im 19. Jahrhundert, S. 189f.

6 Romania, Burgundia, Ruhrania, Salia und Thuringia.

Kölner Erzdiözese. Anm. d. Verf.] ...“ Im SS 1849 wurde der Name Gesamtverein in Union umgewandelt. Die Statuten dieser Union sind bekannt, sie unterschieden sich nicht von denen des Gesamtvereins. In der Präambel heißt es u. a.: „Die im Jahr 1847 gestifteten katholischen Verbindungen ... wollen der Isoliertheit der einzelnen katholischen Studierenden abhelfen ...“ Ein übrigens bis heute gültiges Anliegen aller katholischen Studentenverbindungen!

Von den damals rund 600 Bonner Studenten waren immerhin 200 bis 250 Mitglieder bei einer der Unionsverbindungen. Doch das Schicksal war ihnen nicht günstig gesinnt. Bis 1855 lösten sich die 1847 gegründeten Verbindungen auf, im November 1857 tat dies auch die Bavaria, sie wurde jedoch 1861 wiederum aktiviert, um 1866/67 neuerlich sistiert zu werden. Ihre Wiederbegründung erfolgte erst 1873, seitdem besteht sie bis heute ohne Unterbrechung. „Die Bavaria in Bonn ist nicht nur die älteste katholische akademische Korporation; sie ist wohl der älteste moderne katholische Verein Deutschlands überhaupt“, so konstatierte die katholische Historiographie bereits 1892![7] Somit steht die Idee des katholischen Farbstudententums am Anfang der machtvollen katholischen Volksbewegung der Verbände und Vereine des deutschen Sprachraums.

Relativ unabhängig voneinander entstanden an anderen deutschen Hochschulorten katholische farbentragende Verbindungen. Im Jahre 1848 gründete in München der Gymnasiast ***Franz Lorenz Gerbl*** den ***Katholischen Leseverein für Studierende*** (für Gymnasiasten), der sich im WS 1849/50 in Orthodoxia bzw. in Sophrosyne umbenannte. Dieser Verein war die Keimzelle der ***Aenania***.[8] Im Herbst 1850 inskribierte Gerbl an der Münchner Universität. Von missionarischem Eifer gedrängt, gründete er mit Gefährten am 5. Februar 1851 im „Gasthaus zum Himmelreich“ die Aenania. Von den 14 Gründungsmitgliedern, von denen drei bald austraten, waren acht Priester, darunter Gerbl, der beschloß, Missionar zu werden. Am 10. März 1857 langte er in Khartoum (Sudan) ein, um bereits am 11. Juni desselben Jahres an den Folgen eines Gelbfiebers zu sterben. Noch am 17. Mai 1857, drei Wochen vor seinem Tod, schrieb Gerbl:[9]

Lorenz Gerbl (Ae) verabschiedet sich von Bundesbrüdern in Triest vor Antritt seiner Reise zum Missionseinsatz.

7 Steinberg, J. B.: Zur Entstehungsgeschichte der katholischen Studentenkorporationen, in: *Akademische Monatsblätter* 5 (1892/93), S. 67.

8 Zur Gründung der Aenania: Hundertfünfzig Jahre Aenania, SS. 44ff.; Schieweck-Mauk, Lexikon der CV- und ÖCV-Verbindungen, SS. 25ff.; Werr, Geschichte des Cartellverbands (1900), S. 71ff.; Wurm, Die katholische Studentenschaft im 19. Jahrhundert, S. 190.

9 Ac 74 (1981), H. 3, S. 9ff. Sein Grab wurde gelegentlich eines Mahdi-Aufstandes zerstört.

„Die Zukunft wird in Deutschland Männer und Charaktere brauchen, wie wir sie aus den Universitätsstudierenden herauszubilden suchen. Gebe Gott, daß Aenania diese Aufgabe im Auge behalte und daß ihre Mitglieder ... mit freier selbständiger Begeisterung an dem katholischen Aufbau der Sozietät mitwirken. Dazu gehört aber auch, daß man schon in der Studienzeit eine katholische Weltanschauung gewinnt ... noch mehr, es gehört dazu, daß man, um später als treuer Katholik auftreten zu können, seinen Charakter nicht erst zu ändern, sondern wie ein Mann aus einem Gusse dasteht!"

Die nächstälteste Verbindung ***Winfridia*** in Breslau[10] geht auf den Anfang 1849 gegründeten ***Leseverein katholischer Studenten*** zurück. Am 17. Juli 1856 wurden die Umwandlung in eine Verbindung und das Farbentragen beschlossen. Nach 1945 wurde sie in Münster reaktiviert. Am 23. Oktober 1859 wurde in Tübingen die Verbindung Rhenania gegründet, sie nannte sich 1860 in Borussia um, seit 1863 heißt sie ***Guestfalia***.[11] Erst 1864 wurde bei ihr das Katholizitätsprinzip eingeführt, bis dahin dürfte etwa ein Drittel der Mitglieder Protestanten gewesen sein.

Als frühe Gründungen sind noch die ***Sauerlandia*** zu Münster[12] zu nennen, die am 17. Dezember 1847 ins Leben gerufen wurde und erst spät (1885) das Katholizitätsprinzip annahm,[13] sowie die ***Novesia***. Sie wurde am 21. Februar 1963 in Bonn von aus Neuss stammenden Theologiestudenten gegründet und wandelte sich sukzessive bis 1890 zu einer farbentragenden Verbindung. Zusammen mit der Sauerlandia gründete sie im selben Jahr die „Kartellvereinigung katholischer deutscher Studentenkorporationen" (KDV; auch „Kleines Kartell" genannt). Beide traten dann 1911 dem CV bei.[14]

In der Mitte des 19. Jahrhunderts entstanden auch nichtfarbentragende Studentenverbindungen bzw. -vereine, die nur zum Teil das studentische Brauchtum (Komment) übernahmen. Diese Entwicklung blieb auch auf die katholische Studentenschaft nicht ohne Auswirkung.[15] Im Jahre 1853, ein genaues Datum ist nicht mehr festzustellen, wurde der ***Katholische Leseverein zu Berlin***, die jetzige KV-Verbindung ***Askania-Burgundia***, von aus dem Rheinland und aus Westfalen stammenden Studenten gegründet.[16] Am 4. März 1863 wurde der katholische ***Studentenverein zu Breslau*** ins Leben gerufen, der sich später in eine Unitas-Verbindung wandelte.[17] Am 6. November 1863 gründete ein Aenane in Bonn die Verbindung ***Arminia***.[18] Am 7. März 1864 gründeten 18 Studenten in Münster einen Studentenverein, der 1865 den Namen ***Germania*** annahm.[19] Im Januar 1864 entstand in Würzburg die ***Walhalla***.[20] Daneben entstanden noch einige ***Unitas-Vereine***, so in Bonn (die

10 Schieweck-Mauk, Lexikon der CV- und ÖCV-Verbindungen, SS. 809ff.; Werr, Geschichte des Cartellverbands (1900), SS. 123-130.

11 Schieweck-Mauk, Lexikon der CV- und ÖCV-Verbindungen, S. 354ff.; Wurm, Handbuch für den Cartell-Verband, S. 17; Wurm, Die katholische Studentenschaft im 19. Jahrhundert, S. 191.

12 Schieweck-Mauk, Lexikon der CV- und ÖCV-Verbindungen, S. 664ff.

13 Das ausdrückliche Katholizitätsprinzip schien bei der Gründung infolge des rein katholischen Charakters der Universität Münster nicht unbedingt notwendig gewesen zu sein.

14 Schieweck-Mauk, Lexikon der CV- und ÖCV-Verbindungen, S. 531ff.

15 Binder, Politischer Katholizismus und Katholisches Verbandswesen; Cardauns, Fünfzig Jahre Kartell-Verband.

16 Cardauns, Fünfzig Jahre Kartell-Verband, S. 7ff.

17 Ebda., S. 24ff.

18 Ebda., S. 27.

19 Ebda., S. 25.

20 Sie entstand aus einem Theologenbund, gegründet am 19. 11. 1863, siehe Wurm, Die katholische Studentenschaft im 19. Jahrhundert, S. 191.

ehemalige Verbindung Ruhrania der Bonner Union) sowie 1854/55 ein weiterer in Bonn, 1855 in Tübingen und 1859 in Münster.

Mit diesen Gründungen war die erste Phase der Entstehungsgeschichte katholischer Studentenverbindungen und -vereine in Deutschland abgeschlossen. Sie sind Teil jener erwähnten großen katholischen Reform-, Erneuerungs- und Vereinsbewegung, die nach 1840 in Deutschland und Österreich ein festes papsttreues, katholisches Milieu entstehen ließ.[21] Diese Gründungsphase endete vor 1866, dem Jahr des österreichisch-preußischen Krieges, der weitreichende Folgen für die politische Gestaltung Mitteleuropas auslöste.

Die ersten katholischen Verbindungen in Österreich

Der Gedanke des katholischen Studententums machte auch vor den damaligen Grenzen Österreichs nicht halt. Doch die ersten österreichischen CVer waren nicht die ersten Mitglieder der 1864 gegründeten Austria Innsbruck, sondern zeitlich davor Mitglieder deutscher Verbindungen, die entweder aus Österreich stammten und nach dem Studium wieder in ihre Heimat zurückkehrten, oder um Deutsche, die dann in Österreich eine berufliche Position annahmen und auch hier den Rest ihres Lebens verbrachten. Nach Untersuchungen von Alois Großmann (AIn)[22] waren das zehn Personen, drei davon Ehrenmitglieder.

Der erste Österreicher, der bei einer CV-Verbindung Urmitglied wurde – er ist daher als **erster österreichischer CVer** anzusehen – war der am 1. Mai 1853 bei Aenania rezepierte Tiroler ***Franz Senn***. Nach seinem Studienende war er ab 1856 Seelsorger in Tirol und wirkte dort als Bergpfarrer („Lawinenpfarrer"). 1884 war er Mitbegründer des Deutschen und Österreichischen Alpenvereins. Es ist bezeichnend, daß gerade schon bei diesem „ersten österreichischen CVer" zwei wesentliche Merkmale des CV-Spezifikums sichtbar wurden: die Katholizität (als Priester) und das gesellschaftspolitische Engagement (als Mitbegründer des Alpenvereins).[23] Erwähnenswert ist auch der aus Meran stammende Theologiestudent bzw. Priester ***Julius Maurer***. Er befand sich 1859 unter den Gründern der Tübinger Rhenania, der späteren Guestfalia, und ging später als Missionar nach Kolumbien.[24] Bemerkenswert ist auch, daß von diesen sieben Urmitgliedern fünf Priester waren, von den drei Ehrenmitgliedern waren es alle.

Franz Senn (Ae), der erste österreichische CVer.

21 Mayer, Katholische Farbstudenten im Kulturkampf, S. 268.

22 Großmann, Die ersten CVer in Österreich; Großmann, Die ersten Ehrenmitglieder des CV in Österreich.

23 Über Senn siehe Oberwalder, Louis u. a.: Franz Senn. Alpinismuspionier und Gründer des Alpenvereins. Innsbruck 2004, bes. S. 15 und 108. Siehe auch Hundertfünfzig Jahre Aenania, SS. 351-356.

24 Nach Schieweck-Mauk, Lexikon der CV- und ÖCV-Verbindungen, S. 354, soll Maurer hingegen aus Graz stammen.

Von diesen ist lediglich ***Rudolf von Scherer*** zu erwähnen, Ehrenmitglied der Guestfalia Tübingen (1866), ein Grazer Diözesanpriester, der durch sein Studium in Tübingen offenbar mit der Guestfalia in Kontakt kam. Er wurde 1876 o. Prof. für Kirchenrecht an der theologischen Fakultät in Graz. 1899 nahm er einen Ruf nach Wien an.[25]

Die Gründung einer eigenen farbentragenden katholischen Verbindung ließ trotz dieser ersten österreichischen CVer einige Zeit auf sich warten. Die österreichische Verfassungsreform des Jahres 1861 brachte zwar eine gewisse Lockerung, als man gegen geheim gegründete studentische Vereinigungen, die sich nach und nach an die Öffentlichkeit wagten, nicht mehr einschritt. Das Vereinsgesetz vom 15. November 1867 – entstanden im Zuge des Staatsumbaus und des Erlasses von Staatsgrundgesetzen für die österreichische Reichshälfte – brachte den studentischen Vereinigungen die behördliche Anerkennung. Entscheidend für die Studentenverbindungen war, daß die Disziplinarordnung für Universitäten aus dem Jahr 1849 außer Kraft gesetzt wurde.[26] Somit waren die rechtlichen Möglichkeiten geschaffen, daß Studentenverbindungen nun offiziell in der österreichischen Reichshälfte auftreten bzw. gegründet werden konnten.

Als Vorreiter des Gedankens eines katholischen Farbstudententums war besonders Innsbruck geeignet. Hier herrschte nicht eine so nationalfreiheitliche Gesinnung wie vergleichsweise in Wien, Graz oder Prag. Die Bevölkerung war in der Mehrzahl katholisch-konservativ, Wien war weit weg, und München lag nahe, wo bereits eine katholische Verbindung existierte. Bereits im Herbst 1859 entstand im Theologenkonvikt (Priesterseminar) eine Sektion des Schweizerischen Studentenvereins (StV), die ***Helvetia Oenipontana***, die in der Folge ein wechselhaftes Auf und Ab durchlebte. Sie kann als erste katholische Farbenverbindung in Österreich, jedoch nicht als erste *österreichische* Verbindung (sie bestand ja nur aus Schweizern) angesehen werden.[27] Etwa um dieselbe Zeit, vielleicht schon 1858 entstand eine nichtfarbentragende Verbindung namens ***Arminia***, die sich aus norddeutschen Theologen zusammensetzte, also auch keine österreichische Verbindung. Ein letztes Lebenszeichen ist von ihr anläßlich der Gründung der Alemannia Innsbruck zu vernehmen gewesen.[28] Von einem weiteren Gründungsversuch einer katholischen Verbindung in Innsbruck berichtet das Protokollbuch der Aenania vom 19. Juni 1853, wo von der Gründung einer Verbindung namens ***Tirolia*** die Rede ist, wozu es aber aus verschiedenen Gründen letztlich nicht kam. Trotzdem blieb der Gedanke einer katholischen Verbindung in Innsbruck aufrecht.

Am 15. Katholikentag im September 1863 in Frankfurt/Main nahmen die beiden Tiroler Maturanten Franz X. Schedle und Johann Liberat Wolf teil. Beeindruckt vom Auftreten der bereits existierenden katholischen Verbindungen und deren Sprecher, dem Aenanen Georg Frhr. von Hertling, später Graf, bayerischer und preußischer Minister-

---

25 Mit seiner Bindung zum CV dürfte es jedoch nicht weit her gewesen sein. Weder in Graz noch in Wien hatte Scherer Kontakt zu den örtlichen CV-Verbindungen. Er bekam von ihnen kein Ehrenband und unterstützte sie auch nicht im Kampf um die Gleichberechtigung.

26 Schauer, Die historische Entwicklung des Vereinsrechts, S. 22ff.

27 Dörrer, Entstehung der katholisch deutschen Studentenbewegung in Österreich, S. 27ff.; Schönenberger, Geschichte des Schweizerischen Studentenvereins. Über den StV allgemein im Überblick siehe auch: Der kleine Riesenkampf. Eine Einführung in Geschichte, Struktur und Lebensformen des Schweizerischen Studentenvereins. Hg. von Max Imfeld u. a. Jonschwil 2002.

28 Schieweck-Mauk, Lexikon der CV- und ÖCV-Verbindungen, S. 98f. Ihr Dasein dürfte relativ kurz gewesen sein, denn ansonsten findet sich kein Hinweis auf sie.

präsident sowie deutscher Reichskanzler,[29] kehrten sie nach Innsbruck heim. Nach einem Besuch Schedles beim Stiftungsfest der Aenania am 18. Januar 1864 stand der Plan zur Errichtung einer katholischen Studentenverbindung fest.[30] Und so beschlossen sie am 3. März die Gründung der Verbindung ***Alemannia.*** Aufgrund verschiedener Schwierigkeiten löste sie sich am 7. Juni (nach anderen Darstellungen am 4. Juni) 1864 wieder auf. Jedoch gründete Schedle bereits am 9. Juni die Akademische Verbindung ***Austria*** und wurde deren erster Senior. Die Satzungen und die Farben Weiß-Rot-Gold[31] wurden von der Alemannia übernommen. Noch am selben Tag schrieb die Austria eine Verständigungsanzeige an die „Schwesterverbindung Aenania", kurz darauf kam es zum Cartell zwischen den beiden. Bis zum Jahresende hatte die Austria bereits 14 Mitglieder aufzuweisen.

Die Gründung der Innsbrucker Austria fand nicht im Rahmen des Werdens des katholischen Vereinswesens in Österreich statt, das ja erst ab 1867 möglich wurde, sondern wurde durch deutsche bzw. bayerische Faktoren beeinflußt, wo das katholische Vereinswesen bereits fortgeschrittener (da weniger rechtlichen Restriktionen unterworfen) war und es bereits katholische farbentragende Studentenverbindungen gab. Die Aenania München (München liegt näher an Innsbruck als Wien!) war zweifelsohne Vorbild für die Gründung der Austria Innsbruck. Weiters muß man auch festhalten, daß anfänglich die Organisation der katholischen Studenten in Verbindungen auf Ablehnung und Verständnislosigkeit stieß, da ihre Sinnhaftigkeit katholischerseits vorerst bezweifelt wurde. Man sah u. a. einen Widerspruch darin, daß man Formen annahm, die bislang Ausdruck einer ganz anderen Ideenrichtung war. Erst durch den Kulturkampf bzw. die beginnenden Auseinandersetzungen mit der deutschnationalen bzw. schlagenden Studentenschaft kam es zu einer allmählichen Solidarisierung der Katholiken mit „ihren" Studenten und zur Unterstützung seitens katholischer Politiker und der Amtskirche.[32]

---

29 Georg Frhr. von Hertling wurde am 31. 8. 1843 in Darmstadt geboren, seine Mutter war eine Nichte des Dichters Clemens von Brentano. Er studierte in Münster und München Philosophie, wo er 1862 bei der Aenania rezepiert wurde, sowie dann in Berlin, wo er dem Katholischen Leseverein, der späteren KV-Verbindung Askania bzw. Burgundia, beitrat und promoviert wurde. 1866/67 habilitierte er sich in Bonn und wurde erst 1880 zum Professor ernannt. Bereits 1876 gründete er die Görres-Gesellschaft, deren Präsident er bis zu seinem Tod blieb. Von 1875 bis 1890 und von 1896 bis 1912 war er Reichstagsabgeordneter, 1909 wurde er zum Fraktionsvorsitzenden gewählt. Obwohl kein Bayer wurde er 1912 zum bayerischen Ministerpräsidenten („Staatsminister des Königlichen Hauses und des Äußern und Vorsitzender des Ministerrates") ernannt. Am 1. 11. 1917 wurde er zum Reichskanzler und preußischem Ministerpräsidenten („Präsident des Preußischen Staatsministeriums und preußischer Minister der auswärtigen Angelegenheiten") berufen. Sein tatsächlicher politischer Spielraum war aber damals wegen der Machtstellung der Obersten Heeresleitung gering. Dieser Umstand sowie das sich abzeichnende Ende des Weltkriegs führten am 30. 9. 1918 zu seinem Rücktritt. Die nun eintretende Katastrophe setzte ihm derart zu, daß er bereits am 4. 1. 1919 starb. Siehe Biographisches Lexikon des KV. 3. Teil, SS. 53-56.

30 Über die Gründung der Alemannia und Austria: Dörrer, Entstehung der katholischen deutschen Studentenbewegung in Österreich; Großmann, Die Anfänge des CV in Österreich, S. 149f.; Gründungsgeschichte der akademischen Verbindung Austria Innsbruck; Hausladen, Urgeschichte der AV Austria; Hundert Jahre AV Austria, S. 117ff.; Nachbaur, Die deutschen katholischen Studentenverbindungen in Österreich, S. 136ff.; Schieweck-Mauk, Lexikon der CV- und ÖCV-Verbindungen, S. 114ff.; Werr, Geschichte des Cartellverbands (1900), S. 116ff.; WÖRNDLE, HEINZ: Vor fünfzig Jahren, in: Ac (1913/14), SS. 24-29.

31 Die Farben wurden offenbar durch den Mitgründer Wigand Virnich von der B! Frankonia Bonn übernommen, siehe Gründungsgeschichte der akademischen Verbindung Austria Innsbruck, S. 33f.; andererseits erinnern sie auch an die päpstlichen bzw. Tiroler Farben.

32 Moser, Die k. a. V. Norica in Wien, S. 55.

Es sollte aber weitere 13 Jahre dauern, bis wieder eine katholischen Verbindung gegründet wurde, diesmal in der Reichs- , Haupt- und Residenzstadt Wien. Inzwischen hatte sich auch die politische Landkarte verändert. 1866 wurde Österreich von Preußen in Königgrätz (heute Hradec Králové) geschlagen, im Frieden von Prag mußte Österreich aus dem Deutschen Bund austreten. In diesem Krieg standen übrigens die ersten CVer an der Front. An der Nordfront kämpften einige Winfriden aus Breslau auf preußischer Seite, an der Italienfront standen Austrier. Das Schicksal verhinderte jedoch, daß sich CVer im Kampf gegenüberstanden.[33] Innenpolitisch hatte die Niederlage von 1866 in Österreich Folgen: Es kam zum Ausgleich mit Ungarn, d. h. zu dem verfassungsrechtlich seltsamen Gebilde einer Doppelmonarchie. Gleichzeitig begann in Österreich die Herrschaft der Liberalen, worunter vor allem die Katholiken zu leiden hatten. Aus Anlaß der **Maigesetze von 1868**, mit dem das Konkordat von 1855 ausgehöhlt wurde, kam es am 12. Juli 1869 sogar zu einer Verurteilung des Linzer Bischofs Rudigier (AW EM), der gegen die Beschneidung der Rechte der Kirche insbesondere in der Schulfrage protestierte. Er wurde tags darauf von Kaiser Franz Joseph I. begnadigt.[34] Bereits diese Vorgangsweise, nämlich das Vorgerichtstellen eines Bischofs, widersprach dem Konkordat, so daß dessen Kündigung 1870 eine logische Konsequenz war.

Diese Ereignisse riefen nun auch in Wien den Widerstand der Katholiken hervor. So wurde bereits im Jahre 1869 das erste ***Katholisch-politische Kasino*** in Wien-Mariahilf gegründet, dem in Wien und in den anderen Teilen der Monarchie ähnliche Einrichtungen folgten.

Besonders auf den Universitäten war die Vorherrschaft des liberalen Zeitgeistes eine schwere Bedrückung für bewußt katholische Studenten. Am 3. Februar 1876 wurde der 1874 im Zuge des preußischen Kulturkampfes verhaftete und abgesetzte Erzbischof von Posen-Gnesen, Mieczyslaw Kardinal Ledóchowski, freigelassen und emigrierte nach Rom.[35] Auf seiner Fahrt machte er in Wien kurz Station und wurde von der katholischen Bevölkerung begeistert empfangen. Darunter waren auch katholische Studenten, die in der Folge die Gründung eines katholischen Studentenvereines besprachen. Parallel dazu gab es ähnliche Bemühungen um den bekannten und verdienten Wiener Männerseelsorger P. Heinrich Abel SJ (AW EM).

Unter der Leitung von Kaspar Schwarz (AW) wurde nun am 21. November 1876 in der Katholischen Ressource in der Reichsratsstraße 3 ein katholischer Studentenverein gegründet und ein Ausschuß gewählt, der Statuten zu erarbeiten hatte. Diese wurden am 16. Januar 1877 verabschiedet. Danach führte der Verein den Namen ***Katholisch-geselliger Studentenverein der Wiener Hochschulen***.[36] Daraufhin kam es am 8. April 1877 zur endgültigen konstituierenden Versammlung, auf der Max Frhr. Vittinghoff-Schell zum Präses gewählt wurde. Die Austria Innsbruck und die Walhalla in Würzburg wurden von der

---

33 Hinweis im Gesamtverzeichnis 1910. In einem Anhang werden die Kriegsteilnehmer aus dem CV seit den Napoleonischen Kriegen (ein späteres EM der Austria Innsbruck kämpfte noch unter Andreas Hofer!) angeführt, darunter auch die des Krieges von 1866.

34 Überblick über Ablauf und rechtliche Aspekte des Falles Rudigier siehe Pfleger, Gab es einen Kulturkampf in Österreich?, S. 78ff.

35 Akten Fuldaer Bischofskonferenz I, S. LVIIf. und LXXXff.

36 Über die Gründung der Wiener Austria: Leb, Geschichte der K. D. St. V. Austria; Rehberger, Geschichte der Austria Wien I; Sauer, Katholisches Vereinswesen in Wien, S. 234; Schieweck-Mauk, Lexikon der CV- und ÖCV-Verbindungen, S. 126ff.; Schönner, Auf, mit Gott zur Mannestat, S. 13ff.; *Alma Mater*, 4. Jg., Nr. 17, 1. 6. 1901.

Gründung verständigt. Beim gerade damals abgehaltenen 1. allgemeinen österreichischen Katholikentag in Wien konnte sich der Studentenverein bereits der katholischen Öffentlichkeit vorstellen.[37]

Franz Mayerhofer von Grünbühel, Mitbegründer der Wiener Austria.

Zu diesem Verein stießen bald vier Mitglieder der Innsbrucker Austria, die die Umwandlung in eine Verbindung betrieben. Am 27. Januar 1879 wurde daher der Beschluß gefaßt, Bänder zu tragen, und wählte die Farben Weiß-Gold-Schwarz. Sie sollten die katholische und patriotische Gesinnung des Vereins unterstreichen: Weiß-Gelb sind die Farben des Hl. Stuhls, Schwarz-Gelb die des Kaiserhauses. Am 12. April 1880 wurde der bereits seit 1878 gebräuchlich Name ***Katholischer Studentenverein der Wiener Hochschulen Austria*** angenommen. Im Lauf der achtziger Jahre wurde nach und nach der studentische Komment übernommen, und der Verein entwickelte sich immer mehr zu einer Verbindung. Der förmliche Beschluß zur Umwandlung in eine Verbindung erfolgte dann am 4. Februar 1893, der Name lautete nun: ***Katholisch-österreichische Studentenverbindung Austria.***

Bereits seit ihrer Gründung im Jahre 1876 wirkte die Austria Wien im und für den Vereinskatholizismus. Die akademische Kongregation, der Asylverein der Wiener Universität, der St.-Gregorius-Verein zur Unterstützung armer Studenten, die akademische Ortsgruppe des Katholischen Schulvereins u. v. a. m. waren teils Gründungen der Austria oder von Austriern bzw. waren sie in ihnen stark engagiert. Wichtige Persönlichkeiten des österreichischen Verbandskatholizismus, stellvertretend seien Max Frhr. Vittinghoff-Schell und Josef Leb genannt, die eine große Rolle bei Katholikentagen oder im Volksbund spielten, waren Mitglieder der Austria Wien.

Bereits im Jahre 1879 wurde vom damaligen Vorort des CV, Guestfalia Tübingen, angeregt, in Wien eine CV-Verbindung zu gründen. Zu diesem Zweck traf man mit einem Mitglied der Wiener Austria zusammen. Die Bemühungen verliefen aber im Sande. Einige Mitglieder der Austria unter Vinzenz Rabenlechner wollten aus dem Verein eine farbentragende Verbindung machen, aber diese Umwandlung ging ihnen nicht rasch genug voran, woraufhin sie die Austria verließen oder dimittiert wurden. Es versammelten sich am 23. Dezember 1883 acht Studenten, von denen sieben Mitglieder bzw. Kandidaten der Austria waren, und gründeten die ***Norica***, Senior wurde Vinzenz Rabenlechner. Am 12. März 1884 erfolgte bereits die Aufnahme in den CV. So hoffnungsvoll die Verbindung auch begann, so tapfer sie sich bei den Krawallen im Dezember 1884 auf der Universität hielt, als man Norica den Zutritt verwehrte (siehe S. 110), so rasch kam es zu einer tiefen Krise, die die Verbindung an den Rand der Auflösung brachte. Erst 1886 konnte sie sich wieder erfangen. Bis ins erste Jahrzehnt des 20. Jahrhunderts war sie die einzige CV-Verbindung in Wien. Ihr Wirken in dieser Zeit ist besonders im Rahmen der entstehenden christlichsozialen Bewegung zu sehen, für die sie im Laufe der Zeit zahlreiche Führungs-

37 Verhandlungen 1. Katholikentag, S. 85. Für den eben gegründeten Verein sprach Franz X. Mayerhofer von Grünbühel, für die Austria Innsbruck Hanns Metzler, ebda. S. 88ff., dabei wurden auch die Fragen Verbindung oder Verein bzw. Farbentragen oder nicht eingehend erörtert. Der Katholikentag selbst empfahl „den engeren Anschluß der katholischen Studierenden untereinander", ohne aber auf diese Fragen näher einzugehen, ebda. S. 95.

persönlichkeiten stellte.[38] Die Umstände der Gründung der Norica führten zu Spannungen mit der Austria, was u. a. auch durch ihre Versuche der Gründungen von Österreichischen Cartellverbänden sichtbar wurde. Dieses ambivalente Verhältnis zwischen beiden Verbindungen wurde weiter tradiert, schwächte sich aber dann kontinuierlich ab und spielt seit 1933 keine wesentliche Rolle mehr.[39]

Zum damaligen Österreich gehörte auch Böhmen mit seiner Hauptstadt Prag und der dortigen ältesten deutschen Universität, wo nicht nur die Deutschen aus den Ländern der Wenzelskrone, sondern auch von außerhalb studierten. So versuchte bereits im SS 1877 Alfred Ebenhoch (AIn) eine Verbindungsgründung mit dem Namen Guelfia, die aber nach seinem Weggang von Prag keinen Bestand hatte. Ein Jahr später versuchten neuerlich drei CVer eine Verbindung namens Moldavia zu gründen, der jedoch auch nur ein kurzes Leben beschieden war. Erst am 27. März 1886 erfolgte mit dem ***Katholischen Verein der deutschen Studenten in Prag*** eine Gründung mit Bestand. Nach mehreren Versuchen wurde er am 14. November 1888 in eine Verbindung umgewandelt und erhielt den Namen ***Ferdinandea*** (nach Kaiser Ferdinand II.). Nach tragender Mitgliedschaft im Ersten ÖCV wurde sie am 3. März 1896 in den CV aufgenommen. Viele Jahre war Ferdinandea in dem national heiß umkämpften Boden Prags die einzige katholisch-deutsche Verbindung und hatte an zwei Fronten zu kämpfen: gegen die nationalfreiheitlichen Deutschen und die Tschechen. Sie überdauerte den Ersten Weltkrieg und löste sich erst 1938/39 auf (s. Seite 434). Nach dem Zweiten Weltkrieg wurde sie 1950 zuerst in Bamberg reaktiviert und dann 1953 nach Heidelberg verlegt.[40]

In Graz wurde zwar erst 1888 eine katholische Verbindung gegründet, doch gab es bereits davor drei Gründungsversuche bzw. Hinweise auf solche. In einem Schreiben des Aenanen-Gründers Franz Lorenz Gerbl an dessen Freund Heinrich Frhr. von Pelkhoven vom 29. Mai 1856 heißt es u. a.: „Dr. med. Riedlinger aus Enns bei Linz will in Wien für das Zustandekommen eines ähnlichen Vereins wirken und mir darüber schreiben; Kaplan Schönberger will es in Graz versuchen." Aus beiden Versuchen – Wien und Graz – ist bekanntlich nichts geworden. Der zweite Versuch reicht in die sechziger Jahre zurück. Unter dem Rektorat von Oskar Schmidt (B! Arminia Graz) (1865/66) entzündete sich anläßlich seiner Inaugurationsrede wegen der darwinistischen Abstammungslehre eine öffentlich geführte Diskussion, in der es letztlich um das Verhältnis von Glaube bzw. Theologie zur Wissenschaft, im speziellen der Naturwissenschaft, ging. Die Grazer Theologiestudenten protestierten dagegen, worauf die Winfridia Breslau an die Grazer Theologen ein Anerkennungs- und Solidaritätsschreiben richtet und zur Gründung einer katholischen Verbindung ermunterte. Warum man diesen Vorschlag nicht aufnahm, bleibt ungeklärt.

---

38 Zur Gründung der Norica CBl Nr. 45 (SS 1884), SS. 373-375; Funder, Das weiß-blau-goldene Band, SS. 24-43; Pultar, Josef: Norikas Gründung und erste zwei Semester. Zum 60. Semester, in: Ac 26 (1913/14), SS. 451-454; Leb, Geschichte der K. D. St. V. Austria, S. 21ff.; Moser, Die k. a. V. Norica in Wien 1883-1938, S. 58ff.; Moser/Tschulik, Hundert Jahre Norica, S. 14f.; Rehberger, Geschichte der Austria Wien I, S. 57ff.; Schieweck-Mauk, Lexikon der CV- und ÖCV-Verbindungen, S. 514ff.; Schönner, Auf, mit Gott zur Mannestat, S. 28ff.; Werr, Geschichte des Cartellverbands (1890), S. 482ff.; Werr, Geschichte des Cartellverbands (1900), S. 390ff.

39 Moser, Die k. a. V. Norica in Wien 1883-1938, S. 569.

40 Ferdinandea 1885-1918, S. 20ff.; Wieser, Geschichte des Cartellverbands in Böhmen, Mähren und in der Bukowina, S. 7f.; Werr, Geschichte des Cartellverbands (1900), SS. 588-597; Schieweck-Mauk, Lexikon der CV- und der ÖCV-Verbindungen, S. 481; über die Wiederbegründung siehe Fünfundsiebzig (75) Jahre Ferdinandea, S. 42f.

In den Versammlungsprotokollen des Katholischen Studentenvereins (Austria) Wien findet sich unter dem 23. Dezember 1877 ein Hinweis über eine bevorstehende Gründung eines katholischen Studentenvereins in Graz, der offenbar den Namen Guelfia (Welfia) tragen sollte. Abgesehen davon finden sich keine weiteren Hinweise über eine derartige Verbindungsgründung. Sie dürfte kaum über das Stadium vorbereitender Überlegungen hinausgekommen sein. Die Initiativen Franz Lorenz Gerbls, der Winfridia Breslau und der Austria Wien, in Graz eine katholische Verbindung zu gründen, sind jedenfalls allesamt gescheitert.

Wahrscheinlich im Mai 1888 faßten einige Studenten – darunter der in eine Duellverweigerungsaffäre verwickelt gewesene (siehe S. 191) Josef Hintner (AIn) als Gründungssenior – den Entschluß, eine Verbindung zu gründen, wobei die Marianische Kongregation dabei hilfreich gewesen sein dürfte.[41] Die Verbindung wurde nach dem Gründer der Grazer Universität, Erzherzog Karl II. von Innerösterreich, ***Carolina*** benannt. Als Farben wurden Schwarz-Gold-Weiß ausgewählt, die wie bei der Wiener Austria (s. o.) einen programmatischen Hintergrund hatten. Die Statuten wurden am 18. August 1888, dem 58. Geburtstag Kaiser Franz Josephs I., genehmigt. Die Gründer hatten diesen glücklichen Zufall mit in ihre proösterreichische Programmatik einbezogen und diesen Tag als Gründungsdatum festgelegt. Carolina ist im Rahmen der katholisch-konservativen Bewegung entstanden.[42]

Nach einem kurzen „Zwischenspiel" im Ersten ÖCV wurde die Carolina in den Ferien nach dem SS 1889 als freie Vereinigung in den CV aufgenommen, auf der Cartellversammlung am 26. August 1889 in Bochum wurde dies bestätigt. Die Aufnahme als vollberechtigte Verbindung erfolgte am 4. August 1892 auf der Cartellversammlung in Mainz.[43]

Im Jahre 1875 gründete Kaiser Franz Joseph I. in Czernowitz, der Hauptstadt des Herzogtums Bukowina (Buchenland), dem östlichsten Kronland Österreichs, eine deutschsprachige Universität (Kaiser Franz Josephs-Universität, heute Osip Jurij Fedkowytsch-Universität). Bereits 1888 faßten drei Gymnasiasten den Plan, eine katholische Korporation zu gründen. Nachdem die drei das Gymnasium absolviert hatten, bezogen sie die Czernowitzer Universität und begannen, ihre Idee umzusetzen. Am 26. November 1890 versammelten sich zwölf Studenten und gründeten eine Verbindung mit dem Namen ***Unitas***.[44] Am 26. Juli 1891 trat sie dem Ersten ÖCV bei. Infolge Mitgliederschwundes und interner Zerwürfnisse wegen des deutschsprachigen Status (es gehörten der Verbindung auch Polen und Ukrainer an) erfolgte im Juni 1896 die Suspendierung. Am 3. Juni 1901 wurde sie reaktiviert. Nach den Statuten blieb sie zwar formell international, in der Praxis aber wurden nur mehr Deutsche Mitglieder. Aber aufgrund dieser

41 Im Archiv der Austria Innsbruck gibt es einen Hinweis, daß offenbar bereits 1887 eine Gründung beabsichtigt war. Da Hintner bereits in diesem Jahr in Graz studierte, mag es durchaus naheliegen, daß der Plan zur Gründung einer Verbindung von ihm schon 1887 gefaßt wurde. Dazu siehe Nachbaur, Die deutschen katholischen Studentenverbindungen in Österreich, S. 145.

42 Das beweisen u. a. die Ehrenmitglieder, die gleich am Anfang ernannt wurden, so u. a. der ehemalige Vorsitzende des Grazer katholisch-konservativen Vereins, Franz Ritter von Hartmann (über ihn siehe auch S. 81f.).

43 Über die Gründung der Carolina siehe ausführlich Hartmann, Im Gestern bewährt, SS. 33-47.

44 Über die Gründung der Unitas bzw. Frankonia siehe: CBl (Ö) Jg. 2 (1897), SS. 51-56; Ac 32 (1919/20), S. 174; Sitzungsbericht 50. CV, S. 16; Klepsch, Fünfundsiebzig (75) Jahre Frankonia, SS. 15-23; Schieweck-Mauk, Lexikon der CV- und ÖCV-Verbindungen, S. 299ff.; Wieser, Geschichte des Cartellverbandes in Böhmen, Mähren und in der Bukowina, S. 61f.

statutarischen Lage konnte sie aber nicht in den inzwischen gegründeten Zweiten ÖCV aufgenommen werden. Am 27. Oktober 1906 änderte sie ihren Namen in ***Frankonia*** um und konstituierte sich als volle farbentragende Verbindung. 1910 erfolgte dann die Aufnahme in den CV. Nach dem Ersten Weltkrieg gab es Bestrebungen, wegen der Einstellung des Betriebes der deutschen Universität die Frankonia nach Wien zu verlegen.[45] Doch die Verhältnisse stabilisierten sich allmählich, so daß man in Czernowitz blieb. Dort bestand sie dann bis zum 28. Juni 1940, als Rumänien dieses Gebiet an die Sowjetunion abgeben mußte. Nach dem Zweiten Weltkrieg wurde die Verbindung 1951 in Erlangen reaktiviert.

Die Bemühungen um eine Einigung der katholischen Studentenschaft: Die Gründung des CV

Relativ früh bemühten sich die um die bzw. nach der Jahrhundertmitte entstandenen katholischen Studentenverbindungen und -vereine, miteinander in Kontakt zu treten und einen Dachverband zu gründen bzw. dachverbandsartige Einrichtungen zu schaffen.[46] Als erste dieser Bemühungen ist die erwähnte Bonner Union (1847/49) zu nennen, die aber aufgrund der Sistierung ihrer Verbindungen bald aufhörte zu existieren.

In den fünfziger Jahren des 19. Jahrhunderts gab es nun folgende Verbindungen bzw. Vereine: *Bavaria* Bonn (sistiert 1857, 1861 reaktiviert, 1866/67 wiederum sistiert, 1873 endgültig reaktiviert), von den 1847 weiteren gegründeten Bonner Unions-Verbindungen sind die *Salia* (sistiert 1853) und die *Romania* (sistiert 1855) zu nennen. Weiters die *Aenania* München (1851), die *Winfridia* Breslau (1849/1856), der *Katholische Leseverein* zu Berlin (1853), die Theologenverbindung *Athanasia* Freiburg/Br. (1848; jedoch 1857 aufgelöst).[47] Weiters sind zu erwähnen die *Rhenania* Tübingen, später *Guestfalia* (1859) und die *Sauerlandia* Münster (1847), die *Novesia* Bonn (1863), die *Walhalla* Würzburg (1865) und die *Germania* Münster (1865).

Es lag in der missionarischen Natur des Aenanen-Gründers Gerbl, mit anderen gleichgesinnten Verbindungen Kontakt aufzunehmen. Das wollte er am 6. Katholikentag 1854 zu Köln mit den Bonner Verbindungen Romania und Salia versuchen, wegen politischer Schwierigkeiten kam dieser Katholikentag aber nicht zustande. Trotzdem trat Gerbl mit der Salia in Kontakt, so daß es am 19. November 1854 zu einem Cartellvertrag zwischen der Aenania und der Salia kam, der in drei Paragraphen geteilt war. Darin wurden die gegenseitige Informationspflicht (Correspondenzverhältnis) und das Recht, daß ein Mitglied der einen Verbindung bei Ortswechsel automatisch volles Mitglied der anderen Verbindung wird (Cartellverhältnis), festgelegt. Dieses sog. ***I. Cartell*** hielt sich bis zur Auflösung der Salia 1856. Im selben Jahr schloß Aenania ein Cartell mit der Freiburger Theologenverbindung Athanasia, die sich aber 1857 auflöste.[48]

---

45 So wurde auf der 50. CV in Würzburg 1919 bereits die Verlegung genehmigt, siehe Ac 32 (1919/20), S. 174.

46 Dieser Abschnitt folgt, wenn nicht anders angegeben Hartmann, Hundertfünfundzwanzig (125) Jahre Cartellverband. Siehe auch Großmann, Die Vorgeschichte des alten CV, S. 4f.; Popp, Der CV in Österreich, S. 28ff.; Weil, Geschichte des Cartellverbands (1900), SS. 265-268; Wurm, Die katholische Studentenschaft im 19. Jahrhundert, S. 190ff.

47 Zur Athanasia siehe bei Weiss, Josef: Das I. Cartell der Aenania 1854-1856, in: Ac 42 (1929/30), S. 373.

48 Ebda.

Am 29. Juli 1856 schrieb die Winfridia Breslau an die Aenania einen Brief, worin sie ihre Umwandlung in eine Verbindung mitteilte: „Wir freuen uns, dieses Ereignis der Aenania ... mitteilen zu können, indem wir den sehnlichsten Wunsch hegen, mit ihr in freundschaftliche Beziehung zu treten.“ Am 13. August 1856 beschloß die Aenania auf einem Cumulativ-Convent, mit Winfridia ein Cartell einzugehen. Dieser Beschluß wurde aber erst am 6. Dezember 1856 der Winfridia mitgeteilt: „Wir hoffen und wünschen, daß durch diese Annäherung beiderseits das schöne Band der Liebe noch fester geknüpft werden möge und so durch Einheit Winfridia und Aenania täglich an innerer Kraft zunehmen und gedeihen.“ Dieses Cartellverhältnis bestand anfänglich nur aufgrund des Briefwechsels und kannte keinen Vertrag wie das Cartell zwischen Aenania und Salia.[49] Jedoch regelte Aenania intern bereits 1860 ihr Verhältnis zu den Cartellverbindungen. Da diese Bestimmungen allgemein abgefaßt waren, kann man davon ausgehen, daß weitere Cartellverhältnisse angestrebt wurden. Aus dieser Zeit ist auch erstmals der Begriff „Cartell-Verbindung“ nachweisbar.[50] Ein Jahr später, 1861, schlossen die Aenania und die Rhenania (Guestfalia) Tübingen ein Correspondenzverhältnis ab, das 1864 in ein Cartellverhältnis umgewandelt wurde.

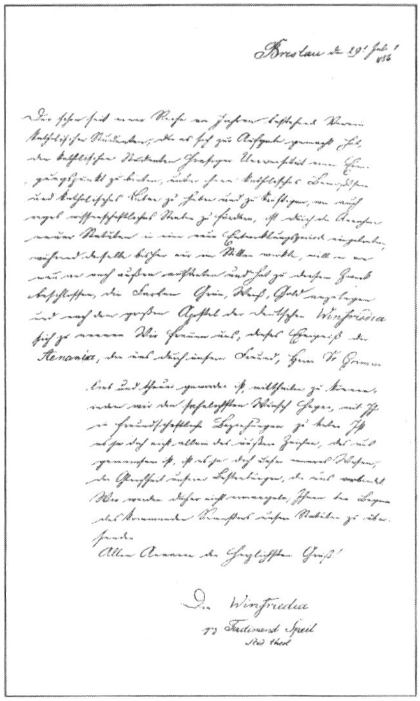

Schreiben der Winfridia Breslau an die Aenania München vom 29. Juli 1856. Deren Antwortschreiben vom 6. Dezember 1856 gilt als Gründungsdatum des CV.

Zu einer Schlüsselfigur der frühen Einigungsbestrebungen zwischen den Vereinen und Verbindungen wurde der bereits erwähnte Aenane Georg Frhr. von Hertling, denn er war auch Mitglied des Berliner Lesevereins. Als Funktionär dieses Vereins schloß er am 6. Todestag des Aenanen-Stifters Gerbl, am 11. Juni 1863, mit der Aenania und einige Monate später mit der Winfridia ein Correspondenzverhältnis ab. Gleichzeitig beschlossen sie, sich am 15. Katholikentag in Frankfurt/Main (20. bis 23. September 1863) zu beteiligen. Dort hielt der 20jährige Hertling am 21. September eine vielbeachtete Rede, in der er zum erstenmal in der Öffentlichkeit auf die Notwendigkeit katholischer Studentenverbindungen hinwies. Im selben Jahr kam es zwischen den Cartellverbindungen zur Abfassung eines vier Paragraphen umfassenden Statuts, das den Verkehr untereinander regelt. Sie ist die Weiterführung der Bestimmungen der Aenania aus 1860. Sie aber als Urfassung einer Cartellordnung zu bezeichnen, geht aber zu weit.[51]

49 Der Text dieses Briefwechsels findet sich abgedruckt in Wurm, Handbuch für den Cartell-Verband, S. 8.

50 Wurm, Handbuch für den Cartell-Verband, S. 9,

51 So Popp, Der CV in Österreich, S. 30. Die Entwicklung zwischen den Cartell- und Correspondenzverbindungen war noch zu sehr im Fluß, als daß damals bereits ein CV in der uns bekannten Gestalt als intendiertes Ziel faßbar gewesen wäre.

Der für die drei Correspondenzverbindungen glückliche Verlauf des Katholikentages zu Frankfurt ermutigte sie, sich beim nächsten in Würzburg wiederum zu treffen. „Ein fröhliches Wiedersehen wollen wir feiern auf der 16. Generalversammlung der katholischen Vereine in Würzburg."

Im Februar 1864 traten Aenania und Winfridia mit der Arminia Bonn in ein Cartellverhältnis, das später in ein Correspondenzverhältnis umgewandelt wurde, weil Arminia die Farben ablegte. Zwischen dem Berliner Leseverein und der Arminia entstand ebenfalls ein Correspondenzverhältnis. Am 14. Juni 1864 schloß Aenania mit Austria ein Cartell ab, das den gleichen Wortlaut hatte wie das seinerzeitige mit der Salia. Am 16. Mai 1864 kam es zu einem Cartell zwischen Aenania und Guestfalia Tübingen, am 20. Juli 1864 zwischen Winfridia und Guestfalia.[52]

Es ist nun an dieser Stelle angebracht, den Unterschied zwischen ***Correspondenz-*** und ***Cartellverhältnis*** zu erklären. In beiden Fällen handelt es sich um bilaterale Verträge zwischen Verbindungen bzw. Vereinen. Aufgrund ihres Wortlautes kann man nicht von einer dachverbandsartigen Natur sprechen. Die Grundlage beider Vertragsarten lag darin, daß sich gleichgesinnte Vereine bzw. Verbindungen um Gedankenaustausch bemühten und versuchten, in bestimmten Fragen gemeinsam aufzutreten. Beim Correspondenzverhältnis wurde bei Hochschulwechsel der Übertritt von einem zum anderen Vertragspartner erleichtert, beim Cartellverhältnis wurde man in diesem Fall automatisch Mitglied. Damit war das Institut des *Verkehrsaktiven* geboren. Weiters ist festzustellen, daß es Cartellverhältnisse nur zwischen voll farbentragenden Verbindungen gab. Die Verträge beinhalteten keine inhaltlich-satzungsmäßigen Bestimmungen über die Prinzipien – die wurden von vornherein als gegeben betrachtet – oder dachverbandsartige Einrichtungen.

Am 12. September 1864 traf man sich wie vereinbart in Würzburg zur ***Ersten Generalversammlung der Vertreter katholischer Studentenvereine***. Es nahmen daran die Vertreter der Aenania, Winfridia, Austria, des Lesevereins Berlin, des Breslauer Studentenvereins, der Germania Münster und der Bavaria Bonn (allerdings ohne Stimmrecht) teil. Den Vorsitz führte Hertling. Man beschloß ein Correspondenzverhältnis zwischen den Anwesenden, das sich inhaltlich an die bisherigen anlehnte. Dazu wurde ein Vorort eingerichtet, der zwischen den Generalversammlungen die Geschäfte führen und ein Mitteilungsblatt herausbringen sollte. Zum ersten Vorort wurde Aenania gewählt. Nach den vorliegenden Quellen handelt es sich bei diesem Verband der katholischen Studentenvereine (auch *Würzburger Bund* genannt) um ein multilaterales Correspondenzverhältnis ohne eigene Rechtspersönlichkeit. Die Entwicklung zu einem Dachverband war jedoch deutlich durch die Namensgebung sowie die Einrichtung eines Vorortes bzw. eines Correspondenzblattes zu erkennen.[53]

Zum Katholikentag in Trier (10. bis 15. September 1865) traf man sich wieder, um über einen Gesamtverband und dessen Statuten zu beraten. Inzwischen kam es zu verschiedenen Differenzen zwischen den Vereinen und Verbindungen. Diese waren nicht prinzipieller Natur, es ging auch nicht um die „Farbenfrage", sondern es ging um eher formelle (statusbetonte) Fragen, die von Personen, alle fast Anfang der Zwanzig und noch ohne „regulierende" Altherrenschaft im Hintergrund, nicht in den Griff zu kriegen waren. Im nachhinein betrach-

---

52 Der Wortlaut des Cartellverhältnisses zwischen Winfridia und Guestfalia siehe Ac 12 (1899/1900), S. 369.

53 Cardauns, Fünfzig Jahre Kartell-Verband, S. 317; das Correspondenzverhältnis von Würzburg ist abgedruckt in Ac 12 (1899/1900), S. 369f., der Wortlaut fußt auf dem Bericht eines Vertreters der Winfridia; über die Bedeutung von Correspondenzblättern siehe Mayer, Katholische Farbstudenten im Kulturkampf, S. 66ff.

tet waren es Quisquilien, die nun zu getrennten Wegen führten.[54] Trotzdem wurde der in zwölf Paragraphen vorgelegte Statutenentwurf angenommen. Danach ist bereits von einer Dachverbandsstruktur zu sprechen, denn es ist von Mitgliedsverbänden die Rede („Der Verband besteht aus ..."). Als Prinzipien wurden Religion, Wissenschaft und studentische Geselligkeit angeführt. Dieser Gesamtverband sollte der vorläufige Entwicklungs-Endpunkt der verschiedenen Kontaktströme zwischen den einzelnen Verbindungen und Vereinen sein. Es kam jedoch nicht dazu, denn die Differenzen zwischen Verbindungen und Vereinen spitzten sich in Trier so zu, so daß man eine Trennung beschloß, die bis 15. November 1865 dem zum Vorort gewählten Berliner Leseverein mitzuteilen wäre. Dies taten alle.[55]

Da die Statuten angenommen und ein Vorort (Leseverein Berlin) gewählt wurde, bildete sich aus der „Mehrheitsfraktion" der Vereine Ende Januar 1866 der ***Verband der katholischen Studentenvereine Deutschlands (später Kartellverband, KV)*** auf der Basis dieser Statuten. Für die verbliebenen vier Verbindungen (Aenania, Winfridia, Guestfalia, Austria) änderte sich materiell vorerst nichts, denn zwischen ihnen bestanden ja multilaterale Cartellverhältnisse, in die im Januar 1866 die Bavaria eintrat, deren Aufnahme in den Gesamtverband die 5 : 4-Mehrheit der Vereine abblockte.[56]

Der Krieg des Jahres 1866 verhinderte bei den Verbindungen weitere organisatorische Maßnahmen. Man traf sich erst wiederum auf dem Katholikentag 1867 in Innsbruck, wo die vier Verbindungen (Bavaria sistierte inzwischen wieder) für die kommenden Katholikentage ein 15 Paragraphen umfassendes Statut aufstellten.[57] Dieses Statut ging von dem bestehenden multilateralen Cartellverhältnis aus und regelte die Art und Weise des Treffens der Verbindungen auf den Katholikentagen, also eine Art Tagungs-Geschäftsordnung. Diese Statuten waren hinsichtlich der Würzburger und Trierer Beschlüsse ein Rückschritt, denn aus ihnen ist keine Dachverbands-Struktur ableitbar. Jedoch wurde ein Vorort eingerichtet. Erst auf dem Bamberger Katholikentag vom 31. August bis 3. September 1868 wurden Beschlüsse gefaßt, die auf eine eigene Rechtspersönlichkeit hinausliefen: Zum erstenmal scheint der Begriff Cartellversammlung auf.[58]

Auf der Cartellversammlung im Rahmen des Katholikentags zu Mainz vom 11. bis 14. September 1871 wurden dann Cartellstatuten angenommen, die letztlich den CV als eigene Rechtspersönlichkeit und einen Dachverband von Mitgliedern definierten.[59] So heißt der § 1: „Es besteht ein Cartellverband zwischen den katholischen deutschen Studentenverbindungen ... " Diese Cartellstatuten, obwohl im CV wie ÖCV längst überholt, sind dennoch in gewisser Weise, was die Prinzipien und gewisse Organisationsformen betrifft, richtungweisend gewesen. Manche Sprachformulierungen haben sich bis in die Gegenwart hinein gehalten.

Interessant ist der § 36 des insgesamt 41 §§ zählenden Statuts: „Finden sich Cartellbrüder [erstmals dieser Ausdruck, Anm. d. Verf.] auf einer Universität zusammen, wo noch keine katholische Verbindung besteht, so sind sie zu gründen." Dieser „Missionsauftrag", einzigartig bei Studentenorganisationen, ist wahrscheinlich mit ein Grund für die rasche Ausbreitung des CV.

---

54 Dazu ausführlich siehe Koß, Wider die Verselbständigung eines historischen Klischees.

55 Die Statuten des Gesamtvereins sind abgedruckt in Ac 12 (1899/1900), S. 370.

56 Cartellverhältnis zwischen Bavaria und Winfridia abgedruckt in Ac 12 (1899/1900), S. 369.

57 Diese Statuten sind abgedruckt in Ac 40 (1927/28), S. 214f.

58 Hausladen, Abriß der CV-Geschichte, S. 30.

59 Die Cartellstatuten abgedruckt in CBl Nr. 9, 1. 12. 1874, SS. 9-11.

Nach all dem kann man daher von einem Gründungsdatum des CV, analog zum Stiftungstag einer Verbindung, eigentlich nicht sprechen. Die Entstehung des CV war ein evolutionärer Prozeß. Er begann mit der Gründung der *Bavaria* Bonn sowie der *Bonner Union*, führte über die Verbindungsgründungen der fünfziger Jahre, insbesondere der *Aenania*, die verschiedenen Cartell- und Correspondenzverhältnisse, die gescheiterten Würzburger und Trierer Einigungsbemühungen zur Sammlung der katholischen farbentragenden Verbindungen, die 1867 in Innsbruck begann, 1868 in Bamberg fortgesetzt wurde und 1871 in Mainz durch die Verabschiedung der Cartellstatuten ihren Abschluß gefunden hatte.[60]

Der Erste ÖCV

Parallel und ungeachtet von den „gesamtdeutschen" Einigungsbemühungen wurden solche auch in Österreich-Ungarn betrieben. Ende April/Anfang Mai 1889 fand in Wien der ***2. allgemeine österreichische Katholikentag*** statt, im Rahmen dessen die teilnehmenden Studentenverbindungen am 1. Mai 1889 übrigens einen Katholikentagskommers abhielten.[61] Am 30. April tagte im Rahmen der Sektion für katholisches Leben und Vereine die Subsektion „Katholische Studentenkorporationen". Berichterstatter war Ignaz Stich (AW). Dieser nahm Bezug auf den 1. Katholikentag 1877, der den engeren Anschluß der katholischen Studierenden untereinander empfohlen hatte.[62] Danach berichtete er über die bereits bestehenden Studentenverbindungen und -vereine (Austria Innsbruck, Austria Wien, Norica, Ferdinandea Prag, St.-Emmerich-Verein Budapest und Carolina Graz). Nach dem Bericht über andere Aktivitäten (St.-Vinzenz-Vereine, Marianische Kongregationen etc.) schlug Stich dem 2. Katholikentag weitere Maßnahmen vor, so unter Punkt 4 „die Anbahnung eines engeren Anschlusses sämtlicher katholischer Studenten-Corporationen der Monarchie untereinander". Daran schloß sich eine lebhafte Debatte zwischen Vertretern der Austria Wien (vor allem Ignaz Stich und August Kemetter) und der Norica (vor allem Vinzenz Rabenlechner und Otto Rauscher) um die Frage an, wie nun dieser „Anschluß untereinander" aussehen soll. Die Debatten waren so heftig, daß die Sitzung, die am 30. April um 10 Uhr begann, um 12 Uhr unterbrochen und am 1. Mai um 14 Uhr fortgesetzt wurde, das Ende war 16 Uhr.

60 Die Festsetzung des Gründungsdatums des CV auf 1856 bzw. der ersten Cartellversammlung auf 1863 (Frankfurt/Main) erfolgte im CV erst später. Werr, Geschichte des Cartellverbands (1890), legt die Gründung des CV in das Jahr 1865, in seiner 2. Auflage (1900) ist er widersprüchlich, einerseits spricht er von 1856, andererseits vom Winter 1865/66. Was die Zählung der Cartellversammlungen betrifft, so gibt es ebenfalls Differenzen. Erst ab Mitte der neunziger Jahre des 19. Jahrhunderts ist die Zählung der Cartellversammlungen ab Frankfurt (1863) nachzuweisen, davor gab es andere „erste" Cartellversammlungen (etwa 1867 oder 1868). Das Bemühen des CV war es aber, gegenüber KV und UV nicht nur als größter, sondern auch als ältester Verband dazustehen, was dann Ende des 19. Jahrhunderts mit dem Rückgriff auf das Cartell Aenania-Winfridia geschah. Dazu mehr auch in Hartmann, Hundertfünfundzwanzig (125) Jahre Cartellverband. Aufgrund dieser Veröffentlichung gab es einen Briefwechsel zwischen Johannes M. Hausladen (Ae) und dem Autor im September/Oktober 1981.

61 CBl Nr. 55 (SS 1889) Anhang; Werr, Geschichte des Cartellverbands (1900), S. 533.

62 Verhandlungen 2. Katholikentag, SS. 442-490; Festschrift 2. Katholikentag SS. 5-10; Celerin, Die Österreichischen Katholikentage des 19. Jahrhunderts, SS. 103-105; Funder, Das weiß-blau-goldene Band, S. 50f.; Leb, Geschichte der K. D. St. V. Austria, S. 24f.; Stich, Austria und Rudolfina, S. 10 und 36f.; Rehberger, Geschichte der Austria Wien I, S. 73f.; Schönner, Auf, mit Gott zur Mannestat, S. 32ff. Nach Schönner hatte die Austria Wien schon Anfang der achtziger Jahre mit dem Ende der siebziger Jahre in Innsbruck gegründeten katholischen Studentenverein Tirolia Verhandlungen wegen eines Cartells geführt.

Während die Austria Wien den Gedanken eines Zusammenschlusses (Cartells) aller österreichischen Verbindungen und Studentenvereine betrieb, wurde dies vor allem von der Norica und Austria Innsbruck abgelehnt. Die Gründe für diese Differenzen lagen in den Fragen der Nationalität bzw. Internationalität der Verbindungen, der Aufnahme von Technikstudenten und vor allem in der Existenzangst der Norica, denn bis dahin wurden CV-Studenten aus anderen Städten bei der Norica aktiv. Die Debatten, die vollständig dokumentiert sind und daher ein interessanter quellenmäßiger Beitrag zur katholischen Studentengeschichte darstellen, spiegelten auch gewisse Ablehnungstendenzen der Austria Wien hinsichtlich des Couleurs und des Komment wider.

Schließlich wurde als Kompromiß folgender Antrag angenommen: „Einen freundschaftlichen Verkehr der katholischen Studenten-Corporationen derselben Stadt zu gemeinsamen Vorgehen." Die Austria Wien aber gab ihren Plan zur Gründung eines österreichischen Cartells nicht auf. Ihr Präses (Senior) August Kemetter lud die Vertreter der Ferdinandea und der Carolina am 3. Mai auf die Austria-Bude ein, wo die Gründung eines österreichischen Cartells beschlossen wurde. Die Austria verfertigte Statuten und verschickte diese zu Beginn des SS 1889 an die anderen beiden Verbindungen. Am 26. Mai kam der Präses nach Graz, und noch am selben Tag wurde ein AC der Carolina abgehalten, wo der Beschluß gefaßt wurde, mit der Austria ein Cartell unter der Voraussetzung einzugehen, wenn die Ferdinandea auch beitritt. Diese antwortete nun am 1. Juni aufgrund des zugegangenen Statutenentwurfs der Carolina, wonach sie nur dann für ein österreichisches Cartell sei, wenn diesem alle österreichischen Verbindungen beitreten.[63]

Nun fand vom 9. bis 11. Juni in Innsbruck das 25. Stiftungsfest der Austria statt, zu dem auch Vertreter Carolinas fuhren. Offenbar wurden diese von der herzlichen Gastfreundschaft wie aber auch von der Präsenz des CV beeindruckt. Dazu kamen noch Gespräche zwischen den CV-Verbindungen, insbesondere mit der Norica, die ein Abrücken der Carolina in der Frage eines österreichischen Cartells zur Folge hatte. Am 12. Juni unterzeichneten die Vertreter der CV-Verbindungen in Innsbruck – es waren fast alle sowie auch der VOP anwesend – eine Erklärung, in der den CV-Verbindungen ans Herz gelegt wurde, „einem neuen Aufnahmegesuch der Carolina ... nicht Schwierigkeiten zu bereiten", da verschiedene Bedenken ausgeräumt wurden. Der BC Carolinas beschloß daher am 22. Juni einstimmig, dem CV beizutreten.[64] Inzwischen hat aber Ferdinandea auf einem BC am 9. Juni doch beschlossen, dem österreichischen Cartellverband beizutreten. Damit wäre aber die Bedingung des Carolinen-BC vom 26. Mai erfüllt gewesen. Es erhebt sich nun die Frage, ob Carolina bis 22. Juni davon Kenntnis erhielt. Wenn nein, was wegen des Postlaufes durchaus möglich gewesen wäre, dann könnte man den Beschluß vom 22. Juni als Panne bezeichnen, wenn nicht die Ereignisse und Erlebnisse in Innsbruck für die Carolina doch ausschlaggebender gewesen waren.

Nachdem Kemetter davon Kenntnis erhielt, fuhr er am 1. Juli nach Graz und besprach sich mit einigen Ehrenmitgliedern der Carolina, die alle auf das Entschiedenste an einem österreichischen Cartellverband festhielten und der Aktivitas einen Brief schrieben, wonach sie den BC-Beschluß vom 26. Mai als aufrecht betrachteten und das Verhalten der Verbindung als wortbrüchig und schwer schädigend bezeichneten. Die Aktiven hielten noch am selben Abend einen Convent ab, auf dem auch einige Ehrenmitglieder

63 Ferdinandea 1885-1918, S. 39ff.; 75 Jahre Carolina, S. 27f.; Rehberger, Geschichte der Austria Wien I, S. 75; Stich, Austria und Rudolfina, S. 36f.

64 CVA. A 2, VO Markomannia 1888/89.

anwesend waren und die ganze Angelegenheit heftig diskutiert wurde. Der Convent blieb dem Beschluß, dem CV beizutreten, treu, woraufhin einige Ehrenmitglieder austraten.[65]

Über die Hintergründe der Auseinandersetzungen kann nur vermutet werden. Zwischen der Austria Wien und den Ehrenmitgliedern der Carolina bestanden im Rahmen des damals immer stärker werdenden Verbandskatholizismus enge personelle Verflechtungen. Die Austria Innsbruck war weit weg, die Norica noch zu jung, um auf diesem Feld für Carolina etwas zu tun.

Die Austria Wien gründete nun mit Ferdinandea diesen Ersten ÖCV, dem 1890 auch die Unitas Czernowitz beitrat. Es wurden Statuten ausgearbeitet, und am 23. Juni 1891 erfolgte die behördliche Genehmigung des „Cartellverbands der katholischen Studentencorporationen der österreichischen Hochschulen".[66] Im selben Jahr fand dann die I. Cartellversammlung in Wien statt. Dem Ersten ÖCV war kein langes Leben beschieden, denn es gelang nicht über die drei Verbindungen hinaus, die untereinander zudem noch jeweils geographisch stark disloziert waren, neue Mitglieder aufzunehmen. Als dann 1895 die Ferdinandea aus dem Ersten ÖCV aus- sowie dem CV beitrat und die Unitas sistierte, zerfiel der Erste ÖCV.[67] Dieser gab zwischen 1891 und 1895 fünf Nummern eines Correspondenz-Blattes heraus, die ein interessanter Beleg für das Leben und die Tätigkeit des Ersten ÖCV und seiner drei Verbindungen sind.[68]

---

65 75 Jahre Carolina, S. 28.

66 CBl(Ö) 2 (1892), S. 2.

67 Rehberger, Geschichte der Austria Wien II, S. 22: Stich, Austria und Rudolfina, S. 35f. Am 11. 8. 1895 trafen sich auf einem „Delegiertentag" in Linz die damals bestehenden sechs Verbindungen des CV und des ÖCV, über den ansonsten nichts vermeldet ist, dazu Ac 8 (1895/96), S. 76. Nach Sauer, Katholisches Vereinswesen in Wien, S. 258, wurde der Erste ÖCV erst 1900 aus dem Vereinsregister gelöscht.

68 Dies wurde auch in Ac 5 (1892/93), S. 17, registriert.

Prinzipien und Organisation des CV und seiner Verbindungen

„Die erste Eigenschaft des katholischen Studenten erblicke ich darin,
daß er an den höchsten Bildungs- und Unterrichtsstätten des Vaterlandes
Träger des christlichen Gedankens innerhalb der Studentenschaft sein will."

Albert Ehrhard (Mm, AW, NdW EM)

Während sich die Organisationsform katholischer Verbindungen in Anlehnung an die bereits bestehenden Studentenverbindungen herausbildete, gingen sie auf dem Gebiete der Prinzipien oder Zielsetzungen neue Wege. Zwar gab es bei den bereits bestehenden Burschenschaften, Corps oder Landsmannschaften ebenfalls Ansätze einer Zielorientiertheit – es sei nur auf den Wahlspruch der Burschenschaften „Ehre, Freiheit, Vaterland" und das auf einem ausgeprägten Ehrbegriff fußende Mensur- und Duellwesen hingewiesen –, doch erst die katholischen Verbindungen und in der Folge deren Dachorganisationen (CV, KV, UV) führten einen in der Geschichte der Studentenverbindungen in dieser Art einmaligen Prinzipienkatalog ein.[1] Ursache hierfür war zweifelsohne die Gründungsabsicht: die Schaffung von Vereinigungen katholischer Studenten im Rahmen der Herausbildung des katholischen Milieus und in einer Zeit des antiklerikalen Liberalismus. Diese Prinzipien, vor allem aber deren unbedingte Handhabung, waren auch mit eine Ursache für den raschen Aufstieg der katholischen Verbindungen, insbesondere in Österreich, und für die sukzessive Verdrängung der schlagenden Korporationen in deren Bedeutung in der allgemeinen Politik wie in der Hochschulpolitik. Letzterer Prozeß nahm bereits am Ende der Monarchie seinen Ausgang und wurde nach dem Zweiten Weltkrieg abgeschlossen.

Im folgenden werden nun die einzelnen Prinzipien sowie die Organisationsform anhand von Selbstäußerungen (Satzungen, interpretierende Äußerungen) dargestellt, wobei im wesentlichen die Zeit bis 1914 berücksichtigt wird. Bis dahin haben sich der Prinzipienkatalog der CV-Verbindungen und deren Organisationsform weitgehend ausgebildet, sie bestehen in dieser Form grundsätzlich bis heute.

Die Prinzipien des CV

Die Definition der Prinzipien (Ziele) des CV und seiner Verbindungen erfolgt in der Regel gleich am Beginn der jeweiligen Satzungen. Es empfiehlt sich, diese vor näherem Eingehen auf die einzelnen Prinzipien näher anzusehen.

Die ersten drei Paragraphen der Statuten der ältesten katholischen Verbindung, der *Bavaria* in Bonn, aus dem WS 1848/49 lauteten:[2]

1 Über die Prinzipien und die Organisation des CV sowie seiner Verbindungen handelt sehr ausführlich Popp, Der CV in Österreich. Stockhammer, Der ÖCV, war der erste, der sich sozialwissenschaftlich dieses Themas annahm. Er war CVer (A-D), schloß sich aber Mitte der siebziger Jahre der maoistischen Studentenbewegung an und trat aus dem CV aus.

2 Abgedruckt in Weiß, An der Wiege der katholischen deutschen Studentenverbindungen, S. 35.

„§ 1. Der Zweck der Verbindung Bavaria ist: offene und freimütige Vertretung der Interessen der katholischen Sache unter dem Wahlspruch: In trau vaßt: In fide firmitas! Außerdem führt die Bavaria den Wahlspruch: Wahrheit im Erkennen und Leben! als Wahlspruch eines größeren Vereins (Union) mit derselben Tendenz, dessen Glied sie ist.
§ 2. Jedes rechtliche Mittel dient zur Erreichung unseres Zweckes; vorzüglich 1. Pflege der Wissenschaft; 2. Pflege des freundschaftlich brüderlichen und geselligen Lebens; 3. Geltendmachung unserer Ansichten in der Presse.
§ 3. Die Bavaria ist eine Lebensverbindung, d. h., durch das ganze Leben sind die Mitglieder miteinander zu demselben Zwecke verbunden. Die Farben sind: dunkelblauweißhellblau."

Diese älteste Prinzipien-Definition einer katholischen Verbindung enthält als wichtigstes und erstes Element die Katholizität, danach kommen die Wissenschaftlichkeit und die Lebensfreundschaft. Auffällig ist die starke Außenorientierung (Vertretung der katholischen Sache und Geltendmachung der Ansichten in der Presse), womit sichtbar gemacht wird, daß die katholischen Verbindungen sich nicht nur auf einen rein religiösen Charakter beschränken wollten, sondern ein offensiv-laienapostolisches Wirken anstrebten.

Diese drei Grundprinzipien (Katholizität, Wissenschaftlichkeit, Lebensfreundschaft) finden sich auch bei der Gründung der *Aenania* wieder.[3] Die *Alemannia*, die kurze Vorgängerin der *Austria* zu Innsbruck, gab sich folgende Satzung, die im wesentlichen dann von der Austria übernommen wurde:[4]

„§ 1. Alemannia ist eine Verbindung von deutschen Studenten aller Fakultäten zur gemeinschaftlichen Förderung der akademischen Aufgabe im katholischen Sinne.
§ 2. Als solche bezweckt sie:
a) daß ihre Mitglieder einerseits das akademische Studium durch den gegenseitigen Austausch wissenschaftlicher Leistungen fördern und andererseits den studentischen Frohsinn durch Poesie und Prosa, Musik und Geselligkeit beleben.
b) daß das Leben der Mitglieder in akademischer Freundschaft durch eine edle, sittliche Gesamtgesinnung gehalten, alles, was dieselbe heben kann, erhalten und gewissenhaft gefördert werde. Es sollen daher in ihr echt sittliche, männliche Charaktere ausgebildet werden.
c) daß die Verbindung die katholische Überzeugung ihrer Mitglieder wahre und fördere und dieselben anrege, sich auch im dereinstigen Berufskreise katholischer Interessen tätig zu erweisen.
§ 3. Politische Bestrebungen sind von der Wirksamkeit des Vereins ausgeschlossen."

Neben den Prinzipien Katholizität, Wissenschaft und Lebensfreundschaft treten noch die Begriffe studentischer Frohsinn und Sittlichkeit hinzu, die jedoch in einem Zusammenhang mit Lebensfreundschaft und Katholizität zu sehen sind. Auch hier ist die starke Außenorientierung zu erkennen (siehe besonders § 2 lit. c).

Zur Formulierung des § 3 ist zu bemerken, daß dieser in Zusammenhang mit der damals üblichen Vereinsgesetzgebung zu sehen ist. In den österreichischen Vereinsgesetzen von 1849 und 1852 wurde eine Trennung in nichtpolitische und politische Vereine vorgenommen, wobei letztere einer besonderen Aufsicht durch die Staatsbehörden un-

3 Hausladen, Abriß der CV-Geschichte, S. 19.
4 Hausladen, Urgeschichte der AV Austria, S. 91f.

terworfen waren.[5] Auch in den anderen deutschen Bundesstaaten gab es solche Bestimmung. In Preußen hatte diese sogar Verfassungsrang.[6] Um dem nun zu entgehen, wurde eine solche Bestimmung aufgenommen.

Erst 1890 wurde als § 3 in den Satzungen des CV die Formulierung aufgenommen: „Politische Bestrebungen liegen dem CV fern."[7] Neben den genannten vereinsrechtlichen Gründen wollte man sich zu dieser Zeit auch etwaigen Vorwürfen zur Wehr setzen, die katholischen Verbindungen seien stark mit dem parteipolitischen Katholizismus verbunden. Erst 1968 verschwand dieser Passus durch einen Beschluß über eine neue ÖCV-Satzung, da erstens der ursprüngliche Zweck seit langem weggefallen war, sowie zweitens das gewandelte Politikverständnis diese Formulierung antiquiert erscheinen ließ.[8] Bereits bei den beiden ältesten Statuten von katholischen Verbindungen (Bavaria die älteste überhaupt, Alemannia-Austria die älteste von Österreich) ist der starke gesellschaftspolitische Anspruch sowohl der Verbindung als auch des einzelnen Mitglieds deutlich zu erkennen, so daß naturgemäß diese Bestimmung zu einem Widerspruch werden mußte, je weiter der Politikbegriff sich entfaltete.

Auch die Zusammenschlüsse katholischer Verbindungen entwickelten in ihren Statuten Zieldefinitionen. Die *Bonner Union* nannte neben der selbstverständlichen Katholizität die Wissenschaftlichkeit und die studentische Geselligkeit.[9] Dasselbe tat auch der Statutenentwurf des zu gründenden *Gesamtverbandes* anläßlich des Katholikentages in Trier (1865), der jedoch aus den bereits erwähnten Gründen (siehe S. 40) nie in Kraft trat. Die ersten Statuten des CV, im September 1871 in Mainz beschlossen, gehen zum Teil auf den Statutenentwurf des Gesamtverbandes zurück. Der für diese Untersuchung interessante § 3 lautete:[10] „In den Cartellverband werden nur Verbindungen aufgenommen, welche in ihren Statuten ausdrücklich das Prinzip der Katholizität, Antiduellität, der Wissenschaftlichkeit und des Frohsinns aufgenommen haben und sich durch volle Farben betätigen."

Ein Jahr später, 1872, wurde der § 3 geändert. Die Sittlichkeit und Lebensfreundschaft wurden neu aufgenommen, der Frohsinn gestrichen.[11] 1884 kam es neuerlich zu einer Statutenreform. Als § 3 wurde folgende Bestimmung beschlossen:[12]

> „Der CV betrachtet das Tragen der Farben als
> a) das offene Bekenntnis seiner Grundsätze, insbesondere der Katholizität;
> b) eine Kräftigung des Bewußtseins der akademischen Standesehre;
> c) eine Stärkung des Gefühls der verantwortlichen Solidarität der Gesamtheit und der einzelnen Mitglieder."

Die 1900 vorgenommene Veröffentlichung der Satzung nahm in der Aufzählung der Prinzipien eine Wertung vor. Katholizität, Wissenschaftlichkeit und Lebensfreundschaft wurden gesperrt gedruckt, die anderen (Antiduellität und Sittlichkeit) normal.[13] Bei der

---

5 Schauer, Die historische Entwicklung des Vereinswesens, S. 22f.
6 Art. 30 Abs. 3 der Verfassungsurkunde für den Preußischen Staat von 1850.
7 CBl Nr. 57 (SS 1890), S. 745.
8 Hartmann, Der ÖCV nach 1945, S. 72.
9 Weiß, An der Wiege der katholischen deutschen Studentenverbindungen, S. 34.
10 CBl Nr. 9 (WS 1871/72), S. 8f.
11 CBl Nr. 13 (1. 3. 1873), S. 76.
12 CBl Nr. 46 (WS 1884/85), S. 93
13 Veröffentlicht in Werr, Geschichte des Cartellverbands (1900), S. 18ff.

Statutenreform des Jahres 1909 wurden die beiden letzteren gänzlich ausgeschieden. Die entscheidenden Passagen lauteten:[14]

„§ 1. Der CV, der Cartellverband der katholischen deutschen Studentenverbindungen, besteht aus solchen katholischen deutschen Studentenverbindungen, die in ihren Satzungen ausdrücklich die Grundsätze der Katholizität, Wissenschaftlichkeit und Lebensfreundschaft haben, durch volle Farben sich nach außen kundgeben ...
§ 2. Der CV verlangt von seinen Mitgliedern Vaterlandsliebe und Sittlichkeit und verwirft jede Art des Zweikampfes."

Um der Kritik wegen mangelnden nationalen Bewußtseins zuvorzukommen, beantragte die Aenania bereits 1907, daß nach der Katholizität das Wort Vaterlandsliebe eingefügt wird. 1909 wurde dann dieser Begriff wieder aus den Prinzipien herausgenommen und im § 2 eingereiht. Diese Formulierung blieb dann bis 1933 bestehen. Der in diesem Jahr gegründete ÖCV (darüber siehe S. 361f.) reihte die Vaterlandsliebe zwischen Katholizität und Wissenschaftlichkeit ein, wobei sicherlich die Statuten der Austria Wien vor 1906 als Vorbild dienten.[15] Diese Reihung blieb bis zur Satzungsreform des ÖCV von 1968 aufrecht.

In einer abschließenden Würdigung der einzelnen Statuten lassen sich folgende Prinzipien erkennen:

1. **Katholizität** mit den abgeleiteten Zielen *Sittlichkeit* und *Antiduellität*. Da die Sammlung der katholischen Studenten der eigentliche Gründungszweck der CV-Verbindungen war, ist es zweifelsohne das wichtigste Prinzip.
2. **Wissenschaftlichkeit**.
3. **Lebensfreundschaft** mit den abgeleiteten Zielen *studentischer Frohsinn*, *Farbentragen* und *Cartellfreundschaft*.
4. **Vaterlandsliebe.**

Prinzipien und Zielsetzungen lassen sich nicht nur aus offiziellen Dokumenten, den Statuten, herauslesen. Genauso wichtig ist ihre praktische Gestaltung im Lauf der Geschichte einer Verbindung bzw. des (Ö)CV. Darüber hinaus geben schriftliche Äußerungen offizieller oder offiziöser Natur Aufschluß, wie diese Prinzipien zu interpretieren und im Leben der Verbindungen und deren Mitglieder jeweils zu praktizieren sind. Zahlreiche Reden bei verbindungsoffiziellen Anlässen (z. B. Stiftungsfestkommersen) kreisen in der Regel um das Thema, wie diese Prinzipien konkret gelebt werden sollen. Solche Reden aus früheren Epochen, sofern sie gedruckt vorliegen, sind aber vom stilistischen Schwulst der damaligen Zeit überlagert und bringen daher selten Neues oder für heute Erwähnenswertes. Solche Reden auch in neuerer Zeit oder betreffende Artikel in Verbindungsfestschriften o. ä. haben daher wenig substantielle Aussagekraft. Auch die verbandsoffizielle Zeitschrift *Academia* brachte in regelmäßigen Abständen Beiträge zur allgemeinen Zielsetzung des CV oder zu einzelnen Prinzipien.[16]

Trotz allem ist aber die vielbeachtete programmatische Rede des damals in Wien lehrenden bekannten Kirchenhistorikers ***Albert Ehrhard*** (Mm, AW, NdW EM) erwähnens-

14 Satzungen GO 1918, S. 3.

15 Popp, Der CV in Österreich, S. 146.

16 Im besonderen sei der ungezeichnete Artikel „Unsere Aufgabe" genannt, weil er aus Anfang der neunziger Jahre des 19. Jahrhundert stammt und somit ein frühes Dokument ist: Ac 5 (1892/93), S. 51f.

wert, die er auf einem Festkommers der Wiener Verbindungen Austria und Rudolfina am 28. November 1899 unter dem Titel „Der katholische Student und seine Ideale“ gehalten hat. Diese Rede wurde noch im selben Jahr in einer erweiterten Fassung gedruckt.[17] Ehrhard hatte, obwohl nur drei Jahre in Wien lehrend, damals einen großen Einfluß auf die katholischen Studenten (siehe darüber S. 104).

Bei der österreichischen Post ist es seit Beginn des 21. Jahrhunderts möglich, daß auch Private, Institutionen, Firmen etc. Briefmarken herstellen können, die allgemeine Gültigkeit besitzen. Von dieser Möglichkeit haben auch zahlreiche Verbindungen Gebrauch gemacht. Ernst Exner (Pan) ließ eine Marke mit dem CV-Wappen und dem CV-Wahlspruch herstellen.

Der **Wahlspruch des (Ö)CV** „In necessariis unitas, in dubiis libertas, in omnibus caritas“, der auch Aufnahme in die Satzungen gefunden hat, stammt nicht – wie allgemein angenommen – von Augustinus. In keinen seinen Schriften ist dieser Satz zu finden. Der Grazer Kirchenhistoriker Maximilian Liebmann (Cl) konnte überzeugend nachweisen, daß dieser Spruch aus der Zeit des Dreißigjährigen Krieges stammt und in einem Werk eines evangelischen Theologen aus dem Jahr 1626 in etwas umfangreicher Form erstmals schriftlich nachzuweisen ist. Er lautete „Verbo dicam: si nos servaremus in necessariis unitatem, in non necessariis libertatem, in utriusque caritatem, optimo certe loco essent res nostrae.“ Der Hintergrund zu diesem Spruch waren damalige Streitigkeiten unter evangelischen Theologen. Der CV-Wahlspruch ist nichts anderes als die sprachlich flüssigere Formulierung dieses Spruches.[18] Die angenommene Autorenschaft des hl. Augustinus rührt von einem Gedicht des Dichters Heinrich Hoffmann von Fallersleben (des Text-Schöpfers des „Deutschlandliedes“) aus Anlaß der Weihe einer katholischen Kirche in Neuwied (heute Rheinland-Pfalz), wo er diesen Spruch fälschlicherweise Augustinus zuschreibt. Er findet sich bereits in den Schriften des Aenanen-Gründers Franz Lorenz Gerbl und wurde somit von allem Anfang an der Wahlspruch des CV.[19]

Zuguterletzt, wenn man schon beim Latein ist: 1886 wurde anläßlich eines Albums, das der CV Papst Leo XIII. zu seinem goldenen Priesterjubiläum überreichte, der Name „Cartellverband der katholischen deutschen Studentenverbindungen“ erstmals ins Lateinische übersetzt: *Consociatio Societatum Studiosorum Catholicorum Germanorum.*[20]

---

17 Die erwähnte Rede erschien unter dem Titel: Ehrhard, Der katholische Student und seine Ideale. Vgl. dazu die Besprechung dieses Buches in Ac 12 (1899/1900), S. 24. Über diese Rede siehe auch Ac 15 (1902/03), S. 1-4 und 16 (1903/04), S. 201f. Siehe auch LEINEN, HANS: Geheimrat Ehrhards Abschiedsvorlesung, in: Ac (1927/28), S. 13f. Ehrhard gab den Anstoß zur Gründung des Nordgau, siehe S. 69. Siehe auch Knobloch, Universitätsprofessor Dr. Albert Ehrhard.

18 LIEBMANN, MAXIMILIAN: Wer hat den Wahlspruch des CV verfaßt?, in: *Academia intern*, 7/1997, S. 12.

19 EXNER, ERNST: Wer hat den Wahlspruch des CV verfaßt?, in: *Academia intern*, 1/1998.

20 CBl. 49 (1886), S. 393.

Das Prinzip Katholizität hat im CV einen deutlichen Vorrang gegenüber den anderen.[21] Dies liegt im Gründungszweck, nämlich die katholischen Studenten im Rahmen des aufbrechenden Vereinskatholizismus des 19. Jahrhunderts zu sammeln. In seiner erwähnten Rede sagte Ehrhard:[22] „Die erste Eigenschaft des katholischen Studenten erblicke ich darin, daß er an den höchsten Bildungs- und Unterrichtsstätten des Vaterlandes Träger des christlichen Gedankens innerhalb der Studentenschaft sein will." Hier ist in modern anmutender Weise die laienapostolische Aufgabe des frei organisierten katholischen Studententums formuliert. In diesem Zusammenhang ging auch Ehrhard auf die Tatsache ein, daß die Universitäten des deutschen Sprachraums unter maßgeblicher, wenn nicht sogar hauptsächlicher Mitwirkung der Kirche errichtet worden sind. Er bedauerte, daß „ein anderer Geist in die Hallen der Universitäten" eingezogen sei. Die Aufgabe des katholischen Studenten müsse daher sein, die Position des christlichen Gedankens an den bestehenden Universitäten nicht nur nicht zu behaupten, sondern sogar zu verstärken.[23] Diese Position der „Wiedereroberung der Universitäten" vertrat dann acht Jahre später, 1907, auf der Eröffnungsrede zum 6. allgemeinen österreichischen Katholikentag Bürgermeister Karl Lueger (Nc EM) und löste damit einen Skandal aus (siehe später S. 142).

Bis in die sechziger Jahre des 20. Jahrhunderts war es unbestritten, daß nur ein getaufter Katholik Mitglied einer CV-Verbindung werden konnte. Selbstverständlich war und ist dieses Formalkriterium zuwenig. Das abgeleitete Prinzip **Sittlichkeit** sollte daher andeuten, daß die Lebensführung des einzelnen in Harmonie zur katholischen Glaubens- und Sittenlehre gestaltet werden muß. Nach Ehrhard ist die „Pflege der Religion ... nicht Sache studentischer Veranstaltungen, sondern die persönliche Angelegenheit eines jeden..."[24] Nicht selten wurde von offizieller CV-Seite darauf gedrungen, daß die Verbindungen darauf achten sollten, damit ihre Mitglieder nach den Grundsätzen der katholischen Kirche leben.[25]

Das stark ausgeprägte Katholizitätsprinzip hatte auch zur Folge, daß die CV-Verbindungen und deren Mitglieder im Rahmen des Verbandskatholizismus und der Katholikentage stark präsent waren. Im Deutschen Reich wurden lange Zeit die Cartellversammlungen am selben Ort und zur selben Zeit wie die Katholikentage abgehalten. Natürlich war auch der Anteil der Theologiestudenten in den CV-Verbindungen relativ hoch, so besonders in Innsbruck. Deren Mitgliedschaften hatten für das Verbindungsleben prägenden Charakter.

Für die erste Phase der Geschichte der CV-Verbindungen war das abgeleitete Prinzip **Antiduellität** wesentlich. Die Frage der studentischen „Wehrhaftigkeit" war einer der beherrschenden Punkte der Auseinandersetzungen zwischen den katholischen Verbindungen und den schlagenden Korporationen, wie noch zu behandeln sein wird (siehe S. 189f.). Aus diesem Grund erhielt die Antiduellität, obwohl sie später aus den Satzungen gestrichen wurde, besondere Bedeutung.

---

21 Über das Prinzips religio zusammenfassend siehe Fiala, Die Bedeutung des Prinzips religio. Ebenso auch Jauch, Das Prinzip „Religion" katholischer Studenten- und Akademikerverbände; Mayer, Katholische Farbstudenten im Kulturkampf, S. 109ff.

22 Ehrhard, Der katholische Student und seine Ideale, S. 10.

23 Ebda., S. 13.

24 Ebda., S. 42f.

25 Das Prinzip Religio, in: Ac 19 (1906/07), S. 17-14.

Das Prinzip Wissenschaftlichkeit gestaltet sich für die Lebenswirklichkeit des CV und seiner Verbindungen nicht immer einfach, vor allem was dessen Interpretation betrifft. Zu Unrecht wird der geforderte Abschluß eines akademischen Studiums mit diesem Prinzip in Verbindung gebracht, der Nichtabschluß als Verstoß dagegen gewertet. Die frühen Umschreibungen dieses Prinzips in den Satzungen lassen diesen Schluß zu, denn die Voraussetzung der Mitgliedschaft in einer Verbindung war in der Formulierung „Studentenverbindung" oder „akademische Verbindung" festgelegt. Die Absolvierung des Studiums war zur Zeit der Verbindungsgründung eher die Regel, als daß man statutarisch gegen einen Abbruch desselben vorgehen mußte.

Bereits die älteste Studentenverbindung modernen Typs, das 1798 gegründete Corps Onoldia, hatte in seiner Konstitution bereits das Wissenschaftsprinzip. Damit sollte im Sinne Fichtes und seiner Erziehungsidee auch die damit verbundene Persönlichkeitsbildung verbunden werden.[26] Hiermit war in der Folge das Vorbild gegeben, dieses Prinzip in den „Verfassungskanon" auch anderer Verbindungen aufzunehmen. Das war sicherlich der Grund, warum sich das Wissenschaftsprinzip bereits in den Statuten der Bonner Bavaria und der Bonner Union Mitte des 19. Jahrhunderts findet. Dort ist von „Wissenschaftlicher Unterhaltung" die Rede.[27] Die Verbindungen der Bonner Union waren angehalten, einmal wöchentlich zu einem wissenschaftlichen Abend zusammenzukommen. Die Statuten der Union regelten in fünf Paragraphen die Abfolge dieser Abende, wobei der Vortragende vorher seine Disposition einreichen mußte!

Die Statuten der Alemannia/Austria Innsbruck kennen die Formulierung, daß die „Mitglieder ... das akademische Studium durch den gegenseitigen Austausch wissenschaftlicher Leistungen fördern ..."[28] Die Formulierungen bei der Bavaria bzw. der Bonner Union und der Alemannia/Austria lassen den Schluß zu, daß es beim Wissenschaftsprinzip anfänglich auch um ganz praktische Dinge gegangen sein muß: Die Verbindungen sollten im Prinzip Lern- und Paukgemeinschaften sein und der Studienförderung dienen. Dieselbe Intention verraten auch die Statuten der Carolina. In den ersten von 1888 heißt es im § 2: „Sie soll für die Mitglieder das academische Studium durch den Austausch wissenschaftlicher Leistungen ... beleben ..."[29] Die gedruckten Statuten der Carolina aus dem Jahr 1897 sprechen im § 2 von der „Pflege des akademischen Studiums".

Erst in einem zweiten Schritt, in der Folge dieser Lerngemeinschaft, entstand in den Korporationen der Anfangszeit des CV das, was man heute gemeinhin als Vortragswesen oder Wissenschaftliche Abende nennt. Diese Einrichtungen haben sich vom unmittelbaren Studieninteresse losgelöst und dienten bzw. dienen immer noch der allgemeinen bzw. politischen Bildung, um moderne Ausdrücke anzuwenden.[30]

Um 1900 hatte sich bei frühen wie auch den eben gegründeten Verbindungen ein ausgeprägtes Vortragswesen herausgebildet. Eine Studie in der *Academia* aus dem Jahre 1912

26 Hümmer, Die Entstehung der Corps, S. 40f.

27 Weiß, An der Wiege der katholischen deutschen Studentenverbindungen, S. 34 und 36.

28 Hausladen, Urgeschichte der AV Austria, S. 91.

29 Hartmann, Im Gestern bewährt, S. 54.

30 Popp, Der CV in Österreich, S. 128ff.; siehe: Ein offenes Wort über die Pflege der wissenschaftlichen Abende in den katholischen Studentenverbindungen, in: Ac 2 (1889/90), SS. 124-127; Unser Wissenschaftsprinzip, in: Ac 10 (1897/98), SS. 60-66 und 98-99; Zur Frage der wissenschaftlichen Abende, in: Ac 25 (1912/13) S. 13.

befaßte sich damit und listete die Vorträge des vorhergegangenen Semesters auf. Es verblüffen dabei die aus heutiger Sicht modern anmutenden Themen, wie „Gewerkschaften; Der katholische Student und die soziale Betätigung; Ziele und Wege der modernen deutschen Literatur; Sexualethik; Flugprobleme, mit Lichtbildern (!); Frauenbildungsfragen; Neueste Errungenschaften der Physik; Soziale Bestrebungen im Studententum; Kultur und Katholizismus; Soziale Frage" usw. Man stellt auch staunend fest, daß es Vortragsabende von Schriftstellern und Künstlern gab.[31]

In zunehmendem Maße geriet das Wissenschaftsprinzip in die Auseinandersetzung zwischen Theologie und Wissenschaft. Der vom liberalen Zeitgeist beherrschte universitäre Wissenschaftsbetrieb sah in den Theologischen Fakultäten und in der Theologie Anachronismen, die in einer aufgeklärten Moderne nichts zu suchen hätten. Die Unvereinbarkeit von Rationalität und Glaube war auch einer der Hauptstreitpunkte zwischen katholischen Verbindungen und schlagenden Korporationen, die jenen deswegen die Gleichberechtigung auf den Hochschulen absprachen. Als Gegenbewegung im katholischen Bereich entstanden die Leogesellschaften und der Salzburger Universitätsverein zur Gründung einer katholischen Universität dortselbst. Bei beiden Initiativen machten die CV-Verbindungen und ihre Mitglieder an führenden Stellen mit.[32]

In einer gleichsam visionären Überhöhung des Wissenschaftsprinzips forderte Albert Ehrhard in seiner erwähnten Rede, daß die katholischen Studenten Förderer der christlichen Kulturarbeit werden und sich in den Dienst der Versöhnung zwischen moderner Kultur und katholischem Christentum stellen sollten.[33]

Lebensfreundschaft

Die katholischen Studentenverbindungen hatten von Anfang an die Organisationsform einer **farbentragenden Lebensverbindung** gewählt. Im Gegensatz zu den Vereinen (KV, UV) wählte man bewußt die Form des Farbentragens, um im Rahmen des Universitätsbetriebes attraktiv zu bleiben. Mitte des 19. Jahrhunderts war der Couleurstudent auf den deutschsprachigen Universitäten die Regel, der „Fink" (Student, der kein Mitglied einer Verbindung ist) die Ausnahme. Das Gewand der katholischen Farbverbindung mit seinem Komment und Brauchtum war, um es anders auszudrücken, nur das Mittel zum Zweck.[34]

Das Lebensbundprinzip entwickelte sich aus den studentischen Orden des späten 18. Jahrhunderts und wurde dann von den Landsmannschaften bzw. Corps des frühen 19. jahrhunderts weitergeführt. Die Burschenschaften, die dieses Prinzip ursprünglich nicht kannten, übernahmen es erst im Laufe der Zeit. Danach gehörte jemand durch einen besonderen Eid (Burscheneid) einer Verbindung das ganze Leben, also auch nach Vollendung des Studiums, als Alter Herr bzw. Philister an. Die erste katholische Verbindung Bavaria kannte in ihren Statuten bereits den Begriff Lebensverbindung.[35]

31 Das Vortragswesen im CV, in: Ac 23 (1910/11), SS. 363-365.
32 Popp, Der CV in Österreich, S. 130ff.
33 Ehrhard, Der katholische Student und seine Ideale, SS. 53-59.
34 Siehe insbesondere der § 3 der Cartellstatuten von 1884, siehe Anm. 12.
35 Weiß, An der Wiege der katholischen deutschen Studentenverbindungen, S. 35.

Sozialhistorisch ist festzustellen, daß sich im deutschen Sprachraum ab 1750 ein System von qualitativ neuer, hochpersonalisierter Freundschaftsbeziehungen entwickelt hat. Sie bildeten die soziale Grundstruktur der vielen unterschiedlichen kulturellen, geselligen und politischen bürgerlichen, fast ausschließlich von Männern getragenen Vereinigungen, die sich in dieser Epoche in Form von Geheimgesellschaften, Logen, literarischen Zirkeln, politischen Gruppierungen, beruflichen Interessensverbänden und sozialen Genossenschaften bildeten. „In jenen hundert Jahren [1750-1850, Anm. des Verf.] hat sich eigentlich das verwirklicht, was wir noch heute meinen, wenn wir emphatisch von Freundschaft reden." Die Gründe für diese „Epoche der Freundschaft" lagen nach dem renommierten deutschen Soziologen Friedrich Tenbruck[36] in dem raschen sozialen Transformationsprozeß von der ständisch-barocken Gesellschaft in eine differenzierte bürgerlich-industrielle Gesellschaft, wo es zu einem Identitätsverlust des Individuums gekommen ist. Dessen „Ich-Findung" stabilisierte sich wieder erst über die „Ich-Entdeckung" im Freund. Zeitlich parallel dazu, etwa im Vormärz, kam es noch zu einer anderen Ausformung von hochpersonalisierter Form von Beziehung, nämlich die bürgerlich-romantische Liebe als neue Begründung der Ehe.

Dieser Tansformationsprozeß erfuhr seine früheste Ausformung im intellektuell-akademischen Bereich, und zwar in den Studentenverbindungen, und fand dann Ende des 19. Jahrhunderts seinen Abschluß in Genossenschaften, Arbeiter-Bildungsvereinen, Wandervereinen etc. Mit Recht kann man daher vom 19. Jahrhundert als dem Jahrhundert der Vereine sprechen, was ja auch ein Konstitutivum der katholischen Milieubildung (Verbands- bzw. Vereinskatholizismus) wurde.

Wichtigstes Element all dieser Freundschaftsbünde, vor allem der Lebensverbindungen, ist daher die hochpersonalisierte Freundschaft, wie sie in einer emotional begründeten Gruppenidentifikation als Selbstbildnis des Individuums Ausdruck findet. Davon ausgehend bezeichnete Gernot Stimmer in seiner umfangreichen Studie „Eliten in Österreich" mit dem Begriff „Bundelite" die verschiedensten Vereinigungen, vornehmlich studentisch-akademischer Art, die sich auf der Basis dieser personalisierten Freundschaftsbeziehungen zum Führungspotential der bürgerlichen Gesellschaft und zur politischen Organisationsform ab dem 19. Jahrhundert im deutschen Sprachraum entwickelt haben.[37]

Bereits 1887 hat Ferdinand Tönnis (B! Arminina auf dem Burgkeller Jena), einer der Wegbereiter der modernen Soziologie im deutschsprachigen Raum, den Begriff „Gemeinschaft", die auf Freundschaftsbeziehungen und dem Gefühl von Zusammengehörigkeit fußt, definiert und der „Gesellschaft" gegenübergestellt. Max Weber (B! Allemania Heidelberg) hat zusätzlich noch die Kategorie „Bund" eingeführt, für den Freundschaftsbeziehungen, Spontaneität sowie Begeisterung für eine Sache typisch sind. Dessen Mitglieder sind durch das Erleben gemeinsamer Ziel- und Wertvorstellungen verbunden. Die moderne Soziologie gebraucht dafür den Begriff „Primärgruppe".[38]

Der Transformationsprozeß, der langsam nach 1945 begonnen und sich gegen den letzten Jahrhundertwechsel hin beschleunigt hat, ist hingegen anderer Art. Aus verschiedenen, hier nicht weiter zu erörternden Gründen begannen, derartige personalisierte Organisationen einer „Bundelite" entweder brüchig zu werden, oder sie werden besten-

---

36 Tenbruck, Freundschaft. Ein Beitrag zu einer Soziologie der persönlichen Beziehung, insbes. S. 436f.

37 Stimmer, Eliten in Österreich, S. 42.

38 Kaupp, Die integrierende Funktion studentischen Brauchtums, S. 14f. Das Werk von Tönnies aus 1887 heißt „Gemeinschaft und Gesellschaft", Neudruck Darmstadt 1991.

falls nicht in die Moderne passend wahrgenommen. Der Mitglieder-Rückgang der verschiedensten Arten von Vereinigungen, der seit dem letzten Drittel des 20. Jahrhunderts festzustellen ist, deutet darauf hin. Dieser Prozeß betrifft übrigens auch die bürgerliche Form der Ehe.

Auch wenn dem so sein mag, so ist doch festzuhalten, daß sich zwar solche freundschafts-personalisierte Organisationen in dieser spezifischen Form ab 1800 stark herausbildeten. Aber gegeben hat es solche Gemeinschaften immer schon, wenn auch in anderer Art. Man denke nur an die zahlreichen, teilweise bis in die Spätantike reichenden religiösen Gemeinschaften (Ordensgemeinschaften), die das katholische Christentum jahrhundertlang prägten und noch immer wirksam sind. Sie haben letztlich ihren eigentlichen Sinn-Grund in dem Jesus-Wort: „Denn wo immer zwei oder drei in meinem Namen versammelt sind, dort bin ich mitten unter ihnen." (Mt 18,20) Insofern erfährt das Lebensbund-Prinzip katholischer bzw. christlicher Verbindungen gegenüber den übrigen Korporationsformen (Burschenschaften, Corps etc.) eine spezifische Qualitätssteigerung, die sie gegenüber zeitläufigen sozialen Transformationsprozessen letztendlich immunisiert, wiewohl solche an ihnen nicht ganz spurlos vorübergehen.

Ein besonderer Vorteil der Organisationsform Lebensverbindung liegt in der Verbundenheit aller Mitglieder. Durch die damit vorherrschende gewisse Unbefangenheit der verschiedenen Generationen untereinander werden einzigartige soziale Verhaltensweisen entwickelt, die z. B. Service-Organisationen (Rotary, Lions etc.), Freimaurer, Ritterorden usw., die in der Regel nur bereits in der Gesellschaft „Etablierte" aufnehmen, nicht bieten können. Das war und ist natürlich immer Anlaß, dem CV Protektionismus vorzuwerfen, worauf noch später (siehe S. 699) eingegangen wird.

Unzweifelhaft und durch die Soziologie belegt ist, daß das emotionale Zusammengehörigkeitsgefühl der eben zitierten „Primärgruppen" durch bestimmte Rituale gefestigt wird. Für die Studentenverbindungen wird das mit dem Oberbegriff *Komment* bezeichnet. Auch wenn die Zielsetzungen einer Gruppe höher zu bewerten sind als deren äußeren Gemeinsamkeiten und Formen nicht Inhalte ersetzen können, braucht jede Gruppe ein Minimum äußerer Gemeinsamkeiten, um das Zusammengehörigkeitsgefühl zu stärken. „Wie wichtig die nach innen integrierende und nach außen abgrenzende Funktion von Äußerlichkeiten ist, zeigt sich z. B. in den Fahnen, Hymnen, Grußformen und Maskottchen von Fußballvereinen und Fanclubs."[39]

Der Soziologe Peter Kaupp (B! Arminia auf dem Burgkeller Jena) konstatiert daher, daß vor allem neu entstehende Organisationen, die zu Gunsten rationaler Zielsetzungen bewußt auf jegliche tradierte äußere Form verzichten, häufig nicht die Generation ihrer Gründer überstehen. Er kommt auch zu den Ergebnis, daß die Beibehaltung sinnentleerter Formen und Äußerlichkeiten dazu beigetragen haben, den Bestand von Gemeinschaften und Institutionen über lange Zeiträume und trotz Verfolgungen sicherzustellen. Im Gegenteil: „Es gibt Beispiele dafür, daß mit der voreiligen Preisgabe nicht mehr zeitgemäßer äußerer Formen Desintegration und Verfall sozialer Gruppen, Gemeinschaften und Institutionen eingesetzt haben."[40]

39 Kaupp, Die integrierende Funktion studentischen Brauchtums, S. 17. Siehe zu diesem Thema auch Mösbauer, Heinz: Kneipe und Kommers. Studentische Riten in kulturgeschichtlich-historischer Betrachtung, in: Einst und Jetzt. Jb. 2003 des Vereins für corpsstudentische Geschichtsforschung 49 (2004), SS. 21-33, so wie vor allem das Standardwerk der letzten beiden Jahrzehnte des 20. Jahrhunderts Krause, O alte Burschenherrlichkeit.

40 Kaupp, Die integrierende Funktion studentischen Brauchtums, S. 18.

Aus dieser Analyse ist im nachhinein nachzuvollziehen, daß der **studentische Frohsinn** in den frühen Verbindungsstatuten und in den ersten CV-Satzungen des Jahres 1871 festgeschrieben wurde (1872 wurde er als abgeleitetes Prinzip wiederum ausgeschieden), was natürlich auch oft Anlaß zu Kritik gegeben hat.[41] Selbst begeisterte Anhänger des studentischen Komments werden mit Staunen die regelmäßigen Verbindungsberichte in der *Academia* lesen, wo die zahlreichen studentischen Veranstaltungen (Kommerse, Kneipen, Fahrten zu „Bierdörfern" usw.) in exzessiver Weise beschrieben werden. In diesen, übrigens eine unmittelbare und hervorragende Quelle, weil sie jeweils monatlich von einer Verbindungscharge abgefaßt wurden, wechseln Berichte über die zahlreichen Auseinandersetzungen auf Hochschulboden mit solchen über gesellige Veranstaltungen oft abrupt, so daß man gelegentlich meint, verschiedene Welten tun sich da einem auf.

Die Zurückdrängung des studentischen Frohsinns als abgeleitetes Prinzip dürfte wohl auch mit der Kritik am übermäßigen Gebrauch studentischer Sitten zusammenhängen, die vor allem aus dem katholischen Bereich kamen. Von CV-Seite war man offenbar bemüht, auf diesem Gebiet etwas zurückhaltender zu agieren.

Ein Ausfluß der Lebensfreundschaft ist die **Cartellfreundschaft**.[42] Auf der Cartellversammlung 1872 in Breslau wurde den 1871 beschlossenen CV-Satzungen ein neuer Paragraph angefügt:[43]

> „§ 43. Alle aktiven und inaktiven Mitglieder sowie die Conkneipanten aller Cartellverbindungen stehen gegenseitig eo ipso auf dem brüderlichen Du und haben, wenn sie zusammentreffen, ein freundschaftliches Entgegenkommen zu beanspruchen."

Aufgrund des Wachstums des CV kam es seit 1899 immer wiederum zu Versuchen, diesen Passus zu streichen. Als diese 1925 endgültig scheiterten, blieb diese Bestimmung unangefochten Bestandteil der CV-Satzungen bis heute (im CV wie im ÖCV). Interessant ist dabei gewesen, daß sich in dieser Frage ein Gegensatz zwischen reichsdeutschen und österreichischen Verbindungen herausbildete. Erstere waren eher gegen, letztere eher für die Beibehaltung des Du-Komments. Diese Differenz wurde sicherlich auch durch die unterschiedlichen Usancen im österreichischen und preußischen Offizierskorps beeinflußt. Während in Preußen bei den Offizieren die Anrede „Sie" galt, gab es in der k. u. k. Armee den Gruß „Servus Du". Während der ranghöhere Offizier auf jeden Fall den rangniedrigeren duzte, konnte der Rangniedrigere in besonderen Situationen den ranghöheren z. B. mit „Du, Herr Oberst", „Du, Herr General etc." anreden. Die Verknüpfung des Du's mit dem Rangtitel ist eine spezifische österreichische Eigenart der Höflichkeitsform, die in Deutschland zum Teil auf großes Unverständnis stößt. Während dort mit dem Du-Wort die intime Anrede mit dem Vornamen verbunden ist, wahrt der Österreicher trotz des Du's durch die Anfügung des Titels eine gewisse Distanz (z. B. „Du, Herr Professor", „Du, Herr Bundeskanzler" usw.).[44]

---

41 Popp, Der CV in Österreich, S. 132ff.

42 Ebda., S. 137.

43 CBl Nr. 13 (1. 3. 1873), S. 79.

44 Über die besondere Form der Du-Anrede in der k. u. k. Armee siehe DEÁK, ISTVÁN: Der k. (u.) k. Offizier. 1948-1918. Wien 1991, S. 120f.

Wie erwähnt ist das Prinzip Vaterlandsliebe erst spät – 1907 bzw. 1909 – in die Satzungen des CV aufgenommen worden. Zuerst (1907) als Prinzip nach dem Begriff Katholizität, 1909 dann als abgeleitetes Ziel in einem eigenen Paragraphen, gesondert von den übrigen Prinzipien. Die Satzungen der ältesten Verbindungen (Bavaria, Alemannia/Austria, Aenania) kennen dieses Prinzip noch nicht, auch die Wahl der Farben oder der Wahlspruch lassen keinen derartigen Hinweis aufkommen.

Wieso kam es zu dieser späten Entwicklung des Vaterlandsprinzips? In dieser Fragestellung spiegelt sich das seit den Napoleonischen Kriegen ungelöste deutsche Problem wider. Seit dem Ausgang des Mittelalters war es klar geworden, daß sich infolge der Konstruktion des Heiligen Römischen Reiches Deutschland nicht auf einen zentralen Nationalstaat hin entwickeln würde, wie es z. B. in Frankreich, England, Spanien u. a. zu beobachten war. Erst im Zuge der Napoleonischen Freiheitskriege entstand ein durch die Romantik stark beeinflußtes deutsches Nationalbewußtsein. Besonders waren die damaligen Verbindungen, vor allem die Burschenschaften, in diese Bewegung involviert. Im Vaterlandsgedanken spiegelte sich ein gewisser Zwiespalt wider: Gilt die Treue zum konkreten Vaterland und dessen Fürsten (Österreich, Preußen, Bayern, Württemberg, Sachsen usw.) oder dem deutschen Volk, das möglichst bald in einem Staat vereint werden soll?

Für die deutschen Verbindungen lagen die Loyalitätskonflikte sehr unterschiedlich, für Österreich ganz besonders schwierig. In der Gründungszeit der CV-Verbindungen stellte sich diese Frage der Bavaria Bonn anders als der Aenania München. Gegen Ende des 19. Jahrhunderts wurde sowohl im Deutschen Reich, aber vor allem in Österreich der Deutschnationalismus eine immer stärker werdende politische Größe, der zwar von den deutschnationalen Parteien, in Österreich vor allem von Georg Ritter von Schönerer (B! Germania Innsbruck) und seiner Alldeutschen Partei, betrieben wurde, aber auch bei den Christlichsozialen und Sozialdemokraten eingang gefunden hatte. So fanden auch bei den österreichischen Verbindungen in zunehmendem Maße jene Stimmen Gehör, die die deutsche Frage in einem nationalstaatlichen Sinne lösen wollten. Dies wundert nicht, denn gerade bei jungen Leuten fanden diese Ideen besonderen Anklang.

Im Zuge dieser Art von „Radikalisierung“ sahen sich die katholischen Verbindungen in zunehmendem Maße der Kritik der übrigen Studentenschaft ausgesetzt, sie seien keine guten Deutschen. Dazu kam noch, daß die Katholiken durch die von deutschnationaler Seite stark beeinflußte protestantische *Los-von-Rom-Bewegung* mit der „ultramontanen“ katholischen Kirche in Verbindung gebracht wurden.[45] So entstand neben dem ersten Loyalitätskonflikt (Landesfürst – Deutsche) ein zweiter (Römische Kirche – Deutsche).

Wie dieses Prinzip Vaterlandsliebe in dieser Zeit zu interpretieren war, drückte August Nuß (Hr) aus:[46]

> „Die kerndeutsche Vaterlandsliebe ist das Säulengefüge, welches Fundament und Dach des Cartellgebäudes verbindet. So oft und entschieden dieser Wesensbestandteil im Programm der katholischen deutschen Studentenverbindungen geleugnet worden ist, so oft und fest ist er diesen begeisterten Musensöhnen ins Herz geschrieben

45 Popp, Der CV in Österreich, S. 146.

46 Nuß, Der Cartellverband, S. 32.

worden. Nicht der Nationalismus der Phrase, sondern der Patriotismus des Herzens und der Tat ist allerdings ihr Losungswort! Diese Vaterlandsliebe quillt aus religiösem Boden, und darum ist sie echt und hält auch stand, wenn ernste Stunden den Patriotismus erschweren und auf die Probe stellen."

In seiner erwähnten Programmrede versuchte Albert Ehrhard (Mm, AW EM) zu beweisen, daß es keinen Gegensatz zwischen Nationalismus und Katholizismus gibt. Da er diese Rede in Wien gehalten hatte, geht er noch weiter, indem er zu beweisen versuchte, daß sich Treue zur Kirche, zum österreichischen Vaterland und zum deutschen Volk nicht ausschließen.[47]

„Das sind die katholischen Grundsätze, welche das Verhältnis zwischen Katholizismus und Nationalismus regeln und aus denen klar hervorgeht, daß die katholische Kirche Sie nicht daran hindert, treue Söhne des großen österreichischen Vaterlandes und des deutschen Volkes zu sein, sondern Sie vielmehr dazu auffordert, die Vaterlandsliebe und die Pflichten gegenüber dem eigenen deutschen Volksstamm, dessen Kultur die älteste, die höchste und reichste in Österreich ist, von dessen Kulturarbeit alle übrigen Völker Österreichs Anregung, Nahrung und Hebung erhalten haben, dessen Sprache bis zur Stunde das gemeinsame Verkehrsmittel aller slawischen Stämme bildet, treu und tatkräftig zu üben."

In den Diskussionen über das Prinzip Patria rund 100 Jahre später spielen in Österreich die genannten Probleme keine Rolle mehr. Vielmehr wird, das zum Teil zu Unrecht, darin der Auftrag gesehen, sich aktiv an der Gestaltung des Gemeinwesens zu beteiligen und „die katholische Sache" dabei einzubringen. Dieser offensive Auftrag war jedoch seit Beginn der ersten CV-Verbindungen statutarisch in anderer Form festgehalten, wie die Satzungen der Bavaria Bonn beweisen.

Auf den Paragraphen der CV-Satzung, daß dem CV politische Bestrebungen fernliegen, ist bereits hingewiesen worden. Den späteren Widerspruch dieser Bestimmung zu der allgemein geübten Praxis und Forderung, daß der CV seine Anschauungen im politischen und beruflichen Leben vertreten soll, löst August Nuß folgendermaßen:[48]

„Hieraus [gemeint jener Paragraph in der CV-Satzung, Anm. d. Verf.] geht hervor, daß der bis zum Überdruß gehörte Vorwurf, der Verband sei eine Pflanzschule des Zentrums, unwahr ist. Mit obigem ... Grundsatz soll allerdings nicht gesagt sein, daß die studierenden Mitglieder des Cartellverbandes gleichsam mit Scheuklappen die politische Welt mit offenen Augen betrachten und sich diejenigen Kenntnisse auf politisch staatsbürgerlichem Gebiete lernend aneignen, die nötig sind, um später die politisch-staatsbürgerlichen Rechte und Pflichten mit Verstand und Bewußtsein ausüben zu können."

Eine besondere Ausformung erhielt das Prinzip Vaterlandsliebe in Österreich durch das seit den dreißiger Jahren aufkommende spezifische Österreichbewußtsein, das dann im ÖCV zu einer wichtigen Konstante, vor allem nach 1945, wurde (siehe darüber S. 412).

47 Ehrhard, Der katholische Student und seine Ideale, S. 50f.
48 Nuß, Der Cartellverband, S. 32.

Die Strukturen des Cartellverbandes fußen auf den Bemühungen um eine Einigung der katholischen Studentenverbindungen und -vereine vor 1866. Bereits im *Würzburger Bund* des Jahres 1864 wurden dabei drei Elemente sichtbar: die Versammlung der Verbindungsvertreter, aus der sich die ***Cartellversammlung*** entwickelte; der ***Vorort***, das ist jene Verbindung, die zwischen den Versammlungen die laufenden Geschäfte zu führen und den Kontakt untereinander aufrechtzuerhalten hat; das ***Correspondenzblatt***, das zur gegenseitigen Information geschaffen wurde. Die Statuten des *Gesamtverbandes*, 1865 in Trier vorgelegt, hatten ebenfalls diese Struktur. Der nach 1867 geschaffene Cartellverband übernahm diese bereits entwickelte Organisationsform.

Die ersten Cartellstatuten des Jahres 1871 bestätigten im § 5 diese Entwicklung und schrieben Vorort, Cartellversammlung und das seit 1. März 1869 erscheinende *Correspondenzblatt* fest.[49] An diesem Prinzip änderte sich bis 1918 nichts, lediglich das *Correspondenzblatt* wurde durch die 1888 gegründete *Academia* ersetzt.

Auf der jährlichen Cartellversammlung wurde der ***Vorort***, eine Verbindung, gewählt. Diese wählte wiederum ihrerseits den Vorortspräsidenten, zwei Vorortsbeisitzer, den Kassier, den Schriftführer und den Redakteur des Correspondenzblattes. Ohne das prinzipielle Kontrollrecht der Cartellversammlung anzutasten, übte die Vorortsverbindung gegenüber der Vorortskommission eine Kontrolle aus. Ab Beginn der neunziger Jahre des 19. Jahrhunderts setzte eine Strukturdebatte ein, die aber zu keiner wesentlichen Änderung führte.[50] Allem Anschein nach wurde das Vorortsprinzip von der Katholikentagsorganisation übernommen. Bis zur Errichtung eines Zentralkomitees 1868 hatte jährlich ein in der Regel bedeutender katholischer Verein eine Vorortsfunktion inne. Die Einigungsbemühungen der katholischen Studentenverbindungen in den sechziger Jahren des 19. Jahrhunderts standen ja in engem Kontakt zu den Katholikentagen.

Das beschlußfassende Organ ist die ***Cartellversammlung***.[51] Auf ihr hatten die Verbindungen je eine Stimme. Präsidiert wurde sie vom Vorortspräsidenten. Die Protokolle dieser Cartellversammlungen, die zumeist örtlich und terminlich mit den deutschen Katholikentagen zusammenfielen, liegen entweder in den *Correspondenzblättern* oder eigens gedruckt vor. Auffällig ist, daß bis zum Ersten Weltkrieg kaum inhaltliche Themen diskutiert wurden. Hauptsächlich befaßte sie sich mit Formalien und Geschäftsordnungsfragen. Eine Tendenz, die sich teilweise leider bis heute erhalten hat.

Für die interne Kommunikation wurde das *Correspondenzblatt* geschaffen, das jeweils vom Vorort herausgegeben wurde. Die erste Nummer erschien am 1. März 1869. Der wesentliche Teil war eine Sammlung von Verbindungsbeiträgen. Die Verbindungen berichteten regelmäßig über ihr Leben, die Chargenwahlen, Neuaufnahmen usw. Da durch die Wirren der NS-Zeit und des Zweiten Weltkrieges viele Verbindungsarchive zerstört wurden, stellen diese Berichte im *Correspondenzblatt* und in der Folge in der *Academia* eine wichtige und unmittelbare Quelle zu den Verbindungsschichten dar. Die Berichte aber verflachten zusehends, so daß unter Umgehung der Cartellversammlung von dem in Warburg tätigen Vikar Hermann Wurm (Sx) 1888 die *Academia* gegründet wurde (sie erschien

49 CBl Nr. 9 (1. 12. 1871), S. 8.

50 Popp, Der CV in Österreich, S. 39.

51 Ebda., S. 40. Siehe auch Woher kommen die Begriffe Vorort und Cartellversammlung, in: Ac 79 (1986), S. 122f.

erstmals am 15. Mai d. J.), die gegenüber dem *Correspondenzblatt* einen redaktionellen Teil aufwies. Mit 15. Mai 1896 wurde dann die *Academia* offizielles Verbandsorgan und das *Correspondenzblatt* eingestellt. Einen Teil der Informationen übernahm die *Academia*. Ab 1920 war der Bezug der *Academia* allgemein Pflicht, ein eigener Beitrag wurde dafür eingehoben.

Interessant ist der Bestellungsmodus des *Academia*-Redakteurs, er wurde nicht auf der Cartellversammlung gewählt, sondern von den Vertretern der Verbindungen und Philistersenioren. Damit wurde der immer stärker werdenden Bedeutung der Altherrenschaft Rechnung getragen und der erste Schritt zu einer für die Aktiven und Alten Herren gemeinsamen Verbandsinstanz getan. Für die ersten sechs Nummern der Academia war Hermann Wurm verantwortlich, aber der siebenten Nummer 1888 bis 1896 war Florian Werr (Hr) Redakteur, 1896/97 war dies kurz Ernst Heitzmann (Mm), dann bis 1911 wieder Wurm und danach Josef Weiß (Ae). Die *Academia* erschien bis Oktober 1935, danach gab es für den noch bis Mitte 1938 bestehenden „Verband alter CVer" ein Mitteilungsblatt. Von September 1949 bis Ende 1955 erschienen CV-Mitteilungen, anfänglich getrennt nach den Besatzungszonen. 1949 wurde die *Österreichische Academia* gegründet (siehe S. 503), Anfang 1956 erschien dann für Deutschland das 1. Heft der Nachkriegs-*Academia*.[52]

Die Organisierung der **Altherrenschaft** begann Ende der sechziger, Anfang der siebziger Jahre des 19. Jahrhunderts durch die älter und größer werdenden Verbindungen.[53] Bis 1895 hatte in Österreich lediglich die Austria Innsbruck einen Altherrenverband. Neben den Altherrenverbänden der Verbindungen entstanden ebenfalls in den neunziger Jahren örtliche Philisterzirkel. Die Gründung einer Dachorganisation der Altherrenschaft war seit der Jahrhundertwende in Diskussion, ab 1904 wurden diesbezügliche Beratungen geführt. Der ***Altherrenbund*** (AHB) wurde aber erst 1908 ins Leben gerufen. Initiator dieser Gründung und erster Vorsitzender des AHB wurde der preußische LAbg. und Fraktionsführer des Zentrums, Felix Porsch (Gu, Nc). Er hatte diese Funktion bis zu seinem Tod 1930 inne. Er war zweifelsohne die prägende Gestalt des CV im ersten Drittel des 20. Jahrhunderts.[54] Der AHB unter Porsch stellt auch einen „nicht zu unterschätzenden innerparteilichen [gemeint innerhalb des Zentrums, Anm. d. Verf.] Machtfaktor dar".[55]

Einher mit der Gründung des AHB ging eine Diskussion um das Mitspracherecht der Altherrenorganisation auf der Cartellversammlung. Bis zum Ersten Weltkrieg blieb jedoch lediglich der offizielle Vertreter der Verbindung, in der Regel der Senior, auf der Cartellversammlung stimmberechtigt, in den Debatten und diversen Ausschüssen konnten die Alten Herren, jedoch unorganisiert, Einfluß nehmen. Die 1896 geschaffene Stellung eines Verbandskassiers, der von einem Alten Herrn besetzt wurde, sowie die Positi-

---

52 Popp, Der CV in Österreich, S. 43ff.; siehe dazu CBl Nr. 1 (1. 3. 1869), Statut des Correspondenzblattes, S. 6; Statut der *Academia* in: Ac 9 (1896/97), S. 25ff.; Höpf, S.: Unsere Academia, eine geschichtliche Betrachtung, in: Ac 46 (1933/34), SS. 45-48 und 80-83. Der Geschichte der *Academia* widmeten sich auch Ac 25 (1912), S. 1f. und 81 (1988), Heft 3, ausführlich. 1888 kostete das Jahresabonnement 1,50 Mark. Als Erscheinungsweise wurde zehnmal im Jahr angegeben, siehe Ac 1 (1988/89), S. 1.

53 Popp, Der CV in Österreich, S. 55f.; über die Organisation der Altherrenschaft siehe Ac 4 (1891/92), S. 261f., 15 (1902/03), S. 68f., 16 (1903/04), S. 14, 17 (1904/05), S. 94f., und 21 (190/09), S. 253f.

54 Zu Porsch siehe Leugers-Scherzberg, Felix Porsch. Er stammte aus Oberschlesien. In der Weimarer Republik war er auch Vizepräsident des preußischen Abgeordnetenhauses und einer der tragenden Figuren der Großen Koalition in diesem größten deutschen Gliedstaat.

55 Leugers-Scherzberg, Felix Porsch, S. 144.

on des *Academia*-Redakteurs, der gemeinsam von den Senioren und Philistersenioren gewählt wurde, stärkten die Position der Altherrenschaft.

Hierin jedoch eine negative Entwicklung konstatieren zu wollen, wird der Sache nicht gerecht.[56] Das Lebensbundprinzip führt ja in Konsequenz zu einer quantitativen Übermacht der Altherrenschaft. Die in den sechziger Jahren des 19. Jahrhunderts entstandene Verbandsstruktur fußte noch auf Verbindungen, die noch keine Altherrenschaft aufwiesen und für die deren allfällige Integration noch nicht im Blickpunkt lag. Gegenüber den anderen Korporationsverbänden (Burschenschaften, Corps usw.) erlangte im CV die Altherrenschaft vor allem wegen der ausgeprägten Prinzipiendefinition besondere Bedeutung, wonach sich der Philister bis an sein Lebensende diesen Forderungen nicht entziehen konnte. Schon daher war es unmöglich, die Alten Herren unorganisiert dem eigenen Schicksal zu überlassen.

Die diesbezügliche statutarische Entwicklung in den Verbindungen sowie im CV wie ÖCV selbst hat gezeigt, daß ein gangbarer Weg gefunden wurde: Einerseits mußte der Vorrang der aktiven Verbindung gewahrt bleiben. Ebenso der protokollarische Vorrang des Seniors vor dem Philistersenior und des Vorortspräsidenten vor dem Altherrenvorsitzenden. Andererseits war und ist die aktive Verbindung auf die finanziellen und organisatorischen Ressourcen der Altherrenschaft angewiesen. Die Aktivenschaft, sei es in Verbindung oder im Verband, muß immer die treibende Kraft bleiben und darf nicht zu einer reinen Nachwuchsorganisation einer immer mehr sich verselbständigenden Altherrenschaft werden.

Die Strukturen der einzelnen Verbindungen waren einander sehr ähnlich, sie wurden ja zum Teil auch durch die Cartellsatzung festgeschrieben.[57] Vorbild war der sich nach den Napoleonischen Kriegen herausbildende Verbindungstypus hinsichtlich der Organisation und des Verbindungslebens. Zentralorgan ist der ***Burschenconvent*** (BC), auf dem alle vollberechtigten Mitglieder (Burschen) Stimmrecht besitzen, auch die Alten Herren. Er bestimmt in demokratischer Weise alle Angelegenheiten der Verbindung, insbesondere die Funktionäre, die Statuten und das Finanzwesen. Der Verbindungsvorstand (Chargen) besteht mindestens aus dem Senior, dem Consenior, dem Schriftführer und dem Kassier sowie dem Fuchsmajor, der sich um die neueingetretenen Mitglieder (Füchse) in der Art eines Novizenmeisters zu kümmern hat.

Sowohl die Verbindung wie auch der Verband sind demokratisch strukturiert. Der Senior einer Verbindung unterliegt einer fast schon rätedemokratisch anmutenden ständigen Kontrolle durch den BC. Auffällig ist auch die starke Formalisierung. Umfangreiche Satzungen, Geschäftsordnungen, Debattenordnungen usw. sind kennzeichnend, ebenso die dauernden Geschäftsordnungsdebatten oder Satzungsänderungsanträge. Ohne auf eine nähere Wertung eingehen zu wollen, haben diese Erscheinungen (demokratischer Aufbau, Formalisierung) zu einer starken Hinwendung der CVer zu öffentlichen Funktionen geführt. In den Verbindungen lernt man, wie man sich in einer demokratischen Verfaßtheit argumentativ durchsetzen kann. Die Überlegenheit der Korporationsstudenten (aller Richtungen) auf diesem Gebiet wurde erst durch das Auftreten der neomarxistischen Neuen Linken in den sechziger Jahren des 20. Jahrhunderts in Frage gestellt, die in der formalen Argumentationstechnik andere Wege beschritt.

56 So Popp, Der CV in Österreich, S. 39f.

57 Popp, Der CV in Österreich, S. 69f.; bereits auf der Cartellversarnmlung in Breslau 1872 wurden in die Satzungen Bestimmungen über die Verbindungsmitglieder aufgenommen, siehe CBl (1. 3. 1873), S. 79.

Universität und Studenten im alten Österreich

Das österreichische Universitätswesen

Für die österreichischen Universitäten und deren Organisation war das Jahr 1849 eine einschneidende Zäsur. Am 28. Juli 1849 wurde Leo Graf Thun-Hohenstein (AW EM) zum Minister des Kultus und Unterrichts ernannt.[1] Mit seinem Namen ist die große Unterrichtsreform der Jahre 1849 bis 1851 verbunden, die das Universitäts- und Gymnasialwesen neu organisierte. Bis zu diesem Zeitpunkt hatte das Gymnasium sechs Klassen, wer danach die Universität besuchen wollte, mußte im Rahmen der Philosophischen Fakultät (Nachfolgerin der „Artistenfakultät") einen Kurs besuchen, um entweder an den anderen (Ober-) Fakultäten der Theologie, Medizin und Jurisprudenz oder die weiteren Studiengänge der Philosophischen Fakultät studieren zu können. Bis 1848 waren die Universitäten mehr oder minder Ausbildungsstätten für Priester, Beamte sowie Ärzte und oft zu Lyzeen degradiert (z. B. Graz, Innsbruck, Olmütz). Eine wissenschaftliche Forschung fand kaum statt. Die Thun'sche Reform schuf das achtklassige Gymnasium mit der Reifeprüfung (Matura), die den Zugang auf die Universität ermöglichte, sowie eine einschneidende Universitätsreform, die in Anlehnung an die Humboldt'sche Reform die Lehr- und Lernfreiheit brachte und die Universitäten wiederum zu Anstalten der Forschung machte. Diese Bildungsreform ermöglichte die Entwicklung eines wissenschaftlich-technischen Standards im Österreich des 19. Jahrhunderts, der im Zuge der Industrialisierung und der politischen Aufgaben einer europäischen Großmacht notwendig war. Die Universitäts- und Schulreformen der sechziger und siebziger Jahre des 20. Jahrhunderts brachten lediglich zeitgemäße Korrekturen am Thun'schen System an, ohne aber es letztlich in Frage zu stellen. Erst die Universitätsreform des Jahres 2002 war wieder eine einschneidende Zäsur (siehe S. 673).

Leo Graf Thun war ein romantischer Konservativer. Das Ziel seiner Kulturpolitik war, wie der Rechtshistoriker Hans Lentze (Dan) schreibt, die Versöhnung der Humboldt'schen Universitätsidee mit dem Katholizismus.[2] Es war aber eine besondere Tragik, daß seine Kulturpolitik vom Episkopat und den konservativen Katholiken abgelehnt wurde.[3] Es mag ein Treppenwitz der Geschichte sein, daß die vom romantisch-reformerischen Katholizismus geprägte Reformidee Thuns von den Liberalen, insbesondere vom Unterrichtsminister Karl von Stremayr, fortgesetzt wurde, der 1872 und 1873 das Universitätsreformwerk legistisch beendete. Hans Lentze sieht darin den Ausgangspunkt der Entfremdung zwischen Katholizismus und Universität: „Diese Streitigkeiten ... hatten eine verhängnisvolle Rückwirkung auf die geistige Haltung der österreichischen Universitätsprofessoren. Wer konservativ war, der galt als Verräter an der Universitätsidee. Bekenntnis zum Liberalismus, Ablehnung des I. Vatikanums und der Politik Roms und des Epi-

1 Über das Reformwerk Thun-Hohensteins siehe: Kann, Hochschule und Politik; Lentze, Die österreichischen Universitäten; Otruba, Die Universitäten in der Hochschulorganisation der Donaumonarchie, SS. 75-80; Preglau-Hämmerle, Die politische und soziale Funktion der österreichischen Universität, S. 157ff.

2 Lentze, Die österreichischen Universitäten, S. 351.

3 Interessant ist, daß sich die katholisch-konservative Kritik an Thun bis in die zwanziger Jahre des 20. Jahrhunderts hinein gehalten hat. So bezeichnete Dörrer, Die Entstehung der katholisch deutschen Studentenbewegung in Österreich, S. 15, die Thun'sche Reform als „Enteignung der katholischen Kirche".

skopates waren Voraussetzungen, um in den Kreisen der Universität als tragbar anerkannt zu werden. Auch die österreichischen Katholiken unter der Führung des Episkopates gingen jetzt in das vielberufene Ghetto, von dem im reichsdeutschen Katholizismus im 20. Jahrhundert so viel die Rede war. Katholisches Volk und Universität traten in einen Gegensatz, der erst im 20. Jahrhundert wieder überwunden wurde."[4]

Der Gegensatz zwischen Liberalismus und katholischer Kirche auf den Universitäten wurde jedoch ab Beginn des letzten Viertels des 19. Jahrhunderts vom Gegensatz Deutschnationalismus (allerdings liberaler Einfärbung) und katholische Kirche abgelöst. Dieser spielte sich, um mit Robert A. Kann zu sprechen, frei nach Nestroy zu ebener Erde und im ersten Stock ab. „Es handelte sich im Parterre um den Parteikampf, in dem die freiheitliche Bewegung in ihrer höchst ungleichen Vernunftehe mit dem ansteigenden und bald weitaus stärkeren rassisch bedingten Nationalismus gegenüber den konservativ-kirchlichen Kräften ständig an Einfluß auf die Regierungspolitik verlor, dagegen im geistigen und gesellschaftlichen Leben zunächst ihre Stellung behauptete." Im ersten Stock ging es auch um die Besetzung wichtiger weltanschaulicher Lehrstühle.[5] In diese Auseinandersetzungen wurden die katholischen Verbindungen auf das stärkste mit einbezogen, wie später dargelegt wird.

Welche **Universitäten** gab es seit der Thun'schen Reform im damaligen Kaisertum Österreich?[6] Es bestanden die Universitäten Wien, Graz, Salzburg, Innsbruck, Prag, Olmütz (Olomouc), Krakau (Kraków), Lemberg (L'vov), Pavia (Lombardei), Padua (Venetien) und Budapest. 1850 wurde die Universität Salzburg aufgehoben, lediglich die Theologische Fakultät blieb bestehen, das gleiche geschah 1853 mit der Universität Olmütz. 1859 schied die Lombardei, und damit die Universität Pavia, aus dem österreichischen Reichsverband aus, 1866 traf dies dann auf Padua (Verlust Venetiens) zu. 1872 wurden in Klausenburg (Cluj, Koloszvár, Siebenbürgen), 1875 in Agram und in Czernowitz (Chernivtsi, Çernauti) je eine Universität gegründet. Mit Beginn des Wintersemesters 1882/83 wurde die Prager Universität in die k. k. deutsche Karl-Ferdinands- und die k. k. böhmische Karl-Ferdinands-Universität geteilt.

Zum Ende Österreich-Ungarns 1918 gab es elf Volluniversitäten (Wien, Graz, Innsbruck, zwei in Prag, Krakau, Lemberg, Czernowitz, Budapest, Agram und Klausenburg), wobei die österreichische Reichshälfte eindeutig dominierte. Zu diesem Zeitpunkt gab es weitere sieben **Technische Hochschulen**: Wien, Graz, je eine deutsche und tschechische in Prag, Brünn, Lemberg und Budapest. Sonstige Lehranstalten mit Hochschulcharakter gab es eine ganze Reihe: Hochschule für Bodenkultur in Wien (1875), Tierärztliche Hochschulen in Wien und Lemberg (beide 1889), die Montanistischen Hochschulen in Leoben und Přibram sowie zwei Kunstakademien in Wien und je eine in Prag und Krakau. Die Wiener Konsularakademie („Orientakademie"), die Exportakademie Wien (1898 gegründet, später Hochschule für Welthandel bzw. Wirtschaftsuniversität) und die Scuola Superiore di Commercio Triest (1877 gegründet) besaßen ebenfalls Hochschulcharakter. Als Besonderheit gab es im Jahr 1871 in Ungarn 13 sog. Rechtsakademien, deren Zahl bis 1914 ständig zurückging.

---

4 Lentze, Die österreichischen Universitäten, S. 360.

5 Kann, Hochschule und Politik, S. 514f.

6 Die Aufstellung erfolgt nach Otruba, Die Universitäten in der Hochschulorganisation der Donaumonarchie. Siehe auch Brunner, Geschichte der österreichischen Hochschulen.

Die Studentenzahlen in der Monarchie

	1828	1848	1868	1888	1908	1913
Gebiet heutiges Österreich	6.952	4.595	6.226	9.425	16.048	19.249
Universität Wien	3.705	1.805	3.646	5.480	7.715	9.205
Universität Graz	1.206	1.067	779	1.311	1.841	2.070
Universität Innsbruck	689	741	461	873	1.062	1.422
Technik Wien	747	386	761	689	2.847	2.888
Technik Graz	0	354	299	140	570	702
Montanistik Leoben	0	0	18	97	290	379
Forstakademie (Bodenkultur) Wien	61	0	51	214	860	1.035
Tierärztliche Wien	257	0	144	534	422	862
Exportakademie (Welthandel) Wien	0	0	0	0	352	710

Interessant sind einige statistische Daten, diese beziehen sich aber nur auf die Universitäten auf dem Gebiet des heutigen Österreich.[7] Die relativ hohe Studentenzahl 1828 gegenüber 1848 erklärt sich dadurch, daß bis 1849 die letzten beiden Gymnasialklassen auf den Universitäten absolviert wurden (auf der sog. „Artistenfakultät"). Entscheidend ist jedoch der quantitative Sprung an der Wende vom 19. zum 20. Jahrhundert. Aber im Vergleich zu den gegenwärtigen Studentenzahlen hatten diese vor 1918 fast schon idyllehaften Charakter. Manche Hochschule oder Fakultät war damals oft nicht viel größer als heute ein Schwerpunktgymnasium. Daß zu dieser Zeit die Kommunikation innerhalb der Studentenschaft wie auch zwischen dieser und den Professoren besser funktionierte, braucht wohl nicht eigens betont zu werden.

Nach Nationalitäten verteilten sich die Hörer der Universitäten und Hochschulen der österreichischen Reichshälfte durchschnittlich in den letzten Jahren der Monarchie (in Prozent) folgendermaßen: Deutsche 48, Tschechen 20, Polen 16, Ruthenen 4, Slowenen 2, Serbokroaten 3, Italiener 2, Rumänen 1,1, Ungarn 2, andere 1,5. Der Anteil der Katholiken an den Hörern (in Prozent) betrug in der österreichischen Reichshälfte:

1863/64	83,6	1893/94	74,4
1873/64	81,9	1902/03	76,2
1883/84	73,6		

Die Konfessionsstruktur zeigt im Staatsdurchschnitt eine abnehmende Tendenz der Katholiken in den achtziger Jahren. Dementsprechend stiegen die Hörer des mosaischen und der anderen Bekenntnisse. Im Staatsdurchschnitt stieg die Zahl der mosaischen Hörer von 11,2 Prozent im Jahre 1863/64 auf 16,4 Prozent im Jahre 1902/03 und die der anderen von 5,2 Prozent auf 7,4 Prozent.

Studentische Mitbestimmung vor 1914

Eine studentische Mitbestimmung in der Form, wie wir sie nach 1945 in Österreich und der Bundesrepublik Deutschland kennen, hat es vor 1918 im damaligen Österreich-Un-

7 Die Statistiken wurden erstellt nach Pliwa, Österreichs Universitäten 1863/64 – 1902/03, und Völlmecke, Hochschulstatistik.

garn bzw. im Deutschen Reich nicht gegeben. Das heißt aber nicht, daß es Ansätze sowie Vorschläge dazu gegeben hat.[8]

Die Burschenschaftsbewegung der Napoleonischen Freiheitskriege nahm für sich ein „allgemein politisches Mandat" in Anspruch, um einen modernen Ausdruck zu verwenden. Die in der Folge des Wartburgfestes 1817 aufgestellten 35 Grundsätze handelten ja im Prinzip kaum von rein studentischen Anliegen. Dadurch, daß die Burschenschaften einen sehr hohen Prozentsatz der Studenten integrierten, wurden sie automatisch als studentischer Vertretungskörper betrachtet.

Neue Ansätze für eine studentische Mitbestimmung brachte das Revolutionsjahr 1848, das sehr stark von Studenten geprägt wurde.[9] Zu Pfingsten, am 11. Juni 1848, begann zu Eisenach das 2. Wartburgfest, das von den Burschenschaften initiiert wurde. Ca. 1.600 Studenten nahmen daran teil, darunter auch solche aus Wien. In einer Adresse wurde die in Frankfurt/Main tagende deutsche Nationalversammlung aufgefordert, Lehr- und Lernfreiheit zu gewähren und die Beschränkungen der Universitätsautonomie aufzuheben. Weiters wurde verlangt, daß die Studierenden an der Wahl der akademischen Behörden und bei der Besetzung der Lehrstühle beteiligt werden sollen. Aus den teilnehmenden Studenten konstituierte sich ein 101 Mitglieder starker *Gesamtausschuß der deutschen Studenten*, in dem die radikale Linke (im Sinne der Revolution des Jahres 1848) die Mehrheit hatte. Hier wurde nun die Organisation einer zu bildenden *Allgemeinen Deutschen Studentenschaft* beraten, der automatisch alle Studenten angehörten und die sich in universitäre Einzelstudentenschaften teilte.

Alle Studenten einer Universität bilden als beschlußfassendes Organ eine Generalversammlung, die einen administrativen bzw. exekutiven Ausschuß zu wählen hat. Die Generalversammlung entsendet in einem Gesamtausschuß pro hundert Studenten einen Abgeordneten. Dieser bestimmt jährlich eine Teilstudentenschaft zu einem Vorort, deren Generalversammlung eine Zentralbehörde zu wählen hat.

Für den 25. September 1848 wurde dann die erste (aber auch letzte) Tagung des Gesamtausschusses der Allgemeinen Deutschen Studentenschaft einberufen. Von Wien reisten 20 Studenten an, die steirischen Behörden untersagten die Reise, doch konnten zwei Jusstudenten inoffiziell teilnehmen. Diese zweite Eisenacher Tagung hatte weniger Bedeutung als die erste. Zu sehr zeichnete sich bereits das Scheitern der Revolution 1848 ab, und die Differenzen zwischen Konservativen und radikal-linken Studenten bewirkten, daß dieser Gesamtausschuß nicht vollständig beschickt wurde.

Neben der studentischen Selbstverwaltung hatte die Eisenacher Tagung auch einen „Verfassungsentwurf" für die deutschen Universitäten zur Vorlage an die „Nationalversammlung und die resp. Ministerien" beraten und beschlossen.[10] In § 7 sollte die Universität durch einen Ausschuß repräsentiert werden, der zu gleichen Teilen aus Professoren und Studenten bestehen soll. Dieser Ausschuß hätte dann nach § 8 den Rektor zu wählen. Diese radikalen Forderungen gab es nicht einmal in der Folge des Jahres 1968.

8 Die Entwicklung der studentischen Selbstverwaltung für diesen Zeitraum behandeln Bartsch, Die Studentenschaften, SS. 12-15; Derichsweiler, Die rechtsgeschichtliche Entwicklung des Studententums; Volkmann, Die Deutsche Studentenschaft.

9 Bartsch, Die Studentenschaften, S. 13f.; Derichsweiler, Die rechtsgeschichtliche Entwicklung des Studententums, S. 47f.; Frey, Die bürgerliche Revolution des Jahres 1848, S. 161ff.

10 Abgedruckt in Derichsweiler, Die rechtsgeschichtliche Entwicklung des Studententums, S. 104f.

Die neoabsolutistische Reaktion auf das Jahr 1848 hat alle diese Bemühung um Organisierung der Studentenschaft sowie um deren Mitbestimmung vorläufig zunichte gemacht. Trotzdem waren die Eisenacher Beschlüsse in vielfacher Hinsicht bahnbrechend und ihrer Zeit weit voraus.

In Österreich wurden die Verbindungen lt. § 11 des Erlasses des Ministers für Kultus und Unterricht vom 13. Oktober 1849, Z. 7215, RGBI. Nr. 416, verboten[11], ähnliche, jedoch nicht so harte Bestimmungen erließen eine Reihe anderer Staaten des Deutschen Bundes. Der Konstitutionalismus ließ sich jedoch nicht aufhalten, die außenpolitischen Niederlagen Österreichs der Jahre 1859 und insbesondere 1866 hatten die Gewährung der bürgerlichen Freiheiten im Staatsgrundgesetz zur Folge. Das Vereinsgesetz vom 15. November 1867, RGBI. Nr. 134, derogierte den § 11 dieses Erlasses. Es konnten nun in Österreich die bisher im Untergrund bzw. im rechtsfreien Raum bereits existenten Verbindungen ungehindert agieren bzw. neue solche entstehen.

Nach 1880 bildeten sich spontan und zu bestimmten Anlässen auf den Universitäten Studentenausschüsse. In der Regel bestanden sie aus den Sprechern bzw. Senioren der Studentenverbindungen, um Universitätsfeste, Kommerse, Inaugurationsfeiern usw. zu beraten. Die katholischen Verbindungen waren in der Regel ausgeschlossen.[12] Da ein hoher Prozentsatz der Studentenschaft korporiert war, wurden diese Ausschüsse von den Universitätsbehörden geduldet und teilweise als Vertretung anerkannt. In Graz finden wir solche Studentenausschüsse[13], ebenso in Wien.[14] Lediglich der 1885 in Heidelberg gegründete Studentenausschuß war eine offizielle Initiative der Universität und bestand als solcher bis 1918.[15]

Auf Anregung der B! Germania Innsbruck fand am 8./9. Januar 1897 der 1. Deutsche Studententag in Wien statt, der Aufruf erging an alle „deutschnationalen Hochschüler Österreichs". An ihm nahmen ca. 300 Studenten, vornehmlich von den schlagenden Korporationen, teil.[16] Aufgrund der Initiative war von vornherein klar, daß die katholische Studentenschaft ausgeschlossen war. Es wurde ein „Reform-Programm für die deutschen Hochschulen in Österreich" beschlossen[17], das neben rein kulturkämpferischen bzw. deutschnationalen Forderungen, auf die noch später eingegangen wird, auch solche über studentische Mitbestimmung enthielten. In Artikel VII wird gefordert, daß auf jeder deutschen Hochschule von den deutschen Hörern ein Hochschulausschuß gewählt werden soll, nach Artikel VIII sollen die deutschen Studenten Einfluß auf die Wahl des Rektors erhalten. Dieser Studententag wurde auch in der *Academia*[18] kommentiert, wobei die Forderung nach einem Hochschulausschuß weder positiv noch negativ bewertet wurde. Dies dürfte daran gelegen haben, daß der CV bzw. die katholische Verbindungen erst einmal die Gleichberechtigung auf der Universität erringen wollten und mußten, so daß naturgemäß Fragen der studentischen Selbstverwaltung und Mitbestimmung in den Hintergrund gerieten.

11 Abgedruckt in Universitätsgesetze, S. 633ff.

12 Derichsweiler, Die rechtsgeschichtliche Entwicklung des Studententums, S. 52.

13 Z. B siehe Hartmann, Im Gestern bewährt, S. 74f.

14 Ac 25 (1912/13), S. 453.

15 Derichsweiler, Die rechtsgeschichtliche Entwicklung des Studententums, S. 53,Volkmann, Die deutsche Studentenschaft, S. 3.

16 Über den 1. Studententag siehe Bechmann, Die Wiener B! Silesia, S. 421ff.; Molisch, Die deutschen Hochschulen in Österreich, S. 202ff.; Scheuer, Die geschichtliche Entwicklung des Deutschen Studententums, S. 364f.

17 Abgedruckt bei Bechmann, Die Wiener B! Silesia, S. 422ff.

18 Ac 9 (1896/97), S. 262f.

Der 2. Deutsche Studententag fand vom 2. bis 6. März 1905 in Wien statt und stand noch stärker unter kulturkämpferischen Aspekten.[19] Auf ihm wurde die Schaffung eines ständigen Zentralausschusses der gesamten Hochschulen Österreichs einstimmig beschlossen.[20] Zum Unterschied zur Forderung nach Hochschulausschüssen am 1. Studententag sollte dieser Zentralausschuß aus Vertretern der Hochschulausschüsse bzw. Vertreterversammlungen der schlagenden Korporationen bestehen.

Der Vollständigkeit wegen soll erwähnt werden, daß die in Wien 1893 gegründete „Freie Vereinigung sozialistischer Studenten“ 1896 erstmals eine demokratische Studentenvertretung forderte, desgleichen 1909. Beide Initiativen wurden sowohl von der übrigen Studentenschaft wegen Ablehnung der Sozialdemokraten und vom Senat nicht angenommen.[21]

Die organisierte und nichtorganisierte Studentenschaft in Österreich

Das vormärzliche Österreich handhabte die „Karlsbader Beschlüsse“ unter Staatskanzler Metternich am schärfsten, so daß ein offenes Verbindungswesen nahezu unmöglich war. Die kurze Vereinsfreiheit des Jahres 1848 ließ Verbindungsgründungen zu, so entstand in Wien eine Libertas und ein Akademischer Rede- und Leseverein, die jedoch Ende des Jahres verschwanden. Die älteste aus dieser Zeit noch bestehende Verbindung ist das C! Saxonia in Wien. Der nach der Niederschlagung der Revolution in Österreich eingeführte Neoabsolutismus verhinderte vorerst jegliches weitere Vereins- und somit auch Verbindungsleben. Es ist davon auszugehen, daß informelle Runden und Treffen bestanden haben, die von den Ideen des Jahres 1848 getragen waren.

Entscheidend für das Entstehen des Verbindungswesens in Österreich war das Jahr 1859. Die Niederlage Österreichs gegen Frankreich und Piemont-Sardinien, die den Verlust der Lombardei mit sich brachte, zwang die Regierung zu einer innenpolitisch liberaleren Gangart. Im Jahre 1859 stand auch die Feier des 100. Geburtstages von Friedrich Schiller an, der ja stark die Bewegung der Freiheitskriege gegen Napoleon vor allem bei der Studentenschaft beeinflußte und so auch zur Wiederentstehung der burschenschaftlichen Idee beitrug. Die Wiener Studentenschaft veranstaltete zu seinen Ehren einen Fackelzug. Aus diesem Ereignis heraus entstanden einige Verbindungen, so z. B. die Olympia und Libertas. Beide wurden später Burschenschaften. Mit zeitlicher Verzögerung kam es dann in den anderen Universitätsstädten Prag, Graz und Innsbruck ebenfalls zu Verbindungsgründungen. Diese waren anfänglich nicht eindeutig als Burschenschaft, Corps oder Landsmannschaft erkennbar. Außerdem entstand ein Richtungsstreit zwischen „konservativem“ (unbedingt Duell und Mensur) und „progressivem (Duell und Mensur freistellend) Prinzip“, womit nicht die politische Stellung, sondern die zu Duell und Mensur gemeint war. Die Corps waren „konservativ“, die Burschenschaften teilten sich in „progressive“ und „konservative“ und die Landsmannschaften, die sich später in Burschenschaften umwandelten, waren „progressiv“. Letztendlich setzte sich das „konservative“ Prinzip durch, der Streit war Ende der achtziger Jahre des 19. Jahrhunderts kaum ein Thema mehr.

19 Ac 17 (1904/05), S. 440; Knoll, Geschichte der wehrhaften Vereine, S. 424f.; Molisch, Die deutschen Hochschulen in Österreich, SS. 217-222; Scheuer, Die geschichtliche Entwicklung des Deutschen Studententums, S. 373.

20 Bericht 2. Studententag, S. 129f.

21 Zoitl, Hochschulautonomie und Studentenrecht.

Politisch hingegen waren die Corps anfänglich konservativ, die Burschenschaften im Sinne der Ideen von 1848 radikal. Dies wurde auch durch die soziale Herkunft bestimmt: In die Corps traten meist Angehörige der begüterten Oberschicht ein, in die Burschenschaften meist die Söhne von Bauern, Handwerkern, kleinen Beamten, oft aus der Provinz. Politisch hingegen verflachten die Gegensätze zunehmend, da ab 1866/71 ein oft radikaler kleindeutscher Nationalismus vorherrschend wurde. Diese Tendenz wurde durch den immer stärker werdenden Einfluß des Alldeutschen Georg Ritter von Schönerer (B! Germania Innsbruck) auf die Verbindungen während der achtziger und neunziger Jahre verstärkt.[22]

Gegen Ende des 19. Jahrhunderts gab es in den österreichischen Universitätsstädten (Wien, Graz, Innsbruck, Prag, Czernowitz, Leoben) folgende Verbindungsgruppen:[23] Die **Burschenschaften** organisierten sich im Deutschen Reich zur Deutschen Burschenschaft (DB), in Österreich wurden 1889 von Burschenschaften der Linzer Delegierten-Convent (LDC) gegründet. Daraus entstand 1907 die Burschenschaft der Ostmark (BdO), die sich 1919 der DB anschloß. 1952 wurde die Deutsche Burschenschaft Österreichs (DBÖ) errichtet. 1898 waren 21 Burschenschaften im LDC organisiert.

Die **Corps** hatten sich im Deutschen Reich im Kösener Senioren-Convents-Verband (KSCV) 1855 gesammelt. In Österreich wurde 1898 der Hohensalzburger Senioren-Convents-Verband (HSSCV) gegründet. Zum Unterschied zu den Burschenschaften haben die Corps gegenwärtig keine eigene Organisation in Österreich. Dem 1896 gegründeten ***Deutsch-academischen Sängerbund*** gehörten die Akademischen Gesangsvereine von Wien, Graz und Leoben an.

Wenn man bedenkt, daß es 1898 in Österreich nur die katholischen Verbindungen Austria Innsbruck, Austria Wien, Norica Wien, Carolina Graz, Ferdinandea Prag, Rudolfina Wien und Frankonia Czernowitz gab, kann man ersehen, welches Kräfteverhältnis bestand.

Obwohl noch immer die Mehrzahl der Studenten einer Korporation beitraten, stieg die Zahl derer, die dies nicht taten. Um vor allem der Diskriminierung durch die Korporationsstudenten zu entgehen, entstand die freistudentische oder Finkenschaftsbewegung.[24] Ihren Ausgang nahm sie 1896 in Leipzig mit der Gründung der dortigen Finkenschaft. Im Laufe der Zeit entstanden zahlreiche solche Finkenschaften, die sich 1901 in Weimar zur Deutschen Freien Studentenschaft zusammenschlossen.

Da sich die Freie Studentenschaft in ihrem Programm als Vertreterin aller nichtkorporierten Studenten betrachtete und deren Auswüchse kritisierte, kam es naturgemäß zu einer ablehnenden Haltung der Verbindungen. So verfaßten die schlagenden Studentenverbindungen von Graz 1912 eine Resolution gegen sie.[25] Auch der CV beschäftigte sich mit ihnen.[26] Interessant ist ein Bericht in der *Academia* aus dem Jahr 1912 über die freistudentische Bewegung in Graz, die auf der Technischen Hochschule damals am stärksten vertreten war. Da diese die religiöse Überzeugung (Toleranzprinzip) achte, das Duell ab-

22 Über die Korporationsgründungen in Österreich siehe Haubner, Von Schiller zu Badeni (passim); Krause, Burschenherrlichkeit (passim); Schulze-Ssymank, Das deutsche Studententum (passim); Whiteside, Georg Ritter von Schönerer (passim),

23 Die Aufstellung nach Civis Academicus; Krause, Studiosus Austriacus; Ac 11 (1898/99), S. 189f., 211-214 und 240f.

24 Dazu siehe Ssymank, Dreizehn Jahre Freistudententum; Ssymank, Die freistudentische oder Finkenschaftsbewegung.

25 Studententum Freistudentenschaft.

26 Ac 24 (1911/12), S. 235f. und Nuß, August: Die Freistudentenschaft in der Entwicklung, in: Ac 25 (1912/13), SS. 67-69.

lehne und die Gleichberechtigung der katholischen Verbindungen anerkenne, gab es lobende Worte für sie.[27]

Es gab aber auch Versuche, katholischen „Finkenvereine“ zu gründen. Dazu zählt der im Jahr 1902 als Gegengewicht zum deutschnationalen Leseverein Germania in Wien gegründete „Akademische Rede- und Leseverein christlich-deutscher Studenten“ (seit 1910 „Akademia. Rede- und Leseverein christlich-deutscher Hochschüler in Wien“). Maßgeblich an dieser Gründung war der bekannte Wiener Kirchenhistoriker Albert Ehrhard (Mm, AW EM) beteiligt. Ihm gehörten sowohl Nichtkorporierte („Finken“) wie auch die Wiener CV-Verbindungen an. Er bestand – allerdings in Resten – bis 1983.[28]

Es gab aber in Österreich-Ungarn nicht nur deutsche farbentragende Verbindungen, sondern auch solche von den anderen Nationen. Der interessanteste Ort hierfür war wohl Czernowitz: Dort gab es neben den deutschen Verbindungen zwei ruthenische (Zaporoze, Czarnomore), eine polnische (Lechia) und zwei rumänische (Buccovina, Moldavia) Landsmannschaften sowie zwei jüdische Verbindungen (Hasmonea, Hebronea), die alle schlagend waren.[29] Aus Wien wird von drei slawischen Verbindungen (Ognisko, Slovenja, Danica) und einem italienischen Studentenverein berichtet, zu denen die Austria und Norica in Kontakt standen.[30]

Auch in Graz gab es von 1865 bis 1938 eine Reihe von slawischen, italienischen, ungarischen und jüdischen Studentenverbindungen und -vereinen.[31] So ist zum Beispiel neben anderen slawischen Studentenvereinen bzw. -verbindungen eine slowenisch-katholische Verbindung mit dem Namen Zaria („Morgenröte“) eingetragen gewesen, die ein weiß-blau-rotes Band trug und aufgrund der Statuten als Lebensverbindung anzusehen war.[32] 1907 wurde eine *Unione accademica cattolica Italiana* gegründet, die sich aber 1915 wiederum auflöste.[33]

---

27 Ac 25 (1912/13), SS. 69-71.

28 Über diesen Leseverein siehe Krammer, Akademia. Die beiden ersten Obmänner waren Karl Gottfried Hugelmann (ehemals AW) und Hans Eibl (ehemals NdW EM), die als sog. Katholisch Nationale später noch eine unrühmliche Rolle spielen sollten (siehe S. 343f.). Bei Krammer, Akademia, S. 113, sind die Mitglieder dieses Vereins rekonstruiert.

29 Wieser, Der Cartellverband in Böhmen, Mähren und in der Bukowina, S. 62f.

30 Rehberger, Geschichte der Austria Wien I, S. 51; Funder, Das weiß-blau-goldene Band, S. 61. Beim Stiftungsfest der Norica 1899 wurden Vertreter des Akademischen Vereins der katholischen Italiener begrüßt, Ac 12 (1899), S. 47. Mitglied dieses Vereins war von 1900 bis 1904 auch der spätere RRAbg. und italienische Ministerpräsident (1945-1953) Alcide de Gasperi, der aus dem Trentino stammte. Er hatte damals auch engen Kontakt zu den christlichsozialen Kreisen Wiens. Siehe dazu Conzemius, Viktor: Alcide de Gasperi – Christ, Demokrat und Europäer, in: StdZ 129 (2004), SS. 771-782, bes. 773.

31 Weichmann, Studentische Zusammenschlüsse in Graz, S. 15.

32 Binder, Die Anfänge der katholischen Studentenverbindungen in Graz, S. 33f.; der Wahlspruch dieser Verbindung lautete „Gott und Nation“ und verurteilte „Duell und Mensur“, siehe auch UAG VA 4, Nr. 22.

33 UAG VA 3, Nr. 59

Die Entwicklung des CV in Österreich

„Klerikale Hunde,
christlich-soziale Luegeranbeter,
Los-von-Österreich!"

Schimpfrufe anläßlich des Gründungsfestes
der Nibelungia Brünn, 19. November 1899

Die Verbindungsgründungen um 1900

Bis 1898 gab es in Wien, Graz, Innsbruck und Prag nur fünf farbentragende katholische Verbindungen: Austria Innsbruck, Austria Wien, Norica, Carolina und Ferdinandea. Besonders in Wien waren Verbindungsgründungen notwendig. Es stiegen nicht nur die Hörerzahlen, auch das Wachsen des organisierten Katholizismus war bemerkbar geworden. Die Bedeutung der Katholikentage, das quantitative Anwachsen der katholischen Vereine und die Erfolge des Politischen Katholizismus, insbesondere der Christlichsozialen im Raum Wien-Niederösterreich, hatten nun auch Auswirkungen auf den Hochschulboden. Auf der Cartellversammlung 1898 wurde auch die CO-Bestimmung aufge-

Gründungsfoto des Nordgau. In der Mitte der angesehene Kirchenhistoriker und „Reformkatholik" Prof. Albert Ehrhard (Mm, AW, NdW EM), rechts sitzend Viktor Kolassa (NdW), in der Ersten Republik Generalsekretär der Christlichsozialen Partei.

hoben, daß pro Hochschulort nur eine CV-Verbindung bestehen soll, womit eine formale Fessel für das Anwachsen des CV wegfiel.[1]

Im Jahr 1898 wurde das fünfzigjährige Regierungsjubiläum Kaiser Franz Josephs gefeiert. Aus diesem Anlaß beschloß man auf dem BC der Austria Wien vom 13. Juni 1898 auf Antrag des späteren RRAbg. August Kemetter (AW), eine Tochterverbindung zu errichten. In Erinnerung an den Gründer der Wiener Universität, Herzog Rudolf IV., den Stifter, wurde ihr der Name ***Rudolfina*** gegeben, als Farben wurden Gold-Weiß-Rot in Anlehnung an die päpstlichen und österreichischen gewählt. Bereits am 1. August 1898 fand der konstituierende BC statt. Die Verbindung trat dem Zweiten ÖCV bei (s. u.).[2]

Nachdem nun dieser 1899 mit der Innsbrucker Tirolia und der Rudolfina gegründet war, lag es nahe, weitere Verbindungen zu errichten. Auf einem BC der Austria Wien am 11. Dezember 1899 regte der bekannte Kirchenhistoriker Albert Ehrhard (Mm, AW EM) die Gründung einer Korporation zur Sammlung katholischer Studierender aus den „Ländern der Wenzelskrone" (Böhmen, Mähren, Österreichisch-Schlesien) an. Nach einem langwierigen behördlichen Genehmigungsverfahren erfolgte am 26. März 1900 die Konstituierung der „Katholischen österreichischen Landsmannschaft für Hochschüler aus Böhmen, Mähren und Schlesien ***Nordgau***", sie wurde als „Tochter" der Austria Mitglied des Zweiten ÖCV. Am 25. April 1900 war zusammen mit Kürnberg die Promulgation. Beim erstmaligen Aufzug gemeinsam mit dem Kürnberg auf die Universität am 7. Mai 1900 kam es zu Schlägereien (siehe S. 112f.). Ende 1900 wurde die ursprünglich weiße Mützenfarbe auf Verlangen des Akademischen Senats wegen Verwechslungsgefahr in Gelb geändert. Im Zusammenhang mit der Vereinigung mit dem CV führte sie seit 10. Dezember 1906 den Namen Deutschkatholische Studentenverbindung Nordgau.[3]

Am selben BC der Austria Wien (11. Dezember 1899) wurde auch die Gründung der „Katholischen Landsmannschaft deutscher Hochschüler aus Oberösterreich und Salzburg – ***Kürnberg***" beschlossen. Auf einer Wanderung einiger Mitglieder der Austria, darunter der spätere RRAbg. Raimund Neunteufel, auf dem Freinberg bei Linz im Juli 1899 wurde der Anstoß dazu gegeben. Die offizielle Gründung (konstituierender BC) erfolgte am 6. April 1900, der Name wurde nach der gleichnamigen Ruine bei Linz bzw. nach dem oö. Minnesänger Kürnberger gewählt. Im November 1900 wurde die Mützenfarbe von Bordeaux-rot in Rosa (fleischfarben) aus denselben Gründen wie bei Nordgau abgeändert.[4] Somit gab es jetzt in Wien fünf farbentragende katholische Verbindungen, von denen jedoch vier dem Zweiten ÖCV und nur eine (Norica) dem CV angehörten.

In Innsbruck gab es neben der Austria Innsbruck die Ende 1893 gegründete Verbindung *Tirolia,* die zweite ihres Namens. (Die erste wurde 1877 gegründet, mußte aber 1883 wegen Mitgliedermangels sistieren.) Sie gehörte dem Zweiten ÖCV an, trat jedoch,

---

1 CV-Synopse, S. 7.

2 *Mittheilungsblatt der K. Ö. St. V. Austria Wien*, 2. Jg., Nr. 3, 1. 11. 1898, S. 4; Jiresch, Geschichte der K. Ö. St. V. Rudolfina, SS. 5-7; Leb, Geschichte der K. D. St. V. Austria, S. 27; Rehberger, Geschichte der Austria Wien II, S. 40f.; Schieweck-Mauk, Lexikon der CV- und ÖCV-Verbindungen, SS. 644-647.

3 *Mittheilungsblatt der K. Ö. St. V. Austria*, 3. Jg., Nr. 11, 1. 5. 1900, S. 2f.; Czumpelik, Hundert Semester Nordgau, S. 79ff.; Drimmel, Albert Ehrhard und seine Studenten in Wien, S. 1f.; Festschrift Nordgau Hundert, SS. 9-22; Knobloch, Universitätsprofessor Dr. Albert Ehrhard; Rehberger, Geschichte der Austria Wien II, S. 49f.; Schieweck-Mauk, Lexikon der CV und ÖCV Verbindungen, SS. 508-512; Schönner, Auf, mit Gott zur Mannestat, S. 49f.

4 *Mittheilungsblatt der K. Ö. St. V. Austria*, 3. Jg., Nr. 11, 1. 5. 1900, S. 2f.; Polgar, Hundert Jahre Kürnberg, bes. SS. 12-15; Rehberger, Geschichte der Austria Wien II, S. 49f.; Schieweck-Mauk, Lexikon, SS. 422-426; Schönner, Auf, mit Gott zur Mannestat, S. 49f.

weil sie nicht voll farbentragend war, dann 1913 bzw. 1923 dem KV bei.[5] Auf dem BC der Tirolia am 1. Februar 1901 wurde erstmals diskutiert, eine dritte, jedoch voll farbentragende Verbindung zu gründen. Im April 1901 gab es die ersten Vorbesprechungen, wobei der Name ***Leopoldina*** in Erinnerung an Erzherzog Leopold, den Gründer der Universität, gewählt wurde. Am 7. Mai 1901 wurde der betreffende Beschluß am BC der Tirolia gefaßt, am 12. Mai kam es zur Konstituierung der Leopoldina (dieser 1. BC gilt als Gründungstag) und am 20. Mai zur Publikation. Leopoldina trat dem Zweiten ÖCV bei, aufgrund von Differenzen mit der Tirolia beschloß jedoch ein BC vom 27. April 1903 den Austritt. Bereits auf der Cartellversammlung am 21. August 1903 in Köln wurde sie als freie Vereinigung in den CV aufgenommen, 1905 dann als vollberechtigte Verbindung.[6]

Bereits seit 1888 bestand in Hall in Tirol, östlich von Innsbruck gelegen, eine Runde von Obergymnasiasten. Als diese auf die Universität gingen, gründeten sie am 16. Oktober 1910 einen akademischen Verein mit dem Namen ***Vindelicia***.[7] Interessant ist ihr Weg in den CV. Es bestanden zwar bald Kontakte, jedoch wollte man den Vereinscharakter nicht aufgeben. Nach dem Ersten Weltkrieg änderte sich Vindelicia am 25. Mai 1920 in eine voll farbentragende Verbindung. In den Jahren 1921 bis 1924 unternahm sie Versuche, in den CV aufgenommen zu werden, wobei dies immer der ICV bzw. die Austria Innsbruck verhindert hatte.[8] Daraufhin gab Vindelicia auf, wandelte sich am 30. Januar 1927 in eine Katholische Burschenschaft um und trat am 10. Juni 1927 dem Ring Katholisch Deutscher Burschenschaften (RKDB) bei. Dieser wurde 1924 in Düsseldorf aus Unitas-Vereinen gegründet, weil sich der UV zum Farbentragen ablehnend verhielt. Zu den bei CV, KV und UV üblichen Prinzipen kam beim RKDB der großdeutsche Gedanke hinzu. 1930 gründete die Vindelicia als Tochterverbindung die Katholisch Deutsche Burschenschaft (KDB) *Deutschland*, wobei fälschlicherweise vermutet wird, die Namensbezeichnung hätte etwas mit verstärkter deutschnationaler Gesinnung zu tun. Tatsächlich dürfte es sich um eine Reserveverbindung gehandelt haben.[9] Sie ist 1934 verschwunden.

Der RKDB wurde nun zunehmend vom nationalsozialistischen Gedankengut beeinflußt (siehe S. 349), was sich auch auf die Vindelicia auswirkte. Am 10. Mai 1933 wurden elf Vindeliker wegen Mitgliedschaft bei der NSDAP ausgeschlossen, die daraufhin die KDB *Lützow* gründeten. Wegen nationalsozialistischer Betätigung wurde diese jedoch bereits Anfang 1934 behördlich verboten.[10] Im Zuge der Gleichschaltung im Deutschen Reich wurde Vindelicia am 14. Juni 1933 aus dem RKDB ausgeschlossen. Auf der 1. Cartellversammlung des Dritten ÖCV am 9. Dezember 1933 wurde sie als freie Vereinigung aufgenommen, vollberechtigtes Mitglied wurde sie am 9. März 1935.[11]

5 *Alma Mater*, 6. Jg., Nr. 27, 15. 3. 1903, Festbeilage; Hundert (100) Jahre AKV Tirolia; Binder, Politischer Katholizismus und Katholisches Verbandswesen am Beispiel des ÖKV, S. 28f.;

6 Ac 16 (1903/04), S. 138; *Alma Mater*, 4. Jg., Nr. 18, 27. 7. 1901, S. 1; Protokoll 39. CV 1903, S. 2; Pichler, 75 Jahre Leopoldina, S. 20ff.; Leopoldina 1901-1936; Schieweck-Mauk, Lexikon der CV- und ÖCV-Verbindungen, S. 436ff.

7 Wolf, Josef: Die Gründung Vindelicias und die erste Zeit der Tätigkeit, in: 25 Jahre Vindelicia. 1901-1926. Innsbruck 1926, S. 24ff.; Hundert Jahre AV Vindelicia, S. 17ff.; Schieweck-Mauk, Lexikon der CV- und ÖCV-Verbindungen, S. 787ff.

8 Sitzungsbericht 54. CV 1924, S. 17.

9 Hundert Jahre AV Vindelicia, S. 79f.; Gehler, Studenten und Politik, S. 81.

10 Hundert Jahre AV Vindelicia. S. 82f.

11 MB 5 (7. 4. 1934), S. 13; Sitzungsbericht 2. CVV, S. 5.

Bereits 1902 dachte die Norica aufgrund ihres Wachstums an eine Teilung, jedoch erfolgte die Gründung einer Tochterverbindung mit dem Namen *Rhaetia* erst am 27. Mai 1905. Infolge des auf der Wiener Universität herrschenden *Numerus clausus* erlangte sie jedoch keine Anerkennung, so daß eine tatsächliche Aktivierung nicht erfolgte.[12]

Die Gründungswelle 1907/08

Die meisten Gründungen von CV-Verbindungen auf dem Gebiet des heutigen Österreich, nämlich neun, erfolgten in den Jahren 1907/08. Folgende Ursachen waren für den rasanten Anstieg maßgebend: Im Herbst 1906 traten die Verbindungen des Zweiten ÖCV dem CV bei (siehe unten). In Wien, Graz und Innsbruck gab es daher acht Verbindungen (Austria, Norica, Rudolfina, Nordgau, Kürnberg, Carolina, Austria, Leopoldina). Damit war der größte Teil der katholischen Studentenverbindungen Österreichs geeint. Weiters erhielt der Politische Katholizismus durch seinen Wahlsieg im Mai 1907 einen ungeheuren Auftrieb, und drittens sind der CV und seine Verbindungen aus den Kulturkämpfen des „Wahrmundjahres" gestärkt hervorgegangen. Während es ab dieser Zeit kaum noch Gründungen von schlagenden Korporationen gab, erlebte der CV ab damals einen wahrhaften Boom.

Die Fusion des Zweiten ÖCV mit dem CV ließ in Wien die Idee der Gründung eines farbentragenden Vereins laut werden, um vor allem den Mitgliedern der Innsbrucker Tirolia hier eine Heimat zu geben. Am 19. Juni 1907 fand in den Räumen des „Akademischen Rede- und Lesevereins christlich-deutscher Studenten" (über diesen siehe bereits S. 67) die Konstituierung des akademisch-katholischen farbentragenden Studentenvereins ***Amelungia*** statt. Am 24. Mai 1910 beschloß er die Umwandlung in eine katholisch-österreichische Landsmannschaft. Am 10. Februar 1911 wandelte sich diese dann in eine Vollverbindung um. Der BC beschloß 1913 ein Aufnahmegesuch in den CV. Der Antrag wurde auf der Cartellversammlung desselben Jahres in Metz abgelehnt bzw. zurückgestellt, so daß infolge des Ersten Weltkriegs Amelungia erst auf der 50. Cartellversammlung 1919 in Würzburg als freie Vereinigung und auf der 51. Cartellversammlung 1920 in Regensburg als vollberechtigte Verbindung aufgenommen wurde.[13]

Um die Jahreswende 1907/08 tauchte bei der Austria Wien der Plan auf, eine weitere Verbindung zu gründen, um der Übermacht der schlagenden Korporationen Einhalt gebieten zu können. Am 27. Februar 1908 (Gründungstag) versammelten sich Mitglieder der Austria, der Rudolfina und des Nordgau und beschlossen die Gründung der ***Nibelungia***. Im Laufe des Mai langte die Erlaubnis der Statthalterei ein, und die Konstituierung konnte stattfinden. Das erste Mal in Farben trat Nibelungia beim turbulenten 20. Stiftungsfest der Carolina am 23. Juni 1908 auf. Am 3. Juli 1908 wurde die Verbindung als freie Vereinigung in den CV aufgenommen.[14]

---

12 Schieweck-Mauk, Lexikon der CV- und ÖCV-Verbindungen, S. 575; Fünfundsiebzig (75) Jahre Norica, S. 136f.

13 Protokoll 49. CV, S. 5f.; Sitzungsbericht 50. CV 1919, S. 13; Ac 26 (1913/14), S. 274; Schieweck-Mauk, Lexikon der CV- und ÖCV-Verbindungen, S. 79ff.; Hundert (100) Semester Amelungia, S. 7ff. und 101ff.

14 Ac 21 (1908/09), S. 149, und 30 (1917/18), S. 387f.; Schieweck-Mauk, Lexikon der CV- und ÖCV-Verbindungen, S. 495ff.

Anläßlich des 10. Stiftungsfestes der Rudolfina wurde der Plan geboren, eine Tochterverbindung auf der Tierärztlichen Hochschule zu gründen. Auf dem BC der Rudolfina am 20. Juni 1908 (Gründungstag) wurde der Gründungsbeschluß gefaßt. Bereits auf der 44. Cartellversammlung 1908 in Düsseldorf wurde diese Verbindung, die den Namen ***Rugia*** erhielt, in den CV als freie Vereinigung aufgenommen.[15] Die Austria Wien war weiterhin aktiv im Gründen von Verbindungen. Der nächste Anlaß war das sechzigjährige Regierungsjubiläum Kaiser Franz Josephs im Jahre 1908. Am 22. Oktober 1908 wurde die Verbindung ***Aargau*** gegründet, die an das Ursprungsland der Habsburger erinnern sollte.[16]

Aber auch Norica stand in der Gründung von Verbindungen nicht nach. Im Jahre 1908 hatte sie bereits 121 Studierende, so daß diese Frage ziemlich aktuell war. Daher wurden auf den BC's am 27. November 1908 bzw. 15. Januar 1909 die ***Marco-Danubia*** und am 4. Dezember 1908 bzw. 22. Januar 1909 die ***Franco-Bavaria*** gegründet. Beide Verbindungen wurden im Rahmen des 25. Stiftungsfestes der Norica publiziert, ihre Aufnahmen als freie Vereinigung in den CV erfolgte bereits Ende 1908, als vollberechtigte Mitglieder 1909. Zu den wichtigsten Gründergestalten der Franco-Bavaria zählte der wegen seiner Bibelübersetzung umstrittene Professor für Altes Testament an der Wiener Theologischen Fakultät, der Heiligenkreuzer Zisterzienser Nivard Schlögl (über ihn siehe S. 726).[17]

Die Ereignisse des „Wahrmundjahres" 1907/08 ließen auch bei der Leopoldina in Innsbruck den Gedanken einer Gründung reifen. Am 19. Juni 1908 (Gründungstag) beschloß dieses der BC, am 29. Juni wurde der Name ***Raeto-Bavaria*** festgelegt. Einer der Gründer war der spätere Unterrichtsminister Emil Schneider (Le). Noch im Juli wurde im Rahmen einer schriftlichen Abstimmung die Teilung der Leopoldina genehmigt und die Verbindung in den CV aufgenommen.[18]

Dem Wiener Beispiel folgend, wurde auch in Graz der Plan zur Gründung einer zweiten katholischen Verbindung erwogen. Nur so glaubte man, dem deutschfreisinnigen Sturm geeignet widerstehen zu können. Während der Osterferien des Jahres 1908 wurde kurzfristig ein Cumulativconvent einberufen, um die Gründung einer neuen Verbindung zu beraten und zu beschließen, die den Namen *Herulia* tragen sollte. Die Zeit drängte, weil die Gefahr bestand, daß der Akademische Senat eine Neugründung von Studentenverbindungen verbieten könnte, was natürlich in erster Linie die katholischen Verbindungen treffen sollte. Nach den Osterferien wurde auf dem BC vom 29. April eine Teilungskommission beschlossen. Bereits Anfang April wurden die Statuten mit dem Namen Herulia eingereicht. Das Rektorat erhob am 13. April gegenüber der Statthalterei schwerste Bedenken, so daß man am 29. April die Statuten zurückzog und diese unter dem Namen ***Traungau***, der an die Geschichte der steirischen Markgrafen aus dem Geschlecht der Traungauer erinnern sollte, neu einreichte. Am 16. Mai 1908, dem Tag des „Bauernsturms" (siehe S. 154f.), genehmigte die Statthalterei die Statuten. Am 29. Mai erfolgte die Konstituierung der Verbindung durch den ersten BC (Gründungstag). Die Publikation erfolgte im Rahmen des 20. Stiftungsfestes der Caroli-

15 Schieweck-Mauk, Lexikon der CV- und ÖCV-Verbindungen, S. 647ff.; Rugia Fünfzig, S. 10ff.

16 Schieweck-Mauk, Lexikon der CV- und ÖCV-Verbindungen, S. 19f.

17 Ebda., S. 290ff.; Ac 21 (1908/09), S. 339; Schrammel, Geschichte der K. Ö. H. V. Franco-Bavaria, SS. 7-10.

18 Ac 21 (1908/09), S. 238 und 270; Pichler, 75 Jahre Leopoldina, S. 73f.; Schieweck-Mauk, Lexikon der CV- und ÖCV-Verbindungen, S. 568ff.; über die Gründung siehe auch Schwinghammer, Die Studienzeit Emil Schneiders, SS. 126-134.

na vom 22. bis 24. Juni, im Verlaufe dessen es zu Ausschreitungen gegen Carolina und Traungau kam (siehe S. 162f.).[19]

Die Verbindungen des niederösterreichischen Kartellverbands

In Korneuburg bildete sich aus einem Streichquartett ein studentischer Freundeskreis mit dem Namen „Die sieben Schwaben". Aus diesem entstand am 21. Januar 1907 die „Vereinigung christlich-deutscher Hochschüler für Korneuburg, Stockerau und Umgebung". Bereits im März 1907 kam es mit ortsansässigen nationalen Studenten zu Krawallen, und nur der Einsatz der Polizei konnte das Ärgste verhindern. Am 16. Juli 1907 wurde dann das Publikationsfest gefeiert, 1908 wurde der Name ***Danubia*** angenommen. Um den Keilboden zu verbessern, verlegte man die Verbindung nach 1918 nach Wien, wo man es aber ihr seitens der CV-Verbindungen nicht leicht gemacht hatte. Erst im Frühjahr 1928 beschloß man, dem CV beizutreten, nachdem man sich auch für den RKDB interessierte. Auf der 59. Cartellversammlung 1929 wurde Danubia befreundete Verbindung, auf der 62. Cartellversammlung 1932 in München wurde sie als freie Vereinigung aufgenommen. Die endgültige Aufnahme erfolgte erst im Dritten ÖCV.[20]

Im Herbst 1909 überlegte Danubia, in Stockerau eine Tochterverbindung zu gründen, der endgültige Beschluß erfolgte am 11. April 1910, der Publikationskommers wurde am 15. November 1910 gefeiert. Als Name wurde ***Babenberg*** gewählt. Gründer war u. a. der spätere Minister Emmerich Czermak (NdW), Gründungsbursch u. a. Karl Plohovich (BbW). Den schlagenden Studenten war diese Gründung ein Dorn im Auge. Bereits in der Nacht vor dem Kommers wurde der Schießstattsaal, dort sollte er stattfinden, verwüstet. Nach dem Hochamt in der Pfarrkirche fielen die deutschnationalen Radaubrüder über die katholischen Studenten her, doch durch die Unterstützung der christlichsozialen Bevölkerung konnte Ärgeres verhindert werden. Doch dies sollte gegen 12 Uhr beim Bummel erfolgen, nach Absingen des „Rosenkranzliedes" (darüber siehe S. 126) durchbrachen die nationalen Studenten die Polizeikette und begannen eine Schlägerei, im Verlaufe derer 37 Personen, davon drei schwer, verletzt wurden.

Bereits auf der 49. Cartellversammlung 1913 wurde der Antrag auf Aufnahme in den CV gestellt, was aber vom WCV abgelehnt wurde. Erst auf der 51. Cartellversammlung 1921, nach der Übersiedelung der Verbindung nach Wien, wurde sie als freie Vereinigung aufgenommen. Eine endgültige Aufnahme wurde auf der 52. Cartellversammlung durch die Austria Innsbruck und die Marco-Danubia hintertrieben, auf der 53. Cartellversammlung 1923 in Bonn wurde aber das nachgeholt.[21]

Nachdem in Klosterneuburg ein Gymnasium gegründet wurde, dachte man auch dort an die Errichtung einer katholischen Verbindung. Die ersten Maturanten verließen 1909 das Gymnasium, zwei traten dem CV bei, so daß man dann endgültig beschloß, die ka-

19 Über die Gründung des Traungau siehe: Ac 21 (1908/09), S. 96; Haidacher, Fünfzig Jahre Traungau, S. 4f.; 75 Jahre Carolina S. 112f.; Achtzig Jahre Traungau, S. 3f. Erstmals die Quellen bezüglich der Gründung Traungaus benutzte Binder, Die Anfänge der katholischen Studentenverbindungen in Graz, S. 31f. Siehe UAG VA 1 Nr. 4.

20 Ac 42 (1929/30), S. 110 und 45 (1932/33) S. 139; Sitzungsbericht 59. CV 1929, S. 13ff.; Protokoll 2. CVV, S. 5; Geschichte Danubia, S. 14ff.; Sechzig (60) Jahre Danubia, S. 15ff.

21 Ac 26 (1913/14), S. 274; Protokoll 49. CV, S. 7; Bericht 53. CV, S. 2; Bericht 57. CV, S. 7f.; Feiertag, Leopolds längste Nacht, SS. 9-61; Sechzig (60) Jahre Danubia, S. 63f.; Geschichte Danubia, S. 26; *Reichspost*, 16. 11. 1910.

tholisch-deutsche Ferialverbindung ***Welfia*** zu gründen. Die behördliche Genehmigung erfolgte am 4. Juli, die Promulgation am 10. Juli (Gründungstag). Am 13. November 1913 änderte sich Welfia von einer Ferialverbindung zu einer Hochschulverbindung, am 27. November 1918 wurde der formelle Sitz nach Wien verlegt. Auf der 51. Cartellversammlung 1920 erfolgte die Aufnahme in den CV.[22]

Es gab also außerhalb der Stadt Wien drei Hochschulverbindungen, die vorerst deswegen – ihr Sitz war in keiner Universitätsstadt – nicht in den CV aufgenommen werden konnten. Es war daher nur natürlich, daß sich diese drei Verbindungen nahegekommen sind; treibende Kraft dazu war die Danubia. Schon im Mai 1910 wurde ein Kartell zwischen ihr und der Tochterverbindung Babenberg in die Wege geleitet, zu dem auch Welfia eingeladen wurde. Es wurde vereinbart, eine Form zu wählen, so daß am 19. November 1911 Danubia den Satzungsentwurf eines ***Niederösterreichischen Landeskartellverbandes*** (NÖ LKV) vorlegte. Im Mai 1912 wurden die Statuten von den drei Verbindungen der Landesstatthalterei vorgelegt. Trotz Intervention Richard Wolleks (AIn) gelang es nicht, die Zustimmung zu erlangen. Der Erste Weltkrieg beendete die weiteren Bemühungen um diesen LKV, danach traten die betreffenden Verbindungen sukzessive dem CV bei.[23]

Die Verbindungen in Böhmen und Mähren

Über die Gründungen der Verbindungen Ferdinandea Prag und Frankonia Czernowitz (ursprünglich Unitas) wurde bereits berichtet (siehe S. 36).[24] Seit 1850 gab es in Brünn eine deutsche Technische Hochschule. Über Initiative des später in Graz lebenden Universitätsprofessors Wilhelm Kosch (NbB [ehem. Nc]) (siehe S. 305) entstand am 15. November 1899 die Deutsche Burschenschaft katholischer Hochschüler ***Nibelungia***.[25] Am Tag des Gründungskommerses, dem 19. November, kam es zu größeren Zwischenfällen. Deutschnationale Studenten beschimpften die Nibelungen und deren Gäste mit den eingangs dieses Kapitels zitierten Rufen. Der Festredner am Kommers war übrigens der damalige Senior der Ferdinandea und spätere Bundeskanzler Otto Ender (AIn).[26] Von 1901 bis 1906 mußte die Verbindung suspendieren, 1907 änderte sie den Namen in Katholische Studentenverbindung um. 1911 wollte sie in den CV aufgenommen werden, was abgelehnt wurde, lediglich der Status einer befreundeten Verbindung wurde zuerkannt. Erst 1922 wurde sie aufgenommen.[27] Nach dem Zweiten Weltkrieg wurde die Verbindung in Darmstadt reaktiviert.

In Prag hatte die Ferdinandea lange allein gestanden. Auf Anregung von Richard Wollek (AIn) wurde wegen der günstigen Entwicklung auf Antrag von Josef Bick (Fd)

---

22 Sitzungsbericht 50. CV, S. 15; Sechzig (60) Jahre Danubia, S. 59ff.; Schnürer, Welfia, S. 24ff. und 60.

23 Geschichte Danubia, S. 30ff.; Schnürer, Welfia, S, 41ff.

24 Über den CV in Böhmen, Mähren und der Bukowina siehe Wieser, Geschichte des Cartellverbands in Böhmen, Mähren und in der Bukowina.

25 Ebda., S. 34ff.

26 Ferdinandea 1885-1918, S. 107f.

27 Protokoll 47. CV, S. 12; Bericht 52. CV, S. 10. Zu Brünn siehe Selke, Die Technische Hochschule zu Brünn und ihr Korporationswesen.

und Wilhelm Kosch[28] am 18. November 1904 die Teilung beschlossen und eine Teilungskommission eingesetzt, am 28. Januar 1905 wurde die Teilung endgültig beschlossen. Auf Vorschlag von Kosch wurde ihr der Name ***Vandalia*** gegeben. Am 14. Februar wurden die Statuten von der Statthalterei genehmigt, am 25. Februar 1905 erfolgte die Konstituierung. Noch im selben Jahr erfolgte die Aufnahme in den CV, so daß im Wintersemester 1906/07 der Prager Cartellverband (PCV) entstehen konnte.[29] Nach dem Zweiten Weltkrieg wurde sie in München reaktiviert.

Die Mitgliederzahlen der beiden Verbindungen wuchsen derart, daß man bald an die Gründung einer dritten Verbindung dachte. Seit Januar 1907 liefen die Vorbereitungen, und im Juni wurden die Satzungen eingereicht. So konstituierte sich dann am 9. Oktober 1907 die ***Saxo-Bavaria***. Aufgrund der damaligen Hochschulkämpfe wurden die Statuten aber erst am 27. August 1908 genehmigt. Nach dem Zweiten Weltkrieg wurde die Saxo-Bavaria als einzige aus den ehemaligen k. u. k. Gebieten in Wien reaktiviert.[30]

Der Zweite ÖCV und seine Vereinigung mit dem CV

Die Idee eines eigenen Österreichischen Cartellverbandes hatte die Austria Wien auch nach dem Scheitern des Ersten ÖCV 1895 (siehe S. 43) nicht begraben. Ihre betont österreichische Haltung ließ nach wie vor diesen Wunsch wachhalten, obwohl sich Mitte der neunziger Jahre eine Annäherung zwischen Austria und Norica vollzog. Am 6. Dezember 1893 wurde in Innsbruck mit dem Namen *Tirolia* wiederum eine nichtfarbentragende Verbindung gegründet. Sie wollte ursprünglich dem KV beitreten, was aber abgelehnt wurde. Seit dem WS 1898/99 hatte nun Tirolia nach ihrer Konsolidierung den Plan, mit der Wiener Austria ein Cartell zu bilden. Inzwischen gründete die Austria in Wien die Tochterverbindung Rudolfina, was gerade auch im Hinblick auf die Wiederbelebung des ÖCV geschah. Am BC der Austria am 9. Dezember 1898 wurde endgültig beschlossen, mit Tirolia und Rudolfina einen ÖCV zu gründen; man wollte dies auf der Basis der alten Statuten des Ersten ÖCV tun, der ja behördlich noch nicht abgemeldet war. Die Verhandlungen zogen sich fast das ganze Jahr hin. Am 16. Oktober 1899 konnten die Statuten des Zweiten ÖCV auf dem BC Austrias beschlossen werden, sie wurden daraufhin der Statthalterei zur Genehmigung ein-

---

28 Zu Ostern 1905, also kurz nach der Publikation der Vandalia, kam es zu Auseinandersetzungen mit Kosch wegen eines Flugblattes von ihm, für das er sich verantworten sollte (es ging offenbar um finanzielle Angelegenheiten). Kosch trat daraufhin von allen seinen Verbindungen aus, und zwar aus der Norica, Winfridia, Ferdinandea und Vandalia, nicht aber aus der Nibelungia Brünn. Nach einem Bericht der *Noriker-Blätter* Nr. 8 (1928), S. 8, sei Kosch hingegen deswegen aus der Norica ausgetreten, weil er nicht mehr auf dem Boden des Antiduellprinzips stünde. Kosch wird als Anhänger des Reformkatholizismus bezeichnet. Allerdings dürfte dabei nicht der eigentliche, siehe S. 102f., gemeint gewesen sein, sonst hätte man nicht mit einem dessen Vertreter, Eduard Eichmann (Mm), ein herzliches Verhältnis gehabt. Kosch versuchte, die Füchse der Ferdinandea dazu zu gewinnen. Das veranlaßte der BC vom 11. 5. 1905 zum Beschluß, den Füchsen jeden Verkehr mit Kosch zu untersagen. Zu Ostern 1906 wurde Kosch wieder bei der Ferdinandea aufgenommen, was eine Fortsetzung des „Koschianismus" mit sich brachte und das Verhältnis der beiden Verbindungen entzweite. Dies brachte Richard Wollek (AIn), der um den Prager CV große Verdienste hatte, auf den Plan. Es scheint also eine Rivalität zwischen Kosch und Wollek bestanden zu haben, der diesen „als stets zersetzendes Element" bezeichnete. Er verließ daher die Verbindung wieder 1909. Siehe dazu Ferdinandea 1885-1918, S. 154, 160 und 167f.

29 Ac 18 (1905/06), S. 50f.; Ferdinandea 1885-1918, S. 151ff.; Wieser, Geschichte des Cartellverbands in Böhmen, Mähren und in der Bukowina, S. 19ff.

30 Ac 21 (1908/09), S. 271; Ferdinandea 1885-1918, S. 176; Wieser, Geschichte des Cartellverbands in Böhmen, Mähren und in der Bukowina, S. 23f.

Gründung des Zweiten ÖCV im Jahre 1900.

gereicht. Diese erfolgte am 19. April 1900. Auf dem Kaiserkommers der Rudolfina am 2. Dezember 1899, bei dem neben Austria auch Vertreter der Tirolia anwesend waren, wurde die Gründung des Zweiten ÖCV feierlich verkündet.[31]

Die Aktivitäten der Austria rund um die Gründung des Zweiten ÖCV irritierten in Wien verständlicherweise die Norica. Schon bereits 1889 anläßlich der Gründung des Ersten ÖCV gab es auf dem 2. österreichischen Katholikentag eine Kontroverse zwischen beiden Verbindungen, da sich Norica dadurch in die Defensive gedrängt fühlte. Das Verhältnis zwischen den beiden entspannte sich aber ab 1895. Im Zuge der Vorbereitungen für den Zweiten ÖCV veranstalteten Austria und Rudolfina am 28. Januar 1899 im Wiener Musikvereinssaal eine Studentenversammlung, um dort die katholische Studentenschaft Wiens zu organisieren. Norica war zwar korporativ dort, wurde jedoch zur Vorbereitung nicht beigezogen, was bei ihr zu einer Mißstimmung führte. Diese eskalierte derart, daß der Briefwechsel eingestellt und selbst das Grüßen untersagt wurde.[32] Dieser Abbruch der Beziehungen dürfte aber nur kurzfristig gewesen sein, denn in der April-Nummer 1899 der *Academia* heißt es: „Zum Beweis, daß uns eine Kampfschwester willkommen ist, sei sie auch aus uns nicht sympathischen Gründen hervorgegangen, besuchten wir die Schlußkneipe der Rudolfina korporativ."[33]

Diese „Fehde" dürfte bald abgeklungen sein, denn man war wegen der allgemeinen Situation auf den Hochschulen einsichtig genug. jedoch entbrannte sie neuerlich durch die Broschüre Ignaz Stichs (AW) „Die katholisch-österreichischen Studentenverbindungen Austria und Rudolfina in Wien. Ihr Wesen und ihre Ziele" (Wien 1899). Im Kapitel Pa-

31 Über die Gründung des Zweiten ÖCV siehe Rehberger, Geschichte der Austria Wien II, S. 45f.; Schönner, Auf, mit Gott zur Mannestat, S. 47ff.; Stickler, Der zweite Österreichische Cartellverband, S. 43ff.

32 Ac 11 (1898/99), S. 291 und 318.

33 Ebda., S. 355.

triotismus wurde die betont österreichische Haltung der beiden Verbindungen dargelegt, wobei den anderen (CV-)Verbindungen dies abgesprochen wurde.[34] Dies hatte Norica in Rage gebracht. In einem Artikel „Der Cartellverband und die katholischen Verbindungen Austria und Rudolfina in Wien", der auf der Titelseite der *Academia* erschien[35], wurden vom Senior der Norica persönlich die Schrift von Ignaz Stich sowie die Aktivitäten zur Gründung um einen Zweiten ÖCV scharf kritisiert. Zum Schluß heißt es:

> „Ihrer [Austria und Rudolfina, Anm. d. Verf.] glücklichen Tätigkeit ist es zu verdanken, daß die bis vor einem Jahr freundschaftlichen Verhältnisse zwischen uns und ihnen zu einem offenen Kriegsverhältnis umgestaltet wurden. Und als Antwort auf unsere öffentliche Erklärung im Februar dieses Jahres [1899, Anm. d. Verf.], daß wir stets auch für eine österreichische Organisation zu haben sein werden, sofern diese nur unsere Zugehörigkeit zum CV nicht ausschließe, als Antwort auf die ihnen von uns zum Friedensschluß gebotene Hand, folgte jene Broschüre, die uns zu einer charakterlosen Kneipgesellschaft stempeln soll."

Es kam aber dann doch zu einer gütlichen Einigung zwischen Austria und Norica Anfang des Jahres 1900, vor allem die Krawalle anläßlich der Gründung der beiden Verbindungen Kürnberg und Nordgau im Mai führten beiden Parteien vor Augen, daß Zwist nichts weiterbringt.

Nachdem nun die Statuten im April 1900 genehmigt waren, schritt man zur Konstituierung. Die bisherigen Mitteilungen der Austria wurden am 15. November 1900 in *Alma Mater. Mitteilungen des Cartellverbandes der deutschen katholisch-österreichischen Studenten-Corporationen* umbenannt. Am 2./3. Dezember 1900 fand dann die konstituierende Versammlung des Zweiten ÖCV, das „Cartell-Gründungs-Fest", statt, dem nun Austria, Rudolfina, Tirolia, Nordgau und Kürnberg angehörten. Erster Vorort wurde Austria, erster Obmann der spätere oö. Landeshauptmannstellvertreter Josef Schwinner. Kurz nach ihrer Gründung im Mai 1901 trat Leopoldina als Tochterverbindung der Tirolia dem Zweiten ÖCV bei, infolge von Zerwürfnissen mit ihr trat sie am 27. April 1903 aus und später dem CV bei.

Vom 15. bis 17. November 1901 fand in Wien die 2. Cartellversammlung statt, Tirolia wurde zum Vorort gewählt. Die 3. Cartellversammlung wurde am 21. Juni 1903 anläßlich des 10. Stiftungsfestes Tirolias in Innsbruck abgehalten, nächster Vorort wurde Rudolfina. Am 16./17. Juni 1904 fand die 4. Cartellversammlung statt, nächster Vorort wurde Kürnberg. Zur letzten Vorortsverbindung wurde Nordgau auf der 5. Cartellversammlung vom 19. bis 22. November 1905 in Wien gewählt. Unter dem Vorort Nordgau wurde die seit langem schwebende Frage des Verhältnisses des Zweiten ÖCV zum CV aufgerollt, nachdem die Zwistigkeiten zwischen Austria und Norica abgeklungen waren.

Am 5. September 1905 wurde in Eggenburg (NÖ) ein Parteitag der Christlichsozialen abgehalten, auf dem das großösterreichische Reichsprogramm der CSP beschlossen wurde. Zu diesem fuhren gemeinsam der Gymnasialprofessor Franz Habel (NdW) und der Chefredakteur der *Reichspost*, Friedrich Funder (Cl). In ihrem Gespräch berührten sie eine notwendige Einigung der katholischen Akademikerschaft in Österreich für die politische Arbeit, die aber ihrerseits wiederum eine Einigung der Verbindungen und Cartelle notwendig mache. Beide erzielten grundsätzliche Übereinstimmung und besprachen sich

34 Stich, Austria und Rudolfina, S. 18f.

35 Ac 12 (1899/1900), S. 233ff.

noch in Eggenburg mit den dort anwesenden Alten Herren, besonders mit Richard Wollek (AIn). Die Gespräche wurden dann in Wien fortgesetzt.

Die zunehmende Attraktivität der nationalen Frage bei den jüngeren Mitgliedern sowie die immer stärker werdende Härte des Hochschulkampfes hatten bereits den Boden für einen Zusammenschluß bereitet. Bei den Verhandlungen wurde der Wunsch der ÖCV-Verbindungen laut, nur dann dem CV beizutreten, wenn sie kumulativ aufgenommen werden. Die Entscheidung lag nun bei der nächsten Cartellversammlung in Essen.

Am 17. August 1906 um 15.30 Uhr begann dort die Debatte um das Aufnahmegesuch als vollberechtigte Verbindungen, was eine Ausnahme zu den Statuten darstellte. Obwohl der Vorort dagegen war, wurde der Antrag provisorisch angenommen, mußte jedoch noch einer schriftlichen Abstimmung unterzogen werden.[36] Nachdem der Vorort die endgültige Aufnahme wiederum verhindern wollte, versandten österreichische CVer, darunter Friedrich Funder, eine Denkschrift, die offenbar den Umschwung brachte. Am 1. Dezember 1906 erhielt Norica die Nachricht von der endgültigen Aufnahme, die am 3. gleich mit einer Verbrüderungskneipe beim „Wilden Mann" in Währing gefeiert wurde.[37] Bereits am 4. Februar 1907 wurde der Wiener Philisterzirkel gegründet, Vorsitzender wurde der spätere RRAbg. August Kemetter (AW), dessen Stellvertreter Rechtsanwalt Ludwig von Fuchs (Nc). Weitere folgten in den Kronländern bzw. bestanden bereits, auch außerhalb des geschlossenen deutschen Sprachgebiets der Monarchie, so z. B. 1912 in Triest.[38]

Die Austria hatte zum Zeitpunkt der Aufnahme in den CV 62 Mitglieder, Rudolfina 27, Kürnberg 43 und Nordgau 30, zusammen 162 (Aktive, Inaktive und Füchse).[39] Zwischen 19. und 22. April 1907 wurde die Vereinigung mit einem großen Fest in Wien begangen. Am 19. April war ein Begrüßungsabend angesetzt, am 20. April fand ein Bummel auf der Universität statt. Der Rektor hatte diesen ursprünglich erlaubt, ihn aber aus Angst vor deutschnationalen Gegendemonstrationen kurz vor Beginn verboten. Daraufhin begab sich um 11.30 Uhr eine Delegation der CV-Verbindungen zum Rektor, wobei sie bereits mit Pfuirufen empfangen wurden. Inzwischen sammelten sich die deutschnationalen Studenten zu mehreren Hundert auf der Universitätsrampe, als bald darauf vom Schottentor ca. 200 CVer anmarschierten. Sie machten keinen Versuch, in das Gebäude zu gelangen, sondern zogen am Gehsteig vorne vorbei. Dabei wurden sie beschimpft und mit Kot sowie faulen Eiern beworfen, so daß bald eine Schlägerei begann, wobei ein Noriker schwer verletzt wurde. Selbst die Polizei wurde beim Versuch, die Parteien zu trennen, von den Schlagenden attackiert. Bei diesem Getümmel stürzte ein Teil der Balustrade der Universitäts-Rampe, auf der sich die Schlagenden befanden, offenbar durch Druck ein. Gegen 13 Uhr gelang es der Polizei, wiederum Ruhe herzustellen. Der Chronist in der *Academia* bemerkte, daß man erst „nachträglich in Erfahrung gebracht hat, daß die Leitung des Angriffes auf die katholische Studentenschaft vielfach in jüdischen Händen lag, und es ist bezeichnend, daß die schließliche Aufforderung an die Nationalen, nach Hause zu gehen, durch einen jüdischen Studenten erfolgte, dessen Worten die nationale Jungmannschaft sich beugte".[40]

---

36 Über die Fusion siehe Protokoll 42. CV, S. 5f.; Funder, Das weiß-blau-goldene Band, S. 145ff.; Schönner, Auf, mit Gott zur Mannestat, S. 53f.; Stickler, Der zweite Österreichische Cartellverband, S. 76ff.; CZERMAK, EMMERICH: Zur Erinnerung an die Fusion 1906, in: *Pro aris et focis* 2. Jg. 1932, H. 2 (Mai), S. 6f.

37 Ac 19 (1906/07), S. 231 und 264.

38 Ac 25 (1912/13), S. 134. Vorsitzender wurde Max Platter (AIn); über ihn siehe auch S. 460.

39 Ac 19 (1906/07), Beilage zur Ausgabe vom 15. 1. 1907.

40 Ac 20 (1907/08), S. 3 und 4; Knoll, Die Geschichte der wehrhaften Vereine, S. 428f.

Was war damit gemeint? Zuerst muß man sich in Erinnerung bringen, daß dieses Vereinigungsfest am Vorabend des „Wahrmundjahres“ stattfand, wo sich bereits die großen Auseinandersetzungen in der Stimmung bei den Studenten abzeichneten. Außerdem befand man sich mitten im Wahlkampf für die im Mai d. J. angesetzten Wahlen zum Abgeordnetenhaus, die das erste Mal als allgemeine Wahl stattfanden. Zu diesen hatten sich bereits öfters Koalitionen zwischen den Deutschnationalen und den Sozialdemokraten gebildet, wenn es galt, gegen katholische Studenten oder Christlichsoziale im Rahmen des Kulturkampfes vorzugehen. Nun bestand die Intelligenz, dadurch auch die Studentenschaft, der Sozialdemokratie nicht unbeträchtlich aus Juden. Dies dürfte wahrscheinlich die Erklärung sein.

Am Abend desselben Tages wurde im Großen Musikvereinssaal der Vereinigungskommers gefeiert. Alles, was im katholischen Wien Rang und Namen hatte, nahm daran teil.[41] Damit war das Kapitel der getrennten Entwicklung katholischer farbentragender Verbindungen in Österreich abgeschlossen, ab diesem Zeitpunkt gehörten mit wenigen Ausnahmen alle dem CV an.

Zu Beginn des Ersten Weltkrieges gab es im alten Österreich unbeschadet der Zugehörigkeit zum CV folgende 24 katholische farbentragende Verbindungen:

Wien und Umgebung 14: Austria, Norica, Rudolfina, Kürnberg, Nordgau, Amelungia, Nibelungia, Rugia, Aargau, Marco-Danubia, Franco-Bavaria, Danubia, Babenberg und Welfia.
Innsbruck 4: Austria, Leopoldina, Vindelicia, Raeto-Bavaria.
Graz 2: Carolina und Traungau.
Prag 3: Ferdinandea, Vandalia und Saxo-Bavaria.
Brünn 1: Nibelungia.
Czernowitz 1: Frankonia.

Wie sah es vergleichsweise 1914 im CV andernorts aus? Nehmen wir als Beispiele die Städte München, Würzburg, Bonn, Münster sowie die Reichshauptstadt Berlin.

Berlin 6: Bavaria, Borusso-Saxonia, Germania (inzwischen sistiert), Hansea, Makaria und Suevia.
Bonn 6: Alania, Ascania, Bavaria, Novesia, Ripuaria und Staufia.
München 8: Aenania, Algovia, Burgundia, Langobardia, Moenania, Rheno-Franconia, Tuisconia und Vindelicia.
Münster 6: Alsatia, Arminia, Cheruskia, Sauerlandia, Saxonia und Zollern.
Würzburg 4: Cheruskia, Gothia, Markomannia und Thuringia.

Bei diesem Vergleich wird deutlich, daß Wien die Stadt mit den meisten CV-Verbindungen war. Allerdings standen die mit Graz, Prag und Innsbruck vergleichbaren Universitätsstädte Bonn, Münster und Würzburg wiederum weitaus besser da. Insgesamt war aber der Aufschwung der farbentragenden katholischen Verbindungen in Österreich beachtenswert. Daß darüber im CV Deutschlands gelegentlich nicht nur Freude, sondern auch gewisser Neid herrschte, lag sicherlich in der menschlichen Natur begründet.[42]

41 Ac 20 (1907/08), S. 3.
42 Das erwähnt Nachbaur, Die deutschen katholischen Studentenverbindungen in Österreich, S. 269.

Kirche und Vereinskatholizismus

„In jedem Dorf, auch noch so klein,
katholische Vereine müssen sein."[1]

Die Entwicklung des Vereinskatholizismus bis 1914

Das Werden des Vereins- und Verbandskatholizismus[2] im deutschen Sprachraum fällt im wesentlichen in die zweite Hälfte des 19. Jahrhunderts und war eine Folge der Herausbildung eines katholischen Milieus nach 1815 (darüber siehe oben S. 22f.). In der Schweiz begann er schon um 1830/31, in Deutschland in der Folge des Revolutionsjahres 1848, in Österreich erfährt er seine richtige Ausprägung erst nach 1867. Die sukzessive Einführung von Grundrechten, insbesondere eines Versammlungs- und Vereinsrechts sowie des Rechts auf freie Meinungsäußerung, war in formeller Hinsicht die Voraussetzung. Die Zeit ab Gewährung der allgemeinen bürgerlichen Rechte (1867) bis zum Ersten Weltkrieg charakterisiert Gerhard Schultes (Rd) treffend mit „Zeitalter der Vereine".

Man sah in den Vereinen *das* Instrument zur Umgestaltung und Neuorganisation des sozialen Lebens. Diesen Grundgedanken setzten die Katholiken ab 1848 in konsequenter und langfristig wirkender Weise um. Dieser Impuls mündete allmählich in die Ausbildung einer Lebenswelt ein, die als „soziales Milieu" bezeichnet werden kann. Katholische Vereine wurden für alle möglichen Zwecke gegründet. Neben einer religiösen Ausrichtung (Bruderschaften, Kongregationen etc.) waren es vor allem die vielfältigen katholischen Standesvereine, die dieses Milieu prägten – darunter natürlich die katholischen Studentenverbindungen. In diesem Zusammenhang nicht zu vergessen sind die zahlreichen Ordensgründungen ab der Mitte des 19. Jahrhunderts, die im Grunde nichts anderes als eine besondere Spielart des Assoziationsprinzips darstellten.[3]

In Österreich und Deutschland war die Revolution des Jahres 1848 die Geburtsstunde des organisierten Katholizismus. Die katholische Vereinsbewegung ging von dem Mitte März 1848 in Mainz (zum Großherzogtum Hessen-Darmstadt gehörend) gegründeten *Piusverein für religiöse Freiheit* aus und griff rasch auch auf die anderen Staaten des Deutschen Bundes, so auch Österreich, über. „Die Wiege der gesamtdeutschen katholischen Vereinsbewegung war Mainz."[4]

Schon zwei Monate später, am 15. Mai, wurde in Wien der *Katholikenverein für Glaube, Freiheit und Gesittung* in Wien gegründet, weitere solche entstanden auch in anderen Di-

1 Heerbach, Katholiken-Organisation, S. 10.

2 Über den Verbandskatholizismus allgemein siehe Hartmann, Katholische Organisationen (umfangreiche Literaturangaben), weiters Guggenberger, Die Anfänge der katholischen Volksbewegung in Österreich; Heim, Die katholischen Vereine im deutschsprachigen Österreich; Hudal, Katholizismus in Österreich; Krisianowsky, Anfänge des katholischen Vereinswesens; Sauer, Katholisches Vereinswesen in Wien; Schmitz, Entwicklungsgeschichte der christlichen Volksbewegung in Österreich; Schultes, Zeitalter der Vereine; Schultes, Der Reichsbund der katholischen deutschen Jugend; Silberbauer, Österreichs Katholiken und die Arbeiterfrage; Till, Die Anfänge der christlichen Volksbewegung in Österreich. Über den deutschen Verbandskatholizismus siehe Damberg, Bildung und Auflösung des Katholischen Milieus; Ac 91 (1998), Heft 3 (anläßlich 150 Jahre deutscher Verbandskatholizismus).

3 Damberg, Bildung und Auflösung des Katholischen Milieus, S. 129.

4 Heim, Die katholischen Vereine im deutschsprachigen Österreich, S. 33.

özesen. Ihr Ziel war u. a. die Beseitigung des josefinischen Kirchensystems, teilweise wurde in Konsequenz der Forderungen des Jahres 1848 auch eine innerkirchliche Mitsprache, zumindest die der Priester, verlangt. So gesehen war die Bildung dieser Katholikenvereine gewissermaßen auch ein Akt des Ungehorsams gegen die Bischöfe, und mit Recht sind sie später als die ersten katholischen Massenorganisationen mit eindeutig politischer Zielrichtung verstanden worden.[5] In Linz wurde ein *Katholiken-Centralverein* gegründet, dessen Obmann Franz Ritter von Hartmann (später Cl EM) war, ein Vorläufer des Katholischen Volksvereins.[6] Doch diesen Katholikenvereinen war aufgrund der Niederschlagung der Revolution und dem folgenden Neoabsolutismus nur ein kurzes Leben vergönnt, wobei der Staat hierbei von der Amtskirche unterstützt wurde.

Insbesondere die in den Vereinsgesetzen von 1849 und 1852 vorgenommene Trennung in nichtpolitische und politische Vereine, wobei letztere einer besonderen Aufsicht durch die Staatsbehörden unterworfen waren, behinderten anfänglich das katholische Vereinswesen.[7] Trotz dieser Behinderungen gelang in Folge des neuen Vereinsgesetzes 1852 in Wien die Gründung eines Gesellenvereines nach dem Vorbild Kolpings durch den späteren Wiener Erzbischof und Kardinal Anton Gruscha (AW EM). Mit dem Staatsgrundgesetz über die allgemeinen Rechte der Staatsbürger von 1867 wurde in Art. 12 die volle Vereins- und Versammlungsfreiheit gewährt. Kurz davor wurde als Ausführungsgesetz ein neues Vereinsgesetz erlassen, doch dieses beinhaltete im wesentlichen die Grundzüge der Bestimmungen von 1849 bzw. 1852, d. h. die Trennung in nichtpolitische und politische Vereine sowie die restriktiven Bestimmungen gegenüber letzteren.[8]

Trotz bzw. infolge der grundgesetzlichen Rückendeckung, die notfalls durch das Reichsgericht (das war der Verfassungsgerichtshof) durchgesetzt werden konnte, kam es zu einer *ersten Welle* von Vereinsgründungen. 1869 entstanden der sehr bedeutsame *Katholische Volksverein für Oberösterreich* und der erste katholische Arbeiterverein in Bad Aussee (Steiermark). Auch in den anderen Kronländern folgten solche. Etwa zur selben Zeit wurden in den meisten Diözesen *Katholische Preßvereine* gegründet, die teilweise bis in die Gegenwart im Verlags- und Zeitungswesen ihre Bedeutung haben. Damit hatte die katholisch-konservative Bewegung als Reaktion auf den in Österreich herrschenden Liberalismus antikirchlicher Prägung ihren Ausgangspunkt genommen. Publizistisches Organ dieser Bewegung war die Tageszeitung *Vaterland*.

Nach dem eingangs des Kapitels erwähnten Motto entstanden nun in ganz Österreich zahlreiche katholische Vereine der unterschiedlichsten Zielrichtung. Dazu zählten auch die Studentenverbindungen, die einen schweren Part im universitären Kulturkampf zu tragen hatten.

In einer *zweite Welle* von Gründungen entstanden vor allem Standesvereine, wie u. a. Katholische Arbeitervereine, Christliche Gewerkschaften, Reichsbauernbund. Gründungen und Entstehen der katholischen Verbände und Vereine standen in einem engen

5 Ebda., S. 40ff.; Sauer, Katholisches Vereinswesen in Wien, SS. 26-28.

6 Siehe dazu Verhandlungen der vierten General-Versammlung, S. 44.

7 So geriet der Ende 1849 gegründete Salzburger „Rupertusverein", der sich u. a. die „Belehrung und Kräftigung des kirchlichen Sinns der Bevölkerung" zur Aufgabe gemacht hatte, in Konflikt mit der Behörde, weil die darin eine politische Tätigkeit sah. Urbanitsch, Verhältnis von Staatsmacht, (politische) Vereine und Parteien, S. 280. Zur Unterscheidung zwischen politischen und nichtpolitischen Vereine siehe ebda. S. 280.

8 Urbanitsch, Verhältnis von Staatsmacht, (politische) Vereine und Parteien, S. 283. Ein Manko des Gesetzes bestand u. a. darin, daß es nicht den Begriff „politischer Verein" näher definierte bzw. zu den nichtpolitischen Vereinen abgrenzte, womit der Willkür der Behörden Tür und Tor geöffnet war.

Zusammenhang, so daß es daher zahlreiche Berührungspunkte und personelle Verflechtungen zwischen den katholischen Vereinen und dem CV in Österreich gab.

Es lag natürlich nahe, diese Vielfalt von Vereinen einer Koordination zuzuführen.[9] Das erste Instrument hierfür waren die Katholikentage. Sie waren ein erster Versuch, das katholische Vereinsleben zu koordinieren und zu befruchten. 1848 fand der erste als „Generalversammlung des Katholischen Vereines Deutschlands" in Mainz statt, deren Präsident Franz Joseph von Buß (später Hr EM) war.[10] Ursprünglich sollte dieser als auch der in 1849 in Wien stattfinden, was nur beweist, daß das katholische Deutschland (hierbei gemeint der Deutsche Bund) in Wien, der Residenz der Habsburger, noch immer das Zentrum des deutschen Katholizismus sah.

Die (deutschen) Katholikentage wurden ab diesem Zeitpunkt jährlich (mit Ausnahme der Kriegs- und Nazizeit) abgehalten, ab 1950 im Zweijahresrhythmus. Sie verstanden sich anfänglich als gesamtdeutsch im Sinne des Deutschen Bundes. Österreich war bei den Katholikentagen voll integriert.[11] Bei den 20 Katholikentagen vor 1871 stellten sechs Mal Österreicher den Präsidenten, darunter erstmals 1851 in Mainz Franz Ritter von Hartmann (später Cl EM).[12] Zum letzten Mal gab es einen deutschen Katholikentag (den achtzehnten) auf österreichischem Boden im September 1867 in Innsbruck, ein Jahr nach der Niederlage Österreichs gegen Preußen. Doch die politische Trennung Österreichs von Deutschland und die Gründung des Deutschen Reiches machte es notwendig, auch im katholischen Vereinsleben sowie bei den Katholikentagen eigene Wege zu gehen. Die deutschen Katholikentage fanden nur mehr in Deutschland statt, ein erster allgemeiner österreichischer Katholikentag wurde dann 1877 in Wien abgehalten.

Die erst später erfolgten Ehrenmitgliedschaftsverleihungen an Buß und Hartmann zeigen, daß der CV mit der frühen Katholikentags- und katholischen Vereinsbewegung eng verbunden war.

Während es also in Deutschland bereits 1848 gelang, mit dem „Katholischen Verein für Deutschland" eine Plattform für alle katholischen Verbände zu schaffen, wozu noch 1868 das Zentralkomitee zur Vorbereitung der Katholikentage und zur Durchführung ihrer Beschlüsse kam, gelangen solche Initiativen in Österreich nicht oder blieben im Ansatz stecken. Dieses gegenüber Deutschland eingetretene Defizit war mit eines der Ursachen für eine Strukturschwäche des österreichischen Verbandskatholizismus, die es wiederum jenen Kräften der Kirche in der Zwischenkriegszeit und vor allem nach 1945 leicht machte, das Laienapostolat unter die hierarchische Abhängigkeit zu bringen (siehe SS. 241f. und 541f.).

Nachdem der österreichische Katholikentag 1896 in Salzburg unter dem Eindruck der Auseinandersetzungen zwischen den Katholisch-Konservativen und Christlichsozialen

---

9 Über die Koordinierungsversuche siehe Hartmann, Getrennt oder vereint; Schultes, Das Katholische Aktionskomitee.

10 Hildebrandt, Generalversammlungen der Katholiken Deutschlands; May, Geschichte der Generalversammlungen der Katholiken Deutschlands; Zeitzeichen. 150 Jahre Deutsche Katholikentage 1848-1998. Paderborn 1999.

11 So fanden der vierte 1850 in Linz, der siebente 1853 in Wien, der achte 1856 wiederum in Linz, der neunte 1857 in Salzburg, der zwölfte 1860 sogar in Prag statt. Hofrichter, Die österreichischen Katholikentage, S. 189.

12 Verhandlungen der fünften General-Versammlung, S. 34f. Über Hartmann siehe CT II, S. 51ff. Hartmann spielte Mitte des 19. Jahrhunderts eine wichtige Rolle in der ersten Phase des Vereinskatholizismus, die dann durch den Neoabsolutismus gebremst wurde. Er war Richter und beendete seine Berufslaufbahn 1870 als Kreisgerichtspräsident von Korneuburg. Er siedelte nach Graz und war dann sofort beim Aufbau der Katholisch-Konservativen tätig (siehe auch S. 36).

stand, erkannte man immer mehr die Notwendigkeit, die nichtpolitischen Organisationen zusammenzufassen, um sie aus diesem Streit herauszuhalten. Um zu gewährleisten, daß die Katholikentage in Hinkunft die Delegiertenversammlungen der nichtpolitischen Vereine sind, wurden zu Kommissären Ernst Graf Sylva-Tarouca (AW EM) und Maximilian Frhr. von Vittinghoff-Schell (AW) bestellt. Aus dieser Initiative entstand das ***Katholische Aktionskomitee für Niederösterreich***, das beispielgebend sein sollte.

Am 5. Katholikentag 1905 in Wien wurde die Organisation aller Katholiken beschlossen. Demnach sollten das katholische Zentralkomitee, die Diözesankomitees[13], ein Zentralrat, eine Delegiertenversammlung sowie eine Generalversammlung (Katholikentag) aller organisierten Katholiken eingeführt werden. Die oberste Leitung sollte bei einem Zentralkomitee liegen, das aus einem Präsidenten, zwei Vizepräsidenten, weiteren Vorstandsmitgliedern, einem Vertreter der Bischofskonferenz sowie einem Generalsekretär bestehen sollte.[14] Diese Struktur hatte einerseits ihr Vorbild im deutschen Zentralkomitee, das 1868 geschaffen, 1872 aufgelöst und 1898 wieder errichtet wurde, besaß aber auch einen Nachteil: Das österreichische Zentralkomitee war nur nach regionalen und nicht auch nach kategorialen Grundsätzen organisiert. So entstand als Ausgleich z. B. 1902 der „Reichsverband nichtpolitischer Arbeitervereine Österreichs“ unter Führung Franz Hemalas (Nc).

Zum Präsidenten des Zentralkomitees wurde erwartungsgemäß Ernst Graf Sylva-Tarouca gewählt, als Aufgaben wurden u. a. bestimmt:

1. Die Durchführung der Organisation aller Katholiken in ganz Österreich auf religiösem, sozialem, wirtschaftlichem und karitativem Gebiet unter Berücksichtigung der bereits bestehenden Organisationen.
2. Schutz der katholischen Religion und Verteidigung der Freiheiten der katholischen Kirche.
3. Förderung der Organisation der katholischen Presse.
4. Einberufung und Vorbereitung der allgemeinen österreichischen Katholikentage.
5. Durchführung der Beschlüsse derselben.

Trotzdem brachte diese Organisation nicht den erhofften Erfolg, neben kleinlichen Verbandsinteressen war es immer wieder die nationale Frage, die die Zusammenarbeit der Katholiken in Österreich erschwerte. Angesichts dieser schwierigen Lage suchte man nach neuen Modellen. Ein solches glaubte man im „Volksverein für das katholische Deutschland“, der 1890 als zentrale Organisation der deutschen Katholiken entstanden war und seinen Sitz in Mönchengladbach hatte, gefunden zu haben. Er erlebte im ersten Jahrzehnt des 20. Jahrhunderts einen großen Aufstieg und bildete auch eine Art Ersatz für die fehlende Parteistruktur der Zentrumspartei.[15]

Noch im Jahr 1908 begann man mit dem Umbau des Zentralkomitees, das nun den Namen ***Nichtpolitische Zentralorganisation der Österreichischen Katholiken: Katholischer Volksbund*** bekam. Der deutsche „Volksverein“ war aber nun keine Dachorganisation ver-

13 Offenbar als Konsequenz dieses Beschlusses erfolgte z. B. auf Initiative von Bischof Leopold Schuster am 10. 9. 1906 die Konstituierung eines Diözesankomitees der Katholischen Vereine für die Diözese (Graz-)Seckau, siehe Liebmann, Das Konzil sieht die Aufgabe des Laien ganz anders, (im Druck).

14 Bösbauer/Schaurhofer, Die nichtpolitischen Katholikenorganisation in der Diözese Wien.

15 Elvert, Gesellschaftlicher Mikrokosmos oder Mehrheitsbeschaffer im Reichstag, S. 170. Der Volksverein hatte vor 1914 800.000 Mitglieder und war stark sozialreformatorisch orientiert.

schiedener Verbände, sondern eine Massenorganisation mit Einzelmitgliedschaft. Der „Volksbund" sah sich in dieser Tradition, so daß es bald zu Konflikten mit Vertretern der Verbände und dem Zentralkomitee kommen mußte. Kurz vor dem Krieg, und daher in seiner Auswirkung bedeutungslos, entstand dann als Kompromiß und Nachfolgerin des Zentralkomitees die *Katholische Union*, die sich auf den gesamten österreichischen Reichsteil erstrecken, während der Volksbund sich nur um deutsche Katholiken kümmern sollte. Die Union ging im Ersten Weltkrieg unter, der Volksbund lebte nachher wieder auf. Generaldirektor des Volksbundes war Jakob Fried (Am).

Die Verflechtung des katholischen Vereinswesens untereinander hatte zur Folge, daß sich dort CVer zahlreich betätigten. Die Austria Wien war hier Vorreiter. Besondere Bedeutung für eine studentisch-akademische Organisation hatte zweifellos die Leo-Gesellschaft, die 1892 zur Pflege der Wissenschaft, Kunst und Literatur im katholischen Sinn begründet wurde. „Der Leo-Gesellschaft gehören Männer an, die ganz im CV wurzeln und ihm ihre katholischen Grundsätze in Wissenschaft und Leben verdanken ... Es ist sehr zu wünschen, daß sich zwischen Leo-Gesellschaft und den CV-Verbindungen in Österreich ein organisches Verhältnis herausentwickle zum Nutzen beider Teile", hieß es 1914 in der *Academia*.[16] Diese Leo-Gesellschaft war entstanden, um dem Vorurteil des Freisinns entgegenzuwirken, Glaube und Wissenschaft vertrage sich nicht. Daher war ein enges Zusammenwirken zwischen ihr und dem CV nur natürlich.

Die österreichischen Katholikentage

Die österreichischen Katholikentage waren und sind öffentliche Manifestationen des Katholizismus.[17] Von ihnen gingen zahlreiche und noch heute wirksame Impulse aus. Schon lange bevor das II. Vatikanum die Mitverantwortung der Laien entdeckte, haben bei den Katholikentagen und durch die katholischen Vereine schon im 19. Jahrhundert Laien initiativ für die Kirche und deren Anliegen in der Öffentlichkeit gewirkt.

Die Katholikentage wurden daher von gesellschaftspolitischen Themen (Schulfrage, Universitäten, Sozialreform, Presse, Christliche Kunst usw.) dominiert, rein religiös-pastorale oder spirituelle Fragen kamen erst später hinzu bzw. standen vorerst im Hintergrund. Bis zum Ersten Weltkrieg war das Laienelement eindeutig bestimmend, es wurde erst nach dem Ersten und vor allem nach dem Zweiten Weltkrieg sukzessive durch eine stärkere Präsenz des Klerus zurückgedrängt. Die Katholikentage in Österreich wurden mehr oder minder innerkirchliche Angelegenheiten, die von den von der Hierarchie abhängigen Laienorganisationen (KA) getragen werden.

Für den CV und deren Verbindungen waren die Katholikentage aus folgenden Gründen interessant: Erstens beschäftigten sie sich mehrmals intensiv mit dem katholischen Studentenwesen und dem Kulturkampf auf den Universitäten, was von vornherein die Präsenz der katholischen Verbindungen bedingte. Und zweitens waren sie die beste Gelegenheit, sich vor der katholischen Öffentlichkeit zu präsentieren, etwa durch die Katholikentagskommerse oder in Deutschland dadurch, daß die Cartellversammlungen

16 Ac 26 (1913/14), SS. 457-460.

17 Über die Katholikentage siehe: Celerin, Österreichische Katholikentage; Funder, Österreichische Katholikentage; Hofrichter, Österreichische Katholikentage; Hudal, Der Katholizismus in Österreich; Liebmann, Österreichische Katholikentage; Liebmann, Steirische Katholikentage.

des CV bis zum Ersten Weltkrieg zur selben Zeit und am selben Ort wie die deutschen Katholikentage stattfanden. Und schließlich drittens waren CVer in den verschiedenen Funktionen und Ausschüssen der Katholikentage tätig. Die personelle Verknüpfung zwischen CV und Verbandskatholizismus wurde dadurch wohl am deutlichsten manifest. Unter diesen Gesichtspunkten werden im folgenden die Katholikentage in Österreich bis 1914 kurz dargestellt.

Es war die Wiener Erzbruderschaft vom hl. Erzengel Michael unter ihrem Obmann Anton Graf Pergen (Nc EM), die den ***1. allgemeinen österreichischen Katholikentag*** vom 30. April bis 3. Mai 1877 in Wien initiierte. Präsident wurde Egbert Graf Belcredi (AW EM).[18] Im Rahmen der Sektion Schule kam es erstmalig zu einer Diskussion über die Situation auf den Hochschulen bzw. über die Studentenverbindungen, bei der med. Hanns Metzler (AIn) und iur. Franz X. Mayerhofer von Grünbühel (AW) das Wort ergriffen und von ihren Verbindungen berichteten. Der „engere Anschluß der katholischen Studierenden untereinander" wurde beschlossen. Offizielle Vertreter auf diesem Katholikentag war neben der Austria Innsbruck auch die Helvetia Oenipontana des StV.[19]

Vom 29. April bis 2. Mai 1889 fand der ***2. allgemeine österreichische Katholikentag*** wieder in Wien statt.[20] Das politisch wichtigste Ereignis war die Rede Karl Luegers (Nc EM), der sich dabei zum ersten Mal eindeutig und klar als Katholik deklarierte und der von ihm geführten Volksbewegung die endgültige Richtung wies: „Wir wollen alle eins sein, Brüder in Österreich und Brüder in Christo!"[21] In der Sektion katholisches Vereinsleben kam es zu den bereits geschilderten (siehe S. 41) langen Debatten über die Frage des Zusammenschlusses der katholischen Verbindungen. Die katholischen Korporationen hielten am 1. Mai einen Festkommers ab.[22]

Vom 8. bis 11. August 1892 fand in Linz der ***3. allgemeine österreichische Katholikentag*** statt. Er wurde wegen der Auseinandersetzung zwischen Katholisch-Konservativen und Christlichsozialen mit Spannung erwartet. Präsident war Ernst Graf Sylva-Tarouca (AW EM).[23] Im Rahmen der Sektion Katholisches Leben referierte der damals erst 20jährige Eduard Prinz Liechtenstein (AW EM) über die katholischen Studentenvereinigungen. In Anbetracht der Notwendigkeit eines Gegengewichtes zu den schlagenden Verbindungen drückte der Katholikentag in einer Resolution seinen Wunsch „nach einer möglichst innigen Einigung und festen Organisation aller katholischen Studenten Österreichs" aus.[24]

---

18 Vizepräsidenten waren u. a. Heinrich Graf Brandis (AIn EM) und Julius Frhr. von Riccabona (AIn EM). Leiter der Sektion Katholisches Leben war Maximilian Frhr. von Gagern (AW EM).

19 Verhandlungen 1. Katholikentag; Celerin, Österreichische Katholikentage, SS. 39-55.

20 Sektionspräsidenten waren für Kunst, Wissenschaft und Literatur Alexander Frhr. von Helfert (AW EM), für die Presse Franz M. Schindler (Nc EM), für die soziale Frage Egbert Graf Belcredi (AW EM) und für das katholische Vereinswesen Karl Graf Chorinsky (AW EM). Schriftführer des Katholikentages war Alfred Ebenhoch (AIn).

21 Verhandlungen 2. Katholikentag; Festschrift 2. Katholikentag; Celerin, Österreichische Katholikentage, SS. 83-195;

22 75 Jahre Carolina, S. 26.

23 Präsident des vorbereitenden Komitees war der Obmann des Katholischen Volksvereines für Oberösterreich, Alfred Ebenhoch (AIn), Mitglieder dieses Komitees waren u. a. noch Hermann Esser (AIn) und Johann N. Hauser (AW EM). Sektionspräsidenten wurden u. a. für Schule und Unterricht Kaspar Schwarz (AW), für die Presse Franz M. Schindler (Nc EM) und für Kunst und Literatur Alexander Frhr. von Helfert (AW EM).

24 Nachbaur, Die deutschen katholischen Studentenverbindungen in Österreich, S. 149ff., bezeichnet das als „Unions-Pläne" Eduard von Liechtensteins. Er dürfte aber eher eine Vereinigung der nichtkorporierten katho-

Von seiten des CV wurde bereits im Juli zur Teilnahme am Katholikentag aufgerufen.[25] Der Festkommers am 10. August wurde von allen österreichischen Verbindungen, auch vom Ersten ÖCV, abgehalten, Festredner war Josef Pernter (AIn EM).[26] Das Expräsidium leitete der Priester und böhmische LAbg. Ambros Opitz (Fd EM). Friedrich Funder (Cl), erstmals auf einem Katholikentag, aber noch nicht Mitglied der Carolina, schrieb darüber:[27]

„Auf dem Kommers ... erhielt Ambros Opitz um Mitternacht das Präsidium. Die Schärpe der Prager Ferdinandea um die mächtige Brust, stand er, der Wortführer der christlichsozialen Jungen, der schärferen Tonart, reckenhaft auf der Präsidiumsbühne. Er begann und endigte sein Amt mit einer Rede, die alle Argumente der Jungen mit rhetorischer Macht zusammenfaßte: Das verkürzte Recht und die demütigende Lage des katholischen Volkes, das bei den Machthabern für seine geistigen und leiblichen Lebensbedürfnisse nicht Gehör findet, die Bindung und gefährliche Schlaffheit der zu seinem Schutz Berufenen – da wird eine mutige, kämpferische, unabhängige Presse Dolmetsch und Predigerin für ein aufrechtes Christentum und eine christliche Sozialreform, das gebieterischste Erfordernis der Gegenwart."

Seitens des CV wurden mit dem Ersten ÖCV Verhandlungen eingeleitet, was jedoch von diesem abgelehnt wurde. Daher fanden sich nicht von ungefähr am 11. August abends die CV-Verbindungen zu einem zweiten Kommers zusammen. Redner war u. a. der bekannte Wiener Männerseelsorger P. Heinrich Abel SJ (AW EM).[28]

„Auf nach Salzburg!" hieß es in einem Aufruf zum ***4. allgemeinen österreichischen Katholikentag*** (31. August bis 3. September 1896) in der *Academia*.[29] Präsident des Lokalkomitees war der Salzburger Theologieprofessor und spätere Fürstbischof von Brixen, Josef Altenweisel (Le EM).[30] Der Katholikentag beschäftigte sich eingehend mit dem Duellunwesen und forderte die katholischen Eltern auf, ihren Söhnen den Eintritt in katholische Studentenverbindungen nahezulegen. Wie erwähnt (s. o.) wurden Ernst Graf Sylva-Tarouca (AW EM) zum Generalkommissär für die weiteren Katholikentage und Maximilian Frhr. von Vittinghoff-Schell (AW) zu seinem Stellvertreter bestellt.[31]

Am 1. September abends fand im Kurhaus der Festkommers statt, den der Ferialkommissär der Norica, Friedrich Funder (Cl, Nc), präsidierte. Es sprachen u. a. Ernst Graf Sylva-Tarouca (AW EM), Alfred Ebenhoch (AIn), P. Heinrich Abel (AW EM) und der Vorarlberger Landeshauptmann Adolf Rhomberg (AIn EM). Am 2. September nachmit-

---

lischen Studenten im Auge gehabt haben, wobei er von den damaligen vom StV ausgehenden Bemühungen um die Schaffung einer internationalen Vereinigung katholischer Hochschüler, die 1921 mit der Pax Romana realisiert wurden (siehe S. 293), inspiriert worden sein dürfte.

25 Bericht 3. Katholikentag; Ac 5 (1892/93), S. 58; Celerin, Österreichische Katholikentage, SS. 123-141.

26 Sie ist abgedruckt in Bericht 3. Katholikentag, SS. 501-507. Weitere Redner waren Kaspar Schwarz (AW), Adolf Rhomberg (AIn EM) und Eduard Prinz Liechtenstein (AW EM).

27 Funder, Vom Gestern ins Heute, S. 45.

28 Ac 5 (1892/93), S. 119f.; Bericht 3. Katholikentag, S. 508

29 Ac 9 (1896/97), S. 58.

30 Vizepräsidenten des Katholikentages waren Franz M. Schindler (Nc EM) und Alfred Ebenhoch (AIn); Sektionsvorsitzende waren u. a. Ernst Graf Sylva-Tarouca (AW EM), Karl Graf Chorinsky (AW EM) und Maximilian Frhr. von Vittinghoff-Schell (AW).

31 Bericht 4. Katholikentag; Celerin, Österreichische Katholikentage, SS. 176-190.

tags wurde Funder auf offener Straße von Schlagenden überfallen und verletzt. Am selben Abend fand dann der Cartell-Kommers statt.[32]

Vom 18. bis 21. November 1905 wurde in Wien der ***5. allgemeine österreichische Katholikentag*** abgehalten. Präsident wurde Adolf Rhomberg (AIn EM).[33] Hauptpunkte dieses Katholikentages waren die Behandlung der Los-von-Rom-Bewegung und die Schaffung eines Zentralkomitees nach deutschem Vorbild. Die Diskriminierung und die Angriffe auf die katholischen Verbindungen wurden scharf verurteilt.[34]

Am 20. November nachmittags tagten unter Vorsitz von Rhomberg im Restaurant der 2003 leider abgebrannten Sofiensäle (3. Bezirk) die Delegierten der katholischen Studentenvereinigungen. Dieses Treffen stand bereits im Zeichen der sich anbahnenden Fusion des Zweiten ÖCV mit dem CV (siehe S. 77). Die katholischen Abgeordneten aller Richtungen wurden aufgefordert, die Rechte der katholischen Studenten zu vertreten.

Am Abend fand der Festkommers im Kursalon statt, Gäste bzw. Redner waren u. a. Adolf Rhomberg (AIn EM), Ernst Graf Sylva-Tarouca (AW EM), der Wiener Weihbischof Godefried Marschall (AW EM), der spätere Wiener Bürgermeister Richard Weiskirchner (AW EM), Maximilian Frhr. von Vittinghoff-Schell (AW) und der spätere RRAbg. Raimund Neunteufel (AW).[35]

Der ***6. allgemeine österreichische Katholikentag*** wurde wiederum in Wien vom 16. bis 19. November 1907 abgehalten. Die dort gemachten folgenschweren Äußerungen Karl Luegers (Nc EM), die Behandlung der Gleichberechtigungsfrage katholischer Studenten und der Festkommers des Katholikentages werden noch später ausführlich behandelt (siehe S. 142). Mitglied des vorbereitenden Komitees war u. a. Friedrich Funder (Cl).[36] Am 28. November fand im Heim der Norica eine Vertretersitzung der CV-Verbindungen statt, wo der RRAbg. Josef Schlegel (Nc) die Versicherung gab, „es werde alles geschehen, um uns zu unserem guten Rechte, der vollen praktisch anerkannten Gleichberechtigung zu verhelfen“.[37]

Der ***7. allgemeine österreichische Katholikentag*** wurde vom 9. bis 11. September 1910 in Innsbruck abgehalten. Johannes Ude (Cl) hielt eine vielbeachtete Rede zum Thema „Rettung und Förderung des christlichen Geistes in den höheren Schulen“, womit damals die Universitäten gemeint waren. Ude war offenbar inzwischen zum Symbol des Kampfes katholischer Studenten um Gleichberechtigung auf den Universitäten geworden. Noch hatte man die Ereignisse des „Wahrmund“-Jahres 1907/08 in Erinnerung (davon später S. 138f.).

Seine Rede wies für damals interessante Gedanken auf, die es wert sind, auszugsweise zitiert zu werden:[38]

> „ ... Wir haben es oft und oft erlebt, wie sie katholische Studenten ob ihres katholischen Bekenntnisses auf akademischem Boden mit Knitteln und eisernen Schlägern

---

32 Bericht 4. Katholikentag, S. 423ff.; Ac 9 (1896/97), S. 123 und 134; 75 Jahre Carolina, S. 56.

33 Einer der Vizepräsidenten war Alois Prinz Liechtenstein (AW EM). Sekretäre waren u. a. der spätere NRAbg. Michael Paulitsch (Rd EM) und Alcide de Gasperi, später RRAbg. und nach 1945 italienischer Ministerpräsident.

34 Bericht 5. Katholikentag; Hofrichter, Österreichische Katholikentage, SS. 16-34.

35 Bericht 5. Katholikentag, S. 270f.; Ac 18 (1905/06), SS. 289-328.

36 Bericht 6. Katholikentag; Hofrichter, Österreichische Katholikentage, SS. 38-56.

37 Ac 20 (1907/08), S. 2-73.

38 Bericht 7. Katholikentag, Rede Udes, SS. 106-113; Hofrichter, Österreichische Katholikentage, S. 61ff.

förmlich massakriert haben, ... wie man katholische Dozenten und Professoren schikaniert ... Seien wir wirklich katholisch, und wir werden einig sein. Soll der Katholizismus gefördert werden, so dürfen nicht nationale und politische Verschiedenheiten, so darf nicht kleinliche Eigenbrödelei die Katholiken trennen. Eine einheitliche, großzügige Aktion muß Deutsche und Italiener und Slawen und Polen und Tschechen usw. trotz ihrer sonstigen, nationalen und wirtschaftlichen Differenzen zusammenschließen ... Wenn es uns gelingt, katholisch überzeugte, wissenschaftlich hervorragende, befähigte Männer als Lehrer an unseren höheren Schulen unterzubringen, so ist ein wichtiger Schritt für die Wiederbelebung der katholischen Weltanschauung getan ... Vor allem sind es unsere katholischen Studentenverbindungen und katholischen Studentenvereine, welche die vollste Aufmerksamkeit und Förderung von Seite des gesamten katholischen Volkes verdienen. Eine Regeneration der katholischen Weltanschauung an den höheren Schulen muß in erster Linie – das ist meine Ansicht – von der katholischen Studentenschaft ausgehen ... Die wüsten, häßlichen Universitätsskandale der letzten Jahre haben doch allmählich bei manchem die Überzeugung hervorgerufen, daß es sich in diesem Kampfe nicht um Mütze und Schläger und dreifarbig Band, sondern daß es sich um die Gleichberechtigung der katholischen Weltanschauung an unseren Hochschulen handelt. Es muß demnach systematisch für entsprechende Aufklärung über die große Aufgabe unseres katholischen Studententums Sorge getragen werden.

Und nun ein Wort an die katholische Studentenschaft! ... Nicht der Comment, nicht das Tragen der Couleur macht schon den katholischen Studenten aus. Religion, Wissenschaft, Freundschaft und Vaterlandsliebe heißen die hehren Prinzipien, welche die katholischen Verbindungen und Vereine ins Leben gerufen und groß gemacht haben. ... Ferner möge unter den katholischen Studenten auch die Überzeugung Platz machen, daß der katholische Student ebenfalls seinem katholischen Volke gegenüber Pflichten hat, da er einst berufen ist, an der Lösung der sozialen Frage mitzuarbeiten ... Wenn wir nur dort einig sind, wo es um unsere katholischen Interessen geht, so ist der Sieg auf unserer Seite!"

Stürmischer Beifall folgte den Ausführungen des Referenten, bemerkt der Chronist. Am Abend des 10. September wurde im Stadtsaal der Festkommers abgehalten. Präsidiert wurde er von arch. Clemens Holzmeister (Nc), der auch die Begrüßungsansprache hielt.[39]

Vom 12. bis 15. September 1912 tagte in Wien der ***23. Internationale Eucharistische Kongreß***. Dieser bot Gelegenheit, den CV auch international zu präsentieren. Zweimal wurde in der *Academia* auf den Kongreß hingewiesen und zur Teilnahme eingeladen.[40] Bei Festzügen beteiligten sich Chargierte, für Studenten und Akademiker wurden eigene Veranstaltungen und Predigtreihen abgehalten, und am Sonntag, dem 15. abends fand der obligate Festkommers im Sofiensaal statt. Gäste waren u. a der München Erzbischof Franz Kardinal von Bettinger (AIn), Abt (von Tepl) Gilbert Helmer (Fd EM), k. k. Minister a. D. Richard Weiskirchner (AW EM), Landeshauptmann Adolf Rhomberg (AIn EM). Die offizielle Begrüßungsansprache hielt Univ. Prof. P. Nivard Schlögl (Nc), die Festrede Univ. Prof. Godehard Ebers (Wf, AIn). RRAbg. Josef Schlegel (Nc) hielt die Rede auf

39 Bericht 7. Katholikentag, S. 230f.; Ac 23 (1910/11), S. 191, 230f.
40 Ac 25 (1912/13), S. 38 und 60; Bericht darüber S. 259f.

Festprozession beim Eucharistischen Weltkongreß am 15. September 1912 in Wien, an der die CV-Verbindungen teilnahmen. Der Bericht über den Weltkongreß schreibt von einem „endlosen Regen“, beeindruckend ist daher die Schirmlandschaft auf diesem Bild.

den Kaiser, und zum Schluß ergriff Kardinal Bettinger das Wort. „Als er seine Rede mit den Worten ‚Liebe Kartellbrüder‘ begann, ging durch die Reihen der Studenten ein tausendstimmiger Beifall.“[41]

Dieser Kongreß um das Fest Mariä Namen (12. September) war die letzte große internationale Veranstaltung in der alten Kaiserstadt vor 1914. „Unter dem Allerhöchsten Protektorate Seiner kaiserlichen und königlichen Apostolischen Majestät Kaiser Franz Josephs I.“ versammelten sich kirchliche und weltliche Würdenträger aller Nationen in Wien, als ob am Ausgang der Monarchie der Katholizismus in triumphierender Weise seinen Sieg über den Freisinn dokumentieren wollte.

Von der ein Jahr später, am 14. September 1913, stattgefundenen Grundsteinlegungs-Einweihungsfeier einer Eucharistischen Gedächtniskirche in Wien-Brigittenau, die aber nie vollendet wurde, ist durch einen glücklichen Zufall ein Bilddokument über diese Feier erhalten geblieben, nämlich ein sw-Film wie ein sw-Foto, auf dem Kaiser Franz Joseph mit Chargierten zu erkennen ist.[42]

41 Bericht XXIII. Eucharistischer Kongreß, SS. 808-810, Zitat S. 810.

42 Exner, Kaiser Franz Joseph und die Chargierten. Es ist Ernst Exner (Pan) zu danken, daß er nicht nur die Herkunft des Fotos bzw. des Films, sondern auch die Identität von vier Chargierten klären konnte (je zwei von der Franco-Bavaria und des Nordgau Wien).

Grundsteinlegungsfeier einer Eucharistischen Gedächtniskirche am 14. September 1913 in Wien-Brigittenau, die aber nie vollendet wurde. Kaiser Franz Joseph, eingerahmt von Chargierten der Franco-Bavaria und des Nordgau Wien, dahinter die Erzherzöge Peter Ferdinand Salvator, Karl Albrecht und Eugen (v. l. n. r.)

Die Nationalitätenkonflikte waren am Ende der Monarchie inzwischen so groß geworden, daß Vertreter des Zentralkomitees im Verlaufe des Kongresses, der im Hinblick auf seine religiösen Massenveranstaltungen Vorbild für die späteren Katholikentage sein sollte, übereinkamen, 1913 auf einen allgemeinen österreichischen Katholikentag zu verzichten und statt dessen überall Landes- und nationale Katholikentage zu empfehlen. Die Deutschböhmen ergriffen bald danach die Initiative für einen „Deutschösterreichischen Katholikentag in Linz", der dann vom 15. bis 17. August 1913 als ***Katholikentag der Deutschen Österreichs*** stattfand.[43] Dem Vorbild des Eucharistischen Kongresses folgend wurden mehr Großveranstaltungen abgehalten, Resolutionen sollten nicht mehr beschlossen werden. Das Referat über „Die Hochschulfrage für die Katholiken Österreichs" hielt der spätere Bundeskanzler Michael Mayr (AIn EM). Seine Rede faßte den Kulturkampf auf den Universitäten der letzten Jahre zusammen, er führte u. a. aus: „An unseren Hochschulen wird tatsächlich ein systematischer, vom Atheismus und Judentum genährter Krieg gegen die katholische Weltanschauung geführt."[44]

---

43 Mitglieder des vorbereitenden Landeskomitees in Linz waren u. a. Josef Aigner sen. (Cl) und Karl A. Salzmann (Cl). In jedem Kronland wurden solche vorbereitenden Komitees errichtet, der Anteil der CVer an diesen Komitees betrug zusammen an die 20 Prozent.

44 Katholikentag 1913, Rede Mayrs SS. 86-97; Hofrichter, Österreichische Katholikentage, SS. 81-94.

Am Sonntagabend (17. August) begrüßte Bruno Hausmann (Cl) von der damaligen Vorortsverbindung die Teilnehmer des Festkommerses: „Der Cartellverband hat es für seine Pflicht gehalten, zum Katholikentag Deutschösterreichs als katholischer deutscher Verband ebenfalls die Seinen nach Linz zu rufen, geleitet von der Überzeugung: dort, wo das katholische Volk ist, dorthin gehört auch der katholische Student. Wenn ich heute den dichtgefüllten Kommerssaal überschaue, dann darf ich wohl den vorerst verbrauchten Satz umkehren und darf sagen: Wo der katholische Student ist, da ist auch das katholische Volk!“[45] Wenn man die Rede von Hausmann mit jener von Johannes Ude (Cl) beim letzten allgemeinen Katholikentag drei Jahre früher vergleicht, wird einem der Paradigmenwechsel im österreichischen Katholizismus in den Jahren der ausgehenden Monarchie besonders deutlich!

Auch in den Kronländern und Diözesen der österreichischen Reichshälfte gab es Katholikentage, die sich ebenfalls mit der Hochschulfrage beschäftigten und an denen der CV bzw. die Verbindungen teilnahmen.[46] Für die Wirkungsgeschichte des CV und seiner Verbindungen in Österreich war von diesen regionalen Veranstaltungen vor allem der ***1. niederösterreichische Katholikentag*** (12./13. November 1894) von besonderer Bedeutung. Er stand ganz unter dem Zeichen der Auseinandersetzungen zwischen Katholisch-Konservativen und Christlichsozialen (siehe S. 99). Da weder seitens der k. k. Regierung noch der Stadt Wien offizielle Vertreter erschienen waren, nahm Karl Lueger (Nc EM) dies zum Anlaß, um ironisch zu bemerken: „Es grüßt Sie das katholische Volk Wiens und Niederösterreichs!“

Politisch aber eminent bedeutsam für die weitere Zukunft des Politischen Katholizismus war der Festkommers unter dem Präsidium Noricas am 13. November 1894 im Musikvereinssaal. Damals erhob sich der katholisch-konservative Abgeordnete Alfred Ebenhoch (AIn) und dankte „seinem lieben Freund Dr. Karl Lueger, diesem unvergleichlichen Manne, diesem hochverdienten Volksvertreter, wie wir keinen besseren im ganzen katholischen Österreich haben, für seine herrlichen Worte, die er am Tage zuvor zur Begrüßung an den Katholikentag gesprochen hat“.

Darauf antwortete Lueger: „Die lieben Worte meines Freundes Ebenhoch verdiene ich kaum, ich hoffe, daß jetzt endlich alles schwinden wird, was uns Katholiken trennt, daß wir alle eine große Armee werden.“ Seit jenem Kommers, auf dem die beiden Parteiführer ihr brüderliches Du-Wort beschlossen hatten, begegneten sie sich oft im Kreise der Norica. Es ist daher nicht von ungefähr gewesen, daß diese beiden Männer am entschiedensten den Zusammenschluß der beiden katholischen Parteien betrieben.[47]

Klerus und Episkopat im CV

Der Klerus spielte eine wesentliche Rolle bei der Gründung von CV-Verbindungen. Die Ehrenmitgliederlisten der einzelnen Korporationen zeigen sein deutliches Übergewicht. So

45 Katholikentag 1913, S. 213f.; Ac 26 (1913/14), S. 311ff.; 75 Jahre Carolina, S. 163. Aus Anlaß des Katholikentages gab der CV eine Broschüre heraus, in der auf acht Seiten die Geschichte der katholischen Verbindungen und des CV in Österreich, seine Ziele und sein Wachstum dargelegt wurden. Diese Broschüre wurde beim Festkommers verteilt. Siehe Festkommers Katholikentag 1913.

46 Aufstellung nach Hofrichter, Österreichische Katholikentage, SS. 189-193; detaillierter werden diese lokalen Katholikentage in ihrer Bedeutung für den CV und seiner Verbindungen in Hartmann, Im Gestern bewährt, SS. 190-192, behandelt.

47 Celerin, Österreichische Katholikentage, S. 170f.; Funder, Das weiß-blau-goldene Band, S. 64f.

waren z. B. von den 35 Ehrenmitgliedern der Carolina, die bis 1918 aufgenommen wurden, 22, also fast zwei Drittel, Priester. Etwas anders stellt sich die Situation bei den Urmitgliedern dar. Hier gab es deutliche Unterschiede zwischen den drei Universitätsstädten Wien, Graz und Innsbruck. Dies lag vor allem beim unterschiedlichen Priesterausbildungssystem zwischen Österreich und Deutschland, wo die Priesteramtskandidaten nicht die ganze Zeit im Alumnat leben mußten. Daher ist der Anteil der Theologiestudenten bei den deutschen Verbindungen höher als bei den österreichischen. Lediglich in Innsbruck gab es im 19. Jahrhundert bei der Austria oft einen Theologenanteil von über 50 Prozent, weil diese Universität eine beliebte Studienstätte für deutsche Studenten war und ist. In Wien lag der Theologenanteil vor 1914 um die 10 Prozent, in Graz meistens nahe bei 0 Prozent.[48] Österreichweit lag der Theologenanteil vor 1918 bei rund 13 Prozent.[49]

Die Einrichtung der Ehrenmitgliedschaft bei einer CV-Verbindung war und ist ein strategisches Instrument, um bedeutende Persönlichkeiten oder Gönner an die Verbindung zu binden. So wundert es nicht, daß viele österreichische Bischöfe vor 1918 Ehrenmitglieder einer CV-Verbindung waren.

So waren die ***Wiener Erzbischöfe*** und Kardinäle Johann B. Kutschker, Cölestin Ganglbauer, Anton Joseph Gruscha und Franz X. Nagl allesamt Ehrenmitglieder der Austria Wien. Der 1913 ernannte Gustav Friedrich Kardinal Piffl war Ehrenmitglied der Welfia. Ähnlich war die Situation bei den Wiener Weihbischöfen: Eduard Angerer (AW EM), Johann Schneider (AW EM), Godefried Marschall (AW EM) und Hermann Zschokke (Nc EM).

In den anderen Diözesen sah es folgendermaßen aus. ***St. Pölten***: Johann B. Rößler (AW EM); ***Salzburg***: Franz de Paula Eder (AW EM), Johann E. Kardinal Haller (AW EM) und Johann Kardinal Katschthaler (AIn EM); ***Linz***: Franz Joseph Rudigier (AW EM) und Franz Maria Doppelbauer (AW EM); ***Gurk***: Adam Hefter (Wl); ***Brixen***: Josef Altenweisel (Le EM) und Franz Egger (AIn EM). Weitere Mitglieder des österreichischen Episkopates: ***Apostolischer Feldvikar*** (Militärbischof) Koloman Belopotocky (Nc EM), der Erzbischof von ***Lemberg***, der hl. Josef Bilczewski (FcC EM), der ***Prager*** Weihbischof Wenzel Frind (Fd EM), der Bischof von ***Budweis*** (České Budějovice), Martin Josef Rziha (AW EM)[50], der Bischof von ***Leitmeritz*** (Litoměřice), Josef Groß (Fd), der Erzbischof von ***Gran*** (Esztergom), Johann Kardinal Simor (AW EM), der Bischof von ***Lavant*** (Marburg), Jakob Stepinschegg (AW EM) sowie der Bischof von ***Raab*** (Györ), Nikolaus Graf Széchényi von Sárvár und Felsö-Vidék (Rd EM). Seitens der ***vatikanischen Diplomatie***: der Wiener Nuntius Antonio Kardinal Agliardi (Nc EM)[51] sowie zwei frühere Uditoren an der Wiener Nuntiatur, und zwar der spätere Apostolische Delegat in Manila, Johann Guidi (AW EM), und der spätere Internuntius in Den Haag, Franziskus von Tarnassi (AW EM). Zu erwähnen ist auch der im CV stark verankert gewesene Erzbischof von ***München-Freising***, Franz Kardinal von Bettinger (AIn), der einer der Gründer der Markomannia Würzburg war.

48 Bis 1918 wurden bei Carolina 155 Personen rezepiert, die bei der Verbindung geblieben und nicht aus irgendeinem Grund ausgeschieden sind bzw. dimittiert wurden. Von diesen 155 waren 20 Priester, das ist ein Anteil von knapp 13 Prozent. Der Widerspruch zu den fast 0 Prozent Theologiestudenten ist rasch aufgeklärt: Ein großer Teil dieser Priester wurde anläßlich ihres Zweitstudiums (z. B. für das Lehramt) aufgenommen.

49 Zusammengestellt nach den Gesamtverzeichnissen des CV. Siehe auch Popp, Der CV in Österreich, Tabellenteil, bes. S. 333.

50 Lt. Mitgliederstand im Wintersemester 1898.99, Einlagebogen zu *Mittheilungen der KÖStV Austria Wien*, 2. Jg. (1899), Nr. 4.

51 Von 1893 bis 1896 Nuntius in Wien, später Kardinal.

Die Entstehung des Politischen Katholizismus in Österreich

Das **österreichische Parteiensystem** hat seine Wurzeln in der zweiten Hälfte des 19. Jahrhunderts. Der Zusammenschluß gleichgesinnter Abgeordneter zu Klubs (Fraktionen) zeigte sich erstmals bei der Nationalversammlung der Französischen Revolution, diese Tradition setzte die Frankfurter Nationalversammlung der Jahre 1848/49 fort und wurde von den langsam entstehenden Parlamenten der deutschen Staaten und Österreichs (1861 bzw. 1867) übernommen. Im alten Österreich bildeten sich zwei Kriterien für eine Klubbildung heraus: nach der Zugehörigkeit zu einer Nationalität und nach der politischen Einstellung. Für letztere gab es anfänglich im deutschen Bereich zwei Gruppen: die Konservativen und die Liberalen. Aus letzteren bildete sich im Laufe der Zeit die mehr radikal agierende „Linke" heraus.

Die „Deutsche Linke" (hat mit dem heutigen politischen Begriff Links wenig gemein!) verfaßte im September 1882 das ***Linzer Programm***, ein detailliertes Aktionsprogramm mit politischen Forderungen, das man nach heutigen Maßstäben fortschrittlich demokratisch nennen könnte. Zu dieser Linzer Gruppe gehörten u. a. der spätere Sozialdemokrat Engelbert Pernerstorfer (B! braune Arminia Wien, B! Arminia Graz)[1], der später gemäßigte Deutschnationale Otto Steinwender (B! Silesia Wien), der spätere Führer der Alldeutschen Georg von Schönerer (B! Germania Innsbruck) und die später am national-antisemitischen Flügel angesiedelten Christlichsozialen Ernst Vergani und Robert Pattai (C! Joannea Graz), aber auch der deutschnationale Historiker Heinrich Friedjung (B! Germania Prag) und der ebenfalls ursprünglich deutschnationale Victor Adler (B! braune Arminia Wien), beide jüdischer Herkunft. Aus den verschiedensten Gründen hielt sich diese Plattform der „Deutschen Linken" nicht. Ende der achtziger Jahre entstanden teilweise aus ihr die Sozialdemokratische Partei unter Victor Adler, die CSP unter Karl Lueger (Nc EM) vor allem in Wien und Niederösterreich sowie die verschiedenen deutschnationalen Parteien.

Die aus der Deutschen Linken entstandenen drei Parteigruppen (Christlichsoziale, Sozialdemokraten, Deutschnationale) – die drei historischen politischen „Lager"[2] Österreichs – umwarben als Wähler anfänglich dieselbe Zielgruppe: die „kleinen Leute" (Kleingewerbetreibende, selbständige und unselbständige Handwerker, kleinere und mittlere Beamte und Angestellte, Industriearbeiter, zum Teil auch Bauern). Im Laufe der achtziger und neunziger Jahre kam es zu einer Differenzierung. Die Sozialdemokraten erhielten fast ein Monopol auf die Industriearbeiterschaft, die Christlichsozialen und die Deutschnationalen konzentrierten sich auf das Kleinbürgertum. Die Christlichsozialen konnten nur mehr Arbeiter für sich gewinnen, die religiös gebunden waren (Christliche Gewerkschaften, Katholische Arbeitervereine).

1 Zu Pernerstorfer siehe Dvorak, Helge: Engelbert Pernerstorfer. Burschenschafter und Sozialdemokrat, in: Die Vorträge der 11. österreichischen Studentenhistorikertagung Linz 1994. Hg. vom Österreichischen Verein für Studentengeschichte (= Beiträge zur österreichischen Studentengeschichte Band 23). Wien 1994, SS. 55-63.

2 Den Begriff der „drei Lager" prägte Adam Wandruszka in seinem Beitrag „Österreichs politische Struktur" in Geschichte der Republik Österreich, S. 291ff.

Die bereits erwähnte Herausbildung eines katholischen Milieus schuf die dispositiven Voraussetzungen für einen **Politischen bzw. parteipolitischen Katholizismus.**[3] Äußere Anlässe nach Beendigung der Ära des Neoabsolutismus waren die Gewährung der allgemeinen bürgerlichen Rechte 1867, die Schaffung eines konstitutionell-parlamentarischen Systems in Österreich ab 1861 und die Etablierung des Politischen Liberalismus ab 1867 mit seinen kulturkämpferischen Gesetzen. Während sich in Deutschland ab 1868 katholische Parteien in den verschiedensten Ländern bildeten und im Dezember 1870 in Berlin von Ludwig Windthorst (u. a. AW EM) und Peter Reichensperger die Zentrumspartei als politisches Sammelbecken der Katholiken und als organisatorische Plattform des Politischen Katholizismus im preußisch-protestantisch geprägten Wilhelminischen Deutschen Reich gegründet wurde[4], gelang es parallel dazu in Österreich nicht, nach diesem Vorbild eine einheitliche katholische Partei zu schaffen. Eine der Ursachen dürfte darin gelegen haben, daß es bereits ab 1871 im neuen Deutschen Reich einen aus allgemeinen Wahlen hervorgegangenen Reichstag gab. Während dort also die Organisierung der Wähler notwendig war, bestand dies für Österreich, das erst 1907 das allgemeine Wahlrecht für den Reichsrat einführte, vorerst nicht.

Träger der Parteiarbeit waren, sieht man von den Sozialdemokraten ab, in der Regel die parlamentarischen Klubs im Reichsrat und in den Landtagen. Die Verankerung zur „Basis“ fand anfänglich durch ad hoc bei Wahlen konstituierte Wahlvereine sowie durch die zahlreichen politischen wie unpolitischen Vorfeld-Organisationen der betreffenden Richtung statt. Im katholischen Bereich waren dies zweifelsohne die katholischen Vereine unterschiedlichster Art.

Die Katholisch-Konservative Bewegung

Das katholische Element am Beginn der konstitutionellen Ära im Jahr 1867 war sehr schwach vertreten. In dem am 22. Mai 1867 eröffneten Abgeordnetenhaus standen 118 Mitgliedern der „Deutschen Linken“ und 57 Mitgliedern der „Rechten“ nur 11 „Klerikale“ gegenüber, und das waren oft Priester (Äbte). Der nun einsetzende Kampf der Liberalen („Deutsche Linke“) gegen das Konkordat von 1855, der seinen Niederschlag in den sog. „Maigesetzen“ des Jahres 1868 und der Aufkündigung des Konkordates im Jahr 1870 fand, hatte als Reaktion die katholisch-konservative Bewegung zur Folge.[5]

3 Über den Politischen Katholizismus allgemein und auswahlweise siehe Knoll, Die katholisch-soziale Bewegung in Österreich; Lewis, Kirche und Partei im Politischen Katholizismus; Lönne, Politischer Katholizismus; Mantl, Der parteipolitische Katholizismus; Schoepfer, Katholizismus und Politik. Es fehlt aber immer noch für Österreich eine zusammenhängende umfassende Studie über den (Partei)Politischen Katholizismus von seinen Anfängen Mitte des 19. Jahrhunderts bis zu seiner Transformation in eine christlichdemokratische Partei und seine weitere Geschichte.

4 Über die Zentrumspartei siehe rezent und überblicksartig Elvert, Gesellschaftlicher Mikrokosmos oder Mehrheitsbeschaffer im Reichstag (mit weiterführenden Literaturangaben). Die Zentrumspartei wurde zum Sammelbecken des Politischen Katholizismus im Wilhelminischen Kaiserreich sowie in der Weimarer Republik (allerdings spaltete sich nach 1919 die Bayerische Volkspartei ab). Nach dem Zweiten Weltkrieg wurde es wiederbegründet und erreichte anfänglich noch etwas Bedeutung im alten Kerngebiet Rheinland. In den fünfziger Jahren wurde dann das Zentrum Splitterpartei, löste sich aber erst am 5. 7. 2003 auf.

5 Für die Abhandlung wurde neben der unter Anm. 3 zitierten Literatur noch folgende verwendet: Höbelt, Konservative und Christlichsoziale; Knoll, Zur Tradition der Christlichsozialen Partei; Miko, Die Vereinigung der Christlichsozialen Reichspartei und des katholisch-konservativen Zentrums; Slapnicka, Katholizismus, katholische Konservative und Christlich-soziale Österreichs im 19. Jahrhundert; Stöger, Das Verhältnis der Konserva-

Der sog. österreichische Kulturkampf, in dessen Verlauf der Linzer Bischof Franz Rudigier (AW EM) am 5. Juni 1869 zu 14 Tagen Arrest verurteilt, jedoch vom Kaiser sofort begnadigt wurde, erzeugte bei den Katholiken das Bedürfnis nach Zusammenschluß. In der Folge wurden zahlreiche katholisch-politische Vereine gegründet. Insbesondere die Bildung katholischer Kasinos und katholisch-konservativer Vereine war für die Formierung des katholischen Konservativismus bedeutsam.

Der katholische Adel war dabei führend. Eine Audienz katholischer Aristokraten unter Führung Leo Graf Thun-Hohensteins (AW EM) 1869 bei Papst Pius IX. hatte an dieser Entwicklung nicht unwesentlich Anteil. Aber nicht nur die Vereine waren für die politische Arbeit wichtig, auch die Presse. In Wien waren es die Tageszeitung *Vaterland*, in den Kronländern z. B. das *Grazer Volksblatt* und das *Linzer Volksblatt*.

Am 6. Oktober 1868 wurde in Graz der katholisch-konservative Volksverein gegründet[6], am 24. Dezember 1869 der über die Grenzen des Landes bedeutsam gewordene Katholische Volksverein für Oberösterreich. Ähnliche Gründungen erfolgten auch in anderen Ländern. Diese katholisch-konservativen Vereine, vom Episkopat unterstützt und auf dem Land meist vom Klerus geleitet, entfalteten bald eine rege Tätigkeit. Durch sie kamen überall neues Leben und Begeisterung für die katholische Sache auf, was nicht ohne Auswirkungen auf die Reichsratswahlen von 1870 blieb.

Aufgrund einer Anregung von Abgeordneten aus der Steiermark und Oberösterreich trafen sich die katholischen Reichsrats- und Landtagsabgeordneten am 17. Juli 1870 in Wien, zu deren Vorsitzenden der Abgeordnete und damals noch in Graz lehrende Rechtshistoriker (Römisches Recht, Kirchenrecht) Friedrich Maaßen (AW EM) gewählt wurde. Man könnte ihn in einem gewissen Sinne als ersten katholischen Partei- oder Fraktionsvorsitzenden Österreichs bezeichnen.[7]

Inzwischen kam es zu einem Streit innerhalb des noch jungen Politischen Katholizismus, nämlich zwischen Zentralisten (unter der Führung des Wiener Erzbischofs Othmar Kardinal Rauscher) und Föderalisten (nicht zuletzt unter Führung Maaßens). Es ging hierbei um die verfassungsmäßige Gestaltung Österreichs und den Ausgleich mit Ungarn. Dies verhinderte nicht nur die Schaffung einer katholischen Partei nach dem Muster des deutschen Zentrums, auch die Fraktionsbildung im Reichsrat wurde erschwert. Die deutsch-katholischen Abgeordneten bildeten bis dahin gemeinsam mit Gleichgesinnten anderer Nationalitäten das sog. ***Rechte Zentrum***. Nach deren Ausscheiden entstand am 8./9. Oktober 1872 in Wien die ***Österreichische Rechtspartei***, die in ihrem Programm für die Rechte der Kirche, den Föderalismus und die Gleichberechtigung aller Nationalitäten eintrat. Die parlamentarische Leitung übernahm der ehemalige Ministerpräsident Karl Graf Hohenwart.[8] Unter seiner Führung nahm die Partei den Kampf gegen die konfessionellen Gesetze des Jahres 1874 auf, die die des Jahres 1868 ergänzen sollten. Da Rauscher gegen diese föderalistische Rechtspartei eingestellt war, wollte er als Gegengewicht dazu 1874 eine ***Reichspartei*** gründen. Ebenfalls in diesem Jahr scheiterten endgültig die Bemühungen um die Schaffung einer Zentrumspartei.

Das Jahr 1875 war in der Entwicklung der katholischen Volksbewegung ein Wendepunkt. Kardinal Rauscher starb, und im selben Jahr kam Karl Frhr. von Vogelsang (AW

tiven zur Christlichsozialen Partei; Till, Die Anfänge der christlichen Volksbewegung in Österreich.

6 Schwechler, 60 Jahre Grazer Volksblatt, S. 60f.

7 Er mußte aber bald danach wegen seiner Haltung gegen das Unfehlbarkeitsdogma zurücktreten.

8 Er war 1871 neun Monate lang Ministerpräsident.

EM, ursprünglich Mitglied des C! Vandalia Rostock) nach Wien, wo er in die Redaktion des *Vaterlands* eintrat. Durch ihn erhielt der Politische Katholizismus Österreichs ein neues Thema: die soziale Frage. Als wissenschaftliches Organ gründete er die *Monatsschrift für christliche Sozialreform*. Bald sammelte er einen Schülerkreis um sich, zuerst in der Villa der Melanie Gräfin Zichy, einer Tochter Metternichs. Zum Kreis dieser „Sozialaristokraten" gehörten u. a. Egbert Graf Belcredi, Karl Graf Chorinsky, Johann Anton Graf Pergen, August Graf Ségur-Cabanac, Leo Graf Thun-Hohenstein, Friedrich Graf Schönborn, Alois Prinz Liechtenstein (Pergen war Nc EM, Ségur Rd EM, alle anderen AW EM).

Nach dem Abtritt des Liberalismus in Österreich im Jahre 1879 begann die konservative Hochblüte unter Ministerpräsident Eduard Graf Taaffe, der sich parlamentarisch auf den sog. „Eisernen Ring" stützte, zu dem auch die Katholisch-Konservativen unter der Führung Hohenwarts (***Hohenwart-Klub***) gehörten. Anlaß zu dieser „Wende" war die mangelnde außenpolitische Unterstützung der Liberalen bei der Okkupation Bosnien-Herzegowinas 1878. Bei den Reichsratswahlen im Herbst 1879 konnten die Konservativen (aller Nationen) einen Erfolg verbuchen. In den neunziger Jahren, nach dem Rücktritt Taaffes, begann ähnlich wie vorher bei der „Deutschen Linken" der Zerfall des Hohenwart-Klubs. Bereits Anfang der achtziger Jahre ging Liechtenstein eigene Wege. Zusammen mit seinem Bruder Alfred gründete er am 19. November 1881 den ***Zentrum-Klub***, auch ***Liechtenstein-Klub*** genannt, weil er seine sozialreformerischen Anliegen im Rahmen der Katholisch-Konservativen nicht realisieren konnte.

Am 16. November 1896 traten weitere 24 Abgeordnete aus, unter ihnen Alfred Ebenhoch (AIn) und Viktor Frhr. von Fuchs (AW EM), und gründeten die ***Katholische Volkspartei*** unter Führung von Josef Frhr. von Dipauli. Nach den Wahlen des Jahres 1897 vereinigten sich dann doch alle katholischen Abgeordneten zur Katholischen Volkspartei, lediglich sechs gründeten einen eigenen Klub, das ***Centrum***, das zur Hälfte von Äbten besetzt war und daher auch „Äbte-Partei" hieß.

1901 verlor die Katholische Volkspartei vor allem durch das Auftreten der Christlichsozialen Mandate und ging hierauf mit dem Centrum eine Fraktionsgemeinschaft unter der Bezeichnung ***Zentrumsklub*** ein. Obmann wurde Theodor Frhr. von Kathrein (AIn), einer der Stellvertreter Frhr. von Fuchs.

Die Hauptstützen der nun unter vielerlei Namen agierenden Katholisch-Konservativen lagen in den Kronländern Oberösterreich, Steiermark, Tirol und Salzburg. Innerhalb der Kurien waren sie besonders beim Großgrundbesitz und den Landgemeinden stark.

Die Katholisch-Konservativen gerieten aber in zunehmendem Maße gegenüber den Christlichsozialen wegen der Verallgemeinerung des Wahlrechtes ins Hintertreffen. Da sie auch für Föderalismus und den Ausgleich unter den Nationalitäten eintraten, sank gerade aus letzterem Grund in der Zeit des immer mehr stärker werdenden Nationalitätenkampfes ihr Ansehen beim Wahlvolk, das sich mehr zu den in der nationalen Frage stärker agierenden Christlichsozialen hinwandte. Die meisten konservativen Abgeordneten, vor allem wenn sie nicht aus dem Adel stammten, so etwa Alfred Ebenhoch, erkannten diesen Trend, so daß die Vereinigung beider Gruppierungen nur mehr eine Frage der Zeit war. Dadurch schied aber ein wesentliches Element der österreichischen Innenpolitik, das diese bis 1907 maßgeblich geprägt hatte, aus, nämlich der weltliche und geistliche Adel. Der „katholische Adel", der ab 1867 die Notwendigkeit des Kampfes gegen den antikirchlichen Liberalismus erkannt und wesentlichen Anteil an der Formierung des Politischen Katholizismus hatte, trat politisch ab, wenn man von seiner Funktion im Herrenhaus absieht.

Das Verdienst der katholisch-konservativen Bewegung war die richtige Erkenntnis, sich in einer Volksbewegung politisch zu organisieren, um einen Gegenpol zum antikirchlichen Liberalismus zu bilden. Ab der Regierungsübernahme durch die Konservativen 1879 erfüllte sich ihr eigentlicher Zweck. Da sie nicht imstande war, neue Themen (soziale Frage) aufzunehmen und (leider) auch nicht ein Gegenpol zum Nationalismus werden konnte, mußte sie der Christlichsozialen Bewegung weichen.

Die Christlichsoziale Bewegung

Wie bereits erwähnt, erfuhr die katholische Volksbewegung ab 1875 durch den Eintritt des aus Mecklenburg stammenden Vogelsang in die Redaktion des *Vaterlandes* eine entscheidende Bereicherung. Er trat für die Aussöhnung der Klassen ein, wobei er die Arbeiter durch einen Gesellschaftsvertrag zu Miteigentümern an den Produktionsmitteln machen und so die Gesellschaft entproletarisieren wollte. Im Gegensatz zu den Liberalen war er für Staatsintervention, um so das soziale Elend besser bekämpfen zu können.

Er konnte, wie erwähnt, zahlreiche Adelige für seine Ideen gewinnen, so u. a. Alois Prinz Liechtenstein (AW EM), der bereits 1881 einen eigenen Klub gründete. 1885 wurde aus diesem gemeinsam mit Karl Lueger (Nc EM, ursprünglich Mitglied der Hilaritas Wien[9]) der Liechtenstein-Lueger-Klub.[10] 1889 schloß sich dieser den Christlichsozialen an, so daß er die parlamentarische Keimzelle der CSP wurde.[11] Lueger, ursprünglich Mitglied der „Deutschen Linken" („Bürgerlicher Demokrat"), wandte sich Mitte der achtziger Jahre von den Liberalen ab und fand in der von ihm zwar nicht gegründeten, aber erst durch ihn zur Bedeutung gelangten Christlichsozialen Bewegung eine neue politische Heimat. Über Liechtenstein kam dann Lueger in Berührung mit den Ideen Vogelsangs.

Am 7. März 1887 gründete Ludwig Psenner mit elf Gleichgesinnten, darunter eine große Zahl von Priestern, in Wien den Christlichsozialen Verein. Im Januar 1889, also kurz nach dem sozialdemokratischen Einigungsparteitag in Hainfeld, gründete der Wiener Moraltheologe Franz M. Schindler (Nc EM) in Weiterführung der informellen Diskussionsrunden Vogelsangs die „Freie sozialpolitische Vereinigung", die sich neun Jahre hindurch zu Diskussionsabenden im Hotel „Zur Goldenen Ente" in der Wiener

9 Vorgängerverbindung des C! Saxonia.

10 Über Lueger siehe Ac 22 (1909/10), SS. 454-459. Lueger erhielt am 13. 12. 1900 (Weihnachtskommers) das Ehrenband Noricas (BC-Beschluß vom 16. 11. 1900). Bei dem Kommers sprach der Senior Noricae: „Wir wollen ehren den überzeugungstreuen Katholiken, den wackeren Deutschen, den kaisertreuen Österreicher." Interessant ist die Reihung, d. h. „wackerer Deutscher" vor „kaisertreuer Österreicher", was aber nicht aus gegenwärtiger Befindlichkeit bezüglich Österreich bzw. einer österreichischen Nation in die Vergangenheit hinein beurteilt werden darf, wie es gelegentlich geschieht, wie z. B. Moser, Die k. a. V. Norica in Wien 1883-1938, S. 109. Lueger antwortete u. a.: „... mögen Sie versichert sein, daß ich die Kämpfe der katholischen Studenten immer mit großer Aufmerksamkeit verfolgt habe, daß ich, wo immer ich konnte, für dieselben eingetreten bin ..." Siehe dazu Ac 13 (1900/01), S. 238 und 273, sowie Funder, Das weiß-blau-goldene Band, S. 73f.

11 Die Darstellung folgt weitgehendst: Gewerkschaften Christliche; Knoll, Zur Tradition der Christlichsozialen Partei; Mantl, Der parteipolitische Katholizismus; Silberbauer, Österreichs Katholiken und die Arbeiterfrage; Slapnicka, Katholizismus, katholische Konservative und Christlichsoziale Österreichs im 19. Jahrhundert; Wohnout, Bürgerliche Regierungspartei und weltlicher Arm der katholischen Kirche.

Riemergasse traf. Sie hießen daher in der Folge ***Entenabende***.[12] Bei ihnen wurden sozial- und wirtschaftspolitische Themen aus katholischer Sicht diskutiert. Die Teilnehmerliste zeigt, daß fast die gesamte Gründergeneration der CSP ständig Gast war. Folgende CVer waren u. a. mit dabei: Egbert Graf Belcredi (AW EM), der Apostolische Feldvikar Koloman Belopotoczky (Nc EM), Alfred Ebenhoch (AIn), Friedrich Funder (Cl), Albert Geßmann (AW EM), Leopold Kunschak (Nc EM), Alois Prinz Liechtenstein (AW EM), Karl Lueger (Nc EM), der Pastoraltheologe Gustav Müller (AW EM), der Führer der Tiroler Christlichsozialen Ämilian Schöpfer (R-B EM) u. v. a. m.

Auffallend ist, daß sich auf dem Boden theoretischer Diskussionen sowohl Exponenten des konservativen wie des christlichsozialen Flügels trafen. Am 8. November 1890 starb Vogelsang an den Folgen eines Verkehrsunfalls. An seinem Begräbnis fanden sich „Sozialaristokraten" wie „Christlichsoziale" ein. Bereits auf dem 2. Österreichischen Katholikentag hatte sich Lueger als katholischer Politiker bekannt, 1890 zog er in den nö. Landtag ein, 1891 konnte er mit zwölf Gesinnungsfreunden im Abgeordnetenhaus einen Christlichsozialen Klub bilden. Von 1895 bis 1897 hatte der Wiener Gemeinderat ihn mehrmals zum Bürgermeister gewählt, jedoch wurde die kaiserliche Bestätigung jeweils verweigert.

Die junge Christlichsoziale Bewegung hatte jedoch nicht nur einen starken christlichen Impetus, der vor allem die jüngeren Priester zur Mitarbeit anregte, sie besaß auch einen stark antisemitisch-deutschnationalen Flügel um Ernst Vergani und Robert Pattai (C! Joannea Graz) sowie deren Organ *Deutsches Volksblatt* (1888 gegründet). Für die Gewinnung der kleinbürgerlichen Schichten in den Städten (Handwerker, kleine Angestellte, Gewerbetreibende) war diese Facette attraktiv. Der Antisemitismus eines Lueger und seiner Freunde hatte in erster Linie ökonomisch-populistische Grundlage und ist in engem Zusammenhang mit der ebenfalls politisch motivierten Ungarnfeindschaft Luegers („Judäo-Magyaren"), die ein wesentliches Element seiner Agitation ausmachte, zu sehen. Der Antisemitismus hatte sicherlich seine Ursache im Antiliberalismus der Partei. Da die Liberalen stark vom jüdischen großbürgerlichen Element getragen wurden, dem man die Schuld für die soziale Not der kleinen Leute zuwies, kam es zu der Verallgemeinerung, daß das Judentum das Elend verursacht habe (siehe S. 477f.).

Die Christlichsozialen versuchten anfänglich, sich durchaus als Reichspartei zu konstituieren, sie haben aber das spätestens seit den Badeni-Unruhen 1897 aufgegeben. Auch der Versuch, am Eggenburger Parteitag 1905 Aussagen über das Nationalitätenproblem zu machen, kam zu spät. Die CSP war eine deutsch-österreichische.

In Symbiose mit der CSP entstand die katholische Arbeiterbewegung. 1892 wurde mit der Gründung des christlichsozialen Arbeitervereins der eigentliche Stammverein des christlichen Gewerkschafts- und Arbeitervereinswesens geschaffen.[13] Im Laufe der neunziger Jahre bildeten sich verschiedene Fachvereine, die 1902 zum „Reichsverband der nichtpolitischen Vereinigung christlicher Arbeiter Österreichs" zusammengefaßt wurden. Schon zuvor wurde die Idee einer Christlichen Gewerkschaft ventiliert, vor allem wurde sie vom Vorsitzenden des Vorarlberger Arbeiterbundes, Karl Drexel (Cl EM), vertreten. Durch sein Engagement setzte sich die Gewerkschaftsidee durch. 1907 kam es

---

12 Knoll, Zur Tradition der Christlichsozialen Partei, S. 163f.; Schindler, Franz Martin: Neun Jahre Entenabende, in: *Volkswohl* 14 (1923), SS. 304-311.

13 Blenk, Leopold Kunschak, S. 64f.; Gewerkschaften Christliche, S. 33f.; Knoll, Zur Tradition der Christlichsozialen Partei, S. 203f.; Reichhold, Geschichte der christlichen Gewerkschaften, S. 116 (Drexel).

dann zur ersten Konferenz der Christlichen Gewerkschaften Österreichs. Führende Persönlichkeiten in dieser Bewegung waren zweifelsohne Leopold Kunschak (Nc EM)[14], Franz Hemala (Nc) und der bereits erwähnte Karl Drexel.

Es gelang den Christlichsozialen nicht, in größerem Maße die Arbeiterschaft zu gewinnen. Für manche war es ein „Sündenfall", daß aus der Christlichsozialen Bewegung eher eine kleinbürgerlich-bäuerliche Partei geworden ist und die christliche Arbeiterschaft in der Folge nicht diese Rolle einnahm, die man von ihr eigentlich erwartet hätte.[15] Dagegen steht die reale Tatsache, daß die vom Marxismus hergeleitete Sozialdemokratie mit ihrem verbalen Radikalismus und ihren Gesellschaftskonzepten damals dem „verelendeten" Arbeiter eine größere Hoffnung geben konnte als die christliche Sozialreform. Der im Christentum wesentlich begründete Ausgleich zwischen den sozialen Schichten konnte keinen anderen Weg wählen als den einer sozialen Integrationspartei. Insofern ist die Entwicklung zu einer Volkspartei, die alle Schichten umfaßt, konsequent und kein „Sündenfall".

In diesem Zusammenhang ist auch der Konflikt um die Organisierung der christlichen Arbeiterjugend zu sehen. Anton Orel (ehemals Nc), ganz gefangen von den romantischen und antikapitalistischen Vorstellungen Vogelsangs, kam mit seinem 1905 in Wien-Hernals gegründeten „Bund der Arbeiterjugend Österreichs" in Konflikt mit der christlichen Arbeiterbewegung und der CSP, nicht zuletzt auch mit seinen Bundesbrüdern Kunschak und Hemala. Er geriet rasch in eine Isolation, die nicht nur den Ausschluß aus der Christlichsozialen Bewegung, sondern auch den aus der Norica zur Folge hatte.[16]

Die Auseinandersetzungen zwischen Christlichsozialen und Katholisch-Konservativen sowie deren Vereinigung 1907

Mit dem Auftreten der Christlichsozialen kam es zu einer „schärferen Tonart", zu Konflikten mit den im katholischen Bereich etablierten Konservativen, die sogar vor Katholikentagen nicht haltmachten. In Wien und Niederösterreich konnten die Christlichsozialen schon Anfang der neunziger Jahre eine beherrschende Stellung einnehmen, ein Vordringen in die Alpenländer, die von den Konservativen dominiert wurden, kam nur langsam voran.

Erste schwere Konflikte gab es 1894/95, als sich maßgebliche Vertreter des österreichischen Episkopates, wie etwa Anton Kardinal Gruscha (AW EM) und der Prager Erz-

14 Die Christlichsoziale Partei und Leopold Kunschak wurden durch seinen Bruder Paul Kunschak in Mitleidenschaft gezogen. Dieser ermordete in einer politisch motivierten Tat, jedoch als Einzelgänger, den sozialdemokratischen RRAbg. Franz Schuhmeier am 11. 2. 1913 im Wiener Nordwestbahnhof. Paul Kunschak wurde zwar in einem psychiatrischen Gutachten abnorme Charaktereigenschaften attestiert, trotzdem wurde er zuerst zum Tod verurteilt, danach zu 20 Jahre Haft begnadigt und Ende 1918 überhaupt aus der Haft entlassen. Wegen der „Irre" dieser Tat bzw. des Täters waren sowohl die Presse als auch die Sozialdemokratische Partei in ihrer Kritik an den Christlichsozialen sehr zurückhaltend. Dazu Siehe Pohanka, Attentate in Österreich, SS. 67-76.

15 So für Knoll, Zur Tradition der Christlichsozialen Partei, S. 211ff., der erstmals dafür den Begriff „Sündenfall" verwendete.

16 Blenk, Leopold Kunschak, S. 65f.; Bruckmüller, Die Verbindungen des CV in Österreich vor dem Ersten Weltkrieg, S. 28; Gewerkschaften Christliche, S. 39f.; Hemala, Geschichte der Gewerkschaften; Reichhold, Die christlich inspirierten Jugendorganisationen in Österreich, SS 324ff.; Knoll, Zur Tradition der Christlichsozialen Partei, S. 211f.; Weinberger, Dorit: Die christliche Sozialreform Anton Orels. Wien Phil. Diss. 1966.

bischof Franz Kardinal Graf Schönborn, gegen die Christlichsozialen stellten. Der Konflikt zwischen diesen und der Mehrheit des österreichischen Episkopates (und damit der Katholisch-Konservativen) hatte verschiedene Aspekte. Durch das kaiserliche Nominationsrecht bei den Bischofsernennungen, das ja praktisch von der k. k. Regierung ausgeübt wurde, kamen nur jene Kandidaten zum Zug, die an sich regierungsfreundlich waren. Der niedere Klerus hingegen befand sich in keiner besonders guten wirtschaftlichen Lage, so daß es hier zur Solidarität mit sozial Schwächeren kam.

Der Ausbruch des Konflikts begann 1892 beim Linzer Katholikentag, bei dem erstmals die Christlichsozialen dominierten. Die Gründung der *Reichspost* war damals auf ihre Initiative zurückzuführen. Im Sommer und im Herbst 1894 entbrannte dann der Konflikt in voller Schärfe, nachdem das von Adeligen beherrschte Komitee zur Vorbereitung des nö. Katholikentages wegen Differenzen diese Veranstaltung absagen wollte. Trotzdem wurde er abgehalten und zu einem triumphalen Ereignis für die Christlichsozialen, wobei auch Kardinal Gruscha angegriffen wurde. Dem Wiener Theologen Franz M. Schindler (Nc EM) gelang es sogar, einen telegraphischen Segen des Papstes zu organisieren.[17]

Anläßlich des Kommerses bei diesem 1. nö. Katholikentag (siehe S. 91) am 13. November 1894 kam es zu einem Treffen zwischen Karl Lueger und Alfred Ebenhoch, den Exponenten der beiden Richtungen im Politischen Katholizismus. Dabei entstand eine Freundschaft zwischen diesen beiden Männern, die die Grundlage für die spätere Vereinigung beider Lager war. Ebenhoch wurde einer der ersten Fürsprecher Luegers auf seiten der Konservativen. Daß dies auf dem Boden einer Veranstaltung von katholischen Verbindungen geschah, ist bemerkenswert. Denn damit wird die Integrationsfähigkeit des CV innerhalb des österreichischen Katholizismus augenfällig dokumentiert.[18]

Der Konflikt ging jedoch weiter. Anfang 1895 formierten sich die konservativen Kräfte. Nachdem der päpstliche Nuntius Antonio Agliardi (Nc EM) bereits vorher seine Sympathie für die Christlichsozialen bekundet hatte, glaubten Episkopat und Regierungskreise, daß nun die Zeit für den entscheidenden Schlag gekommen sei. In einem bewußt koordinierten Vorgehen überreichte der österreichische Botschafter beim Hl. Stuhl ein Memorandum, gleichzeitig begab sich Kardinal Schönborn zum Papst, um eine Verurteilung der Christlichsozialen zu erreichen. Dieser beauftragte eine Kommission mit der Prüfung der Frage, das Ergebnis war aber positiv für die Christlichsozialen. Sie wurden nur vertraulich vom Nuntius aufgefordert, öffentlich klar gegen den Antisemitismus Stellung zu beziehen und in Angelegenheit der Religion dem Episkopat zu folgen. Die Parteiführung gab die diesbezüglichen Erklärungen bei einer Versammlung im Musikvereinssaal zu Wien am 16. Mai 1895 ab.[19]

Welche Motive gab es für das Eintreten des Nuntius bzw. Roms für die Christlichsozialen? Agliardi erkannte zunehmend, daß die politische Kraft des vom Adel getragenen Konservativismus am Ende war. Die kulturkampfartigen Auseinandersetzungen der sechziger bzw. siebziger Jahre waren ausgestanden, und die Konservativen vertraten nur

17 Über diesen Streit siehe vor allem Greipl, Kurie und Partei.

18 Funder, Das weiß-blau-goldene Band, S. 65; Knoll, Zur Tradition der Christlichsozialen Partei, S. 192f.

19 Greipl, Kurie und Partei, S. 287. Dies markierte ein allmähliches Abrücken der Christlichsozialen vom extremen Antisemitismus. Siehe dazu Stöger, Das Verhältnis der Konservativen zur Christlichsozialen Partei, S. 75, und *Reichspost,* 8. 7. 1897. Der Hinweis, dem Episkopat in religiösen Fragen zu folgen, deutet den integralistischen Versuch an, Einfluß auf die katholische Laienbewegung zu erlangen.

dann die Interessen der Kirche, wenn diese auch die eigenen waren. Der Nuntius sah in den Christlichsozialen die einzige Kraft, auf welche die Kirche in der Zukunft bauen könne, wobei er die meßbaren Erfolge im Auge hatte: die sichtbare Wiederbelebung des katholischen Geistes in Wien, die zahlreiche Gründung katholischer Vereine, Initiativen zugunsten katholischer Schulen, Aufbau einer breiten katholischen Presse (*Reichspost*) und schließlich der entschlossene Kampf gegen die Liberalen.[20] Die Sympathie Roms bzw. Papst Leos XIII. gegenüber den Christlichsozialen wurde u. a. auch dadurch dokumentiert, daß das Bild Luegers auf dem Schreibtisch des Papstes gestanden hat.[21]

In diese Zeit fallen auch die ersten Versuche der Christlichsozialen, in den Kronländern stärker Fuß zu fassen. In der zweiten Hälfte des Jahres 1894 kam es bereits zu einer Agitationsbewegung der Christlichsozialen. Das *Vaterland* vom 24. Juli 1894 berichtete darüber: „Wir werden uns vor der Christlichsozialen Partei noch mehr hüten müssen, die Rechte unserer konservativen Bauern lassen wir uns durch das Proletariat nicht ersticken, auch nicht von christlichsozialer Seite."[22]

Der Konflikt spitzte sich Anfang des 20. Jahrhunderts vor allem in Tirol („Tiroler Bruderkrieg") neuerlich zu, wo unter der Führung des Brixener Theologieprofessors Ämilian Schöpfer (R-B EM) die Christlichsoziale Bewegung Fuß und Anklang finden konnte. Mit seinem politischen Auftreten ab 1891 begann dort dieser Konflikt und die „schärfere Tonart", 1898 wurde von ihm der Christlichsoziale Verein in Innsbruck gegründet, und das Brixener Priesterseminar wurde eines der Zentren der christlichsozialen Bewegung in Tirol. Nach der Reichsratswahl von 1901 eskalierte der Konflikt weiter.[23] Der Obmann der katholisch-konservativen Partei Tirols, Josef Wackernell (AIn), konzipierte am 1. Juni 1903 einen Briefentwurf an den Papst, worin er die Kritik an den Christlichsozialen zusammenfaßte. Dieser Briefentwurf spiegelt sehr gut die Auseinandersetzungen und die Konfliktpunkte insgesamt wider; dort heißt es u. a.:

> „Seitdem die Christlichsozialen als eigene politische Partei gegen die katholisch-konservative Landespartei auftraten, brachten sie einen Riß in die politische Einheit des Landes, welcher der Religion und dem Glauben schon großen Schaden verursacht hat. Zahlreich sind die Fälle, wo Pfarrer und Kooperator, oder Pfarrklerus und Pfarrgemeinde politisch entzweit sind und sich gegenseitig bekämpfen ... Die katholisch-konservative Partei ist in Tirol die ursprünglichste ... Dieser gehören heute noch alle Landesbischöfe an, alle Prälaten, die meisten Dekane und der größte Teil des älteren Klerus, ihr gehört der Adel und die gebildeten Stände, insoweit sie nicht deutschnational sind, an. Diese unsere Partei wird in neuester Zeit von den Christlichsozialen aufs heftigste bekämpft ... Sie beruft sich bei diesem Kampf auf die päpstlichen Erlässe über die christliche Demokratie und täuscht damit viele Unwissende ... Der genannten Partei gilt der Volkswille, nicht die kirchliche Autorität. Führer der Partei sind die beiden Abgeordneten Schraffl und Dr. Schöpfer. Dieser hat zu wiederholten Malen nicht allein den Anordnungen seines Bischofs zuwidergehandelt, sondern auch in der Nachbardiözese Trient gegen den ausgesprochenen Willen des Bischofs ein christlichsoziales Unternehmen gegründet. Der verhältnismäßig große Fortschritt der

20 Greipl, Kurie und Partei, S. 199f.

21 Miko, Die Vereinigung der Christlichsozialen Reichspartei und des katholisch-konservativen Zentrums, S. 24.

22 Stöger, Das Verhältnis der Konservativen zur Christlichsozialen Partei, S. 38.

23 Zu diesem Konflikt allgemein siehe Pfleger, Zwei Wagen ziehen durch das Land (passim).

Christlichsozialen Partei kommt wohl daher, daß einige Professoren und Vorstände des Priesterseminars in Brixen ihre Stellung dazu benützen, den Alumnen Abneigung gegen die katholisch-konservative Partei einzuflößen. Das Priesterseminar zu Brixen sendet jährlich gegen 30 neugeweihte Priester in die Diözese, und die sind ebenso viele Agitatoren für die Christlichsoziale Partei ...
Eurer Heiligkeit untertänigster Diener
Innsbruck, 1. Juni 1903
gez. Dr. Josef Wackernell
Obmann der kath.-kons. Partei"

Dieser Briefentwurf[24] steckt den auch außerhalb Tirols gültigen Konfliktrahmen zwischen Katholisch-Konservativen und Christlichsozialen ab:

1. Die Katholisch-Konservativen fürchteten um die politische Einheit der Katholiken.
2. Ihre Sorge galt der Christlichen Demokratie. Die Christlichsozialen waren Vertreter des allgemeinen Wahlrechts, die Konservativen nicht. So zog sich 1907 deswegen der Führer der Konservativen im Reichsrat, Kathrein, von der Politik zurück, ähnlich ihm taten es noch einige andere, vor allem Adelige.
3. Deutlich wird die Spaltung des Klerus sichtbar. Während die älteren Priester Konservative waren, strömten die jüngeren zu den Christlichsozialen („Kaplanokratie"). Dieses Alt-Jung-Phänomen war nicht nur beim Klerus sichtbar, auch im CV gewannen die Christlichsozialen in den neunziger Jahren zunehmend bei den Jungen an Attraktivität.

Aber noch eine weitere, bislang weniger beachtete Ursache hatten der Konflikt zwischen Christlichsozialen und Katholisch-Konservativen. Sie lag im sog. ***Reformkatholizismus***[25] und dessen innerkirchlichen Frontstelleng zum ***Integralismus***. Der Reformkatholizismus ist gegen Ende des 19. Jahrhunderts, nach dem I. Vatikanum und dem Ende der Kulturkampf-Ära, als spezifische deutsche Ausformung des Modernismus entstanden und intendierte eine Erneuerung der Kirche sowie der Theologie im Sinn einer positiven Öffnung gegenüber den modernen wissenschaftlichen und kulturellen Bewegungen der Zeit, ohne jedoch dabei die katholische Glaubenslehre in Frage zu stellen. Vor allem kritisierte er die lehramtlich verordnete uniforme Neuscholastik und forderte zeitgemäße Reformen in der Kirche.

Der Reformkatholizismus kam damit in Konflikt mit dem ultramontanen Integralismus. Unter diesem Begriff versteht man den Anspruch, alle Bereiche des öffentlichen wie privaten Lebens der kirchlichen Autorität zu unterstellen. Ihm waren der sozialreformatorische wie vor allem der demokratische Kurs verdächtig, wie er bei den Christlichsozialen zu finden war. Sie forderten im Gegensatz zu den Katholisch-Konservativen u. a. das allgemeine Wahlrecht und standen damit in einem Gegensatz zu dem „retrospektiven In-

24 Briefentwurf Wackernells an den Papst. Nachlaß Siegmund Frhr. von Kripp. Abgedruckt in Briefe zur deutschen Politik in Österreich, SS. 370-374. Er führte innerhalb konservativer Kreise zu Diskussionen. Der Vorsitzende der Zentrumsfraktion im Abgeordnetenhaus, Theodor Kathrein (AIn), lehnte ihn in einem Schreiben an Frhr. von Kripp wegen der Kritik an Schöpfer ab.

25 Über den Reformkatholizismus siehe LThK[3], VIII, Sp. 957-959; Deutscher Reformkatholizismus im Umbruch zur Moderne; Hofrichter, Modernismus in Österreich, Böhmen und Mähren; Lill, Der Kampf der römischen Kurie; Modernismus; Schroeder, Aufbruch und Mißverständnis, allgemein und bes. SS. 369-431.

tegralismus“ eines Papstes Pius X., der „zu strikter Ablehnung demokratischer Ansätze und zur autoritären Förderung paternalistischer Konzepte“ führte.[26]

Dieser Streit erinnert frappant auch an innerkirchliche Entwicklungen im ausgehenden 20. Jahrhundert im Gefolge des II. Vatikanums, es waren ja die jeweiligen Ausgangspositionen – inwieweit sich die Kirche der Moderne öffnen soll oder nicht – so verschieden nicht. Und wenn der bayerische Ministerpräsident, Georg Graf Hertling (Ae), 1914 bemerkt hat, daß in der damaligen Auseinandersetzung bezüglich der Stellung der römischen Kurie „Hintertreppenpolitik, derer sich die Vertreter des Integralismus mit Vorliebe bedienen, Tür und Tor geöffnet ist“, dann bezog sich das auf ein von römisch-integralistischen Kreisen ausgehendes Spitzelsystem der damaligen Zeit.[27]

Zu den zweifellos wichtigsten Vertretern des Reformkatholizismus im deutschen Sprachraum gehörten der Würzburger Fundamentaltheologe Hermann Schell (Mm EM)[28] und dessen Schüler, der bereits mehrfach erwähnte (siehe S. 47 und 68) Albert Ehrhard (Mm, AW, NdW EM).[29] 1899 bis 1902 hatte dieser den Lehrstuhl für Kirchengeschichte in Wien inne, wohin er nicht zuletzt auf Betreiben Schindlers berufen wurde. In seiner Schrift „Der Katholizismus und das 20. Jahrhundert im Lichte der Entwicklung der kirchlichen Neuzeit“ (Stuttgart 1901) resümierte er: Der Gegensatz zwischen der modernen Kultur und dem Katholizismus ist nur ein scheinbarer, kein absoluter. Die Katholiken sollen unbedingt an der Gestaltung dieser modernen Kultur mitarbeiten und an die Spitze zu kommen trachten. Hermann Schell sekundierte Ehrhard mit der These: Der Katholizismus ist als solcher ein Prinzip des Fortschritts. Beide Bücher wurden in kurzer Zeit Bestseller.

Ehrhards Thesen wurden in der *Reichspost,* vom größten Teil der Wiener Theologiestudenten, vom Kreis um Friedrich Funder (Cl) und Franz M. Schindler (Nc EM), der die Christlichsoziale Bewegung theoretisch bestimmte, vom Wiener Historiker Joseph Hirn (AIn), vom Apostolischen Feldvikar Koloman Belopotoczky (Nc EM), dem christlichsozialen St. Pöltener Prälaten, Professor und RRAbg. Josef Scheicher (Nc EM), dem Bischof von Budweis, Martin Josef Rziha (AW EM) u. v. a. m. positiv bewertet und unterstützt. Auch der Thronfolger Erzherzog Franz Ferdinand, der auf die Christlichsozialen setzte und zu dessen „Belvedere-Kreis“ Friedrich Funder gehörte, sympathisierte mit diesem Kurs.

Hingegen wurden Ehrhard und seine Thesen vom katholisch-konservativen *Vaterland* heftig kritisiert, was bedeutete, daß der Wiener Erzbischof Kardinal Gruscha (AW EM) gegen ihn war. Zu dessen Beratern – und damit Ehrhard-Gegnern – zählten u. a. der Frei-

26 Lill, Der Kampf der römischen Kurie, S. 112f.

27 Zitiert bei Rivinius, Karl J.: Integralismus und Reformkatholizismus. Die Kontroverse um Hermann Schell, in: Deutscher Reformkatholizismus im Umbruch zur Moderne, S. 199.

28 1850 bis 1906. Er studierte in Würzburg, wo er der KV-Verbindung Walhalla beitrat, sowie in Rom und wurde 1884 ao. und 1888 o. Prof. für Apologetik (Fundamentaltheologie) in Würzburg. 1889 wurde er EM der Markomannia, später wurde er noch EM der Thuringia Würzburg und der KV-Verbindung Normannia. Siehe LThK³, IX, Sp. 122-124; Golücke, Lebensbilder aus der Würzburger Studentenschaft, SS. 67-74; Schroeder, Aufbruch und Mißverständnis, SS. 370-392.

29 Geboren 1862 in Herbitzheim, Elsaß, studierte er in Straßburg, Münster, Würzburg, München, Bonn, Tübingen und Rom. Bereits 1889 Prof. am Priesterseminar in Straßburg, wurde er 1892 Prof. für Kirchengeschichte in Würzburg, ab 1898 in Wien, ab 1902 in Freiburg/Breisgau, 1903 in Straßburg und von 1920 bis 1927 in Bonn. Er war einer der bedeutendsten Kirchenhistoriker (Patristik und mittelalterliche Kirchengeschichte) seiner Zeit. Er starb 1940 in Bonn. Zu Ehrhard siehe: *Alma Mater*, 5. Jg., Nr. 23, 15. 7. 1902, S. 2f.; LThK³, III, Sp. 513; Dachs, Albert Ehrhard, SS. 213-233; Drimmel, Ehrhard; Knobloch, Universitätsprofessor Dr. Albert Ehrhard; Engel-Janosi, Österreich und der Vatikan II, S. 143; Golücke, Lebensbilder aus der Würzburger Studentenschaft, SS. 79-84; Schroeder, Aufbruch und Mißverständnis, S. 392-407.

burger (Schweiz) Dominikaner Albert M. Weiß (AW EM) sowie der Wiener Theologieprofessor Gustav Müller (AW EM). Der wohl entschiedendste Gegner Schells und Ehrhards war aber deren Bundesbruder, der Wiener Dogmatiker und Neuscholastiker Ernst Commer (Gu, Mm, Nc).[30] Seinen Kritikern antwortete Ehrhard der Schrift „Liberaler Katholizismus. Ein Wort an meine Feinde" (Stuttgart 1902).

Katholisch-Konservative Kreise versuchten in der weiteren Folge, Ehrhard von seinem Lehrstuhl zu entfernen, dem er jedoch zuvorkam, indem er 1902 einen Ruf nach Freiburg/Br. annahm. Zeitweise wurde ihm der Prälatentitel entzogen, und Schells Hauptwerke wurden auf den päpstlichen Index gesetzt. Aber trotz alledem: Die Anliegen Ehrhards und Schells haben sich letztendlich als Allgemeingut der Kirche durchgesetzt und wurden auf dem II. Vatikanum mehr oder minder bestätigt. Für den CV ist bemerkenswert, daß die entscheidendsten theoretischen Exponenten – Schell und Ehrhard auf der einen, Commer auf der anderen Seite – nicht nur CVer waren, sondern auch das Band der Markomannia Würzburg trugen. Weiters: Der Reformkatholizismus hatte neben Würzburg durch das Wirken Ehrhards und der Christlichsozialen auch einen Schwerpunkt in Wien.

Durch Ehrhards kurzes Wirken in Wien wurde der bereits in den neunziger Jahren sich abzeichnende Trend, daß die Jungen im CV sich mehrheitlich zu den Ideen der Christlichsozialen hingezogen fühlten, entscheidend verstärkt. Die beiden Austrias sowie die Carolina waren ursprünglich Gründungen aus dem Geist der Katholisch-Konservativen bzw. wurden von ihnen entscheidend gefördert. Bei der Norica dürfte erstmals ein neuer Kurs aufgetreten sein, der sich auch beim Umschwenken der Carolina vom Ersten ÖCV (von der Austria Wien und damit den Katholischen-Konservativen betrieben) zum CV (von der Norica beeinflußt) manifestierte. In den neunziger Jahren wurde dieser Trendwechsel immer deutlicher, auch bei der Austria Wien (sonst hätte Ehrhard nicht deren Band bekommen bzw. angenommen).

Kehren wir aber wieder zurück: Der Lauf der politischen Dinge ließ aber immer deutlicher eine Vereinigung des Politischen Katholizismus auf Partei- und Parlamentsebene erkennen. 1904 gab es bereits in der Steiermark eine Vorstufe. Nachdem auch für den Landtag eine allgemeine Wählerklasse eingeführt wurde, kam es am 21. September zu Ergänzungswahlen, bei denen sich die Katholisch-Konservativen und die Christlichsozialen unter dem Namen „Christliche Volkspartei" einigten. Sie erhielt 56.442 Stimmen, die Sozialdemokraten 36.448, die Deutsche Volkspartei 16.441 und die Bauernbündler 10.491. Durch dieses Ergebnis schwächte sich der Widerstand der Konservativen gegen das allgemeine Wahlrecht etwas ab, weiters wurden dadurch sicherlich die Einigungsbemühungen gefördert.[31]

30 Geb. 1847 in Berlin, gest. 1928 in Graz. Er studierte Philosophie und Theologie in Tübingen, wo er der Guestfalia beitrat, in Würzburg (wo er das Band der Markomannia bekam) und in Breslau; er war Professor in Münster, Breslau und von 1900 bis 1911 in Wien (Dogmatik). Hier wurde er Bandphilister bei der Norica und der Rudolfina. Allerdings taucht er nach dem Ersten Weltkrieg in keinem der Gesamtverzeichnisse auf, was auf einen Austritt nach seiner Emeritierung schließen läßt. Er war einer der Mitbegründer der deutschen Neuscholastik thomistischer Prägung. Siehe über ihn LThK[3], II, Sp. 1274. Die Tatsache, daß Ehrhard und Commer auf akademischen Boden entschiedene Gegner waren, hinderte nicht, daß beide bei der Wiener Austria verkehrten. So wird u. a. berichtet, daß Commer beim Stiftungsfest der Austria am 17. 5. 1902 den Glückwunsch der Professoren überbrachte und daß dann die Austria am 21. 6. 1902 einen Abschiedskommers für Ehrhard veranstaltete. Auf jeden Fall gibt es über die akademische Kontroverse zwischen Commer und Ehrhard in den Veröffentlichungen der Austria keine Hinweise. *Alma Mater*, 5. Jg., Nr. 23, 15. 7. 1902, S. 5f.

31 Miko, Die Vereinigung der Christlichsozialen Reichspartei und des katholisch-konservativen Zentrums, S. 62f.; *Reichspost*, 21. 9. 1904.

Die ersten allgemeinen Wahlen zum Reichsrat wurden im Mai 1907 abgehalten, das Verhältnis Christlichsoziale zu Katholisch-Konservativen betrug 2 zu 1. Da viele Gegner des allgemeinen Wahlrechts und der Christlichsozialen bei den Konservativen nicht mehr gewählt wurden, gelang es unter der Führung Luegers und Ebenhochs, beide Gruppen zu fusionieren. Dies geschah am 1. Juni 1907 unter der Bezeichnung ***Christlichsoziale Vereinigung*** im Abgeordnetenhaus, wo sie mit 96 Sitzen stärkste Fraktion wurde.[32] Doch die Vereinigung konnte vorerst die Gegensätze nur überdecken und nicht beseitigen. In der Steiermark z. B. rächte es sich bitter, daß 1907 keine Klarheit hergestellt wurde. Beide Landesorganisationen blieben weiter bestehen, so daß Konflikte, wie etwa in der Schutzzollpolitik, unausweichlich wurden.

Der Tod des beliebten Wiener Bürgermeisters Karl Lueger (Nc EM) am 10. März 1910 war für den Politischen Katholizismus Österreichs ein schwerer Verlust. Beim Requiem im Wiener Stephansdom durfte der CV mit seinen Chargierten nicht fehlen.

Der frühe Tod Karl Luegers im Jahr 1910 war für den parteipolitischen Katholizismus Österreichs ein schwerer Schlag, der eine große personelle Lücke hinterließ. Der Wiener CV veranstaltete aus diesem Anlaß in den vollbesetzten Sofiensälen am 21. April 1910 einen Trauerkommers. Die Trauerrede hielt sein politischer Weggefährte Alfred Ebenhoch.[33] Es wundert daher nicht, daß u. a. auch aus diesem Grund 1911 die Christlichsozialen bei den Reichsratswahlen erhebliche Verluste hinnehmen mußten.[34] Wie immer bei

32 Die Christlichsozialen erhielten insgesamt rd. 532.000 Stimmen deutscher Wähler, die Sozialdemokraten rd. 996.000, allerdings bei den deutschen Wählern nur rd. 508.000. Obwohl die Sozialdemokraten infolge der Verankerung auch in anderen Nationalitäten insgesamt stärker waren, erhielten sie wegen des Wahlrechts nur 86 Sitze. Nach Freund, Abgeordnetenhaus 1907.

33 Ac 23 (1910/11), S. 32.

34 Die Christlichsozialen erhielten rd. 587.000 Stimmen deutscher Wähler und 76 Sitze, die Sozialdemokraten 1,037.000 Stimmen (davon 541.000 deutsche) und 81 Sitze. Nach Freund, Abgeordnetenhaus 1911.

solchen Anlässen in der Christlichen Demokratie flammte der Streit neuerlich auf. Einige Christlichsoziale der Steiermark, die sich vom katholisch-konservativen Bauernbund und RRAbg. Hagenhofer an die Wand gedrängt fühlten, fanden sich am 8./9. Dezember 1911 zu einem Parteitag zusammen und gründeten eine ***Unabhängige Christlichsoziale Volkspartei der Deutschen Österreichs***. Der RRAbg. Raimund Neunteufel (AW) betrachtete sich von der Christlichsozialen Reichspartei als ausgeschlossen und wurde Vorsitzender dieser Partei, der sich auch der RRAbg. Ferdinand von Pantz (Rd EM) anschloß. Am 19. Januar 1913 kam es zu einem zweiten Parteitag, an dem auch unzufriedene Vertreter aus Wien und Oberösterreich teilnahmen. Als Folge davon bildeten Neunteufel, Pantz, August Kemetter (AW) und ein weiterer Abgeordneter eine eigene Fraktion mit dem Namen *Deutsches Zentrum*, die sogar in ein taktisches Verhältnis mit dem Deutschen Nationalverband geriet. Der Krieg verhinderte eine weitere Verschärfung, es kam sogar wiederum zu einer losen Annäherung, und am 27. Oktober 1918 traten diese „Zentristen" im Rahmen der Provisorischen Nationalversammlung Österreichs wieder den Christlichsozialen bei.[35]

CVer im parteipolitischen Katholizismus

Der CV und seine Verbindungen waren seit ihrer Gründung mit dem parteipolitischen Katholizismus eng verbunden. Die älteren Verbindungen (die beiden Austria, Norica, Carolina) wurden im Rahmen der katholisch-konservativen Bewegung ins Leben gerufen. Die Initiatoren dazu wurden sehr oft zu Ehrenmitgliedern ernannt. Sieht man die Ehrenmitgliederlisten der betreffenden Verbindungen an, so finden sich eine Reihe katholisch-konservativer Politiker darin. Besonders die beiden Austria sind dafür signifikant. Auch der katholische Adel war im CV stark integriert, das Ehrenmitgliederverzeichnis der Austria Wien der damaligen Zeit liest sich wie ein Auszug aus dem Gotha. Er war ja neben dem Klerus jener Stand, der vor dem Heranwachsen einer eigenen akademischen Führungsschicht die Katholiken zur Abwehr gegen den Freisinn sammelte. Im katholischen Verbandswesen, in den Parlamenten und bei den Katholikentagen spielte er, wie wir es ja zum Teil schon gesehen haben, eine große Rolle.[36] Allerdings war er fast ausschließlich bei den Ehrenmitgliedern vertreten. Studierende des Adels fanden kaum den Weg in eine katholische Verbindung, denn es wurde als standeswidrig betrachtet, einer CV-Verbindung beizutreten.[37] Aber auch bekannte Persönlichkeiten aus der Kultur, die dem Katholizismus verbunden waren, wurde die Ehrenmitgliedschaft verliehen, wie etwa dem Komponisten Anton Bruckner (AW EM) und dem Schriftsteller Richard von Kralik (AW EM).

Doch langsam wuchsen auch die jungen CVer in politische Positionen hinein, wobei es – besonders im Deutschen Reich – zu Konflikten hinsichtlich der Statuten kam, wonach dem CV politische Bestrebungen fernliegen.[38] Der CV und seine Verbindungen

35 Schwechler, 60 Jahre Grazer Volksblatt, S. 793f.; Höbelt, Konservative und Christlichsoziale, S. 348; Miko, Die Vereinigung der Christlichsozialen Reichspartei und des katholisch-konservativen Zentrums, S. 84.

36 Siehe dazu u. a. den Artikel von Türk, Oskar: Adel und reichsdeutscher CV, in: Ac 32 (1919/20), S. 370ff.; Molisch, Politische Geschichte der deutschen Hochschulen, S. 149.

37 Dazu siehe Zeßner-Spitzenberg, Hans Karl Zeßner Spitzenberg, S. 18. Hans Karl (Frhr.) Zeßner-(von) Spitzenberg (Tt) mußte sich mühsam die Erlaubnis zum Beitritt holen. Nach 1918 änderte sich die Lage etwas, wie die Beispiele von Heinrich Prinz Schwarzenberg (AIn) und Franz Josef II. Fürst von und zu Liechtenstein (NdW) zeigen.

38 Siehe S. 56f.; Ac 11 (1898/99), S. 174 , und 21 (1908/09), S. 185f.

waren und sind bis heute streng darauf bedacht, in keine wie immer geartete Abhängigkeit zu einer politischen Partei zu geraten. Es war und ist daher undenkbar, daß der CV oder seine Verbindungen ein statutarisch-organisatorischer Teil einer Partei werden oder daß er offiziell Agitation für eine Partei betreibt. Was jedoch den juristischen Personen (CV, Verbindungen) verboten bleibt, blieb physischen Personen (CVer) unbenommen. In der Tatsache, daß zahlreiche CVer politische Mandate und Funktionen innehatten bzw. innehaben, sah man so lange keine Schwierigkeit, solange sie diese im Rahmen des parteipolitischen Katholizismus ausübten.

Natürlich war und ist nicht zu leugnen, daß der CV und der parteipolitische Katholizismus dieselben Wurzeln hatten und von oft denselben Personen initiiert wurden, so daß jene Ambivalenz entstand, wonach der CV und seine Verbindungen zwar offiziell parteipolitisch unabhängig waren, jedoch die einzelnen CVer sich ausschließlich nur in den Parteien des Politischen Katholizismus betätigten bzw. betätigen und zu deren Führungselite heranwuchsen.[39] Solange die ideologischen Grundhaltungen zwischen dem CV und den katholischen Parteien nahezu identisch waren, gab es keine Schwierigkeiten. Sie kamen erst nach 1945 auf, nachdem sich diese Parteien (CSP bzw. Zentrum) zu allgemeinen, allerdings auf christlicher Grundlage fußenden Volksparteien (ÖVP, CDU/CSU) gewandelt hatten, die nicht nur im Sinne der Ökumene überkonfessionell, sondern auch für andere Weltanschauungen (z. B. Liberalismus) offen wurden. Der Rückzug der Kirche bzw. der Priester aus der Parteipolitik und die diesbezüglichen Entwicklungen rund um das II. Vatikanum waren ein weiterer Prozeß im Sinne der Eigenverantwortung der Laien in politischen Fragen.

In fast allen Wahlperioden des Abgeordnetenhauses und des Herrenhauses des Reichsrates sowie in zahlreichen Landtagen fanden sich CVer.[40] In den Wahlperioden I. bis XI. (1861 bis 1907) des Abgeordnetenhauses saßen 18 CVer (Urmitglieder und Ehrenmitglieder).[41] Von diesen 18 Abgeordneten waren lediglich drei Urmitglieder, was auf den erst langsam heranwachsenden politischen Nachwuchs schließen läßt. Aber auch das bis 1907 herrschende Kurienwahlrecht war sicherlich ein Nachteil.

Dies änderte sich 1907 mit dem allgemeinen Wahlrecht. In dieses Abgeordnetenhaus zogen 97 Abgeordnete der nun mit den Katholisch-Konservativen vereinten Christlichsozialen ein. Am Beginn der Wahlperiode waren davon 19 CVer, desgleichen am Ende.[42] Von diesen nun insgesamt 20 Abgeordneten waren lediglich vier Urmitglieder. Der Anteil der CVer an der Fraktion der Christlichsozialen betrug bei der Konstituierung des Abgeordnetenhauses 19,58 Prozent. Aus den bereits erwähnten Gründen waren die Wahlen des Jahres 1911 für die Christlichsozialen eine Niederlage, sie erhielten nur 76 Sitze, davon waren am Beginn der Wahlperiode 14 CVer (18,75 Prozent).[43] Obwohl weniger CVer einzogen, erhöhte sich die Zahl (und damit der Anteil) der Urmitglieder auf sechs. Die Namen der Reichsratsabgeordneten, die CVer war, siehe Anhang 3. Zum Vergleich: In der letzten Legislaturperiode, der 13., des deutschen Reichstags vor dem Ersten Weltkrieg zogen neun CVer ein, ebenso viele übrigens aus dem KV. Wenn man aber bedenkt, daß die deutsche

39 Siehe dazu auch die umfangreiche Studie von Stimmer, Eliten in Österreich.

40 Knoll, Zur Tradition der Christlichsozialen Partei, S. 178ff.; Hartmann, CVer als politische Mandatare der österreichisch-ungarischen Monarchie.

41 Nach Kolmer, Parlament und Verfassung in Österreich; Hahn, Reichsratsalmanach; Knauer, Parlament.

42 Nach Freund, Abgeordnetenhaus 1907. Lueger schied durch Tod früher aus, und Johann N. Hauser rückte nach

43 Nach Freund, Abgeordnetenhaus 1911.

katholische Bevölkerung des Deutschen Reiches ungefähr dreimal so groß war als die im österreichischen Reichsteil, dann war der CV in Österreich diesbezüglich „erfolgreicher".[44]

Im Herrenhaus, dem „Oberhaus" des Reichsrates, saßen seit dessen Errichtung 1861 bis 1918 31 CVer. Es gab drei Kategorien von Herrenhausmitgliedern: die volljährigen kaiserlichen Prinzen, die erblichen Mitglieder (alter reichsständischer Adel bzw. solcher mit großem Grundbesitz) und die vom Kaiser lebenslänglich ernannten. Letztere waren verdiente Männer des öffentlichen Lebens, so daß das Herrenhaus dadurch den Charakter eines Senates erhielt. Eine Sondergruppe der letzten Kategorie bildeten die Fürst(erz)bischöfe und Äbte.[45] Die Namen der Mitglieder des Herrenhauses, die CVer waren, siehe Anhang 3.

Gehörten in den letzten beiden Wahlperioden des Reichsrates, abgesehen von den bereits erwähnten Sonderfällen Kemetter, Neunteufel und Pantz, alle CVer der Christlichsozialen Fraktion an, so war dies vor 1907 anders. Von den genannten 17 CVern waren Geßmann, Liechtenstein, Lueger, Scheicher und Weiskirchner Christlichsoziale, alle anderen Katholisch-Konservative.

Von den hervorgehobenen politischen Funktionen interessieren erst einmal die Regierungsmitglieder. Dabei ist festzuhalten, daß die damaligen Minister sich eher als „politische Beamte" verstanden und deshalb auch eine Rangklasse (die II.) im Gehaltsschema der Beamten waren.[46]

Es gab bereits auch eine Reihe CVer als k. k. Minister, die meisten waren Ehrenmitglieder. Das einzige und damit erste Urmitglied als Minister war ***Alfred Ebenhoch*** (AIn), 1907/08 k. k. Minister für Ackerbau (Ministerium Beck).[47] Ebenso gab es eine Reihe von parlamentarischen Funktionären im Abgeordnetenhaus so wie im Herrenhaus (Mitglieder des Präsidiums sowie Klubobmänner). Ihre Namen und Funktionen finden sich im Anhang 2.

Auch in den einzelnen Kronländern war eine ganze Reihe von CVern politisch tätig. Dabei ist zu berücksichtigen, daß in der Monarchie die Länder weit weniger Kompetenzen in der Gesetzgebung und autonomen Verwaltung hatten, auch wurden die Landtage bis zum Ende der Monarchie nach dem Kuriensystem gewählt. Für die mittelbare Staatsverwaltung bestanden Statthaltereien, an deren Spitze der Statthalter stand. Er wurde vom Kaiser ernannt und unterstand der Regierung. 1918 wurde dann das Amt des Landeshauptmannes (als Repräsentant der autonomen Landesverwaltung) mit dem des Statthalters (als Repräsentant der mittelbaren Staatsverwaltung) vereint.

Vergleichsweise besonders stark war der CV in Niederösterreich vertreten, es war ja das Stammland der Christlichsozialen. Oberösterreich war ein Kernland der Katholisch-Konservativen. Landeshauptleute waren von 1899 bis 1907 Alfred Ebenhoch und danach von 1907 bis 1927 Johann N. Hauser (AW EM). Tirol war neben Oberösterreich das zweite Kernland der Katholisch-Konservativen. Der bedeutendste Landespolitiker am Ausgang der Monarchie war Theodor Kathrein (AIn). In der Steiermark hingegen waren CVer in politischen Spitzenfunktionen nicht vertreten. Im Anhang 2 finden sich auch die Landespolitiker aus dem CV aufgelistet.

44 Ac 25 (1912/13), S. 76f.

45 Nach Kolmer, Parlament und Verfassung in Österreich; Heinrich, Der Lehrkörper der Wiener Universität in den öffentlichen Vertretungskörpern; Kolmer, Das Herrenhaus.

46 So hatte der k. k. Ministerpräsident die Dienstklasse I, die Minister und Statthalter II, die Sektionschefs IV, die Hof- bzw. Ministerialräte V usw. Gegenwärtig beginnt die Zählung von unten und endet beim Sektionschef (IX).

47 Über seine Tätigkeit als Minister siehe Czedik, Zur Geschichte der k. k. österreichischen Ministerien III, SS. 167-170.

Die Auseinandersetzungen zwischen den katholischen Verbindungen und der nationalfreiheitlichen Studentenschaft in Wien und Innsbruck bis 1907

„Die heute geradezu unverständlichen Verhältnisse, welche vor dem Weltkrieg an den österreichischen Hochschulen herrschten, sind allgemein, besonders in Graz, in deutlicher Erinnerung geblieben. Jahrzehnte hindurch, solange es eben CV-Verbindungen in Österreich gegeben hat, wurden die Klerikalen von freiheitlichen Verbindungen mit einem unsinnigen, geradezu orientalischen Haß bekämpft. Die Mitglieder des CV in Österreich waren Freiwild. Man hat sie bespieen, bestohlen, geschlagen, getötet. Der zugrunde gehende Staat sah diesem schamlosen Treiben untätig zu und wollte diejenigen nicht schützen, die fast allein an ihn noch glaubten."

Karl M. Stepan (Nc)[1]

Was in diesem und in den folgenden Kapiteln geschildert wird, ist eines der Kernstücke der Geschichte des CV in Österreich. Diese beispiellose *chronique scandaleuse* vor allem der Jahre bis zum Ersten Weltkrieg, aber auch der Zwischenkriegszeit und in Graz auch noch nach 1945, zeigt, unter welchen Bedingungen katholische Verbindungen entstanden sind, lebten und sich bewähren mußten. Der Verleger und spätere Landeshauptmann der Steiermark, Karl M. Stepan, hatte es 1927 – wie eingangs zitiert – sehr anschaulich auf den Nenner gebracht.

Der unbenommene Leser des frühen 21. Jahrhunderts mag fassungslos und irritiert sein, wenn er das alles zum ersten Mal erfährt, was sich da vor mehr als 100 Jahren und danach auf österreichischen Hochschulen abgespielt hat. In der allgemeinen Historiographie wird vielleicht gelegentlich das „Wahrmundjahr 1907/08" kurz erwähnt. Aber das war es dann schon. Für die Angehörigen des CV, die das nun lesen, soll es zu einem Stück identitätsstiftender Erinnerung werden. Nicht Heldenepos oder gar Märtyrerdrama soll es sein, sondern hinterfragende Nachdenklichkeit ist angesagt. Letzteres auch bei den Lesern, die nicht aus dem CV kommen. Denn wohin hat denn das alles in unserer leidvollen Geschichte des 20. Jahrhunderts geführt? Somit erscheinen diese Ereignisse dann doch nicht nur als eine sonderbare Fußnote des *fin de siècle*, des letzten Abendglanzes des alten Österreichs.

Die Konflikte zwischen den nationalfreiheitlichen Studenten und den katholischen Verbindungen, wie wir sehen werden, kreisten im wesentlichen um drei Bereiche:

ERSTENS ging es einmal um die Gleichberechtigung auf akademischem Boden. Diese wollten die Schlagenden den katholischen Verbindungen nicht zubilligen, wobei das Tragen des Schlägers bei akademischen Feiern der äußere Reibungspunkt war.
ZWEITENS sind diese Auseinandersetzungen im Rahmen des akademischen Kulturkampfes zu sehen. Danach stellte eine betont katholische Vereinigung auf einer vom nationalen Freisinn weithin geprägten Universität von vornherein schon eine Provokation dar.

1 *Grazer Volksblatt*, 4. 11. 1927.

Drittens kam zuletzt noch ein allgemein politischer Punkt in den Jahren vor dem Ersten Weltkrieg hinzu, nachdem sich der parlamentarische Niedergang der deutschnationalen Parteien, die personell von den Burschenschaften, Corps usw. getragen wurden, und parallel der Aufstieg der Christlichsozialen abzeichnete, die ihrerseits ihr Führungsreservoir aus dem CV bezogen.

Austria und Norica

Da die 1876 gegründete Austria Wien anfänglich ein Verein war, der erst im Laufe der Zeit allmählich den Charakter einer farbentragenden Verbindung angenommen hatte (siehe. S. 34), bestanden vorerst keine wesentlichen Reibungspunkte zwischen ihr und den übrigen Korporationen. Die ersten Ausschreitungen auf der Wiener Universität, bei denen eine katholische Verbindung involviert war, geschahen am 6. Dezember 1884. Die 1883 gegründete Norica erschien zum Bummel, da ertönte plötzlich der Ruf „Progressisten Abzug!", und sofort erfolgte gegen die Norica und die sich in ihrer Nähe befindenden progressistischen B! Cheruscia, B! Thuringia und L! Iglavia ein tätlicher Angriff, im Verlaufe dessen sie aus der Universität hinausgedrängt wurden. Bei dieser Schlägerei wurde die Norica, die gegen diese Vorfälle protestierte, in die Streitereien zwischen den *konservativen* (auf Duell und Mensur bestehenden) und den *progressiven* (Duell und Mensur freistellenden) Verbindungen hineingezogen. Die *Progreßbewegung* begann in den dreißiger Jahren des 19. Jahrhunderts an deutschen Universitäten, sie wollte tatsächlich „progressiv" sein und lehnte teilweise studentische Bräuche, wie Duell und Mensur, ab. Politisch war diese Bewegung radikal, d. h. republikanisch. Dieser Streit endete in den achtziger Jahren des 19. Jahrhunderts, als alle progressiven Verbindungen das konservative Prinzip annahmen.[2]

Nach einigen Jahren relativer Ruhe zeigten sich zu Beginn des Studienjahres 1889/90 kritische Anzeichen, als Noriker tätlich angegriffen wurden. Als bei einer Vorbesprechung für die Inaugurationsfeier am 19. Oktober 1889 Austria und Norica ankündigten, mit Chargierten teilzunehmen, erklärten die Schlagenden unisono, sie werden sich an der Rektoratsinauguration nicht beteiligen, wenn die „clericalen Progessisten" anwesend sind. Daraufhin verzichtete der Rektor auf die Mitwirkung der Verbindungen.[3] Austria und Norica beschlossen nun eine Teilnahme in Farben am nächsten Bummeltag, dem 26. Oktober. Und so erschienen 18 Noriker und 36 Austrier in Couleur auf der Universität, wo sie von einer lärmenden Menge von 600 bis 800 Schlagenden in der Aula empfangen wurden. Nach Ende der Bummelzeit begannen die Tätlichkeiten, Mützen und Bänder wurden entrissen, Stockhiebe sausten auf die beiden Verbindungen. Die Tätlichkeiten setzten sich von der Universitätsrampe bis in den nahen Rathauspark fort. Die Folgen dieser als **Austrierschlacht** in die Historiographie eingegangenen Rauferei waren ein generelles Bummelverbot sowie ein stärkeres Zusammenrücken der beiden Wiener katholischen Verbindungen.[4] Vier Burschenschafter

---

2 CBl Nr. 47 (SS 1885), S. 253; Bahnson, Vorgeschichte und Gründung des Kösener Senioren-Convents-Verbandes, S. 57; Funder, Das weiß-blau-goldene Band, S. 44f.; Scheuer, Die geschichtliche Entwicklung des deutschen Studententums, S. 352; Moser, Die k. a. V. Norica in Wien 1883-1938, S. 116.

3 Rehberger, Geschichte der Austria Wien II, S. 1.

(ein Olympe, drei Germanen) wurden angezeigt, jedoch mangels an Beweisen wurde die Klage zurückgezogen.[5]

Gerade im Hinblick auf die später geschilderten Grazer Verhältnisse ist ein Bericht interessant, wonach die Norica 1893 mit drei Chargierten bei der Inauguration teilnehmen konnte, ohne daß es deswegen zu Schwierigkeiten gekommen wäre.[6] Jedoch bereits im nächsten Jahr änderte sich dies: Als die Chargierten der Austria und der Norica bei der Inauguration am 8. November 1894 im Festsaal ihre Plätze einnehmen wollten, fanden sie diese bereits von den Schlagenden besetzt vor, so daß sie unter Protest abziehen mußten.[7]

Im nächsten Jahr spielte sich nun in Wien die von Graz her bekannte Szenerie ab (darüber später). Am 22. Oktober 1895 verlangten die schönerianisch gesinnten Vertreter, daß die Chargierten der Austria und Norica nur ohne Schläger erscheinen dürfen. Auf Vermittlung des Prorektors gelang ein Kompromiß, diese Frage nach der Inauguration zu vertagen. Als am 24. Oktober die Chargierten der Austria und Norica auf die Universität zur Inauguration auffuhren, wurden sie von der versammelten „wehrhaften" Studentenschaft empfangen. Sie schlug darauf los und versuchte, Bänder, Mützen und Schläger zu entreißen. Die Chargierten erlitten Verletzungen, so u. a. der damalige Senior der Norica, Friedrich Funder (Cl, Nc). Vermittlungsversuche des Prorektors schlugen fehl, so daß die Austria und Norica abziehen mußten.[8]

Die RRAbg. Alfred Ebenhoch (AIn) und Theodor Frhr. von Kathrein (AIn) richteten noch am selben Tag eine Anfrage an den Unterrichtsminister Paul Frhr. von Gautsch:[9]

> „Die Fälle wiederholen sich ..., daß Studenten, welche katholischen Verbindungen angehören, von seiten anderer Studierender mit den gröbsten Insulten überschüttet und auch tätlich mißhandelt werden ... Die Grenzen des Zulässigen sind schon im vorigen Jahr durch die Haltung der Grazer Universitätsbehörden überschritten worden. Seit jenem Tage ist öffentlich die Parole ausgegeben, katholische Studentenkorporationen durch Mittel aller Art unmöglich zu machen. Angesichts solcher Vorgänge fragen die Gefertigten:
>
> Was gedenkt Seine Exzellenz zu tun, um die katholischen Studentenverbindungen auf einer als katholisch gestifteten Hochschule vor Überfällen und Mißhandlungen überhaupt zu schützen?"

4 Ac 2 (1889/90), S. 112, 115f. und 146; Funder, Das weiß-blau-goldene Band, S. 52f.; Leb, Geschichte der K. D. St. V. Austria, S. 22; Moser, Die k. a. V. Norica in Wien 1883-1938, S. 116f.; Moser/Tschulik, Hundert Jahre Norica, S. 32; Rehberger, Geschichte der Austria Wien II, S. 2; Scheuer, Die geschichtliche Entwicklung des deutschen Studententums, S. 359f.; Schönner, Auf, mit Gott zur Mannestat, S. 34ff. Das Bummelverbot wurde erst am 25. 2. 1891 aufgehoben, siehe Rehberger, Geschichte der Austria Wien II, S. 5.

5 Ac 2 (1889/90), S. 146.

6 Ac 7 (1893/94), S. 204.

7 Funder, Das weiß-blau-goldene Band, S. 84.

8 Ac 8 (1895/96), S. 197f. und 225f., 9 (1896/97), S. 51f.; Bechmann, Die Wiener B! Silesia, S. 383; Funder, Das weiß-blau-goldene Band, S. 86; Knoll, Geschichte der wehrhaften Vereine, S. 315; Moser, Die k. a. V. Norica in Wien 1883-1938, S. 119f.; Rehberger, Geschichte der Austria Wien II, S. 30f.; Stickler, Der zweite Österreichische Cartellverband, S. 7ff.

9 StProt AH RR XI, 424 S. 21089 vom 24. 10. 1895, Antwort des Ministers XI, 422, S. 7122. Er versprach wegen der Vorfälle in Wien eine Disziplinaruntersuchung.

Norica und Austria verfaßten nun am 6. Dezember 1895 eine Eingabe an den akademischen Senat, wo deren Recht, den Schläger zu tragen, anhand von Beispielen aus Deutschland gefordert wurde.[10] Der akademische Senat antwortete am 11. Mai 1896. Er betonte zwar die grundsätzliche Gleichberechtigung aller Studentenverbindungen, behielt sich jedoch vor, „von Fall zu Fall in der Betätigung derselben seine besonderen Entscheidungen zu treffen".[11] Mit diesem Vorbehalt wurde die grundsätzliche Gleichberechtigung bereits entwertet. Bereits beim Stiftungsfest der Norica vom 9.-12. Mai 1896 wurde ihr vom Rektor, Prof. Anton Menger, die Auffahrt in Wichs untersagt. Dagegen richtete der Senior Friedrich Funder ein Protestschreiben, doch der Rektor verweigerte die Annahme. Als dieser Vorfall durch die katholische Presse bekannt wurde, ist gegen Funder eine Disziplinaruntersuchung eingeleitet worden. Er entging jedoch der angedrohten Relegation.[12]

Die Stimmung der nationalfreiheitlichen Studenten- und Professorenschaft gegen Austria und Norica spiegelt ein Bericht Funders über die Ablegung seiner zweiten juristischen Staatsprüfung wider, wo der Zivilrechtler Menger ihn als Noriker erkannte und derartige Fangfragen stellte, daß er durchfallen mußte, was sogar den Unmut der anwesenden Burschenschafter hervorrief.[13]

Nach all dem wundert es daher nicht, daß die Rektoratsinaugurationen im Herbst 1896 und 1897 jeweils ohne Beteiligungen von Chargierten stattfanden, weil sich die Schlagenden eine Teilnahme katholischer Verbindungen verbeten hatten bzw. die neuen Rektoren Tumulte befürchteten.[14]

Als 1899 der Innsbrucker Josef Hirn (AIn) als Prof. für Österreichische Geschichte nach Wien berufen wurde, kam es bei dessen Antrittsvorlesung am 20. Oktober zu gezielten Störaktionen durch alldeutsche wie interessanterweise auch jüdische Studenten, was Ausdruck einer unerbittlichen Haltung gegenüber betont katholische Wissenschaftler war, die als Störenfriede auf dem Boden der „freien Forschung" betrachtet wurden. An dem folgenden Bummel gab es weitere Aktionen seitens der Schlagenden, die sich diesmal vor allem die kleine Schar der Rudolfinen als Opfer aussuchten. Im selben Jahr wurde auch eine Couleurpromotion gestört. Chargierte der Norica wurden von alldeutschen Studenten überfallen, was eine vorläufige Sistierung von Couleurpromotionen zur Folge hatte.[15]

Verschärfung im Jahr 1900: Der Numerus clausus in Wien

Zu Ostern 1900 wurden die katholischen Verbindungen Nordgau und Kürnberg gegründet (siehe S. 69). Das war der Anlaß für eine Verschärfung. Als diese nun am 7. Mai zum ersten Mal in Farben auf der Universität erschienen, kam es durch vier Tage hindurch zu heftigen Auseinandersetzungen, so daß sich der Akademische Senat zu einem allgemeinen Farbenverbot gezwungen sah. Dieses hinderte eine Abordnung schlagender Verbindungen nicht, beim Rektor Prof. Wilhelm Neumann (AW EM) zu erscheinen, was

10 Eingabe abgedruckt in Stickler, Der zweite Österreichische Cartellverband, SS. 8-15.

11 Der Vorgang genau dokumentiert in ebda., SS. 15-20

12 Moser, Die k. a. V. Norica in Wien 1883-1938, S. 123ff.

13 Funder, Vom Gestern ins Heute, S. 158.

14 *Mittheilungsblatt der K. Ö. St. V. Austria*, 2. Jg, Nr. 4, 1. 1. 1899, Einlagebogen, S. V und VI.

15 Ebda., 3. Jg.., Nr. 8, 1. 11. 1899, S. 3f.; Moser, Die k. a. V. Norica in Wien 1883-1938, S. 126f.

zu Auseinandersetzungen im Akademischen Senat und zu seinem Rücktritt führte. Als Professor an der Theologischen Fakultät und Zisterzienser war er offenbar diesen Auseinandersetzungen nicht gewachsen. Möglicherweise war er ein halbes Jahr später Vorbild für den Rücktritt des Grazer Rektors, des Theologen Weiß (siehe S. 125).

Nach dem Amtsantritt des neuen Rektors Prof. Julius von Wiesner, des bisherigen Prorektors, überreichten die schlagenden Verbindungen am 14. Mai eine Protesterklärung, in der u. a. gefordert wurde, daß den klerikalen Verbindungen das Schlägertragen und den beiden neuen Verbindungen das Farbentragen überhaupt verboten werde, weil sie „eine drohende Gefahr für die Erhaltung des deutschen Charakters unserer Universität und die Freiheit der Wissenschaft" sind. Den „klerikalen Verbindungen" müsse auch der Bummelplatz verboten werden, außerdem müssen sie auf der Mütze ein sichtbares Zeichen tragen, damit sie als solche erkannt werden.[16]

Interessant ist in diesem Zusammenhang zu bemerken, daß der Wiener Rektor am 17. Mai 1900 seinem Grazer Kollegen über die Vorfälle berichtete und ihn bat, ebenfalls über die Usancen der Behandlung von nichtschlagenden Verbindungen Bericht zu informieren. Am 1. Juni erließ dann der Wiener Senat offenbar auf Druck der deutschnationalen Studentenschaft und ihrer Eingabe vom 14. Mai eine Kundmachung:

> „1. Der Rektor wird vom Akademischen Senat ermächtigt, in einzelnen Fällen den akademischen Verbindungen das Tragen von Schlägern auf akademischem Boden zu gestatten oder zu verbieten.
> 2. Neu konstituierende Verbindungen dürfen auf akademischem Boden nicht mit studentischen Abzeichen erscheinen, bevor sie nicht die Ermächtigung des Rektors angesucht und erhalten haben.
> 3. Es wird den neuauftretenden Studentenverbindungen verboten, auf akademischen Boden Farben und Abzeichen zu tragen, welche den Farben und Abzeichen von auf Wiener Boden bereits bestehenden Verbindungen gleich sind oder welche Anlaß zu verwechseln geben."

Damit wurden auch im Hinblick auf die Behandlung katholischer Verbindungen in Wien „Grazer Verhältnisse" geschaffen, über die noch später ausführlich berichtet wird. Der Grazer Rektor, Prof. Eduard Richter (B! Silesia, Wien), antwortete übrigens am 23. Juni dem Wiener Rektor. Darin schilderte er die alljährlich vorkommenden Ereignisse bei der Inauguration. „Wenn die Carolina eine Auffahrt mit Schlägern anmeldete, so würde ich dieselbe aus Gründen der akademischen Ordnung wegen der vorauszusehenden Ruhestörung verbieten."[17]

Seitens Alter Herren und Freunde der Wiener katholischen Verbindungen wurde am 16. Mai 1900 auf einer Protestversammlung „auf das entschiedenste das rechtsfeindliche und brutale Vorgehen der gegnerischen Studentenschaft" verurteilt[18], und der RRAbg. Ri-

---

16 Ac 13 (1900/01), S. 49f. und 71f.; Bechmann, Die Wiener B! Silesia, S. 490ff.; Funder, Das weiß-blau-goldene Band, S. 99f.; Moser, Die k. a. V. Norica in Wien 1883-1938, S. 126-130.

17 UAG VA Carolina. Schreiben des Wiener Rektors an den Grazer, 25. 11. 1900. Schreiben des Grazers Rektors an den Wiener, 23. 6. 1900. UAW, S. 36. 3215 ex 1899/1900, „Kundmachung an die Herren Studierenden" vom 1. 6. 1900. Siehe auch Höflechner, Die Baumeister des künftigen Glücks, S. 7.

18 *Mittheilungsblatt der K. Ö. St. V. Austria*, 3. Jg.., Nr. 12, 1. 7. 1900, S. 1f.; Ac 13 (1900/01), SS. 71-74; Rehberger, Geschichte der Austria Wien II, S. 53f. Der gesamte Vorfall ist ausführlich dokumentiert in Stickler, Der zweite Österreichische Cartellverband, S. 21ff.

chard Weiskirchner (AW EM) richtete am 17. Mai im Abgeordnetenhaus eine Anfrage an Unterrichtsminister Wilhelm von Hartel (B! Silesia Wien):[19]

> „Seit einigen Tagen herrschen an der Wiener Universität wieder einmal anarchische Zustände. Die Mitglieder der katholischen Studentenverbindungen Austria, Norica, Rudolfina, Nordgau und Kürnberg wurden in Universitätsräumen in gewaltigster Weise beschimpft, unter anderem ein Mitglied der Norica sogar nicht unerheblich verletzt ... Die Universitätsbehörde scheint gegenüber diesen unerhörten, aller akademischen Bildung spottenden Vorgängen, die sich seit Jahren immer und immer wiederholen, ganz machtlos zu sein ...
> 1. Erachtet Seine Exzellenz diese barbarischen Vorgänge, durch die die Gleichberechtigung der christlich gesinnten Studenten an einer staatlichen Anstalt rundweg confiscirt wird, für zulässig?
> 2. Was gedenkt Seine Exzellenz zu veranlassen, um diese Skandale zu verhindern?"

Der Unterrichtsminister beantwortete die Anfrage bereits am nächsten Tag, wobei er sich an den Bericht des Senats hielt:[20]

> „Die Bildung zwei neuer farbentragender, aber nicht schlagender ... Vereine rief unter Studentenkreisen Aufregung hervor. Da bei dem ersten korporativen Auftreten der neuen Verbindungen gelegentlich der samstägigen Versammlungen ... Reibungen zu befürchten waren, verbot der Rektor diesen 'Bummel'. Dieses Verbot wurde von allen Studierenden respektiert, und es ließ sich hoffen, daß Ruhestörungen gänzlich vermieden würden. Diese Hoffnung erfüllte sich jedoch nicht. Die neuen Verbindungen konnten es sich nicht versagen, ... in der Vorhalle der Universität in Farben zu promenieren, was an sich keineswegs unzulässig, aber in dieser Form wenigstens ungewöhnlich war. Es kam gleich an den ersten Wochentagen zu ... ärgerlichen Szenen. Dem bloßen, wiederholt ausgesprochenen Wunsche des Rektors aber fügten sich diese Verbindungen nicht, und so kam es ... zu heftigen Exzessen, bei denen die neuen Verbindungen und die ihnen zu Hilfe eilenden älteren katholischen Verbindungen in völlig rechtswidriger Weise aus der Universität gedrängt wurden. Die Vorgänge ... veranlaßten den akademischen Senat, das allgemeine Verbot des Farbentragens in allen Universitätsräumen auszusprechen ..."

Aufgrund dieser Anfragebeantwortung richteten Kürnberg und Nordgau am 30. Mai 1900 an den Rektor eine Eingabe, wo einige Punkte der Darstellung des Unterrichtsministers aus ihrer Sicht richtiggestellt wurden. So wurde der Begriff „ungewöhnlich" für das Promenieren in Farben zurückgewiesen.[21] Die Sache ging aber am Beginn des nächsten Studienjahres weiter. Seitens der schlagenden Studentenschaft wurde an den Senat eine Eingabe eingereicht, in der nochmals auf die Ähnlichkeit der Farben von Kürnberg und Nordgau mit bestehenden Verbindungen hingewiesen wurde. Für die beiden Verbindungen sollte ein Farbenverbot aufrecht bleiben, bis diese „Farbenfrage" geklärt seit. Der Senat reagierte darauf am 9. November 1900 und behielt das allgemeine Farbenverbot aufrecht. Zusätzlich verschärfte er noch seine Gangart und verlangte, daß neu kon-

19 StProt AH RR XVI, 53, S. 3435f. vom 17. 5. 1900.
20 StProt AH RR XVI, 54, S. 3484f. vom 18. 5. 1900.
21 Eingabe abgedruckt in Stickler, Der zweite Österreichische Cartellverband, S. 33f.

stituierende Verbindungen ihre Statuten zuerst dem Senat vorlegen müßten, bevor sie diese bei der Vereinsbehörde einreichten.

In dieser turbulenten Zeit war es zweifelsohne ein besonderes Signal, daß die Norica am 16. November beschloß, Bürgermeister Karl Lueger „wegen seiner Verdienste um die katholische Sache“ die Ehrenmitgliedschaft zu verleihen.[22]

Im Laufe des Novembers kam es nun zu einer Einigung in der Mützenfarben-Frage. Kürnberg änderte diese in fleischfarben, Nordgau in hellgelb. Damit war die Sache geklärt, und am 25. November wurde das allgemeine Farbenverbot aufgehoben. Jedoch wurde der bisherige Modus, keine der Verbindungen, schlagende wie nichtschlagende, zum korporativen Erscheinen bei der Rektoratsinauguration einzuladen, beibehalten.[23]

Die Reibereien gingen weiter. In der Nacht vom 14. auf den 15. Mai 1901 wurden fünf Noriker von 50 „schönerianischen“ Studenten überfallen, zwei von den Norikern erlitten Verletzungen.[24] Um einen *modus vivendi* zwischen den katholischen und schlagenden Verbindungen herzustellen, lud nun der Rektor Alte Herren „sämtlicher“ Korporationen ein, jedoch waren Vertreter der Norica bewußt dazu nicht gebeten worden, wodurch eine solche Bemühung völlig sinnlos war.[25]

Am Samstag, dem 16. November 1901, kam es in und vor der Universität bei einem Festbummel anläßlich der Fahnenweihe Rudolfinas zu Tätlichkeiten zwischen Schlagenden (mit „Juden brüderlich vereint wie immer“) und katholisch Korporierten, die hinausgedrängt werden sollten.[26] Fast ein Jahr später, am 29. November 1902, wiederholte sich das anläßlich eines Samstagsbummels. „Auf Verabredung überfielen die vereinigten jüdisch-liberal-nationalen Studenten die katholischen farbentragenden Verbindungen bei deren Erscheinen auf der Universität und setzten ihnen in einem fast anderthalbstündigen Handgemenge hart zu.“ Die Ursache lag darin, daß der Rektor diesmal allen Verbindungen, auch den nationalen, die Auffahrt zur Inaugurationsfeier verboten hatte. Dieser Umstand und die knapp vorher stattgefundene nö. Landtagswahl, wo die Alldeutschen empfindliche Einbußen erlitten, führten zu Tätlichkeiten in der Aula, wo sich ca. 120 katholisch Korporierte einer mehrfachen Übermacht erwehren mußten.[27]

Inzwischen wurde auch die Technische Hochschule in Wien Schauplatz von solchen Konflikten. Am 13. Februar 1903 gab es erste Auseinandersetzungen, im Verlaufe derer der Senior der Norica eine Rüge vom Rektor erhielt. Doch gerade deswegen setzte ein Zuzug von Technikstudenten zur Norica ein, die Folge waren die Mai-Krawalle. Bereits am 1. Mai – damals noch kein Feiertag – wurde die Hochschule von Schlagenden belagert. Im Zeichensaal, wo drei Noriker arbeiteten, wurde „Hinaus mit den Norikern!“ gebrüllt, ihre Kleidung wurde zerrissen, ihre Zeichensachen zerstört. Auf der Straße setzten sich die Krawalle fort. Sie wiederholten sich am 7. Mai, als es zu heftigen Zusammenstößen im Innenhof kam. Am 8. Mai war der Höhepunkt: Die Noriker in Couleur wurden mit Hieben und Stößen in der Aula zusammengedrängt, so daß sich der Senior an den Rektor um Hilfe wandte, der ihn jedoch relegieren wollte. Erst als sich die Lage weiter zuspitzte, handelte der Rektor und ließ die Aula räumen. Drei Noriker, darunter der Senior

22 Ac 13 (1900/01), S. 238.

23 Stickler, Der zweite Österreichische Cartellverband, SS. 37-42.

24 Ac 14 (1901/02), S. 53f.

25 Ebda., S. 129.

26 *Alma Mater*, 5. Jg., Nr. 20, 15. 1. 1902, S. 2f.; Ac 14 (1901/02), S. 251.

27 Ebda.

und Robert Krasser (Nc), wurden dabei erheblich verletzt. Rektor und Senat beschlossen ein Farbenverbot und eine vorläufige Schließung der Hochschule. Mehrere Schlagende wurden relegiert, aber auch der Senior der Norica wurde für drei Semester von der Hochschule verwiesen.

In diesen kritischen Tagen begann am Samstag, dem 9. Mai, das 20. Stiftungsfest der Norica, und wegen der geschlossenen Technik konzentrierte man sich nun auf den „Samstagsbummel" auf der Universität. Als die Angehörigen der Norica, der Austria, des Kürnberg und des Nordgau erschienen – die Rudolfinen waren schon eher in die Universität –, wurden sie mit Gejohle empfangen, und es entstand eine kurze Rauferei.

Daraufhin wurde der Unterrichtsminister Wilhelm von Hartel im Abgeordnetenhaus interpelliert, der die Vorgänge auf der Technischen Hochschule und der Universität mißbilligte. Die Debatte entwickelte sich aber zu einer grundsätzlichen bezüglich der Existenzberechtigung katholischer Verbindungen und deren Recht, Farbe und den Schläger zu tragen (dazu siehe S. 187f.).[28]

Die Ferien brachten nur vorübergehend Ruhe, denn bereits beim zweiten Samstagsbummel des WS, am 31. Oktober 1903 kam es zu einer kritischen Situation zwischen deutschnationalen und katholischen Studenten. Die Situation eskalierte beim nächsten Samstagsbummel, am 14. November. Es waren vor allem jüdisch-zionistische Studenten, unterstützt von den Deutschnationalen, die beim Bummel auf die katholischen Studenten eindrangen. Diese zogen sich in die erste Etage zurück, doch die Rauferei ging weiter. Unter dem „Druck" der Ereignisse barsten einige Stiegenhausbalustraden. Doch überraschenderweise wendete sich plötzlich das Geschehen, die Schlagenden verhielten sich zunehmend neutral und ermöglichten so den katholischen Studenten einen unbehelligten Abzug. Der Chronist der Austria bemerkt dazu: „So ging bei dieser Gelegenheit zum ersten Male die deutsche antisemitische Studentenschaft Wien einig gegen die Juden vor." Ursache der Auseinandersetzungen war eine vorhergegangene Vivisektionsdebatte (rituelles Schlachten der Juden) im nö. Landtag, wo die Juden von den Christlichsozialen angegriffen wurden.[29]

Den nichtkatholischen Verbindungen, also den deutschnationalen-schlagenden, war aber 1904 ein Teilerfolg gegönnt. Der Akademische Senat faßte den Beschluß, die nach 1904 gegründeten katholischen Verbindungen nicht als farbentragend anzuerkennen.[30]

In den folgenden Jahren bis zum Studienjahr 1907/08 gab es zwar immer wieder Reibereien. Aber im Gegensatz zu Graz blieben diese in einem gewissen Rahmen.

Die Ereignisse in Innsbruck

Die Auseinandersetzungen waren dort, gemessen an Graz (siehe unten) und Wien, am ruhigsten, sieht man vom „Wahrmundjahr" und den Italienerunruhen einmal ab. Trotzdem sollte Innsbruck einen traurigen Rekord erringen: Der einzige CVer, der in diesen Kon-

---

28 *Alma Mater*, 6. Jg., Nr. 25, 15. 3. 1902, S. 4; Ac 15 (1902/03), S. 339 und 16 (1903/04), S. 15 und 47f. Siehe StProt AH RR XVII, 226, SS. 20601-20635 vom 15. 5. 1903. Siehe auch Stitz, Geschichte der Sugambria, S. 50, und Stitz, Der akademische Kulturkampf, SS. 11-14.

29 *Alma Mater*, 7. Jg., Nr. 29, 15. 11. 1903, S. 1f.; Ac 16 (1903/04), S. 263; Zoitl, Student kommt von Studieren, S. 90, Anm. 339.

30 Moser, Die k. a. V. Norica in Wien 1883-1938, S. 133.

flikten sein Leben lassen mußte, starb in Innsbruck. Trotz alledem warf der Kulturkampf auch auf Innsbruck seine Schatten, so mußte 1872 Theodor Frhr. von Kathrein (AIn) wegen eines Pressevergehens sogar ins Gefängnis.[31]

Die Auseinandersetzungen zwischen den CV-Verbindungen, anfänglich ja nur die Austria, und den Schlagenden, anfänglich nur die Corps, basierte auf deren Ausgrenzungspolitik gegenüber der Austria. Ein erster derartiger Konflikt entstand 1872/73 im überkorporativen Akademischen Gesangsverein. Ein Streit um die Verwendung eines Aufführungserlöses eskalierte derart, daß die Mitglieder der Austria austraten.[32] Ebenfalls 1873 kam es zwischen der Austria und den Corps zu Streitigkeiten um eine Ehrung für Prof. Julius Ficker (B! Franconia Bonn).[33]

Eine besondere Facette in Innsbruck bildeten die zahlreichen Duell-Affären: Angehörige der Corps provozierten Mitglieder der Austria, die Reserveoffiziere waren, so daß es aufgrund deren Duell-Verweigerungen zu militärehrenrätlichen Verfahren kam, die in der Regel mit dem Verlust des Reserveoffiziersgrad für die betroffenen Austrier endeten. Darüber aber ausführlich siehe S. 189f.

Es wundert daher nicht, daß es anläßlich des 200jährigen Jubiläums der Universität Innsbruck im Jahr 1877 der Gemeinschaft der Professoren und Studenten nicht gelang, sich auf eine Festfeier zu einigen. Naturgemäß waren die in Innsbruck zahlenmäßig dominante Theologische Fakultät sowie die Austria und die Helvetia Oenipontana dafür, die Mehrzahl der Schlagenden dagegen. Es kam daher zu keiner gemeinsamen Festfeier, jedoch zu einer solchen der Theologischen Fakultät, der Austria und der Helvetia Oenipontana. Gegen Ende des dabei abgehaltenen Kommerses versuchten Mitglieder des C! Athesia u. a., in den Veranstaltungssaal einzudringen. Mit Hilfe der Polizei und des Militärs gelang es, die Schlägerei zu beenden.[34]

Politisch relevanter war die Diskussion um die Vorherrschaft im Akademischen-Unterstützungsverein. Dieser wurde 1863 gegründet und diente u. a. der Hilfe für sozial bedürftige Studenten. Aufgrund der tatsächlichen Verhältnisse innerhalb der Innsbrucker Studentenschaft hatten die katholisch Orientierten (Austria, Theologen) bald die Mehrheit, so daß 1877 die drei Corps austraten und einen eigenen Unterstützungsverein der weltlichen Fakultäten gründeten. In der Folge entstanden dort Konflikte zwischen den Corps und den neu gegründeten Burschenschaften, die insgesamt mehr Mitglieder besaßen und mit Hilfe der Italiener in diesem Unterstützungsverein die Mehrheit erreichten. Daraufhin kam es zu einer merkwürdigen Koalition zwischen der Austria und den Corps. Einerseits wollten diese den Einfluß der neuen, an Schönerer (B! Germania Innsbruck) orientierten Burschenschaften zurückdrängen, andererseits wollte man gleichzeitig die beiden Vereine fusionieren. Dies gelang auch durch Abstimmungen in den Jahren

31 Hundert Jahre Austria, S. 119.

32 Bösche, Zwischen Kaiser und Schönerer, S. 5. Diese Arbeit wertete die diversen Verbindungsfestschriften o. ä., Tageszeitungsberichte und einschlägige Literatur aus und bietet einen guten und vor allem objektiven – trotz der Mitgliedschaft des Autors bei einem Corps – Überblick über die Auseinandersetzungen zwischen katholischen und deutschnationalen Studenten in Innsbruck. Siehe auch Hundert Jahre Austria, S. 119. Eine weitere gute Einsicht in die damalige Stimmungslage in Innsbruck und teilweise auch in Graz, Wien und Prag bieten die Briefe, die Richard Wollek (AIn) als Angehöriger des Ausschusses des Akademischen Unterstützungsvereins Innsbruck an den Vorarlberger Landeshauptmann Adolf Rhomberg (AIn EM) gerichtet hat. Sie sind vollständig publiziert in Niederstätter, Feuerstein ist nach wie vor bei den Veilchenblauen.

33 Bösche, Zwischen Kaiser und Schönerer, S. 6.

34 CBl 26 (1. 7. 1877), S. 205f.; Bösche, Zwischen Kaiser und Schönerer, S. 6f.; Hundert Jahre Austria, S. 120.

1891/92. Im Anschluß an die letzte am 12. November 1892 gab es dann auch tätliche Auseinandersetzungen zwischen Angehörigen der Burschenschaften und der Austria. Die Tiroler Statthalterei genehmigte aber in der Folge wegen eines Formfehlers diese Fusion nicht, so daß es am 11. März 1893 zu einer neuerlichen Abstimmung kam, wo der Zusammenschluß abgelehnt wurde. Da nun die Corps sich von der Austria ab- und den Burschenschaften zuwandten, hatten sie zusammen die Mehrheit, so daß die Austria die Fusionsbestrebungen aufgab und in der Folge auch aus dem Unterstützungsverein der weltlichen Fakultäten austrat.[35]

Im Zuge der Badeni-Unruhen (darüber siehe S. 205) gab es auch in Innsbruck Auseinandersetzungen. Seitens der deutschnationalen Studenten wurde für den 3. Februar 1898 ein Streik beschlossen, an dem sich die katholischen Studenten nicht beteiligten. Gegen diese „Streikbrecher" wurde nun mit Verbalinjurien und Tätlichkeiten vorgegangen.[36] Das wurde auch außerhalb Innsbrucks wahrgenommen: Die Festschrift der Vindelicia München berichtet, daß es um 1898 „in Innsbruck ... übel zuging, wo man die Katholischen mit abgerissenen Latten angriff".[37]

Daß die Farben- und Schlägerfrage auch in Innsbruck relevant gewesen sein muß, beweist ein Brief des Innsbrucker Rektors an den Grazer vom 22. Juni 1900, in dem über das Farben- und Schlägertragen katholischer Verbindungen angefragt wurde.[38]

Bei der Inauguration des Rektors Prof. Ernst Demelius am 30. Oktober 1903 gab es ein einzigartiges „Gesangsduell". Zu dieser Feier hatte sich Erzherzog Eugen angesagt, und es bestand Gefahr, daß beim Auszug die Nationalen das Lied „Die Wacht am Rhein" singen würden. Als dies nun soweit war, begannen die CVer mit dem Absingen der Haydn-Hymne und anderer österreichischer patriotischer Lieder, so daß die Absicht der Nationalen fehlschlug. Dieser Gesangswettstreit dauerte über eine Stunde.[39]

Die Struktur der Innsbrucker Studentenschaft – die starke Stellung der katholischen Studenten durch die relativ große Theologische Fakultät – führte im Verglich zu Wien oder gar Graz zu einer „Umkehrsituation": Bei der Inauguration im Herbst 1904 war die katholische Studentenschaft voll anwesend, während die nationale fernblieb.[40]

Im Herbst 1905 äußerte sich der Rektor Prof. Josef Nevinny, eine Tscheche, einseitig zugunsten der nationalen Studentenschaft, so daß die katholische am 4. Dezember eine entsprechende Protestresolution beschloß. Tags darauf wurde diese – in Begleitung von ca. 300 katholischen Studenten – dem Rektor überreicht. Wiederum tags darauf, also am 6. Dezember, veranstaltete die nationale Studentenschaft für den Rektor eine Sympathiekundgebung auf der Universität, im Verlaufe derer die wenigen anwesenden katholischen Studenten attackiert wurden. Daraufhin protestierte sofort der katholische Hochschulausschuß und legte am nächsten Tag beim Senat Beschwerde ein. Die Delegation wurde dabei von den Nationalen mit Stockhieben traktiert.[41]

Ein Beispiel für den akademischen Kulturkampf dieser Zeit, nämlich im WS 1906/07, war auch die Causa um die Ernennung von August Haffner (AIn) zum Prof. für Semi-

35 Ac 4 (1891/92), S. 193f.; Bösche, Zwischen Kaiser und Schönerer, SS. 11-13.

36 Bösche, Zwischen Kaiser und Schönerer, S. 15.

37 Hundert Jahre KDStV Vindelicia, S. 78.

38 UAG VA Carolina. Brief des Innsbrucker Rektors an den Grazer vom 22. 6. 1900.

39 Ac 16 (1903/04), S. 210; Bösche, Zwischen Kaiser und Schönerer, S. 18.

40 Ac 17 (1904/05), S. 310.

41 *Alma Mater*, 9. Jg., Nr. 40, 1. 2. 1906, S. 1f.; Ac 18 (1905/06), S. 319; Pichler, 75 Jahre Leopoldina, S. 52.

tische Sprachen. Diese Lehrkanzel sollte von der Theologischen an die Philosophische Fakultät verlegt werden, so daß es zwischen diesen wegen der Besetzung zu erheblichen Meinungsverschiedenheiten kam. Das Unterrichtsministerium folgte dem Vorschlag der Theologischen Fakultät. Das führte zu einem Protest der Philosophischen Fakultät, dem sich der deutschnationale Hochschulausschuß anschloß. Dieser drohte, die Antrittsvorlesung Haffners zu sprengen, was wiederum den Senat in eine Zwickmühle brachte. Als Kompromiß gelang es, Haffner zu bewegen, seine Vorlesungen auf der Theologischen Fakultät abzuhalten, dem er auch zustimmte. Man muß sich das vergegenwärtigen: Ein wegen seiner katholischer Gesinnung bekannter Professor durfte nicht in den Räumen seiner Fakultät lesen, sondern mußte wegen des lieben Friedens willen in eine andere ausweichen! Von katholischen Studenten aufgefordert und moralisch gestärkt, begann er aber bald wieder mit seinen Vorlesungen im Hauptgebäude, was zu Konflikten führte, die aber in der Folge vom Wahrmundjahr 1907/08 überdeckt wurden.[42]

42 Bösche, Zwischen Kaiser und Schönerer, SS. 18-20; Hundert Jahre Austria, S. 123.

Die Auseinandersetzungen zwischen der Carolina und der nationalfreiheitlichen Studentenschaft bis 1907

„Als sich das schwarze Ei öffnete, das Sankt Ignatius mit pfiffigem Vorbedacht in die Grazer Hochschulen legte, um damit das Bild des deutsch-akademischen Lebens zu fälschen und zu stören, da drohte eine Woge allgemeiner Entrüstung die Lohndiener Roms aus dem Bilde zu fegen."

Festschrift zum 50. Stiftungsfest des Akademischen Turnvereins Graz, 1914.[1]

Die Gegnerschaft zwischen den katholischen Studentenverbindungen und den schlagenden Studentenkorporationen (Burschenschaften, Corps, Landsmannschaften, Sängerschaften, VDSt usw.) hatte zweifellos ihren Höhepunkt in Graz erreicht, das somit den traurigen Ruhm einnahm, die roheste Hochschulstadt des deutschen Sprachraums gewesen zu sein. An keiner anderen Universität des alten Österreichs (Wien, Innsbruck, Prag) oder des Deutschen Reiches waren die Heftigkeit, die Roheit und die Intoleranz der Auseinandersetzungen zwischen diesen beiden Streitparteien so stark wie in Graz.[2]

Sie sprengten den Rahmen des rein universitären Bodens, nachdem sich diese in zunehmendem Maße auch in der Öffentlichkeit abspielten, so daß sogar staatliche Behörden (Statthalterei, Polizei, ja sogar Militär) eingreifen mußten. Auch die mit den beiden Streitparteien koalierenden Gruppen (Politischer Katholizismus einerseits – deutschnationales Partei- und Vereinswesen andererseits) und Zeitungen (*Grazer Volksblatt* sowie *Grazer Tagespost* und *Grazer Tagblatt*) wurden miteinbezogen.[3]

Die ersten sechs Jahre der Carolina

Nachdem Carolina an der Inaugurationsfeier am 14. Oktober 1889 teilnehmen konnte,[4] sie aber ein Jahr später wegen numerischer Schwäche darauf verzichtete,[5] änderte sich

1 Festschrift ATV Fünfzig, S. 100.

2 Stitz, Der akademische Kulturkampf , S. 101. Auf der 59. CV 1928 bemerkte der Hochschulamtsträger Hermann Hagen (Th) in seinem Bericht über die gerade erschienene Geschichte der Carolina von Emmerich Kresbach sen. (Cl): „Meines Erachtens gibt es für eine CV-Verbindung kaum ein wertvolleres Material zur Hochschulgeschichte als ein Vortrag über die Geschichte der Carolina." Protokoll 59. CV 1928, S. 44. Im Deutschen Reich gab es lediglich 1903/04 in Jena bezüglich der Sugambria sowie 1904/05 auf den Technischen Hochschulen Probleme. Dazu siehe Stitz, Geschichte der Sugambria, SS. 51-74, sowie Stitz, Der Akademische Kulturkampf, bes. SS. 15-97, 108-120.

3 Die quellenmäßige Absicherung der ereignisgeschichtlichen Darstellung der Auseinandersetzungen in Graz erfolgte durch: UAG VA Carolina; durch die authentischen Verbindungsberichte in der *Academia*, die unter dem Eindruck des unmittelbaren Geschehens standen; auf diesen fußt weitgehend die Darstellung von 75 Jahre Carolina, wo aber auch andere nicht zitierte Quellen verarbeitet wurden; eine Abrundung bilden die Darstellungen von Verbindungsgeschichten und Festschriften beider „Streitparteien". Die Zeitungsmeldungen sowohl im *Grazer Volksblatt* sowie in der *Grazer Tagespost* und im *Grazer Tagblatt* bieten einen guten Überblick über die Auseinandersetzungen, dazu siehe auch Sommer, Wolfgang: Das „Grazer Volksblatt" von 1880 bis 1907. Ein Beitrag zur Geschichte der katholischen Presse in der Steiermark. Graz Phil. Diss. 1972, SS. 187-189. Die Ereignisse wurden in den achtziger Jahren des 20. Jahrhunderts erstmals zusammengefaßt aus nationalfreiheitlicher Sicht von Mölzer, Der Gegensatz zwischen katholischen und nationalfreiheitlichen Korporationen in Graz, aus CV-Sicht von Hartmann, Der Kulturkampf auf der Universität Graz. Die Darstellung dieses Kapitels ist einerseits gegenüber Hartmann, Im Gestern bewährt, SS. 73-93, etwas gestrafft, so daß dort ggf. detailreichere Informationen zu finden sind. Andererseits wurden in dieser Darstellung auch wiederum neuere Erkenntnisse einbezogen.

4 CBl. 57 (SS 1890), S. 846.

5 CBl. 59 (SS 1891), S. 1088.

dieses Bild jedoch 1891. Die Vertreter der Burschenschaften erklärten, daß sie an der Inauguration nicht teilnehmen werden, sollte Carolina in Vollwichs erscheinen. Daraufhin teilte der Rektor mit, keine Feier abzuhalten, wenn sich die Verbindungen untereinander nicht einigen, worauf die Carolina auf die Beteiligung mit Rücksicht auf den Rektor verzichtete.[6]

Ein Jahr später, 1892, kam es aber zur ersten größeren Auseinandersetzung rund um die Inauguration des Rektors Prof. Marcellinus Schlager, eines Vorauer Chorherrn und Moraltheologen. Am 26. Oktober fand wie alljährlich in seiner Anwesenheit eine Versammlung der Studentenschaft statt, um die Inaugurationsfeier zu beraten. Dabei wurde Carolina wegen „unstudentischen Treibens" angegriffen. Als kurze Zeit später der Inaugurationstermin heranrückte, meldeten die Zeitungen, daß es dieses Jahr keine Auffahrt in Vollwichs geben werde. Durch einen vertraulichen Hinweis erfuhr Carolina jedoch am Tag der Feier, daß die schlagenden Korporationen eingeladen worden waren, in Vollwichs aufzufahren. Seitens der Carolina wurde das als „List" empfunden und kommentiert, doch dürfte Schlagers primäres Interesse gewesen sein, Ruhe auf der Universität zu bewahren.[7] Damit erwarb er sich ungewollt die Sympathien der schlagenden Studentenschaft, die ihn offenbar für sich vereinnahmte.[8]

Die im SS 1893 aufgebrochene **Reserveoffiziersaffäre** brachte vorübergehend eine Beruhigung zwischen Carolina und den Schlagenden, da ein einheitliches Vorgehen der Studentenschaft notwendig war. Eine geplante Protestaktion aller Korporationen in Graz am 17. Mai 1893 wurde jedoch verboten.[9]

Um was ging es damals? Bereits 1881 machte das Kommando der 6. InfTrDiv Graz die Anregung, den Reserveoffizieren die Mitgliedschaft in Studentenverbindungen zu verbieten, weil es immer wieder wegen unterschiedlicher Ehrauffassungen, auch hinsichtlich des Duells, zu Auseinandersetzungen kam. Drei und fünf Jahre später wurde dieser Vorschlag auch vom XIV. Korpskommando Innsbruck gemacht, nicht zuletzt wegen der Duell-Affäre um Josef Hintner (AIn). Neuerlich eskalierte diese Frage um die Duellverweigerung des Reserveoffiziers Ludwig Schlechter (AIn) (beide siehe auch S. 191) 1892/93 in Innsbruck. Der Kommandant des Innsbrucker Kaiserjägerregiments forderte daraufhin von seinen studierenden Reserveoffizieren, aus ihrer Verbindung auszutreten, „indem Sie sich hierdurch vor so mancher, dem Offizierscharakter zuwiderlaufenden Lage schützen". Die Folge war, daß fast alle deutschen Studenten der Monarchie, auch die katholischen und teilweise auch die slawischen und italienischen eine Petition an den österreichischen

6 Ac 4 (1891/92), S. 198; CBl. 61 (SS 1892), S. 147.

7 Über Schlager und die Bewertung dieses Vorfalles siehe Cerwinka, Marcellin Schlager, SS. 107-118, bes. S. 113f. Weiters siehe Ac 5 (1892/93), S. 201f.; 75 Jahre Carolina, S. 32ff.; Ehrlicher-Leitinger, Ein Hort deutschen Fühlens, S. 89; Werr, Geschichte des Cartellverbands (1900), S. 535f. Im übrigen befand sich unter den Zaungästen der Studentenversammlung vom 26. 10. 1892 der damalige Theologiestudent Friedrich Funder, der spätere Chefredakteur der *Reichspost* und der *Furche*, in seinen Erinnerungen berichtet er darüber: Funder, Vom Gestern ins Heute, S. 47.

8 Cerwinka, Marcellin Schlager, S. 113f. So vermerkt z. B. Ehrlicher-Leitinger, Ein Hort deutschen Fühlens, S. 118f. zu Schlager: „Die nationale Studentenschaft war ja nicht an und für sich kirchenfeindlich, ihre Gegnerschaft zur Römischen Kirche war verursacht dadurch und begrenzt auf die antideutsche Haltung katholischer Geistlicher und auf die Beschneidung freien Denkens durch die Kirche. Katholische Geistliche wie Schlager und Kernstock dagegen genossen die Verehrung der freiheitlichen Studenten." Vgl. auch Klauser, Geschichte der B! Stiria, S. 105; Molisch, Politische Geschichte der deutschen Hochschulen, S. 153.

9 Ac 6 (1893/94) S. 103f.; 75 Jahre Carolina, S. 35f.; Ebner, Geschichte der B! Marcho-Teutonia, S. 33: Klauser, Geschichte der B! Stiria, S. 76; Werr, Geschichte des Cartellverbands (1900), S. 537.

Teil der Delegationen (eine quasi gemeinsame parlamentarische Versammlung Österreich-Ungarns) verfaßten und teilweise demonstrierten. Daraufhin erklärte das Kriegsministerium, hier seien voreilige Beschlüsse von Militärbehörden getroffen worden. Damit war die Sache im Prinzip bereinigt, erst 1913 kurz vor dem Ersten Weltkrieg gab es neuerlich solche Pläne in der Generalstabsabteilung des II. Korps Wien.[10]

Doch zurück nach Graz, wo die Beruhigung nur kurz dauerte, wie zwei Vorfälle bewiesen: In den Tagen vor dem 5. Stiftungsfest wurde der Senior, iur. Ferdinand Wegeler (AIn, Cl), auf der Murbrücke bei hellichtem Tage von einem „Kornblumenhelden" bewußtlos geschlagen. Und die B! Stiria beantragte auf einer wegen der Reserveoffiziersaffäre stattgefundenen Vertretersitzung, daß die „Gesellschaft Carolina, die bisher nur geduldet war, von den Versammlungen ausgeschlossen werden solle". Der Senior verließ daraufhin unter Protest den Raum.[11] Nach dem 5. Stiftungsfest (Pfingsten 1893), das ohne Störung verlief, kam es wegen dieses Carolinen-Protestes auf einer Vertretersitzung zu Ausschreitungen. Am Samstag, dem 1. Juli 1893, waren die Gänge bereits mit Studenten ohne Couleur gefüllt, als 13 Carolinen ankamen. Sofort wurden sie in ein „lautloses Kneten" hineingezogen. Prof. Franz Gutjahr (Cl EM), ein Theologe, wollte beschwichtigend einwirken und zum freiwilligen Abzug auffordern. Da die Übermacht aussichtslos war, schlossen sich die Carolinen der Aufforderung Gutjahrs an und zogen ab, nachdem auch ein ziviler Polizeibeamter erschienen war.[12]

Carolina war zwar nun die stärkste Einzel-Korporation geworden, allerdings stand sie weiterhin allein gegen die weitaus größere Anzahl schlagender Verbindungen. Es war daher nur mehr eine Frage der Zeit, bis es wiederum zu einem größeren Zusammenstoß kommen sollte. Am Samstagsbummel des 28. Oktober 1893 war es soweit. Mehrere hundert Studenten fielen über ca. 20 Carolinen her und hieben mit Fäusten und Stöcken auf sie ein. Die Polizei erwies sich als machtlos, und der Rektor, Prof. Richard Hildebrand, sah dem Tumult tatenlos zu. Als ein Schlagender einen Hieb bekommen hatte, verklagte er Friedrich Funder (Cl), der aber aufgrund der Zeugenaussage Gutjahrs freigesprochen wurde. Für Funder, damals noch Theologiestudent und im Priesterseminar, hätte eine Verurteilung die Relegation bedeutet. Die Verbindung protestierte wegen dieser Vorfälle beim Senat, und in einem Memorandum wurden die katholischen Abgeordneten informiert.[13]

In dieser Stimmung war natürlich nicht daran zu denken, daß die Schlagenden ein Erscheinen Carolinas in Vollwichs bei der Inauguration von Prof. Hildebrand geduldet hätten. Aufgrund des Druckes erklärte der Rektor dem Senior, daß er die Carolina nur dann einladen werde, wenn sie freiwillig darauf verzichte. Auf diesen eigenartigen „Kuhhandel" ging man natürlich nicht ein, weil es sich bei Hildebrand noch dazu um einen offenen Gegner Carolinas handelte.[14]

---

10 Ac 6 (1893/94), S. 101f. Zu der Reserveoffiziersaffäre siehe Zehetbauer, Die „Einjährigen" in der alten Armee, SS. 155-160.

11 Ac 6 (1893/94), S. 82; 75 Jahre Carolina, S. 38.

12 Ac 6 (1893/94), S. 82f.; 75 Jahre Carolina, S. 39f.; Werr, Geschichte des Cartellverbands (1900), S. 541f.

13 Ac 6 (1893/94), S. 206. Siehe auch *Grazer Volksblatt* vom 7. 12. 1893, das ein von einem Salzburger Alumnen verfaßtes Huldigungsgedicht an Carolina abdruckte. Die Verbindung erhielt damals wegen ihres tapferen Verhaltens zahlreiche Glückwunschtelegramme.

14 Ac 6 (1893/94), S. 234; 75 Jahre Carolina, S. 202f.; Arminia Graz, S. 50; Ehrlicher-Leitinger, Ein Hort deutschen Fühlens, SS. 87 und 105; Werr, Geschichte des Cartellverbands (1900), S. 542.

Ende Juni 1895 sollte der Neubau des Universitätsgebäudes im Beisein Kaiser Franz Josephs I. feierlich eröffnet und eingeweiht werden. Bereits am 7. März 1895 begab sich der Senior der Carolina zum Rektor, Prof. Alexander Rollett, um wegen der Feierlichkeiten nachzufragen. Dieser versicherte, daß er Carolina auf jeden Fall einladen werde, er müsse nur klären, ob die Slawen mit den Deutschnationalen gemeinsam auftreten werden. Diese waren natürlich dagegen. Als weitere Gespräche keine Lösung brachten, ergriff die Verbindung ihr letztes Mittel und telegraphierte vor der Festfeier dem Kaiser, was großes Aufsehen erregte.[15]

Die Affäre wäre versandet, wenn nicht in der *Wiener Allgemeinen Zeitung* ein Artikel mit der Überschrift „Die Geheimnisse von Graz" erschienen wäre. Es entbrannte ein „Zeitungskrieg", wobei die deutschnationalen Blätter nun über jene Zeitung herfielen. Die Stimmung wurde weiter angeheizt, als am 27. Juni 1895 der ruthenische RRAbg. Nikolaj Ritter von Wassilko aus der Bukowina über Vorfälle anläßlich des Besuches rumänischer Studenten aus Czernowitz in Rumänien berichtete, wobei zu Unrecht diese von der Universität ein Disziplinarverfahren angehängt bekommen hatten.[16] Wassilko bezog sich in seiner Rede auf den Artikel in der *Wiener Allgemeinen Zeitung* und verglich die Vorfälle von Czernowitz mit denen von Graz, worauf abermals ein Pressekrieg entbrannte. Die Folge war nun eine Auseinandersetzung zwischen dem Rektor Rollett und dem RRAbg. Wassilko, in die Carolina ungewollt hineingezogen wurde. Offenbar ihre taktische Chance nutzend, überreichte Carolina dem Rektor eine Erklärung, in der sie sich von den Artikeln in der *Wiener Allgemeinen Zeitung* und vom RRAbg. Wassilko distanzierte, jedoch auf ihre Gegnerschaft zum Duell hinwies.[17] Angeblich soll übrigens Kaiser Franz Joseph I. die Entscheidung des Rektors, Carolina nicht einzuladen, nachträglich gebilligt haben. Von ihm soll in diesem Zusammenhang der Ausspruch stammen: „Wenn sie sich nicht schlagen, haben sie auch nicht das Recht, die Waffe zu tragen."[18]

---

15 „An Seine kaiserliche und königliche apostolische Majestät in Wien. Die katholisch deutsche Studentenverbindung Carolina an der k. k. Karl-Franzens-Universität in Graz, ... erlaubt sich untertänigst, aus Anlaß der morgen bei allerhöchster Anwesenheit Eurer Majestät stattfindenden Eröffnungsfeier des neuen Universitätsheimes Eurer apostol. Majestät aus treu-österreichischen, für die glorreiche Dynastie Habsburg in Liebe und Begeisterung erglühenden Jugendherzen ihre alleruntertänigste Huldigung auf diesem Wege darzubringen, da der allerehrfurchtsvollst gefertigten kathol. Studentenverbindung aus Anlaß ihrer in ihrem religiösen und staatlichen Pflichtbewußtsein wurzelnden Gegnerschaft zum Zweikampf die Beteiligung an der Eröffnungsfeier verwehrt wurde." Abgedruckt in Ac 8 (1895/96), S. 51f. Dazu siehe auch 75 Jahre Carolina, S. 50ff.; Arminia Graz, S. 54; Ebner, Geschichte der B! Marcho-Teutonia, S. 49f.; Ehrlicher-Leitinger, Ein Hort deutschen Fühlens, S. 89; Klauser, Geschichte der B! Stiria, S. 85f.; Werr, Geschichte des Cartellverbands (1900), S. 544f. Ac 8 (1895/96), S. 51f. behauptet, Alfred Ebenhoch (AIn) hätte im Abgeordnetenhaus eine Anfrage an den Unterrichtsminister in dieser Angelegenheit gerichtet. In den StProt AH RR der fraglichen Zeit konnte eine solche nicht gefunden werden. Es ist daher anzunehmen, daß zwar ein Plan dazu bestand, der jedoch aus welchen Gründen auch immer nicht ausgeführt wurde.

16 Rede Wassilkos im Abgeordnetenhaus am 27. 6. 1895, StProt AH RR XI, 400, SS. 19730-19735 (Erwähnung Carolinas, S. 19733).

17 Es kam zu einem offenen Briefwechsel zwischen Rollett und Wassilko, siehe 75 Jahre Carolina, S. 53f.; Ac 8 (1895/96), S. 81. Eingabe der Carolina an das Rektorat abgedruckt in 75 Jahre Carolina, S. 54f.

18 Molisch, Politische Geschichte der deutschen Hochschulen, S. 146, zitiert diesen Ausspruch nach einer Mitteilung des Präsidialvorstands der steiermärkischen Statthalterei, Ferdinand Graf Stürgkh, an den Präsidialvorstand im Unterrichtsministerium am 26. 10. 1901, offenbar in Zusammenhang mit der Nichteinladung Carolinas zur Inaugurationsfeier im Jahr 1901 durch Rektor Prof. Canstein.

Als es am 24. Oktober 1895 in Wien anläßlich der dortigen Inaugurationsfeier wie bereits berichtet zu schweren Auseinandersetzungen zwischen der Austria und Norica einerseits und den nationalen Studenten andererseits kam (siehe S. 111), verkündete der neue Grazer Rektor, Prof. Ludwig Graff von (de) Panczova (B! Arminia Graz), am Schwarzen Brett, daß nur jene Verbindungen mit Vollwichs zur Inaugurationsfeier erscheinen dürfen, die vom Rektor besonders eingeladen werden. Carolina begab sich sofort zum Rektor, um zu interpellieren, allerdings ergebnislos: Sie blieb von der Teilnahme des Chargierens ausgeschlossen. In einem Schreiben an den Rektor, das in der Presse veröffentlicht wurde, protestierte Carolina gegen diese Ungleichbehandlung.[19] In einer Aktennotiz zu diesen Vorfällen stellte der Rektor am 4. November 1895 fest, daß er lediglich in Erfüllung der hausherrlichen Pflichten gehandelt hätte, um Tumulte zu verhindern, falls Carolina in Wichs erschienen wäre.[20]

Für das Studienjahr 1896/97 wurde wiederum ein Theologe, Prof. Anton Weiß, zum Rektor gewählt. Carolina hoffte, diesmal eingeladen zu werden, galt doch Weiß als Freund der Verbindung. Unter dem Druck der Schlagenden gab er jedoch nach und lud die Carolina nicht ein. In vorhergehenden Verhandlungen versuchte er der Verbindung nahezulegen, nur in Farben zur Feier zu erscheinen, was sie jedoch ablehnte. Am 3. November, einen Tag vor der Feier, protestierte sie beim Rektor.[21] Der Umstand, daß Weiß Theologe war, führte in der katholischen Presse zu heftigen Angriffen auf ihn.[22] Nach all dem dürfte es kaum verwundern, daß in den Jahren 1897 bis 1899 die Inaugurationsfeiern aus ähnlichen Gründen jeweils ohne Beteiligung Carolinas stattfanden.[23]

Als Carolina anläßlich ihres 10. Stiftungsfestes eine feierliche Auffahrt zur Universität plante, wurde diese von der Polizei der „Sicherheit halber“ verboten, nachdem das *Grazer Tagblatt* eine solche Auffahrt als Provokation gegenüber der deutschen Studentenschaft bezeichnete. Am 6. Juni, wo sie hätte stattfinden sollen, versammelten sich 400 „wehrhafte“ Studenten mit Stöcken am Tor der Universität, um die Carolina (mit Gästen ca. 60 Leute) den Eintritt zu verwehren, was aber letztlich nicht gelang. Ein Verkehrsaktiver ging nach einer Stiftungsfestfeier um Mitternacht allein nach Hause und wurde plötzlich von sechs Burschenschaftern überfallen und blutig geschlagen.[24]

Für das Studienjahr 1900/01 wurde wiederum ein Theologe, Johann Weiß (Cl EM), zum Rektor gewählt. Die Inauguration sollte am 5. November stattfinden, und Carolina

---

19 Ac 8 (1895/96), S. 212f.; 75 Jahre Carolina, S. 203ff.; Werr, Geschichte des Cartellverbands (1900), S. 546f.

20 UAG VA Carolina. Aus dieser Aktennotiz geht hervor, daß es wegen Chargierens auch Probleme mit slawischen Verbindungen (Hrvatska, Triglav, Srbadija) gegeben hat.

21 „Die ... Carolina verwahrt sich auf das Entschiedenste gegen eine solche Beeinträchtigung ihrer Rechte und Freiheiten durch den Terrorismus der schlagenden Corporationen. Carolina empfindet das erlittene Unrecht um so tiefer, als der Rektor an der Wiener Universität unter den selben Umständen die unbedingte Gleichberechtigung aller Corporationen feierlichst anerkannte und danach handelte ...“ Ac 9 (1896/97), S. 155f.; 75 Jahre Carolina, S. 209f.; Arminia Graz, S. 57; Ehrlicher-Leitinger, Ein Hort deutschen Fühlens, S. 89; Werr, Geschichte des Cartellverbands (1900), S. 547f.

22 Siehe die Zusammenfassung der Artikel in „Preßstimmen über die Vorgänge in Graz“ in Ac 9 (1896/97), SS. 217-220. Danach erschienen in folgenden Zeitungen Artikel: *Kärntner Zeitung, Burggräfler, Tiroler Volksblatt, Brixener Chronik, Vaterland, Reichspost.*

23 75 Jahre Carolina, S. 212, dort wird vermerkt, daß die Verbindung 1898 und 1899 so schwach war, daß an eine Beteiligung nicht zu denken gewesen wäre. Siehe Ac 10 (1897/98), S. 170; Werr, Geschichte des Cartellverbands (1900), S. 550.

24 Brief von Richard Wollek (AIn) an den Landeshauptmann von Vorarlberg, Adolf Rhomberg (AIn EM), vom August 1898, vollständig abgedruckt in Niederstätter, Feuerstein ist nach wie vor bei den Veilchenblauen, S. 47f.; 75 Jahre Carolina, S. 66f.; Werr, Geschichte des Cartellverbands (1900), S. 548.

hoffte nun, diesmal eingeladen zu werden. Zur Vorbesprechung der Feier wurden alle Verbindungen mit Ausnahme der Carolina zum Rektor eingeladen. Die Vertreter Carolinas ließen sich nun beim Rektor melden und überreichten ihm mit Datum vom 24. Oktober 1900 ein Schreiben, in dem die Teilnahme an der Inaugurationsfeier in vollen Farben verlangt wurde. Der Rektor erklärte, daß er das Anliegen der Verbindung unterstützen werde. Er wollte nur deshalb die schlagenden Verbindungen alleine zu sich bitten, um sie so eher zum Nachgeben zu bewegen. Aber bei dieser Besprechung beharrten die schlagenden Verbindungen auf ihrem alten Standpunkt und übergaben dem Rektor folgenden Punktekatalog:

„1. Carolina ist eine Minorität; die Minorität muß der Majorität weichen.
2. Es ist lokale Gewohnheit, daß nichtschlagende Korporationen keine Schläger tragen.
3. Carolina vereitelt durch ihr Vorgehen die Inauguration; die Schuld trifft sie.
4. Es kann zu aufgeregten Szenen, ja selbst zur Schließung der Universität kommen, darunter müssen viele unschuldig leiden, ein großer Teil der Schuld trifft Carolina.
5. Die Carolina soll auf die Person des Rektors Rücksicht nehmen."

Der Rektor ersuchte die Vertreter Carolinas, die einige Tage später erschienen, diese Punkte zu beraten. Umfangreich nahmen sie zum Prinzip der Gleichberechtigung aller Verbindungen Stellung und ließen nur die Rücksicht auf die Person des Rektors gelten. Dieser sah sich nun einem doppelten Druck ausgesetzt: Einerseits von der schönerianisch beeinflußten nationalen Studentenschaft, andererseits von einer katholischen Verbindung, die um ihre Gleichberechtigung kämpfte und hoffte, diese bei einem Rektor aus der Theologischen Fakultät zu bekommen.

Mit Datum vom 27. Oktober 1900 ließ nun Weiß kundmachen, daß die Feier verschoben sei. Am 3. November verlangten acht Senatsmitglieder die Einberufung des Senates, der dann am 7. November tagte. Auf dieser Sitzung versuchte Weiß durchzusetzen, daß, wenn die Carolina nicht kommen könne, auch die anderen Verbindungen nicht erscheinen dürfen. Daraufhin beschloß der Senat mit den Stimmen der weltlichen Fakultäten, „daß die Inauguration in der bisher üblichen Form abgehalten werde". Daraufhin reichte Weiß mit 16. November sein Demissionsgesuch beim Unterrichtsministerium ein. Als Begründung gab er an, daß er „nach wiederholt dargelegter Überzeugung nicht in der Lage" sei, dem Wunsch der ao. Senatssitzung nach der Form der Inaugurationsfeier zu entsprechen. In der Öffentlichkeit, vor allem in der Presse, entstand wiederum eine breite Diskussion. Durch das kluge Vorgehen des Ministeriums und der Statthalterei konnte Weiß bewogen werden, seine Demission zurückzunehmen. Die Folge war nun, daß die drei weltlichen Fakultäten in Hinkunft bei der Rektoratswahl die Theologische Fakultät übergingen, die traditionsgemäß jedes vierte Jahr den Rektor hätte stellen sollen. Erst 1921 wurde wiederum ein Theologe gewählt.[25]

---

25 Ac 13 (1900/01), SS. 734-236 und 345f.; 75 Jahre Carolina, S. 212ff.; Ebner, Geschichte der B! Marcho-Teutonia, S. 66; Ehrlicher-Leitinger, Ein Hort deutschen Fühlens, S. 105; das Rektorat sandte einen Artikel des *Vaterlands* vom 6. 11. 1900 an das Unterrichtsministerium, der über die Vorfälle der Inauguration berichtete. Dabei wurde im Unterrichtsministerium mit diesem Zeitungsabschnitt ein eigener „Akt" angelegt, siehe AVA, MCU, Präs. 5 B, Graz Z. 31613. Über die Umstände der Rektoratsniederlegung und der Folgen für die Theologische Fakultät siehe Liebmann, Die theologische Fakultät, S. 162ff. Als am 24. 6. 1904 die Rektoratswahl für das Studienjahr 1904/05 stattfand, wurde entgegen der turnusmäßigen Gepflogenheit kein Theologe gewählt.

Die kleine beschauliche Harrachgasse, die am Grazer Glacis beginnt, dort eng von alten Häusern umgeben ist, später sich erweitert und fast direkt zum Tor der neuen Universität führt, sollte am 21. November 1901 Schauplatz eines Überfalls von nahezu 400 Schlagenden auf ein kleines Häuflein von Carolinen werden.[26] Die Frage der Beteiligung Carolinas an der Inauguration hatte sich im Lauf der Zeit zugespitzt. Der sehr stark von Georg Ritter von Schönerer (B! Germania Innsbruck) beeinflußten nationalen Studentenschaft war dies ein Anlaß, den fast täglich ausgeübten kleinen Terror gegen Carolina und überhaupt gegen alles Katholische, dessen Beschreibung jeglichen Rahmen sprengen würde und gar nicht mehr im Detail möglich ist, eskalieren zu lassen.

Als die Carolinen einzeln und in Couleur an diesem Tag die Universität verließen, um durch die Harrachgasse in die Stadt zu gelangen, wurden sie von rund 400 Studenten, ohne Couleur, aber zum größten Teil Mitglieder der Burschenschaften und Corps, überfallen und der Mützen und Bänder beraubt. Einige wurden mit Hundepeitschen und Stöcken geschlagen, während die Menge die bekannten Spottlieder wie das ***Rosenkranzlied*** absang. Dieses Lied wurde in einem leiernden Tonfall, wie eben der Rosenkranz, vorgetragen und lautete:[27]

„Es wär' besser für katholische Studenten,
statt Rapier den Rosenkranz in Händen.
Dazu marschier'n zu zwei und zwei
mit der Litanei.
Pfui Caroler, role, roler, Schnoriker, Austrier."

Der Verlauf war nun derart, daß man eine taktische Leitung und Vorbereitung annehmen mußte. Dafür spricht auch, daß bereits vor Beginn des Überfalls die Berichterstatter der deutschnationalen Zeitungen (*Grazer Tagespost* und *Grazer Tagblatt*) am Schauplatz des Geschehens anwesend waren. Die Polizei kam erst spät und konnte nur das Schlimmste verhindern. Die Schlagenden drohten, dasselbe nochmals zu wiederholen, wenn am nächsten Tag die Carolina wieder in Couleur erscheine. Es gehörte daher schon eine unglaubliche Portion Mut und Prinzipienstärke dazu, sich davon nicht einschüchtern zu lassen und trotz der zahlenmäßigen Übermacht, die noch von großen Teilen der (ver)öffentlichen Meinung – die nationalen Zeitungen stellten den Überfall als „studentischen Ulk" mit etwas gröberem Ausgang dar – unterstützt wurde, am nächsten Tag zu erscheinen. Gegen 11 Uhr war die Universität bereits mit einer großen Zahl von Studenten gefüllt. Zu einem Zusammenstoß aber kam es nicht, da die Polizei einen solchen verhinderte, so daß den „teutonischen Recken" nur ein Pfeifkonzert übrigblieb. Die nächsten Tage verliefen dann ruhig.

Der Dekan protestierte am 27. 6. 1904 beim Unterrichtsminister, obwohl er zugeben mußte, daß es formell keinen Rechtsanspruch gab. Siehe AVA, MCU, Präs. 5 B, Graz Zl. 23526, 23531

26 Über den Überfall in der Harrachgasse siehe Ac 14 (1901/02), S. 252; 75 Jahre Carolina, SS. 72-77.

27 Zitiert nach Nachbaur, Die deutschen katholischen Studentenverbindungen in Österreich, S. 169. Bei der Danubia wird eine andere Version überliefert: „Ei, wie schön wär's, wenn die Herren Studenten, statt des Rapiers den Rosenkranz in Händen, zu zwei und zwei, die Litanei, in Prozessionen zieh'n. Ei, wie kühn." Geschichte Danubia, S. 16.

Bereits am 22. November sprachen die Vertreter der Carolina beim Statthalter Manfred Graf Clary-Aldringen vor, der Abhilfe versprach. Zugleich wurde eine Beschwerde beim Senat eingereicht, außerdem wandte man sich an den Wiener Bürgermeister Karl Lueger (Nc EM) sowie an die Fraktionen der Christlichsozialen Partei wie der Zentrumspartei im Reichsrat. Durch persönliche Vorsprache beim Unterrichtsminister Wilhelm Ritter von Hartel (B! Silesia Wien) wurde erreicht, daß der Rektor telegraphisch nach Wien beordert wurde, der aber wegen Verhinderung zwei Vertreter entsandte. Der Unterrichtsminister versprach gegenüber den Abgeordneten eine strenge Bestrafung der Schuldigen. Der Senat hatte daraufhin in seiner Sitzung vom 25. November einstimmig beschlossen, allen Studenten, die am Überfall auf die Carolina beteiligt waren, „die schärfste Mißbilligung auszusprechen, mit der Erwartung, daß sich ähnliche Vorgänge nicht mehr wiederholen werden".

Die Ereignisse in Graz führten aber dazu, daß die Carolina sowie die Sache der Gleichberechtigung der katholischen Studenten auf der Universität und der Terror, der gegen sie von deutschnationaler Seite ausgeübt wurde, auf immer größeres Interesse und Sympathie bei der katholischen Bevölkerung stieß. So fand am Montag, dem 25. November 1901, in den Grazer Kaiser-Joseph-Sälen eine Protestversammlung statt, an der rund 1.000 Personen teilnahmen. Auf dieser sprachen zuerst der Redakteur des *Sonntagsboten*, der spätere RRAbg. Raimund Neunteufel (AW, Cl), und der Redakteur der *Reichspost*, Friedrich Funder (Cl), der vor wenigen Jahren noch selber Zeuge der „Grazer Szene" war. Am Schluß der Versammlung wurde folgende Resolution verfaßt:[28]

> „Die heute versammelten Katholiken protestieren auf die entschiedenste Weise gegen das gewalttätige Vorgehen der deutschnationalen Studenten der Grazer Universität gegenüber der katholischen Studentenverbindung Carolina und stellen an die Abgeordneten des Zentrums und der Christlichsozialen Partei das Ersuchen, bei der Regierung dahin zu wirken, daß der deutschen katholischen Studentenverbindung Carolina die volle Gleichstellung wie den übrigen farbentragenden Korporationen anerkannt werde, und daß in dem Falle, als die Regierung diese Anerkennung nicht gewähren könne, die Abgeordneten der obengenannten Parteien gegen das Budget stimmen sollen."

Damit wurde ein innenpolitisch wunder Punkt angerührt. Von 1897 bis 1901 wurde aufgrund der Obstruktion der deutschradikalen und alldeutschen Abgeordneten kaum ein Gesetz beschlossen. Die Regierungen mußten auf dem Notverordnungswege[29] die notwendigen Gesetze und vor allem das Budget erlassen. Der Anfang 1900 nach einer Reihe kurzlebiger Regierungen zum Ministerpräsidenten ernannte Ernst von Koerber versuchte, den „Notverordnungszustand" zu beenden, was ihm in zunehmendem Maße auch gelang. Er löste das Abgeordnetenhaus auf. Aus den Wahlen des Januar 1901 gingen zwar die Alldeutschen gestärkt hervor, jedoch verstand es Koerber, eine Abstimmungskoalition in dem durch viele Fraktionen zersplitterten Abgeordnetenhaus herbeizuführen, wobei er sich vor allem auf die Slawen und die katholischen Abgeordneten stützte. Im November 1901 kam es endlich zu Beschlüssen über die Regelung der finanziellen Verhältnisse zwi-

28 Die Reden und Resolutionen der Versammlung sind abgedruckt in Überfall Carolina.

29 Gemäß des „berüchtigten" Art. 14 des Staatsgrundgesetzes über die Ausübung der Regierungs- und Vollzugsgewalt 1867. Diese Bestimmung findet sich „abgemildert" in Art. 18, Abs. 3-5 B-VG.

schen Österreich und Ungarn, eine wichtige Angelegenheit der Doppelmonarchie. Zum erstenmal seit Jahren wurde das Budgetgesetz (für 1901) im Januar 1902 vom Reichsrat beschlossen. Der Vorstoß der Grazer Versammlung hätte also das komplizierte innenpolitische Kompromißwerk, welches das jahrelange Regieren ohne Parlament beenden sollte, gefährdet, wenn er in die Tat umgesetzt worden wäre. Daher war die Regierung aus diesem Grunde besonders bemüht, in dieser Frage den katholischen Parteien entgegenzukommen, um ja nichts scheitern zu lassen.

Am 30. November sprach in der Grazer Angelegenheit auch der Vorarlberger Landeshauptmann Adolf Rhomberg (AIn EM) beim Unterrichtsminister von Hartel vor. Rhomberg, auch Mitglied des Herrenhauses und einflußreicher katholischer Politiker, beschwerte sich bei ihm über diese Vorfälle, und der Minister versprach die Bestrafung der Schuldigen. Nachdem die Staatsanwaltschaft Graz versichert hatte, die Angelegenheit strafrechtlich zu verfolgen, sah Carolina von einer Privatklage ab. Der Staatsanwalt stellte die Voruntersuchung aber wegen Mangels an Beweisen nach einigen Wochen ein. Es war sicherlich schwierig, aus einer Menge von 300 bis 400 gewalttätiger Demonstranten im nachhinein die Rädelsführer und Schläger herauszufinden.

Der bekannte Schriftsteller Peter Rosegger nahm in seiner Zeitschrift *Heimgarten* zu diesen Vorfällen Stellung: „Dieses brutale Geschehen damals war ein Faustschlag, den die Studentenschaft sich selber gegeben hat, ich sage die Studentenschaft, weil außer den Angegriffenen meines Wissens kaum ein einziger Student der Universität dagegen protestiert hat. Ob Bismarck als Bursche bei dem Studentenulk in der Harrachgasse mitgetan hätte? Kaum, denn er hatte nicht alles in der Faust, er hatte einiges auch im Kopf."[30] Diese eindeutige Parteinahme für Carolina durch einen eher liberal-freisinnigen Schriftsteller und die bereits geschilderte innenpolitische Situation läßt zu dem Urteil gelangen, daß dieser Überfall für die deutschnationalen Studenten politisch eine Niederlage war. Diese änderten nun die Taktik und gingen zur stillen Obstruktion über, indem sie z. B. die Hörsäle verließen, wenn ein Caroline in Couleur einen solchen betrat. Damit erreichten sie eine teilweise Lahmlegung des Studienbetriebes, sofern die Professoren mittaten, was nicht selten war. Schließlich beschlossen die nationalen Studenten auf einer Versammlung, bei der auch der Rektor anwesend war (!), eine Resolution an den Senat, in der die Verhängung des Farbenverbotes für Carolina gefordert wurde, widrigenfalls die Demonstrationen fortgesetzt werden. Offenbar setzten sich aber auf der nationalen Seite besonnene Kräfte durch, denn am 9. Dezember warnte das *Grazer Tagblatt,* daß bei einer Fortsetzung der Demonstrationen die Universität geschlossen werden könne.[31]

Die Ereignisse des Studienjahres 1902/03

Der Rektor des Studienjahres 1902/03 wurde wiederum Alexander Rollett, und Carolina wurde in „althergebrachter Weise nicht geladen", so Rollett in einem Schreiben an den Unterrichtsminister.[32] Als Begründung dafür gab Rollett seine Pflicht als Hausherr, der für

30 26. Jg., 4. Heft, Januar 1901.

31 75 Jahre Carolina, S. 77; Ac 14 (1901102), S. 292.

32 VA Carolina. In diesem Schreiben berichtete der Rektor ausführlich über die Nichteinladung der Carolina zur Inauguration, den Kommers am 29. 11., die Senatssitzung vom 4. 12. und den Bummel vom 5. 12. 1902. Siehe weiters auch 75 Jahre Carolina, SS. 216-223, und Ac 15 (1902/03), S. 245.

Ruhe und Ordnung sorgen muß, sowie eine Entscheidung in Czernowitz an. Dort wurde der katholischen Verbindung Unitas ebenfalls verboten, in Wichs zu erscheinen (siehe S. 187). Die Verbindung richtete den üblichen Protest an den Senat, der wies ihn in seiner Sitzung vom 4. Dezember 1902 mit 11 gegen 3 Stimmen zurück. Gleichzeitig wandte sich die Verbindung an die katholischen Abgeordneten und die übrigen katholischen Verbindungen um Unterstützung.

Inzwischen fand am 28. November 1902 der traditionelle Inaugurationskommers der schlagenden Studentenverbindungen statt. In seinem Bericht an den Unterrichtsminister dementierte Rollett Gerüchte, er hätte auf diesem Kommers gesagt, „daß ich die Carolinen nicht für gleichberechtigte akademische Bürger halte". Am 18. Dezember 1902 richtete der christlichsoziale Abgeordnete Albert Geßmann (AW EM) eine Anfrage an den Unterrichtsminister Wilhelm August Ritter von Hartel (B! Silesia Wien).[33] Nachdem Geßmann zuerst wegen der Unitas Czernowitz interpellierte, kam er auf die Carolina zu sprechen. Er erinnerte an den Überfall in der Harrachgasse des Jahres 1901 und an die dauernden Zurücksetzungen der Carolina bei der Einladung zur Inaugurationsfeier. Weiters griff er Rollett wegen einseitiger Parteinahme zugunsten der schlagenden Verbindungen und der rechtswidrigen Anwendung des Ministerialerlasses vom 25. Mai 1902[34], der den Rekurs der Unitas Czernowitz ablehnte, auf Graz bzw. die Carolina an. Die Anfrage gipfelte in der Schlußfrage:

> „Was gedenkt Seine Exzellenz, der Herr Minister für Cultus und Unterricht, zu tun, um die seitens der akademischen Behörden in Czernowitz und Graz beschlossene Verkürzung der Rechte der dortigen katholischen Verbindungen Unitas bzw. Carolina zu verhindern und die von diesen Behörden ausgesprochene Gutheißung gesetzlich verpönter Handlungen [damit war die Gutheißung von Duell und Mensur gemeint, die nach § 158 StGB verboten waren, Anm. d. Verf.] zu ahnden?"

In der schriftlichen Anfragenbeantwortung vom 4. Februar 1903[35] legte der Unterrichtsminister dar, daß dem seinerzeitigen Rekurs der Unitas Czernowitz deswegen nicht stattgegeben wurde, weil eine Instanz (Statthalterei) übersprungen wurde. Weiters betonte Hartel, daß das Tragen des Schlägers lediglich symbolische Bedeutung habe und er die Gleichberechtigung aller Verbindungen anerkenne:

> „Seitens der Unterrichtsverwaltung wird nichts unterlassen werden, auf die Ausgleichung der in der Studentenschaft herrschenden Gegensätze im Sinne eines ritterlichen und verträglichen Benehmens hinzuarbeiten ... Die Beseitigung der beklagten Gegensätze wird aber um so sicherer gelingen, wenn die selben durch Aufreizungen und Verdächtigungen von außen nicht weitere Nahrung finden."

In Graz verschärfte sich die Lage aber weiter. Nicht zuletzt wegen der von Rollett dementierten Äußerungen auf dem Kommers am 28. November ging die Carolina in die Offensive über. Seit 1891 veranstaltete die Verbindung ihren Bummel aufgrund damaliger Vorfälle am Samstag, nachdem sie am 12. Oktober 1889 ein einziges und auch vorerst letztes Mal ihren Bummel am Freitag hielt. Nun zog Carolina wieder an einem Freitag (5.

33 StProt AH RR XVII, 189, SS. 17018-17020 vom 18. 12. 1902.
34 AVA. K. U. M. Z. 704/2.
35 StProt AH RR XVII, 197, S. 17864.

Dezember) in Couleur auf die Universität. Der Rektor eilte herbei, hörte sich den Standpunkt der Carolina an und gebot ihr, wegen der Aufrechterhaltung der Ruhe und Ordnung das Gebäude zu verlassen, was auch letztendlich ohne nennenswerte Reibereien vor sich ging. Bereits am 9. Dezember ließ der Rektor eine Verordnung auf dem Schwarzen Brett anschlagen, wonach in Erinnerung gebracht wurde, daß „die deutschen konservativen [d. h. schlagenden, Anm. d. Verf.] Vereinigungen ihren Bummel am Freitag, die Carolinen ihren Bummel am Samstag abhalten". Eine Abordnung der Carolina erschien daraufhin beim Rektor, um dagegen zu protestieren. Dieser verwies aber auf den langgehegten Brauch und auf den Umstand, daß ein getrennter Bummel nicht die Gleichberechtigung in Frage stelle. Nach Weihnachten überreichte die Verbindung dem Senat eine Eingabe, in der gegen diese Entscheidung protestiert wurde. Der Senat stützte aber die Auffassung des Rektors, so daß es beim Bummel am Samstag für die Carolina bzw. bei einem Verbot für Freitag blieb.[36]

Die Verweisung der Carolina vom 5. Dezember 1901 hatte übrigens ein literarisches Nachspiel. Ferdinand Wittenbauer, ein Professor an der Technischen Hochschule und 1911/12 deren Rektor, verfaßte das Schauspiel „Filia hospitalis", wo die katholische Verbindung „Welfia" von wehrhaften Studenten unter Beteiligung der Professoren von der Aula der Universität hinausgeprügelt wurde. Obwohl der Text bereits 1903 gedruckt erschien, wurde es erst im Februar 1906 im Wiener Bürgertheater uraufgeführt. Die Grazer Uraufführung erfolgte erst am 26. März 1906, die Prügelszene fand den stürmischen Beifall des Publikums.[37]

Die Studienjahre 1903/04 bis 1905/06

Carolina und die Technische Hochschule

Aufgrund eines Conventsbeschlusses der Carolina vom 1. Mai 1903 konnten nun auch Technik-Studenten aufgenommen werden. Lange Zeit war ja deren akademischer Status im CV nicht unbestritten. Nun hatte Carolina wegen ihrer Gleichberechtigung an zwei Fronten zu kämpfen. Bereits im Januar 1903 teilte Carolina dem Rektor der Hochschule mit, daß sie in Hinkunft dort in Farben auftreten werde. Im Herbst sollte nun üblich die Inauguration des neuen Rektors, Prof. Adolf Klingatsch, stattfinden. Er teilte den Vertretern der Carolina sofort mit, daß er sie nicht zur Inauguration einladen werde, um die Ruhe und Ordnung nicht zu stören, außerdem sei der Festsaal zu klein. Die Verbindung

---

36 Ac 15 (1903/04), SS. 281f., 309 und 369f.; 75 Jahre Carolina, S. 79f.; Ehrlicher-Leitinger, Ein Hort deutschen Fühlens, S. 106. Die *Academia* und von ihr abhängig 75 Jahre Carolina berichten vom 29. 11. als Termin des Kommerses, der Brief des Rektors an den Unterrichtsminister aber vom 28. 11., was vorzuziehen ist. Eine ähnliche Differenz besteht wegen des Bummel-Termins, nach *Academia* der 6. 12., nach dem Brief des Rektors der 9. 12. Die Eingabe der Carolina an den Senat wurde am 30. 1. 1903 im *Grazer Volksblatt* veröffentlicht, die Eingabe der deutschnationalen Studentenschaft am 1. 2. 1903 im *Grazer Tagblatt*.

37 Zu Wittenbauer und „Filia hospitalis" siehe Cerwinka, Filia hospitalis, bes. S. 18-20; Wittenbauer war ein enger Freund der Grazer B! Allemannia, aber nicht deren Mitglied. Siehe auch Ac 18 (1905/06), S. 418. Das Wiener Bürgertheater befand sich zwischen dem früheren Bahnhof „Hauptzollamt" (heute Landstraße bzw. Wien-Mitte) und dem Wienfluß. Die „Preßburger Bahn" machte um das Theater bis 1945 die Kehrschleife. Es wurde um 1960 abgerissen, an seine Stelle wurde ein Verwaltungsgebäude der Wiener Zentralsparkasse (heute Bank Austria) errichtet.

richtete ein Protestschreiben an das Professorenkollegium, dieses fand in dem Schreiben einige beleidigende Bemerkungen über den Rektor, so daß das Kollegium beschloß, über die auf der Technik inskribierten Mitglieder der Carolina eine Disziplinaruntersuchung einzuleiten.

Vor den Weihnachtsferien war diese Untersuchung beendet. Die drei Studenten wurden für immer relegiert und über die Verbindung das Farbenverbot verhängt. Gegen diese Entscheidungen wurde Rekurs erhoben. LAbg. Franz Hagenhofer interpellierte deswegen im Steiermärkischen Landtag erfolglos den Statthalter, jedoch wurde dem Rekurs letztendlich stattgegeben. Am 12. Mai 1904 wurde vom Unterrichtsministerium die Relegation auf das Wintersemester 1903/04 eingeschränkt und das Farbenverbot mit dem Wintersemester 1904/05 aufgehoben.[38]

Die Carolina verzichtete jedoch vorerst auf das Aufzugsrecht, denn die Zahl der Technikstudenten war damals zu gering. Im Wintersemester 1910/11 versuchte man nochmals gemeinsam mit dem inzwischen gegründeten Traungau einen Vorstoß wegen der Inaugurationsfeier beim damaligen Rektor Prof. Johann Wist. Dieser fackelte jedoch nicht allzulang herum und verhängte gleich als präventive Maßnahme ein Farbenverbot auf ein Semester. Dagegen erhoben beide Verbindungen am 5. Dezember 1910 Beschwerde, jedoch wurde ihnen am 12. Dezember mitgeteilt, daß diese Beschwerde formell nicht angenommen werden könne, weil sie von Nicht-Technikstudenten unterzeichnet gewesen wäre. Der Einwand, daß es sich dabei ja um die vereinsrechtlich Zeichnungsberechtigten gehandelt habe, wurde nicht gelten gelassen.[39]

Um die Teilnahme an den Inaugurationsfeiern

Doch wieder zurück auf die Universität. Der Rektor des Studienjahres 1903/04 war Prof. Zdenko Skraup (B! Constantia Prag), und es schien sich anfänglich das eingespielte Ritual zu wiederholen. Er erklärte der Verbindung, sie aus den bisherigen Gründen nicht einladen zu können. Obwohl er der Carolina von einer öffentlichkeitswirksamen Aktion abriet, war ihr Selbstbewußtsein inzwischen doch so gestiegen, daß sie für den 30. Oktober 1903 eine Besprechung mit Alten Herren und Ehrenmitgliedern abhielt, die einen energischen Protest an Rektor und Senat beschloß. Die Gegenseite war aber inzwischen auch nicht untätig gewesen und verlangte vom Rektor die Garantie, daß Carolina überhaupt nicht, auch nicht in einfachen Farben, erscheinen dürfe. Daraufhin zog Skraup am Tag vor der Inauguration, die am 4. November 1903 stattfand, die Einladung an die schlagenden Verbindungen zurück. Diese fand nun auch ohne Beteiligung der Prominenz statt, die Schlagenden unternahmen zur selben Zeit eine Gegendemonstration am Grab des ehemaligen Rektors und ihres Förderers Alexander Rollett.[40]

Auch für die Inaugurationsfeier des Jahres 1904 erhielt Carolina wie gewohnt keine Einladung.[41] Und der Rektor des Jahres 1905/06, Prof. Moritz Holl, wagte es nicht, die Carolina dazu einzuladen, obwohl er deren Gleichberechtigung betonte. Am Tag vor der

38 Ac 16 (1903/04), S. 297 und 408, 16 (1904/05), S. 14 und 50; 75 Jahre Carolina, S. 81f. und 223ff. Für die Relegierten wurde seitens der Verbindung eine Unterstützungssammlung eingeleitet. Siehe auch Stitz, Der akademische Kulturkampf, S. 13.

39 75 Jahre Carolina, S. 227.

40 Ac 16 (1903/04), S. 212; 75 Jahre Carolina, S. 222f.; Ebner, Geschichte der B! Marcho-Teutonia, S. 71.

41 Ac 18 (1904/05), S. 247; 75 Jahre Carolina, S. 225.

Inauguration am 3. November fand der feierliche Akt der Immatrikulation statt. Als die Carolinen-Füchse in Flaus und Mütze erschienen, um in die Hand des Rektors den feierlichen Eid zu leisten, zogen die Schlagenden ab. Ihrer Forderung nach einer Entfernung der Carolinen wurde vom Rektor nicht stattgegeben.[42]

Der „Holzkomment" nahm im Verlauf des WS 1905/06 ständig zu. Anfang Februar wurden zwei Carolinen aus einer Studentenversammlung geworfen, das Verbindungsheim zählte im Semester 40 eingeschlagene Fensterscheiben, und es gab viele Keilereien, in deren Gefolge es oft zu Gerichtsverhandlungen zum Nachteil der Nationalen kam.[43]

Ein mysteriöser Todesfall

Der Februar 1906 brachte für die Carolinen auch einen ungeklärten und mysteriösen Todesfall. Am 4. Februar in der Früh wurde med. Anton Geser (Na, Cl) im Hof des Hauses Sporgasse Nr. 7, wo er wohnte, bewußtlos aufgefunden. Er wurde sofort in das Krankenhaus der Barmherzigen Brüder eingeliefert, wo er an den Folgen einer Schädeldeckenfraktur am 6. Februar verschied.[44] Da die Umstände des Todes mysteriös waren (und letztlich auch bis heute blieben), leitete die Staatsanwaltschaft eine Untersuchung ein, die jedoch mangels an Zeugen und Beweismaterial wieder eingestellt wurde. Laut Aussagen von Carolinen hatte Geser im Krankenhaus wiederholt geäußert, daß er von Gesinnungsgegnern verletzt worden sei.[45] Darauf entstand eine sicherlich etwas übertriebene – es lagen ja keine Beweise vor – Kampagne des *Grazer Volksblattes* gegen die Schlagenden. Nach der polizeilichen Untersuchung sei aber der Sturz als Folge von Trunkenheit passiert. Die vorhandenen Unterlagen im Krankenhaus der Barmherzigen Brüder über Geser vermerken weder ein Fremdverschulden noch Trunkenheit.

Wie ist nun dieser Fall gerade im Hinblick auf den späteren tragischen Tod von Max Ghezze (R-B) in Innsbruck (siehe S. 167f.) zu werten? Zuerst muß einmal festgestellt werden, daß die Stimmung in Graz durch die bisherige Übung des „Holzkomments" aufs äußerste gespannt war. Ein an sich ungeklärter Todesfall konnte daher leicht zu einem gezielten Anschlag hochstilisiert werden. Der tragische Todesfall von Max Ghezze, der strafrechtlich zumindest als schwere Körperverletzung mit Todesfolge zu bewerten ist, beweist aber, daß der vorgebrachte Verdacht unter diesem Aspekt von vornherein nicht so von der Hand zu weisen war. Daß die Grazer Polizei und deren leitende Beamte (Akademiker) in ihren Sympathien auf seiten der Schlagenden standen, braucht auch nicht extra betont zu werden. Die späteren Innsbrucker Vorgänge haben ja auch nicht eine

---

42 Ac 18 (1905/06), S. 290; 75 Jahre Carolina, S. 225.

43 75 Jahre Carolina, S. 86.

44 Krankenhaus der Barmherzigen Brüder in Graz, Standesbuch 1906, Post. Nr. 364. Dort ist lediglich vermerkt „Commotio cerebri, fractura cranii", also Gehirnerschütterung und Schädelbruch. Letzterer war nach damaliger medizinischer Kenntnis und Praxis nicht operabel, er führte – vor allem bei innerer Gehirnblutung – unweigerlich zum Tod. Schriftliche Mitteilung des Krankenhauses der Barmherzigen Brüder Graz an den Autor vom 17. 10. 2001 unter Beifügung der betr. Kopie des Standesbuches. Für die Vermittlung wird Herrn Dr. med. Peter Slawitsch vom Krankenhaus der Barmherzigen Brüder, Graz, gedankt.

45 Bei der in der Grazer Universitätsbibliothek liegenden Ausgabe von Ac 18 (1905/06), S. 418, gibt es in dem betreffenden Bericht der Carolina einen handschriftlichen Vermerk, wo nach dem Absatz betr. „Gesinnungsgegner" der Namen Jos. Khälß mit dem Zusatz Marcho-Teutonia steht. Das führt zu der vermuteten Annahme, daß ein offenbar intimer Kenner dieses Vorfalls dort den Namen des vermeintlichen Täters handschriftlich eingefügt hat. Die Mitgliedschaft von Khälß bei der B! Marcho-Teutonia ist bezeugt, siehe Ebner, Geschichte der B! Marcho-Teutonia, S. 71.

besondere Sorgfalt der Polizei erkennen lassen. Bei der Konstatierung der Trunkenheit Gesers (allein wie konnte man die damals exakt feststellen?) hatte es sich die Polizei aber sicherlich zu leicht gemacht, und wenn, dann hätte dies einen tätlichen Angriff ja auch nicht ausgeschlossen. Die „national-freiheitliche" Historiographie hat aber diesen Vorfall als Beweis für die „klerikale Hetze" genommen. Ihr ist insofern recht zu geben, wenn man auf dem juristischen Standpunkt steht, daß keiner schuldig ist, solange er nicht rechtskräftig verurteilt wurde.[46]

Das Studienjahr 1906/07: Die Eskalation geht weiter

Dieses Studienjahr sollte das bisher schwerste für Carolina werden und war gewissermaßen ein Vorgeschmack auf das nächste, das „Wahrmundjahr". Bereits zum Bummel am 20. Oktober 1906 brachten die Nationalen alle Pennalverbindungen von Graz auf die Beine, mit denen sie zusammen die Carolinen unter Gejohle und Pfeifen zum Hotel „Goldenes Roß" begleiteten.[47] Zwei Tage später fand eine allgemeine deutsche Studentenversammlung statt, wo über „nationale Kleinarbeit" beraten werden sollte. Den Carolinen wurde jedoch unter Gewalt und mit Drohungen und Beschimpfungen der Eintritt in die Aula verwehrt, wo die Versammlung stattfand. Zwei Carolinen konnten ohne Couleur hinein, wurden jedoch später erkannt und unter Tätlichkeiten aus dem Saal geworfen.

Daraufhin erhoben die Verbindung sowie die Angegriffenen am 29. Oktober Beschwerde beim Senat, gleichzeitig wurde ein Gesuch um Teilnahme an der Inaugurationsfeier eingereicht, mit der Bitte, diese beiden Eingaben auf der am selben Tag stattfindenden Senatssitzung zu behandeln. Wegen der Frist wurde dieses Ersuchen abgelehnt, eine Einladung kam daher nicht zustande.[48]

In der Nacht vom 27. auf den 28. Oktober versuchten drei Schlagende, in das Verbindungsheim der Carolina zu gelangen, indem sie sich als „Noriker" ausgaben. Sie wurden jedoch vom Hausmeister erkannt. Das alles war nur ein kleines Vorspiel auf das, was unmittelbar danach folgen sollte. Denn am 6. November 1906 spielten sich auf akademischem Boden Szenen ab, die Graz bisher noch nicht erlebt hatte. An diesem Tag

---

46 Ac 18 (1905/06), S. 394 und 418; 75 Jahre Carolina, S. 85f.; zwischen den Berichten der *Academia* und 75 Jahre Carolina gibt es eine Differenz, während letztere vermerkt, Geser sei, ohne das Bewußtsein zu erlangen, gestorben, behauptet *Academia,* S. 418, daß Geser die genannten Aussagen gemacht hätte. Vgl. auch Gaar, Franz Hagenhofer, S. 136, wo der Untersuchungsbericht zitiert wird: LAStmk Statth. Präs. Fasz. E 91 1906. Zl. 682. Gaar, Franz Hagenhofer, und ein undatierter (wahrscheinlich Ende 1906) und ungezeichneter (wahrscheinlich vom Senat) Bericht über die Vorfälle des Herbstes 1906 in UAG VA Carolina führen als Beweis für die „Hetze" der „klerikalen" Blätter gegen die deutschnationalen Studenten den Fall Geser an. In CT V, S. 61ff., geht Max Kurz-Thurn-Goldenstein (Cl) ausführlich in der Biographie Gesers auf dessen Tod ein. Auch als Arzt kommt er zum Schluß, daß hier eine „betrunkene Geschichte" vorlag. Zur Zeitungskampagne siehe *Grazer Volksblatt* vom 30. 1.; 7., 9., 12., 13. und 15. 2. 1906 sowie *Grazer Tagblatt* vom 30. 1. und 14. 2. 1906. Die „deutsche Studentenschaft" hatte sich bei einer Versammlung am 17. 3. 1906 gegen Carolina ausgesprochen und sah sich durch den Vorfall bestärkt, „jede Gemeinschaft mit der katholischen Verbindung abzulehnen". Zitiert bei Ebner, Geschichte der B! Marcho-Teutonia, S. 76.

47 75 Jahre Carolina, S. 87. Das Hotel „Goldenes Roß" ist heute das „Hotel Mariahilf", Mariahilferstraße 9, siehe Cerwinka, Student und Gasthaus in Graz, S. 182.

48 UAG VA Carolina, Eingabe Carolinas an den Senat wegen der Vorfälle am 22. 10. vom 27. 10. 1906, Eingabe der Carolina an den Senat wegen der Inauguration vom 29. 10. 1906, Amtsvortrag des Rektoratssekretärs wegen Erscheinens eines Mitglieds der Carolina am 29. 10. 1906 um 9.45 Uhr wegen der beiden Eingaben. Siehe auch 75 Jahre Carolina, S. 87 und 225f.; Ebner, Geschichte der B! Marcho-Teutonia, S. 77.

fand wie alljährlich die feierliche Immatrikulationsfeier statt. Als die Carolinen in Farben erschienen, begannen wie auf ein Kommando, die Schlagenden auf sie einzustürmen. Sie wurden der Mützen beraubt, zu Boden geworfen und mit Fäusten und Stöcken aus der Aula hinausgetrieben. Der Rektor versuchte, der Situation Herr zu werden, und es gelang ihm auch, die Carolinen wiederum in die Aula hineinzubegleiten. Er befahl allen, die nicht unmittelbar an der Immatrikulationsfeier beteiligt waren, den Raum zu verlassen. Auf den Ruf „Deutsche hinaus!“ verließen alle Schlagenden die Aula. Draußen belagerten sie das Tor, welches versperrt wurde. Nach Beendigung der Feier setzten sich wüste Szenen fort. Zwei Carolinen, darunter der spätere NRAbg. Josef Aigner, versuchten, den Rektor zu sprechen, wurden aber vom Rektoratssekretär abgewimmelt und vom akademischen Boden verwiesen.

Währenddessen erschien bereits die Polizei vor der Universität. Nach neuerlichen Verhandlungen des Rektors mit den Schlagenden verließen diese das Gebäude, stellten sich aber draußen zum Empfang auf. Als die zwei Carolinen das Gebäude verlassen wollten, wurden brennende Zigaretten geworfen und Hunde auf sie gehetzt, so daß sie sich wiederum in die Universität zurückziehen mußten. Gegen 14.30 Uhr versuchte der Rektor, die beiden persönlich hinauszubegleiten, was aber nicht gelang. Daraufhin ließ er die Tore schließen und drohte, gegen jeden eine Disziplinaruntersuchung einzuleiten, der sich unwürdig benehme. Erst danach konnte er die insgesamt sechs Carolinen, die sich im Gebäude befanden, hinausbegleiten, wo sie unter den Schutz der Polizei genommen wurden. Erst gegen 15 Uhr gelangten sie unter dem ärgsten Gejohle und Gepfeife in den Admonter Hof (Bude).[49]

Bereits am 8. November überreichten die schlagenden Studentenverbindungen dem Rektor ein Memorandum, worin am Anfang auf die Ursachen der Zwistigkeiten zwischen Carolina und ihnen eingegangen wird. Für sie waren die Ursachen nicht so sehr in der Feindschaft zur Kirche begründet, sonst müßte es ja ähnliche Vorfälle mit den Theologen geben, sondern im Tragen der Schläger. Die Nationalen schlugen dem Rektor vor, daß es am besten wäre, wenn den Carolinen das korporative Erscheinen auf der Universität sowie das Erscheinen in der Aula überhaupt untersagt werde.[50] Am 12. November legte die Carolina ihrerseits Beschwerde gegen das Verhalten des Rektoratssekretärs am 6. November gegenüber zwei Carolinen sowie wegen der Nichteinladung zur Inaugurationsfeier ein.[51]

Am 15. November 1906 faßte dann der Senat folgende Beschlüsse: „Der Senat spricht seine Mißbilligung über die Vorgänge der letzten Tage aus und ordnet gleichzeitig an: Das korporative Erscheinen auf der Universität sowie das Erscheinen in Farben in der Aula bei Festlichkeiten darf nur aufgrund besonderer Erlaubnis des Rektors stattfinden.“ Gleichzeitig wurde an die Adresse der Carolina beschlossen: „Der Verbindung Carolina wird hiermit vom Rektorate der Universität das für dieselbe bestehende Verbot in Erinnerung gebracht, beim sogenannten Freitagsbummel der Studenten vor den Toren, in der Vorhalle und in den Stiegenhäusern des Universitätsgebäudes in ihren Farben zu verweilen.“[52]

49 UAG VA Carolina. Interner Bericht des Rektors zu diesen Vorfällen, datiert vom 22. 11. 1906; 75 Jahre Carolina, S. 87ff.

50 UAG VA Carolina. Memorandum an Seine Magnifizenz vom 8. 11. 1906.

51 Ebda. Die beiden Eingaben datieren vom 12. 11. 1906.

52 UAG VA Carolina. Kundmachung und Beschluß an die Carolina. Siehe auch Ac 19 (1905/06), S. 232f.; 75 Jahre Carolina, S. 89; Festschrift ATV Fünfzig, S. 109f.; Klauser, Geschichte der B! Stiria, S. 100f.

Der prima vista an alle gerichtete erste Beschluß wurde jedoch in der Praxis für die Schlagenden gelockert, die sofort ihren Freitagsbummel abhalten und zu den Promotionen in gewohnter Form erscheinen durften.[53] Am 20. November überreichte Carolina dem Rektor ein Protestschreiben wegen des Senatsbeschlusses vom 15. November. In diesem verlangten sie die Teilnahme am Freitagsbummel und legten Protest gegen den Ausdruck „Mißbilligung der Vorgänge der letzten Tage" ein, da sie sich immer korrekt verhalten hätte. In der anschließend offenbar heftig geführten Diskussion verlangte Carolina für den nächsten Donnerstag den korporativen Aufzug auf die Universität, was der Rektor mit dem Hinweis ablehnte, daß ja die Verbindung seit einigen Semestern nicht einmal den erlaubten Samstagsbummel nütze.[54]

Der Rektor erstattete inzwischen dem Unterrichtsminister Gustav Marchet über die Vorfälle Bericht und wurde nach Wien zu einer Unterredung für den Sonntag, den 2. Dezember, 10 Uhr gebeten.[55] Und natürlich blieben diese Vorgänge auf der Universität nicht verborgen, die Zeitungen und die Tagespolitik nahmen sich ihrer in kontroverser Form an. Selbst in der ausländischen Presse wurde über diese Vorfälle berichtet.[56] Eine Reihe von katholischen Abgeordneten überreichte am 23. November dem k. k. Ministerpräsidenten Max Vladimir Frhr. von Beck[57] eine Denkschrift, worin gegen die Behandlung der Carolina protestiert und der Ministerpräsident aufgefordert wird, alles zu veranlassen, daß solche Vorfälle nicht mehr vorkommen und die Gleichberechtigung hergestellt werde.[58]

Carolina gab aber nicht auf. Am 10. Dezember richtete sie an den Rektor ein Schreiben, in dem um das korporative Erscheinen der Verbindung für den Donnerstag, den 12. Dezember anläßlich des Weihnachtskommerses ersucht wird. Der Rektor hingegen erteilte lediglich die Erlaubnis für ein Erscheinen für den Samstag, den 14. Dezember was er auch geflissentlich dem Unterrichtsminister mitteilte.[59] Offensichtlich beantragte Carolina im Februar 1907 nochmals einen Bummel für den Donnerstag, den 21. Februar, denn in einer Antwort auf die Ablehnung stellte sich die Verbindung auf den Standpunkt, daß der „Samstagsbummel als nicht zweckentsprechend, auch nicht angenommen, daher auch nicht zum Bummeltag beantragt" wurde.[60]

Mitte Februar erhielt die Verbindung Antwort vom Rektorat wegen ihrer Eingaben. Die sechs Carolinen, die am 6. November dabei waren und als Augenzeugen die betreffende Beschwerde unterschrieben hatten, erhielten einen Verweis, weil sie um schrift-

---

53 75 Jahre Carolina, S. 89.

54 UAG VA Carolina. Protestschreiben der Carolina vom 19. 11. 1906, Gedächtnisprotokoll (Amtsvortrag) der Unterredung vom 20. 11. 1906.

55 Ebda. Schreiben des Unterrichtsministeriums an den Rektor vom 30. 11. 1906.

56 Im UAG VA Carolina finden sich Zeitungsausschnitte von derartigen Berichten aus der *Volkszeitung*, Berlin, 11. 11. 1906, der *Augsburger Postzeitung*, 9. 11. 1906, und der *Kölnischen Volkszeitung*, 5. 11. 1906 (Nr. 946). Siehe auch *Reichspost* vom 5. 12. 1906, die einen Überblick über die Grazer Ereignisse ab 1895 gibt.

57 Über Beck siehe Allmayer-Beck, Ministerpräsident Baron Beck. Beck war dann von 1919 bis 1934 Präsident des Rechnungshofes.

58 75 Jahre Carolina, S. 89f.; im *Grazer Tagblatt* findet sich am 24. 11. 1906 ein kurzer Bericht über die Überreichung der Denkschrift mit dem Titel „Die Schutzpatrone der Carolina". Die Überreichung wird folgendermaßen kommentiert: „Die klerikalen Häuptlinge wollten wiederum einmal hetzen, um dann die nationale Studentenschaft neuerlich vernadern zu können." Ein Beispiel für den Stil des „Pressekriegs".

59 UAG VA Carolina. Brief der Carolina an den Rektor vom 10. 12. 1906; Brief an den Unterrichtsminister am 12. 12. 1906; Brief an die Carolina vom 12. 12. 1906. Siehe auch Ac 19 (1906/07), S. 262.

60 UAG VA Carolina. Brief an das Rektorat (undatiert); Ac 19 (1906/07), S. 295.

liche Erledigung gebeten hätten. Der Senat stand auf dem Standpunkt, nicht mit einer Verbindung zu verkehren. Weiters wurde dem Gesuch der Carolina wegen Teilnahme an der Inaugurationsfeier nicht stattgegeben, und drittens wurde die Beschwerde gegen den Rektoratssekretär abgewiesen. Gegen diese Verweise gab es keine Rekursmöglichkeit.[61] Damit war die ganze Angelegenheit zumindest in formaler Hinsicht beendet.

In diesem Zusammenhang kam es auch senatsintern zu Auseinandersetzungen zwischen dem Rektor und der Senatsmehrheit einerseits und den drei Senatsmitgliedern der Theologischen Fakultät andererseits[62], die unterstützend für die Carolina auftraten. Dazu erschien von ihnen am 6. Dezember 1906 im *Grazer Volksblatt* folgende Erklärung: „Da in jüngster Zeit Gerüchte in Umlauf gesetzt werden, daß die Vertreter der Theologischen Fakultät im Senate der Grazer Universität mit der Ausführung des wohlbekannten Senatsbeschlusses seitens Sr. Magnifizenz des Grazer Rektors einverstanden seien, sehen sich dieselben genötigt, zu erklären, daß diese Gerüchte vollständig unwahr sind."

Was ist damit gemeint? Nicht der Senatsbeschluß vom 15. November als solcher, dem auch die Vertreter der Theologischen Fakultät zustimmten, um die Ruhe wiederherzustellen, sondern die Durchführung desselben durch den Rektor, der den Schlagenden das Auftreten in Couleur erlaubt hatte, den Carolinen aber nicht. Aufgrund dieser Vorfälle wurden die Theologen von der katholischen Öffentlichkeit unter Druck gesetzt. Da die Bemühungen der Theologen scheiterten, eine ao. Senatssitzung herbeizuführen, wählten sie selbst den Schritt in die Öffentlichkeit, um einerseits den Vorwürfen gegen sie entgegenzutreten, andererseits um auch innerhalb der Universität etwas in Bewegung zu bringen, was auch geschah. Bereits für den 12. Dezember rief der Rektor eine ao. Senatssitzung ein, bei der unter Abwesenheit der Theologen gegen diese öffentliche Stellungnahme protestiert wurde. Dagegen wandten sich die theologischen Senatsmitglieder am 6. Januar 1907 direkt an das Unterrichtsministerium und protestierten ihrerseits gegen diesen Beschluß.

In dem Schreiben der Theologen an das Ministerium wurde die Gleichbehandlung der Carolina unter dem Gesichtspunkt des Gleichheitsgrundsatzes und der freien Religionsausübung nach dem StGG gefordert. In der Stellungnahme des Rektors an das Ministerium vom 23. Mai 1907 heißt es am Schluß:[63]

> „Schließlich gibt der Akademische Senat seiner Überzeugung Ausdruck, daß die Aufrechterhaltung der Ordnung unter der Studentenschaft den akademischen Behörden in unverantwortlicher Weise dadurch erschwert wird, daß die theologischen Mitglieder des Akademischen Senats, wie ihr Verhalten und das vorliegende Schriftstück [gemeint war die Eingabe vom 7. Januar 1907, Anm. d. Verf.] beweisen, mit dem keineswegs immer einwandfreien, häufig provokatorischen Vorgehen der 14 Mitglieder zählenden Studentenverbindung 'Carolina' sich schlechthin identifizieren, und zwar nicht nur im Senate, sondern auch, wie dies heuer zum erstenmale geschah, durch eine öffentliche Erklärung in der Zeitung."

---

61 Ac 19 (1906/07), S. 330f.

62 Das waren der Dekan Johann Weiß (Cl EM), der Prodekan Anton Weiß und der Senator Karl Weiß (AW EM).

63 AVA, MCU, Präs. 5 B2 Graz. Z. 21.187. Eingabe der Theologen an das Ministerium und Stellungnahme des Grazer Rektors.

In diesem Stück Kulturkampf auf der Grazer Universität wurde wieder einmal offenkundig, daß das Eintreten für die Gleichberechtigung vom nationalen Freisinn als „provokatives“ Verhalten bewertet wurde. Er besaß auf der Universität (Professoren, Studenten) zwar die Mehrheit, doch war seine politische Rolle bereits im Abklingen.

Das „Wahrmundjahr“ 1907/08

„... Es ist sehr vieles erreicht worden, aber nichts alles. ... Aber wir haben noch andere große Arbeit zu leisten. Es gilt speziell die Eroberung der Universität! Die Universitäten dürfen nicht weiter ein Boden für Umsturzideen, ein Boden für Revolution, ein Boden für Vaterlands- und Religionslosigkeit sein. ...“

Karl Lueger (Nc EM)

In diesem Studienjahr erreichten die Auseinandersetzungen zwischen den katholischen Studentenverbindungen und den schlagenden Korporationen ihren Höhepunkt. Der Kampf um die Gleichberechtigung der katholischen Studenten, der Kulturkampf auf den Universitäten und die Auseinandersetzung zwischen dem sich im Aufwind befindlichen Politischen Katholizismus mit dem sich abwärts bewegenden deutschnationalen Freisinn hatten in diesem Jahr einen Zenit erreicht. Für das Verständnis ist es auch wichtig zu wissen, daß es damals auch einen tiefen innenpolitischen Einschnitt in Österreich gegeben hat. Im Mai 1907 wurde zum erstenmal nach dem allgemeinen und gleichen Wahlrecht (nur für Männer) gewählt.[1]

Die Christlichsozialen haben sich seit jeher für eine Verallgemeinerung des Wahlrechts eingesetzt, und sie waren auch die Gewinner. Wenn man das Ergebnis nach Prozenten für das Gebiet der heutigen Republik Österreich mit Ausnahme des Burgenlandes, das ja damals zu Ungarn gehörte, aufschlüsselt, ergab sich folgendes Bild bei der Verteilung der deutschen Stimmen: 41,1 Prozent für die Christlichsozialen, 29 Prozent für die Sozialdemokraten, 18,5 Prozent für die deutschnationalen Kandidaten aller Schattierungen und 6,7 Prozent für die Liberalen. Im 516 Sitze zählenden Abgeordnetenhaus zogen die Christlichsozialen (nunmehr vereinigt mit den Katholisch-Konservativen) mit 96 Mandaten als stärkste Fraktion ein. Dieses Ergebnis war natürlich für den Politischen Katholizismus und den ihn tragenden Verbandskatholizismus ein großer Aufwind, der nicht ohne Auswirkungen für das Selbstbewußtsein der katholischen Studentenverbindungen blieb. In der Folge zogen auch zwei CVer als k. k. Minister in die Regierung ein: Alfred Ebenhoch (AIn)[2] als Ackerbauminister sowie Albert Geßmann (AW EM) zuerst ohne Portefeuille, dann als Minister für Öffentliche Arbeiten. Damit wurde ein Reigen von CV-Ministern in Österreich eröffnet, der auf längere Zeit nur zwischen 1938 und 1945 (Nazizeit) sowie 1970 und 1987 (ÖVP in Opposition) unterbrochen war und dann mit dem Ausscheiden von Alois Mock (Nc) 1995 aus der Regierung vorläufig endete.

Weiters: Seit Ende des 19. Jahrhunderts wurden in Österreich zahlreiche katholische Verbindungen gegründet, 1906 erfolgte die Vereinigung des Zweiten ÖCV mit dem CV (dazu siehe bereits S. 77f.). Damit waren fast alle katholischen farbentragenden Verbindungen Österreichs in einem Verband zusammengeschlossen, was natürlich die Wirkung erhöhte. Demgegenüber stagnierten die Mitgliederzahlen der schlagenden Verbindungen, auch wurden kaum mehr solche gegründet.

---

1 Bis dahin herrschte ein Kurienwahlsystem, bei dem es allerdings bereits ab 1896 eine allgemeine Wählerklasse gab. Bei den Landtagen blieb aber bis zum Ende der Monarchie dieses Kurienwahlrecht erhalten.

2 Über Ebenhoch siehe Ac 20 (1907/08), S. 249ff. und 24 (1911/12), S. 401ff.

Auch spitzte sich die päpstliche Politik gegen den **Modernismus** zu. In dem Dekret *Lamentabili sane exitu* der „S. Congregatio Inquisitionis“ (später Heiliges Offizium, heute Kongregation für die Glaubenslehre) vom 3. Juli 1907 wurden 65 Thesen „modernistischer“ Autoren verurteilt, und Papst Pius X. wiederholte dies am 8. September in der Enzyklika *Pascendi dominicis gregis*, wo die Modernisten als schlimmste Feinde der Kirche bezeichnet wurden. Damit erreichte der Konflikt zwischen Kirche und Moderne einen Höhepunkt, der ebenfalls nicht ohne Auswirkungen auf den Kulturkampf blieb.[3]

Die Ursachen für eine deutliche Konfliktverschärfung waren also mehr als genug gegeben. „So standen sich die beiden Parteien kampfbereit gegenüber, und es fehlte nur noch der berühmte Funke, der das Pulverfaß zur Explosion bringen sollte.“[4] So bedurfte es nur mehr dieses bzw. einer Koinzidenz verschiedener Ursachen und Anlässe, und das geschah im Studienjahr 1907/08, das in der Literatur allgemein als „Wahrmundjahr“ bezeichnet wird.[5]

Es empfiehlt sich, vorab folgenden ereignisgeschichtlichen Ablaufrahmen für dieses Jahr zu strukturieren:

1. Die versuchte **Promotion des Privatdozenten Johannes Ude** (Cl) in Graz am 24. Oktober 1907. Diese löste
2. die folgenschwere **Äußerung Bürgermeister Karl Luegers** (Nc EM) beim Begrüßungsabend zum 6. allgemeinen österreichischen Katholikentag in Wien am 16. November 1907 aus, wonach es gelte, die Universitäten wiederum zu erobern.
3. Daran schlossen sich eine Pressekampagne sowie eine **Diskussion im Abgeordnetenhaus** an, in der der Name des Innsbrucker Kirchenrechtlers ***Ludwig Wahrmund*** fiel.
4. Dieser hielt nun am **18. Januar 1908 einen Vortrag**, in dem er der Theologie die Wissenschaftlichkeit absprach. Dieser führte zu einem innenpolitischen Sturm, dessen Beilegung erst Ende des Studienjahres erfolgte.
5. Die Folge dieses Vortrags war ein höchst **unglückliches Agieren des Päpstlichen Nuntius** in Wien, was zu dessen diplomatischer Isolierung führte.
6. In dieser aufgereizten Atmosphäre kam es am 16. Mai 1908 anläßlich der Promotion des Carolinen Michael Aldrian zum sog. **Bauernsturm** auf die Grazer Universität.
7. Beim Versuch, die Affäre „Wahrmund“ beizulegen, kam es dann Anfang Juni zu einem reichsweiten **Studentenstreik**, in dieser Form erstmalig in der Geschichte Österreichs.
8. Schließlich rundeten die tumultartigen Ereignisse um das **20. Stiftungsfest der Carolina** und die Gründung des Traungau das Bild ab.

---

3 Kuprian, Machen Sie diesem Skandal ein Ende, S. 105ff.

4 Allmeyer-Beck, Ministerpräsident Baron Beck, S. 211.

5 Zum Wahrmundjahr: Höttinger, Der Fall Wahrmund; Kuprian, Machen Sie diesem Skandal ein Ende; Rinnerthaler, Der Fall Wahrmund. Weiters siehe auch Allmayer-Beck, Ministerpräsident Baron Beck, SS. 209-216; Bundsmann, Die Landeschefs von Tirol, S. 209ff.; Czedik, Zur Geschichte der k. k. österreichischen Ministerien, III, SS. 207-213; Engel-Janosi, Österreich und der Vatikan II, SS. 86-103; Funder, Das weiß-blau-goldene Band SS. 123-134; Funder, Vom Gestern ins Heute, S. 328ff.; 75 Jahre Carolina, SS. 104-108; Hochschulkampf 1908; Kann, Hochschule und Politik, S. 516ff.; Scheuer, Die geschichtliche Entwicklung des deutschen Studententums, SS. 374-411; Schwechler, 60 Jahre Grazer Volksblatt, S. 18ff.; Wahrmund Akten. Die Darstellung des Wahrmundjahres in Hartmann, Im Gestern bewährt, SS. 94-120, ist gegenüber dem vorliegenden Text etwas detailreicher. Dafür sind hier einige neue Erkenntnisse hinzugekommen.

Wie jedes Jahr so versuchte Carolina auch im Herbst 1907, zur Inauguration eingeladen zu werden. Am 12. Oktober reichte Carolina beim Senat das betreffende Gesuch ein. Auf elf Seiten wurde zu begründen versucht, warum das Tragen des Schlägers mit einer katholischen Verbindung vereinbar ist. Aber es kam in diesem Jahr zu keiner Inauguration.[6]

Hingegen sollte am 24. Oktober Johannes Ude (Cl) zum dritten Doktor promoviert werden.[7] Sein Wunsch war es, daß die aktive Korporation an diesem feierlichen Akt teilnimmt. Aufgrund des Erlasses des Senats vom 15. November 1906 war aber das korporative Auftreten von Verbindungen nur mit Genehmigung des Rektors möglich. Dieser erlaubte nun, daß für die Promotion Udes der Senior in Wichs, aber ohne Schläger und die übrigen Carolinen in Farben erscheinen können.[8] Lassen wir aber zuerst Ude selber zu Wort kommen:

> „Im Jahre 1907, als ich nach der Verabredung mit dem Rektor mit meinen Bundesbrüdern von der Carolina an der Universität vorfahren wollte, war die ganze freisinnige Studentenschaft beider Grazer Hochschulen aufgeboten; es gab einen wüsten Überfall, bei dem Blut floß; wir wurden nicht in die Universität eingelassen; der Rektor und die Professoren sahen von oben dem wüsten Treiben zu, ohne einen Finger zu rühren. Rasch entschlossen fuhr ich am nächsten Tag nach Wien und bat Lueger, den Führer der Christlichsozialen Partei, um Hilfe. In der gesamten Presse des Inlands und selbst im Ausland gab es scharfe Auseinandersetzungen für und gegen. Mein Name wurde, ohne daß ich es wollte, bekannt. Statt daß der Rektor sich auf meine Seite stellte, bekam ich vom Rektorat noch eine scharfe Rüge, als wie wenn ich diesen Hochschulkrawall verursacht hätte. Das Unterrichtsministerium hob über meine Einsprüche diese Rüge auf. Der Stein war nun im Rollen, und der Kampf um die Gleichberechtigung nach Jahren schließlich durchgesetzt.“[9]

Was war nun geschehen? Die Carolina befolgte die Auflage des Rektors betreffend den Schläger. Somit gab es seitens der Behörde keinen Vorwand oder Vorwurf, man hätte sich nicht daran gehalten. Gegen 11 Uhr waren nun schon an die 300 Studenten versammelt. Kurz vor 12 Uhr kam Carolina geschlossen an, kaum waren sie zur Hälfte im Gebäude, wurden sie eingekeilt, und die „Holzerei“ begann. Mützen und Mäntel wurden zerrissen, fünf mußten in Pflege des Polizeiarztes übergeben werden, da mit Stöcken und Schlagriemen seitens der „teutonischen Recken“ gearbeitet wurde. Ein Caroline bekam einen Hieb auf den Kopf, der seine Gesundheit derart beeinträchtigte, daß er das Studium aufgeben mußte.

---

6 UAG VA Carolina. Eingabe Carolinas an den Senat vom 22. 10. 1907; 75 Jahre Carolina, S. 226.

7 Johannes Ude wurde am 28. 2. 1874 in St. Kanzian, Kärnten, geboren, studierte nach der Matura 1894 in Rom (Dr. theol. und phil.), wurde 1900 zum Priester geweiht und kehrte 1901 nach Graz zurück. Auf Wunsch des Bischofs studierte er dort Zoologie und Botanik. 1902 trat er der Carolina bei. Gleichzeitig habilitierte er sich an der Theologischen Fakultät für Spekulative Dogmatik. Über Ude siehe Liebmann, Ude. Weitere biographische Details über Ude siehe S. 165 und 269.

8 Über die Ude-Promotion: Ac 20 (1907/08), S. 216ff.; 75 Jahre Carolina, SS. 94-104; Arminia Graz, S. 70; Ebner, Geschichte der B! Marcho-Teutonia, S. 77f.; Ehrlicher-Leitinger, Ein Hort deutschen Fühlens, S. 106; Kuprian, Machen Sie diesem Skandal ein Ende, S. 110.

9 DAG. Personalakte Ude, Lebenserinnerungen.

Nachdem sich die erste Phase gelegt hatte, kamen drei weitere Wagen angefahren. Im ersten saß der Promovend mit dem Senior, im zweiten und dritten saßen die Eltern und Verwandten Udes. Man fiel nun den Pferden in die Zügel, so daß beinahe eine Panik entstand. Von einem Mitglied des deutschen Hochschulausschusses wurde gerufen: „Herr Doktor, Sie können ruhig hinein! Aber der Senior muß heraus, die Carolinen dürfen nicht hinein!" Ude erwiderte: „Ich bin Caroline und werde ohne meine Bundesbrüder nicht promovieren!" Nun begann die „Holzerei" von neuem, wobei auch die Verwandten und die Ehrengäste, darunter der Chefredakteur des *Grazer Volksblattes*, Karl Schwechler (Cl EM), Hiebe abbekamen. Einigen Gästen gelang es, bis zum Rektor vorzudringen, der aber ein Einschreiten ablehnte und der Carolina vorwarf, sich nicht an die Abmachungen gehalten zu haben. Da unter diesen Umständen eine Promotion nicht durchgeführt werden konnte, gab Ude das Zeichen zur Rückfahrt, auf der sie ebenfalls bis zum Glacis hin insultiert wurden. Faule Eier wurden geworfen, Spottlieder gesungen, aber die Polizei war wie immer machtlos.

Noch am selben Abend kam es zu Versammlungen der Christlichsozialen Partei in Graz, die ihre Entrüstung über die Vorgänge aussprachen. Ebenfalls am selben Tag fuhr Ude mit Begleitung nach Wien, um bei Lueger vorzusprechen. Dieser begab sich mit ihnen zum k. k. Ministerpräsidenten Max Vladimir Frhr. von Beck, um gegen diese Behandlung zu protestieren. Die Abordnung, darunter mehrere christlichsoziale Reichsratsabgeordnete, stellten an die k. k. Regierung folgende Forderung:

> „1. Der Senat der Grazer Universität ist zu beauftragen, einen Beschluß zu fassen, wonach alle Ausnahmebestimmungen, die bisher über die Carolina gefaßt wurden, rückgängig gemacht und ihre volle Gleichberechtigung mit allen anderen Studentenkorporationen ausgesprochen wird.
> 2. Um dies praktisch durchzuführen, hat der Rektor die Carolina in vollem Wichs zu empfangen und ihr diesen Beschluß des Senats zur Kenntnis zu bringen. Die Christlichsoziale Partei wird von der strikten Durchführung dieser Beschlüsse ihre weitere Stellung zur Regierung abhängig machen."

Der Ministerpräsident selber bezeichnete den Vorfall als einen kaum glaublichen Akt der Roheit, der nicht genug verurteilt werden könne, und versprach, alles zu unternehmen, damit die Wiederholung solcher Vorgänge verhindert werde. Bereits am nächsten Tag, dem 25. Oktober 1907, richtete der RRAbg. Michael Mayr (AIn EM) eine Anfrage an den Unterrichtsminister Gustav Marchet:[10]

> „An der Grazer Universität sollte ... die Promotion des Theologiedoktors Ude zum Dr. phil. stattfinden. Dieselbe wurde durch die bekannte Gewalttätigkeit der deutschnationalen Studentenschaft verhindert ... Die Gefertigten stellten daher die Anfrage:
> 1. Ist dem Ministerium für Cultus und Unterricht dies bekannt?
> 2. Gedenkt S. E. umgehend an der Grazer Universität die Ordnung wiederherzustellen und die Schuldigen zu bestrafen?"

10 StProt AH RR XVIII, S. 1050/I. Anhang II vom 25. 10. 1907. Die Interpellation wurde von 40 christlichsozialen Abgeordneten unterschrieben. Eine Interpellation von Theodor Frhr. von Kathrein (AIn) im Herrenhaus, obwohl in Ac 20 (1907/08), S. 216ff. gemeldet, fand jedoch nicht statt.

Der Grazer Rektor wurde sofort für den Samstag, den 26. Oktober nach Wien zur Berichterstattung gerufen.[11] Inzwischen baute die Gegenseite ihre Abwehrfront auf. In einer Eingabe an den Senat vom 25. Oktober versuchten die Schlagenden nachzuweisen, daß sie nicht mit den Tätlichkeiten begonnen hätten und durch das Auftreten der Carolinen entgegen dem Beschluß vom 15. November 1906, der vom Rektor umgangen wurde, aufs heftigste provoziert worden wären. „Die dadurch erregte freiheitliche Studentenschaft verwehrte daraufhin der Carolina den Eintritt in die Universität."

Carolina hingegen unternahm am 28. Oktober an den Senat einen offiziellen Protest, in dem volle Sühne verlangt wurde. Dabei wurden auch die Namen von sieben Mitgliedern schlagender Verbindungen genannt, die nach ihrer Meinung besonders an den Vorfällen beteiligt gewesen waren.[12] Hingegen richteten am 29. Oktober der deutschnationale RRAbg. Paul Hofmann von Wellenhof eine Gegeninterpellation an den Minister, die sich bei der Sprachregelung an die Diktion der Eingabe der schlagenden Verbindungen vom 25. Oktober hielt.[13]

In zwei weiteren Eingaben an den Akademischen Senat, am 12. November und 6. Dezember 1907, versuchte die schlagende Studentenschaft, sich gegenüber Carolina zu rechtfertigen, wobei kulturkämpferische Töne angeschlagen wurden. „Seit der Gründung der deutsch-katholischen Studentenschaft Carolina ist der Friede aus unserer Universität ausgezogen", heißt es in der zweiten Eingabe, die wiederum die alte Schlägerfrage aufgriff.[14]

Der 6. allgemeine österreichische Katholikentag

Dieser Katholikentag fand vom 16. bis 19. November 1907 in Wien statt[15] und bot eine willkommene Gelegenheit, die aktuellen Auseinandersetzungen zu behandeln. Am Samstagabend des 16. November wurde er feierlich eröffnet. Eine der Eröffnungsreden hielt der Gastgeber, Bürgermeister Karl Lueger (Nc EM), in der er u. a. ausführte:[16]

> „... Es ist sehr vieles erreicht worden, aber nichts alles. Es ist in meiner Vaterstadt Wien wohl soweit gekommen, daß die Volksschule kein Gegenstand des Streites mehr ist ... Aber wir haben noch andere große Arbeit zu leisten. Es gilt speziell die Eroberung der Universität! (Lebhafter Beifall und Hochrufe.) Die Universitäten dürfen nicht weiter ein Boden für Umsturzideen, ein Boden für Revolution, ein Boden für Vaterlands- und Religionslosigkeit sein. Wenn ich so bedenke, was in letzter Zeit sowohl an der Wiener als auch an der Grazer Universität und auch anderswo vorgegangen ist, so überkommt mich wirklich die Frage, ja sind denn das wirklich Männer

---

11 Ac 20 (1907/08), S. 218.

12 UAG VA Carolina. Eingaben an den Senat vom 25. und 28. 10. 1907.

13 StProt AH RR XVIII, 29, S. 1115/I. Anhang II.

14 UAG VA Carolina. Eingaben an den Senat vom 12. 11. und 6. 12. 1907.

15 Über den Katholikentag siehe: Bericht 6. Katholikentag; Ac 20 (1907/08), S. 261ff.; Ehrlicher-Leitinger, Ein Hort deutschen Fühlens, S. 106; Funder, Das weiß-blau-goldene Band, S. 118ff.; Hoensbroech, Ein Wort an Deutschlands und Österreichs Studenten, S. 40ff. (aus antiklerikaler Sicht); Hofrichter, Die österreichischen Katholikentage; Klauser, Geschichte der B! Stiria, S. 102.

16 In der katholischen Berichterstattung wurden einige Passagen retouchiert, so im Bericht 6. Katholikentag, *Reichspost* und *Vaterland*. Hofrichter, Die österreichischen Katholikentage, S. 53f., rekonstruierte den Redetext.

der Wissenschaft? Ich lese aus der Zeitung, daß alle mit Knütteln und Ochsenziemern versehen umhergehen, um anderen Köpfen ihre Wissenschaft beizubringen. (Lebhafte Heiterkeit) ..."

Bereits am 18. November forderte die Wiener *Neue Freie Presse* in ihrem Leitartikel unter dem Titel „Christlichsoziale Eroberung der Universitäten" von Lueger Beweise für seine schweren Verdächtigungen gegenüber den österreichischen Hochschullehrern. Am nächsten Tag wurde in derselben Zeitung eine Stellungnahme von zehn Professoren veröffentlicht, in dem sie sich gegen den Vorwurf wandten, die Universitäten seien ein Boden für Umsturzideen, Revolution usw. Lueger richtete nun an diese Professoren einen Brief, der in der *Neuen Freien Presse* vom 21. November 1907 veröffentlicht wurde. Darin ging er auf die fragliche Passage nicht ein, sondern stellte nur fest, daß er „fast ausschließlich" über die Skandalszenen gesprochen hätte.

Am Dienstag, dem 19. November, vormittags fand am Katholikentag die Sitzung der Subsektion Hochschule unter der Leitung des RRAbg. und Bundeskanzlers der Jahre 1920/21 Michael Mayr (AIn EM) statt. Über die Situation der katholischen Studentenverbindungen führte er u. a. aus:[17]

„... Was ist nun der Charakter dieser Hochschulkämpfe? Es ist das feindliche Vorgehen von allen radikalen und irreligiösen Seiten gegen den, der sich offen als Christ bekennt. ... Die äußerlichen Ursachen für diese Kämpfe sind anscheinend die Verweigerung der Gleichberechtigung in bezug auf äußerliche Ehrungen usw. ... Und wenn wir auf den tiefsten Grund dieser traurigen Erscheinung eingehen, so ist er nichts anderes als der Haß und der Kampf gegen die christliche Weltanschauung, welche durch unsere katholischen Korporationen offen zum Ausdruck gelangt, der Kampf gegen jede patriotische Gesinnung ..."

Im folgenden nahm der Katholikentag auf Antrag des St. Pöltener Bischofs Johannes Rößler (AW EM) einstimmig folgende Resolution an:[18]

„Der Katholikentag spricht seine lebhafte Entrüstung darüber aus, daß viele glaubensfeindliche Professoren ihre Lehr- und Lernfreiheit an unseren Hochschulen mißbrauchen, ihre wissenschaftlichen Meinungen und Anschauungen nicht selten unter dem Schlagworte der voraussetzungslosen Wissenschaft in einen unbewiesenen Gegensatz zur religiösen Wahrheit bringen und die Herzen in religions-, oft auch staats- und gesellschaftsfeindlichem Sinne beeinflussen. Er protestiert energisch gegen die systematisch geübte Hintansetzung und Ausschließung katholisch gesinnter Professoren von den Lehrkanzeln an den Hochschulen durch nicht wenige Professorenkollegen oft unter Mithilfe einer national fanatisierten Studentenschaft, obwohl die Universitäten vorwiegend von katholischen Steuergeldern geschaffen wurden und erhalten werden ... Unter Hinweis auf die letzten Vorkommnisse in Graz und anderwärts fordert der Katholikentag die Unterrichtsverwaltung auf, endlich einmal an unseren Hochschulen die wahre akademische Freiheit und volle Gleichberechtigung, auf welche auch katholisch gesinnte Professoren und Studenten gesetzlich Anspruch haben, energisch durchzuführen und zu schützen ..."

17 Bericht 6. Katholikentag, S. 185f.
18 Ebda., S. 191f.

Am Abend desselben Tages fand im Wiener Kursalon der Kommers der CV-Verbindungen statt. „Der Kommers war in der Geschichte der Studentenverbindungen und der Katholiken überhaupt von historischer Denkwürdigkeit, da es Montag abends zum erstenmal geschah, daß in Österreich oder Deutschland ein Minister auf einem katholischen Kommers erschien und sich offen zu den Idealen der katholischen Studentenschaft bekannte." Es war dies der k. k. Minister für Öffentliche Arbeit, Albert Geßmann (AW EM), der während des Kommerses unter Begleitung der RRAbg. Karl Drexel (Cl EM) und Leopold Kunschak (Nc EM) den Saal betrat und u. a. ausführte:

> „... Wir haben durch Jahrzehnte diese Lage hingenommen, aber uns nie gutwillig dreingefügt. Und jetzt, glaube ich, ist der Moment gekommen, wo wir auf Grund der eigenen Kraft und Tüchtigkeit beweisen werden und müssen, daß das an uns geübte Unrecht nunmehr ein Ende haben muß! (Stürmischer Beifall!) ... Wir sind nicht minderwertig, wir begehren kein Privileg, nur gleiches Recht wollen wir ... In diesem Sinne erhebe ich mein Glas, hochverehrte Freunde, auf die katholische studentische Jugend Österreichs, sie wird und muß einst die größte Rolle spielen in der neuen Entwicklung unseres Vaterlandes Österreich!"

Diesen Ausführungen folgte ein selten gehörter Sturm des Beifalles und der Zustimmung. Weitere Reden hielten noch Johannes Ude sowie der spätere deutsche Reichskanzler (1920/21), Zentrumspolitiker und Präsident des Deutschen Katholikentages, Konstantin Fehrenbach (Hr), der es sich nicht nehmen ließ, „das Präsidium der anschließenden flotten Exkneipe" zu übernehmen.[19]

Es war klar, daß diese Vorgänge auf dem Katholikentag, insbesondere die Rede Luegers, die Resolution der Subsektion Hochschule und die Reden auf dem Kommers nicht ohne Auswirkungen bleiben konnten. Sie wurden von der deutschnationalen Studenten- und Professorenschaft als Kampfansage gewertet. Am 25. November versammelte sich eine Anzahl von Wiener Professoren, wozu aber die von der Theologischen Fakultät nicht eingeladen worden waren, und beschloß eine Resolution, in der die Anschuldigungen Luegers und des Katholikentages zurückgewiesen wurden. Prof. Josef Pernter (AIn EM) beantwortete die Einladung mit einem offenen Schreiben an den Einberufer, den Prorektor Prof. Wilhelm Meyer-Lübke, indem er sich für die Gleichberechtigung der katholischen Studentenverbindung aussprach. In Anspielung an die Äußerung Luegers wegen der Eroberung der Universitäten schrieb er: „ ... und wenn die Universitäten heute eine Domäne des Liberalismus sind, so wurde diese Stellung nur möglich durch die Eroberung der Universitäten durch die politische liberale Partei."[20]

Der Terror gegenüber den katholischen Studenten machte sich in der Folge auch in anderen Orten bemerkbar. So kam es am 18. November anläßlich der Inaugurationsfeier in Prag zu wüsten Szenen, in deren Verlauf Mitglieder der Ferdinandea und Vandalia die

19 Ebda., S. 215f.; Ac 20 (1907/08), S. 262. Fehrenbach gehörte seit 1903 dem deutschen Reichstag und von 1885 bis 1887 sowie 1901 bis 1913 der 2. Kammer (Landtag) des Großherzogtums Baden an, deren Präsident er 1907 bis 1909 war. Bereits ab Juli 1918 Reichstagspräsident wurde er am 11. 2. 1919 zum Präsidenten der verfassungsgebenden Nationalversammlung in Weimar gewählt. Vom 25. 6. 1920 bis 4. 5. 1921 war er Reichskanzler einer Koalitionsregierung aus Zentrum, Deutschen Demokraten und Deutscher Volkspartei. Von Ende 1923 bis zu seinem Tod am 26. 3. 1926 war er Fraktionsführer des Zentrums im Reichstag. Dazu siehe auch Ac 79 (1986), S. 90 und 94 (2001), S. 114.

20 Ac 20 (1907/08), S. 264f.

Treppe hinuntergestoßen und nicht unerheblich verletzt wurden (siehe auch S. 181). Und am 22. November, als die Innsbrucker katholische Studentenschaft eine Protestversammlung gegen die Vorfälle in Prag abhalten wollte, wurde sie von einigen hundert Nationalen mit Stöcken und Ochsenziemern vor dem Versammlungsort empfangen.[21]

Parlamentarisches Zwischenspiel

Schon am 22. November 1907 brachte der mährische RRAbg. Thomas G. Masaryk, der spätere Gründer und erste Präsident der Tschechoslowakischen Republik, im Abgeordnetenhaus einen Dringlichkeitsantrag ein, in dem die Regierung aufgefordert wurde, „dem Haus Garantien gegen die von der christlichsozialen Regierungspartei angedrohte Eroberung der Universitäten zu geben, daß sie die staatsgrundgesetzliche Lehr- und Lernfreiheit, die Freiheit der Wissenschaft, die Glaubens- und Gewissensfreiheit schützen werde".[22] Ab 3. Dezember wurde der Antrag behandelt. Die dreitägige, äußerst stürmische Debatte ist unter dem Namen „Universitäts-" bzw. „Kulturkampfdebatte" bekannt geworden.

Masaryk ergriff zur Begründung seines Antrages als erster das Wort und hielt eine lange Rede über die Unduldsamkeit der katholischen Kirche, wobei er als Beispiel u. a. den Fall Albert Ehrhard (Mm, AW, NdW EM) (siehe S. 103f.) zitierte. Zwischen Katholizismus und Wissenschaft bestehe ein Gegensatz, alle Versöhnungsversuche seien durch die Enzyklika *Pascendi Dominicis Gregis* Pius' X. und durch den gegen den Modernismus gerichteten Syllabus vereitelt worden. Er stellte dem Katholizismus die Diagnose der „intellektuellen, künstlerischen und wissenschaftlichen Inferiorität" und rief den katholischen Abgeordneten zu, daß sie unfähig wären, die Universitäten zu erobern.[23]

In seiner Anfragebeantwortung führte der k. k. Minister des Kultus und Unterricht, Gustav Marchet, aus, daß die Freiheit der Forschung und Lehre stets „ein unantastbares Heiligtum" der Universitäten Österreichs gewesen sei. Er bedauerte die Vorgänge der letzten Zeit, die die Ruhe und Ordnung auf akademischem Boden gestört hätten, und daß vielfach ein Geist der Unduldsamkeit herrsche. Im übrigen verwies der Minister auf die Art. 14 und 17 StGG, in denen die von den Interpellanten verlangten Garantien gegeben seien. Weder die Regierung noch er werde daran rütteln.[24]

Am nächsten Tag sprach für die Christlichsozialen der RRAbg. Michael Mayr (AIn EM). Er beschäftigte sich hauptsächlich mit der Anklage, daß die Universitäten Vaterlands- und Religionslosigkeit pflegen und verbreiten: „Ich habe die Pflicht zu sagen, daß viele von den Professoren Äußerungen des Religionshasses und Vaterlandsverrates dulden und manche sogar religiöse Grundsätze auf dem Katheder verspotteten." Daraufhin machte der RRAbg. Albert Ritter von Mühlwerth (B! Frankonia Graz) einen Zwischenruf und forderte ihn auf, Namen zu nennen. Mayr: „Wahrmund, da haben Sie einen,

21 Ebda., SS. 265-267.

22 StProt AH RR XVIII, 35, S. 2689f. vom 22. 11. 1907.

23 StProt AH RR XVIII, 39, SS. 2872-2881 vom 3. 12. 1907.

24 Ebda., S. 2882. Gustav Marchet war ab 1875 o. Prof. für Gesetzeskunde an der k. k. Forstakademie Mariabrunn (Vorgängerin der Universität für Bodenkultur), RRAbg. (1891-1897 sowie 1901-1907) und ab 1907 MdH. Parteipolitisch gehörte er zu den Liberalen (Deutsche Fortschrittspartei). Seit 2. 6. 1906 war er Unterrichtsminister. Siehe Czedik, Zur Geschichte der k. k. österreichischen Ministerien III, S. 196ff.

da kann ich Ihnen Beweise genug liefern." Mayr übte noch Kritik an dem Verhalten der vorwiegend von Schönerer (B! Germania Innsbruck) beeinflußten Studentenschaft und befand die Antwort des Unterrichtsministers als unzureichend.[25] Der angesehene liberale Abgeordnete Josef Redlich sprach sich gegen die unerfreulichen Prügelszenen an den Universitäten und gegen die häufige Anwendung des „Holzkomment" aus. Auch Lueger meldete sich zu Wort und betonte, daß die Christlichsoziale Partei lediglich die Gleichberechtigung auf den Universitäten für alle Verbindungen und die Befreiung vom Cliquenwesen fordere, das dort betreffs Ernennung der Professoren herrsche.[26]

Die Debatte wurde am 5. Dezember fortgesetzt. Höhepunkt war an diesem Tag die Jungfernrede des im Mai gewählten Vorarlberger Priesters Karl Drexel (Cl EM), als „eine fulminante Apologie der christlichen Kultur als der in Jahrhunderten reifenden Frucht christlicher Weltanschauung"[27], die als „Sensation der Reichsratssession" bezeichnet wurde.[28]

Karl Drexel kam nun den Forderungen Masaryks nach, das kulturpolitische Programm der Christlichsozialen darzulegen. Er begann mit der Feststellung, daß seine Partei eine politische und keine konfessionelle sei, sprach aber in der Folge ausschließlich über die Notwendigkeit und die Verdienste der katholischen Kirche auf kulturellem Gebiet und verteidigte ihre erzieherischen Maßnahmen. Eine religiöse Erziehung sei unbedingt notwendig, es gebe keine Ethik ohne Gott, es bestehe aber noch kein Klerikalismus, wenn Gottesglauben vertreten werde. Er sprach auch über die Problematik der kirchlichen Gesetzgebung und gestand ein, daß gerade darin auch Fehler gemacht werden könnten. Er ging dann auch auf Wahrmund ein und führte aus: „Ich habe bis heute noch keinen Universitätsprofessor getroffen, der in einer derartigen radikalen Art gegen die Kirche aufgetreten wäre wie Wahrmund, und deswegen kann ich ihn nicht in Schutz nehmen." Zum Schluß machte Drexel folgenden Kompromißvorschlag: „Die Regierung wird aufgefordert, dem hohen Haus Garantien zu geben, daß sie die staatsgrundgesetzlich gewährleistete Lehr- und Lernfreiheit, die Freiheit der Wissenschaft, die Glaubens- und Gewissensfreiheit gegen alle parteipolitischen Angriffe (anstatt: gegen die von der genannten Regierungspartei angedrohte Eroberung der Universitäten) schützen werde." Zum Ende der Rede bemerkt das StProt: „Stürmischer, sich wiederholender Beifall und Händeklatschen – Redner wird vielseitig beglückwünscht!"[29]

Masaryk erklärte sich mit dem Kompromißvorschlag einverstanden, so daß die Universitätsdebatte mit einer allseits befriedigenden Lösung endete, da der Antrag einstimmig angenommen wurde.[30] Ob sich der RRAbg. Michael Mayr, als er den Namen Wahrmund in der Debatte ins Spiel brachte, der dann noch von Drexel und anderen Abgeordneten teils verteidigend, teils kritisierend aufgenommen wurde, bewußt war, was er damit heraufbeschwor, kann bezweifelt werden. Der so plötzlich im Parlament Zitierte mag vielleicht um diese Zeit schon in seiner Studierstube gesessen haben, um an seiner Kampfrede zu arbeiten, die er am 18. Januar 1908 halten und die ungeahnte Folgen nach sich ziehen sollte.

---

25 StProt AH RR XVIII, 40, SS. 1908-2918 vom 4. 12. 1907.

26 Ebda., S. 2945ff.

27 Blenk, Leopold Kunschak, S. 70.

28 Über Drexels Auftritt im Reichsrat siehe auch SCHUSTER, INGRID: Die Vertretung Vorarlbergs im Reichsrat 1861-1918. Wien Phil. Diss. 1970, S. 167f.

29 StProt AH RR XVIII, 44 SS. 3019-3034 vom 5. 12 1907.

30 Ebda., S. 3045ff.

Bereits am 5. Dezember wurde dieser parlamentarische Kompromiß von Wahrmund gestört, als er in einem offenen Brief an den RRAbg. Michael Mayr den katholischen Studenten Denunziantentum vorwarf und ihnen die Gleichberechtigung absprach: „Niemals kann eine Gleichberechtigung zwischen lebensbejahenden und lebensverneinenden Mächten anerkannt werden, und koste es auch den Kampf bis aufs Messer." Er bezeichnete die katholischen Studenten als „Maulwürfe" und „Parasiten", welche ein lebenskräftiger Organismus von sich abschütteln müsse.[31] Dies konnte nicht ohne Folgen bleiben, in dieser Stellungnahme lag schon der Keim der folgenden Konflikte.

Grazer Zwischenspiel

Wie ging es aber inzwischen in Graz weiter? Am 2. November konstituierte sich auf Beschluß des Senats eine Disziplinarkommission, die die Vorfälle anläßlich der Ude-Promotion zu untersuchen hatte.[32] Während diese Kommission ihre Arbeit aufnahm, trat am 21. Januar 1908 der Rektor Prof. Gustav Hanausek „aus Gesundheitsrücksichten" zurück. Da der Prorektor, Prof. Holl, sich bereit erklärte, die Amtsgeschäfte fortzuführen, beschloß der Senat, von einer Neuwahl des Rektors vorerst abzusehen,[33] uns eine Regelung über das Erscheinen in Farben bei Promotionen: „Dem bestehenden Gebrauch gemäß wird den farbentragenden Verbindungen gestattet, bei Promotionen ihrer Mitglieder oder Alten Herren in Farbe (Mütze oder Band) zu erscheinen, doch ist in jedem einzelnen Falle dem Rektor hiervon rechtzeitig vorher die Anzeige zu erstatten."

Daraufhin meldete Carolina vorschriftsmäßig am 25. Januar 1908, daß iur. Michael Aldrian demnächst promovieren werde. Am 28. Januar erhielt die Verbindung folgende Nachricht: „Ich bringe hiermit den Senatsbeschluß vom 27. Januar 1908 zur Kenntnis, daß wegen Aufrechterhaltung der Ruhe und Ordnung an unserer Universität es dermalen untunlich ist, den Mitgliedern Ihrer Verbindung bei Promotionen das Erscheinen in Farben zu gestatten, gez. der Prorektor: Holl." Carolina informierte sofort die CVer im Reichsrat und meldete unverzüglich beim Prorektor mündlich Rekurs an das Unterrichtsministerium an, der telegraphisch am 4. Februar abgeschickt wurde.

Wie ernst die „wehrhafte deutsche Studentenschaft" den Senatsbeschluß vom 13. Januar nahm, zeigt die Tatsache, daß am 31. Januar drei Mitglieder derselben in Vollwichs ohne Genehmigung bei der Promotion erschienen, was einen eher lahmen Protest des Prorektors hervorrief. Das war seine letzte Amtshandlung, denn er legte am 1. Februar die Geschäfte nieder. Dieser Vorfall wurde ebenfalls den CVern im Reichsrat mitgeteilt, von denen eine Abordnung beim Ministerpräsidenten Frhr. von Beck wieder vorstellig wurde und die rascheste Herstellung von Ruhe und Ordnung verlangte. Der Ministerpräsident berief für den 4. Februar sämtliche Dekane und Rektoren nach Wien ins Ministerratspräsidium, wo eine Sitzung von 16.30 bis 18 Uhr stattfand, an der auch der Unterrichtsminister Marchet und der Statthalter der Steiermark Graf Clary teilnahmen.

---

31 Abgedruckt im *Tiroler Tagblatt* vom 10. 12. 1907.

32 UAG VA Carolina. Schreiben des Vorsitzenden der Disziplinarkommission an den Senat vom 3. 11. 1907. Siehe auch *Neues Wiener Tagblatt*, 4. 11. 1907.

33 AVA, MCU, Präs. 5 B, Graz. Nr. 3553. In einem Schreiben vorn 24. 1. 1908 an das Ministerium teilte Prorektor Holl mit, daß Rektor Hanauseks Demission am 21. 1. 1908 angenommen und er mit der Weiterführung der Geschäfte betraut wurde.

Bis auf die Tatsache, daß der Rücktritt von Prorektor Holl nicht angenommen wurde, verlief diese Sitzung ergebnislos.[34] Trotzdem ließ Holl in der Frage seines Rücktrittes nicht locker, so daß schlußendlich das Unterrichtsministerium seine Demission annahm. Somit war eine neue Rektorswahl notwendig, die am 7. Februar vollzogen wurde. Gewählt wurde Prof. Richard Hildebrand, den Carolina schon aus dem Jahr 1893/94 (siehe S. 122) in unguter Erinnerung hatte.[35]

Die Untersuchungskommission wegen der Vorfälle anläßlich der Ude-Promotion hatte inzwischen eine wenn auch einseitige Arbeit geleistet. Anstatt die Radaubrüder ausfindig zu machen, wurde vom Senat am 12. Februar Ude eine Rüge erteilt. Gegen diese hatte er sofort Rekurs aus formellen und materiellen Gründen erhoben. Diesem Rekurs gab das k. k. Ministerium für Kultus und Unterricht mit Erlaß vom 27. April 1908, Zl. 13.759, recht und setzte den betreffenden Beschluß des Senates außer Kraft.[36]

Die Affäre Wahrmund Erster Teil: Das unglückliche Agieren des Päpstlichen Nuntius

Gleich in der ersten Sitzung des Jahres, am 15. Januar 1908, hatte der Hochschulausschuß der katholischen Studentenschaft Innsbrucks beim Senat Beschwerde wegen der Äußerungen Wahrmunds vom 9. Dezember eingelegt und deren Rücknahme verlangt. In seiner Sitzung vom 7. Februar hatte der Senat die Beschwerde unzureichend beantwortet, wogegen die katholische Studentenschaft ihrerseits wiederum am 13. Februar Einspruch erhob.

Am 18. Januar 1908 hielt nun Wahrmund im großen Stadtsaal von Innsbruck auf Einladung der Vereine „Akademische Redehalle" und „Freie Schule" einen Vortrag, der kurze Zeit später unter dem Titel „Katholische Weltanschauung und freie Wissenschaft" veröffentlicht wurde (München 1908). Einen Tag später wiederholte er diesen Vortrag in Salzburg.[37] Friedrich Funder (Cl) schrieb über diese Rede: „Was der Professor des Kirchenrechtes einer österreichischen Universität hier gegen die Kirche und überhaupt gegen den christlichen Glauben vorbrachte und wie er es vorbrachte, bedeutete Peitschenhiebe über das Gesicht jedes Katholiken."[38] Und auch der liberale Unterrichtsminister Gustav Marchet lehnte Wahrmund ab: „Denn die Freiheit der Forschung ist kein Freibrief für Pamphlete, in denen frivol gehöhnt wird, was zu den höchsten Gütern der Volksseele gehört, und zynisch verspottet wird, was Millionen ehrwürdig und heilig ist."[39]

34 Darüber siehe Ac 20 (1907/08), S. 338f.; 75 Jahre Carolina, S. 97ff.

35 AVA, MCU, Präs. 5 B, Graz. Z. 4944 und 6635. In einem Schreiben vom 1. 2. 1908 von Prorektor Holl an das Unterrichtsministeriums heißt es: „Die Rücksicht auf meinen angegriffenen Gesundheitszustand zwingt mich, an ein hohes Ministerium die ergebenste Bitte zu stellen, mich aus dem Amte eines hohen Prorektors und Leitung der Rektoratsgeschäfte der k. k. Universität Graz gütigst zu entheben." Die Wahl Hildebrands wird in einem Schreiben vom 13. 2. dem Ministerium mitgeteilt.

36 Beschluß des Senats vom 12. 2. und Rekurs Udes abgedruckt in: Ac 20 (1907/08), S. 371f. und 75 Jahre Carolina, S. 99ff. Beim Bezirksgericht Graz wurden einige „Haupthelden", meist Techniker, zu Geldstrafen, ein Jurist, der Karl Schwechler angegriffen hatte, zu drei Tagen verurteilt, was dann vom Berufungsgericht am 4. 2. bestätigt wurde. Siehe Ac 20 (1907/08), S. 338.

37 Ac 20 (1907/08), S. 343 und 387; Höttinger, Der Fall Wahrmund, S. 23f.; *Reichspost*, 14. 2. 1908; *Neue Tiroler Stimmen*. 20. 1. 1908; *Salzburger Chronik*, 20. 1. 1908.

38 Funder, Das weiß-blau-goldene Band, S. 123.

39 Höttinger, Der Fall Wahrmund, S. 35.

Der Kernsatz der Rede war letztlich die Feststellung, daß eine Gleichberechtigung der katholischen und der modernen Weltanschauung an „unseren freien deutschen Hochschulen" an sich ein Ding der Unmöglichkeit sei. Diese Rede war der berühmte Funke, der das Pulverfaß zur Explosion brachte. Wegen dieser Äußerungen, vor allem wegen des blasphemischen Tones, kam es zur Eskalation und zum größten Hochschulskandal in der Geschichte Österreichs bis heute. In fast schicksalhafter Weise ist Ludwig Wahrmund ab 1907 in einen Konflikt geraten, der zwar von ihm nicht alleine verursacht, aber durch sein Verhalten und seine Äußerungen in einem solchen Maße gesteigert wurde, daß er seinen Namen erhielt.[40]

Bereits am 19. Januar 1908 begab sich der Vorstand des Diözesankomitees der Diözese Brixen mit einem Stenogramm der Rede zum Statthalter von Tirol, Markus Frhr. von Spiegelfeld, um einen Protest zu übermitteln. Dieser hatte Bedenken gegen die Authentizität des Stenogramms und übermittelte lediglich den Protest sowie das Verlangen nach Amovierung Wahrmunds der Regierung. Weitere Protestkundgebungen des Vereinskatholizismus konnte er durch inständiges Bitten verhindern. Inzwischen erschien der Vortrag als Broschüre und wurde auf Antrag der Staatsanwaltschaft vom Landesgericht Wien am 2. März mit der Begründung beschlagnahmt, weil der Tatbestand des Verbrechens der Gotteslästerung im Sinne des § 122 lit. a StGB, mindestens aber das Vergehen nach § 303 StGB (Verspottung der katholischen Lehre) gegeben sei.[41]

Kurz nach Bekanntwerden des Inhaltes der Rede hat der Päpstliche Nuntius in Wien, seit 1903 Erzbischof Granito Pignatelli di Belmonte[42], vom bereits anderwärts informierten Kardinalstaatssekretär Merry del Val die Weisung bekommen, einzugreifen.[43] Seit längerem war für den 2. März eine Audienz bei Kaiser Franz Joseph angesetzt, bei der er auch den Fall Wahrmund zur Sprache brachte, wobei sich aber der Kaiser uninformiert zeigte. Bereits am nächsten Tag, dem 3. März, sprach der Nuntius beim Minister des kaiserlichen und königlichen Hauses und des Äußern, Aloys Graf Lexa von Aehrenthal, vor, um das „antiklerikale Auftreten" Wahrmunds zu besprechen und seine Entfernung zu fordern. Der Minister versprach, dies mit dem Unterrichtsminister zu bereden.

Granito ließ es nicht bei Vorsprachen bewenden, sondern wählte, offenbar unter dem Eindruck von Aufforderungen verschiedenster Seiten, die Öffentlichkeit und gab am 17. März dem *Vaterland* ein Interview, wo er erklärte, an den Außenminister das ausdrückliche Verlangen nach der Amovierung Wahrmunds gestellt zu haben. Dieser dementierte

40 Die Familie Wahrmund stammte aus Wiesbaden. Ludwig Wahrmund wurde am 21. August 1860 in Wien geboren, besuchte dort die Universität, wo er 1884 zum Dr. iur. promoviert wurde. 1888 habilitierte er sich für Kirchenrecht an der juridischen Fakultät Wiens. 1891 wurde er ao. Prof. für Kirchenrecht in Czernowitz, 1894 dort o. Prof. 1896 erhielt er einen Ruf nach Innsbruck. Am 1. März 1902 machte er im Rahmen seiner Eherechtsvorlesung anzügliche Witze über die Ehe und die anderen Sakramente, was zu Beifallskundgebungen bei der nationalen Studentenschaft geführt hatte. Die Angelegenheit wurde in der lokalen Presse (*Neue Tiroler Stimmen*) besprochen. Am 8. März wiederholte Wahrmund unter stürmischem Applaus der nationalen Studenten seine Angriffe, die auch ein parlamentarisches Nachspiel hatte. Ab dieser Zeit begannen seine Annäherung an das nationalfreiheitliche Lager und seine kritischen Äußerungen über die Lehre der Kirche. Ende 1906 wurde er zum Vorstand des Tiroler Zweigs des Vereins „Freie Schule" gewählt, womit er eine Plattform für seine kirchenfeindlichen Äußerungen erhielt. Lebenslauf nach Höttinger, Der Fall Wahrmund, S. 24ff.; Kuprian, Machen Sie diesem Skandal ein Ende, S. 101f.; Rinnerthaler, Der Fall Wahrmund, S. 190ff..; Ac 14 (1901/02), S. 382.

41 Höttinger, Der Fall Wahrmund, S. 43f.; Hochschulkampf 1908, S. 27; Bundsmann, Die Landeschefs von Tirol, S. 210.

42 Von 1904 bis 1911 Nuntius in Wien, danach Kardinal in Rom. Siehe Rinnerthaler, Der Fall Wahrmund, S. 204, Anm. 80.

43 Über das unglückliche Agieren des Nuntius siehe vor allem Rinnerthaler, Der Fall Wahrmund, S. 203ff., der sich auf vatikanische Quellen stützt.

sofort, daß Granito diese Forderung gestellt hätte, jener blieb aber bei seiner Darstellung. Der Nuntius war nun in der Folge Presseangriffen ausgesetzt: „Der Nuntius in Wien hat sich zu einem schweren Übergriff hinreißen lassen."[44] Der österreichische Botschafter beim Heiligen Stuhl, Nikolaus Graf Szécsen von Temerin, wurde beim Kardinalstaatssekretär Merry del Val vorstellig, der jeglichen Auftrag nach Forderung der Amovierung Wahrmunds in Abrede stellte. Dieser wies den Nuntius in der Folge an, einen Ausgleich mit Wien zu suchen. Ihm blieb nun nichts anderes übrig, als sich am 1. April bei Lexa von Aehrenthal zu entschuldigen, der aber nun seinerseits dessen Abberufung verlangte. Aus Prestigegründen kam aber der Kardinalstaatssekretär dem nicht nach, so daß bis Januar 1911, der endgültigen Abberufung Granitos, der diplomatische Verkehr zwischen Österreich-Ungarn und dem Heiligen Stuhl ausschließlich durch die k. u. k. Botschaft im Palazzo Venezia behandelt und der Nuntius vom Ballhausplatz nicht mehr empfangen wurde, ein in der Geschichte der Diplomatie einzigartiges Vorgehen.[45]

Die Beschlagnahmung der Rede am 2. und die Vorsprache des Päpstlichen Nuntius am 3. März hatten daher keineswegs zur Beruhigung beigetragen, im Gegenteil, dadurch wurde die Sache erst richtig angeheizt. „Die freiheitliche Studentenschaft mußte den Kampf für die gute Sache alleine aufnehmen, da einerseits die freiheitliche Bevölkerung den Vorgängen ziemlich gleichgültig gegenüberstand und andererseits die freiheitlichen Parteien im Parlament sich damit begnügten, sich hinter diplomatische Redensarten zu verschanzen", so der Studentenhistoriker Oskar Scheuer (B! Fidelitas).[46]

Bereits am 5. März kam es in Innsbruck in Anwesenheit Wahrmunds zu einer deutschnationalen Studentenversammlung, bei der auch eine Verbrüderung zwischen Deutschnationalen und Sozialdemokraten erfolgte. „Ein wilder Haß gegen den Klerus und angebliche klerikale Herrschgelüste soll, ähnlich wie in Frankreich, das liberale Mastbürgertum mit den roten Genossen zusammenschweißen, nicht zu gemeinsamer Liebe, sondern zum gemeinsamen Haß", so schrieben die *Neuen Tiroler Stimmen* am 11. März. Nach der Versammlung zog ein Trupp zum Austria-Haus, demolierte dort die Fenster und richtete großen Schaden an.[47]

Als Gegenreaktion tagten dann am 8. März 1908 im Kongreßsaal des Innsbrucker Landhauses die christlichsozialen Reichsrats- und Landtagsabgeordneten Tirols, wobei die Verurteilung Wahrmunds gefordert wurde.[48] Am selben Tag fand in Wien eine Versammlung der deutschnationalen Studentenschaft („Vertretertag aller deutschen Hochschulen") statt, die sich grundsätzlich gegen jede Anerkennung der katholischen Verbindungen verwahrte, da von ihnen „schwerste Gefahren für den deutschen und freiheitlichen Charakter der Hochschulen und für den ungestörten Betrieb einer unabhängigen freien Forschung und Wissenschaft" ausgingen.[49]

44 *Neue Freie Presse,* 18. 3. 1908.

45 Engel-Janosi, Österreich und der Vatikan II, SS. 89-95; Rinnerthaler, Der Fall Wahrmund, S. 208f.

46 Scheuer, Die geschichtliche Entwicklung des deutschen Studententums, S. 375. Die nicht mehr bestehende deutschnational und freiheitlich eingestellte B! Fidelitas Wien gehörte dem kleinen paritätischen Burschenbund-Convent (BC) an. Scheuer selber war anerkannter Dermatologe und Jude, der im Oktober 1941 im Ghetto von Lodz (damals Litzmannstadt) umkam. Über ihn siehe Golücke, Verfasserlexikon, S. 288.

47 Ac 20 (1907/08), S. 410.

48 Höttinger, Der Fall Wahrmund, S. 44f.; Rinnerthaler, Der Fall Wahrmund, S. 200f.

49 Ac 20 (1907/08), S. 409f. Nach Ac 21 (1908/09), S. 23, habe ein Mitglied des ATV Graz in den *Akademischen Turnbundblättern* über diese Versammlung berichtet. Danach „wurde beschlossen, daß sich alle deutschen Hochschulen mit dem Vorgehen der Grazer Studenten gegen die Carolinen solidarisch erklären und im Falle einer Auflösung der Grazer Korporationen mit einem allgemeinen Hochschulstreike einsetzen werden".

Am 12. März fand in Reaktion zu der Tagung am 8. März der deutschnationalen Studentenschaft eine Vertretersitzung der CV-Verbindungen statt, in der die genannten Äußerungen zurückgewiesen wurden: „Die katholischen deutschen Verbindungen Österreichs ... verwahren sich gegen den unerhörten Terrorismus, mit dem die Gegner auf akademischem Boden ... gegen Andersdenkende vorzugehen belieben.“[50]

Ebenfalls am 12. März rief das Aktionskomitee der katholischen Vereinigungen Innsbruck in den *Neuen Tiroler Stimmen* zu einer Protestversammlung in die Innsbrucker Stadtsäle für den Sonntag, den 15. März auf, um endlich gegen die skandalösen Zustände an der Universität bei der Regierung zu protestieren, „unter deren Augen ungestraft und ruhig die infamsten Gotteslästerungen geschehen können“. Im überfüllten Saal wurde eine Resolution beschlossen, in der die volle Gleichberechtigung der katholischen Studentenverbindungen gefordert wurde. Dieser Versammlung war eine der katholischen Studentenschaft vorausgegangen, die von mehreren hundert Studenten aller Fakultäten besucht wurde. Das Referat hielt Richard Schmitz (Nc), der spätere Vizekanzler und Bürgermeister von Wien. Auch hierbei wurde eine Resolution für die Gleichberechtigung der katholischen Studentenverbindungen, gegen das „barbarische Faustrecht“ und die „frivolen Beschimpfungen“ Wahrmunds beschlossen. Während und nach den Versammlungen kam es zu wiederholten Zusammenstößen mit nationalen und sozialdemokratischen Provokateuren, bei denen zwei Austrier verletzt wurden.[51]

Der Versuch einer Lösung

Am 13. März versprach der Ministerpräsident christlichsozialen Abgeordneten, daß Wahrmund im Sommersemester nicht mehr lesen werde.[52] Wie schon so häufig, so wurde auch das Parlament unmittelbar damit befaßt. Am 23., 24., 27. und 28. März kam nun die Sache im Budgetausschuß des Abgeordnetenhauses zur Sprache.[53]

Der Kärntner RRAbg. Konrad Walcher (Rd EM) schilderte anhand eines reichen Materials publizistischer und offizieller Provenienz die *via crucis* der katholischen Studentenschaft an den österreichischen Hochschulen und die absichtliche und beklagenswerte Machtlosigkeit aller bisherigen Unterrichtsminister gegenüber der starren Rechtsverweigerung der freisinnigen Professoren. In Graz, so Walcher, herrsche anstatt des akademischen ein Geist der Unduldsamkeit, und man könne dort eher von einer Prügel- als von einer Gelehrtenrepublik sprechen. Unterrichtsminister Marchet erklärte am nächsten Tag, dem 24. März:

> „... Die ganze Angelegenheit hat ihren Ausgangspunkt ausschließlich von einem einzigen Falle genommen, nämlich von der Situation der katholischen Verbindung Carolina in Graz. Ich habe ... bemerkt, daß nach meiner Überzeugung das Verlangen berechtigt ist, daß auch die Carolina gleichberechtigt sei den anderen akademischen Verbindungen, und ich habe zugleich versprochen, daß ich in dieser Richtung energisch tätig sein werde. Der Erfolg ist der, daß vor wenigen Tagen der dermalige Rektor der

50 Ac 20 (1907/08), S. 410.

51 Ebda., S. 420; Höttinger, Der Fall Wahrmund, S. 28f.; Rinnerthaler, Der Fall Wahrmund, S. 201.

52 Funder, Das weiß-blau-goldene Band, S. 127; Hochschulkampf 1908, S. 29.

53 Ac 20 (1907/08) SS. 407-409; Funder, Das weiß-blau-goldene Band, S. 177.

Universität Graz einem Angehörigen der katholischen Verbindung Carolina gegenüber einen Termin für die Ablegung der Promotion für den verflossenen Samstag festgesetzt und zugleich gestattet hat, daß dieser Hörer die Promotion in Farben vollzieht. Es ist durch ein Mißverständnis nicht zur Abhaltung der Promotion am verflossenen Samstag gekommen. Der Rektor hat aber erklärt, daß nach Abschluß der Ferien Ende April oder Anfang Mai der betreffende Kandidat [Michael Aldrian, Anm. d. Verf.] abermals die Erlaubnis erhalten werde, seine Promotion in Farben zu vollziehen. Darin liegt eine offizielle Anerkennung seitens des Hauptes der akademischen Behörde in Graz, es ist zugleich etwas, was wenigstens in den letzten Jahren nicht geschehen ist, und ich glaube, daß es auf die Einsicht der akademischen Behörden bzw. des Rektors zurückzuführen ist, daß die berechtigte Forderung nach Gleichberechtigung auch an der Grazer Universität erfüllt wird."

Der Chronist der *Academia* bemerkt im Anschluß an den Abdruck der Erklärung des Unterrichtsministers, ohne zu ahnen, daß sich seine Bemerkung bewahrheiten wird: „Man wird wohl hinzusetzen dürfen: wenn die Nationalen es gestatten und die Behörden in Graz die nötige Energie zeigen." In derselben Sitzung kam auch der RRAbg. und spätere Landeshauptmann von Oberösterreich, Josef Schlegel (Nc), zu Wort. Neben grundsätzlichen Äußerungen über die Gleichberechtigung der katholischen Verbindungen sowie über Duell und Mensur fielen dann in fast erschreckend visionärer Weise folgende Sätze:

„Diejenigen, denen an den Universitäten die Köpfe blutig geschlagen werden, rekrutieren sich aus allen Ständen, und den Eltern ist es niemals gleichgültig, wenn ihre Söhne mit eingeschlagenen Köpfen nach Hause kommen. Auch Bauernsöhne besuchen die Universität, und die Bauern werden es sich nicht gefallen lassen, daß man ihre Söhne blutig schlägt. Es könnte geschehen, daß auch sie einmal zur Universität ziehen und mit dreinschlagen. Die Aufregung der Bevölkerung über den Universitätsskandal ist keine kleine."

Am 27. und 28. März kam die Angelegenheit im Ausschuß nochmals zur Sprache. Zuerst meldeten sich zwei deutschnationale Abgeordnete zu Wort, die sich gegen die Gleichberechtigung der katholischen Verbindungen aussprachen. Man könne national und freiheitlich gesinnte Studenten nicht dazu zwingen, die katholischen Studenten als vollwertige Genossen zu betrachten. Am 28. meldete sich Unterrichtsminister Marchet wiederum zu Wort und betonte:

„Ich habe diesbezüglich auf Graz verwiesen, weil nur dort Veranlassung vorlag, sich mit dieser Frage augenblicklich zu befassen. Ich verstehe sehr wohl, daß für die Verteidiger der Carolina diese Frage prinzipielle Bedeutung hat, glaube aber, daß diese Frage sich bei allseitigem guten Willen nicht allzu schwer lösen lassen wird, wenn hinreichende Geduld vorhanden ist ... Ich habe seit Monaten die in Graz schwebenden Fragen mit einer größeren Anzahl von Professoren in ernster Wechselrede erörtert. Nach Überwindung mehrfacher Schwierigkeiten verfügte der jetzt amtierende Rektor Hildebrand, daß die Angehörigen der Carolina die Promotion in Farben ablegen können."

RRAbg. Schlegel antwortete dem Minister, daß man die Geduld der katholischen Seite nicht auf allzu lange Zeit noch auf Probe stellen soll. Der Minister habe gemeint, weder

Gewalttätigkeit noch Energie sei das Mittel zur Lösung strittiger akademischer Fragen, weil die Jugend Gewalt mit Gewalt beantworte. „Ich kann darauf nur sagen: Auch wir sind entschlossen, Gewalt mit Gewalt zu beantworten!" Ob die beiden Wortmeldungen Schlegels einen Zusammenhang mit dem am 16. Mai erfolgten Grazer Bauernsturm gehabt haben, wird noch zu untersuchen sein.

Ende März/Anfang April versuchte nun die Regierung, die Causa Wahrmund zu entkrampfen und einer Lösung zuzuführen. Einerseits mußte sie der größten Reichsratsfraktion, den Christlichsozialen, entgegenkommen, um wichtige Gesetzesvorhaben, darunter das Budget, durchzubringen, andererseits war sie auch gezwungen, der deutschnationalen Studenten- und Professorenschaft keinen Vorwand für größere Protest- und Gewaltaktionen zu liefern, der sie nicht mehr Herr werden konnte. Hinter den Kulissen bahnte sich eine Lösung an. Wahrmund wurde nahegelegt, einige Zeit von Innsbruck fernzubleiben, damit sich inzwischen die Gemüter beruhigen können. Bereits am 15. März telegraphierte der Statthalter von Tirol, Markus Frhr. von Spiegelfeld, daß Wahrmund nach einer Mitteilung des Rektors mit einer zweimonatigen Beurlaubung einverstanden sei, die dann am 26. März erfolgte. Am 12. April reiste Wahrmund in den sonnigen Süden (Madeira), kündigte aber zugleich an, daß er Ende Mai wieder lesen werde.[54] Für die Christlichsozialen aber war der zweimonatige Urlaub Wahrmunds kein Kompromiß. Sie interpellierten im Tiroler und Vorarlberger Landtag den Statthalter, damit das Versprechen des Ministerpräsidenten vom 13. März nach Abberufung Wahrmunds eingelöst werde. Am 28. April interpellierte Franz Graf Thun-Hohenstein[55] die Regierung im Herrenhaus, wobei er mit der Budgetverweigerung drohte, falls Wahrmund nicht entfernt werde. Diese Anfrage erregte großes Aufsehen und verfehlte nicht ihre Wirkung.[56] Diese Interpellation war eine Aktion des rechten Flügels des Herrenhauses und eine allgemeine Anklage gegen die Regierung, sie hätte keinen Mut zum Einschreiten. Von Ministerpräsident Beck hingegen wurde das auch anders bewertet: „Die Herren hier können die Wahlreform nicht vergessen."[57]

Bereits am 2. Mai erschien auf der Innsbrucker Universität eine Kundmachung, wonach die Vorlesungen Wahrmunds im Sommersemester entfallen werden. Diese Entscheidung wurde von der katholischen Presse (*Reichspost, Vaterland*) begrüßt, von der freisinnigen (*Tiroler Tagblatt, Neue Freie Presse*) heftig kritisiert. Die deutschnationalen Studenten Innsbrucks überbrachten am 6. Mai an den Senat eine Eingabe, wo gegen die Einschränkung der Lehrtätigkeit Wahrmunds protestiert wurde. Rektor Prof. von Scala (B! Oberösterreicher Germanen Wien) erklärte daraufhin vor den Studenten seinen Rücktritt.[58]

In allen Hochschulstädten fanden nun am 13./14. Mai Vertretersitzungen der deutschnationalen Studenten statt, um die Situation zu beraten. Die Innsbrucker hatten

---

54 Bundsmann, Die Landeschefs von Tirol, S. 211; Funder, Das weiß-blau-goldene Band, S. 127; Hochschulkampf 1908, S. 28;

55 Er war 1898/99 k. k. Ministerpräsident.

56 StProt HH RR XVIII, 12, vom 28. 4. 1908.

57 Allmeyer-Beck, Ministerpräsident Baron Beck, S. 214f. Mit dem Namen des Ministerpräsidenten Beck ist die eingangs dieses Kapitels erwähnte Wahlreform des Jahres 1907 verbunden. Mit dieser Reform wurde der Adel aus dem Reichsrat zurückgedrängt, und er zog sich auch weitgehend von den Katholisch-Konservativen zurück, die sich in diesem Jahr mit den Christlichsozialen vereinigt hatten.

58 Höttinger, Der Fall Wahrmund, S. 75; Scheuer, Die geschichtliche Entwicklung des deutschen Studententums , S, 376.

als Termin für eine Antwort des Senates den 14. Mai gesetzt und bei einem ablehnenden Bescheid mit dem Generalstreik gedroht. Es zeichnete sich eine Aktionsgemeinschaft aller „freisinnigen" Studenten unbeschadet der Nationalität, auch der Sozialdemokratie, ab. Am 14. Mai kam es in Innsbruck zwischen den Studenten und dem Senat zu einem Kompromiß, der die Gefahr eines Generalstreiks vorerst bannte, gegen den aber die Christlichsozialen zu Felde zogen.[59]

Daß natürlich in diesen Tagen der „Holzkomment" in immer stärkerem Maße in Anwendung kam, war eine fast selbstverständliche Begleiterscheinung. Am 14. Mai begannen die Unruhen in Innsbruck, am 15. und 16. Mai griffen sie auf die Wiener Technik bzw. Universität über.[60] In dieser aufgeheizten Stimmung sollte nun am 16. Mai der Caroline Michael Aldrian in Graz in Farben promoviert werden.

Der Grazer Bauernsturm vom 16. Mai 1908

Im Verlauf der Budgetverhandlungen im Abgeordnetenhaus am 23. März kam es zu den bereits zitierten Äußerungen des RRAbg. Schlegel (Nc) wegen eines möglichen Auftretens von Bauern, um Gewalt mit Gegengewalt zu beantworten. Bei dieser Äußerung, in der sicherlich vorerst keine konkrete Strategie steckte, sind im Kontext der Rede zweierlei Dinge erkennbar:

Erstens hatte man aufgrund der letzten Jahre bei derartigen Interpellationen die Erfahrung gemacht, daß es zwar von Regierungsseite nicht an positiven Willenskundgebungen zur Frage der Gleichberechtigung der katholischen Studentenverbindungen gefehlt, jedoch die Realität auf den Universitäten sich anders entwickelt hatte. Die Äußerungen des Unterrichtsministers Marchet waren gegenüber früheren derartigen zweifelsohne konkreter, jedoch ließen sie von vornherein eine positive Entwicklung noch nicht erwarten. Aus Sicht der Christlichsozialen bestand wiederum die Gefahr, daß sich die leidvolle Entwicklung der letzten Jahre wiederholen werde.

Zweitens war offenbar nun die politische Führung der Christlichsozialen entschlossen, im Zuge des nun gewonnenen Einflusses alles auf eine Karte zu setzen, um endlich eine positive Entscheidung in der Gleichberechtigungsfrage herbeizuführen, die dann auch von den nachgeordneten Universitätsbehörden einzuhalten wäre. Vor diesem Hintergrund sind die Äußerungen Schlegels im März im Reichsrat zu verstehen.

Im Fall Wahrmund begnügte sich die Christlichsoziale Partei nicht mehr mit dem in Innsbruck ausgehandelten Kompromiß einer zweimonatigen Beurlaubung. Ende April wurde, wie erwähnt, überraschend im Herrenhaus die Regierung wegen der Abberufung interpelliert, so daß sich auf den Hochschulen die Lage zuspitzte. Die schlagenden Studenten, unterstützt von den Sozialdemokraten und anderen Nationalitäten, drohten mit dem Generalstreik und begannen Mitte Mai verstärkt mit tätlichen Übergriffen auf CVer. Der Generalstreik konnte zwar in letzter Minute verhindert werden, doch die explosive Spannung trieb zusehends dem Höhepunkt zu. Sie entlud sich am 16. Mai in Graz bei der Promotion des Carolinen Aldrian, in deren Verlauf es zum sg. „Bauernsturm" kam.[61]

59 Ac 21 (1908/09), SS. 23 und 46.

60 Ebda., S. 35f. und 46.

61 Zum Bauernsturm und der Person Hagenhofers: Ac 21 (1908/09), S. 38f.; Ebner, Geschichte der B! Marcho-Teutonia, S. 83ff.; Ehrlicher-Leitinger, Ein Hort deutschen Fühlens, S. 107f.; Festschrift VDSt, S. 15; 75 Jahre

Die Ende März getätigten Äußerungen Schlegels hatte nun rasch der steirische Bauernführer RRAbg. Franz Hagenhofer aufgenommen. Bereits am 5. April erschien im *Sonntagsboten* ein Aufruf von ihm, der mit den Worten endete: „Und wir können es nicht dulden, daß unsere katholischen Studenten, welche den Mut haben, sich offen als Katholiken zu bekennen, an unseren Hochschulen als minderwertig behandelt und von den sogenannten freiheitlichen Studenten vergewaltigt und mißhandelt werden." Mitte April kam es zur Generalversammlung des Katholisch-konservativen Bauernvereins, bei dem auch Johannes Ude (Cl) die Zustände auf der Universität beleuchtete. In der aufgeheizten Stimmung verkündete Hagenhofer: „Wir brauchen keine Polizei und fürchten uns nicht, wir sind imstande, unsere Studenten vor den Roheiten zu schützen ... Wenn es nicht anders wird, so sind wir gezwungen, zur Selbsthilfe zu greifen, wovon wir ausgiebigen Gebrauch machen werden."[62]

Nun wurde der schon lange versprochene und von der Regierung selbst bestätigte Termin der Couleur-Promotion des iur. Michael Aldrian angesetzt. Dieser war Sekretär des genannten Bauernvereins, in dessen Schoß der Plan für die „Bedeckung" der Promotionsfeierlichkeiten durch ein Aufgebot von Bauern erfolgt sein dürfte. Die Ausgabe der *Academia* vom 15. Mai 1908[63] brachte folgenden Text: „Bezeichnend für die Stimmung, die auf unserer Seite herrscht, ist der Ausspruch des Obmannes des konservativen Bauernvereins, des christlichsozialen Abgeordneten Hagenhofer, bei der nächsten Promotion mit 3000 [!] Bauern zu erscheinen und für die Aufrechterhaltung der Ruhe und Ordnung zu sorgen." Aufgrund des Redaktionsschlusses und des Erscheinungsdatums der *Academia* mit 15. Mai ist anzunehmen, daß der Beschluß des „Bauernsturmes" in den wenigen Tagen zwischen der Generalversammlung des Bauernvereins Ende April und Anfang Mai erfolgt sein mußte, nachdem nun der Promotionstermin für Aldrian feststand. Die allgemein aufgeheizte Kulturkampfstimmung und die sich zu Ende neigende Geduld der katholischen Studentenverbindungen führten zu dem Entschluß, durch das Aufgebot der Bauern den ungestörten Ablauf der Feier zu sichern und notfalls „Gewalt mit Gegengewalt" zu beantworten.

Der Rektor der Universität, Prof. Hildebrand, sah das Unheil auf sich zukommen und machte den eher hilflos wirkenden Versuch, auf die Studenten beruhigend einzuwirken, indem er am 15. Mai verkünden ließ: „Morgen, Samstag, den 16. Mai, ½ 1 Uhr findet die Promotion eines Mitgliedes der Carolina statt. Ich erwarte von den Studenten, daß sie auch in dieser Frage die Freiheit respektieren und sich, wie es vornehm und groß denkenden akademischen Bürgern geziemt, aus diesem Anlasse aller Skandale und Gewalttätigkeiten enthalten. Widrigenfalls ich von nun an bei allen Promotionen ohne Unterschied die Öffentlichkeit ausschließen werde."[64] Die Grazer Polizeibehörden verstärkten die Sicherheitsvorkehrungen, da „mit Rücksicht auf die Erfahrungen der letzten Zeit Ruhestörungen mit einer gewissen Wahrscheinlichkeit vorausgesehen werden".[65]

Carolina, SS. 108-112; Gaar, Franz Hagenhofer; Höttinger, Der Fall Wahrmund, SS. 82-85; Klauser, Geschichte der B! Stiria, S. 102; Scheuer, Die geschichtliche Entwicklung des deutschen Studententums, S. 381f.; Schuller, Anton L.: Franz Hagenhofer. Leben und Werk des steirischen Bauernführers. Graz 1982.

62 *Der Sonntagsbote,* 26. 4. 1908.

63 Ac 21 (1908/09), S. 11.

64 UAG RA Zl. 2210 ex 1908 Fasz. 89.

65 LAStmk. Statth. Präs. Fasz. E 91, Z. 6172. Bericht der Polizeidirektion an die Statthalterei über die Vorfälle auf der Grazer Universität.

Hagenhofer hatte nun einige Tage vor der Promotion seinen Bauern folgende Einladung zukommen lassen:[66]

„Euer Hochwohlgeboren! Samstag, den 16. Mai findet um halb 1 Uhr mittags die Promotion des Dr. Aldrian an der Grazer Universität statt. Nachdem die sogenannten freiheitlichen Studenten beabsichtigen, die katholischen Studenten bei dieser Gelegenheit wieder zu überfallen und zu mißhandeln, ergeht das dringende Ersuchen, mit möglichst vielen Parteigenossen an diesem Tag nach Graz zu kommen, um die katholischen Studenten zu schützen. Zusammenkunft 11 Uhr vormittags im Hotel Steirerhof."

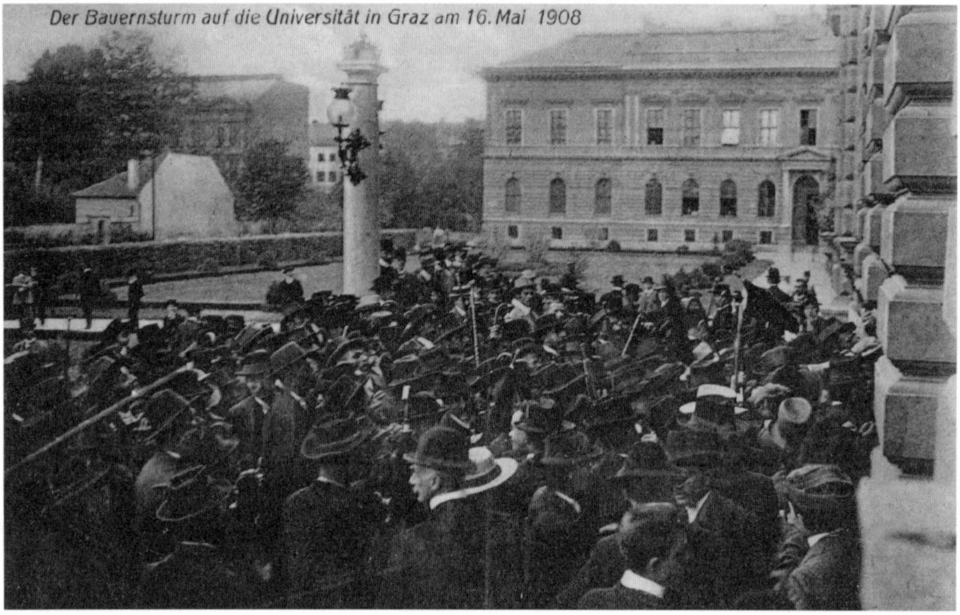

Der Grazer Bauernsturm vom 16. Mai 1908. Die Postkarte mit diesem Bild hat folgenden Rückentext: „Wie bewegt das heurige Sommer-Semester war, mögen Euer Hochwohlgeboren aus nebenstehendem Bild entnehmen. Ich erwäge … ernstlich den Plan, eventuell im Ausland weiterzustudieren, falls sich die Unruhen im Winter-Semester wiederholen sollten." Die Auseinandersetzungen haben doch eine erhebliche Drittwirkung entfaltet.

Tatsächlich leisteten ca. 200 Bauern dem Aufruf Folge und trafen sich zur angegebenen Zeit im Steirerhof.[67] Zur selben Zeit versammelten sich im Vorpark und bei der Auffahrtsrampe der Universität bis zu 600 Studenten aller Nationalitäten ohne Couleur, aber zum Teil mit Stöcken bewaffnet. Gegen 11.45 Uhr zogen über die Zinzendorf- und Halbärthgasse die Bauern zur Universität. Diese wurden von den Studenten mit Rufen wie: „Pfui, Bauern! Bagage, Bauernbagage abfahren!" empfangen. Die Studenten zogen sich

66 Dieser Text wurde offenbar als Beweis für die Planung des Bauernsturms im nationalliberalen *Landboten* am 24. 5. 1908 veröffentlicht.

67 Grazer Hotel am Jakominiplatz, gehörte früher dem Bauernverband, wurde nach dem Zweiten Weltkrieg zum „Ersten Haus" in Graz, in den achtziger Jahren abgerissen.

nun in das Foyer zurück, nur das mittlere Tor blieb offen, wo sie den Bauern den Zutritt verwehrten und es dabei zu einer Schlägerei kam.

Die Polizei versuchte nun, die Streitparteien zu trennen, was ihr auch nach einiger Mühe gelang. Zwischen 12.15 und 12.30 Uhr kam der Promovend mit ca. zwölf Carolinen in Couleur, der Senior in Wichs, wobei sie von den Bauern in die Mitte genommen wurden und Einlaß verlangten. Wiederum ertönten Pfuirufe von seiten der nationalen Studenten, faule Eier und Erdbrocken wurden auf die Carolinen geschossen. Daraufhin erschien der Rektor vor dem Tor und versuchte, Aldrian und seine Begleitung hineinzuführen. Die im Foyer sich befindenden Studenten ließen jedoch nur den Rektor hinein. Daraufhin kam es wiederum zu tätlichen Auseinandersetzungen, und die Polizei erwies sich als unfähig, die gewalttätigen Demonstranten dingfest zu machen. Daraufhin erschien eine Kundmachung des Rektors, daß die Promotion fallengelassen werde und daß in Hinkunft alle Promotionen unter Ausschluß der Öffentlichkeit stattfinden werden. Die Polizei versuchte nun, die Bauern zum Abzug zu bewegen, was vorerst keinen Erfolg hatte.

Nachdem nun ein Caroline (Josef Aigner), der sich im Gebäude befand, herausgekommen war, zogen die Bauern, den Promovenden und die Carolinen in die Mitte nehmend, zur Burg, dem Sitz des Statthalters Graf Clary. Zu ihm begab sich eine Delegation, bestehend aus dem Senior, dem RRAbg. Hagenhofer und dem Chefredakteur des *Grazer Volksblattes*, Karl Schwechler (Cl EM), und legte wegen der skandalösen Vorgänge auf der Universität und der Unfähigkeit der Polizei Protest ein. Danach zogen sie wiederum zum Steirerhof. Auf dem Weg dorthin begegneten sie den schlagenden Studenten, worauf es wiederum zu Pfuirufen kam. Vor dem Platz des Steirerhofes hielt Aldrian eine kurze Ansprache, danach begaben sie sich ins Hotel. Am Dienstag, dem 19. Mai, wurde dann die Promotion unter Ausschluß der Öffentlichkeit vorgenommen.[68]

Es bedarf keiner besonderen Erklärung, daß dieser Vorfall ein großes Echo hervorrief. Natürlich legten *Grazer Volksblatt* und *Tagespost* am nächsten Tag ihre unterschiedlichen Standpunkte dar, für die einen war das eine gerechtfertigte Selbsthilfe, für die anderen der Ausdruck des offenen Kampfes für die Wiedereroberung der Universitäten, und die *Neue Freie Presse* übertitelte den Bericht mit „Der Bauernsturm auf die Grazer Universität" (vom 16. Mai).

Die „freiheitliche Studentenschaft" hat bereits am Montag, dem 18. Mai, dem Senat einen Protest überreicht, wo sie die Carolina als Urheberin der Krawalle bezeichnete. „Sie [die freiheitliche Studentenschaft, Anm. d. Verf.] ersucht deshalb einen hohen Senat, mit allen Mitteln dahin zu wirken, daß die Carolina behördlich aufgelöst und ihr das Farbentragen auf der Universität sofort und für ewige Zeiten verboten wird."[69]

Bereits am Montag, dem 18. Mai, interpellierten die RRAbg. Vinzenz Malik (ein Alldeutscher) und Paul Hofmann von Wellenhof den Unterrichtsminister, wobei eine Untersuchung der Vorfälle in Graz und die Sicherstellung der Freiheit der Universitäten gefordert wurden. Dabei wurde hingewiesen, daß die Bauern nur deshalb aufgeboten worden seien, weil sie gewußt hätten, daß die deutschnationale Studentenschaft beim Er-

68 UAG RA Zl. 2291, 1908, Fasz. 89. Bericht des Rektors der Universität an die Statthalterei; LAStmk. Statth. Präs. Fasz. E 91, 1908, Z. 916/1. Bericht des Grazer Bürgermeisters an die Statthalterei; Bericht der Polizeidirektion an die Statthalterei, siehe Anm. 65; Ac 21 (1908/09) S. 38; nach diesen Berichten wurden die Vorgänge rekonstruiert.

69 Höflechner, Die Baumeister des künftigen Glücks, S. 22 Anm. 72.

scheinen der Carolinen in Farben revoltieren würde.[70] Damit gaben sie allerdings zu, daß der studentische Freisinn gegen die mit Farben erscheinenden katholischen Studenten auch ohne Bauern vorgegangen wäre. Hagenhofer seinerseits richtete eine Interpellation an den Ministerpräsidenten, in der er betonte, daß die Bauern erst dann reagiert hätten, nachdem man sie angegriffen habe. Gleichzeitig forderte er die volle Gleichberechtigung der katholischen Studenten. Außerdem teilte er mit, daß er am 14. Mai den Ministerpräsidenten von seinem Vorhaben informiert hätte. Dieser habe davon abgeraten und um Mäßigung der Bauern ersucht.[71]

Der Wiener Rektor, Prof. Ebner-Rofenstein, nahm zum Bauernsturm Stellung und nannte die Bauern in einem Anschlag vom 18. Mai eine „von der Straße einbrechende Bande", die der Universität Vorschriften diktiert. Dagegen wandten sich die Christlichsozialen am 19. Mai in einem Dringlichkeitsantrag: „Die Gefertigten stellen daher den dringlichen Antrag: Das Hohe Haus wolle beschließen: Die k. k. Regierung wird aufgefordert, die der Bauernschaft durch den Rektor der Universität Wien angetane Beschimpfung zu sühnen und Vorsorge zu treffen, daß solche Vorgänge sich nicht wiederholen." Die Alldeutschen brachten am selben Tag ebenfalls einen Dringlichkeitsantrag ein. Sie behaupteten, daß die Vorgänge in Graz nur den Zweck gehabt hätten, „um den von Dr. Lueger am 6. Österreichischen Katholikentag feierlich proklamierten Eroberungsfeldzug gegen die Hochschulen in die Tat umzusetzen". Bei Verlesung beider Dringlichkeitsanträge kam es zu lärmenden Zusammenstößen zwischen Christlichsozialen und Deutschnationalen.[72]

Bei einer Protestversammlung der schlagenden Studentenschaft und nationalen Bevölkerung am 23. Mai in der Grazer Industriehalle sprach u. a. der deutschnationale RRAbg. Karl Hermann Wolf (B! Ghibellinia Prag) vor ca. 3000 Personen. Nach ihm wäre die beste Antwort auf den „Bauernsturm" die Los-von-Rom-Bewegung.[73] Am 28. Mai faßte der Grazer Gemeinderat eine Resolution, wo Einspruch „gegen die immer mehr zu Tage tretenden Gelüste der Klerikalen, die Universitäten und das gesamte Schulwesen ihrem Geiste zu unterjochen" erhoben wurde.[74] Am 30./31. Mai kam es in Graz zu einem Hochschultag der deutschen Studentenschaft, bei der u. a. der Ausschluß der Theologischen Fakultät gefordert und eine Anerkennung der katholischen Studentenverbindungen verweigert wurde.[75]

Peter Rosegger hingegen, der noch 1901 die Carolinen unterstützt hatte (siehe S. 128), kritisierte in ironischen Worten den Bauernsturm: „Die Klerikalen bildungsfeindlich? Pure Verleumdung ... sie schicken jetzt sogar schon die Bauern auf die Universität ... Mit dem Einbruch der Bauern in die Universität haben die Klerikalen sich abscheulich ins Unrecht gesetzt." Rosegger gab dann die Äußerung eines Bauern wieder, der dabei war: „Mein Lebtag hab ich mich nit so gschamt wie 's letztemal in Graz, wo mir habn eini wölln und – bums, die Tür vor der Nasn zua! – daß mir aussigworfen gwesen sein!"[76]

Bei der Beurteilung der ganzen Affäre kann in der Tat ein negativer Zug für Carolina und die Bauern nicht geleugnet werden. Zum erstenmal griffen in größerem Ausmaße

70 StProt AH RR XVIII, 70, S. 2748/I, Anhang II, vom 18. 5. 1908.

71 Ebda., S. 2786/I, Anhang II.

72 Ebda. 71, S. 4625 vom 19. 5. 1908 (Malik) und 4626 (Prisching, Pantz).

73 Ehrlicher-Leitinger, Ein Hort deutschen Fühlens, S. 108; Klauser, Geschichte der B! Stiria, S. 103.

74 Zitiert bei Rinnerthaler, Der Fall Wahrmund, S. 213, Anm. 213.

75 Ebner, Geschichte der B! Marcho-Teutonia, S. 89.

76 *Heimgarten* 32 (1907/08), S. 705f.

Karikatur des Bauernsturms in den „Linzer Fliegenden Blättern", einer alldeutschen Wochenzeitung.

Universitätsfremde in das Geschehen ein. Den Nationalen freundliche Autoren machen es sich aber zu leicht, die Schuld allein der Carolina und der Bauernschaft zuzuweisen. Denn dagegen stehen folgende Tatsachen:

1. Der jahrzehntelange Terror seitens der nationalen Studentenschaft gegenüber katholischen Studenten auf österreichischen Universitäten, insbesondere in Graz, der ihnen jede Gleichberechtigung, ja sogar Existenzberechtigung absprach und dies auch „handfest" manifestierte.
2. Die gegenseitige aufgeschaukelte Atmosphäre des Jahres 1907/08, in der es nur allzu leicht zu explosionsartigen Ereignissen kommen konnte.
3. Das Ende der Geduld katholischer Politiker und Studentenführer gegenüber den staatlichen und universitären Behörden in der Frage der Gleichberechtigung.
4. Der „Bauernsturm" – d. h. die „Bedeckung" – war eindeutig geplant, die Vorfälle sicherlich nicht. Geplant war auch die gewaltsame Störung der Couleurpromotion Aldrians seitens der Nationalen auch ohne Beisein der Bauern, wie aus der zitierten Interpellation des RRAbg. Malik hervorgeht. Nachträglich hat sich die Entscheidung für den „Bauernsturm" insofern als richtig erwiesen, denn es wäre zu einem ähnlichen Vorfall wie bei der Ude-Promotion gekommen. So mußten die Nationalen die Grenzen ihres Tuns zur Kenntnis nehmen.
5. Die Polizei erwies sich eindeutig als unfähig, der Lage Herr zu werden, das geht aus dem zitierten Bericht der Polizeidirektion an die Statthalterei hervor. Die ähnliche Unfähigkeit schon vorher und diesmal hat sicherlich das Vertrauen der katholischen Studenten in die Ordnungsmacht des Staates erschüttert und mit auch zur Selbsthilfe bewogen. Nur am Rande sei erwähnt, daß der Polizeibericht keine strafbaren Handlungen personenbezogen feststellen konnte und daher nicht die Staatsanwaltschaft damit befaßte.

Wie ging es beim eigentlichen Fall Wahrmund weiter? Der „Bauernsturm" hatte sicherlich dazu beigetragen, die Stimmung noch zusätzlich aufzuheizen. Bereits am 16. Mai übergab der Hochschulausschuß der katholischen deutschen Studenten Innsbrucks dem Rektor eine Denkschrift, wonach gegen den Kompromiß zwischen Rektor und nationaler Studentenschaft Stellung bezogen wurde. Weiters wurde für den Montag, den 18. Mai eine Demonstration beschlossen. An diesem Tag besetzten zeitig in der Früh einige hundert katholische Studenten die Aula und ließen die Nationalen nicht hinein. Der Rektor forderte diejenigen auf, die keine Vorlesung besuchten, die Aula zu verlassen und die anderen hineinzulassen. Dies wurde abgelehnt, so daß der Rektor bis auf weiteres die Einstellung der Vorlesungen verfügte. Nach Absingen der „Volkshymne" zogen die Studenten hinaus. Die schlagenden Studenten hingegen, unterstützt von Italienern, zogen vor das katholische Vereinshaus in der Maria-Theresien-Straße, demonstrierten gegen die katholischen Studenten und warfen Fensterscheiben ein. Am nächsten Tag machte der Rektor den Versuch, den Vorlesungsbetrieb zu eröffnen. Jedoch in der Früh besetzten nun die Nationalen die Universität, nach 15 Uhr erschienen ca. 200 katholische Studenten teils in Couleur auf der Universität. Als beide Parteien abzogen, kam es vor dem Austria-Haus und der Redaktion des *Tiroler Allgemeinen Anzeigers* zu Ausschreitungen.[77]

Inzwischen hatte in Wien Ministerpräsident Frhr. von Beck die Initiative ergriffen. Unter Umgehung des Unterrichtsministers Marchet, der ja dem Deutschen Nationalverband (dem Sammelbecken aller deutschnationalen und deutschliberalen Parteien als Reichsratsklub) angehörte, telegraphierte er am 19. Mai dem Statthalter in Innsbruck, daß Wahrmund nicht lesen werde und die Regierung den Kompromiß nicht anerkannt habe.[78] Damit war die Regierungslinie klar und eindeutig.

In Wien kam es nun zu einer weitgehenden Solidarisierung der deutschnationalen Studentenschaft aller Schattierungen mit den Studenten aller Nationalitäten, mit den Sozialdemokraten, ja selbst mit den Zionisten, deren erster Höhepunkt der bereits erwähnte deutsche Hochschultag am 30./31. Mai in Graz war.[79]

Am 25. Mai begaben sich die Mitglieder des Universitätskomitees der Christlichsozialen Partei zum Unterrichtsminister. Ihm gehörten u. a. die Abgeordneten Michael Mayr (AIn EM), August Kemetter (AW), Wilhelm Miklas (AW EM), Karl Drexel (Cl EM) und Franz Stumpf (AIn) an. In einer zweistündigen Unterredung wurden die anstehenden Hochschulfragen erörtert bzw. die jüngsten Ereignisse diskutiert. Die Abgeordneten forderten die Gleichberechtigung der katholischen Studenten und ihrer Verbindungen. Der Unterrichtsminister erklärte, daß er auf dem Boden der Gleichberechtigung stehe, und verwies auf seine bisherigen Äußerungen. Zum Schluß forderten die Abgeordneten, daß in Hinkunft in allen Universitätsangelegenheiten neben den freisinnigen Studenten

77 Über die Vorfälle siehe Ac 21 (1908/09) S. 40f.; Höttinger, Der Fall Wahrmund, S. 85f.; Pichler, 75 Jahre Leopoldina, S. 71; Scheuer, Die geschichtliche Entwicklung des deutschen Studententums , S. 382f. Die CV-Berichte sprechen vom 19. 5. als Tag der Universitätsbesetzung durch die katholischen Studenten, was jedoch ein Irrtum ist.

78 Bundsmann, Die Landeschefs von Tirol, S. 212.

79 Hochschulkampf 1908, SS. 47-51; Scheuer, Die geschichtliche Entwicklung des deutschen Studententums, S. 383-386.

und Abgeordneten auch die Vertreter der katholischen Studenten und der Christlichsozialen Partei beigezogen werden.[80]

Am 28. Mai kehrte Wahrmund aus Madeira zurück und erfuhr, was in seiner Abwesenheit geschehen war. Nach einem kurzen Aufenthalt in Wien wollte er am 1. Juni in Innsbruck mit den Vorlesungen beginnen. Die Entscheidung mußte also fallen. Am nächsten Tag in der Früh versammelten sich die katholischen Studenten vor dem Tor der Universität und wollten hinein, die Tore waren aber geschlossen. Bereits am 1. Juni gab es einen Erlaß des Unterrichtsministers, der sich hinsichtlich des Vorlesungsverbotes von Wahrmund nicht klar ausdrückte. Zu diesem Zweck fand eine Senatssitzung in der Früh statt. Um 8 Uhr wurde das Gebäude aufgemacht, bis 11 Uhr gab es keinen Zwischenfall. Gegen 12 Uhr erschien ein Beamter der Statthalterei mit einer Weisung, wonach die Schließung der Universität verfügt wurde. Aus dem Wortlaut („Über erhaltene höhere Weisung") geht hervor, daß dies ein Auftrag des Regierung war.[81]

Die Antwort der schlagenden Studentenschaft war der Generalstreik. Er nahm am 3. Juni in Brünn seinen Anfang[82] weitete sich noch am selben Tag nach Innsbruck, Prag, Graz und Czernowitz aus und erreichte am 4. Juni Wien[83] und Leoben. Am 6. Juni kam es zu einer großen Protestversammlung der Studentenschaft in Wien. Am 5. Juni wurden sämtliche Rektoren und Dekane nach Wien gerufen und am 6. Juni wurde die Schließung jener Hochschulen bis zum 15. Juni verfügt, an denen gestreikt wurde. Am 10. Juni gab es im Unterrichtsministerium eine Konferenz sämtlicher österreichischer Rektoren. Am 13. Juni erklärten die Rektoren in Wien, daß aufgrund der Zusage des Ministers, die Lehrfreiheit zu wahren, es keinen Grund für die Studenten gäbe, zu streiken, der Streik wurde jedoch fortgesetzt.

Am Sonntag, dem 14. Juni, erging an Wahrmund die telegraphische Aufforderung des Ministerpräsidenten, nach Wien zu kommen. Er wurde vor die Wahl gestellt, entweder sich pensionieren zu lassen oder um seine Versetzung zu ersuchen. Am 17. Juni beugte er sich dem Druck und unterschrieb gemeinsam mit dem Ministerpräsidenten und dem Unterrichtsminister eine Vereinbarung folgenden Inhalts: Ab 1. Oktober 1908 übernimmt Wahrmund eine eigens für ihn geschaffene Lehrkanzel für Kirchenrecht in Prag. Weiters wurde ihm nach einem Jahr ein ein- bis zweijähriger Studienurlaub bewilligt, wofür er eine Subvention von 10.000 Kronen erhalten sollte, ein für damalige Verhältnisse bedeutender Betrag.[84] Sollte sich Wahrmund aus gesundheitlichen Gründen pensionieren lassen wollen, so erhält er zu seiner normalen Pension jährlich den Betrag von 2.000 Kronen hinzu.[85] Wahrmund war also kein Märtyrer der Wissenschaft, ihm wurde der „goldene Handschlag" gereicht.

80 *Reichspost*, 25. 5. 1908.

81 Ac 21 (1908/09), S. 77ff. und 91; Bundsmann, Die Landeschefs von Tirol, S. 213; Hochschulkampf 1908, S. 51ff.; Höttinger, Der Fall Wahrmund, S. 91f.; Scheuer, Die geschichtliche Entwicklung des deutschen Studententums, S. 389ff.

82 Selke, Die Technische Hochschule in Brünn und ihr Korporationswesen, S. 95.

83 In einem Bericht des Nuntius an Rom ist von einem Demonstrationszug von 12.000 Studenten am 4. Juni die Rede, der auch die Nuntiatur einbezog. Laut amtlicher Statistik (siehe S. 62) gab es 1908 an allen Wiener Hochschulen zusammen knapp 12.000 Hörer. Will man dem Bericht des Nuntius glauben schenken, müssen entweder alle Studenten unterwegs gewesen sein, was wegen der unterschiedlichen Anschauungen unwahrscheinlich gewesen sein dürfte, oder es haben andere mitdemonstriert. Siehe Rinnerthaler, Der Fall Wahrmund, S. 215.

84 Nach heutigem Wert ca. 80.000 Euro.

85 Höttinger, Wahrmund, S. 106ff; Scheuer, Die geschichtliche Entwicklung des deutschen Studententums, S. 389ff. Wortlaut der Vereinbarung zwischen Beck, Marchet und Wahrmund abgedruckt in Wahrmund Akten, S. 18f.

Während der Verhandlungen mit Wahrmund machte ein Ausspruch Kaiser Franz Josephs Aufsehen. Anläßlich der Einweihung der Kinderschutzstation in Wien-Währing am 16. Juni, bei der auch der Unterrichtsminister anwesend war, ging er auf ihn zu und sagte laut vernehmlich: „Machen Sie einmal diesem Skandal ein Ende. Ihre Rektoren sind eine nette Gesellschaft."[86] Dieser Ausspruch erschien zuerst in der *Reichspost* am 17. Juni und führte zu Betroffenheit. Selbst die *Arbeiter-Zeitung* vom 18. Juni 1908 konstatierte: „Das Kaiserwort ist scharf, aber es trifft den Nagel auf den Kopf!" In der Interpretation dieser Worte war man sich jedoch nicht einig, die katholischen Blätter erblickten eine Kritik an den streikenden Studenten und den Rektoren, während die *Arbeiter-Zeitung* das Kaiserwort auf das Doppelspiel Marchets münzte. Nach einer Meldung des *Tiroler Allgemeinen Anzeigers* vom 25. Juni soll hinter den Kaiser-Worten eine Intervention des Erzherzog-Thronfolgers Franz Ferdinand gestanden haben, der ja den Christlichsozialen nahestand.[87]

Inzwischen wurde die Ernennung Wahrmunds zum Professor in Prag publik und am 18. Juni in der amtlichen *Wiener Zeitung* bestätigt. „Die Studenten fühlten sich nun auch von Wahrmund selbst in ihrem schweren Kampfe verlassen, wodurch sich unter der Studentenschaft eine unverkennbare Stimmung gegen die Fortdauer des Streiks bemerkbar machte", schrieb der Studentenhistoriker Oskar Scheuer (B! Fidelitas).[88] Am 23. Juni begann wieder der Vorlesungsbetrieb. Die in Scheuers Worten angedeutete tiefe Verstimmung innerhalb des nationalen Freisinns blieb bestehen. Man war sich bewußt geworden, einen Kampf verloren zu haben.

Wahrmund aber geriet aber zunehmend in Vergessenheit und widmete sich lediglich der wissenschaftlichen Forschung. Am 10. September 1932 erlag er einer tückischen Krankheit.

Das 20. Stiftungsfest der Carolina

Vom 22. bis 24. Juni 1908 feierte Carolina ihr 20. Stiftungsfest, gleichzeitig wurde die zweite CV-Verbindung in Graz, der Traungau, publiziert (darüber S. 72).[89] Es war kein Wunder, daß kurz nach Beendigung der Wahrmund-Affäre und des Studentenstreiks der volle Haß des nationalen Freisinns die Carolina gerade bei ihrem 20. Stiftungsfest treffen sollte. Bei der Auffahrt zur Herz-Jesu-Kirche am Dienstag, dem 23. Juni, kam es zu ersten Zusammenstößen. Um 10 Uhr sollte der feierliche Gottesdienst beginnen, jedoch bereits um 9 Uhr versammelten sich ca. 600 Schlagende. Als um 9.45 Uhr Carolina, Traungau und die Gäste heranzogen, kam es zu heftigen Zusammenstößen, faule Eier wurden geworfen sowie Bänder und Mützen heruntergerissen. Die Polizei konnte inzwischen die Parteien trennen und Platz für die Wagenauffahrt machen. Während der hl. Messe brachte die Polizei Verstärkung herbei, so daß der Abzug aus der Kirche halbwegs gewährleistet werden konnte. Die Carolinen und die Gäste mußten unter dem Schutz

86 *Reichspost,* 17. 6. 1908.

87 Über den Ausspruch des Kaisers siehe Höttinger, Der Fall Wahrmund, S. 104f.

88 Scheuer, Die geschichtliche Entwicklung des deutschen Studententums, S. 405.

89 Über das 20. Stiftungsfest: Ac 21 (1908/09), SS. 82-90; 75 Jahre Carolina, SS. 112-129; Haidacher, Fünfzig Jahre Traungau, SS. 6-9; Ebner, Geschichte der B! Marcho-Teutonia, S. 89f.; Klauser, Geschichte der B! Stiria S. 103f.

eines Polizeikordons in die Stadt ziehen, die Nationalen liefen nebenher und sangen Spottlieder, wie z. B.:[90]

„Du Schwert an meiner Rechten,
du glaubst, ich sollte fechten,
fällt mir im Schlaf nicht ein,
ich müßt kein Römling sein.

Bleib du mir in der Scheide,
daß ich mich selbst nicht schneide.
Was soll mir auch dein Glanz,
du dienst mir nur zum Pflanz."

Nach einem neuerlichen Zusammenstoß am Ring gelangte der Zug zum Admonter Hof, wo ihn eine tausendköpfige Menge erwartete, teils Freunde, teils Gegner der Carolina. Nachdem die Verbindungen rein konnten, zogen die Schlagenden unter Ausschreitungen zum Rathaus und wollten sich beim Bürgermeister wegen der Polizei beschweren.

Nach dem Mittagessen im Hotel „Goldenes Roß" sollte ursprünglich in den Steinfelder Sälen[91] der Festkommers stattfinden. Der Besitzer sagte aus Angst ab, so daß er nun im Hof des Admonter Hofes stattfand. Am nächsten Tag, dem 24. Juni, war ein Frühschoppen auf dem Schloßberg angesagt. Dieser wurde schon in der Früh von einigen hundert Schlagenden belagert, so daß er ins Hotel „Goldenes Roß" verlegt wurde. Da der für diesen Nachmittag festgesetzte Ausflug nach Judendorf aus Angst der Gastwirte abgesagt werden mußte, zog man wiederum ins Hotel „Goldenes Roß". In zunehmendem Maße versammelten sich davor die „teutonischen Recken", die Lage wurde immer kritischer, gegen 19 Uhr war die Menge auf ca. 2.000 angewachsen. An und für sich war vorgesehen, sich gegen Abend in den Admonter Hof zurückzuziehen. Dies war inzwischen unmöglich geworden. Der Polizeidirektor versuchte zu vermitteln. Die Schlagenden würden freien Abzug gewähren, wenn die Carolinen das Couleur ablegten, was natürlich abgelehnt wurde. Inzwischen war das Hotel vollständig von der Außenwelt abgeschnitten.

Die Polizei wurde nun der Lage nicht mehr Herr, so daß sie Militär-Assistenz anforderte. Gegen 21.30 Uhr kam von der Kosakengasse in Richtung Annenstraße eine Kompanie des IR „König der Belgier" Nr. 27 in feldmäßiger Ausrüstung und mit aufgepflanztem Bajonett, die die Gegend räumte und Absperrungen errichtete. Danach konnten die Carolinen und die Gäste, darunter viele Damen, unter Gejohle, Pfeifen und Eierwürfen zum Admonter Hof abziehen, wo das Programm bald beendet wurde. Für den Nachhauseweg wurde mit der Polizei und dem Militär ein genauer Plan entworfen. Parallel zu diesen Vorgängen kam es zu Protestaktionen nationalliberaler Bürger und Studenten wegen des Einschreitens des Militärs. Der Statthalter und der Bürgermeister von Graz wurden interpelliert.

Die Vorfälle hatten wiederum eine solche Dimension angenommen, daß sie im Parlament zur Sprache kamen. RRAbg. Franz Hagenhofer richtete am 26. Juni an die Regierung die Anfrage, was sie gegen diese Vorfälle zu unternehmen gedenke und wie sie

90 Ebner, Geschichte der B! Marcho-Teutonia, S. 90.

91 „Steinfelder Bierhalle", damals Münzgrabenstaße 10, Ecke Schießstattgasse. Siehe Cerwinka, Student und Gasthaus in Graz, S. 184.

die Gleichberechtigung der katholischen Verbindungen herstellen könne.[92] Im Gegenzug interpellierten der alldeutsche RRAbg. Vinzenz Malik, der deutschnationale RRAbg. Paul Hofmann von Wellenhof und der sozialdemokratische RRAbg. Josef Pongratz in einer einträchtigen Koalition die Regierung, in der sie die Auffahrt zur Kirche als eine freche Provokation bezeichneten und gegen das Vorgehen der Polizei und des Militärs protestierten.[93] Auch der Grazer Gemeinderat, vom liberalen Freisinn aufgrund des Wahlrechts beherrscht, protestierte „gegen das provozierende Auftreten der klerikalen Studenten und ihrer Hintermänner".[94]

Aber das war noch nicht das Ende. Am 25. Juni besetzten die Schlagenden die Universität, um den Carolinen und den Traungauern den Eintritt zu verwehren, was sich durch deren Fernbleiben als unwirksam herausstellte. Am 27. Juni spielten sich jedoch wiederum Terrorszenen ab. Als gegen 10 Uhr zwei Carolinen und ein Traungauer die Universität betraten, wurden sie umringt und ihr Eintritt in den Hörsaal verwehrt, wenn sie nicht Band und Mütze ablegten. Der Rektor versuchte, die Situation zu beruhigen, was aber aussichtslos war. Als der damalige Senior, iur. Adolf Enge (Fd, Cl)[95], die Vorlesung gegen 11 Uhr verließ, wurde er umringt, mit Stockhieben und Fußtritten auf ärgste mißhandelt und ihm Band sowie Mütze entrissen. Er konnte sich ins Rektorat retten. Der Rektor erklärte ihm, die Burschenschafter hätten einem ruhigen Abzug zugestimmt, wenn sie die Farben ablegten, was sie aber verweigerten. Dadurch wurden die Carolinen gezwungen, im Senatssaal zu bleiben. Nach einiger Zeit kam der Rektor wieder und befahl ihnen zu folgen, die deutschnationale Studentenschaft hätte einem Abzug in Farben zugestimmt. Jedoch bereits im Gebäude wurden ihnen Bänder und Mützen herabgerissen bzw. waren sie den Angriffen ausgesetzt. Unten wartete die Polizei, so daß sie unter dem Hagel von Eiern und Steinen, jedoch „relativ" sicher abziehen konnten. Der Rektor ließ dann gegen 13.30 Uhr am Schwarzen Brett anschlagen, daß das Semester wegen der Unruhen geschlossen werde. Am nächsten Tag wurden er und der Statthalter zur Berichterstattung nach Wien gerufen.[96]

Und wie kommentierte der „Hort der Freiheit" diese Vorgänge? Das *Grazer Tagblatt* schrieb am 28. Juni, daß sich die Carolinen und Traungauer heftig gewehrt hätten, wie man sie der Mützen und Bänder beraubt hat, worauf die Schlagenden gezwungen waren, Hiebe anzuwenden. Die Geschichte der B! Stiria schreibt: „Carolina hatte zur Feier ihres 20jährigen Bestehens ein faules Ei gelegt und eine zweite katholische Blase aufgetan. Selbstverständlich nahm die deutsche Studentenschaft dies nicht so ohne weiteres hin ... Es faßte einen der Ekel vor dem Werden einer solchen Blase."[97]

Die Vorgänge auf der Universität waren für Peter Rosegger wiederum Anlaß, allgemeine Kritik am Zustand der Universität und ihrer Studentenschaft zu üben, wobei er vor allem die Schlägerfrage tangierte: „Mit unserem Schläger retten wir weder Vaterland noch Kirche. Hol ihn der Teufel! Ich stelle den Antrag, die Würde unserer Universität höher zu halten als die mittelalterlichen Überbleibsel und Schläger, Band und Kappe wegzuwerfen;

92 StProt AH RR XVIII, 97, S. 3302/I vom 25. 6. 1908 (Hagenhofer).
93 Ebda. 3290/I (Hofmann-Wellenhof), 3303/I (Pongratz), 3309/I (Malik).
94 Zitiert in der og. Anfrage des RRAbg. Pongratz.
95 Enge war in der Steiermark von 1924 bis 1927 Landesrat und von 1933 bis 1935 Landtagspräsident.
96 Siehe hierzu den Rektoratsbericht über diese Vorfälle AVA, U-Präs. 1908-1907.
97 Klauser, Geschichte der B! Stiria, S. 103.

und zum Zeichen, daß wir Studenten sind, etwa – verzeihen Sie das harte Wort! – das Buch zu wählen."[98]

Das „Wahrmundjahr" war nun zu Ende gegangen. Es gab weder Sieger noch Besiegte, jedoch eine Reihe von Opfern:[99] Die Regierung Beck scheiterte Ende November 1908 nicht zuletzt durch das unglückliche Lavieren in der Causa Wahrmund und aufgrund des Entzugs der parlamentarischen Unterstützung der Christlichsozialen; prominentestes Opfer war zweifellos der Päpstliche Nuntius, der in Wien völlig isoliert dastand; die Kirche selber hatte zwar mit der Versetzung Wahrmunds einen scheinbaren Erfolg gehabt, jedoch förderte sie mit ihrem Verhalten die „Los-von-Rom-Bewegung"; Wahrmund selbst geriet, wie bereits erwähnt, in zunehmende Vergessenheit; die schlagende Studentenschaft mußte langsam erkennen, daß sie sich mit ihrem Beharren in einer Sackgasse befand.

Doch war der Weg zur Gleichberechtigung katholischer Studenten noch lange nicht zu Ende, denn es galt, Unverständnis und Vorurteile nicht zuletzt auch in den eigenen Reihen zu überwinden. Bei einer Unterredung des k. u. k. Botschafters beim Heiligen Stuhl, Graf Szécsen, gelegentlich eines Diplomatenempfangs am 5. Juni 1908 mit dem Kardinalstaatssekretär Merry del Val wurde u. a. auch der Studentenstreik besprochen. Dabei hätte der Kardinal kein Verständnis für die Forderungen der katholischen Studenten gezeigt. Seiner Meinung war es „doch selbstverständlich, daß jene katholischen Verbindungen, die das Duell ablehnen, keine Schläger tragen, dies hätte ja gar keinen Sinn, denn der Schläger sei ja gerade das Symbol der Duell-Unsitte".[100] Dieser Ausspruch wäre für die Strategie der katholischen Verbindungen in der Gleichberechtigungsfrage nicht sonderlich hilfreich gewesen, aber er wurde damals nicht publik und hatte daher keine Auswirkungen.

Die akademische Laufbahn Udes, dessen Promotion Ausgangspunkt des „Wahrmundjahres" war, machte trotzdem Fortschritte. Obwohl sein Akt in guter (alt-)österreichischer Sitte hin und her geschoben wurde bzw. auf manchen Schreibtischen länger liegen blieb, setzte am 3. August 1910 Kaiser Franz Joseph I. in Bad Ischl die Unterschrift unter das Ernennungsdekret, mit dem Johannes Ude mit Wirksamkeit vom 1. Oktober 1910 an zum ao. Professor für Spekulative Dogmatik *ad personam* ernannt wurde. Im Personalakt Udes im k. k. Ministerium für Kultus und Unterricht fehlt übrigens jedweder Hinweis auf die Krawalle anläßlich seiner Promotion bzw. auf seine Disziplinaruntersuchung. Im Jahre 1917 wurde er dann zum o. Professor ernannt.[101]

98 *Heimgarten* 32 (1907/08), S. 223. Siehe auch seine Beurteilung zum Fall Wahrmund ebda., SS. 773-775.

99 So Rinnerthaler, Der Fall Wahrmund, S. 218f. Siehe auch Kuprian, Machen Sie dem Skandal ein Ende, S. 125f.

100 Lt. Bericht des Außenministers an das Ministerratspräsidium vom 28. 7. 1908, Zl. 2436/M. P., AVA, U-Präs. 1908-2221, zit. bei Rinnerthaler, Der Fall Wahrmund, S. 219.

101 AVA, MCU, Präs. Lehrkörper Theol. Fak. Graz A-Z. Personalakt Ude.

Die Zeit bis zum Ersten Weltkrieg in Wien und Innsbruck

„Aber das Blut schreit zum Himmel, und sein Schrei wird nicht verstummen, bis sich die jetzige akademische Unfreiheit in Freiheit ... verwandelt. Die Hochschulfrage ist eine Ehrenfrage des christlichen Volkes in Österreich geworden!"

Friedrich Funder (Cl) über den Tod von Max Ghezze (R-B)

Relative Ruhe in Wien

Nach dem stürmischen „Wahrmundjahr" 1907/08 kam es in Wien nur mehr vereinzelt zu Übergriffen. Im WS 1909/10 schien sich unter dem Rektorat des Theologen Heinrich Swoboda (M-D EM) in der Gleichberechtigungs- und Aufzugsrechtsfrage der neuen CV-Verbindungen auf der Wiener Universität eine Regelung anzubahnen.[1] Und auch auf der Technischen Hochschule kam es zu einer zumindest „negativen" Gleichberechtigung. Bis dahin wurde es den katholischen Verbindungen „aus Sicherheitsgründen" nicht erlaubt, bei der Inaugurationsfeier zu chargieren. Der Rektor des Studienjahres 1909/10, Leo Baudiss, erlaubte nun der Norica und der Rudolfina das Chargieren, wogegen die schlagenden Verbindungen heftig protestierten und erklärten, für nichts garantieren zu können. Daraufhin untersagte der Rektor jegliches Chargieren.[2] Hingegen kam es am 5. November 1910 auf der Tierärztlichen Hochschule zu Krawallen und Angriffen auf katholische Studenten.[3]

Im November 1912 wollte der Akademische Senat in der Frage des seit 1904 (siehe S. 116) bestehenden Farbenverbots (*numerus clausus*) eine Lösung suchen, nachdem natürlich von verschiedensten Seiten, auch von politischer, auf die Universität Druck ausgeübt wurde. Die Norica verfaßte namens des WCV eine Denkschrift an den Senat, wo einerseits das Farbenverbot aufgehoben und alle bisherigen Verbindungen als gleichberechtigt angesehen werden, andererseits sollen beide Seiten (CV und Schlagende) für die nächsten zehn Jahre auf weitere Neugründungen verzichten. Dieser in Ansätzen zu bemerkende Verständigungswille wurde jedoch durch neuerliche Auseinandersetzungen an den Hochschulen verschüttet. So kam es z. B. zu tätlichen Auseinandersetzungen zwischen Angehörigen der Rudolfina und Mitgliedern der B! Teutonia.[4]

Nach zweieinhalbjähriger relativer Ruhe spielten sich am Montag, dem 19. Mai 1913, – auch in Folge der Ereignisse beim 25. Stiftungsfest Carolinas in Graz (siehe unten) – in Wien tumultartige Szenen ab. Ursprünglich waren die CVer als „Opfer" ausersehen. „Aus Gründen der politischen Zweckmäßigkeit hielt man sich aber lieber an die Juden." Dabei sind deutschnationale Studenten auf die CV-Verbindungen zugegangen und haben für diesen Kampf um „Waffenbrüderschaft angesucht. Wir lehnten, und zwar mit vollem Rechte, ab. Wir können uns nicht an einer Kampfesweise beteiligen, die wir selbst verur-

---

1 Ac 23 (1910/11), S. 135.

2 Ac 22 (1909/10), S. 273.

3 Ac 23 (1910/11), S. 288. Es gab daraufhin eine Protestresolution von „über 10.000 katholischen Männern" an den Ministerpräsidenten.

4 Moser, Die k. a. V. Norica in Wien 1883-1938, S. 140. Der WCV konnte diese Zehnjahres-Frist leicht vorschlagen, nachdem er seine stärkste Gründungswelle 1907-1909 bereits hinter sich hatte. Siehe auch Ac 25 (1912/13), S. 337f. und 387.

teilen, und können auch nicht mit Leuten kämpfen, die uns jahraus, jahrein und kurz vorher in der gemeinsten Weise beschimpften und angriffen. Überdies wurden kurz darauf unsere Leute von diesen Helden nächtlicherweise abermals mit dem Rosenkranzlied verspottet. Da kann es keine Kampfgemeinschaft geben."[5]

Eines der Kuriosa dieses Hochschulkampfes, sofern man überhaupt diesen Ausdruck dabei gebrauchen kann, waren die Wirbel bei den Ferialfesten Nordgaus. Diese fanden in der Regel in den deutschbesiedelten Gebieten Böhmens, Mährens und Schlesiens statt. Ab dem Sommer 1903 versuchten Schlagende, diese Ferialfeste zu stören. Ende Juli 1905 gab es in Sternberg (Mähren; heute Moravský Šternberk) drei Schwer- und zahlreiche Leichtverletzte, als die nationale Schickeria die Nordgauer auf dem Weg zur Kirche mit Prügeln und Totschlägern empfing. Im August 1906 konnte das Fest in Müglitz (Nordmähren; heute Mohelnice) nur unter dem Schutz der Bajonette stattfinden, ähnliche Szenen spielten sich 1908 in Weidenau (österr. Schlesien; heute Vidnava), 1909 in Mährisch-Schönberg (heute Šumperk), 1910 in Niklasdorf (heute Mikulovice) und 1911 in Zwittau (Mähren; heute Svitavy) ab.[6]

Tod in Innsbruck

Auch wenn es in Innsbruck vergleichsweise ruhiger als an den anderen österreichischen Universitäten zuging, so kam es dennoch immer wieder zu gelegentlichen Zusammenstößen zwischen katholischen Studenten und den „deutschen Freiheitshelden", so z. B. Anfang 1909, wobei die Schlagenden von italienischen und slawischen Studenten unterstützt wurden und es mehrere Schwerverletzte gab.[7] Oder am 10. Februar 1910, als es im „Breinößl" zwischen Angehörigen der Verbindungen Austria, Raeto-Bavaria und Tirolia (KV) einerseits und den Nationalen andererseits zu einer „wüsten Schlägerei" kam, die sich am nächsten Tag wiederholte.[8] Anmerkenswert ist aber sicherlich, daß am 6. Dezember 1910 der katholische wie auch der deutsch-freiheitliche Hochschulausschuß gemeinsam vorgingen und gegen die Raumnot der Innsbrucker Universität protestierten. Sie ersuchten den Rektor um Sistierung der Vorlesungen, um somit einen Studentenstreik zu ermöglichen. Das Ziel war, den Neubau der Universität zu beschleunigen.[9]

Aber der tragische Höhepunkt der Innsbrucker Auseinandersetzungen war zweifellos der Tod des jungen Medizinstudenten ***Max Ghezze*** (R-B).[10] Was war geschehen? Am Abend des 4. November 1912 hatte die Raeto-Bavaria Tanzkurs, danach ging man noch in ein Innsbrucker Lokal, um den Namenstag eines Austriers zu feiern. Kurz nach Mitternacht machte man sich auf den Heimweg. In der Maria-Theresien-Straße gellte plötzlich der Ruf: „Klerikale Schweine!" Mitglieder des C! Gothia riefen das von ihrem Lokal aus

5 Ac 26 (1913/14), S. 118f. und 225.

6 Ac 19 (1906/07), S. 152 und 368, 21 (1908/09) S. 207f.; Czumpelik, Hundert Semester Nordgau, SS. 80-86; Ferdinandea 1885-1918, S. 161.

7 Ac 22 (1909/10), S. 433.

8 Pichler, 75 Jahre Leopoldina, S. 85.

9 Ac 23 (1010/11), S. 369.

10 Über diesen Vorfall siehe Ac 25 (1912/13), S. 333f., 357-369, 439, 445-457; Bösche, Zwischen Kaiser und Schönerer, SS. 20-23; Funder, Das weiß-blau-goldene Band, S. 142f. Max Ghezze wurde am 1. 9. 1889 als Sohn einer armen, aber angesehenen Bauernfamilie in Cortina d'Ampezzo geboren. Das Gymnasium absolvierte er in Brixen, wo er auch drei Semester Theologie studierte. Danach begann er in Innsbruck mit dem Medizinstudium, am 7. 5. 1911 trat er der Raeto-Bavaria bei.

auf die Straße hinunter. Nach einer kurzen Wechselrede stürmten die Gothen herab. Bei der daraus entstehenden Rauferei fielen fünf Gothen über Ghezze her und schlugen auf ihn ein, der daraufhin bewußtlos zusammensank. Die Polizei wurde – viel zu spät – herbeigeholt, man teilte ihr den Sachverhalt mit und bat, für den Bewußtlosen zu sorgen.

Am nächsten Tag suchte man die Innsbrucker Kliniken nach dem Verletzten ab, von Max Ghezze war nichts bekannt. Bei der Polizei wurde schließlich den Fragenden mitgeteilt: „Der Besoffene schläft seinen Rausch aus!“ In der Tat fand man den Schwerverletzten ohnmächtig und blutüberströmt im Polizeikotter. Seine Bundesbrüder brachten ihn sofort weg, der Arzt ordnete die Einweisung in eine Klinik an. Die Diagnose lautete „schwere Gehirnerschütterung, verbunden mit Gehirnblutung“. Die sofort vorgenommene Operation konnte sein Leben nicht mehr retten. Am 6. November „um halb zwölf Uhr nachts war der Blutzeuge seiner katholischen Überzeugung nach Empfang der hl. Ölung verschieden“. Die gerichtliche Obduktion der Leiche ergab, daß Ghezze infolge eines mit einem elastischen Gegenstand auf die linke hintere Kopfseite geführten Hiebes gestorben ist. Der Eintritt des Todes wurde „durch die äußerst unsachgemäße Behandlung, die dem Todwunden im Polizeiarrest zuteil wurde, beschleunigt“. Ghezze zog sich nämlich dort noch dazu eine beiderseitige Lungenentzündung zu.

Der Tote wurde im Austrier-Haus aufgebahrt, sein Begräbnis am 9. November war eine Demonstration des katholischen Österreichs und Tirols. Zahlreiche Gastchargierte begleiteten den Trauerkondukt, der durch Provokationen seitens deutschnationaler Studenten gestört wurde. Mittlerweile wurden insgesamt 14 Studenten verhaftet, aus denen man herausfiltern wollte, wer den todesfolgenden Schlag ausführte. Doch die Ermittlungen blieben ergebnislos, so daß man wieder alle freilassen mußte. Anfang 1913 wurden die Untersuchungen eingestellt.

Die Ereignisse in Innsbruck hatten auch ihre Auswirkungen auf Wien. Am 12. und 13. November kam es zu ausgedehnten Schlägereien zwischen CVern und deutschnationalen Studenten, um am 14. November 1912 fand eine Kundgebung in der Volkshalle des Wiener Rathauses statt, die vom Volksbund der Katholiken Österreichs gemeinsam mit dem CV veranstaltet wurde. Hauptredner war der Chefredakteur der *Reichspost*, Friedrich Funder (Cl). Er führte u. a. aus: „Wir verlangen von unseren Volksvertretern, daß sie allen kompetenten Stellen klarmachen, daß es nicht mehr so weitergeht, daß die akademischen Behörden für Ordnung sorgen und die drückende faktische Rechtsungleichheit beseitigen müssen. Ehre ihm, dem gefallenen Jüngling, dem Märtyrer einer großen Sache. Aber das Blut schreit zum Himmel, und sein Schrei wird nicht verstummen, bis sich die jetzige akademische Unfreiheit in Freiheit ... verwandelt. (Stürmischer Beifall.) Die Hochschulfrage ist eine Ehrenfrage des christlichen Volkes in Österreich geworden! (Großer Applaus.)“ Danach ergriff „der Führer der christlichsozialen Arbeiterschaft und ein aufrichtiger Freund des CV“, der LAbg. Leopold Kunschak (Nc EM), das Wort, weiters sprach auch der RRAbg. Richard Wollek (AIn). Am Schluß wurde eine Resolution verabschiedet, in der „die Entrüstung über das unmännliche und eines Kulturvolkes unwürdige Vorgehen eines Teiles der deutschnationalen Studentenschaft gegenüber den Angehörigen katholischer Studentenverbindungen“ ausgesprochen wurde.

Es braucht natürlich nicht betont zu werden, daß von seiten der christlichsozialen Presse dieser Fall hoch- und von seiten der deutschnationalen Zeitungen heruntergespielt wurde.

Die Ereignisse in Graz bis zum Ersten Weltkrieg

„Anläßlich des Stiftungsfestes der katholischen deutschen Studentenverbindung Carolina fanden von seiten der deutschradikalen Studentenschaft wüste Demonstrationen statt. Die Freiheit der Wissenschaft ist wieder einmal gerettet."

Deutsche Hochschule[1]

Von 1908 bis 1912

Gemessen an den Vorfällen bis 1908 verlief die Zeit in Graz von 1908 bis 1914 mit der Ausnahme von 1913 in relativer Ruhe. Man ging sich aus dem Weg. Die nationale Studentenschaft hatte erfahren müssen, daß es nicht mehr so leicht wie früher war, den „Holzkomment" anzuwenden.

Von der Hochschule verlagerten sich die Rempeleien zusehends auf die Straße. So kam es in den Tagen vom 14. bis 16. Oktober 1908 zu Aufläufen in der Herrengasse und der Belagerung des Hauses Sporgasse Nr. 7, wo einige Carolinen wohnten. Als am Sonntag, dem 22. November, die Verbindung ihren Sonntagsbummel wieder aufnehmen wollte, kam es zu einer fürchterlichen Keilerei, im Verlauf derer die Polizei mit blanker Waffe einschreiten mußte.[2] Bereits am 27. Oktober unternahm Carolina eine Eingabe an den Senat, um am Freitagsbummel teilnehmen zu können, was jedoch abgelehnt wurde.[3] Feierliche Inaugurationen und Immatrikulationen fanden weder 1908 noch 1909 statt. Man getraute sich nicht mehr, die Carolina einfach zu übergehen, und wählte daher diesen Weg.[4]

Am 28. Juni 1910 sollte wieder eine Couleurpromotion eines Carolinen stattfinden. Nach Anweisung des Rektors Prof. Julius Kratter (B! Arminia) mußte die Begleitung vor der Tür des Rektors haltmachen, der Promovend durfte in Salonwichs allein hineingehen, wo dann in der Kanzlei die Promotion vorgenommen wurde.[5] Der Rektor hatte nämlich erklärt, daß er Carolinen oder überhaupt Nichtdeutsche nie mit Farbstudenten zusammen promovieren lassen werde. Die Geschichte Arminias vermerkt hierzu: „Der Bauernsturm ... und das herausfordernde Verhalten beim 20. Stiftungsfest der Carolina vor zwei Jahren waren noch nicht vergessen, der Abwehrkampf gegen die römische Nachäffung deutschen studentischen Brauchtums immer heftiger geworden."[6]

Der Rektor des Studienjahres 1910/11, Prof. Adolf Bauer, wollte nun wiederum nach vielen Jahren eine feierliche Inauguration abhalten. Bei einer allgemeinen Studentenversammlung, bei der man Carolina und Traungau zuließ, wurde seitens der Schlagenden bedeutet, daß Carolina und Traungau nur in einfachen Farben teilnehmen könnten. Daraufhin protestierten sie beim Rektor, der in alter Manier die Inauguration als persönliche Sache des Rektors erklärte.[7] Durch Intervention der christlichsozialen

1 Zitiert nach Ac 26 (1913/14), S. 254f.
2 Ac 21 (1908/09), S. 237 und 269; 75 Jahre Carolina, S. 130.
3 UAG VA Carolina. Eingabe an den Akademischen Senat.
4 Ac 22 (1909/10), S. 305f.; 75 Jahre Carolina, S. 226.
5 Ac 23 (1910/11), S. 123.
6 Arminia Graz, S. 77; Ehrlicher-Leitinger, Ein Hort deutschen Fühlens, S. 113.
7 Höflechner, Die Baumeister des künftigen Glücks, S. 23. Das Protestschreiben der Carolina und Traungau ist faksimiliert ebda. S. 536f. abgedruckt.

Abgeordneten beim Unterrichtsminister Karl Graf Stürgkh wurde diese jedoch verhindert.[8]

Es ist fast schon müßig festzustellen, daß auch 1911 keine feierliche Inauguration aus den bekannten Gründen stattfand.[9] Zur gleichen Zeit versuchten Carolina und Traungau, eine Einladung zur Inauguration auf der Technischen Hochschule zu erhalten, was aber ebenso erfolglos blieb. Auch wurden sie nicht zur Jahrhundertfeier der Technik eingeladen, ein Protest an den nunmehrigen Unterrichtsminister Max Frhr. von Hussarek erbrachte lediglich die verbale Beteuerung der Gleichberechtigung. In Vertretung des Kaisers erschien Erzherzog Friedrich, der aber sofort wieder abreiste, worauf das Organ der steirischen Sozialdemokraten zu vermelden wußte, daß dies auf höhere Weisung geschah. In der gleichen Nummer wurde vermerkt, daß die katholischen Studenten die Lieblinge der österreichischen Erzherzoginnen seien. Ein Rekurs wegen der beiden Nichteinladungen blieb erfolglos.[10]

Das 25. Stiftungsfest der Carolina

Vom 10. bis 13. Mai 1913 fand das 25. Stiftungsfest Carolinas statt. Zum letzten Mal in großem Stil vor 1914 kam es zu Terrorszenen seitens der Schlagenden gegenüber CVern.[11] Der Rektor, in Erinnerung der Ereignisse vor fünf Jahren, verbot die Auffahrt. Carolina protestierte bei ihm: „Unter Hinweis darauf, daß im Falle von Unruhen die Störer der Ruhe und Ordnung nicht in unseren Reihen zu suchen wären und daß in den letzten Jahren mehreren Grazer Korporationen gestattet wurde, aus Anlaß ihres Stiftungsfestes ihrem Hausherrn auf der Hochschule eine Aufwartung zu machen, protestiert Carolina gegen die Verkürzung ihrer akademischen Rechte."[12]

Am Pfingstsonntag, dem 11. Mai, fand zuerst um 8.30 Uhr ein Cumulativconvent statt, wo über die Entwicklung der Verbindung der letzten Jahre berichtet wurde, insbesondere wurden die Zustände an der Technischen Hochschule erörtert, „wo die Bundesbrüder nur mit ernster Lebensgefahr in Farben erscheinen können".[13] Nach dem Gottesdienst um 11 Uhr in der Ursulinenkirche begab man sich zum Festbummel am Ring. Dort nahm der dreitägige Terror der „wehrhaften" Studentenschaft seinen Anfang.[14] Über Nacht hatten die Schlagenden Plakate herstellen lassen, die sie auf von Ochsen gezogenen Möbelkarren herbeibrachten. Auf diesen wurden in beleidigender Weise Priester und Carolinen dargestellt. Als der Zug der Carolinen und CVer in den Ring einbog, wurden sie von der Menge der Schlagenden mit einem Pfeifkonzert empfangen, wobei auch das „Rosenkranzlied" gesungen wurde. Ohne sich beeindrucken zu lassen, ging der Zug weiter, dabei wurde von den Schlagenden versucht, Bänder und Mützen herabzu-

8 Ac 23 (1910/11), S. 328; 75 Jahre Carolina, S. 226.

9 75 Jahre Carolina, S. 229.

10 Ac 24 (1911/12), S. 308f.; 75 Jahre Carolina, S. 229f.

11 Über das 25. Stiftungsfest siehe Ac 26 (1913/14) SS. 74-84, 94f.; 75 Jahre Carolina, SS. 141-163; Haidacher, Fünfzig Jahre Traungau, SS. 12-16; Arminia Graz, S. 87; Ebner, Geschichte der B! Marcho-Teutonia, S. 100f.; Ehrlicher-Leitinger, Ein Hort deutschen Fühlens, S. 119f.; Klauser, Geschichte der B! Stiria, S. 110; *Grazer Volksblatt,* 13. 5. 1913. Ausführlichere Darstellung des 25. Stiftungsfestes in Hartmann, Im Gestern bewährt, S. 122ff.

12 UAG VA Carolina. Protestschreiben der Carolina vom 16. 5. 1913.

13 Ac 26 (1913/14), S. 74.

14 Die Ereignisse nach Ac 26 (1913/14), S. 75ff.; 75 Jahre Carolina, S. 143ff.; *Grazer Volksblatt,* 13. 5. 1913.

Durch einen glücklichen Zufall ist eine Reihe von Fotografien vom 25. Stiftungsfest der Carolina mit seinen „handgreiflichen" Ereignissen erhalten geblieben. Festzug am Grazer Burgtor am 11. Mai 1913.

reißen und eine Schlägerei anzufangen. Der Zug bewegte sich weiter bis zum Freiheitsplatz, um dann von dort wiederum durch die Sackstraße zum Admonter Hof zu gelangen. Dabei wurde seitens der „Wehrhaften" versucht, den Weg zu versperren. Die Polizei konnte sie jedoch abdrängen. Johannes Ude (Cl) verließ nach einiger Zeit den Admonter Hof und wurde von Schlagenden umringt, die ihm die Mütze mit einem Stockhieb herunterschlugen.

Am Pfingstmontag, dem 12. Mai, fand die Festmesse in der Herz-Jesu-Kirche statt. Um 10.15 Uhr begann vom Admonter Hof die Auffahrt zur Kirche, die ein farbenprächtiges Bild bot. Als der Festzug von der Mandellstraße in die Sparbersbachgasse einbiegen wollte, war die Straße mit zwei Automobilen versperrt, und eine große Menge Schlagender erwartete die CVer. Sofort begannen diese mit dem Werfen der traditionellen Geschosse (Eier, Tintenfässer, Steine, Straßenkot etc.), den Pferden wurde in die Weichteile getreten, so daß sie aufschreckten und im Galopp durch die Menge stieben. Danach begann der „Nahkampf". Der Philistersenior Robert Orel (AW, Cl) sank von Hieben getroffen bewußtlos in einen Wagen. Franz Strohmeyer, einer der Gründer Carolinas, wurde blutig geschlagen, der oö. LAbg. Karl A. Salzmann (Cl) wurde durch ein Tintenglas verletzt. Der Vertreter der Vindelicia München, iur. Ludwig Stumpf (Hr, Vc)[15], erlitt neben vielen anderen Teilnehmern des Zuges Verletzungen. Es grenzte nahezu an ein Wunder, daß es trotzdem gelang, zur Kirche vorzustoßen.

15 Stumpf ist 1916 gefallen, siehe Hundert Jahre KDStV Vindelicia, S. 371, siehe auch S. 79, wo dieser Vorfall nur kurz Erwähnung fand.

Spottwagen der Schlagenden begleiteten den Festzug.

Die Polizei erwies sich als unfähig, die Sicherheit und Ordnung herzustellen. Inzwischen begaben sich Angehörige von CVern aus dem Deutschen Reich, die mit nach Graz gekommen waren, sowie der RRAbg. Richard Wollek (AIn) und Karl A. Salzmann zum Statthalter Graf Clary und legten ihm die kritische Situation klar. Der Grazer Bürgermeister versuchte inzwischen vergebens, seine „Gesinnungsgenossen" zu beruhigen. Der Statthalter entschloß sich daher, so wie 1908 Militär zur Unterstützung anzufordern. Eine Kompanie des IR „König der Belgier" Nr. 27 und eine Halbeskadron vom Husarenregiment „Graf Üxküll-Gyllenbrand" Nr. 16, dessen erstes Schwadron damals in Graz garnisonierte, rückten heran, um die Straßen und Zugänge rund um die Herz-Jesu-Kirche frei zu machen. Erst gegen 14 Uhr konnten die Carolinen und ihre Gäste die Kirche verlassen und unter militärischer Bedeckung die Rückfahrt antreten. Die Husaren bahnten den Weg, die „Belgier" sicherten als Nachhut den Festzug, der zuerst zum Freiheitsplatz zog, wo der Senior eine patriotische Rede hielt. Nach dem Absingen des „Gott erhalte" gelangte man gegen 15 Uhr zum Admonter Hof. Auch dort mußte die Kavallerie die Menge zurückdrängen. Das verspätete Mittagessen nahm man dann im Hotel „Elefant"[16] ein.

Am Abend fand in den Annensälen[17] der Festkommers statt. Dieser sowie die anschließende Heimfahrt verliefen störungsfrei. Der dritte Akt erfolgte am Pfingstdienstag, dem 13. Mai. Vorgesehen war ein Frühschoppen auf dem Schloßberg. Bereits in der Früh wurde er von einigen hundert Schlagenden besetzt, die mit Sesseln, Stöcken und Gulasch als Wurfgeschosse ausgerüstet waren. Unter diesem Aspekt verzichtete man auf den

16 Befand sich anstelle des heutigen Gewerkschaftshauses am Südtiroler Platz. Siehe Cerwinka, Student und Gasthaus in Graz, S. 165.

17 Bis 1868 „Schreiner'sche Bierhalle": Lastenstraße 4, Annenstraße 72, Baumkirchnerstraße 13. Siehe Cerwinka, Student und Gasthaus, S. 181.

Frühschoppen und freute sich auf den nachmittägigen Ausflug nach St. Radegund. Zwischen 14 und 15 Uhr sammelte sich eine lange Wagenreihe vor dem Admonter Hof, doch die Fahrt wurde gegen 15 Uhr abgesagt, weil die Gendarmerie erklärte, sich nicht mehr für die Sicherheit verbürgen zu können.

An der Stadtgrenze hatten sich wiederum einige hundert Schlagende versammelt, diesmal ausgerüstet mit Pferdemist, Kot und Jauche, um die Wagenkolonne dementsprechend empfangen zu können. Der Grazer Süßwarenfabrikant Karl Englhofer (Trn EM) erhielt von der Absage jedoch keine Nachricht mehr, er befand sich mit seinem offenen Auto, in dem neben seiner Familie auch Jakob Ahrer (ehemals Trn) saß, auf dem Weg nach St. Radegund. In der Nähe von Mariatrost wurde der Wagen überfallen, dem Chauffeur wurden die Brillen durch Stockhiebe zerschlagen, und alle wurden mit Mist usw. beworfen, einige sogar durch Hiebe verletzt. Unter Gendarmeriebegleitung kehrte der Wagen nach Graz zurück, und Englhofer ließ sich sofort beim Statthalter Graf Clary melden. Damit endete das 25. Stiftungsfest.

Natürlich hatte das Ganze wiederum ein Nachspiel im Parlament. Am 15. Mai richteten die christlichsozialen RRAbg. Schoiswohl, Prisching, Wollek u. a. eine Anfrage an den Innenminister, wobei ein genauer Bericht über die Grazer Vorfälle gegeben wurde. In dieser wurde besonders das Verhalten der Grazer Polizei und des Bürgermeisters getadelt. Man verlangte, daß den deutschen Gästen, die verletzt wurden, im Hinblick auf das Bündnis mit dem Deutschen Reich volle Genugtuung gewährt und daß gegen die Rädelsführer, insbesondere die B! Stiria und B! Frankonia, die die Schlägereien verursachten, vorgegangen werde.[18]

Einzug zur Festmesse in der Grazer Herz-Jesu-Kirche am 12. Mai 1913.

18 StProt AH RR XXI, 142, vom 15. 5. 1913, S. 3421/I, Anhang 2.

Militär mußte eingesetzt werden, um die Sicherheit zu gewährleisten. Hier im Bild sieht man ein Halbeskadron Husaren die Naglergasse von Süden auf den Vorplatz der Kirche heranrücken.

Wie üblich unternahmen die Deutschnationalen und Sozialdemokraten in schön geübter Koalition eine Gegen-Interpellation. Der steirische RRAbg. Paul Hofmann von Wellenhof unterstrich den „aufreizenden Charakter" des Stiftungsfestes und das Eingreifen des Militärs.[19] Der Sozialdemokrat Pongratz hingegen behauptete in seiner Anfrage: „Nach der Erklärung der deutschnationalen Studenten, daß sie jede Gewalttätigkeit bei ihrer geplanten Demonstration vermissen wissen wollten, und nach dem Amtsbericht des Bürgermeisters von Graz wäre es bei einem gewöhnlichen Studentenulk geblieben, wenn nicht gerade im Augenblick, wo die nationalen Studenten auf Ersuchen des Bürgermeisters abziehen wollten, Militär erschienen und dadurch die Gemüter der jungen Leute aufs Äußerste erregt worden wäre."[20] Wie schon früher, so hatte auch diesmal die Sozialdemokratie in eindeutiger Weise die Schlagenden unterstützt.

Die Verteidigungslinie war klar: Schuld ist allein schon das Dasein der „klerikalen Studenten" als solches, das als „provozierendes" Verhalten empfunden wird. Durch ihr Auftreten wurden gerade zwangsläufig gewaltsame Aktionen heraufbeschwört, darunter auch der Einsatz des Militärs, wodurch die Studenten „erregt" wurden. In dasselbe Horn stießen auch die Verbindungsgeschichten der Burschenschaften: „Die Klerikalen nützten diese Gelegenheit durch Veranstaltung pompöser Auffahrten zu einer unerhörten Herausforderung der freiheitlichen Studentenschaft ... aus."[21]

19 Ebda. 143 vom 20. 5. 1913, S. 3449/I.

20 Ebda., S. 3462/I.

21 Arminia Graz, S. 87; Ehrlicher-Leitinger, Ein Hort deutschen Fühlens, S. 119f.; Klauser, Geschichte der B! Stiria, S. 110.

Die *Deutschen Hochschulstimmen aus der Ostmark* schrieben zu den Vorfällen: „Die katholischen Jünglinge wissen nur zu gut, daß die überwiegende Mehrheit der Grazer von den provokanten Umzügen der schwarzen Gesellen nichts wissen will und sie als eine Herausforderung empfindet, die jederzeit ihre Zurückweisung erfahren muß." Der *Kyffhäuser* druckte die offizielle Erklärung der schlagenden Studentenschaft Graz zu diesen Vorfällen ab, die die Sache in eine andere Dimension erhob: „Klerikalismus und Deutschtum bilden seit jeher scharfe Gegensätze ..., wir sehen die Klerikalen an der Spitze all jener Völker, die uns Deutschösterreicher feindlich gegenüberstehen ..."[22]

Inzwischen beantwortete am 27. Mai 1913 Innenminister Karl Frhr. von Heinold-Udinski die Anfrage der Christlichsozialen. Er gab einen genauen Überblick über die Vorkommnisse, offenbar aufgrund der Polizeiberichte, und verurteilte die Ausschreitungen insbesondere gegenüber ausländischen Gästen. Weiters verteidigte er den Einsatz des Militärs als notwendig für die Aufrechterhaltung der Ruhe und Ordnung, da die Grazer städtische Polizei unzureichend ausgerüstet sei. Gegen 27 Universitätsstudenten und 17 solche der Technik ermittle die Staatsanwaltschaft.[23]

Diplomatische Folgen

Zum 25. Stiftungsfest war eine starke Delegation reichsdeutscher CVer gekommen, an der Spitze der VOP Heinrich Mölle (RFb). Diese geriet in die Schlägerei, einige wurden verletzt. Noch von Graz aus beabsichtigte der VOP, an den deutschen Botschafter in Wien zu telegraphieren, was jedoch aufgrund eines Mißverständnisses nicht geschah. Der in dem beabsichtigten Telegramm angekündigte Bericht wurde am 21. Mai von Freiburg/Br. aus dem Botschafter übermittelt, der dessen Eingang am 26. Mai bestätigte. Am 25. Mai erhielt der VOP von Friedrich Merkel (Ae) ein Schreiben, in dem u. a. folgendes stand:

> „Lieber Vorortspräsident!
> In der Angelegenheit Graz bin ich mit unserem Philistersenior von Stoeckle[24] ... letzten Dienstag [20. Mai, Anm. d. Verf.] zur Audienz beim [bayerischen, Anm. des Verf.] Minister des Äußeren von Hertling gefahren. Er hatte diese Vorfälle aus den Blättern verfolgt und war sehr entrüstet über die verübten Gemeinheiten. Er riet uns, zunächst ein schriftlich objektives Memorandum einzureichen als eventuelle Grundlage für die Verhandlungen. Er wird dann zunächst einmal die Reichsregierung in Berlin zum Vorgehen veranlassen, und die Bayerische Regierung wird – da sie in Wien eine diplomatische Vertretung hat – selbst von der österreichischen Regierung Genugtuung fordern, darin bestehend: 1. Österreich bedauert die Vorfälle und entschuldigt sich. 2. Österreich verspricht die schärfste strafrechtliche Verfolgung der Täter. 3. Die Reichsregierung verspricht für die Zukunft, ähnliche Vorkommnisse zu verhüten, evtl. mit den schärfsten Maßnahmen zu beseitigen ... Einen Nutzen haben wir ja von diesem

22 Pressestimmen zitiert nach Ac 26 (1913/14), S. 254f.

23 StProt AH RR XXI, 147, SS. 7301-7303, vom 27. 5. 1913.

24 Andreas von Stoeckle (Ae) war Präsident des Obersten Rechnungshofes Bayerns und Philistersenior der Aenania von 1905 bis 1919, siehe 150 Jahre Aenania, S. 297.

Vorgehen nicht, ich glaube aber, damit den österreichischen Cartellbrüdern einen kleinen Dienst zu tun ..."

Aus diesem Brief geht hervor, daß von den betroffenen Münchner Verbindungen beim damaligen bayerischen Ministerpräsidenten und Außenminister sowie späteren Reichskanzler, Georg Graf Hertling (Ae), vorgesprochen wurde, um diplomatische Schritte zu erwägen. Jedenfalls wurde die von Österreich abzuverlangende Erklärung ziemlich genau und punktuell bereits festgehalten. Aufgrund des „diplomatischen Stils" ist anzunehmen, daß sie von Hertling selber konzipiert wurde. Damals hatten übrigens einige Bundesstaaten des Deutschen Reiches selbständige diplomatische Vertretungen in Wien.[25]

Der reichsdeutsche Botschafter in Wien, Heinrich Leonhard von Tschirsky und Bögendorff[26], berichtete am 8. Juni 1913 dem deutschen Reichskanzler Theobald von Bethmann Hollweg von der Beschwerde der deutschen CVer wegen der ihr „in Graz zuteil gewordenen Beschimpfungen pp." sowie von der Anfragebeantwortung des Innenministers. Deswegen „habe ich vorerst Abstand genommen, die vorliegende Beschwerde der hiesigen Regierung zur Kenntnis zu bringen und darf Eurer Exzellenz hohen Ermessen gehorsamst anheimstellen, ob ich die Beschwerde trotz dieser Zusicherungen noch amtlich bei der hiesigen Regierung zur Sprache bringen soll oder ob der Vorortspräsident Heinrich Mölle in Freiburg im B. auf Grund der von dem Herrn k. k. Minister des Innern gegebenen Zusicherungen wegen Bestrafung der Schuldigen von hier beziehungsweise Berlin aus zu bescheiden sein wird".[27]

Am 12. Juni 1913 richtete das „Kgl. Bayerische Staatsministerium des Königlichen Hauses und des Äußeren" an die „Kgl. Bayerische Gesandtschaft in Berlin" mit dem Betreff „Exzesse in Graz" ein Schreiben, in dem von der Beschwerde bayerischer CVer berichtet wird.

> „Bevor ich diese Beschwerde zur Kenntnis der österreichischen Regierung bringe, beehre ich mich, Euer Exzellenz ergebenst zu ersuchen, zunächst noch baldtunlichste vertrauliche Erkundigungen bei der Preußischen Regierung darüber einziehen zu wollen, ob von dieser etwa die fraglichen Vorgänge bei der österreichischen Regierung bereits zur Sprache gebracht worden sind und eventuell mit welchem Erfolg oder ob eine Vorstellung noch in Aussicht genommen ist, nachdem nach den mir zuteil gewordenen Informationen auch Vertreter von Verbindungen auf preußischen Universitäten von den fraglichen Vorgängen betroffen worden sind."

Durch diese beiden Vorgänge – Bericht des deutschen Botschafters in Wien an den Reichskanzler und Fühlungnahme Bayerns mit dem Reich bzw. Preußen in dieser Angelegenheit – war nun das Berliner Auswärtige Amt zum Handeln gezwungen. Am 22. Juni 1913 erging nun von dort die Weisung an den deutschen Botschafter in Wien, die „Beschwerde des reichsdeutschen Cartellverbandes ... in geeigneter Weise ohne Stellung

25 Über die Interventionen der deutschen CVer siehe CVA. A. 34. Vorort Ripuaria Freiburg. Grazer Krawalle. In diesem Akt sind neben Zeitungsausschnitten vor allem der Brief Merkels an den VOP sowie die Briefe des deutschen Botschafters an den VOP enthalten.

26 Er war 1906/07 Staatssekretär des Auswärtigen Amtes in Berlin.

27 PA. Akten betreffend: Beziehungen Österreichs zu Deutschland vom 1. 2. 1912 bis 8. 4. 1914. Bd. 21. Abteilung A, C 1917. Darin sind der Briefwechsel zwischen deutschem Botschafter und deutschem Reichskanzler sowie die Anfrage des bayer. Außenministeriums via Berliner Gesandtschaft enthalten.

eines bestimmten Antrages bei der dortigen Regierung zur Sprache und ... auch ihr Interesse an dieser Angelegenheit zum Ausdruck zu bringen". Bereits am 26. Juni berichtete der Botschafter an Bethmann Hollweg, dies getan zu haben, gleichzeitig informierte er ihn über die anhängigen Strafverfahren in dieser Sache.

Aus den Akten des Politischen Archivs des Auswärtigen Amtes Berlin zu dieser Angelegenheit geht übrigens hervor, daß der aus Freiburg/Br. stammende Zentrums-Abgeordnete Konstantin Fehrenbach (Hr) eine Anfrage im Reichstag an den Reichskanzler richten wollte, jedoch mit den bisherigen Informationen sowie der Zusicherung des Auswärtigen Amtes, in Wien vorstellig zu werden, zufrieden war und dann davon absah.

Am selben Tag schrieb der Botschafter auch dem VOP Mölle. Darin hieß es u. a., „daß die in denselben berührte Angelegenheit von der hiesigen Regierung, wie Euer Hochwohlgeboren aus der vom Minister des Inneren, Baron Heinold, seinerzeit im Abgeordnetenhaus gemachten eingehenden Darstellung entnommen haben werden, zum Gegenstande nachdrücklicher Erhebungen gemacht worden sind. Ich habe trotzdem Veranlassung genommen, mich nach dem Stand der diesbezüglichen Untersuchung zu erkundigen. Es ist mir an zuständiger Stelle mitgeteilt worden, daß ein polizeiliches und ein gerichtliches Untersuchungs- und Strafverfahren eingeleitet worden ist."

Damit war die diplomatische Aktion wegen der Vorfälle anläßlich des 25. Stiftungsfestes in Graz beendet. Ein wohl historisch einmaliger Vorgang.

Der CV im größeren Österreich: Prag und Czernowitz

„Farbe tragen heißt,
Farbe bekennen!"

Karl Borromäus Rabl
Rektor der deutschen Karls-Universität Prag 1903/04

Die Ausgangssituation in Prag

Mitte des 20. Jahrhunderts gab es ein populäres Wiener-Lied: „Als Böhmen noch bei Öst'reich war, vor fünfzig Jahr..." Heute kennt dieses kaum noch jemand, und auch das Bewußtsein, daß die „Länder der Wenzelskrone" einmal „zu Österreich" gehört haben, verblaßt zunehmend. Dazu trägt teilweise leider auch die Geschichtsschreibung bei. Allzu oft wird sie aus dem Blickwinkel der durch den Friedensvertrag von St. Germain 1920 gezogenen Grenzen betrieben. Die Betrachtung Böhmens und Mährens als Teil der österreichischen Geschichte ist weitgehend entschwunden – gerade auch was das ehemals dortige deutsche Element betrifft. Eine Geschichte des CV „in Österreich" hat aber auch diesen Teil der Monarchie zu berücksichtigen. Prag steht hier zumindest bis 1918 – in Ausläufen sogar bis 1945 – gleichwertig mit Wien, Graz oder Innsbruck.

Die Situation in Prag war eine besondere. Die deutsche Bevölkerung Böhmens siedelte am Rande dieses Kronlands (daher auch in Wien „Rand'l-Böhm" genannt). Im Zentrum wohnten – von Sprachinseln abgesehen – die Tschechen. Prag hatte eine starke deutsche Minderheit, die einerseits schon über Generationen dort wohnte, andererseits aber nach Prag, dem politischen und kulturellen Zentrum Böhmens, zuwanderte (Beamte, Militär, Professoren etc.). Ein zusätzliches Element waren noch die deutschen Studenten, die für die Zeit ihres Studiums in Prag wohnten. Der deutsche Bevölkerungsanteil war daher während des Semesters größer, was die später geschilderten Konflikte förderte, die dann während der Ferien ohne diese Studenten abflauten. Eine gewisse Entflechtung des Konfliktes brachte 1882 die Teilung der Universität in die „k. k. Deutsche Karl-Ferdinands-Universität" und die „C. K. Česka Universita Karlo Ferdinandea".

Aus diesem Grund kam in Prag neben den Auseinandersetzungen zwischen katholischen Studenten und Schlagenden noch der scharfe Gegensatz in der Nationalitätenfrage hinzu, was die Lage zusätzlich komplizierte. Die Kappen und Bänder der *buršáci* wirkten auf die Mehrzahl der tschechischen Bevölkerung höchst erregend. Nach außen hin mußten sich also die deutschen Verbindungen daher einig zeigen, doch unter sich, auf akademischen Boden, war es des Hauptanliegen der schlagenden Korporationen, den katholischen Studenten das Farbentragen unmöglich zu machen. Doch durch das taktvolle Auftreten der Ferdinandea und ihrer Mitglieder sowie durch eine vorerst allseitige friedliche Haltung zählten anfänglich in Prag Reibereien zwischen den deutschen Studenten unterschiedlicher Gesinnung zu den Seltenheiten.[1]

Den Beginn der nationalitätenbedingten Auseinandersetzungen markierte am 28. Juni 1881 – ein Jahr vor der og. Teilung der Universität – die **Schlacht von Kuchelbad**, die

1 Ferdinandea 1885-1918, S. 45.

weit über Böhmen hinaus Wellen schlug. Tschechen überfielen Angehörige des Prager C! Austria während ihres Stiftungsfestausfluges nach Kuchelbad (Chuchle, gehört heute zu Prag) und verletzten einige von ihnen schwer.[2] Der nächste größere studentische Tumult in Prag fand erst im Rahmen der **Badeni-Unruhen** statt. Diese „Prager Schreckenstage" begannen am 28. November 1897 und dauerten in ihren Auswirkungen bis 1898. Ferdinandea war darin selbstverständlich involviert. Zu den Ereignissen im einzelnen siehe unten S. 207. Doch die 1897/98 praktizierte Einheit der deutschen Studentenschaft wurde danach immer brüchiger, die Gegnerschaft zwischen nationaler und katholischer Studentenschaft hingegen stärker.

Nachdem um die Jahrhundertwende Ferdinandea sich in einer personellen Krise befand, die durch das Eingreifen von Richard Wollek (AIn) gemeistert werden konnte[3], war der erste Höhepunkt dieser eskalierenden Phase eine Anti-Duellversammlung am 20. Februar 1902, bei der Ferdinandea in Farben teilnahm und wo Angehörige von Burschenschaften ohne Farben lautstark deren Entfernung forderte. Die Versammlung nahm immer mehr tumultartige Formen an, so daß sie behördlich geschlossen werden mußte.[4]

Zwischen Nationalitäten- und Kulturkampf

Die latent vorhandene Konfliktsituation zwischen deutschen Studenten und Tschechen brach am Sonntag, dem 28. Februar 1904, beim Bummel am Graben mit Vehemenz auf, so daß die Polizei die Straße räumen mußte. Zwei Ferdinanden wurden dabei verletzt. Am nächsten Sonntag, dem 7. März, gab es eine Fortsetzung der Exzesse in einem größerem Ausmaß, so daß ein Eskadron Dragoner und ein Bataillon Feldjäger den Graben säubern mußten. In den beiden folgenden Tagen eskalierten die Demonstrationen weiter, aber wegen des Semesterendes beruhigte sich die Lage bald.

Anläßlich dieser Auseinandersetzungen zwischen deutschen und tschechischen Studenten soll seitens des damaligen Rektors, Karl Borromäus Rabl, erstmals der Spruch „Farbe tragen heißt, Farbe bekennen" gefallen sein,[5] der bis heute allgemein gebräuchlich ist und von dem aber keiner mehr weiß, woher er eigentlich stammt und welchen Sinn er gehabt hat.[6] Das Farbentragen der deutschen Studenten in Prag, insbesondere beim wöchentlichen Bummel auf dem Graben, wurde zum Symbol des Bekenntnisses zum Deutschtum gegenüber den Tschechen, die das wiederum als Provokation auffaßten. Es war daher ein Bekenntnis, das durchaus negative Folgen – etwa tätliche Angriffe – nach sich ziehen konnte. In der Historiographie wird dieser Spruch oft auch anderen Urhebern zugeschrieben. Nicht selten wird er dem Prager Kirchenhistoriker August Naegle (Ae), in

---

2 Nachbaur, Die deutschen katholischen Studentenverbindungen in Österreich, S. 52.

3 Unter Führung Wolleks kam es zu einer „Hilfsexpedition" österreichischer CVer, die nun in Prag studierten. Wollek, selber Medizinstudent, wechselte auf Jus über, um dann mehr Zeit für die Verbindung zu haben. Siehe Wieser, Geschichte des Cartellverbands in Böhmen, Mähren und in der Bukowina, S. 18.

4 Ferdinandea 1885-1918, SS. 118-121.

5 So nach ebda., S. 284.

6 Der Begriff „Farbe bekennen" kommt ursprünglich aus dem Kartenspiel und bedeutete dort „die von den anderen geforderte Farbe aus der eigenen Hand nachspielen". Er bekam dann den übertragenen Sinn „seine Meinung offen darlegen, seine Meinung sagen", franz. *annoncer la couleur*. Siehe Röhrich, Lutz: Lexikon der sprichwörtlichen Redensarten. Bd. 2. Freiburg/Br. 3. Aufl. 1995, S. 416.

den zwanziger Jahren mehrmalige Dekan der Theologischen Fakultät und Rektor der Universität, zugeschrieben.[7] Bei der Rede am 11. Juni 1938 anläßlich der Auflösung der Grazer schlagenden Verbindungen (siehe S. 433) hat hingegen Friedrich Pock (B! Frankonia Graz) den Rektor der Wiener Technischen Hochschule, Josef Neuwirth, vor 1914 als Urheber dieses Ausspruches bezeichnet.[8] Möglicherweise hat sich der Ausspruch von Rabl im März 1904 rasch zu dem entwickelt, was er bis heute ist, nämlich ein umgangssprachliches Allgemeingut im ganzen deutschen Sprachraum, so daß er bald auch von anderen verwendet wurde. In offenbarer Unkenntnis des tatsächlichen ersten Gebrauches wurden dann quasi erstmals dokumentierte Fälle als solche betrachtet.

War noch 1897/98 ein Einvernehmen unter den deutschen Studenten festzustellen, so war es bald damit vorbei. Ein am 10. März 1904 konstituierter Studentenausschuß verweigerte der Ferdinandea die Teilnahme.[9] Als Anfang 1905 von der Ferdinandea die Vandalia, die 2. CV-Verbindung gegründet wurde (siehe S. 75), versuchte die „deutschvölkische Studentenschaft", dies zu verhindern.[10] Damals führten die Akademischen Senate beider deutschen Hochschulen (Universität und Technische Hochschule) die Bestimmung ein, daß sie das Farbentragen auf akademischen Boden genehmigen müßten.[11]

Nach der Gründung der Vandalia begann auch in Prag das aus Graz her bekannte Spiel, nämlich die Verhinderung der Teilnahme des CV an der Inauguration des Rektors. Sie wurde durch die Schlagenden am 12. November 1905 den beiden Verbindungen handgreiflich verwehrt, so daß sie der Inauguration des neuen Rektors, des Theologen Josef Rieber (Fd), nicht beiwohnen konnten. Ein Jahr später, am 20. Oktober 1906, wiederholte sich dasselbe Spiel. Aufgrund der fast Jahr für Jahr auftretenden Unzukömmlichkeiten bei der Inauguration versuchte die Universität, Ordnung zu schaffen, und erließ Anfang Februar 1907 einen Erlaß, daß – ähnlich wie in Graz – das korporative Auftreten farbentragender Verbindungen auf akademischen Boden von Fall zu Fall der Bewilligung des Rektors bedürfe.[12]

Die spezifische Prager Situation, in der sich Kultur- und Nationalitätenkampf ineinander vermengten, führte oft zu merkwürdigen Verbindungen und Koalitionen, die aus heutiger Sicht nicht immer gleich durchschaubar sind. Zwei Beispiele hierfür: Am 26. April 1907 weilte Kaiser Franz Joseph in Prag, um u. a. neue Universitätsinstitute zu besichtigen. Bei dem Festspalier beteiligten sich die Burschenschaften nicht, wohl die deutschen Theologen, Ferdinandea und Vandalia sowie einige jüdisch-liberale Verbindungen. Als der Kaiser vorbeizog, wurde er mit einem kräftigen „Heil!" begrüßt. Ebenso anwesende tschechische Studenten riefen „Nazdar!"[13] Und am 9. Mai 1907 fand

7 So u. a. von Ernst Exner (Pan) in *Academia intern* 5/2001, S. 10. Naegle war nach 1918 eine Stütze des Prager Deutschtums und wurde in diesem Zusammenhang „Eiserne Magnifizenz" genannt. Aus diesem Grund dürfte die Meinung entstanden sein, er hätte diesen Spruch geprägt. Naegle war auch von 1920 bis 1925 Senator der Tschechoslowakei, 1925 kandidierte er sogar als Präsident (gegen Thomas G. Masaryk), siehe Ac 80 (1987), S. 304.

8 Hundert Jahre B! Frankonia, S. 52.

9 Ferdinandea 1885-1918, SS. 138-142.

10 Ebda., S. 153; Ac 18 (1905/06), S. 83f. und 120.

11 So mußte im Herbst 1907 die aus der Vandalia hervorgegangene Saxo-Bavaria ein halbes Jahr auf diese Genehmigung warten.

12 Ferdinandea 1885-1918, S. 162 und 170f.; Stitz, Der Akademischer Kulturkampf, 99f.

13 Dieses Wort ist nicht exakt zu übersetzen, bedeutet aber so viel wie „Heil", „Hoch", also einen positiven Zuruf.

eine große Versammlung deutscher und tschechischer Studenten gegen die Zugehörigkeit der Theologischen Fakultät zur Universität statt.[14]

Das **Wahrmund-Jahr 1907/08** (siehe S. 138f.) verlief in Prag etwas anders. Aufgrund des anhaltenden Nationalitätenstreits fanden die Auseinandersetzungen zwischen katholischen und deutschfreisinnigen Studenten dort keine Nachahmung[15] – sieht man von der Gründung der dritten Verbindung Saxo-Bavaria ab, die zu Reibereien zwischen katholischen und „deutschvölkischen" Studenten führte. Allerdings kam es bei der Inauguration am 18. November 1907 zu einer Eskalation, wobei die Ereignisse in Graz (Ude-Promotion) und Wien (Äußerungen Luegers auf dem Katholikentag, siehe S. 142) die Sache zusätzliche anheizten. In Voraussicht hatte der Senat nur die Teilnahme von je zwei Vertretern pro Verbindung in Farben und nicht in Wichs genehmigt. Obwohl die Feier erst um 11 Uhr beginnen sollte, waren bereits um 9 Uhr die Zugänge zur Aula von den Schlagenden besetzt. Die Vertreter der Ferdinandea und der Vandalia wurden nicht hereingelassen und zurückgedrängt, die Vertreter der anderen Verbindungen waren entgegen der Vereinbarungen in Wichs erschienen. Als der neue Rektor, Prof. August Sauer, das rügte und die Gleichberechtigung der katholischen Studenten betonte, wurde er wüst beschimpft. Der böhmische Statthalter und der Prager Weihbischof Wenzel Frind (Fd EM) kehrten um. Während der Festrede des neuen Rektors wurde seitens der Schlagenden die CVer zu einem Teil die Treppe hinuntergestoßen, wobei einige nicht unerheblich verletzt wurden, zum anderen Teil in einem Hörsaal eingesperrt. Seitens der „teutonische Recken" versuchte man, unter wüstem Gebrüll („Jetzt kommt der dritte Prager Fenstersturz!") die Tür aufzubrechen. Erst gegen 16.30 Uhr konnten nach langen Verhandlungen die Eingesperrten befreit werden.[16] Dekan der Juridischen Fakultät war in diesen Studienjahr übrigens Anton Rintelen, dessen damaliges Eintreten für die katholische Studentenschaft eine der Begründungen des Traungau Graz war, ihm 1921 die Ehrenmitgliedschaft zu verleihen – was sich aber später als Fehlentscheidung erwies.[17]

Zu Beginn des Wintersemesters 1908 steigerten sich neuerlich die nationalen Unruhen in Prag. Die Ausschreitungen nahmen am 17. Oktober ihren Anfang; eine ihrer Ursachen war auch die „Annexionskrise" (staatsrechtliche Annexion Bosnien-Herzegowinas durch Österreich-Ungarn), worin die Tschechen eine Unterdrückung eines slawischen Brudervolkes sahen. Der Bummel deutscher Studenten auf dem Graben war wieder Zielpunkt tschechischer Krawalle. Ein Angehöriger der Ferdinandea wurde durch einen Steinwurf am Hinterkopf nicht unerheblich verletzt.[18]

In dieser schwierigen Zeit einigte man sich innerhalb der deutschen Prager Studentenschaft und bildete Ende Oktober einen permanenten Hochschulausschuß, der aus je drei

14 Ferdinandea 1885-1918, S. 174f. Bei dieser Veranstaltung nahm auch der Wiener Historiker Ludwig (Ludo) Moritz Hartmann teil, einer der bekanntesten kulturkämpferischen und antiklerikalen Freisinnigen der damaligen Zeit. Er war zwar Sozialdemokrat, jedoch gab es aufgrund seiner Gesinnung deutliche Berührungspunkte zum Antiklerikalismus der schlagenden Verbindungen. So gründete er u. a. die freisinnigen Salzburger Hochschulwochen, die Gegenveranstaltung zu der diesbezüglichen katholischen Initiative.

15 Ferdinandea 1885-1918, S. 187.

16 Ac 20 (1907/08), S. 265f.; Ferdinandea 1885-1918, SS. 178-180. Sauer war ein berühmter Germanist und Grillparzer-Forscher, nahm als erste Rektor an einer Veranstaltung des PCV Anfang 1908 teil. Sein Schüler war Josef Nadler (ehemals Fd). Siehe Wieser, Geschichte des Cartellverbands in Böhmen, Mähren und in der Bukowina, S. 25, Anm. 27.

17 Ac 33 (1920/21), S. 271.

18 Ac 21 (1908/09), S. 237.

Vertretern deutsch-völkischer und deutsch-freiheitlicher (liberaler) Verbindungen sowie aus zwei Vertretern der katholischen Korporationen bestand. Seitens der Behörde griff man zur letzten Maßnahme und sperrte den Graben. Um die Sicherheit zu gewährleisten, wurden rund 1.000 Gendarmen aus anderen Kronländern nach Prag beordert, zusätzlich wurden zwei Kompanien des IR Erzherzog Rainer Nr. 59 aus Salzburg verlegt.[19]

Die Auseinandersetzungen dauerten aber weiter an. Das Publikationsfest der Saxo-Bavaria Ende November wurde von Tschechen gestört. Am 1. Dezember herrschte in Prag der offene Aufruhr gegen die Staatsgewalt. Ein Bataillon des IR GdI Hubert Frhr. von Czibulka Nr. 91, das sich aus Budweis (České Budejovice) ergänzte, sowie ein Eskadron des DR Prinz Eugen von Savoyen Nr. 13 aus Klattau (Klattovy) mußte zur Sicherheit herbeigerufen werden. Eine Eskalation drohte für den 2. Dezember 1908, dem 60jährigen Thronjubiläum Kaiser Franz Josephs. Um das Schlimmste zu verhindern, wurde bis 15. Dezember das Standrecht verhängt.[20] Die tschechische Hetze gegen die deutschen Studenten hielt das ganze Wintersemester an. Am 7. März 1909 kam es in Prag wiederum zu großen Krawallen, doch Anfang April beruhigte sich wegen des Semesterendes die Lage wieder etwas.[21] Diese Situation blieb weiter bestehen, so daß der Chronist der Ferdinandea für die Zeit ab 1911 schreiben konnte: „Unbeschwerte Jahre vor dem Weltkrieg."[22]

Im östlichsten Vorposten des CV: Czernowitz

Die östlichste CV-Verbindung war die **Unitas bzw. Frankonia zu Czernowitz** (über deren Gründung siehe S. 36). Bald nach ihrer Reaktivierung im Mai 1901 kam es auch dort zum „Holzkomment". Die Unitas beschwerte sich am 1. Oktober 1901 darüber beim Akademischen Senat und bat um Schutz vor diesen Übergriffen. In einem Bescheid vom 23. November billigte der Senat zwar der Verbindung das Recht zum Farbentragen zu, jedoch wurde das Recht zum Schlägertragen auf akademischen Boden aus altbekannten Gründen untersagt. Dagegen hat die Verbindung beim Ministerium Rekurs erhoben, der jedoch wegen formaler Mängel abgewiesen wurde. Dieser Vorfall war einer der Ursachen für die parlamentarische Anfrage von Albert Geßmann (AW EM) u. a. am 18. Dezember 1902 (darüber siehe oben S. 129 und unten S. 187).[23]

Im Jahr 1906 beschloß die Unitas eine Satzungsänderung und wandelte sich in eine volle farbentragende Studentenverbindung mit dem neuen Namen Frankonia um. Bislang konnte sie aus statutarischen Gründen nicht dem CV beitreten, nun waren die Voraussetzungen für einen Aufnahmeantrag gegeben, dem die 46. CV 1910 stattgegeben hatte. Im November 1910 kam es in Czernowitz zu einem CV-Beitritts-Fest, bei dem zahlreiche Gäste anwesend waren. Bei der Fahrt nach dem Festgottesdienst zum Verbindungsheim wurden die Teilnehmer von der freisinnigen Studentenschaft aller Nationen mit faulen Ei-

19 Ferdinandea 1885-1918, SS. 197-202.

20 Ebda., SS. 204-207.

21 Ebda., S. 210f.

22 Ebda., S. 240.

23 Klepsch, Frankonia Czernowitz, S. 23f.; über die Frankonia siehe auch Wieser, Geschichte des Cartellverbands in Böhmen, Mähren und in der Bukowina, SS. 61-65; Schieweck-Mauk, Lexikon der CV- und ÖCV-Verbindungen, S. 299ff.; Anfragebeantwortung des Unterrichtsministers Wilhelm August Ritter von Hartel vom 4. 2. 1903 StProt AH RR XVII, 197, S. 17863f.

ern beworfen. Als man dann in das für den Frühschoppen vorgesehene Lokal ziehen wollte, waren dessen Eingänge besetzt, so daß man in ein anderes ausweichen mußte.[24] Wie überall in der Monarchie, so kam es während des Wahrmund-Jahres 1908 auch in Czernowitz zum Studentenstreik und zu Handgreiflichkeiten gegenüber katholischen Studenten. Und noch 1913 wurde eine Farbenpromotion eines Frankonen verhindert.[25]

---

24 Klepsch, Frankonia Czernowitz, S. 27f.
25 Ebda., S. 31f.

Katholisches Studententum und nationalfreiheitliche Ideenwelt

„Die deutsche Studentenschaft sieht in der Pflege der katholischen Weltanschauung durch eine Korporation in der Öffentlichkeit eine antinationale Tendenz und Förderung des konfessionellen Unfriedens."

Resolution gegen die K. D. St. V. Sugambria Jena 1904[1]

In der bisherigen ereignisgeschichtlichen Darstellung wurden die Themen der Auseinandersetzungen bereits sichtbar: Zuerst ging es einmal um die **Gleichberechtigung** katholischer Studenten und ihrer Verbindungen auf der Universität, die ihr die nationale bzw. schlagende Studentenschaft, die damals in der Mehrzahl war, abzustreiten versuchte. Dabei wurde sie meistens von den Rektoren und Professoren unterstützt, die oft selber einmal Mitglieder solcher Korporationen waren oder zumindest ihrer Ideologie nahestanden.

Dieser Gleichberechtigungskampf entzündete sich anfänglich an der **Schlägerfrage**, mit der auch Duell und Mensur zusammenhängen. Zunehmend, spätestens ab der Jahrhundertwende, wurde den katholischen Studenten und deren Verbindungen nicht nur die Gleichberechtigung, sondern auch die **Existenzberechtigung** abgesprochen. Der *Numerus clausus* auf der Wiener Universität ist ein Beispiel dafür. Dazu kam noch, daß der Kampf gegen die katholischen Verbindungen von der Kulturkampfsituation bzw. der *Los-von-Rom-Bewegung*[2] stark beeinflußt wurde.

Im Vergleich zu Deutschland bzw. zu Preußen gab es in Österreich aber keinen Kulturkampf, sondern höchstens „Kulturauseinandersetzungen".[3] Denn es ist weder auf staatlicher noch auf kirchlicher Seite eine derart deutliche Härte und Konsequenz wie in Preußen erkennbar. Hingegen kann man für die ersten Jahre des 20. Jahrhunderts bis zum Ersten Weltkrieg von einer **Kulturkampfsituation auf der Universität** bzw. sogar von einem **Akademischen Kulturkampf** sprechen[4], deren Höhepunkt zweifelsohne das „Wahrmundjahr 1907/08" war. Dabei ging es nicht mehr nur um die rein äußerliche Schlägerfrage, sondern um den Kampf gegen das katholische Element an sich. Diese Eskalation wurde sicherlich durch das Erstarken des Politischen Katholizismus bzw. Verbandskatholizismus im ersten Jahrzehnt des 20. Jahrhunderts begünstigt, wodurch das nationalfreiheitliche Element in der Politik und auf den Universitäten in eine Defensivposition gedrängt wurde, die eben auf Hochschulboden zu den vorhin geschilderten Vorgängen führte.

Eine weitere Facette war die **Frage der deutschen Einheit**. Nachdem die großdeutsche (bzw. großösterreichische) Lösung der Frankfurter Paulskirche 1849 gescheitert war, kam es unter der Führung Hohenzollern-Preußens zur kleindeutschen Lösung unter Ausschluß Österreichs. In diesem Reich unter der politischen Führung Bismarcks (C! Hannovera Göttingen) sahen auch viele Deutsche in Österreich, insbesondere unter den Studenten und Akademikern, ein Ideal. So haben z. B. Angehörige von Burschenschaften in

1 Zitiert in Stitz, Geschichte der Sugambria, S. 68.

2 Darüber siehe Trauner, Die Los-von-Rom-Bewegung.

3 Pfleger, Gab es einen Kulturkampf in Österreich?, S. 222.

4 So Stitz, Der Akademische Kulturkampf.

Wien, Graz und Prag den Beginn des deutsch-französischen Krieges 1870 enthusiastisch begrüßt, und viele wollten sich bei der preußischen Gesandtschaft in Wien freiwillig zum Kriegsdienst melden, was aus staatsrechtlichen Gründen natürlich nicht möglich war.[5]

Die von den Alldeutschen unter Georg Ritter von Schönerer (B! Germania Innsbruck), der Mitte der siebziger Jahre des 19. Jahrhunderts zunehmend Einfluß in der Studentenschaft gewann, vertretene radikale Auffassung des Anschlusses Deutsch-Österreichs an das Wilhelminische Reich mußte unweigerlich zum Konflikt mit der österreichischen Staatsmacht führen. Für die CV-Verbindungen gab es in der Frage Katholisch-Österreichisch und Katholisch-Deutsch oft Konfliktsituationen, vor allem durch den auch auf die Universitäten übergreifenden **Nationalitätenstreit in Österreich**, insbesondere die Badeni-Unruhen 1897 und die Innsbrucker Italienerunruhen 1904/05.

Die äussere Gleichberechtigung: Schläger und Farben

Der Streit um das Recht des Schläger-Tragens liest sich heute als banale Nebensächlichkeit, vereinzelt wurde auch das schon seinerzeit empfunden. Der Ausgangspunkt ist kurz dargestellt. Für die schlagenden Verbindungen haben nur solche Korporationen das Recht, den Schläger zu tragen, die das „konservative" Prinzip vertreten, d. h. für Duell und Mensur sind. Die katholischen Verbindungen hingegen waren der Ansicht, daß der Schläger lediglich ein Symbol für die studentische Freiheit darstelle und nichts mehr mit diesem „konservativen" Prinzip zu tun habe. Die Diskussion um die beiden Standpunkte hat sich im Laufe der Jahre und Jahrzehnte in zunehmendem Maße verhärtet und die Öffentlichkeit sowie das Parlament beschäftigt, was heute unvorstellbar ist.

Während die Norica 1893 in Wien noch in Vollwichs zur Inaugurationsfeier aufziehen konnte (siehe S. 111), kam es im selben Jahr bereits in Graz anläßlich der Inaugurationsfeier erstmals zu einer „Schläger-Diskussion". Von diesem Zeitpunkt an wiederholte sich jedes Jahr im Herbst das seltsame Ritual: Carolina stellte den Antrag, in Vollwichs bei der Inauguration erscheinen zu dürfen, die schlagenden Korporationen erklärten, wenn dies geschähe, würden sie nicht teilnehmen, oder es würde zu Skandalen kommen. Die Rektoren beugten sich deren Forderungen, wobei die verschiedensten Begründungen abgegeben wurden (wegen Aufrechterhaltung der Ruhe und Sicherheit, oder weil die Inauguration eine persönliche Angelegenheit des Rektors sei usw.).

Zu einer ersten Verschärfung der Lage kam es im Jahr 1895. Zuerst im Frühjahr bei der Grazer Universitätseröffnung und dann im Herbst in Wien verhinderten die „wehrhaften" Studenten die Teilnahme Carolinas und Noricas in Vollwichs (siehe S. 124 und 111). Am 24. Oktober 1895 richtete daraufhin der katholisch-konservative RRAbg. Alfred Ebenhoch (AIn) an den Unterrichtsminister eine Anfrage, in der zum erstenmal das Argument auftauchte, daß die Universitäten eigentlich katholische Gründungen seien.[6] Norica, der damalige Senior war Friedrich Funder (Cl), überreichte dem Senat ein Memorandum:

---

5 Ac 17 (1904/05), S. 132.

6 StProt AH RR XI, 421, S. 21080 vom 24. 10. 1895. Text siehe S. 111. Carolina verlieh kurz danach aus Dank für seinen Einsatz Ebenhoch das Band, Ac 8 (1995/96), S, 243.

„Insbesondere haben wir das Recht, als integrierenden traditionellen Bestandteil der studentischen Tracht, als Symbol der historischen akademischen Freiheit und des Bereitseins, für unsere Prinzipien voll und ganz einzutreten, den Schläger zu führen, eine Auffassung, welche als die einzig gesetzliche und als die von den deutschen Universitäten seit jeher festgehaltene erscheint."[7]

Erst am 3. März 1896 erhielt die Norica als Antwort zu diesem Memorandum folgenden Senatsbeschluß: [8]

„Der Akademische Senat hat die Gleichstellung der Norica und Austria mit anderen farbentragenden studentischen Verbindungen sowie mit den übrigen Studentenvereinigungen überhaupt bisher immer anerkannt und hat auch gegenwärtig keine Veranlassung, von dieser Auffassung abzugehen. Der Akademische Senat muß sich jedoch vorbehalten, über die Konsequenzen dieser Anerkennung sowohl gegenüber den genannten Verbindungen namentlich mit Rücksicht auf die besonderen Verhältnisse an der Universität von Fall zu Fall seine Entschlüsse zu fassen."

In dieser Angelegenheit ist eine Stellungnahme des Grazer Rektors, Prof. Ludwig Graff, anläßlich der Inauguration 1895 interessant. Unter dem Eindruck der Wiener Ereignisse legte er folgendes fest, was er in einem internen Bericht notierte:

„Die Carolina vertritt den vor mehr als 30 Jahren aufgekommenen Progreßstandpunkt, welcher die Mensur perhorresziert. Derselbe ist mir sehr genau bekannt, und ich weiß, wie er sowohl in Österreich als in Deutschland nach erbitterten Kämpfen mit den konservativen (losgehenden) Verbindungen schließlich dahin geführt hat, daß die meisten Progreßverbindungen entweder die Mensur akzeptiert oder sich dahin resolviert haben, bei öffentlicher Gelegenheit den Schläger daheim zu lassen. Die Carolina dagegen hat den alten starren Progreß-Standpunkt wieder ausgegraben und glaubt, es als ihr Recht beanspruchen zu können, daß der Rektor die Anerkennung derselben seitens der übrigen Studentenschaft erzwinge. Demgegenüber blieb mir, da es nicht des Rektors Beruf sein kann, die Comment-Differenzen der Studentenschaft auszufechten, nichts anderes übrig, als sich auf den neutralen Standpunkt des Hausherren zu stellen und zu tun, was alle meine Vorgänger ... getan haben ..."[9]

Als Schlußpunkt der Diskussion zu diesem Thema der Jahre 1895/96 sei ein Artikel des RRAbg. Ebenhoch im *Linzer Volksblatt* auszugsweise erwähnt:[10]

„Es geht ein eigentümlicher Geist um auf einigen unserer Hochschulen; es ist nicht ein Geist der Freiheit und Ideale; es ist ein Geist kleinlicher Rücksichten, falscher Auffassungen und bedauerlicher Intoleranz ... Im vorigen Jahr war es die Carolina in Graz, welche ihrer katholischen Couleur wegen von den Universitätsbehörden von den Kaiserfesten ferngehalten wurde. Jene Studentenschaft, welche Vaterlandsliebe und Kaisertreue als ausdrücklichen Zweck ihrer Vereinigung in die Statuten aufge-

7 UAW, S. 36, Prot. Nr. 1168 vom 6. 17. 1895; Ac 8 (1895/96), S. 226f.
8 UAW, S. 36, ad, S. Z. 1168 ex 1895/96.
9 UAG VA Carolina.
10 Abgedruckt in Ac 9 (1896/97), S. 80f.

nommen hat, wurde amtlich verhindert, dem Kaiser ihre Huldigung darzubringen. Heute sind es Norica und Austria ... Aber die Frage muß uns gestattet sein: Mit welchem Recht unterscheidet der Herr Rektor und der hochlöbliche Senat zwei Klassen von farbentragenden Verbindungen? Man lehnt religiöse und schon gar politische Motive ab. So bleibt kein anderes als das der Mensur, des Zweikampfes."

Im Anschluß an den Überfall in der Harrachgasse (siehe S. 126f.) fand am 25. Januar 1901 in Graz eine große Protestversammlung statt, in der Friedrich Funder (Cl) zum Schlägertragen Stellung bezog:[11]

„Nach unserer Rechtskenntnis kann der Schläger nicht das erlaubte Zeichen einer Unerlaubtheit sein [gemeint Duell, Anm. d . Verf.]. Er hat demnach als Bestandteil der studentischen Tracht eine andere Bedeutung. Er ist das uralt herkömmliche Zeichen der akademischen Freiheit, des Grundrechts der Selbstverwaltung der alten Universitäten. Der Student unterstand der Gerichtsbarkeit der Universität, nicht irgendeines Grundherren, er trug die Waffe nach deutscher Art als freier Mann. ... Der Schläger ist ein Symbol, keine Waffe, ein Symbol, gerade so wie der Degen der Staatsbeamten nicht die Wehrhaftigkeit, sondern die geistige Würde seines Trägers versinnbildlicht, von welcher allerdings bei unseren alldeutschen Studenten sehr wenig zu bemerken ist."

Peter Rosegger hat damals in seiner Zeitschrift *Heimgarten* Partei für den Standpunkt Carolinas genommen (siehe S. 128). 1903 nahm er in seinem Buch „Das Sünderglöckel" zu diesen Vorfällen und dieser Frage Stellung:[12]

„Warum dieser unerhörte Angriff? Weil die sechs Bürschchen einer Verbindung angehörten, die von den übrigen Studenten im Verschiß war. Die meinten jedoch, wenn sie sich nicht schlügen, so dürften sie auch keine Schläger tragen; wenn sie nicht ihre Farbe und Gesinnung trügen, so dürften sie gar keine tragen! Als ob in der Studentenwelt nicht auch wie so vieles andere hohler Pflanz wäre! Darf denn der Student überhaupt gleich dreinschlagen, weil er einen Schläger trägt? Watet der Student denn in den grundlosen Sümpfen der Wildnis, weil er Kanonen trägt? Ist er denn noch der alte germanische Wilde, weil er auf der Bärenhaut liegt und aus Ochsenhörnern trinkt? Das sind ja nur Symbole, meine Herren! Auch die Bärenhaut und die Hörner! Studentensymbole, zu denen Universität und Verbindungen sich das Recht geben und worin am wenigsten im freien Burschenleben einer den anderen beeinträchtigen darf."

In der bereits zitierten parlamentarischen Anfrage des RRAbg. Albert Geßmann (AW EM) vom 18. Dezember 1902 an den Unterrichtsminister Wilhelm August Ritter von Hartel (B! Silesia Wien) wegen der Vorfälle in Czernowitz und Graz heißt es u. a.:[13]

„Wiederholte Proteste der Carolina gegen diese Ignorierung [gemeint die Einladung zur Inauguration in Vollwichs, Anm. d. Verf.] hatte der Senat mit der merkwürdigen Begründung abgewiesen, die Carolina dürfe nur dann den Schläger führen, wenn sie das Duell- bzw. Mensurverbot aufhebe!"

---

11 Carolina Überfall, S. 15f.

12 Rosegger, Peter: Das Sünderglöckel. Roman. Leipzig 1903, S. 24ff.

13 StProt AH RH XVII, 189, SS. 17018-17020 vom 18. 12. 1902.

Der Unterrichtsminister antwortete am 4. Februar 1903 darauf:[14]

> „Es unterliegt keinem Zweifel, daß das Tragen des Schlägers, ob es nun von historischen oder einem anderen Gesichtspunkte aus beurteilt werde, kein ausschließliches Recht irgendeiner Kategorie von Studentenverbindungen ist. Genaue Erhebungen, welche darüber an Universitäten Deutschlands veranstaltet wurden, stellen die Tatsache fest, daß dort die Bedeutung des Schlägers einzig nur in seiner Eigenschaft als Symbol der für alle gleich geltenden akademischen Freiheit angesehen wird."

Vorfälle auf der Technischen Hochschule in Wien führten am 15. Mai 1903 neuerlich zu einer parlamentarischen Anfrage, die der Unterrichtsminister wiederum mit ähnlichen Worten wie am 4. Februar 1903 beantwortet hatte. Daraufhin begann eine Debatte im Abgeordnetenhaus, im Verlauf derer die alldeutschen RRAbg. Rudolf Berger (B! Bruna Sudetia Wien), Vinzenz Malik und Karl Hermann Wolf (B! Ghibellinia Prag) Hetzreden gegen die „klerikalen Hochschülervereine" hielten. Darauf sprach der christlichsoziale RRAbg. Richard Weiskirchner (AW EM), der das von Friedrich Funder schon 1895 aufbereitete historische Material verwendete. Er beklagte u. a., daß die akademischen Behörden in Graz die vom Unterrichtsminister wiederholt ausgesprochene Gleichberechtigung der katholischen Verbindungen praktisch nicht durchführen. Ebenso ergriff nochmals der RRAbg. Alfred Ebenhoch das Wort und hielt eine vielbeachtete Grundsatzrede zur Frage Gleichberechtigung.[15]

Die bis zu diesem Zeitpunkt verlaufenen Diskussionen ergaben folgende Standpunkte: Die schlagenden („konservativen") Verbindungen vertraten den Standpunkt, daß nur den „wehrhaften" Korporationen es gestattet sein dürfte, den Schläger zu tragen. Dabei wurden sie von ihren politischen Gesinnungsgenossen im Reichsrat (bes. Alldeutsche Partei) sowie den Universitätsbehörden unterstützt. Seit 1895 wurde von Friedrich Funder (Cl) in Wien die theoretische Gegenposition über den Symbolcharakter des Schlägertragens aufgebaut, wobei diese durch umfangreiches und stichfestes historisches Material untermauert wurde. Dies benützten die katholischen Abgeordneten im Reichsrat, um bei Interpellationen den Unterrichtsminister zu einer Stellungnahme zu zwingen. Dies geschah in ziemlich deutlicher Weise erstmalig am 4. Februar 1903 durch Unterrichtsminister von Hartel.

Die „Ablehnungsfront" der Nationalen und deren Gesinnungsgenossen im öffentlichen Leben begann nicht zuletzt durch die theoretisch geführte Diskussion seitens der katholischen Verbindungen abzubröckeln, wie u. a. die Äußerungen des durchaus als deutschfreisinnig zu bezeichnenden Peter Rosegger belegen.

Nachdem die deutschnationale Studentenschaft sah, daß sie sich in dieser Frage sowohl bei der ihr gut gesinnten Öffentlichkeit und den politischen Behörden zunehmend isolierte, wurde nun auch das **Recht des Farbentragens** der katholischen Studenten in Abrede gestellt.

Diese neue Strategie zeichnete sich erstmals bei der Gründung der Wiener Verbindungen Kürnberg und Nordgau ab, deren Aufzugsrecht man lange zu verhindern versuchte (siehe S. 112f.). Bereits bei der Reichratsdebatte vom 15. Mai 1903 sprach der alldeutsche RRAbg. Wolf den katholischen Verbindungen das Recht ab, Farben zu tragen.

14 Ebda. 197, S. 17836f. vom 4. 2. 1903.

15 Siehe StProt AH RR XVII, 226, SS. 20601-20635 vom 15. 5. 1903; Ac 17 (1903/04), S. 38f.

Ähnliche Positionen bezogen die Eingaben der deutschnationalen Studentenschaft an den Grazer Rektor vom 8. November 1906 und 6. Dezember 1907, ohne sie jedoch wie beim Schlägertragen näher zu begründen.[16] Vor diesem Hintergrund ist auch der *Numerus clausus* für die seit 1908 gegründeten katholischen Verbindungen in Wien zu sehen, denen das Aufzugsrecht auf der Universität aus Gründen der Ruhe und Sicherheit nicht zugestanden wurde.[17]

Die Vorstöße der schlagenden Studentenschaft gegen die CV-Verbindungen, ihnen das Recht, Farben zu tragen, abzuerkennen, erhielt im Praktischen wie im Theoretischen nie diese Bedeutung wie die Schlägerfrage. Die Diskussion um das Farbentragen war nur der Versuch, eine neue Front aufzubauen, nachdem sich die „Schlägerfront" verfahren hatte.

Das Duell-Unwesen

Ideenmäßig mit der Diskussion um das Recht der katholischen Verbindungen, den Schläger zu tragen, hängen Duell und Mensur zusammen. Da die Haltung der Kirche zum Duell eindeutig war und ist, daß nämlich dieses ein eigenmächtiger Eingriff in die geordnete Rechtspflege und daher eine Mißachtung der Friedensfunktion des Staates ist, war es natürlich selbstverständlich, daß eine katholische Verbindung diesen Standpunkt einnehmen mußte.[18] In einem Schreiben an die deutschen und österreichischen Bischöfe vom 12. September 1891 hat Papst Leo XIII. das Duell und die Bestimmungsmensur eindeutig verurteilt.[19] Auch der CIC von 1917 stellte das Duell unter die Strafe der Exkommunikation (c. 2351).

Die Frage der studentischen „Wehrhaftigkeit" war daher einer der beherrschenden Punkte der Auseinandersetzungen zwischen den katholischen Verbindungen und den schlagenden Korporationen. Aus diesem Grund erhielt die Antiduellität, obwohl sie später aus den Satzungen gestrichen wurde, besondere Bedeutung (siehe S. 49). Im Mai 1901 bildete sich in Österreich eine Antiduell-Liga, von den zwölf Proponenten waren fünf Ehrenmitglieder einer CV-Verbindung.[20] Im Frühjahr 1905 wurde in Wien ein Antiduell-Bund von Universitätsstudenten gebildet, dem zahlreiche CVer angehörten.[21] Für den CV

16 Beide in UAG VA Carolina.

17 Ac 25 (1912/13), S. 337f.; Funder, Das weiß-blau-goldene Band, S. 138ff.;

18 Binder, Duell und Duellverweigerung; Henke, Kurt: Die katholische Kirche und die Bestimmungsmensur der deutschen Studenten, in: Ac 14 (1902/03), SS. 372-376; Der Katholik und das Duell, in: Ac 1 (1888/89), S. 81-85; Das päpstliche Schreiben über den Zweikampf an die deutschen und österreichischen Bischöfe, in: Ac 4 (1891/9), SS. 156-158; Eisenbacher, Bruno: Die Bedeutung des kirchlichen Mensurverbotes für das gegenwärtige Korporationswesen, in: Ac 21 (1908/09), SS. 121-126; Schlund, Erhard: Die Stellung der Kirche zu Duell und Mensur, in: Ac 38 (1925/26), SS. 29-32; Ders.: Zur Frage Duell und Mensur, in: Ac 39 (1926/27), S. 196f.; Dejaco, Über die Entwicklung und Einordnung von Zweikampf, Duell und Mensur, SS. 56-86; Ermecke, Über Recht und Ethik der Mensur; Hagen, Ehre und Ehrenschutz des katholischen Akademikers; Bartscher, Korporationen in Hochschule und Gesellschaft, S. 15f.

19 Der deutsche Text dieses Schreibens abgedruckt in Ac 4 (1891/92), SS. 156-158.

20 Es waren dies u. a. Viktor Fuchs (AW EM), Richard Kralik (AW EM) und Richard Weiskirchner (AW EM). Siehe Don Alfonso, Kurzgefaßte Geschichte der Ligen wider den Zweikampf, S. 10. Siehe auch Bericht 4. Katholikentag, S. 239 und 333f.; Ac 15 (1902/03), S. 125f. und 23 (1910/11), S. 91f.; Schwendemann, J.: Antiduellbewegung, in: Ac 22 (1909/10), S. 369-374.

21 Don Alfonso, Kurzgefaßte Geschichte der Ligen wider den Zweikampf, S. 13. So verpflichtete z. B. Carolina am 22. Juni 1909 ihre Mitglieder zum Beitritt zur Antiduell-Liga, sieh 75 Jahre Carolina, S. 132.

bestand seit jeher kein Zweifel, daß ein katholischer Student nicht Mitglied einer satisfaktionsgebenden, d. h. schlagenden Verbindung sein kann. Dabei wurde, wie noch weiter ausgeführt wird, in dieser Frage kein essentieller Unterschied zwischen Duell und Mensur gemacht.[22]

Das Duell dürfte im 16. Jahrhundert in Deutschland aus den romanischen Ländern Verbreitung gefunden haben und hat nichts mit den mittelalterlichen Zweikämpfen zu tun. Man unterscheidet das *germanische* Duell, das nicht den Tod des Kontrahenten fordert, und das *romanische*, das den Tod intendierte. Zu Beginn des zweiten Drittels des 19. Jahrhundert fand dieses in Deutschland (und damit auch in Österreich) eingang und löste das germanische Duell ab.[23] Es wurde nun immer mehr üblich, sog. Ehrenstreitigkeiten mit Hilfe des Duells auszutragen. Bekannt wurde der bei einem Duell 1864 umgekommene sozialistische Theoretiker Ferdinand Lasalle (Alte Breslauer B! Die Raczeks).[24] Für die Angehörigen der schlagenden Verbindungen wurde es naturgemäß ebenfalls Pflicht, ihre „Ehre" mittels Duell wieder herzustellen. Erst 1954 sagten sich die waffenstudentischen Verbände feierlich vor dem deutschen Bundespräsident Theodor Heuss vom Duell los.[25]

Doch zuerst einmal die seinerzeitige österreichische Rechtslage. Das bis 1974 geltende österreichische StGB (1852), § 158, lautete: „Wer jemanden, aus was immer für einer Ursache, zum Streit mit tödlichen Waffen herausfordert und wer auf eine solche Herausforderung sich zum Streite stellt, begeht das Verbrechen des Zweikampfes." Ähnlich lautete der § 427 des Militär-StGB. Weniger im zivilen als im militärischen Bereich spielte sich der Duellunfug ab, der ja auch in Arthur Schnitzlers „Traumnovelle"[26] seinen literarischen Niederschlag gefunden hat. Am 13. April 1871 wurde „Die Vorschrift für das ehrenrätliche Verfahren im k. k. Heere" durch den Reichskriegsminister in Kraft gesetzt. Im Kommentar dazu heißt es: „Die ehrenr. Vorschrift enthält nirgends irgendwelche Bestimmungen über den Zweikampf, und auch dem Anhang der Vorschrift ist dieses Wort fremd. Es wäre aber verfehlt, daraus den Schluß ziehen zu wollen, als wäre nach dem Standpunkt der Vorschrift jede Austragung einer Ehrenangelegenheit mit Waffen ausgeschlossen." Und weiter heißt es, daß „durch die Tradition geheiligten und in den Verhältnissen des Standes begründeten Anschauungen des Offizierskorps ... der Zweikampf das äußerste Mittel ist, das Ehrenmänner zur Wiederherstellung der verletzten Ehre zu Gebote steht".[27]

Mit anderen Worten: Ohne Rücksicht auf das geltende allgemeine wie militärische StGB wird das Duell nicht nur nicht erlaubt, sondern ist sogar gewissermaßen ein Gebot, dessen Ablehnung wiederum ein Grund für den Zusammentritt des Ehrenrates ist, dessen Vorschriften im § 1 u. a. lauteten: „Dem ehrenrätlichen Verfahren unterliegen daher

---

22 Siehe dazu vor allem SCHLUND, ERHARD: Die Stellung der Kirche zu Duell und Mensur, in: Ac 38 (1925/26), SS. 29-32.

23 Apschner, Die andere Art des Fechtens, S. 117. Diese sportwissenschaftliche Diplomarbeit entstand 1988 in Graz, der Autor – offenbar Angehöriger einer schlagenden Verbindung – hegt deutlich Sympathien für die Mensur und spielt rechtliche wie ethische Einwände herunter. Siehe auch Hielscher, Zweikampf und Mensur.

24 Siehe dazu KOHUT, ADOLPH: Das Buch berühmter Duelle. Berlin 1888 (Reprint o. J.), SS. 105-126.

25 Apschner, Die andere Art des Fechtens, SS. 54-64.

26 Siehe dazu *Studenten-Kurier* NF 16 (2001), H. 2, S. 16f.

27 Kielhauser, Die Vorschrift über das ehrenrätliche Verfahren im k. u. k. Heer, S. 234. Über das Duell in der k. u. k. Armee siehe auch DEÁK, ISTVÁN: Der k. (u.) k. Offizier. 1948-1918. Wien 1991, S. 155ff; MADER, HUBERT: Duellwesen und altösterreichisches Offiziersethos (= Studien zur Militärgeschichte, Militärwissenschaft und Konfliktforschung, Band 31). Osnabrück 1983.

Handlungen und Unterlassungen, welche zwar nicht nach den Strafgesetzen der gerichtlichen Behandlung verfallen, doch aber dem richtigen Ehrgefühl und den Verhältnissen des Offiziersstandes derart widerstreiten, daß es in Frage steht, ob der Beschuldigte ohne Schädigung der gemeinsamen Standesehre und somit auch der Bedürfnisse des Dienstes in seiner Charge oder militärischen Stellung belassen werden kann." Oder anders ausgedrückt: Nach der Praxis hatte die Duellverweigerung den Ausschluß aus dem Offiziersstand, auch solcher in der Reserve, zur Folge.

Es sind Duellaufforderungen von schlagenden Studenten an CVern in der Universität zwar nicht erwiesen, jedoch solche außerhalb. Fünf solche Fälle, alles Mitglieder der Austria Innsbruck, sind im CV bis 1914 bekannt.[28] Der spätere Gründer der Carolina ***Josef Hintner*** wurde am 1. November 1880 zum Leutnant der Reserve ernannt. Am 14. Oktober 1883, einem Sonntag, wurden er und ein weiteres Mitglied der Austria[29] auf der Zugsfahrt von Hall nach Innsbruck von Carl Ritter von Mörl (C! Rhaetia) als „päpstliche Buben" bezeichnet, „die statt des Bieres Weihwasser trinken und schlecht studieren". Nach einem kurzen Wortwechsel drohte Hintner Mörl ein paar Ohrfeigen an, worauf sich dieser als Reserveoffizier deklarierte und vier Wochen später nach Weigerung Hintners, seine Äußerung zurückzunehmen, zum Duell aufforderte.

Inzwischen zeigte Hintner Mörl an, der vom Bezirksgericht Innsbruck am 31. Dezember 1883 eine Strafe von 20 Gulden wegen „Übertretung gegen die Sicherheit der Ehre" erhielt. Trotz dieser eindeutigen Verurteilung, aufgrund der Mörl am 20. Januar 1884 aus dem Offiziersstand verstoßen wurde, kam es am 11. Januar 1884 zu einer Verhandlung eines ehrenrätlichen Verfahrens gegen Hintner beim Korpskommando Innsbruck, bei der er „wegen absoluter Verweigerung des Zweikampfes der Offiziers-Charge für verlustig erklärt wurde".

Die Öffentlichkeit beschäftigte sich mit dem Urteil gegen Hintner sehr stark. Bei der Sitzung der Delegationen des Reichsrates am 12. November 1884 hat der Tiroler RRAbg. Josef Greuter (AIn EM) die Degradierung Hintners wie auch die des seinerzeitigen Seniors der Austria Innsbruck, ***Roman Ritter von Ramponij***, zur Sprache gebracht.[30] Diesem wurde 1874 wegen eines ähnlichen Vorfalles die Offizierscharge abgesprochen.[31]

In Folge einer Pöbelei im Herbst 1892 zwischen ***Ludwig Schlechter*** (AIn) und Otto Reisch (B! Suevia) kam es wieder zu einer Degradierung (11. Februar 1893).[32] Bereits aufgrund des Vorfalls Hintner machte übrigens das Korpskommando Innsbruck 1884 und 1886 den Vorschlag, vor Ernennung eines Reserveoffiziers ihn zu verpflichten, keiner Verbindung beizutreten. Das geschah nochmals aus Anlaß des Vorfalls Schlechter, was dann die bereits erwähnte „Reserveoffiziersaffäre" (siehe S. 121) mit zahlreichen studentischen Protesten auslöste.[33]

---

28 Über diese Vorfälle berichtet ausführlich Binder, Duell und Duellverweigerung, SS. 42-53, der auch eingehend das Aktenmaterial des Kriegsarchivs verwendete. Siehe weiters zu den Fällen: CBl Nr. 64 (WS 1893/94), S. 3; Ac 6 (1893/94), S. 78 und 155ff. und 16 (1903/04), S. 76ff. und 82; Bösche, Zwischen Schönerer und Kaiser, SS. 7-9 und 17f.; Gedenkschrift Austria, S. 38f.; Knoll, Geschichte der wehrhaften Vereine, S. 291.

29 Es handelte sich dabei um Julius Gatter-Resti-Ferrari, der später dem C! Athesia beitrat. Siehe Bösche, Zwischen Schönerer und Kaiser, S. 7, Anm. 14.

30 StProt Delegationen RR, XIX, 2, SS. 15-20, Budapest 12. 11. 1884.

31 Binder, Duell und Duellverweigerung, S. 47f.

32 Ac 6 (1893/94), S. 78; CBl. 64 (WS 1893/94), S. 3.

33 Siehe dazu Zehetbauer, Die „Einjährigen" in der alten Armee, S. 155f.

Zehn Jahre später war es wieder einmal so weit. Auf der Universität versperrte am 16. Oktober 1902 Heinrich Joerg (B! Brixia) dem Senior der Austria, ***Arthur Weber***, den Weg. Der schob jenen beiseite, worauf Joerg zu Weber „Lausbub" rief, der Joerg daraufhin eine Ohrfeige gab, was dieser nun seinerseits mit Stockhieben zu beantworten versuchte. Es kam zu einer Duell-Aufforderung, Joerg erstattete auch Anzeige. Bei der Gerichtsverhandlung am 29. Dezember wurden beide bestraft. Weber erhielt 10 Kronen Strafe, Joerg hingegen 20 Kronen, weil er als derjenige angesehen wurde, der zuerst provoziert hatte. Der von Sympathisanten der deutschnationalen bzw. schlagenden Verbindungen dominierte Akademische Senat folgte hingegen nicht dem Urteil des Strafgerichts. Dort erhielt Weber eine Rüge, der Verursacher Joerg bekam hingegen keine Strafe. Die Tiroler Militärbehörden urteilten am 16. März 1903 wie zu erwarten. Weber wurde zum einfachen Soldaten degradiert, Joerg zum Feldwebel. Ein und derselbe Tatbestand wurde dreimal unterschiedlich bewertet. Es ist positiv anzumerken, daß auch von der „Gegenseite" die Entscheidung des Akademischen Senats als „politisch motiviertes Fehlurteil" gesehen wird.[34] Im August 1909 wurde der damals als Redakteur tätige ***August Loacker*** (Nc, AIn) von einem deutschnationalen Abgeordneten wegen eines Zeitungsartikels zum Duell aufgefordert, was jener ablehnte, worauf er ebenfalls als Reserveoffizier degradiert wurde.[35]

Der Krieg änderte natürlich die Situation entscheidend. Kaiser Karl I. erließ am 4. November 1917 einen Armee- und Flottenbefehl, in dem es hieß: „Ich verbiete daher allen Angehörigen meiner bewaffneten Macht den Zweikampf und jedwede Teilnahme an einem Zweikampf." Dieser Erlaß rief im CV natürlich Genugtuung hervor.[36] Trotzdem bewahrte der Krieg nicht von den Zurücksetzungen, wenn sich jemand gegen das Duell äußerte. Solches widerfuhr z. B. dem späteren Wiener Vizebürgermeister, Ernst Karl Winter (NbW), der noch dazu überzeugter Monarchist war[37], sowie Adolf Hörhager (AIn), der 1940 im KZ Mauthausen umkam (siehe S. 461).

Exkurs: Die juristische und moraltheologische Bewertung der Mensur

Bei der Mensur ist die juristische wie moraltheologische Seite etwas komplexer. Sie hatte sich im ersten Drittel des 19. Jahrhunderts als Sonderform des germanischen Duells entwickelt, erhielt im zweiten Drittel des 19. Jahrhunderts ihre äußere Form und fand Eingang in das „wehrhafte" Verbindungsleben.

Seitens der schlagenden Verbindungen wird die Gefährlichkeit der Mensur heruntergespielt und die soziale Komponente betont.[38] Die Befürworter der Mensur weisen auf die formende Kraft hin, sie sei Erziehung zur Selbstzucht und Mut, zu seelischer und körperlicher Abhärtung, ein Symbol des Standhaltens und des Eintretens für einen Standpunkt. Im Unterschied zu anderen Sportdisziplinen fordere die Mensur „Mut zu kalkulierbarem Risiko" und die Überwindung der Angst. Auch sei sie für den Zusammenhalt

34 Bösche, Zwischen Kaiser und Schönerer, S. 17. Siehe dazu auch Ac 16 (1903/04), S. 76.

35 Bösche, Zwischen Kaiser und Schönerer, S. 18, Anm. 57; Gedenkschrift Austria, S. 106.

36 Ac 30 (1917/18), S. 287f.

37 Winter, Christentum und Zivilisation, S. 373ff.

38 Apschner, Die andere Art des Fechtens, S. 117, über die rechtliche Seite siehe S. 84f. sowie Hug, Straftat ohne Strafe. Zur Rechtsgeschichte der Mensur; siehe auch Rink, Die Mensur; Mölzer, Das deutsche Studententum und der Zweikampf.

innerhalb der Gruppe notwendig, fördere das Erlebnis der Gemeinschaft und sei ein Symbol für die Integrationskraft.[39]

Was die **juristische Bewertung** betrifft, so legte 1883 das deutsche Reichsgericht fest, daß auch die Mensur als „Zweikampf mit tödlichen Waffen" zu werten sei. Ein anderer Strafsenat des Reichsgerichts hatte hingegen Anfang 1882 die Mensur als „gefährliche Körperverletzung" eingestuft. Schlagende Studenten konnten mit der Subsumierung unter dem ohnedies lax gehandhabten Duell-Paragraphen[40] eher leben, als mit der „entehrenden" gefährlichen Körperverletzung. Trotz dieser faktischen „Schonwirkung" wurde von den schlagenden Verbänden immer wieder gefordert, die Mensur formal straflos zu stellen.[41]

Ebenfalls 1883 verneinte ein österreichisches Schwurgericht in einem Prozeß gegen einen Leobener Studenten, dessen Gegenpaukant wenige Tage nach der Mensur gestorben war, einstimmig die Schuldfrage, weil bei der Mensur durch den Schutz „eine absichtlich Tötung ausgeschlossen sei". Im Dritten Reich wurde gleich im Mai 1933 die Mensur vorerst straffrei gestellt. Ursprünglich hatten nämlich die Nazis vor, die Mensur als kämpferische Sportart allgemein unter den Studenten einzuführen, um damit auch die schlagenden Verbindungen als Hort des „Standesdünkels" zu eliminieren. Das scheiterte, so daß der Reichsstudentenführer zwar die Satisfaktion mit Waffen billigte, die Mensur jedoch verbot.

Obwohl die Alliierten für Westdeutschland die Straffreiheit der Mensur aufhoben, entschied am 29. Januar 1953 der Bundesgerichtshof, daß die „Mensur weder als Zweikampf noch als Körperverletzung strafbar" sei, weil „sie nicht gegen die 'guten Sitten'" verstoße. Die westdeutsche Rektorenkonferenz hingegen hatte sich 1949 und 1951 gegen diese ausgesprochen.

In Österreich ist es zu einer richterlichen Entscheidung zur Mensur bis jetzt nicht gekommen, da die Staatsanwaltschaften offenbar die Schmisse als Sportverletzungen ansehen und keine Verfahren einleiteten. Nach dem österreichischen StGB (1974) dürfte diese Ansicht wohl der § 90 (Einwilligung des Verletzten) decken.[42] Der FPÖ-Justizminister Dieter Böhmdorfer (B! Südmark Wien) bekräftigte diese Haltung im Jahr 2000 im Rahmen einer parlamentarischen Anfragebeantwortung.[43]

Anders sieht die **moraltheologische Wertung** aus, die für die Haltung des CV aufgrund seines Katholizitätsprinzips wesentlich ist. 1890 richtete der Fürstbischof von Breslau, Georg Kopp, an die Konzilskongregation (das ist heute die Kongregation für die Weltpriester) die Anfrage, ob die Teilnahme an einer Mensur ein Weihehindernis darstelle, was diese am 9. August bejahte. Die Entscheidung dieser Kongregation subsumiert

39 Laun, Fragen der Moraltheologie heute, S. 118f.

40 §§ 201-210 des deutschen StGB, das bis zur Strafrechtsreform 1969 gültig war. Siehe dazu Hug, Straftat ohne Strafe. Zur Rechtsgeschichte der Mensur, S. 40.

41 Über die rechtliche Bewertung in Deutschland im Lauf der Zeit siehe Hug, Stefan Karl: Drei Urteile und einige Mißverständnisse. Ein Beitrag zur Rechtsgeschichte der Mensur, in: *Studenten-Kurier*, 18. Jg. 2003, Nr. 1, S. 4-5.

42 Der Abs. 1 lautet: „Eine Körperverletzung oder Gefährdung der körperlichen Sicherheit ist nicht rechtswidrig, wenn der Verletzte oder Gefährdete in sie einwilligt und die Verletzung oder Gefährdung als solche nicht gegen die guten Sitten verstößt." Der erste Teil dieser Bestimmung ist klar auf die Mensur anzuwenden. Schwierig hingegen bleibt die Frage, ob die Mensur gegen die „guten Sitten" verstößt, wobei sicherlich ein solcher Tatbestand sehr weit auszulegen sein wird.

43 Zur parlamentarischen Anfragebeantwortung des Justizminister Dieter Böhmdorfer siehe *Acta Studentica* 133/2000, S. 6. Diese Anfrage wurde von Abgeordneten der Grünen eingebracht, wobei noch zusätzlich Fragen zu schlagenden Verbindungen gestellt wurden.

die Mensur klar unter das Duell, d. h. den Zweikampf, da die dabei gebrauchten Waffen geeignet sind, eine Tötung oder schwere Verletzung herbeizuführen bzw. bei welchem die Gefahr der Tötung, Verstümmelung oder Verwundung besteht.[44] Ein Jahr später verbot Papst Leo XIII. wie bereits erwähnt in einem Hirtenbrief an die deutschen Bischöfe die Bestimmungsmensur. Nach allgemeiner Auffassung war beim c. 2351 des kirchlichen Gesetzbuches von 1917, wo das Duellverbot ausgesprochen wurde, auch die Mensur gemeint, wie eine Entscheidung der römischen Konzilskongregation vom 13. Juni 1925 auf Anfrage der Fuldaer Bischofskonferenz lautete. Die Mensur sei dabei nicht aus sich selbst heraus strafbar, sondern weil sie dem echten Duell den Weg bereite, die Teilnehmer einer solchen werden daher exkommuniziert.[45] Auch die moraltheologische Standardliteratur nach dem Zweiten Weltkrieg vertrat diese Linie: „Das studentische Mensurschlagen ist auch heute noch ein *peccatum ex toto genere grave* [= schwere Sünde, Anm. d. Verf.].“[46]

Die deutschen Bischöfe haben in den fünfziger Jahren (Fuldaer Bischofskonferenz im August 1952, Erklärungen von deren Vorsitzenden vom 25. Januar 1955 und 17. Januar 1959) neuerlich auf die Verwerflichkeit der Mensur hingewiesen, wobei als Begründung vor allem das billigende Inkaufnehmen einer Verletzung und die Förderung falscher Grundhaltungen angeführt wird.[47] Das Fehlen einer Bestimmung über das Duell im neuen Codex (1983) heißt aber deswegen nicht, daß Duell und Mensur nun sittlich erlaubte Vorgänge wären, denn das kirchliche Gesetzbuch ist nicht eine Sammlung moraltheologischer Normen mit Vollständigkeitsanspruch. Das Fehlen hat vielmehr seinen Hintergrund darin, daß Duell und Mensur ab den siebziger Jahren nur mehr eine marginale Rolle für die Allgemeinheit (im Sinne der Weltkirche) spielen und damit zu einer Spezialangelegenheit wurden, die nicht unbedingt in ein allgemeines Regelwerk aufgenommen werden mußte.

Eingehend hat sich mit dieser Frage der Moraltheologe und Salzburger Weihbischof Andreas Laun befaßt. Er steht auf dem Standpunkt, daß in der Ausrichtung der Mensur auf die Verletzung des Gegners ein unmoralisches Element liegt, auch wenn die Verletzungen nicht schwer sind. Er kommt in einer Studie zum Schluß: „Der katholische Christ kann nicht Mitglied einer Organisation sein, die die unchristliche Praxis der Mensur in ihren Reihen zuläßt oder sogar fordert. Auch der Zusammenarbeit mit schlagenden Verbindungen oder deren Unterstützung sind in diesem Licht enge Grenzen gesetzt – vergleichbar jenen Vorbehalten, die der Christ notwendigerweise allen Parteien und Vereinigungen gegenüber hat, die ganz oder teilweise einer widerchristliche Ideologie verpflichtet sind.“[48]

Die gesellschaftlichen Veränderungen haben es nach 1945 mit sich gebracht, daß nicht nur das Duell als ausgeführte Möglichkeit bedeutungslos geworden ist, sondern daß auch die Bestimmungsmensur schlagender Verbindungen weitgehend negativ beurteilt werden, wobei natürlich deren Affinität mit dem Nationalsozialismus zusätzlich dabei eine Rolle spielt.[49]

---

44 ASS XXIII (1890/91), paginae 234-243. Teilweise abgedruckt und übersetzt in Ac 14 (1901/02), S. 373.

45 AAS XVIII (1925), paginae 132-138. Dazu siehe auch Apschner, Die andere Art des Fechtens, SS. 86-88.

46 Mausbach, Joseph – Ermecke, Gustav: Katholische Moraltheologie. Band 3. Münster 10. Aufl. 1961, S. 279.

47 Dokumentiert werden diese Entscheidungen etc. auch in öAc 17 (1965/66), H. 4., S. 3.

48 Dazu siehe Laun, Fragen der Moraltheologie heute, SS. 117-124. Diese Studie mit dem Titel „Die moraltheologische und kirchenrechtliche Bewertung der Mensur“ wurde in diesem Sammelband aufgenommen und ist dem Vernehmen nach eine Auftragsarbeit des MKV gewesen.

49 In den sechziger Jahren hat z. B. der Wahlblock bei Hochschülerschaftswahlen gegen den RFS mit Mensurfotos von RFS-Funktionären Propaganda getrieben.

Die Auseinandersetzungen der schlagenden Korporationen mit den katholischen Studentenverbindungen um deren Gleichberechtigung auf Hochschulboden blieben nicht lange auf den äußeren Fragen des Tragens der Schläger und der Farben hängen. Spätestens im letzten Jahrzehnt des 19. Jahrhunderts wurde deutlich, daß der intolerante, bisweilen gewalttätige Haß auf die katholischen Korporationen tiefere Ursachen hatte.

Eine der Ursachen waren sicherlich die tiefgreifenden territorialen Änderungen in Deutschland im Zuge des Wiener Kongresses 1814/15. Es gab nur mehr drei Länder, in denen ein katholisches Fürstenhaus einer überwiegend katholischen Bevölkerung gegenüberstand: Österreich, Bayern und (der Vollständigkeit halber) Liechtenstein. Vom paritätisch verfaßten alten Heiligen Römischen Reich – mit leichter Dominanz der katholischen Stände – kam es nun zur protestantischen Dominanz vor allem in Preußen. Im mehrheitlich protestantischen Deutschen Kaiserreich wurden die Katholiken zu einer Minderheit, in der mehrheitlich katholischen Völkermonarchie Österreich waren sie es als Deutsche. Es kam zur katholischen Inferiorität, denn durch diese Konstellation dominierte der Protestantismus in der deutschen Geschichte, Politik und Kultur des 19. und der ersten Hälfte des 20. Jahrhunderts.

Es war daher nur eine Frage der Zeit, bis es zu ersten Auseinandersetzungen zwischen dem Staatsprotestantismus einerseits und einem in der Romantik neu erwachten katholischen Selbstbewußtsein kam. Dies geschah in den „Kölner Wirren“ der Jahre 1837 bis 1840, die letztlich Ursache für die Gründung der ersten katholischen farbentragenden Verbindung waren (Bavaria in Bonn, 1844). Die preußische Verfassungsreform von 1848/50 beruhigte vorerst die Situation.

Das Jahr 1848 brachte aber eine neue Entwicklung mit sich. Es entstand sowohl in Österreich wie in Preußen ein selbstbewußtes Bürgertum, dessen Stellung und Bedeutung auf eigener Leistung beruhte und so im Gegensatz zum Adel stand. Die bürgerliche Revolution des Jahres 1848 politisierte dieses Bürgertum, es wurde somit Träger des Liberalismus sowie dessen Forderungen nach Verfassung und Grundrechten.

Zu den Hauptanliegen des Liberalismus „des 19. Jahrhunderts gehörten die Durchsetzung einer säkularisierten Gesellschaftsordnung und eine dementsprechende, kirchliche Einflüsse auf die Gesellschaft reduzierende Neubestimmung der Grenzen zwischen Staat und Kirche“. (Rudolf Lill)[50] Die Liberalen betrachteten den Katholizismus als den eigentlichen Gegner, der durch seine spezifische Milieubildung ab Mitte des Jahrhunderts gestärkt wurde. Die daraus sich ableitenden Kulturkämpfe kann man als Modernisierungskrisen bezeichnen, als Kulminationsphasen im langen Prozeß der Säkularisierung, der typisch für das moderne Europa war. Nach Rudolf Lill (ehemals Eck) gibt es hierfür zwei Hintergründe zu beachten.[51]

Zum einen durchzog das ganze 19. Jahrhundert der Grundsatzstreit zwischen der liberalen Idee von Staat und Gesellschaft einerseits, unterstützt von einer postprotestantisch-norddeutsch geprägten bürgerlichen Kulturnation, und dem traditionalen System der Werte und Normen andererseits, das von der Kirche vertreten wurde. „Das Pathos von Autorität und Bewahrung stand gegen das der Modernisierung und der Emanzipation.“

50 Lill, Der Kulturkampf, S. 9.
51 Ebda., SS. 10-12.

Zum anderen gab es den aktuellen sozialen Konflikt: Gegen die liberalen Führungsschichten standen die unteren Mittel- und Unterschichten auf, welche in der katholischen Volksbewegung und in den katholischen Parteien ihre ersten politischen Vertretungen fanden. Die Zentrumspartei war seit 1870 die erste „interklassistische, sozialpolitisch aktive und potentiell demokratische Volkspartei" im deutschen Sprachraum. Daher war der Kulturkampf auch tagespolitisch grundiert. Im Deutschen Reich wurden daher unter Bismarck die Katholiken wie später die Sozialdemokraten als „Reichsfeinde" diffamiert und ausgegrenzt.

In Österreich gab es keinen mit z. B. Preußen vergleichbaren Kulturkampf, sondern in etwas abgemilderter Form Kulturkampfauseinandersetzungen.

Durch das Thun'sche Reformwerk auf dem Bildungssektor begünstigt, zogen nach 1848 in zunehmendem Maße Vertreter des Liberalismus auf die Lehrstühle der nun expandierenden Universitäten ein, die die spät-josefinischen „Professoren-Beamten" ablösten. Es war daher kein Wunder, daß – zusätzlich gefördert durch das Kurienwahlsystem – die Liberalen im Reichsrat ab 1861 bzw. 1867 die Mehrheit erhielten. Relativ rasch kam es zu den sog. „Maigesetzen" des Jahres 1868, wodurch maßgebende Bestimmungen des Konkordates des Jahres 1855 bezüglich Ehegesetzgebung und Schule ausgehöhlt wurden. Einen äußeren Anstoß bildeten sicherlich die bereits erwähnten (siehe S. 23) Verurteilungen „moderner Zeitirrtümer" durch die Päpste (z. B. Syllabus). Dies ließ bei der liberalen Öffentlichkeit die Meinung entstehen, die Kirche verschließe sich jedweder modernen Strömung.

Die Kirche reagierte damals mit einem unltramontanen bzw. integralistischen Kurs, wodurch aber die Konflikte noch größer wurden: In Preußen entstand erneut ein Kulturkampf, der den der dreißiger Jahre in den Schatten stellte und in dessen Verlaufe es sogar zu mehreren Bischofsverhaftungen kam (siehe Ledóchowski, S. 33). Der Begriff Kulturkampf wurde übrigens erstmals im Preußischen Abgeordnetenhaus vom Sprecher der liberalen Fortschrittspartei, dem bekannten Mediziner Rudolf Virchow, am 17. Januar 1873 verwendet.[52]

In Österreich kündigte die liberale Regierung 1870 sogar das Konkordat des Jahres 1855. Ab 1878 entspannte sich die staatskirchenrechtliche Lage in Österreich durch die Ernennung einer konservativen Regierung unter Ministerpräsident Eduard Graf Taaffe, die sich stark auf katholische Kräfte der deutschen und slawischen Bevölkerung stützte. Durch das Hinausdrängen der Liberalen aus der Regierungsverantwortung kamen sie in zunehmendem Maße unter deutschnationalen Einfluß. Seit 1866 bzw. 1871 gelangte die deutsche Frage im Vielvölkerstaat Österreich zu besonderer Bedeutung. Im Zuge des Nationalitätenkampfes, der um die Jahrhundertwende zu eskalieren begann, wurden die Katholiken erneut Ziel eines Kulturkampfes, wobei ihr Loyalitätskonflikt augenscheinlich hervortrat: Waren sie nun Deutsche (im nationalen Sinn) oder „treue Untertanen ihrer apostolischen Majestät"? Die Papstfeindlichkeit des nationalen Freisinns veranlaßte weiters die Katholiken zu verstärkter Papsttreue, was wiederum das „Kampfwort" ultramontan (d. h. jenseits des Berges, gemeint die Alpen) entstehen ließ.[53]

52 Pfleger, Gab es einen Kulturkampf in Österreich?, S. 22.

53 Zum Kulturkampf des 19. Jahrhunderts allgemein und speziell in Österreich siehe: Funder, Vom Gestern ins Heute (passim); Hochschulkampf 1908; Der Hochschulstreit über die akademische Freiheit und die konfessionellen Verbindungen; Hoensbroech, Ein Wort an Deutschlands und Österreichs Studenten; Hoensbroech, Der konfessionelle Kouleurstudent; Höttinger, Der Fall Wahrmund; Kann, Hochschule und Politik; Lentze, Die

Der Kulturkampf gegen die katholischen Studentenverbindungen auf den Universitäten, auch auf den deutschen,[54] um deren Gleichberechtigung hatte im Prinzip zwei Stoßrichtungen:

1. Aufgrund des damals „modernen“ positivistischen bzw. szientistischen Wissenschafts- und Erkenntnisverständnisses ist Theologie nicht objektiv und wertfrei. Sie widerspricht daher dem Objektivitätsanspruch der Wissenschaften und ist daher keine solche. Katholizismus und moderne, voraussetzungslose Wissenschaft sind nach Syllabus, Antimodernisten-Enzyklika u. ä. unvereinbar. Daher muß jedweder katholische Einfluß von der Universität als wissenschaftsschädigend ferngehalten werden.
2. Katholizismus ist „undeutsch“, da ultramontan. Im Kampf um die Beibehaltung des „deutschen Charakters“ der österreichischen Universitäten muß er ebenfalls ferngehalten werden.

Wie bereits aufgezeigt, rieb sich die Gleichberechtigungsfrage zuerst an äußeren Zeichen. Erst in der zweiten Hälfte der neunziger Jahre, als die schlagenden Korporationen zunehmend unter den Einfluß der alldeutschen Bewegung Schönerers (B! Germania Innsbruck) gerieten, wurde dieser Gleichberechtigungskampf ideologisiert. Das Erstarken der christlichsozialen Bewegung in dieser Zeit führte zu Abwehrreaktionen des deutschnationalen Freisinns auch auf Hochschulboden. Am Vorabend der „Badeni-Unruhen“ (siehe später S. 205f.) fand am 8./9. Januar 1897 der 1. allgemeine deutsche Studententag in Wien statt, an dem die deutschnationalen Verbindungen (aller Schattierungen) sowie die „Finkenschaft“ (Nichtkorporierte) teilnahmen. In dem dort beschlossenen „Reform-Programm für die deutschen Hochschulen in Österreich“ heißt es unter Punkt X, 2: „Die theologische Fakultät ist aus dem Verbande der deutschen Hochschulen auszuschließen, weil die Theologie, auf Offenbarung und auf unfehlbarer Autorität des Dogmas, aber nicht auf Forschung beruhend, auch ihr Endziel vorher bestimmt hat und sich dadurch grundsätzlich von jeder Wissenschaft unterscheidet, die Hochschulen aber Pflegestätten der Wissenschaft sind.“

Diese offizielle kulturkämpferische Aussage der deutschnationalen Studentenschaft hatte lediglich die Theologie als solche zum Ziel. Die katholischen Verbindungen wurden wahrscheinlich wegen ihrer damals noch quantitativen Bedeutungslosigkeit nicht erwähnt.[55]

Die Kulturkampfauseinandersetzungen erreichten aber zweifelsohne durch die **Los-von-Rom-Bewegung** ihren Höhepunkt.[56] Ab 1899 kamen zahlreiche protestantische Pastoren aus Deutschland nach Österreich, um mit ihrer „Missionsarbeit“ zu beginnen, um 1904 waren es bereits 200. Einen Ansatzpunkt ihrer Arbeit bildeten die schlagenden

---

österreichischen Universitäten; Maier, Katholiken im kulturellen Ghetto; Molisch, Politische Geschichte der deutschen Hochschulen; Pfleger, Gab es einen Kulturkampf in Österreich?; Scheuer, Die geschichtliche Entwicklung des deutschen Studententums (passim); Stitz, Der akademische Kulturkampf.

54 Stitz, Geschichte der Sugambria, S. 36f.; siehe auch Hammerstein, Antisemitismus und deutsche Universitäten, S. 27ff.

55 Ac 9 (1896/97), S. 262f.; Bechmann, Die Wiener B! Silesia, SS. 421-425; Molisch, Politische Geschichte der deutschen Hochschulen, S. 202ff.; Scheuer, Die geschichtliche Entwicklung des deutschen Studententums, S. 364f.

56 Albertin, Nationalismus und Protestantismus in der Österreichischen Los-von-Rom-Bewegung; Braeunlich, Die österreichische Los-von-Rom-Bewegung; Trauner, Die Los-von-Rom-Bewegung; Whiteside, Georg Ritter von Schönerer, SS. 212-226.

Studentenverbindungen. In einem „Handbuch für den ostmärkischen Vereinsstudenten" (Wien 1898) wurde die ideologische Orientierung bestimmt: Die guten Alldeutschen müßten sich von Rom lossagen und der evangelischen Kirche beitreten. Unter den Burschenschaften fand diese Bewegung starken Anklang: „Die in dieser Zeit stark um sich greifende Los-von-Rom-Bewegung ... hatte auch in der akademischen Jugend begeisterten Anklang gefunden. Auch zahlreiche alte und junge Mitglieder unserer Burschenschaft [Arminia Graz, Anm. d. Verf.] kehrten der römischen Kirche den Rücken."[57]

Insgesamt dürfte es in der ganzen Studentenschaft von 1898 bis zum Ersten Weltkrieg 1.000 Übertritte gegeben haben, die Gesamtzahl aller Übertritte in diesem Zeitraum aller Bevölkerungsschichten betrug ca. 30.000. Diese Zahl erscheint unter dem Aspekt, daß insgesamt 90 Millionen Mark damaliger Währung (das dürften umgerechnet 1,12 Milliarden Millionen Euro gewesen sein!) an Spenden und Subventionen vom Deutschen Reich nach Österreich geflossen sind, eher gering zu sein.

Vom 2. bis 6. März 1905 fand in Wien der 2. allgemeine deutsche Studententag statt, der nunmehr offen die katholischen Verbindungen ins Visier nahm. Der diesbezügliche Berichterstatter führt u. a. aus:[58]

> „Zwei Hauptgründe sind es, weshalb wir den Kampf gegen die Erbfeinde der deutschen Nation aufnehmen; es ist vor allem der Klerikalismus, und in ihm die klerikalen Studentenverbindungen, eine Macht, die seit Jahrhunderten das deutsche Volk in furchtbarer Weise bekämpft. Die katholischen Studentenverbindungen stellen sich ganz in den Dienst Roms und des Pfaffentums und zersetzen so das Deutschtum; der zweite Grund ist der, daß die Klerikalen Gegner der freien Forschung, der voraussetzungslosen Wissenschaft sein müssen."

Es wurden u. a. folgende Beschlüsse gefaßt:

> „3. Konfessionelle Studentenvereinigungen werden, da sie als im Dienste einer Konfession stehend von vornherein Gegner jeder freien Forschung sein müssen, an unseren freien deutschen Hochschulen nicht geduldet.
> 4. Die Studentenschaft fordert, daß die im Verbande unserer deutschen Hochschulen befindlichen theologischen Fakultäten aus demselben ausgeschaltet und keine neuen theologischen Fakultäten einverleibt werden."

Damit war eine neue „Sprachregelung" im Kampf gegen die katholischen Verbindungen gefunden worden. Ende April 1913 konnte der damals in Prag lehrende bekannte Kirchenrechtler Eduard Eichmann (Mm) bei seiner Abschiedskneipe aus Anlaß seines Rufes nach Wien feststellen: „Unsere katholischen Verbindungen haben das gleiche Schicksal wie die theologischen Fakultäten. Beiden wird die Existenzberechtigung abgesprochen."[59]

57 Arminia Graz, S. 60f.

58 Bericht 2. Studententag, S. 25; siehe auch Knoll, Geschichte der wehrhaften Vereine, S. 424; Molisch, Politische Geschichte der deutschen Hochschulen, S. 217f.; Scheuer, Die geschichtliche Entwicklung des deutschen Studententums, S. 373.

59 Ferdinandea 1885-1918, S. 251. Mayer, Katholische Farbstudenten im Kulturkampf, S. 269, berichtet davon, daß katholische Verbindungen mit kirchlichen Behörden in Konflikt gerieten, weil sie sich für den Verbleib der theologischen Fakultäten aussprachen. (Amts-)Kirchlicherseits versprach man sich aber von den eigenen theologischen Lehranstalten mehr „Lehr-Treue". Diese Tendenz ist auch seit Ende des 20. Jahrhunderts wieder zu beobachten.

Auf Anregung der Norica haben daraufhin sämtliche katholische Verbindungen und Studentenvereine Österreichs ein Memorandum verfaßt und es dem Unterrichtsminister, dem späteren Ministerpräsidenten Max Frhr. von Hussarek, sowie den Universitätssenaten überreicht. Darin hieß es u. a.:[60]

„Die gefertigten deutschen Studentenkorporationen legen dagegen Verwahrung ein, daß jener Teil der deutschen Studentenschaft, der den jüngsten Hochschultag veranstaltete, sich als Vertretung der deutschen Studentenschaft der österreichischen Hochschulen darstellt, als solche beratet und Beschlüsse faßt. Insbesondere protestieren sie feierlich dagegen, daß dieser Teil der Studentenschaft auf dem Hochschultage entgegen dem akademischen Freiheitsgedanken über die Existenzberechtigung anderer deutscher Korporationen urteilt."

In diesem Zusammenhang ist eine „Blütenlese" interessant, die sich zu dieser Zeit, offenbar zum Teil angeregt durch diesen Studententag, in den Verbandsorganen der schlagenden Studentenverbände angesammelt hat und in der *Academia* veröffentlicht wurde. Argumentation und Ton dieser Aussagen über katholische Verbindungen geben einen guten Überblick aus dieser „Kampfzeit".[61]

In demselben Jahr 1905 wurde der Kampf gegen das katholische Studententum auch mit literarischen Mitteln weitergeführt. Neben dem bereits erwähnten Schauspiel, das in Graz von einem Professor geschrieben und im dortigen Schauspielhaus aufgeführt wurde (siehe S. 130), erschien 1905 in Stuttgart ein Roman von August Friedwalt, „Katholische Studenten". Auf 196 Seiten wird vor der Heidelberger Kulisse gezeigt, daß zwischen Glauben und Wissen, zwischen Katholizität und Wissenschaft ein unüberbrückbarer Gegensatz besteht und daß die Zugehörigkeit zu einer katholischen Verbindung die Entwicklung zu innerer Freiheit und Selbständigkeit erschwert.[62]

Im Wintersemester 1903/04 begann auch auf den deutschen Hochschulen, vornehmlich in überwiegend protestantischen Bundesstaaten, ein Hochschulstreit, den man als Akademischen Kulturkampf bezeichnen kann.[63] Das Ziel war es, katholische Verbindungen zu boykottieren bzw. deren Existenzberechtigung abzusprechen. Einer der Hauptagitatoren war übrigens der Ex-Jesuit Paul Graf von Hoensbroech, der 1904 mit einer Schrift gegen den „konfessionellen Kouleurstudent" die Argumente lieferte.[64]

Den Höhepunkt dieses Akademische Kulturkampfes bildete in Österreich zweifelsohne das bereits ausführlich behandelte „Wahrmundjahr" (siehe S. 138f.). Die Äußerung Luegers am 6. allgemeinen österreichischen Katholikentag im November 1907 in Wien

---

60 Abgedruckt in Ac 17 (1904/05), S. 440 und *Alma Mater*, 8. Jg., Nr. 36, 15. 3. 1905, S. 5.

61 Diese Blütenlese wurde zusammengestellt in Ac 17 (1904/05), SS. 233-237 und 18 (1905/06), SS. 65, 93-98, 134f. sowie Der Hochschulstreit über die akademische Freiheit und die konfessionellen Verbindungen, S. 29ff. Zahlreiche Beispiele aus dieser „Blütenlese" sind abgedruckt in Hartmann, Im Gesten bewährt, S. 148f.

62 Besprechung dieses Romans in Ac 18 (1905/06), SS. 203-206.

63 Dazu siehe vor allem Stitz, Der Akademische Kulturkampf.

64 Geboren 1852, entstammte er einem alten niederrheinischen Adelsgeschlecht (ehemals Kreis Geldern) und wurde 1876 Jesuit und 1886 zum Priester geweiht. 1892 trat er aus dem Orden aus, wurde 1895 Protestant und heiratete im selben Jahr. Seit dieser Zeit agitierte er kulturkämpferisch. Zum Lebenslauf siehe Stitz, Geschichte der Sugambria, S. 67, und Gothaisches Genealogisches Taschenbuch der Gräflichen Häuser 1912. Gotha 1912, S. 403f. Seine Schriften: Hoensbroech, Der konfessionelle Kouleurstudent, und Ein Wort an Deutschlands und Österreichs.

über die Rückeroberung der Universitäten verfeinerte der RRAbg. Michael Mayr (AIn EM) in der betreffenden Sektionssitzung des Katholikentages:[65]

> „Dieses christliche Volk muß auch seine christliche Weltanschauung auf unseren Hochschulen vertreten lassen ... Die Wissenschaft und ihre Lehre ist frei, und wer sie angreift, ist mein Feind. Aber die Wissenschaft darf nicht für eine einzige Richtung monopolisiert werden. Es ist des Staates Pflicht, daß er von den Hochschulen fern halte, was die Hochschulen, die Lehrer und Schüler vergiftet ... Wir haben ein doppeltes Anrecht auf die Hochschule, weil sie einerseits Stiftungen des Katholizismus sind, andererseits vorwiegend durch die Steuergelder des katholischen Volkes erhalten werden. Die Schlagworte von voraussetzungsloser Forschung usw. sind längst abgedroschen, und die katholische Kirche und ihre Glaubenslehren vertragen jede wahre freie Forschung."

Aufgrund dieser und ähnlicher Stellungnahmen geht die Argumentationslinie der Katholiken hervor:
1. Die Universitäten sind, historisch gesehen, kirchliche Gründungen oder maßgeblich unter kirchlicher Beteiligung gegründet worden.
2. Die überwiegende Mehrzahl der österreichischen Bevölkerung ist katholisch, von ihren Steuergeldern werden die Universitäten erhalten. Es dürfe daher dort keine antikatholische Agitation betrieben werden.
3. Der Staat ist gefordert, antiösterreichische Umtriebe einzustellen, womit vor allem die alldeutsch beeinflußte schlagende Studentenschaft und die mit ihr sympathisierenden Professoren gemeint sind.
4. Durch den Berufungs- und Habilitationsmechanismus hat sich Mitte des 19. Jahrhunderts eine Professorenschaft herausgebildet, die zwar vorgibt, liberal zu sein, jedoch nicht pluralistisch ist. Durch den Selbstergänzungsmechanismus beim Berufungssystem – ein damals nur aus Professoren bestehender Berufungsausschuß; die Fakultät überreichte dem Ministerium eine Vorschlagsliste – wurde die liberale bzw. nationale Mehrheit auf den Universitäten erhalten. Nach zeitgenössischer Einschätzung gehörten 4/5 des akademischen Lehrkörpers dieser Ideologie an.[66] Dieser Zustand erinnert frappant an ähnliche ab den siebziger Jahren des 20. Jahrhunderts bei den Lehrstühlen für Zeitgeschichte (siehe S. 393). Das Aufdecken dieses Mißstandes und dieser Intoleranz wurde von der „Klüngelmehrheit" als Angriff auf die Freiheit der Wissenschaft pariert.
5. Es gibt keine Unvereinbarkeit zwischen wissenschaftlicher Forschung und Theologie.

Auswirkungen auf die Parteipolitik

Die schlagenden Verbindungen waren die Nachwuchsorganisationen der deutschnationalen Parteien[67], die katholischen die der Christlichsozialen bzw. Katholisch-Konservativen

65 Bericht 6. Katholikentag, S. 189.

66 Lt. Brief von Richard Wollek (AIn) an den Landeshauptmann von Vorarlberg, Adolf Rhomberg (AIn EM), vom August 1898, vollständig abgedruckt in Niederstätter, Feuerstein ist nach wie vor den Veilchenblauen, S. 52.

67 Siehe z. B. dazu Haubner, Von Schiller bis Badeni, S. 86ff. Über das „Dritte Lager" und die Korporationen siehe Mölzer, Die Korporationen und Österreichs Dritte Lager.

sowie im Deutschen Reich der Zentrumspartei. Obwohl die CV-Verbindungen peinlich darauf achteten und nach wie vor achten, als Organisation mit keiner Partei in Verbindung gebracht zu werden, ergaben sich aufgrund der historischen Entwicklung sowie der weltanschaulichen Identitäten personelle Verknüpfungen mit dem parteipolitischen Katholizismus. Man braucht dazu nur die Mitgliederverzeichnisse (Gesamtverzeichnisse) des CV ansehen.

Mit zunehmender parlamentarischer Stärke des Politischen Katholizismus eskalierten auch die Konflikte auf Hochschulboden zwischen katholischen und schlagenden Verbindungen. So waren die Auseinandersetzungen zwischen katholischen und nationalen Studenten am 30. November 1902 in Wien eindeutig durch die Niederlage der Alldeutschen bei den knapp vorher stattgefundenen nö. Landtagswahlen verursacht (siehe S. 115).[68]

Der Wahlsieg des Politischen Katholizismus im Mai 1907 in Verbindung mit der Einigung zwischen Katholisch-Konservativen und Christlichsozialen sowie der Einigung des Zweiten ÖCV mit dem CV führten einerseits bei diesen zu einem gesteigerten Selbstbewußtsein, das im Hinblick auf die Situation auf den Hochschulen eine „Jetzt-erst-recht"-Stimmung aufkommen ließ, andererseits aber wurde der deutschnationale Freisinn in eine Rückzugs-Enge getrieben, die zu aggressiven Handlungen führte.

Der rasche Aufstieg des Politischen Katholizismus führte auch zu einer „Koalition" zwischen den Deutschnationalen und den Sozialdemokraten, die mit den Christlichsozialen in Konkurrenz standen. Auf jeden Fall fand sich diese „Koalition" bei Kulturkampfthemen, wie man bereits bei den parlamentarischen Anfragen in Folge des 20. Stiftungsfestes Carolinas sehen konnte (siehe S. 162). Sie wurde erstmals auch effektiv sichtbar bei den Wahlen des Jahres 1907, bei der die Losung der Deutschnationalen „Lieber rot als schwarz" war.[69] In noch stärkerem Maße war diese Haltung bei den Wahlen des Jahres 1911 bemerkbar, vor allem in Wien. Abschließend kann man daher festhalten:

1. Zwischen den Verhältnissen auf den österreichischen Universitäten und der österreichischen Innenpolitik bestand eine Wechselwirkung.
2. Die jeweiligen „Alten Herren" der nationalen und katholischen Verbindungen unterstützten jeweils deren Anliegen in Parlament und Regierung.
3. Die zunehmende Änderung der innenpolitischen Lage zugunsten des Politischen Katholizismus seine Auswirkung auf Hochschulboden, die im sog. „Wahrmundjahr" ihren Eskalationspunkt erreichte.
4. In Verfolgung kulturkämpferischer Ziele im Staat und auf der Hochschule kam es zu einer „Koalition" zwischen Deutschnationalen und Sozialdemokraten, die unter dem Schlagwort „Lieber rot als schwarz" zusammengefaßt werden kann.

Das Nationalitätenproblem

Kaum ein anderer Staat vor 1918 war von diesem Problem so betroffen wie Österreich-Ungarn. Nach der letzten Volkszählung vor dem Ersten Weltkrieg im Jahr 1910 lebten in der Doppelmonarchie 48,4 Prozent Slawen verschiedenster Nationalität (Tschechen,

68 Ac 15 (1902/03), S. 243.
69 Funder, Vom Gestern ins Heute, S. 323f.

Slowaken, Ruthenen, Polen, Kroaten, Slowenen, Serben), 23,9 Prozent Deutsche, 19,8 Prozent Ungarn und 7,9 Prozent Romanen (Italiener, Rumänen). In Folge der Ideen der Französischen Revolution und der Romantik entstand nach 1815 ein neues Nationalgefühl bei den Deutschen („die verspätete Nation") und den anderen Völkern Europas, die keinen eigenen Nationalstaat besaßen. Diese Bewegung führte letztlich zur Auflösung der Monarchie. Einerseits sehnten sich die Deutschen Österreichs, das politische und kulturelle Trägervolk der Monarchie, nach einem reinen deutschen Nationalstaat, andererseits versuchten die anderen Völker der Donaumonarchie einen solchen zu erreichen.

Es gab zur Jahrhundertwende interessante Vorschläge, wie Österreich-Ungarn zu reformieren wäre, so z. B. von dem österreichischen Rumänen Aurel C. Popovici („Die Vereinigten Staaten von Großösterreich", 1906), vom Sozialdemokraten Karl Renner („Der Kampf der österreichischen Nation um den Staat", 1902) und zuletzt von dem Christlichsozialen Ignaz Seipel (Nc EM) („Nation und Staat", 1916).[70] Aber die Donaumonarchie verfügte nicht mehr über die Kräfte, und die außenpolitischen Konstellationen sowie die innenpolitische Lage in Österreich-Ungarn ließen eine Lösung des Nationalitätenproblems in föderalistischem Sinn nicht mehr zu.

Die Stellung des Politischen Katholizismus zur Nationalitätenfrage läßt sich folgendermaßen kurz umreißen:[71] Bedingt durch den universellen Charakter des Katholizismus bzw. der Kirche nahm dieser am Anfang eine tolerante und ausgleichende Haltung ein. Die Katholisch-Konservativen, deren Träger der katholische Adel, der Großgrundbesitz und das Großbürgertum waren, hatte eine großösterreichisch-dynastische Einstellung. Zwischen ihnen und den jeweiligen katholisch-konservativen Gruppierungen anderer Nationen, insbesondere der Polen, gab es starke Berührungspunkte. Auch die Christlichsozialen unter Lueger (Nc EM) hatten ursprünglich die Absicht, eine Reichspartei aller Nationen zu schaffen. Am 14. Dezember 1891 protestierte er „in seiner Eigenschaft als Österreicher" gegen eine Rede des deutschen Reichskanzlers Otto Fürst Bismarck im Reichsrat: „Ich kenne in Österreich nur gleichwertige Nationen, ich sehe in jedem Tschechen, in jedem Slowenen meinen österreichischen Mitbürger."[72]

Im Zuge der Radikalisierung der Nationalitätenfrage in Österreich, besonders anläßlich der noch zu behandelnden Badeni-Unruhen, wurden die Christlichsozialen zunehmend zu einer deutschnationalen Politik gedrängt. Ihre ursprüngliche Reichsoption – nicht von ungefähr hieß ihr inoffizielles Organ *Reichspost* – wurde nach und nach aufgegeben. Die Katholisch-Konservativen behielten ihren Standpunkt bei, er verschwand aber jedoch zunehmend bei der Vereinigung beider Parteien 1907.

Dieser Trend wurde auch bei den nichtpolitischen Katholikenorganisationen sichtbar. Bis 1910 gab es sieben allgemeine österreichische Katholikentage, an denen Delegierte aller Länder und Nationen, auch aus Ungarn, teilnahmen. Die zunehmende Radikalisierung der Nationalitätenfrage in den letzten Jahren vor dem Ersten Weltkrieg machte solche übernationale Katholikentage unmöglich. 1913 fand daher in Linz ein „Katholikentag der Deutschen Österreichs" statt.[73] Trotzdem beschäftigten sich führende

70 Ebda., S. 339ff.

71 Kann, Das Nationalitätenproblem der Habsburgermonarchie 1, S. 102f. und 2, SS. 210-224; Sutter, Badeni, SS. 376-383.

72 StProt AH RR IX, 88 vom 14. 12. 1891.

73 Liebmann, Österreichische Katholikentage, S. 25.

Katholiken mit der Lösung des Nationalitätenproblems und schlugen oft recht originelle Lösungen vor. Ignaz Seipel wurde bereits erwähnt, er sah die Lösung in einer ethnischen Personalautonomie, also nicht die Zerstückelung Österreichs in Kantone, wie sie Popovici vorgeschlagen hatte.[74] Vor allem aus moraltheologischer Sicht beschäftigte sich mit dem Nationalitätenproblem der Prager Weihbischof Wenzel Frind (Fd EM), der auch Seipel beeinflußte.[75] Der christlichsoziale St. Pöltener Priester und RRAbg. Josef Scheicher (Nc EM) entwarf in dem vor dem Ersten Weltkrieg geschriebenen Essay „Traum aus dem Jahre 1920" einen Bundesstaat „Vereinigte Oststaaten", der vor allem ein Bollwerk gegen den Pangermanismus sein sollte.[76]

Der CV und seine Verbindungen, Teil des organisierten Katholizismus und mit dem Politischen Katholizismus personell eng verflochten, blieb vor allem wegen seiner exponierten Stellung auf der Universität von der Nationalitätenproblematik natürlich nicht verschont.[77] Im allgemeinen – wobei die Ausnahme wie immer die Regel bestätigt – traten auch in katholische farbentragende Studentenverbindungen nur Deutsche ein. Dies weniger, weil die Statuten einem fremdsprachigen Studenten formal den Eintritt verwehrten, sondern weil von vornherein dieser aufgrund der Tradition farbentragender Korporationen nicht auf die Idee kam, einer solchen beitreten zu wollen. Eine der wenigen Ausnahmen ist z. B. in einem Bericht der Austria Innsbruck aus dem Jahre 1880 zu lesen: „Kurz vor Schluß des Semesters schied unser lieber Amerikaner Daniel Burke v. Franklin von uns, um auf seinen hohen Beruf sich in Rom ... weiter vorzubereiten."[78] Die Tatsache, daß ein nichtdeutscher Theologiestudent aufgenommen wurde, zeigt, daß dem Prinzip Katholizität ein höherer Stellenwert beigemessen wurde als dem nationalen Prinzip. Solch ähnliche Beispiele von nichtdeutschen Theologiestudenten finden sich neben der Austria Innsbruck auch bei der Norica. Ein Sonderfall dürfte auch der 1895 der Bavaria Bonn beigetretene Ire John Pius Boland gewesen sein, der es 1896 zum Olympiasieger in Tennis bei den ersten olympischen Spielen der Neuzeit brachte und bis 1918 – der Unabhängigkeit Irlands – Mitglied des britischen Unterhauses war. Auch bei ihm scheint das „katholische Argument" – die Unterstützung der katholischen Iren in ihrem Unabhängigkeitskampf und die starke Sympathie für sie in der katholischen Bevölkerung Deutschlands – das „nationale" übertroffen zu haben.[79]

Eine Sonderentwicklung hatten die Unitas bzw. spätere Frankonia in Czernowitz sowie die Austria Wien, die als Vereine gegründet wurden. Am Anfang fanden sich daher in ihren Reihen katholische Studenten aller Nationalitäten ein. Erst 1890 wurde die Wiener Austria zu einer reinen deutschen Verbindung.[80] Noch vor der Eskalation der Nationalitätenfrage in der zweiten Hälfte der neunziger Jahre war es kein Problem, mit slawischen

---

74 Kann, Das Nationalitätenproblem der Habsburgermonarchie 2, SS. 218-224

75 Haselsteiner, Horst: Ein vergessenes Konzept zur Lösung der Nationalitätenfrage in der Donaumonarchie, in: Demokratie und Geschichte. Jb. des Karl von Vogelsang-Instituts zur Erforschung der Geschichte der christlichen Demokratie in Österreich. Jg. 6, 2002. Wien 2003, SS. 195-200; Kann, Ein deutsch-böhmischer Bischof zur Sprachenfrage, SS. 162-179; Kann, Das Nationalitätenproblem der Habsburgermonarchie 2, S. 211ff.

76 Kann, Das Nationalitätenproblem der Habsburgermonarchie 1, S. 383, Anm. 112.

77 Allgemein zu dieser Problematik dazu sehr ausführlich Nachbaur, Die deutschen katholischen Studentenverbindungen in Österreich.

78 CBl Nr. 35 (1. 7. 1880), S. 319. Burke war dann in späten zwanziger Jahren Seelsorger in New York. Siehe dazu auch Nachbaur, Die deutschen katholischen Studentenverbindungen in Österreich, S. 338.

79 Über Boland siehe Hartmann, Gerhard: Ein CVer war Olympiasieger 1896, in: Ac 98 (2005), S. 251.

80 Popp, Der CV in Österreich, S. 144ff.; Rehberger, Geschichte der Austria Wien I, S. 69.

katholischen Vereinigungen regen und freundschaftlichen Verkehr zu pflegen. Dies ist sowohl für die Austria Wien wie für die Norica belegt.[81]

Für die Carolina stellte sich die Frage, sieht man vom Badeni-Jahr 1897 ab, mehr oder minder ähnlich. Namensgebung wie Statuten des Jahres 1888 geben vorerst keinen Hinweis darauf, daß nur Deutsche Aufnahme finden konnten.[82] Im Rahmen einer Statutenänderung im WS 1896/97 wurde der Name in „katholisch deutsche Studentenverbindung" geändert. Mitglieder konnten nur mehr „katholisch deutsche Studenten" werden. Kurzzeitig führte man den Namen „Karolina" ein, um den besonderen deutschen Charakter zu betonen.[83] Die Gründe dafür waren das Gleichziehen mit den übrigen katholischen Verbindungen in Österreich, die Ereignisse im Studienjahr 1895/96 in Wien (siehe S. 111) sowie der neuerliche Streit um die Inaugurationsfeier 1896 in Graz (siehe S. 124). Man wollte sich nun betonterweise gegenüber den schlagenden Studenten als „Deutsche" darstellen, um sich in der Gleichberechtigungsdiskussion keine unnötigen Blößen zu geben.[84]

Die sich zuspitzenden Nationalitätenkämpfe in Österreich im ersten Jahrzehnt des 20. Jahrhunderts ließen den CV nicht unberührt. Im Zuge dieser Auseinandersetzungen kam es zu der sog. „Schutzvereinsbewegung", die sich vor allem in der „Grenzlandarbeit", in jenen Gebieten mit gemischter Bevölkerung wie etwa die ehemalige Südsteiermark, engagierte. Im Sommer 1909 wurde nun in Linz unter weitgehender Federführung von CVern der Schutzverein „Ostmark. Bund deutscher Österreicher" gegründet. Zweck dieser Gründung war die nationale Schutzarbeit sowie die Schaffung eines Vereins, der für Katholiken annehmbar ist. Obmann wurde der oö. RRAbg. Josef Schlegel (Nc).[85]

Die Verbindungen des CV in Österreich waren daher von den innenpolitischen Verhältnissen bezüglich der Nationalitätenfrage nicht unabhängig. Die ursprünglich durchaus universell ausgerichteten katholischen Organisationen wurden in zunehmendem Maße in den Nationalitätenkampf hineingezogen. Unter dem wachsenden Druck von deutschnationaler Seite mußten die Katholiken Österreichs, ihre Parteien und Organisationen einen verstärkt nationalen Kurs einschlagen.

---

81 Funder, Das weiß-blau-goldene Band, S. 61; Rehberger, Geschichte der Austria Wien I, S. 52.

82 So sind zwei Slowenen, u. a. Militärkurat Franz Premru (EM), gebürtig aus Radmannsdorf, Krain (DAG. Personalakt Premru), sowie ein Ruthene als Mitglieder der Carolina überliefert, die jedoch später ausschieden. Hartmann, Im Gestern bewährt, S. 155.

83 UAG VA Carolina; CT I, S. 55; 75 Jahre Carolina, S. 56; Binder, Die Anfänge der katholischen Studentenverbindungen in Graz, S. 27; Geschäftsordnung Carolina 1897. Auch bez. Norica ist die Schreibweise „Norika" belegt, Ac 18 (1905/06), S. 328 sowie im Jahrgang 19 (1906/07) und 20 (1907/08), 21 (1908/09), 22 (1909/10).

84 Noch 1929 kritisierte Wilhelm Kosch (NbB [ehemals Nc]) die Tatsache, daß Carolina in ihrer ersten Satzung das Wort „deutsch" nicht erwähnte, siehe Kosch, Der burschenschaftliche Gedanke, S. 35. Daß nach Gerhard Popp (Baj) die Carolina in dieser Zeit ein „Vorreiter des deutschen Nationalismus" bei den katholischen Verbindungen bzw. dem „Katholizismus in Österreich" war, ist durch nichts zu beweisen. Siehe Popp, Der CV in Österreich, S. 142ff. Popp überbetont die Formulierung des Briefes der Carolina 1888 an den damaligen Vorort Markomannia „deutsches Wort und deutsche Tat", der ganz im stilistischen Schwulst der damaligen Zeit gehalten war. Daraus aber eine „neue Diktion", nämlich die Betonung des Deutschtums, ableiten zu wollen, die „im CV neu war", wird der Sache nicht gerecht. Popp erwähnt auch die mögliche Gefahr des Ausschlusses der Carolina aus dem CV wegen angeblicher Betonung des Deutschtums, bringt aber dafür sowie für eine überdurchschnittliche (im Vergleich zu den anderen CV-Verbindungen) Betonung des Deutschtums durch Carolina keine Belege. So erwähnt er z. B. nicht die weiter unten angeführte Stellungnahme Carolinas anläßlich der Badeni-Unruhen 1897, die man ja unter Umständen als Beleg für eine stärkere deutschnationale Haltung hätte werten können, wenn man die Umstände hierfür nicht kennt.

85 Ac 22 (1909/10), S. 325f.; Czermak, Emmerich: Die nationalen Schutzvereine in Österreich, in: Ac 22 (1909/10), S. 343f. Siehe auch Nachbaur, Die deutschen katholischen Studentenverbindungen in Österreich, S. 326ff.

Die Badeni-Unruhen

Im Oktober 1895 ernannte Kaiser Franz Joseph den bisherigen Statthalter von Galizien, Kasimir Graf Badeni, einer nach Polen eingewanderten italienischen Adelsfamilie entstammend, zum österreichischen Ministerpräsidenten. Mit seinem Namen ist eine der unruhigsten Zeiten der ausgehenden Monarchie verbunden, als er versuchte, das Nationalitätenproblem einer stufenweisen Lösung zuzuführen.[86] Der zunehmenden parteipolitischen Radikalisierung der Tschechen versuchte er entgegenzuwirken und erließ am 5. und 25. April 1897 die Sprachverordnungen[87] für Böhmen und Mähren, wonach die Ämter und Gerichte mit den Parteien in jener Sprache zu verkehren hätten, in die sie sich an jene gewandt hatten. Weiters mußten alle Beamten, die ab 1. Juli 1901 in Böhmen und Mähren angestellt werden, beide Landessprachen (Deutsch und Tschechisch) in Wort und Schrift beherrschen. Diese nach heutigem Verständnis (vgl. Südtirol) selbstverständliche Regelung rief bei den Deutschen einen Sturm der Entrüstung hervor. Abgesehen von nationalen Prestige- und Besitzstandsfragen sowie der sozialen Problematik (die billigen tschechischen Arbeitskräfte waren eine Gefahr für die Deutschen) führte diese Regelung zu einer „scheinbaren" Benachteiligung der deutschen Beamten. Aufgrund der kulturellen Vorherrschaft des deutschen Elements in der Monarchie war es für tschechische Gymnasiasten z. B. eine Selbstverständlichkeit – schon im Hinblick auf die Kommando- und Dienstsprache der k. u. k. Armee – , Deutsch zu lernen. Welcher Deutsche lernte aber Tschechisch? Durch diese Verordnung hatte Badeni plötzlich zwei Gegner: die Deutschen, aber auch die anderen Nationalitäten, die bislang noch nicht solche Privilegien besaßen.

Eine Woche nach Erlaß der Verordnungen begann in Österreich überall der Widerstand: Im Abgeordnetenhaus kam es unter Führung der Alldeutschen Schönerers zur Obstruktion, die den parlamentarischen Betrieb faktisch lahmlegte, und in den Städten und Dörfern wurden überall Protestkundgebungen veranstaltet. Mitte Mai waren die Konturen klar: Ministerpräsident Badeni versuchte, eine Regierungsmehrheit aus konservativen Deutschen und Slawen zusammenzubekommen. Gegner von ihm waren die übrigen deutschen Parteien. Das katholische Lager hielt sich anfangs von der Obstruktion fern, war jedoch später gespalten. Die Katholisch-Konservativen unter der Führung von Josef Frhr. von Dipauli gingen mit der Regierung, da ihnen diese in der Frage der konfessionellen Schule Zugeständnisse versprach. Die Christlichsozialen ließen sich anfänglich durch die endlich getätigte Zustimmung der Regierung zur Wahl Luegers zum Bürgermeister ködern, standen jedoch später unter dem Druck der deutschnationalen Parteien und schlossen sich der Obstruktion an, nachdem der Führer der deutschböhmischen Christlichsozialen und erste Herausgeber der *Reichspost*, der böhmische LAbg. und Priester Ambros Opitz (Fd EM), in Wien bei Lueger intervenierte. Er drohte damit, daß die Gefahr einer Abwendung der dreieinhalb Millionen Deutschen in Böhmen und

86 Über die Badeni-Unruhen siehe vor allem Sutter, Badeni. Weiters Burger/Wohnout, Eine „polnische Schufterei"?; Ferdinandea 1885-1918, SS. 83-101; Funder, Vom Gestern ins Heute, SS. 153-157; Kann, Das Nationalitätenproblem der Habsburgermonarchie; Hochgerner, Studium und Wissenschaftsentwicklung im Habsburgerreich, S. 198ff.; Whiteside, Georg Ritter von Schönerer, SS. 144-167;

87 Eigentlich waren es Verordnungen der Ministerien des Inneren, der Justiz, der Finanzen, des Handels und des Ackerbaus.

Mähren von der Kirche bestehe, wenn die Christlichsozialen nicht auf den Obstruktionskurs einschwenkten.

Aber auch bei den Sozialdemokraten siegte der Nationalismus vor dem Internationalismus. Engelbert Pernerstorfer (B! braune Arminia Wien, B! Arminia Graz) schloß sich damals der Sozialdemokratie u. a. mit der Begründung an, daß sie die bessere deutsche Politik betreibe.

Am 2. Juni ließ Badeni den Reichsrat vertagen und gab es auf, parlamentarisch zu regieren. Im Sommer kam es im ganzen Land zu ersten Protestkundgebungen, der *Furor teutonicus* unter der alldeutschen Regie Schönerers breitete sich aus. Badeni war jedoch wegen der alle zehn Jahre stattfindenden und im Herbst 1897 wieder fälligen sog. Ausgleichsverhandlungen zwischen Österreich und Ungarn in einer Zwickmühle. Die Ungarn verlangten die parlamentarische Verhandlung. So mußte Badeni für den 23. September den Reichsrat wiederum einberufen lassen. Sogleich begann unter Führung Schönerers die Obstruktion im Abgeordnetenhaus. Unbeschreibliche Szenen spielten sich im Parlament von September bis November ab. Vom 24. bis 26. November erreichten die Tumulte im Reichsrat ihren Höhepunkt. Während auf der Ringstraße Tausende demonstrierten, mußten drinnen Barrieren zwischen den Abgeordnetensitzen und der Regierungsbank errichtet werden, um tätliche Übergriffe zu verhindern. Mark Twain, der sich damals in Wien aufhielt und einige Parlamentssitzungen besuchte, war tief bestürzt, was er dabei erlebte.[88] Der „widerdeutsche"[89] Badeni gab auf und demissionierte am 28. November. Sein Nachfolger wurde Paul Frhr. Gautsch von Frankenthurn.

Natürlich blieben diese Ereignisse nicht ohne Auswirkung auf die Studenten, waren sie doch in den letzten Jahren unter zunehmendem politischen Einfluß Schönerers geraten. Nachdem sich im Sommer die Situation aufgrund der Ferien beruhigt hatte, sollte es im WS 1897/98 zu einem „heißen Herbst" kommen.[90] Bereits am 13. November kam es zu größeren Demonstrationen der Wiener Studenten vor dem Parlament und zu wüsten Schlägereien zwischen Deutschnationalen und Juden auf der Universität. Der Kommers der schlagenden Korporationen aus Anlaß der Inauguration des Rektors der Technischen Hochschule Graz am 16. November 1897 wurde polizeilich aufgelöst. Beim Kommers für die Inauguration des Rektors der Grazer Universität am 23. November wurde die Festrede polizeilich verboten, trotzdem kam es zu alldeutschen Kundgebungen, so daß die Polizei zahlreiche Studenten und Gäste verhaftete.

Damit war der Nährboden für größere Unruhen in **Graz** bereitet. Eine Extra-Ausgabe der *Grazer Tagespost* am Nachmittag des 26. November berichtete in großer Aufmachung über die Ereignisse im Reichsrat und die sog. „Lex Falkenhayn" (ein Versuch, obstruierende Abgeordnete maßzuregeln)[91], so daß es zu einer Demonstration von Studenten am Hauptplatz kam. Diese zogen von dort über die Herrengasse zum Ring und weiter vor die Burg, dem Sitz des Statthalters. Die Lage wurde zunehmend kritisch, die Anführer

88 Burger/Wohnout, Eine „polnische Schufterei"?, S. 94.

89 Originalton aus 1981 in Hundert Jahre Burschenschaft Frankonia, S. 30.

90 Über die Studentenunruhen siehe Sutter, Badeni, S. 176ff.; 75 Jahre Carolina, SS. 57-63; Arminia Graz, S. 58f.; Bechmann, Die Wiener B! Silesia, S. 426f.; Ebner, Geschichte der B! Marcho-Teutonia, S. 54ff.; Ehrlicher-Leitinger, Ein Hort deutschen Fühlens, S. 94ff.; Ferdinandea 1885-1918, SS. 83-101; Scheuer, Die geschichtliche Entwicklung des deutschen Studententums , S. 367f.; Whiteside, Georg Ritter von Schönerer, S. 163f.

91 Dieser Gesetzesantrag wurde von dem katholisch-konservativen RRAbg. Julius Graf Falkenhayn (AW EM) eingebracht.

der Demonstration waren nicht mehr Herr der Lage, so daß Militär anrücken mußte.[92] Am nächsten Tag, dem 27. November, wiederholten sich die gewalttätigen Demonstrationen, abermals wurde Militär eingesetzt, Schüsse fielen, zwei junge Arbeiter und ein Student wurden getötet. Am Sonntag, dem 28. November, glich Graz einem Heerlager, das Militär hielt die wichtigsten Punkte besetzt, um ein erneutes Aufflammen der Unruhen zu verhindern. Nachdem der Rücktritt Badenis bekannt wurde, entspannte sich die Lage. Lediglich das Begräbnis der Erschossenen bot neuerdings die Gelegenheit zu alldeutscher und antiösterreichischer Manifestation.

In **Prag** versammelten sich am 29. November 1897 die Studenten beider deutschen Hochschulen wegen des Rücktritts Badenis zu einer Freudenkundgebung. Nach Verlassen dieser wurden die deutschen Studenten von der tschechischen Bevölkerung beschimpft und sogar tätlich angegriffen. Als begonnen wurde, deutsche Gebäude zu stürmen, und die Unruhen kein Ende nahmen, rückte Militär heran. Trotzdem gelang es den Tschechen, die Heime deutscher Verbindungen zu zerstören bzw. teilweise zu verwüsten, so auch das der Ferdinandea. Nachdem sich die Ausschreitungen nicht beruhigten, sondern sogar eskalierten und weite Bevölkerungskreise erfaßten, verhängte am 2. Dezember der böhmische Statthalter über Prag und die umliegenden Bezirke das Standrecht und ließ weitere Truppen aus Theresienstadt (Terežin) und Josefstadt (Josefov) heranbringen. Im Verlauf dieser „Prager Schreckenstage" wurden 50 Läden geplündert, 370 Häuser beschädigt, ca. 300 Menschen verwundet und ca. 40 getötet.[93]

In **Wien** kam es am 10. Dezember 1897 anläßlich einer Huldigung für den Rektor, veranstaltet von den schlagenden Verbindungen in den Arkaden, zu einem bezeichnenden Zwischenfall. Der Sprecher, med. Franz Födisch, griff in seiner Rede die Kirche an und bezichtigte die Katholisch-Konservativen sowie die deutschen Katholiken des Volksverrates. Er schloß seine Rede mit dem Ruf: „Los von Rom!" Von dieser Versammlung nahm die Los-von-Rom-Bewegung (siehe oben S. 197) ihren Anfang. Am 23. Dezember übergab der Senior der Norica, Franz Schönbrunner, im Namen der christlich-deutschen Studentenschaft dem Rektor deswegen eine Protestresolution.[94]

In **Innsbruck** war es verhältnismäßig ruhiger, obwohl es auch hier am 29. November 1897 zu einer Demonstration von rd. 400 Personen kam, hauptsächlich deutschnationale Studenten, verstärkt durch Arbeiter. Ihr Ziel war aber primär der Unmut gegen die beiden Tiroler katholisch-konservativen Abgeordneten Max Kapferer und Heinrich Foerg, weil sie für die sog. „Lex Falkenhayn" gestimmt hatten. Als sich das Gerücht breitmachte, die Austria plane eine Gegendemonstration, wollte man deren Lokal, das Gasthaus „Breinößl", stürmen, was die Polizei aber gerade noch verhindern konnte.[95]

Während der Weihnachtszeit beruhigte sich die Sache zwar etwas, aber schon nach den Ferien hielt die deutsche Studentenschaft **Prags**, darunter auch Ferdinandea, am 17. Januar 1898 eine Versammlung ab, wo sie ausreichenden Schutz vor Übergriffen der

92 Eine Abteilung des teilweise in Graz garnisonierenden 2. bosnisch-herzegowinischen IR. Zu ihrer Unterstützung rückte noch eine Abteilung des IR „König der Belgier" Nr. 27 an, da an vielen Stellen der Stadt die Demonstrationen neu entflammten. Am Grazer Eisernen Tor wurde Kavallerie vom DR „Nikolaus I., Kaiser von Rußland" Nr. 5 eingesetzt.

93 Ferdinandea 1885-1918, S. 85f.

94 Ac 10 (1897/98), S. 235f.; *Mittheilungsblatt der K. Ö. St. V. Austria*, 2. Jg.., Nr. 4, 1. 1. 1899, Einlagebogen, S. VII; Funder, Das weiß-blau-goldene Band, S. 95f.; die Rede von Födisch sowie dessen Relegierungsbeschluß durch den Akademischen Senat abgedruckt in *Akademische Monatsblätter* 10 (1897/98), S. 134f.

95 Bösche, Zwischen Kaiser und Schönerer, S. 13f.

tschechischen Bevölkerung verlangte. Am 18. Januar promenierten ca. 200 deutsche Couleurstudenten beim traditionellen Bummel auf dem Prager Graben. Als nach Beendigung eine kleine Zahl von Studenten nach Hause ging, wurden sie von Tschechen überfallen. Das führte wiederum zu einer Gegenreaktion. Es versammelten sich daraufhin noch mehr Studenten auf dem Graben. Aber diese Provokation wollten wiederum die Tschechen nicht dulden, und es kam zu tätlichen Angriffen, so daß abends Militär anrücken mußte. Am nächsten Tag (19. Januar) wiederholten sich diese Vorgänge. Daraufhin erließ die Polizei am 21. Januar ein Farbenverbot. Die deutsche Studentenschaft (ca. 1200, darunter auch die Ferdinandea) versammelte sich nun am Samstag, dem 22. Januar, in der Aula der Universität und beschloß einen Streik. Der gesamte akademische Senat (Rektor, Prorektor, die Dekan, Prodekane und Senatoren aller Fakultäten) traten aus Protest zurück.[96]

Die Studenten in Wien, Graz und Innsbruck schlossen sich diesem Streik an. Das Unterrichtsministerium verfügte daraufhin am 7. Februar die frühzeitige Schließung des Semesters. Am Streik beteiligten sich nicht alle katholischen Verbindungen, die Austria Innsbruck z. B. lehnte eine Beteiligung für sich ab, wobei sie innerhalb der katholischen Studenten dabei sicherlich allein geblieben ist. Gegen sie und ihre Angehörigen ging man daraufhin mit Verbalinjurien und Tätlichkeiten vor.[97]

Am 3. März wurde dann das Farbenverbot von der Prager Polizeidirektion aufgehoben, aber die Ausschreitungen gingen in Prag jedoch verschiedentlich weiter. Am Sonntag, dem 6. März 1898, wurden Studenten beim traditionellen Bummel am Graben von mit Knüppeln bewaffneten Tschechen umringt, auch Mitglieder der Ferdinandea wurden insultiert, sie konnten aber den Täter aus der Menge herausholen und der Polizei übergeben. Am selben Tag trat das Kabinett Gautsch zurück, zum neuen Ministerpräsidenten wurde Franz Graf Thun-Hohenstein ernannt.

Für die damals noch wenigen farbentragenden katholischen Verbindungen Österreichs – es waren fünf (Austria Innsbruck, Austria Wien, Norica, Ferdinandea Prag und Carolina Graz), von denen Austria Wien noch nicht dem CV angehörte, waren diese Auseinandersetzungen eine besondere Herausforderung, die zu internen Belastungen führte. Zweifelsohne waren ihre Gründungen größtenteils unter wohlwollender Schirmherrschaft der Katholisch-Konservativen erfolgt, und es gab zahlreiche personelle Verflechtungen zu dieser Gruppierung des Politischen Katholizismus. Mitte der neunziger Jahre wurden die Christlichsozialen stärker, die sicherlich durch die Figur Luegers eine hohe Attraktivität auf die damaligen jungen katholischen Studenten ausübten.

Der *Furor teutonicus* machte aber zwischen diesen beiden Gruppierungen des Politischen Katholizismus keine allzu großen Unterschiede. Für die Deutschnationalen war ja alles Katholische schon von vornherein suspekt und antideutsch. In dieser Stimmung, in der man den Katholiken das Deutschtum absprechen wollte, tat Carolina einen im nachhinein

96 Ferdinandea 1885-1918, SS. 94-98.

97 Ac 10 (1897/98), S. 266f. und 289f.; Bösche, Zwischen Schönerer und Hitler, S. 15f. Gedenkschrift Austria, S. 69f. Nach Bundsmann, Die Landeschefs von Tirol, S. 153, hätten die Aktiven der Austria Innsbruck durchaus gerne beim Streik mitgemacht, jedoch hätten die Alten Herren, durchwegs Parteigänger der Katholisch-Konservativen, offenbar durch Majorisierung des BCs, sie vom Vorhaben abgebracht. Nach Knoll, Geschichte der wehrhaften Vereine, S. 352, Anm. 1072, haben die Austria und Norica in Wien am Streik teilgenommen. Dies ist auch für die Carolina, wenn auch nirgends ausdrücklich vermerkt, anzunehmen.

sicherlich bereuten und kritikwürdigen Schritt. Sie ließ in der nationalen *Grazer Tagespost* folgende Erklärung abdrucken:[98]

> „Es ist eine traurige Tatsache, daß die katholische akademische Verbindung Carolina vielfach mit einer gewissen politischen Partei identifiziert wird und daß – besonders in studentischen Kreisen – die Meinung herrscht, die Korporation stünde in irgendwelcher geistlichen Abhängigkeit oder Bevormundung. Mit Rücksicht auf diese durchaus irrigen Ansichten erklären wir, daß jene bewußte Parteirichtung uns vollständig fernsteht und unseren Anschauungen keineswegs entspricht, ferner, daß unsere Korporation nach jeder Seite hin frei und unabhängig dasteht. Als Mitglieder einer vollständig auf deutschem Boden stehenden Verbindung, die grundsätzlich nur Deutsche aufnimmt, sind und waren wir uns jederzeit der deutschen Stammeszugehörigkeit stolz bewußt ... “

Der Senior der Carolina versuchte nun in der Februar-Nummer der *Academia*, diese Erklärung zu verteidigen, nachdem es offenbar in der Steiermark zu Angriffen auf die Verbindung seitens der Katholisch-Konservativen gekommen war. In der spezifischen Grazer Situation versuchte die Carolina der Öffentlichkeit zu vermitteln, daß Deutschsein und Katholischsein sich nicht gegenseitig ausschließen. Deutlich ist auch zu sehen, daß die damaligen Mitglieder der Verbindung den nationalen Kurs der Christlichsozialen befürworteten und den der Katholisch-Konservativen (damals hießen sie Katholische Volkspartei) ablehnten.[99]

Diese Erklärung wäre sicherlich durch die turbulenten Ereignisse im Januar/Februar 1898 bald in Vergessenheit geraten, wenn sich nicht in der März-Nummer 1898 der *Academia* ein Alter Herr der Austria Innsbruck, Prof. Hans Malfatti, damit kritisch auseinandergesetzt hätte.[100] Vor allem kritisierte er – mit Recht – die Tatsache, daß die Erklärung in der deutschnationalen *Grazer Tagespost* abgedruckt wurde. Einen weiteren Punkt berührte er noch, nämlich die Ablehnung der Identifizierung mit einer „gewissen politischen Partei“. Die Austria hatte sich ja kritisch zum Studentenstreik des Januar/Februar 1898 gestellt und erwies sich dabei als treue Anhängerin der Katholisch-Konservativen, die in Tirol ihre Hochburg besaßen. Es ist daher verständlich, daß Malfatti die einzig nachweisbare CV-öffentliche indirekte Kritik an der Haltung der Katholisch-Konservativen zu den Sprachverordnungen und der Regierung Badeni zum Anlaß nahm, sich mit den Urhebern auseinanderzusetzen. Der Senior der Carolina hat dann Malfatti in der nächsten Nummer in einer guten und ausgewogenen Stellungnahme – er verwies mit Recht auf den Wahlspruch des CV „In dubiis libertas“ – geantwortet.[101]

Die Italiener-Unruhen

Nicht nur wegen der Tschechen kam es zu universitären Protestaktionen, auch wegen der Italiener, für die in Innsbruck eine eigene Rechtsfakultät errichtet werden sollte. Als dieses Vorhaben bekannt wurde, kam es zu studentischen Protestaktionen in Innsbruck, im

98 Abgedruckt in Ac 10 (1897/98), S. 255f.; vgl. auch Ac 10 (1897/98), S. 212; 75 Jahre Carolina, S. 62f.

99 75 Jahre Carolina, S. 62f. Zur Bewertung der Stellungnahme Carolinas seitens der schlagenden Verbindungen siehe Ehrlicher-Leitinger, Ein Hort deutschen Fühlens, S. 89. Siehe dazu auch Nachbaur, Die deutschen katholischen Studentenverbindungen in Österreich, S. 278f.

100 Ac 10 (1897/98), S. 293f.

101 Ebda., S. 319f.

Verlaufe derer der aus Ampezzo stammende, jedoch deutschsprachige Kunstmaler August Pezzei am 4. November 1904 durch einen Bajonettstich tödlich verletzt wurde. Fatal war, daß dies durch einen italienischsprachigen Kaiserjäger geschah. In der Folge kam es zu größeren Demonstrationen.[102]

Welche Stellung nahm dazu der CV ein? Bereits am 3. Mai 1903, als der Plan einer italienischen Rechtsfakultät in Innsbruck bekannt wurde, beschloß die katholische deutsche Studentenschaft unter der Führung der Austria eine Resolution dagegen.[103] An den Demonstrationen im November 1904 nahm die Austria nicht teil, wohl aber am Begräbnis von Pezzei. Dies nach reiflicher Überlegung und nach Anraten von Michael Mayr (AIn EM), der als RRAbg. ab 1907 eindeutig dem christlichsozialen Flügel des Politischen Katholizismus angehörte. Während bei den Badeni-Unruhen 1897 die Austria noch unter dem Einfluß der Katholisch-Konservativen stand, konnten sich bei den Italiener-Unruhen nun offenbar die Christlichsozialen durchsetzen.[104]

In Graz kam es zu einem größeren Demonstrationsbummel der Studentenschaft, an dem Carolina nicht teilnahm, weil sie nicht vorher verständigt wurde. An der Protestversammlung in der Aula nahm sie unbehelligt teil. Kurz darauf fand wiederum eine allgemeine Studentenversammlung statt. Als Carolina daran teilnehmen wollte, wurde ihr der Eintritt verwehrt. Der Rektor erklärte, als Carolina dagegen protestierte, daß er wegen der aufgeregten Stimmung unter der Studentenschaft nichts machen könne.[105] In Wien, wo nicht gleich auf die Innsbrucker Ereignisse reagiert wurde, kam es erst am 9. Dezember zu Radauszenen, im Verlaufe derer der Rektor, der bekannte Theologe Franz M. Schindler (Nc EM), beleidigt wurde. Unter Führung der Norica wurde ihm seitens der katholischen Verbindungen deren Entrüstung mitgeteilt, die Universität blieb ein paar Tage geschlossen.[106]

Im Zuge dieser Italiener-Unruhen kam es u. a. zu Unterstützungstelegrammen deutscher Studentenschaften. Bekannt wurde das am 15. November versandte Telegramm der Studentenschaft Hannover, die sog. „Innsbrucker Depesche“: „Mit Stolz und freudiger Genugtuung hat die Hannoversche Studentenschaft die Kunde von Eurem mannhaften Eintreten für die Interessen des Deutschtums vernommen. Wir beglückwünschen Euch und wünschen Euch als Vorposten im völkischen Kampf herrlichen Erfolg.“ Dieses Telegramm führte zu diplomatischen Verwicklungen zwischen Wien und Berlin, und Reichskanzler Bernhard Fürst von Bülow mißbilligte später diese Aktion als unzulässige Einmischung. Die Aktion von Hannover ist aber auch vor dem Hintergrund zu sehen, daß dort zeitgleich von den schlagenden Verbindungen beantragt wurde, die katholischen Korporationen zu verbieten, was aber dann abgelehnt wurde.[107]

---

102 Über die Vorfälle siehe Ac 17 (1904/05), S. 245, 276 und 287f.; Arminia Graz, S. 66; Bundsmann, Die Landeschefs von Tirol, S. 185f.; Czedik, Zur Geschichte der k. k. österreichischen Ministerien, III, S. 11; Hochgerner, Studium und Wissenschaftsentwicklung im Habsburgerreich, S. 200f.; Der Hochschulstreit über die akademische Freiheit und die konfessionellen Verbindungen, S. 14f.; Nachbaur, Die deutschen katholischen Studentenverbindungen in Österreich, SS 57ff. und 293ff.; Otruba, Universitäten S. 103; Pichler, 75 Jahre Leopoldina, SS. 42-45; Scheuer, Die geschichtliche Entwicklung des deutschen Studententums, S. 371f.; Schulze-Ssymank, Studententum S. 381f.; Schwinghammer, Die Studienzeit Emil Schneiders, SS. 115-119; Stitz, Der akademische Kulturkampf , S. 29ff.

103 Ac 16 (1903/04), S. 46.

104 Ac 17 (1904/05), S. 276.

105 Ebda., S. 288 und 311; 75 Jahre Carolina, S. 84.

106 Stitz, Der akademische Kulturkampf, S. 32.

107 Ebda., S. 33f.

Was ist das Ergebnis für den CV aus den Ereignissen des Nationalitätenkampfes?

ERSTENS. Im Zuge dieser Auseinandersetzungen mußten die katholischen Studenten ihre „deutsche Karte" offenlegen.
ZWEITENS. Das heißt aber nicht, daß die katholischen Verbindungen radikale deutschnationale Anschauungen, etwa rassistischer Art, eingenommen hätten.
DRITTENS. Zwischen den katholischen und schlagenden Verbindungen blieben trotz gemeinsamer Aktionen in diesen Fragen unüberbrückbare Gräben bestehen. Taktische Anbiederei, etwa durch die Carolina 1897, waren wirkungslos und erwiesen sich als „Rohrkrepierer".
VIERTENS. Im Rahmen des Politischen Katholizismus verloren die Katholisch-Konservativen an Einfluß, die Christlichsozialen, die stärker national orientiert waren, gewannen an Boden. Mit Hilfe eines national integrierenden Katholizismus war damit letztlich die Chance vertan, das alte Österreich vielleicht noch zu retten.

Robert Musil schrieb als k. u. k. Oberleutnant und Chefredakteur der *Soldaten-Zeitung* am 31. Dezember 1916 fast schon visionär: „Die Sprachverschiedenheit ist die hohe und dicke Mauer, durch die von Volk zu Volk nur Wege für wenige führen. Die andren sehen nicht, was jenseits geschieht, und wenn sie gewöhnlich auch nicht gleich das Übelste vermuten, so lassen sie sich im Augenblick der Erregung gern erzählen, daß auf der anderen Seite kleine Kinder verspeist werden ... Aber wie man nach dem dreißigjährigen Krieg ... mit einemmal lernte, die religiöse Frage so zu behandeln, daß sie mit der großen Politik überhaupt nichts mehr zu tun hatte, so ist auch nicht ausgeschlossen, daß als Folge dieses Kriegs der nationale Gedanke, der vor ihm seine höchste Spannung erreicht hatte, eine ähnliche Änderung erfährt."[108]

108 Zitiert nach *Frankfurter Allgemeine*, 22. 12. 2005, S. 31.

Zusammenbruch und Neuanfang

„Horch! Wie der Föhn die Schlucht durchsaust!
Horch! Ein Weckruf das Land durchbraust!
Deutschland ruft seinen Sohn zur Wehr,
Deutschland sammelt sein kühnes Heer.
Nun gilt es Tat. Jetzt zündet Heldenmut.
jauchze, jauchze mein junges Blut!
Gebt mir Waffen, führt mich ins Feld,
Laßt mich werden ein deutscher Held!
Für mein Land, für mein Volk im Krieg
Miterkämpfen den deutschen Sieg!
Heimat, Liebe – ich setze mein höchstes Gut
Fließe, fließe mein junges Blut!"

Academia, 20. August 1914[1]

Die Kriegsbegeisterung

Als am 28. Juni 1914 in Sarajevo der österreichische Thronfolger, Erzherzog Franz Ferdinand, und seine Gemahlin einem serbischen Attentat zum Opfer fielen, konnte damals noch niemand ahnen, welche Konsequenzen diese Terrortat haben würde: den Ausbruch des Ersten Weltkriegs, dessen Folgen noch immer zu spüren sind. Der amerikanische Diplomat Georg F. Kennan bezeichnete ihn als die „Urkatastrophe des 20. Jahrhunderts". Dreißig Jahre später sprach Charles de Gaulle von der „guerre de trente ans de notre siècle", dem Dreißigjährigen Krieg des 20. Jahrhunderts. Der britische Außenminister Sir Edward Grey resignierte Anfang August 1914, als die wechselseitigen Kriegserklärungen am Tisch lagen: „Nun gehen in Europa die Lichter aus!" Die Kriege, die 1914 begannen und 1945 endeten, waren grausamer als alle bisherigen, und ihr Erbe ist bis heute noch nicht aufgearbeitet. Der Nahe Osten fand seit dem Ende des Osmanischen Reiches keine Ruhe mehr. Auf dem Balkan blieb das Erbe der alten Reiche bis nach der Jahrtausendwende umkämpft.

Nach 43 Jahren europäischen Friedens bedeutete der Ausbruch des Ersten Weltkrieges auch eine Zäsur für das studentische Verbindungsleben. Für den kurzen Rest des Sommersemesters wurde Couleurtrauer angelegt, man nahm an Trauergottesdiensten zum Gedenken an das Thronfolgerpaar teil, und es wurden an den Kaiser Beileidstelegramme geschickt.

Die allgemeine Kriegsbegeisterung war groß. Man empfand einen befreienden Funken, der in das hochgeladene Konkurrenz- und Spannungsverhältnis des europäischen Großmächtesystems geraten war. Wie im Deutschen Reich, so befürworteten auch die Deutschen in Österreich den Krieg, und auch der Politische Katholizismus – und damit eng verbunden der Großteil des Verbandskatholizismus – stand dabei nicht abseits.[2] Die *Academia* ist ein beredtes Zeugnis für diese Kriegsbegeisterung im CV. In der Nummer vom 20. August 1914 schrieb deren Herausgeber Joseph Weiß (Ae):

1 Ac 27 (1914/15), S. 305f.

2 Meier, Die österreichischen Christlichsozialen während des Ersten Weltkriegs, S. 4; über die Haltung der katholischen akademischen Verbände, so auch des CV und des KV, siehe Fuchs, Vom Segen dieses Krieges.

„Was wir bisher friedlich in jubelnder Burschenlust gesungen haben:

Wenn es gilt fürs Vaterland,
Treu die Klingen dann zur Hand!

das ist nunmehr blutige Erfüllung eines heiligen Gelöbnisses geworden ... Der Herr sei mit Euch, Ihr braven Krieger des CV! Er segne Euch und Eure Waffen zum Schutze und Ruhme unseres Vaterlandes!"

Der heutige Leser steht nach den furchtbaren Erfahrungen zweier Weltkriege fassungs- und verständnislos vor dem Pathos dieser Worte. In der Tat, es ist schwer, dafür und vor allem für den erbetenen „Segen der Waffen" nach heutigen Ansprüchen Verständnis zu finden. Aber darf man diese Begeisterung, die von dem ganzen kommenden Unheil keine Ahnung haben konnte, nach den historischen Erfahrungen beurteilen? Der Kriegsausbruch von 1914 wurde in den gebildeten Schichten Österreichs und Deutschlands nicht etwa als eine Katastrophe empfunden, sondern wie eine Katharsis, eine Erlösung begrüßt.[3]

Ein Ort wurde im nachhinein zum Sinnbild für Gloria und Grauen im Ersten Weltkrieg: **Langemarck**. Am 11. November 1914 gab die deutsche Oberste Heeresleitung bekannt: „Westlich Langemarck brachen junge Regimenter unter dem Gesange 'Deutschland, Deutschland über alles' gegen die ersten Linien der feindlichen Stellungen vor und nahmen sie." Daraus wurde bald nach 1918 die Legende von den angeblich überwiegend aus Studenten bestehenden Regimentern, die – das Burschenband über die Brust und das Deutschland-Lied singend – im Kampf gefallen sind. Ernstzunehmende neuere Untersuchungen belegen aber, daß der studentische Anteil der an dieser ersten Ypern-Schlacht eingesetzten Regimenter unauffällig war.[4] Aus nicht mehr nachvollziehbaren Gründen entstand der Opfermythos der Studenten. Spezielle Denkmäler auf dem deutschen Friedhof von Langemarck wurden errichtet, und ähnlich wie bei Albert Leo Schlageter (Fl) (siehe S. 351f.) bemächtigten sich nach 1933 die Nazis aus propagandistischen Gründen dieser Legende in ihrem Sinn. Sie verharrt hartnäckig weiterhin ungeprüft in den einschlägigen (studenten)historischen Abhandlungen.

Das ändert aber nichts an der Tatsache, daß in den ersten Monaten des Ersten Weltkriegs aufgrund Unerfahrenheit und mangelnder Ausbildung Tausende von jungen Menschen, darunter auch Studenten, ihr Leben opfern mußten. So auch an der Galizien-Front im Herbst 1914, wo in den Abwehrschlachten 250.000 Angehörige der k. u. k. Armee, darunter viele junge Reserveoffiziere, auch CVer, fielen.

Der CV im Krieg

Nach dem Vorbild früherer Kriege wurde anfänglich überlegt, eine Akademische Legion zu bilden, die nur aus Studenten bestehen sollte. Infolge des Bedarfs an Reserveoffizieren, die ja in der Regel von Maturanten bzw. Studenten gestellt wurden, kam man von einem solchen einheitlichen Truppenkörper sowohl in Deutschland wie in Österreich rasch ab.[5]

3 Bleuel, Deutschlands Bekenner, S. 72.

4 Unruh, Langemarck, bes. SS. 61-68, 151ff. und 187ff. Der Autor konnte anhand der Mannschaftslisten der an diesem Frontabschnitt eingesetzten Regimenter nachweisen, daß der Anteil von Studenten unter 10 Prozent lag.

5 Molisch, Politische Geschichte der deutschen Hochschulen, S. 237.

Die *Academia* aber auch in der Folge die verschiedenen Verbindungsgeschichten berichteten in der Regel über die Zahl der eingezogenen Bundesbrüder, der Verwundeten und Gefallenen, aber auch der Ausgezeichneten. Ebenso kann man in der *Academia* lesen, wie man mit den im Feld Stehenden und den daheim Gebliebenen weiter Kontakt hielt und wie man den Soldaten „Liebesgaben" zukommen ließ. Der CV war ebenfalls nicht untätig: Die *Academia* wurde ins Feld verschickt, mobile Front-CV-Zirkel wurden eingerichtet und eine Kriegshilfskasse des Altherrenbundes installiert.[6]

Die Academia wurde ins Feld geschickt. Engelbert Dollfuß liest sie im Unterstand in den Tiroler Bergen.

Im Juli 1914 zählte der CV in 80 Verbindungen 12.398 Urmitglieder, von denen 7.199 einrückten. Davon fielen oder starben an Kriegsfolgen 1.282, das sind 10,34 Prozent der Urmitglieder.[7] Von den anderen Korporationsverbänden wurden die Sängerschaften des Weimarer Chargierten-Conventes am stärksten getroffen, wo von 3.500 Eingerückten 1.000 fielen, beim Wingolfsbund waren es von 2.087 Teilnehmern 513. Der Anteil der Gefallenen bei den anderen Verbänden bewegte sich ungefähr in derselben Höhe wie beim CV.[8]

Das Ende der Monarchie

Als im November 1916 Kaiser Franz Joseph I. starb, widmete die *Academia* für seinen Nachruf nicht einmal eine volle Seite. Robert Jiresch (Rd) konnte noch voll Zuversicht schreiben: „Es ist uns ein schmerzliches Entsagen, daß Kaiser Franz Joseph nicht mehr den siegreichen Frieden mit uns erleben kann."[9]

Doch diese Siegeszuversicht wich zunehmend der Kriegsmüdigkeit und damit auch dem Streben nach Frieden. In diesem Zusammenhang ist die mit deutlicher Mehrheit verabschiedete Friedensresolution des deutschen Reichstages vom 19. Juli 1917 zu nennen.

6 Ac 27 (1914/15), S. 257ff., 607, 609ff., 28 (1915/16), S. 103f., 208ff., 307f., 29 (1916/17), S. 87f., 30 (1917/18), S. 344f.; Hagen, Der CV gedenkt seiner im Weltkrieg gefallenen Brüder, S. 58.

7 Hagen, Der CV gedenkt seiner im Weltkrieg gefallenen Brüder, S. 7.

8 Krause, O alte Burschenherrlichkeit, S. 171.

9 Ac 29 (1916/17), S. 372f.

Sie wurde namens der Fraktionen der Zentrumspartei, der Sozialdemokraten und der Fortschrittlichen Volkspartei (Linksliberale) vom Vorsitzenden der Zentrumsfraktion, dem späteren Reichskanzler Konstantin Fehrenbach (Hr), eingebracht und vertreten: „Soll dieses Wüten noch ein viertes Jahr dauern? Wir haben vor unserem Gewissen und vor Gott uns verpflichtet erachtet, diesem Elend, soweit das an uns liegt, ein Ende zu machen.“[10]

Im Spätherbst 1917 an der Isonzofront und im Frühjahr 1918 an der Westfront konnten die Mittelmächte nochmals militärische Erfolge erreichen, nachdem Rußland infolge der Revolution als Gegner ausgeschieden war (Friede von Brest-Litowsk). Doch danach erlahmten aber die Kräfte, und die Entente konnte durch den Eintritt der USA frische Truppen der Front zuführen, so daß das militärische Ende für die Mittelmächte unausweichlich blieb. In der ersten Nummer der *Academia* nach dem Waffenstillstand am 15. Dezember 1918 findet man unter der Rubrik „Vom Vorort“ relativ unauffällig und bescheiden folgende Notiz:

> „Waffenstillstand – ein Wort voller Freude und doch voll bitteren Wehs ... Und nun kehrt Ihr heim, deutsche Soldaten, der Not gehorchend, unbesiegt. Ein herzliches Willkommen bietet Euch die Heimat, die Ihr schütztet in jahrelangen, harten Kampf ... Cartellbrüder! Jetzt ist es Zeit, unsere Freundschaft zu beweisen ...“[11]

Mit großer Aufmachung wurde der Eintritt des CV in den Krieg 1914 gefeiert, nur eine kleine Anmerkung nahm dessen Ende wahr.

Die innenpolitische Situation Österreich-Ungarns hinsichtlich seines Weiterbestandes war nahezu aussichtslos. Die einzelnen Nationen drängten zu nationaler Selbständigkeit, wobei sie von den „14 Punkten“ des US-Präsidenten Woodrow Wilson unterstützt wurden. Für eine Umgestaltung Österreich-Ungarns in einen Bundesstaat war es bereits zu spät. Nachdem bereits die Tschechen und die Südslawen durch die Bildung eigener Regierungen bzw. Nationalräte vollendete Tatsachen geschaffen hatten, erließ Kaiser Karl I. am 16. Oktober 1918 das „Völkermanifest“, in dem er die Umgestaltung Österreichs in einen Bundesstaat ankündigte und die Bildung von Nationalstaaten anregte. Als letzte der Nationalitäten konstituierten sich am 21. Oktober im nö. Landhaus zu Wien die deutschen Abgeordneten des Reichsrates zur Provisorischen Nationalversammlung Deutschösterreichs. Obwohl die Sozialdemokraten eindeutig die schwächste Fraktion stellten, ging in den revolutionären Tagen des Oktober und November 1918 die politische Initiative auf sie über.[12]

Am 27. Oktober wurde die letzte k. k. (österreichische) Regierung unter dem angesehenen Völkerrechtler Heinrich Lammasch als Ministerpräsidenten ernannt, der Ignaz Seipel (Nc EM) als k. k. Minister für Soziale Fürsorge angehörte. Am 30. Oktober beschloß die Provisorische Nationalversammlung die Gründung eines Staates „Deutschösterreich“ und einen Staatsrat als vollziehendes Organ. Weiters wurden drei gleichberechtigte Präsidenten der Nationalversammlung gewählt, von den Christlichsozialen war dies der oö.

10 Dazu siehe Ribhegge, Wilhelm: Der Reichstag als Ort der Erinnerung. Die Friedensresolution vom 19. Juli 1917, in: StdZ 129 (2004), SS. 736-746, bes. S.743.

11 Ac 31 (1918/19), S. 184f.

12 Gemäß den letzten Wahlen von 1911 waren das 232 Abgeordnete, davon gehörten 102 dem Deutschen Nationalverband (Fraktion der verschiedenen deutschnationalen Parteien) an, 72 den Christlichsoziale und 45 den Sozialdemokraten, 13 waren unabhängig.

Landeshauptmann Prälat Johann N. Hauser (AW EM), von den Sozialdemokraten Karl Seitz und von den Deutschnationalen Franz Dinghofer (B! Ostmark Graz). Am 31. Oktober wurde eine Exekutive gebildet: die Staatsämter für die einzelnen Ressorts mit einem Staatssekretär an der Spitze sowie mit dem Sozialdemokraten Karl Renner als Staatskanzler.[13] Mit dem Waffenstillstand am 3. November war der letzte Halt der Donaumonarchie zerbrochen: die alte, ruhmreiche k. u. k. Armee, die fast bis zuletzt im großen und ganzen intakt geblieben war.

Auch in den Ländern vollzog sich der Übergang von der k. k. Verwaltung (Statthalterei) zu den von den Provisorischen Landesversammlungen oder Landtagen gewählten Landesregierungen mit einem Landeshauptmann an der Spitze. Durch diesen Wechsel in den Ländern gelangten auch Angehörige von CV-Verbindungen in politische Funktionen. In *Niederösterreich* wurden Leopold Kunschak (Nc EM) und Wilhelm Miklas (AW EM) zu Landesregierungsmitgliedern gewählt. In *Oberösterreich* wurde Johann N. Hauser als Landeshauptmann bestätigt. *Salzburg* wurde bald von Franz Rehrl (AW) – ab 23. April 1919 Landeshauptmannstellvertreter und ab 1922 (bis 1938) Landeshauptmann – geprägt. In der *Steiermark* wurde Anton Rintelen (ehemals Trn EM) zuerst zum Landeshauptmannstellvertreter gewählt, später dann zum Landeshauptmann. In *Vorarlberg* wurde Ferdinand Redler (Cl) im Dezember 1918 Landeshauptmannstellvertreter. Das Burgenland kam erst später zu Österreich, in Kärnten waren die Christlichsozialen von Haus aus schwach, und Wien gehörte damals noch zu Niederösterreich.

Nachdem am 7. November die Wittelsbacher in München stürzten und am 9. November Kaiser Wilhelm II. (C! Borussia Bonn) – der „erste Corpsstudent des Deutschen Reichs“ – als Deutscher Kaiser und König von Preußen abdankte, war auch die Frage nach der Staatsform in Österreich akut geworden. Die Rolle des Hauses Habsburg-Lothringen war dabei ungleich schwieriger, denn es war nicht nur ein Krieg verloren, sondern auch das Reich zerfallen. So verblieb als Rest Deutschösterreich, das alte Stammland der Habsburger ungefähr in den Grenzen des ausgehenden Mittelalters. Für das Weiterbestehen der Monarchie in diesem Deutschösterreich waren die Voraussetzungen höchst ungünstig: Die „November-Revolution“ in Deutschland und Österreich mit ihren oft eigengesetzlichen Abfolgen verursachte soziale und politische Veränderungen, so daß es ohnedies keine Rückkehr mehr zum Status vor 1914 geben konnte. Dazu kam noch ein junger und unerfahrener Kaiser, der bei weitem nicht das Ansehen seines Vorgängers Franz Joseph I. besaß. In den letzten Oktober- und ersten Novembertagen fielen die Entscheidungen in der Staatsformfrage Österreichs, wobei die Haltung des Episkopates sowie der katholischen Organisationen natürlich von Interesse ist.[14]

Schon Anfang Juli 1918 hatte Friedrich Funder (Cl) auf einer Massenkundgebung des Katholischen Volksbundes in Wien seine Zuhörer zum Festhalten an der Monarchie aufgerufen.[15] Und am 4. August 1918 hatte der österreichische Episkopat in einem gemeinsamen Hirtenbrief auf die „providentielle Stellung Österreichs als katholische Vormacht im Herzen Europas und als Vaterland des Völkerbundes, den es beherbergt“, hinge-

13 Weiters waren in der Folge Staatssekretäre: Rudolf Ramek (Nc) für Justiz, Eduard Heinl (Baj EM) für Handel und Heinrich Mataja (ehemals Am EM) für Inneres. Unterstaatssekretäre waren Wilhelm Miklas (AW EM) (Inneres) und Josef Resch (Nc EM) (Soziales).

14 Siehe dazu Liebmann, Die Entscheidung der Katholischen Kirche für die Republik, SS. 189-195.

15 *Reichspost*, 2. 7. 1918. Über Funders Verhältnis zur Monarchie siehe Pfarrhofer, Friedrich Funder, S. 86, 90 und 300-311.

wiesen.[16] Anläßlich des Abschlusses der Oktober-Friedensandacht griff der Wiener Erzbischof, Gustav Kardinal Piffl (Wl EM), in die Staatsformfrage massiv ein: „Als Katholiken treten wir in Deutschösterreich für den monarchischen Gedanken ein, nicht als ob die katholische Kirche grundsätzlich keine andere Regierungsform zuließe, sondern weil wir zunächst keinen Grund haben, dem Kaiser die Treue zu brechen."[17] Und in einer Resolution der katholischen Organisationen Wiens hieß es: „Wir bekennen, daß für uns, das deutsche Volk, die auf breitester demokratischer Grundlage aufgebaute Monarchie als die geeignete Staatsform erscheint."[18] Noch am 8. November 1918 verkündete die *Reichspost:* „Wir haben einen Kaiser, wir haben ein österreichisches Kaiserhaus. Wir haben ein Kaisertum!" Nach Erika Weinzierl war in diesen Novembertagen „mit an Sicherheit grenzender Wahrscheinlichkeit ... kein einziger österreichischer Bischof Republikaner".[19] Auch für die Mehrheit des Klerus wird wohl diese Feststellung zutreffen.

Die Lage in der Christlichsozialen Partei war jedoch eine andere, wobei es für damals sehr schwierig ist, sie exakt einzugrenzen: kein einheitliches Parteiprogramm, ein geringer Stand der Organisierung und eine Unzahl regionaler und sozial unterschiedlicher Gruppen.[20] Doch bereits Ende Oktober machten sich in ihr Abrückungstendenzen von der monarchischen Staatsform bemerkbar, die am 3. November zum Rücktritt von Alois Prinz von und zu Liechtenstein (AW EM) als Klubobmann (Fraktionsvorsitzender) im Abgeordnetenhaus führte. Sein Nachfolger wurde in dieser schwierigen Zeit Prälat Johann N. Hauser (AW EM), dessen Hauptaufgabe es nun war, die Spaltung der Partei zu verhindern.[21] Besonders die westlichen, agrarisch dominierten Länder waren stark republikanisch gesinnt. So beschlossen noch vor der Abdankung des Kaisers die Tiroler und Kärntner Landesversammlungen einstimmig eine Aufforderung an die Provisorische Nationalversammlung, endlich die Republik auszurufen.[22] Anführer dieser Gruppe war der Vorarlberger und nunmehrige Vizekanzler Jodok Fink. Dieser Haltung standen die Vertreter der Wiener Christlichsozialen, wie etwa Heinrich Mataja (ehemals Am EM), Friedrich Funder (Cl), Richard Schmitz (Nc), Richard Wollek (AIn) aber auch Leopold Kunschak (Nc EM) reserviert gegenüber. Sie waren im Prinzip für die Beibehaltung der Monarchie bzw. zumindest für die Abhaltung eines Referendums in dieser Frage. In der christlichsozialen Fraktion hatten die Anhänger der Republik letztlich die Mehrheit, denn aufgrund der ungünstigen Reichsratswahlergebnisse von 1911 kamen aus Wien nur drei Abgeordnete.[23]

Auch die normative Kraft des Faktischen war stärker. Deutschösterreich, das am 30. Oktober durch die Provisorische Nationalversammlung konstituiert wurde, war eigentlich unausgesprochen bereits ein republikanischer Staat.[24] Somit wurde die Situation für den Kaiser in der ersten November-Dekade immer aussichtsloser. Obwohl in den

16 Weinzierl, Österreichs Katholiken und der Nationalsozialismus, S. 418.

17 *Reichspost,* 5. 11. 1918.

18 *Reichspost,* 6. 11. 1918.

19 Weinzierl, Kirche und Politik, S. 454.

20 Meier, Die österreichischen Christlichsozialen während des Erstens Weltkriegs, S. 166; Staudinger, Die Entscheidung der christlichsozialen Abgeordneten für die Republik, S. 168ff.

21 Honeder, Johann N. Hauser, S. 70.

22 Staudinger, Die Entscheidung der christlichsozialen Abgeordneten für die Republik. Diskussion, S. 271.

23 Meier, Die österreichischen Christlichsozialen während des Ersten Weltkriegs, S. 170; Weinzierl, Der Weg des österreichischen Katholizismus, S. 81.

24 Staudinger, Die Entscheidung der christlichsozialen Abgeordneten für die Republik, S. 172.

Morgenstunden des Sonntags, des 10. November, Prälat Hauser Kardinal Piffl eine Erklärung abgab, daß die Christlichsozialen kaisertreu bleiben[25], war mit Tagesende die Chance auf Erhaltung der Monarchie aussichtslos geworden. Am 11. November kam es daher zu zwei wichtigen Entscheidungen: Der Staatsrat beschloß einen Gesetzesentwurf über die künftige republikanische Staatsform, und Kaiser Karl leistete seine Verzichtserklärung.

Im Staatsrat saßen sieben Christlichsoziale, von denen stimmten drei (u. a. Miklas) gegen die Republik, und drei enthielten sich. Wilhelm Miklas (AW EM) votierte als einziger ausdrücklich für die Monarchie. Den letzten Ausschlag für das Umschwenken der Christlichsozialen gab die ab 10. November geänderte Haltung der Deutschnationalen, die sicher von den Ereignissen im Deutschen Reich am 9. November – Abdankung Kaiser Wilhelms II. – beeinflußt wurde.[26] Eine Schlüsselfigur beim Verzicht Kaiser Karls war zweifelsohne Ignaz Seipel. Er änderte den Text so ab, daß das Wort „Abdankung" nicht vorkam. Die entscheidende Passage lautete: „Ich verzichte auf jeden Anteil an den Staatsgeschäften." Am 11. November am späten Vormittag[27] unterfertigte Kaiser Karl die Erklärung, am 12. November wurde die Republik ausgerufen.[28]

Die Kirche reagierte ganz im Sinne des Römerbriefs[29] fast atemberaubend rasch. Bereits am 12. November erließ Kardinal Piffl eine Weisung an den Wiener Klerus, den er „zu unbedingter Treue gegenüber dem nun rechtmäßig bestehenden Staat Österreich" ermahnte. Ende November kam es zur ersten Bischofskonferenz nach dem Umbruch, auf der ein gemeinsamer Hirtenbrief für den 23. Januar 1919 beschlossen wurde. Unter Hinweis auf Thomas von Aquin wurde empfohlen: „Das beste Mittel, Frieden zu halten und das Interesse des Volkes an der Erhaltung des Staates zu wecken, ist die Teilnahme möglichst aller an der Regierung."[30]

Was mag aber bei den Christlichsozialen (und damit wohl auch bei vielen CVern) die rasche Änderung in der Haltung zur Monarchie herbeigeführt haben? Hier dürften weniger emotionale Gründe – die Verwurzelung von Monarchie oder Republik im Herzen – die Ursache gewesen sein, als vielmehr die damals wohl entscheidendere Frage: Von welchem System konnte eher die Lösung der dringlichsten Überlebensprobleme erwartet werden. Das monarchische System wurde von vielen Anhängern der Christlichsozialen als mitverantwortlich für die katastrophalen Lebensbedingungen gehalten. Nicht so sehr die Person des Kaisers wurde abgelehnt, sondern das gesamte dahinter stehende „kriegsabsolutistische" System als solches.[31]

---

25 Honeder, Johann N. Hauser, S. 74 zitiert dabei den Nachlaß Hauser im oö. Landesarchiv.

26 Meier, Die österreichischen Christlichsozialen während des Ersten Weltkriegs, S. 169ff.; Staudinger, Die Entscheidung der christlichsozialen Abgeordneten für die Republik. Diskussion, S. 274.

27 Groteskerweise könnte es der 11. 11. um 11.11 Uhr, normalerweise der Beginn des rheinischen Karnevals, gewesen sein.

28 Honeder, Johann N. Hauser, S. 76f.; Stadler, Die Gründung der Republik, S. 71f.

29 Röm 13,1: „Jedermann sei der obrigkeitlichen Gewalt untertan. Denn es gibt keine Gewalt außer von Gott, und die bestehenden Gewalten sind von Gott angeordnet."

30 Liebmann, Die Entscheidung der katholischen Kirche für die Republik, S. 191ff.; Weinzierl, Der Weg des österreichischen Katholizismus, S. 82; Weinzierl, Kirche und Politik, S. 455f.

31 Staudinger, Die Entscheidung der christlichsozialen Abgeordneten für die Republik. Diskussion, S. 275.

Der CV war im Jahr 1918 zum erstenmal gefordert, in einer wichtigen grundsätzlichen politischen Frage Stellung zu beziehen, die noch dazu von seinen Prinzipien her weder in die eine noch in die andere Richtung eindeutig ausfallen konnte. Und noch etwas kam hinzu. Vor dem Ersten Weltkrieg hatten sich die österreichischen und deutschen Akademiker, somit auch der CV, wenn nicht völlig apolitisch, so doch vorwiegend tagespolitisch neutral verhalten.

Der CV hatte, etwa in der *Academia*, immer wieder auf seine Satzungsbestimmung hingewiesen, wonach ihm politische Bestrebungen fernliegen. Dies änderte sich jedoch schlagartig im November 1918, als eine Welle allgemeiner Politisierung ausgelöst wurde, die auch vor den studentischen Verbänden nicht haltmachte. In allen Verbandszeitschriften setzte fast gleichzeitig die Auseinandersetzung um die Stellung zum „neuen System" ein, so auch in der *Academia*. Und die Cartellversammlung, ansonsten nur mit Formalien befaßt, diskutierte nun auch politische Probleme.[32]

Die erste unvermeidliche politische Frage war die sowohl für Deutschland wie vor allem für Österreich wichtige Staatsform. Der CV als Teil des Verbandskatholizismus verhielt sich dabei hier nicht viel anders als die anderen katholischen Organisationen bzw. der Episkopat: Bis zum Schluß Treuekundgebung für den Kaiser, danach sofortige Akzeptanz der neuen Staatsform, wobei dies nicht ohne interne Reibungsverluste vonstatten ging.[33]

Ende Oktober 1918 faßten die Wiener CV-Verbindungen Aargau, Franco-Bavaria und Nibelungia einmütig folgenden Beschluß:

> „Angesichts der gesamten politischen Lage, welche eine Umwandlung des österreichisch-ungarischen Gesamtstaates in nationale Bundesstaaten wünschenswert erscheinen läßt, begrüßen die CV-Verbindungen Nibelungia, Franco-Bavaria und Aargau die Schaffung des Staates Deutschösterreich ... Die genannten Verbindungen erneuern bei diesem Anlaß das Gelöbnis unwandelbarer und nie wankender Treue zu dem geliebten Monarchen als dem Haupte der angestammten Dynastie. . ."[34]

Dem folgte ein ähnlicher Beschluß des WCV-Seniorenconvents am 30. Oktober 1918; auch er begrüßte die Schaffung von Deutschösterreich und die Umwandlung Österreich-Ungarns in einen Bundesstaat und fährt fort: „Der Wiener Cartellverband erneuert bei diesem Anlaß das Gelöbnis unwandelbarer Treue zur angestammten Dynastie und hält an der monarchischen Staatsform fest."[35] Die Formulierungen beider Erklärungen lassen den Schluß zu, daß der Beschluß des WCV sicherlich von diesen drei Wiener Verbindungen beantragt bzw. beeinflußt wurde.

---

32 Bleuel-Klinnert, Deutsche Studenten auf dem Weg ins Dritte Reich, S. 61; Sklorz, Die politische Haltung der Academia, S. 9.

33 Vgl. dazu Molisch, Politische Geschichte der deutschen Hochschulen, S. 249.

34 Ac 31 (1918/19), S. 161f. Diese Erklärung wurde in der Nummer vom 15. 11. veröffentlicht, die Erklärung des WCV vom 30. 10. aber erst am 15. 12. Die chaotischen Verhältnisse im Post- und Druckwesen in diesen Tagen machten ein rechtzeitiges Erscheinen der WCV-Erklärung in der Novembernummer nicht mehr möglich. Die Erklärung der drei Wiener Verbindungen bezieht sich auf die Konstituierung der Provisorischen Nationalversammlung vom 21. 10. 1918. Sie muß daher unmittelbar danach beschlossen worden sein, sicher einige Tage vor dem 30. 10., denn sonst hätte sie nicht mehr am 15. 11. erscheinen können. Das Schicksal beider Erklärungen war es jedoch, daß sie zu einer Zeit veröffentlicht wurden, in der bereits andere Verhältnisse herrschten.

35 Ac 31 (1918/19), S. 190.

Aber wie Episkopat und Politischer Katholizismus, so nahm auch der CV die neue Lage relativ rasch zur Kenntnis. Hatten Verbindungen in ihren Satzungen die Treue zu Monarchie und Kaiser festgelegt, so wurde dies rasch geändert. Friedrich Funder (Cl) formulierte für die Norica dieses Verhalten: „Schon Ende November hatte man zu der Antithese Monarchie oder Republik in Beratungen des Philisteriums und der Aktivitas Stellung genommen. Die bisherigen Statuten lauteten grundsätzlich für Kaiser und Monarchie. Wiederherstellung war eine Angelegenheit der praktischen Politik. Stets hatte es Norica abgelehnt, Politik zu treiben. Als Verbindung eine politische Linie vorzuschreiben, erachtete Norica auch jetzt nicht als ihre Sache."[36]

Jedoch nicht alle Verbindungen bzw. CVer folgten dem bei Funder beschriebenen Wechsel und Kurs. So die Nibelungia in Wien unter dem Einfluß des damals aktiven Ernst Karl Winter, dem späteren Vizebürgermeister von Wien, der ein überzeugter Monarchist war. Auf der 51. Cartellversammlung im August 1920 in Regensburg nahmen er als Vertreter der Nibelungia und Engelbert Dollfuß als solcher der Franco-Bavaria teil. Beim Schlußkommers saßen sie sich gegenüber. Dazu Winter: „Ich erinnere mich, daß er über mich wild war, weil ich sein begeistertes 'Deutschland, Deutschland über alles' mit den um nichts weniger leidenschaftlich gesungenen Worten des alten 'Gott erhalte' störte, was er mir lange nachgetragen hat."[37]

Es gab nur zwei CV-Verbindungen, deren interne Diskussion um die Staatsformfrage die CV-Öffentlichkeit Österreichs und Deutschlands beschäftigte: die erwähnte Wiener Nibelungia und die Grazer Carolina.

Die **Nibelungia** hatte im Mai 1920 durch einen BC-Beschluß von ihren Mitgliedern das Bekenntnis zum alten Österreich und zum Kaiser sowie die Verwerfung der Republik verlangt. Die 52. Cartellversammlung 1921 in Linz forderte die Nibelungia auf, diesen BC-Beschluß zu streichen, da er dem § 4 der CV-Satzung widerspreche. Die Nibelungia teilte im Dezember 1921 dem damaligen Vorort Austria Wien mit, daß ein CC „unter dem Druck der Cartellversammlung mit der Stimme des Vorsitzenden bei Enthaltung sämtlicher Anwesenden unter Protest den Beschluß vom Mai 1920" aufgehoben hätte. Der Vorort fand darin keine Erfüllung des Beschlusses der Cartellversammlung und stellte den Antrag auf Ausschluß aus dem CV, der auf schriftlichem Wege vorerst abgelehnt und auf die nächste Cartellversammlung verwiesen wurde. Im Sommersemester 1922 hob jedoch die Nibelungia in ordentlicher Form den BC-Beschluß auf, so daß die 53. Cartellversammlung im August 1923 in Bonn auf eine Bestrafung verzichtete.[38]

Damit war die Frage Republik – Monarchie im CV zwar formal erledigt, was jedoch viele CVer nicht daran hinderte, weiterhin – einige vielleicht sogar bis heute – dem monarchischen Gedanken anzuhängen. Publizistischer Kristallisationspunkt der katholischen Monarchisten war die von Josef Eberle (ArF) redigierte bzw. herausgegebene Zeitschrift *Das neue Reich* (zuerst hieß sie kurze Zeit *Monarchie*), die einen stark legitimistischen, antisozialdemokratischen, proösterreichischen, aber auch antisemitischen Kurs steuerte.[39] Redakteure waren u. a. Oskar Katann (Aa) und Georg Plohovich (BbW).

36 Funder, Das weiß-blau-goldene Band, S. 174.

37 Winter, Christentum und Zivilisation, S. 378.

38 Genaue Darstellung des Vorgangs in Bericht 53. CV, S. 5f.

39 Siehe Hanzer, Zeitschrift „Das neue Reich"; Hofer, Joseph Eberle.

Neben der Nibelungia Wien war es auch die **Carolina** durch die Person ihres Philistersenio rs Robert Orel (AW, Cl), die die CV-Öffentlichkeit mit der Staatsformfrage beschäftigte.[40] Bereits Ende Oktober 1918 kam es auf einem ao. BC Carolinas zu einem Konflikt Orels mit republikanisch gesinnten Carolinen, bei dem er beleidigend wurde. Daraufhin wurde der Antrag auf *dimissio i. p.* gestellt, der jedoch dann zurückgezogen wurde.[41] In der Diskussion um die Staatsformfrage hatte sich die Carolina nach langen und heftigen Debatten auf den Conventen dahingehend festgelegt, daß die Frage Monarchie oder Republik keine prinzipielle sei, sie offiziell als Verbindung keine Stellungnahme abgebe und den einzelnen Mitgliedern ihre Haltung freigebe. Damit wurde zwar diese Frage nicht mehr verbindungsoffiziell verhandelt, konnte aber deswegen keine Beruhigung schaffen. Im Gegenteil: Durch die Ablehnung einer eindeutigen Stellungnahme für die Monarchie seitens der Verbindung fühlte sich Orel brüskiert und trat als Philistersenior zurück.[42]

Doch mit diesem Rücktritt war der Konflikt innerhalb der Carolina noch nicht beendet. In der Januar-Nummer 1919 der *Academia* erschien von Werner Tschulik (F-B) ein Beitrag mit dem Titel „Deutsche Treue". Er berührte sicherlich einen wunden Punkt, wenn er u. a. feststellte:

> „In unzähligen Kommersreden, in rauschenden Ovationen vor fürstlichen Monumenten, in der Teilnahme an dynastischen Feiern der verschiedensten Art haben wir unsere Stellung zu den obersten Gewalten der alten Ordnung präzise umschrieben, und gerade unserer Treue zu Kaiser und König haben wir uns stets mit besonderem Stolze gerühmt. Es darf als eine feststehende Tatsache bezeichnet werden, daß in unseren Reihen ein Bekenntnis zu Umsturz und Republik als den Prinzipien zuwiderlaufend nicht geduldet worden wäre – bis vor wenigen Wochen. Dürfen wir heute anders sprechen? Es ist leider eine betrübliche Erscheinung, daß im deutschen Bürgertume eine weitreichende Gesinnungslosigkeit zutage tritt, daß heute viele im Brustton der Überzeugung die Republik als alleinseligmachende Staatsform preisen, die sich noch gestern mit Kaiserhochs die Kehle heiser schrieen, daß selbst Vertreter der kirchlichen Autorität sich nicht scheuen, der Revolution Vorspanndienste zu leisten. Sollen wir diesen Beispielen folgen? Meiner Überzeugung nach gibt es hier nur zwei Möglichkeiten: Entweder wir verharren bei den Grundsätzen, die bis vor kurzem widerspruchslos von uns allen angenommen worden waren, oder wir erklären durch einen Anschluß an die Republik all unsere früheren Kundgebungen als Lüge und Heuchelei. Ein Drittes gibt es nicht!"[43]

Diese Sätze vermitteln auch dem heutigen Leser ein anschauliches Beispiel politischer Moral, denn in der Tat, die in kurzer Zeit abgefaßten gegensätzlichen Erklärungen des Episkopates, des Politischen Katholizismus und der katholischen Vereine, auch des CV, zur Staatsformfrage bewirken sicherlich auch gegenwärtig noch ein gewisses Verständnis für die Stellungnahme Tschuliks. Es war klar, daß es zu Reaktionen auf diesen Artikel kommen mußte. In der März-Nummer der *Academia* gab es eine Zustimmung von Max

40 Allgemein dazu siehe VACl. Nachlaß Kurz. Bericht Trummer, S. 5; 75 Jahre Carolina, S. 179f.; Sklorz, Die politische Haltung der Academia, S. 12f.

41 CT I, S. 352ff.

42 Ac 31 (1918/19), S. 324.

43 Ebda., S. 109f.

Buchner (Ae) unter dem Titel „Deutsche Treue und CV“[44] aber auch offizielle Kritik. Der Grazer wie der Innsbrucker CV veröffentlichten eine Erklärung, die mit der Feststellung endete: „Die Verbindungen bezeichnen den Aufsatz ‘Deutsche Treue’ als nicht übereinstimmend mit den Anschauungen der meisten ihrer Mitglieder und finden seine derzeitige Veröffentlichung als unzeitgemäß und schadenbringend.“[45] In der April-Nummer meldete sich Robert Orel (AW, Cl) zu Wort: „Wenn ich jetzt schweige, könnte dies als Zustimmung zu dieser Erklärung des GCV aufgefaßt werden und daß auch ich ... damit einverstanden sei. Ich erkläre hiermit zur Wahrung meiner persönlichen Ehre, daß ich von dieser Erklärung keine Ahnung hatte, den Inhalt natürlich nicht teile.“[46]

Es blieb natürlich Carolina nichts anderes übrig, als auf diese Äußerung zu reagieren. In der Juni-Nummer der *Academia* findet man folgenden Text: „Auf den Artikel unseres Alten Herren und ehemaligen Philisterseniors ... betonen wir ..., daß die Korporation als solche es ablehnt, in der Frage, ob Monarchie oder Republik, Stellung zu nehmen, bedauern aber die aggressive Art und Weise, die der Alte Herr gewählt hat, aufs tiefste.“[47] Damit war diese interne Auseinandersetzung, zumindest was die Öffentlichkeit betrifft, zu Ende. Die Art und Weise sowie der Stil, wie sie geführt wurde, lassen darauf schließen, daß hierbei tiefe Wunden und Gräben aufgerissen wurden. Robert Orel, aber auch andere CVer machten auch weiterhin keinen Hehl aus ihren legitimistischen Ansichten. Im Nachlaß Orels fand sich eine Reihe zustimmender Briefe wegen seiner Haltung.[48]

Ende März/Anfang April 1921 kam es zum ersten Restaurationsversuch Kaiser Karls in Ungarn, der scheiterte. Bei der Rückfahrt in die Schweiz wurde der Zug in Bruck an der Mur das Ziel von Demonstrationen sozialdemokratischer Bahnbediensteter, die versuchten, den Kaiser aus dem Zug herauszuholen. Robert Orel war mit bewaffneten Legitimisten aus Graz nach Bruck geeilt, um den Zug zu schützen. Landeshauptmann Anton Rintelen (Trn EM) setzte die sozialdemokratische Führung mit der Drohung unter Druck, er werde Karl wieder nach Ungarn zurückschicken, so daß die Blockade aufgehoben wurde.[49]

Der Anschluss als Ausweg

Für Österreich stellte sich 1918 nicht nur die Frage nach der Staatsform, sondern auch nach der Zukunft des Staates als solchem. Im Sinne des von Woodrow Wilson geforderten Selbstbestimmungsrechts der Völker hatte man sich in den Parteien Deutschösterreichs zunehmend mit dem Gedanken eines Anschlusses an das Deutsche Reich auseinandergesetzt. Die deutschnationalen Abgeordneten waren aufgrund ihres Selbstverständnis-

44 Ebda., S. 279ff. Max Buchner zählte zu den bekanntesten und angesehensten Historikern der Weimarer Republik, er war Professor in Würzburg und Legitimist, später Katholisch-Nationaler.

45 Ebda., S. 281. Austria Innsbruck erklärte auf der 50. CV in Würzburg am 5. 9. 1919, daß es unzulässig sei, wenn die *Academia* Artikel bringe, die sich mit der Kritik an irgendeiner Staatsform befassen, weil das dem § 4 der Satzungen widerspreche. Siehe Sitzungsbericht 50. CV, S. 49.

46 Ac 31 (1918/19), S. 324.

47 Ac 32 (1919/20), S. 41.

48 CT I, S. 352ff.

49 Ebda.; Wagner, Friedrich: Der österreichische Legitimismus 1918 – 1938. Seine Politik und Publizistik. Wien Phil. Diss. 1956, S. 15.

ses von vornherein dafür. Auch die Sozialdemokratie war entschiedener Befürworter, vor allem als am 9. November in Berlin die „Revolution“ unter sozialdemokratischer Führung erfolgreich war („Anschluß an Deutschland ist Anschluß an den Sozialismus“).

Für die Christlichsozialen gestaltete sich die Sache etwas differenzierter. Im Prinzip waren auch sie für den Anschluß, jedoch gab es auch Gegenströmungen. Im großen und ganzen läßt sich feststellen, daß die republikanisch gesinnten, vornehmlich aus den westlichen Bundesländern stammenden Christlichsozialen für den Anschluß eintraten, während die „Wiener Gruppe“ eher distanzierter war. Dies lag nicht nur an deren monarchiefreundlichen Haltung, sondern auch an der natürlich in Wien besonders erfahrbaren Angst vor der Dominanz der Sozialdemokratie bzw. einer Bolschewisierung überhaupt. Die Ereignisse in Rußland wie aber auch in Ungarn und Bayern (Räterepubliken) förderten diese Haltung noch. Die CSP nahm in ihren programmatischen Aussagen die Forderung des Anschlusses zwar auf, doch hielt man ihr 1920 entgegen, daß sie zwar der Stunde des Anschlusses harrten, sie aber ihn nicht herbeiführen wollten. Sehr kritisch einem Anschluß an Deutschland stand übrigens der spätere Bundeskanzler Ignaz Seipel (Nc EM) gegenüber, er war aber auch ein Gegner einer Neutralität Österreichs.[50]

In der Staatsratssitzung vom 11. November 1918 wurde über den Antrag an die Provisorische Nationalversammlung über die Staatsform Österreichs abgestimmt. Der Artikel 2 des Antrags lautete „Deutschösterreich ist Bestandteil der Deutschen Republik“. Gegen diesen Passus stimmte im Staatsrat zwar ein Christlichsozialer, doch wurde er dann am 12. November problemlos zum Beschluß erhoben. Die Friedensverträge von Versailles und Saint-Germain verboten jedoch den Anschluß Österreichs an das Deutsche Reich, was jedoch die Bevölkerung in einigen Bundesländern nicht daran hinderte, weiterhin dafür einzutreten. 1921 kam es in Tirol und Salzburg gegen den Willen der Bundesregierung zu Anschlußabstimmungen, die mit überwältigender Mehrheit dafür ausfielen. Auch in der Steiermark wurde eine solche in diesem Jahr angesetzt, jedoch nicht durchgeführt. Die Vorarlberger hingegen stimmten 1919 für einen Anschluß an die Schweiz. Aufgrund der gegebenen völkerrechtlichen Tatsachen sah man in Österreich schon bald die Unmöglichkeit einer Durchsetzung eines Anschlusses ein, so daß schon bald Anfang der zwanziger Jahre diese Frage vorerst in den Hintergrund trat.[51]

Wie stellte sich dieses Problem innerhalb der Studentenschaft bzw. des CV dar? Es ist keine Frage, daß der Wunsch eines Anschlusses an Deutschland von der überwiegenden Mehrheit der Studenten, auch der katholischen und der im CV, getragen wurde.[52] Wie die Wahlen zu den Studentenkammern in Wien und Graz zeigten, erreichten die deutschnationalen Listen ca. 2 /3 der Stimmen, so daß schon aus diesem Grunde der großdeutsche Gedanke in der Studentenschaft dominant war. Gegner des Anschlusses in diesen Jahren war sicherlich nur eine überschaubare Minderheit, etwa die Legitimisten.

---

50 Dazu siehe Verosta, Für die Unabhängigkeit Österreich, S. 41 und 43. Weitere Anschlußgegner innerhalb der CSP waren nach Veiter, Das 34er Jahr, S. 73, u. a. Richard Schmitz (Nc), Josef Schlegel (Nc), Kurt Schuschnigg (AIn), Hans Pernter (Nc). Befürworter des Anschlusses hingegen seien u. a. Rudolf Ramek (Nc), Eduard Heinl (Baj EM), Karl Gottfried Hugelmann (ehemals AW) und Anton Rintelen (ehemals Trn EM) gewesen.

51 Über den allgemeinen historischen Ablauf siehe Österreich 1918 – 1938; Geschichte der Republik Österreich; über die Anschlußfrage siehe Hanzer, Die Zeitschrift „Das neue Reich“, S. 301f.; Hugelmann, Die politischen Parteien und die Anschlußfrage, S. 324f.; Leitner, Politik und Hochschule, S. 33ff.; Schausberger, Anschlußideologie; Wiltschegg, Österreich – Der „Zweite Deutsche Staat“?

52 Leitner, Politik und Hochschule, S. 34f. Zu Frage Nationalität im CV siehe ausführlich Nachbaur, Die deutschen katholischen Studentenverbindungen in Österreich.

Am 30. Oktober 1918 kam es auf der Wiener Universität zu einer Studentenversammlung, die den Anschluß Österreichs an Deutschland forderte. Es wurde auch die Einholung der schwarz-gelben Fahne und die Hissung der schwarz-rot-goldenen vor dem Parlament verlangt, dem auch der damals amtierende Präsident des Abgeordnetenhauses, der deutschfreiheitliche Gustav Groß, nachkam. „Das Sinken der Fahnen wurde von den Studenten mit stürmischen Heilrufen und unter Absingen der 'Wacht am Rhein' und des Deutschland-Liedes begleitet."[53] Damit war indirekt ein Vorbild für den Akt der Rotgardisten gegeben, die am 12. November 1918 während der Ausrufung der Republik den weißen Mittelstreifen der rot-weiß-roten Fahne herausrissen.

Die Innsbrucker Studentenschaft, darunter auch der CV, beschloß am 26. November 1918 einen Aufruf, in dem es u. a. hieß: „Wir Studenten Innsbrucks fordern die nationale Einigung auch für unser Volk ... Wir schwören dem Deutschen Reiche, unserem schwergeprüften, geheiligten Vaterlande, Treue, die nie wankt und die unwandelbar ist."[54]

Auch in Graz kam es zu Anschlußkundgebungen auf der Universität. Am 11. November fand im Hof nachmittags eine Versammlung statt, wo die Abdankung des Kaisers, die Ausrufung der Republik und der Anschluß an Deutschland gefordert wurden. Hauptredner war Prof. Alfred Gürtler (B! Carolina Prag), der damals noch Deutschnationaler war, später dann christlichsozialer Finanzminister (1921/22) wurde.[55]

Am 9. Februar 1919 fanden getrennte Veranstaltungen der Wiener Studentenschaft statt. Die katholische (lies CV) tagte in „Schöners Saal" in der Siebensterngasse. Sie wurde vom Vizepräsidenten des Katholischen Volksbundes, Josef Pultar (Nc), eröffnet. U. a. sprach Leo Stöger (Nc), der sich vehement für den Anschluß aussprach: „Unser stolzes Haus von einst ist zerfallen, seine übrigen Teile haben schon Anschluß gefunden, nur Jungfer Austria steht noch wartend am Tor und harrt ihres Bräutigams, des Deutschen Reichs." Werner Tschulik (F-B), Verfechter der monarchischen Idee, trat für eine Donauföderation der ehemaligen Staaten der Monarchie ein. Er war jedoch der einzige Gegner des Anschlusses. Danach zogen einige CVer zu einem Demonstrationsbummel vor das Rathaus, wo sie sich mit den nationalen Studenten vereinten.[56]

Die Diskussion ging weiter. In der April-Nummer der *Academia* veröffentlichte der als Legitimist bekannte Ernst Karl Winter (NbW) einen Artikel mit dem Titel „Großdeutsch oder kleindeutsch", wobei er die These vertrat, daß das Nationalitätsprinzip keine staatsbildende Kraft besitze, sondern diese nur von der Heimatgemeinschaft (nicht von der Sprachgemeinschaft) ausgehe.[57] Die Diskussion wurde mit dem Artikel „Willkommen Deutsch-Österreich" fortgesetzt: „Einmal wird doch der Tag kommen, da die Ufer der Donau von der Quelle bis Preßburg von einem einigen deutschen Staatsvolk bewohnt sein werden."[58] Und noch im Januar 1921 wurde deutlich formuliert: „Die Mißgeburt von Saint-Germain, offiziell Republik Österreich genannt, ist nicht lebensfähig. Sie ist zum ewigen Vegetieren verurteilt ... Gerade wir CVer haben doch schon vor Jahren in un-

53 *Neues Wiener Abendblatt,* 30. 10. 1918; Weinzierl, Universität und Politik in Österreich,

54 Abgedruckt in Ac 31 (198/19), S. 226f. Siehe dazu auch Gehler, Studenten und Politik, S. 154ff.

55 Klauser, Geschichte der B! Stiria, S. 140.

56 Ac 31 (1918/19), S. 298f.

57 Ebda., S. 340f.

58 Ac 32 (1919/20), S. 8f.

serem kleinen Kreis die deutsche Einheit durchgesetzt. Unser heißestes Bestreben muß es nun sein, sie durch die politische Einheit zu krönen."[59]

Ein signifikantes Beispiel für die großdeutsche Stimmung innerhalb des CV sind die bei der Gründung der Wiener Verbindung Bajuvaria gewählten Farben Dunkelblau, Rot und Gold, wozu noch die Trennungsfarben Schwarz und Gold eingefügt wurden, so daß im Inneren des Bandes verkehrt die Farben Schwarz, Rot und Gold aufscheinen. „Sie sollen daran erinnern, daß Bajuvaria bei ihrer Gründung den großdeutschen Gedanken ... vertreten hat."[60]

Am 24. April 1921 fand in Tirol wie erwähnt eine, wenn auch ungesetzliche Volksabstimmung statt, bei sich 98,5 Prozent für den Anschluß aussprachen. Der Vorsitzende der DSt Innsbrucks, Josef Ettel (AIn), erließ dazu einen Aufruf, wo er zu einer Werbetätigkeit für ein Ja bei der Abstimmung aufrief.[61]

Wie die Staatsformfrage gab es auch hier vorerst keine offiziellen Stellungnahmen von Verbindungen oder Verbandsinstanzen.[62] Man kann aber bei der Betrachtung des Ablaufs der Debatten um die Staatsform sowie um den Anschluß doch einen Unterschied erkennen. Als, wie bereits erwähnt, einige in der *Academia* für die Monarchie eintraten, wurden sie von Ortsverbänden und Verbindungen mit dem Hinweis auf den unpolitischen Charakter des CV zurückgewiesen. Solches war aber bei den ebenfalls politisch zu wertenden Forderungen nach dem Anschluß nicht zu bemerken. Daraus kann man durchaus den Schluß ziehen, daß die Anhänger der Monarchie im CV eine Minderheit bildeten, während die Anschlußfreunde sich der allgemeinen Sympathie erfreuten. Doch nach 1921 hatte ein Abflauen der Anschlußeuphorie eingesetzt, nicht nur bei der Bevölkerung, sondern auch bei den Studenten.

---

59 Von Franz Klinger (Am) in Ac 33 (1920/21), S. 189f.

60 Der Komment der katholisch-akademischen Verbindung „Bajuvaria-Wien". Wien 2. Aufl. 1957. Die 1. Auflage stammte aus 1935.

61 Gehler, Studenten und Politik, S. 159.

62 Funder, Das weiß-blau-goldene Band, S. 175.

Die Entwicklung des CV nach 1918

Verbindungsgründungen von 1920 bis 1935

Trotz der großen Verbindungsgründungswelle im ersten Jahrzehnt des 20. Jahrhunderts (siehe S. 71f.) war nach 1918 offenbar noch immer nicht der Bedarf an katholischen Verbindungen in Österreich gedeckt.

Die erste war in Wien die ***Bajuvaria***. Sie wurde zuerst unter dem Namen Frankonia und mit Unterstützung der Franco-Bavaria als gemischte Hochschul- und Gymnasialverbindung am 26. November 1919 im dritten Wiener Gemeindebezirk („Landstraßer Gymnasium") gegründet. Gründer waren u. a. der spätere Vorsitzende des Beirats und der Verbandsführung des ÖCV, Eduard Chaloupka, und Otto Krammer. Diese Konstruktion war jedoch vereinsrechtlich nicht möglich, so daß man sich am 19. Juni 1920 als reine Hochschulverbindung konstituierte (dieser Tag gilt als Gründungstag). Nach weiteren internen verschiedenen Schwierigkeiten wurde am 8. Mai 1921 der Name Bajuvaria gewählt. Die Frankonia trat dann als Mittelschulverbindung auf. Eine Aufnahme in den CV wurde auf der 54. CV 1924 wegen des Widerstandes deutscher Verbindungen abgelehnt. Bajuvaria wurde erst auf der 57. CV 1927 befreundete Verbindung. Auf der 59. CV 1929 folgte die Aufnahme in den CV als freie Vereinigung und auf der 62. CV 1932 – bei der letzten freien Cartellversammlung – dann als vollberechtigte Verbindung.[1]

Bereits vor 1914 überlegte man, eine dritte CV-Verbindung in Graz wegen des Zulaufs zu Carolina und Traungau zu gründen. Nachdem sich die beiden Verbindungen nach 1918 wieder konsolidiert hatten, griff man den seinerzeitigen Plan wieder auf. Anfang 1920 beschloß die Carolina eine Teilungskommission. Es wurde der Name ***Babenberg*** (es gab auch die Vorschläge Bajuvaria und Welfia) festgelegt. Auf der 51. CV 1920 wurde sie bereits als vollberechtigte Verbindung in den CV aufgenommen. Inzwischen wurden die Satzungen von den Behörden genehmigt, so daß am 13. Oktober 1920 der Gründungsconvent stattfinden konnte (dieser Tag gilt auch als Gründungstag). Gründungsfuchsmajor war der spätere Bundeskanzler Alfons Gorbach (Cl), weitere Bandphilister waren u. a. Karl Aubert Salzmann (Cl) und Johannes Ude (Cl). Gelegentlich des Publikationskommerses am 4. Dezember 1920 gab es Auseinandersetzungen mit den Schlagenden (siehe später S. 303).[2]

Im Kreise des Nordgau Wien entstand im SS 1920 der Gedanke einer Verbindungsgründung speziell für technische Hochschüler. Am 18. Januar 1921 beschloß der BC die Gründung als Teilung, Gründungsphilister waren u. a. der legendäre Wiener Alttestamentler Prof. Nivard Schlögl SOCist (Nc), der auch erster Philistersenior wurde, und Viktor Kolassa (NdW), später Generalsekretär der Christlichsozialen Partei. Am 5. Mai 1921 trat die Verbindung mit dem Gründungskommers zuerst unter dem Namen Austro-Danubia in die Öffentlichkeit, kurz darauf wurde sie vorläufig und auf der 52. CV 1921

---

1 CVA. A 96, Vorort Norica Akt H 2/Bajuvaria; Sitzungsbericht 59. CV S. 11ff.; Krammer, Geschichte der K. a. V. Bajuvaria; Ac 42 (1929/30), S. 110 und 43 (1930/31), S. 98f.; Schieweck-Mauk, Lexikon der CV- und ÖCV-Verbindungen, SS. 148-152.

2 Ac 33 (1920/21), S. 212ff.; DAG. Teilungskommission der katholisch deutschen Studentenverbindung „Carolina"; 75 Jahre Carolina S. 176f.; Leitner, Politik und Hochschule, S. 22f.; Schieweck-Mauk, Lexikon der CV- und ÖCV-Verbindungen, SS. 137-141; Thaller, Babenberg 1920-1935, S. 9ff.; Verbindungsbuch Babenberg, S. 3ff.

vollberechtigt in den CV, allerdings mit dem Namen ***Alpenland***, aufgenommen. Dies geschah, um Verwechslungen mit der Marco-Danubia zu vermeiden.[3]

War die Franco-Bavaria bei der Gründung der Bajuvaria nur inoffiziell beteiligt, so beschloß sie am 29. Mai 1921, eine Verbindung speziell für Studenten der Hochschule für Bodenkultur zu gründen, die den beziehungsvollen Namen ***Pflug*** erhielt. Sie wurde noch im SS 1921 als vollberechtigtes Mitglied in den CV aufgenommen. Anfang 1930 traten sechs Alte Herren und 18 Aktive der Amelungia unter Führung von Ernst Klebel (später BvBl; über ihn siehe später S. 344) dort aus, um in Wien eine großdeutsche Verbindung zu gründen. Als das nicht gelang, schlossen sie sich mit Zustimmung des Vororts dem Pflug an, der diese Mitglieder aufgrund der Gefahr einer Sistierung dringend brauchte. Die schmale Mitgliederbasis ermöglichte nach 1945 keine Wiederbegründung, die verbliebenen Alten Herren wurden 1946 in die Mutterverbindung Franco-Bavaria aufgenommen.[4]

Für eine katholische Verbindung war es nicht leicht, sich in Leoben, im Zentrum des obersteirischen Industriegebietes, zu behaupten, wo sowohl die Sozialdemokratie wie auch der extreme Deutschnationalismus stark waren. Katholische Studenten hatten sich aber trotzdem zusammengefunden, wobei der Journalist und Schriftsteller Rudolf List (Trn) sowie die Redemptoristen die Mentoren spielten. Dieser „Katholische Zirkel" wandelte sich am 26. Oktober 1922 in eine Verbindung um, wobei der Name ***Glückauf*** gewählt wurde. Bereits Ende 1923 freie Vereinigung wurde sie auf der 55. CV 1925 dann als vollberechtigte Verbindung in den CV aufgenommen. Wegen der exponierten Situation erhielt die Verbindung 1929 und 1930 finanzielle Unterstützung vom CV. Als 1934 die Montanistische Hochschule teilweise nach Graz verlegt wurde, übersiedelte sie ebenfalls dorthin, wo sie sich aber auch schwer tat. Als 1937 die Hochschule in Leoben wieder im Vollbetrieb war, blieb Glückauf in Graz. Daher kamen Leobener CVer und KVer überein, dort eine Verbindung mit Namen Bergstadt zu gründen, und meldeten diese auch als Altherrenverband behördlich an. Doch der Anschluß 1938 machte einen in Aussicht gestellten Aktivenbetrieb zunichte. Nach 1946 wurde die Glückauf wieder in Leoben rekonstituiert, so daß die Bergstadt nur ein kurzes Intermezzo blieb.[5]

1921 kam aufgrund der Friedensverträge von St. Germain und Trianon Westungarn („Heanzenland", Burgenland) zu Österreich. Nun wurde Wien der hauptsächlichste Studienort burgenländischer Studenten. Vorerst waren dort der Kürnberg und die Babenberg deren Sammelpunkt, doch bald reifte der Gedanke, eine eigene Verbindung speziell für sie zu gründen. Spiritus rector dieser Unternehmung war Ulrich Sattler (Kb). Am 10. Juli 1925 wurde in Frauenkirchen die Ferialverbindung Peisonia gegründet und am 15. Oktober in Wien eine gleichnamige. 1929 wurde der Name in ***Austro-Peisonia*** geändert. Wegen der starken landsmannschaftlichen Betonung wurde zunächst kein Aufnahmeantrag an den CV gestellt, erst 1949 wurde sie als befreundete Verbindung, 1958 als freie

---

3 Ac 34 (1921/22), S. 154 und 245; Festschrift Alpenland Sechzig, S. 16ff.; Schieweck-Mauk, Lexikon der CV- und ÖCV-Verbindungen, S. 67-69.

4 Schieweck-Mauk, Lexikon der CV- und ÖCV-Verbindungen, S. 564f.; Karl Wolfgang Schrammel (F-B), Der letzte Pflüger, in: *Academia intern*, 4/2000.

5 Ac 37 (1924/25) S. 82; Ac 42 (1929/30), S. 109; MB 7 (20. 1. 1935) und 15 (15. 10. 1937), S. 23; Sitzungsbericht 55. CV, S. 17ff.; Sitzungsbericht 60. CV, S. 163f.; Protokollauszug der Cartellversammlung 1937, in: BA, Akten des SD-Oberabschnitts Donau, ZB I 384, Blatt 63; Leitner, Politik und Hochschule, S. 23f.; Schieweck-Mauk, Lexikon der CV- und ÖCV-Verbindungen, S. 177 und 322-327.

Vereinigung und auf der II. CVV 1960 dann als vollberechtigte aufgenommen. Die Austro-Peisonia war im Burgenland ein wichtiger Integrationsfaktor der damals jungen Christlichsozialen Partei.[6]

1927 wurde bei der Austria Innsbruck aufgrund des immensen Zuspruchs (70 Rezeptionsgesuche!) beschlossen, eine Tochterverbindung speziell für Studenten aus dem Deutschen Reich zu gründen. Deswegen kam es zuerst im ICV zu Auseinandersetzungen, die jedoch beigelegt werden konnten. Zuerst war der Name Tauriscia geplant, doch erfolgte dann am 23. Juni 1927 die Gründung unter dem Namen ***Rheno-Danubia***, die vollberechtigte Aufnahme in den CV geschah auf der 57. CV noch im selben Jahr. Gründer waren u. a. Heinrich Prinz Schwarzenberg (AIn), Stifter u. a. Josef Joham (Cl) und Kurt Schuschnigg (AIn).[7]

Sowohl in Graz wie auch in Wien gab es bereits schlagende Sängerschaften, so daß die Gründung einer solchen im CV erwogen wurde. Die Austria Wien ergriff in Folge des 10. Sängerbundfestes 1928 in Wien die Initiative und gründete mit Unterstützung anderer Wiener Verbindungen am 19. November 1928 (100. Todestag Franz Schuberts) die Katholische akademische Sängerschaft Wiens. An der Gründungsversammlung nahmen unter anderem Gottfried Lerch (AW) und Peter Krauland (ehemals AW) teil. 1929 nahm sie in Erinnerung an Walther von der Vogelweide den Namen ***Waltharia*** an. Auf der CVV 1936 in Graz wurde sie als befreundete Verbindung anerkannt, eine Aufnahme wegen des unbedingten „Chorprinzips" konnte jedoch vorerst nicht erfolgen. Nach dem Zweiten Weltkrieg wurden die Statuten geändert, so daß sie auf der 15. CVV 1957 als freie Vereinigung und auf der 16. CVV 1958 als vollberechtigte Verbindung in den ÖCV aufgenommen werden konnte.[8]

Ohne Unterstützung des CV wurde am 26. Januar 1930 in Wien u. a. von einigen MKVern (Thuiskonia Wien) die Danubia-Rhenania gegründet. Bei der 1. CVV 1933 stellte sie den Antrag auf Status einer befreundeten Verbindung des ÖCV, was aber abgelehnt wurde. Auf der CVV 1937 wurde ein Aufnahmeantrag gestellt, der aber auf ein Jahr zurückgestellt wurde. Dann kam der Anschluß. Nach 1945 änderte sie den Namen in ***Rhaeto-Danubia*** und wurde auf der 5. CVV 1946 als freie Vereinigung in den ÖCV aufgenommen. Damals hatte u. a. Carolina Einwände gegen eine neue Verbindung in Wien wegen des „Übergewichts gegenüber der Provinz". Der VOP wies diese Äußerung des Carolinen-Vertreters scharf zurück. Bei der Aufnahmedebatte wurde auch ein anderer interessanter Vorfall diskutiert. Beim Stiftungsfest des Kürnberg im SS 1946 in Linz sind offenbar Mitglieder der Rudolfina wie der Rhaeto-Danubia in Couleur im russisch besetzten Urfahr aufgetreten, was damals dort noch verboten war. Nach Ansicht des Vertreters der Austria Wien hätten diese dabei dem Ansehen des ÖCV geschadet. Nach einer Ablehnung auf der 6. CVV 1948 wurde die Verbindung erst auf der 8. CVV 1950 als vollberechtigtes Mitglied in den ÖCV aufgenommen.[9]

---

6 Hundert (100) Semester Austro-Peisonia, S. 10f.; Schieweck-Mauk, Lexikon der CV- und ÖCV-Verbindungen, S; 135f.; Unger, Die Christlichsoziale Partei im Burgenland, S. 134.

7 Ac 40 (1927/28), S. 316f.; Pichler, 75 Jahre Leopoldina, S. 260; Schieweck-Mauk, Lexikon der CV- und ÖCV-Verbindungen, S. 605f.

8 Ac 42 (1929/30), S. 147; MB 14 (15. 3. 1937), S. 12f.; und 39f.; Schieweck-Mauk, Lexikon der CV- und ÖCV-Verbindungen, S. 795f.; Zhernotta, Geschichte der Waltharia, S. 37ff.

9 Protokoll 5. CVV, S. 9ff.; Schieweck-Mauk, Lexikon der CV- und ÖCV-Verbindungen, S. 575f.

Als letzte Wiener Verbindung vor dem Zweiten Weltkrieg wurde auf Initiative von Ferdinand Habl am 9. Mai 1932, auch wiederum ohne offizielle CV-Beteiligung, die ***Pannonia*** gegründet. Die ersten Pannonen waren Mitglieder der Ostmärkischen Sturmscharen, so daß zeitweise ihre Bezeichnung „Katholisch-deutsch-ostmärkische Hochschulverbindung Pannonia" lautete. Erst 1937 kam es zu einem ersten offiziellen Gespräch mit dem ÖCV, wonach sie 1938 als befreundete Verbindung anerkannt werden sollte, was aber wegen der politischen Ereignisse nicht mehr geschah. Erst auf der 6. CVV 1948 wurde sie als freie Vereinigung und dann auf der 8. CVV 1950 als vollberechtigtes Mitglied in den CV aufgenommen.[10]

An allen Hochschulorten befanden sich nunmehr CV-Verbindungen, nur in Salzburg noch nicht, wo es eine staatliche Theologische Fakultät als Rest einer Universität gab. Nun war Salzburg auch wegen der Initiative für eine katholische Universität, die dort entstehen sollte, wichtig. Obwohl diese Theologische Fakultät klein war, entschlossen sich am 18. Februar 1932 hauptsächlich nicht im Priesterseminar wohnende deutsche Theologiestudenten zur Gründung einer CV-Verbindung, die den Namen ***Rheno-Juvavia*** erhielt. Die Aufnahme in den CV als freie Vereinigung erfolgte bereits auf der 61. CV 1932, die vollberechtigte 1935 – nunmehr allerdings in den ÖCV. Voll entfalten konnte sich diese Verbindung erst ab Ende der sechziger Jahre, als weitere Fakultäten in Salzburg eingerichtet wurden.[11]

1938 gab es in Wien (inkl. Klosterneuburg) 17, in Innsbruck fünf, in Graz-Leoben vier und in Salzburg eine CV-Verbindung. Weiters gab es in Wien vier farbentragende katholische Verbindungen, die erst nach 1945 in den ÖCV aufgenommen wurden, also insgesamt 31.

Eine Besonderheit war die ***Laurinia*** zu Padua. Infolge der Abtrennung Südtirols von Österreichs und eines speziellen italienischen Gesetzes von 1925, das ausländische Studien nicht anerkannte, waren die Südtiroler gezwungen, anstatt in Innsbruck (oder anderswo in Österreich oder Deutschland) nunmehr in Italien zu studieren, wobei Padua bevorzugt wurde. Von Angehörigen katholischer Pennalien Südtirols und einem Mitglied der Austria Innsbruck wurde nun am 16. Juni 1925 in Padua diese Verbindung gegründet. Bereits auf der 55. CV 1925 in Innsbruck wurde sie in den CV aufgenommen. Um deren Bestand und vor allem deren Mitglieder nicht zu gefährden, mußten der Name und die Mitglieder geheim bleiben. Im Sitzungsprotokoll der CV wird daher der Name nicht erwähnt („Ein Aufnahmeansuchen besonderer Art"), und auch in den Gesamtverzeichnissen findet man keine Namen. Der Schriftverkehr mit dem CV wurde über die Austria Innsbruck bzw. Mitglieder von ihr abgewickelt. Nachdem Anfang der dreißiger Jahre immer mehr Südtiroler in Bologna ihr Studium aufnahmen, wurde die Nachwuchslage kritisch. Die politische Entwicklung in Deutschland und die Anlehnung Österreichs ab 1933 an das faschistische Italien sowie die Abschaltung des ÖCV vom CV führten zu einer zunehmenden Isolierung Laurinias. Daher wurde am 8. April 1934 die Auflösung der Verbindung beschlossen, die Verbindungsutensilien wurden nach Innsbruck gebracht,

---

10 Protokoll 5. CVV, S. 11f.; Exner, Semper bonae voluntatis, S. 11ff.; Schieweck-Mauk, Lexikon der CV- und ÖCV-Verbindungen, SS 561-565.

11 Protokoll 2. CVV, S. 5; Ac 45 (1932/33), S. 82 und 139; Festschrift der K. Ö. H. V. Rheno-Juvavia anläßlich des 70. Stiftungsfestes, S. 121-123; Schieweck-Mauk, Lexikon der CV- und ÖCV-Verbindungen, S. 617-619.

wo sie den Bomben zum Opfer fielen. Insgesamt hatte die Verbindung 41 Südtiroler als Mitglieder, die nach 1950 meistens von der Austria Innsbruck aufgenommen wurden.[12]

Struktur- und Organisationsprobleme im CV nach dem Ersten Weltkrieg

Die Umwälzungen der Jahre 1918/19 blieben nicht ohne Auswirkungen auf den CV, der sich nun auf mehrere Staaten erstreckte. Die Diskussion über die innere Verfaßtheit des Verbandes bezog sich erst einmal auf die politische Haltung des Verbandes, und zum zweiten hatte sie ihre Ursachen im Wachstum des CV. Die Politisierung des CV führte gleich auf der ersten Cartellversammlung nach dem Krieg im September 1919 zu einer Diskussion um jene Bestimmung, wonach „Politische Bestrebungen dem CV fern" liegen.[13] Nachdem die österreichischen Verbindungen erklärt hatten, daß keine Änderung notwendig sei, blieb der Wortlaut dieser Satzungsbestimmung daher bestehen, auch in der Satzung des ÖCV nach 1933 bis 1968.[14]

Schon vor dem Krieg, seit etwa 1905, gab es Forderungen nach einer „Reform der Verbandsleitung", die auf die Schaffung eines Verbandssekretärs hinausliefen, der ein Alter Herr sein sollte.[15] Durch das Wachstum des CV in den Jahren vor dem Krieg – insbesondere durch die Aufnahmen des „Zweiten ÖCV" und des „Kleinen CV" sowie z. B. durch die Gründungswelle in Österreich 1907/08 – vergrößerten sich die Strukturprobleme, so daß nach dem Krieg der Ruf nach einer sinnvollen Organisationsreform verstärkt zu vernehmen war. Als erster ergriff dazu der damalige Philistersenior der Norica, Robert Krasser, in der *Academia* das Wort. Insbesondere forderte er eine Entlastung der Cartellversammlung von Geschäftsordnungsfragen, damit sie „für die wirklich gemeinsamen, geistigen Fragen frei würde", und die Schaffung eines CV-Sekretariates, das nicht Schreibstube, sondern Ideenzentrale sein solle.[16]

Auf der 50. CV 1919 kam es „aus Gründen des föderalistischen Prinzips" zwar nicht zu einer Errichtung eines CV-Sekretariates, jedoch wurde ein Beirat für den *Academia*-Schriftleiter eingerichtet, dessen anfänglich vier Mitglieder noch keine bestimmte Ressorts innehatten. Sie sollten vorerst Verbindungsmänner zu den Korporationen sein.[17] Darüber hinaus gab es nun gemäß § 54 CV-GO Amtsträger, d. h. Alte Herren, die von der Cartellversammlung gewählt und mit bestimmten Aufgaben betraut waren, wie der genannte *Academia*-Schriftleiter, der Kassenwart, der Herausgeber des Gesamtverzeichnisses[18], der Rechtspfleger, die Leiter der deutschen und österreichischen Hilfskasse sowie der Leiter

12 Schieweck-Mauk, Lexikon der CV- und ÖCV-Verbindungen, SS. 433-435; siehe auch Ac 78 (1985), S. 117f.

13 Über den Hintergrund dieser Bestimmung siehe S. 45.

14 Sitzungsbericht 50. CV, S. 45ff.

15 Zusammenfassender Überblick über diese Forderungen siehe Ac 19 (1906/07), S. 16f.

16 Ac 31 (1918/19), S. 213ff.

17 Sitzungsprotokoll 50. CV, S. 49; Stitz, Der CV 1919-1938 , S. 68; siehe auch Norbert A. Sklorz (Gbg) in Ac 81 (1988), S. 110f. Bei dieser 50. CV des Jahres 1919 in Würzburg, der ersten nach dem Krieg, waren übrigens zwei zukünftige Bundeskanzler Delegierte: Engelbert Dollfuß für die F-B und Julius Raab für die Nc.

18 Dies war nach Johannes Fliegen (Bd) ab 1927 Engelbert Siegl (Nc).

des Stellennachweises für Deutschland. In der Folge wurde der Academia-Beirat in seiner Gesamtheit auch ein Amt.[19]

Jedoch zeigte sich diese Strukturreform als unbefriedigend. Robert Krasser unternahm daher zwei Jahre später auf der 52. CV 1921 in Linz wiederum einen Vorstoß. Das Ergebnis war eine strengere Strukturierung des Academia-Beirates, dessen Mitglieder nun von der Cartellversammlung gewählt wurden und bestimmte Funktionen („Ämter") ausüben sollten. Zuerst waren vier vorgesehen: I. Weltanschauung und Gestaltung des inneren Lebens des CV („CV-Seelsorger"); II. Hochschulfragen; III. Soziale Fragen und Fürsorge; IV. Mittelschüler- und Akademikerbewegung; V. Leibesübungen („CV-Sportwart", ab 1922); VI. Grenz- und Auslandsdeutschtum (ab 1925). Vorsitzender dieses Academia-Beirates war der *Academia*-Schriftleiter. Damit wurde für ihn und den Vorort ein Stab zur Planung und Durchführung bestimmter Sachgebiete, hauptsächlich geistig-politischer Natur, geschaffen. Nach außen hin führte der Academia-Beirat den Namen CV-Beirat. Er ist somit Vorläufer des ÖCV-Beirates im Dritten ÖCV bzw. der Verbandsführung ab 1976.[20]

Aber noch immer wurde kein befriedigendes Modell einer gemeinsamen Führungsinstitution für beide Verbandsteile zusammen gefunden. Zwar gab es bereits seit 1913 den ***Vorberatenden Ausschuß*** (VbA) der Cartellversammlung, in dem Alte Herren und Aktive paritätisch vertreten waren und der die eingelangten Anträge zu beraten hatte[21], jedoch war dies auch noch nicht die Lösung. Nachdem nun der Altherrenbund gegründet war, kam es 1926 zur Schaffung des ***Gesamtausschusses des CV***, in dem gemeinsame Angelegenheiten behandelt wurden. Dieser bestand aus dem Vorort, dem Vorstand des Altherrenbundes, dem Academia-Beirat und weiteren Amtsträgern des CV, dessen Beschlüsse jedoch nur Richtliniencharakter besaßen.[22] Damit wurde eine kontinuierliche Entwicklung eines immer größeren Einflusses der Altherrenschaft im CV sichtbar, der aufgrund der Größenverhältnisse zu erwarten war.[23]

Die ***Altherrenschaft*** mußte sich nun in ihrer Organisation den neuen Gegebenheiten anpassen. Ursprünglich war der Altherrenbund (AHB) der Zusammenschluß der Altherrenschaften der einzelnen Verbindungen auf freiwilliger Basis. Auf dem Altherrenbundtag 1921 in Würzburg wurde die Zwangsmitgliedschaft für die Altherrenverbände eingeführt. Die bereits als Mitglied dem Altherrenbund angehörenden Ortszirkel blieben es weiterhin, jedoch bestand für sie keine Zwangsmitgliedschaft.

Aufgrund des Wachstums des CV und der Gründung zahlreicher Verbindungen wurde neben der vertikalen auch eine horizontale Organisation des CV für notwendig empfunden. Dies geschah für die aktiven Verbindungen durch die Ortsverbände, für die Altherrenschaften durch die Philisterzirkel, Gau- und Landesverbände. Auf der Cartell-

19 Satzungen GO 1921.

20 Bericht 52. CV, SS. 63-85; §§ 173-175 CVGO, Satzungen GO 1921; §§ 137-140 CVGO, Satzungen GO 1924; Ac 34 (1921/22), S. 264, und 44 (1931/37) SS. 213-216; Funder, Das weiß-blau-goldene Band, S. 220; Popp, Der CV in Österreich, S. 78; Stitz, Der CV 1919-1938, S. 68f. Teilweise gab es diese Ämter schon 1896 (wie z. B. den Verbandskassier).

21 § 79 CVGO, Satzung GO 1924.

22 § 99 CVGO, Satzung GO 1928; Ac 39 (1926/27), S. 16.

23 Popp, Der CV in Österreich, S. 74, bezeichnet das als „Demontage des demokratischen Aufbaues des Verbandes". Das ist nicht nur nicht überspitzt, sondern auch falsch, denn undemokratisch wäre es, zwei Drittel aller CVer von der Willensbildung auszuschließen.

Cartellversammlung Anfang September 1911 in Linz unter dem Vorort Carolina. An der Spitze des Zuges vor dem Landhaus reitet der damalige VOP Franz Reisetbauer mit der CV-Standarte.

versammlung 1911 wurde beschlossen, daß in jedem Hochschulort, wo mehrere Verbindungen bestehen, Ortsverbände mit bindenden Satzungen gebildet werden müssen.

In den neunziger Jahren des 19. Jahrhunderts entstanden immer mehr örtliche Philisterzirkel, denen alle Alten Herren des CV, egal welcher Verbindung angehörend, beitreten konnten. Ab 1923 wurden vor allem auf Initiative von Robert Krasser (Nc) Versuche unternommen, die örtlichen Philisterzirkel zu Landesverbänden zusammenzufassen, wobei dies für den Gesamtverband Vorbild wurde. Bis 1933 blieb aber in Österreich die örtliche Altherrenorganisation freiwillig.[24]

Durch sechs Jahre hindurch (1919 bis 1925) beschäftigte den CV auch die Frage des **Du-Komments** (das sog. „allgemeine Schmollis"). Bereits vor dem Ersten Weltkrieg gab es bereits Bestrebungen, diese Bestimmung zu ändern. Auf der 50. CV 1919 begann die Diskussion aufgrund des starken Anwachsens des CV erneut. Erst auf der 55. CV 1925 in Innsbruck kam es zu einem vorläufigen Ende der Debatte. Mit 83 Stimmen und 27 Enthaltungen wurde für den „Du-Komment" votiert. Für den Altherrenbund gab es seit 1919 eine Sonderregelung, daß „im Verkehr mit Alten Herren ... deren Anrede" entscheidet. Für die damalige Zeit bis in die siebziger Jahre des 20. Jahrhunderts hinein war sicher der allgemeine „Du-Komment" im CV etwas Besonderes, das ihn auch ein wenig von der Umwelt abhob, weil selbst unter Studenten das „Sie" üblich war. Erst ab den siebziger Jahren sind die „schnellen Duzer auf dem Vormarsch", so daß nunmehr diese Besonderheit nicht mehr so augenfällig ist.[25] Hand in Hand mit der Debatte um den „Du-

24 Über diese Frage siehe Popp, Der CV in Österreich, S. 53ff., 84ff. und 92ff.; Ac 34 (1921/22), SS. 110-114.
25 Ac 90 (1998), S. 334.

Komment“ ging auch die um eine **Ringbildung im CV**. Es bestand nämlich die Gefahr einer Fraktionierung alter und sich feudal ansehender Verbindungen, vor allem unter der Führung der Bavaria Bonn.[26]

Österreich im CV

Bereits vor dem Ersten Weltkrieg gab es Ansätze, für Österreich („Cisleithanien“) eine Zwischenorganisation des CV zu errichten. Ab 1905 haben sich die österreichischen CV-Verbindungen unregelmäßig zu Delegiertentagungen getroffen, um spezifische österreichische Probleme zu beraten. Dazu zählten sicherlich die des akademischen Kulturkampfes. Aber auch die relativ straffe Organisation des damals noch bestehenden Zweiten ÖCV zwang zu einer gewissen Gemeinsamkeit. Nach dessen Vereinigung mit dem CV waren solche Treffen noch notwendiger geworden. So kam es am 14./15. Dezember 1906 zum I. Vertretertag der katholisch-deutschen Studentenkorporationen Österreichs in Wien, bei der eine ständige Kommission mit Sitz in Wien errichtet wurde. Sie ist dann im Februar 1907 in „Vertretung der österreichischen C.V.-Verbindungen“ unbenannt worden. Im selben Jahr – das „Wahrmund-Jahr“ mit dem Höhepunkt des akademischen Kulturkampfes – wurde vereinsrechtlich ein „Kartell-Verband der katholisch-deutschen Studentenverbindungen“ angemeldet, dem alle österreichischen CV-Verbindungen angehörten. Dieser „Kartell-Verband“ blieb jedoch auf dem Papier und diente lediglich als Schutzhandlung vor Angriffen der schlagenden Verbindungen, die sich auch auf das Vereinsrecht erstreckten. Auf keinen Fall war damit eine Abspaltungstendenz o. ä. abzuleiten.[27]

Im Dezember 1919 fand eine erste Besprechung der österreichischen Verbindungen in Wien statt, an der die aktiven Vertreter, die Altherrenschaften und die bereits bestehenden Altherrenlandesverbände sowie sonstige Funktionäre teilnahmen. 1920 gab es dafür eine eigene Satzung. Vor allem der Wiener Altherrenbund unter Robert Krasser (Nc) war die treibende Kraft einer organisatorischen Zusammenfassung des CV in Österreich. 1931 wurde dann als Arbeitsgemeinschaft der als Gaue bezeichneten Landesverbände ein **Österreichischer Altherrenlandesbund** mit einem eigenen Sekretariat gegründet. Auf der Seite der Aktiven fehlten aber ähnliche Initiativen. Insgesamt aber war es gelungen, bis 1933 eine organisatorische Einheit für den CV in Österreich zu schaffen, so daß die damals erfolgte „Abschaltung“ vom Gesamt-CV (siehe S. 373) relativ problemlos, was die Neuorganisation betraf, vor sich ging.[28]

Wie bereits früher angedeutet, hatte damals der Vorort bei weitem nicht jene Bedeutung und Funktionsfülle, wie er es heute im österreichischen und deutschen CV besitzt. Wenn man den Vorort dieser Zeit (vor allem vor dem Ersten Weltkrieg) im negativen Sinne zu heute abgrenzt, so war er nicht dazu da, um bestimmte Akzente in Kirche, Politik oder Hochschule etwa durch Veranstaltungen, Erklärungen, Initiativen etc. zu setzen. Auch die Wahl des Ortes der Cartellversammlung und die Organisation derselben waren

26 Sitzungsbericht 50. CV, S. 20ff.; Sitzungsbericht 55. CV, S. 178ff; Popp, Der CV in Österreich, S. 138; Stitz, Der CV 1919-1938 , SS. 69-75.

27 Popp, Der CV in Österreich, SS. 65-69 sowie Nachbaur, Die deutschen katholischen Studentenverbindungen in Österreich, S. 271f. Nachbaur zitiert dabei Unterlagen aus dem Archiv der Austria Innsbruck, bes. über die Vertretertagung.

28 Popp, Der CV in Österreich, S. 95ff.

außerhalb seiner Kompetenz. Die Cartellversammlungen fanden in der Regel zeitlich und örtlich gemeinsam mit den deutschen Katholikentagen statt, die Organisation übernahm meist der örtliche Philisterzirkel.

Positiv gesehen hatte der Vorort die Aufgabe, Kontinuitätsfaktor zwischen den Cartellversammlungen zu sein, diese selber zu präsidieren und die laufenden Geschäfte zu führen, womit meistens eine Büroanlaufstelle für Korrespondenzen etc. gemeint war. Da auch die Cartellversammlungen selber sich in der Regel in Geschäftsordnungsdebatten und dergleichen ergingen, war auch für den Vorort nichts anderes zu erwarten. Ursprünglich dauerte die Funktion eines Vorortes jeweils von einem Wintersemester bis zum Beginn des nächsten, also ein Studienjahr lang, wie es heute auch üblich ist. Seit 1895 jedoch begann die Funktionsperiode eines Vorortsjahres mit dem Sommersemester (jeweils 1. April)[29], so daß die Cartellversammlung (meist im August) in die Mitte des Vorortsjahres fiel.

Cartellversammlung unter dem Vorort Norica 1929 in Wien. Vor der Neuen Hofburg sind die Chargierten der CV-Verbindungen aufgestellt. In der ersten Reihe von l. n. r.: Der damalige Rektor der Universität Wien und spätere Sozialminister sowie Erzbischof von Wien, Theodor Innitzer (NdW), der damalige Unterrichtsminister Emmerich Czermak (NdW), der VOP Karl Fellinger (Nc) (mit Standarte), der Erzbischof von Wien, Gustav Kardinal Piffl (Wl EM), und der Philistersenior der Norica und Vorsitzende des Wiener Altherrenbundes, Robert Krasser (Nc).

29 Das hing mit dem Umstand zusammen, daß in weiten Teilen Deutschlands bis in die sechziger Jahre des 20. Jahrhunderts das Schuljahr nicht nach den Sommer-, sondern nach den Osterferien begonnen hatte. Daher machte man vor Ostern das Abitur und begann somit, mit dem Sommersemester zu studieren. Ein Studienjahr (und Schuljahr) begann daher mit dem Sommer- und endete mit dem Wintersemester.

Vor dem Ersten Weltkrieg war aus Österreich Vorortsverbindung die Austria Innsbruck 1871/72 und 1893/95 (durch den eben erwähnten Wechsel der Vorortsperiode war Austria drei Semester Vorort). Danach waren Norica 1903/04 und Carolina 1911/12 Vorort.[30] Für den Vorort 1914/15 wollte Ferdinandea kandidieren, aber wegen des Krieges kam es nicht dazu.[31] Der glückliche Zufall will es, daß im deutschen CV-Archiv (dzt. Regensburg) wie bei keinem anderen Vorort vor 1914 der archivalische Bestand für den Vorort Carolina 1911/12 fast lückenlos vorhanden ist. Aufgrund dieses archivalischen fast einzigartigen Bestandes läßt sich am Beispiel der Carolina die Tätigkeit eines Vorortes vor 1914 exemplarisch beschreiben.[32]

Nach dem Ersten Weltkrieg, in den Jahren 1919 bis 1932, bekleideten drei österreichische Verbindungen den Vorort: 1921/22 Austria Wien, 1925/26 Austria Innsbruck und 1929/30 die Norica.[33] Die Cartellversammlungen fanden demnach 1921 in Linz, 1925 in Innsbruck und 1929 in Wien statt.

Die CV 1929 in Wien war eine Demonstration des Verbandskatholizismus, an deren Festveranstaltungen nicht nur die Vertreter des Politischen Katholizismus Österreichs, sondern solche aus dem Bereich der Wissenschaft und Kultur teilnahmen. Friedrich Funder (Cl) schrieb über sie: „Sie sollte dem katholischen Jung-Deutschland, das in diesen Tagen nach Wien kam, ein Kulturbild Österreichs zeigen, Einblick gewähren in Geisteshaltung und Sendung des deutschen Ostmarkvolkes, um Verständnis und Liebe werben für dieses schwer ringende, aber durch seine Eigenart und seinen Beruf dem deutschen Gesamtvolke und seiner Schicksalsgestaltung unersetzbare Wesen des Österreichertums."[34]

Wie war es allgemein mit den Korporierten damals zahlenmäßig bestellt? Nach einer statistischen Zusammenstellung für das Jahr 1930 ergibt sich folgendes Bild:[35] An den

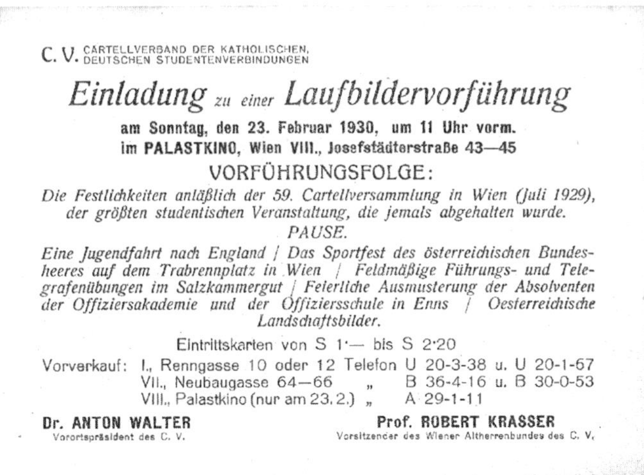

C. V. CARTELLVERBAND DER KATHOLISCHEN, DEUTSCHEN STUDENTENVERBINDUNGEN

Einladung zu einer *Laufbildervorführung*

am Sonntag, den 23. Februar 1930, um 11 Uhr vorm.
im PALASTKINO, Wien VIII., Josefstädterstraße 43—45

VORFÜHRUNGSFOLGE:

Die Festlichkeiten anläßlich der 59. Cartellversammlung in Wien (Juli 1929), der größten studentischen Veranstaltung, die jemals abgehalten wurde.

PAUSE.

Eine Jugendfahrt nach England / Das Sportfest des österreichischen Bundesheeres auf dem Trabrennplatz in Wien / Feldmäßige Führungs- und Telegrafenübungen im Salzkammergut / Feierliche Ausmusterung der Absolventen der Offiziersakademie und der Offiziersschule in Enns / Oesterreichische Landschaftsbilder.

Eintrittskarten von S 1·— bis S 2·20

Vorverkauf: I., Renngasse 10 oder 12 Telefon U 20-3-38 u. U 20-1-67
VII., Neubaugasse 64—66 „ B 36-4-16 u. B 30-0-53
VIII., Palastkino (nur am 23. 2.) „ A 29-1-11

Dr. ANTON WALTER
Vorortspräsident des C. V.

Prof. ROBERT KRASSER
Vorsitzender des Wiener Altherrenbundes des C. V.

Das junge Medium Film hat auch im CV eingang gefunden. Die Cartellversammlung wurde gefilmt, und sieben Monate später gab es die Filmvorführung. Das Palast-Kino gab es bis Ende der sechziger Jahre und mußte dann einem Lebensmitteldiscounter weichen.

30 Die Namen der VOP's siehe Anhang 1.

31 Ferdinandea 1885-1918, S. 267

32 Siehe diese Beschreibung in Hartmann, Im Gestern bewährt, SS. 176-180.

33 Die Namen der VOP's siehe Anhang 1.

34 Funder, Das weiß-blau-goldene Band, S. 222; siehe auch Festbuch 59. CV

35 Statistisches Material zitiert nach Bleuel-Klinnert, Deutsche Studenten auf dem Weg ins Dritte Reich, S. 261.

deutschsprachigen Hochschulen aller betreffenden Staaten studierten zu diesem Zeitpunkt (SS 1930) 125.400 männliche Studenten, davon waren ca. 79.000 (63 Prozent) korporiert. Von diesen 79.000 gehörten 49.000 einer Korporation des „Waffenringes“ an, waren also Schlagende. Einem katholischen Korporationsverband (CV, KV, UV, RKDB) gehörten 19.000 Studenten an. Das Verhältnis lautete also 1 zu 2,58 für die Schlagenden. Bei den Alten Herren lag das Verhältnis zwischen Katholiken und Schlagenden bei 1 zu 3,52, also für diese weitaus günstiger. Was sagt das aus? Die katholischen Verbände hatten damals weitaus mehr Nachwuchs als die Schlagenden. Eine Entwicklung, die allgemein bereits um die Jahrhundertwende eingesetzt hatte und nach 1945 ihre Fortsetzung fand.

Verbandskatholizismus im Umbruch: Die Katholische Aktion entsteht

„Mit den besten Wünschen für den CV und in der Hoffnung, daß er den katholischen Grundsätzen immer klar und ohne Schwanken wie in den ruhmreichen Zeiten seiner Vergangenheit treu bleiben werde."

Kardinalstaatssekretär Eugenio Pacelli (Tfs EM) an den CV-Seelsorger Erhard Schlund OFM (Vc) am 15. Februar 1930[1]

„In der katholischen Kirche herrscht ja auf Grund ihrer göttlichen Einrichtung der Autoritätsgedanke, der eine gute Disziplin verbürgt."

Leopold Engelhart (Rd), Wiener Domprediger[2]

Die Situation der Kirche und der katholischen Vereine nach dem Ersten Weltkrieg

Für die Kirche Österreichs war das Jahr 1918 zweifelsohne eine der großen historischen Zäsuren.[3] Das sogenannte Bündnis von „Thron und Altar" war zerbrochen. Gab es aber dieses Bündnis in der so oft zitierten Form noch 1914? Der Kaiser wie ein großer Teil des Adels waren zwar bewußte Katholiken, einige von diesen auch aktiv in der Anfangsphase der Organisierung des Politischen Katholizismus beteiligt, wie wir gesehen haben. Das kaiserliche Nominationsrecht bei den Bischofsernennungen wurde klug und mit Bedacht ausgeübt. Doch wir haben aber auch gesehen, daß dieser Staat und führende Kreise der bürgerlichen Gesellschaft seit der liberalen Ära ab 1867 nicht immer ein freundliches Verhältnis zur Kirche hatten. Vor 1914 gab es in Österreich in verschiedenen gesellschaftlich dominierenden Bereichen – neben den Behörden sind dazu die Presse und vor allem die Universitäten zu nennen – eine kirchenunfreundliche Stimmung. Zwar konnte der Politische Katholizismus nach 1907 (allgemeines Wahlrecht) durch die Christlichsoziale Partei zur parlamentarisch stärksten Kraft werden, doch hatte das noch wenig Auswirkungen.

Der Wechsel von der Monarchie zur Republik hatte daher für die Kirche weniger realpolitische, denn eher psychologische Probleme gebracht. Ihre Möglichkeiten haben sich trotz des Zerbrechens der schützenden Dynastie in einer freiheitlich-demokratischen Republik à la longue deutlich verbessert. Es seien einige Punkte genannt:

1. Die staatliche Aufsicht, und damit verbunden die mögliche Gefahr einer Bevormundung über die Kirche, wurde zurückgedrängt, am augenfälligsten war der Wegfall des kaiserlichen Bischofsernennungsrechts.
2. Die Hierarchie und die katholische Vereine konnten unabhängiger agieren, was der Seelsorge zu Nutzen kam.
3. Aufgrund des parlamentarischen Regierungssystems gelangte die Christlichsoziale Partei gemäß ihrer Stärke 1918 in die Regierungsverantwortung und wurde 1920 zur

1 Schreiben abgedruckt in Ac 42 (1929/30), S. 336.

2 Engelhart, Der Neuaufbau der Katholischen Aktion in Wien, S. 35.

3 Über die Kirche der Ersten Republik allgemein siehe: Weinzierl, Kirche-Gesellschaft-Politik; Weinzierl, Kirche und Politik; Weinzierl, Der Weg des österreichischen Katholizismus; Kirche in Österreich; über die Abfallbewegung: Winkler, Weltanschauung in Zahlen.

politisch bestimmenden Kraft, so daß der antiklerikale Liberalismus im Regierungssystem langsam abgebaut wurde. Auch besetzten dadurch Katholiken vermehrt wichtige Positionen. Der Staat als solcher, gemeint vor allem die Regierung, war der Kirche in der Ersten Republik freundlicher eingestellt als vor 1914.

4. Auch das katholische Vereinswesen nahm dadurch quantitativ wie qualitativ zu.

Der Schock des Jahres 1918 waren daher retrospektiv eher die Furcht vor den politischen Umwälzungen – man denke an die Räterepubliken in Bayern und Ungarn – und die kulturkämpferischen Auseinandersetzungen mit der ebenfalls 1918 in die Regierungsverantwortung gelangten Sozialdemokratie. Hier ging es insbesondere um das Schulwesen. Mit dem Ausscheiden der Sozialdemokraten aus der Koalition Mitte 1920 hörte dieser Kampf auf Regierungsebene auf. Er verblieb jedoch zum Teil im „roten" Wien und auf der Ebene der parteipolitischen Agitation, insbesondere sei hier die Abfallbewegung der zwanziger Jahre erwähnt, die von den Sozialdemokraten bewußt gesteuert wurde. Sie folgten damit der Tradition der alldeutsch beeinflußten Los-von-Rom-Bewegung vor 1914.

Nach wie vor bestand aber ein enger Konnex zwischen Kirche und Klerus einerseits und dem Politischen Katholizismus andererseits. Doch wurden bereits Stimmen laut, die eine Trennung von Politik und Kirche forderten. Zu ihnen zählte vor allem der Kreis um das Wiener Seelsorgeinstitut, dem Karl Rudolf (Am) und Michael Pfliegler die entscheidende Prägung gaben.

Die Kirche in Österreich sollte 1934 ihren sicherlich zweifelhaften Höhepunkt an Einfluß und Dominanz erreichen: Ein Konkordat wurde abgeschlossen, das der Kirche mehr Rechte einräumte, und eine Verfassung wurde erlassen, die sich an den Ideen der Sozialenzyklika *Quadragesimo anno* zu orientieren glaubte und in ihrer Präambel „Gott, den Allmächtigen" anrief. Doch der jähe Sturz kam 1938.

Das katholische Organisationswesen nach dem Krieg

Abgesehen von den Wirrnissen der Übergangszeit der Jahre 1918/19 blieb das katholische Organisationswesen ungebrochen, im Gegenteil, es gelangte zu einer neuen Blüte. Die Vereine (vor allem die Dachvereine) gingen in die Hunderte.[4]

Wie bereits erwähnt, gab es bereits vor 1914 Versuche einer Koordination des katholischen Vereinswesens (siehe S. 82f.). Doch die 1913 gegründete *Katholische Union für Österreich* ging im Krieg unter. Am 19. Juli 1919 schlossen sich der *Katholische Volksbund für Österreich* und der *Piusverein der katholischen Presse in Österreich* zusammen. Diese beiden waren Interessenorganisationen der österreichischen Katholiken auf Massenmitgliederbasis neben (und nicht in Konkurrenz zu) den bestehenden katholischen Vereinen. Von diesem Volksbund ging auch der Anstoß zu einer zielbewußten Zusammenarbeit aller katholischen Kräfte Österreichs aus, als für den 4. April 1922 nach Wien zu einer Konferenz der verschiedenen Organisationen der Diözesen eingeladen wurde. Die Folge dieser war, daß auf dem Katholikentag 1923 in Wien eine *Arbeitsgemeinschaft der Diözesankatholikenorganisationen Österreichs* gegründet wurde. Dieser gehörten neben den Diözesanorganisa-

4 Aufzählung in Klostermann, Das organisierte Apostolat der Laien, S. 94ff.

tionen (diözesane Dachverbände der einzelnen Vereine) auch die Bundesleitungen der einzelnen Verbände an.[5]

Einen interessanten und wohl auch authentischen Bericht über die Arbeit des Katholischen Volksbundes in Österreich gab Hans Schmitz (Nc) in der *Academia,*[6] der insofern von hoher Bedeutung ist, weil er unmittelbar vor Einführung der „ersten" Katholischen Aktion Österreichs verfaßt wurde. Danach waren die wesentlichsten Teile der Volksbundorganisation die Zentralstelle, die wissenschaftliche Zentralstelle, das Vertrauenspersonensystem und die Geschäftsstellen mit den Geschäftsführern in den einzelnen Pfarren.

An der Spitze der Zentralstelle stand damals als Generaldirektor des Volksbundes Jakob Fried (Am), die Leitung der wissenschaftlichen Zentralstelle hatte Richard Schmitz (Nc) inne. Das kulturpolitische Referat führte Siegmund Guggenberger (Kb), das sozialpolitische der bereits erwähnte Hans Schmitz. Vom Volksbund wurden einige Zeitungen und Zeitschriften herausgegeben, so die Wochenschrift *Sonntagsglocke* (Auflage 50.000) und die wissenschaftliche Monatsschrift *Volkswohl.* In seiner Schilderung führte Schmitz den Anteil der CVer an der Organisation des Volksbundes an. Im weiteren Vorstand, dem die Vertreter aller Diözesen angehörten, saßen 23 CVer[7], im engeren Vorstand befanden sich Ministerialrat Josef Pultar (Nc) als geschäftsführender Vizepräsident und Robert Krasser (Nc) als 2. Vizepräsident.

Es bestand daher im Volksbund eine eindeutige Dominanz des CV. Da sich dieser als intermediäres Instrument zwischen den Vereinen verstand, kann man davon ausgehen, daß der CV damals durch seine Alten Herren (und nicht als Organisation) den Verbandskatholizismus personell eindeutig prägte. Der CV verstand sich daher weniger als ein Verein unter anderen, sondern als Elitebildungsinstrument, um geeignete Funktionärspersönlichkeiten dem Verbandskatholizismus zur Verfügung zu stellen. Dieses Moment ist für die weitere Beurteilung von großer Wichtigkeit.

Auf der Hochschule wurden, wie noch später (S. 291) ausführlich behandelt wird, nach 1918 die Katholischen Akademiker- bzw. Hochschul-Ausschüsse (KDAA bzw. KDHA) gegründet, in denen neben dem CV auch die anderen katholischen Hochschulorganisationen vertreten waren. Am 18. März 1922 schlossen sich in Wien die katholischen Jugendverbände, darunter auch der KDAA, zum *Wiener katholischen Jugendring* zusammen, dessen erster Vorsitzender Felix Hurdes (NbW EM) wurde. Am 2. Februar 1924 wurde dann der *Katholische Jugendring Österreichs* gegründet, dem ebenfalls der KDAA angehörte und der als eine lose Arbeitsgemeinschaft aller katholischen Jugendorganisationen gedacht war.

1931 wurde über eine Initiative Jakob Frieds die *Arbeitsgemeinschaft katholischer Jugendverbände* gegründet, der ebenfalls der CV angehörte. Über eine erste Zusammenkunft kam man aber nicht hinaus. Ihr Vorsitzender war zeitweilig Walter Ternik (ehemals M-D). In der zweiten Hälfte des Jahres 1935 kam es zum letzten Mal vor dem Krieg zu einer Platt-

5 Fried, Katholische Aktion, S. 122f.; Hartmann, Getrennt oder vereint, S. 11; Pfarrhofer, Friedrich Funder, S. 151.

6 Ac 40 (1927/28), S. 5ff. Im Rahmen einer Artikelserie über das katholische Organisationswesen im Deutschen Reich, Österreichs und in der Tschechoslowakei.

7 Darunter Josef Aigner (Cl), Emmerich Czermak (NdW), Friedrich Funder (Cl), Leopold Kunschak (Nc EM), Josef Leb (AW), Robert Orel (AW), Georg Prader sen. (Nc), Karl Rudolf (Am), Karl Schwechler (Cl EM), Ignaz Seipel (Nc EM), Richard Wollek (AIn), Jakob Zeggl (F-B) und Hans von Zeßner-Spitzenberg (Tt). Zeggl war übrigens der Herausgeber der legendären „Betenden Gemeinde", das Gebet- und Gesangbuch der Erzdiözese Wien vor Einführung des Gotteslobes.

form der katholischen Jugendverbände, nämlich zur *Reichs-Arbeitsgemeinschaft der katholischen Jugendverbände Österreichs (RAG)*, der ebenso der ÖCV angehörte.[8]

In diesem Zusammenhang seien noch zwei Probleme angeschnitten: die **Hochschulseelsorge** und die **kirchenrechtliche Stellung der Verbindungen**. Für die Verbindungen des CV (und auch des KV und UV) stellte sich die seelsorgliche Betreuung vorerst nicht, da ein erheblicher Prozentsatz der Verbindungsmitglieder Priester oder Theologiestudenten waren, so daß sich von selbst eine derartige Betreuung ergeben hatte. Im Zuge der Modernisierung der Pastoralmethoden um die Jahrhundertwende wurde stärker die sog. *kategoriale Seelsorge*, d. h. die für eine bestimmte Gruppe, betont. Dem Vorbild Carl Sonnenscheins (KV Suevia Köln) folgend wurden nach 1918 in den einzelnen Diözesen Hochschulseelsorger berufen. Von ihnen schreibt der CV-Seelsorger P. Erhard Schlund OFM (Vc): „Die ... Studentenseelsorger sind als die eigentlichen Seelsorger, als die Hochschulpfarrer zu betrachten." Ihre Tätigkeit beschränkte sich in der Regel auf die Abhaltung von Gottesdiensten. Die persönliche Betreuung der Studenten wurde meist über die bestehenden Vereine gewährleistet. Die Seelsorger besaßen, abgesehen von einem kleinen Sekretariat, keine nennenswerte eigene organisatorische Plattform oder einen eigenen Hochschulverband, wie dies nach 1945 mit der Katholischen Hochschulgemeinde (KHG) bzw. der Katholischen Hochschuljugend (KHJ) der Fall ist. Sie waren also eher eine seelsorgliche „Service-Stelle" für die Vereine.

Der CV selbst hatte auf der Cartellversammlung 1921 den Academia-Beirat errichtet, dessen Referat I „Weltanschauung und Gestaltung des inneren Lebens des CV" hieß. Von 1921 bis 1933 bekleidete dieses Amt der Münchner Franziskaner Erhard Schlund (Vc)[9], das durch ihn dann die Umschreibung „CV-Seelsorger" erhielt. Ortsverbandsseelsorger gab es vor 1938 keine, und nur zögernd wurden Verbindungsseelsorger eingerichtet. So gab es 1925/26 von den damals 114 CV-Verbindungen nur 15, die einen eigenen offiziellen Verbindungsseelsorger besaßen!

Bereits am 26. September 1917 erfolgte die Gründung der „Vereinigung von katholischen Studenten- und Studentinnenseelsorger für das deutsche Sprachgebiet" in Frankfurt/Main, der in der Folge alle diözesanen Hochschulseelsorger angehörten. Diese „Studentenpfarrerkonferenz", wie sie kurz genannt wurde, bestand ohne Unterbrechung bis zum Herbst 1990 und wird von da an als „Konferenz für Katholische Hochschulpastoral in deutschsprachigen Ländern" weitergeführt.[10] Nach einer Liste aus dem Jahre 1927 war der Wiener Studentenseelsorger Karl Rudolf (Am) stellvertretender Vorsitzender dieser Vereinigung.[11]

Was die Rechtsstellung der katholischen Vereine betrifft, so ist mit der Promulgation des CIC 1917 eine Definition erfolgt. In den cc. 684f. wurde das kirchliche Vereinswesen ausgiebig geregelt. Zwei Gruppen wurden unterschieden, solche, die von der Kirche errichtet (*ab ecclesia erectae*), und solche, die nur empfohlen sind (*commendatae*). Die ersteren, die sog. kirchlichen Vereine, sind gewissermaßen ein Bestandteil des kirchlichen Organismus, wie etwa die Caritas-Vereine. Statuten, Vermögen und Funktionäre unterstehen der

8 Über die Zusammenschlüsse der katholischen Jugendgruppen Österreichs siehe Schultes, Der Reichsbund der katholischen deutschen Jugend, SS. 239-244.

9 Lebenslauf siehe S. 338.

10 Hallermann, Präsenz der Kirche an der Hochschule, SS. 74-76.

11 Einen guten Überblick über die Situation der Studentenseelsorge der zwanziger Jahre bietet Schlund, Um die Seele des Akademikers, S. 10ff. Siehe auch Ac 18 (1905/06), S. 360f., und 19 (1906/07), S. 143f.

Aufsicht des Bischofs. Die zweite Gruppe, die „privaten" Vereine, verfolgen mehr „weltliche" Ziele, jedoch aus katholischer Grundhaltung heraus und durchaus im Sinne des Laienapostolats. Darunter fällt die Mehrheit der Vereine, so auch die Verbindungen. Zwar sind diese nach dem staatlichen Vereinsrecht organisiert und von der Kirche völlig unabhängig, jedoch hat aber der Bischof als oberster Seelsorger seiner Diözese eine allgemeine Aufsicht über alle Katholiken, daher auch über jene Vereine, die sich statutarisch katholisch nennen. Nach Auffassung der damaligen Kanonistik erstreckte sich die allgemeine Aufsicht nur auf den katholischen Charakter des Vereins. Oder anders ausgedrückt: Der Bischof hätte das (auch staatlich durchsetzbare) Recht gehabt, einem katholischen Verein das Prädikat „katholisch" zu verbieten, wenn dieser bzw. deren Mitglieder grob gegen die katholische Glaubens- und Sittenlehre verstoßen oder etwa in signifikanter Zahl Nichtkatholiken aufnehmen.[12]

Die Einführung der Katholischen Aktion

Das katholische Vereinswesen Österreichs erfuhr in der Zwischenkriegszeit durch die Katholischen Aktion (KA) eine entscheidende Weichenstellung, die vor allem nach 1945 weitreichende Folgen haben sollte.[13] Die Vorgeschichte der Katholischen Aktion liegt in Italien. Auch dort entwickelte sich ein reges katholisches Vereinsleben. Nach dem Vorbild des Katholischen Volksvereins in Deutschland entstanden 1905 die *Unione populare* und als politische Basis für die Wahlen eine *Unione elettorale*, ein loser Wählerverein. Erst ab 1919 wurde nach dem Beispiel des deutschen Zentrums und der Christlichsozialen Partei Österreichs die *Partito populare italiano* gegründet, wo der frühere RRAbg. Alcide de Gasperi aus Trient eine führende Rolle spielte. Durch die Herauslösung der politischen Aktivität ging die Bedeutung der *Unione populare* zurück, so daß eine Neuorientierung des katholischen Organisationslebens in Italien notwendig war.

In seiner ersten großen Enzyklika *Ubi arcano* vom 23. Dezember 1922 führte Papst Pius XI. den Begriff Katholische Aktion erstmals offiziell ein. Aber in dieser wurde keine spezielle Organisationsform bzw. Struktur verlangt. Am 2. Oktober 1923 wurden dann die Statuten der KA Italiens erlassen. In Art. 2 hieß es, daß die KA alle Organisationen umfaßt, die nach diesen Zielen tätig und von den zuständigen kirchlichen Stellen abhängig sind.[14] Aus den weiteren Ausführungen wird jedoch deutlich, daß die italienische KA die Eigenart und Selbständigkeit der Vereine beließ. Es wurde daher keine neue Organisation geschaffen, sondern das Bestehende unter den Prinzipien der KA, nämlich des Laienapostolats unter Führung der Hierarchie, eingeordnet.

Ob der Marsch Mussolinis auf Rom im Oktober 1922 die Enzyklika und die Gründung der KA beeinflußt hat, kann bezweifelt werden. Die Textierung einer Enzyklika braucht doch eine längere Vorlaufzeit. Abgesehen davon war bis 1924 der totalitäre

12 Darüber siehe Eichmann, Eduard: Zur kirchenrechtlichen Stellung der katholischen Studentenverbindungen, in: Ac 45 (1932/33), SS. 305-307; Schulz, Der neue Codex und die kirchlichen Vereine, S. 20ff.

13 Über die KA allgemein: Fried, Katholische Aktion; Hartmann, Katholische Organisationen; Klostermann, Das organisierte Apostolat der Laien; Liebmann, Zeitgeschichtliche Betrachtung der katholischen Verbände; Liebmann, Katholische Aktion und Ständestaat; Schlund, Katholische Aktion; Schultes, Einige historisch-kritische Anmerkungen und Schultes, Der Reichsbund der katholischen deutschen Jugend.

14 Die Statuten sind abgedruckt bei Schlund, Erhard: Katholische Aktion und italienische katholische Studentenschaft, in: Ac 41 (1928/29), S. 63.

Charakter des italienischen Faschismus noch nicht so manifest. Es ist daher die geäußerte Vermutung (Gerhard Schultes), die genannte Enzyklika bzw. die Gründung der KA in Italien 1923 sei durch den dort herrschenden Faschismus beeinflußt worden, eher unwahrscheinlich. Dieses Moment sollte erst rund zehn Jahre später zutreffen.

Die KA war daher im Sinne der Enzyklika kein Organisations-, sondern ein Arbeitsprinzip. Treffend faßte kurz vor der Machtübernahme Hitlers 1933 der Münchner Kirchenrechtler Eduard Eichmann (Mm) das Verhältnis von katholischen Organisationen und KA zusammen: „Das katholische Vereinswesen stellt sich in den Dienst der 'Katholischen Aktion', d. h. der Propaganda für den katholischen Gedanken, der Vertiefung und Verfestigung der katholischen Grundsätze im privaten wie öffentlichen Leben."[15]

Die Enzyklika hatte vorerst keine Auswirkung auf Österreich, im Gegenteil. Papst Pius XI. soll an den Wiener Erzbischof, Gustav Kardinal Piffl (Wl EM), am 10. Juni 1923 einen Brief geschrieben haben, wonach er das katholische Organisationswesen in Österreich als KA ansah.[16]

Erst bei einer Reichsdelegiertentagung der katholischen Organisationen am 12./13. März 1927 in Linz beriet man über die Durchführung der Katholikenorganisation in Österreich im Sinne der KA, nachdem sie der Apostolische Administrator für Innsbruck-Feldkirch, der spätere Fürsterzbischof von Salzburg Sigismund Waitz (AIn EM)[17], im März 1926 eingeführt hatte. In dieser KA Tirol-Vorarlbergs wurden nicht nur die katholischen Vereine, sondern auch alle Katholiken, die mitarbeiten wollten, integriert. Im Sinne der hierarchischen Abhängigkeit der KA wurden Pfarrausschüsse errichtet, deren Mitglieder vom Pfarrer ernannt wurden. Zwar mußten die Vereine vertreten sein, aber nicht der Verein, sondern der Pfarrer bestimmte den Delegierten.[18] Damit wurde der neuen pastoralen Richtung zur Pfarrei hin, wie sie durch die theoretischen Arbeiten des Wiener Pastoraltheologen Heinrich Swoboda (M-D EM) initiiert wurden, Rechnung getragen. Vor allem im Osten Österreichs, im Großraum Wien, wurde diese Tendenz in Reaktion auf die Abfallpropaganda der Sozialdemokratie spürbar, so daß Hans Schmitz (Nc) im Mai 1927 schrieb: „Die Reaktionsbewegung auf katholischer Seite führte zu einer stärkeren Betonung des parochialen Prinzips in der Organisation, ein Gedanke, der von der Volksbundzentralstelle seit ihrem Bestehen theoretisch und agitatorisch verfochten wurde."[19]

Im Gefolge der erwähnten Reichsdelegiertentagung genehmigte die Österreichische Bischofskonferenz am 23. November 1927 die Richtlinien der KA in Österreich.[20] Danach war sie nichts anderes als die bisher schon bestehende Plattform der katholischen Organisationen, jedoch unter stärkerem, aber im Prinzip sehr moderatem Einfluß der Hierarchie. Für den Bereich der Diözese Graz-Seckau wurde die Katholische Aktion mit Wirkung vom 14. Dezember 1928[21] errichtet, wobei sie ähnlich strukturiert war: Beibe-

15 Ac 45 (1932/33), S. 305.

16 Nach Schultes, Der Reichsbund der katholischen deutschen Jugend, S. 441. Er zitiert hier einen Artikel in *Der Seelsorger* und bemerkt, daß der Brief im DAW nicht aufzufinden war.

17 Waitz wurde am 3. 7. 1923 EM Vi und am 2. 6. 1924 EM AIn. Da zu diesem Zeitpunkt Vindelicia noch lange nicht Mitglied des CV war, gilt primär als Verbindungszuordnung „AIn EM".

18 Die Tendenz, daß der Pfarrer die Vertreter der Vereine berufen soll, war in Wien schon 1911 zu beobachten, siehe Schultes, Das Katholische Aktionskomitee für Niederösterreich, S. 369. Der umstrittene Regensburger Bischof Gerhard L. Müller hatte 2005 eine ähnliche Regelung getroffen.

19 Ac 40 (1927/28), S. 6.

20 Wortlaut abgedruckt in Fried, Katholische Aktion, S. 123f., und Schlund, Katholische Aktion, S. 117f.

21 *Kirchliches Verordnungsblatt der Diözese Seckau,* Jg. 1928/X Nr. 111. Siehe auch Fried, Katholische Aktion, S. 128.

haltung der Vereinsstruktur, jedoch stärkere Ausrichtung auf den Bischof. In den übrigen Diözesen Österreichs gab es aber höchst uneinheitliche Entwicklungen.

In Wien wurde am 8. Mai 1930 die *Akademische Katholische Aktion* (AKA) durch Kardinal Piffl gegründet[22], wobei sich diese im Prinzip auf den KDHA stützte. Dieselbe Entwicklung gab es auch in Graz, wo in den *Mitteilungen für die katholischen Studierenden an den Grazer Hochschulen*, herausgegeben von der Akademischen Gruppe der Katholischen Aktion (AKA) für das WS 1932/33[23], betont wird, daß „die AKA kein neuer Verein ist, sondern nur Spitzenorganisation sämtlicher studentischer Vereinigungen und will in diesen Gemeinschaften planmäßiges und reges Arbeiten im Sinne unserer kath. Weltanschauung anregen".

Ebenso im Jahr 1930 wurde in Wien unter maßgeblicher Initiative von Johannes Hollnsteiner (ehemals Nc) die *Katholische Akademikergemeinschaft* als Verein gegründet. Sie sollte ein Diskussionsforum sein und – zusätzlich, nicht gegensätzlich zum CV – der katholischen Elitebildung und der religiösen Neubesinnung dienen. Bewußt wurde diese Neugründung, die auf Wien beschränkt blieb, der KA-Idee unterstellt. Erster Vorsitzender bis 1934 war der Katholisch-Nationale, spätere Bundesminister und dann deutscher Wehrmachts-General Edmund Glaise-Horstenau, sein (quasi geschäftsführender) Stellvertreter wurde Hollnsteiner. Ab 1934 war Ferdinand Graf Degenfeld-Schönburg, Professor für Nationalökonomie an der Wiener Universität, ab 1936 Hollnsteiner selbst Vorsitzender, der die ganzen Jahre auch die *Mitteilungen der katholischen Akademikerschaft in Österreich* redaktionell betreute.[24]

Die Katholische Aktion in Österreich stellte sich nun Ende der zwanziger, Anfang der dreißiger Jahre folgendermaßen dar:

1. Im Sinne der Enzyklika *Ubi arcano* war sie besonders zur Betonung des Laienapostolats und der Pastoral im weitesten Sinne geschaffen worden.
2. Sie war kein neuer Verein oder versuchte nicht, die bestehenden zu verdrängen, sondern baute auf den bestehenden in der Art eines Dachverbandes auf.
3. Der Bezug zur Hierarchie, d. h. zur Stellung des Bischofs, wurde besonders betont, wobei jedoch der Einfluß der Amtskirche auf die KA als Dachverband noch moderat war und auf die einzelnen Vereine gar nicht bestand.
4. Im Sinne einer neuen pastoralen Bemühung, aber auch im Sinne des hierarchischen Prinzips wurde auf die Pfarrarbeit[25], die ja bereits im Volksbund betont wurde, besonderer Wert gelegt, wobei es – eigentlich die einzige organisatorische Neugründung in diesem Zusammenhang – zur Schaffung von Pfarr- und später zu Dekanatsausschüssen kam.

Über diese Dachverbands-KA urteilte einer der stärksten Mentoren der KA nach 1945, Karl Strobl, lapidar: „Die Katholische Aktion wurde in Österreich durch den Prälaten Fried als Dachverband über alle Organisationen errichtet und brachte keine Neuerung, keine Verlebendigung des Organisationslebens, noch weniger des religiösen Lebens."[26]

22 Ac 43 (1930/31), S. 181f. und 45 (1932/33), S. 15.
23 Befindet sich im VACl. Nachlaß Kurz.
24 Buchmayr, Priester in Almas Salon, S. 41ff.; Funder, Als Österreich den Sturm bestand, S. 246f.
25 Siehe darüber Engelhart, Leopold: Neue Wege der Seelsorge im Ringen um die Großstadt. Innsbruck 1928, S. 43f.
26 Strobl, Erfahrungen und Versuche, S. 128.

1931 spitzte sich in Italien der Konflikt zwischen der Kirche und dem faschistischen Regime zu (siehe die Enzyklika *Non abbiamo* vom 29. Juni 1931), der zu einer Neuregelung der KA im Herbst dieses Jahres führte. Denn inzwischen hatte sich in Italien der Faschismus als Einparteienherrschaft etabliert, so daß das freie katholische Vereinswesen in Bedrängnis kam. Um aber die Katholische Aktion zu retten, wurde sie nun endgültig unter die Leitung der Amtskirche gestellt, wobei letztendlich nur mehr die wenigen naturständischen (Frauen, Männer, Jugend etc.) Vereinigungen, die pfarrei- und dekanatsmäßig sowie diözesan und national organisiert waren, übrigblieben. Die hierarchische Ausrichtung sowie das faschistische Vorbild führten zu einer straffen Organisation mit „Führerprinzip". Diese Entwicklung war einerseits durch äußere Umstände (faschistischer Druck), andererseits auch durch innerkirchliche Entwicklungen (Betonung des hierarchischen Laienapostolats) geprägt.[27]

Im April 1932 verstarb der Wiener Erzbischof Gustav Kardinal Piffl (Wl EM). Bereits im September wurde Theodor Innitzer (NdW), bislang Professor für Neues Testament an der Wiener Universität, dort auch Rektor, und zeitweise Bundesminister für Soziale Verwaltung, zum neuen Erzbischof ernannt. Doch davor, in der kurzen Vakanz, gab es zwei bedeutende Reisen von Wiener Priestern nach Rom. Der Wiener Domprediger Leopold Engelhart (Rd) und der spätere Dompfarrer Karl Dorr (Rd EM)[28] reisten nach Italien, um die dortige, nunmehr aufgrund der faschistischen Verhältnisse umgebaute KA zu studieren. Nach ihrer Rückkehr wurden sie zusammen mit Karl Rudolf (Am) zu den wichtigsten Betreibern eines Umbaus des katholischen Organisationswesens nach italienischem Vorbild. Die starke Bindung an die Hierarchie sowie die damit zusammenhängende Gliederung nach Pfarren, Dekanaten und Diözesen bzw. nach Naturständen hatten offenbar auf sie einen tiefen und positiven Eindruck gemacht.[29]

Die zweite Reise erfolgte im Juli 1932 durch den bisherigen Generalsekretär der KA, Jakob Fried (Am). Er wurde am 19. Juli 1932 von Papst Pius XI. in Privataudienz empfangen. Aus dem von Fried verfertigten Gedächtnisprotokoll der Audienz[30] geht hervor, daß sich Pius XI. von ihm ausführlich über das katholische Vereinswesen innerhalb der KA Österreichs berichten ließ und dessen Tätigkeit begrüßte. Von einem Wunsch des Papstes nach einer Umgestaltung der KA nach italienischem Vorbild war überhaupt nicht die Rede, im Gegenteil, die bestehende Struktur wurde begrüßt und gelobt sowie deren Ausbau ermuntert.

Engelhart und Dorr bekamen in Italien auch das „Manuale di Azione Cattolica" von Luigi Civardi in die Hände[31], in dem ausführlich Struktur und Organisation der KA Italiens beschrieben wurde. Sie hatten damit die theoretische Grundlage für ihre Agitation, deren Zeitpunkt günstig war, denn man traf auf einen neuen, noch nicht ganz eingearbeiteten Erzbischof, der sich zu diesem Konzept leicht überreden ließ. Zusätzlich trat der Wiener Pfarrer Leopold Schmid (ehemals Rd) an Innitzer mit der Anregung heran, „die Katholische Aktion in einem neuen Geist und in einer neuer Form erstehen zu lassen".[32]

---

27 Schultes, Der Reichsbund der katholischen deutschen Jugend, S. 293.

28 Dorr wurde erst 1950 Rd EM.

29 Schultes, Der Reichsbund der katholischen deutschen Jugend, S. 292. Er erhielt die Mitteilung von Dorr persönlich.

30 Abgedruckt im *Wiener Diözesanblatt* 115 (1977), Beilage zu Nr. 6, S. 18f.

31 Erschien in deutscher Übersetzung unter dem Titel „Das Handbuch der Katholischen Aktion". Innsbruck 1938.

Der Katholikentag im September 1933 in Wien brachte bereits einen deutlichen Umschwung, weil bei diesem die Mitwirkung der Verbände gegenüber früher stark zurückgedrängt wurde. Inzwischen kam es ab März 1933 zur autoritären Regierung in Österreich, so daß dadurch die straffe Organisation mit dem Führerprinzip zusätzlich zeitgemäße Modernität erhielt und auch beim Klerus ankam. Die folgende Entwicklung bewies: „Nur in der parlamentarischen Demokratie konnten die Vereine ihre weitgehende Eigenständigkeit bewahren."[33] Nun setzte in Österreich der Strukturintegralismus mit dem Ziel der „Verkirchlichung" bzw. „Klerikalisierung" der Vereine ein.

Wien machte nun bei dieser Umgestaltung den Vorreiter. Am 2. Oktober 1933 stellte Innitzer das neue Konzept der KA auf einer Kleruskonferenz vor[34], und am 27. Februar 1934 wurden die neuen Funktionäre bestellt.[35] Leiter der Hauptstelle für Männer wurde Friedrich Funder (Cl), welche Funktion er aber im November 1935 aus beruflicher Überlastung zurücklegte.[36] Bereits im Herbst 1932 wurde Fried von Innitzer verschiedener Funktionen enthoben, was einer Kaltstellung gleichkam und zeigte, welche Richtung nun eingeschlagen werde.[37]

Das am 1. Mai 1934 in Kraft getretene Konkordat regelte in einem Zusatzprotokoll zu Art. XIV die Gliederungen der Katholischen Aktion, denen vom Staat – im Gegensatz zu den nicht erwähnten katholischen Organisationen – volle Freiheit ihrer Tätigkeit eingeräumt wurde.[38]

Am 18. Dezember 1934 wurden aufgrund von Vorberatungen („Führertagungen" der KA im Dezember 1933 und September 1934) am 18. Dezember 1934 von Kardinal Innitzer die „Richtlinien für die Katholische Aktion" erlassen. Danach ist die KA „Teilnahme der Laien am hierarchischen Apostolat". Die Laien können dieser Aufgabe nur in „bewußter Unterordnung unter die kirchliche Führung gerecht werden." Der Bischof und in dessen Vertretung die Pfarrer sind die „eigentlichen Führer der Katholischen Aktion".[39] Maßgeblich an dieser Neugestaltung waren u. a. neben den bereits erwähnten Priestern Leopold Schmid (ehemals Rd) und Leopold Engelhart (Rd) auch Karl Rudolf (Am), weiters noch die Wiener Pfarrer Franz Geßl (NbW) und Anton Bauer (Rd).[40]

Zur Jahreswende 1934/35 wurde die traditionelle Wiener Seelsorgertagung zum Thema „Katholische Aktion und Seelsorge" abgehalten.[41] Nach dem Grazer Kirchenhisto-

32 Rudolf, Das Werden der Katholischen Aktion, S. 12. Schmid war Pfarrer von St. Rochus im Wiener 3. Bezirk. Zusammen mit seinem Bruder Pfarrer Josef Schmid (Rd) gehörte er 1938 zu den Mitunterzeichnern des Aufrufs für den religiösen Frieden (sog. „Brückenbauer"). Leopold Schmid heiratete 1938 und schied aus dem CV (Rudolfina, Bandverbindung Bajuvaria) aus.

33 Liebmann, Das Konzil sieht die Aufgabe des Laien ganz anders (im Druck).

34 Rudolf, Das Werden der Katholischen Aktion, S. 13.

35 Klostermann, Das organisierte Apostolat der Laien, S. 104f.; Strobl, Erfahrungen und Versuche, S. 130; Schultes, Der Reichsbund der katholischen deutschen Jugend, S. 294f.

36 Pfarrhofer, Friedrich Funder, S. 155f.

37 Strobl, Erfahrungen und Versuche, S. 213.

38 Kremsmair, Josef: Der Weg zum österreichischen Konkordat von 1933/34 (= Dissertationen der Universität Salzburg 12.). Wien 1980, S. 299.

39 Rudolf, Das Werden der Katholischen Aktion, S. 14-20.

40 Geht aus Rudolf, Das Werden der Katholischen Aktion, hervor. Pfarrer Anton Bauer gehörte 1938 auch zu den Unterzeichnern des Aufrufs für den religiösen Frieden.

41 Gleichnamiger Berichtsband. Wien 1935. Darüber ausführlich Liebmann, Katholische Aktion und Ständestaat, S. 608ff. und Liebmann, Das Konzil sieht die Aufgaben der Laien ganz anders (im Druck).

riker Maximilian Liebmann (Cl) war diese Tagung „der grundlegend entscheidende theologisch-ekklesiologische Meilenstein in der Entwicklung der Katholischen Aktion vom Arbeits- zum Organisationsprinzip, vom Dachverband eigenständiger katholischer Organisationen zur eigenen integralistischen Bewegung".[42] In den Referaten, u. a. vom ersten Generalsekretär der KA Leopold Engelhart (Rd)[43], wurde besonders deutlich, daß die Umgestaltung der KA nach dem Vorbild der neuen autoritären Verhältnisse und nach dem Führerprinzip erfolgen müsse. Man war der Meinung, daß, so wie die Parteien durch die Vaterländische Front, nun auch die Vereine, aus liberalen und demokratischen Zeiten stammend, durch die KA abgelöst werden sollen.

Interessant ist, daß zu den wesentlichen Betreibern dieser KA mit dem „Führerprinzip" Kleriker gehörten – die Gebrüder Schmid sowie Pfarrer Bauer (alle Rd wie übrigens auch Oswald Menghin und Theodor Veiter) –, die dann 1938 zu den sog. „Brückenbauern" zählten. Weiters muß man auch erwähnen, daß das 1925 von Papst Pius XI. eingeführte Christkönigsfest[44] mit seiner Christkönigsideologie diese Tendenz begünstigte. Sie diente auch als Herrschaftsideologie, denn Christus als Herrscher der Welt hieß, die Konzeption einer demokratisch-pluralistischen Gesellschaft zu negieren und den Klerikalismus als Programm in Kirche und Gesellschaft durchzusetzen.[45]

Wie sah es in den anderen Diözesen aus? In Oberösterreich gab es eine komplizierte Situation. Der dort bestehende Katholische Volksverein war nicht nur anstatt des Volksbundes Massenorganisation nach dem Vorbild des deutschen Katholischen Volksvereins, sondern auch organisatorische Basis der Christlichsozialen Partei. Obmann des Volksvereins und damit praktisch der Landes-Christlichsozialen war der NRAbg. Josef Aigner (Cl), der kein besonders gutes Verhältnis zu Bischof Gföllner hatte. Dieser gliederte den Volksverein in die KA ein und zwang so Aigner zum Rücktritt, so daß es zum vorzeitigen Ende der Christlichsozialen Partei Oberösterreichs kam.[46] Das geschah auch im Zusammenhang mit den politischen Umwälzungen in Österreich 1933, die zu einer systematischen Zurückdrängung der Christlichsozialen Partei führte.[47]

In Graz wurde die KA ähnlich wie in Wien aufgebaut: Errichtung der Naturstände und weiteres Zurückdrängen der Vereine. Am 23. Januar 1936 erfolgte die Promulgation der Statuten der KA und damit eine Verschärfung. Nach einem Rundschreiben des fb. Ordinariates vom 26. Juni 1936 hatten jene Vereine, die der KA angehören wollten, die Vorstandswahlen kirchlich bestätigen und das Vermögen unter Aufsicht stellen zu lassen. Der GCV antwortete am 11. Dezember 1936 dem Ordinariat, daß er aus grundsätzlichen Erwägungen dies nicht tun könne. So heißt es dort u. a.: „Sowohl aus der satzungsgemäßen inneren Zwecknatur unseres Verbandes, wie aus der geschichtlich gewordenen Lebensform unserer Verbindungen, deren Wesenselement die selbständige Führung ihrer Angelegenheiten durch ihre freigewählten Organe darstellt, folgt klar die Unvereinbarkeit mit Bindungen,

42 Liebmann, Das Konzil sieht die Aufgaben der Laien ganz anders (im Druck).

43 Engelhart, Der Neuaufbau der Katholischen Aktion in Wien.

44 Ursprünglich am letzten Sonntag im Oktober, nach der Liturgiereform im Gefolge des II. Vatikanums auf den letzten Sonntag im November verschoben. Siehe dazu auch Liebmann, Metaphern für laienapostolische Aktionen und Strukturen, S. 357.

45 Das bemerkt richtigerweise Hanisch, Der Politische Katholizismus als ideologischer Träger des „Austrofaschismus", S. 57.

46 Slapnicka, Oberösterreich. Zwischen Bürgerkrieg und Anschluß, S. 89; vgl. auch Klostermann, Das organisierte Apostolat der Laien, S. 119.

47 Kunschak, Österreich 1918 – 1934, S. 197f.

wie sie eingangs dargestellt wurden. Sie würden das Wesen unserer Organisationsform und die Grundlagen unseres Bestandes durchaus verändern."[48] In diesen klaren Worten wurde prägnant die Unvereinbarkeit dieser KA-Idee mit den Grundprinzipen des CV ausgedrückt. Diese Stellungnahme war gewissermaßen eine Vorwegnahme der Beschlüsse des II. Vatikanums über ein eigenständiges Laienverständnis. Der MKV hingegen definierte sich als „Konkordatsjugend" und war somit Teil der KA mit entsprechenden Einwirkungen.

In den übrigen Diözesen kam es zu ähnlicher Durchführung. Die neue Form der KA versuchte, die alten Verbände an den Rand zu drängen und durch den Aufbau der Naturstände zu ersetzen. Dies gelang jedoch vorerst noch nicht, waren doch die einzelnen Organisationen mit ihrem Eigenleben noch zu stark verwurzelt. In Wien z. B. konnte man kurz vor 1938 den Eindruck gewinnen, daß sich die KA wieder zu einem Dachverband der Vereine zurückentwickelt hat.[49]

Was die KA auf der Hochschule betrifft, so wird später noch näher darauf eingegangen, daß die Katholischen Deutschen Akademiker- bzw. Hochschul-Ausschüsse (KDAA bzw. KDHA) in derselben personellen wie organisatorischen Zusammensetzung, jedoch unter einem anderen Namen als KA auf der Hochschule fungierten (siehe S. 293f.). Mit der Auflassung der DSt und der Errichtung der Sachwalterschaft war die hochschulpolitische Aufgabe der KDHÖ praktisch erloschen. Mit der Haupttagung der KDHÖ am 5. Mai 1935 in Salzburg, wo Helmut Schuster (F-B)[50] zum neuen Vorsitzenden gewählt wurde, begann die Umgestaltung der KDHÖ zu einem Teil der KA, wobei es große Schwierigkeiten wegen des Beharrens der Bischöfe auf dem Ernennungsrecht der Funktionäre bestand, was vom ÖCV nicht akzeptiert wurde. Dabei drohte er, unter solchen Bedingungen die Mitarbeit verwehren zu müssen.[51] Erst im Frühjahr 1936 gelang es, eine befriedigende Lösung herbeizuführen. „Die kirchliche Obrigkeit begnügte sich mit dem Bestätigungsrecht des Vorsitzenden der K. D. H. Ö. und gab dazu die Erklärung ab, daß an eine hierarchische Führerernennung bis in die einzelnen Korporationen nicht gedacht gewesen sei."[52] An der Dachverbandsstruktur der KDHÖ änderte sich also nichts, nach wie vor konnten nur die Vereine Mitglied werden, obwohl z. B. in der Satzung der KDHÖ Wiens, dessen Vorsitzender Alfred Gasperschitz (Nc) war, steht, daß sie die Zusammenfassung aller Hörer an den Hochschulen Wiens sei.[53] Dem Vorstand der KDHÖ

48 Der zitierte Brief des GCV befindet sich im DAG, KA, 1935-1936, XIV a19. Siehe auch *Carolinen Blätter* Nr. 10 (SS 1979), S. 62. Er findet sich vollständig abgedruckt in Liebmann, Katholische Aktion und Ständestaat, S. 620f.

49 Klostermann, Das organisierte Apostolat der Laien, S. 112.

50 Helmut Schuster war nach 1945 bis in die siebziger Jahre Chefredakteur der Grazer ÖVP-Zeitung *Süd-Ost Tagespost.*

51 Gerhard Schultes (Rd) berichtete am 13. 5. 2005 dem Verfasser von einem Gespräch, das er mit dem seinerzeitigen ÖCV-Seelsorger Hans Friedrich (AW) geführt hatte. Dabei hat dieser erzählt, daß ihm Innitzer 1936 mitgeteilt hätte, es sei beschlossen, den ÖCV in die KA einzugliedern.

52 Tätigkeitsbericht des Vorsitzenden der KDHÖ über die Zeit seiner Amtsführung vom 5. Mai 1935 bis 21. Mai 1937, in: BA, Akten des SD-Oberabschnitts Donau, ZB I 414, Blatt 8. Siehe dazu auch MB 10 (15. 4. 1936), S. 8, und 12 (1. 9. 1936), S. 7 (hier im Rahmen des Berichtes des ÖCV-Seelsorgers Friedrich). Weiters siehe auch *Katholische Tat. Blätter der Katholischen Deutschen Hochschülerschaft Österreichs,* 1. Blatt Mai 1936.

53 Mitglieder der KDHÖ waren damals u. a. die ÖCV-Verbindungen, die erst nach 1945 beigetretenen Verbindungen (Austro-Peisonia, Pannonia, Waltharia), die KV-Verbindungen (siehe S. 369), die Unitas (UV) Studentenvereine (siehe S. 370), die Vereinigung Katholisch Deutscher Hochschülerinnen (VKDH) in allen Universitätsstädten, der Verband Marianischer Studentenkongregationen (Wien, Graz, Innsbruck), die Katholisch-österreichischen Landsmannschaften (siehe S.370), die Hochschulgruppen des Bundes Neuland, die katholische Freistudentenschaft (Wien, Innsbruck), Einzelkorporationen (Austro-Germania, Danubo-Rhenania, Karolinger und Donaumark, Wien; die Studentinnenverbindung Ostara, Innsbruck) so wie weitere Vereinigungen (sportliche, wissenschaftliche). Nach *Katholische Tat. Blätter der Katholisch Deutschen Hochschülerschaft*, 1. Blatt, Mai 1936 und Jänner 1937.

gehörten auch die Vorsitzenden der großen studentischen Verbände (damit der ÖCV) und die Vorsitzenden der einzelnen Hochschülerschaften an. Der Vorsitzende wurde auf der jährlichen Haupttagung, bei der alle katholischen deutschen Hörer Österreichs Zutritt hatten, auf Vorschlag des abtretenden Vorsitzenden und mit Zustimmung des Vorstands gewählt, was somit nur eine „Bestätigungswahl" war.[54]

An den einzelnen Hochschulorten ging es autoritärer zu: Zwar wurde der Vorsitzende vom Verbändetag gewählt, aber alle anderen Funktionäre, wie Stellvertreter und Vorstandsmitglieder, wurden im Zug der „neuen Zeit" hin zum Führerprinzip vom Vorsitzenden ernannt.[55]

In Wien hatte sich eine interessante Entwicklung der Studentenseelsorge angebahnt. 1933 legte Karl Rudolf (Am) sein Amt als Studentenseelsorger zurück. Der aus der Jugendbewegung kommende Michael Pfliegler, der spätere Wiener Professor für Pastoraltheologie, übernahm diese Funktion, womit auch die Leitung des religiösen Arbeitskreises der KDHÖ Wien verbunden war. Er wurde dabei von drei Priestern unterstützt: von Karl Strobl (für allgemeine Anliegen), von Josef Streidt (AW) (für die Verbindungen) und von Franz Jantsch (für die katholische Jugendbewegung). In dieser Quadriga standen drei Priester, die von der katholischen Jugendbewegung geistig geprägt wurden, einem CVer gegenüber. Karl Strobl, nach 1945 der Mentor der Wiener KHG, nahm bald mit dem KDHA Wien Kontakt auf, um mit diesem Dachverband wegen der Eingliederung in die KA zu verhandeln. Gesprächspartner seitens des CV waren Hans Hackner (F-B), Anton Burghardt (NbW) und Hans Kriegl (NbW). Die Verhandlungen zogen sich hin, erst im Januar 1938 fand dann bei Kardinal Innitzer eine abschließende Besprechung statt, bei der u. a. auch Hans Friedrich (AW) teilnahm. Innitzer wollte, daß Friedrich, damals bereits ÖCV-Seelsorger, die Studentenseelsorge für Wien übernimmt. Er lehnte ab, so daß dies Strobl wurde. Eine folgenschwere Entscheidung, wie die Entwicklung nach 1945 zeigt.

Ebenfalls im Januar 1938 wurde der neue – es war der letzte – Vorstand der KDHÖ von der Bischofskonferenz bestätigt, der aufgrund von Wahlen hervorgegangen ist. Vorsitzender und Nachfolger von Helmut Schuster wurde Anton Burghardt (NbW).[56] Dem Vorstand gehörten insgesamt 16 Personen an, davon waren sechs Nicht-CVer (darunter zwei Studentinnen). Offizieller Vertreter des ÖCV war zuletzt Hans Wollinger (Nc). Die beiden Priester waren Karl Strobl und Hans Friedrich (als offizieller geistlicher Beirat der KDHÖ). Am 5. März 1938 kam es zu einer Feier in der Aula der Universität Wien, bei der auch die Ergebnisse der Besprechungen bekanntgegeben wurden. Sie war auch eine letzte Treuekundgebung für Österreich. Kein Wunder, daß es im Anschluß daran zu einer Schlägerei mit nationalsozialistischen Studenten kam. Sechs Tage später war alles vorbei.[57]

Abgesehen von seiner Weigerung, sich der KA zu unterwerfen, war der CV in der Frage der Umgestaltung der KA vorerst weder positiv noch negativ involviert, im Gegenteil, viele CVer übernahmen Funktionen in dieser neuen Form.[58] Die Ursache für die neu-

---

54 Satzungen der Katholisch deutschen Hochschülerschaft Österreichs; undatiert, aber aufgrund handschriftlicher Notizen auf dem Blatt wahrscheinlich aus Ende 1935 in: BA, Akten des SD-Oberabschnitts Donau, ZB I 414, Blatt 40.

55 Ebda. Dagegen wurden nach den Satzungen der KDH Wien vom 30. 11. 1933 der Vorstand ebenfalls durch Wahl bestimmt, in: BA, Akten des SD-Oberabschnitts Donau, ZB I 414, Blatt 56.

56 In Wien war letzter Vorsitzender Hans Hackner (F-B), in Graz Gerd Stepantschitz (Cl), in Innsbruck waren ab 1935 zuerst Karl Ilg (Le) zuletzt Otto Oeggl (AIn) Vorsitzende.

57 MB 17 (15. 2. 1938), S. 6f.; Strobl, Erfahrungen und Versuche, S. 24f.

58 Liebmann, Zeitgeschichtliche Betrachtung der katholischen Verbände, S. 47.

trale Haltung lag in dem bereits erwähnten Selbstverständnis des CV. Er sah sich weniger als Verein unter Vereinen, sondern als Organisation, die für das katholische Verbandsleben, egal nun wie strukturiert, Führungspersönlichkeiten lieferte. Solange man den CV und seinen Verbindungen nichts anhaben wollte und solange er genügend personellen Einfluß ausübte, kam es zu keinem Konflikt mit dieser neuen Form. Dies sollte sich aber nach 1945 entscheidend ändern (siehe S. 546f.).

Bemerkenswert ist auch die Tatsache, daß die Umformung der KA 1934 in Österreich nicht auf direkten päpstlich-römischen Wunsch zurückging. Die autoritären Umwälzungen in Österreich 1933/34 begünstigten diese Umformung weiter, und sicherlich spielten noch andere Momente mit: Die Seelsorge wandte sich neuen Methoden zu, wobei das Pfarrprinzip gestärkt wurde. Aber auch kirchenpolitische Überlegungen waren nicht von der Hand zu weisen. Die katholischen Vereine waren und sind von der Kirche in personeller, finanzieller und statutarischer Hinsicht vollkommen unabhängig. Nachdem der Verbandskatholizismus in der Kulturkampfzeit und in der Periode des Aufbaus katholischer Organisationsstrukturen seine „Schuldigkeit" getan hatte, konnte man hier mittels einer hierarchischen KA einen Schritt wagen, der den Einfluß der Amtskirche vergrößern sollte.[59]

Maximilian Liebmann (Cl) geht noch weiter, indem er eine der Ursachen für die „vereinsfeindliche" Haltung der Amtskirche im Kampf gegen den ***Modernismus*** sieht, der 1907 in der Enzyklika Pius' X. *Pascendi dominici gregis* ihren Höhepunkt erreichte (siehe auch S. 102f.). Der eigenständige und selbständig agierende, vom Klerus unabhängige Laie sowie die Demokratie, die nicht von der Hierarchie gelenkt und geleitet wird, werden vom ***Integralismus***, dem Antipoden des Modernismus, angeprangert. Er fand im Strukturintegralismus Papst Pius' XI. in seiner Enzyklika *Ubi arcano* 1922 seine Fortsetzung, wo die ganze Welt zur Katholischen Aktion aufgerufen wurde.[60] Auch der damalige Nuntius in Berlin, Eugenio Pacelli (Tfs EM), der spätere Papst Pius XII., propagierte die Umgestaltung der katholischen Vereine im Sinne dieser Katholischen Aktion. Programmatisch war da seine Rede auf dem Katholikentag in Magdeburg 1928. Die Zeiten des selbstbewußten, klerus- und papstkritischen deutschen Vereinskatholizismus sollten der Vergangenheit angehören.[61]

In diesem Zusammenhang ist eine für heutige Leser etwas schrille Äußerung zur KA aus dem Jahre 1929 interessant. Sie ist in ihrer Art bezeichnend und zeigt, von welchem Geist die Katholische Aktion getragen wurde, nämlich von einem absoluten hierarchischen Klerikalismus: „Wir [die Katholische Aktion, Anm. d. Verf.] sind eine Armee. Die größte Armee, die es gibt. An der Spitze der Generalfeldmarschall, der Papst. Über 1000 Generäle, die Bischöfe. Über 300.000 Offiziere, die Priester. Auf dem Papier ein Heer von 300 Millionen." [62]

---

59 Der Tübinger Pastoraltheologe Norbert Greinacher, der sich um 1970 in Wien bei Ferdinand Klostermann habilitiert hatte und zu den „linken Theologen" in Deutschland zählt (SPD-Wahlwerber), gestand in einem Schreiben an Maximilian Liebmann vom 22. 4. 1991 seine zutiefste Erschütterung, als er durch dessen „Katholische Aktion und Ständestaat" von der ideellen Verflechtung KA/Faschismus in Kenntnis gesetzt wurde. Kopie des Briefes im Besitz des Verfassers.

60 Liebmann, Metaphern für laienapostolische Strukturen und Aktionen, S. 351ff.

61 Wolf, Hubert: Pacelli, die Kardinäle und der Nationalsozialismus, in: *Frankfurter Allgemeine*, 28. 1. 2006, S. 39. Der Breslauer Erzbischof Adolph Bertram und Vorsitzende der Fuldaer Bischofskonferenz war aber gegen diese Tendenzen, doch diese Frage löste sich ab 1933 durch „Gleichschaltungen" im Dritten Reich.

Nach dem Anschluß 1938 schrieb das theoretische Organ des Wiener Seelsorgeinstituts, *Der Seelsorger*: „Die Idylle der Vereinskirche ist endgültig vorbei. Sagen wir nur ehrlich: Gott sei Dank! ... Die katholischen Vereine blieben bis zum Schluß das Haupthindernis der Katholischen Aktion.“[63] Gerade in diesem Jahr zeigte sich eine besondere Kehrseite der Medaille: Gerade jene „modernen“ (Pastoral-)Theologen und Priester im deutschen Sprachraum der Zwischenkriegszeit, „die das katholische Milieu als Organisationslabyrinth empfanden und ihm entkommen wollten und deshalb einem religiös verinnerlichten Katholizismus das Wort redeten, zeigten 1933 [bzw. 1938] eine eigentümliche Schwäche für den Aufbruch des nationalsozialistischen Ungeistes.“[64] Insbesondere traf das auch auf jene Priester und Laien zu, die dem Geist der Jugendbewegung entstammten (darüber siehe im nächsten Kapitel) und vor 1938 wie dann nach 1945 bei der Durchsetzung der Katholischen Aktion federführend waren. Beklemmend liest sich in diesem Zusammenhang eine Passage in einer Zeitschrift aus dem Umfeld des von Romano Guardini geprägten Quickborn: „Als im Jahr 1870 die Unfehlbarkeit des Papstes definiert wurde, da nahm die Kirche auf der höheren Ebene jene geschichtliche Entscheidung voraus, die heute auf der politischen Ebene gefällt wird: für die Autorität und gegen die Diskussion, für den Papst und gegen die Souveränität des Konzils, für den Führer und gegen das Parlament.“[65]

Die Katholikentage

Für die Selbstdarstellung des österreichischen Katholizismus waren auch in der Ersten Republik die Katholikentage von besonderer Bedeutung, wobei sich hier ebenfalls eine Tendenz weg von den katholischen Organisationen und hin zu einer „Verklerikalisierung“ bemerkbar machte.[66]

Vom **28. Juni bis 1. Juli 1923 fand in Wien ein Allgemeiner Österreichischer Katholikentag** statt. Präsident war der NRAbg. Wilhelm Miklas (AW EM). Vier Hauptversammlungen zu den Themen Schule, Familie, kirchliches Gemeinschaftsleben und Caritas wurden abgehalten. Zum Thema Schule sprach u. a. Robert Krasser (Nc), wobei damals noch die kulturpolitischen Auseinandersetzungen mit den Sozialdemokraten zu spüren waren. Auch wurden bereits Stimmen im Hinblick auf eine stärkere pfarrliche Orientierung und eine Anbindung des katholischen Vereinslebens an die Hierarchie laut, ohne jedoch den Verbandskatholizismus in Frage zu stellen. Noch war der Katholikentag auch Drehscheibe des katholischen Organisationswesens. So hielt die Katholisch-Deutsche Akademikerschaft Österreichs am 27. Juni ihre Tagung ab, ebenso traf sich der CV am 1. Juli zu Beratungen zu den Themen „Wo stehen wir?“ und „Wohin müssen wir gehen?“.[67]

---

62 Mäder, Robert: Katholische Aktion. Basel 1929, S. 23, zit. nach Groß, Gehorsame Kirche, S. 40. Diese Passage befindet sich im Rahmen eines Kapitels, das mit „Vom Geist der Katholischen Aktion“ übertitelt ist. Ob Stalin durch solche Äußerungen zu seiner angeblichen Frage, wie viele Divisionen hat der Papst, animiert wurde, bleibt zwar mehr als dahingestellt, obwohl sich hier doch ein nicht zu leugnender gespenstischer Kontext auftut.

63 Zitiert nach Liebmann, Katholische Aktion und Ständestaat, S. 622.

64 Damberg, Bildung und Auflösung des „Katholischen Milieus“, S. 137.

65 *Schildgenossen* 13 (1933/34), S. 48. Zitiert bei Gerl-Falkovitz, Guardini, S. 141.

66 Wenn nicht angemerkt, folgt die Darstellung Hofrichter, Österreichische Katholikentage; Liebmann, Österreichische Katholikentage; Liebmann, Steirische Katholikentage; Liebmann, Die geistige Konzeption der österreichischen Katholikentage in der Ersten Republik.

67 Schnürer, Welfia, S. 128.

Die Abschlußmesse des Katholikentags 1933 fand in Schönbrunn statt. Es war damals eine Selbstverständlichkeit, daß das katholische Farbstudententum präsent war. Man beachte auf der Schloßbalustrade den Altar „versus populum", der ja erst nach dem II. Vatikanum erlaubt war. Damals hing das mit einem besonderen Privileg des Päpstlichen Legaten zusammen.

Bereits 1929 kam die Idee auf, anläßlich des 250. Jahrestags der Wiener Türkenbefreiung eine kirchliche Feier zu veranstalten, die weit über den österreichischen Rahmen hinausgehen sollte. So kam man in Verhandlungen mit dem Zentralkomitee der deutschen Katholiken auf die Idee, **1933 einen Allgemeinen Deutschen Katholikentag in Wien** abzuhalten. Die Bemühungen scheiterten jedoch aufgrund der politischen Entwicklung seit der Machtergreifung Hitlers und der „Tausend-Mark-Sperre", so daß in Wien außer den Österreichern praktisch nur Deutsche aus den ehemaligen Gebieten der Donaumonarchie teilnahmen.[68]

Obwohl 1933 der Trend gegen die katholischen Organisationen fortgesetzt wurde, kam man ohne den CV nicht aus. Die Liste der Mitglieder der vorbereitenden Ausschüsse und Komitees ist erhalten, insgesamt waren darin 216 Personen (Mehrfachmitgliedschaften berücksichtigt) tätig. Von diesen waren 74 CVer (34,3 Prozent), also mehr als ein Drittel. Läßt man die Nicht-Akademiker sowie die Frauen außer Betracht, so bleiben 158 übrig, so daß sich der Anteil der CVer dann sogar auf 46,9 Prozent erhöht! Dabei muß berücksichtigt werden, daß ein Großteil der Akademiker, die Nicht-CVer waren, dem Priester- bzw. Ordensstand angehörte, wo es ja oft formale Schwierigkeiten für eine CV-Mitgliedschaft gab. Betrachtet man die Funktionäre der Vorbereitungsphase (Vorsitzende, deren Stellvertreter, Referenten, Schriftführer der Ausschüsse), so gab es deren 63, von denen 38 CVer waren, das sind 60,3 Prozent! Läßt man die Nicht-Akademiker und

68 Festführer Katholikentag 1933; Katholikentag 1933.

Frauen wiederum beiseite, so ergibt sich die Zahl von 52, so daß sich der CV-Anteil auf 73,1 Prozent erhöht![69] Präsident des Katholikentages wurde Clemens Holzmeister (Nc)[70], womit auch die starke Betonung der künstlerisch-kulturellen Seite auf diesem Katholikentag offenbar gemacht werden sollte.

Er fand nun vom 7. bis 12. September 1933 in Wien statt. Ausgezeichnet wurde er durch die Entsendung eines Päpstlichen Legaten, nämlich Pietro Kardinal La Fontaine. Daß er nach Wien kam, war das Verdienst Friedrich Funders (Cl). Mit seiner Frau reiste er im Juli 1933 nach Rom und konnte beim Kardinalstaatssekretär Eugenio Pacelli (Tfs EM), dem späteren Papst Pius XII., wegen der schwierigen politischen Lage Österreichs erreichen, daß der Heilige Stuhl einen Legaten entsandte.[71] Auf der 1. Hauptversammlung am 9. September im Wiener Stadion sprach u. a. Bundeskanzler Engelbert Dollfuß (F-B). Neben der Konkordatsfrage sagte er u. a.: „Ja, wir wollen einen christlich-deutschen Staat in unserer Heimat errichten!"[72] Diese Rede ist streng von der am 11. September auf dem Wiener Trabrennplatz zu trennen, wo Dollfuß folgenden Ausspruch tat: „Die Zeit marxistischer Volksführung und Volksverführung ist vorüber! Die Zeit der Parteienherrschaft ist vorüber, wir lehnen Gleichschalterei und Terror ab, wir wollen den sozialen, christlichen deutschen Staat Österreich auf ständischer Grundlage unter starker, autoritärer Führung dieses Staates."[73] Diese Rede wurde im Rahmen einer Veranstaltung der Vaterländischen Front gehalten, die nicht auf dem Programm des Katholikentages stand! Trotzdem ist die zeitliche Nähe von Bedeutung, weil Dollfuß offenbar das „Medienereignis" Katholikentag strategisch mit einbeziehen wollte.

Am 8. September gab es um 11 Uhr vormittags im Festsaal der Neuen Hofburg eine Akademische Morgenfeier. Zuvor hatten sich die studentischen Verbände mit über hundert Chargierten in der Votivkirche versammelt und sind von dort in feierlichem Zug über den Ring zur Hofburg gezogen. Auf der Feier sprachen u. a. Bundesminister a. D. Franz X. Pauer (Nc), Theodor Kardinal Innitzer (NdW), Bundeskanzler Engelbert Dollfuß (F-B), Clemens Holzmeister (Nc), Theodor Veiter (ehemals Rd) und Prof. Johannes Hollnsteiner (ehemals Nc).

Von überregionaler Bedeutung waren die **sechs Wiener Katholikentage**. Der erste fand am 24./25. März 1920 statt. Der WCV veranstaltete am 24. abends einen Festkommers. Bedeutung hatte die Konstituierung des „Diözesanverbandes der nichtpolitischen katholischen Vereine der Erzdiözese Wien", deren Obmann Jakob Fried (Am) wurde. In

69 Nach Katholikentag 1933, S. 7ff. Dazu zählten u. a. Taras Borodajkewycz (ehemals Nc), Emmerich Czermak (NdW), Jakob Fried (Am), Friedrich Funder (Cl), Siegmund Guggenberger (Kb), Franz Hemala (Nc), Johannes Hollnsteiner (ehemals Nc), Josef Joham (Cl), Josef Klaus (Rd), Robert Krasser (Nc), Josef Leb (AW), Rudolf List (Trn), Karl Rudolf (Am), Hans und Richard Schmitz (Nc), Josef Schoiswohl (Rd), Walter Ternik (ehemals M-D), Theodor Veiter (ehemals Rd), Wilhelm Wolf (AIn).

70 Über Clemens Holzmeister siehe Hundert (100) Jahre Norica, SS. 4-6. Er stammte aus Tirol, war Klassen- und Studienkollege von Luis Trenker. Er erbaute u. a. das neue Funkhaus in der Wiener Argentinierstraße, die Wiener Reichsbrücke, das Salzburger Festspielhaus u. a. Von 1937 bis 1947 lebte er in der Türkei, wo er u. a. in Ankara das Parlamentsgebäude und das Atatürk-Mausoleum erbaute. 1949 mußte er wegen einer zweiten Ehe einige Jahre die Norica verlassen (ab 1963 wurde er wieder im GV geführt). Dazu siehe VANc. Protokoll über die Sitzung des Philisterausschusses am 27. 10. 1949: „Pkt. 1 b Über Aussprache mit Prof. Klemens Holzmeister, der in dieser Aussprache erkannt hat, daß er aus grundsätzlichen Erwägungen (2-fache Ehe) der Nc weiterhin nicht mehr angehören kann."

71 Pfarrhofer, Friedrich Funder, S. 153.

72 Katholikentag 1933, S. 55.

73 *Wiener Zeitung*, 12. 9. 1933.

der Sektion „Studenten und Akademiker" sprachen Robert Krasser (Nc), der Gymnasiast Anton Maria Pichler (später NbW) und der Vorsitzende des Wiener KDAA, Anton Holubowsky (AW). In der Sektion Volksorganisation und Presse war Friedrich Funder (Cl) tätig[74], der auch auf der Festversammlung des zweiten Wiener Katholikentages (5. bis 7. Mai 1922) sprach. Der dritte Wiener Katholikentag (27. bis 29. Juni 1925) stand unter dem Leitthema „Soziale Frage". Präsident wurde Robert Krasser. Am 28. Juni fand der Festkommers des WCV statt, wo alles, „was Rang und Namen hat im katholischen Leben Wiens", vereint war.[75]

Der vierte Wiener Katholikentag (14./15. Mai 1927) stand unter der Devise „Königtum Christi". Der WCV hielt am Abend des 15. einen Festkommers im Sofiensaal ab, an dem ca. 2.000 Personen teilnahmen. Die Festrede hielt Wilhelm Wolf (ehemals AIn).[76] Auf diesem Katholikentag wurde die Gründung der KA sowie des *Kleinen Volksblattes* besprochen, das beim fünften Wiener Katholikentag (14. bis 16. Juni 1929) bereits eine Auflage von 80.000 erreicht hatte. Präsident dieses Katholikentages war Friedrich Funder (Cl). Auch hier gab es die Tendenz: weg von den Einzelveranstaltungen, hin zu Großkundgebungen unter Zurücksetzung der Vereine. Dies setzte sich am sechsten Katholikentag (27. September bis 4. Oktober 1931) fort, dessen Präsident Leopold Kunschak (Nc EM) war.

Jeweils vor den österreichischen Katholikentagen fanden 1922 und 1930 solche in der Steiermark, und zwar jeweils in Graz, statt. Der **3. Steirische Katholikentag am 21./22. Oktober 1922** wurde initiiert und getragen vom steirischen Volksbund unter seinem Obmann Karl Schwechler (Cl EM). Die Betonung von Massenveranstaltungen sowie eine Zurückdrängung von Diskussionen bzw. Resolutionen sowie der katholischen Vereine waren hier ebenfalls als Tendenz zu beobachten. Die Initiative wurde weitgehendst vom Klerus übernommen. Nach der Festmesse am ersten Tag in der Grazer Herz-Jesu-Kirche sprachen auf dem Vorplatz, wo ca. 50.000 Katholiken versammelt waren, Robert Krasser (Nc), Alfons Gorbach (Cl), Carl Sonnenschein (KV Suevia Köln) aus Berlin und Siegmund Guggenberger (Kb). Da der Andrang so groß war, kam es zu einer Parallelveranstaltung vor dem Pfarrhof, wo Alois Hudal (BbG EM) sprach. Alle Redner standen also in einem Bezug zum CV. Am Nachmittag gab es Fachgruppentagungen im Priesterseminar, wo u. a. Karl M. Stepan (Nc), Johannes Ude (Cl) und Karl Rudolf (Am) Referate hielten. Der damalige Jus-Student und spätere Bundeskanzler Alfons Gorbach (Cl) berichtete über die Schwierigkeiten der katholischen Studentenschaft, insbesondere der Korporationen, auf dem freiheitlich-nationalen Grazer Hochschulboden. Der Chronist der Carolina bemerkte, daß „von der Veranstaltung eines CV-Kommerses aus technischen Gründen abgesehen wurde". Ob hierbei wirklich „technische Gründe" maßgebend waren oder die bereits langsam auftretende Vereinsfeindlichkeit, bleibt offen.[77]

Der **4. Steirische Katholikentag am 11./12. Oktober 1930** wurde organisiert und veranstaltet von der zwei Jahre vorher gegründeten KA, die praktisch mit dem 1924 umorganisierten Volksbund identisch war. Die Vereine wurden weiter zurückgedrängt und nur ganz wenige Veranstaltungen durchgeführt. Schwergewicht lag auf der Vorbereitung des Katholikentages in den Pfarren und auf der Großveranstaltung. Präsident war Rudolf Trummer (Cl). Die Festrede bei der Eröffnungsveranstaltung im Stephaniensaal hielt

74 Bericht 1. Katholikentag Wien 1920, S. 4f. und 20ff.

75 Ac 38 (1925/26), S. 84ff.

76 Ac 40 (1927/28), S. 45ff.

77 75 Jahre Carolina, S. 181; Kirchengeschichte der Steiermark, SS. 290-294.

Siegmund Guggenberger (Kb) und die bei der Festversammlung nach der Festmesse auf dem Trabrennplatz (heute Messegelände) der Schriftführer der KA Österreichs, NRAbg. Kurt Schuschnigg (AIn).[78]

Eine besondere Beachtung verdient der erste (und letzte dieser Art) **gesamtstaatliche Katholikentag der Tschechoslowakei vom 26. bis 30. Juni 1935** in Prag. Er war übernational und knüpfte somit an die Traditionen der allgemeinen österreichischen Katholikentage vor 1914 an. Daß es der Kirche bzw. den Katholiken gelang, in dieser national schwierigen Atmosphäre in der Tschechoslowakei einen solchen Katholikentag zu organisieren, muß besonders hervorgehoben werden. Naturgemäß tagten und feierten die Sprachgruppen getrennt, aber es gab ein gemeinsames lateinisches Hochamt im Strahofer Stadion im Westen Prags, wo 250.000 Teilnehmer mitgefeiert haben sollen. Der Sudetendeutsche CV (darüber siehe S. 367) veranstaltete aus diesem Anlaß einen Kommers, bei dem auch zahlreiche Verbindungen und Besucher aus Österreich, so u. a. der Wiener Erzbischof Theodor Kardinal Innitzer (NdW), anwesend waren.[79]

Bischöfe und Klerus im CV

Eine Reihe von **Bischöfen** auch der Zwischenkriegszeit trug ein CV-Band: *Wien*: Gustav Piffl (Wl EM) und Theodor Innitzer (NdW)[80]; ***St. Pölten***: Johann B. Rößler (AW EM); ***Salzburg***: Ignaz Rieder (AIn EM), Sigismund Waitz (AIn EM) und Andreas Rohracher (AIn EM); ***Innsbruck***: Sigismund Waitz ; ***Graz-Seckau:*** Ferdinand Pawlikowski (Trn EM); ***Gurk***: Adam Hefter (Wl); ***Brixen***: Johann Raffl (AIn EM); ***Leitmeritz*** (Litoměřice): Josef Groß (Fd) und Anton Alois Weber (Fd EM). Weiters die **Weihbischöfe** von ***Wien*** Franz Kamprath (F-B EM) und Ernst Seydl (NdW EM), von ***Salzburg*** Johann B. Filzer (Vi EM), von ***Prag*** Wenzel Frind (Fd EM) und Johannes Remiger (Fd EM) sowie von ***Olmütz*** (Olomuc) Josef Schinzel (NdW EM). Zu erwähnen ist auch der Titularbischof Alois Hudal (BbG EM), Rektor der Anima in Rom.

Der Wiener Erzbischof Gustav Kardinal Piffl im Couleur der Norica. Das Ehrenband dieser Verbindung erhielt er erst nach dem der Welfia.

Wegen seiner herausragenden Stellung ist in diesem Zusammenhang Eugenio Pacelli (Tfs EM) zu erwähnen, der von 1917 bis 1925 Nuntius in Bayern von 1920 bis 1929 Nuntius für Preußen und das Deutsche Reich (ab 1925 mit Sitz in Berlin) war. Er feierte den Gottesdienst anläßlich des Publikationsfestes der 1922 gegründeten CV-Verbindung Trifels. Der Philistersenior dankte Pacelli dafür und meinte, daß einzige Geschenk, das eine arme Verbindung machen könne, nämlich die Bandverleihung, käme ja nicht in Frage.

78 Kirchengeschichte der Steiermark, SS. 315-318.

79 Ferdinandea 1919-1945, SS. 151-157.

80 Zu Innitzer und CV siehe Czermak, Der Kardinal als CVer.

Dem widersprach Pacelli, woraufhin sofort die Ehrenmitgliedschaft verliehen wurde (21. Juli 1922). Das Band nahm er mit der Bemerkung, als ob er „selbst ein Fuchs wäre“, an. Pacelli fühlte sich dem CV immer verbunden. So besuchte er z. B. 1927 das Haus der Arminia Heidelberg. Auch als Papst bekannte sich Pius XII. zu dieser CV-Mitgliedschaft (siehe S. 662).[81]

Gegen Ende der Monarchie und dann in der Ersten Republik stieg die **Theologenzahl** bei den Verbindungen. Wurden für die österreichischen CV-Verbindungen 1906 noch 15 Theologiestudenten (damals noch alle Priesteramtskandidaten) registriert, so stieg die Zahl im Jahr 1910 bereits auf 44 (eine Folge der Verbindungsgründungswelle 1907/08) bzw. 1913 auf 69. Nach dem Ersten Weltkrieg erhöhte sich die Zahl weiter bis auf 110 im Jahr 1931, um dann ab 1933 radikal zu sinken (1937 nur mehr 18). Das hatte zwei Ursachen: Das Verbot für die Wiener Priesterseminaristen, einer Verbindung beizutreten, und die „Tausend-Mark-Sperre“, die besonders Innsbruck traf, wo viele Reichsdeutsche Theologie studierten. Verbindungen mit hohem Theologenanteil waren die Austria in Innsbruck und in Wien z. B. Nordgau, Aargau, Nibelungia). Hingegen war Graz, und hier besonders Carolina, stark benachteiligt.[82]

81 Siehe dazu CV-Handbuch, S. 575f., Ac 42 (1929/30), S. 261 sowie Friedrich Albrecht (Ae) in Ac 94 (2000), S. 113f. Albrecht irrt, wenn er dort schreibt, Pacelli hätte das Arminen-Haus eingeweiht. Er hat am 21. 6. 1927 das gerade fertig gestellte Arminen Haus besucht, eingeweiht wurde es jedoch am 29. 7. Siehe Arminia Heidelberg 1887-1962. Heidelberg o. J. (1962), S. 158 und Bild folgend S. 176.

82 Zahlen nach den Gesamtverzeichnissen des CV bzw. des ÖCV zusammengestellt sowie nach Popp, Der CV in Österreich S. 333. Siehe auch die Zeit vor 1914, S. 92, und nach 1945, S. 560.

Ein neuer Geist: Der Einfluß der Jugendbewegung auf die Kirche

„Wann wir schreiten Seit an Seit
und die alten Lieder singen
und die Wälder widerklingen,
fühlen wir, es muß gelingen:
Mit uns zieht die neue Zeit!"

Hermann Claudius

Die Entstehung der deutschen Jugendbewegung

Die deutsche Jugendbewegung war in ihren Anfängen um die Wende vom 19. zum 20. Jahrhundert eine Fluchtbewegung aus der bürgerlichen Gesellschaft, ihrer städtischen Kultur und ihren beengenden Konventionen hinaus in die Natur. Sie war eine Protestbewegung: Sie lehnte das von der bürgerlichen Vorstellungswelt geprägte Elternhaus und die vom obrigkeitlichen Staat geformte Schule ab, sie verwarf die in hohlen Konventionen erstarrte Erwachsenenwelt, die in ihrer zweckbewußten und materialistischen Gesinnung auf technischen Fortschritt und rationalistische Perfektion pochte, und machte sich daran, als Gegenbild zu dieser nach ihrer Ansicht veräußerlichten Scheinkultur ihr eigenes „Jugendreich" und ihre eigene „Jugendkultur" (Gustav Wyneken) aufzubauen, die in ihrer Einfachheit, Echtheit und Ursprünglichkeit dem großen inneren Erleben Raum bot.[1]

Die Jugendbewegung ist ein deutsches (bzw. somit auch ein österreichisches) Phänomen. Um die Wende des 18. zum 19. Jahrhundert gab es bereits erste Ansätze zu einer solchen Bewegung, die damals in Opposition zur rationalistischen Aufklärung stand und die jugendliche Begeisterung in den Napoleonischen Freiheitskriegen stark beeinflußte. Daraus entstand u. a. die Burschenschaftsbewegung, die in ihrer Anfangsphase (Wartburgfest) durchaus Merkmale einer Jugendbewegung trug.[2] Durch den vormärzlichen Absolutismus wurde diese erste deutsche Jugendbewegung rasch im Keim erstickt, konnte jedoch noch 1848 kurz aufflackern.

Die zweite deutsche Jugendbewegung um die Jahrhundertwende erhielt ihre stärkste Ausformung in der bündischen Jugend der zwanziger Jahre und übte u. a. auch einen großen Einfluß auf die Kirche aus, wie noch zu sehen sein wird. Im Inferno des Dritten Reiches ging sie teilweise mißbraucht und korrumpiert unter.

Wer die Ideen und Selbstäußerungen dieser Jugendbewegung aufmerksam liest, wird unschwer Parallelen zu der aus der Studentenbewegung der späten sechziger Jahre her-

1 Über die Jugendbewegung gibt es eine umfangreiche Literatur und zahlreiche Quellenschriften. Die überwiegende Zahl der Publikationen wurde von eindeutigen Sympathisanten bzw. Angehörigen verfaßt, deren kritischer Wert nicht überschätzt werden darf. Insbesondere sind dies: Bias-Engels, Wandervogel und Wissenschaft; Grundschriften der deutschen Jugendbewegung; Kapfhammer, Neuland; Laqueur, Jugendbewegung; Jugendbewegung; Meißnertag 1963; Pfliegler, Die deutsche Jugendbewegung; Raabe, Die bündische Jugend; Seewann, Österreichische Jugendbewegung; Wandervogelzeit. Neueren Datums und nicht von Sympathisanten verfaßt ist der Sammelband „Mit uns zieht die neue Zeit".

2 Bias-Engels, Wandervogel und Wissenschaft, S. 151ff., thematisiert den Vergleich Jugendbewegung und Urburschenschaft, wobei sie zu keinem eindeutigen Urteil kommt. Es gibt ihrer Meinung nach sowohl Parallelen wie Unterschiede.

vorgegangenen grün-alternativen Bewegung ziehen können. Diese als dritte deutsche Jugendbewegung zu bezeichnen, ist daher nicht abwegig.

Ihren organisatorischen Anfang hat die Jugendbewegung in der Wandervogelbewegung gefunden. Am Gymnasium in Berlin-Steglitz entstand 1896 ein Stenographieverein, der auch Wanderungen unternahm. Daraus wurde am 4. November 1901 der „Wandervogel, Ausschuß für Schülerfahrten" gegründet.[3] Von Hamburg aus entstanden lebensreformerische Gemeinschaften, die Alkohol und Nikotin ablehnten und gegen den traditionellen Verbindungsbetrieb waren. Aus ihnen bildeten sich die „Akademischen Freischaren". Diese Gruppen, Wandervögel und Freischaren, sonstige reformpädagogische und lebensreformerische Bünde in einer bald kaum mehr zu überblickenden Zahl, bildeten zusammen das, was man als Jugendbewegung bezeichnen kann. Gemeinsam war ihnen die mehr oder minder bewußte Antihaltung zur Wilhelminischen Gesellschaft. Die erste Phase der Jugendbewegung war noch nicht „bündisch" organisiert, d. h., sie trug so wenig wie möglich organisatorischen Charakter.

Etwas mit Zeitverzögerung faßte die Wandervogelbewegung auch in Österreich Fuß. Nach erfolgreichen Versuchen in Böhmen wurde 1911 in Wien ein Wandervogelverein gegründet, im April 1912 in Graz.[4]

Aus akademischen Wandervogelkreisen ging der Gedanke hervor, anläßlich der Jahrhundertfeier zur Völkerschlacht von Leipzig im Oktober 1913 ein großes Treffen aller Jugendbewegten zu veranstalten. Bei Vorgesprächen zu Pfingsten 1913 in Jena wurde der Begriff „Freideutsch" in Erinnerung an eine Stelle Fichtes in seiner siebenten Rede an die Deutsche Nation geprägt. Und so versammelten sich am 11./12. Oktober 1913 ca. 3.000 Jugendbewegte auf dem Hohen Meißner bei Kassel, wo nach altem deutschem Märchenglauben Frau Holle wohnen soll. Das Ergebnis dieses Treffens war die sog. *Meißnerformel,* stark geprägt vom Schulreformer Gustav Wyneken. Sie lautet: „Die Freideutsche Jugend will aus eigener Bestimmung, vor eigener Verantwortung, mit innerer Wahrhaftigkeit ihr Leben gestalten. Für diese innere Freiheit tritt sie unter allen Umständen geschlossen ein. Zur gegenseitigen Verständigung werden Freideutsche Jugendtage abgehalten. Alle gemeinsamen Veranstaltungen der Freideutschen Jugend sind alkohol- und nikotinfrei."[5]

Welche Merkmale hatte nun diese Jugendbewegung? Die Jugend ist nun nicht mehr eine bloße Vorstufe zum Erwachsenenleben, sondern sie hat einen Selbstwert. Sie hält sich für fähig und berufen, ihr Leben selbst zu gestalten.[6] Ein weiteres Merkmal ist die in der *Meißnerformel* ausgesprochene „innere Wahrhaftigkeit". Michael Pfliegler schrieb 1923: „Im Gegensatz zu all dem zuinnerst Hohlen und Ungesunden setzte das ein, was wir Jugendbewegung nennen."[7] Diese „innere Wahrhaftigkeit" ist nichts anderes als ein gesinnungsethischer Imperativ, wie man ihn in unterschiedlicher Intensität auch ab den späten sechziger Jahren beobachten kann.

---

3 Bleuel-Klinnert, Deutsche Studenten auf dem Weg ins Dritte Reich, S. 42f.; Klose, Freiheit schreibt auf eure Fahnen, S. 202; Mogge, Wandervogel, S. 175ff.; Raabe, Die bündische Jugend, S. 12f.

4 Wandervogelzeit, S. 323f.

5 Der Text wurde von Mogge, Wandervogel, S. 195, rekonstruiert. Über den Meißnertag siehe auch Bleuel-Klinnert, Deutsche Studenten auf dem Weg ins Dritte Reich, S. 43; Klose, Freiheit schreibt auf eure Fahnen, S. 203; Koch, Geschichte der Hitlerjugend, S. 51; Meißnertag 1963 (passim); Pfliegler, Die deutsche Jugendbewegung, S. 21ff.; Raabe, Die bündische Jugend, S. 14f.

6 Pfliegler, Die deutsche Jugendbewegung, S. 22. Siehe auch Wilhelm, Der geschichtliche Ort der deutschen Jugendbewegung, S. 9.

7 Pfliegler, Die deutsche Jugendbewegung, S. 18.

Ein Lied, das damals alle sangen und gewissermaßen programmatisch für die Jugendbewegung aller politischen Schattierungen (von rechts bis links) war, ist das für die kommunistische Jugend von Hermann Claudius, einem Nachfahren von Matthias Claudius und späteren Nationalsozialisten (worin man die ganze Spannung der Jugendbewegung ersehen kann) geschriebene und eingangs zitierte „Mit uns zieht die neue Zeit!“[8]

Die Hochschätzung des ungeteilten Lebens und der schöpferischen Kräfte führte nicht nur zur Vernachlässigung der Rationalität, sondern auch zur Mißachtung des Organisatorischen. Damit gingen Hand in Hand die Vorliebe für Führung und Gefolgschaft sowie die gläubige Hingabe an den Führer. Das Führertum war kein Amt, das erworben wurde, sondern nach Wyneken eine „Gabe des Schicksals“ oder nach modernem Begriff ein „Charisma“. Es war also ein Führertum aus Berufung und nicht aufgrund einer Majorität. Die geistesgeschichtliche Ausformulierung des Führergedankens des 20. Jahrhunderts erfolgte durch die Jugendbewegung noch vor Hitler![9]

Der bürgerliche Jugendprotest vor rund 100 Jahren hat u. a. auch dazu beigetragen, jene nationale Aufbruchsstimmung zu schaffen, in deren Aufwind Adolf Hitler an die Macht gelangen konnte.[10] Führertum, Reichsgedanke, aber auch Antisemitismus – der österreichische Wandervogel führte 1913 in Krems den Arierparagraphen ein[11] – waren deutliche Konstanten der Bewegung. Ohne Zweifel stand die übergroße Mehrheit der bündischen Jugend in den zwanziger Jahren dem parlamentarischen System fremd gegenüber.

Gerhard Seewann und Franz M. Kapfhammer übertreiben sicher, wenn sie die Jugendbewegung auf eine Stufe mit den damaligen Emanzipationsbewegungen (Arbeiter, Frauen) stellen.[12] Sie war zwar eine Protestbewegung mit sicherlich hohem moralischem Selbstanspruch und gesinnungsethischem Eros, doch daran ging sie letztlich zugrunde, weil sie leicht zum Opfer der Irrationalität und einer Irreleitung durch den Nationalsozialismus wurde.

Die Ideen der Jugendbewegung fanden auch Eingang in der Kirche und – nach Otto Krammer (Baj) – „entzweiten schließlich die Katholiken selbst in unerfreulicher Weise“[13], wie wir im folgenden sehen werden. Diese Konflikte im katholischen Verbandsleben, die besondere Bedeutung auch für den CV erlangten, machten diesen geistesgeschichtlichen Exkurs notwendig.

Jugendbewegung und Kirche

„Die Anfänge der Jugendbewegung sind ohne Beziehung zum Katholizismus“, so urteilt Walter Dirks, der selber aus der katholischen Jugendbewegung entstammte.[14] Die in der *Meißnerformel* festgelegte „Autonomie“ war auf Konflikt mit der durch die christliche Of-

8 Zitiert bei Koch, Geschichte der Hitlerjugend, S. 60. Dieses Lied wird auch bei den Sozialdemokraten verwendet.

9 Über den Führergedanken in der Jugendbewegung siehe Raabe, Die bündische Jugend, S. 50ff., und Seewann, Österreichische Jugendbewegung, S. 50f.

10 Mommsen, Generationskonflikt und Jugendrevolte in der Weimarer Republik, S. 60.

11 Bleuel-Klinnert, Deutsche Studenten auf dem Weg ins Dritte Reich, S. 44.

12 Kapfhammer, Die katholische Jugendbewegung, S. 23; Seewann, Österreichische Jugendbewegung, S. 24.

13 Krammer, Der Christlich-Deutsche Studentenbund, S. 1.

14 Dirks, Anfänge und Folgen katholischer Jugendbewegung, S. 243f.

fenbarung festgelegten „Heteronomie“ angelegt, so daß bald ein Gegensatz zum konventionellen Katholizismus entstehen mußte. So beklagte sich der Fürstbischof von Gurk, Adam Hefter (Wl), bei einer Sitzung der Österreichischen Bischofskonferenz im November 1917 über die Wandervogelbewegung und deren Auswirkungen auf das religiöse Leben in den Gymnasien.[15]

Doch der „neue Geist“ machte vor der katholischen Jugend nicht halt. Bereits 1909 kam es in Neiße (Schlesien) zur Gründung einer abstinenten Gymnasiastengruppe, die sich *Quickborn* nannte. Bis 1913 entstanden im ganzen Deutschen Reich gleichnamige Gruppen, im selben Jahr wurde die ebenfalls gleichnamige Zeitschrift gegründet.[16]

Am Meißnertag im Oktober 1913 nahmen der Jesuitenpater Ernst Thrasolt und Nikolaus Ehlen (ehemals ArM) als Vertreter katholischer Abstinenzverbände teil. Beide gründeten davon inspiriert im Oktober 1915 die überbündische „Großdeutsche Jugend“ als Erziehungs-und Arbeitsgemeinschaft der katholischen Jugendbewegung. Mit seiner an der Front geschriebenen Beilage zum *Heiligen Feuer*, der Monatsschrift Thrasolts, mahnte Ehlen die katholische Jugend zu einfachem, naturgemäßem Leben, zu Enthaltsamkeit und zu vorbildhafter Erneuerung im Geist echten Christentums.[17] Ehlen kam wegen seiner Haltung später in Konflikt mit dem CV (siehe unten).

Der Aufschwung Quickborns begann erst nach dem Krieg. Im Herbst 1915 gab es 87 Gruppen, sechs Jahre später waren es 527, in 21 Gaue zusammengefaßt mit ca. 6.500 Mitgliedern. Spiritueller Führer dieser Bewegung war Romano Guardini, der den Versuch unternahm, die *Meißnerformel* so zu interpretieren, daß sie auch für die Kirche annehmbar wurde.[18]

Am 31. Juli 1919 wurde auf Anregung des Kölner Erzbischofs, Felix Kardinal von Hartmann, der Neudeutsche Bund als Schülerverband gegründet, der Ende des Jahres bereits 10.000 Mitglieder zählte. Im Jahr 1923 gab sich dieser Bund, der später in *Bund Neudeutschland* (ND) umbenannt wurde, in Hirschberg das danach benannte Programm. Der Bund war ursprünglich keine Gründung der Jugendbewegten, diese gewannen erst nach und nach an Einfluß und prägten ab 1922 das Gesicht sowie die innere Geistigkeit dieses Verbandes.[19]

Eine ähnliche Entwicklung gab es auch in Österreich. Bereits Ende 1918 kam es in Wien zur Gründung des *Christlich-Deutschen Studentenbundes* (CDSB).[20] Mentor dieser Gründung war der Wiener Studentenseelsorger Karl Rudolf (Am). Ziel war die Zusammenfassung der organisierten (Pennalien, Kongregationen) und nichtorganisierten Gymnasiasten Wiens, nachdem für sie die Koalitionsfreiheit möglich wurde. Zuallererst ging es einmal um die Linderung der sozialen Not nach dem Krieg und um den Kampf um den Religionsunterricht, der von seiten der Sozialdemokratie in den ersten beiden Jahren in Gefahr war.

---

15 Seewann, Österreichische Jugendbewegung, S. 72f.; er zitiert aus dem Nachlaß Rudolf eine gedruckte Vorlage an die Bischofskonferenz.

16 Zum Quickborn siehe Gerl-Falkovitz, Guardini, S. 109ff.; Pfliegler, Die deutsche Jugendbewegung, S. 40f.; Wandervogelzeit, S. 762f.

17 Pfliegler, Die deutsche Jugendbewegung, S. 40f.

18 Über Guardini und seinen Einfluß auf Quickborn siehe Gerl-Falkovitz, Guardini, bes. S. 109ff.

19 Jugendbewegung, S. 697ff.; Raabe, Die bündische Jugend, S. 78ff.

20 Darüber siehe Kapfhammer, Die katholische Jugendbewegung, S. 28ff.; Krammer, Der Christlich-Deutsche Studentenbund; Walter, Die moderne Jugendbewegung in Österreich, S. 29ff.; Seewann, Österreichische Jugendbewegung, S. 163ff.; Reichhold, Die christlich inspirierten Jugendorganisationen in Österreich, S. 327.

Der CDSB war in seiner Anfangsphase durchaus politisch inspiriert. Am 8. Februar 1919 wurde die Führung gewählt, Obmann wurde der Wiener Gymnasiast Anton Maria Pichler (später NbW), dem Führungskreis gehörten weiter an Felix Hurdes (später NbW EM), Gustav Blenk (später Nc), Alfred Missong (später NbW EM), Rudolf Kloß (später Am) und Alfons Übelhör (später Nc). Die meisten von ihnen, wie Pichler und Hurdes, kamen aus katholischen Pennalien.

Eine Wende trat zu Beginn des Jahres 1920 ein, als Michael Pfliegler die Stelle eines Generalsekretärs des CDSB übernahm.[21] Dieser war stark von den Ideen der Jugendbewegung geprägt und fand darin auch bei Rudolf Unterstützung. Mit subtilen und nicht immer feinen Methoden, wie sie von Otto Krammer (Baj) genau dokumentiert werden[22], versuchten Pfliegler und sein Kreis, den Ideen der Jugendbewegung zum Durchbruch zu verhelfen. Dies gelang ihm bei der Pfingsttagung 1921. Die Folge war der Zerfall des quantitativ wie qualitativ bedeutenden CDSB, da vor allem die Pennalien und Kongregationen diesen Kurs nicht mehr mitmachten. Aus dem CDSB entstand der Verband Jung Österreich, der später in den *Bund Neuland* überging und konsequent die Ideen der katholischen Jugendbewegung, allerdings in einem relativ kleinen Kreis, dafür aber um so intensiver und wirksamer, verwirklichte. Vom Reichsbund inspiriert wurde dann später, 1927, der Katholisch-Deutsche Studentenbund (KDSB) gegründet.[23]

Im übrigen hatte die von Pfliegler bewußt herbeigeführte Kursänderung des CDSB zur Folge, daß die sozialistischen und nationalen Mittelschülervereinigungen vor allem in Wien in den zwanziger Jahren dominant wurden. Diesen historischen Vorwurf kann man ihm und seinem Kreis nicht ersparen.[24] Franz M. Kapfhammer versucht zwar, die Darstellung Krammers zu widerlegen, dies gelingt ihm aber nicht, im Gegenteil, er zitiert eine Aussage Anton Böhms, die ja die Position Krammers nur bekräftigt: „Bei der Arbeit von Krammer handelt es sich um ... eine Stimme aus dem Grabe des verschiedenen Verbandskatholizismus ... Aber es ist nicht zu leugnen, daß er [gemeint Krammer, Anm. d. Verf.] den Anteil Neulands – und insbesondere Michael Pflieglers – an der Überwindung des Verbandskatholizismus richtig sieht."[25]

Jugendbewegung und CV

Die Ideen der deutschen Jugendbewegung machten auch vor den Universitäten nicht halt.[26] 1912 wurde in Breslau von abstinenten Theologen und anderen Studenten die Katholische neustudentische Verbindung Hochland gegründet, die sich deutlich in ihrer Geselligkeitsform von den traditionellen Verbindungen absetzen wollte. Die Hochland-Idee verbreitete sich rasch, noch vor 1914 kam es zur Gründung an anderen Universitätsstädten. Dadurch konnte der Hochlandverband gefestigt den Krieg überstehen, so daß

21 Kapfhammer, Michael Pfliegler, S. 127f.

22 Krammer, Der Christlich-Deutsche Studentenbund, S. 8ff.

23 Dazu siehe auch Obermüller, Aufbruch und Untergang II/2, S. 1408ff. Der KDSB, zu dessen Gründen u. a. Ulrich Sattler (Kb) zählte, war stärker großdeutsch orientiert und stand in Kontakt zum VPV bzw. MKV. 1936/37 löste er sich auf.

24 Schultes, Der Reichsbund der katholischen deutschen Jugend, S. 212ff.

25 Kapfhammer, Neuland, S. 62.

26 Bias-Engels, Wandervogel und Wissenschaft; Jugendbewegung und Universität; Jugendbewegung, SS. 1316-1321, 1371ff.; Ac 31 (1918/19), S. 275f.

danach in Verbindung mit Quickborn weitere Gründungen stattfanden. So auch in Österreich. Aus verschiedenen Anschriftenverzeichnissen[27] geht hervor, daß 1921 in Graz eine Hochland-Sigwart und eine Hochland Gral (für Studentinnen) sowie in Innsbruck eine Hochland Innsbruck gegründet wurden. Alle drei hatten Privatadressen als Vereinsanschrift, was auf keine große Mitgliederzahl bzw. Aktivität schließen läßt. Aus Verzeichnissen der Jahre 1932/33 für Graz geht hervor, daß diese Hochland-Verbindungen nicht mehr bestanden haben.[28] Dort wird aber der Bund Neuland angeführt, der sein Lokal („Nest") im Carolinenhaus hatte!

In Wien entstanden 1921 von führenden Mitgliedern des CDSB sog. „neustudentische Verbindungen", die zwar Farben trugen, jedoch den Komment ablehnten. Es handelte sich vor allem um jene, die weder zum CV noch zum Bund Neuland gehen wollten. Prominentester Vertreter war Felix Hurdes (NbW EM). 1921 entstanden eine Austro-Germania, Donaumark und Ostmark, die sich zu einer *Neustudentischen Liga* (NL) zusammenschlossen. 1922 wurden die Vindobona und St. Jörg gegründet. Die Gesamtzahl der Studenten der NL-Verbindungen wurde 1923 mit 80 angegeben.[29]

Auch in Innsbruck kam es 1921 zur Gründung einer Hochlandverbindung, die sich aber schwer tat. Daher wurde 1926 ein neuer Versuch gestartet und eine Hochschulgruppe der Katholischen Jugendbewegung gegründet, die unter der Leitung – besser gesagt Führung – von Ignaz Zangerle stand, der als CV-Kritiker vor und nach dem Zweiten Weltkrieg bekannt wurde. In den Statuten wurde das „Führerprinzip" festgelegt, Zangerle war „in Sachen der Ordnung volle Gefolgschaft zu leisten".[30]

Mit der Stabilisierung des Bundes Neuland stellte sich Mitte der zwanziger Jahre für die Mitglieder der NL die entscheidende Frage, welchen Weg sie fortan gehen sollten. Ein Teil trat dorthin über, ein anderer ging zum CV, so daß 1927 und 1931 nur mehr die Austro-Germania und die Vindobona als NL-Verbindungen angeführt werden.[31] Danach traten die restlichen Angehörigen der NL dem Reichsbund bei,[32] lediglich die Austro-Germania konnte sich bis 1938 halten.[33]

Der bereits zitierte Nikolaus Ehlen (ehemals ArM) aus Velbert (bei Düsseldorf) versandte im November 1920 an alle CV-Verbindungen Broschüren mit dem Titel „Lotsenrufe an den CV", wodurch die Diskussion um die Jugendbewegung auch in den CV hineingetragen wurde. Der damalige Vorort Austria Wien nahm in der *Academia* dagegen Stellung, in den folgenden Nummern kam es zu einer lebhaften Diskussion darüber.[34] Zur endgültigen Zuspitzung zwischen den Thesen Ehlens und dem CV kam es auf der 52. CV am 22. August 1922, wo der ehemalige VOP Hermann Hagen (Th) die Thesen Ehlens kritisch durchleuchtete, dieser jedoch persönlich Gelegenheit zur Rechtfertigung hatte.[35] Die Debatte darüber dauerte einen ganzen Tag! Ehlens Programm hieß zusammengefaßt „Deutsche Lebensreform". Es forderte die Rückkehr zur Natur (Wandern, Boden- und

27 Jb. KDAÖ 1923, S. 19; Jb. KDAA 1927, S. 115.
28 VACl. Mitteilungen für die katholischen Studierenden der Grazer Hochschulen WS 1932/33 und SS 1933.
29 Jb. KDAÖ 1923, S. 17. Siehe auch Krammer. Geschichte der K. a. V. Bajuvaria, S. 99f.; Rudolf, Die katholische Hochschülerbewegung, S. 167; Seewann, Österreichische Jugendbewegung, S. 734.
30 Gehler, Studenten und Politik, S. 419-424.
31 Jb. KDAÖ 1927, S. 114; Jb. KDHA Wien 1929/30, S. 65; Jb. KDHÖ 1932, S. 65.
32 Schultes, Der Reichsbund der katholischen deutschen Jugend, S. 218.
33 So in einer Liste in *Katholische Tat. Blätter der Katholischen Deutschen Hochschülerschaft Österreichs*, Jänner 1937.
34 Ac 33 (1920/21), S. 243, 34 (1921/22), SS. 14-17 und 88-93.
35 Bericht 52. CV, SS. 18-61. Siehe auch Hagen, Stellung des CV zu der Bewegung der Lotsenrufe.

Wohnungsreform, Schrebergartenbewegung, Naturschutz, Dezentralisierung der Industrie, naturhafte Neugestaltung der Gesellschafts- und Geselligkeitsverhältnisse, Genügsamkeit und Einfachheit in Kleidung, Nahrung; Kampf gegen Alkohol, Nikotin und Fleischgenuß). An zweiter Stelle stand der deutsche Gedanke (Erhaltung des deutschen Blutes, Geistes, Volkstums in Lied, Gebräuchen, Spielen, Trachten usw., Pflege eines echten deutschen Idealismus). Und drittens kirchlich-christliche Religiosität.[36]

Die Kritik Ehlens am CV – in mehreren Lotsenrufen 1921 vorgetragen – war typisch für die Jugendbewegten im Sinne der Meißner'schen Formel von der inneren Wahrhaftigkeit. Er kritisierte, daß vielen CVern die echte und vollkommene katholische Überzeugung fehle. Das Farbentragen verlange völliges Übereinstimmen zwischen Idee und Leben. Hagen hatte damals Ehlen völlig richtig geantwortet. Um das Ziel, nämlich den katholischen Studenten, zu erreichen, müsse man die Fehlerhaftigkeit des Menschen berücksichtigen. Mit CV und Jugendbewegung standen und stehen heute noch zwei konträre Lebenskonzepte gegenüber, die nicht zu verbinden waren und sind. Insofern scheiterte Ehlen im und am CV.[37]

Für das Thema Jugendbewegung war man nun im CV sensibilisiert! In Österreich wurde die Kluft zwischen CV und Neuland vor allem in Wien nicht nur wegen des Verhaltens der Jugendbewegten in der CDSB-Frage immer tiefer. Karl Rudolf (Am), obwohl CVer, geriet völlig in den Bann dieser Ideen. Bereits 1923 gründete er in Wien eine Theologengruppe, der 1928 eine Priestergruppe Neulands folgte. Ihr gehörten bekannte Priesterpersönlichkeiten an.[38] Zum Ausbruch kam dieser Konflikt durch einen Artikel in der Zeitschrift *Neuland*, wo das Korporationsprinzip als unzeitgemäß angegriffen wurde, während sich die Jugendbewegung auf den Prinzipien des Urchristentums fußend sah. Dagegen verwahrte sich Robert Krasser (Nc) in einem Schreiben an Karl Rudolf vom 17. Mai 1924 vehementest.[39] In diese Tendenz paßt auch die Äußerung eines Neuländers bei einer Tagung zu dieser Zeit: „Die Jugendbewegung ist eine Reaktion auf die tradierten Korporationsformen."[40]

Daß die Korporationen veraltet wären, ihre Mitglieder Mangel an religiösem Eifer hätten und daß das katholische Korporationsstudententum nicht mehr als Repräsentant des katholischen Studententums angesehen werden kann, war auch der Tenor eines Schreibens der Vereinigung der deutschsprachigen Studentenseelsorger an den Episkopat vom 25. Februar 1926, den Rudolf als stellvertretender Vorsitzender mitunterzeichnete.[41] Der CV beschäftigte sich weiter mit dem Phänomen Jugendbewegung. Innerhalb des Academia-Beirates wurde ein eigenes Amt für Jugendbewegung eingerichtet und mit August Neger (TsM) besetzt. Dieser berichtete mehrmals in der *Academia* über die Jugendbewegung und gab im Rahmen der „Flugschriften des CV" zu diesem Thema einige Bro-

36 Die programmatischen Richtlinien sind im Novemberheft 1915 der *Großdeutschen Jugend* abgedruckt, zitiert in Wandervogelzeit, S. 767ff.

37 Ehlen schied aus dem CV aus und gründete in Velbert eine Siedlergruppe, die 1945 zerstört wurde. Siehe Schomburg, Burkhart: Lebensführung und Umweltgestaltung, in: Die Jugendbewegung. Welt und Wirkung. Zur 50. Wiederkehr des freideutschen Jugendtages auf dem Hohen Meißner. Hg. von Elisabeth Korn, Otto Suppert und Karl Vogt. Düsseldorf 1963, S. 132.

38 Seewann, Österreichische Jugendbewegung, S. 277.

39 Ebda., S. 235ff. Der Brief Krassers befindet sich im Nachlaß Rudolf.

40 Kapfhammer, Neuland, S. 59.

41 DAG. sub Universität Graz 1897-1936 XVf24.

schüren heraus.[42] Diesem Amt mußte auch seitens der Verbindungen und Ortsverbände semesterweise berichtet werden.[43]

Für den CV (aber auch für den KV[44]) stellte sich das Problem seines Verhältnisses zur katholischen Jugendbewegung zweifach: erstens einmal in grundsätzlich-ideologischer Hinsicht, inwieweit die Ideen der Jugendbewegung mit denen des CV und seinem erzieherischen Konzept zu vereinbaren sind. Wie aus den bereits zitierten Äußerungen der Jugendbewegung zu entnehmen war, handelt es sich bei ihr um eine stark gesinnungsethisch motivierte Bewegung, die von einer kleinen Elite ausgeht. Die „innere Wahrhaftigkeit" muß mit dem äußeren Leben übereinstimmen, daher auch der lebensreformerische Ansatz, dem das ganze Leben eines Jugendbewegten untergeordnet werden muß. Insofern war und ist die Jugendbewegung totalitär (ganzheitlich), weil sie keine Freiräume, etwa im geselligen Bereich, duldet.

Damit war ein Konflikt mit dem CV vorgegeben, denn bei diesem Rigorismus hat studentische Geselligkeit, die sich in einem wertfreien Raum bewegt, nichts zu suchen. Unschwer ist auch hierbei das pastoraltheologische Konzept der elitären Gemeindekirche im Gegensatz zur Volkskirche, wie sie vom Verbandskatholizismus vertreten wird, zu erkennen, das vor allem die Liturgie betont. Die liturgische Bewegung eines Pius Parsch (Wl EM) wurde ja u. a. von der Jugendbewegung und umgekehrt stark befruchtet.

Die Jugendbewegung ist stark irrational geprägt, und Führertum spielt eine große Rolle. Dagegen steht das verantwortungsethische Konzept des CV, der seine Mitglieder zu einer katholischen Elite heranbilden möchte. In den Verbindungen erproben sich die Mitglieder auf demokratische Weise durch Leitungsaufgaben und Organisieren für ihr späteres Berufsleben. Führertum hat hier nichts zu suchen, und auch die demokratische Struktur des CV gebietet zu den verantwortungsethischen Tugenden wie Toleranz und Kompromiß, die letztendlich ein von „innerer Wahrhaftigkeit" geleiteter Jugendbewegter nicht mitvollziehen kann.

Das Prinzip „Scientia" des CV beschreibt nicht nur die Pflicht zum Studium und zur Weiterbildung, sondern zeigt auch den Ansatz des CV zu einer rationalen Weltdeutung und Wirklichkeitsbewältigung, die wiederum zur romantischen Irrationalität der Jugendbewegung im Gegensatz steht.

Der zweite Konfliktrahmen stellt die Gegnerschaft der Jugendbewegung zu allem Institutionell-Vereinsmäßigen dar. Jugendbewegung ist erstmals eine „Bewegung" mit Führerprinzip, die zwangsläufig gegen die demokratisch verfaßte Vereinsform sein muß. Neuland übernahm diese Haltung, die weitgehende Zerstörung des CDSB beweist das. Stellvertretend dafür seien zwei Zitate des Neulandführers Anton Böhm angeführt: „Uns droht die Gefahr des Versammlungssystems. Neuer Geist braucht neue Formen, anstelle der Vereinsmeierei neue Arbeitsformen."[45] Und: „Ich wenigstens habe diese Transformation [die Überwindung des Verbandskatholizismus, Anm. d. Verf.] bewußt und fördernd

42 Ac 40 (1927/28), S. 41ff., und 41 (1928/29), S. 188f.; *Stimmen aus dem CV* Nr. 7 (15. 10. 1927), Beilage zur Ac 40 (1927/28). Die Schrift heißt Jugendbewegung und CV.

43 Über den Bericht des GCV in dieser Sache siehe Hartmann, Im Gestern bewährt, S. 317.

44 In diesem Zusammenhang stehen auch die Spannungen zwischen dem Berliner Studentenseelsorger und KVer Carl Sonnenschein und Romano Guardini, der seit 1923 einen Lehrstuhl in Berlin hatte. Siehe Gerl-Falkovitz, Guardini, S. 211f.

45 Kapfhammer, Neuland, S. 33.

erlebt, als eine notwendige und organische Entwicklung."[46] In dieser geistigen Tradition standen, wie wir gesehen haben, auch die Versuche der Neuländer, u. a. Michael Pfliegler sowie des Sympathisanten Karl Rudolf, in den dreißiger Jahren in Wien den Verbandskatholizismus zu zerschlagen und an seine Stelle die naturständisch aufgebaute Katholische Aktion (KA) zu setzen, die sich nicht als Organisation, sondern als Bewegung verstand. Dies sollte aus verschiedenen Gründen erst nach 1945 gelingen. Überall findet man aus Neuland stammende Priester oder Laien, die an der Spitze dieser Neugestaltung des Laienapostolats standen. Franz M. Kapfhammer gibt selber zu, daß durch die naturständische KA nach 1945 eine Wiedererrichtung von Neuland in der Form wie vor 1938 überflüssig geworden ist.[47]

Diese beiden Ursachen sind die Gründe für die Auseinandersetzungen zwischen dem CV und den mit ihm verbundenen Verbandskatholizismus einerseits sowie der katholischen Jugendbewegung und der von ihr beeinflußten KA andererseits.

46 Ebda., S. 65.
47 Ebda., S. 169.

Politischer Katholizismus und CV bis 1933

„Und an die Gaslatern,
und an die Gaslatern,
da hängen wir die hohen Herrn.
ja, ja die hohen Herrn,
an eine Gaslatern!
Wer wird der erste sein?
Wer wird der erste sein?
Das wird der Herr von Seipel sein,
ja, ja der Seipel sein,
das wird Herr Seipel sein!"

Sozialdemokratisches Spottlied auf Ignaz Seipel nach der Melodie „Was kommt dort von der Höh!"

Der parteipolitische Katholizismus nach 1918

Für die Christlichsoziale Bewegung war das Jahr 1918 eine einschneidende Zäsur.[1] Im Gegensatz zu den beiden anderen Parteigruppierungen (Sozialdemokratie, Großdeutsche) war die Diskussion um die Staatsform eine viel differenziertere, wie wir bereits gesehen haben (siehe S. 219). Nachdem Alois Prinz von und zu Liechtenstein (AW EM) im November 1918 als Parteiobmann zurückgetreten war, übernahm diese Funktion der oö. Landeshauptmann Prälat Johann N. Hauser (AW EM). Es gelang ihm durch seine Persönlichkeit in den zwei Jahren seiner Obmannschaft, die Partei zu einigen und zu festigen. Er war nicht nur Parteivorsitzender und Klubobmann in der Provisorischen wie Konstituierenden Nationalversammlung, sondern zog auch in deren Präsidien zuerst als gleichrangiger und dann als Zweiter Präsident ein.

Das Jahr 1918 brachte für Österreich die parlamentarische Regierungsform sowie das Wahlrecht nach dem Verhältnissystem (auch für Frauen). Mit Spannung wurden daher die Wahlen am 16. Februar 1919[2] erwartet: Die Christlichsozialen erhielten fast 36 Prozent (69 Mandate), die Sozialdemokraten 41 Prozent (72 Mandate) und die Großdeutschen 18 Prozent (26 Mandate).

Damit wurde auch die neue politische Frontstellung sichtbar. In der Monarchie kämpfte der Politische Katholizismus vor allem gegen den antiklerikalen Liberalismus und Deutschnationalismus, der die staatliche Verwaltung, die Wirtschaft, die Presse und die Universitäten dominierte. Dieses Lager aber wurde nun deutlich auf einen abgeschlagenen dritten Platz verwiesen. Im Gegensatz zur Zeit vor 1918 war die Regierung nun vom Parlament abhängig, so daß sich, wenn auch in verzögerter Form, die neuen politischen Mehrheitsverhältnisse in der Verwaltung auswirkten.

1 Über die Christlichsoziale Partei der Ersten Republik siehe Wohnout, Bürgerliche Regierungspartei (mit umfangreichen bzw. weiterführenden Literaturangaben) sowie Staudinger, Christlichsoziale Partei (ebenfalls mit umfangreichen Literaturangaben; ansonsten erscheint diese Studie etwas zu einseitig) und Staudinger/Müller/Steininger, Die Christlichsoziale Partei. Allgemein zur Geschichte der Ersten Republik vor allem Österreich 1918 – 1938. Weiters Erste Republik 1918-1933; Goldinger/Binder, Geschichte der Republik Österreich; Handbuch des Politischen Systems Österreichs. Österreich 1918-1933.

2 Während des Wahlkampfs wurde Wilhelm Miklas (AW EM) am 9. 2. 1919 von einem Sozialdemokraten schwer verletzt. Siehe Botz, Gewalt in der Politik, S. 346.

In den Novembertagen des Jahres 1918 mit seinen oft revolutionären Erscheinungen kristallisierte sich nun rasch der neue politische Gegensatz zwischen der Sozialdemokratie marxistischer Prägung und dem parteipolitischen Katholizismus heraus. Damit verbunden war erstens die sehr konkrete Angst vor einer Räterepublik, wie sie sich bereits in Rußland, sowie kurzfristig in Ungarn und Bayern etabliert hatte. Und zum zweiten übernahmen die Sozialdemokraten das alte kulturkämpferische Erbe des antiklerikalen Liberalismus, was sich besonders im Schulkampf nach 1918 auswirkte. Der sozialdemokratische Unterstaatssekretär im Staatsamt für Inneres und Unterricht, Otto Glöckel, wurde dabei zu einer besonderen Schlüsselfigur.

Nachdem bereits im Sommer 1920 die Koalitionsregierung zerbrochen war, wurden bei den ersten Nationalratswahlen am 17. Oktober 1920 die Mehrheitsverhältnisse umgedreht. Die Christlichsozialen erhielten 42 Prozent, die Sozialdemokraten 36 Prozent und die Großdeutschen 17 Prozent. Ab diesem Zeitpunkt bildeten die bürgerlichen Parteien die Regierung.

Ignaz Seipel (Nc EM) im Couleur der Norica.

Die Christlichsoziale Partei hatte im Gegensatz zur Sozialdemokratie keine einheitliche Organisation, und in den Ländern hieß sie oft anders. Nach dem Rücktritt Hausers als Parteiobmann folgte für 1920/21 kurz ***Leopold Kunschak*** (Nc EM), um dann dem eigentlichen starken Mann der Partei, ***Ignaz Seipel*** (Nc EM), zu weichen, der dieses Amt bis 1930 behielt. In dieser Person, dem wohl bedeutendsten Politiker und Staatsmann der republikanischen Ära Österreichs der Zwischenkriegszeit, prallen wie kaum bei einer anderen die gegensätzlichen Standpunkte und Meinungen aufeinander. Aus ärmlichen Verhältnissen stammend studierte er in Wien Theologie und wurde zuerst in Salzburg sowie dann in Wien Professor für Moraltheologie. In das nur wenige Tage amtierende letzte kaiserliche Kabinett trat er als k. k. Minister für Soziale Fürsorge ein. Publikationen über die Nationalitätenfrage Österreichs und andere politische Themen ließen ihn noch in der Monarchie in den politischen Vordergrund rücken. Durch sein geschicktes Verhalten in der Umbruchsphase 1918 gelangte er bald zu Einfluß und innerparteilicher Macht, so daß die Übernahme des Parteivorsitzes 1921 und der Kanzlerschaft 1922 nur die logische Konsequenz war. Einer seiner wichtigsten politischen Gefolgsleute war Friedrich Funder (Cl) als Chefredakteur der *Reichspost*, dem inoffiziellen Organ der Christlichsozialen. Obwohl zuerst skeptisch gegenüber der Kanzlerschaft („Exzellenz, das ist ein Unglück!")[3], wurde er bald zum Bewunderer seiner Person und mit ihm wohl auch die katholischen Kernschichten, darunter der CV. Von mehreren Verbindungen, bereits 1920 von der Norica, wurde er Ehrenmitglied; damit erwies sich der CV wiederum als integrative Kraft im Politischen Katholizismus, was auch von Seipel anerkannt wurde.[4]

---

3 Pfarrhofer, Friedrich Funder, S. 113.

4 Auch andere CV-Verbindungen verliehen Seipel die Ehrenmitgliedschaft, wie Welfia, Alpenland, Austria Innsbruck, Rudolfina, Carolina, Bajuvaria, Glückauf Leoben und Carolina (nach der Reihenfolge der Verleihung). Auch die KV-Verbindungen Deutschmeister Wien und Winfridia sowie Austria Graz verliehen ihm 1927 bzw. 1930 die Ehrenmitgliedschaft. Biographisches Lexikon des KV, 3. Teil, S. 105.

Aus 1930 – und zwar aus Graz – stammt zur Melodie des „Gaudeamus igitur" folgende Strophe:[5]

„Vivat cancellarius,
qui professor erat.
Regit nos rem publicam,
sanat nostram patriam,
vivat doctor Seipel!"

In der Person Seipels wurde im besonderen die Verflechtung zwischen Partei und Kirche sichtbar. Gerade weil eine straffe Organisation fehlte, bestand die Christlichsoziale Partei aus einem dreigliedrigen System, nämlich der Hierarchie (Klerus), die die Partei offen unterstützte, den katholischen Verbänden, die die organisatorische wie personelle Basis schufen, und schließlich der rudimentären Parteiorganisation, die sich vor allem in den politischen Mandataren und Fraktionen manifestierte. Schon in der Monarchie, aber besonders in der Ersten Republik wurde der Priesterpolitiker zu einem Problem, unter dem auch Seipel gelitten hatte.[6]

Sowohl im Bund wie auch in den Ländern gab es jeweils Priester in Spitzenfunktionen, wie etwa – um nur die aus dem CV zu nennen – die Landeshauptleute und Prälaten Johann N. Hauser (AW EM) (Oberösterreich) sowie Johann Thullner (A-P EM) (Burgenland), sowie die Nationalratsabgeordneten Ämilian Schöpfer (R-B EM), Tirol, und Karl Drexel (Cl EM), Vorarlberg. Dieser Umstand trug sicherlich zu einer Verschärfung der Kulturkampfatmosphäre in den zwanziger Jahren bei. Auch im Deutschen Reich gab es im Zentrum bzw. der Bayerischen Volkspartei Priesterpolitiker. Die bekanntesten waren u. a. der langjährige Reichsarbeitsminister (1920 bis 1928) Heinrich Brauns (Nv), Prälat Karl Ulitzka (Cl), Vorsitzender des Auswärtigen Ausschusses des Reichstages und Landespolitiker Oberschlesiens[7], sowie der ab 1928 amtierende letzte Zentrumsvorsitzende Prälat Ludwig Kaas (AlBo EM).[8] Die Priester empfanden sich aber keineswegs als Befehlsempfänger der Hierarchie und achteten mehrheitlich bewußt auf die Wahrung einer gewissen Distanz. Karl Ulitzka hat einmal seine politische Tätigkeit als Priester folgendermaßen begründet: „Indem ich für Frieden und Ordnung eintrete, rechtfertige ich den Politiker im Priester."[9]

Mit der Ablösung Seipels als Bundeskanzler (1929) und als Parteiobmann (1930) betrat eine neue Generation die politische Bühne, die ihre entscheidenden Erlebnisse in den Schützengräben des Ersten Weltkrieges erfahren hat und daher auch „Frontgeneration" genannt wurde. Es wundert daher nicht, daß der Nachfolger Seipels als Parteiobmann der ehemals aktive Offizier und langjährige Heeresminister Carl Vaugoin (Rd EM) wurde. Mit dieser Frontgeneration, es seien nur die Namen Engelbert Dollfuß (F-B) und Kurt

5 Maleta, Bewältigte Vergangenheit, S. 74f.

6 Zur Problematik Priester in der Politik siehe Hartmann, Priester und Politik als Thema der kirchlichen Zeitgeschichte.

7 Zu Ulitzka siehe Hitze, Guido: Carl Ulitzka (1873-1953). Oberschlesien zwischen den Weltkriegen (= Forschungen und Quellen zur Zeitgeschichte Band 40). Düsseldorf 2002. Ulitzka stand auch dem Provinzialausschuß (Landesregierung) der Provinz Oberschlesien vor.

8 Der Münsteraner Kirchenhistoriker Hubert Wolf (Wf EM) bezeichnete die Wahl von Kaas als Höhepunkt der Klerikalisierung der Zentrumspartei, siehe *Frankfurter Allgemeine*, 28. 1. 2006, S. 39.

9 Zitiert bei Elvert, Gesellschaftlicher Mikrokosmos oder Mehrheitsbeschaffer im Reichstag, S. 168.

Schuschnigg (AIn) genannt, wurden auch jene antiparlamentarischen Tendenzen immer stärker, die dann zur Errichtung des „Ständestaates“ am 1. Mai 1934 führten.

Der CV in der Politik

An der Tatsache, daß die CV-Verbindungen das personelle Reservoir für den parteipolitischen Katholizismus darstellten, hat auch das Jahr 1918 nichts geändert.[10] Mit der Regierungsübernahme im Bund und in den Ländern 1918/20 durch die Christlichsozialen strömten erstmals in größerem Ausmaß CVer in verantwortliche Positionen. Gernot Stimmer stellte dazu richtigerweise fest: „Innerhalb der katholischen Elitegruppen entwickelte sich wieder der CV zum dominanten Rekrutierungsreservoir der Parteiführung.“[11]

So wurde 1928 in das höchste Amt im Staat, nämlich in das des **Bundespräsidenten**, Wilhelm Miklas (AW EM) gewählt. Von den elf Bundeskanzlern der Zwischenkriegszeit[12] waren acht CVer. Seitens der CSP wurden zwischen 1920 (Regierung Mayr II) und 1933 (Regierung Dollfuß I) 36 Personen als Mitglieder der Bundesregierung (gem. Art. 69 Abs. 1 B-VG) gestellt, davon waren 20 CVer, das sind 55,6 Prozent. In der Reihe der Parteiobmänner und Generalsekretäre der Christlichsozialen Partei gab es keinen Nicht-CVer. Die Mitglieder der Bundesregierung, die CVer waren, finden sich im Anhang 2 aufgelistet.

Wie bereits im Abgeordnetenhaus der Monarchie, so war auch in der Ersten Republik der Anteil der CVer im Nationalrats- und Bundesratsklub der Christlichsozialen beträchtlich. Er ist sogar gestiegen.

Anteil der CVer an der Fraktion der Christlichsozialen im Reichsrat 1907 und 1911, der Konstituierenden Nationalversammlung 1919 und des Nationalrates von 1920 bis 1934

Die erste Zahlenreihe in den Zeilen CVer und CV-Prozent-Anteil zeigt die Werte zu Beginn einer Legislaturperiode, die zweite Zahlenreihe zum Ende

	1907	1911	1919	1920	1923	1927	1930
Mandate Christlichsoziale	97	76	69	85	82	73	66
CVer	19	14	22	22	19	24	25
			20	23	22	21	22
CV–Prozent-Anteil	19,6	18,4	31,9	25,9	23,2	32,9	37,9
			29,0	27,1	26,8	28,8	33,38

10 Über CV und Politik in der Ersten Republik siehe u. a. Krause, CV und Politik.

11 Stimmer, Eliten in Österreich, S. 708.

12 Inkl. Renner und Schuschnigg.

Anteil der CVer an den Mitgliedern des Bundesrates 1920 bis 1934

	Mandate CSP	CVer	Prozent-Anteil
1920	22	9	40,9
1923	24	13	54,2
1927	26	12	46,2
1930	26	8	30,8
1934	20	7	35,0

Die steigende Tendenz im Nationalrat beweist, daß in zunehmendem Maße CVer Führungsfunktionen der oberen und mittleren Ebene erreichten. Interessant ist der Vergleich zwischen 1927 und 1930, wo zuletzt die Christlichsozialen eine empfindliche Niederlage einstecken mußten (von 73 auf 66 Sitze gesunken). Obwohl 1930 nur ein CVer mehr als 1927 im Nationalrat saß, erhöhte sich der Prozentanteil aber erheblich. Das heißt somit, daß die CVer die vorderen Listenplätze besetzt hatten und von der Niederlage weniger betroffen waren. Von den insgesamt 51 Mandataren (außer Mataja) waren elf von der Norica, sechs von der Austria Innsbruck, fünf von der Austria Wien und je drei von der Rudolfina, Babenberg Wien, der Vindelicia und der Austro-Peisonia. Die Namen der Abgeordneten sowie der parlamentarischen Funktionäre (Präsidium, Klubobleute) finden sich im Anhang 2 und 3.

In den Bundesrat wurden 19 CVer entsandt, von denen 17 eine höhere Position bekleideten als die nur eines einfachen Bundesratsmitglieds. Die Namen der Mitglieder finden sich im Anhang 3. Naturgemäß gab es auch eine Reihe von Vorsitzenden des Bundesrates, die halbjährlich wechselten, sowie Ständige stellvertretende Vorsitzende (ebenfalls siehe Anhang 2 und 3).

Auch in den Ländern gab es eine Reihe CVer in politischen Funktionen (Landesregierungsmitglieder und Landtagsabgeordnete). Die Dominanz des Politischen Katholizismus war in den Ländern beachtlich. Lediglich in Kärnten dominierte das nationale Lager, wie z. B. Landeshauptmann Arthur Lemisch (B! Suevia Innsbruck), und Wien war fest in der Hand der Sozialdemokratie. Die Liste der Landeshauptleute und Landesregierungsmitglieder findet sich im Anhang 2.

Beachtenswert ist, daß es einen CVer als politisch Tätigen in der Ersten wie Zweiten Republik gab, der jedoch außerhalb des parteipolitischen Katholizismus stand: ***Johannes Ude*** (Cl).[13] Über ihn und seine Rolle als Vorkämpfer für die Gleichberechtigung katholischer Studenten vor 1914 wurde bereits ausführlich berichtet (siehe S. 140). Im April 1926 gründete er den „Wirtschaftsverein für Österreich". Die Programmatik dieses wahlwerbenden Vereins fußte auf den bisherigen Ideen Udes (lebensreformerische sowie sozialromantische Vorstellungen). Noch im selben Jahr verbot das Grazer Ordinariat die politische Tätigkeit Udes. Besonderen Druck übte in dieser Frage Bundeskanzler Ignaz Seipel (Nc EM) aus. Bei den Nationalratswahlen 1927 erhielt der Wirtschaftsverein rund 35.000 Stimmen und keinen Sitz, jedoch zwei Mandate bei den zu gleicher Zeit stattgefundenen steirischen Landtagswahlen.

Die Maßregelungen gegen Ude gingen trotz der Wahlniederlage weiter. Sie gipfelte in seiner Beurlaubung als Professor am 30. April 1934. Der „Ude-Bund" versuchte nach

13 Über Ude siehe Liebmann, Ude (Prophet); Kirchengeschichte der Steiermark, SS. 309-312.

1945 nochmals ein politisches Comeback und stellte Ude als Kandidaten für die Bundespräsidentenwahlen 1951 auf, wo er nur 5.413 Stimmen erhielt. Die Carolina hat gegen Ude keine Maßnahmen ergriffen hat. Er war aber innerhalb des Katholizismus ziemlich isoliert und wurde bespöttelt.[14] Es ist bedauerlich, daß seine unbestrittenen Leistungen für die Gleichberechtigung katholischer Studenten vor 1914 durch seine späteren extremen Ansichten verschüttet wurden.

Im **Deutschen Reich** („Weimarer Republik") hat es seit der Novemberrevolution von 1918 bis zur Machtergreifung Hitlers zwölf Reichskanzler gegeben, davon wurden drei von der SPD, einer von der Deutschen Volkspartei (DVP; rechtsliberal) und vier vom Zentrum gestellt. Vier waren parteilos. Von den acht parteilosen bzw. Zentrumskanzlern waren drei CVer: Konstantin Fehrenbach (Hr) (1920/21), Wilhelm Cuno (Sv) (1922/23) und Heinrich Brüning (Bd) (1930 bis 1932), und zwei KVer: Wilhelm Marx (Arminia Bonn) und Franz von Papen (Rheno-Bavaria München EM).[15] In den Ländern sind vor allem Eugen Bolz (Gu), „Staatspräsident" von Württemberg, und Heinrich Held (R-F EM)[16], Ministerpräsident von Bayern, zu erwähnen, bei der Zentrumspartei deren letzter Vorsitzender Ludwig Kaas (AlBo EM) und deren Generalsekretär Heinrich Vockel (Sv).

Was den Anteil der CVer im Reichstag betrifft, so seien zwei Beispiele genannt: Bei der Wahl vom 4. Mai 1924 erreichten Zentrum und Bayerische Volkspartei (BVP) zusammen 81 Mandate. Von diesen waren 9 CVer, 10 KVer und 3 UVer.[17] Der Anteil der CVer war vergleichsweise zum Nationalrat von 1923 geringer (19 von 82 in Österreich), jedoch muß man die Aufsplittung der katholischen Studenten- und Akademikerschaft in Deutschland und daher auch den KV und UV mitberücksichtigen, die in Österreich damals kaum eine Rolle spielten. Dann sind die Anteile katholisch Korporierter an den Fraktionen des parteipolitischen Katholizismus in Deutschland und Österreich ungefähr gleich. Da aber Österreich ein katholisches Land ist, Deutschland damals jedoch zu zwei Drittel protestantisch war, war und ist natürlich die Wirkung des CV in Österreich stärker. Bei dem 1930 gewählten Reichstag hatten Zentrum und BVP 87 Mandate erhalten, davon waren 16 CVer, also eine deutliche Steigerung.[18]

In der **Tschechoslowakei** konstituierte sich nach 1918 eine Deutsche Christlichsoziale Volkspartei im Rahmen des Politischen Katholizismus. Langjähriger Vorsitzender dieser Partei und Vizepräsident des Senats war Josef Böhr (Fd EM), Generalsekretäre waren Karl Ziegler (S-B EM) und Fritz Öhlinger (AIn), der auch von 1925-1935 Abgeordneter in Prag war.[19] Justizminister in der Prager Regierung in der zweiten Hälfte der zwanziger Jahre (ab 1926) war Robert Mayr-Harting (S-B EM).[20]

14 So wurden seine Anhänger z. B. als „Udeoten" bezeichnet.

15 Weitere bedeutende Politiker aus dem CV waren u. a. die Reichsminister Heinrich Brauns (Nv) (Arbeit), Johannes Bell (Gu) (Verkehr und Justiz), Heinrich Köhler (Nm EM) (Finanzen; auch „Staatspräsident" [= Ministerpräsident] von Baden) und Anton Höfle (Ae) (Post).

16 Held studierte u. a. in Straßburg, wo er bei der KV-Verbindung Frankonia aktiv wurde. Nach 1918 war er Mitbegründer der Bayerischen Volkspartei, wie das Zentrum sich in Bayern nannte, von 1924 bis 1933 bayerischer Ministerpräsident. Siehe dazu Biographisches Lexikon des KV 2, S. 46 f.

17 Ac 37 (1924/25), S. 95. Die Bayerische Volkspartei war bis 1924 Teil des Zentrums, ab diesem Jahr bildete sie eine eigene Fraktion.

18 Ac 43 (1930/31), S. 184.

19 Farbe tragen, S. 270.

20 Es gab noch weitere Mandatare: Senator Karl Hilgenreiner (Fd EM) sowie die Abgeordneten Emil Bobek (Fd EM), Wenzel Feierfeil (Fd EM), Eugen Graf Ledebur-Wicheln (S-B EM) und Felix Luschka von Sellheim (Va EM). Nach Gesamtverzeichnis 1929.

Bemerkenswert war auch die „politische Karriere“ von Eduard Reut-Nicolussi (AIn). Nach der endgültigen Abtrennung Südtirols und der Zurücklegung des Mandats in der Konstituierenden Nationalversammlung am 18. November 1919 war er bis 1924 gewählter Abgeordneter im **italienischen** Parlament.[21]

Die Stellung zu den Wehrverbänden

Die Heimwehrverbände der Ersten Republik waren zwischen 1927 und 1936 ein bedeutender Faktor der österreichischen Innenpolitik.[22] Als Selbstschutzbewegungen gegen innere und äußere Bedrohung waren sie in der unmittelbaren Nachkriegszeit in einigen Bundesländern und unter verschiedenen Namen entstanden, wobei sie vorerst in Tirol, Kärnten und in der Steiermark durch die Abwehrkämpfe gegen Jugoslawien und Italien Bedeutung erlangten. Anfänglich, d. h. ab 1919, wurden sie stark von Bayern auch wegen der räterepublikanischen Gefahr unterstützt. In Tirol hatte bereits 1918 Richard Steidle (AIn) eine Innsbrucker Bürgerwehr gegründet. Er wurde 1920 Tiroler Heimwehrführer und war einer der Initiatoren für einen Zusammenschluß der verschiedenen Landes-Heimwehren, was dann auch 1923 teilweise unter dem Namen „Vereinigung der alpenländischen Selbstschutzverbände“, oder kurz „Alpenklub“, geschah. Er wurde deren erster Vorsitzender.

Im Zuge der Demobilisierung der k. u. k. Armee blieb im Lande unbemerkt eine nicht unbeträchtliche Zahl von Waffen, die die Grundlage der Aufrüstung der Wehrverbände rechts und links (Republikanischer Schutzbund) waren. Der Heimwehr-Historiker Walter Wiltschegg bezeichnet es zwar als „fruchtlosen Streit“, wer zuerst da war, die Heimwehren oder der sozialdemokratische Schutzbund, aber gewisse Fakten sprechen für sich. Der Republikanische Schutzbund wurde zwar erst am 12. April 1923 gegründet, doch handelte es sich nur um eine Namensänderung der bis dahin bestandenen „Ordner“-formationen bzw. „Fabriks-“ und „Arbeiterwehren der Partei“. Bereits 1923 bestand der Schutzbund aus 240 Bataillonen und 80 Maschinengewehrkompanien. Während also der Schutzbund zentral organisiert und finanziert war sowie straff geführt wurde, litt bis 1928 die Heimwehr unter ständigen Führungsstreitigkeiten und Finanznöten, so daß deren tatsächlicher militärisch-operativer Wert mit dem des Schutzbundes nicht zu vergleichen war.[23]

Nachdem die Zeit der Abwehrkämpfe vorbei war und es um die Heimwehren wieder ruhiger wurde, radikalisierte 1926 die Sozialdemokratische Partei die Innenpolitik. Bereits im Juli bei einem Massentreffen des Schutzbundes in Wien wurden Parolen wie „Die Demokratie ist nur ein Mittel für die Klassenherrschaft und auch dann kann es ein Weg der Gewalt sein“ und „Das Ziel ist die Diktatur des Proletariats“ laut.[24] Das „Linzer Programm“ der Sozialdemokratischen Partei vom November 1926 mit seinem antidemokratischen Verbalradikalismus verschärfte die Innenpolitik weiter, was 1927 mit den Ereignissen in Schattendorf und dem Brand des Justizpalastes zu einer bislang noch nie dagewesenen Eskalation führte. Von diesem Zeitpunkt begann der Aufschwung der

21 Farbe tragen, S. 304.

22 Über die Wehrverbände siehe Carsten, Faschismus in Österreich, S. 42ff. und 52ff.; Wandruszka, Das nationale Lager; Wiltschegg, Die Heimwehr; Winkler, Die Diktatur in Österreich, S. 24ff.

23 Wiltschegg, Die Heimwehr, S. 36f.

24 *Neue Freie Presse*, 12. 7. 1926.

Werbeplakat der Heimwehr für den Beitritt zum Studentenfreikorps.

Heimwehren als gemeinsame bürgerliche Abwehrfront gegen Links. „Der hoffärtige Terror des Sozialismus war unerträglich geworden", schrieb Friedrich Funder (Cl) über diese Zeit und die Notwendigkeit der Heimwehren.[25]

Noch Ende 1926 formierte sich der „Alpenklub" zu einem „Bund alpenländischer Selbstschutzverbände" um, dessen Vorsitzender weiterhin Richard Steidle blieb. 1928, ein Jahr nach dem Justizpalastbrand, wurde die Bundesführung neu gewählt, Steidle blieb 1. Bundesführer, 2. Bundesführer wurde Walter Pfrimer (C! Joannea), der ab 1927 Führer der steirischen Heimwehren war.

Wie seinerzeit bei den Studentenkompanien der Umbruchszeit 1918/19, so war auch damals die Frage der Beteiligung des CV an den Heimwehren aktuell geworden, wobei sich die Situation in den Ländern verschieden darstellte. In Tirol stand, wie erwähnt, die Heimwehr unter der Führung eines CVers. Die Leopoldina empfahl bereits 1924 den Beitritt ihrer Mitglieder zur Heimwehr, ebenso auch die anderen CV-Verbindungen.[26] In Kärnten und in der Steiermark waren eher „völkische" Kreise und Alte Herren der schlagenden Verbindungen tonangebend, wie etwa der bereits erwähnte Walter Pfrimer und sein Stabschef Hans Rauter (C! Joannea). Die Mitglieder der Grazer B! Frankonia waren z. B. durch Conventsbeschluß sogar verpflichtet, dem Steirischen Heimatschutz beizutreten.[27] In Oberösterreich hatte die Heimwehr anfänglich kaum Bedeutung, ihr erster Führer war Franz Reisetbauer (ehemals Cl).[28] In Niederösterreich war Julius Raab (Nc) 1928-1930 Landesführer der Heimwehren, gründete jedoch 1930 eine eigene nö. Heimwehr, um sich gegen die Radikalisierung abzugrenzen. Neben Steidle war er der zweite CV-Prominente, der in der Heimwehr tätig war. Ansonsten spielten CVer dort eher eine Neben-Rolle.

1929/30 war die Heimwehr am Höhepunkt ihrer Macht. Es begann sich der Wunsch nach einem Programm zu regen, das im sog. Korneuburger Gelöbnis (fälschlicherweise

---

25 Funder, Das weiß-blau-goldene Band, S. 213.

26 Gehler, Studenten und Politik, S. 190f .; Pichler, 75 Jahre Leopoldina, S. 203 und 207.

27 Hundert Jahre Burschenschaft Frankonia, S. 47. Dort wird der Heimatschutz als „Gegner einer korrupten parlamentarischen Demokratie" bezeichnet.

28 Er war 1911 VOP, nach 1918 in Linz Rechtsanwalt und katholischer Funktionär. Ihm wurde eine „glänzende Zukunft" vorausgesagt, die sich aber nicht erfüllte. Durch finanzielle Mißgriffe in Zusammenhang mit Ernst Rüdiger Starhemberg (C! Rhaetia Innsbruck) wurde er 1930/31 strafrechtlich verfolgt, verließ Österreich und schied deswegen aus der Carolina aus. CT IV, S. 315; Slapnicka, Christlichsoziale in Oberösterreich, S. 266f.; Slapnicka, Oberösterreich. Zwischen Bürgerkrieg und Anschluß, S. 18f. Nach einem Schreiben von Harry Slapnicka vom 21. 6. 1985 an den Autor soll Reisetbauer als Rechtsanwalt mündelsicher angelegtes Geld von Klienten zweckentfremdet haben.

oft Korneuburger Eid genannt) vom 11. Mai 1930 verwirklicht wurde[29], wo die Ablehnung des Parlamentarismus und das Bekenntnis zum Führerstaat ihre schärfste Formulierung fanden. Damit geriet die Heimwehrbewegung aber auch in Konflikt mit der Christlichsozialen Partei. Obwohl Seipel im Prinzip ein Befürworter der Heimwehren war, gab es doch starke Kräfte dagegen, insbesondere in den Ländern. In Oberösterreich waren die Landeshauptleute Johann N. Hauser (AW EM) sowie auch Josef Schlegel (Nc) Gegner und sahen die Gefahr einer Diktatur.[30] Auch in Vorarlberg war man nicht bereit, die „Freiheit einer Rechtsdiktatur zu opfern". Landeshauptmann Otto Ender (AIn) sowie der christlichsoziale Arbeiterführer Karl Drexel (Cl EM) waren ebenfalls entschiedene Gegner der Heimwehren.[31] Bereits im August 1925 forderten christlichsoziale Bundesräte, geführt von Franz Hemala (Nc), die Auflösung sämtlicher Wehrformationen.[32] Und anläßlich der 36. Generalversammlung des christlichsozialen Arbeitervereins im Januar 1929 sagte deren Obmann Leopold Kunschak (Nc EM): „Die Heimwehrbewegung ... nimmt da und dort eine Entwicklung, die sie als Gefahr für das parlamentarische System erscheinen läßt ... Ganz offen will ich erklären, daß ich die Heimwehrbewegung nur insofern und insolange als berechtigt anerkennen vermag, als sie sich als Instrument des demokratischen Gedankens fühlt."[33] Und Kunschak zögerte am 7. Juni 1930 nicht, das Korneuburger Gelöbnis als in wesentlichen Punkten den kulturellen und politischen Grundsätzen der christlichen Arbeiterschaft entgegenstehend zu erklären.[34] Bei einer Besprechung zwischen christlichsozialen Abgeordneten und Steidle am 5. Juni 1930, bei der dieser verlangte, daß jene das Gelöbnis leisten müßten, sonst käme es zum Bruch, antwortete Karl A. Salzmann (Cl) darauf, daß er den Eid auf die Verfassung geleistet habe und nicht ihn durch dieses Gelöbnis brechen könne.

Aber es gab auch Sympathisanten, wie etwa Eduard Heinl (Baj EM), Erich Kneußl (AIn), Franz Kolb (Vi EM), Michael Paulitsch (Rd EM), der erwähnte Julius Raab (Nc), Richard Schmitz (Nc), Anton Rintelen (ehemals Trn EM), Kurt Schuschnigg (AIn), Carl Vaugoin (Rd EM) und nicht zuletzt auch Ignaz Seipel (Nc EM).[35]

Der erste Höhepunkt der Heimwehrbewegung war überschritten, als sie für die Nationalratswahlen 1930 kandidierte. Sie erreichte damals zwar hauptsächlich auf Kosten der Christlichsozialen acht Mandate, jedoch war damit die Überparteilichkeit vorbei. Das blieb auch für jene CVer nicht ohne Konsequenz, die zwar Mitglied der Heimwehr, jedoch politisch eindeutig auf die Christlichsoziale Partei ausgerichtet waren. So ist u. a. interessant zu vermerken, daß sich ein CVer, der Heimwehrfunktionär war, Ende 1930 dem Wiener Altherrenbund angeboten hatte, für diesen bei der Heimwehr auszukundschaften.[36]

---

29 Über das Korneuburger Gelöbnis siehe Wiltschegg, Korneuburger Gelöbnis.

30 Slapnicka, Christlichsoziale in Oberösterreich, S. 268ff.

31 Wanner, Gerhard: Vorarlberg, in: Österreich 1918-1938; Band 2, S. 1029. Veiter, Das 34er Jahr, S. 59, nennt neben den bereits angeführten noch die NRAbg. Franz Binder (A-P EM), Michael Gangl (A-P EM), Josef Kollmann (Am EM) und Wilhelm Miklas (AW EM).

32 Botz, Gewalt in der Politik, S. 167. Zu diesen Bundesräten gehörten nach Veiter, Das 34er Jahr, S. 61, u. a. Karl-Gottfried Hugelmann (ehemals AW), Josef Moser (AW EM). Karl Aubert Salzmann (Cl), Emil Schneider (Le)

33 *Reichspost*, 29. 1. 1929.

34 Pfarrhofer, Friedrich Funder, S. 147.

35 Nach Veiter, Das 34er Jahr, S. 60.

36 Brief von Eduard Straub (FcC) an den Wiener AHB, 16. 12. 1930, in: BA, Akten des SD-Oberabschnitts Donau, ZB I 384, Blatt 001.

Radikale Kräfte bekamen aber in der Folge die Oberhand, so vor allem in der Steiermark, wo die Führungspositionen durchwegs von Schlagenden besetzt waren, die dort die Heimwehr in die Arme der Nationalsozialisten trieben. Als Konsequenz dieser Radikalisierung unternahm der steirische Landesführer Walter Pfrimer am 12./13. September 1931 einen Putschversuch (sog. Pfrimer-Putsch), der jedoch scheiterte.[37]

Im unmittelbaren Zusammenhang mit diesem steht der tragische Tod des phil. ***Engelbert Weinzierl*** (NbW). Er wurde in den frühen Morgenstunden des 14. September von dem sozialdemokratischen Arbeiter Karl Leitner in Grieskirchen, Oberösterreich, tödlich verletzt. Dieser war kurz vorher arbeitslos geworden und hatte zum „Ausstand eingeladen". In der Vernehmung gab er zu, in dieser Nacht mindestens zehn Krügel Bier und zu dritt fünf Doppelliter Wein [sic!] getrunken zu haben. Weinzierl betrat mit der Heimwehr-Kappe das Gasthaus und wirkte damit provozierend auf den ziemlich alkoholisierten Täter. Es kam zu einem Wortgefecht, das vor der Gasthaustür fortgesetzt wurde. Der Täter zog ein Messer (einen sog. „Taschenfeitel"), stach Weinzierl in den Oberschenkel und verletzte dabei die Schlagader. Es brauchte aufgrund der damaligen Verhältnisse sehr lange, bis ein Arzt gerufen werden konnte und eintraf, der jedoch nur mehr den Tod durch Verbluten feststellen konnte. Das Begräbnis Weinzierls wurde von der Heimwehr publizistisch ausgenützt, jedoch verhinderte der Landeshauptmann Josef Schlegel (Nc), daß die Beerdigung zu einer politischen Kundgebung ausartete.

Der Täter wurde verhaftet, und es kam drei Monate später zum Prozeß vor dem Kreisgericht Wels. Er wurde lediglich zu drei Monaten unbedingt, dem untersten Strafmaß, verurteilt (StG § 523 in Verbindung mit § 140, selbstverschuldete Berauschung bzw. Totschlag).[38] Eigenartigerweise findet sich in der *Academia* erst einige Monate später, schon im Jahr 1932, lediglich eine lapidare Mitteilung im Rahmen eines Verbindungsberichtes der Nibelungia Wien: „phil. Engelbert Weinzierl wurde in der Nacht vom 13. auf den 14. September 1931 von einem politischen Gegner in Grieskirchen (O. Ö.) ermordet."[39] Die Nibelungia brachte in Grieskirchen eine Gedenktafel an, die jedoch 1938 entfernt wurde.

Der Tod des jungen Weinzierl war sinnlos und unfaßbar. Er ist Opfer der zugespitzten politischen Verhältnisse in der Ersten Republik geworden. Er war zwar nicht direkt in ein derartiges Geschehen verwickelt oder Opfer eines direkt gewollten politischen Verbrechens, jedoch indirekt hat ihn ein derartiges auf höchst tragische Weise getroffen. Er war auch das Opfer der damals herrschenden noch unzulänglichen medizinischen Versorgung. Nach heutigen Maßstäben wäre binnen weniger Minuten der Rettungswagen da gewesen. Weinzierl war kein Märtyrer oder politisches Opfer.[40] Aber sein jugendlich-sinnloser Tod zeigt nur, was damals in einer in jeder Hinsicht exzessiven Stimmung alles möglich war. Vielleicht liegt darin der Sinn seines jugendlichen Sterbens, spätere Generationen zu mahnen, daß Gewalt kein Mittel der politischen Auseinandersetzung sein kann. Auch wenn er, wie erwähnt, kein politischer Märtyrer im strengen Sinn war, so ist dennoch das Andenken an ihn aus diesen Gründen für die Nibelungia und den CV ehrenhaft.

---

37 Darüber siehe Hofmann, Josef: Der Pfrimer-Putsch. Der steirische Heimwehrprozeß des Jahres 1931 (= Publikationen des Österreichischen Instituts für Zeitgeschichte Band 4). Graz 1965.

38 Zum Tod von Engelbert Weinzierl: Siehe Strafakt 10 VR 854 ex 31 des Kreisgerichts Wels. Siehe auch Slapnicka, Oberösterreich zwischen Bürgerkrieg und Anschluß, S. 59f., und *Linzer Volksblatt*, 1931, Nr. 237.

39 Ac 45 (1932), S. 55.

40 Man würde heute vielleicht sagen, eine „blöde, b'soffene G'schicht".

Schließlich dürfte er bzw. der Prozeß gegen Karl Leitner allem Anschein nach ein juristisches Tauschobjekt gewesen sein. Das auch nach heutigen Maßstäben sehr milde Urteil läßt nämlich einen politischen Hintergrund vermuten. Zur selben Zeit lief nämlich in Graz der Hochverratsprozeß gegen Walter Pfrimer. Um hier beim Urteil milde sein zu können, ohne sich dabei von der linken Seite deswegen übergroße Kritik zuziehen zu müssen, hat man gegenüber einem Sozialdemokraten, der einen an sich unbekannten (und daher politisch mehr oder minder bedeutungslosen) Heimwehrler getötet hat, erst einmal Milde walten lassen. Offenbar ein „Justiz-Tausch-Geschäft", das auch vor dem Hintergrund des Schattendorf-Prozesses und dessen Folgen (Justizpalast-Brand) zu werten ist.

Die Heimwehren erlebten 1933/34 bei der Umgestaltung Österreichs und bei den Kämpfen im Februar und Juli 1934 nochmals einen Höhepunkt, verloren jedoch dann zunehmend an politischem Einfluß. Die Einführung der allgemeinen Wehrpflicht sowie der Frontmiliz 1936 machten sie mehr oder minder überflüssig.

Ein Versuch, die Heimwehren an den CV zu binden (oder umgekehrt), war sicherlich die Verleihung der Ehrenmitgliedschaft Rudolfinas an den Wiener Heimwehrführer Vizekanzler Emil Fey. Im Zuge der Auflösung der Heimwehren 1936 kam es zu einem Konflikt mit Starhemberg. Fey forderte ihn zum Duell auf und wurde deswegen von der Rudolfina ausgeschlossen.[41]

Neben der Heimwehr gab es im nichtlinken Bereich noch andere Wehrformationen. In gewisser Konkurrenz zu den Heimwehren wurden 1930 in Tirol die **Ostmärkischen Sturmscharen** gegründet. Ihr politischer Führer war der damalige NRAbg. Kurt Schuschnigg (AIn). Bald entstanden auch in anderen Bundesländern Landesverbände, und am 29. Juni 1932 ist die gesamtösterreichische Organisation zum ersten Mal in Wien öffentlich aufgetreten. Ihr „Ehrenführer" war Dollfuß, Schuschnigg war der „Reichsführer", sein Stellvertreter der Gendarmerie-Major Josef Kimmel (Rd). Der Artikel I der Satzungen lautete: „Jeder Sturmschärler weiht sein Leben Gott und dem Vaterlande. Er kämpft für den christlichen Staat und daher für die Rechte der Kirche." Die Sturmscharen verstanden sich u. a. als geistige Erneuerungsbewegung und sollten ein betont christlich-konservatives Gegengewicht zur Heimwehr sein. Von politischen Gegnern wurden sie spöttisch auch als „Ölberghusaren" bezeichnet. Aufgrund dieser Ausrichtung fanden sie in der Folge vor allem in christlich-konservativen Kreisen weitaus höheren Anklang, so auch bei den CV-Verbindungen, die zunehmend dorthin tendierten.[42]

Die Haltung zur Sozialdemokratie

Im Schrifttum des CV wird die Sozialdemokratie vor 1914 kaum erwähnt. Die in Deutschland und Österreich nach 1848 entstandene sozialdemokratische Arbeiterbewegung hatte

41 Oswald, Franz: Die Stellung von Major a. D. Emil Fey in der Politik der Ersten Republik und des Ständestaates. Wien phil. Diss. 1964, S. 177f.

42 Schuschnigg, Im Kampf gegen Hitler, S. 90ff.; Wiltschegg, Die Heimwehr, S. 325f. Die Pannonia war sehr eng, vor allem durch ihre Gründergeneration, mit dem Ostmärkischen Sturmscharen verbunden. Deren Gruß lautete „Treue", deren Farbe ist blau, und die Pannonia wählte Blau als Farbe für ihren Deckel. Und noch 1957 wählte man für die Spitze der Verbindungsfahnen-Stange eine Form des Christogramms X - P, was auch das Abzeichen der Sturmscharen war, siehe Exner, Semper bonae voluntatis, S. 23f.

Der Mitbegründer der Österreichischen Sozialdemokratie, Victor Adler (stehend links), im Couleur der B! braune Arminia Wien.

auf Hochschulboden vorerst kaum Fuß gefaßt.[43] Für die Angehörigen der katholischen Verbindungen stellte sich die Frage nach einer Stellungnahme zur Sozialdemokratie ohnehin nicht, und bei den schlagenden Korporationen traten in den letzten Jahrzehnten vor dem Krieg zunehmend deutschnationale und rassenantisemitische Züge unter dem Einfluß Schönerers auf, die im Gegensatz zum Internationalismus der Sozialdemokratie und ihrer zahlreichen jüdischen Funktionäre standen.

Diese Gegensätze bestanden aber nicht immer. In der Frühzeit der Sozialdemokratie bzw. der Arbeiterbewegung gab es durchaus Beziehungen zu Burschenschaften und Corps. Einer der Väter des „Linzer Programms" (siehe S. 93) war der spätere sozialdemokratische RRAbg. Engelbert Pernerstorfer (B! [braune] Arminia Wien, B! Arminia Graz). Auch der erste Führer der österreichischen Sozialdemokratie, Victor Adler, war ein Burschenschafter (B! [braune] Arminia, Wien), ebenso der Gründer des *Allgemeinen Deutschen Arbeitervereins*, Ferdinand Lasalle (Alte Breslauer B! Die Raczeks). Der Mitbegründer der deutschen Sozialdemokratie (1869, Eisenach), Wilhelm Liebknecht (Vater des Spartakisten Karl Liebknecht), war Corpsstudent (Rhenania Gießen sowie Hasso-Nassovia und Rhenania Marburg). Es gibt auch viele Beispiele dafür, wie Burschenschafter helfend am zeitlichen Beginn der sozialdemokratischen Arbeiterbewegung standen.[44]

Mit dem seit 1878 einsetzenden Niedergang des parteipolitischen Liberalismus in Österreich, dessen personelles Hauptreservoir die schlagenden Verbindungen waren, wandten sich diese stärker dem betont deutschnationalen Kurs zu. Die genannten sozialdemokratischen Burschenschafter blieben eine anfängliche Ausnahme[45] oder traten später aus, wie Pernerstorfer 1897[46], obwohl ja gerade auch die Alldeutsche Bewegung zuerst

43 Über die Sozialdemokratie an den Hochschulen allgemein siehe Medinger, Couleurstudententum und Arbeiterbewegung in Österreich bis 1918, S. 103; Molisch, Politische Geschichte der deutschen Hochschulen, S. 137ff.; Schulze-Ssymank, Studententum, S. 295ff.

44 Zu diesem Thema siehe besonders Cerwinka, Freiheit und Einheit; ebenso Medinger, Couleurstudententum und Arbeiterbewegung in Österreich bis 1918.

45 Wenn man den sozialdemokratischen Wiener Bürgermeister ab 1994 Michael Häupl (p. B! Rugia Krems) außer acht läßt.

46 Cerwinka, Freiheit und Einheit, S. 129.

durchaus ein soziales, jedoch populistisches Programm aufwies.[47] In späteren Zeiten wurden Burschenschafter sogar ausgeschlossen, die sich in der Sozialdemokratie betätigten, wie das Beispiel der B! Allemannia Graz zeigt.[48] Zu sehr überwog später, vor allem nach 1918, die Gegnerschaft zum Marxismus.

Vom Liberalismus übernahm die österreichische Sozialdemokratie die kulturkämpferische Tradition. Dadurch entstand in Verbindung mit dem Marxismus atheistischer Prägung eine Frontstellung zur katholischen Kirche und zu dem mit ihr verbundenen Politischen Katholizismus. So beteiligten sich sozialdemokratische Abgeordnete in der Regel auf der Seite der Deutschnationalen in der Debatte gegen die katholischen Verbindungen (siehe S. 164), und bei den Wahlen zum Abgeordnetenhaus gab es zwischen diesen beiden Parteigruppen Absprachen nach dem Motto „Lieber rot als schwarz" (siehe S. 201).

Nach 1918 erlangte die Sozialdemokratie durch die Parlamentarisierung des politischen Systems größeren Einfluß. Sie stellte 1918 bis 1920 in einer Koalitionsregierung den Staatskanzler und in Wien bzw. in Niederösterreich (wozu damals noch Wien gehörte) ab diesem Zeitpunkt den Bürgermeister bzw. Landeshauptmann. Nachdem die Sozialdemokraten 1920 in die Opposition gingen, radikalisierte sich unter dem Einfluß des austromarxistischen Politikers Otto Bauer zusehend die Partei. Im Linzer Parteiprogramm von 1926 wurde die umstrittene Formel von der „Diktatur des Proletariats" aufgenommen. Sie war ein Kompromißangebot an den linken Parteiflügel[49] und bedeutete eine Strategie der „defensiven Gewalt". Für den Fall, daß bürgerliche Parteien einen sozialdemokratischen Wahlsieg mit Waffengewalt brechen wollten, sollte die Sozialdemokratie diesen in einem Bürgerkrieg und kurzfristig mit den Mitteln einer „Diktatur des Proletariats" sichern. Die Eroberung der Herrschaft hat nicht den Zweck, „die Demokratie aufzuheben, sondern sie in den Dienst der Arbeiterklasse zu stellen."[50] Mit einem Wort: Über der Demokratie steht die Arbeiterklasse.

Von diesen Formulierungen nicht mehr weit entfernt ist jene Haltung, die einmal eine durch einen Wahlsieg errungene und gefestigte Herrschaft der Sozialdemokratie im Sinne ihres gesellschaftlichen Transformationswillen auch durch eine Wahlniederlage nicht mehr abgeben will, und zwar im Sinne einer Unumkehrbarkeit der Etablierung des sozialistischen Gesellschaftsmodells. Norbert Leser schreibt von Otto Bauers „ungebrochener Überzeugung, daß der Sozialismus das Ziel und der eigentliche Grundwert, dem es nachzustreben gelte, die Demokratie demgegenüber bloß als Mittel zum Zweck sei".[51]

Aus diesem Beschluß von 1926 war daher in logischer Konsequenz der Weg nicht mehr weit zum Juli 1927, als durch die *Arbeiter-Zeitung* aufgeputschte Arbeitermassen den Wiener Justizpalast anzündeten. Hier ging es nicht um eine „defensive Gewalt", sondern letztendlich um die Nicht-Anerkennung rechtsstaatlicher Strukturen, wenn sie nicht passen sollten. Es ist daher eine unleugbare Tatsache, daß die verbale Radikalisierung sowie die politische Gewalt größeren Ausmaßes von der oppositionellen Sozialdemokratie

---

47 Dazu siehe Whiteside, Schönerer.

48 Cerwinka, Geschichte der Allemannia, S. 283. 1905 wurde ein Mitglied ausgeschlossen, weil es sich bei der Gründung eines sozialdemokratischen Akademikerverbandes beteiligte. 1919 wurde ein Mitglied der Sozialdemokratischen Partei ausgeschlossen.

49 Zu diesem zählte Veiter, Das 34er Jahr, S. 104, u. a. die sozialdemokratischen Politiker Julius Deutsch, Arnold Eisler, Robert Danneberg und Koloman Wallisch.

50 Maderthaner, 12. Februar 1934, S. 173; Maderthaner, Die Sozialdemokratie, S. 187.

51 Leser, Norbert: Ignaz Seipel und Otto Bauer, in: GuG 1 (1982), S. 263f.

ausgingen, was erst die Reaktion auf der rechten Seite (Heimwehr, Korneuburger Gelöbnis) auslöste. Die Verantwortung für die Sozialdemokratie wiegt hierfür um so schwerer, da ihr Austritt aus der Koalition im Jahr 1920 aus heutiger Sicht aus nichtigem Grund erfolgte und sie 1931 ein Angebot Ignaz Seipels zum Eintritt in eine Konzentrationsregierung ablehnte. Die Gesprächsbereitschaft besonnener Kreise auf beiden Seiten 1933/34 und vor allem in den wenigen Tagen vor dem Anschluß 1938 war dann entschieden zu spät.

Man muß auch berücksichtigen, daß die österreichische Sozialdemokratie im Vergleich zu deutschen weitaus mehr marxistischer und radikaler war. Nach 1918 fanden hier Elemente der Ideologie und Praxis der russischen revolutionären Bewegung Eingang, unter anderem der demokratische Zentralismus, teilweise auch die Verachtung des parlamentarischen Systems, die Bereitschaft, massenhaft Gewalt zu entfesseln, die Reduzierung von Kunst und Kultur zu politischen Werkzeugen ideologischer Indoktrination (was man euphemisch „Arbeiterkultur" nennt) und die Intoleranz gegenüber Andersdenkenden. In Deutschland kam es zu einer „Spaltung der Arbeiterklasse" in SPD und einer durchaus bedeutenden KPD, während in Österreich beide Flügel in einer Partei blieben, deren zahlenmäßiges Verhältnis zueinander wahrscheinlich ähnlich wie das zwischen SPD und KPD bei den Wahlergebnissen in der Weimarer Republik war. Diese oft propagierte und gelobte „Einheit der Arbeiterklasse" in Österreich hatte zweifelsohne Vorteile, denn erstens gab es nicht in diesem Ausmaß „Weimarer Verhältnisse", und die radikalen Elemente in der österreichischen Sozialdemokratie waren eher „beherrschbar". Andererseits hatte eben die SPD linksliberale Züge mit einem deutlichen Bezug zu Parlamentarismus und Rechtsstaatlichkeit, die auch religiösen Wählern – besonders Protestanten – offen stand.[52]

Ein Beispiel für den Stil der damaligen politischen Auseinandersetzung ist das eingangs dieses Kapitels angeführte Spottlied auf Ignaz Seipel, das von den Sozialdemokraten nach der für sie enttäuschenden Wahl des Jahres 1923 in Umlauf gebracht wurde.[53] Es stand im Zusammenhang mit der damaligen Hetze auf Seipel, dem man die Schuld für die Not vieler Menschen in Österreich zuschob, die im Rahmen des Sanierungsprogramms entstanden war. Dieser ständigen verbalen Hetze auf Seipel erlag der bereits mehrfach vorbestrafte Arbeiter Karl Jawurek und unternahm auf ihn am 31. Mai 1924 am Wiener Südbahnhof ein Attentat, bei dem Seipel nur leicht verletzt wurde.[54]

In Zusammenhang mit den Priestern in der Politik, insbesondere durch Ignaz Seipel („Prälat ohne Milde"), wurde gerade in der zweiten Hälfte der zwanziger Jahre eine Kirchenaustrittsbewegung von der Sozialdemokratie initiiert.[55] Doch das war nur Ausdruck einer latent vorhandenen Stimmung in der Partei, die selber „Ersatzkirche" sein wollte, gleichsam eine „gegenkulturelle Bewegung", die in ihren Feiern (1. Mai) eine „Ästhetisierung der Politik" betrieb und diesen Vorgang fast schon als „Gesamtkunstwerk"

---

52 Dazu siehe auch die Erörterungen von Richard J. Evans in seinem Essay „Zwei deutsche Diktaturen im 20. Jahrhundert" in: APuZ, 3. 1. 2005, S. 3f.

53 Zitiert nach Kunschak, Österreich 1918-1934, S. 81.

54 Pohanka, Attentate in Österreich, SS. 99-108. Jawurek bereute die Tat zutiefst und wurde zu fünf Jahren verurteilt. Obwohl ihn Seipel unterstützte, fand er keinen Anschluß mehr im bürgerlichen Leben. Weil er sich weigerte, an der Anschlußabstimmung am 10. 4. 1938 teilzunehmen, war er bis 1945 im KZ Dachau.

55 In den Jahren 1927 bis 1932 traten rund 75.000 aus der katholischen Kirche aus, dagegen traten wiederum – offenbar aus „konjunkturellen" Gründen – in den Jahren 1933 bis 1936 rund 45.000 in die Kirche ein. Zahlen lt. Hanisch, Die Ideologie des Politischen Katholizismus, S 3f.

Wahlplakat der Sozialdemokraten für die Nationalratswahlen des Jahres 1927, wo auf das negative Klischee des Couleurstudententums gesetzt wird. Diese Darstellung steht sicherlich im Zusammenhang mit der „Einheitsliste" von Christlichsozialen und Großdeutschen unter der Führung von Ignaz Seipel (Nc EM).

empfand.[56] Wie bei allen totalitären Ideologien, so wurde auch beim Sozialismus austromarxistischer Prägung versucht, den Menschen in seinem gesamten Lebenszusammenhang zu umfassen.

Nach Ausrufung der Republik begann der Kulturkampf der Sozialdemokratie besonders in Wien und vor allem im Schulbereich, wo es schwere Auseinandersetzungen mit der Kirche gab (Religionsunterrichts-Austrittspropaganda). Der wissenschaftliche Marxismus atheistischer Prägung, der erwähnte Aufbau einer „Partei-Kirche" als Gegenmodell zur Kirche und schließlich der aktive Religions- und Kulturkampf ließen innerhalb der Sozialdemokratie eine Mentalität entstehen, in der ein gläubiger Katholik kaum hätte Platz finden können. Die ablehnende Reaktion der Kirche gegenüber der Sozialdemokratie entstand aus diesen Gründen, und nicht umgekehrt.

Der mit der Kirche eng verbundene Politische wie Verbandskatholizismus fand sich in dieser Frage im Gleichklang, so daß bei den Christlichsozialen besonders nach 1927 das Gespenst einer „Diktatur des Proletariats" in der Wahlkampftaktik Eingang fand. Die Auseinandersetzungen erreichten ihren Höhepunkt und vorläufigen Abschluß dann, als Teile des Republikanischen Schutzbundes, der Wehrformation der Sozialdemokratie, am 12. Februar 1934 einen Aufstand unternahmen (darüber mehr S. 403).

Wie bereits erwähnt, war die Zahl der sozialdemokratischen (nichtjüdischen) Studenten in Österreich vor und auch nach dem Ersten Weltkrieg verhältnismäßig gering. 1896 berichtete die *Academia* anläßlich des Inaugurationsrummels in Wien, daß die Deutschnationalen, „begleitet von einer starken Schar sozialdemokratischer Studenten, die sich bei uns durchgängig aus Juden rekrutieren", erschienen, um auf Kommando gemeinsam loszusingen, zuerst die „Wacht am Rhein" und dann „intonierten die Sozialisten das 'Lied der Arbeit'".[57] 1905 berichtete die Carolina in der *Academia* von der Gründung eines sozialdemokratischen Vereins an der Grazer Uni-

56 Maderthaner, Die Sozialdemokratie, S. 179.
57 Ac 8 (1895/96), S. 364.

versität, unter dessen Proponenten sich auch Burschenschafter befanden, jedoch hatte dieser Verein kaum Zulauf.[58] In der Zwischenkriegszeit, 1927/28, hatte der „Verband Sozialistischer Studenten" (VSStÖ) in Graz kaum mehr als 50 Mitglieder.[59]

Verbandsoffiziell beschäftigte sich der CV bald nach 1918 mit der Frage, ob ein Sozialist (Sozialdemokrat) CVer sein kann. Bereits 1920 stellte ein Artikel in der *Academia* unter dem Titel „Die Kernfrage des CV" fest, daß sich CV und Sozialdemokratie wegen deren religions- und kirchenfeindlicher Haltung nicht vereinbaren lassen.[60] Der amtierende VOP 1920/21, Hermann Hagen (Th), verwies auf die Frage, ob man Angehörige von sozialdemokratischen Parteien im CV dulden könne, auf eine hirtenamtliche Erklärung der schweizerischen Bischöfe, nach der Sozialisten exkommuniziert sind.[61]

Am ausführlichsten ging auf die Frage „Kann ein Mitglied des CV Sozialdemokrat sein?" der CV-Seelsorger P. Erhard Schlund OFM (Vc) 1928 in der *Academia* ein.[62] Er verwies auf die Erklärungen der Päpste und Bischöfe zum Sozialismus und zur Sozialdemokratie und kam zum Schluß, daß trotz des etwas abgeschwächten Heidelberger Programms der SPD von 1925 eine Vereinbarkeit zwischen Katholizismus und Sozialdemokratie nicht möglich sei. Dies war zwar keine offizielle Stellungnahme, jedoch aufgrund der Tatsache, daß sich hier der CV-Seelsorger zu Wort gemeldet hatte, zumindest eine offiziöse. 1929 faßten der Gesamtausschuß des CV (ein gemeinsames Organ des CV und des AHB) sowie der Altherrenbund als solches folgende gleichlautende Beschlüsse: „Vorstand und Ausschuß des A. H. B. [bzw. Gesamtausschuß] sind der Anschauung, daß kein CVer Anhänger der sozialistischen Weltanschauung und deshalb auch der sozialdemokratischen Partei sein kann, die Trägerin und Verteidigerin dieser sozialistischen Weltanschauung ist."[63]

Insgesamt war die Diskussion darüber praktisch aber ohne konkrete Auswirkung. Die Haltung des CV war hinlänglich bekannt, so daß kaum ein sozialdemokratischer Student, auch wenn er vorgab, praktizierender Katholik zu sein, bei einer Verbindung um Aufnahme gebeten hätte. Und umgekehrt hätten die sozialdemokratischen Parteien Österreichs und Deutschlands keinen CVer in ihre Reihen aufgenommen. Denn zu sehr war er mit dem parteipolitischen Katholizismus verbunden.

---

58 Ac 18 (1905/06), S. 364.
59 Leitner, Politik und Hochschule, S. 31.
60 Ac 32 (1919/20), S. 322f.
61 Ac 33 (1920/21), S. 212.
62 Ac 41 (1928/29), SS. 70-74.
63 Protokollauszug der AHB-Tagung 1929 in Jena, in: BA. Akt ZB I 208, Blatt 235.

Die Hochschulpolitik 1918 bis 1933

„Es schien eine völlig neue Generation von Studenten zu sein, die in den Wochen nach der November-Revolution in die Hörsäle der deutschen Universitäten einzog und die etwa den Erlanger Philosophen Paul Hensel zu den hoffnungsvollen Worten veranlaßte, ihm sei noch keine Zeit vorgekommen, in der er vor den Studenten einen solchen Respekt gehabt habe, wie diese."[1]

Die Situation auf den Hochschulen nach 1918

Das gemeinsame Erlebnis von Krieg und Zeitenwende – man kann davon ausgehen, daß 90 Prozent der männlichen Studenten in irgendeiner Form mit dem Kriegsgeschehen und dessen Folgen in Berührung kam – führte zu einer Aufbruchsstimmung. Die Studenten fühlten sich verpflichtet, an der Erneuerung der Hochschule, der Gesellschaft und des Staates mitzuwirken. Und noch etwas: Die November-Ereignisse des Jahres 1918 spielten sich meist ohne die noch im Feld stehenden Soldaten und damit der Mehrzahl der Studenten ab. Von dieser Aufbruchsstimmung getragen erlebten sie bei ihrer Heimkehr das Chaos und identifizierten als Verursacher die „Linke" („Dolchstoßlegende"). Dadurch entstand in weiten Teilen der Studentenschaft in der Folge auch eine Skepsis gegenüber dem Parlamentarismus.[2]

Auf der anderen Seite stand die Bedrohung durch Unruhen und Grenzübergriffe der Nachfolgestaaten der Monarchie. Die Studenten zögerten nicht, erneut zu den Waffen zu greifen. In Graz wurde z. B. die Situation insofern kritisch, da bereits Ende Oktober slawische Truppenteile der in Auflösung begriffenen k. u. k. Armee in beide Richtungen durchzogen. Am 31. Oktober 1918 kam es daher auf der Grazer Universität zu einer allgemeinen Studentenversammlung, auf der man der provisorischen Landesregierung einen Sicherungsdienst angeboten hatte: Ca. 80 bis 100 Studenten, durchwegs Reserveoffiziere und darunter auch CVer, übernahmen den Schutz der Bahnhöfe in Graz.[3]

Im April 1919 wurde dann die Situation an der Kärntner Südgrenze immer bedrohlicher, so daß einige hundert Grazer Studenten, darunter wiederum CVer, im Rahmen einer Akademischen Legion am 6. Mai bis ins südliche Lavanttal vorstießen. Am 12. Mai zogen sie sich auf Befehl der Steiermärkischen Landesregierung zurück, da man die Legion für die Sicherung bzw. Inbesitznahme Westungarns (Burgenlands) zu benötigen glaubte.[4]

Im Mai 1921 beschlossen Studenten aus Innsbruck, als „Sturmzug Tirol" im Rahmen des Freikorps Oberland an den Kämpfen in Oberschlesien teilzunehmen, darunter der damals in Innsbruck studierende spätere Heimwehrführer Ernst Rüdiger Fürst Starhemberg (C! Rhaetia) sowie Ludwig Draxler (C! Rhaetia), später unter Schuschnigg Finanzminister und nach 1945 der Anwalt Ottos von Habsburg-Lothringen (NbW EM).

1 Faust, Der Nationalsozialistische Deutsche Studentenbund I, S. 19.

2 Ebda., S. 20; Stitz, Der CV 1919-1938, S. 38.

3 Pferschy, Steiermark, S. 944; 75 Jahre Carolina, S. 236; Ehrlicher-Leitinger, Ein Hort deutschen Fühlens S. 128; Festschrift VDSt, S. 22; Hundert Jahre VDSt Graz, S. 17; Klauser, Geschichte der B! Stiria, S. 139.

4 Pferschy, Steiermark, S. 946f.; Steinböck, Kärnten, S. 806; 75 Jahre Carolina, S. 172; Festschrift Allemannia Hundert, S. 11; Ebner, Geschichte der B! Marcho-Teutonia, S. 112f.; Festschrift VDSt, S. 23; Hundert Jahre VDSt Graz, S. 18; Molisch, Geschichte, S. 257; Schwarz, Die deutsche Studentenschaft in der Zeit von 1918 bis 1923, S. 77.

Über München, wo man mit dem jungen Adolf Hitler zusammentraf, ging es Ende Mai 1921 nach Oberschlesien. Obwohl der damalige Jus-Student und spätere Bundeskanzler Kurt Schuschnigg (AIn) vor einer Teilnahme warnte, beteiligten sich nachweislich drei Innsbrucker CVer an den Kämpfen:[5] Starhemberg war damals übrigens ein Bewundere Hitlers und nahm am 9. November 1923 in München am Putsch teil, ebenso möglicherweise der Südtiroler und spätere SSler Rudolf Hillebrand (ehemals R-B).[6] Dieser Putsch wurde auch durch das entschiedene Handeln des damaligen bayerischen stv. Ministerpräsidenten Franz Matt (Ae) niedergeworfen, nachdem der Innenminister Franz X. Schweyer (Ae) von SA-Leuten gefangengenommen wurde.[7]

Krieg und Umsturz führten auch zu anderen Veränderungen im Leben der Hochschulen und Studenten. Infolge eines Rückstaus durch den Krieg und die Heimkehrer stieg nach 1918 die Hörerzahl an den österreichischen Hochschulen rapid an, sie erreichte im WS 1921/22 den vorläufigen Höchststand mit 29.514 Hörern. Danach nahm die Hörerzahl ständig ab: 1926 waren es nur mehr 20.848. 1931 stiegen sie wieder auf 25.512, um dann 1936 auf 18.288 zu sinken, was mit dem Wegbleiben der „reichsdeutschen" Studenten wegen der sog. „1000-Mark-Sperre" zu erklären ist.

Die Organisationsdichte der Studenten nach 1918 war genauso hoch, wenn nicht sogar noch höher als vor 1914. Für den deutschsprachigen Raum, und damit auch für Österreich, ist anzunehmen, daß mindestens 70 Prozent aller Studenten vereinsmäßig organisiert waren, 50 bis 66 Prozent sogar korporiert, wobei die (nichtjüdischen) Nichtkorporierten in überwiegendem Maße politisch den beiden Hauptströmungen des Korporationswesens (nationalfreiheitlich und konfessionell) nahestanden.[8]

Die hohe Organisationsdichte nach dem Krieg hatte ihre Ursache auch im Streben nach Sicherheit in einer Gemeinschaft, desgleichen hatten die Verbindungen und die Vereine auch die Aufgabe, die wirtschaftliche und soziale Not ihrer Mitglieder zu lindern.[9] Diese anfänglich hohe Vereinsdichte nach dem Krieg dürfte jedoch mit dem Lauf der Zeit abgenommen haben. Für Graz werden z. B. im Jahr 1929 nur mehr 35 Prozent angenommen, die in irgendeiner Korporation Mitglied waren.[10] Hingegen ist für Innsbruck im WS 1930/31 noch ein Korporationsanteil von 58 Prozent nachzuweisen, wobei der Anteil der katholischen Verbindungen des CV, KV und UV bei über 60 Prozent lag. Eine weitere Besonderheit Innsbrucks im Gegensatz zu Graz und Wien bestand darin, daß die „Reichsdeutschen" fast die Hälfte der Studentenschaft ausmachten.[11]

---

5 Benno von Braitenberg zu Zennenberg (AIn), Franz Gössl (AIn) und Otto Begus (Le). Braitenberg wurde 1933 wegen nationalsozialistischer Betätigung vom CV ausgeschlossen, Begus trat bereits 1921 aus der Leopoldina aus.

6 So Gehler, Studenten und Politik, S. 185, obwohl die dortige Formulierung, eine Selbstaussage Hillebrands, nicht ganz klar ist.

7 150 Jahre Aenania, S. 457 und 459. Schweyer wurde 1933 verhaftet, dann entlassen und starb 1935 an den Folgen der Haft.

8 Kater, Studentenschaft und Rechtsradikalismus, S. 24; Leitner, Politik und Hochschule, S. 14; Schwarz, Die deutsche Studentenschaft in der Zeit von 1918 bis 1923, S. 129.

9 Botzet, Sozialer Wandel der studentischen Korporationen, S. 144. Über die soziale Lage der Studenten nach 1918 siehe Kater, Studentenschaft und Rechtsradikalismus, SS. 43-79.

10 Weingand/Winkler, Diese Welt muß unsere sein, S. 99.

11 Gehler, Studenten und Politik, SS. 41-43, 51.

Bereits lange vor 1914 hatte es Vorschläge und Versuche zu einer studentischen Mitbestimmung gegeben (siehe S. 62f.).[12] Doch erst in den Kriegsjahren verstärkten sich die Bestrebungen zur Errichtung von Studentenparlamenten. So wurde vom Allgemeinen Studentenausschuß (AStA) Berlins für den 19./20. Januar 1918 eine Tagung nach Jena einberufen. Dort wurde ein Ausschuß eingesetzt, der die Vorarbeiten für einen nach dem Kriegsende einzuberufenden Studententag leisten sollte. Auch seitens des CV nahmen Vertreter in Jena teil, wobei die AStA-Bewegung grundsätzlich begrüßt wurde. Von nichtschlagenden und konfessionellen Studentenverbänden (darunter vom CV) wurde folgende Resolution eingebracht: „Wir haben zu der Entwicklung des deutschen Studententums nach dem Kriege das Vertrauen, daß die ehrlich immer wieder unternommene Gemeinsamkeit der Arbeit überall zu dauernder Anerkennung gelangen und die letzten Vorurteile der Vorkriegszeit besiegen wird." Angesprochen war hierbei der universitäre Kulturkampf gegen die katholischen Verbindungen.[13] Diese Resolution wurde von den schlagenden Verbänden zumindest schweigend zur Kenntnis genommen, was schon einen gewissen Fortschritt bedeutete. Österreich war bei diesen Bemühungen noch nicht vertreten.

Nach Ende des Krieges und mit dem Beginn eines halbwegs ordentlichen Studienbetriebes bildeten sich an den Hochschulen Deutschlands und Österreichs (davon später) Studentenausschüsse, so daß man an den in Jena gefaßten Beschluß einer Organisierung der gesamten Studentenschaft herangehen konnte. So beriefen die AStA's von Berlin und Göttingen den 1. Deutschen Studententag für den 17. bis 19. Juli 1919 nach Würzburg ein, wobei der damaligen VOP und dortige AStA-Vorsitzender Hermann Hagen (Th) als Gastgeber auftraten. Die Einladung erging an alle Universitäten des deutschen Sprachraums mit Ausnahme der Schweiz. Von Österreich waren nur die Hochschulen aus Graz und Innsbruck vertreten, nicht jedoch Wien und Salzburg, auch nicht die aus Prag und Brünn, weil man sich dort aus verschiedenen Gründen auf keine Vertretung einigen konnte.[14]

Insgesamt waren 148 Vertreter von 60 Universitäten anwesend, von denen nur fünf CVer waren, darunter Hermann Hagen, der in den Tagungsvorstand gewählt wurde.[15] Die Einigung der Studentenschaft war „großdeutsch" konzipiert, sie sollte gewissermaßen ein „Vorbild völkischer Einheit" sein.[16] Die DSt wurde in Kreise eingeteilt, Österreich bildete den Kreis VIII. An der Spitze der DSt stand ein Vorstand, bestehend aus dem Vorsitzenden und zwei Stellvertretern. Daneben gab es einen Hauptausschuß, der neben dem

12 So gab es z. B. bereits ab 1894 in Graz eine „Geschäftsordnung für Studentenversammlungen" der deutschen Studenten an der Universität Graz zum Zweck der Besprechung Studenten betreffender Angelegenheit der Universität. Der „klerikalen Gesellschaft Carolina" war aber der Zutritt dazu verwehrt worden, siehe Höflechner, Die Baumeister des künftigen Glücks, S. 29f. Die Geschäftsordnung dieser Studentenschaft ist faksimiliert abgedruckt ebda. SS. 538ff.

13 Ac 30 (1917/18), S. 389f.

14 Über den 1. Studententag und die DSt überhaupt siehe Ac 32 (1919/20), SS. 104-108; Bartsch, Die Studentenschaften, S. 15ff.; Derichsweiler, Die rechtsgeschichtliche Entwicklung des deutschen Studententums, S. 64; Faust, Der Nationalsozialistische Deutsche Studentenbund I, S. 21; Schnürer, Welfia, S. 133f.; Nipperdey, Die deutsche Studentenschaft in den ersten Jahren der Weimarer Republik, S. 19ff.; Stitz, Der CV 1919-1938, S. 38f.; Volkmann, Die Deutsche Studentenschaft, S. 10ff.

15 Ac 32 (1919/20), SS. 104-108.

16 Lönnecker, Vorbild ... für das kommende Reich, S. 38.

Vorstand aus den Kreisleitern und sog. drei „Ältesten" (drei ältere Studenten) bestand. Der Studententag war das oberste beschlußfassende Organ der DSt, der jährlich Ende des SS tagte und aus den einzelnen Studentenschaften der Universitäten und Hochschulen bestand. Je angefangene Hörerzahl von 1.000 stand eine Stimme zu.

Der Delegierte der Grazer Studentenschaft, Franz Oberegger (C! Joannea),[17] forderte für die Aufnahme in die Studentenschaft die „arische Abstammung" bis zu den Großeltern. U. a. führte er beim Studententag aus: „Es ist einfach ein Ding der Unmöglichkeit, in jedem Jahr Hunderte von galizischen Juden als sogenannte Deutsche an unseren Hochschulen aufzunehmen, wenn wir uns nicht selbst das Grab schaufeln wollen. Glauben Sie doch nicht, daß diese Elemente jemals deutsche Organisation und deutsche Kultur stützen wollen."[18]

Damit begann ein langer und erbitterter Verfassungskampf in der Deutschen Studentenschaft (DSt), wobei die sog. „Deutscharier" nicht nur aus Österreich, sondern auch aus Bayern, Nordostdeutschland sowie Brandenburg-Preußen kamen und hauptsächlich auch von den Burschenschaften unterstützt wurden.[19] Sie vertraten das **Volksbürgerschaftsprinzip**, wonach nur Deutschstämmige anerkannt wurden. Im Gegensatz dazu stand das **Staatsbürgerschaftsprinzip**, wonach alle deutschen bzw. österreichischen Staatsangehörigen unabhängig von ihrer Volks- oder Religionszugehörigkeit Mitglieder werden konnten. Dieses wurde vor allem von den Delegierten aus dem Rheinland und Westfalen, durchwegs katholische Hochburgen, vertreten. Um die Einheit zu wahren, siegte ein moderates Volksbürgerschaftsprinzip. Der § 1 der 1. Würzburger Verfassung vom 19. Juli 1919 lautete: „Die Studierenden deutscher Abstammung und Muttersprache der Hochschulen des deutschen Sprachgebiets bilden die Deutsche Studentenschaft."[20]

Die nächsten drei Jahre waren nun von diesem **Verfassungskampf in der DSt** geprägt, wobei die Anhänger des Staatsbürgerschaftsprinzips im Deutschen Reich von den Behörden unterstützt wurden. Diese verlangten, daß alle Hörer deutscher Staatsbürgerschaft wahlberechtigt sein müssen, damit die DSt auch staatlich anerkannt werden könne. Auf dem 2. Studententag in Göttingen (23. bis 27. Juli 1920), dem 3. in Erlangen (1. bis 6. Juli 1921)[21] und dem 4. wiederum in Würzburg (21. bis 23. Juli 1922) kam es zu heftigen Diskussionen und sogar zu einer Gefahr einer Spaltung der DSt. Am 23. Juli 1922 einigte man sich in der 2. Würzburger Satzung auf folgende Formel:

> „Stück 1. Die Deutsche Studentenschaft besteht aus den deutschen Studentenschaften der Hochschulen des deutschen Sprachraums.
> Stück 2. Die reichsdeutschen Studentenschaften müssen die Mitgliedschaft mindestens allen voll immatrikulierten Studierenden deutscher Reichsangehörigkeit und solchen

17 Mölzer, Der Gegensatz zwischen katholischen und nationalfreiheitlichen Korporationen in Graz, S. 488, Anm. 98. Nicht zu verwechseln mit Josef Oberegger (Gründer der sog. „gelben Heimwehr-Gewerkschaften"), siehe dazu Karner, Die Steiermark im Dritten Reich, SS. 73, 87. Dieser Verwechslung erliegt Lichtenberger-Fenz, Deutscher Abstammung und Muttersprache,S. 35, Anm. 5

18 Zitiert nach Ströle-Bühler, Studentischer Antisemitismus in der Weimarer Republik, S. 124, Anm. 888. Siehe auch der einmütige Beschluß des österreichischen Kreistages 1927 für das volksbürgerliche Prinzip, Lönnecker, Vorbild ... für das kommende Reich, S. 41.

19 Dazu siehe die Analyse der *Burschenschaftlichen Blätter* in Ströle-Bühler, Studentischer Antisemitismus in der Weimarer Republik, bes. SS. 121ff.

20 Die Formulierung „deutscher Muttersprache" ist keine rassische und ließ für „Reformjuden" ein Hintertürchen offen.

21 Auf diesem Studententag war der zweite Wiener Vertreter Johannes Hollnsteiner (ehemals Nc).

deutscher Abstammung und Muttersprache gewähren. Die auslandsdeutschen Studentenschaften regeln ihre Zusammenkunft selbständig. Die zur Vertretung der Einzelstudentenschaften berufenen Organe müssen aus allgemeinen, gleichen und geheimen Verhältniswahlen hervorgehen."

Damit wurde ein Kompromiß zwischen Volksbürgerschaftsprinzip und Staatsbürgerschaftsprinzip gefunden.[22]

Dem großdeutschen Prinzip folgend, mußte auch ein Studententag in Österreich abgehalten werden. Dies geschah erstmals vom 30. Juli bis 2. Juli 1924 in Innsbruck, wo der 6. Deutsche Studententag tagte.[23] Der nächste in Österreich war der in Graz (17. bis 22. Juli 1931)[24], wo es zur Machtergreifung des Nationalsozialistischen Deutschen Studentenbundes (NSDStB) in der DSt kam.

Bei den AStA-Wahlen der Jahre zuvor, insbesondere im Studienjahr 1930/31, konnte der NSDStB an vielen Universitäten Mehrheiten erringen. So berichtet Konrad Welte (Ae) in der *Academia:* „Es ist heute kein Zweifel mehr, daß sich die Hälfte oder mehr der Mitglieder der DSt zum Nationalsozialismus bekennt."[25] Daher forderte der NSDStB mindestes zwei Vertreter im dreigliedrigen Vorstand der DSt. Nach langwierigen Verhandlungen einigte man sich auf einen gemeinsamen Kandidatenvorschlag, „der so sehr als Erlösung empfunden wurde, daß die ganzen Wahlen in kürzester Zeit einstimmig durchgeführt werden konnten", so Konrad Welte. Vorsitzender der DSt wurde Walter Lienau (C! Isaria München) vom NSDStB, sein Stellvertreter wurde der CVer Hanns Gierlichs (PM).[26] Mit dieser „Machtübernahme" des NSDStB ging das Monopol der drei Großverbände – DB, KSCV und CV – , die gleichsam ein „Triumvirat" bei der Führung der DSt bildeten, verloren.[27]

Der NSDStB war natürlich an einer konstruktiven Arbeit in der DSt nicht interessiert, für ihn war sie nur ein Mittel zum Zweck der totalen Machtergreifung im Staate. Im März 1932 kam es daher zum Bruch in der DSt-Spitze. Die vier Vertreter der Korporationsverbände zogen sich aus Protest gegen die machtpolitischen Ränkespiele des seit Dezember 1931 amtierenden nationalsozialistischen Vorsitzenden Gerhard Krüger (B! Arminia Greifswald) aus dem Vorstand der DSt zurück.[28] Dementsprechend gestaltete sich der

22 2. Würzburger Verfassung abgedruckt bei Volkmann, Die Deutsche Studentenschaft, S. 287ff. Über den Verfassungsstreit siehe Bericht 52. CV, S. 96f.; Bartsch, Studentenschaften S. 16f.; Stitz, Der CV 1919-1938, S. 39ff.; Volkmann, Die Deutsche Studentenschaft, S. 78ff.; Zorn, Die politische Entwicklung des deutschen Studententums, S. 249ff.

23 Über den 6. Studententag: Ac 37 (1924/25), S. 95; Gehler, Studenten und Politik, S. 163; Schnürer, Welfia, S. 140f.; Zorn, Die politische Entwicklung des deutschen Studententums, S. 283. Die nächsten fanden in Berlin (31. Juli bis 4. Juli 1925) – hier waren 13 CVer Delegierte, u. a. die späteren „Führer des CV" Edmund Forschbach (RFb) und Fritz Nonhoff (Sd) sowie aus Wien Ferdinand Peschke (Wl), siehe Ac 38 (1925/26), S. 124ff., Bonn (30. Juli bis 2. Juli 1926), wiederum in Würzburg (15. bis 19. Juli 1927), Danzig (Juli 1928), Hannover (Juli 1929) und Breslau (Juli 1930) statt.

24 Über den Grazer Studententag: Bericht 14. Studententag; Ac 44 (1931/32), S. 90ff.; Faust, Der Nationalsozialistische Deutsche Studentenbund II, S. 17ff.; Stitz, Der CV 1919-1938, S. 58f.

25 Ac 44 (1931/32), S. 91.

26 Durch diese Einstimmigkeit wählten daher auch die CVer den NSDStB-Kandidaten und umgekehrt die Nationalsozialisten den CVer. Der Vertreter der Theologischen Fakultät Salzburgs war übrigens Eduard Macheiner, der spätere dortige Erzbischof. Siehe Bericht 14. Studententag S. 9. Siehe auch Faust, Die „Eroberung" der Deutschen Studentenschaft durch den NSDStB.

27 Lönnecker, Vorbild ... für das kommende Reich, S. 50.

28 Grüttner, Studenten im Dritten Reich, S. 36.

letzte Studententag im Juli 1932 in Königsberg (Kaliningrad), wo die Braunhemden die Szene beherrschten.[29] Die letzte freie Cartellversammlung im August 1932 in München lehnte daher „den derzeitigen Vorstand der DSt ab, da er aufgrund seiner Zusammensetzung und der Art seines Zustandekommens nicht die Gewähr dafür bietet, daß die Arbeit ... in vertrauensvoller ... Zusammenarbeit aller zur Mitarbeit bereiten Gruppen geleistet wird".[30]

Im Zuge der Machtergreifung der Nationalsozialisten kam es dann konsequenterweise auch zu einer Neuordnung bzw. „Gleichschaltung" der DSt in Preußen bzw. im Deutschen Reich mit Wirkung vom 1. Mai 1933. Wesentliche Änderung war natürlich die Einführung des Führerprinzips – der Vorsitzende der DSt einer Universität hieß nun „Führer der Studentenschaft" – und die Abschaffung der Wahlen zu den Vertretungskörpern. Selbstverständlich war diese DSt nach dem Volksbürgerschaftsprinzip organisiert.[31]

Das Erlanger Verbändeabkommen

Das Erlanger Verbändeabkommen (EVA) war ebenso wie die DSt ein Ergebnis der Studentengeneration des Jahres 1918. Nach zweijährigen Verhandlungen konnte dann das EVA am Studententag in Erlangen am 30. Juni 1921 unterzeichnet werden. Ihm gehörten schließlich 32 Verbände mit rund 1.600 Korporationen an, 80 Vereinigungen (nichtkorporierte und jüdische) standen außerhalb. In diesem EVA verpflichteten sich die Verbände, ihre Streitigkeiten auf Verbändesitzungen aus dem Weg zu räumen. Wesentlicher Bestandteil des EVA war das Erlanger Ehren-Abkommen (EEA), in dem Ehrenhändel zwischen Verbandsmitgliedern durch Ehrengerichte erledigt werden sollten. Damit wurde endlich die Gleichwertigkeit der Genugtuungsforderungen von Duellverweigerern und -anhängern erreicht.[32]

Auf der 52. CV 1921 in Linz wurde seitens des CV der Beitritt zum EVA bzw. EEA ratifiziert.[33] Die Durchführung bzw. Anerkennung dieser Abkommen stieß in Österreich auf Schwierigkeiten, da die Schlagenden nicht zuletzt wegen der historischen Konfrontation mit dem CV die Durchführung hier ablehnten bzw. hintertrieben.[34] Auf Antrag des CV faßte daher die Erlanger Verbändesitzung am 31. Juli 1926 den Beschluß, einen Ausschuß für die Durchführung der Abkommen in Österreich, insbesondere in Graz, einzusetzen. Dieser tagte am 11. und 13. Dezember 1926 in München.[35] Bei der Sitzung dieses Österreich-Ausschusses gaben dann alle Verbände folgende Erklärung ab: „Die unterzeichneten Verbände bedauern alle Vorfälle, welche sich in Deutsch-Österreich zwischen Angehö-

---

29 Stitz, Der CV 1919-1938, S. 62.

30 Ac 45 (1932/33), S. 138.

31 Ac 46 (1933/34), S. 7 und 59-61. Siehe Gesetz über die Bildung von Studentenschaften an wissenschaftlichen Hochschulen vom 22. 4. 1933, RGBl. 1933, I, S. 215.

32 Ac 38 (1925/26), S. 193ff. (bringt den Wortlaut des Abkommens sowie einen historischen Abriß); 75 Jahre Carolina, S. 276; Mölzer, Der Gegensatz zwischen katholischen und nationalfreiheitlichen Korporationen in Graz, S. 48f.; Stitz, Der CV 1919-1938, S. 49f.

33 Bericht 52. CV, S. 12ff.

34 So z. B. die Grazer B! Allemannia. Siehe dazu Cerwinka, Geschichte der Allemannia, S. 288.

35 Der CV war offiziell durch Hermann Hagen (Th) und August Neger (TsM) vertreten. Vorausgegangen war eine Besprechung des CV, an der für den WCV Otto Stein (M-D), für den GCV Peter Pachler (Trn), für den ICV Heinrich Prinz Schwarzenberg (AIn) und aus Leoben Josef Tilp (GlL) teilnahmen.

rigen der Unterzeichner des EVA und EEA ergeben und ihre Erledigung infolge der bisherigen Nichtdurchführung des EVA in Deutsch-Österreich nicht gefunden haben. Mit dieser Erklärung sind die Vorfälle endgültig erledigt."

Die schlagenden Verbände ersuchten für die konkrete Durchführung um Sicherungen dafür, „daß eine Bindung der katholischen Korporationen Deutsch-Österreichs an parteipolitische oder legitimistische Faktoren nicht vorhanden ist, daß sich die katholischen Verbände zum großdeutschen Gedanken und zu der heutigen Zusammensetzung der großdeutschen Studentenschaft bekennen und zu bedingungsloser Mitarbeit bereit sind". Der CV gab dazu die Erklärung ab, daß er nach seiner Satzung keine parteipolitische Bindung eingehen könne, und verwies auf die Erklärung der Cartellversammlung zum großdeutschen Gedanken. Damit war dem Ausschuß zumindest von den Beratungen her Erfolg gekrönt.[36] Doch die Praxis vor allem in Graz zeigte, daß von einer Einigung keine Rede sein konnte.[37]

Die Deutsche Studentenschaft in Österreich

Auch in Österreich entstanden 1918 Studentenausschüsse, die ein allgemeines Vertretungsmandat beanspruchten. Jedoch standen diese ersten Ausschüsse im Herbst 1918 unter dem Aspekt der Aufrechterhaltung von Ruhe und Ordnung und der Wahrung des deutschen Charakters. Die Mitbestimmung war vorerst zweitrangig.[38]

In **Wien** wurde auf Initiative deutschnationaler Studenten am 20. Oktober 1918 ein „interfraktioneller Hochschulausschuß" gegründet, der aus Vertretern der deutschnationalen, liberalen (deutschfreiheitlichen), katholischen und sozialdemokratischen Studenten bestand, wobei von den Nationalen, obwohl sie in der Mehrheit waren, einem Rechtssozialisten aus taktischen Gründen der Vorsitz angeboten wurde, weil in diesen revolutionären Umbruchtagen die Sozialdemokratie die Initiative an sich gerissen hatte. Dieser Hochschulausschuß bestand nur in der Übergangszeit von der Monarchie zur Republik, um u. a. Sicherungsaufgaben („Studentenwehr") zu organisieren. Er löste sich Mitte November 1918 wegen Unstimmigkeiten wieder auf.

Am 27. November 1918 konstituierte sich eine „deutschbürgerliche Studentenschaft" aus Deutschnationalen, Katholiken (für diese Gruppe war Leo Stöger [Nc] Vorstandsmitglied) und Liberalen, die dem Rektor ein Memorandum für die Bevorzugung deutschstämmiger Hörer überreichte. Damit zeichnete sich das Bündnis zwischen nationalen und katholischen Studentengruppen für die erste Zeit nach dem Krieg ab, um u. a. diese Überfremdung abzuwehren.[39] Darunter war für Wien vor allem die Dominanz der Juden zu verstehen, die zu einem Teil aus den ehemaligen östlichen Gebieten der Donaumonarchie stammten. (Über den Anteil jüdischer Studenten in Wien siehe gesondert S. 490) In

36 CVA 565. Niederschrift über die Sitzung des Ausschusses zur Durchführung des Verbändeabkommens an den österreichischen Hochschulen. 11. und 13. 12. 1926, München; Ac 39 (1926/27), S. 171f.; Stitz, Der CV 1919-1938, S. 54; 75 Jahre Carolina, S. 245.

37 Ehrlicher-Leitinger, Ein Hort deutschen Fühlens, S. 137; Mölzer, Der Gegensatz zwischen katholischen und nationalfreiheitlichen Korporationen in Graz, S. 489.

38 Höflechner, Die Baumeister des künftigen Glücks, S. 286.

39 Höflechner, Die Baumeister des künftigen Glücks, S. 278f.; Lichtenberger-Fenz, Deutscher Abstammung und Muttersprache, SS. 6-9; Zoitl, Hochschulautonomie und Studentenrecht, S. 126f.; Zoitl, Student kommt von Studieren, S. 152ff. Allgemein siehe Juen, Waffenstudenten und katholische Korporationen an der Universität Wien.

diesem Sinn faßte der Akademische Senat der Universität Wien in seiner Sitzung vom 19. Dezember 1918 den Beschluß, daß zur Immatrikulation zwar alle österreichischen Staatsbürger zugelassen seien, aber wegen Raummangels werden die Angehörigen deutscher Nationalität bevorzugt.[40] Die sozialdemokratischen Studenten protestierten dagegen und wollten dafür den Weg von „Studentenräten" gehen – offenbar angeregt durch die „Rätebewegung" in dieser Umbruchszeit.[41]

Auch in **Graz** kam es Ende 1918 aus ähnlichen Gründen wie in Wien zur Gründung von provisorischen Hochschulausschüssen auf der Universität und der Technik.[42] Am 7. März 1919 wurde eine Kommission der Prodekane der Universität gebildet, um eine endgültige Satzung für die Studentenschaft zu erarbeiten. Nach einer Umgestaltung am 2. April 1919 bestand sie nun aus sechs Professoren der Universität und Technik, u. a. der spätere Nobelpreisträger Fritz Pregl und der damals noch in Graz lehrende Historiker Heinrich von Srbik (B! Gothia Wien) sowie vier Studenten.[43] Diese erarbeitete „Satzungen des Hochschulhauptausschusses", die „Satzungen der Grazer Studentenschaft" und die „Wahlordnung der Vertretungskörper der Studentenschaft", die am 15. Mai 1919 die Zustimmung des Akademischen Senats der Universität Graz fanden. Der § 1 der dieser Satzungen bestimmte, „daß diejenigen Hörer, welche den beschließenden Körperschaften der Studenten angehören, deutscher Volkszugehörigkeit sein müssen".[44] Nichtdeutsche Hörer österreichischer Staatsangehörigkeit konnten je 50 Hörer einen Vertreter mit beratender Stimme in den AStA entsenden.

Die Organisation der Studentenschaft in Graz war zu diesem Zeitpunkt eine Besonderheit. Oberstes beschließendes Organ der Studenten war die Studentenversammlung, gebildet aus den ordentlichen Hörern deutscher Volkszugehörigkeit beider Grazer Hochschulen, zusätzlich gab es pro Hochschule einen eigenen AStA. Die eigentlichen Selbst- und Mitbestimmungskompetenzen hatte aber der Hochschulhauptausschuß inne, ein Organ, bestehend aus Professoren und Studenten, die vom AStA gewählt wurden.[45] Das Staatsamt für Inneres und Unterricht hatte zwar gegen den Ausschluß nichtdeutscher Hörer österreichischer Staatsbürgerschaft Bedenken, jedoch aber die Absicht, vorerst die Satzungen zu bewilligen.[46]

In **Innsbruck** hatte sich im Februar 1919 ein paritätischer (d. h. gleich viele katholische und nationale Studentenvertreter) Hauptausschuß gebildet, wo es im Verlauf des SS 1919 bei der Debatte um die Schaffung eines Studentenparlaments zu Auseinandersetzungen kam. Die Nationalen wollten den zahlenmäßig bedeutenden Theologen – ganz in der alten Kulturkampfmanier – das Vertretungsrecht absprechen, womit die Einrichtung einer Studentenvertretung und die Wahlen dazu vorerst scheiterten. Zu Beginn des WS 1919/20 löste sich der paritätische Hauptausschuß demnach auf. Bald darauf begannen wiederum Verhandlungen zwischen beiden Gruppen, aber erst im Juli 1923

---

40 UAW. Beschluß des Senats vom 19. 12. 1918 nach dem Bericht des Rektors an das Staatsamt für Inneres und Unterricht vom 2. 1. 1919, AVA-StAfIuU/Zl. 2.57/1919.

41 Zaunbauer, Studenten und Politik an der Universität Wien, S. 27f.

42 75 Jahre Carolina, S. 236; Leitner, Politik und Hochschule, S. 57.

43 UAW-Reg/165 ex 1919/20. Bericht „Hochschulausschuß und Organisation der Studentenschaft", Beilage des Rektors der Universität Graz an den Rektor der Universität Wien vom 28. 1. 1920.

44 Höflechner, Die Baumeister des künftigen Glücks, SS. 287ff.

45 Die Funktionsweise genau siehe Höflechner, Die Baumeister des künftigen Glücks, S. 290f. Die Satzung abgedruckt ebda. SS. 673ff.

46 Ebda., S. 43.

wurde die DSt Innsbruck als „Vertretung der gesamten volleingeschriebenen Hörerschaft deutscher Volkszugehörigkeit" anerkannt.[47]

Inzwischen versuchte man im Frühjahr 1919, auf gesamtösterreichischer Ebene die Frage der Studentenvertretung zu regeln. Die Professoren waren allgemein für eine Studentenvertretung, die in bestimmten Fragen sogar eigenverantwortlich tätig sein sollte. Auf einer Rektorenkonferenz vom 19. bis 21. Mai 1919 wurde jedoch die Forderung nach einer Mitbestimmung der Studenten bei der Wahl akademischer Funktionäre und bei der Besetzung von Lehrkanzeln, wie sie von den Sozialdemokraten erhoben wurde, abgelehnt, man war jedoch für das Volksbürgerprinzip.[48]

Zuerst aber mußten die gesetzlichen Grundlagen geschaffen werden. Durch Vollzugsanweisung des Staatsamtes für Inneres und Unterricht vom 6. September 1919, GBl. 460, wurde der § 6 eines Erlasses des Ministeriums für Kultus und Unterricht vom 13. Oktober 1849, Zl. 7215, RGBl. Nr. 416 („Disziplinarordnung"), aufgehoben, wonach die „Studierenden einer Universität ... in ihrer Gesamtheit ... keine Korporation" sind.[49]

Der für den Unterricht (und damit auch für die Hochschulen) unmittelbar zuständige sozialdemokratische Unterstaatssekretär Otto Glöckel favorisierte jedoch im Herbst 1919 im Gegensatz zu der überwiegenden Mehrheit der Professoren eine Studentenvertretung, die aus allgemeinen Wahlen aller Studenten („Staatsbürgerschaftsprinzip") hervorgegangen ist.[50] Doch Glöckel konnte die Wahlen zu den Studentenausschüssen, wie sie zum Teil Ende 1919, Anfang 1920 stattfanden, nicht verhindern. Die Folge war, daß es zu keinem gesamtösterreichischen Studentenrecht kam und dieser Zustand im Prinzip seitens der Unterrichtsverwaltung, vor allem seit dem Zerbrechen der Großen Koalition, toleriert wurde.[51]

In Graz blieben daher die „Satzungen der Grazer Deutschen Studentenschaft", wie sie vom Senat am 15. Mai 1919 gebilligt wurden, in Kraft, sie wurden nur am 12. Dezember 1924 geringfügig geändert und der Verfassung der DSt angepaßt. Danach wurden auf beiden Hochschulen „Kammern" aufgrund des allgemeinen Wahlrechts für Deutsche bestimmt, die ihrerseits die jeweiligen Vorsitzenden und Amtsträger wählten, welche zusammen den Vorstand der Grazer DSt bildeten. Die Vorsitzenden der Universität und der Technik wechselten sich jährlich im Vorsitz der DSt ab.[52]

Das Volksbürgerschaftsprinzip wurde auf dem ersten Kreistag der DSt Österreichs 1920 bestätigt und in der Folge von fast allen Universitätsbehörden anerkannt.[53] Von der verfassungsrechtlichen Seite war jedoch das Volksbürgerschaftsprinzip sehr bedenklich und stand einer staatlichen Anerkennung im Sinne einer Zuerkennung des Status einer öffentlich-rechtlichen Körperschaft für die DSt im Wege. Die DSt mit ihren Gliederungen war praktisch nur ein Verein. Dies erkannte auch Unterrichtsminister Richard Schmitz (Nc), der den Rektoren anläßlich der Rektorenkonferenz vom 18. März 1927 nahelegte, in der Frage des Studentenrechts passiv zu bleiben und auf die Klärung im Deutschen Reich zu warten.[54]

---

47 Gehler, Studenten und Politik, SS. 218-221.

48 Ebda., SS. 18ff. und 54.

49 Kraus, Gleispach, S. 31; Lichtenberger-Fenz, Deutscher Abstammung und Muttersprache, S. 26

50 Gehler, Studenten und Politik, SS. 18-20; Zoitl, Hochschulautonomie und Studentenrecht, S. 127.

51 Kraus, Gleispach, S. 32; Lichtenberger-Fenz, Deutscher Abstammung und Muttersprache, SS. 11ff.

52 Satzung der DSt Graz von 1924 abgedruckt in Höflechner, Die Baumeister des künftigen Glücks, SS. 690ff.; Kraus, Gleispach, S. 34.

53 Lichtenberger-Fenz, Deutscher Abstammung und Muttersprache, SS. 46ff.; Weinzierl, Universität und Politik in Österreich, S. 19.

54 Kraus, Gleispach, S. 32f.

Das Unterrichtswesen war dort damals so wie gegenwärtig Ländersache, somit war die Lage dort komplizierter. Preußen hob am 27. September 1927 das volksbürgerlich verfaßte Studentenrecht auf und verlangte, daß alle Inländer ohne Unterschied der Nationalität wahlberechtigt sind. Diese Maßnahme wurde von der Studentenschaft weitgehendst boykottiert, mit der Folge, daß die DSt in Preußen die staatliche Anerkennung verlor.[55]

Die **sozialdemokratischen Studenten** – sieht man von dem kurzlebigen „interfraktionellen“ Studentenausschuß in Wien ab – boykottierten wegen des Volksbürgerschaftsprinzips diese nach ihrer Ansicht sich im „rechtsfreien“ Raum bewegenden Studentenvertretungen. Einer der Gründe war zweifelsohne der Umstand, daß der Anteil jüdischer Studenten bei ihnen sehr hoch war. Sie bekämpften die ganze Erste Republik den Anspruch der DSt als Alleinvertretung, aber wegen ihrer geringen Mitglieder- und wohl auch Anhängerzahl außerhalb der jüdischen Studentenschaft blieb das weitgehend ohne Bedeutung.[56] Auch Alfred Maleta (Cl) bemängelte diesen Umstand: „Aber in Wahrheit war dieser Vertretungskörper nur ein Rumpfparlament, weil nicht alle politischen Richtungen innerhalb der Studierenden vertreten waren. So fehlten die sozialistischen Hochschüler, ein Makel, über den man nicht weiter diskutierte, weil es als eine Selbstverständlichkeit empfunden wurde.“[57]

Die sozialdemokratischen Studenten hatten sich nach dem Krieg unabhängig voneinander konstituiert. Im November 1918 tat dies die „Sozialdemokratische Studenten- und Akademikervereinigung“ in Wien. Sie ging auf die 1893 gegründete „Freie Vereinigung“, der ersten sozialdemokratischen Vereinigung in Wien zurück.[58] Im April 1919 entstand die „Vereinigung Sozialistischer Hochschüler“ in Graz und im Dezember 1919 die „Vereinigung sozialistischer Hochschüler und Akademiker“ in Innsbruck.[59] Im November 1921 fand der erste Verbandstag der sozialdemokratischen Studenten Österreichs statt, 1925 wurde diese Dachvereinigung in „Verband Sozialistischer Studenten Österreichs (VSStÖ)“ umbenannt, wie er auch heute noch so heißt.[60]

Einen Ausweg aus dem genannte verfassungsrechtlichen Dilemma, in dem sich die DSt in Österreich befand, versuchte der Rektor der Wiener Universität des Studienjahres 1929/30, Wenzel (Graf) Gleispach[61], indem er für seinen Bereich eine Studentenordnung einzuführen versuchte, die nach dem Nationsprinzip aufgebaut war. Jede Nation sollte eine eigene Selbstverwaltung und Vertretung bekommen, die Deutschen wären dann die DSt.

---

55 Bartsch, Die Studentenschaften, S. 18f.; Derichsweiler, Die rechtsgeschichtliche Entwicklung des deutschen Studententums, S. 65f.; Lichtenberger-Fenz, Deutscher Abstammung und Muttersprache, SS. 68ff.; Stitz, Der CV 1919-1938, S. 54; Zorn, Die politische Entwicklung des deutschen Studententum, S. 287f.

56 Dazu siehe Weingand/Winkler, Diese Welt muß unser sein, SS. 22-27 und 96ff.; Zoitl, Student kommt von Studieren, SS. 240ff. Lediglich auf der Wiener TH soll der VSStÖ überdurchschnittlich viele Mitglieder, nämlich 500 im Jahr 1929, gehabt haben, siehe Weingand/Winkler, ebda., S. 47.

57 Maleta, Bewältigte Vergangenheit, S.72.

58 Einer der Gründer war übrigens Rudolf Hilferding. Er ging nach dem Ersten Weltkrieg nach Deutschland, wurde SPD-Politiker und war sogar 1928/29 Reichsfinanzminister.

59 Die Innsbrucker Gruppe hatte höchstens vier Mitglieder und wurde mangels Aktivität 1932 aufgelöst, siehe Gehler, Studenten und Politik, S. 425.

60 Über die sozialdemokratischen Studentengruppen siehe Weingand/Winkler, Diese Welt muß unser sein, S. 47; Zoitl, Student kommt von Studieren, S. 51 und 171f. Allerdings wurden – „politisch korrekt“ – die „Studentinnen“ eingefügt.

61 Gleispach (1876-1944) war Strafrechtler und gründete an der Universität Wien das Institut für Kriminalistik. 1936 sprach er sich in einem vom damaligen deutschen Reichsjustizminister Franz Gürtner (ursprünglich DNVP) herausgegebenen Sammelband mit dem Titel „Das kommende deutsche Strafrecht“ gegen die Euthanasie aus. Zitiert bei Neuhäusler, Kreuz und Hakenkreuz II, S. 360.

Die Rektorenkonferenz begrüßte diesen Schritt. Und am 8. April 1930 wurde durch Verordnung des Rektors dieses Studentenrecht in Kraft gesetzt.[62] Auch von seiten des CV wurde dieser Schritt gutgeheißen[63], und die anderen Universitäten wollten sich ebenfalls am Wiener Beispiel orientieren.

Seitens der Sozialdemokratie wurde diese Regelung aber bekämpft, u. a. weil diese eine Wegbereitung des „Hahnenschwanz- oder Hakenkreuzfaschismus" sei (Helge Zoitl).[64] Der CV-Hochschulamtsträger Hermann Hagen (Th) bemerkte dazu nicht ohne Ironie" „Das Wiener Studentenrecht hat offenbar die ganz links stehenden Kreise derart überrascht, daß sie nicht wußten, was sie damit machen sollten."[65]

Im Zuge dieser Auseinandersetzungen wurde nun Gleispach in der *Wiener Sonn- und Montagszeitung* beleidigt, worauf dieser einen Prozeß anstrengte. Der Richter zweifelte an der Rechtmäßigkeit der Studentenordnung und beantragte beim Verfassungsgerichtshof ein Normenkontrollverfahren. Dieser hob dann am 23. Juni 1931 die Wiener Studentenordnung auf, nicht aber wegen des Nationsprinzips, sondern wegen anderer, formaler Gründe.[66] Damit war der Zustand von früher wiederhergestellt.

Im April 1932 brachte Unterrichtsminister Emmerich Czermak (NdW) im Nationalrat einen Gesetzesantrag ein, der nun das Studentenrecht regeln sollte. Er hielt sich im wesentlichen an das Wiener Studentenrecht von 1930 mit seinen Nationen. Die Sozialdemokraten opponierten dagegen, und die Unruhen auf den Universitäten, insbesondere in Wien durch den NSDStB geschürt, haben ein nicht mehr tolerierbares Maß angenommen, so daß diese Vorlage nicht weiter behandelt wurde.[67] Die Jahre 1931 bis 1933 brachten durch das massive Auftreten des NSDStB eine politische Zuspitzung innerhalb der Studentenschaft, doch davon später siehe S. 324.

Die Katholischen Hochschul- bzw. Akademikerausschüsse

Die studentische Mitbestimmung war auch für die katholische Studentenschaft bzw. den CV eine neue Herausforderung. Aufgrund des Verhältniswahlrechtes war die Schaffung einer Wahlplattform bzw. einer Wahlliste notwendig, die ein möglichst breites Spektrum des katholischen Studententums zu vertreten hatte.

In **Wien** war es der Studentenseelsorger Karl Rudolf (Am)[68], der am 1. November 1918 zu einer Versammlung von Studentenvertretern einlud, um zu einer Aktionseinheit zu gelangen. Es wurde die Bildung eines Katholisch Deutschen Hochschul-Ausschusses (KDHA) beschlossen, der sich dann tags darauf am 2. November konstituierte. Erster Obmann wurde Siegmund Guggenberger (Kb), Stellvertreter u. a. Gustav Wendl (Wl).[69] Der Sinn und die Aufgaben dieser Zusammenschlüsse lagen aber nicht nur im hochschul-

62 Höflechner, Die Baumeister des künftigen Glücks, SS. 360-369; Lichtenberger-Fenz, Österreichs Universitäten 1930 bis 1945, S. 69f.; Lichtenberger-Fenz, Deutscher Abstammung und Muttersprache, SS. 84ff.; Kraus, Gleispach, S. 344; Stitz, Der CV 1919-1938, S. 57f.; Weinzierl, Universität und Politik in Österreich, S. 18.

63 Ac 43 (1930/31), S. 33f.

64 Zoitl, Hochschulautonomie und Studentenrecht, S. 132; siehe auch Sitzungsbericht 60. CV, S. 10; Kraus, Gleispach, S. 37.

65 Sitzungsbericht 60. CV, S. 131.

66 Ac 44 (1931/32), S. 62f.; Höflechner, Die Baumeister des künftigen Glücks, SS. 414ff.

67 Höflechner, Die Baumeister des künftigen Glücks, S. 426. Entwurf abgedruckt ebda. SS. 742ff.

68 Rudolf war während des Krieges Philistersenior der Amelungia.

politischen Bereich, sondern von Karl Rudolf wurden bewußt zwei weitere gleichwertige Akzente gesetzt: die religiöse Bildung bzw. die Seelsorge und die sozial-caritative Tätigkeit.[70] Damit waren die KDHAs ein „Mixtum“: einerseits hochschulpolitische Plattform der katholischen Studenten, wenn man so will, die katholische Studentenpartei in der DSt, andererseits aber auch ein seelsorgliches Instrument der Kirche.

Im SS 1919 kam es in **Graz** zur Gründung des Verbandes Katholisch Deutscher Hochschüler (VKDH), dem die beiden CV-Verbindungen Carolina und Traungau, dann ab 1920 zusätzlich die Babenberg, die Akademische Vereinigung katholischer deutscher Studenten und die Grazer Theologenschaft, später auch der Turnverein katholisch deutscher Hochschüler angehörten; Carolina führte vorerst den Vorsitz. 1922 wurde dann der VKDH von einem KDAA abgelöst.[71]

Auch in **Innsbruck** war der 1918/19 ins Leben gerufene KDHA Teil des ab Februar 1919 amtierenden gemeinsamen Hochschulausschusses (siehe oben). Mitte 1919 gab es eine Trennung, so daß der KDHA völlig selbständig agierte.[72] In der Folge nannte sich der KDHA in „Katholisch-Deutsche Arbeitsgemeinschaft Innsbruck“ um, in der vor allem die Austria Innsbruck den Ton gab. Anfang Dezember 1932 wurde aufgrund der Umgestaltungen (Auflösung der DSt und Einführung der KA) anstelle dieser Arbeitsgemeinschaft die Katholisch-Deutsche Hochschülerschaft Innsbruck (KDHI) gesetzt, wo sich aber an den Mitgliedschaften praktisch nichts änderte.[73]

Zu Beginn des Jahres 1920 wurde in Wien der KDHA in Katholisch Deutscher Akademiker-Ausschuß (KDAA) umbenannt, so daß nun in Österreich ein namensmäßiger Gleichklang herrschte.[74] Über Anregung Karl Rudolfs entstand 1919 zur der vom Volksbund herausgegebenen Zeitschrift *Volkswohl* als Beilage *Der Weg* (ab April 1919 *Unser Weg*) mit dem Untertitel „Blätter für zeitgerechtes Studententum“, von dem einige Jahrgänge erschienen sind und die vorerst nur im Wiener Raum Bedeutung erlangten.[75] Ebenfalls auf Anregung Rudolfs wurde aus dem Fürsorgeausschuß des KDAA Wien der Unterstützungsverein ***Akademikerhilfe*** zum Zweck der Schaffung von Studentenheimen gegründet. Die Gründungsversammlung fand am 21. November 1921 statt. Das erste Heim wurde 1926 gebaut, 1932 wurde das erste in der Pfeilgasse 6 errichtet, dessen Architekt Clemens Holzmeister (Nc) war. 1938 wurden diese Heime beschlagnahmt und konnten erst 1952 bzw. 1955 freigegeben werden. Doch unabhängig davon begann man 1949 mit dem Bau von neuen Heimen in anderen Universitätsstädten (wie Graz, Leoben u. a.). 1969 wurde in Wien auch ein Heim für Studentinnen errichtet. 1996 gab es sieben Heime in Wien, zwei in Graz, je eines in Innsbruck, Leoben und Salzburg mit rd. 2.600 Plätzen. In Klagenfurt ist die Akademikerhilfe an einen Heim beteiligt, und 1996 war je eines in Wien und Linz im Bau, 2001 waren es bereits fast 3.200 Plätze. Fast alle Amtsträger der Akademikerhilfe waren bzw. sind, sofern männlich, katholisch korporiert.[76]

---

69 Akademikerbewegung Katholische, S. 3f.; Jahrbuch KDAÖ 1923, S. 10; Rudolf, Die katholische Hochschülerbewegung, S. 153; Schnürer, Welfia, S. 96.

70 Rudolf, Die katholische Hochschülerbewegung, SS. 154-158.

71 VACl. Nachlaß Kurz. Bericht Trummer, Sommer 1919; 75 Jahre Carolina, S. 238.

72 Jahrbuch KDAÖ 1923, S. 10; Gehler, Studenten und Politik, S. 219.

73 Gehler, ebda., S. 330.

74 Schnürer, Welfia, S. 100.

75 Schnürer, Welfia, S. 99f.

76 Achtzig (80) Jahre Akademikerhilfe; *Acta Studentica* 118/1997, S. 5.

Von Innsbruck her kam der Vorschlag auf eine engere Zusammenarbeit zwischen den einzelnen KDAA's. Am 10./11. Dezember 1920 fand daher eine erste Tagung der Vertreter in Wien statt, wo über die möglichen Formen der Zusammenarbeit diskutiert wurde. Die Gespräche wurden am 25./26. Juni 1921 in Wien fortgesetzt und fanden ihr Ende am 27./28. Dezember 1921 in Salzburg. Dort wurde der Verband der Katholisch Deutschen Akademiker-Ausschüsse Österreichs gegründet und *Unser Weg* das gemeinsame Organ. Die Leitung des Verbandes sollte nach dem Vorortsprinzip durchgeführt werden, als erster übte 1921/22 Graz den Vorsitz aus. Unabhängig von der Einigung auf gesamtösterreichischer Ebene nahmen Wiener Vertreter, nämlich Hans Pernter (Nc) und Karl Rudolf (Am), am 19. Juli 1921 beim ersten internationalen Kongreß katholischer Studenten (Pax Romana) in Freiburg (Schweiz) teil.[77]

Der CV selber befürwortete sehr die Schaffung von KDAA's. In einem grundsätzlichen Artikel in der *Academia* wurden die Aufgabenbereiche dieser Ausschüsse umschrieben und ein überregionaler Zusammenschluß der KDAA's empfohlen.[78] Einen Monat nach Erscheinen dieses Artikels fand die erste Cartellversammlung nach dem Krieg in Würzburg statt, auf der beschlossen wurde, daß auf Initiative der örtlichen CV-Verbindungen KDAA's errichtet werden sollten, sofern sie noch nicht bestehen.[79]

Aber Mitte der zwanziger Jahre, als eine neue Studentengeneration die Universitäten bezog, ging so mancher Elan, der nach 1918 geherrscht hatte, verloren. Nachdem noch Anfang der zwanziger Jahre der Verband der KDAA's Österreichs einige Tagungen abgehalten hatte, löste sich der gesamtösterreichische Zusammenhalt immer mehr auf, ja in Wien nannte sich der KDAA wieder KDHA.[80]

Zwei weitere Gründe gab es noch, warum der Verband der KDAA's Österreichs an Bedeutung verloren hatte: Erstens aus hochschulpolitischen Gründen, denn es gab kein gesamtösterreichisches Studentenparlament, das direkt von allen Studenten gewählt wurde (wie von 1946 bis 2003 der ZA bzw. danach die BV), sondern nur der Kreistag der DSt, der aus Vertretern der einzelnen Kammern bestand. Somit gab es keine Notwendigkeit, eine gesamtösterreichische Wahlliste aufzustellen. Zweitens auch aus kirchlich-seelsorglichen Gründen, da hier die einzelnen Diözesen die Letztverantwortung trugen.

Die Gründung der Katholischen Aktion (siehe S. 241f.) hatte jedoch Folgen. Auf Initiative Karl Rudolfs wurde am 15. Mai 1930 in einer feierlichen Versammlung in Wien die Katholische Aktion (KA) der Jungakademiker errichtet, die im Prinzip aus dem Wiener KDHA bestand. Leiter des KDHA und damit auch der KA dieses Bereiches in Wien war Walter Ternik (ehemals M-D).[81] Diese Wiederbelebung auf religiösem Gebiet griff auch auf andere Hochschulstädte über und führte zur Gründung der ***Katholisch Deutschen Hochschülerschaft Österreichs*** *(KDHÖ)*. Am 15. Dezember 1930 trafen sich nach

77 Jahrbuch KDAÖ 1923, S. 10; Rudolf, Die katholische Hochschülerbewegung, S. 160f.; Schnürer, Welfia, S. 122f. Die Initiative zur Gründung der Pax Romana ging vom StV aus, erste Überlegungen dazu lassen sich bis 1888 zurückverfolgen, siehe dazu Funder, Das weiß-blau-goldene Band, S. 49.

78 Ac 32 (1919/20), S. 111ff.

79 Sitzungsbericht 50. CV, SS. 38 und 55ff.

80 *Unser Weg* 5 (1923), S. 109ff.; Hochschulführer KDHA 1929/30 Wien, S. 51; Rudolf, Die katholische Hochschülerbewegung, S. 160f.

81 Ac 43 (1930/31), S. 182; Rudolf, Die katholische Hochschülerbewegung, S. 159. Ternik hieß ursprünglich Trnik, daher gibt es unterschiedliche Schreibweisen. In diesem Buch wird generell Ternik verwendet. Er gehörte zu den Katholisch-Nationalen (s. S. 345) und ist in der Ukraine gefallen. Siehe dazu Veiter, Das 34er Jahr, S. 251, Anm. 85.

Jahren zum erstenmal wiederum die Vertreter der einzelnen KDAA's (nur Leoben fehlte) zu einer Besprechung. Die Neugründung KDHÖ war zwar nur eine lose Vereinigung, jedoch bot sie eine Plattform für eine Zusammenarbeit, etwa in Form von Tagungen. Erster Vorsitzender wurde Walter Ternik vom Wiener KDHA. 1933 wurde Alfred Hueber (Cl) zum Vorsitzenden der KDHÖ gewählt.[82]

Auch in Graz wurde eine Akademische Gruppe der KA (AKA) errichtet, die mit dem KDAA identisch war.[83] Dabei ist davon auszugehen, daß der KDAA Graz und die AKA Graz, um ein Beispiel zu gebrauchen, „eine Firma", jedoch unter zwei Namen, bildeten. Die Mitglieder und teilweise die Leitung waren in Graz wie in Wien dieselben, es entstand jedoch eine Arbeitsteilung: Die KDAAs verlegten sich auf hochschulpolitische Belange, während sich die AKA um die Seelsorge kümmerte.

Den KDAA's bzw. KDHA's kommt jedenfalls das Verdienst zu, in der politischen wie weltanschaulichen Umbruchsituation nach dem Krieg im Staat wie auf den Hochschulen eine organisatorische wie geistige Einheit unter den katholischen Studenten geschaffen bzw. den doch erfolgreichen Versuch dazu unternommen zu haben. Gemäß den Traditionen des Verbandskatholizismus waren Träger und Mitglieder dieser Ausschüsse die Verbindungen und Vereine, so daß eine hochschulpolitische Mitarbeit im katholischen Sinn für Studenten nur über die Mitgliedschaft in diesen möglich war. Daß nach 1918 die hochschulpolitischen und seelsorglichen Aufgaben noch gemeinsam gesehen wurden, lag ganz auf der Linie des Politischen Katholizismus. Mit der zunehmenden Entflechtung von Kirche und Politik einerseits und der Einführung neuer Seelsorgemethoden (KA) andererseits schien eine Trennung der beiden Bereiche opportun zu sein, wobei dieselbe Institution, nämlich die Vereinigung der Verbindungen und Vereine, unter zwei Namen auftrat.

Der CV in der Hochschulpolitik bis 1933

Wie bereits vorhin dargelegt, gab es zwischen den Verbindungen und den KDAAs einen engen Zusammenhang, wobei den Senioren sowie vor allem den Ortsverbandssenioren besondere Bedeutung zukam.[84]

Bei den ersten **Wiener** Hochschulwahlen am 18. November 1919 gab es noch im Sinne der allgemeinen Verständigungsbereitschaft innerhalb der Studentenschaft eine Einheitsliste aller „bürgerlichen" Studenten, die natürlich alle 20 Mandate erhielt. Von diesen standen dem KDAA vier zu. Zweiter Vorsitzender wurde Karl Habich (Nc). Bei den Wahlen am 24. Februar 1921 kandidierten zwei Listen, der KDHA erhielt 16 (729 Stimmen) und die Deutschvölkischen 35 (1637 Stimmen) Mandate. Zweiter Vorsitzender wurde Johannes Hollnsteiner (ehemals Nc).[85]

---

82 Ac 43 (1930/31), S. 269 und 45 (1932/33), S. 77. VACl. Nachlaß Kurz. Programmzettel der Haupttagung.

83 75 Jahre Carolina, S. 264; ausführlicher dazu Hartmann, Im Gestern bewährt, S. 252.

84 So war z. B. in der Regel der GCV-Senior auch Vorsitzender des KDAA und somit Fraktionsführer in der Kammer, wie z. B. Ende der zwanziger Jahre der spätere Nationalratspräsident Alfred Maleta (Cl). Siehe Maleta, Bewältigte Vergangenheit, S. 73.

85 Über Hollnsteiner siehe Buchmayr, Der Priester in Almas Salon, S. 29. Da Hollnsteiner im Herbst 1921 studienmäßig nach Freiburg/Br. wechselte, dürfte er dieses Amt wohl dann aufgegeben haben.

Interessant ist aber auch folgendes: Von den damals rund 11.200 Studenten der Wiener Universität waren wegen des hohen jüdischen Anteils in Zusammenhang mit dem Volksbürgerprinzip nur rund 7.000 Studenten wahlberechtigt. Von diesen gingen jedoch nur knapp 2.400 zur Wahl, das war eine Wahlbeteiligung von knapp über 34 Prozent. Die Wahlbeteiligung besserte sich jedoch im Lauf der Zeit: März 1923 48 Prozent, 54 Prozent im WS 1924/25, 74 Prozent im WS 1927/28 und 79 Prozent im WS 1930/31.

Bei den Wahlen am 1./2. März 1923 konnte der KDHA die Zweidrittelmehrheit der Nationalen brechen und erhielt 18 Sitze, die Deutschvölkischen 33. Der KDHA konnte dann seine Stellung in den folgenden Jahren ausbauen. Auf der TH lautete das Verhältnis 7 zu 26 zu Ungunsten des KDHA, auf der Tierärztlichen 3 zu 7, auf der Bodenkultur 4 zu 11. Die Wahlen auf der Welthandel wurden damals sistiert. Diese Situation änderte sich in den folgenden Jahren nur wenig. Führende Figur des KDHA Wiens Mitte der zwanziger Jahre war Ferdinand Peschke (Wl), er war nicht nur von März 1923 bis Januar 1926 stellvertretender Vorsitzender auf der Universität Wien, er war auch 1924 stellvertretender Leiter des Kreises VIII (Österreich) der DSt.[86]

Bei den Wahlen im WS 1925/26 entfielen auf die Deutschvölkischen 47,6 Prozent, auf den KDHA 37,3 Prozent. Der erstmals auftretende völkisch-soziale Block (Nationalsozialisten) erhielt auf Anhieb 15,1 Prozent.[87] Bei den Wahlen 1928 entfielen auf die Deutschvölkischen 19, den KDHA 15 und die Völkischsozialen 6 Sitze.[88] Bei den letzten Wahlen im Februar 1931 wurde der NSDStB mit 15 Sitzen (2.278 Stimmen) stärkste Fraktion, gefolgt vom KDHA mit 14 Sitzen (2.163) und der Völkischen Front mit 11 Sitzen (1.751) Stimmen. Damit stellte der NSDStB den Vorsitzenden.[89]

Auf der Technik erhielt 1931 der KDHA 5 von 25 Sitzen, an der Welthandel 4 von 24, an der Bodenkultur 5 von 15 und an der Tierärztlichen 2 von 12.[90] Der NSDStB war nun auf der Universität und der Technik (12 von 25) die stärkste Fraktion, auf der Welthandel (14 von 24), der Bodenkultur (10 von 15) und der Tierärztlichen (7 von 12) erreichte er meist zu Lasten der völkischen Listen sogar die absolute Mehrheit.[91]

Die führenden Köpfe der katholischen Studentenschaft Wiens und damit auch Österreichs Ende der zwanziger/Anfang der dreißiger Jahre waren Theodor Veiter (ehemals Rd) – er wurde Anfang 1936 auch zum Präsidenten der Pax Romana gewählt[92] – und Walter Ternik (ehemals M-D): Beide wurden jedoch später wegen ihrer Affinität zum Nationalsozialismus aus dem CV ausgeschlossen, wie auch Wilhelm Wolf (ehemals AIn), der die KDHÖ geistig stark beeinflußte.

Bei den ersten **Grazer** Hochschulwahlen im Herbst 1919 gab es im Sinne der kurzfristigen Annäherung zwischen CV und Schlagenden ebenfalls eine Einheitsliste, die natürlich alle 32 Mandate erhielt, sieben davon (darunter zwei Carolinen) entfielen auf die Katho-

---

86 Über Wien siehe Schnürer, Welfia, SS. 141-161, wo ein guter Überblick über die Wiener Hochschulpolitik der zwanziger Jahre gegeben wird; Jahrbuch KDAÖ 1923, S. 58. Neben Peschke waren in dieser Zeit hochschulpolitisch u. a. Karl Fellinger (Nc), Ernst Klebel (ehemals Am) und Karl Kopeindl (Am) aktiv. Siehe dazu auch Ac 38 (1925/26), S. 188.

87 Nach Zaunbauer, Studenten und Politik an der Universität Wien, S. 72.

88 Jahrbuch KDHA Wien 1929/30, S. 48; Jahrbuch KDHÖ 1932, S. 55f.

89 Zaunbauer, Studenten und Politik an der Universität Wien, S. 76.

90 Jahrbuch KDHÖ 1932, S. 55f.; Carsten, Faschismus in Österreich, S. 177; Funder, Als Österreich den Sturm bestand, S. 88; Leitner, Politik und Hochschule und Hochschule, S. 64.

91 Weingand/Werner, Diese Welt muß unser sein, S. 101; Studenten im Kampf, S. 107.

92 *Österreichische Woche*, 23. 1. 1936, S. 6.

lischen.[93] Auch 1920 gab es nur eine Einheitsliste. Der Übersicht halber in der Folge die Mandatsverteilung bei den Kammerwahlen zur Universität.[94] Die Wahlen für eine Kammerperiode (Studienjahr) fanden in der Regel zu Beginn des Wintersemesters im Herbst statt.

Die Mandatsverteilung nach den Kammerwahlen zur DSt der Universität Graz

	Deutsch-Völkische	KDAA	Völkisch-Soziale NSDStB	Katholisch-Nationale
1921/22	12	6	-	-
1922/23	12	6	-	-
1923/24	12	6	-	-
1924/25	10	6	2	-
1925/26	16	-	2	-
1926/27	11	5	2	-
1927/28	13	5	-	-
1928/29	13	4	-	1
1929/30	14	3	-	1
1930/31	9	4	4	1

Aufgrund dieser Mehrheitsverhältnisse war es klar, daß die Schlagenden immer den Vorsitzenden stellten, so war z. B. 1924 Ernst Kaltenbrunner (B! Arminia), der spätere SS-Obergruppenführer und Chef des Reichssicherheitshauptamtes, der Listenführer der deutschvölkischen Liste. Bereits sein Vater war Mitglied der B! Arminia, und er selber wurde sehr stark von dem „Geist", der dort herrschte, geprägt: Antisemitismus, Antiklerikalismus, Alldeutschtum, anti-habsburgisch. Er war begeisterter Burschenschafter, ein starker Trinker und leidenschaftlicher Paukant, wie sein Gesicht beweist. Ohne Zweifel erfuhr Kaltenbrunner im „völkisch-wehrhaften" Milieu der B! Arminia jene entscheidenden Prägungen, die zu seiner SS-Karriere führten, an deren Ende der Nürnberger Prozeß und seine 1946 erfolgte Verurteilung zum Tode stand.[95]

Die führenden Köpfe in Graz aus dem CV in der DSt bzw. im KDAA stammten in den Umbruchtagen des Jahres 1918/19 aus der Carolina. Für 1921/22 war beim KDAA Alfons Gorbach (Cl) Spitzenkandidat. Danach war Traungau besonders hochschulpolitisch aktiv, 1922/23 war z. B. Peter Pachler (Trn) stellvertretender Vorsitzender der Kammer.[96] Wegen verschiedener Auseinandersetzungen mit den nationa-

93 75 Jahre Carolina, S. 238; Höflechner, Die Baumeister des künftigen Glücks, SS. 699; Leitner, Politik und Hochschule, S. 59. Es wurden insgesamt 768 Stimmen abgegeben.

94 Die Wahlergebnisse auf der Universität Graz sind abgedruckt in Höflechner, Die Baumeister des künftigen Glücks, SS. 699ff.

95 Arminia Graz, SS. 110f. und 115f.; Festschrift VDSt, S. 50f.; zu Kaltenbrunner siehe insbesondere Black, Peter: Ernst Kaltenbrunner. Vasall Himmlers: Eine SS-Karriere. Paderborn 1991, bes. SS. 36-65.

96 Jahrbuch KDAÖ 1923, S. 60f.

len Studenten trat auf Betreiben des CV die KDAA im Dezember 1924 kurzfristig aus, jedoch kam es 1925 wiederum zu einer Einigung, die nur von kurzer Dauer war. Im Verlaufe des Wahlkampfes für die zum 15. November 1925 ausgeschriebenen Wahlen kam es wiederum zu Auseinandersetzungen, so daß sie auf Februar 1926 verlegt wurden. Der KDAA nahm daran nicht teil, so daß die Wahlbeteiligung auf der Universität auf 24 Prozent und auf der Technik auf 53 Prozent sank (mehr darüber siehe S. 305f.). Mitte der zwanziger Jahre spielte im KDAA Othmar Selan (BbG) eine herausragende Rolle.

Bei den Wahlen am 27. Februar 1927 für das Studienjahr 1926/27 reichte die Suevia auf dem Waldhof (RKDB) eine katholisch-nationale Liste ein, so daß das katholische Lager gespalten war. Obwohl die Suevia keinen Sitz erreichen konnte, hatte das aber aus wahlarithmetischen Gründen zur Folge, daß der KDAA einen verlor. Im Herbst 1929 kam es zu keiner Kandidatur des KDAA, sondern der „Liste der Duellgegner" (unter der Führung der KV-Verbindung Winfridia; der CV empfahl aber die Wahl dieser Liste, dazu siehe S. 315). Am 28. November 1930 gab es die letzte Wahl an den steirischen Hochschulen, bei der erstmals der NSDStB kandidierte.

Auf der Technik ging der KDAA anfangs leer aus, was auch in den folgenden Jahren so blieb. In den Jahren 1928 und 1929 entfielen dort überhaupt die Wahlen, weil nur eine „völkisch-wehrhafte" Liste kandidierte, der alle Mandate zugesprochen wurden. 1930 wurde auf Technik die vom NSDStB eingereichte Liste für ungültig erklärt, so daß die „Völkische Liste" wieder alle Sitze erhielt.[97] Da in der Folge diese Mandatare geschlossen zum NSDStB übertraten und die Funktionsdauer aber wegen der ausgesetzten Wahlen verlängert wurde, behauptete 1938 die NS-Propaganda, daß die Grazer Technik „durch einen überwältigenden Sieg bei den studentischen Wahlen ... die erste 100prozentige nationalsozialistische Hochschule des deutschen Sprachgebietes" gewesen sei. Im März 1938 wurde über die Eingangstür der Hochschule die Inschrift angebracht: „Die erste nationalsozialistische Hochschule des Deutschen Sprachgebiets grüßt den Führer!"[98] Dieser stieg übrigens bei seinem ersten Besuch in Graz nach dem Anschluß in dem nicht allzu weit entfernten Parkhotel ab, so daß er diese Inschrift wohl gesehen haben dürfte.

Ende der zwanziger Jahre war Alfred Maleta (Cl) Fraktionsführer des KDAA und wurde Anfang der dreißiger Jahre von Alfred Hueber (Cl) abgelöst. Dieser wurde am 14. Mai 1933 zum Nachfolger Theodor Veiters zum Vorsitzenden der KDHÖ gewählt.[99]

In **Innsbruck** war die Situation für die katholischen Studenten am günstigsten. Das lag vornehmlich an der sehr starken theologischen Fakultät.[100]

---

97 Zu den Wahlergebnissen siehe Leitner, Politik und Hochschule, S. 61ff.; 75 Jahre Carolina, SS. 238ff. und 294ff.; Weingand/Winkler, Diese Welt muß unser sein, S. 100f. Die bei Leitner sich findende Behauptung, daß der KDAA einen Sitz erreichen konnte, stimmte jedoch nicht.

98 Weingand/Winkler, Diese Welt muß unser sein, S. 103.

99 CVA 439. Bericht Carolinas an das Hochschulamt WS 1924/25 und SS 1927, Brief Carolinas an Academia-Beirat vom 29. 11. 1932. CVA 440. Brief Huebers an Hagen vom 23. 2. 1932. Siehe auch Veiter, 34er Jahr, S. 117 und Anm. 117.

100 Ac 33 (1920/21), S. 63; Pichler, 75 Jahre Leopoldina, SS. 150, 210 und 277.

Die Mandatsverteilung nach den Kammerwahlen zur DSt der Universität Innsbruck

	Katholische Liste	Nationale	NSDStB	nationale Finken
1920	15	15	-	-
1921	17	15	-	-
1925	16	18	-	-
1929	18	14	-	-
1930	17	13	2	-
1933	-	9	10	9

Während 1920 noch ein Patt herrschte, waren 1921 die Mehrheitsverhältnisse klar, so daß Josef Ettel (AIn) zum Vorsitzenden gewählt wurde. Die Wahlbeteiligung betrug in Innsbruck 1920 63,2 Prozent gemessen an der Zahl der Wahlberechtigten, nicht wahlberechtigt waren von den insgesamt 1602 Hörern nur 82, eine im Vergleich zu Wien geringe Zahl.[101] Mitte Februar 1922 wurde Alfons Willam (Le) zum Kammervorsitzenden gewählt.

Im Februar 1931 kam es aufgrund von Auseinandersetzungen zwischen den beiden Lagern zu keiner Wahl. Im Januar 1932 wurde sie wegen der Entscheidung über das Studentenrecht auf Anweisung der Kreisleitung der DSt nicht abgehalten. Im Frühjahr 1933 wurde zum letzten Mal in Innsbruck gewählt, bei denen sich die katholischen Gruppierungen nicht beteiligten, weil ja der Austritt aus der DSt erklärt wurde. Das Ergebnis dokumentiert, daß die Nationalsozialisten wie in Graz ein gutes Drittel der nationalen Wählerschaft an sich binden konnte. [102]

Führende Figuren Ende der zwanziger, Anfang der dreißiger Jahre waren Albert Schöpf (AIn), nach 1945 ÖVP-Landesparteiobmann in Oberösterreich, Kurt Rösch (AIn) sowie Arnulf Benzer (Le), danach Karl Ilg (Le).[103]

Auf der Montanistischen Hochschule in **Leoben** erhielt der „Leobener Burschenbund der wehrhaften Korporationen" immer alle Mandate, im Jahr 1931 erreichte dann der NSDStB 3 von 12 Sitzen.[104] Die Erfolge des NSDStB bis 1931, vor allem in Wien, hatten zur Konsequenz, daß im März 1931 auf dem Kreistag des DSt Österreichs ein Nationalsozialist zum Kreisleiter gewählt wurde.[105]

Da es damals keine gesamtösterreichischen Studentenwahlen[106] gab und die Wahlen zu den einzelnen Kammern teilweise ohne Beteiligung der Sozialdemokraten sowie ohne die damals zahlenmäßig vor allem in Wien gewichtigen Juden erfolgte, ist eine exakte politische Stimmungslage der gesamten Studentenschaft nicht zu ermitteln. Die genannten Beispiele der drei größten Universitäten zeigen jedoch, daß die damaligen Wähler der ka-

101 Ac 33 (1920/21) S. 63 und 34 (1921/22). S. 9. Die katholische Liste erhielt 1920 534 Stimmen, die nationalfreiheitliche 426. Obwohl erstere deutliche 55,4 Prozent erreichte, blieb es mandatsmäßig bei einem Gleichstand.

102 Gehler, Studenten und Politik, S. 545 und 556.

103 Gehler, Studenten und Politik, S. 240; Festschrift Leopoldina 70, S. 33.

104 Weingand/Winkler, Diese Welt muß unser sein, S. 101.

105 Ebda.

106 Eine Übersicht über die Hochschulwahlen in der Ersten Republik und eine Interpretation der Ergebnisse bietet Stimmer, Eliten in Österreich. SS. 580-592.

tholischen Listen und damit, wie wohl berechtigterweise anzunehmen ist, die Anhänger der Christlichsozialen Partei innerhalb der wahlberechtigten (nichtjüdischen) Studentenschaft, in den zwanziger Jahren um 35 Prozent lagen. Das Verhältnis der Katholischen zu den Nationalen betrug daher 1 : 2, während es umgekehrt bei den Nationalratswahlen 3,4 : 1 lautete.

Gernot Stimmer versuchte aufgrund verschiedener Annahmen, ein tatsächliches Stimmungsbild aller Studenten, also auch der ausgeschlossenen (Juden) und boykottierenden (Sozialdemokraten), zu errechnen. Für 1927/28 glaubt er herausgefunden zu haben, daß bei einem Wahlgang, bei dem fast alle Studenten teilgenommen hätten, der VSStÖ mit über 20 Prozent noch vor der katholischen gelegen wäre. In einer weiteren Hochrechnung (mit einer weiteren Zurechnungsmethode) kommt er dann zum Schluß, daß beide Lager fast ausgewogen gewesen wären.[107]

Natürlich stellt die von den Wahlen ausgeschlossene bei über 20 Prozent liegende jüdische Studentenschaft in Wien in der politischen Zurechnung ein Unsicherheitsfaktor dar. Deutschnational hätten sie sicher nicht gewählt, den KDAA wohl auch kaum. Hätten sie alle sozialdemokratisch votiert, wie man vielleicht aufgrund zahlreicher jüdischer Funktionäre in der Sozialdemokratischen Partei hätte annehmen können? Hat der VSStÖ damals außerhalb seiner jüdischen Mitglieder noch wesentlich mehr Potential an sich ziehen können? Oder wären die Wähler des VSStÖ überwiegend Juden gewesen? Oder hätten jüdische Studenten – vor allem jüdisch-national oder zionistisch orientierte – eine eigene jüdisch-nationale Liste aufgestellt? Wir wissen es nicht, und wir werden es wohl auch nicht wissen. Wir kennen nur die Ergebnisse der Wahlen, an denen die Juden nicht mitwirken durften und die der VSStÖ boykottierte. Zieht man die soziale und politische Struktur der Ersten Republik in Betracht, dann kann innerhalb der nichtjüdischen Studentenschaft der sozialdemokratische Anteil nur ein marginaler gewesen sein. Nach einer Schätzung dürfte es in Deutschland und Österreich rund 5.500 Mitglieder sozialdemokratischer Studentenvereinigungen gegeben haben.[108] Andere Angaben sprechen für das Jahr 1931 von 3.342 Mitgliedern für den VSStÖ.[109] Doch dürfte diese Zahl weit übertrieben sein, denn das hieße ja, daß dann jeder sechste Student Mitglied des VSStÖ gewesen sein muß. Es ist nach der sozialen Herkunftsstruktur wohl unbestritten, daß vor 1933 der sozialdemokratische Anteil an der nichtjüdischen Studentenschaft weitaus geringer als nach 1945 gewesen ist. Denn nach dem Zweiten Weltkrieg war ja ein Trend zu mehr sozialer Ausgewogenheit innerhalb der Studentenschaft nicht zu leugnen. Die Ergebnisse des VSStÖ ab 1946 sind bekannt (siehe S. 529), sie waren bis in die achtziger Jahre nicht gerade berauschend. Insofern erscheinen die These von Gernot Stimmer sowie die kolportierten Mitgliederzahlen wenig überzeugend zu sein.

Der Studententag der DSt, der in der Regel jährlich tagte, setzte sich aus den Delegierten je nach Größe der Universitäten bzw. Hochschulen zusammen. Katholische Studenten (und damit CVer) hatten aus Österreich nur von den großen Universitäten eine Chance gehabt, zum Studententag entsandt zu werden. Eine ähnliche Situation gab es na-

107 Stimmer, Eliten in Österreich, SS. 589ff. Seine Sympathie für die Sozialisten ist offenbar, denn er spricht von einem „demokratisch-sozialistischen" Lager gegenüber einem „deutschnationalen-katholischen", so als ob es bei den Sozialisten immer nur Demokraten, bei den anderen jedoch keine gegeben hätte.

108 Ströle-Bühler, Studentischer Antisemitismus in der Weimarer Republik, S. 2.

109 Heinzelmaier, Bernhard: Zur Geschichte des VSStÖ vom Beginn der Sechziger Jahre bis zum Vorabend des Studentenbewegung. Wien phil. Dipl. Arb. 1987, S. 23.

türlich auch bei der Delegiertenversammlung für den Kreis VIII (Österreich) der DSt. Zwar war in der Regel der Kreisleiterstellvertreter ein CVer, wie etwa 1923/24 Ferdinand Peschke (s. o.), 1926/27 Otto Stein (M-D)[110] oder 1930/31 Theodor Veiter (ehemals Rd)[111], jedoch lag die Mehrheit im Vorstand sowie die verschiedenen Kreisämter in den Händen der Nationalen, ab 1931 sogar der Nationalsozialisten. Bis Ende 1926 war über längere Zeit Erich Führer (B! Bruna Sudetia Wien) Vorsitzender des Kreises VIII.[112] Gegen Ende der DSt-Zeit spielten Josef Klaus (Rd) und Heinrich Drimmel (NdW) eine Rolle, die dann auch in der Sachwalterschaft des „Ständestaates" tätig waren (siehe S. 415).

Auch in der DSt waren die Katholiken und damit der CV in der Minderheit. Nur 1923/24 war ein CVer Vorsitzender der DSt: Arthur Fritsch (Wf). Jedoch war der CV öfters im Vorstand vertreten, so 1924/25 Edmund Stoeckle (Ae), 1927/28 Hermann Proebst (Ae) und 1930/31 Konrad Welte (Ae).[113]

Der CV selber erkannte nach 1918 relativ rasch die Bedeutung der DSt sowie der einzelnen studentischen Gremien, die durch Wahl bestimmt wurden. Bereits auf der 50. CV 1919 wurde die Hochschulpolitik zu einem wichtigen Anliegen erklärt[114], und auf der 51. CV 1920 wurden die Studentenausschüsse als allgemeine Vertretung anerkannt.[115] Auf der 52. CV 1921 wurde ein hochschulpolitisches Programm des CV in die Wege geleitet, über das Ende 1921 schriftlich abgestimmt wurde.[116] Grundgedanke dieses Programms und aller nachher in dieser Richtung gefaßten Beschlüsse war die Aufforderung an die CVer, in der DSt und den Studentenausschüssen mitzuarbeiten sowie katholische Akademikerausschüsse zu gründen.

---

110 Deutsche Studentenschaft 1926/27, S. 127.

111 Deutsche Studentenschaft 1930/31, S. 110.

112 Deutsche Studentenschaft 1926/27, S. 127; Juen, Waffenstudenten und katholische Korporationen an der Universität Wien, S. 28. Zur Biographie Führers siehe www.doew.at/projekte/rechts/chronik/2001_09/fuehrer.html vom 15. 8. 2005. Er wurde bereits 1932 illegales Mitglied der NSDAP.

113 Bericht 14. Studententag, S. 6; Ac 37 (1924/25), S. 95; Ac 40 (1927/28), S. 85. Hermann Proebst war von 1960 bis zu seinem Tod 1970 Chefredakteur der renommierten *Süddeutschen Zeitung* in München. Über ihn siehe 150 Jahre Aenania, S. 497.

114 Sitzungsbericht 50. CV, S. 37.

115 Bericht 51. CV, S. 22.

116 Bericht 52. CV, SS. 91-110; Ac 40 (1927/28), S. 272ff.

In Graz beginnen wieder die Auseinandersetzungen

„In den auf den Hochschulen bestehenden katholischen Blasen hat die wehrhafte Studentenschaft immer die gefährlichsten Kampftruppen des jesuitischen Römertums gesehen und sie dementsprechend behandelt."

Willibald Klauser (B! Stiria Graz)[1]

Vorübergehende Annäherung nach dem Krieg

Bereits in den letzten Jahren vor dem Krieg machte sich ein Abebben der handgreiflichen Auseinandersetzungen zwischen dem CV und den Schlagenden bemerkbar. Der Erste Weltkrieg mit der persönlich erlebten Kameradschaft leistete einen weiteren Abbau der Spannungen. Es war daher kein Wunder, daß besonnene Stimmen laut wurden, die zur Versöhnung mahnten. Bereits am 22. Februar 1916 schrieb Friedrich Funder (Cl) in der *Reichspost* unter der Überschrift „Burgfriedliche Gedanken" u. a.: „Kann es von der Front der Weltgeschichte eine Rückkehr zum kleinlichen Zank einer kleinen Vergangenheit geben? ... Der Kameradschaft vor dem Feinde muß eine solche an Österreichs hohen Schulen folgen, und von der unerfreulichen Zerklüftung der arischen Studentenschaft mag es nach dem Krieg in der Sprache des tückischsten unserer Feinde heißen: Tempi passati! Es war einmal!" Diese Zeilen fielen in der Folge bei den Schlagenden offenbar auf fruchtbaren Boden.

Anläßlich eines Farbenbummels auf der Wiener Universität, an dem Norica, Nordgau und Kürnberg vertreten waren und der als Demonstration für die Erhaltung des deutschen Charakters der Wiener Universität gedacht war, trat spontan ein Mitglied der Wiener B! Teutonia zum Senior der Norica und lud den CV ein, sich dem Zug der anderen Korporationen anzuschließen. Funder schreibt über dieses Ereignis:

> „Der Krieg hatte die sogenannten schlagenden Korporationen gelehrt, die katholischen Farbstudenten mit anderen Augen anzusehen. Diese Noriker, Austrier, Carolinen und Rudolfinen, die man draußen in den Schützengräben, auf den Feldwachen, bei den im Granatfeuer vorgehenden Sturmbataillonen als todesmutige Zugsführer und Kompaniekommandanten getroffen hatte, waren das dieselben, die man wegen ihrer Ablehnung des Duells als Feiglinge verachtet, beschimpft, mit Brachialgewalt aus den Hochschulen gestoßen, denen man die Gleichberechtigung als deutsche Studenten entzogen hatte?"[2]

Der Wiener CV erfaßte die Situation und beschloß am 19. Juni 1916 auf einem SC, in Verhandlungen mit den Schlagenden einzutreten. Norica wurde damit beauftragt. Aber erst am 28. Januar 1918 kam es im Wiener Café Eiles zu einem Kontakt, dem mehrere folgten. Ergebnis waren die Anerkennung der vollen Gleichberechtigung sowie ein Zusammengehen bei der Frage der Studentenausschüsse.[3]

---

1 Klauser, Geschichte der B! Stiria, S. 154f. Willibald Klauser war der Vater des späteren (1970 bis 1991) Landesrates für Finanzen der Steiermark Christoph Klauser (SPÖ).

2 Funder, Das weiß-blau-goldene Band, S. 165.

3 Ebda., S. 166; Ac 31 (1918/19), S. 198f.

Auch in Graz kam es zu einer Entkrampfung. Am 27. Juni 1918 fand auf der Ries eine Sonnwendfeier der Grazer Studentenschaft statt, zu der alle Studierenden eingeladen wurden. Zuvor gab es eine Aussprache zwischen Vertretern der Carolina und des Traungau mit dem Sprecher der schlagenden Verbindungen, bei der dieser den CV zur Sonnwendfeier eingeladen, jedoch gebeten hatte, ohne Farben zu erscheinen. Tatsächlich nahmen Aktive und Alte Herren in Uniform daran teil, wodurch sie die Farbenfrage elegant gelöst hatten.

Für den 13. Juli war ein Abschiedsfest am Hilmteich angesetzt, da die Studienurlaube zu Ende gingen. Franz Steiner von Treuendorf (Trn) konnte dort eine aufklärende Rede über die Einstellung des CV zu nationalen und akademischen Fragen halten.[4] Beide Parteien waren nun zu Verhandlungen bereit. Seitens des GCV wurden zwei Forderungen überreicht: Aufnahme in einem zu bildenden Studentenausschuß und volle Gleichberechtigung. Seitens der Schlagenden wurde wiederum an den GCV die Anfrage gerichtet, wie er zur Austragung von Ehrensachen mit Schläger und zum Politischen Katholizismus bzw. zum kirchlichen Einfluß auf die Hochschulen stehe. Nach langwierigen Vorverhandlungen konnte am 2. September 1918 eine gemeinsame Sitzung stattfinden. Obwohl in politischen wie nationalen Fragen seitens des GCV für die Schlagenden befriedigende Antworten kamen, blieben die CV-Vertreter in der Duellfrage hart. Hinzu kam noch, daß die Schlagenden im Gegensatz zum CV wegen des noch nicht eröffneten Verbindungsbetriebes kein offizielles Verhandlungsmandat besaßen. Dadurch konnte es zu keinem Ergebnis kommen. Trotzdem wurde bis zur Aufnahme des vollen Farbenbetriebes ein Burgfriede vereinbart. Auch auf hochschulpolitischem Gebiet kam es zu einer Verständigung: Wie in Wien bildete man eine gemeinsame Liste für die Wahlen zum Studentenausschuß.[5] Im Sinne dieser Verständigung konnte auch am Ende des SS 1919 das Farbenverbot der Carolina auf der Technik aufgehoben werden, am 21. Juni 1919 zog sie dort zum erstenmal in Farben auf.[6]

Diese Annäherung der gegenseitigen Standpunkte war eindeutig ein Produkt der Kriegsgeneration. Rund 15 Jahre später bemerkte dazu rückblickend ÖCV-Hochschulamtsträger Max Dinkhauser (AIn) vor der 2. CVV 1935: „Denn als der letzte Frontsoldat die Hochschule verlassen hatte, war mit ihm auch der versöhnende Schützengrabengeist verschwunden."[7] Daher darf man dieses Zusammenrücken von CV und Schlagenden in der Umbruchphase der Jahre 1918/19 im Rückblick nicht überbewerten.

Das Ende der Verständigungsphase und der Beginn der Konfrontation

Der möglicherweise hoffnungsvolle Ansatz einer Verständigung zwischen katholischen und schlagenden Verbindungen versandete also rasch. Bis 1923 verließ die Weltkriegsgeneration die Hochschulen. Die nachfolgende übernahm den „antibürgerlichen Geist der Jugendbewegung" und war eng verzahnt mit einer besonderen „Anfälligkeit für das

4 75 Jahre Carolina, S. 233f.; Funder, Das weiß-blau-goldene Band, S. 166; Haidacher, Fünfzig Jahre Traungau, S. 26f.; Molisch, Geschichte S. 249f.; Schnürer, Welfia, S. 79f.

5 75 Jahre Carolina, S. 234ff.; Mölzer, Der Gegensatz zwischen katholischen und nationalfreiheitlichen Korporationen in Graz, S. 488.

6 Ac 32 (1919/20), SS. 91 und 191.

7 Protokoll 2. CVV 1935, S. 21.

Grundrauschen der völkisch-antisemitischen Publizistik der Weimarer Jahre".[8] Der Chronist der B! Stiria Graz, Willibald Klauser, gab dazu auch eine ungeschminkte Erklärung: „Der Weltkrieg hat hierin vorübergehend eine Änderung gebracht, indem durch vorgetäuschte nationale Anwandlungen im Kreise der katholischen Verbände in einem Teile der nationalen Studentenschaft die Überzeugung Platz griff, es wäre die Möglichkeit vorhanden, die katholischen Verbindungen langsam bis zu einem gewissen Grad in das völkische Fahrwasser zu lotsen."[9] Aus diesem Geist heraus mußte es wieder wie vor 1914 zu Konfrontationen zwischen dem CV und den „Wehrhaften" kommen. Neuerlich wurde Graz der wichtigste Schauplatz dieser Auseinandersetzungen, in Wien und Innsbruck waren sie im Vergleich dazu marginal. „Und nach und nach glomm wieder der alte Funke der Unduldsamkeit auf; sie äußerte sich zwar nicht mehr in Formen wie vor 1914, war aber nicht minder beschämend", so Emmerich Kresbach sen. (Cl).[10]

Beim **Publikationsfest der dritten GCV-Verbindung Babenberg** im Dezember 1920 (siehe auch S. 226) kam es zu den ersten größeren Auseinandersetzungen nach dem Krieg. Bereits am 7. Oktober hatte Babenberg um das Aufzugsrecht auf der Universität und Technik angesucht, was aber vorerst abgelehnt bzw. hinausgezögert wurde. Am 4. Dezember fand in den Annensälen der Publikationskommers statt. Bereits am Vormittag wurden der Festbummel und die Auffahrt durch Schlagende gestört. Als die Babenberg in die Technische Hochschule wollte, wurde sie von einem fanatischen Haufen „wehrhafter" Studenten daran gehindert. Sie gaben vor, daß die Babenberg noch nicht das Aufzugsrecht besäße, obwohl am Vorabend der Prorektor der Technik erklärt hätte, daß es vom Professorenkollegium gebilligt worden wäre. Der Rektor, Prof. Friedrich Emich, wich aber der Gewalt und ließ die Chargierten der Babenberg nicht hinein. Der Rektor der Universität, der spätere Nobelpreisträger Fritz Pregl, weigerte sich mit der Bemerkung, die Empfindlichkeit der Freiheitlichen schonen zu wollen, die Verbindung zu empfangen. Der GCV legte beim Senat am 11. Februar 1921 wegen dieses Verhaltens Beschwerde ein, die jedoch am 25. Mai zurückgewiesen wurde; ähnliches geschah auch auf der Technik.[11]

Zu Beginn des WS 1920/21 kam es innerhalb der Schlagenden zu einer Positionierung in der Frage des Verhältnisses zum CV. Es wurde unter maßgeblicher Initiative der B! Stiria ein sog. „Klerikalenausschuß" gegründet, wo in einer **Denkschrift** – heute würde man das als „Strategiepapier" bezeichnen – genau das Verhältnis zueinander einer Analyse unterworfen wurde. Durch einen Zufall kam diese Denkschrift, die wahrscheinlich zu Beginn des WS 1920/21 ihre Fassung erhielt, in die Hände des GCV.[12]

---

8 Lönnecker, Vorbild ... für das kommende Reich, S. 37.

9 Klauser, Geschichte der B! Stiria, S. 154f.

10 75 Jahre Carolina, S. 239.

11 Ac 33 (1920/21), S. 214f.; 75 Jahre Carolina, S. 176ff.; Klauser, Geschichte der B! Stiria, S. 149f.; Thaller, Babenberg 1920-1935, S. 12f.

12 75 Jahre Carolina, S. 239; Klauser, Geschichte der B! Stiria, S. 149. Die Denkschrift (eine Abschrift) befindet sich im CVA 153, Rektoratsinauguration 1927-29 Graz. Sie ist undatiert, ihre schriftliche Abfassung muß aber nach dem Juli 1920 erfolgt sein, da auf den damals stattgefundenen Göttinger Studententag Bezug genommen wird. Außerdem werden die Christlichsozialen als „eine der stärksten Parteien" bezeichnet. Sie ist aber am 17. 10. 1920 bei den Nationalratswahlen stärkste Partei geworden. Es spricht daher vieles dafür, daß eine erste schriftliche Fixierung vor diesen erfolgt sein muß. In der Denkschrift wird auch von den AStA-Wahlen des Jahres 1919, als es eine Einheitsliste gab, gesprochen, wobei der Ausdruck „vergangenes Jahr" gebraucht wird. Dann wird bemerkt, daß auch dieses Jahr eine derartige Einigung (Einheitsliste) wahrscheinlich ist. Das wäre aber nach den Ereignissen beim Publikationsfest Babenbergs Anfang Dezember 1920 unmöglich gewesen. Es

Sie geht von der realen politischen Situation des Jahres 1920 aus. Die Große Koalition zwischen Sozialdemokraten und Christlichsozialen war zerbrochen, aufgrund der ersten Nationalratswahlen vom 17. Oktober wurde eine Kleine Koalition zwischen Christlichsozialen und Großdeutschen gebildet. Diese neue politische Konstellation brachte die schlagenden Verbindungen zur Einsicht, die politische Zusammenarbeit im staatlichen Bereich auf den Hochschulen nicht wesentlich in Frage zu stellen. „Es ist klar, daß gegen den Willen einer der stärksten Parteien wesentliche Entscheidungen nicht durchzudrücken sein werden. Es ist ein Gebot realpolitischer Überlegung, mit jenen Angehörigen einer solchen Partei, die auf der Hochschule mit uns an der Entwicklung mitinteressiert sind, zumindest einen *modus vivendi* zu schaffen ... Befinden wir uns mit den Angehörigen dieser anderen Partei in möglichstem Einvernehmen, so werden diese die Entscheidungen der Parteivertreter in einem auch uns genehmen Sinne beeinflussen können." Danach kommt die Denkschrift zu der Erkenntnis, daß sich der CV in einem Aufschwung befindet, der von den Schlagenden nicht verhindert werden kann. „Derzeit liegen die Verhältnisse noch so, daß die katholischen Korporationen in studentischer Beziehung von uns etwas erbitten und wir ihnen noch etwas zu geben haben [gemeint die Gleichberechtigung, Anm. d. Verf.]. Warten wir noch einige Zeit zu, so besteht die Gefahr, daß sie von uns nichts mehr zu erbitten, wir ihnen nichts mehr zu geben haben werden."

Die Denkschrift kommt zu dem richtigen Schluß: „Wenn wir vergleichen, was wir den Klerikalen und was sie uns zugestehen, so müssen wir erkennen, daß wir eigentlich in rein formellen Fragen Zugeständnisse machen, sie hingegen ihre ganze Politik in unserem Sinne festlegen." Das Kernanliegen dieser Denkschrift war nun klar: Eingestehend, daß mittelfristig die Blüte der schlagenden Verbindungen vorbei ist, will man dem CV die Gleichberechtigung geben, gleichzeitig aber in brisanten politischen Fragen Zusagen bekommen. Durch den jahrzehntelangen Kampf um die formale Gleichberechtigung zermürbt hätte der CV möglicherweise nachgegeben und wäre somit in eine Falle geraten. Obwohl kein konkretes Verhandlungsangebot der Schlagenden auf Basis dieser Denkschrift nachzuweisen ist, beeinflußte sie nachfolgende Ereignisse, wie die Auseinandersetzungen um die Inaugurationen der Jahre 1927 und 1928 zeigen (siehe weiter unten).

Im Herbst 1924 brachen dann die Konflikte wieder aus. Im Zuge von Vorbereitungen für den Mediziner-Vereinsball (Fasching 1925) kam es zu Auseinandersetzungen zwischen den Schlagenden und dem CV. Jene lehnten ein Erscheinen des CV in Farben gemeinsam mit ihnen ab. Da jedoch dieser Ball eine Einnahmequelle war, schlugen die Nationalen vor, überhaupt nicht in Farben zu erscheinen.[13] Die Auseinandersetzungen eskalierten derart, daß der KDAA sich schließlich nicht an den Kammerwahlen beteiligte. Wiederum kam das parteipolitische Moment hinzu. Die den Schlagenden nahestehende *Deutsche Hochschul-Zeitung* schrieb am 20. Dezember 1924 (Folge 50/51): „Leider scheiterte diese Veranstaltung aber an der mit dem Einfluß der Christlichsozialen Partei wachsenden Farbenfreudigkeit katholisch-deutscher Korporationen."[14] Und der Bericht der Schlagenden enthielt u. a. folgende Feststellung: „Mit dem Wachsen der politischen Macht der Christlichsozialen Partei wurde das Auftreten der katholischen Gruppe von

ist daher mit gutem Grund die schriftliche Fixierung für den Beginn des WS 1920/21 anzunehmen. Gabriel Paller schrieb an Hagen, daß die Denkschrift 1921 entstanden sei. Dies dürfte daher nicht richtig sein. Wahrscheinlich dürfte sie Anfang 1921 in die Hände des CV geraten sein.

13 Höflechner, Die Baumeister des künftigen Glücks, S. 370f.

14 Siehe dazu auch Sitzungsbericht 55; CV, S. 59; Ac 37 (1924/25), S. 118.

Jahr zu Jahr anmaßender."[15] Diese Reaktion ist auch vor dem Hintergrund der Nationalratswahlen vom 21. Oktober 1923 zu sehen. Die Christlichsozialen erreichten 45 Prozent (1920 42,3 Prozent) und die Großdeutschen 12,8 Prozent (1920 16,7 Prozent).

Das Jahr 1924 brachte eine Abspaltung in der katholischen Studentenschaft von Graz, die letztlich dem nationalen Lager zugute kam. In diesem Jahr ließ sich der in Nijmwegen (Niederlande) lehrende Hochschulprofessor Wilhelm Kosch (NbB [ehemals Nc]) in Graz auf der Ries nieder, wo er eine Villa („Waldhof") erwarb. Von ihm ging im SS 1924 die Initiative zur Gründung einer neuen CV-Verbindung aus, wobei Babenberg Graz, aber auch die Aenania München anfänglich personell unterstützen sollten. Jedoch waren Carolina und Traungau von Anfang an gegen diese Neugründung, weil Kosch neben den vier CV-Prinzipien noch den großdeutschen Anschlußgedanken festschreiben wollte. Die entscheidenden Besprechungen zwecks dieser Neugründung scheiterten im Oktober 1924. Trotzdem erfolgte eine solche ohne Zustimmung des GCV am 22. Januar 1925 unter dem Namen Suevia auf dem Waldhof. Der CV zog Kosch deswegen zur Verantwortung, der nach zwei Jahren aus dem Verband ausschied, jedoch nach 1945 bei seiner Verbindung Nibelungia Brünn wieder Aufnahme fand.[16]

Bereits 1923 kam es zu einer „Farbenbewegung" innerhalb des Unitas-Verbandes (UV), einige Verbindungen traten aus und gründeten im Oktober 1924 den „Ring wissenschaftlicher Katholischer Deutscher Studentenverbindungen", der im Gegensatz zum UV farbentragend war. Auf der Jahrestagung im April 1926 wurde der Name in ***Ring Katholisch Deutscher Burschenschaften*** (RKDB) geändert, um das katholische und nationale Element besonders hervorzuheben. Im Herbst 1926 trat die Suevia dem RKDB bei, ebenso ihre 1929 gegründete Tochterverbindung Cimbria (über den RKDB siehe auch S. 349).

In der ersten Zeit war die Suevia Mitglied des KDAA, trat jedoch 1926 wegen ihrer nationalen Linie aus und gründete dann (später gemeinsam mit der Cimbria) eine eigene katholisch-nationale Liste, die ab 1926 kandidierte und so dem KDAA politisch Schaden zufügte. Beide Ringverbindungen kamen voll in den Einfluß der Schlagenden, später auch der Nationalsozialisten, so daß sie 1934 behördlich aufgelöst wurden. Der GCV lag in diesen Jahren ständig in Konflikt mit den Ring-Verbindungen.[17]

Doch zurück auf die Universität: Im Herbst 1925 sollte es zum ersten Mal seit 1906 wieder zu einer feierlichen Inauguration des Rektors Prof. Robert Sieger kommen. Doch die Schlagenden weigerten sich, wegen der Wahl Prof. Armin Ehrenzweigs (Jude) zum Dekan der juridischen Fakultät teilzunehmen, so daß zu ihr nur der CV in Farben erschien.[18]

Diese Differenz zwischen katholischen und schlagenden Studenten hatte für die Kammerwahlen am 15. November 1925, an denen sich der KDAA wieder beteiligte, schwerwiegende Folgen. Anfang November wurde die katholische Studentenschaft von der „Völkischen Liste" in einem Wahlflugblatt schwer angegriffen. Der KDAA verlangte

---

15 UAG RA HSW 1, Nr. 1 zitiert nach Leitner, Politik und Hochschule, S. 59, Anm. 261.

16 Über die Mitgliedschaft von Kosch in CV-Verbindungen siehe auch S. 74. Die Angelegenheit Kosch beschäftigte sowohl die 58. CV, siehe Protokoll 58. CV 1927, S. 90f., sowie die 59. CV 1928, siehe *Noriker-Blätter* Nr. 8 (1928), S. 5. Ursprünglich sollte die Suevia auf dem Waldhof wegen der anfänglichen Teilnahme der Aenania Bavaria heißen.

17 Über die Gründung der Suevia und des RKDB siehe Sitzungsbericht 58. CV, S. 90f., und Sitzungsbericht 60. CV, S. 143f.; Ac 37 (1924/25), S. 97; 75 Jahre Carolina, SS. 189f. und 293f.; Thaller, Babenberg 1920-1935, S. 16f.; Schieweck-Mauk, Lexikon der CV- und ÖCV-Verbindungen, S. 731; Zanders, Die Katholische Deutsche Burschenschaft S. 6ff.

18 Arminia Graz, S. 126; Ebner, Geschichte der B! Marcho-Teutonia, S. 124; 75 Jahre Carolina, S. 230.

zuerst Genugtuung und die Zurückziehung des Flugblattes. Verhandlungen zwischen beiden Parteien unter Mithilfe der Rektoren scheiterten, so daß die Wahlen auf Februar 1926 verschoben werden mußten, an denen sich aber der KDAA nicht beteiligte. Die Wahlbeteiligung sank hierauf auf der Technik auf 53 Prozent und auf der Universität auf 28 Prozent, weil viele Studenten offenbar diese Art der Auseinandersetzungen ablehnten.[19]

Bei diesen Verhandlungen wurde seitens des KDAA bzw. des CV von den Schlagenden gefordert, daß sie endlich das volle Farbenrecht des CV und das EVA anerkennen. Nicht zuletzt deshalb kam es innerhalb der einzelnen schlagenden Verbindungen zu Auseinandersetzungen zwischen Gemäßigten und Radikalen. Die Radikalen wurden von der B! Arminia (dabei u. a. auch B! Allemannia, C! Joannea, C! Vandalia, L! Viruna), die Gemäßigten von der B! Stiria (darunter u. a. VDSt Graz, S! Gothia, ATV) angeführt. Letztlich gelangten nach heftigen Auseinandersetzungen die Schlagenden zu einer gemeinsamen ablehnenden Haltung, wobei es fast zur Auflösung der Vertreterbesprechung kam.[20]

Nachdem nun diese Einigungsverhandlungen endgültig gescheitert waren, wandte sich der GCV am 27. Mai 1926 an den CV-Hochschulamtsträger Hermann Hagen (Th). In diesem Bericht wurde eine genaue Schilderung der Vorfälle gegeben sowie die Forderung aufgestellt, das EVA endlich auch für Österreich bzw. besonders für Graz durchzusetzen.[21]

Auf Antrag des CV wurde im Juli 1926 im Rahmen des EVA ein Österreicher-Ausschuß gegründet, der die Streitigkeiten einer Regelung zuführen sollte, was letztendlich auch geschah. Die B! Arminia hatte gegen diesen Kompromiß Ende 1926 durch ein Telegramm protestiert: „Wir verwahren uns entschieden dagegen, daß unsere Ehrauffassung politischen Kompensationserwägungen geopfert wird."[22] Damit wurde offenbar, daß das EVA – und damit eine gegenseitige Toleranz – in Graz aufgrund der Einstellung der Schlagenden gegenüber dem CV keine Chance auf Verwirklichung hatte.

Für das Studienjahr 1926/27 wurde der Theologe Johann Köck zum Rektor gewählt. Aus Rücksicht auf die Verhandlungen um das EVA in München wurde die Inauguration nur in einfachen Farben abgehalten, an der sich der CV und einige schlagende Korporationen beteiligten.[23] Am 15. Mai 1927 fand unter zahlreicher in- wie ausländischer Beteiligung die Jahrhundertfeier der Wiederrichtung der Grazer Universität statt. Die Studentenschaft plante einen gemeinsamen Fackelzug und einen gemeinsamen Festkommers, der jedoch entfallen mußte, weil sich große Teile der wehrhaften Korporationen weigerten, gemeinsam mit dem CV zu chargieren.[24] Der KDAA sah darin einen Bruch des EVA und des Ergebnisses der Münchner Besprechungen Ende 1925. Am 16. Juli 1927 wurde in Würzburg anläßlich einer EVA-Sitzung erklärt, daß das gemeinsame Aufziehen in Farben und Vollwichs eine selbstverständliche Forderung des EVA ist, jedoch blieb dies ebenso ohne Wirkung.[25]

19 UAG RA HSW Nr. 8; 75 Jahre Carolina, S. 242; Leitner, Politik und Hochschule, S. 60; Text des Flugblattes abgedruckt in Hartmann, Im Gestern bewährt, S. 266.

20 Arminia Graz, S. 126f.; Ehrlicher-Leitinger, Ein Hort deutschen Fühlens, S. 154f. Nach Klauser, Geschichte der B! Stiria, S. 155, war Willibald Klauser innerhalb der B! Stiria die treibende Kraft für eine radikale Haltung.

21 CVA 440. Schreiben des GCV vom 27. 5. 1926.

22 Ehrlicher-Leitinger, Ein Hort deutschen Fühlens, S. 137.

23 75 Jahre Carolina, S. 230f.

24 Ein Reihe von Burschenschaften waren dafür, die B! Arminia und die Corps waren aber dagegen. Siehe Ebner, Geschichte der B! Marcho-Teutonia, S. 127.

25 75 Jahre Carolina, S. 231f.

Der Höhepunkt der Grazer Auseinandersetzungen: Die Jahre 1927 bis 1931

„Von der Gründung der Carolina im Jahr 1888 bis zur Publikation der [KV-Verbindung] Norica 1931 führt eine kontinuierliche Linie, die durch das immer erfolgreicher werdende Bestreben gekennzeichnet ist, die Dominanz der wehrhaften und nationalen Korporationen auf den Grazer Hochschulen zu brechen."

Andreas Mölzer (C! Vandalia Graz)[1]

Die Rektoratsinauguration im Herbst 1927 und die Anschlussfrage

Der Rektor des Studienjahres 1927/28 auf der Universität Graz, Prof. Arnold Pöschl (S! Gothia), versuchte, eine Inaugurationsfeier unter Beteiligung aller Korporationen herbeizuführen. Das sollte jedoch gründlich mißlingen.[2] Am Montag, dem 3. Oktober, erging nun seitens des Rektorates an die DSt ein Schreiben, wo der Wunsch nach einer allgemeinen Teilnahme aller Verbindungen in vollen Farben an der Inauguration ausgesprochen wurde. Am Mittwoch, dem 12. Oktober, übermittelte das Rektorat dem KDAA eine Abschrift des Schreibens vom 3. an die Kammer mit der Bitte um Stellungnahme bis zum 20, wie er zur nationalen Frage stehe.

Dieser Wunsch wurde am 18. in drei getrennten Schreiben erfüllt: Im ersten wurde festgehalten, daß seitens des KDAA keine Bindung an tages- und parteipolitische Strömungen besteht, außerdem wurde der Beschluß der 56. CV 1926 („Der großdeutsche Gedanke im CV") zitiert, der infolge der Vorgänge in Graz im Jahr 1925 gefaßt wurde: „Der Cartellverband erwartet von all seinen Verbindungen und Mitgliedern, daß sie gemäß den Grundsätzen des Verbandes in ihrem ganzen Denken und Handeln sich stets ihrer großen Pflicht gegen das deutsche Volkstum bewußt sind. Darum hat jeder Cartellbruder sich mit ganzer Kraft für deutsches Wesen und deutsche Kultur einzusetzen. Die Schicksalsverbundenheit aller Deutscher kann nach unserer Auffassung niemals durch staatliche Grenzen zerrissen werden."[3] Im zweiten Schreiben wurde an die EVA-Erklärung vom 16. Juli 1927 erinnert, die das gemeinsame Chargieren aller EVA-Verbände bei den akademischen Feiern vorsieht, und das dritte versicherte, daß der KDAA für Ruhe und Ordnung bei der Feier sorgen werde.

Am 19. Oktober empfing der Rektor den KDAA-Fraktionsführer Othmar Selan (BbG) zu einem Gespräch, in dem er sich über diese Schreiben im Prinzip befriedigt erklärte. Jedoch meinte er, daß wegen der Verhandlungen mit den Schlagenden eine kürzere Erklärung besser sei, etwa ein Satz wie „der CV bzw. der KDAA ist für den bedingungs-

1 Mölzer, Die Auseinandersetzungen zwischen nationalen und katholischen Korporationen im Jahre 1931, S. 16.

2 Im deutschen CV-Archiv Regensburg befindet sich ein umfangreicher Akt an Korrespondenz und Abschriften, so daß sich der Ablauf und die Hintergründe ziemlich genau rekonstruieren lassen. CVA A 153, Rektoratsinauguration Graz 1927-29. Die im Text zitierten Schreiben und Darstellungen, sofern nicht anders angemerkt, befinden sich in diesem Akt. CVA 439, Bericht Carolinas an das Hochschulamt WS 1927/28; CVA 440. Bericht des GCV an das Hochschulamt WS 1927/28. Die Darstellung dieser Ereignisse in Hartmann, Im Gestern bewährt, SS. 268ff., ist etwas umfangreicher als in diesem Band. Weiters siehe auch 75 Jahre Carolina, SS. 731f. und 294; Leitner, Politik und Hochschule, S. 61; Mölzer, Der Gegensatz zwischen katholischen und nationalfreiheitlichen Korporationen in Graz, S. 489.

3 Ac 29 (1926/27), S. 114.

losen Anschluß Österreichs ans Deutsche Reich" ohne Wenn und Aber. Am Freitag, den 21. übergab dann der KDAA dem Rektor eine umfangreiche Denkschrift, in der sämtliche Erklärungen und Initiativen des CV zum großdeutschen Gedanken und zur deutschen Kulturarbeit angeführt waren. Man blieb aber hinsichtlich einer *expressis-verbis*-Erklärung für einen Anschluß zögernd.

Am Sonntag, dem 23. kam es zu einer Sitzung der Altherrenschaften der Schlagenden, bei der auch der Rektor teilnahm. Der rief am nächsten Tag Selan zu sich in seine Privatwohnung und übergab ihm ein Schreiben an den KDAA mit vier Punkten, u. a., daß er unzweideutig für den Anschluß in staatlicher Hinsicht eintrete. Selan konnte dabei herausbekommen, daß im Prinzip diese Punkte bei der tags zuvor abgehaltenen Altherrenbesprechung der Schlagenden formuliert worden sind und auf die bereits zitierte Denkschrift des Jahres 1920 („Klerikalenausschuß", siehe S. 303) zurückgehen. Diese vier Punkte versuchten, den CV im Sinne der Politik der schlagenden Studentenschaft zu binden. Sie waren nun auch eine Bedingung für das Chargieren bei der Inauguration des Rektors, die am 4. November stattfinden sollte.

Am Dienstag, dem 25. Oktober, fand eine erweiterte Sitzung des KDAA statt, bei der die CV-Altherrenschaft stark vertreten war. Dort erkannte man sofort das Spiel, daß nämlich die Schlagenden ihre Forderungen mit Rücksicht auf das EVA nicht selber, sondern durch den Rektor gestellt hatten. Man beschloß daher, auf die Punkte des Rektors nicht einzugehen, sondern ihm mitzuteilen, daß mit den Erklärungen vom 18. und 21. schon Genüge getan worden sei.

Am Abend desselben Tages erfuhr der CV eher zufällig, daß einige Verbindungen bei der Inauguration teilnehmen werden. Daraufhin erschienen am 3. November um 10 Uhr die Vertreter der drei Grazer CV-Verbindungen beim Rektor und erklärten, daß sie zur Inauguration in Vollwichs erscheinen werden. Dieser antwortete jedoch, er könne dies wegen der Ruhe und Ordnung nicht zulassen. Sie fand dann nur mit Beteiligung von neun Korporationen statt, darunter auch die Suevia (RKDB).[4] Dagegen legte der GCV am 7. November in einem Schreiben an den Rektor Rechtsverwahrung ein. Ähnlich war es bei der Inauguration am 26. November auf der Technik, hier durften nur dieselben neun Verbindungen chargieren, ebenfalls legte der GCV Rechtsverwahrung ein.

Die Sache wäre an sich Graz-intern geblieben, hätte nicht der RKDB in seiner Zeitung die Teilnahme der Suevia als Erfolg hingestellt[5], nämlich daß nun das Eis zwischen den katholischen und schlagenden Verbindungen gebrochen sei. Gleichzeitig wurde gegen den GCV polemisiert. Die Zeitung fiel dem CV-Hochschulamtsträger Hermann Hagen (Th) in die Hände, der wiederum seinerseits an die Grazer CV-Verbindungen je drei gleichlautende Briefe am 23. Dezember 1927 mit der Bitte um Aufklärung sandte.

Gabriel Paller (Cl) berichtete am 2. Januar 1928 an Hagen in einer umfangreichen Darstellung über die Vorfälle.[6] Hagen antwortete am 16. und meinte, daß der Rektor aufgrund der Darstellung des KDAA sachlich berechtigt gewesen wäre, die genannten vier Punkte

4 Die übrigen zwei Drittel der schlagenden Verbindungen waren deswegen nicht geladen, weil sie dem Rektor erklärten, auch dann nicht mit dem CV gemeinsam chargieren zu wollen, wenn dieser die vier Punkte unterschreibe.

5 *Der Ring* 3 (1927), Heft 10, S. 18f.

6 Sie wurde im wesentlichen von Othmar Selan verfaßt und diente als Vorlage für die ereignisgeschichtliche Darstellung in diesem Kapitel.

herauszulesen. Im übrigen zeigt das Schreiben auch, wie wenig Hagen mit den Grazer Verhältnissen vertraut war. Paller erwiderte am 19. Januar, wobei er betonte, dies als Privatmann zu tun, und ging dann auf die großdeutsche Frage ein: „Und die Anschlußfrage! Du mein lieber Gott, wann werden unsere Anschlußapostel endlich eingestehen, daß der Anschluß zwar kein parteipolitisches, aber doch ein sehr stark staatspolitisches Problem ist? Heute dieses Staatsproblem, morgen vielleicht ein anderes. Schließen wir uns heute an, dann verlangt man morgen mit demselben Recht das Bekenntnis zum Hohenzollernhaus! ... Da soll man uns doch einige Gedankenfreiheit lassen, über Für und Gegengründe nachzudenken."

Diese Äußerungen Pallers dürften ziemlich genau die Stimmung innerhalb des Grazer CV, zumindest bei Carolina und Babenberg, wiedergegeben haben. Sie sind auch eine Erklärung dafür, daß der KDAA, der fast völlig unter dem Einfluß des CV stand[7], keine klare Stellungnahme im Sinne der Wünsche des Rektors bzw. der Schlagenden abgab. Hagen antwortete Paller am 24. Januar, wo er zwar Verständnis für die Zurückhaltung in der Anschlußfrage zeigte, jedoch betonte, daß „diese Frage nach Ansicht wohl der überwiegenden Mehrheit eine Lebensfrage des deutschen Volkes in Europa ist". Damit wurde deutlich, daß der GCV in seiner zögernden Haltung in der Anschlußfrage keine besondere Rückendeckung von Hagen zu erwarten hatte.

Inzwischen hatte auch der Traungau in der Person des Philisterseniors (und damals gerade turnusmäßig Vorsitzender der steirischen und Grazer Altherrenschaft), Franz Steiner von Treuendorf, am 1. März Hagen geantwortet. Er bestätigte, von Paller informiert, dessen Darstellung zu den Vorfällen und beendete den Brief mit der Formulierung: „Über die weiteren Ausführungen Deines Schreibens bezüglich Anschlußfrage möchte ich mich hier nicht ausführlich äußern, da diese Frage in Graz [gemeint im GCV, Anm. d. Verf.] sehr umstritten ist."

Steiner von Treuendorf tat dies aber doch in einem als streng vertraulich gekennzeichneten beiliegenden Schreiben an Hagen, aus dem die Spannungen zwischen Traungau einerseits sowie Carolina und Babenberg andererseits ersichtlich werden. Carolina und Babenberg seien seit jeher nicht anschlußfreundlich, Traungau schon, stehe jedoch aufgrund der Cartelldisziplin zurück, wobei in der KV-Verbindung Winfridia ein Bundesgenossen gefunden worden sei. Die erweiterte Sitzung des KDAA am 25. Oktober 1927 sei von Alten Herren der Carolina und der Babenberg dominiert gewesen, die auch den Antwortbrief an den Rektor in dieser Form durchgebracht hätten.

Die Auseinandersetzungen um die Inauguration anhand vorliegender Quellen haben folgendes gezeigt:

1. Nach wie vor versuchten die Schlagenden in Graz, den GCV in politischen Fragen festzulegen, um ihnen dann im Gegenzug die Gleichberechtigung beim Chargieren zu gewähren.
2. Eine neue Taktik wurde angewandt: Der Rektor wurde als Verhandler vorgeschoben.
3. Trotzdem lehnte eine Mehrheit der Schlagenden eine Beteiligung des GCV auch dann ab, wenn dieser die Erklärung des Rektors unterzeichnet hätte.

---

7 Hagen fragte Paller, wieso der KDAA CV-Beschlüsse sich zu eigen gemacht hatte, worauf ihn Paller über die Dominanz des CV im Grazer KDAA aufklärte.

4. Traungau war innerhalb des GCV der Anschlußfreund. Die Ursache dürfte möglicherweise in persönlichen Kontakten gelegen haben, als kurz nach dem Krieg Einvernehmen mit den Schlagenden geherrscht hatte.[8]

5. Damals war der Anschlußgedanke durch den Nationalsozialismus noch nicht korrumpiert. Aufgrund der realpolitischen Verhältnisse hat er aber nach 1918 zunehmend an Bedeutung verloren.

6. Seitens des CV war keine Unterstützung in dieser Frage zu erwarten, Hagen war ja eher großdeutsch eingestellt.

Rektoratsinauguration 1928: Die Fortsetzung des Streites

Daß in dieser Atmosphäre an ein friedliches Nebeneinander zwischen CV und Schlagenden nicht zu denken war, lag auf der Hand. Der Höhepunkt der Auseinandersetzungen im Sommersemester 1928 war der sog. **Kappel-Krieg**, wie ihn Alfred Maleta (Cl) in seinen Memoiren bezeichnete.[9] Schon im WS 1927/28 hatte Babenberg die Absicht, das bisherige taubengraue Couleur im Schlappformat mit einer steifen Tellermütze zu vertauschen. Nach langen Debatten wurde dann der Beschluß im SS 1928 gefaßt. Wenige Tage vor dem Auftreten Babenbergs mit dem neuen Couleur kam die L! Viruna mit einem steifen grauen Samtcouleur heraus, so daß sich Babenberg gezwungen sah, das Grau in Graugrün abzuändern. Mit dieser neuen Mütze zog die Aktivitas Babenbergs am Montag, dem 7. Mai 1928 erstmalig beim Bummel auf. Innerhalb kürzester Zeit hatte sich daraufhin eine mehrere Hundert zählende Menge Schlagender angesammelt, die unter wüstem Gejohle, Absingen des „Rosenkranzliedes" (Text siehe S. 126) und Anwendung des Stockkomments die wenigen Babenberger vom Ring über den Eisernen-Tor-Platz und die Herrengasse zum Hauptplatz abdrängte. Gegen diese mindestens dutzendfache Übermacht hatten die CVer nichts zu bestellen. Am nächsten Tag erfolgte dann zusammen mit dem GCV ein Protestbummel, der unter Polizeischutz störungsfrei verlief. Nach langen Verhandlungen wurde dann Babenberg das steife Format gebilligt.[10]

Für das Studienjahr 1928/29 wurde Prof. Eduard Martinak (S! Gothia) zum Rektor gewählt. Als Schwiegervater von Igo Tschurtschenthaler (Trn) hoffte man bei ihm auf Verständnis für den CV – jedoch gefehlt: Es wiederholte sich dasselbe Spiel wie 1927.[11]

Am 20. Oktober erfuhr der CV über Prof. Köck (Rektor 1926/27), Rektor Martinak wünsche eine Erklärung, wie weit dieser in Fragen des Anschlusses gebunden sei. Am 29. Oktober erschienen dann die Vertreter des GCV, u. a. Alfred Maleta (Cl), beim Rektor und teilten ihm mit, daß „wir weder bezüglich des Legitimismus noch in Fragen des An-

8 Hagen erwähnte auf der 55. CV 1925 in seinem Bericht die guten persönlichen Beziehungen Traungaus zu den Schlagenden. Siehe Sitzungsbericht 55. CV, S. 58.

9 Maleta, Bewältigte Vergangenheit, S. 67.

10 Arminia Graz, S. 140; Ehrlicher-Leitinger, Ein Hort deutschen Fühlens, S. 161; Thaller, Babenberg 1920-1935, S. 20.

11 Auch diesmal läßt ein umfangreiches Quellenmaterial eine genaue Darstellung zu. CVA A 153. Rektoratsinauguration Graz 1928. Briefwechsel zwischen Hagen und den GCV-Vertretern; CVA 439. Bericht der Carolina an das Hochschulamt vorn 30. 1. 1929; VACl. Akt Carolinen-Zirkel Vorarlberg. Bericht des Seniors Lorenz Konzett an den CC vom 22. 6. 1929 über das Studienjahr 1928/29. Die Darstellung dieser Ereignisse in Hartmann, Im Gestern bewährt, SS. 273ff., ist etwas umfangreicher als in diesem Band.

schlusses irgendwie statutarisch gebunden sind!". Der Rektor erklärte, daß diese Aussage sehr vorsichtig und es übrigens dieses Jahr für eine Regelung betreffend der Inauguration schon zu spät sei. Dieselben acht Verbindungen wie vergangenes Jahr sowie Suevia und Winfridia sollten chargieren. Der GCV protestierte nochmals beim Rektor gegen die Verletzung der Gleichberechtigung.

Am Donnerstag, dem 1. November, kam Othmar Selan (BbG) privat zu Martinak, um möglicherweise einen Ausweg zu finden, wobei er bereits andeutete, daß weder der Landeshauptmann Anton Rintelen (ehemals Trn EM) noch der Fürstbischof Ferdinand Pawlikowski (Trn EM) bei der Inauguration erscheinen werden.

Der Rektor besprach sich zwischenzeitlich mit den schlagenden Verbindungen, um dann nochmals den GCV zu sich zu bitten. Er eröffnete ihm, wenn es zu einer Regelung kommen solle, müßte er die 4-Punkte-Erklärung des vergangenen Jahres unterzeichnen. Am nächsten Vormittag, dem 3. November, kamen die GCV-Vertreter zum Rektor und erklärten, daß sie diese nicht unterzeichnen könnten. Daraufhin bemerkte der Rektor, daß er den CV zum Besuch der Inauguration nur in Band und Mütze einladen werde.

Am Abend fand eine erweiterte Besprechung des GCV statt, an der auch mehrere Alte Herren teilnahmen, so u. a. auch aus Wien der NRAbg. Richard Wollek (Aln). Dabei wurde beschlossen, daß der GCV am Montag, dem 5. bei der Inauguration eine würdige und ruhige Demonstration veranstalten solle. Die CVer sollten in dem Augenblick aus der Aula gehen, wenn der Akademische Senat einzieht. Noch spät abends um 23 Uhr, telegrafierten die drei Philistersenioren Hans Bader (Cl, BbG), Rudolf Trummer (Cl) und Franz Steiner von Treuendorf (Trn) an Unterrichtsminister Richard Schmitz (Nc): „grazer cv nicht in gleichberechtigter form zur montäglichen inauguration eingeladen stopp protestieren schärfstens und verlangen energisches eingreifen, da sonst folgen nicht absehbar."

Am Sonntag, dem 4. versuchte Wollek beim Rektor, doch noch einen Kompromiß zu erreichen, – allerdings vergeblich – und intervenierte danach beim Landeshauptmann sowie beim Fürstbischof, damit sie nicht zur Feier kämen. Am selben Sonntag erschien im *Grazer Volksblatt* ein Artikel mit der Überschrift „Die Rektoratsinauguration in Graz. Das alte Kapitel vom Hochschulterror", gezeichnet war er mit „T..t", was eindeutig auf „Teut" weis, den Couleurnamen von Karl M. Stepan (Nc).[12] Dort hieß es u. a.:

> „... Vor einer Woche erkundigten sich die Vertreter des CV, wie Se. Magnifizenz es heuer mit der Einladung zur Inaugurationsfeier der Universität zu halten gedenke. Und siehe da, Se. Magnifizenz, der Rektor der Karl-Franzens-Universität in Graz, machte die Einladung zur Inauguration im wesentlichen von der Unterwerfung unter eben jene vier Thesen abhängig, die der 'Klerikalenausschuß' der wehrhaften deutschen Studentenschaft schon vor sieben Jahren als unabänderliche Bedingung gemeinsamer Teilnahme an dieser Feierlichkeit aufgestellt hatte. Der Grazer CV hat diese Zumutung natürlich abgelehnt und wurde daher nicht eingeladen ... Wie in den steirischen Fabriken die roten Gewerkschaften, so sind auf den Grazer Hochschulen der Roten einstige Lehrmeister, die wehrhaften Korporationen, die eigentlichen Hausherren. Nicht der Rektor beschließt, wen er zu seiner persönlichen Feier einladen wird, sondern die wehrhafte Studentenschaft zensuriert die Liste seiner Gäste.

12 Stepan war damals Generaldirektor des Verlages Styria, in dem das *Grazer Volksblatt* erschien.

> Der Rektor der Universität hat weder die Kraft noch den Mut – hoffentlich aber den Willen – , sich entweder von dieser Zensur freizumachen oder, wie es vor ihm gehalten wurde, angesichts dieses Terrors auf die Inauguration zu verzichten. Sie wird also morgen im Zeichen einer großen Rechtsbeugung vor sich gehen. Die Mitglieder des CV werden sich ihre verfassungsmäßigen Rechte zu wahren wissen und gehörig nach dem Rechten sehen. Die katholische Bevölkerung des Landes und alle, denen das Schicksal der Nation am Herzen liegt, verlangen, daß endlich der Terror, in welcher Form auch immer er auftreten mag, in Österreich beseitigt werde. Zehn Jahre nach Gründung der Republik muß diesen Dingen ein wenn auch spätes Ende bereitet werden."

Wegen des og. Telegramms rief gleich am Sonntag in der Früh Ministerialrat Hans Pernter (Nc) den Rektor an und beauftragte ihn, dem Minister unverzüglich zu berichten. Der Rektor berief sofort den Senat ein, der den Artikel des *Grazer Volksblattes* mißbilligte, und schrieb am selben Abend seinen Bericht an den Minister.[13] Darin faßte er anfänglich die Vorgeschichte des Jahres 1927 zusammen, wobei er die Einigungsversuche seines Vorgängers Pöschl würdigte und die Ablehnung der Unterzeichnung der 4-Punkte-Erklärung als „unziemliche Antwort" abqualifizierte. Weiters berichtete der Rektor noch von dem Artikel im *Grazer Volksblatt* und vom Besuch Wolleks, um dann die Appellation des GCV an die Oberste Unterrichtsbehörde wiederum als „leider so gar nicht dem akademischen Empfinden und Brauch entsprechend" abzutun.

Am nächsten Tag fand dann die Inauguration statt. Als gegen 10.30 Uhr ca. 100 CVer vor der Aula erschienen, trat ihnen der Rektor entgegen und verbot ihnen den Eintritt in die Aula. Sie warteten nun vor dem Eingang und zogen in dem Augenblick demonstrativ ab, als die Chargierten der zehn Verbindungen (darunter Suevia und Winfridia) erschienen. Die Inauguration selbst ging hinter versperrten Türen ohne Landeshauptmann und Fürstbischof vonstatten. Das ähnliche Spiel fand auch auf der Technik seine Fortsetzung.

Über Zeitungsberichte informiert, trat der CV-Hochschulamtsträger Hermann Hagen wiederum in Aktion und schrieb am 7. November an alle drei Grazer Verbindungen einen Brief mit der Bitte um Berichterstattung. Dies tat dann Babenberg als Vorsitzende Verbindung erst am 3. Januar 1929.[14]

Franz Steiner von Treuendorf hingegen schrieb bereits am 11. November an Hagen, wobei er einen kurzen Bericht gab und auch den Beschluß des GCV ankündigte, die Kammer der DSt wegen dieser Sache zu sprengen. Diesmal war jedoch Steiner von seiner oppositionellen Haltung wie im vergangenen Jahr etwas abgerückt, er hielt es für richtig, die vier Punkte nicht unterschrieben zu haben. Hagen schrieb daraufhin am 17. November 1928 wiederum an alle drei GCV-Verbindungen und ermahnte sie, von der Sprengung der Kammer abzusehen und vorher auch mit Wien und Innsbruck Kontakt zu nehmen. Doch das war nicht mehr notwendig, denn bereits am 18. November schrieb Steiner an Hagen, daß der KDAA wiederhergestellt sei und eine Wahlliste eingereicht hätte.

---

13 AVA BMfU, Präs. Akten 5 B 2 Graz- 32656-I/28. In diesem Bericht werden auch einige Details über den Ablauf des Geschehens gebracht, außerdem befindet sich in diesem Akt das Telegramm des GCV an den Unterrichtminister.

14 Dieser Bericht ist Grundlage der ereignisgeschichtlichen Darstellung.

Der „heisse" Juni 1929

Der Juni 1929 war zweifelsohne einer der Höhepunkte der tätlichen Auseinandersetzungen in Graz zwischen dem CV und den „Wehrhaften". Deren Rechtfertigung lautete noch 1982: „Nun wurde im Jahre 1929 der CV gefährlich aktiv und verursachte durch provokante Verhaltensweisen Straßenschlachten ..."[15] Der Streit um die Inaugurationsfeier der letzten beiden Jahre hatte deutlich gezeigt, daß es zwischen den beiden Gruppen keine Verständigungsmöglichkeiten gab.

Ausgangspunkt war ein Vorfall bei einem Faustballspiel zwischen der Carolina und der B! Arminia am 12. Juni.[16] Einem deren Spieler begann, die Mensurwunde zu bluten. Der Mannschaftsleiter Carolinas willigte selbstverständlich ein, den Spieler abtreten zu lassen, verwies aber beim Ersuchen, einen Ersatzmann einstellen zu dürfen, auf die Spielregel, die das verbot. Der Anlaß erschien vorerst erledigt, da weder der Schiedsrichter noch der Kapitän der Mannschaft Arminias etwas daran aussetzte.

In der nächsten Kammersitzung wurde gegen die Stimmen des KDAA ein Antrag angenommen, der das Verhalten der Carolina, die sich zwar an die Regeln gehalten hatte, mißbilligte. Dagegen protestierte Carolina und gab ihrem Erstaunen Ausdruck, daß sportliche Niederlagen durch Mehrheitsbeschlüsse wettgemacht werden sollten. Die dadurch aufgeheizte Stimmung entlud sich am Samstag, dem 15. Juni anläßlich des Stiftungsfestkommerses der Babenberg, der im „Wilden Mann"[17], dem Kneiplokal des C! Teutonia, abgehalten wurde. Nach Provokationen kam es zu Raufereien zwischen Babenberg und Angehörigen des C! Teutonia und des C! Erz (Leoben), im Verlaufe derer einige CVer verletzt wurden.

Am nächsten Wochenende fand das Stiftungsfest der Carolina statt. Als Lokal wurde fast vier Wochen vorher die „Schwechater Bierhalle"[18] angemietet, ohne zu wissen, daß zur selben Zeit, nämlich am 22. Juni, auch die B! Cheruskia ihr Stiftungsfest dort feiern wollte. In den Augen der „Wehrhaften" natürlich wiederum eine ungeheure Provokation. Schon gegen Ende des Kommerses wurde berichtet, daß sich in der Herrengasse bereits

---

15 Bayer, Das studentische Leben der Korporationen in Graz, S. 63. Richard Bayer (C! Teutonia Graz), tit. ao. Prof. an der Grazer Medizinischen Fakultät, ist das Beispiel einer gewissen „Unbelehrbarkeit" in der Wertung der damaligen Vorfälle. (Bayer schreibt in der Folge von den „Schandurteilen in den sogenannten Kriegsverbrecherprozessen, welche die Siegermächte fällten", S. 65.) Diese Tendenz ist auch bei den beiden Arbeiten Mölzer, Der Gegensatz zwischen katholischen und nationalfreiheitlichen Korporationen in Graz, und Mölzer, Die Studentenunruhen in Graz im Spätherbst 1932, zu entnehmen: Allein die bloße Existenz der CVer provoziere zu tätlichen Handlungen.

16 Die ereignisgeschichtliche Darstellung der Vorfälle im Juni 1929 fußt auf folgenden Quellen: CVA A 153-Carolina Graz, Studentendemonstration 1929-1930 „Darstellung der Überfälle auf die katholischen Studentenverbindungen in der letzten Zeit". Diese Darstellung ist auch (mehr oder minder vollständig) abgedruckt in *Grazer Volksblatt,* 29. 6. 1929, *Reichspost,* 30. 6. 1929, und *Bayernkurier,* 3. 7. 1929. Eine Gegendarstellung erfolgte im *Grazer Tagblatt* vom 14. 7. 1929, die natürlich die „Wehrhaften" rechtfertigen wollte und die Schuld im provokativen Verhalten der CVer sah. Abgesehen davon finden sich im *Tagblatt* auch datums- und ortsmäßige Fehler. Über den Faustballkampf siehe auch VACl. Akt Carolinen-Zirkel Vorarlberg. Bericht des Seniors Lorenz Konzett an den CC vom 22. 6. 1929. Siehe auch Ac 42 (1929/30), SS. 110 und 120f. Die Darstellung der Vorfälle in 75 Jahre Carolina, SS. 258 und 295, ist leider ungenau und bringt die Fakten durcheinander. Siehe auch Ebner, Geschichte der B! Marcho-Teutonia, S. 136f. Dort ist ein Rundschreiben der wehrhaften Studentenschaft von Graz abgedruckt. Die Darstellung dieser Ereignisse in Hartmann, Im Gestern bewährt, SS. 276ff., ist etwas umfangreicher als in diesem Band.

17 Damals Jakominiplatz 3, nach 1945 in der Jakominigasse. Nach Cerwinka, Student und Gasthaus in Graz, S. 185.

18 Befand sich früher Herrengasse 15. Siehe Cerwinka, Student und Gasthaus in Graz, S. 165.

Angehörige der drei Grazer Corps sowie der B! Cheruskia, ca. 50 bis 60, in der Absicht versammelt hätten, den Kommers zu stören. Als einzelne Gäste Carolinas das Lokal verließen, wurden sie von diesen Gruppen beschimpft, teilweise auch geschlagen. Sehr anschaulich, wenn auch sicherlich subjektiv, schildert Alfred Maleta (Cl) die folgenden Szenen: „Als wir das Lokal verließen und die feindlichen Lager einander gegenseitig erblickten, da erhob sich beiderseits ein gewaltiger Kriegsgesang, an dem Wotan in Walhall seine Freude gehabt hätte. Die Nationalen sangen die 'Wacht am Rhein', während wir Schwarzen, nicht minder laut, unsere wilde Kampfentschlossenheit mit dem Lied 'Der Gott, der Eisen wachsen ließ' bekundeten. Zwischen den Schlachtreihen rollten die Autos und die Straßenbahnen, aber nicht mehr lange, denn nach diesen heldenhaften Trutzgesängen, welche die Kampfeslust erheblich steigerten, geschah das Unvermeidliche. Die Heerlager stürzten aufeinander los, droschen ihre Stöcke auf fremde Schultern und Köpfe, so daß der Straßenverkehr völlig lahmgelegt wurde. Da wir in der Minderzahl waren, wurden wir im Kampfgetümmel allmählich bis zum Rathaus abgedrängt, hinter dessen Arkaden wir uns verbarrikadierten. Erst durch das Eingreifen berittener Polizei fand diese Schlacht ein Ende ...“[19]

Am nächsten Tag, dem Sonntag, dem 23. Juni unternahm Carolina ihren Stiftungsfestausflug nach Tobelbad. Gegen Mitternacht kehrte man zurück. Eine Gruppe von acht Carolinen und sie begleitenden Damen wurde am Kaiser-Josef-Platz von Angehörigen der B! Cheruskia provoziert. Obwohl die Carolinen versuchten, ruhig weiterzugehen, wurde med. Wolfram Sorgo gewalttätig. Zuerst schimpfte er nur, dann schlug er Walther Kamschal (Cl) von hinten mit einem Bambusstock auf den Kopf, so daß dieser zusammenbrach. Auf den auf dem Boden Liegenden drosch Sorgo nochmals ein. Dann schlug er Robert Egger (Cl) mit dem Stock so wuchtig ins Gesicht, daß dieser einen vierfachen (!) Nasenbeinbruch erlitt. Beide mußten ins Krankenhaus gebracht werden. Doch dies war nicht alles in der Nacht. Zwei Carolinen wurde in der Heinrichstraße die Mütze herabgerissen, und weitere Carolinen wurden in der Zinzendorfgasse beim Aufsperren ihres Haustores überfallen und durch Stockschläge verletzt. Die Folge all dieser Vorfälle war, daß der KDAA aus der Kammer austrat, wobei als Grund die ungenügende Behandlung der Eingabe Carolinas wegen des Kammerbeschlusses in Sachen Faustballspiel angegeben wurde.[20]

Die 59. CV 1929 in Wien (Vorort Norica) beschäftigte sich ausführlich mit den Vorfällen. Folgender Beschluß wurde gefaßt: „Der CV hat mit Entrüstung von den Berichten über die letzten Vorfälle in Graz Kenntnis genommen, wobei Mitglieder der CV-Verbindung Carolina von einer Überzahl überfallen und von einem Burschenschafter grundlos blutig geschlagen wurden. Der CV erwartet von den Waffenverbänden, deren Mitglieder sich an diesem Treiben beteiligt haben, daß sie solche Elemente, die einen geistigen Kampf nur mit den Mitteln der Straße führen, rücksichtslos ausschließen. Andernfalls wäre der CV zu weiterer Zusammenarbeit im EVA nicht in der Lage.“[21]

19 Maleta, Bewältigte Vergangenheit, S. 67f.

20 CVA 440. Bericht des GCV an das Hochschulamt. SS 1929.

21 Sitzungsbericht der 59. CV, S. 45f

Anfang November 1929 fand in den Grazer Annensälen ein Gesellschaftsabend des deutschen Schulvereins „Südmark" statt. Alfred Maleta (Cl) ging mit einigen Carolinen und Babenbergern hin. Es war das erste Mal seit 30 Jahren, daß Carolina eine Einladung dazu bekam. Als der Abend begann, erklärte die Obfrau des Vereins den CVern, daß sie den Saal verlassen sollten, da ansonsten die Schlagenden mit ihrem Anhang abziehen würden. Maleta weigerte sich mit dem Hinweis auf die Überparteilichkeit des Schulvereins, dies zu tun. Er erklärte sich bereit, höchstens die Farben abzulegen, wenn dies die Schlagenden auch täten, worauf die aber nicht eingingen und im Vestibül schrieen: „Wenn die Damen nicht hier wären, würden wir die Katholen hinausprügeln!" Maleta erklärte jedoch der Obfrau, daß die CVer hierbleiben, nachdem er sich mit den Alten Herren telefonisch ins Einvernehmen gesetzt hatte. Daraufhin zogen die Schlagenden ab.

Die **Inauguration des Herbstes 1929** fand lediglich in einfachen Farben statt, ebenso eine Gedenktafelenthüllung auf der Universität am 26. November. Damit war wiederum die „negative" Gleichberechtigung hergestellt.[22] Wie bereits erwähnt, war der KDAA aus der Kammer ausgetreten. Am letzten Tag des Einreichungstermins für eine Wahlliste für die Kammerwahl im November 1929 reichte die Winfridia (KV) eine „Liste der Duellgegner" ein. Damit waren die Gefahr einer Sprengung des KDAA und ein Zusammengehen Winfridias mit der Suevia (RKDB) gegeben. Um dies zu verhindern, beschlossen die übrigen Mitglieder des KDAA, vor allem der GCV, die Winfridenliste zu wählen, wenn deren Vertreter in der Kammer eine Erklärung verlesen, wonach man nur aus Loyalitätsgründen gegenüber der DSt gewählt hätte. Außerdem sähe man aber keine Ursache zur Zusammenarbeit in der Kammer, solange der Arminen-Beschluß gegen Carolina aufrecht bleibe und Vorfälle wie am Südmark-Abend vorkämen. Die Winfridia hielt sich aber nicht an die Abmachung, verlas eine andere Protesterklärung und überließ den dem KDAA traditionsgemäß zustehenden Posten des stellvertretenden Vorsitzenden den Schlagenden. Maleta hatte dem Hochschulamtsträger des CV, Hermann Hagen, brieflich nahegelegt, die Angelegenheit Winfridia vor das EVA zu bringen.[23]

Inzwischen wurde 1930 in Graz die 2. KV-Verbindung Austria gegründet, wobei der Professor für Mathematik an der Technischen Hochschule, Bernhard Baule (Trn EM), besonders unterstützend auftrat. Er verfaßte ein Werbeschreiben für die Austria, weswegen es am 12. Mai auf der Technik zu lärmenden Demonstrationen seitens der Schlagenden gegen Baule kam.[24] Der Redakteur des *Grazer Volksblattes*, Johann Auterith (Nc), schrieb Hagen, daß „es vielleicht ganz gute Auswirkungen haben wird, daß auch einmal ein Angehöriger des KV in einen solchen Kampf hineingezogen wird".[25]

Inzwischen kam es am 26. März 1930 zum Prozeß gegen med. Wolfram Sorgo, der im Juni 1929 die Carolinen Walther Kamschal und Robert Egger brutal zusammengeschlagen hatte. Sorgo wurde von einem Schöffengericht wegen schwerer Körperverletzung zu drei Monaten bedingtem Arrest verurteilt. Der Gerichtssaal war, wie zu

22 CVA A 153. Studentendemonstrationen Graz 1929/30. Brief Maletas an Hagen vom 28. 11. 1929; Ebner, Geschichte der B! Marcho-Teutonia, S. 138.

23 CVA A 153. Brief Maletas; 75 Jahre Carolina, S. 295f.; Leitner, Politik und Hochschule, S. 61.

24 Ac 43 (1930/31), S. 34; *Grazer Volksblatt* (6-Uhr-Blatt), 12. und 13. 5. 1930.

25 CVA A 153. Brief Auteriths (mit zahlreichen Zeitungsausschnitte zu diesem Vorfall) an Hagen.

erwarten, von Studenten gefüllt. „Als der Zeuge Kamschal seine Aussage beendet hatte, bemerkte er, daß ihm unterdessen sein Überzieher gestohlen worden war."[26]

Sorgo hatte jedoch dem Gericht verschwiegen, daß er bereits schon einmal wegen Beleidigung eines Polizeibeamten zu einer bedingten Strafe verurteilt wurde. Das kam jedoch heraus, so daß die zweite Verurteilung in eine unbedingte Arreststrafe umgewandelt wurde. Damit ging diese Disziplinarsache an den Akademischen Senat der Universität, der damit die Relegation Sorgos verhängen mußte. Auf Begehren der „wehrhaften" Studentenschaft kam es am 2. Juli 1930 zu einer Studentenversammlung, auf der der Rektor die Situation beruhigen wollte. Kaum war der Rektor weg, schlug die Stimmung im Hörsaal in offene Feindseligkeit gegen die CVer um. Sorgo gab dann eine völlig andere Darstellung des Vorfalls im Juni 1929. Als Kamschal, eines der beiden Opfer Sorgos, die Tatsachen richtigstellen wollte, wurde er ausgepfiffen. Als sich sein Leibbursch Maleta zu Wort meldete, wurde er niedergeschrieen: „Der Caroline soll froh sein, daß ihm nur das Nasenbein und nicht der Schädel eingeschlagen wurde!"

Die Schlagenden riefen nun einseitig ab 3. Juli einen Streik aus und besetzten diverse Eingänge zur Universität und Institute, die sie auch „wehrhaft" verteidigten. Der Rektor antwortete mit der „Aussperrung" für den 4. und 5. Juli, das heißt nicht nur der Aussetzung der Vorlesungen, sondern auch der Prüfungen, was den größten Unmut der an diesen Vorfällen unbeteiligten Studentenschaft hervorgerufen hatte. Es war ja bereits gegen Semesterende, und viele wollten noch rechtzeitig ihre Abschlußprüfungen ablegen. Nicht zuletzt deswegen hörten die „Wehrhaften" am 4. nachmittags mit dem Streik auf.

Der KDAA richtete jedoch eine Protestnote an das Rektorat: „Der sogenannte Streik ... geht lediglich von einer zahlenmäßig begrenzten Gruppe deutscher Studenten aus. Nicht nur die katholisch organisierten und unorganisierten Studenten, sondern auch der überwiegende Teil der Finkenschaft verurteilen die platzergriffene Terrorisierung auf das schärfste!"[27] Unter diesen Umständen kann man es fast als Wunder ansehen, daß der KDAA – nun wieder vereint – sich im Herbst 1930 an den Kammerwahlen beteiligte. Gegen Ende des WS 1929/30 kam es auch in der Frage des Arminen-Beschlusses zu einer Verständigung, so daß der Konflikt vorläufig bereinigt war.[28]

Im SS 1930 wurde von Studierenden des Christlich Deutschen Turnerbundes eine katholisch akademische Turnverbindung Norica gegründet, die in der Folge dem KV beitrat. Am 13./14. Mai 1931 fand das Publikationsfest statt. Nach der Messe in der Herz-Jesu-Kirche am Christi-Himmelfahrts-Tag, dem 14. Mai, kam es bei der Auffahrt zur Universität zum Rektor Prof. Konrad Zwierzina zu Tätlichkeiten. Wegen eines Streites um die Bänderfarben – die Norica hatte die Farben schwarz-rot-gold auf weißem Grund – versuchten Angehörige von schlagenden Verbindungen mit Latten, Gießkannen u. a., den Festzug, an dem auch der GCV teilnahm, am Betreten der Universität tätlich zu hindern. Dazu fühlten sie sich quasi legitimiert, da der Rektor die Norica wegen des Farbenstreits nur ohne Farben empfange wollte.[29] Im Zuge dieser Ereignisse kam es dann noch

26 *Grazer Volksblatt,* 27. 3. 1930.

27 Über diesen Vorfall siehe Sitzungsbericht 60. CV, S. 144; Ac 43 (1930/31), S. 73; *Grazer Volksblatt,* 3. 4. und 5. 7. 1930.

28 75 Jahre Carolina, S. 296.

29 CT IV, S. 217. Die Vorfälle sind durch eine umfangreiche Korrespondenz im CVA 440 dokumentiert. Weiters siehe dazu Mölzer, Die Auseinandersetzungen zwischen nationalen und katholischen Korporationen im Jahre 1931, der dafür Aktenbestände des UAG benützte, weil die FS der Norica [Graz KV] dazu „nur sehr einseitigund meist ... wortwörtliche Zitate aus der klerikalen Presse" (S. 3) verwendete.

am 27. Mai und 30. Juni zu tätlichen Auseinandersetzungen zwischen den Schlagenden und katholischen Studenten, bei denen ein Caroline schwer verletzt wurde.[30]

Der zeitweilige FPÖ-Chefideologe Andreas Mölzer (C! Vandalia) bewertet diese Vorgänge 50 Jahre später in an Deutlichkeit nicht fehlenden Worten: „Die Gründung ... der Norica stellte ... den letzten Höhepunkt der Aktivitäten der katholisch-konfessionellen Korporationen vor ihrer Machtübernahme an den Hochschulen durch die Einrichtung der Sachwalterschaft dar."[31]

Erst am 10. Januar 1932 wurden die Vorfälle vom 13. Mai 1931 auf der Hauptversammlung des EVA in Goslar seitens des CV und des KV zur Sprache gebracht; es wurde dafür ein Ausschuß gebildet, der am 1. Mai 1932 in München tagte. Seitens des GCV nahmen u. a. Alfred Maleta (Cl) und Alfred Hueber (Cl) teil. Es kam zwar zu keiner Lösung (man betrachtete dies als erledigt), einigte sich aber auf einen örtlichen Ausschuß, der aus je einem Alten Herren der Verbände als Vertrauensmann bestehen sollte, um in Hinkunft Streitigkeiten beizulegen.[32]

Im ersten Halbjahr 1932 kam es in hochschulpolitischen Fragen zu Konflikten zwischen dem GCV einerseits und dem CV-Hochschulamtsträger Hermann Hagen (Th) sowie dem VOP Konrad Welte (Ae) andererseits. Bereits in seinem Vorstellungsschreiben als Nachfolger Maletas in der Funktion als Listenführer des KDAA bat Alfred Hueber Hagen, die Grazer Situation zu seiner eigenen Sache zu machen. Hagen, durch die vielen Streitereien der letzten Jahre schon etwas verbittert, wobei er ja nicht immer eine glückliche Hand bewies[33], antwortete Hueber, daß auch seitens des CV Fehler gemacht wurden und dieser oft Schlägereien provoziert habe. Dies war im Februar 1932. Im Juni gab es einen Konflikt ähnlicher Art mit dem VOP Welte und Carolina. Anläßlich des Stiftungsfestes der Glückauf am 4. Juni kam es in Leoben zu Tätlichkeiten zwischen Schlagenden und Carolinen, bei denen am Rande Konrad Welte Zeuge war. Er vertrat nun die Auffassung, daß die Schlägerei von den Carolinen „fahrlässig" herbeigeführt worden sei, obwohl er die genauen Ursachen nicht kannte.

Sowohl der VOP als auch Hagen scheinen die Meinung gewonnen zu haben, daß viele Streitereien der Vergangenheit vermieden hätten werden können. Das führte natürlich zu einer Verbitterung in den Reihen des GCV. Er faßte nun im Juni 1932 den Beschluß, einen Antrag an die 61. CV in München zu stellen, in dem das Amt für Hochschulfragen aufgefordert wird, alles zu unternehmen, damit das EVA auch in Österreich, und da insbesondere in Graz, Geltung erlange. Ansonsten soll das EVA gekündigt werden. In einer umfangreichen Denkschrift des GCV wurde dieser Antrag genau begründet. Hueber schrieb deswegen auch am 5. Juli an Hagen. Er teilte mit, daß der Anstoß zu diesem Antrag vom Nichtzustandekommen jenes Ausschusses, der am 1. Mai in München beschlossen wurde, erfolgt sei. Hagen antwortete am 8. Juli, daß er im Vorbereitenden

30 *Grazer Volksblatt,* 27. 5. 1931; *Grazer Tagespost* und *Neues Wiener Journal,* beide vom 30. 6. 1931.

31 Mölzer, Die Auseinandersetzungen zwischen nationalen und katholischen Korporationen im Jahre 1931, S. 16.

32 CVA 440. Insbesondere die Niederschrift der Sitzung vom 1. 5. 1932.

33 Dies wird ja aus der Schilderung der Grazer Vorkommnisse und des Verhaltens des Hochschulamtsträgers allzu deutlich. Ihm schien das alles „lästig" zu werden, auch wollte er wahrscheinlich den „Frieden" der in der DSt Deutschlands sowie durch das EVA entstanden ist, durch die Vorfälle in Graz bzw. Österreich nicht gefährden wissen. Ob das allerdings im Sinne einer CV-korrekten Amtsführung gelegen hat, kann bezweifelt werden. Etwas anders, nämlich durchaus positiv, sieht Norbert A. Sklorz (Gbg) die Rolle Hagens als Hochschulamtsträger, Ac 81 (1988), S. 114.

Ausschuß gegen diesen Antrag Stellung bezogen habe. Er wurde dann auch von der Cartellversammlung nicht beschlossen.[34]

Im Rahmen des GCV haben nun sicherlich jene Kräfte die Oberhand gewonnen, die nach langjährigen Kämpfen vor und nach dem Weltkrieg zur Einsicht gekommen sind, daß durch Absprachen mit den Schlagenden auf Grazer Boden, die in zunehmendem Maße unter Einfluß des NSDStB gerieten, nichts zu erreichen ist. Hinzu kam noch die Erfahrung, daß sowohl der Hochschulamtsträger wie der VOP in Unkenntnis, ja Unverständnis der hochschulpolitischen Situation in Graz eine zurückhaltende Linie einschlugen, die im GCV zur Verbitterung führte. Zwar ging dieser Antrag auf der letzten freien gemeinsamen Cartellversammlung unter, jedoch gab die nachfolgende Geschichte dem GCV letztlich recht.

34 CVA 440. Insbesondere die Niederschrift der Sitzung vom 1. 5. 1932.

Die Auseinandersetzungen in Innsbruck und Wien

„Wir möchten diesen Exzessen keine übertriebene Bedeutung beimessen, denn leider handelt es sich um keine vereinzelte Erscheinung, sondern beinahe jedes Jahr fühlen die völkischen Studenten das Bedürfnis, durch solche Unruhen die Überlegenheit ihrer Rasse zu beweisen."

Neue Freie Presse, 5. November 1929

Innsbruck: Der Kampf um die Vorherrschaft

In Innsbruck war es vergleichsweise ruhig, und es sollte nach 1918 einige Zeit dauern, bis sich im Januar 1925 ein Zusammenstoß zwischen Mitgliedern der Raeto-Bavaria und des C! Gothia ereignete. Es entwickelte sich eine handfeste Rauferei, die bis in die frühen Morgenstunden dauerte, so daß die Polizei einschreiten mußte.[1]

Im Mai 1926 kam es dann erneut zu Krawallen, die im Zusammenhang mit der Erneuerung des EVA standen. Am 11. Mai gab es eine Schlägerei zwischen Angehörigen von CV-Verbindungen einerseits und der B! Germania und der L! Tyrol andererseits, bei der der Senior der Austria, Hubert Urban (AIn), und Franz Wiesinger (AW, Le) so schwer verletzt wurden, daß sie eine Woche im Krankenhaus liegen mußten. Diese Auseinandersetzungen schwächten sich im Verlauf des Sommersemesters ab, erreichten jedoch wieder einen Höhepunkt, als anläßlich der Einweihung des Gefallenendenkmals die Schlagenden forderten, die CVer dürften dazu nur ohne Schläger erscheinen.[2]

Im November 1928 hatte Bundeskanzler Ignaz Seipel (Nc EM) wiederum die Gründung einer Katholischen Universität in Salzburg in Diskussion gebracht, was in Innsbruck zu heftigen Auseinandersetzungen führte, die im Dezember 1929 ihren Höhepunkt erreichen sollten. Sie wurden „mit einer Leidenschaft geführt, wie ihn die Annalen der Universität seit den Tagen des Wahrmundskandals nicht wieder verzeichnet haben."[3]

In einem Caféhaus kam es am 30. November erst einmal zu Beschimpfungen zwischen Angehörigen der Rheno-Danubia und des C! Gothia. Daraus entwickelten sich Tätlichkeiten, die ein Einschreiten der Polizei notwendig machten. Am nächsten Tag zogen daraufhin ca. 100 katholische Studenten (CV, aber auch wahrscheinlich KV und UV) mit Stöcken bewaffnet durch die Maria-Theresien-Straße. Sie riefen „Deutsche Schweine!", als sie Schlagende erblickten. Es entstand wiederum eine Schlägerei, bei der es Verletzte gab. Die Polizei konnte jedoch die Streitparteien trennen. Gegen Mitternacht zogen die Schlagenden zum Austria-Haus, um es zu stürmen, aber es war bereits von Polizei bewacht.

Am 2. Dezember folgte ein weiterer schwerer Zwischenfall. Katholische Studenten behaupteten, einer der ihrigen sei von Nationalen bewußtlos geschlagen, verschleppt und bestohlen worden. Diese wiesen die Behauptung zurück und besetzten daraufhin ab 9 Uhr die Rampe der Universität, um den katholischen Studenten den Zutritt zu verwehren. Daraufhin versammelten sich um 10 Uhr Angehörige der Austria und Leopoldina

1 Gehler, Studenten und Politik, S. 227.

2 Gehler, Studenten und Politik, S. 228f.

3 *Austrier-Blätter* 4 (Ostern 1930), S. 41

auf ihren Häusern „zum Sturm auf die Universität". Ab 11.30 Uhr rückten ca. 150 CVer in Vierer-Reihen gegen die Universität vor, es drohte eine Eskalation. Sie forderten den Zutritt zur Universität, was ihnen verweigert wurde. Daraufhin entstand eine ca. fünfminütige Massenschlägerei, bei der es natürlich Verletzte gab. Daraufhin griff die Polizei ein und drängte die CVer ab. Erst nach einiger Zeit und mehrere Vermittlungsversuchen gelang es, daß beide Parteien getrennt abzogen.

Zum Unterschied zu den Verhältnissen vor allem in Graz war die Lage in Innsbruck anders. Aufgrund der Ergebnisse der Studentenwahlen waren die beiden Lager unter den Hörern ungefähr gleich stark, innerhalb der Korporationsstudentenschaft hatten CV, KV und UV eine deutlich absolute Mehrheit. Dies war mit Sicherheit auf die starke Stellung der Theologischen Fakultät (ca. 600 Hörer von rd. 2.800 im Jahr 1931) zurückzuführen. Der CV war also nicht Minderheit und „Bittsteller", sondern wußte sehr wohl um seine Stärke Bescheid. Bei diesen Auseinandersetzungen hatte er eindeutig die Initiative. Obwohl man kaum mehr die objektiven Tathergänge rekonstruieren wird können, scheint es doch so gewesen zu sein, daß – um es vorsichtig auszudrücken – bei diesen Auseinandersetzungen nicht diese extremen, den CV benachteiligenden Verhältnisse wie in Graz geherrscht haben dürften.[4]

Anfang 1931 spitzte sich der latente Konflikt zwischen beiden Lagern aus Anlaß des Kammer-Wahltermins neuerlich zu.[5] Im Gegensatz zu dem vom Kreistag der österreichischen DSt festgesetzten Wahltermin beschloß die vom KDHA dominierte DSt Innsbruck, die Wahl am Samstag, dem 21. Februar, abzuhalten, was die Nationalen wegen des Faschings ablehnten. Eine nationalsozialistische Protestveranstaltung verstieg sich nun zu Drohungen („Kampf bis aufs Messer"), so daß der KDHA erst recht auf seinem Standpunkt beharrte. Auch der Versuch der Völkischen, durch eine Studentenvollversammlung die Verschiebung des Termins 21. Februar durchzusetzen, scheiterte, weil die Mehrheit für diesen votierte. Nachdem die Völkischen ihre Forderung mit demokratischen Mitteln nicht erreichen konnten, verlegten sie sich auf eine andere Taktik. Sie beschlossen erstens einen Boykott der Wahl, und zweitens wollten sie Aktionen setzen, die auf eine allgemeine Schließung der Universität – und damit Verunmöglichung der Wahl – hinausliefen. In der Tat provozierten sie einen Tag vor der angesetzten Wahl durch Schlägereien auf der Universitätsrampe, so daß der Rektor die Universität schloß und der Senat der DSt Innsbruck die Anerkennung versagte.

Das wollte nun aber die völkische Seite auch nicht, so daß auf Ersuchen des 1. Stellvertretenden Vorsitzenden der DSt, Hanns Gierlichs (PM), das DSt-Vorstandsmitglied Konrad Welte (Ae) am 27. nach Innsbruck kam, um Verhandlungen zu führen. Sie scheiterten vorerst an der kaum vorhandenen Kompromißbereitschaft des KDHA, was bei Welte zur Einschätzung führte, daß beide Parteien kaum mehr an einer Fortsetzung der Zusammenarbeit interessiert sind. In einem Bericht an die DSt faßt er zusammen: „ ... ob die katholische Gruppe die Zusammenarbeit mit den freiheitlichen Verbindungen in der Studentenschaft überhaupt noch wünschen, nachdem es mindestens sehr fraglich ist, ob die katholische Studentenschaft bei den nächsten Wahlen die bisherige Mehrheit wird behalten können." Damit meinte möglicherweise Welte den starken Zuwachs nationalsozialistischer Studenten in Innsbruck, der vor allem auf einen verstärkten Zuzug reichs-

---

4 Zu den Dezemberereignissen siehe Gehler, Studenten und Politik, SS. 235-240.

5 Zu diesen Ereignissen siehe Gehler, Studenten und Politik, SS. 241-248.

deutscher Studenten zurückzuführen war.[6] Jedenfalls reiste Welte ab, ohne eine Bereinigung herbeigeführt zu haben.

Am 14. März 1931 fand ein ao. Kreistag der DSt für Österreich in Wien statt, um aus der Sackgasse herauszukommen, bei der aus Innsbruck Albert Schöpf (AIn) teilnahm. Dies gelang nun, indem man einen Viererausschuß aus Ortsfremden bildete. Für die katholischen Fraktion nahmen Walter Ternik (ehemals M-D) und Ernst Klebel (ehemals Am) teil, für die völkische u. a. der ehemalige Vorsitzende des Kreises, Erich Führer (B! Bruna Sudetia Wien). Die beiden CVer kamen aus dem nationalen Kreis, so daß möglicherweise dadurch eine zügige Einigung herbeigeführt werden konnte. So wurde für den 12. April in Innsbruck eine Sitzung beider Fraktionen vereinbart, bei der eine Einigung gelang: Um in Hinkunft eine Majorisierung zu vermeiden, sollten der Vorsitzende, der Stellvertreter sowie die übrigen Amtsleiter mit 2/3-Mehrheit gewählt werden. Da Schöpf von der Vorsitzenden-Funktion zurücktrat, kam es gleich am 28. April zur Bewährungsprobe, bei der Armin Wechner (AIn)[7] zum Kammervorsitzenden gewählt wurde.

Infolge der Ereignisse Anfang Dezember 1932 in Graz und Wien (siehe S. 327f.) trat die KDHÖ aus der DSt aus, was natürlich auch für die Innsbrucker „Katholische Arbeitsgemeinschaft" galt. Obwohl damit die DSt Österreichs „gesprengt" war, d. h. auch keine Wahlen mehr stattfinden konnten, wurden trotzdem die routinemäßig vorgesehenen Kammerwahlen in Innsbruck Ende Januar 1933 abgehalten, für den natürlich nur drei Listen kandidierten, nämlich der NSDStB, die Liste der völkischen Arbeitsgemeinschaft (Schlagende) und Liste der nationalen Freistudentenschaft. Listenführer der letzteren war übrigens Othmar Steidle (ehemals R-D), Sohn von Richard Steidle (AIn).[8] Trotz Boykottaufrufs der Katholischen Arbeitsgemeinschaft beteiligten sich 52,4 Prozent der Wahlberechtigten. Da die Wahlbeteiligung bei den vorhergegangenen Wahlen um die 75 Prozent betragen hatte, konnte man daraus schließen, daß der katholische Anteil um die 30 Prozent gelegen wäre, hätte er sich der Wahl gestellt. Hiermit kann man wohl erkennen, wie weit schon der nationalsozialistische Einfluß gediehen war. Jedoch die Freude nationaler Kreise über diese „Eroberung der Universität" dauerte nicht lang. Nicht zuletzt auf Betreiben des CV wurde am 2. Mai 1933 die DSt Innsbruck aufgelöst.[9]

Wien: Aufmarsch der Nationalsozialisten

Während Graz nach wie vor vom „Gleichberechtigungskampf" und Innsbruck vom „Kampf um die Vorherrschaft" geprägt waren, finden sich für Wien bis 1931/32 kaum Hinweise auf Konflikte zwischen der deutschnationalen, schlagenden Studentenschaft einerseits und den katholischen Studenten, insbesondere dem CV andererseits. Weder die Quellen bzw. die Verbindungsberichte an die *Academia*, noch die diversen Verbindungsgeschichten wie geschweige Sekundärliteratur geben darüber hinreichend Auskunft. Das mag durchaus auch daran gelegen haben, daß in einer Millionenstadt studentische Ange-

6 Gehler, Studenten und Politik, S. 246, zitiert hierbei eine Äußerung von Peter Stitz (Sb) aus 1963, wonach Welte der schärfste Gegner des NSDStB in der DSt gewesen wäre. Seine Appeasement-Politik spricht aber dagegen.

7 Nach 1945 Präsident des Landesgerichts in Bregenz.

8 Das hinderte die Nazis nicht, ihn 1938 ins KZ Dachau einzuliefern. Widerstand und Verfolgung Tirol, S. 393.

9 Über diese Wahl siehe Gehler, Studenten und Politik, SS. 248-273.

legenheit nicht diese Aufmerksamkeiten erhielten als etwa in dem weitaus kleineren Graz oder gar Innsbruck. Anders ist dieses „Schweigen" nicht zu deuten.

Man muß aber auch berücksichtigen, daß die nach 1918 einsetzende Kooperation zwischen den „Deutschvölkischen" und dem KDA(H)A anfänglich eine weitaus konfliktfreiere war, als in Innsbruck oder gar in Graz. Die „Wiener Verhältnisse", d. h. der starke jüdische Studentenanteil sowie der Kampf um das „volksbürgerliche" Prinzip, haben zwischen den Schlagenden und dem CV für die zwanziger Jahre die Differenzen zurücktreten lassen. Erst mit dem Auftreten der NSDStB gegen Ende der zwanziger Jahre begannen die Konflikte zu eskalieren, so daß die Wiener Universität „zu einem Ort wüster Verfolgungen und Ausschreitungen gegen politische, religiöse oder rassische Minderheiten"[10] wurde.

Antisemitische Gewalttätigkeiten gab es bereits bald nach dem Krieg, sie gingen in den Jahren 1921 und 1922 zurück, um 1923 wieder aufzuflackern. Die Situation beruhigte sich zwar 1924, um dann ab 1925 bis 1932 eskalieren.[11]

Beflügelt durch ihren Wahlerfolg im Frühjahr ist der NSDStB im Oktober 1928 an den damaligen Rektor Theodor Innitzer (NdW) wegen einer Veranstaltung herangetreten. Sie war zuerst als Kranzniederlegung für die Gefallenen des Weltkriegs gedacht, doch dann sollte diese am 9. November dem Gedenken des Hitler-Putsches vor fünf Jahren dienen, auf der sogar der SA-Führer Ernst Röhm sprechen sollte, was jedoch Innitzer untersagte. Tags darauf kam es zu Handgreiflichkeiten auf der Universität.

Ein halbes Jahr später, am 1. und 8. Juni 1929, kam es zu mehrfachen Zusammenstößen zwischen dem NSDStB und jüdischen Studenten, woraufhin Innitzer das Tragen des Braunhemds verboten hatte. Daraufhin entstand eine Hetze der Nationalsozialisten gegen ihn, wobei er als Handlanger des „jüdischen Terrors" bezichtigt wurde. Im WS 1929/30, kam es zu weiteren Ausschreitungen und antijüdischen Demonstrationen.[12] Der Alltag der jüdischen Studenten an der Universität Wien Ende der zwanziger/Anfang der dreißiger Jahre bestand darin, herausgeprügelt zu werden. Mit dem Schlachtruf „Juda verrecke!" und „Juden raus!" pflegten die völkischen Studenten, die Hörsäle zu stürmen. Die systematische Störung des Lehrbetriebs und die Terrorisierung Andersdenkender gehörte zum Kampfprogramm des NSDStB.[13]

Im Oktober 1929 begannen wegen einer Plakataktion der Sozialistischen Studenten neuerlich Unruhen, die an der Technischen Hochschule ihren Ausgang nahmen. Sozialdemokratische und jüdische Studenten wurden aus der dortigen Bibliothek und Aula herausgedrängt, und es kam zu Schlägereien, so daß der Rektor am 29. Oktober das Gebäude der Hochschule sperren ließ. Die Unruhen griffen auch auf die Universität und die Hochschule für Welthandel über. Nach wenigen Tagen der Beruhigung kam es aber anläßlich der Inauguration des Rektors Wenzel (Graf) Gleispach am 6. November auf der Wiener Universität zu schweren Auseinandersetzungen zwischen völkischen bzw. nationalsozialistischen Studenten einerseits und sozialdemokratischen bzw. jüdischen anderer-

10 Zaunbauer, Studenten und Politik an der Universität Wien, S. 9.

11 Einen Überblick über diese Ausschreitungen bietet Pauley, Eine Geschichte des österreichischen Antisemitismus, SS. 140-198.

12 Höflechner, Die Baumeister des künftigen Glücks, SS. 354-359.

13 Lichtenberger-Fenz, Deutscher Abstammung und Muttersprache, S. 2. In dieser Zeit studierte übrigens Elias Canetti in Wien Chemie, in seiner Autobiographie „Die Fackel im Ohr" werden diese antisemitischen Ausschreitungen auf der Universität als für ihn nicht lebensbedrohlich geschildert.

seits. Diese Unruhen setzten sich am folgenden Tage eskalationsartig fort und konzentrierten sich auf das Anatomische Institut, um die Vorlesung von Prof. Julius Tandler, des sozialdemokratischen Gesundheitsstadtrates von Wien, gezielt zu stören. Dabei wurde das Anatomische Institut erheblich beschädigt. Danach schlossen die Wiener Rektoren die Hochschulen, um den Unruhen Herr zu werden. Die katholischen Studenten bzw. der CV hatten sich an diesen Krawallen nicht beteiligt.[14]

Im April 1930 konnte sich ein Funktionär des NSDStB brüsten: „Nach zweijährigem Kampfe waren wir die Herren der Universität."[15] Als im Juni 1931 der Verfassungsgerichtshof die Gleispach'sche Studentenordnung aufhob (siehe S. 290f.), „brachen in Wien die vielleicht schwersten Studentenunruhen der Zwischenkriegszeit aus".[16] Wiederum ging es gegen sozialistische und jüdische Studenten. Diesmal waren vor allem auf nationalsozialistischer Seite viele Nichtstudenten bzw. Nichtakademiker beteiligt. Hinzu kam noch, daß der NSDStB seit Februar 1931 die stärkste Fraktion in der Kammer der DSt der Wiener Universität war.

Am 27. und 28. Januar 1932 gab es wiederum schwere Unruhen.[17] Im Oktober/November kam es zu neuerlichen Übergriffen der Nationalsozialisten und Deutschnationalen auf jüdische Studenten.[18] Danach wurde der CV das Ziel der Angriffe, weil nach dem endgültigen Scheitern für ein Studentenrecht es kein gemeinsames Ziel für die völkischen und katholischen Studenten mehr gab.[19]

14 Ausführlich über diese „Schlacht im Anatomischen Institut" siehe bei Zaunbauer, Studenten und Politik an der Universität Wien, SS. 93-108.

15 Lichtenberger-Fenz, Deutscher Abstammung und Muttersprache, S.3.

16 Zaunbauer, Studenten und Politik an der Universität Wien, S. 127.

17 Höflechner, Die Baumeister des künftigen Glücks, S. 428.

18 Höflechner, Die Baumeister des künftigen Glücks, S. 429.

19 Zaunbauer, Studenten und Politik an der Universität Wien, S. 142.

Die Konfrontation mit dem Nationalsozialismus auf den Hochschulen

„Nichts gibt mir mehr Glauben an den Sieg unserer Idee
als die Erfolge des Nationalsozialismus auf der Hochschule!"

Adolf Hitler, 1930[1]

Das Vordringen des Nationalsozialismus auf den Hochschulen

Der Nationalsozialismus hatte in den zwanziger Jahren in Österreich noch kaum Bedeutung erlangt und war in sich organisatorisch gespalten. Eine deutliche Änderung ergab sich erst mit dem Erfolg der NSDAP im Deutschen Reich am 14. September 1930, die bei den Reichstagswahlen zweitstärkste Partei wurde (von 12 auf 107 Mandate!).[2] Innenpolitisch zeigte das in Österreich 1932 deutliche Auswirkungen, als die NSDAP bei einigen regionalen Wahlen beachtliche Erfolge erreichen konnte (davon später S. 378f.).

Anders war es auf dem Gebiet der Studentenschaft, und da wiederum anders zwischen dem Deutschen Reich und Österreich. Ab 1922/23 begann in Deutschland eine immer stärker werdende Radikalisierung der Studenten nach rechts[3], und insbesondere in Bayern (Erlangen) gab es ab dieser Zeit vereinzelte nationalsozialistische Studentengruppen. Doch erst 1926 wurde der *Nationalsozialistische Deutsche Studentenbund* (NSDStB), vorerst als Unterorganisation der SA, gegründet. In seiner Frühzeit war er stark antikapitalistisch und sozialrevolutionär orientiert, wandelte sich aber dann ab 1928 unter dem neuen „Reichsführer des NSDStB", Baldur von Schirach, zu einer eher mittelständisch orientierten Gruppe, die sich sehr stark den völkischen Ideen verpflichtet fühlte. Somit kam es vor allem im Deutschen Reich zu einem Einbruch des nationalsozialistischen Gedankengutes in die Reihen der schlagenden Verbindungen. Auffällig ist, daß der Aufstieg des NSDStB dort rasch vor sich ging, wo eine starke wehrhafte, nationale und völkische Studentenschaft vorhanden war. Dort, wo es hohe Anteile katholischer Studenten gab (z. B. im Rheinland), waren die Erfolge des NSDStB geringer.

Insgesamt fand der Nationalsozialismus auf den Hochschulen ein für ihn günstiges Klima vor, die Mehrheit der Studenten war national eingestellt, und mehr als zwei Drittel war korporiert. Ebenso spielte die allgemeine soziale Not innerhalb der Studentenschaft eine große Rolle.[4] Daher konnte der NSDStB im Deutschen Reich von 1927 bis 1930 überall Mandate und Mehrheiten in der DSt erringen.[5] Es wundert daher, daß der CV-Hochschulamtsträger Hermann Hagen (Th) in seinem Bericht auf der 60. CV 1930 damals die größte Gefahr im „Ansturm des Sozialismus auf die Hochschule" sah, während er im Nationalso-

---

1 *Die Bewegung*, 19. 8. 1930, zit. nach Studenten im Kampf, S. 4.

2 Einen Überblick über die Anfänge des Nationalsozialismus in Österreich bietet Wandruszka, Das „nationale Lager", S. 309ff.; siehe auch Veiter, Das 34er Jahr, S. 93ff.

3 Pabst, Couleur und Braunhemd, SS. 33ff.

4 Ebda., SS. 40ff.; Brunck, Die Deutsche Burschenschaft in der Weimarer Republik, SS. 203ff.; Grüttner, Studenten im Dritten Reich, SS. 20ff.; Stimmer, Studentische Gruppierungen und Nationalsozialismus, SS. 26ff.

5 Faust, Der Nationalsozialistische Deutsche Studentenbund I, S. 36f.; Faust, Die Eroberung der Deutschen Studentenschaft durch den NSDStB (gute Überblicksdarstellung); Jarausch, Deutsche Studenten, SS. 152; Kater, Studentenschaft und Rechtsradikalismus, S. 125f.

zialismus nur „eine Gefahr" erblickte, die er „mehr an der Oberfläche liegend" taxierte.[6] Doch einige Wochen später bei den Reichstagswahlen wurde er eines besseren belehrt.

Bei den AStA-Wahlen für das WS 1930/31 erreichte der NSDStB im Kielwasser dieses Erfolges segelnd im Reichsdurchschnitt an die 35 Prozent der wählenden Studenten.[7] Damit hatte er eine genügende Basis, um im Sommer 1931 bei der Tagung der DSt in Graz (siehe S. 285) personell die Macht zu ergreifen.[8] Eine geraume Zeit vor dem 30. Januar 1933, der Machtergreifung Hitlers, gelang Nationalsozialisten zum ersten Mal innerhalb einer sozialen Gruppe, nämlich der Studentenvertretung, der Durchbruch. Oder drastisch ausgedrückt: Die Hochschulen sind vom Nationalsozialismus überrollt worden.

In den Jahren 1931 und 1932 erhöhte sich der NSDStB-Anteil bei den AStA-Wahlen im Deutschen Reich auf 44,4 bzw. 47,9 Prozent, um dann interessanterweise bei den letzten Wahlen im Januar/Februar 1933 auf 43,2 Prozent abzusacken. Das lag sicherlich im Zusammenhang mit dem Rückgang der NSDAP bei den Reichstagswahlen Ende 1932. Fragt man für das Jahr 1932, wo es 47,9 Prozent Anteil im Reichsdurchschnitt gab, jene Universitäten, die deutlich niedriger als dieser Durchschnitt lagen, so fällt auf, daß die vier niedrigsten Bonn (26,2 Prozent), die TH Aachen (26,6 Prozent), München (32,5 Prozent) und Würzburg (39,1 Prozent) waren – alles Universitäten/Hochschulen in kernkatholischen Gebieten (Rheinland, Bayern). Ein wirklicher Einbruch in die Kerngruppe des katholischen Studentenmilieus gelang also dem NSDStB vor 1933 nicht.[9]

Als Baldur von Schirach 1931 Reichsjugendführer wurde, blieb er zwar nominell Reichsführer des NSDStB, wurde aber von Bundesführern vertreten, so von Gerd Rühle 1932/33 und Oskar Stäbel (L! Suevia Karlsruhe) 1933/34. Nach Verkündigung der neuen Verfassung der DSt wurde diese mit dem NSDStB gleichgeschaltet und praktisch identisch, wobei das Amt des Reichsstudentenführers eingerichtet wurde. Von 1934 bis 1936 waren dies Albert Derichsweiler (ehemals Sd), über seine Rolle bei der „Gleichschaltung des CV" siehe S. 354f., und danach der spätere Gauleiter von Salzburg, Gustav Adolf Scheel (VDSt Tübingen).[10]

In Österreich lag die Situation etwas anders, wie wir bereits bei den einzelnen Ergebnissen der Hochschulwahlen gesehen haben (siehe S. 294f.), denn hier gelang es dem NSDStB nicht sofort, in die schlagende Verbindungswelt einzubrechen. Dies lag vor allem darin begründet, daß diese Verbindungen in Österreich weitaus radikaler waren (und heute noch sind) als die vergleichbaren in Deutschland. Das „nationale Bedürfnis" war daher über längere Zeit hin dadurch befriedigt.

Bereits 1919 gab es in Wien eine „Deutsch-akademische Vereinigung der Nationalsozialisten"[11] und in **Graz** 1923 kurzzeitig einen „Verband nationalsozialistischer Studenten", der im März 1929 die Basis für den NSDStB bildete und in „Nationalsozialistischer Deutscher Studentenbund der Hochschulgruppe Graz" umbenannt wurde. Dieser gehörten im SS 1930 nur 29 Mitglieder an, also vergleichsweise wenig. Vorkämpfer für

6 Protokoll 60. CV 1930, S. 122f.

7 Z. B. an der TH Berlin 5 von 10 Sitzen, an den Universitäten Braunschweig 9 von 20, in Breslau 22 von 31, in Erlangen 19 von 25, in Gießen 14 von 25, in Jena 8 von 12, in Leipzig 8 von 15 und München 10 von 30. Siehe Grüttner, Studenten im Dritten Reich, S. 54; Studenten im Kampf, S. 107.

8 Faust, Der Nationalsozialistische Deutsche Studentenbund II, S. 17ff.7

9 Nach Grüttner, Studenten im Dritten Reich, SS. 54, 57 und 496.

10 Studenten im Kampf, S. 132.

11 Witzmann, Der Anteil der Wiener waffenstudentischen Verbindungen an der völkischen und politischen Entwicklung, S. 133.

den NSDStB in Graz waren die Burschenschaften Carniola und Germania.[12] Bei den letzten Wahlen der DSt in Graz erreichte auf der Universität der NSDStB 179 Stimmen und vier Mandate, etwa ein Fünftel der abgegebenen Stimmen.[13] Für eine kurze Zeit machte sich ein interessanter Wandel in der Hochschulpolitik bemerkbar: Der NSDStB (vier Mandate) und die Liste des RKDB (ein Mandat) machten in der Regel gegen den KDAA (vier Mandate) Front, während die Völkische Liste (neun Mandate) zwar dabei mittat, jedoch erkannte, daß ihr im NSDStB ein gefährlicher Gegner erwachsen war.

In **Wien** hingegen war bereits bei den Wahlen im Februar 1930/31 ein Einbruch des NSDStB signifikant, wie wir bereits gesehen haben (siehe S. 295). Dies führte bei Friedrich Funder (Cl) zu folgender Einschätzung: „An den Hochschulen fanden die nazistischen Werber einen wohlvorbereiteten Boden."[14] Im Jahr 1931 ist der Nationalsozialismus in Wien „innerhalb der [schlagenden, Anm. d. Verf.] Korporationen zum alleinbestimmenden Faktor geworden", was nicht wundert, denn nach ihrem Verständnis war der Nationalsozialismus „die Vollendung der waffenstudentischen Idee."[15]

In **Innsbruck** wurde eine NSDStB-Gruppe erst spät, nämlich Anfang 1929 gegründet, nachdem er bereits in Deutschland überall große Erfolge erreichen konnte. Bis 1931/32 war er eher unbedeutend, noch dazu war er auch von Führungskämpfen gekennzeichnet. Nach einer Untersuchung von Michael Gehler konnte festgestellt werden, daß schon vor 1933 ein hoher Anteil der Mitglieder der Innsbrucker schlagenden Verbindungen der NSDAP beigetreten waren: So z. B. beim C! Athesia 50 Prozent, bei der B! Suevia 45 Prozent, bei der B! Germania 40 Prozent.[16]

Der NSDStB (aber auch die NSDAP) wurde nach den Erfolgen im Deutschen Reich auch in Österreich immer stärker und erhöhte nun 1931 seine Aktivitäten an den Hochschulen. Angesichts der drohenden Gefahr, zur Bedeutungslosigkeit herabzusinken, kam es am 4. Dezember 1931 in Graz zu einer seltsamen Koalition zwischen dem KDAA und der Völkischen Liste, wo bei einer Kammersitzung deren Funktionsperiode wegen angeblicher Ausarbeitung eines Studentenrechts um ein Semester verlängert wurde. Dieser Beschluß wurde im SS 1932 wiederholt. Der NSDStB mobilisierte hierauf die Studentenschaft. So kam es auf einer Studentenversammlung am 23. Mai 1932 in Graz zu Tumulten und Schmähungen der katholischen Studenten durch die Nazis („Jetzt wird es Zeit, prügeln wir zuerst die Katholen hinaus und dann die anderen!"), außerdem erhielt der Antrag auf sofortige Kammerwahlen eine Mehrheit von 567 zu 404 Stimmen. Wiederum gelang es am 23. Juni 1932 in einer Kammersitzung gemeinsam mit den Völkischen und dem KDAA, den Wahltermin zu verschieben.[17] Im Herbst 1932 unterblieben dann aufgrund eines Erlasses des Unterrichtsministeriums die Studentenwahlen an allen Hochschulen.[18]

12 UAG RA VA 6 Nr. 108, und VA 2 Nr. 18, zitiert nach Leitner, Politik und Hochschule S. 64, Anm. 286f.; Cerwinka, Geschichte der Allemannia, S. 285; Weingand/Winkler, Diese Welt muß unser sein, S. 100.

13 UAG RA HSW 2, Nr. 13, zitiert nach Leitner, Politik und Hochschule, S. 65, Anm. 289.

14 Ebda., S. 87f

15 Witzmann, Der Anteil der Wiener waffenstudentischen Verbindungen, S. 133 und 137.

16 Gehler, Studenten und Politik, S. 311.

17 UAG RA HSW 2, Nr. 14 und 15. Zitiert nach Leitner, Politik und Hochschule, S. 66f., Anm. 300-302. Das Zusammengehen von Völkischen und KDAA in der Wahlterminfrage wird in einem Schreiben Huebers an Hagen vom 23. 2. 1932 bestätigt. CVA 440. Einen Überblick bietet auch Binder, Der Weg der Studentenschaft in den Nationalsozialismus.

18 Leitner, Politik und Hochschule, S. 67.

Dieses Taktieren der Völkischen mit dem KDAA um die Verschiebung des Wahltermins wird von schlagender Seite u. a. als Argument dafür gebracht, daß diese nicht pauschal als Brutstätte des Nationalsozialismus angesehen werden können und daß man vorerst dem NSDStB distanziert gegenüberstand, wobei deren starke Bindung an den steirischen Heimatschutz als Beweis gebracht wird.[19] Gerade dieser war aber eine Zelle des Nationalsozialismus. Wie die Hochschulwahlen 1931 in Wien gezeigt hatten, erreichte der NSDStB gerade auf Kosten der Völkischen Liste zum Teil gewaltige Stimmengewinne. Die Klientel der Völkischen und des NSDStB war ja ziemlich identisch, nur die alten Funktionäre der wehrhaften Korporationen erkannten bald die Gefahr einer Auflösung. So war der Widerstand gegen den NSDStB 1931/32 kein ideologischer, sondern nur ein taktisch-machterhaltender. Dafür spricht ja allein schon die Tatsache, daß die NSDAP nach 1933 bzw. 1938 aus den schlagenden Verbindungen zahlreiche Führungspersönlichkeiten erhielt, wie z. B. der bereits erwähnte Ernst Kaltenbrunner (B! Arminia).

Damit war die weitere hochschulpolitische Ausgangslage für das Studienjahr 1932/33 festgelegt. Der NSDStB konnte im Rahmen des nationalen Lagers die beherrschende Stelle vor den Schlagenden erreichen. Bemerkenswert war auch die Stärke des NSDStB im Kreis VIII (Österreich). Anfang Januar 1933, unmittelbar vor der Machtergreifung Hitlers, gab es insgesamt ca. 5.500 NSDStB-Mitglieder, davon im Kreis VIII 1.070. Der Anteil Österreichs an der Gesamtzahl der Deutschen im Deutschen Reich, Österreich und die Tschechoslowakei betrug damals rund 10 Prozent, die des Kreises VIII an der Gesamtmitgliederzahl des NSDStB 16,3 Prozent. Also deutlich höher als die Einwohnerrelation. Das zeigt nur, daß sich der NSDStB in Österreich stärker implementieren konnte als im „Altreich".[20]

Die Novembertage 1932 in Graz

Die für die NSDAP in Österreich günstig ausgegangenen lokalen Wahlen im Frühjahr 1932 und im Deutschen Reich im Frühherbst desselben Jahres, wo sie stärkste Fraktion im Reichstag wurde, ermutigten den NSDStB zu provokativem Vorgehen in Österreich. Auseinandersetzungen und Reibereien zwischen Nazis und CVern waren an der Tagesordnung. In Wien, wo auf der Universität der NSDStB relativ stärkste Fraktion war, wurden von ihm die Räume der DSt bereits wie eigene behandelt.[21]

Der Reigen des „heißen" Herbstes 1932 wurde am 8. November in Innsbruck eröffnet. Dort störten Nazis die Vorlesung des Privatdozenten für Völkerrecht, Eduard Reut-Nicolussi (AIn), der als besonderer Streiter für die Rechte der Südtiroler bekannt war. Bei dieser Gelegenheit wurden CVer tätlich insultiert.[22] Daß die Nationalsozialisten sich aber in der Folge nicht nur auf die Universitäten beschränkten, sondern auch allgemein „los-

19 Mölzer, Der Gegensatz zwischen katholischen und nationalfreiheitlichen Korporationen in Graz, S. 489f. So wurden auch bei einem Vortrag von Ernst Niekisch am 18. 2. 1932 Völkische von Nazis verprügelt. Siehe CVA 440. Flugblätter der DSt und des NSDStB zum Niekisch-Vortrag. Siehe auch Ebner, Geschichte der B! Marcho-Teutonia, S. 142; Hundert Jahre Burschenschaft Frankonia, S. 48; Hundertfünfundzwanzig Jahre B! Allemannia, S. 9.

20 Grüttner, Studenten im Dritten Reich, S. 51.

21 Ac 45 (1932/33), S. 250.

22 Ebda., S. 249.

legten", zeigt u. a. ihr Überfall auf christliche Turner am 14. November in Kufstein, bei dem das Bundesratsmitglied Paul Bramböck (Vi) verletzt wurde.[23]

„Graz steht wiederum einmal im Zeichen des *Furor teutonicus*", schrieb der Vorsitzende des GCV und des KDAA, Alfred Hueber (Cl), am 17. November 1932 in einem ersten Bericht an den Leiter des CV-Hochschulamtes, Hermann Hagen (Th). In der Zeit zwischen 16. und 20. November 1932 kam es zu den letzten großen Auseinandersetzungen zwischen katholischen Studenten und Schlagenden, die völlig unter nationalsozialistisches Kuratel geraten waren. Anlaß war wie im Herbst 1929 eine Veranstaltung des Schulvereins „Südmark" (Mädchengruppe).[24] Für den 16. November war ein Gesellschaftsabend mit Tanz angesetzt. Die Schriftführerin der Gruppe lud wegen der Vorfälle des Jahres 1929 nur die schlagenden Verbindungen ein, die Obfrau hingegen verhandelte aber – ohne Wissen der bereits erfolgten Einladungen – mit dem GCV, wobei ein Erscheinen ohne Farben vereinbart wurde. Dem stimmte der GCV zu, sofern die Schlagenden auch ohne Farben erscheinen würden. Diese Einladung an den GCV wurde vom Vorstand der Mädchengruppe im nachhinein am 19. November bestätigt. Als den Schlagenden die Einladung an den GCV zu Ohren kam, beschlossen sie am 15. November, also einen Tag vor der Veranstaltung, im Falle des Erscheinens des GCV nicht hinzugehen.

Inzwischen wurden auf der Universität Flugblätter verteilt, in denen die Schlagenden ihre Anhänger aufforderten, am Abend in Massen zu erscheinen, um die „Katholen hinauszuprügeln". Das Flugblatt kam auch in die Hände des CV, so daß die Absicht der „Wehrhaften" bekannt wurde. Als die Veranstaltung begann, erfuhr der CV aus den Annensälen telefonisch, daß die Schlagenden in Farben erschienen sind. Daraufhin begaben sich Angehörige der Carolina und später des Traungau ebenfalls in Farben zur Veranstaltung. Als drei Carolinen, darunter Hueber, in Damenbegleitung hinkamen, wurden sie sofort mit dem Ruf empfangen: „Katholen hinaus, wir brauchen keine Katholen!" Die Carolinen wurden schließlich angerempelt und Hueber durch die Glastür geschleudert. Vor den Sälen, wo sich die übrigen CVer befanden, kam es zu wüsten Prügeleien, wobei die „Wehrhaften" mit Stühlen auf die CVer einschlugen, bis die Polizei kam. In der den Schlagenden eigenen Verteidigungsstrategie wurde in einer Eingabe an das Rektorat davon gesprochen, daß die Carolinen bereits mit Stöcken bewaffnet in die Annensäle ge-

23 Botz, Gewalt in der Politik, S. 360.

24 Es ist das Verdienst Andreas Mölzers, den Akt „Veranstaltung Schulverein Südmark – Studentenunruhen" im UAG entdeckt und geordnet zu haben. Er veröffentlichte daraus zwei Publikationen: Der Gegensatz zwischen katholischen und national-freiheitlichen Korporationen in Graz sowie Studentenunruhen in Graz im Spätherbst 1932. Als Angehöriger des C! Vandalia macht er sich die alte Argumentationslinie zu eigen: Das provokative Auftreten Carolinas bzw. des CV hat die „Wehrhaften" geradezu „gezwungen", Gegenmaßnahmen zu treffen, die im vorliegenden Fall tätlich waren. Vergessen wird aber dabei, daß es dem CV erstens um eine formale und voraussetzungslose Gleichberechtigung ging, und daß zweitens die „Wehrhaften" damals, nun in Verbindung mit den Nationalsozialisten, weiterhin ihr kulturkämpferisches Gehabe ausgeübt hatten. In dem betr. Südmark-Akt befinden sich Berichte des GCV, des Vereins Südmark der Schlagenden und andere Schriftstücke. Der Bericht des GCV vom 19. 11. findet sich im VACl. Akt Carolinen-Zirkel Vorarlberg und im CVA 440, wo auch noch andere zahlreiche Schriftstücke zu diesem Vorfall vorhanden sind. Das „Memorandum der KDHÖ zu den Vorfällen an den österreichischen Hochschulen in den Monaten November und Dezember 1932" wurde in der Ac 45 (1932/33) SS. 248-251 abgedruckt, ein Exemplar befindet sich im BA, Akten des SD-Oberabschnitts Donau, ZB I 414, Blatt 65ff., es ist undatiert, jedoch dürfte es unmittelbar nach den Ereignissen Ende 1932 verfaßt worden sein. Die Darstellung folgt diesen Quellen. Darüber hinaus siehe auch 75 Jahre Carolina, S. 297ff.; Ebner, Geschichte der B! Marcho-Teutonia, S. 146; Höflechner, Die Baumeister des künftigen Glücks, S. 434; Veiter, 34er Jahr, S. 115f. Siehe auch *Grazer Volksblatt,* 18. 11. 1932; *Grazer Tagespost.* 17. 11. 1932; *Reichspost,* 18. 11. und 2. 12. 1937; *Osnabrücker Volkszeitung,* 4. 2. 1933.

kommen und daß in der Nacht Burschenschafter von CVern überfallen worden seien.[25] In der Geschichte der Grazer B! Frankonia aus dem Jahr 1981 ist noch ungeniert zu lesen: „Die in Farben erschienen katholischen Korporationen wurden von den nationalen beim traditionellen großen Südmark-Kränzchen regelrecht hinausgeprügelt."[26] In einer 1995 erschienenen Geschichte des C! Vandalia Graz heißt es schon etwas distanzierter: „Die CVer-Frage glaubte man zu dieser Zeit, mit Prügeleien lösen zu können."[27]

Am Vormittag des nächsten Tages, des 17. November, gab es auf der Universität Anstänkereien seitens der „Wehrhaften" gegenüber CVern. Als Protest gegen diesen Vorfall wurde der tägliche Abendbummel an diesem Tag stärker als sonst besucht, wobei nicht nur der GCV, sondern auch Angehörige der KV-Verbindungen Austria und Norica teilnahmen. Zuerst waren nur wenige Schlagende anwesend, dann jedoch wuchs die Zahl auf mehrere Hundert. Das „Rosenkranzlied" (Text siehe S. 126) wurde gesungen, schließlich kam es am Eisernen-Tor-Platz/Opernring zu Tätlichkeiten, wobei einige Babenberger schwer verletzt wurden.[28] Erst die Polizei konnte die Schlägerei trennen. Den ganzen Abend hindurch kam es noch in Graz zu Auseinandersetzungen, „wobei auf jeden, der als schwarzer Hund erkannt wurde, die Hetzjagd eröffnet wurde".[29] Am Freitag, den 18. November erließ der Rektor der Universität, Prof. Hans Benndorf, eine Kundmachung, worin er wegen Ausschreitungen am Vortag seine „Mißbilligung" ausdrückte. Beim Abendbummel desselben Tages gab es neuerlich schwere Auseinandersetzungen, wobei die Polizei schon aufgrund der Erfahrungen des Vortages Vorkehrungen getroffen hatte. Nach Darstellung des GCV erschienen ca. 1.000 Schlagende und Nazis mit diversen „Waffen" und bewarfen die CVer sowie die Polizei mit Eiern. Es gelang ihnen, den Kordon einmal zu durchbrechen, wobei Mützen gestohlen wurden und einem Babenberger eine Rißquetschwunde zugefügt wurde. Nach Darstellung der „Wehrhaften" an den Rektor waren natürlich die CVer wiederum einmal die Provokateure. Die Polizei nahm sieben „Wehrhafte", jedoch keinen CVer fest.[30]

In der Früh am 19. November hatte die Waffenstudentenschaft zwischen 6.30 bis 8.30 Uhr alle Eingänge der Universität besetzt und verwehrte allen den Eintritt. Aufgrund von Aussagen konnte man ein planmäßiges Vorgehen annehmen, was aber seitens der Schlagenden bestritten wurde. Im Laufe des Vormittags kam es an vielen Stellen der Stadt zu einer regelrechten Hetzjagd und zu Überfällen auf CVer, die zur Universität wollten. So wurde u. a. med. Rudolf Ruthensteiner (Cl) um ca. 11.30 Uhr vor dem Café „Promenade" von zehn bis zwölf durch Schmisse gekennzeichneten Nazis mit Schlagringen bearbeitet und blutig geschlagen. Geod. Anton Klien (Cl) wurde zwischen Dom und Mausoleum um ca. 9.30 Uhr von etwa zehn Studenten überfallen, beschimpft und mit Stöcken

25 Der Bericht der Schlagenden an das Rektorat spricht auch davon, daß am 17. abends ein Mitglied der B! Allemannia überfallen und mißhandelt worden sei.

26 Hundert Jahre Burschenschaft Frankonia, S. 47.

27 Die Kraft hat in sich selbst Bestand, S. 105.

28 Thaller, Babenberg 1920-1935, S. 35; *Grazer Volksblatt* 17. 11. 1932.

29 75 Jahre Carolina, S. 300. Mölzer, Der Gegensatz zwischen katholischen und nationalfreiheitlichen Korporationen in Graz, S. 493, versucht ganz im Sinne der genannten Verteidigungsstrategie, die Tätlichkeiten durch das provokative Verhalten des CV zu erklären.

30 75 Jahre Carolina, S. 263, spricht Polizeirat Franz Pack (Cl) den besonderen Dank für sein tatkräftiges Eingreifen in diesen Tagen aus. Der Bericht der Schlagenden nennt die sieben Verhafteten namentlich. Mölzer, Der Gegensatz zwischen katholischen und nationalfreiheitlichen Korporationen in Graz, S. 493, moniert die Hilfestellung Packs. Siehe auch Hundertfünfundzwanzig Jahre Burschenschaft Allemannia, S. 23.

geschlagen. So geschah es an diesem Vormittag vielen CVern in der Stadt, der Bericht des GCV vom 19. November an den Rektor meldet, daß dies nur einige Fälle von Übergriffen gewesen seien.

Der Rektor versuchte zwar am Vormittag, die Lage etwas zu beruhigen, und erhielt auch die Zusicherung beider Seiten, keine Provokation zu verüben, worauf er wiederum den Bummel auf der Universität gestattete. Er verlangte in der Folge nun Aufschluß über die Ereignisse und erbat von beiden Seiten Berichte. Für den GCV verfaßte Alfred Hueber den Bericht und schloß mit den Worten: „Der GCV erwartet, daß die akademischen Behörden die Reihe von Überfällen auf katholische Studenten durch Waffenstudenten und Nationalsozialisten, von dem Überfall von den Annensälen angefangen, bis zu den heutigen Einzelüberfällen auf das Schwerste verurteilt und die Schuldfrage eindeutig klärt ... Es würde uns leid tun, wenn wir zum Schutze unserer aufs Schwerste gefährdeten körperlichen Sicherheit und des Studienbetriebes, bei Fortdauer der gegenwärtigen Überfälle die Aufmerksamkeit der Öffentlichkeit mehr als bisher auf die Barbarei, die an katholischen Studenten in Graz verübt wurden, lenken müßten."[31] Der Rektor setzte am 12. Dezember 1932 zur endgültigen Klärung einen fünfgliedrigen Ausschuß ein, der aber offenbar zu keinem Ergebnis kam, denn die Ereignisse auf den Hochschulen und in der allgemeinen Politik brachten andere Sorgen mit sich.

Aus den Berichten Huebers an den Leiter des CV-Hochschulamtes, Hagen, geht hervor, daß damals offenbar das C! Joannea die Führung im Grazer NSDStB innehatte und die Hauptschuld an der Organisierung der Überfälle auf die CVer trug. Mehr als 50 Prozent aller aktiven Carolinen hatten in diesen Novembertagen Verletzungen davongetragen! Hagen hatte übrigens in seinem Antwortschreiben an Hueber wiederum eine etwas zögernde Haltung eingenommen, die neuerlich zu Differenzen führte. Trotzdem beantragte er für die nächste Sitzung des EVA am 18. Dezember in Goslar, diese Vorfälle zur Sprache zu bringen.

Der KDAA verlangte nun am 24. November in einem Schreiben an den Verein „Südmark", dem er korporativ angehörte, für das Vorgehen während der Veranstaltung am 16. November Genugtuung, und Fürstbischof Ferdinand Pawlikowski (Trn EM) verurteilte bei einer Versammlung des Katholischen Schulvereins am 20. November die Ereignisse der letzten Tage, vom stürmischen Beifall der Zuhörerschaft begleitet.[32] Interessant ist in diesem Zusammenhang ein Detail der „Unduldsamkeit" der schlagenden Verbindungen aus dieser Zeit. Als ein AH der B! Allemannia, ein Rechtsanwalt, einen Angehörigen der Babenberg Graz als Konzipienten bei sich beschäftigen wollte, wurde er von seiner Verbindung deswegen suspendiert.[33]

Jedenfalls konnte man für Graz zum Jahreswechsel 1932/33 nicht mehr grundlegend zwischen Nationalsozialisten und Waffenstudenten unterscheiden. Im Januar 1933 stellte der NSDStB fest: „Die Mehrheit der deutschen Hochschüler steht bereits im Lager Adolf Hitlers."[34] Diese Einschätzung teilte auch der Rektor der Grazer Universität Benndorf. In

31 *Grazer Volksblatt*, 9. 12. 1932; Mölzer, Der Gegensatz zwischen katholischen und nationalfreiheitlichen Korporationen in Graz, S. 495, sieht im letzten Satz der Erklärung des GCV eine „relativ massive Drohung", die Christlichsoziale Partei einzuschalten.

32 Während der Zeit des Südmark-Rummels wurde übrigens das Verbindungswappen an der Außenseite des Carolinenhauses mit schwarzer Farbe beschmiert. Die Besudelung wurde zur Brandmarkung der Schlagenden bis 1937 belassen. CT IV, S. 217f.

33 Cerwinka, Geschichte der Allemannia, S. 289.

34 Weingand/Winkler, Die Welt muß unser sein, S. 104.

einem Bericht an den damaligen Unterrichtsminister Kurt Schuschnigg (AIn) schätzte er die Nazi-Sympathisanten in der Studentenschaft auf gut 70 Prozent und warnte die Regierung davor, diese in eine Märtyrerrolle zu drängen.[35]

Die Dezemberkrawalle in Wien und der Austritt der KDHÖ aus der DSt

Durch die Ereignisse in Innsbruck und Graz war die Lage innerhalb der Studentenschaft gespannter denn je. Anfang Dezember sollte der Kreistag der österreichischen DSt in Wien stattfinden. Der ao. Professor für Philosophie an der Wiener Universität, Hans Eibl (ehemals NdW EM), unternahm eine Initiative, um die gespaltene Studentenschaft wieder zusammenzuführen. Selber dem katholisch-nationalen Flügel angehörig, glaubte er, dies bewerkstelligen zu können. Er besprach mit den drei Fraktionsführern den Plan, und man einigte sich darauf, daß Eibl anläßlich einer Kundgebung zur Kreistagung eine Rede mit dem Titel „Vom Sinn der Gegenwart" halten sollte. Diese wurde für Freitag, den 2. Dezember abends im Wiener Sofiensaal angesetzt.[36]

Als vereinbarungsgemäß die Chargierten des CV zuerst den Saal betraten, blieben die Nationalsozialisten und Schlagenden sitzen; der CV revanchierte sich in gleicher Weise beim Einzug der danach kommenden Chargierten des Waffenringes. Bei der Begrüßung der Ehrengäste aus den Reihen des CV oder der ihnen nahestehenden Gruppen blieben Schlagende und Nationalsozialisten stumm, die aber ihrerseits in ein demonstratives Begrüßungsgeschrei einfielen, als aus ihren Reihen Ehrengäste angesagt wurden. „Man sah hier deutlich, daß die große Mehrheit des Waffenringes im braunen Lager steht", urteilte der Berichterstatter der *Academia*.[37] Danach kam es zur Rede Eibls, die nach Meinung von Josef Klaus (Rd) viel zu lange dauerte und den eigentlichen Zweck der Einigung verfehlte. Zwischenrufe ließen nichts Gutes erahnen. Am Ende der Veranstaltung war vorgesehen, daß der Auszug der Chargierten in umgekehrter Reihenfolge vonstatten gehen solle: zuerst der Waffenring, dann der CV. Als der CV nachkam, wurde er von Schlagenden und Braunhemden daran gehindert. Es kam zu wüsten Schlägerszenen, Rufe wie „Ohne Juda, ohne Rom erbauen wir Alldeutschlands Dom!" und „Pfui CV!" schallten durch den Saal. Der Rektor der Universität, Prof. Othenio Abel, konnte die Ruhe nicht herstellen, erst nach langsamem Abzug der Besucher flauten die Auseinandersetzungen ab, bei denen es auch Verletzte, u. a. Walter Ternik (ehemals M-D), gab.

---

35 Binder, Der Weg der Studentenschaft in den Nationalsozialismus, S. 81. Über Benndorf siehe auch Höflechner, Walter: Hanns Benndorf – zwischen Welten, in: GuG 13 (1994), SS. 63-77. Danach suchte Benndorf zwischen den beiden studentischen Gruppierungen kalmierend zu wirken, was ihm aber nicht immer gelang. Er hat auch die sog. „Benndorf'sche Formel" erfunden: „I. Hauptsatz: Die Geschwindigkeit eines steirischen Handwerkers gebrochen durch die Geschwindigkeit des Wiener Amtsschimmels ist gleich der Geschwindigkeit des Wachstums der Fingernägel gebrochen durch die Geschwindigkeit des Lichts. II. Hauptsatz: Die Abklingungsconstante der inducierten Aktivität eines Steirers = 24 Stunden; man könnte auf sie ein neues Zeitmaß gründen." Diese „Formel" basierte auf den Erfahrungen Benndorfs beim Aufbau des Grazer Physikalischen Instituts nach 1904. Sie ist aber auch auf andere geographische Orte anzuwenden. Höflechner a. a. O. S. 69.

36 Über die folgenden Ereignisse siehe genau in Ac (1932/33), S. 249ff.; Drimmel, Die katholischen Intellektuellen, S. 342; Klaus, Macht und Ohnmacht in Österreich, S. 24ff.; Stitz, Der CV 1919-1938, S. 106f.; Veiter, 34er Jahr, S. 115.

37 Ac 45 (1932/33), S. 250.

Nach diesem traurigen Vorspiel am 2. Dezember abends durfte man auf den Verlauf der Tagung des Kreistages, am Samstag, dem 3. Dezember gespannt sein. In der Früh beschloß der Vorstand der KDHÖ, dem Kreistag nicht beizuwohnen, da er auf dem Haus der S! Ghibellinia[38], somit auf keinem neutralen Boden, stattfand. Dieser Forderung wurde dann auch stattgegeben, jedoch zu spät, wie die folgenden Ereignisse zeigen.

Am Samstag zu Mittag fand der traditionelle Bummel statt. Nachdem der Vormittag auf der Universität relativ ruhig verlaufen war, sollte die Wiener Universität zu Mittag die wohl schwersten Studentenauseinandersetzungen erleben. Die KDHÖ-Führer Theodor Veiter (ehemals Rd) und Walter Ternik gaben vor den versammelten CVern eine Darstellung der Vorfälle des vorigen Abends. Die Angehörigen des Waffenringes erfuhren davon, eilten herbei und begannen mit einer Schimpftirade. Plötzlich erschienen Studenten in SA-Uniform und begannen, mit Stahlruten und Gummiknüppeln auf die CVer einzuschlagen, die sich nur mit ihren Fäusten und einigen Stöcken wehren konnten. Eine ganze Reihe von CVern wurde dabei verletzt, darunter der Sohn des Bundespräsidenten Wilhelm Miklas (AW EM), phil. Fritz Miklas (Kb), und der spätere Bundeskanzler Josef Klaus (Rd), der wegen einer Rißwunde am Kopf auch in Spitalsbehandlung mußte. Erst nachdem sich die CVer notgedrungenermaßen zurückzogen, hörten die Kämpfe auf.[39] Angeblich aber sollte Prof. Josef Nadler (ehemals Fd) die Nationalsozialisten zur Räson gebracht haben.[40]

Noch am selben Tag faßte die KDHÖ den Beschluß, aus der DSt auszutreten. In der diesbezüglichen Erklärung heißt es u. a.: „Mit tiefer Empörung nimmt die KDHÖ Stellung gegen die durch planmäßige Provokationen und Schlägereien erfolgte Zerstörung der DSt in Österreich von waffenstudentischer und nationalsozialistischer Seite. Der KDHÖ sieht durch die in Wien erfolgten frechen Überfälle auf katholische Studenten in Zusammenhang mit ähnlichen Vorfällen in Graz und Innsbruck einen Verrat an der Idee der DSt und die Zerstörung der geistigen Grundlagen. Sie betrachtet daher die DSt als aufgelöst."[41]

Auf einer Kundgebung des KDHA Wien am 7. Dezember („Bäckersaal", 8. Bezirk) sprach sich Josef Klaus u. a. für eine deutsche Hochschülerschaft aus, wenn dem KDHÖ Genugtuung geleistet werde. Für den Samstag, den 10. Dezember wurde die Universität aus Sicherheitsgründen (Bummel) gesperrt, und der Beginn der Weihnachtsferien wurde für Montag, den 12. Dezember festgesetzt. Man hoffte so, daß sich die Gemüter beruhigen werden. Darüber hinaus hatte der Senat der Wiener Universität ein allgemeines Uniform- und Parteiabzeichenverbot erlassen und eine Akademische Legion aufgestellt, je 25 Mann vom KDHA, der Völkischen Front (Schlagende) und dem NSDStB, versehen mit Mäntel und Kappen des Bundesheeres und einem Abzeichen (Wappen der Universität), um Unruhen bei der Wiedereröffnung der Universität zu verhindern.[42]

---

38 Nach 1945 in die S! Barden aufgegangen.

39 Weitere schwer Verletzte waren Gottfried Hager (Rd), Karl Diwald (NdW) und Wolfgang Zaunbauer (Kb). Siehe auch Botz, Gewalt in der Politik, S. 360. Diese an sich verdienstvolle Studie berücksichtigt mit Ausnahme dieses Vorfalls keinen der sonstigen Gewaltakte auf den Universitäten in Graz oder Innsbruck.

40 So Höflechner, Die Baumeister des künftigen Glücks, S. 436 Anm. 79, ohne jedoch Quellen anzugeben.

41 Unterzeichnet wurde diese Erklärung vom Vorsitzenden des KDHÖ, Veiter, für den KDAA Wien von Werner Habel (Dan), für den KDAA Graz von Alfred Hueber (Cl), für KDAA Innsbruck von Kurt Rösch (AIn) und für dem KDAA Leoben von Paul Kettner (GlL).

42 VACl. Nachlaß Kurz, dort befinden sich die *Nachrichten der DSt beider Grazer Hochschulen,* 4. Jg., Folge 2, 24. 1. 1933.

Schon am 18. Dezember 1932 kamen die Vorfälle in Österreich auf der Wintersitzung des EVA in Goslar zur Sprache. Es wurde ein Ausschuß bestimmt, in den die an den österreichischen Hochschulen vertretenen Verbände je einen Vertreter entsenden sollten,und der die Aufgabe hatte, die genannten Vorfälle zu untersuchen und eine ehrengerichtliche Regelung herbeizuführen.

Im Februar 1933 veröffentlichte der KDHÖ eine „Denkschrift über die Lage an den österreichischen Hochschulen", die als Flugblatt verbreitet wurde.[43] Darin hieß es u. a.: „Die KDHÖ hat sich stets zur DSt bekannt, obwohl sie in Graz von den Mehrheitsgruppen der DSt, insbesondere den Waffenverbänden, trotz des von allen Verbänden unterzeichneten EVA nie als völlig gleichberechtigt anerkannt worden war ... Der Geist der Feindseligkeit und des Negativismus, als dessen Hochburg Graz anzusehen ist ..., wurde auch an die Wiener Universität getragen, wo er immer mehr bei den Angehörigen der Waffenverbände sowie der nationalsozialistischen Gruppe – zwischen denen zu unterscheiden es oft schon sehr schwer fällt – Anhang und wohlvorbereitend Boden fand. Die Ereignisse vom 2. und 3. Dezember . . . bilden nur den Schlußpunkt einer Entwicklung, welche die KDHÖ durch sachliche, bis an die Grenze des Tragbaren opfervolle Arbeit hintanzuhalten versuchte." Danach stellte die KDHÖ die Forderung auf, daß ihr seitens des Waffenringes und des NSDStB Genugtuung geleistet werden muß, um wiederum die Arbeit in der DSt aufnehmen zu können.

Der in Goslar eingesetzte Österreich-Ausschuß tagte am 18. und 19. März 1933 in Wien.[44] Seitens des CV nahmen daran der VOP Karl Groll (Ae), der neue Leiter des Hochschulamtes, Konrad Welte (Ae), sowie Josef Klaus (Rd) (als Vorstandsmitglied des KDHA Wien) und Alfred Hueber (Cl) teil. Man unternahm einen letzten Versuch einer Einigung, obwohl im Deutschen Reich die politischen Umwälzungen (30. Januar Machtergreifung Hitlers) bereits im Gange waren und dort der CV mit dem Rücken an der Wand stand. Daher gab der Vertreter des CV eine von den Waffenverbänden geforderte großdeutsche Erklärung ab, in der ein Bekenntnis zu einer „Zusammenfassung aller Deutschen in einem Deutschen Reich" abgelegt wurde. Dies nahmen die Waffenverbände mit Befriedigung zur Kenntnis, doch wurde bezüglich einer Gleichberechtigung der katholischen Studenten und der Bereinigung nur grundsätzlich positiv gesprochen und das weitere Vorgehen einem Ausschuß zugewiesen, dem u. a. auch Alfred Hueber angehörte. Obwohl keine endgültige befriedigende Situation eingetreten war, wurde die Mitarbeit des KDHÖ in der DSt mit Ende März vereinbart. Doch die politischen Ereignisse nahmen ihren weiteren Verlauf, so daß es letztendlich zur Abschaltung des österreichischen CV kam (siehe S. 361f.).

Im Frühjahr 1933 wollte übrigens der Sohn des späteren Wiener Bürgermeisters Richard Schmitz (Nc), Bruno Schmitz (ehemals Nc)[45], das Amt des Vorsitzenden des KDHA Wien, das Josef Klaus innehatte, an sich reißen. „Schon damals war es ein Bruno, der, ähnlich wie andere Brunos 1966 und 1970, nach meinem Sessel trachtete."[46] Da Klaus sein Studium beenden wollte, stimmte er zwar seiner Ablösung zu, schlug aber als Nachfolger Heinrich Drimmel (NdW) vor, der es dann auch wurde. Gut 30 Jahre später unterlag dann Drimmel Josef Klaus bei der Wahl zum ÖVP-Bundesparteiobmann.

43 Ein Exemplar des Flugblattes befindet sich VACl. Nachlaß Kurz.
44 Darüber siehe in Ac 45 (1932/33), S. 340f.
45 Über Bruno Schmitz mehr siehe S. 457.
46 So Josef Klaus zit. in Weinmann-Steinweis, Josef Klaus, S. 21.

Bei der am 13./14. Mai 1933 durchgeführten Hauptversammlung der KDHÖ in Graz, bei der Alfred Hueber als Nachfolger Theodor Veiters zum Vorsitzenden bestellt wurde, besetzten ca. 300 nationalsozialistische Studenten die Universität und führten eine Demonstration gegen die Regierung Dollfuß durch, so daß die Polizei einschreiten mußte.[47]

Am 27. Mai 1933 beabsichtigte die Norica im Rahmen ihres Stiftungsfestes eine Kundgebung für Albert Leo Schlageter (Fl) (über ihn siehe später S. 351f.) vor dem Heldendenkmal in der Aula der Universität, zu der auch Bundeskanzler Engelbert Dollfuß angesagt war. Die aufgestauten Emotionen auf beiden Seiten entluden sich in einer Rauf-Schlacht. Dollfuß konnte dadurch nicht auf die Universität, was diesen aufbrachte, und er erwog, „außerordentliche schwere Maßnahmen gegen die Hochschulen" einzuleiten. Am folgenden Montag entschuldigte sich der Rektor bei Dollfuß, doch wurden die Hochschulen trotzdem bis zum 8. Juni geschlossen.[48]

In diese Zeit fiel auch der verhinderte „Grazer Fenstersturz". Drei Carolinen besuchten eine Vorlesung auf der Juridische Fakultät. Als sie von Nazis erkannt wurden, störten diese die Vorlesung, so daß sie abgebrochen werden mußte. Die Carolinen wurden hart bedrängt, einer wurde zum Gangfenster gezerrt, und es wurden Anstalten getroffen, ihn hinunterzuwerfen. Nur durch das Eingreifen der im Seitengang befindlichen Theologiestudenten konnte das verhindert werden, die drei Carolinen flohen schutzsuchend in die Theologische Fakultät. Die Nazis forderten ultimativ die Auslieferung der drei „CV-Schweine", was von den Theologiestudenten abgelehnt wurde. Nach einigen Stunden konnten die drei Carolinen unter dem Schutz der Theologen die Universität verlassen.[49]

Aufgrund der Auflösung der DSt in Innsbruck kam es im Mai zu Demonstrationen seitens nationalsozialistischer bzw. „völkischer" Studenten, bei der drei Austrier schwer verletzt wurden.[50] Das Agitieren der Nazis ging aber weiter. Als Beispiel seien nur die Auseinandersetzungen im Januar 1934 in Innsbruck genannt. Die später bekannte Schriftstellerin Gertrud Fussenegger wurde wegen Absingens des Horst-Wessel-Liedes und des Hitler-Grußes zu einer Strafe verurteilt.[51]

Das Auftreten des NSDStB, dem bald die schlagenden Verbindungen erlagen, hat nun eine neue Dimension in die Auseinandersetzungen eingebracht, die zum Bruch der DSt führte. Innerhalb der Studentenschaft dürfte in den Jahren 1931/32 die Mehrheit „formell und informell von der nationalsozialistischen Bewegung als aktive Mitstreiter oder passive Sympathisanten aufgesogen" worden sein.[52] Das gibt auch der Historiograph der schlagenden Verbindungen, Andreas Mölzer, allerdings mit merkwürdigen Einschränkungen, zu: „Allein die Tatsache, daß nach 1930 in Österreich alle nationalen Gruppierungen in der NSDAP aufgingen, da ihnen dies eben als der einzige mögliche Weg zur Vereinigung aller Deutschen erschien, beweist noch keine echte inhaltliche Übereinstimmung zwischen Deutschnationalismus und Nationalsozialismus und kann vor allem die unleugbaren Verdienste des nationalen Lagers, die es sich in staatstragender

---

47 Veiter, 34er Jahr, S. 117; interessanterweise berichtet 75 Jahre Carolina, S. 264, nichts darüber.

48 Höflechner, Baumeister des künftigen Glücks, S. 445f.

49 Mitteilung von Wilhelm Winetzhammer (Cl) an den Verfasser, 12. 10. 1987. Die beiden anderen Carolinen waren Adolf Rottensteiner und Walter Ruthensteiner.

50 Gehler, Studenten und Politik, S. 348.

51 Ebda., S. 320.

52 Gehler, Studenten und Politik, S. 113.

Funktion in den letzten Jahren der Monarchie und im ersten Jahrzehnt der Republik erworben hat, nicht gegenstandslos machen.“[53] Mölzer macht es sich allzu leicht, das Aufgehen der nationalen Verbindungen im Nationalsozialismus lediglich auf den Wunsch nach einer Vereinigung aller Deutschen zu reduzieren. Und über die „staatstragende Funktion“ der Deutschnationalen am Ausgang der Monarchie kann man wohl anderer Meinung sein, wenn man ihr intransingentes Verhalten gegenüber den anderen Nationen und ihre Alldeutschtümelei als „staatsfeindlich“, weil den Auflösungsprozeß der Monarchie beschleunigend, interpretiert.

Fazit: Der CV und seine Verbindungen standen auf Österreichs Hochschulen im Abwehrkampf gegen den Nationalsozialismus nahezu alleine an vorderster Front.

53 Mölzer, Die Korporationen und Österreichs Drittes Lager, S. 189.

Der CV und die nationalsozialistische Herausforderung

„Es wird geschickt auf das Nationalgefühl unserer Jugend spekuliert ... Da kommen neue Parteien mit neuen Zielen und neuen Idealen und verkünden, daß nach Zerstörung des alten Reiches, durch Schaffung eines neuen Dritten großen Deutschen Reiches mit einem Schlag die Not werde beseitigt werden können. Das ist die Agitation, die den Fundamenten unseres österreichischen Vaterlandes in erster Linie gefährlich wird. Da sind wir alle daran interessiert, daß wir einer solchen Verführung der Jugend das Paroli bieten."

Josef Aigner (Cl), wenige Tage nach der Machtübernahme Hitlers in einer der letzten Sitzungen des Nationalrats der Ersten Republik.[1]

Der nationale Gedanke und der CV

Die Frage nach der Volkszugehörigkeit war für die deutschsprachigen Österreicher damals, d. h. vor und nach dem Ersten Weltkrieg, rasch beantwortet: Man betrachtete sich ohne Wenn und Aber als Deutsche. Auch das Herausdrängen Österreichs aus Deutschland 1866/71 tat dieser Grundhaltung nicht Abbruch. Der Nationalitätenkampf in der Monarchie hatte noch verstärkend gewirkt, und selbst übernationale politische Ideen, wie die der Christlichen Demokratie oder der Sozialdemokratie, mußten recht bald das diesbezügliche Scheitern erkennen und wurden ebenfalls „deutsche" Parteien.

Mit dem Zusammenbruch der Habsburger-Monarchie fiel der Glaube an die Notwendigkeit eines Staates Österreich. Der von allen Parteien Österreichs der Zeit 1918/19 verlangte Anschluß wurde nicht zuletzt durch das vom US-Präsidenten Woodrow Wilson postulierte Selbstbestimmungsrecht der Völker unterstützt. Der Zusammenschluß aller Deutschen wurde damals von fast allen als in sich vernünftig und erstrebenswert angesehen, war also „politisch korrekt". Daß es unter den drei politischen Lagern Österreichs doch unterschiedliche Nuancierungen in der Intensität dieses Wunsches gab, lag eher an tagespolitischen Fragen. Und daß die Siegermächte den Anschluß Österreichs an das Deutsche Reich in Versailles und St. Germain verboten hatten, war nicht so sehr die Einsicht, daß Österreich gegenüber Deutschland etwas anderes sei, sondern geschah aus Furcht vor einem vergrößerten Deutschen Reich.

Der Zerfall der alten Ordnung in Mitteleuropa, die als ungerecht empfundenen Pariser Vororteverträge sowie die Tatsache, daß Millionen von Deutschen deswegen außerhalb Deutschlands und Österreichs leben mußten, erzeugten recht bald als Gegenbewegung eine völkisch-deutschnationale Grundstimmung, die anfänglich durchaus überparteilich war, wobei sich die katholischen Parteien (Christlichsoziale, Zentrum) und die ihnen nahestehenden Verbände etwas zurückhielten.

Auch für den CV in Österreich war es keine Frage, man bekannte sich fast durchwegs als Deutsche. Seit 1923 beschäftigte sich der CV bei seinen Cartellversammlungen mit dem nationalen Gedanken, und jedes Jahr wurden Beschlüsse gefaßt, in denen man sich zur Einheit des deutschen Volkes bekannte.[2]

---

1 Zitiert nach Funder, Als Österreich den Sturm bestand, S. 87.

2 Bericht 53. CV, S. 12; Ac 37 (1924/25), S. 82f.; Ac 38 (1925/26), S. 150; abgedruckt sind die Beschlüsse in Hartmann, Im Gestern bewährt, S. 334.

Die Vorgänge 1925/26 in Graz (siehe S. 305) veranlaßten die 56. CV 1926 zu folgendem Beschluß: „Der CV erwartet von all seinen Verbindungen und seinen Mitgliedern, daß sie gemäß den Grundsätzen des Verbandes in ihrem ganzen Denken und Handeln sich stets ihrer großen Pflicht gegen das deutsche Volkstum bewußt sind. Darum hat jeder Cartellbruder sich mit ganzer Kraft für deutsches Wesen und deutsche Kultur einzusetzen. Die Schicksalsverbundenheit aller Deutschen kann nach unserer Auffassung niemals durch staatliche Grenzen zerrissen werden."[3]

Auch in den folgenden Jahren kam es immer wieder zu derartigen einschlägigen Beschlüssen.[4] Und auf der letzten freien CV 1932 wurde beschlossen, Richtlinien für die Arbeit des CV auf dem Gebiete der Pflege des Volkstums als „volksdeutsches Programm des CV" zu erarbeiten.[5] Dieses Programm enthielt u. a. folgende Passagen: „Der CV bekennt sich als deutscher Studentenverband zum deutschen Volkstum ... Der CV als katholischer Studentenverband lebt der Überzeugung, daß Volkstum etwas Gottgewolltes ist ... Der CV bekennt sich zur Verbundenheit aller, die dem deutschen Volke angehören, zu der Einheit des in 21 Staaten Europas zerrissenen deutschen Gesamtvolkes, der Einheit seiner Geschichte, seiner Kultur und seines Schicksals."[6]

Diese und noch weitere nicht näher genannte Beispiele lassen folgende Schlußfolgerungen zu:

1. Der CV, seine Verbindungen sowie deren Mitglieder bekannten sich fast einheitlich zur großdeutschen Idee. Diese Überzeugung war auch bei den österreichischen Verbindungen fast vorbehaltlos vorhanden.
2. Der CV hat es aber peinlich vermieden, den staatsrechtlichen Anschluß Österreichs *expressis verbis* zu fordern. Das fällt sofort auf, wenn man die Erklärungen genauer liest. Dies vor allem deswegen, weil eine solche Forderung im Widerspruch zu der in den CV-Satzungen geforderten politischen Neutralität gestanden hätte.

Die Unvereinbarkeit der Nationalsozialistischen Ideologie mit den Grundsätzen des CV

Die Nationalsozialisten haben es geschickt verstanden, die national-großdeutsche Idee, die an sich von vornherein weltanschaulich neutral und überparteilich war, für sich auszunutzen. Die Wirtschaftskrise und andere Faktoren verhalfen dann der NSDAP zu ihrem Erfolg. Besondere Anhänger fand die NSDAP u. a. im protestantischen Milieu, in der akademischen Mittelschicht, und da wiederum bei den Korporierten der nationalen Studentenverbände.[7]

Der Nationalsozialismus hat mit den Sehnsüchten vieler Menschen von damals spekuliert. Und darauf sind auch viele überzeugte Katholiken hereingefallen, wie noch zu sehen sein wird. Neben den allseits bekannten Verbrechen des Nationalsozialismus führte er

3 Ac 39 (1926/27), S. 114.
4 Ac 41 (1928/29), S. 131; Ac 42 (1929/30), S. 109; Ac 43 (1930/31), S. 158. Abgedruckt sind die Beschlüsse in Hartmann, Im Gestern bewährt, S. 334f.
5 Ac 45 (1931/32), S. 138.
6 Ebda., S. 142f.
7 Siehe dazu Bleuel-Klinnert, Deutsche Studenten auf dem Weg ins Dritte Reich; Falter, Hitlers Wähler; Faust, Der Nationalsozialistische Deutsche Studentenbund; Kater, Studentenschaft und Rechtsradikalismus.

auch nach dessen Niederlage zu einer Korrumpierung jeglichen Vaterlandsgedankens in Deutschland. Noch immer, auch nach der Wende 1989/90, tut man sich in Deutschland mit Begriffen wie Vaterland, Patriotismus, Heimat usw. schwer, im Gegensatz auch zu den anderen Nationen der Europäischen Union – auch im Gegensatz zu Österreich.

Es wird der Kirche vor allem von linker Seite sehr oft vorgeworfen, sie hätte zuwenig oder gar nicht gegen den Nationalsozialismus Stellung bezogen, offenbar in der Ansicht, ein entschiedenes Auftreten hätte ein Zunehmen der Bewegung oder gar deren Machtübernahme sowie in der Folge die Verbrechen verhindern können. Doch sind bereits sehr früh kritische Auseinandersetzungen, ja sogar Unvereinbarkeitsbeschlüsse von Bischöfen, Priestern, Theologen und katholischen Verbänden, darunter vor allem des CV, nachweisbar. Dabei wurde nicht das nationale Programm der NSDAP kritisiert, sondern deren antikirchlichen Stellungnahmen, die neuheidnisch-germanische Ideologie und auch die Rassen- und Euthanasiefrage. Im folgenden ein kurzer Überblick über die betreffenden Stellungnahmen vor allem aus dem CV.

P. Erhard Schlund OFM (Vc). Der erste CV-Seelsorger war ein kompromißloser Gegner des Nationalsozialismus.

Es ist für den CV sicherlich ehrenwert, wenn von neutraler Seite festgehalten wird: „Die früheste Auseinandersetzung mit dem geistigen Standort radikaler Gruppen auf der Rechten suchte auf der katholischen Seite Erhard Schlund.“[8] Zweifelsohne war er einer der intimsten Kenner der NS-Programmatik auf der katholischen Seite. *P.* ***Erhard Schlund*** (Vc) war CV-Seelsorger und Lektor an der Theologischen Hochschule der Franziskaner in München.[9] Bereits 1922, also vor dem Hitlerputsch, veröffentlichte er in der *Münchner Allgemeinen Zeitung* eine Artikelserie, in der er gegen den Nationalsozialismus Stellung bezog.[10] Und im Oktober 1923 erschien die 1. Auflage seiner Schrift „Neugermanisches Heidentum im heutigen Deutschland“, das innerhalb zweier Monate eine Auflage von 30.000 Exemplaren erreichte. Er analysierte dabei genau das Programm der NSDAP vom 24. Februar 1920 und hatte bereits deutlich erkannt, daß der Nationalsozialismus nicht nur Partei, sondern vor allem eine eigene Weltanschauung sein möchte, wodurch er

---

8 Baumgärtner, Weltanschauungskampf im Dritten Reich, S. 147f.

9 P. Erhard (Lorenz) Schlund wurde am 25. 7. 1888 in Siegenburg, Landkreis Kelheim, Niederbayern, geboren. Nach dem Abitur 1907 in Bamberg trat er in den Franziskanerordern ein und studierte Theologie in Bad Tölz und München. Am 29. 7. 1912 wurde er in Freising zum Priester geweiht. Mit Beginn des Weltkriegs war er 1914 Feldgeistlicher. Nach dem Krieg nahm er in München sein Promotionsstudium wieder auf und trat am 5. 1. 1919 als Fuchs der Vindelicia bei. Gleichzeitig engagierte er sich in der Studentenseelsorge. Bereits 1921 wurde er bei der Schaffung des Academia-, später CV-Beirats, mit dem Amt des CV-Seelsorgers betreut, gleichzeitig wurde er auch Münchener Studentenseelsorger. Nach seiner Promotion war er Lektor für Fundamentaltheologie an der Münchener Franziskaner-Hochschule. Am 2. 12. 1953 starb er und wurde in der Gruft des Münchener St. Anna-Klosters beigesetzt. Zum Lebenslauf Schlunds siehe Fellner, Pater Erhard Schlund, SS. 68-86, sowie Dillinger, P. Erhard Schlund.

10 Über seine Artikelserie 1922 berichtet Schlund in der Ac 43 (1930/31), S. 292f.

sich in den Gegensatz zum Christentum bringt. Als „widerchristlich“ bezeichnete er im Programm der NSDAP den extremen Antisemitismus.[11]

Es ist das Verdienst des Wiener CV, daß von ihm der bisher älteste nachweisbare Beschluß gegen den Nationalsozialismus stammt. Am 21. November 1923 beschloß der WCV-Ausschuß nach einem Referat von ***Siegmund Guggenberger*** (Kb) über die Unmöglichkeit einer Mitarbeit in dieser Bewegung wegen ihres antikirchlichen und kulturpolitischen Programms einstimmig, daß das Hakenkreuz von keinem CVer getragen werden darf.[12] Wahrscheinlich ist dieser Beschluß aufgrund des kurz davor stattgefundenen Hitlerputsches in München gefaßt worden. Der Nationalsozialismus hatte damals einen beträchtlichen, allerdings organisatorisch diffusen Einfluß auf völkisch-studentische Kreise gehabt[13], der aber nach dem Scheitern des Putsches und dem folgenden Zusammenbruch der NSDAP vorübergehend abnahm.

Guggenberger hatte sich recht früh mit dem Nationalsozialismus auseinandergesetzt. Grundlage für sein og. Referat war seine 1923 erschienene Broschüre „Was wollen die Nationalsozialisten?“[14] Darin warnt er vor der Agitationskraft der Nationalsozialisten und analysiert recht genau deren Programm. Insbesondere erkennt er dessen Feindschaft gegenüber Christentum und Katholizismus. 1932 erschien von ihm die Broschüre „In diesem Zeichen? Was der Katholik von Nationalsozialismus wissen muß“.[15] Darin geht er noch deutlicher auf die weltanschaulichen Grundsätze des Nationalsozialismus ein und analysiert sie vor dem Hintergrund des christlichen Glaubens.

Erhard Schlund beschäftigte sich 1926 neuerlich mit dem Nationalsozialismus in einer Artikelserie in der *Academia* zum Thema „Katholizismus und Nationalismus“, wo er abschließend feststellte: „Auf alle Fälle muß der Katholik gegen diese Bewegung [gemeint Nationalsozialismus, Anm. d. Verf.] zurückhaltend und vorsichtig sein.“[16] Die etwas behutsam scheinende Formulierung ist darauf zurückzuführen, daß zu diesem Zeitpunkt der Nationalsozialismus im Deutschen Reich noch relativ bedeutungslos war. Die NSDAP erreichte bei den Reichstagswahlen 1924 nur 3 Prozent, 1928 sogar nur 2,6 Prozent der Stimmen! Erst im September 1930 gelang ihr der Sprung auf über 18 Prozent.

Vor diesen Wahlen veröffentlichte Schlund neuerlich einen Artikel in der *Academia* mit dem Titel „Die Religion in Programm und Praxis der Nationalsozialistischen Deutschen Arbeiterpartei“, in dem er sich sehr kritisch mit ihm auseinandersetzte. Dort heißt es u. a.: „Der Nationalsozialismus muß noch vieles in seiner grundsätzlichen und praktischen Stellung zu Christentum und Kirche klären, wenn er will, daß gläubige Katholiken unter Duldung der kirchlichen Autorität ihm Gefolgschaft leisten wollen.“[17]

---

11 Über diese Broschüre ausführlich Fellner, Pater Erhard Schlund, SS. 86-108; Baumgärtner, Weltanschauungskampf im Dritten Reich, S. 147f.

12 Schnürer, Welfia, S. 196.

13 Siehe z. B. das Freikorps Oberland bei den Kämpfen in Oberschlesien 1921; dazu Gehler, Studenten im Freikorps Oberland.

14 Erschienen im Volksbundverlag Wien als Nr. 3 in der Reihe „Weckrufe. Schriften zur Stunde“. Eine Kopie dieser Broschüre wurde dankenswerterweise von Michael Polgar (Kb) dem Verfasser zur Verfügung gestellt. Guggenberger beteiligte sich 1946 beim Wettbewerb um eine österreichische Bundeshymne, dessen Text auch die meisten Punkte erhielt, er wurde aber dann nicht genommen. Siehe *Die Presse*, 28. 9. 2005.

15 Herausgegeben vom Reichsbund der katholischen deutschen Jugend Österreich. Eine Kopie dieser Broschüre wurde ebenso von Michael Polgar (Kb) dem Verfasser zur Verfügung gestellt.

16 Ac 39 (1926/27), S. 47.

17 Ac 43 (1930/31), SS. 43-56.

Auf der 60. CV in Koblenz Anfang August 1930 ging der Hochschulamtsträger Hermann Hagen (Th) in seinem Bericht auf diesen Artikel ein und erklärte: „Als völlig untragbar muß es bezeichnet werden, daß ein Cartellbruder zu der Parteiuniform des Nationalsozialismus das Band einer CV-Verbindung trägt."[18] Aus dem Bericht Hagens wird übrigens deutlich, daß der Nationalsozialismus offenbar bereits in zahlreiche CV-Verbindungen eingedrungen sein dürfte, er selber lehnte es zu diesem Zeitpunkt aber ab, einen „Unvereinbarkeitsbeschluß" des CV herbeizuführen.[19]

Kaum waren die Wahlen im September 1930 für die NSDAP erfolgreich verlaufen, ließen die Stellungnahmen der „kirchlichen Autorität" nicht mehr lange auf sich warten. Am 30. September 1930 erklärte das Bischöfliche Ordinariat Mainz auf eine Anfrage der Gauleitung Hessen, daß ein Katholik nicht „eingeschriebenes Mitglied der Hitlerpartei" sein kann, und am 10. Februar 1931 erklärte die Bayerische Bischofskonferenz ihre Ablehnung gegenüber dem Nationalsozialismus. Ähnliche negative Erklärungen erfolgten am 5. März 1931 von den Bischöfen der Kölner Kirchenprovinz und im August 1931 von der Fuldaer Bischofskonferenz.[20]

Beim Wiener Katholikentag Ende September 1931 warnte sehr eindringlich *Richard Schmitz* (Nc) vor dem Nationalsozialismus: „Diese Bewegung hat scheinbar ein Kreuz zum Abzeichen, aber es ist nicht das Christuskreuz, es ist ein Kreuz, das an den Ecken abgebogen ist, ein Kreuz, das zeigen soll, daß man auch die christliche Lehre abbiegt, wie man sie braucht."[21]

Erhard Schlund nahm im Februar 1931 nochmals eindeutig zum Nationalsozialismus Stellung. Er berichtete in der *Academia* davon, daß sein Grundsatzartikel des vergangenen Jahres bereits im April abgefaßt wurde und er nach den Wahlen viele kritische Stimmen erhalten habe, seine Kritik am Nationalsozialismus sei zu schwach gewesen. Nun präzisierte er seine Ablehnung deutlicher und erklärte, daß Kirche und Nationalsozialismus und daher auch CV und Nationalsozialismus unvereinbar seien.[22] Am 27./28. Februar 1932 fand in München eine Sitzung des CV-Gesamtausschusses statt, bei der ein Beschluß des Altherrenbundes einstimmig zur Kenntnis gebracht wurde, der besagt, daß ein CVer wegen des Prinzips Katholizität nicht der NSDAP angehören kann.[23]

Auf der letzten freien Cartellversammlung in München Anfang August 1932 hatte der CV-Seelsorger nochmals einen ausführlichen Bericht über „CV und Nationalsozialismus" gegeben, und es sollte daraufhin einen allgemeinen verbindlichen Beschluß geben. Dies war nicht leicht, denn die NSDAP hatte bei den wenige Tage zuvor stattgefundenen Reichstagswahlen 37,8 Prozent erhalten. In der stark emotionsgeladenen Debatte bemühte sich Schlund darzulegen, daß man mit einem solchen Beschluß keine Parteipolitik betreibe (was ja nach den Satzungen verboten ist), sondern dem Katholizitätsprinzip genüge tun wolle. Kritiker Schlunds waren u. a. der Historiker Max Buchner (Ae) – er gründete 1929 eine „Gemeinschaft national gesinnter Cartellbrüder" – und der spätere Führer des

---

18 Sitzungsbericht 60. CV, S. 123.

19 Ebda., S. 124.

20 Baumgärtner, Weltanschauungskampf im Dritten Reich, S. 139; Martin, Für Gott und gegen den Führer, SS. 98ff. Nach Martin haben die Bischöfe zwar die kulturpolitischen bzw. weltanschaulichen Aussagen kritisiert, unterließen aber eine Verteidigung der demokratischen Staatsform, S. 195.

21 Hofrichter, Die österreichischen Katholikentage, S. 146.

22 Ac 43 (1930/31), S. 292f.

23 Ac 44 (1931/32), SS. 320 und 333.

NSDStB Albert Derichsweiler (ehemals Sd). Der VOP Oskar Türk (Gu, BvBo) unterstützte jedoch Schlund und appellierte an die Delegierten: „Ich sehe die Schicksalsstunde ... so außerordentlich wichtig, daß ich glaube, daß der Verband ... noch nie solch einen tragischen Moment erlebt hat wie heute, wo ... er dartun muß, daß er mit seinen Farben, die er nach außen trägt, ein gewisses Bekenntnis ablegt, für das er bereit ist, auch bis zur letzten Folgerung für seine letzten Ziele und höchsten Grundsätze zu streiten."

Diese Stellungnahme Schlunds wurde daher „als für den CV richtunggebend" mit 117 gegen fünf Stimmen zur Kenntnis genommen, insbesondere die Formulierung, daß der CV als katholischer Verband in Sachen des Nationalsozialismus auf dem Boden der Erklärung der Bischöfe stehe, was sich dann ein halbes Jahr später als verhängnisvoll erweisen sollte. Diese Stellungnahme Schlunds betonte nochmals, daß kein CVer der NSDAP angehören dürfe.[24] Ähnlich wie der CV, so haben auch der KV und der UV vor 1933 auf den Nationalsozialismus ablehnend reagiert.[25]

Die 1930/1931 getätigten Erklärungen der deutschen Bischöfe – sie besaßen in Österreich zwar keine formelle, doch in hohem Maße materielle Relevanz – dienten dem CV und seinen Verbindungen nicht selten als willkommene Unterstützung, um die eigene ablehnenden Position gegenüber dem Nationalsozialismus zu rechtfertigen. D. h. man ersparte sich z. T. eigenständige Reflexionen zu diesem Thema. Das war, wie erwähnt und wie noch zu sehen sein wird, für den CV in jenem Augenblick fatal, als die Bischöfe nach der Machtergreifung Hitlers in Deutschland von ihrer ablehnenden Position aus Staatsräson abrückten. Damit war dem CV (und auch den anderen katholischen Verbänden) für die strikte Ablehnung des Nationalsozialismus der Boden abrupt entzogen worden. Das hatte zwar für Österreich formal keine Auswirkung, jedoch bestärkte das enorm die Gruppe der „Katholisch Nationalen" im österreichischen CV (s. u.).

Der wäre daher in einem enormen Erklärungsnotstand geraten, wenn er seine Ablehnung des Nationalsozialismus ausschließlich auf das katholische (theologische) Fundament begründet hätte. So entstand Ende 1932 mit Beginn des Erfolgs der NSDAP in Österreich (Landtagswahlen) und des Vordringens des NSDStB auf die Hochschulen eine eigenständige politisch-geistige Auseinandersetzung des CV, d. h. dessen Führungselite, mit dem Nationalsozialismus. Die Unterstützung der „eigenen Leute" in der Übergangsphase vom Politischen Katholizismus zum autoritären „Ständestaat", der als christliches Gegenmodell zum deutschen NS-Staat hochstilisiert wurde, war nun einer der Hauptgründe.[26]

In diesem Zusammenhang ist auch zu fragen, wo denn die Hitler-Bewegung bei den Reichstagswahlen in Deutschland ihre Unterstützung fand. In einer Untersuchung über das Wahlverhalten in Deutschland bis 1933 wird manifest, daß die NSDAP überdurchschnittlich in protestantischen Gebieten Erfolg hatte und in katholischen Gebieten auf höhere Reserviertheit stieß.[27] Die katholische Resistenz gegenüber dem Nationalsozialismus hat sich zwar 1933 etwas abgeschwächt, war aber noch immer deutlich genug und erstreckte sich auch auf die sog. „Taufscheinkatholiken". Protestanten waren im durchschnittlich doppelt so anfällig gegenüber Hitler als Katholiken.[28] Daß jene so waren, hatte viele Gründe, die im Kulturkampf, in der „Los-von-Rom-Bewegung", in der landeskirch-

24 Ac 45 (1932/33), S. 137f.; Fellner, Pater Erhard Schlund, S. 77f.

25 Bleuel-Klinnert, Deutsche Studenten auf dem Weg ins Dritte Reich, SS. 212 und 240f., und Faust, Der Nationalsozialistische Deutsche Studentenbund I, S. 140f.

26 Siehe dazu auch Gehler, Studenten und Politik, S. 344f.

27 Dazu siehe vor allem Falter, Hitlers Wähler, SS. 169-193.

lich-obrigkeitsverbundenen Tradition, im „Anti-Ultramontanismus“ usw. liegen. Daher ist es auch nicht verwunderlich, daß die teilweise in dieser Tradition stehenden deutschnationalen Verbindungen für den Nationalsozialismus stärker anfällig waren. Diese „katholische Resistenz“ war auch nach 1933 – allerdings nicht mehr durch ein Wahlverhalten – zu beobachten. Sie wird eher von nichtdeutschen Autoren, wie etwa beim Hitler-Biographen Ian Kershaw, gewürdigt, als von deutschen (und österreichischen). Diese These tut auch jenem Umstand keinen Abbruch, daß Hitler katholisch war und eine katholische Milieuprägung erfahren hatte, die er in vielfacher Hinsicht – etwa in seiner „Partei-Liturgie“ – hat einfließen lassen, bewußt oder unbewußt sei einmal dahingestellt. Das hat eindrucksvoll Friedrich Heer (ehemals Baj) nachgewiesen.[29]

Österreich ist – so betrachtet – ein katholisches Land, und in der Tat können wir im Wahlverhalten einen erheblichen Prozentsatz unterhalb dem Deutschlands feststellen. Bei den deutschen Reichstagswahlen 1930 erhielt die NSDAP 18 Prozent, bei den Nationalratswahlen im selben Jahr nur 8 Prozent.[30] Bei den Reichstagswahlen im Juli 1932 erhielt die NSDAP 37,4 Prozent. Bei den im gleichen Jahr stattgefundenen Landtagswahlen blieb in Wien und Niederösterreich der NSDAP-Anteil unter 20 Prozent, in Salzburg lag er darüber. Sechs Wochen nach der deutschen Reichstagswahl vom 4. März 1933, wo die NSDAP fast 44 Prozent erreicht, erhielt sie bei den Innsbrucker Gemeinderatswahlen allerdings spektakuläre 40 Prozent. Dieser Wert dürfte wahrscheinlich aufgrund des Sogs durch den deutschen Erfolg, als auch infolge der innenpolitischen Malaise in Österreich erklärbar sein. Er zeigt wohl auch, daß die katholische Resistenz nach der „nationalen Revolution“ von 1933 zeitweise stark abgebröckelt ist, um erst wieder im Krieg stärker zuzunehmen.

Die nationale Versuchung

Die nationale Idee übte auch auf Katholiken eine gewisse Faszination aus. Selbst der CV, wie bereits dargelegt, bekannte sich zum großdeutschen Gedanken und zur Pflege des deutschen Volkstums. Dagegen war nichts einzuwenden, solange im Deutschen Reich eine halbwegs funktionierende parlamentarische Demokratie herrschte und es darum ging, die Schmach des verlorenen Krieges und der Friedensverträge zu lindern, und solange diese Vorstellungen nicht durch antichristliches Gedankengut, etwa die Rassenfrage, negativ beeinflußt wurden. Dies ging auch solange gut, bis Ende der zwanziger Jahre mit der Weltwirtschaftskrise die NSDAP von einer Splitterpartei zur zweitstärksten Partei Deutschlands aufrückte. Ab diesem Zeitpunkt wurde für die Katholisch-Nationalen ihre Einstellung zu einer prinzipiellen Frage des Abstands zum Nationalsozialismus. Auch muß man sich vergegenwärtigen, daß – abgesehen von der Tatsache, daß in den dreißiger Jahren parlamentarische Demokratien in Kontinentaleuropa in der Minderheit waren – das nationalsozialistische System in Deutschland in den Jahren 1933 bis 1938 kaum von

28 Falter stellt sogar die Behauptung auf, wäre Deutschland nur katholisch gewesen, wäre es wohl nie zur Machtübernahme gekommen, hätte es nur Protestanten gegeben, hätte die NSDAP bereits 1932 die absolute Mehrheit erreicht. Ebda., S. 179.

29 Heer, Friedrich: Der Glaube des Adolf Hitler. Anatomie einer politischen Religiosität. Esslingen 2. Aufl. 1998.

30 Bei dem damaligen Wahlrecht, das bis 1970 galt, war die Erringung eines Grundmandats in einem der 25 Wahlkreise notwendig, das aber die NSDAP nicht erreichte.

den übrigen nicht-parlamentarischen Systemen Europas abwich. Das normale bürgerliche Leben schien sich auch darin ungehindert fortsetzen zu können – im deutlichen Gegensatz zum russischen Bolschewismus, der ja gerade vehement in dieses eingegriffen hatte. Erst im Jahr 1938 radikalisierte sich das „Dritte Reich", und zwar außenpolitisch durch die Besetzungen Österreichs und der Sudetengebiete und innenpolitisch durch die Eskalation des Antisemitismus. Daher braucht es nicht zu verwundern, daß am Anfang auch für Katholiken der Nationalsozialismus sowie dessen Drittes Reich halbwegs akzeptabel erschienen.

Auch in Österreich gab es einen Kreis von Katholisch-Nationalen, die vor und nach 1938 in gefährliche Nähe, ja überhaupt in den Bannkreis des Nationalsozialismus gelangten[31] und „die selbst den so wetterharten CV ... zum Teil erfaßten".[32] Sie versuchten, den Volkstumsgedanken Herders und der Romantik sowie das Nationserlebnis des Ersten Weltkriegs und des Kampfes für das Grenz- und Auslandsdeutschtum mit dem Universalismus der alten Reichsidee und der Traditionen der Habsburgermonarchie zur Synthese einer künftigen übernationalen, aber auf den natürlichen Einheiten der Nationen beruhende Ordnung Mitteleuropas zu vereinen. Sie waren stark von den ständisch-korporativen Vorstellungen Oswald Spenglers und Othmar Spanns beeinflußt und würdigten durchaus die Stellung Österreichs für Südosteuropa. Später versuchten sie sich auch als „Brückenbauer".

Geistiger Ausgangspunkt dieser Bewegung dürfte allem Anschein nach die „Deutsche Gemeinschaft" gewesen sein, ein logenartig organisierter Verband, der bald nach dem Krieg gegründet wurde und katholische wie nationale Intellektuelle umfaßte. Er war sicherlich auch ein Produkt der Annäherung zwischen den katholischen und schlagenden Verbindungen des Jahres 1918 und existierte bis 1930, wobei schon bald die katholische Seite zu dominieren begann. Mitglieder von CV-Seite waren u. a. Josef Bick (Fd), Emmerich Czermak (NdW), Engelbert Dollfuß (F-B), Arbogast Fleisch (Nc), Viktor Kolassa (NdW), Oswald Menghin (ehemals Rd), Nivard Schlögl (Nc), Gustav Steinbauer (F-B), Richard Wollek (AIn) sowie u. a. auch Arthur Seyß-Inquart.[33]

Zu den Katholisch-Nationalen zählten daher einige durchaus im CV anerkannte CVer, die jedoch nach 1933/34 bzw. 1938/45 im ÖCV isoliert waren, ja überhaupt ausgeschlossen wurden und in der Relation zu den Mitgliedern des CV in Österreich statistisch gering waren. Eine besondere Ausformung fanden die „Brückenbauer" im „Arbeitskreis für den religiösen Frieden", dem zahlreiche Kleriker vor allem Wiens angehörten und der nach dem Anschluß 1938 noch eine unrühmliche Rolle spielen sollte (siehe S. 423).[34]

Vom CV sind folgende Personen als Katholisch-Nationale anzusehen: ***Karl Gottfried Hugelmann*** (ehemals AW).[35] Er war für die Christlichsozialen Mitglied des Bundesrates, sogar zeitweilig dessen ständiger stellvertretender Vorsitzender, Professor für Deutsche Rechtsgeschichte an der Universität Wien und der führende Anschlußpolitiker der Christlichsozialen, so daß er 1933 in immer stärkere Konfrontation zu seiner Partei geriet. Im

---

31 Über die Katholisch-Nationalen siehe vor allem Broucek, Katholisch-nationale Persönlichkeiten. Wenn nicht anders angegeben, folgt die Darstellung dieser Untersuchung.

32 Winkler, Franz: Die Diktatur in Österreich, Zürich 1935, S. 86f.

33 Rosar, Deutsche Gemeinschaft, S. 29ff.

34 Dazu siehe Liebmann, Theodor Innitzer und der Anschluß, SS. 139ff.

35 Hugelmann war 1902 auch Mitbegründer und erster Obmann des Akademischen Lese- und Redevereins christlicher Studenten (siehe dazu S. 67), dazu Krammer, Akademia, S. 5.

September 1933 veröffentlichte er in der bereits „gleichgeschalteten" *Academia* einen Artikel, wo er eine Selbständigkeit Österreichs sowie dessen Neutralität strikt ablehnte.[36] Im Zuge der Juli-Ereignisse 1934 wurde er festgenommen[37] und nach einiger Zeit Aufenthalt in einem Anhaltelager nach Deutschland abgeschoben, wo er bis 1959 als Professor in Münster (wo er auch Rektor war) und Göttingen wirkte.

Hans Eibl (ehemals NdW EM)[38] war ao. Professor für Philosophie an der Universität Wien und ein besonderer Vertreter des „Brückenbaues". Wie bereits gesehen (siehe S. 331), hatte er immer versucht, eine Versöhnung zwischen Katholizismus und National(sozial)ismus herbeizuführen. Er war sehr oft als Vortragender für die „deutsche Sache" unterwegs.[39] Nach der Ermordung des Wiener Philosophen Moritz Schlick am 22. Juni 1936, des Mentors des „Wiener Kreises", stand er auf der Berufungsliste der Fakultät an erster Stelle. Nachfolger wurde jedoch der katholische Philosoph Alois Dempf aus Bonn.[40] Eibl war dann eine jener 18 Persönlichkeiten, die am 8. April 1938 eine Denkschrift an Kardinal Innitzer verfaßten, wo ein Entgegenkommen gegenüber dem Nationalsozialismus gefordert wurde.[41]

Der Historiker ***Ernst Klebel*** (ehemals Am, später BvBl) wollte 1930 mit ca. 25 Amelungen eine „großdeutsche" Verbindung im Rahmen des CV gründen, was ihm jedoch nicht gestattet wurde. Wegen seiner Sympathien für den Nationalsozialismus mußte er 1933 den CV verlassen, 1934 wurde ihm auch seine Venia legendi (1931 Habilitation für Geschichte des Mittelalters) entzogen, er erhielt sie aber 1938 wieder. 1939 wurde er Stadtarchivar von St. Pölten, ebenso betrieb er seine Anerkennung als Illegaler. Nach dem Krieg gelang ihm eine wissenschaftliche Karriere in Regensburg, wo er Prof. für Geschichte wurde.[42]

Einer der bedeutendsten Katholisch-Nationalen war ***Oswald Menghin*** (ehemals Rd). Er war Professor für Urgeschichte an der Universität Wien und hatte im CV großen Einfluß. Nicht zuletzt deshalb wurde er am 11. März 1938 in das Anschlußkabinett Seyß-Inquart als Unterrichtsminister berufen. In einem Fragebogen für Universitätsangehörige nach dem Anschluß 1938 gab er freimütig zu: „Obgleich aus dem CV hervorgegangen, war ich keinen Augenblick im Zweifel, wo ich mich als Deutscher hinzustellen hatte. Meine Stellungnahme in der Anschluß- und Judenfrage hatte ich gleich schon nach dem Anschluß bezogen und konnte die Bestrebungen der Regierung Dollfuß daher nur als traurige Verirrung betrachten."[43]

---

36 Ac 46 (1933/34), S. 136f.

37 Nach Veiter, Das 34er Jahr, S. 209f., soll Hugelmann nie NSDAP-Mitglied gewesen und bei der Verhaftung von Klosterneuburgern CVern mißhandelt worden sein.

38 Eibl war 1903/04 zweiter Obmann des Akademischen Lese- und Redevereins christlicher Studenten, dazu Krammer, Akademia, S. 5.

39 Eibl wurde 1925 a. Prof. für Philosophie an der Universität Wien und 1945 seines Postens enthoben; er zog nach Linz, wo er 1958 starb. Wegen seiner Affinität zum Nationalsozialismus wurde nach 1945 seine Ehrenmitgliedschaft beim Nordgau gestrichen. Zur Biographie siehe Hofer, Eberle, S. 193.

40 Lichtenberger-Fenz, Österreichs Universitäten und Hochschulen, S. 10. Alois Dempf wurde 1925 Privatdozent in Bonn, 1937 kam er nach Wien, wurde jedoch bereits ein Jahr später zwangspensioniert. 1948 wurde er Prof. in München. Im Anschluß an Hermann Schell (Mm EM) bemühte sich Dempf um eine Erneuerung der christlichen Philosophie. Als Freund Luigi Sturzos, Heinrich Brünings (Bd) und Robert Schumans (UV Salia Bonn) gehörte er zu den Wegbereitern der internationalen christlich-demokratischen Bewegung. Siehe dazu LThK[3] Bd. III, Sp. 89.

41 Liebmann, Theodor Innitzer und der Anschluß, S. 141.

42 Heiß, Von Österreichs deutscher Vergangenheit, S. 43; Farbe tragen, Farbe bekennen, S. 386f. Nach 1945 wurde er im deutschen CV als Urmitglied der Bavaria Berlin mit dem Rezeptionsdatum bei Amelungia geführt, siehe GV 1955. Dort sind auch die Bandinhaberschaften beim Pflug und bei der Rupertia Regensburg vermerkt.

43 Zitiert nach Gehler, Studenten und Politik, S. 358.

Ebenfalls in dieses Kabinett als Außenminister für ein paar Tage wurde ***Wilhelm Wolf*** (ehemals AIn) berufen. Er war Vorarlberger, trat 1924 ins Unterrichtsministerium ein und war ab 1937 im Bundespressedienst des Bundeskanzleramtes tätig. Er stand auch dem Bund Neuland sehr nahe. Im Unterrichtsministerium war er für Volksbildung tätig, so daß er häufig Vortragender im CV und in der KDHÖ war, wobei er sich hauptsächlich des Themas „Deutsches Volkstum" annahm. Er wurde am 1. Mai 1938 NSDAP Mitglied und erklärte offen, „dem Ständestaat mit geballter Faust gedient zu haben".[44] Wilhelm Wolf, der 1939 bei einem mysteriösen Autounfall tödlich verunglückte, wurde 1947 posthum von der Austria Innsbruck *cum infamia* dimittiert.[45]

Nicht zuletzt durch seinen Einfluß gelangten die führenden Funktionäre der KDHÖ der frühen dreißiger Jahre, wie ***Walter Ternik*** (ehemals M-D) und ***Theodor Veiter*** (ehemals Rd), in seinen Bannkreis.[46] Wolf, der eine schöne Wohnung in der Wiener Hofburg besaß, sammelte um sich vor 1938 einen Kreis national gesinnter katholischer Intellektueller, dem auch Josef Klaus (Rd) angehörte.[47] Veiter war NSDAP-Mitglied, ebenso Ternik.[48] Beide wurden von ihren Verbindungen ausgeschlossen. Ternik wurde übrigens von der NSDAP 1938 als Liquidator der Vaterländischen Front eingesetzt. Es wundert daher nicht, daß er bereits vorher von CVern kritisch beurteilt wurde, die unbedingte Anhänger der politischen Neuorientierung der Jahre 1933/34 waren. Ein sonderbares Beispiel dafür: Am 3. Oktober 1933 um 14 Uhr wurde im Parlament von einem jungen arbeitslosen Nationalsozialisten namens Rudolf Drtil auf Dollfuß ein Attentat verübt.[49] Bei einer Sitzung stürmte Richard Schmitz (Nc) hinein und überbrachte die Nachricht.

44 Nach Gehler, Studenten und Politik, S. 174.

45 Schreiben des Standesführers der AIn, Oswald Stranzinger, an Klaus Plitzner (M-D), vom 7. 2. 2003 (Kopie im Besitz des Verfassers). Danach wurde Wolf 1915 zuerst bei Carolina rezepiert, wechselte noch als Fuchs nach Innsbruck zur Austria und wurde dort unter Beibehaltung des Rezeptionsdatums geburscht.

46 Veiter studierte in Wien Jus, wo er der Rudolfina beitrat. Von 1929 bis 1934 war er Sekretär des Klubs der christlichsozialen Bundesräte unter Prof. Hugelmann (ehemals AW). Er wurde wegen seiner NS-Affinität aus der Rudolfina ausgeschlossen. Nach 1945 befaßte er sich mit Minderheitenrecht und Völkerrecht. Nach Hofer, Eberle, S. 200.

47 Lt. persönlicher Mitteilung von Josef Klaus (Rd) an den Verfasser im Jahr 1985. Siehe dazu auch „Ich ging den anderen Weg." Zeitzeugengespräch mit Josef Klaus, in: Demokratie und Geschichte. Jb. des Karl von Vogelsang-Instituts zur Erforschung der Geschichten der christlichen Demokratie in Österreich. Hg. Helmut Wohnout. Jg. 3, 1999, SS. 13-62.

48 Veiter streitet das ab. Er behauptet, Ternik hätte nach dem Berchtesgadener Abkommen vom Februar 1938 sich und ihn, ohne vorher zu fragen, als Anwärter bei der NSDAP angemeldet. Veiter und er seien nach dem Anschluß als Parteianwärter geführt worden, jedoch wurde eine Aufnahme beider abgelehnt.Siehe dazu Veiter, Das 34er Jahr, S. 251, Anm. 85. In einem Schreiben Heinrich Drimmels (NdW), der Veiter gut gekannt hatte, an Friedrich Funder (Cl) vom 19. 7. 1949 (ÖCVA. Akt Drimmel) heißt es über Veiter: „Er hat damals das heimliche Einverständnis mit dem nationalsozialistischen Feind gepflogen ... Dr. Veiter hat nicht geleugnet, daß er längst vor dem 13. 3. 1938 den Anschluß an die nationalsozialistische Organisation gesucht hat." Zu der häufig gebrauchten Ausrede ehemaliger NSDAP-Mitglieder, ihre Aufnahme sei ohne ihr Zutun erfolgt oder sie hätten davon nichts gewußt, hat das deutsche Bundesarchiv, das die Mitgliederdatei der NSDAP verwahrt, eindeutig Stellung bezogen. Danach mußte der Aufnahmeantrag persönlich unterschrieben und der Empfang des Mitgliederausweises bestätigt werden. Diese Praxis ist nach Darstellung des Bundesarchivs nahezu lückenlos erfolgt. Diese Auffassung wird auch von dem renommierten Münchener Institut für Zeitgeschichte vertreten. Siehe dazu der entsprechende Bericht in *Frankfurter Allgemeine*, 4. 12. 2003, S. 35. Daher ist mit Recht die Darstellung von Veiter anzuzweifeln und als eine im nachhinein vorgenommene Schutzbehauptung zu werten.

49 Zum Attentat siehe Pohanka, Attentate in Österreich, SS. 136-144. Drtil nannte sich auch Dertil, um seine tschechische Herkunft etwas zu verschleiern. Er war seit 1932 Mitglied der NSDAP und dürfte aller Wahrscheinlichkeit nach ein Einzeltäter gewesen sein, d. h. man konnte nicht feststellen, ob das Attentat auf Regie der NSDAP stattgefunden hat. Dollfuß wurde nur leicht verletzt. Obwohl eine Mordabsicht evident war, wurde er nur zu fünf Jahren verurteilt.

Die phonetische Ähnlichkeit zweier Namen tschechischen Ursprungs sowie die unbewußte Ablehnung führte offenbar dazu, daß Schmitz verkündete, Ternik hätte dieses Attentat verübt.[50]

Zu dem Kreis der hochschulpolitisch aktiven jungen CVer ist auch ***Josef Tzöbl*** (ehemals Am) zu zählen, der 1923 die Auffassung vertrat, daß die akademische Jugend der Träger „des notwendigen Zusammenschlusses aller Deutschen in einem Vaterlande" werden müsse.[51] Er war dann 1932 (als Nachfolger Hugelmanns) bis 1934 Mitglied des Bundesrates und wurde nach 1945 nicht mehr als CV-Mitglied geführt.

Ebenso zu diesem Kreis jünger nationaler CVer gehörte ***Taras von Borodajkewycz*** (ehemals Nc), der als Professor an der Hochschule für Welthandel in Wien 1964 noch Schlagzeilen machen sollte (siehe S. 536). Er war einer der organisatorischen Verantwortlichen des Katholikentages von 1933, trat bereits im Januar 1934 der NSDAP bei und stellte seine Wohnung für Treffen illegaler NS-Organisationen zur Verfügung. Laut parteiamtlichen Unterlagen war er vom Februar 1935 bis März 1938 Vertrauensmann des SS-Nachrichten- und Sicherheitsdienstes (SD).[52] Nach 1945 wurde er nicht mehr als Mitglied der Norica geführt. Bald nach dem Krieg gelang es ihm auch, aufgrund seiner Beziehungen zu Kardinal Innitzer (NdW), Julius Raab (Nc) und Alfons Gorbach (Cl) wieder Fuß zu fassen, und wurde 1954 ao. Prof. an der Hochschule für Welthandel.

Zu diesem Kreis ist auch der bekannte Wiener Germanist ***Josef Nadler*** (ehemals Fd) zu zählen. Er wurde im Sommer 1938 Mitglied der NSDAP, geriet jedoch 1941 nach Abschluß seiner „Literaturgeschichte des deutschen Volkes" in die Kritik. Gegen diese wehrte er sich im Rahmen eines umfangreichen Parteiverfahrens, das bis in die höchste Spitze reichte: 1944 telegrafierte Hitlers Stellvertreter Martin Bormann an den Wiener Gauleiter Baldur von Schirach, „Nadler ehrenvoll aus der Partei zu entlassen", was aber bis zum Kriegsende nicht exekutiert wurde. Das half aber alles nichts, Nadler wurde 1945 als 61jähriger zwangspensioniert.[53]

In diesem Zusammenhang ist auch ***Moritz Enzinger*** (ehemals Cl) zu nennen, Professor für deutsche Literatur und Sprache in Innsbruck, der, „als 1938 die nationalsozialistische Gefahr heranrückte, seinen Austritt bei Carolina und dem CV meldete".[54] Er gehörte wohl zu jenem Kreis auch katholischer Akademiker um die Wende 1937/38, die umschwenkten, als es offensichtlich wurde, daß ein „NS-Anschluß" kommen würde.[55]

Der Herausgeber und Chefredakteur der Zeitschrift *Schönere Zukunft*, ***Joseph Eberle*** (ArF), ist ebenfalls zur Nähe der Katholisch Nationalen zu rechnen. Erstens ist dies aus

---

50 Veiter, 34er Jahr, S. 139.

51 Gehler, Studenten und Politik, S. 169f.

52 Heiß, Von Österreichs deutscher Vergangenheit und Aufgabe, S. 42; Vordergrund Borodajkewycz.

53 Meissl, Wiener Ostmark-Germanistik, S. 138f. Nadler wurde 1884 geboren, starb 1963 in Wien und war von 1931 bis 1945 Prof. für Germanistik in Wien. Er wurde aus der Ferdinandea ausgeschlossen. Zu Nadler siehe weiters: RENNER, GERHARD: Österreichs Schriftsteller und der Nationalsozialismus (1933-1940). Der „Bund der deutschen Schriftsteller Österreichs" und der Aufbau der Reichsschrifttumkammer in der „Ostmark" (= Sonderdruck aus dem „Archiv für Geschichte des Buchwesens", Band 27). Frankfurt/Main 1986, S. 201 und 294. In diesem Zusammenhang ist auch bemerkenswert, daß der schriftstellerisch tätige Rudolf List (Trn) in dem 1938 vom Bund der Schriftsteller Österreichs herausgegeben „Bekenntnisbuch österreichischer Dichter" die neue Situation begrüßte. (S. 277, Anm. 116.)

54 CT IV, S. 151. Enzinger studierte in Graz, Freiburg/Schweiz, Wien und Prag (Dr. phil. 1916). Der Carolina trat er am 6. 10. 1911 bei, darüber hinaus war er bei Tt, S-B und M-D Bandphilister. Von 1922 bis 1954 war er Prof. für deutsche Sprache und Literatur in Innsbruck, danach in Wien bis 1963.

55 Gehler, Studenten und Politik, S. 359.

der diesbezüglichen Linie des Blattes, das bis 1941 erscheinen konnte, ersichtlich. Sie war zwar einerseits gegen den Nationalsozialismus aufgrund der weltanschaulichen Differenz zum katholischen Glauben eingestellt und kritisierte Hitler u. a. als „Trommler"[56], doch war sie andererseits distanziert gegenüber dem Politischen Katholizismus und der parlamentarischen Demokratie. Zweitens schrieben regelmäßig Exponenten dieser Richtung in der Zeitschrift, wie z. B. Hans Eibl und Theodor Veiter. Anton Böhm war dort Redakteur. Wie wenig das alles Eberle nützte, beweist seine Gestapo-Haft von Februar bis Oktober 1941.[57]

Obwohl in diesen Jahren nicht in Österreich lebend, wird auch der Rektor der Anima in Rom und Titularbischof ***Alois Hudal*** (BbG EM)[58] zu diesem Kreis gezählt. Ursprünglich Professor für Altes Testament in Graz wurde er 1923 nach Rom berufen, wo er bis zu seinem Tode blieb. 1933 wurde er vom damaligen Kardinalstaatssekretär Eugenio Pacelli (Tfs EM) zum Titularbischof geweiht. 1936 veröffentlichte er in der *Reichspost* positive Artikel zum Juli-Abkommen, und im selben Jahr erschien sein vielbeachtetes Buch „Die Grundlagen des Nationalsozialismus", in dem er die dem Christentum gegenüber positiven Seiten des Nationalsozialismus würdigte und das er Hitler mit der Widmung schickte: „Dem Siegfried deutscher Größe."[59]

Aufgrund bereits veröffentlichter Quellen und vor allem nach der teilweisen Öffnung des Vatikanischen Geheimarchivs am 15. Februar 2003 stellt sich aber sein Bild jedoch etwas anders dar. An der Aufarbeitung dieser Dokumente ist u. a. der Münsteraner Kirchenhistoriker Hubert Wolf (Wf EM) maßgeblich beteiligt. Danach hat Hudal als Konsultor des Heiligen Offiziums bereits 1934 die Indizierung des „Mythus [sic!] des 20. Jahrhunderts" des NS-Ideologen Alfred Rosenberg betrieben, weil er glaubte, den Nationalsozialismus „taufen" zu können, wenn die Ideen Rosenbergs isoliert werden. Insbesondere kritisierte Hudal die Vergötterung von Blut und Rasse, die zu einer antijüdischen Selbstüberschätzung führte. Auf Hudals Drängen setze Papst Pius XI. eine Kommission ein, die ähnlich dem Antimodernisten-Syllabus (siehe S. 23) einen solchen zu den nationalsozialistischen Häresien ausarbeiten sollte. Auch wurde der Plan einer Antirassismus-Enzyklika vom Papst verfolgt. Hudal und das Heilige Offizium hatten sich nach Lage der Akten 1934 vorgenommen, die nationalsozialistische Rassenlehre zu verdammen und dabei auch Adolf Hitler namentlich zu nennen. Beide Vorhaben wurden jedoch vom Staatssekretariat torpediert.[60]

Nach 1945 geriet Hudal immer mehr in eine innerkirchliche Isolation, nicht zuletzt wegen seiner undurchsichtigen Rolle bei der Verbergung und Fluchtverhelfung prominenter Nationalsozialisten (siehe S. 516). 1976 erschienen posthum seine Memoiren „Römische Tagebücher", für die Weihbischof Jakob Weinbacher (NbW) ein Geleitwort

---

56 *Schönere Zukunft*, 12. 2. 1933, S. 446.

57 Hofer, Eberle, bes. 375f.

58 Hudal war Urmitglied der Grazer KV-Verbindung Winfridia, siehe Biographisches Lexikon des KV, 2. Teil, SS. 61-63.

59 Klee, Persilscheine und falsche Pässe, S. 32.

60 Siehe dazu die Berichte von Hubert Wolf in der *Frankfurter Allgemeinen*, 12. 3. 2003, S. 40, und 12. 4. 2003, S. 8, sowie weitere Berichte in der *Frankfurter Allgemeinen* über Ergebnisse der Archivöffnung vom 27. 3. 2003, S. 48, 11. 4. 2003, S. 44, 24. 4. 2003, S. 42 und 14. 10. 2003. S. 48. Danach war Kardinal Eugenio Pacelli (Tfs EM) der Charakter des Nationalsozialismus durchaus bewußt, versuchte aber als „Außenpolitiker" des Heiligen Stuhls eine vorsichtige, man möchte sagen verantwortungsethische Linie einzuhalten.

verfaßte. Trotz alledem stellt Hubert Wolf fest: „Es bleibt abzuwarten, ob sich das Bild Hudals durch die Auswertung seines ... Nachlasses in der Anima verändert."[61]

Von Peter Broucek (Pan) zwar wegen seiner Freundschaft mit Edmund Glaise-Horstenau dazugezählt gehört jedoch nach neueren Erkenntnissen (siehe S. 413) der Wiener Kirchenrechtler und Chorherr von St. Florian, *Johannes Hollnsteiner* (ehemals Nc), nicht zum Kreis der Katholisch-Nationalen und wurde zu Unrecht dabei aufgezählt.[62]

Mit dieser Liste ist im wesentlichen der Kreis der bedeutendsten katholisch-nationalen CVer aus Österreich abgesteckt. Die meisten der Genannten wurden aus dem CV ausgeschlossen oder traten selber aus.

Eng mit dieser Personengruppe ist auch ein Kreis katholischer Jungakademiker zu sehen, der nach der Wahlniederlage der Christlichsozialen Partei 1930 von der Parteiführung unter Obmann Carl Vaugoin (Rd EM) forciert wurde, um „heimatlos" gewordene Rechte wieder an die Partei zu binden. Aus ihm bildete sich Anfang 1932 der *Volksdeutsche Arbeitskreis österreichischer Katholiken*, der eine führende Rolle bei der Vorbereitung des Katholikentags im September 1933 (siehe S. 251) spielte. Zu diesem Kreis gehörten seitens des CV u. a. die bereits erwähnten Wilhelm Wolf, Ernst Klebel, Taras Borodajkewycz, Walter Ternik, Theodor Veiter, Josef Klaus, aber auch Karl Rudolf (Am), Ernst Marboe (Baj), Karl Luegmayer (Aa), Ernst Lagler (Nc), Josef Peßl (AIn)[63], Josef Lehrl (Am) und Werner Habel (Dan) an. Seitens des Bundes Neuland sind Anton Böhm, Karl Lechner (ehemals Kb), Eugen Kogon[64], Fritz Flor und Franz Riedl zu nennen.

Dieser Arbeitskreis vertrat nicht nur die Anschlußidee – die ja vor 1933 ideologisch unverdächtig war –, sondern auch antiparlamentarische, antiliberale, antikapitalistische sowie antimarxistische Auffassungen.[65] Letztendlich aber repräsentierte dieser Arbeitskreis auch eine gewisse Grundströmung in der österreichischen Bevölkerung (mit Ausnahme des Antimarxismus auch bei den Sozialdemokraten) und spiegelte damals gewissermaßen die herrschende *political correctness* wider. Darauf aufbauend waren natürlich die Akzeptanzen der Umwälzungen der Jahre 1933/34 und 1938 nicht schwer durchzusetzen.

Aber auch führende Vertreter des Bundes Neuland waren Anhänger einer betont nationalen Linie, wenn nicht sogar einer nationalsozialistischen. Als Beispiel dafür dient der Publizist Anton Böhm, eine der bestimmenden Gestalten der katholischen Jugendbewegung Österreichs.[66] Diese war sehr stark vom Reichs- und Volksgedanken erfaßt, so daß

61 Wolf, Hubert: Pius XI. und die „Zeitirrtümer". Die Initiativen der römischen Inquisition gegen Rassismus und Nationalismus, in: Vierteljahreshefte für Zeitgeschichte 53 (2005), S. 40.

62 Buchmayr, Der Priester in Almas Salon, SS. 155ff.

63 Nach Veiter, Das 34er Jahr, S. 228, war Peßl Direktor des österreichischen Verkehrbüros und wurde von Dollfuß abgesetzt, weil er über ihn rufschädigende Nachrichten verbreitete. Er war Schwager von Landeshauptmann Gleißner. Ebda. S. 293, Anm. 243.

64 Eugen Kogon, bekannt durch sein nach 1945 veröffentlichtes Buch „Der SS-Staat", war seitens des Bundes Neuland Funktionär des KDHÖ. Er stammt aus dem Baltikum und war getaufter Jude (worüber sich angeblich Richard Schmitz mokiert haben soll). Nach dem Krieg gründete er mit Walter Dirks die *Frankfurter Hefte*, die für die geistiger Erneuerung Deutschlands nach 1945 ein bedeutendes Organ waren.

65 Zu diesem Kreis siehe Staudinger, Zu den Bemühungen katholischer Jungakademiker, bes. S. 324f. Staudinger überbewertet jedoch diesen Kreis. Auch Veiter, Das 34er Jahr, S. 87f., beschreibt diesen Kreis und nennt zusätzlich zu Staudinger noch weitere Namen.

66 Böhm war seit 1928 Redakteur der Zeitschrift *Schönere Zukunft,* die von Joseph Eberle (ArF) herausgegeben wurde. Während des Krieges war er teilweise eingezogen, teilweise arbeitete er im Auswärtigen Amt in Berlin. Nach dem Krieg wurde er Herausgeber der Zeitschrift *Wort und Wahrheit* sowie Chefredakteur des *Rheinischen Merkurs.* Siehe dazu Hofer, Eberle, SS. 173ff.

eine leichte Anfälligkeit von Neuländern gegenüber dem Nationalsozialismus durchaus erklärbar ist (siehe S. 258). Bereits im ersten Halbjahr 1933 beschäftigte sich Böhm mit dem Nationalsozialismus in der Zeitschrift *Neuland*. Er schrieb u. a.: „Die Blutopfer der deutschen Revolution 1933 sind unverhältnismäßig geringer als die jeder anderen Revolution, die sich an Bedeutung mit ihr vergleichen läßt ... Der Nationalsozialismus bringt in seinem Namen eine Idee zur kürzesten Formulierung, die größte Zukunftsmacht besitzt und zu der sich der Schreiber dieser Zeilen uneingeschränkt bekennt: Die Vereinigung von Nationalismus und Sozialismus." Der Historiker des Bundes Neuland, Gerhard Seewann, schreibt dazu: „Diese Äußerung Böhms stellt eine Schlüsselstelle für das Verständnis der bündischen Begeisterung für die nationalsozialistische Idee dar."[67] Es ist daher kein Wunder, daß Richard Schmitz (Nc) am 22. Juni 1933 im Vorstand des Klubs der Christlichsozialen Partei folgendes berichtet: „In den letzten Wochen im Wiener Alumnat Vortrag Böhms, Neuland! Und bei dieser Gelegenheit ein Hakenkreuz befestigt war. Dagegen Einspruch der Theologen, welche CVer sind. Aber Böhm hat bemerkt, daß auch das Dolchabzeichen, unser Parteiabzeichen, bekämpft werden muß."[68]

Derartige prononcierte Stellungnahmen für den Nationalsozialismus sind den vorhin erwähnten ausgeschlossenen CVern in dieser Zeit nicht nachzuweisen. Gerade in nachträglicher Betrachtung verwundert es sehr, daß Böhm 1936 Wiener Diözesanführer der Katholischen Aktion werden konnte, obwohl er aufgrund der Aktenlage bereits seit 1934 Mitglied der NSDAP war.[69]

Heinrich Drimmel (NdW) kommt zu einer nicht uninteressanten Bewertung dieser Katholisch-Nationalen, die – obwohl Mitte der sechziger Jahre formuliert – noch immer überlegenswert erscheint: „So wie heute nicht unbeträchtliche Teile der katholischen Intelligenz dazu geneigt sind, die weltanschauliche Gegnerschaft der politischen Linken mehr abwägend als abwehrend zu betrachten, gab es eine Generation zuvor ... einzelne katholische Intellektuelle, die einen Unterschied im Nationalsozialismus als Weltanschauung und als politische Partei gewahrt wissen wollten. Da nun – so schloß man weiter – die katholischen akademischen Verbindungen und Vereine satzungsgemäß jede politische Bindung ablehnen, war in politicis die Auseinandersetzung mit dem Nationalsozialismus gegenstandslos; in den rein weltanschaulichen Dingen schienen aber 'Brücken und Übergänge' zu bestehen, die angesichts einer gemeinsamen Gegnerschaft zu Liberalismus und Individualismus auf der einen und Marxismus und Kollektivismus auf der anderen Seite gangbar erschienen."[70]

Eine besondere Ausformung katholisch-nationaler Gesinnung in Graz waren auch die bereits erwähnten Gründungen der RKDB-Verbindungen Suevia und Cimbria durch den Nijmweger Universitätsprofessor Wilhelm Kosch (NbB [ehemals Nc] (darüber bereits siehe S. 305). Für ihn war der CV zuwenig national, so daß er diese beiden katholischen Burschenschaften in Graz ins Leben rief. Seit Gründung des RKDB in Graz kam es zu ständigen Reibereien mit dem CV vor allem auf hochschulpolitischem Gebiet, als der RKDB eine eigene „katholisch-nationale Liste" aufstellte und so das ohnedies schwache katholische Potential in der Grazer DSt spaltete.[71]

---

67 Seewann, Jugendbewegung, S. 856f. Dort ist auch der betreffende Artikel Böhms zitiert.

68 Protokolle Klubvorstand, S. 258f.

69 Dies bestreitet Böhm, siehe Liebmann, Theodor Innitzer und der Anschluß, S. 260f.

70 Drimmel, Die katholischen Intellektuellen, S. 340.

71 Einen Überblick über die Entwicklung des RKDB im Verhältnis zum KDAA gibt ein Artikel, verfaßt von Alfred Maleta (Cl), in den *Carolinen-Blättern*. Folge 1, April 1930, SS. 10-12 (befinden sich im CVA 439).

Aus einer Denkschrift des KDAA Graz über sein Verhältnis zum RKDB von Graz, verfaßt im Dezember 1932[72], geht hervor, daß bereits bei den Nationalratswahlen des Jahres 1930 Angehörige des Grazer RKDB die NSDAP aktiv im Wahlkampf unterstützten und im November 1932 sich ausnahmslos auf seiten der Schlagenden und des NSDStB an den Auseinandersetzungen gegen den CV beteiligten. Es dürfte aber die innerhalb des RKDB extreme Haltung der beiden Grazer Ringburschenschaften nicht auf ungeteilte Zustimmung gestoßen sein, so lagen gegen diese beiden Verbindungen Anträge seitens der Vindelicia Innsbruck (damals noch Mitglied des RKDB) und der Wiking Wien vor.[73]

Die Vindelicia ist übrigens nicht zuletzt wegen dieser Haltung am 14. Juli 1933 vom RKDB ausgeschlossen worden, weil sie sich gegenüber dem Nationalsozialismus deutlich abgrenzte.[74] In Wien bzw. Klosterneuburg kam es ebenfalls zu Differenzen, nicht zuletzt wegen der nationalen Anschauung mit der 1924 gegründeten Ring-Burschenschaft Wiking und der 1927 errichteten Ring-Burschenschaft Rheno-Danubia.[75] Wegen der eindeutig nationalsozialistischen Einstellung des RKDB wurden er und seine Verbindungen 1934 verboten und „der gerechten Strafe zugeführt", wie der Chronist der Babenberg Graz bemerkt.[76]

Neben den erwähnten Katholisch-Nationalen, deren entsprechende Gesinnung teilweise noch vor der Machtergreifung Hitlers 1933 manifest war und die ihre Haltung oft eher „intellektuell" als politisch begründeten, sind die ÖCV-Verbindungen auch dahingehend zu untersuchen, wie die Sympathie für den Nationalsozialismus in der Zeit zwischen 1933 und 1938 ausgeprägt war. Zwar war der ÖCV, wie noch zu sehen sein wird, personell wie ideell mit dem System des „Ständestaates" auf engste verbunden und daher eo ipso in eine Abwehrhaltung zum Nationalsozialismus gestellt, worunter nach 1938 viele CVer leiden mußten, doch die Klärung der politischen Fronten 1933/34 brachte keineswegs ein Ende von Überläufern oder gar „Illegalen". Die Faszination des Nationalsozialismus vor allem auf Junge konnte durch die Ständestaatsidee nicht verhindert werden. Doch war ab Juli 1933 ein offenes Bekenntnis zum Nationalsozialismus im ÖCV nicht mehr möglich. Es gab eine Reihe solcher „illegaler CVer", wie bereits die erwähnten Borodajkewycz, Ternik und Veiter. An anderer Stelle wird ebenfalls noch darauf hingewiesen, etwa im Abschnitt Entnazifierung (siehe S. 510f.) oder bei dem interessanten Fall Karl Ebner (ehemals Kb [Cl]) (siehe S. 468).

Über die Mitgliedschaft von CVern bei der NSDAP gibt es nur hinsichtlich der Austria Innsbruck und Leopoldina exakte Ergebnisse, nachdem von Michael Gehler deren Mitgliederlisten mit den im Berlin-Document-Center registrierten NSDAP-Mitgliedern verglichen wurden. Von den 607 untersuchten Mitgliedern der Austria waren 232 (über 40 Prozent) NSDAP-Mitglieder. Diese prima vista relativ erschreckend hohe Zahl kann jedoch sofort relativiert werden. Von diesen 232 waren nur 114 Österreicher, die knappe Mehrheit waren „Reichsdeutsche". Somit reduziert sich der Anteil der Österreicher bei

---

72 CVA 440. Als Beilage eines Schreibens Alfred Huebers (Cl), des Vorsitzenden des KDAA Graz, an den CV-Hochschulamtsträger Hermann Hagen (Th) vom 31. 12. 1932.

73 CVA 440. Das geht aus einem Schreiben Hagens vom 11. 1. 1933 hervor.

74 45 Jahre Vindelicia. Innsbruck 1946, S. 20.

75 Ac 41 (1928/29), S. 25; Schnürer, Welfia, S. 173ff.

76 Verbindungsbuch Babenberg, S. 10. Suevia und Cimbria sind 1934 geschlossen der SA beigetreten, daher wurden sie aufgelöst. Siehe Krause, Studiosus, S. 148. Nach 1945 wurde in Wien die Wiking sistiert, in Graz blieb es die Cimbria, die Suevia hat sich mit dem VDSt Suevia-Pannonia Ulm fusioniert, der inzwischen auch suspendiert ist. Dafür wurde in Salzburg 1982 die Langobardia gegründet. 1965 haben sich die damals bestandenen RKDB-Verbindungen den RKAB gegründet.

der NSDAP. Von diesen 114 traten wiederum 90 Prozent nach dem Anschluß der NSDAP bei, 6 Prozent waren schon vor 1933 NSDAP-Mitglied, zwischen 1933-1938 stießen knapp 3 Prozent dazu. Also war die überwiegende Zahl „Mitläufer". Ein ähnliches Bild ergibt die Untersuchung hinsichtlich der Leopoldina.

Insgesamt aber bei dieser Untersuchung ist folgendes Ergebnis bemerkenswert: Nicht einmal 1 Prozent der österreichischen Mitglieder beider Verbindungen war bis zum Anschluß NSDAP-Mitglied. Dieser Wert dürfte sicherlich auch für die anderen Verbindungen zutreffen. Es ehrt den CV, wenn der in diesen Fragen kompetente Innsbrucker Historiker Michael Gehler anerkennend feststellt: „Der CV blieb in der Zeit des Ständestaates dem organisierten Nationalsozialismus gegenüber resistent!"[77]

Vom Nationalsozialismus vereinnahmt: Albert Leo Schlageter

Albert Leo Schlageter (Fl)[78] zählte zu jenen nicht wenigen jungen Männern, die sich nach 1918 im bürgerlichen Leben nicht mehr zurechtfanden und sich zu einem Condottiere entwickelten. Er begann zwar in Freiburg/Br. ein Volkswirtschaftsstudium und trat dort Anfang 1919 der CV-Verbindung Falkenstein bei, doch bald zog es ihn zu den zahlreichen „Schlachtfeldern" der unmittelbaren Nachkriegszeit: ins Baltikum, wo er gegen die Rote Armee kämpfte und half, Riga zu befreien, und nach Oberschlesien (Annaberg) im Abwehrkampf gegen Polen.

Als am 11. Januar 1923 französische Truppen das Ruhrgebiet wegen ausbleibender Reparationszahlungen besetzten, rief die deutsche Reichsregierung unter Reichskanzler Wilhelm Cuno (Sv) zum passiven Widerstand auf, der breite Unterstützung fand. Da die Reichswehr gegen fünf einmarschierende französische Divisionen machtlos war, setzte man auf Sabotageakte, und der Reichsarbeitsminister und Priesterpolitiker Heinrich Brauns (Nv) unterstützte die streikenden Arbeiter finanziell. Schlageter, seiner „bürgerlichen" Existenz ohnedies nicht froh, sah wiederum seine Stunde gekommen und stellte sich zur Verfügung. Er und sein „Stoßtrupp Essen" verübten verschiedene Sprengstoffattentate und bekamen den Auftrag, auf der Bahnstrecke zwischen Düsseldorf und Duisburg eine Eisenbahnbrücke zu sprengen. Die Franzosen konnten Schlageter am 7. April wahrscheinlich aufgrund eines Verrates verhaften und verurteilten ihn zum Tode. Gnadengesuche des Heiligen Stuhls und der schwedischen Königin Viktoria, einer badischen Prinzessin, blieben erfolglos. Aus innenpolitischen Gründen sah sich der französische Ministerpräsident Raymond Poincaré gezwungen, die Verurteilung vollstrecken zu lassen. Vom Gefängnispfarrer Hermann Faßbender (RBo, Fl) erhielt er die letzten Tröstungen, am 26. Mai 1923 um 3 Uhr in der Früh wurde er zur Erschießung auf die Golzheimer Heide (Düsseldorf) geführt.[79]

---

77 Gehler, Studenten und Politik, S. 360 und S. 557.

78 Als sechstes von elf Kindern einer Bauernfamilie 1894 geboren besuchte er, für den Priesterberuf vorgesehen, das Erzbischöfliche Konvikt in Freiburg/Br., legte 1915 ein Notabitur ab und zog, wie so viele seiner damaligen Zeitgenossen, begeistert in den Ersten Weltkrieg. Zu Schlageter siehe Zwicker, Albert Leo Schlageter, wo auch die Literatur über ihn bis 2000 angeführt ist.

79 Zwicker, Albert Leo Schlageter; weiters Derichsweiler, Peter: Geschichte und Tat. Gedanken zum Heldensterben Albert Leo Schlageters und Das Schlageter-Ehrenmal in Düsseldorf, in: Hagen, Der CV gedenkt seiner im Weltkrieg gefallener Brüder, S. 54-56; Klocke, Geschichte der Falkenstein, SS. 55ff.; Janssen, Karl-Heinz: „Der erste Soldat des Reiches." Schicksal und Mythos des Albert Leo Schlageter, in: *Die Zeit*, 2. 12. 1999, S. 106.

Eine ungeheure Erregung bemächtigte sich damals der Bevölkerung Deutschlands und Österreichs, an der Spitze natürlich der CV, der überall Trauerkundgebungen und Gottesdienste abhielt.[80] Schlageter wurde zur Symbolgestalt des Widerstands gegen den „Versailler Diktat- und Schandfrieden". Bald konstituierte sich ein über die Parteigrenzen hinweg zusammengesetztes Denkmalkomitee. Der damals an der Düsseldorfer Kunstakademie lehrende Architekt Clemens Holzmeister (Nc) wurde für den Entwurf eines Denkmals am Düsseldorfer Nordfriedhof, in der Nähe des Erschießungsortes, betraut, das 1931 fertiggestellt, jedoch dann 1945 wieder geschliffen wurde.

Die zweite „Hinrichtung" Schlageters fand aber durch die Nazis statt, als sie sich bald seiner propagandistisch bemächtigten: „Der erste Soldat des Dritten Reiches." Ähnlich wie Horst Wessel (C! Normannia Berlin, C! Alemannia Wien-Linz[81]) sollte er zu einer Vorläufer-Ikone hochstilisiert werden. In der Literatur wird gelegentlich behauptet, Schlageter wäre 1922 Mitglied der NSDAP geworden. Das stimmt nicht bzw. ist nicht zu beweisen. Er soll Ende 1922 in Berlin-Kreuzberg der damals gegründeten „Großdeutschen Arbeiterpartei" beigetreten sein, eine der zahlreichen „völkischen" Parteien dieser Zeit, die der Ideologie der damaligen frühen NSDAP nicht unähnlich waren.[82] Die deutsche Kriegsmarine benannte nach ihm

Albert Leo Schlageter (Fl)

80 Siehe z. B. Pichler, 75 Jahre Leopoldina, S. 186.

81 Horst Wessel war während seines Wien-Aufenthalts beim C! Alemannia aktiv, so Juen, Waffenstudenten und katholische Korporationen an der Universität Wien. S. 71. Alemannia wurde nach Linz verlegt.

82 Die Großdeutsche Arbeiterpartei ist im November 1922 in Berlin-Kreuzberg gegründet worden. (Nach http://www.kreuzberg.de/geschich/1920, S. 3, vom 28. 8. 2002.) Sie ist aber kaum in Erscheinung getreten und scheint bei den Berliner Kommunalwahlen nicht als wahlwerbende Gruppe auf. Es gibt auch keinen letztstichhaltigen Beweis, daß Schlageter Gründungsmitglied dieser Partei gewesen ist. Möglicherweise ist das eine nachträgliche Erfindung der Nazis, um ihn so besser für sich vereinnahmen zu können. Tatsache ist auch, daß es zu dieser Zeit, Ende 1922, in Berlin noch keine NSDAP-Ortsgruppe gegeben haben dürfte. Das Standardwerk Maser, Werner: Der Sturm auf die Republik. Die Frühgeschichte der NSDAP. Düsseldorf 1994, erwähnt eine solche nicht. Da solche Ortsgruppen in zahlreichen anderen Städten für diese Zeit genannt werden, wäre eine solche in der Reichshauptstadt sicherlich angeführt worden. Auch Reuth, Ralf-Georg: Goebbels. München 1990, SS. 108ff., läßt eindeutig den Schluß zu, daß in Berlin Ende 1922 alles andere, aber nicht die NSDAP vorhanden war. Diese Großdeutsche Arbeiterpartei wird anläßlich einer Rede des SPD-Politikers und ersten deutschen Ministerpräsidenten, Philipp Scheidemann, vor dem deutschen Reichstag am 12. 5. 1923 mit der Deutschvölkischen Freiheitspartei (DVFP) in Zusammenhang gebracht. Dabei zitiert er ein Rundschreiben dieser Partei, die neben anderen (Splitter-)Parteien die NSDAP wie auch die Großdeutsche Arbeiterpartei als „Abteilungen" der DVFP bezeichnet werden. Siehe Scheidemann, Philipp: Die rechtsradikalen Verschwörer. Reichstags-Rede, gehalten am 12. Mai 1923. Berlin 1923. Tatsache dürfte sein, daß die Großdeutsche Arbeiterpartei eine der zahlreichen völkischen Splitterparteien der frühen Weimarer Republik war, die sich ideologisch kaum unterschieden und in der Folge in der NSDAP aufgingen.

Selbst wenn Schlageter Mitglied dieser Großdeutschen Arbeiterpartei gewesen wäre, so hat er ja relativ bald nach der Gründung Berlin verlassen, um ins Ruhrgebiet zu ziehen. Möglich ist auch, daß ehemals „versprengte" Mitglieder dieser Mini-Partei beim Aufbau der NSDAP in Berlin beteiligt waren und sich so ein solcher Mythos herausgebildet hat. Auch hat sich ja Adolf Hitler Anfang 1923 aus taktischen Motiven vehement gegen die Beteiligung am Ruhrkampf ausgesprochen. Er hat auch angedroht, NSDAP-Mitglieder aus der Partei auszuschließen, die sich daran beteiligen. Wäre also Schlageter Mitglied der NSDAP gewesen, so wäre er eo ipso ausgeschlossen worden. Die nachträgliche NS-Propaganda um Schlageter hatte aber diesen Umstand bewußt vergessen und quasi „ex tunc" Schlageter zum Nationalsozialisten gemacht. Zur angeblichen NSDAP-Mitgliedschaft siehe Zwicker, Albert Leo Schlageter, S. 200f., sowie Franke, Manfred: Albert Leo Schlageter. Der erste Soldat des 3. Reiches. Die Entmythologisierung eines Helden. Köln 1980, S. 110. Dieses Werk ist bisher die einzige umfassende Studie über Schlageter der neueren Zeit.

sogar ein Segelschulschiff, das noch heute in Portugal im Einsatz ist.[83] Als nach der Zerschlagung des studentischen Verbindungs- und Vereinswesens Kameradschaften des NSDStB errichtet wurden, wurde faktisch in jeder Hochschulstadt eine solche nach Schlageter benannt.

Albert Leo Schlageter war möglicherweise ein aus der damaligen Zeit her erklärbarer Wirrkopf, ein durch die „Urkatastrophe" des 20. Jahrhunderts existentiell Entwurzelter, aber kein Nazi. Er war gläubiger Katholik. Um zu verhüten, daß bei den Anschlägen Menschen umkommen, hat er z. B. die Pistolen seiner Kameraden eingesammelt. Und beim Prozeß redete er sich nicht heraus und nahm seine Mitangeklagten in Schutz. Für den CV bis 1933 war er eine verehrungswürdige Symbolgestalt, ein „Held des Vaterlands" (Reichskanzler Wilhelm Cuno), ein Märtyrer, der erste in der Reihe der 1282 Gefallenen CVer des Ersten Weltkriegs.

Nach 1945 geriet Schlageter naturgemäß in Vergessenheit, bis in den siebziger Jahren rechte Gruppen versuchten, sich seiner Person wieder zu bemächtigen. Bemerkenswert hingegen ist, daß sich Martin Walser 1981 für ihn verwendete: „Ich halte Schlageter weder für einen Bluthund noch für einen Mörder ... Ich halte ihn für einen Braven, für einen Katholiken, für einen Begabten, für einen Bauernbuben, für einen Reinen, für einen der erzogen wurde, Höherem zu dienen."[84]

Auch im CV wurde Schlageter nach 1945 mehr oder minder „schamhaft" verschwiegen.[85] Als im Jahr 2002 die Cartellversammlung in Düsseldorf in einem Hotel in unmittelbarer Nähe der Hinrichtungsstätte stattfand, gab es keinen wie immer gearteten Hinweis auf den örtlichen wie auch zeitlichen Zusammenhang.[86]

---

83 Neben einem Schulschiff war auch das Jagdgeschwader 26 nach Schlageter benannte. Ebenso hieß die 1. Division des Reichsarbeitsdienstes Schlageter.

84 Walser, Martin: Schlageter – eine typisch deutsche Verlegenheit, in: Allmende. Eine alemannische Zeitschrift 1 (1981), S. 78f.

85 Abgesehen von einem positiv gehaltenen Artikel anläßlich Schlageters 60. Todestages, verfaßt von Norbert Stahl (Hr) in Ac 76 (1983), S. 132.

86 Daraufhin erschien von Gerhard Hartmann (Baj) in der *Academia* ein Artikel mit der Überschrift „C. V. auf blutgetränktem Boden. Erinnerung an Leo Schlageter (Fl) wurde versäumt." Ac 95 (2002), SS. 255-257. Das initiierte eine in ihrer Art beispiellose, kontroversielle Leserbriefdebatte in der *Academia*, die bis 2004 dauerte. Ac 95 (2003), SS. 152-54; 96 (2003), S. 74f. und 220; 97 (2004), S. 113f.

Die Gleichschaltung des CV und die Gründung des Dritten ÖCV

„Auf dem Boden der Satzung und der CVGO nach wie vor stehend sind die österreichischen Verbindungen nunmehr als Österreichischer CV unter dem Vorort Norica zusammengeschlossen und wollen die Tradition des CV fürderhin hüten und pflegen. Treu und frei! Zum letzten Male mit herzlichem Cartellgruß."

Aus dem „Abschaltungsbrief" vom 11. Juli 1933

Man hat ihn zerschlagen
den alten CV,
doch laßt uns nicht verzagen,
auf Gott steht mein Vertrau.
Man hat ihn zerschlagen
wohl draußen im Reich
doch noch in unseren Tagen
steht er in Österreich.

Wir wollen ihn hegen
der Heimat zum Nutz,
die alte Freundschaft pflegen
den Feinden all zum Trutz.
bis einst auch die Brüder
im Reich wieder frei,
im alten Glanze wieder
der Bund ersteht aufs neu.

Text verfaßt 1935 von Friedrich Zacke (R-J) nach der Melodie von „Wir hatten gebauet..."[1]

„In diesem Vertrauen gemeinsamer Tatkraft darf ich Euch als Euer Bundesbruder zurufen, verzagt nicht, sondern steht auch weiterhin treu und fest zu unserer Kirche und zu unserem Schöpfer."

Der sel. Clemens August Kardinal Graf Galen (R-GM EM) in einem Schreiben vom 18. Juli 1936 an seine Verbindung Rheno-Guestfalia Hannoverisch Münden[2]

Die Gleichschaltung des CV im Deutschen Reich

Mit der Ernennung Adolf Hitlers zum deutschen Reichskanzler am 30. Januar 1933 begann das unsäglichste Kapitel deutscher und österreichischer Geschichte. Unter dem Katholiken und Österreicher Adolf Hitler hatten die Kirche, der Klerus, engagierte Laien und katholische Verbände viel Leid zu ertragen. Die Geschichte der Gleichschaltung des CV im Deutschen Reich ist ein Lehrbeispiel dafür, wie man mit Zuckerbrot und Peitsche dem katholischen Vereinsleben ein Ende bereitete.[3]

In der Februar/März-Nummer der *Academia* wird wie in den anderen katholischen Verbandsblättern die „nationale Revolution" nicht erwähnt. Die Mehrzahl der Organe der übrigen studentischen Korporationsverbände begrüßte hingegen den politischen

1 Zitiert nach Festschrift der K. Ö. H. V. Rheno-Juvavia anläßlich des 70. Stiftungsfestes, S. 96.

2 Zitiert in Ac 94 (2001), S. 111. Über Galen siehe mehr S. 667.

3 Wohl keine Epoche der CV-Geschichte ist so gründlich erforscht wie diese. Das ist vor allem der umfangreichen und hervorragenden Studie von Peter Stitz (Sb), Der CV 1919 – 1939, zu danken. Siehe auch Rehberger, CV und Nationalsozialismus; Rill, CV und Nationalsozialismus in Österreich. Ebenfalls einen guten Überblick mit neuen Details bietet Schieweck-Mauk, Durchhalten, so lange es geht. Gut dokumentiert sind Gleichschaltung und Abschaltung auch im *Mitteilungsblatt des ÖCV und des ÖAHB*. Die Darstellung dieses Kapitels folgt, wenn nicht anders angegeben, diesen Studien bzw. Quellen. Über die Gleichschaltung an den Hochschulen siehe auch Grüttner, Studenten im Dritten Reich, SS. 62-100 sowie 287-316.

Umschwung. Die Zurückhaltung des CV lag sicherlich auch darin begründet, daß der 30. Januar in der ersten Zeit danach nur als einer der vielen Regierungswechsel der Weimarer Republik angesehen wurde.

Einer der ersten aufrechten CVer, die im Zuge der Gleichschaltung der Länder nach der Reichstagswahl Anfang März 1933 verhaftet wurden, war der bayerische Innenminister Karl Stützel (Ae). Er wurde unter entwürdigenden Umständen in der Nacht vom 9. auf 10. März von SA-Horden festgenommen und ins Braune Haus geschleppt.[4]

Die Bischöfe hatten sich so wie 1918 rasch auf die neue Situation eingestellt. Bereits am 28. März 1933 erließen die Fuldaer und Freisinger Bischofskonferenzen einen gemeinsamen Hirtenbrief, in dem sie die Warnungen und Verbote gegenüber dem Nationalsozialismus nicht mehr als notwendig erachteten. In einem Hirtenwort der deutschen Bischöfe am 3. Juni 1933 wurden diese noch deutlicher. Sie begrüßten das „nationale Erwachen" und die „starke Betonung der Autorität", für die die Kirche immer einen besonderen Sinn gehabt habe. „Ein abwartendes Beiseitestehen oder gar eine Feindseligkeit der Kirche dem Staat gegenüber müßte Kirche und Staat verhängnisvoll treffen."[5] Damit standen treue Katholiken, vor allem in den zahlreichen katholischen Verbänden, buchstäblich im Regen. Ihnen wurde in ihrer Haltung zum Nationalsozialismus damit der Boden unter den Füßen weggezogen. Das, was man in Österreich als „Katholisch-Nationale" oder „Brückenbauer" (siehe S. 342) bezeichnete, hatte nun im Deutschen Reich Hochkonjunktur. Viele prominente Kleriker, Theologen und Laienfunktionäre versuchten nun, eine positive Verbindung zwischen Kirche und Nationalsozialismus zu konstruieren.[6]

Dazu kommt noch ein anderes, bereits von Österreich zu beobachtendes Phänomen (siehe S. 249): Den Bischöfen war schon lange die Potenz der katholischen Verbände nicht mehr willkommen, die sowohl personell wie finanziell völlig unabhängig von der Hierarchie bestanden bzw. agierten. In Österreich versuchte man diese Macht, durch die Einführung der Katholischen Aktion (KA) mit dem hierarchischen Prinzip einzudämmen. Im Deutschen Reich bot sich 1933/34 nun eine andere Gelegenheit. Das Reichskonkordat 1933 gab zwar Katholischen Verbänden „Konkordatsschutz", wenn sie sich unter die Fittiche der Bischöfe begaben (für den CV und seinen Verbindungen war das aus deren Selbstverständnis unmöglich), aber man war seitens der Hierarchie nicht unfroh, daß sich das Problem der selbständigen Macht der Verbände von selber löste, wenn sie sich nicht in den „Konkordatsschutz" begaben. „Für einen Teil der katholischen Verbände war das Reichskonkordat eine Falle, aus der sie sich aus eigener Kraft nicht mehr befreien konnten."[7] Für zahlreiche Funktionäre und Mitglieder der katholischen Verbände, darunter auch der CV, war diese Entwicklung eine Enttäuschung und ein erhebliches Dilemma, ja eine eminente Gewissensnot, wie man sich nun verhalten soll. Verbitterung und innere Emigration machte sich bei den einen breit, bei vielen führte das zur Anpassung und zum Mitläufertum, aber nicht wenige gingen auch den Weg in den Widerstand.

---

4 150 Jahre Aenania, S. 461f. Stützel wurde nur mit Nachthemd und Socken bekleidet ins Braune Haus verschleppt und dort von SA- und SS-Leuten verspottet und auf die Füße getreten. Er konnte dann nach Österreich fliehen, mußte aber aus finanziellen Gründen 1934 wieder zurückkehren.

5 Corsten, Wilhelm: Aktenstücke zur Lage der katholischen Kirche in Deutschland 1933-1945. Köln 1949, SS. 5ff.

6 Als ein Beispiel sei u. a. nur der bekannte Münchener Dogmatiker Michael Schmaus (Ae EM) genannt. Ac 46 (1933/34), S. 91f. Hier wird über einen entsprechenden Vortrag von Schmaus berichtet.

7 Groß, Gehorsame Kirche – ungehorsame Christen im Nationalsozialismus, S. 18.

Auch die CV-Führung geriet in den Sog dieses „Jahrs der Anpassung“[8] und schaltete relativ rasch: Am 3. April 1933 erklärten der Vorort Aenania, der Academia-Beirat und der CV-Seelsorger P. Erhard Schlund (Vc) gemeinsam, daß die Beschlüsse der 61. CV betr. Nationalsozialismus sowie die einschlägigen Richtlinien des CV-Seelsorgers dazu hinfällig geworden seien, weil sich diese ja ausdrücklich auf die Autorität der Bischöfe berufen hätten. Gleichzeitig verfaßte Carl Linz (RBo)[9] im Namen des Vorstands des AHB eine Erklärung, in der „zur Treue der rechtmäßigen Obrigkeit gegenüber“ gemahnt wurde. Beide Erklärungen wurden in der April-Nummer der *Academia* veröffentlicht.

Außer diesen Erklärungen gab es in der *Academia* keine Äußerung zu den politischen Geschehnissen, was jedoch bei den CVern, die vom Rausch der „nationalen Erhebung“ erfaßt waren, kritisiert wurde. Kristallisationspunkt dieser Kritikbewegung war die Bavaria Bonn unter ihrem Philistersenior Wilhelm Golling (Ae, BvBo), der viele Jahre maßgeblicher CV-Funktionär war und im Verband großen Einfluß besaß. Am 30. April beschlossen die Organe der Bavaria eine Resolution an die *Academia*-Leitung sowie ein Ergebenheitstelegramm an Reichspräsident Hindenburg und Reichskanzler Hitler. Das Telegramm an Hitler lautete: „Bavaria Bonn, die älteste Verbindung katholischer deutscher Studenten, entbietet ... dem Volkskanzler des einigen Deutschlands ehrerbietige Grüße und gelobt treue Mitarbeit im nationalen Volksstaat.“ Desgleichen sandte am 6. Mai 1933 der Vorort Aenania ebenfalls ein Ergebenheitstelegramm an Hitler.

Die Kritik an der zögernden Haltung der Verbandsleitung wuchs jedoch, wobei der VOP Karl Groll (Ae) am 1. Mai in einem Vorortsrundschreiben aus der Sicht dieser Kritiker einen Fehler machte: „Allerorts können wir heute Zeichen von erstaunlicher Gesinnungstüchtigkeit beobachten. Mit einer Wendigkeit ohnegleichen bringen es Leute heute fertig, sich in kürzester Zeit ‘umzustellen’. Von einem Menschen mit Charakter wird niemand erwarten, daß er aufgrund von veränderten Machtverhältnissen über Nacht seine Überzeugung wechselt.“ Das waren deutliche Worte gegenüber jenen CVern, die ohne Überzeugung aus reinem Opportunismus „dem Rausch der nationalen Revolution“ erlegen waren. Durch Indiskretion erschien dieser Passus in der *Kölnischen Volkszeitung* und sogar in der Wiener *Arbeiter-Zeitung*.

Deswegen und aufgrund der zögernden Haltung der Verbandsleitung stellten Bavaria und in der Folge dann auch andere Verbindungen am 4. Mai den Antrag, bis 20. Mai eine ao. CV einzuberufen, die folgende Tagesordnungspunkte umfassen soll: Absetzung des Vororts, Mißtrauensantrag gegen P. Schlund und Neuwahl der gesamten Vorstände.

Am 8. Mai 1933 kam es in Berlin zu einer Besprechung zwischen dem Führer der DSt, Gerhard Krüger (B! Arminia Greifswald), und dem 1. VOB Konrad Welte (Ae),[10] bei der bereits eine „Gleichschaltung“ vereinbart wurde. Der Führer des NSDStB, Oskar Stäbel (L! Suevia Karlsruhe), ernannte Welte zum „alleinigen Bevollmächtigten zur Regelung der Angelegenheiten des CV“. Neben einer territorialen Neugliederung des CV wurden eine Stärkung des Vororts und der Rücktritt des gesamten Academia-Beirats vereinbart. Im Vorort sollte künftig ein Vertrauensmann der NSDAP sitzen, und vor Bestellung der Ämter wäre der Führer der DSt zu hören. Desgleichen wurde das volksbürgerliche, d. h. arische Prinzip eingeführt. Am 9. Mai erstattete Welte dem Vorortsausschuß seinen Be-

8 Ebda., SS. 13ff.

9 Linz wurde 1931 Nachfolger des Zentrumspolitiker Felix Porsch (Gu, Nc) als Vorsitzender des AHB des CV.

10 Er war das Jahr davor VOP. 1930 wurde ein zweijähriges Vorortsjahr eingeführt, das jedoch nach 1945 nicht übernommen wurde.

richt, der die Vereinbarung einstimmig billigte. Gleichzeitig trat auf großen Druck kurz vor Mitternacht der CV-Beirat zurück, ein neuer wurde – allerdings nur für kurze Zeit – bestellt. Damit konnte man sich auch P. Schlunds entledigen. Als sein Nachfolger war zuerst sel. P. Rupert Mayer SJ (Tt) vorgesehen, der jedoch nicht annehmen konnte und wollte, so daß es Prof. Robert Linhardt (Ae) wurde.[11]

Am meisten litt unter diesem Rücktritt P. Schlund, einer der profiliertesten Kritiker des Nationalsozialismus; so versuchte er diesen Schritt hinauszuzögern, was ihm jedoch nicht gelang.[12] Verbitterung machte sich bei ihm bemerkbar, aber auch Warnung. So schrieb er am 26. Mai 1933 an den Generalvikar von Passau u. a.: „So wie die Dinge heute liegen, sind die katholischen Organisationen aufs äußerste gefährdet ... Ich sehe Gefährdungen vor allem von innen heraus. Und das möchte ich namentlich von den Studentenverbindungen sagen." Weiters schlug Schlund in diesem Brief vor, daß wie die NSDAP auch die Kirche einen geistlichen Vertrauensmann in die Studentenverbände CV, KV und UV entsenden solle, wobei er sich für den CV gleich selbst in Vorschlag brachte.[13]

Am 13. Mai fand in München eine Sitzung des Gesamtausschusses statt, der dem Vorort vollstes Vertrauen aussprach. Inzwischen (12. Mai) wurde Konrad Welte zum Vertrauensmann des NSDStB im CV ernannt. Damit festigte sich vorerst die Stellung des Vorortes sowie insbesondere Weltes, so daß die Vertrauensabstimmung für den Vorort positiv ausfiel. Im 10. Vorortsrundschreiben vom 25. Mai wird von der Einführung einer Kreiseinteilung berichtet. Danach wurde der CV in fünf Kreise eingeteilt (Stuttgart, Köln,

---

11 Leiter der Hochschulamtes wurde Konrad Welte anstatt Hermann Hagen (Th); Leiter des Sozialamtes blieb Theodor Maunz (Ae), die anderen Positionen wurden ausgetauscht, siehe Ac 46 (1933/34), S. 33. Linhardt blieb nicht lange im Amt. Bereits im Sommer 1933 wurde vom „Führer des CV" der Religionslehrer Theo Willemsen (R-F) zum „Referenten [später Amt] für Religion und Weltanschauung" ernannt, dazu siehe Ac 46 (1933/34), S. 145. Siehe auch Schreiben Schlunds an Robert Krasser (Nc) vom 16. 6. 1933, in ÖCVA. Krasser Varia bis 1937. In diesem Schreiben beklagt sich Schlund bitter, daß keiner der Amtsträger des CV es für notwendig befunden hätte, ihn für seine 12jährige Tätigkeit zu danken.
Linhardt studierte in München Theologie, wo er 1915 der Aenania beitrat, und wurde 1919 zum Priester geweiht. 1931 wurde er Professor für Moraltheologie an der nicht mehr existierenden Phil.-Theol. Hochschule in Freising. Anfang 1933 veröffentlichte er seine in der Fachliteratur bislang kaum bekannte Schrift „Verfassungsreform und katholisches Gewissen. Eine Besinnung auf die Prinzipien der katholischen Sozial- und Moralphilosophie". Soweit erkennbar sind Linhardts Grundsätze einer Verfassungs- bzw. Grundrechtsreform das erste politiktheoretische Dokument des deutschsprachigen Katholizismus, das eine systematisch reflektierte, demokratische Grundrechts- und Verfassungsordnung entwickelt hat. Diese Schrift ist kurz vor der Machtübernahme Hitlers erschienen und unterzieht die herrschende katholische Staatsdoktrin einer beißenden Kritik, nämlich die Staatsneutralitätsthese, die gegenüber einer legal an die Macht gekommenen Regierung, anzuwenden ist. Linhardts Kritik gipfelte u. a. in der These: Das „katholische Gewissen" erfordere spätestens in der existentiellen Situation des Jahres 1933 den entschiedenen Rekurs auf die liberalen Grundrechte, von denen allein her die diktatorische Machtübernahme nicht nur ethisch, sondern auch staatsrechtlich delegitimiert werden könne – auch wenn die liberalen Grundrechte nicht aus dem Kernbestand katholischer Dogmatik stammten. Zu Linhardt und seinem Werk siehe Uertz, Rudolf: Katholizismus und Demokratie, in: APuZ Nr. 7, 2005, 14. 2. 2005, S. 20. Linhardts Thesen stehen daher auch in diametralem Gegensatz zu der im Episkopat weitverbreiteten Auffassung vom Gehorsam gegenüber der rechtmäßigen Gewalt nach Röm 13,1f. („Jedermann sei der obrigkeitlichen Gewalt untertan."), die natürlich den Eidverweigerern und Widerstandskämpfern Probleme verursachten (siehe S. 464). Obwohl diese Thesen Linhardts im Gegensatz zum Nationalsozialismus standen, wurde er dennoch als Nachfolger von Schlund berufen. Offenbar war zu diesem Zeitpunkt dieses Werk noch nicht so bekannt. Dafür spricht auch, daß Linhardt bald wieder abberufen wurde. Doch offenbar muß in der Folge Linhardt in eine gewisse Nähe zum NS-Regime geraten sein, denn er erhielt nach 1945 nicht mehr das erforderliche bischöfliche *Nihil obstat* für seine Lehrtätigkeit. Das dürfte auch die Ursache dafür gewesen sein, daß Linhardt nach 1945 nicht mehr im Gesamtverzeichnis des CV geführt worden ist. Trotzdem blieb er aber sehr stark mit der Aenania verbunden, die in den Genuß seines Nachlasses kam. Dazu siehe 150 Jahre Aenania, S. 347f.

12 Nach einem Manuskript Schlunds „Nach 1933", in: CVA, Akt 1177.

13 Akten Deutsche Bischöfe I, S. 158.

Berlin, Österreich, Sudetenland), die als Zwischeninstanz fungieren sollten.[14] Gleichzeitig wurde der Academia-Beirat in einen Academia-Ausschuß umgewandelt. Damit war die erste Gleichschaltungsphase abgeschlossen.

Inzwischen war die Mai-Nummer der *Academia* erschienen, sie hatte sich bereits auf die neue Situation eingestellt, wie aus dem Geleitwort zu entnehmen war. Aufgrund des Ermächtigungsgesetzes ging nun die „Gleichschaltungsmaschinerie" im Reich weiter. Nach den Verboten von KPD, SPD und Gewerkschaften lösten sich im Frühsommer auch die übrigen Parteien, so auch das Zentrum, auf. Damit konnte man nun zur weiteren Gleichschaltung der Verbände schreiten. Im Rahmen der NSDAP wurden Richtlinien für die studentischen Verbände geschaffen, wonach diese das „Führerprinzip" annehmen müssen. Dem Vorort gingen Anfang Juni 1933 diese Richtlinien zu, er arbeitete ein gemäßigtes „Führermodell" aus und verschickte es an die Verbindungen. Die DSt und der NSDStB drängten jedoch auf eine rasche Lösung. Daraufhin übertrug der Vorort Konrad Welte am 5. Juli als dem Führer des CV all seine Rechte.

Inzwischen hatte sich eine Opposition um Franz Jumpertz (Ae, RBo) und Edmund Forschbach (RFb) formiert, die Welte als Führer des CV ablehnte und für den 6. Juli 1933 einen Kreis von CVern und Funktionären auf das Bonner Ripuarenhaus einlud, um die Neuordnung des CV und die für 8. Juli angesetzte Verbändetagung vorzubesprechen. Bei dieser Besprechung wurde Albert Derichsweiler (ehemals Sd)[15] als neuer Führer des CV vorgesehen. Die Vollmachten Weltes, die er vom Vorort erhalten hatte, sind nun auf Jumpertz, Derichsweiler, Forschbach und ihn zugleich übergegangen. Danach fuhren die vier nach Berlin zur Verbändetagung. In einem spätabendlichen Gespräch am 7. Juli mit dem Führer des NSDStB, Oskar Stäbel, wurde nun Derichsweiler als Führer des CV vorgeschlagen, was Stäbel mit den Worten „den brauche ich anderswo" ablehnte. Daraufhin einigte man sich auf Edmund Forschbach.[16]

Als der Vorort Aenania in München von den personellen Maßnahmen erfuhr, erklärte er sich offen dagegen, aber zu spät. Der neue Führer des CV erließ bereits am 11. Juli ein erstes Rundschreiben, in dem er sich und die neue „Reichsleitung" (Jumpertz, Derichsweiler und Welte) vorstellte. Am 15./16. Juli wurden die Vorortsgeschäfte übergeben. Neu in die Reichsleitung kam noch der Altherrenvorsitzende Carl Linz. In der Folge wurde nun an der Neuorganisation des CV gearbeitet. In der Oktober/November-Nummer der *Academia,*[17] de-

---

14 Bereits 1907/08 gab es Diskussionen über eine Kreis- bzw. Ringeinteilung im CV, siehe CV-Synopse, S. 8.

15 Derichsweiler, bereits 1931 dem NSDStB beigetreten, war von 1934-1936 Reichsführer des NSDStB, dann bei der Deutschen Arbeitsfront (DAF) und in der Folge in der Verwaltung tätig (Präsident der Gauarbeitskammer Warthegau). Nach dem Krieg versuchte er eine politische Karriere zuerst bei der Deutschen Partei, dann bei der FDP, für die er von 1955-1958 im Hessischen Landtag saß. Siehe Schieweck-Mauk, Durchhalten, solange es geht, S. 63, Anm. 30; Grüttner, Studenten im Dritten Reich, S. 506.

16 Seit 1932 Rechtsanwalt wurde er im März 1933 in den preußischen Landtag und den deutschen Reichstag für die Deutschnationale Volkspartei gewählt, schloß sich aber bald der Fraktion der NSDAP an. Nach dem Krieg wurde er Beamter im Bundesinnenministerium, 1954 wurde er stellvertretender Regierungssprecher und 1955/56 für ein Jahr Regierungssprecher und Leiter des Bundespresseamtes in Bonn. Über ihn siehe HENKELS, WALTER: Die leisen Diener ihrer Herren. Regierungssprecher von Adenauer bis Kohl. Düsseldorf 1985, S. 17 und 29f. Im September 1934 wurde in einer deutschen Prager Zeitung die Meldung verbreitet, Forschbach hätte Selbstmord verübte, dazu siehe Ferdinandea 1919-1945, S. 140.

17 Es war das formell die Oktober-Nummer, erschienen ist sie erst im November. Denn in der Nacht zum 2. 10. wurden die Geschäftsräume der *Academia* in München durch CVer in SS-Uniform besetzt. Der Zutritt wurde dem noch provisorisch amtierenden Schriftleiter Joseph Weiß (Ae) sowie dem Geschäftsführer Hermann Hagen (Th) verweigert. Es wurde ein neuer Schriftleiter eingesetzt. Die Redaktion sowie das CV-Archiv wurden am 1. 4. 1934 nach Düsseldorf verlegt, siehe Ac 81 (1988), S. 117.

Die „gleichgeschaltete" Academia im Spätherbst des Jahres 1933.

ren Titelblatt das Hakenkreuz zierte, wurde die am 8. Oktober vom Führer des CV in Heidelberg erlassene Verfassung des CV verkündet.

Artikel 1 lautete: „Der CV ... ist ein Bund deutscher Studenten katholischen Bekenntnisses zur Erziehung seiner Mitglieder im Sinne der nationalsozialistischen Weltanschauung." Artikel 3 führte den Arierparagraph ein: „Mitglieder ... können nur Männer deutscher Abstammung ... werden. Die Heirat mit nichtarischen Frauen führt zum Ausschluß aus dem Verband."[18] Artikel 6 hieß: „Der Führer des CV besitzt die gesamte bündische Macht im CV."

Nachdem der Führer des NSDStB bzw. der DSt, Oskar Stäbel, am 20. Januar 1934 vom Reichsministerium des Inneren sämtliche Vollmachten über alle studentischen Verbände erhielt, geriet der CV weiter in die Defensive. Denn damit wurden die Verbände quasi staatliche Organisationen. Da der bereits erwähnte Konkordatsschutz für den CV unmöglich war, entschloß man sich am 31. Januar 1934, gemeinsam mit dem KV und UV das Katholizitätsprinzip aufzugeben, um die Verbände möglicherweise noch retten zu können, allerdings vergebens wie die nachfolgende Geschichte zeigt.

Dagegen gab es sowohl verbandsintern wie auch seitens der Bischöfe, so von der Kölner Kirchenprovinz am 18./ 19. Februar 1934, Kritik.[19] Aber auch Kardinalstaatssekretär Eugenio Pacelli (Tfs EM) kritisierte in einer Note vom 9. Mai 1934 an den deutschen Botschafter beim Heiligen Stuhl die „auf mehr als fragwürdigen Wegen erzwungene ... Aufgabe der Konfessionalität der früheren katholischen Studentenvereinigungen".[20] Die Deutsche Reichsregierung beantwortete diese Note erst mehr als ein Jahr später am 16. Mai 1935 und wies diese Formulierung zurück. Pacelli hingegen antwortete am 1. Juni 1935 und stellte bezüglich der Gleichschaltung der katholischen Studentenverbindungen eindeutig, wenn auch durch den diplomatischen Stil formal entschärft, fest: „Die einwandfreien und nochmals nachgeprüften Informationen des Heiligen Stuhles machen es

18 Auch andere Verbände führten zu dieser Zeit den Arierparagraphen ein, so z. B. der christlich-protestantisch orientierte Wingolf, siehe Mahrenholz, Die Einführung des Arierprinzips im Wingolf.

19 Akten Deutscher Bischöfe I, S. 591.

20 Der Notenwechsel zwischen dem Heiligen Stuhl und der Deutschen Reichsregierung I, S. 120f. Das steht auch im Zusammenhang mit der Note vom 14. 5., ebda. S. 124, bezüglich Aushöhlung des Art. 31 RK. Am 29. 1. 1935 monierte Pacelli beim deutschen Botschafter die Beantwortung der Note, ebda. S. 204f. Siehe auch Neuhäusler, Kreuz und Hakenkreuz, S. 190.

letzterem zu seinem Bedauern unmöglich, an der am 9. Mai 1934 vorgenommenen Charakterisierung des staatlichen Vorgehens Abschwächungen vorzunehmen."[21] Der Heilige Stuhl, insbesondere Pacelli, der die Situation in Deutschland und die des CV aus eigenem Erleben gut kannte, war über diese Ereignisse wohl informiert und gelangte auch zu eindeutigen Einschätzungen, die er gegenüber der Reichsregierung – allerdings vergeblich – entschieden vertrat.

Mit dem Wegfall des Katholizitätsprinzips war aber auch der Mensur- und Duellablehnung der moraltheologische Boden entzogen worden. Es entstand daher eine Diskussion um Genugtuungs- und Ehrenfragen, bei der sich Forschbach nicht als glücklich erwiesen hatte, so daß er am 25. März 1934 als Führer des CV auf Druck Derichsweilers zurücktrat. Dieser übernahm einstweilen als stellvertretender Verbandsführer die Geschäfte und berief für den 14./15. April 1934 zu einer Cartellversammlung nach Münster ein. Dort wurde Fritz Nonhoff (Sd) Führer des CV. Derichsweiler, dessen Vorstellungen in der Frage der Konfession und des Duells bei der CV eine Niederlage erlitten hatten, schied am 10. Juni als Stabsleiter aus, weil er Kreisführer des NSDStB und der DSt wurde.

Die Position des CV konnte sich in der Folge zwar etwas festigen und beruhigen, doch der Schein trog. Denn nach wie vor befand sich in den einzelnen CV-Verbindungen ein hohes NS-kritisches Potential. So berichtete ein V-Mann der Gestapo über die Mitglieder der katholischen Verbindungen an der Kölner Universität: „Für die Mitglieder dieser Verbände gibt es nur eine, nämlich die katholische Weltanschauung. Der Nationalsozialismus ist in ihren Augen keine Weltanschauung. Überzeugte Nationalsozialisten finden sich in ihnen nicht."[22] Es besteht auch kein Zweifel, daß an den Universitäten mit einer mehrheitlichen katholischen Studentenschaft auch nach 1933 die Distanz gegenüber dem Nationalsozialismus größer war als anderswo, wie zahlreiche Widerstandsaktionen beweisen.[23]

Im Oktober 1935 lösten sich der Reihe nach die waffenstudentischen Verbände auf, am 27. Oktober tat dies auf der 63. CV in Würzburg auch der aktive CV. Die Verbindungen als solche konnten vereinzelt noch einige Semester weiterbestehen, waren aber Zielscheibe von Schikanen. So wird z. B. berichtet, daß anläßlich einer Caritassammlung am 18. Mai 1935 sich Protestierende vor den Verbindungshäusern der Aenania und Rhaetia eingefunden und Fensterscheiben eingeschlagen haben.[24] Obwohl von „CV-Führer"

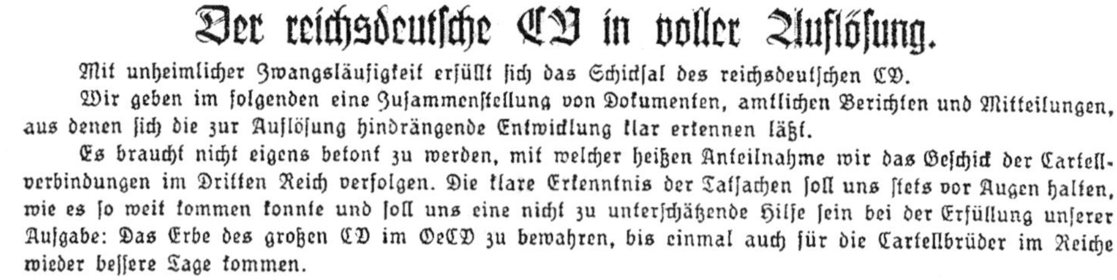
Der reichsdeutsche CV in voller Auflösung.

Mit unheimlicher Zwangsläufigkeit erfüllt sich das Schicksal des reichsdeutschen CV.

Wir geben im folgenden eine Zusammenstellung von Dokumenten, amtlichen Berichten und Mitteilungen, aus denen sich die zur Auflösung hindrängende Entwicklung klar erkennen läßt.

Es braucht nicht eigens betont zu werden, mit welcher heißen Anteilnahme wir das Geschick der Cartellverbindungen im Dritten Reich verfolgen. Die klare Erkenntnis der Tatsachen soll uns stets vor Augen halten, wie es so weit kommen konnte und soll uns eine nicht zu unterschätzende Hilfe sein bei der Erfüllung unserer Aufgabe: Das Erbe des großen CV im OeCV zu bewahren, bis einmal auch für die Cartellbrüder im Reiche wieder bessere Tage kommen.

„Aufmacher" des Mitteilungsblattes des ÖCV und des ÖAHB, Nr. 5 vom 2. Mai 1934.

21 Der Notenwechsel zwischen dem Heiligen Stuhl und der Deutschen Reichsregierung I, SS. 228f. und 237f.
22 Grüttner, Studenten im Dritten Reich, S. 440. Er zitiert den Bericht aus dem Bundesarchiv Potsdam.
23 Ebda., 441.
24 Die Kirchliche Lage in Bayern I, 70. Die Rhaetia ist eine verbandsfreie katholisch-bayerische Verbindung.

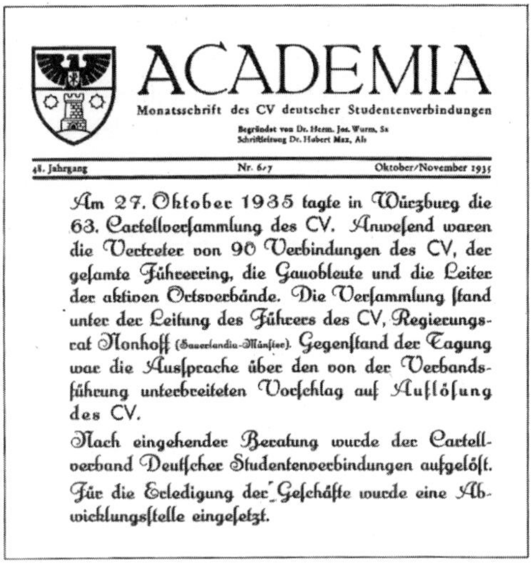

ACADEMIA

Monatsschrift des CV deutscher Studentenverbindungen

Begründet von Dr. Herm. Jos. Wurm, Sx
Schriftleitung Dr. Hubert Max, Ah

48. Jahrgang | Nr. 6/7 | Oktober/November 1935

Am 27. Oktober 1935 tagte in Würzburg die 63. Cartellversammlung des CV. Anwesend waren die Vertreter von 90 Verbindungen des CV, der gesamte Führerring, die Gauobleute und die Leiter der aktiven Ortsverbände. Die Versammlung stand unter der Leitung des Führers des CV, Regierungsrat Nonhoff (Sauerlandia-Münster). Gegenstand der Tagung war die Aussprache über den von der Verbandsführung unterbreiteten Vorschlag auf Auflösung des CV.

Nach eingehender Beratung wurde der Cartellverband Deutscher Studentenverbindungen aufgelöst.

Für die Erledigung der Geschäfte wurde eine Abwicklungsstelle eingesetzt.

Die Auflösung des CV im Oktober 1935 wird in der „Academia" kundgemacht.

Nonhoff wegen der Aufhebung des Katholizitätsprinzips eine Teilnahme an der Fronleichnamsprozession 1935 verboten wurden, nahmen in München dennoch Chargierte teil. Als der Münchener Erzbischof, Michael Kardinal Faulhaber (KV Tirolia EM), das erfährt, hat er zu diesen gesagt: „Nur Mut meine Herren!"[25]

Am 28. Oktober 1935 änderte aufgrund der neuen Lage der AHB seinen Namen in „Verband Alter CVer" (VACV) um. Vorsitzender blieb Carl Linz. Ende Juni 1938 wurde er, nicht zuletzt im Zuge der Angliederung Österreichs ans Deutsche Reich, wo man CV-belastendes Material fand, verboten (siehe S. 339). Ähnlich wie dem CV erging es auch dem KV, UV und dem RKDB, die auch der Gleichschaltungsmaschinerie zum Opfer fielen (s. u.), aber auch den anderen Korporationsverbänden, denen deren Nähe zum Nationalsozialismus nichts half. Die Deutsche Burschenschaft löste sich am 18. Oktober 1935 „freiwillig" auf. Am 20. Oktober dann die Landsmannschaften und die Deutsche Sängerschaft. [26]

Abschaltung und Gründung des Dritten ÖCV

Die Austrittserklärung der KDHÖ aus der DSt Anfang Dezember 1932 (siehe S. 332) war bereits ein erstes Anzeichen dafür, daß es zu einer weiteren Konfrontation kommen mußte. Zwar konnte die erweiterte Verbändesitzung des EVA am 18./ 19. März 1933 in Wien (über diese siehe S. 333) zu einer teilweisen Beruhigung führen, jedoch hatten sich inzwischen die politischen Verhältnisse im Deutschen Reich wie auch in Österreich geändert. Eine prononciert katholische Regierung in Wien stand nun einer nationalsozialistischen in Berlin gegenüber, so daß die großdeutsche Idee, wie sie noch am 18./19. März betont wurde, realpolitisch zunehmend aussichtsloser wurde.

Nun war seitens des Vororts für die österreichischen CV-Verbindungen für Anfang Mai in Wien eine Schulungswoche angesetzt, deren örtliche Leitung Alfred Benn (Nc) innehatte. Dessen Philistersenior und Vorsitzender der Wiener Christlichsozialen, Robert Krasser (Nc), schrieb am 1. April an den Leiter des CV-Schulungsamtes, August Neger (TsM), einen Brief, in dem er sich besorgt über die Wiener Beschlüsse vom 18./19. März geäußert hatte, die seiner Meinung nach zu weit gegangen seien, und riet von der Schulungswoche ab. Am 3. April stellte sich der Wiener AHB voll hinter Krasser und legte mit Schreiben vom 4. April an den Vorort gegen die Wiener Beschlüsse Verwahrung ein. Am

25 CV-Synopse, S. 65.

26 Darüber siehe Brunck, Die Deutsche Burschenschaft in der Weimarer Republik, S. 352f.

29. April beschloß der ÖAHB einmütig, daß der CV keine politische Äußerung abgeben dürfe, und stellte sich somit hinter den Wiener AHB.

Während der ersten Gleichschaltungskrise im Reich verschärfte sich die deutsch-österreichische Beziehung im CV, da in Österreich an ein gedeihliches Zusammenleben zwischen den Studentenverbänden und damit an einen Wiedereintritt der KDHÖ in die DSt nicht zu denken war. Der KDAA Innsbruck hatte zudem bei der Tiroler Landesregierung Beschwerde über den Verein „Deutsche Studentenschaft Innsbruck" eingelegt, so daß dieser am 5. Mai 1933 aufgelöst werden mußte, da er nicht dem Vereinsgesetz entsprach.

In der nun ohnedies im deutschen CV unruhigen Zeit beschloß der BC der Rheno-Palatia Breslau (nunmehr Mainz) am 8. Mai einen Antrag an die von der Bavaria Bonn geforderte Cartellversammlung, diejenigen Verbindungen, die für die Auflösung der DSt waren, sowie Bundeskanzler Dollfuß (F-B) und Minister Vaugoin (Rd EM) aus dem CV auszuschließen. Dieser Antrag rief in Österreich helle Empörung hervor. Der neue VOP Karl Groll (Ae) konnte unter Zuhilfenahme des Luftweges in Breslau die Lage etwas entspannen, und Rheno-Palatia zog den Antrag vorläufig zurück. Am 14. Mai trafen sich die „Oppositionsverbindungen" unter der Führung der Bavaria Bonn in Tübingen und behandelten auch die Österreich-Frage. Es wurde gefordert, daß die österreichischen Verbindungen sich zur großdeutschen Erklärung vom 18./19. März bekennen und sich zur Mitarbeit in der DSt bereit erklären.

Am 9. Mai warnte NRAbg. Richard Wollek (AIn) den Schriftleiter der *Academia*, Josef Weiß (Ae), vor einer parteipolitischen Gleichschaltung des CV, denn dann müßten die Verbindungen außerhalb des Reiches Konsequenzen ziehen. Dies war die erste Androhung einer Abschaltung. Der ÖAHB legte nun dem WCV einen Beschluß nahe, daß die Mitgliedschaft bei der NSDAP den Ausschluß zur Folge hätte. Daraufhin schrieb der AHB-Vorsitzende Linz am 23. Mai 1933 besorgt an Robert Krasser, daß die Folge eines solchen Beschlusse „Eure Trennung vom Reichsdeutschen CV unabwendbar sein würde".[27]

Inzwischen verstärkte sich der Druck auf Welte seitens der DSt, die Angelegenheit Österreich in Ordnung zu bringen. Die mögliche Einigungsbasis wurde jedoch am 27. Mai abrupt durch Vorkommnisse beim 50. Stiftungsfest der Norica zunichte gemacht. Es kam zu wüsten Schlägereien zwischen CVern einerseits und Waffenstudenten bzw. Nationalsozialisten andererseits. Konrad Welte kehrte mit der Erfahrung zurück, daß die Lostrennungstendenzen in Österreich immer stärker wurden.

Während Welte in Wien war, wurde auch der Neuaufbau des Österreichischen CV in einem Kreis besprochen. Im 10. Vorortsrundschreiben vom 25. Mai wurde von der Einführung einer Kreiseinteilung berichtet, Österreich wäre Kreis IV, die Verbindungen in Böhmen, Mähren und der Bukowina Kreis V. Man sah darin die Chance, einerseits die Einheit des CV zu bewahren, andererseits aber auch der österreichischen Eigenständigkeit entgegenzukommen. Das sah man auch im österreichischen CV ähnlich, doch gab es gegen dieses Modell auch erhebliche Vorbehalte. Die steirischen Alten Herren wären nur dann einverstanden gewesen, wenn im Kreis IV das Vorortsprinzip beibehalten wird und keine Ernennungen von außen erfolgen. Außerdem schlugen sie aus historischen Gründen eine Vereinigung der Kreise IV und V vor.[28] Ähnlich wie die Steiermark äußerte sich auch der Salzburger AHB am 10. Juni, wobei eine eigene Ausgabe der *Academia* für

27 ÖCVA. Krasser Varia bis 1937. Brief von Linz an Krasser vom 23. 5. 1933.

28 Brief des Steirischen Altherrenlandesverbandes/Philisterzirkel Graz vom 8. 6. 1933 an den ÖAHB, unterschrieben von Karl M. Stepan (Nc), in: BA, Akten des SD-Oberabschnitts Donau, ZB I 331, Blatt 186.

die Kreise IV und V und ein Sitz im Beirat gefordert wurde.[29] Der AHB Tirol hatte am 16. bzw. 20. Mai ein „eindeutiges Bekenntnis zu Österreich" abgelegt, das aber auch politisch interpretiert werden muß, nämlich eine Absage an die Anschluß-Idee.[30] Der Innsbrucker CV, Aktive und Alte Herren gemeinsam, äußerte sich in einer Sitzung vom 16. Juni dazu, wobei primär eine getrennte Verwaltung des außerdeutschen und des reichsdeutschen CV gefordert wurde. Sollte es zu einer Kreiseinteilung kommen, dann befürwortete man ähnlich wie die Steirer eine Zusammenlegung des Kreises Österreich mit dem Sudetendeutschen.[31]

Wegen dieser Neuordnung wurde vom Vorort für den 18./19. Juni in Marienbad (Máriánské Lázně) eine Tagung einberufen, an der aus Österreich Robert Krasser und Josef Klaus (Rd) teilnahmen. In der österreichischen Frage kam es zu keiner Klärung. Engelbert Siegl (Nc) hatte dem Vorort einen Statutenentwurf für den Kreis IV eingereicht, der praktisch eine eigene Verbandsstruktur mit Vorort usw. vorsah. Dies konnte der Vorort nicht hinnehmen, andererseits konnten die Österreicher wiederum die Beschlüsse des CV vom April betreffend den Nationalsozialismus nicht akzeptieren. Die allgemeine Politik verschärfte die Lage. Anfang Juni führte Hitler die sog. „1000-Mark-Sperre" ein, der die Wiener Regierung mit dem Verbot der NSDAP am 19. Juni antwortete. Hinzu kam noch die sog. „Wasserbäck-Affäre" (siehe S. 382). Inzwischen kam es Ende Juni zur erwähnten Führungskrise im CV, die natürlich ein weiteres Vorgehen behinderte.

Am 29. Juni fand in Wien die konstituierende Sitzung des Kreises IV statt, bei der u. a. Kreissatzungen beschlossen wurden. Groll und Welte wollten hinkommen, erhielten aber keine Ausreisegenehmigung. Bei dieser Sitzung wurde dem Nationalsozialismus eine klare Absage erteilt und Norica zum Vorort gewählt.[32] Unter dem Punkt „Allfälliges" meldete sich der bislang unbekannt gebliebene Vertreter des Vororts, der als tschechoslowakischer Staatsbürger ungehindert nach Österreich einreisen konnte, zu Wort und verlas eine Erklärung, die der Vorort ausgearbeitet hatte und die bis zum 10. Juli von den Verbindungen zu unterschreiben wäre. Diese sollte die Beschlüsse vom 18./19. März bekräftigen und die Mitarbeit in der DSt sichern. Weiters wären die Verbindungen in der Haltung zum Nationalsozialismus zur Neutralität verpflichtet worden. Die Empörung nach der Verlesung war groß, die Kluft wurde in den kommenden Tagen immer tiefer, denn es war ausgeschlossen, daß sich der österreichische CV auf die großdeutsche Erklärung vom März festlegen würde.

Am 1. Juli berichtete der Vorort Aenania in einem Rundschreiben über die Entwicklung der österreichischen Frage. Zu der in Wien vorgelegten Erklärung bemerkte er, daß er gegen die Verbindungen, die nicht fristgerecht unterschreiben würden, „entsprechende Maßnahmen" ergreifen müsse. Im gleichen Rundschreiben war auch ein Antrag der Nassovia Darmstadt abgedruckt, der lautete: „Aus seiner großdeutschen Stellung heraus kann der CV nicht gestatten, daß ihm einzelne Mitglieder oder Vereinigungen angehören,

29 Undatierter Brief des Salzburger AHLB an den ÖAHB, in: BA, Akten des SD-Oberabschnitts Donau, ZB I 331, Blatt 225.

30 Gehler, Studenten und Politik, S. 169.

31 Beschlußprotokoll des Innsbrucker CV vom 16. 6. 1933, in: BA, Akten des SD-Oberabschnitts Donau, ZB I 200, Blatt 009.

32 ÖCVA. Vorortsrundschreiben 1933-1938. Rundschreiben des Vororts Norica vom 30. 6. 1933. Die Kreisleitung wurde nach dem Vorortsprinzip gewählt. Des weiteren bestand ein Kreistag, bei dem jede Verbindung sowie jeder AHV einer Verbindung eine Stimme besaßen, also ähnlich der CVV ab 1959. In diese Kreisleitung wurde Robert Krasser (Nc) für die Altherrenschaft gewählt.

die den großdeutschen Gedanken ablehnen. Er kann auch nicht gestatten, daß einzelne Mitglieder sich gegen ein großdeutsches Reich oder eine großdeutsche Studentenschaft einsetzen, gleichgültig aus welchem Grund." Begründet wurde dieser Antrag mit der Haltung der Österreicher. Der Vorort schloß sich diesem Antrag an, was blieb ihm denn auch anderes übrig?

Die Österreicher erblickten jedoch darin eine Mißachtung des § 4 der Satzung und eine schwere Ehrenkränkung. Der Vorort des Kreises IV, Norica, brachte dies den Verbindungen zur Kenntnis und forderte sie auf, die Erklärung nicht zu unterschreiben. Am 5. Juli berichtete dann Norica dem Vorort offiziell über die Beschlüsse des 29. Juni und betonte, daß man im bewußten Gegensatz zu ihm beschlossen habe, die Kreisleitung selber zu bestimmen und nicht das Führerprinzip anzuwenden. Es heißt darin u. a.: „Im Sinne der Beschlüsse vom 29. Juni sieht sich die von der Vertretersitzung gewählte Kreisleitung daher bestimmt, gegen die vom Vorort diktierten Maßnahmen und Entscheidungen aufs schärfste zu protestieren und alle den bisherigen CV-Satzungen und dem Geiste des CV widersprechenden Gleichschaltungsversuche mit unbeirrbarer Entschlossenheit abzuweisen ... In diesem Stadium ... müssen die österreichischen Verbindungen die alleinige Verantwortung für den Bestand des CV ... Euch überlassen."

In dieser spannungsgeladenen Zeit gab es offenbar Versuche deutscher CV-Verbindungen, bei österreichischen einzuwirken. So wird berichtet, daß der Philistersenior der Kölner Verbindung Rheinland, der Medizinhistoriker Fritz Lejeune (RBo, Rl), extra nach Wien gereist sei, um dort auf die Babenberg entsprechend einzuwirken. In einem mitgebrachten Schreiben hieß es u. a.: „Die ... Rheinland verfolgt mit tiefer Trauer den Bruderzwist zwischen Österreich und dem Deutschen Reich ... Wir rufen unsere Volksgenossen in Österreich, unseren dortigen Cartellbrüdern und nicht zuletzt der katholischen Geistlichkeit in Österreich zu: Macht Schluß mit euren Vorurteilen gegenüber dem Nationalsozialismus! ... Reiht euch ein in die nationale deutsche Einheitsfront! Helft, unser großdeutsches Volk und Vaterland wieder aufzubauen unter dem Führer, den der Herrgott auch uns Katholiken als Retter gesandt hat: Adolf Hitler!"[33]

Der Ausschluß von Dollfuß seitens der CV-Führung rief eine ungeahnte Empörung wie auch Solidarität hervor. Fast alle österreichischen CV-Verbindungen verliehen Dollfuß das Band. Dieses Bild zeigt die Bandverleihung seitens der Danubia am 4. Dezember 1933. Gleichzeitig wurde der damalige Staatssekretär im Verteidigungsministerium, k. u. k. Generaloberst a. D. Alois Fürst Schönburg-Hartenstein Ehrenmitglied

33 Zitiert nach Feiertag, Leopolds längste Nacht, SS. 93ff.

Nachdem sich bereits deutlich der österreichische Sonderweg abzeichnete, kam es inzwischen (s. o.) am 8./9. Juli zur Einsetzung eines Führers des CV. Als erste Amtshandlung hatte nun dieser Bundeskanzler Engelbert Dollfuß (F-B) sowie die übrigen Mitglieder der österreichischen Bundesregierung, die dem CV angehörten, aus diesem ausgeschlossen. Dies traf damals auf Kurt Schuschnigg (AIn), Karl Buresch (Wl EM), Fritz Stockinger (F-B) und Carl Vaugoin (Rd EM) zu. Dieser rechtswidrige und Österreich außerordentlich beleidigende Schritt gab nun den äußeren Anlaß zu folgendem Abschaltungsbrief, den Norica am 11. Juli an den Vorort Aenania richtete:[34]

> „Hoher Vorort, liebe Cartellbrüder!
>
> Am 5. d. hatte die neue Leitung des Kreises Österreich des CV Euch unter Übersendung der Satzung die Schaffung des autonomen Kreises Österreich mitgeteilt. Gleichzeitig hatten wir bekanntgegeben, daß die im VO-Rundschreiben vom 1. Juli von uns verlangte Erklärung nicht unterfertigt werden würde.
>
> Mochte damals vielleicht noch die letzte Hoffnung unsererseits bestehen, daß von der Erzwingung der Abgaben jener Erklärung doch noch im letzten Moment abgesehen und damit das CV-Band aufrechterhalten würde, so haben die Bestellung neuer Führer seitens verbandsfremder Stellen für den CV sowie deren den Grundsätzen und dem Geiste des CV widersprechende Verfügungen uns belehrt, daß an unser weiteres Verbleiben im CV leider nicht mehr zu denken ist. Die Kreisleitung sieht sich daher veranlaßt, einem hohen Vorort die feierliche Erklärung auszusprechen, daß die österreichischen Verbindungen des CV mit dem 10. Juli 1933 ihre Abschaltung vom reichsdeutschen CV vorgenommen haben.
>
> Auf dem Boden der Satzung und der CVGO nach wie vor stehend sind die österreichischen Verbindungen nunmehr als Österreichischer CV unter dem Vorort Norica zusammengeschlossen und wollen die Tradition des CV fürderhin hüten und pflegen. Treu und frei!
>
> Zum letzten Male mit herzlichem Cartellgruß
> iur. Heinz Pruckner, 1. VOS   phil. Alfred Benn, VOP“

Am 19. Juli berichtete die CV-Führung über den Austritt, hielt dem nunmehr Österreichischen CV „undeutsches Verhalten“ vor und legte fest, daß alle CVer im Deutschen Reich, die einer österreichischen Verbindung angehören, aus dieser austreten müssen. Für solche CVer, die nur einer österreichischen und keiner deutschen Verbindung angehörten, kündigte er weitere Maßnahmen an. Am 24. Juli richtete der Vorsitzende des ÖAHB, Emmerich Czermak (NdW), an den Vorsitzenden des AHB, Linz, ein Schreiben, wonach er erklärte, daß der ÖAHB der Rechtsnachfolger des AHB in Österreich sei.

Durch siebzig Jahre hindurch gab es den CV in Österreich in Verbundenheit mit dem Gesamtverband, und immer wieder wurde auf die „großdeutsche“ Organisation des CV hingewiesen. Solange sich der Vorort auf geschäftsordnungs- wie kommentmäßige Fragen beschränkte, und das war bis 1914 praktisch der Fall, ging das gut. Jedoch mit der zunehmenden Politisierung der Öffentlichkeit und damit auch des Hochschulwesens nach

34 Zitiert nach MB 1 (1. 8. 1933), S. 2f.

1918 wurden die Anforderungen an den größten katholischen Studenten- und Akademikerverband immer größer. Sachlich-politische Arbeit sowie Stellungnahmen waren nun erforderlich, insbesondere im Bereich der Hochschulen durch Einführung der DSt, die ebenfalls „großdeutsch" organisiert war.

Der Anfang der zwanziger Jahre errichtete Academia-Beirat sowie dessen Mitglieder hatten laut CO ihren Sitz bzw. Wohnsitz in München zu haben. Dies hatte aber zur Folge, daß bei Beurteilungen die Betreffenden zuwenige Informationen besaßen. So konnte man gerade beim wichtigen Hochschulamtsleiter Hermann Hagen (Th) in seinem Verhältnis insbesondere zu den Grazer Vorkommnissen – wie bereits erwähnt – oft Unverständnis vorfinden. Gerade bei ihm wurde es besonders deutlich, daß ja nicht nur die Hochschulkompetenzen im Deutschen Reich bei den Ländern lagen, sondern daß noch dazu fünf weitere Staaten mit ihrem Hochschulrecht und politischen System dazukamen. Die CV-Hochschulpolitik zentral zu leiten, wurde dadurch unmöglich. Gerade dieses wichtige Beispiel zeigt, daß man irgendwann einmal den staatlichen Grenzen hätte Rechnung tragen und zu territorialen Sondereinheiten hätte kommen müssen, wie es ja „5 vor 12" mit der Kreiseinteilung, jedoch unter anderen Prämissen, versucht wurde. Auch wenn der Nationalsozialismus nicht gewesen wäre, zumindest in Österreich, aber auch in der Tschechoslowakei hätten sich doch mit der Zeit autonome Verbände innerhalb des CV entwickelt.[35]

Die Trennung des Jahres 1933 wurde in dieser abrupten und extremen Form allein durch die Konfrontation mit dem Nationalsozialismus verursacht. Hier der CV in Deutschland, der in zunehmendem Maße von der Gleichschaltungswalze überrollt wurde, da der österreichische, der voll und ganz hinter der Regierung Dollfuß stand, als es um die Abwehr des Nationalsozialismus ging. Unter diesen Voraussetzungen war eine Trennung nur mehr eine Frage der Zeit. Die Argumentation der Österreicher trifft dabei den wahren Sachverhalt auf den Kopf: Nicht sie hätten sich vom CV-Gedanken entfernt, sondern die CV-Führung war es, die sukzessive die Grundsätze und Prinzipien preisgab, so daß die Abschaltung des Österreichischen und Sudetendeutschen CV eigentlich lediglich die Beibehaltung der CV-Idee gegenüber den Deutschen war.

Der Zusammenbruch des Nationalsozialismus hätte eigentlich den Gedanken an eine *restitutio in rem* aufkommen lassen müssen, nachdem ja der unmittelbare Anlaß, eben die nationalsozialistische Machtergreifung, obsolet geworden war. Und in der Tat: Der Altherrenverband der Leopoldina verschickte im Frühjahr 1956 ein Rundschreiben, in dem die Wiedervereinigung des österreichischen mit dem deutschen CV ernsthaft zur Diskussion gestellt worden war, was natürlich von der Verbandsspitze negativ beurteilt wurde.[36] Und 1984 sympathisierte der VOP des Jahres 1933, Karl Groll (Ae), in der (deutschen) *Academia* mit einer Vereinigung von CV und ÖCV, jedoch mit der sicherlich originellen Umkehrung eines Anschlusses des CV an den ÖCV, was natürlich Reaktionen hervorrufen mußte.[37] Aber trotz alledem: Das Rad war nicht mehr zurückzudrehen. Mehr als nach 1918 war es nach 1945 notwendig, daß sich gesellschaftlich wirkende Verbände

35 Bereits 1905 gab es einen Vorschlag für eine eigene Organisation für die österreichischen CV-Verbindungen, Ac 19 (1906/07), S. 16f.

36 ÖCVA. Protokoll des ÖCV-Beirates vom 24. 4. 1956. Im Anschluß an diese Beiratssitzung kam es dann zu entsprechendem „Schriftwechsel" an die Verantwortlichen der Leopoldina, wobei von diesen die unbefriedigte Stellung der Alten Herren österreichischer Verbindung in Deutschland als Anlaß zu diesem Vorstoß genannt hatten.

37 Ac 77 (1984), S. 233. Darauf replizierte Gerhard Hartmann (Baj) unter „Wiedervereinigung nicht aktuell" in Ac 78 (1985), S. 80, während Vinzenz Kotzina (Am) hingegen in Ac 78 (1985), S. 226, gewisse Sympathien anklingen ließ.

vorerst im Rahmen von Staatsgrenzen bewegen. Und noch was kam hinzu: Die großdeutsche Idee war 1945 endgültig zerbrochen. Doch das Verhältnis zwischen CV und ÖCV nach 1945 wird aber durch Verbändeabkommen und im Rahmen des EKV positiv gestaltet (siehe S. 618f.), ebenso durch die zunehmende europäische Integration. Diese positive Entwicklung gipfelte 2006 in der gemeinsamen Feier „150 Jahre CV" in München.

Nun wieder zurück ins Jahr 1933: Wie erwähnt hatte am 19. Juli die CV-Führung in einem Rundschreiben eine Lösung für jene CVer im Deutschen Reich angekündigt, die nur einer österreichischen Verbindung angehörten und aus ihr austreten mußten. Für diese wurde im Juli die Gründung einer *Austria Köln* in die Wege geleitet. Am 15. November 1933, dem Tag des hl. Leopold von Österreich und des in Köln begrabenen hl. Albertus Magnus, konstituierte sich diese Verbindung. Farben, Wahlspruch und Gründungsdatum wurden von der Austria Innsbruck übernommen. Am 1. Dezember umfaßte die Neugründung bereits 31 Studierende. Von den 750 reichsdeutschen Urmitgliedern des Österreichischen CV hatten sich im Lauf der Zeit 460 bei der Austria Köln gemeldet. Ein Drittel machte die Gleichschaltung nicht mit. Von diesen 460 war am stärksten die Austria Innsbruck mit 170 Mitgliedern vertreten, an zweiter Stelle folgte Carolina mit 49.[38]

Zu Beginn des WS 1933/34 soll nach einem Bericht des Tiroler Sicherheitsdirektors Richard Steidle (AIn) der „Führer des CV" Forschbach beabsichtigt haben, nach Innsbruck zu kommen, um „eine reichsdeutsche, das heißt nationalsozialistische CV-Verbindung hier zu gründen." Steidle versprach, die Sache im Auge zu behalten und sofort Bericht zu erstatten.[39] Eine solche Verbindung ist nun nicht gegründet worden, das wäre auch wohl schwer möglich gewesen. Forschbach dürfte auch nicht in Innsbruck gewesen sein, weil es auch keinen weiteren Bericht Steidles mehr gibt.

Der Sudetendeutsche CV

Nach dem Ersten Weltkrieg änderte sich die Situation für die Deutschen in der neu geschaffenen Tschechoslowakei fundamental. Sie waren nun eine, wenn auch starke Minderheit geworden. Obwohl sich damals die tschechischen Politiker die Schweiz als Vorbild für die Lösung ihres Nationalitätenproblems nahmen, gelang es nicht, dieses Modell umzusetzen. Der Nationalitätenkampf ging wie in der Monarchie weiter, jedoch mit umgekehrten Vorzeichen. Diesmal waren die Tschechen die „Herren" und die Deutschen (wie aber auch die Ungarn u. a.) die Minderheit.

„Das neue Prag erreichte schnell, was dem alten nicht gelungen war: den verhaßten 'buršàci' das Farbenrecht in der Öffentlichkeit abzuerkennen." Im Jahr 1919 wurde das mit Erlaß des tschechoslowakischen Landesverteidigungsministeriums dekretiert.[40] Wie in Österreich und im Deutschen Reich, so konstituierte sich auch für Prag eine Deutsch-(arische) Studentenschaft, an der der PCV mitwirken konnte.

Eine erste Auseinandersetzung auf akademischen Boden bot ein Gesetz, das Anfang 1920 vom tschechoslowakischen Parlament angenommen wurde. Danach wäre mit all

38 Genaue Aufgliederung in MB 5 (2. 5. 1934), S. 11.
39 Zitiert bei Gehler, Studenten und Politik, S. 351.
40 Wieser, Geschichte des Cartellverbands in Böhmen, Mähren und in der Bukowina, S. 32.

den daraus resultierenden Konsequenzen die tschechische Karl-Ferdinands-Universität die alleinige Rechtsnachfolgerin der 1348 von Kaiser Karl IV. gegründeten Universität und nicht die deutsche. In dieser Auseinandersetzung mit dem tschechoslowakischen Staat tat sich vor allem der mehrmalige Rektor August Naegle (Ae), die „Eiserne Magnifizenz", besonders hervor. Durch Proteste gelang es, daß dieses Gesetz praktisch nicht angewandt wurde. Trotzdem gab es Überlegungen seitens der Deutschen, die Prager deutsche Universität in das geschlossene deutsche Siedlungsgebiet nach Reichenberg (Liberec) zu verlegen, was aber von jenen, denen der Erhalt des Prager Deutschtums am Herzen lag, wiederum abgelehnt wurde. Begleitet wurde das alles von zum Teil tätlichen Auseinandersetzungen in Prag zwischen den Nationalitäten.[41] So wurden am 16. November 1920 Verbindungsheime deutscher Korporationen verwüstet, darunter auch das der Vandalia.[42]

Der CV aber wuchs trotzdem weiter. Bereits am 26. Oktober 1920 wurde mit Unterstützung des CV die katholisch-deutsche Studentinnenverbindung *Hroswitha* gegründet, die erste Korporation dieser Art, die jedoch offenbar keinen langen Bestand hatte.[43] Nachdem es nun für die Deutschen Böhmens und Mährens schwerer geworden war, in Wien zu studieren und der dafür gegründeten CV-Verbindung Nordgau beizutreten, beschloß diese, dafür in Prag eine eigene Tochterverbindung gleichen Namens, nämlich ***Nordgau Prag***, zu gründen. Dies geschah am 17. Juni 1921, 1922 wurde sie in den CV aufgenommen. 1949 wurde die Verbindung in Stuttgart reaktiviert.[44] Ende der neunziger Jahre mußte der aktive Verbindungsbetrieb eingestellt werden, 2003 versuchte man eine Reaktivierung in Koblenz.[45]

Seit 1850 bestand in Tetschen-Liebwerd (Děčin) als Abteilung der deutschen Technischen Hochschule Prags eine Landwirtschaftliche Hochschule. Am 29. November 1922 konstituierte sich die Verbindung ***Elbmark***, die sich aus dem seit 1920 bestehenden florierenden Lesezirkel christlicher Hochschüler gebildet hatte. 1923 wurde sie in den CV aufgenommen. Nach langwierigen Bemühungen konnte die Verbindung 1983 in Duisburg reaktiviert werden.[46]

Nach 1945 in Vergessenheit geraten war die Katholische Deutsche Studentenverbindung ***Montana*** zu Příbram. Dort bestand seit 1848 eine Bergakademie, die 1904 zur Montanistischen Hochschule erhoben wurde. Die Verbindung dürfte wahrscheinlich im März 1934 gegründet worden sein, ein genaues Datum läßt sich nicht mehr eruieren. Initiatorin der Gründung war die Ferdinandea.

Zum Unterschied zu den anderen SCV-Verbindungen wurde sie nach 1945 anderswo nicht reaktiviert, zu kurz war ihre Lebensdauer, zuwenig ihre Mitglieder, als daß ein diesbezügliches Interesse vorhanden war. Ferdinandea machte zwar im Herbst 1981 dem AHLB Oberösterreich den Vorschlag, der damals in Gründung befindlichen Verbindung Severina in Linz den Namen Montana zu geben, was aber abgelehnt wurde. Hätte man von ihrer Existenz gewußt, dann hätte man sie u. U. nach dem Zweiten Weltkrieg in

41 Ferdinandea 1919-1945, SS. 44-55.

42 Wieser, Geschichte des Cartellverbands in Böhmen, Mähren und in der Bukowina, S. 38f.

43 Ebda.; Ferdinandea 1919-1945, SS. 63-65.

44 Ferdinandea 1919-1945, SS. 65-68; Festschrift Nordgau Hundert, S. 175f.; Wieser, Geschichte des Cartellverbands in Böhmen, Mähren und in der Bukowina, S. 42; Ac 79 (1986), S. 284f. Einer der Stifter war Josef Biolek (NdW), der Vater des in den achtziger Jahren bekannt gewordenen deutschen TV-Moderators und Fernsehkochs Alfred Biolek (ehemals NdW).

45 Ac 96 (2003), S. 109; *Acta Studentica* 143/2003, S. 13.

46 Planckh, Geschichte der Elbmark.

Leoben reaktivieren können, wo damals eine zweite CV-Verbindung (Kristall) gegründet wurde.[47]

Die Gleichschaltung des CV im Deutschen Reich und die Abschaltung des österreichischen CV blieben naturgemäß nicht ohne Auswirkungen auf die Verbindungen in der Tschechoslowakei. Bereits 1927 hatten sich die dortigen sechs CV-Verbindungen zu einem Sudetendeutschen CV als Arbeitsgemeinschaft zusammengetan. Als sich die Gleichschaltung im Deutschen Reich bereits abzuzeichnen begann, beschlossen die sechs Verbindungen am 25. Mai 1933 in Prag, sich nun tatsächlich zu einem Sudetendeutschen CV zusammenzuschließen und den bloßen Rahmen einer Arbeitsgemeinschaft zu verlassen. Vier Tage nach dem österreichischen Abschaltungsbrief, also am 15. Juli 1933, wurde ebenfalls eine Selbstständigkeitserklärung beschlossen und am 5. August dem AHB-Vorsitzenden Carl Linz (RBo) mitgeteilt. Führende Persönlichkeit des SCV in dieser Zeit und besonderer Betreiber der Selbständigkeit war zweifelsohne Bruno Helbig(-Neupauer) (R-B, Va). Aus eher persönlichen Gründen stimmte damals die Ferdinandea gegen diese und arbeitete anfänglich auch nicht im SCV mit.[48]

Exkurs: Die übrigen katholischen Studentenverbände

Der Österreichische Kartellverband (ÖKV)

Die nur teilweise oder nicht-farbentragenden katholischen Studentenverbindungen bzw. -vereine stehen ebenfalls am Beginn der Emanzipationsbewegung katholischer Studenten in den fünfziger und sechziger Jahren des 19. Jahrhunderts (siehe S. 40). Seit 1913 heißt deren Dachverband **Kartellverband der katholischen deutschen Studentenvereine (KV)**. In Deutschland erlangte der KV relativ rasch an Bedeutung und reicht in der Zahl seiner Verbindungen und Mitglieder fast an den CV heran. In Österreich ist dem nicht so gewesen, nur partiell wurde der KV wahrnehmbar. Vor dem Ersten Weltkrieg gab es auf dem Gebiet des heutigen Österreich nur drei KV-Verbindungen. Die übrigen wurden in der Zwischenkriegszeit oder nach 1945 gegründet, wobei der KV in Graz am stärksten wurde. In den fünfziger und sechziger Jahren erreichte der KV hochschulpolitisch im Rahmen des Wahlblocks zusätzlich eine gewisse Bedeutung (siehe Seite 526).

Auch die österreichischen KV-Verbindungen beschritten nun aus ähnlichen Gründen wie der ÖCV am 22./23. Juli 1933 als **Kartellverband der katholischen österreichischen Studentenvereine (ÖKV)** den Weg in die Selbständigkeit.[49] Aber es gibt auch Hinweise, daß es 1933/34 Überlegungen und Gespräche wegen einer Angliederung des ÖKV an den ÖCV gegeben haben muß, die aber zu keinem Ergebnis führten.[50]

In der folgenden Aufstellungen werden einerseits die damals aktiven sowie sistierten ÖKV-Verbindungen, andererseits zusätzlich die nach 1945 gegründeten angeführt:

Wien: Deutschmeister (gegr. 1921, 1956 rekonstituiert, 1973 wiederum sistiert); Greifenstein (gegr. 1927, 1961 rekonstituiert, 1980 wiederum sistiert); Aggstein (gegr. 1928, 1973

47 Geser, Geschichte KDStV Montana; Ferdinandea 1919-1945, SS. 116-122.

48 Ferdinandea 1919-1945, SS. 131-141 und 149-152.

49 Zum ÖKV siehe Binder, Politischer Katholizismus.

50 Dazu siehe im Bericht des VOP vor der 2. CVV, Protokoll der 2. CVV 1935, S. 11.

sistiert, 1979 rekonstituiert); Prinz Eugen (gegr. 1948, sistiert); Erzherzog Karl (gegr. 1949, sistiert); Collegium Austriacum (gegr. 1950, 1955 sistiert).
Graz: Winfridia (gegr. 1907); Austria (gegr. 1930); Norica (gegr. 1930); Erzherzog Johann (gegr. 1950, 1966 sistiert); Suevia Graz (gegr. 1951).
Innsbruck: Tirolia (gegr. 1893); Rhenania (gegr. 1895, 1952 rekonstituiert); Südtirol (gegr. 1928, nicht mehr rekonstituiert).
Leoben: Tauriskia (1952 gegr., 1955 sistiert),
Linz: Montecuccoli (gegr. 1949, 1960 sistiert); Tassilo (gegr. 1978)
Salzburg: Paris Lodron (gegr. 1965, dzt. sistiert).

Der deutsche KV wurde ebenfalls gleichgeschaltet.[51] Am 3. September 1933 fusionierte er mit dem RKDB, in der Folge lösten sich die Verbindungen nach und nach auf, 1938 zuletzt die Philistervereine. 1938 wurde der ÖKV so wie der ÖCV verboten und deren Mitglieder verfolgt.

1951/52 gab es Versuche, zwischen dem ÖCV und dem ÖKV zu einem Verbändeabkommen ähnlich dem mit der KÖL (s. u.) zu kommen, jedoch ist das damals noch nicht umgesetzt worden.[52] Dies geschah erst rund 30 Jahre später auf der CVV 1982.[53]

Der Unitas-Verband Österreich (UVÖ)

Der **Unitas-Verband der wissenschaftlichen katholischen Studentenvereine** (UV) und seine Vereine entstanden ab 1855 (siehe S. 29). Er ist in Deutschland nach dem CV und dem KV der drittgrößte katholische Studenten- und Akademikerverband, in Österreich jedoch ohne nennenswerte Bedeutung. Vor 1938 bestanden lediglich drei Unitas-Verbindungen: Norica Innsbruck (gegr. 1920), Greifenstein Innsbruck (gegr. 1927) und die Kreuzritter Wien (gegr. 1925). Diese schlossen sich aufgrund der Gleichschaltung im Dritten Reich am 15. März 1934 zu einem eigenen Verband **Unitas in Österreich (UVÖ)** zusammen. 1935 wurde eine Unitas-Juvavia Salzburg gegründet, die nach 1945 nicht mehr aktiviert wurde. 1952 wurde der UVÖ wieder gegründet.[54] 2001 fusionierte Unitas Greifenstein Innsbruck mit der Mutterverbindung Unitas Norica Innsbruck zur Unitas Norica-Greifenstein Innsbruck, die jedoch 2005 als suspendiert aufscheint.[55] Da Unitas Kreuzritter Wien ebenfalls sistiert ist, existiert der UVÖ in seinem aktiven Teil zur Zeit nicht.

Der Bund der Katholischen Österreichischen Landsmannschaften (KÖL)

Eine österreichische Besondertheit sind die katholischen Landsmannschaften als farbentragende Hochschulverbindungen, die nach 1918 im Rahmen der legitimistischen Bewegung entstanden sind.[56] Auf Initiative u. a. von Willibald Plöchl (Nc EM) wurde 1933 die **Österreichische Landsmannschaft – Akademischer Bund katholisch-österrei-**

51 Dazu siehe Schlömer, Die Gleichschaltung des KV im Frühjahr 1933.

52 Vade mecum 1, S. 70f. Die Gründe dafür dürften in der hochschulpolitischen Konkurrenz (siehe S. 526) gelegen haben. Durch den erheblichen Bedeutungsverlust des ÖKV nach 1970 sowie durch die Gründung des EKV war dann die Notwendigkeit zu einem Verbändeabkommen nicht mehr so dringend.

53 ÖCVA. Protokoll der Verbandsführung vom 24. 6. 1981. Beschlußfassung über einen Entwurf eines Abkommens. *Academia intern* Juni 1982, S. I.

54 Über die Unitas in Österreich siehe Kastner, 60 Jahre Unitas in Österreich.

55 *Acta Studentica* 136/2001, S. 5.

chischer Landsmannschaften (KÖL) ins Leben gerufen, der anfänglich nur die Maximiliana und die Starhemberg angehörten. Plöchl wurde der erste Bundessenior. 1938 erfolgte wie beim ÖCV und ÖKV Verbot und Verfolgung.

1951 wurde zwischen dem ÖCV und den KÖL ein Verbändeabkommen abgeschlossen. Für die einzelnen Mitglieder wesentlicher Inhalt war die Vereinbarkeit von Doppelmitgliedschaften sowie das Tragen der Bänder beider Verbände. Die Anrede bleibt der konkreten Situation überlassen.[57] 1981 wurde eine abgeänderte Fassung eines Verbändeabkommens abgeschlossen, das der Tatsache der Mitgliedschaften im EKV und der daraus resultierenden Konsequenzen Rechnung getragen hat (siehe S. 618).

In der folgenden Aufstellungen werden einerseits die damals aktiven Landsmannschaften, andererseits zusätzlich die nach 1945 gegründeten angeführt:

Wien: Maximiliana (1927 Fusion der 1922 gegr. Maximiliana mit der 1923 gegr. Habsburg-Lothringen[58]); Starhemberg (gegr. 1933); Carolina (gegr. 1936); Josephina (gegr. 1947); Leopoldina (gegr. 1947); Wallenstein (gegr. nach 1994).
Graz: Ferdinandea (gegr. 1937, 1965 sistiert, wieder gegr. 1988, siehe S. 505).
Innsbruck: Theresiana (gegr. 1947); Ostaricia (gegr. 1982).
Salzburg: Austria (gegr. 1934).
Linz: Saxo-Meiningia (gegr. 1951).

Der Mittelschüler-Kartellverband (MKV)

Eine im Vergleich zu Deutschland in Österreich bestehende Besonderheit sind die **Pennalverbindungen** für Oberstufengymnasiasten. Innerhalb dieser haben die katholischen Verbindungen wiederum die Mehrheit.[59] Schülerverbindungen gibt es bereits seit dem 16. Jahrhundert in vielfältigen Formen, wobei die Übergänge zu Studentenverbindungen oftmals fließend und nicht immer klar konturiert waren. Die österreichische Vereinsgesetzgebung von 1848 verbot ausdrücklich solche Schülerverbindungen, so daß diese durchwegs im Untergrund agieren und ständig in der Gefahr leben mußten, in das Visier der Behörde zu geraten.

Aus ähnlichen Gründen wie im studentischen Bereich wurden – angeregt durch die katholische Vereinsbewegung – auch zahlreiche katholische Pennalien in Österreich noch vor dem Ersten Weltkrieg gegründet. Die ältesten sind Teutonia Innsbruck (1876), Sternkorona Hall i. T. (1888), Cimbria Innsbruck (1900), Nibelungia Linz (1901), Almgau Salzburg (1901), Herulia Wien (1902), Waldmark Horn (1904), Karantania Klagenfurt (1906) und (Markomannia-)Eppensten Graz (1907). Sie schlossen sich in loser Form ab 1899 zu einem **Mittelschüler-Cartell-Verband (MCV)** zusammen. Gründungsschübe gab es

56 Die Darstellung fußt auf Plaschko-Wirth, Beiträge zur Geschichte der Katholisch-Österreichischen Landsmannschaften.

57 Vade Mecum 1, SS. 60ff.

58 Der damals für Vereine zuständige Beamte im Wiener Magistrat, der spätere Bundespräsident Adolf Schärf, ließ den Namen Habsburg-Lothringen nicht zu und schlug als Ausweg Hasso-Lothringen vor. Dieser Name wurde dann im offiziellen Verkehr benützt. Mitglied waren dort u. a. auch Gustav Canaval (Nc), der spätere Chefredakteur der *Salzburger Nachrichten,* und Willibald Plöchl (Nc EM).

59 Eine profunde Darstellung über die katholischen Mittelschulverbindungen Österreichs bieten Obermüller, Verboten und verfolgt, und Obermüller, Aufbruch und Untergang 2 Bände. Siehe auch öAc 2 (1950/51), H. 5 (Februar), S. 12, und Sterbik-Lamina, Das Werden unseres Verbandes.

ähnlich wie im CV um 1908 und nach dem Ersten Weltkrieg. Vom CV übernahm der MCV das Vorortssystem. Vor 1914 gab es in der österreichischen Reichshälfte insgesamt 47 solcher katholischer Pennalien, die zu unterschiedlichen Zeitpunkten als Mitglieder des MCV geführt wurden, d. h. der MCV hatte zu keiner Zeit die Stärke von 47 Verbindungen. Einer der Vorortspräsidenten des MCV war übrigens Clemens Holzmeister (Nc) mit der Cimbria Innsbruck. Doch gegen Ende der Monarchie kam der MCV zum Erliegen, wobei sich das Vorortsprinzip als nicht effizient erwiesen hat. „Was für einen Verband für Hochschulverbindungen gut und möglich ist, konnte wohl nicht ohne weiteres auf einen Verband von Pennalien angewendet werden."[60] Hinzu kam ja auch noch das staatliche Verbot für Schülerverbindungen.

Dieses wurde dann nach 1918 aufgehoben, das Koalitionsrecht für Oberstufengymnasiasten war nun möglich.[61] Im Zuge dieser rechtlichen Klarheit kam es in der Umbruchstimmung der unmittelbaren Nachkriegszeit erstens zu einer Reihe von Verbindungsgründungen sowie zweitens am 10. April 1919 zur Gründung des **Verbandes der katholisch-deutschen Pennalverbindungen Österreichs (VPV),** der in seiner Blüte 68 Verbindungen umfaßte. Im Laufe der zwanziger Jahre kam es beim VPV zu Krisen und Zerfallserscheinungen, so daß dieser sich 1931 auflöste. An seine Stelle traten verschiedene regionale Verbände.[62]

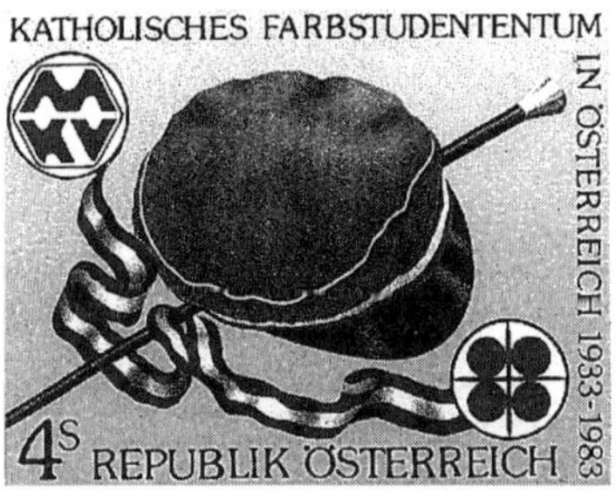

Anläßlich des 50jährigen Bestehens des ÖCV und des MKV gab die Österreichische Post im Jahr 1983 eine Sonderbriefmarke heraus.

Ausgehend von den 25. Stiftungsfesten der 1908 gegründeten Verbindungen begannen Bemühungen um die neuerliche Gründung eines Verbands. Im Vorfeld des Allgemeinen Deutschen Katholikentages in Wien wurde dann am 9. September 1933 in Wien der *Verband der katholischen deutschen farbentragenden Mittelschulkorporationen* (VMK) gegründet, dessen Name dann 1935 in **Mittelschüler-Kartell-Verband der katholischen farbentragenden Studentenkorporationen Österreichs (MKV)** geändert wurde. Bis dahin herrschte auch das Vorortsprinzip – der erste VOP und an der Gründung maßgeblich beteiligt war Jaro Sterbik-Lamina (NbW) – , danach wurde ein Kartellpräsidium eingeführt. Von 1934 bis 1952 fungierte Anton M. Pichler (NbW) als Kartellseelsorger. Bis 1938 gab es 97 MKV-Verbindungen. Nach 1945 wurden – nicht zuletzt durch Errichtung vieler Gymnasien außerhalb der städtischen Ballungsgebiete – 76 MKV-Verbindungen gegründet.

Der Dritte ÖCV

In der Geschichtsschreibung des ÖCV wie seiner Verbindungen wird die Abschaltung als Geburtsstunde des nunmehr Dritten ÖCV kommentiert und ihr dementsprechender

60 Obermüller, Verboten und verfolgt, S. 438.
61 Obermüller, Aufbruch und Untergang II/1, SS. 28-35.
62 Zur Geschichte des VPV siehe Obermüller, Aufbruch und Untergang II/2. SS. 1163-1340.

Raum gewidmet.[63] Im Mai 1957 würdigte Friedrich Funder (Cl) dieses Ereignis mit der Überschrift „Eine historische Entscheidung" abschließend folgendermaßen: „Die entschlossene Verteidigung, mit der eine Elite der österreichischen Katholiken sich der Front gegen den Nationalsozialismus einordnete und ihre Grundsatztreue einem alten geliebten Gesinnungs- und Freundesbund zum Opfer brachte, war die erste Manifestation einer österreichischen vaterländischen Widerstandsbewegung. Ohne sie hätte Hitler mit der Okkupation Österreichs nicht bis zum März 1938 warten brauchen."[64] Doch dieser Dritte ÖCV hat in seiner Intention und seiner Gründungsabsicht nichts mit dem Ersten und Zweiten ÖCV (siehe S. 41 und 75) gemein. Während diese als ein „Um-sich-Sammeln" der Austria Wien interpretiert werden können, hat der Dritte ÖCV seinen Anlaß im Nationalsozialismus.[65]

Die K. D. H. V. Franco-Bavaria
erlaubt sich Euer Hochwohlgeboren zu ihrem

Fest-Kommers

anläßlich der

Ehrenbandverleihung an Se. Exz. Herrn
Bundeskanzler Dr. Kurt v. Schuschnigg

ergebenst einzuladen.

Ort: Festsaal des Parkhotel Schönbrunn,
Wien, 13., Hietzinger Hauptstraße Nr. 12—14.

Zeit: Montag, 13. Jänner 1936, 20 Uhr.

Für die Verbindung:
Bundesminister Fritz Stockinger, Phil.-Senior
J. U. C. Bernhard Zallinger, Senior

Die Bandverleihung an einen Bundeskanzler ist an sich nichts Besonderes. Jedoch blieb diese nach 1945 „vergessen". In den Gesamtverzeichnissen des ÖCV wurde dieser Umstand weder bei Schuschnigg noch bei der Franco-Bavaria angeführt. Das letzte Gesamtverzeichnis vor dem Krieg erschien 1935. Was danach an Rezeptionen, Bandverleihungen, Ausschlüssen, Sterbefällen etc. passierte, ist sehr oft im Dunkeln geblieben, wenn Verbindungen keine Rekonstruktion nach 1945 gelang.

Durch die vom Vorort Aenania eingeführte Kreisleitung war es dem österreichischen CV sofort möglich, sich zu organisieren. Seit dem 29. Juni bestand ja eine solche für Österreich in der Form des Vorortes Norica. Er übernahm ab der Abschaltung alle Rechte eines Vorortes des ÖCV und erklärte, daß die Zuständigkeiten des Vororts, des Academia-Beirates, der Amtsträger und des Haupt-Ehrengerichts einstweilig sinngemäß auf ihn übergangen sind und daß er provisorisch für die Belange der genannten Funktionen vorläufig Alte Herren ernennen werde.[66] Bereits am 1. August 1933 erschien die erste Nummer des *Mitteilungsblattes des ÖCV und des ÖAHB*[67], in dem neben einer kurzen Schilderung der Lage bereits organisatorische Maßnahmen mitgeteilt wurden: Für den 11. September anläßlich des Katholikentages in Wien wurde eine Vertretersitzung einberufen, der bereits neue Satzungen des ÖCV zur Beschlußfassung vorliegen sollten. Sie fand auf der Bude

63 Funder, Als Österreich den Sturm bestand, S. 96; 75 Jahre Carolina, S. 265ff.; Schnürer, Welfia, S. 202f., und viele andere Verbindungsgeschichten, wie etwa Rugia Fünfzig, S. 22; Czumpelik, Nordgau, S. 95ff.; Geschichte Danubia, S. 56ff.

64 öAc 8 (1956/57), H. 3, S. 15.

65 Noch gerne wird bei Austria Wien der historische Gedanke des ÖCV verständlicherweise hochgehalten und unbewußt gegen des CV ausgespielt, der dann fälschlicherweise als (reichs-)deutscher CV bezeichnet wird, so z. B. durchgängig bei Schönner, Auf, mit Gott zur Mannestat. Auch Popp, Der CV in Österreich, schreibt in diesem Zusammenhang fälschlicherweise immer vom „Deutsches Cartell". Es ist aber historisch völlig falsch, vom CV bis 1933 als „deutschem CV" zu sprechen. Über die richtige Bezeichnungsweise siehe S. 508.

66 MB 1 (1. 8. 1933), S. 3.

67 Vom 1. 8. 1933 bis zum 15. 2. 1938 erschienen 15 Nummern des Mitteilungsblattes, also ca. 3-4 pro Jahr.

der Norica statt, bei der der VOP Benn sowie Robert Krasser (Nc) über die neue Lage berichteten und Engelbert Siegl (Nc) über einen Satzungsentwurf referierte. Für den 8./9. Dezember 1933 wurde nach Wien die 1. ÖCV-Versammlung sowie die Gründungsversammlung des ÖAHB einberufen.[68]

Diese fanden zum angegebenen Termin statt. Auf dieser 1. CVV wurden die **Cartellordnung (CO) und die Satzungen** beschlossen, die sich eng an die bisherigen des CV anlehnten. Neu, und das sicherlich auf Einfluß Krassers, war die endgültige Errichtung eines ÖCV-Beirates unter dem Vorsitz eines eigens dafür vom Gesamtausschuß zu wählenden Alten Herren. Dieser Gesamtausschuß wurde vom CV übernommen und bestand aus dem Vorortsausschuß, dem Vorstand des Altherrenbundes und dem Beirat und war für die gemeinsamen Angelegenheiten des aktiven CV und des ÖAHB zuständig. Der Beirat war das Kollegialorgan der von der Cartellversammlung gewählten Amtsträger, wobei die erste ÖCV-CO folgende festlegte: Kassenwart (zugleich Leiter der Hilfskasse und Amtsträger für Statistik), ÖCV-Seelsorger, Amt für Hochschulfragen, Schriftleiter des Mitteilungsblattes, Rechtspfleger, Sportwart sowie Grenz- und Auslandsdeutschtum. Der ÖCV-Beirat wurde vom bisherigen Academia-Beirat bzw. CV-Beirat übernommen und nicht zuletzt durch die Schaffung eines eigenständigen Vorsitzenden weiter aufgewertet. Er wurde zum Fachberatungsorgan sowohl für die Aktivitas wie für die Altherrenschaft. Trotzdem wurde aber weiterhin am Prinzip der Verbandsleitung durch den Vorort festgehalten, der ÖAHB war nur eine eigene Organisation innerhalb des CV. An Stelle von Emmerich Czermak wurde Viktor Frisch (AW) zum Vorsitzenden des ÖAHB gewählt. Vorsitzender des ÖCV-Beirates wurde erwartungsgemäß Robert Krasser.[69]

Jedoch wurde bereits auf dieser 1. CVV auf Antrag des Tiroler AHLB und des ICV beschlossen, daß sich der ÖCV eine neue, zeitgemäße CO geben sollte. Sie wurde dann auf der 2. CVV am 9. März 1935 in Wien beschlossen und trug im wesentlichen folgende Grundzüge: CVV und Altherrentag (AHT) waren nun gleichberechtigte Gremien nebeneinander, wobei die CVV aus den Senioren und der AHT aus den Philistersenioren bestand. Für die Altherrenschaft wurde auch eine Gliederung in AHLB und Zirkel verfügt, wofür ein AH-Ländertag eingeführt wurde. Die Beschlußfassung, die sowohl die Aktivitas wie die Altherrenschaft betraf, erfolgte getrennt auf der CVV und dem AHT. Zur Vermeidung von Unstimmigkeiten wurde ein CV-Ausschuß als Nachfolger des Gesamtausschusses gebildet. Anders als dieser bestand er aus dem Vorsitzenden des ÖCV-Beirates (nicht stimmberechtigt) sowie je fünf Aktiven (VOP, Ortsverbandsvertreter von Wien, Graz, Innsbruck und Salzburg) und fünf Alten Herren (Vorsitzender des ÖAHB und je ein Philistersenior aus Wien, Graz, Innsbruck und Salzburg). Ihm wurde auch die Wahl der Mitglieder des ÖCV-Beirates übertragen, die auf unbestimmte Zeit bestellt wurden, jedoch von der Verbandsführung abberufen werden konnten. Gegenüber der CO 1933 wurden zusätzlich die Ämter für soziale Fragen sowie für Stellennachweis und Berufsberatung eingeführt.

Neu war die Schaffung der Verbandsführung als „oberste Leitung des Gesamt-OeCV", sie bestand aus dem Vorsitzenden des ÖCV-Beirates als nicht stimmberechtigtem Vorsitzenden, dem VOP (zwei Stimmen), den Vorsitzenden des ÖAHB und des AH-Ländertages (mit je einer Stimme). Die Verbandsführung konnte wichtige Entschei-

---

68 MB 2 (1. 11. 1933), S. 3f.

69 MB 3/4 (1. 2. 1934), S. 4f.; Satzung CO 1933.

Daß sich der Dritte ÖCV zur alten CV-Idee bekannt hat, beweist der Festakt anläßlich des 80jährigen Bestandes des CV am 6. Dezember 1936 im Zeremoniensaal der Wiener Hofburg. Rechts ist der Erzbischof von Wien, Theodor Kardinal Innitzer (NdW), zu erkennen. Rechts von ihm Bundespräsident Wilhelm Miklas (AW EM), links Bundeskanzler Kurt Schuschnigg (AIn).

dungen, die unaufschiebbar waren und die das Wohl des ÖCV erforderten, treffen, wenn keine CVV einzuberufen möglich war. Im der bisherigen CV-CO gab es ein solches Gremium nicht. Ebenso neu war die Fixierung eines Sekretärs des ÖAHB, der sich aus dem Sekretär des Wiener AHB entwickelt hatte. Aus dieser Funktion entstand nach 1945 dann der CV-(General)Sekretär.

Diese CO blieb dann im Prinzip bis 1959 gültig. Wesentliche Einrichtungen wie die Verbandsführung (nunmehr Vorstand der Verbandsführung), der ÖCV-Beirat (nunmehr tw. Verbandsführung) sowie die Amtsträger haben in Zusammensetzung und Aufgabenbereich bis heute ihre Gültigkeit.[70]

Die 3. CVV tagte vom 29. Mai bis 1. Juni 1936 in Graz. In diesem Jahr gab es innerhalb der Vaterländischen Front (VF) Überlegungen von „Gleichschaltungen" ähnlich wie im kirchlich-katholischen Bereich (KA). Deren Generalsekretär Guido Zernatto wollte innerhalb der VF für die Studenten eine Sammelbewegung schaffen. So sollte der ÖCV in eine „Vaterländische Hochschülerschaft" eingegliedert werden und somit seine Selbständigkeit weitgehend verlieren. Dagegen wehrte sich der ÖCV vehement, obwohl es ja zahlreiche enge persönliche Verflechtungen zwischen der VF und dem ÖCV gab. Schuschnigg sandte an die CVV 1936 in Graz ein Telegramm, in dem er diese Pläne zurückwies und sich hinter den CV stellte.[71]

70 Sitzungsbericht 2. CVV; MB 8 (1. 6. 1935), S. 5f., und 10 (15. 4. 1936), S. 1ff.; Satzung CO 1935. Einen kommentierenden Überblick über Entwicklung und Prinzipien der obersten ÖCV-Organe gibt Hartmann, Die Ära Chaloupka im österreichischen CV, SS. 109-112.

Am 6. Dezember 1936 wurde im Zeremoniensaal der Hofburg bei einer Festveranstaltung des 70. Jahrestags der Gründung des CV (Cartell zwischen Aenania und Winfridia) gedacht, wo der VOP Bruno Simlinger (NdW, später ausgetreten) erklärte: „Wir sind vaterländisch bis in unser innerstes Herz, aber zwingen lassen wir uns nicht!" Bundeskanzler Kurt Schuschnigg (AIn), auch Frontführer der VF, war darüber sichtlich verärgert. Die Situation wurde dadurch entspannt, daß Simlinger sein Amt zur Verfügung stellte und dafür Heinrich Drimmel (NdW) zum VOP gewählt wurde, der bereits Sachwalter der Österreichischen Hochschülerschaft, also der höchste bestellte Studentenfunktionär im „Ständestaat", und auch Leiter des Amtes für Hochschulfragen im ÖCV-Beirat war.[72]

Auf dieser letzten, der 4. CVV in Wien 1937 wurde Carolina zum Vorort gewählt.[73] Damals konnte noch niemand ahnen, daß dieser Vorort der am längsten amtierende des CV-Geschichte werden sollte.

Richard Wollek (AIn). Bandphilister von 27 CV-Verbindungen, christlichsozialer Politiker und umtriebiger Förderer des CV.

In der kurzen Zeit seines Bestehens bis 1938 konnte der ÖCV als Verband nicht allzu viele Akzente setzen. Neben den organisatorischen Maßnahmen (Satzungen CO, Mitteilungsblatt) wurden 1935 und 1936 Schulungswochen abgehalten. Jedoch sei auf eine Besonderheit des (Ö)CV eingegangen, die seit damals bis heute immer ins Visier der Kritik geraten ist bzw. gerät: die **Stellenvermittlung**. Bereits in den neunziger Jahren des 19. Jahrhunderts ist eine solche Einrichtung für den CV im Deutschen Reich nachzuweisen.[74] Für Österreich gelangte sie erst durch Richard Wollek (AIn) zur Bedeutung. Bereits als Student bei vielen Verbindungen aktiv setzte er sich für die Belange des CV und des Politischen Katholizismus ein. Aufgrund seiner rastlosen Aktivitäten beendete er sein Studium nicht und wurde bereits in jungen Jahren Sekretär der Christlichsozialen Reichsparteileitung.[75]

---

71 Telegramm abgedruckt in MB 13 (25. 11. 1936), S. 7. Siehe auch DRIMMEL, HEINRICH: ÖCV: Im letzten Kampf um Österreich, in: öAc 39 (1988) H. 1, S. 36. Über die 3. CVV siehe ausführlich in MB 12 (1. 9. 1936) sowie von Ernst Exner (Pan) in *Academia intern* 3/2004, S. 10f. Von einer „Flüsterpropaganda gegen den CV" berichtet auch 5. Rundschreiben des Vororts Nordgau Wien vom 14. 11. 1936, in ÖCVA. Vorortsrundschreiben 1933-1936.

72 CVA 144. Programm Festakt; MB 10 (15. 4. 1936) und 11 (25. 5. 1936); 75 Jahre Carolina, S. 277f.; Nordgau Neunzig Jahre, S. 86f.; Heinrich Drimmel in öAc Sonderheft 1988/1, S. 36. Drimmel war bis 1936 auch hochschulpolitischer Führer der Heimwehr.

73 Sitzungsbericht 4. CVV.

74 Ac 8 (1895/96), S. 1f.

75 1908 wurde er nö. Landtagsabgeordneter und 1911 Reichsratsabgeordneter, von 1920 bis 1934 war er Nationalratsabgeordneter.

Bereits 1906 gründete er die Stellenvermittlung des CV in Österreich, um den jungen Absolventen des CV geeignete akademische Posten zu verschaffen. Das war bei der Dominanz der national-liberalen Akademikerschaft in dieses Berufen nicht immer leicht. Und so stand bei Wollek und seinen Helfern im CV und der Partei nicht nur der soziale Aspekt im Vordergrund, sondern auch der politische. Doch nach 1918 änderte sich die Aufgabenstellung radikal. Die politische Motivation geriet eher in den Hintergrund. Aufgrund der Wirtschaftskrise und der knappen öffentlichen Kassen gab es weit weniger Posten als vergleichsweise vor 1914. Somit war die Stellenvermittlung des CV vor allem eine soziale Hilfestellung für junge Akademiker, die meistens auch noch eine junge Familie zu versorgen hatten. Damit waren für die Stellenvermittlung im CV weitaus höhere organisatorische Anstrengungen als bisher notwendig, die zunehmend einen strafferen Charakter aufwies und daher eine Finanzierung notwendig hatte. Die bekam man von jenen CVern, denen man Stellen vermittelt hatte. Sie mußten dafür eine Gebühr bezahlen, die auch in Raten beglichen werden konnte. Nach 1945 wurde dieses System fortgeführt, die Gebühr verschwand jedoch bald.

Dieser soziale Aspekt der Stellenvermittlung blieb auch nach 1934 eindeutig im Vordergrund, denn auch die „wohlwollende" „Ständestaat"-Regierung hatte nur knappe Mitteln zu verwalten und konnte nur sehr bedingt einstellen.[76] Die Verdienste Wolleks auf diesem wie auch auf anderen Gebieten für den CV in Österreich hat den ÖCV bewogen, 1953 die höchste Verdienstauszeichnung mit seinem Namen zu schaffen: ein rot-weiß-rotes Band mit der Inschrift „In vestigiis Wollek".[77]

Am 1. Dezember 1933 gab es im ÖCV 26 Verbindungen mit 1.561 Studierenden sowie 3.165 Ehrenmitgliedern und Urphilistern, zusammen also 4.726.[78] Am 1. Dezember 1937, der letzten offiziellen Zählung, gab es im ÖCV 27 Verbindungen mit 1.588 Studierenden und 3.831 Alten Herren und Ehrenmitgliedern, also insgesamt 5.419.[79]

---

76 Der Akt „Stellenvermittlung" des ÖCV-Sekretariats ist im März 1938 von den Nazis beschlagnahmt und aus nachvollziehbaren Gründen eingehend analysiert worden. Er ist daher erhalten geblieben und befindet sich im BA, Akten des SD-Oberabschnitts Donau, ZB I 385.

77 öAc 4 (1952/53), H. 9/10, S. 7.

78 MB 3/4 (1. 2. 1934).

79 MB 16 (15. 1. 1938).

Jahre der Entscheidung: 1933 bis 1938

„Ich trete [1934, Anm. d. Verf.] in eine farbentragende, katholische Verbindung ein, die sich jeden Mittwoch und jeden Samstag mit den nationalsozialistischen Studenten rund um die Aula schlägt, weil ich Farbe bekennen möchte."

Friedrich Heer (ehemals Baj)[1]

„Der CV ist bereit, mit Dollfuß in die neue Zeit!"

Robert Krasser (Nc), Festrede beim Festakt der Cartellversammlung 1936, Graz.[2]

Die innenpolitische Entwicklung von 1930 bis 1934

Am 9. November 1930 fanden in Österreich die letzten Nationalratswahlen der Ersten Republik statt, bei denen die Christlichsozialen empfindliche Verluste hinnehmen mußten. Ihr Mandatsstand sank von 73 auf 66 (36 Prozent), die Sozialdemokraten konnten sich geringfügig von 71 auf 72 (41 Prozent) verbessern. Die Großdeutschen sowie der Landbund verringerten sich von zusammen von 21 auf 19 Sitze (12 Prozent). Der frühere Bundeskanzler Johann Schober, der auf die Christlichsozialen verärgert war und den CV für seinen Sturz wesentlich mitverantwortlich machte[3], hatte aus diesen beiden Parteien die gemeinsame Liste Nationaler Wirtschaftsblock und Landbund gebildet. Die Verluste der Christlichsozialen kamen dem neu kandidierenden Heimatblock zugute, der auf Anhieb 8 Sitze (6 Prozent) errang.

Die Nationalsozialisten, die am 14. September 1930 bei den deutschen Reichstagswahlen mit 18,3 Prozent einen erdrutschartigen Erfolg (1928 kamen sie nur auf 2,8 Prozent), der die Zerstörung der republikanischen Mitte bedeutete, verbuchen konnten, erreichten lediglich 3 Prozent (1927 nur 0,7 Prozent) und kein Mandat. Im Vergleich mit Deutschland kann man erkennen, daß die NSDAP in Österreich erst später Fuß fassen konnte, weil erstens die Großdeutschen sowie der Heimatblock potentielle NSDAP-Wähler vorerst binden konnten und weil zweitens, wie wir gesehen haben (siehe S. 341), die katholische Bevölkerung gegenüber dem Nationalsozialismus noch resistenter war.

Aufgrund dieses Ergebnisses trat die kurzlebige Minderheitsregierung unter Carl Vaugoin (Rd EM) zurück, und der Vorarlberger Landeshauptmann Otto Ender (AIn) konnte eine parlamentarische Regierung, bestehend aus Christlichsozialen, Großdeutschen und dem Landbund, bilden. In diese trat am 18. März 1931 der damalige Direktor des nö. Bauernbundes, Engelbert Dollfuß (F-B), als Landwirtschaftsminister ein, der in den kommenden drei Jahren Österreich entscheidend prägen sollte.[4]

Ein weiteres gravierendes Ereignis war der Zusammenbruch der Creditanstalt am 11. Mai 1931, der schwere wirtschaftspolitische Folgen für Österreich nach sich zog und im

---

1 *Kleine Zeitung*, 9. 2. 1974, zit. in Adunka, Friedrich Heer, S. 23

2 Zit. nach Rill, CV und Nationalsozialismus in Österreich, S. 101.

3 Nach Veiter, Das 34er Jahr, S. 66.

4 Über Dollfuß allgemein siehe den Artikel von Helmut Wohnout (Nc) in öAc 43 (1992), H. 4., SS. 34-37, anläßlich dessen 100. Geburtstags.

Zusammenhang mit der seit 1929 bestehenden Wirtschaftskrise zu sehen ist. Bundeskanzler Otto Ender scheiterte bereits nach einem halben Jahr, sein Nachfolger am 16. Juni 1931 wurde der nö. Landeshauptmann Karl Buresch (Wl EM). Er führte die alte Koalition, die sich auf die absolute Mehrheit von 85 Mandaten stützen konnte, weiter.

Am 19. Juli 1931 unterbreitete Ignaz Seipel (Nc EM) den Sozialdemokraten das Angebot, in eine Konzentrationsregierung einzutreten, um die eminenten politischen und vor allem wirtschaftlichen Schwierigkeiten gemeinsam zu lösen. Doch dieses Angebot wurde abgelehnt, denn offenbar erkannte die SDAP, daß das Mittragen unpopulärer Maßnahmen zu Lasten ihrer Wählerklientel ging, die zu verlieren sie fürchtete.[5] Im nachhinein wurde die Ablehnung der Sozialdemokraten in einen schuldhaften kausalen Zusammenhang mit dem Scheitern der Ersten Republik gebracht.[6]

Was nun in den kommenden Jahren passierte, lief fast nach dem zwanghaften Muster einer antiken Tragödie ab. Zuerst verließen am 27. Januar 1932 die Großdeutschen die Regierung, so daß Buresch nur mehr ein Minderheitenkabinett leitete. Danach gab es am 24. April 1932 drei schicksalsschwere Landtagswahlen in Wien (SDAP 66, CSP 19, NSDAP 15), Niederösterreich (CSP 28, SDAP 20, NSDAP 8) und Salzburg (CSP 12, SDAP 8, NSDAP 6) sowie im November in Vorarlberg (NSDAP 2 Mandate), mit denen auch in Österreich die NSDAP spektakuläre Wahlergebnisse erhielt. Zusammengerechnet erreichte bei diesen vier Landtagswahlen die NSDAP rd. 13 Prozent oder über 336.000 Stimmen. Das war mehr als eine Verdreifachung gegenüber den letzten Landtagswahlen.

Aber dieser Wert lag noch immer deutlich niedriger als bei den deutschen Reichstagswahlen am 31. Juli und 6. November 1932 (37,4 bzw. 33,1 Prozent). Auch bei der am 24. April 1932 zeitgleich stattgefundenen Landtagswahlen in Preußen, dem größten Gliedstaat des Deutschen Reiches, wurde die NSDAP mit knapp mehr als 8 Millionen Stimmen stärkste Partei und schnellte von sechs auf 162 Mandate. Ebenfalls an diesem Tag fanden Landtagswahlen in Bayern (von 9 auf 43 Mandate), Württemberg (von 1 auf 23 Mandate), Anhalt und Hamburg statt.

Überraschenderweise lag der NSDAP-Anteil bei den landesweiten steirischen Gemeinderatswahlen 1932, wo es zeitgleich in Wien, Niederösterreich und Salzburg fast erdrutschartige Ergebnisse für die NSDAP gab, nur bei drei Prozent. Es gelang also dort noch bis in das erste Halbjahr 1932 hinein, tendentiell nationalsozialistische Wähler durch die diversen nationalen Parteien bzw. Heimatlisten zu binden.

Die Minderheitsregierung Buresch trat nun nach den April-Wahlen zurück, und Dollfuß bildete ein Kabinett mit dem Landbund und dem Heimatblock, so daß die Regierung wiederum eine Mehrheit im Parlament, allerdings von nur einer Stimme, besaß.

Inzwischen verschärfte sich die innenpolitische Lage zusehends, der politische Terror seitens der Nationalsozialisten nahm ab 1932 progressiv zu, und im August 1932 starben zwei Persönlichkeiten, die zwar in politischer Konkurrenz zueinander standen, aber doch maßgeblichen Anteil an der Konsolidierung der Ersten Republik hatten: Am 2. Ignaz

5 Es ist interessant, daß der sozialdemokratische orientierte Historiker Maderthaner, Die Sozialdemokratische Partei, S. 190, es offenbar nicht scheut, diesen „parteiegoistischen" Grund zu nennen. Wie überhaupt in dieser Frage zwischen „SPÖ-nahen" Historikern und deren Gegenüber ein Ping-Pong-Spiel entstanden ist. Die einen (neben Wolfgang Maderthaner auch z. B. Staudinger, Zu den Bemühungen katholischer Jungakademiker, S. 222) spielen dieses Angebot als taktische Finte herunter, die anderen stilisieren das wiederum als vertane letzte Chance hoch, die die Republik gerettet hätte und deren Zerbrechen dadurch Schuld der Sozialdemokratie sei.

6 So z. B. Veiter, Das 34er Jahr, S. 69.

Die Austria-Wien Redoute 1933 in den Sofiensälen war ein Treffpunkt der politischen Prominenz. 2. v. l. der spätere (1934-1938) Wiener Vizebürgermeister Josef Kresse (AW), dann weiter nach rechts Viktor Frisch (AW), Alt-VOP und Vorsitzender der Altherrenschaft des ÖCV 1933-1938, Bundeskanzler Engelbert Dollfuß (F-B), Handelsminister Fritz Stockinger (F-B), der Wiener LAbg. Robert Krasser (Nc) und Robert Jiresch (Rd).

Seipel (Nc EM) und am 19. Johann Schober (S! Ghibellinia, heute Barden, Wien). Für kurze Zeit einte der Tod Seipels die politischen Gegner vor dessen Grab, nachdem ihm sogar der Sozialdemokrat Otto Bauer einen anerkennenden Nachruf gewidmet hatte. Der Tod dieser beiden Bundeskanzler markierte auch das Ende einer Ära.

Das Jahr 1933 begann mit unseligen Vorzeichen. In Österreich wurde am 8. Januar die sog. „Hirtenberger Waffenaffäre" aufgedeckt, und am 30. Januar kam Adolf Hitler an die Macht. Am 1. März streikten die Eisenbahner gegen die Gehaltszahlung in Raten; die Regierung ging dagegen vor, Verhaftungen erfolgten. Bei der Nationalratssitzung am 4. März traten die drei Präsidenten Karl Renner, Rudolf Ramek (Nc) und Josef Straffner wegen eines Formfehlers bei der Abstimmung in einer Art Kurzschlußreaktion zurück.

Bereits am nächsten Tag, dem Sonntag, dem 5. März, an dem in Deutschland die letzten freien Reichstagswahlen stattfanden, bei der Hitler eindrucksvoll gewann, kam es zwischen dem Parteiobmann der Christlichsozialen, Carl Vaugoin (Rd EM), dem Klubobmann, Karl Buresch (Wl EM), und dessen Stellvertreter, Leopold Kunschak (Nc EM), zu einer privaten Aussprache im Haus von Buresch in Großenzersdorf, bei der man sich einigte, für einige Zeit ohne Parlament zu regieren, bis eine neue Verfassung verabschiedet worden sei. Also noch kein Beschluß, ein autoritäres Regime einzuführen.[7]

Einen Tag später (6. März) fand in der Wiener Katholischen Akademikergemeinschaft eine Besprechung einiger führender Männer des CV statt. Friedrich Funder (Cl) hielt dort den Sieg der NSDAP als Indiz für die Überwindung des Parlamentarismus. Kurt Schuschnigg (AIn) sowie Robert Krasser (Nc) traten weiterhin für die Notwendigkeit einer katholischen Partei ein. Richard Schmitz (Nc) sprach sich zwar für die Demokratie aus, war aber für eine Reform der Verfassung im autoritären Sinn.[8]

7 Über diese Vorgänge siehe Staudinger, Christlichsoziale Partei; Staudinger, Christlichsoziale Partei und Errichtung des „Autoritären „Ständestaates"", S. 69ff.

8 Weinzierl, Aus den Notizen von Richard Schmitz, S. 117f.

Die erste entscheidende Sitzung mit Dollfuß – er war am Wochenende nicht in Wien – fand am Dienstag, dem 7. März, vormittags im Bundeskanzleramt statt. Es war eine formlose Klubvorstandssitzung, an der u. a. Buresch, Kunschak, Ramek, Schuschnigg und Vaugoin teilnahmen.[9] Aus der Niederschrift der Sitzung geht deutlich hervor, daß den Anwesenden durchaus die Gunst der Stunde durch die Selbstausschaltung des Parlaments bewußt war (Richard Schmitz: „Gott hat uns noch einmal die Gelegenheit gegeben, das Land und die Partei zu retten."). Gerade wegen des kurz zuvor eingetretenen Erfolges der NSDAP war man sich klar, daß Neuwahlen unmöglich sind (Vaugoin). Daher einigte man sich rasch (in ca. einer Stunde) auf die bekannte Vorgangsweise, und dies tat man ohne Gegenstimme. (Leopold Kunschak: „Ich bin bereit, für meinen Teil dem Bundeskanzler zu folgen.") Dollfuß verwies auf die bereits deutlichen Auswirkungen der Wahlen auf Österreich durch verstärkte Agitation der NSDAP.

Für den 9. März wurde eine offizielle Klubvorstandssitzung der Christlichsozialen Partei einberufen, an der auch Ländervertreter teilnahmen.[10] Dort war der oö. NRAbg. Josef Aigner (Cl) ein entschiedener Gegenredner: „Ich bin willens und gesonnen mitzugehen, was sich auf dem Boden des Rechts und der Verfassung vollzieht ... alles andere wäre ein Oktroy!"[11] Spektakulär war die Ankündigung von Sozialminister Josef Resch (Nc EM) zurückzutreten, da in dieser Epoche ein „neuer Mann" wirken müsse. Schuschnigg hingegen betonte, daß sich die österreichische Regierung in einer ähnlichen Lage befände wie Reichskanzler Heinrich Brüning (Bd) im Jahr 1931, jedoch hätte dieser mit Notverordnungen regieren können.[12] Wie überhaupt die Rolle Brünings noch weitgehend ungewürdigt bleibt: Als katholischer Staatsmann und letzter Reichskanzler aus den Reihen der Zentrumspartei versuchte er, in der Endphase der Weimarer Republik einerseits eine Machtergreifung Hitlers zu verhindern, andererseits Deutschland von den Folgen des Versailler Vertrages und der Weltwirtschaftskrise zu befreien – leider ohne Erfolg.[13]

Tags darauf (10. März) kam es neuerlich zu einer Klubvorstandssitzung, in der der oö. Landeshauptmann Josef Schlegel (Nc) vorschlug, sich mit den Sozialdemokraten gegen die Nationalsozialisten zu verbünden.[14] Und Josef Aigner hatte immer wieder im Verlauf des Jahres 1933 in verschiedenen Sitzungen sowie in Konfrontation zu Dollfuß den verfassungsmäßigen Weg gefordert und eine Diktatur abgelehnt.[15] Aus dem bisher zugänglichen Quellenmaterial ist er der einzige prominente christlichsoziale Politiker, der

9 Protokolle Klubvorstand, S. 131ff.

10 Ebda., S. 147ff. Siehe auch Slapnicka, Christlichsoziale in Oberösterreich, S. 295; Staudinger, Christlichsoziale Partei; Staudinger, Christlichsoziale Partei und Errichtung des „Autoritären Ständestaates", S. 69ff.; Weinzierl, Aus den Notizen von Richard Schmitz, S. 120f.; Wohnout, Bürgerliche Regierungspartei und weltlicher Arm der katholischen Kirche, SS. 199ff.

11 Protokolle Klubvorstand, S. 331.

12 Protokolle Klubvorstand, S. 145. Die deutsche Präsidialregierung Brüning 1930-1932 dürfte in einer allerersten Phase unmittelbar nach dem 4. bzw. 5. März 1933 Vorbildcharakter für Überlegungen der österreichischen Regierungsseite gehabt haben. Siehe dazu Haider, Die Auflösung der Weimarer Republik und das christlichsoziale Lager in Österreich. S. 105, später dann Haider, Barbara: „Die Diktatur der Vernunft". Die Präsidialkabinette Brüning und das christlichsoziale Lager in Österreich, in: Demokratie und Geschichte 1998. Jb. der Karl von Vogelsang-Instituts zur Erforschung der Geschichte der christlichen Demokratie in Österreich, Jg. 2. Wien 1998, SS. 194ff.

13 Martin, Für Gott und gegen den Führer, S. 195.

14 Protokolle Klubvorstand, S. 164ff.

15 Slapnicka, Christlichsoziale in Oberösterreich, S. 298ff.; Weinzierl, Aus den Notizen von Richard Schmitz, S. 124f.

beständig gegen die Errichtung eines autoritären Staates aufgetreten ist. Auch Ernst Karl Winter (NbW) veröffentlichte am 10. März und am 1. April 1933 in den *Wiener Politischen Blättern*, ein von ihm in diesem Jahr geschaffenes Organ, zwei Briefe an Bundespräsident Wilhelm Miklas (AW EM), in denen er diesen aufforderte, gegen den Verfassungsbruch der Regierung Dollfuß zu handeln.[16]

Die österreichische Regierung sah sich aber nun zunehmend einem Zweifrontenkampf gegenüber. Auf der einen Seite gegen die Sozialdemokratie, die z. B. durch ihren Schutzbund schon am 17. März in Bruck/Mur politische Gegner überfiel[17] – er wurde dann am 31. März verboten –, aber in der Folge immer mehr zu resignieren schien, und auf der anderen Seite gegen den Nationalsozialismus, der für Österreich immer gefährlicher wurde. Dies zeigte sich auch bei den letzten freien Wahlen in Österreich vor 1938, nämlich bei den niederösterreichischen und Tiroler Gemeinderatswahlen vom 23. April 1933, wo die NSDAP in Innsbruck und Zwettl jeweils 41 Prozent erhielt! Man konnte sich also ausmalen, wie die nächsten Nationalratswahlen spätestens im Herbst 1934 ausgehen würden. Dieser Ausweglosigkeit versuchte Dollfuß mit einer neuen Verfassung, die stark autoritär geprägt sein sollte, und durch eine überparteiliche Sammlung aller Österreicher in der Vaterländischen Front (VF), die am 20. Mai 1933 gegründet wurde, zu entkommen.

Legationsrat Erwin Wasserbäck (Trn), links, 1934 in Paris gemeinsam mit Legationsrat Robert Friedinger-Pranter, war der erste österreichische CVer, der von den Nazis inhaftiert wurde.

Am 27. Mai wurde seitens der deutschen Reichsregierung die sog. „1000-Mark-Sperre" verhängt, d. h. jeder Reisende nach Österreich mußte diesen Betrag bezahlen, was natürlich die gerade aufblühende Tourismuswirtschaft treffen sollte. Die österreichische Bundesregierung antwortete daraufhin am 30. Mai mit einem Visumszwang für Deutsche und weigerte sich, den Landesleiter der NSDAP in Österreich, den ehemaligen Kommunisten und deutschen Reichstagsabgeordneten Theo Habicht, als Presseattaché an der deutschen Gesandtschaft in Wien zu akzeptieren. Als dieser trotzdem in Österreich einreiste, wurde er am 12. Juni verhaftet und am 14. ausgewiesen. Im Gegenzug wurde der österreichische Presseattaché an der Berliner Gesandtschaft, Erwin Wasserbäck (Trn), ein Priester übrigens, am 14. Juni 1933 gegen 4 Uhr in der Früh völkerrechtswidrig von der preußischen Polizei verhaftet, noch am selben Tag nach 13 Uhr wieder enthaftet und dann vom Auswärtigen Amt zur *persona*

16 *Wiener Politische Blätter* 1 (1933), SS. 39-49; siehe Marko, Ernst Karl Winter, S. 212.

17 So nach Veiter, Das 34er Jahr, S. 129, der aber auch kritisch bemerkt, daß Botz, Gewalt in der Politik, darüber nichts berichtet.

non grata erklärt, d. h. ausgewiesen („Wasserbäck-Affäre").[18] Wasserbäck ist somit nach Kenntnis der Dinge der erste österreichische CVer, der vom nationalsozialistischen Regime inhaftiert wurde.

Dollfuß lehnte sich außenpolitisch stark an das faschistische Italien unter Benito Mussolini an, der damals noch ein vitales Interesse an einem unabhängigen Österreich hatte.[19] Er übte Druck auf Dollfuß aus, die Sozialdemokratie zu bekämpfen und faschistische Elemente in die geplante Verfassung aufzunehmen. Nach der sog. Selbstausschaltung des Nationalrates begann nun im Rahmen einer Art „schleichenden Staatsstreichs" eine „semidiktatorische Phase" mit „halbfaschistischer" Tendenz, die hauptsächlich von den Heimwehren ausging.[20] In der sog. Trabrennplatzrede vom 11. September 1933 im Umfeld des Katholikentages (siehe S. 252) bekannte sich Dollfuß zum „sozialen, christlichen, deutschen Staat Österreich auf ständischer Grundlage unter starker autoritärer Führung". Neben anderen Ideen war es vor allem auch die Sozialenzyklika *Quadragesimo anno* (1931), die zum Konzept eines „Ständestaates" führte. Die Idee einer „autoritären Demokratie" war im Politischen Katholizismus nicht neu. Bereits 1930 wurden von der Parteiführung der deutschen Zentrumspartei solche Überlegungen diskutiert.[21]

Noch aber gab es voll funktionsfähige Landtage und verfassungsmäßige Landesregierungen sowie den Bundesrat. Vor allem aber gab es noch die Sozialdemokratische Partei mit ihren Vorfeldorganisationen, die trotz zunehmender Unsicherheit jedwede halb-faschistische Verfassung ablehnte. Die Würfel sind aber bald gefallen, denn die überwiegende Mehrheit der Politiker der Koalitionsregierung unter Dollfuß hatte sich für den als notwendig empfundenen Weg entschieden, um u. a. damit Österreich vor dem Nationalsozialismus zu retten.

In diesem Sinne lag es auch im Interesse von Dollfuß, die Christlichsoziale Partei in den Griff zu bekommen, nachdem man ihm Mitte 1933 auf dem Parteitag der Christlichsozialen in Salzburg nicht die Obmannschaft angetragen hatte, was er erwartete, ihn aber dann von der Partei entfremdete. Die Person, die dem entgegenstand, war deren Obmann Carl Vaugoin (Rd EM). Bei der Bildung des Kabinetts Dollfuß II am 21. September 1933 wurde er nicht mehr mit dem Heeresressort betraut. Über elf Jahre stand er an der Spitze dieses Ministeriums und gilt mit Recht als Schöpfer des ersten Bundesheeres. Am 1. November 1933 wurde er dann als Obmann der Christlichsozialen Partei abgelöst, geschäftsführender Obmann („Liquidator") wurde Emmerich Czermak (NdW).[22]

Ähnlich wie Vaugoin erging es Anfang 1934 Aigner in Oberösterreich. Unter dem Vorwand, daß der Katholischen Volksverein eine Doppelfunktion habe, katholische Vereinigung und gleichzeitig Landesorganisation der Christlichsozialen, zwang der Linzer

18 Dazu siehe Hartmann, Die „Affäre Wasserbäck". Erwin Wasserbäck studierte in Graz Theologie und wurde 1920 zum Priester geweiht. Im selben Jahr trat er dem Traungau bei. 1921 ging er zum Weiterstudium nach Berlin, wo er dann in den diplomatischen Dienst (Presseattaché) gelangte. Nach 1933 war er bis 1937 Presseattaché in Paris und sollte dann Gesandter in Athen werden, was offenbar der Heilige Stuhl verhinderte. Er verstarb im Oktober 1938. Nach Helmut Haidacher (Trn) in Achtzig Jahre Traungau, S. 16, der einen Bericht von Max Riccabona (Trn) wiedergibt, hat Wasserbäck in Paris versucht, zwischen gemäßigten Franco-Anhängern und Republikanern im Spanien-Konflikt zu vermitteln.

19 Zur Außenpolitik von Dollfuß allgemein siehe Binder, Dollfuß und Hitler.

20 Binder, Der „christliche „Standestaat" Österreich, S. 209f.

21 Elvert, Gesellschaftlicher Mikrokosmos oder Mehrheitsbeschaffer im Reichstag, S. 171. Sicherlich haben diese Überlegungen die Christlichsozialen beeinflußt.

22 Staudinger, Die Bemühungen Carl Vaugoins um Suprematie, S. 187ff.

Bischof Gföllner im Sinne der Neuordnung des Laienapostolats (KA) am 8. Januar 1934 Aigner zum Rücktritt. Nach dem vorliegenden Quellenmaterial mußte sich Gföllner dabei vorher mit Dollfuß abgesprochen haben.[23] Aigner gab seinen Rücktritt in der Klubvorstandssitzung vom 12. Januar 1934 bekannt, aus seiner Wortmeldung sprach tiefste Verbitterung.[24] Und Otto Ender (AIn) bekannte offen: „Der Bischof hat die Christlichsoziale Partei umgebracht!"[25]

In ähnlicher Weise erging es auch dem oö. Landeshauptmann Josef Schlegel (Nc), einem entschiedenen Gegner der Heimwehren und Befürworter eines Ausgleichs mit der Sozialdemokratie. Er trat schließlich nach längerem Druck seitens Dollfuß und der Heimwehren am 1. März 1934 zurück.[26]

Bereits im Mai 1932 resignierte Leopold Kunschak (Nc EM) als Obmann der Wiener Christlichsozialen auf dem Parteitag. Trotz deutlicher Wiederwahl (161 von 209 Stimmen) nahm er diese nicht an, weil er mit seiner Haltung gegen die Heimwehren Schiffbruch erlitten hatte und deswegen innerhalb der Partei angegriffen wurde. Sein kurzzeitiger Nachfolger wurde der LAbg. Robert Krasser (Nc).[27]

Anfang 1934 kam es zu Versuchen zwischen der Regierung und der Sozialdemokratie, doch noch ins Gespräch zu kommen, und viele Anzeichen deuteten auf eine mögliche Verständigung. Hintertrieben wurde aber diese Konsensbereitschaft von radikalen Kräften im jeweiligen Lager. Auf Regierungsseite war es der Wiener Heimwehrführer und Vizekanzler Emil Fey (ehemals Rd), seitens der Sozialdemokratie der Linzer Schutzbundführer Richard Bernaschek.[28] Am 12. Februar 1934 explodierte dann das „innenpolitische Pulverfaß". Bei einer Waffensuche im Linzer Arbeiterheim leisteten Schutzbündler Widerstand. Dieser dehnte sich kurz darauf teilweise auf das Bundesgebiet aus, insbesondere konzentrierte er sich auf Wien.

Der Generalstreik blieb jedoch aus, so daß Stefan Zweig notieren konnte: „Ich war an diesen drei Tagen in Wien ... Aber da ich ehrlicher Zeuge sein will, muß ich das zunächst paradox scheinende Faktum bekennen, daß ich von dieser Revolution selbst nicht das mindeste gesehen habe."[29] Am 16. Februar konnte der partielle Aufstand des Republikanischen Schutzbundes durch die Exekutive (Bundesheer, Polizei, Gendarmerie) und die Wehrverbände niedergeschlagen werden. (Dazu mehr siehe S. 403f.)

Bei der Niederwerfung des Februar-Aufstandes war auch der CV in den verschiedenen Wehrformationen beteiligt. Nach einem Bericht des Vororts des ÖCV nahmen von insgesamt möglichen 1.372 Studierenden des ÖCV 513 an den Kämpfen teil, das sind 37 Prozent. Graz stellte mit 70 Prozent der Aktiven das prozentual stärkste Aufgebot des ÖCV (Wien 39 Prozent, Innsbruck nur 29 Prozent). Vier CVer, alles Angehörige Wiener Verbindungen, wurden bei den Kämpfen verwundet.[30]

---

23 Slapnicka, Christlichsoziale in Oberösterreich, S. 299f.

24 Protokolle Klubvorstand, S. 371ff.

25 Protokolle Klubvorstand, S. 334.

26 Carsten, Faschismus in Österreich, S. 216. Zu Schlegel siehe GAMSJÄGER, HELMUT: Dr. Josef Schlegel. Landeshauptmann von Österreich, in: ÖGL 13 (1969), SS. 489-495.

27 Nach der Darstellung bei Veiter, Das 34er Jahr, S, 97f.

28 Liebmann, Die Tragik des 12. Februar, S. 29ff.; Liebmann, Der 12. Februar 1934.

29 WEINZIERL, ULRICH: Februar 1934. Schriftsteller erzählen. München 1984, S. 18.

30 MB 5 (2. 5. 1934), S. 12. Nach einem Schreiben des damaligen Sekretärs des ÖAHB, Engelbert Siegl (Nc), waren 41 Prozent der Aktiven bei Wehrinformationen eingerückt. Schreiben vom 5. 3. 1934, in: BA, Akten des SD-Oberabschnitts Donau, ZB I 53, Blatt 006.

Somit war der bislang wichtigste innenpolitische Gegner von Dollfuß ausgeschaltet, nachdem die meisten sozialdemokratischen Führer ins Ausland geflohen waren. So u. a. auch Richard Bernaschek, der bald in München im „Braunen Haus“ eine Pressekonferenz abhielt und eine Aktionseinheit zwischen Nationalsozialisten und Sozialdemokraten forderte. In einer im Frühsommer erschienenen Schrift stellte er fest, daß ihm das Programm der Nationalsozialisten näher steht, und – welche zeitpolitische Groteske – lobte die Beschäftigungspolitik der Nazis.[31]

Wie auch immer: Nun war es der Regierung möglich, in kurzer Zeit eine ständisch-autoritäre Verfassung zu erarbeiten, die am 1. Mai 1934 in Kraft trat. Der nationalsozialistische Putschversuch am 25. Juli 1934 zeigte aber sehr bald, wo der eigentliche Gegner der Regierung stand. Dollfuß wurde von Nazis ermordet. Mit Recht wird er als Opfer des Nationalsozialismus angesehen, kämpfte er doch für die Unabhängigkeit Österreichs.[32]

CV und CVer im „Ständestaat“

Die enge Verflechtung des CV mit dem Politischen Katholizismus setzte sich naturgemäß auch in der VF bzw. im „Ständestaat“ fort. Nicht nur Dollfuß und Schuschnigg stammten aus dem CV, auch eine Reihe von Regierungsmitgliedern im Bund und in den Ländern sowie Mitglieder der gesetzgebenden Körperschaften auf Bundesebene und der Landtage gehörten einer CV-Verbindung an. Insofern hat es den Anschein, daß der Wechsel des Regierungssystems keinen Abbruch im Engagement der CVer getan hat. Man meinte, ganz im Zuge der Zeit, durch die „Ausschaltung des Parteienstaates“ in ein höherwertiges politisches System gelangt zu sein. Für die meisten CVer war es wohl selbstverständlich, für den „Ständestaat“ einzutreten und dort bzw. in der VF geistig-politische Heimat zu finden wie vorher in der Christlichsozialen Partei. Bereits am 10. Juni 1933 empfahl der Salzburger AHLB seinen Mitgliedern den Beitritt zur VF.[33] Auch wurden seitens des Vororts die Verbindungen angehalten, daß die Neueintretenden ihr beitreten. Sehr viele Verbindungen hatten daher in ihrer Geschäftsordnung auch eine Mitgliedschaft bei der VF vorgesehen, jedoch noch nicht alle. So mußte der Vorort Nordgau Wien in einem Rundschreiben Ende 1936 die Verbindungen ermahnen, diesem Beispiel zu folgen. Ein Exemplar dieses Rundschreiben geriet übrigens im März 1938 dem SD-Inland in die Hände, und es überrascht nicht, daß diese Passage besonders angestrichen wurde.[34]

---

31 Nach Sandgruber, Ökonomische Krise und Delegitimierung der Demokratie, S. 55. Dort werden entsprechende Quellenbelege angeführt. Zur Ehrenrettung Bernascheks muß aber betont werden, daß er nach dem Röhm-Putsch von dieser Haltung abgerückt ist.

32 Zur Geschichte der Ersten Republik sowie speziell dieser Zeit siehe: Österreich 1918 – 1938; Handbuch des politischen Systems Österreich. Erste Republik 1918-1933; Bärnthaler, Die Vaterländische Front; Goldinger/Binder, Geschichte der Republik Österreich 1918-1938; Österreich 1934 – 1984; Hopfgartner, Kurt Schuschnigg; Jedlicka, Die Ära Schuschnigg; Jedlicka, Vom alten zum neuen Österreich, S. 215ff.; Maresch, Katholische Kirche im Österreichischen „Ständestaat“; Reichhold, Kampf um Österreich; Staudinger, Bemühungen Carl Vaugoins um Suprematie; Staudinger, Die Mitwirkung der christlichsozialen Partei an der Errichtung des autoritären Staates; Staudinger, Christlichsoziale Partei und Errichtung des „Autoritären Ständestaates“; Wohnout, Bürgerliche Regierungspartei und weltlicher Arm der katholischen Kirche, SS. 203ff. Siehe auch öAc 35 (1984), H. 3, das dem Jahr 1934 gewidmet wurde.

33 Undatierter Brief des Salzburger AHLB (bald nach 10. 6. 1933) an den ÖAHB, in: BA, Akten des SD-Oberabschnitts Donau, ZB I 331, Blatt 226.

Trotzdem gab es auch Kritik bzw. war die Stellung des CV zum „Ständestaat" durchaus differenzierter, als es den ersten Anschein hat. Wie man bereits sehen konnte, war eine Reihe christlichsozialer Politiker in den Märztagen 1933 und in der Folge gegen einen Bruch der Verfassung, die Auflösung der Christlichsozialen Partei sowie die Errichtung eines autoritären Systems eingestellt. Doch die überwiegende Mehrzahl im CV stand positiv zur Umgestaltung Österreichs im Sinne von Dollfuß, nicht zuletzt unter dem Eindruck der Ereignisse im Deutschen Reich. Der Dollfuß-Biograph Brook-Sheperd schreibt: „Für ihn [gemeint Dollfuß, Anm. d. Verf.] war der CV nicht nur eine Quelle der persönlichen Beruhigung und der geistigen Stärkung, er war für ihn auch eine Art Prätorianergarde."[35]

CVer dominierten also sowohl die Christlichsoziale Partei wie den „Ständestaat", wenngleich aufgrund unterschiedlicher Einstellungen es nicht immer dieselben Personen bzw. Personengruppen waren. Trotzdem wurde über den CV eine gewisse Kontinuität zwischen Christlichsozialer Partei und „Ständestaat" hergestellt.[36]

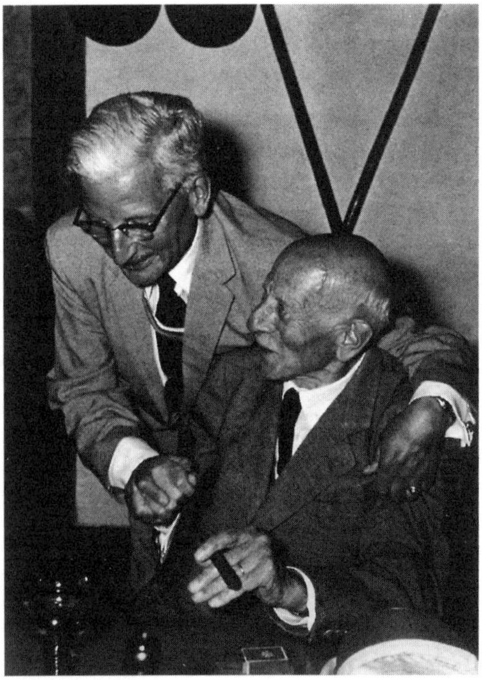

Zwei Bundeskanzler: Kurt Schuschnigg (AIn), links, und Otto Ender (AIn). Eine Aufnahme aus Anfang der sechziger Jahre.

Für das Verständnis empfiehlt es sich, die Verfassung des „Ständestaates" kurz zu skizzieren. Der im Juli 1933 zum „Verfassungsminister" berufene frühere Bundeskanzler und Vorarlberger Landeshauptmann Otto Ender (AIn) gilt nicht als der eigentliche Schöpfer der Mai-Verfassung 1934.[37] In seinen ersten Überlegungen war noch eine aus allgemeinen Wahlen hervorgegangene „Volkskammer" vorgesehen, die aber in ihren Rechten sehr eingeschränkt gewesen wäre. Durch die Ereignisse des 12. Februar 1934 war es nun nicht mehr nötig, auf parlamentarisch-demokratische Elemente Rücksicht zu nehmen. Am 24. April 1934 wurde die endgültige Verfassung im Ministerrat verabschiedet und am 30. April einem Rumpf-Nationalrat zur Abstimmung vorgelegt, um den Schein der Rechtskontinuität zu wahren. Am 1. Mai 1934 wurde sie dann als Nr. 1 im neuen „Bundesgesetzblatt für den Bundesstaat Österreich" veröffentlicht. Nr. 2 war übrigens das neue, mit dem Heiligen Stuhl abgeschlossene Konkordat.

---

34 7. Rundschreiben des Vorortes des ÖCV Nordgau Wien, 10. 12. 1936, in: BA, Akten des SD-Oberabschnitts Donau, ZB I 414, Blatt 30. Dieses Rundschreiben befindet sich auch im ÖCVA. Vorortsrundschreiben 1933-1938.

35 Sheperd, Dollfuß, S. 116.

36 Diesen Aspekt berücksichtigt Wohnout, Bürgerliche Regierungspartei und weltlicher Arm der katholischen Kirche, SS. 203ff., leider nicht.

37 So Wohnout, Regierungsdiktatur oder Ständeparlament, S. 428.

Die Verfassung berief sich in ihrer Präambel auf „Gott, den Allmächtigen“[38] als Rechtsquelle und wich daher von der positivistischen Einstellung der früheren Verfassung ab. Das Wahlprinzip wurde zugunsten des Ernennungsprinzips abgeändert, und das politische Gewicht lag nun nicht mehr bei den gesetzgebenden Körperschaften, sondern eindeutig bei den obersten Vollzugsorganen, insbesondere bei der Bundesregierung bzw. vor allem beim Bundeskanzler, der die Richtlinien der Politik bestimmte. Durch das gleichzeitig mit der neuen Verfassung beschlossene Ermächtigungsgesetz bekamen die Bundesregierung bzw. der Bundeskanzler diktatorische Vollmachten.[39]

Für die Bundesgesetzgebung waren vier vorberatende Organe vorgesehen: der *Staatsrat* (50 Mitglieder, er wurde auf Vorschlag der Bundesregierung vom Bundespräsidenten berufen, eine Art Senat), der *Bundeswirtschaftsrat* (80 Mitglieder, er sollte von den berufsständischen Organisationen beschickt werden), der *Bundeskulturrat* (40 Mitglieder, bestehend aus Vertretern der Kirchen, der Kultur, der Universitäten usw.) und der *Länderrat* (je zwei Mitglieder der Landesregierungen, also 18, darunter der Landeshauptmann sowie der Finanzlandesrat). Diese vier vorberatenden Räte wählten den *Bundestag* (59 Mitglieder, je 20 vom Bundeswirtschaftsrat sowie aus dem Staatsrat, zehn vom Bundeskulturrat und die neun Landeshauptleute), der über die Gesetzesvorlagen endgültig abstimmte. Die Gesetzesinitiative stand lediglich der Bundesregierung zu. Die vier Räte zusammen (also maximal 188) bildeten die *Bundesversammlung*.

Die Wahl des Bundespräsidenten war auf einer Versammlung sämtlicher Bürgermeister Österreichs aufgrund eines Dreiervorschlags vorgesehen. In den Ländern gab es Landtage und in den Gemeinden Gemeindetage, die ebenfalls nach den berufsständischen Prinzipien zusammengesetzt waren. Der Landeshauptmann wurde aufgrund eines Dreiervorschlages des Landtags vom Bundespräsidenten ernannt, die übrigen Landesregierungsmitglieder vom Landeshauptmann. An Stelle des Verfassungs- und Verwaltungsgerichtshofes trat der Bundesgerichtshof.

Insgesamt waren 33 Personen zwischen dem 1. Mai 1934 und dem 11. März 1938 (Regierungen Dollfuß II bis Schuschnigg IV) Mitglieder der Bundesregierung (Bundeskanzler, Vizekanzler, Bundesminister). Von diesen waren 14 CVer[40], das sind 42,4 Prozent. Wenn man allerdings jene neun Minister richtigerweise unberücksichtigt läßt, die von der Heimwehr kamen oder dem national(sozialistisch)en Lager zuzurechnen sind, dann sind 24 Regierungsmitglieder Ausgangspunkt der Berechnungsbasis, so daß der CV-Anteil bei 58,3 Prozent lag. Die Liste der Regierungsmitglieder siehe Anhang 2.

---

38 Die Formulierung dieser *invocatio dei* lautete: „Im Namen Gottes, des Allmächtigen, von dem alles Recht ausgeht, erhält das österreichische Volk für seinen christlich, deutschen Bundesstaat auf ständischer Grundlage diese Verfassung.“ Vgl. dazu die Präambel des deutschen Grundgesetzes von 1949, wo sich die Formulierung „in Verantwortung vor Gott und den Menschen“ findet. Noch „religiöser“ ist hingegen die Präambel der noch heute gültigen irischen Verfassung von 1937, wo es heißt: „Im Namen der Allerheiligsten Dreifaltigkeit, von der alle Autorität kommt und auf die, als unserem letzten Ziel, alle Handlungen sowohl der Menschen wie der Staaten ausgerichtet sein müssen, anerkennen, Wir, das Volk von Irland, in Demut alle unsere Verpflichtungen gegenüber unserem göttlichen Herren, Jesus Christus, der unseren Vätern ... beigestanden hat...“ Siehe Die Verfassungen der EG-Mitgliedstaaten. Stand 1. Juni 1990. München 2. Aufl. 1990 (= Beck-Texte im dtv).

39 Dazu siehe ausführlich Wohnout, Anatomie einer Kanzlerdiktatur.

40 Guido Schmidt berücksichtigt, Emil Fey unberücksichtigt.

Im Staatsrat saßen 17 CVer, das waren ca. 30 Prozent der Mitglieder.[41] Im Bundeswirtschaftsrat saßen 12 CVer, das waren ca. 14 Prozent dieses Gremiums. Mitglieder des Bundeskulturrates waren 14 CVer, das waren ca. 35 Prozent. Von 18 möglichen Mitgliedern des Länderrates waren 14 CVer, also 78 Prozent. Die Namen der Mitglieder dieser Räte sowie die Präsidiumsmitglieder siehe Anhang 2 und 3.

Die Bundesversammlung bestand aus allen Mitgliedern der genannten Räte. CVer waren davon 52 bis 54 Mitglieder, das sind rund 28 Prozent. Das entscheidende Organ der Gesetzgebung war der Bundestag, von den 59 Mitgliedern waren 23 bzw. 24 CVer, was einem Anteil von rund 40 Prozent entspricht.

Von den Verbindungen her waren in der Bundesversammlung am stärksten die Norica (14 Mitglieder) vertreten, an zweiter Stelle folgte die Austria Innsbruck (sechs) und an dritter jeweils Carolina und Kürnberg (je vier).

Die Landesregierungen bzw. die Landeshauptleute hatten in der ständestaatlichen Verfassung nicht mehr diese Kompetenzen wie im B-VG, waren jedoch deswegen in diesem politischen System nicht minder bedeutend. Auch bei der Liste der Landeshauptleute (siehe Anhang 2) wird die Dominanz des CV sichtbar.

Für die politische Willensbildung im „Ständestaat“ entscheidend war die **Vaterländische Front** (VF), wenn man so will die „Einheitspartei“ dieses Systems. Sie wurde in der neuen Verfassung sogar verankert (Art. 3, Abs. 2), und ihre Organisation, die auf dem „Führerprinzip“ beruhte, regelte ein eigenes Verfassungsgesetz (Bundesorganisationsstatut).[42] Die VF war ein Konglomerat aus Teilen der ehemaligen Christlichsozialen Partei und des nicht-nationalsozialistischen Teils der Heimwehren, sowie in der Folge natürlich aus „Konjunkturrittern“ und „Rückversicherern“. Nach einem Übereinkommen teilten sich die Exponenten jener beiden Lager die Spitzenpositionen wechselseitig auf. Dollfuß und dann Schuschnigg wurden Regierungschefs, Starhemberg „Frontführer“ der VF; dieser war dann Vizekanzler, Schuschnigg Frontführer-Stellvertreter, also eine wechselseitige Verschachtelung, die bis zur Entmachtung der Heimwehren bzw. Starhembergs im Jahr 1936 so blieb.

Waren zwar anfänglich der Frontführer (Starhemberg), der Generalsekretär (Walter Adam) und sein Stellvertreter der VF keine CVer, so sah das im sog. *Präsidium*, das die sieben „klassischen“ Stände repräsentierte, schon anders aus. Von diesen sieben Personen, waren fünf CVer, darunter Theodor Lissy (Rd). Das war zweifelsohne bemerkenswert für die Verschränkung von VF (bzw. „Ständestaat“) und CV, denn er war Sekretär des ÖCV-Altherrenbundes, übte also praktisch jene Funktion aus, wie sie nach 1945 ÖCV-Sekretär bzw. Generalsekretär des ÖCV hieß/heißt.[43]

Von den neun Landesleitern der VF waren fünf CVer: Hans Sylvester (BbG EM) für das Burgenland, Engelbert Dworak (Dan) für Niederösterreich, Heinrich Gleißner (S-B) für Oberösterreich, Alfons Gorbach (Cl) für die Steiermark und Ernst Fischer (AIn) für Tirol.[44]

---

41 Zusammenstellung nach Enderle-Burcel, Christlich-Ständisch-Autoritär. Mandatare im „Ständestaat“. Ebenfalls etwa ein Drittel der Staatsräte gehörten dem Heimwehrflügel an, so Wohnout, Bürgerliche Regierungspartei und weltlicher Arm der katholischen Kirche, S. 234.

42 Über die VF allgemeine siehe Bärnthaler, Die Vaterländische Front, und Kriechbaumer, Österreich! und Front Heil.

43 Lissy wurde 1920 bei Rudolfina rezepiert und studierte Chemie (Dr. phil.). Nach 1945 avancierte er zum Kammeramtsdirektor der Wiener Handelskammer. Sekretär des ÖAHB war er bereits vor der Abschaltung 1933. Sein Vorgänger als Sekretär des ÖAHB bis 1932 war Engelbert Siegl (Nc).

44 Die Analyse nach Österreichischer Amts-Kalender 1935, S. 110.

Bei den führenden Mitarbeitern (Abteilungsleiter, Referenten) der VF-Zentrale waren mit Stand 1938 17 von 37 Personen CVer, darunter der spätere Vizekanzler Fritz Bock (NdW) als Leiter der Abteilung für allgemeine Werbeangelegenheiten.[45]

Offenbar in Anlehnung an den „Großen faschistischen Rat" in Italien wurde in § 5 ein *Bundesführerrat* eingerichtet, der dem Bundesführer als beratendes Organ zur Seite steht und dessen Mitglieder von ihm ernannt werden. Mit Stand Februar 1938 bestand dieser Führerrat aus 28 Personen, von den sieben CVer waren, also ein Anteil von 25 Prozent, darunter u. a. Hans Pernter (Nc), Julius Raab (Nc) und Fritz Stockinger (F-B).[46] In autoritären Systemen ist natürlich die „Betreuung" der Jugend sehr wichtig. In diesem Zusammenhang sind der Oberste Sachwalter der Hochschülerschaft Österreichs, Heinrich Drimmel (NdW) (siehe S. 415) sowie der Bundesjugendführer-Stellvertreter Josef Schifferer (AW) zu nennen.[47]

Neben der VF gab es noch die **Wehrfront**, der Zusammenschluß der vier Wehrverbände, nämlich der Österreichische Heimatschutz (Heimwehren), die Ostmärkischen Sturmscharen, die Christlich-deutsche Turnerschaft (Vorläuferorganisation der Turn- und Sport-Union nach 1945) und der Freiheitsbund (Organisation der Christlichen Gewerkschaften seit 1928). Abgesehen vom Tiroler Heimwehrführer Richard Steidle (AIn) hatte nach 1934 kein CVer im Heimatschutz eine führende Position inne. Anders bei den Ostmärkischen Sturmscharen, einer Gründung Schuschniggs, die stark im christlichsozialen Milieu Fuß fassen konnte. Von den 1935 angeführten 15 Führungspersönlichkeiten waren sechs CVer, neben dem Bundesführer Schuschnigg z. B. Josef Kimmel (Rd) oder Leopold Figl (Nc). Im Christlich-deutschen Turnerbund war der Einfluß des CV auch stark. Bundesobmann war Josef Pultar (Nc), von den 1935 angeführten 17 Führungspersönlichkeiten gehörten fünf (inkl. Pultar) dem CV an. Von den 15 Führungspersönlichkeiten des Freiheitsbundes gehörten nur zwei dem CV an.[48]

Das Symbol des „Ständestaates" und der VF war das sog. **Kruckenkreuz** (eigentlich „Krückenkreuz").[49] Es ist wie das achtzackige Johanniter- bzw. Malteserkreuz und das Kreuz des Deutschen Ordens in der Zeit der Kreuzzüge entstanden und als sog. Jerusalem-Kreuz bekanntgeworden. Der Ritterorden vom Heiligen Grab sowie das Lateinische Patriarchat von Jerusalem hat diese Form bis heute bewahrt. Bei der Schaffung eines österreichischen Verdienstordens nach dem Ersten Weltkrieg (Österreichisches Ehrenzeichen 1923) wurde das Kruckenkreuz für dessen Kleinod Vorbild. Die seitdem mit dem österreichischen Ehrenzeichen ausgezeichneten In- und Ausländer – auch Sozialdemokraten – trugen dieses Kruckenkreuz sichtbar.

Die Wahl dieses Symbols geht auf Ignaz Seipel (Nc EM) zurück, in dessen erster Amtszeit als Bundeskanzler (1922 bis 1924) der og. Verdienstorden geschaffen wurde. Auch wurden die Zwei- und Fünf-Groschenstücke der damals eingeführten Schillingwäh-

45 Nach Kriechbaumer, Österreich! und Front Heil, SS. 107ff.

46 Stockinger meldete sich nach 1945 aus der Emigration nicht mehr zum CV zurück und war österreichischer Handelsdelegierter in Kanada.

47 Nach Kriechbaumer, Österreich! und Front Heil, SS. 110ff.

48 Ebda. S. 111.

49 Über das Kruckenkreuz und die VF siehe Bärnthaler, Vaterländische Front, S. 27f. Über die Ordenssymbolik siehe Laich, Mario: Altösterreichische Ehrungen – Auszeichnungen des Bundes. Vergleiche und Betrachtungen. Ein Beitrag zur Rechts- und Kulturgeschichte. Innsbruck 1993. Zu den Merkwürdigkeiten des postkommunistischen Rußlands gehört auch das Sprießen rechtsradikaler Gruppen. Eine davon in Moskau hat als Symbol das Kruckenkreuz übernommen. Siehe *Der Spiegel*, Nr. 45/2003, S. 140.

rung mit diesem Kreuz versehen. Seipel wollte sicherlich auf das Kreuzes-Symbol zurückgreifen und damit neben der Sanierung der Währung auch eine „Sanierung der Seelen" anstreben. Das Kruckenkreuz ist seitens des „Ständestaates" bewußt als „Gegensymbol" zum Hakenkreuz hochstilisiert worden.

Vergebliche Bemühungen um die Arbeiterschaft

CVer waren nicht nur bei jenen Politiker vertreten, die für die Aufrechterhaltung des demokratischen Verfassungsstaates eintraten, sie waren auch bedeutend bei jenen, allerdings vergeblichen Bemühungen zu finden, einen Ausgleich mit der Arbeiterschaft zu suchen. Bei den Christlichsozialen gab es immer einen Flügel, der sich der Gründungsidee dieser Partei verpflichtet fühlte und sich der Arbeiter anzunehmen versuchte. An der Spitze dieser Personen ist zweifellos der christliche Arbeiterführer Leopold Kunschak (Nc EM) zu nennen, der noch am 9. Februar 1934 im Wiener Gemeinderat eine ernste Mahnung aussprach, „ehe Volk und Land an Gräbern stehen und weinen".[50] Aber auch der langjährige Sozialminister Josef Resch (Nc EM) und der christliche Gewerkschaftsfunktionär Franz Hemala (Nc) sind nicht zu vergessen.

Bundeskanzler Engelbert Dollfuß (F-B) erkannte recht bald, daß er in der Auseinandersetzung mit dem Nationalsozialismus die Arbeiterschaft brauchte. Bereits bald nach den Februarereignissen des Jahres 1934 hatte der Bundesleiter (so hieß anfänglich der Generalsekretär) der VF, Karl M. Stepan (Nc), die Gründung eines Arbeitskreises betrieben, der sich mit Arbeiterfragen beschäftigen sollte. Er wurde am 19. Juli 1934 als „Arbeitskreis für die Probleme der Arbeiterfragen" gegründet. Mitglieder waren u. a. Leopold Kunschak (Nc EM), Karl Lugmayer (Aa), August M. Knoll (NbW) und vor allem Ernst Karl Winter (NbW). Dieser rückte nach den Februarereignissen von seiner Fundamentalopposition ab und wurde Wiener Vizebürgermeister. In Eigenverantwortung und mit Auftrag von Dollfuß versuchte er, die Versöhnung mit der Arbeiterschaft vor allem in Wien herbeizuführen („Aktion Winter"). Doch Winter, der „Hofnarr des Faschismus", wie er von der illegalen Sozialdemokratie bezeichnet wurde, kam in zunehmenden Gegensatz zur christlichen Gewerkschaftsbewegung, die vor allem im „Arbeitskreis" dominierte. Während Dollfuß Winter förderte, fand er bei dessen Nachfolger Kurt Schuschnigg (AIn) keine Unterstützung. Am 5. März 1935 schrieb er Winter, seine Aktion sei zu beenden. Er verlor bald an Bedeutung und schied Ende 1936 auch als Wiener Vizebürgermeister aus. Nach dem Juliabkommen 1936 unternahm Winter einen letzten Versuch, eine „österreichische Volksfront" als Zusammenschluß der politischen Kräfte von rechts bis links gegen die nationalsozialistische Bedrohung zu bilden, wobei er die Restauration der Monarchie ins Spiel brachte.[51] Innerhalb des CV war er offenbar ebenfalls isoliert, man forderte sogar seinen Ausschluß: „Es ist ein auf die Dauer untrag-

50 Zitiert nach Reichhold, Opposition gegen den autoritären Staat, S. 58. Über Kunschak und der 12. Februar 1934 siehe Reichhold, Der einsame Rufer.

51 Bärnthaler, Vaterländische Front, S. 79f.; Besenböck, Die „soziale Arbeitsgemeinschaft", SS. 12-16; Funder, Als Österreich den Sturm bestand, S. 163f.; Pelinka, Stand oder Klasse, SS. 51f. und 119f.; Silberbauer, Österreichs Katholiken und die Arbeiterfrage, S. 312f.; Widerstand und Verfolgung Wien I, S. 558; Winter, Christentum und Zivilisation; Über Winter siehe auch Schoißengeier, Erns Karl Winter, und vor allem Marko, Ernst Karl Winter, hier bes. 212-218; Kriechbaumer, Von der Illegalität zur Legalität, SS. 85ff.

barer Zustand, daß dem CV jemand noch weiter angehört, der in seinen Schriften und seinem inneren Verhalten in schärfstem Gegensatz zu den Prinzipien des CV steht und es mit seiner Eigenschaft als AH des CV vereinbar findet, sozialrevolutionäre Ideen weiter zu vertreten."[52]

Mit Bundesbefehl Starhembergs vom 31. März 1935 wurde in Nachfolge des „Arbeitskreises" die „Soziale Arbeitsgemeinschaft" (SAG) innerhalb der VF gegründet. Sie sollte der politischen Vertretung der Arbeiterschaft innerhalb der VF dienen.[53]

In Oberösterreich begann Alfred Maleta (Cl), der 1933 stellvertretender Landesleiter der VF und nach dem 12. Februar 1934 Erster Sekretär (Kammeramtsdirektor) der oö. Arbeiterkammer wurde, recht tatkräftig mit dem Aufbau der SAG. Er tat dies so eifrig, daß man ihn seitens der Zentralen in Wien kritisch beobachtete und sogar im Herbst 1935 ein staatspolizeiliches Gutachten über ihn einforderte! Anfang 1936 erschien sein vielbeachtetes Buch „Der Sozialist im Dollfuß-Österreich. Eine Untersuchung der Arbeiterfrage" (Linz 1936), von dem der Begründer der österreichischen Zeitgeschichtsforschung, Ludwig Jedlicka (Aa EM), behauptete: „Das Buch ist heute noch in seiner Konzeption und in der Analyse der österreichischen innen- und außenpolitischen Situation des Jahres 1936 eine der wichtigsten Quellen zur österreichischen Zeitgeschichte."[54] Maleta versuchte darin, Wege der Sozialreform im Rahmen des „Ständestaates" aufzuzeigen.[55] Seine Schrift stellte einen der bedeutendsten theoretischen Versuche dar, im „Ständestaat" sich mit der Arbeiterfrage auseinanderzusetzen.

Neben dieser organisatorischen Maßnahme an der Basis durch die Gründung der SAG versuchte Schuschnigg, auch auf Regierungsebene eine Korrektur des Kurses in der Sozialpolitik herbeizuführen. So berief er am 17. Oktober 1935 den Grazer Nationalökonomen Josef Dobretsberger (Cl [ehemals Nc]) als Sozialminister in sein Kabinett. Er war dem katholischen Gewerkschaftsflügel zuzurechnen, wirtschaftspolitisch war er aber ein Gegner der katholischen Sozialromantiker. Für ihn war das Wirtschaftswachstum ein wichtiges Moment der Sozialpolitik. Seine Berufung sollte ebenfalls der Aussöhnung mit der Arbeiterschaft dienen.[56] Doch seine Ministerschaft endete bereits nach sieben Monaten am 17. Mai 1936. Wegen seines prononciert sozialpolitischen Kurses geriet er bald in das Kreuzfeuer der innenpolitischen Kritik, sowohl seitens der Heimwehr als auch der Legitimisten. Mit dem Ausscheiden Dobretsbergers, das auch im Zusammenhang mit dem Phönix-Skandal zu sehen ist, hatte Schuschnigg es erreicht, sich von den „Demokraten im Regierungslager rücksichtslos zu trennen".[57]

---

52 Brief vom 14. 1. 1937 an den Vorstand des Wiener Altherrenbundes (WAHB). Es handelt sich um einen Briefdurchschlag aus dem Nachlaß Krasser im ÖCVA, der keinen Absender oder Unterschrift aufweist und an den Vorstand des Wiener AHB gerichtet ist. Entweder ist dieser Brief von Robert Krasser (Nc) selber verfaßt und es handelt es sich dabei um den bei ihm verbliebenen Durchschlag oder ein anderer Alter Herr hat Krasser sein Schreiben in Form eines Durchschlages zur Kenntnis gebracht.

53 Besenböck, Die „soziale Arbeitsgemeinschaft", SS. 24ff.; Kriechbaumer, Von der Illegalität zur Legalität, SS. 85ff.; Maleta, Bewältigte Vergangenheit, S. 158f.;

54 Jedlicka, Dr. Alfred Maleta und die Soziale Arbeitsgemeinschaft, S. 69ff. Siehe dazu auch Bärnthaler, Vaterländische Front, S. 85f.; Besenböck, Die „soziale Arbeitsgemeinschaft", SS. 21ff.; Blenk, Kunschak, S. 195f.; Pelinka, Stand oder Klasse, S. 120f.

55 Schuschnigg, Der Sozialist im Dollfuß-Österreich, S. 59ff.

56 Holtmann, Zwischen Unterdrückung und Befriedung, S. 222; Silberbauer, Österreichs Katholiken und die Arbeiterfrage, S. 187f.; Schuschnigg, Kampf, SS. 100 und 170.

57 Kluge, Der österreichische „Ständestaat", S. 82f. Die Phönix war eine Versicherung.

1948/49 kam es übrigens in der Zeitschrift des Schweizerischen Studentenvereins (StV), *Civitas*, zu einer interessanten Kontroverse zwischen Dobretsberger und August M. Knoll. Unter dem Titel „Ein mißglücktes Experiment. Warum scheiterte die Ständeverfassung Österreichs von 1934?" versuchte Dobretsberger nachzuweisen, daß das Vorbild von der Enzyklika *Quadragesimo anno* völlig mißverstanden wurde, und zeigte organisatorisch-rechtliche Fehlkonstruktionen des „Ständestaates" auf. Der im November 1948 erschienene Artikel Dobretsbergers erregte im ÖCV großen Unmut. Als erster beschwerte sich Friedrich Funder (Cl). Auf Ersuchen des ÖCV wurde Knoll ein umfangreicher (30 Seiten!) Antwortartikel eingeräumt, der jedoch die Redaktion der *Civitas* nicht überzeugen konnte. In einem Nachwort zu Knolls Artikel stellte sie fest, daß der „Ständestaat" nichts mit der Enzyklika *Quadragesimo anno* zu tun habe.[58] Diese Auseinandersetzung war bereits im Vorfeld zur Gründung der Demokratischen Union durch Dobretsberger (siehe S. 585) zu sehen.

Auch wenn die Zahl jener Personen, die für die Beibehaltung der parlamentarischen Demokratie und für die Versöhnung mit der Arbeiterschaft waren, gering war und nicht in die damalige *politcal correctness* paßte, um einen modernen Begriff zu nehmen, so sind sie doch als Zeugen dafür zu nennen, daß der CV innerhalb des katholisch-ständestaatlichen politischen Milieus keine absolute Konformität besaß.

Der Österreichische Historikerstreit

Wie man bereits gesehen hat und noch weiter sehen wird: Der ÖCV und seine Mitglieder waren aufs engste mit dem österreichischen „Ständestaat" der Jahre 1934-1938 verbunden. Sie gehörten zur organisierten Kerngruppe der Funktionselite[59] der damaligen Zeit, und es gab wesentliche Identitäten mit der politischen Führungsschicht. Der Anteil der CVer an dieser erreichte damals seinen Höhepunkt, er war vor 1934 und nach 1945 zu keiner Zeit so hoch. Deswegen wurden die CVer 1938 und in den folgenden Jahren wie kaum eine andere Gruppe verfolgt, wie noch zu sehen sein wird.

Diese enge Verflechtung hatte aber nach 1945 Folgen, denn die politisch-moralischen Vorwürfe an Dollfuß, Schuschnigg u. a. sowie an den „Ständestaat" treffen dadurch nicht minder auch den CV und dessen Mitglieder. Die Liste der Schuldzuweisungen lautet im wesentlichen: Bruch der Verfassung, Beseitigung der parlamentarischen Demokratie und Verbot der Parteien, Errichtung einer Diktatur, brutale Niederschlagung des Februaraufstandes 1934 und Verfolgung der Sozialdemokraten, standrechtliche Todesurteile sowie die Anhaltelager.

Eine Darstellung des CV in Österreich kann sich diesem Problem nicht entziehen, muß aber versuchen, differenziertere Antworten darauf zu finden. Dabei geht es um den Versuch, aus der damaligen Zeit heraus und nicht aus der gegenwärtigen Perspektive den Ursachen und Gründen nachzugehen, warum die Geschichte so und nicht anders verlaufen ist, warum die Erste Republik gescheitert ist, warum die damals in Verantwortung stehenden Politiker so und nicht anders gehandelt haben bzw. handeln konnten. Oder nach dem Linzer Wirtschaftshistoriker Roman Sandgruber (Am): „Es geht ... nicht

58 Dobretsberger, Ein mißglücktes Experiment; Knoll, Warum scheiterte der österreichische „Ständestaat".
59 Über diesen Begriff siehe S. 701.

um die Frage einer 'geteilten Schuld' oder generellen Schuldzuweisung, sondern um mögliche Handlungsspielräume und Alternativen."[60]

Dieses Unterfangen ist trotz des Zeitablaufs von fast einem Lebensalter nicht leicht. Denn kaum eine Epoche[61] der neueren österreichischen Geschichte gibt Anlaß zu so kontroversiellen Anschauungen wie die Zeit zwischen 1933 und 1938. Dabei wird man nicht selten den Verdacht los, daß in solchen Auseinandersetzungen weniger wissenschaftliche Argumente, sondern eher geschichtspolitische und oft sogar tagespolitische ins Feld geführt werden.[62] Dabei wird die Zeitgeschichte für politische Legitimationszwecke mißbraucht. Zu diesem Hintergrund gehört auch, daß ab den siebziger Jahren – der Zeit des Abtretens des Zeithistorikers Ludwig Jedlicka (Aa EM) und des Beginns der SPÖ-Alleinregierung – die Zeitgeschichtslehrstühle Österreichs von links-liberalen oder „SPÖ-nahen Historikern" besetzt wurden. Ende der achtziger Jahre waren jene bis auf eine Ausnahme in der Hand dieser.[63] Der spezielle universitäre Ausgrenzungs- und Selbstergänzungsmechanismus verhinderte hier bis heute einen wesentlichen Ausgleich. Einer von diesen, der Grazer Zeithistoriker Helmut Konrad, gibt das auch offen zu: „Die Vergangenheit ist ein umkämpftes Feld. Es ist die Auseinandersetzung um die kulturelle Hegemonie."[64]

Die nach 1945 in Österreich über diese Zeitepoche entstandenen Historiker-Kontroversen haben auch den Charakter eines Historikerstreites angenommen. Der *erste Historikerstreit* im deutschsprachigen Raum nach 1945 fand 1964 in der sog. „Fischer-Kontroverse" statt. Der vorerst wenig bekannte und der SPD zuzuordnende Fritz Fischer war der erste deutsche Historiker, der sich zu einer weitgehenden historischen Verantwortung seines Landes am Ausbruch des Ersten Weltkriegs bekannte. Dieses Thema war bis dahin lagerübergreifendes Tabu, denn im Rahmen der Verhandlungen zu den Pariser Vorortverträgen 1919 war man ja seitens des Deutsches Reiches bemüht, die deutsche Alleinschuldthese aus diesen Verträgen zu eliminieren. Diese „Fischer-Kontroverse" ebbte in der öffentlichen Wahrnehmung bald wieder ab, obwohl sie nachhaltig für das historische Bewußtsein bestimmend war. Erstaunlicherweise hatte sie in Österreich kaum ein Echo gefunden, obwohl es genauso betroffen war, wenn nicht sogar stärker: Die erste Kriegserklärung des Ersten Weltkriegs erfolgte ja durch Österreich-Ungarn.[65]

---

60 Sandgruber, Ökonomische Krise und Delegitimierung der Demokratie, S. 59.

61 Über diese siehe u. a.: Austrofaschismus; darin vor allem die Beiträge von Hanisch, Der Politische Katholizismus als ideologischer Träger des „Austrofaschismus", und Tálos, Emmerich: Das Herrschaftssystem 1934 – 1938: Erklärungen und begriffliche Bestimmungen, SS. 345-369; Binder, Der „Christliche Ständestaat"; Bracher, Kritische Bemerkungen zum Begriff Austrofaschismus, S. 508ff.; Bracher, Austrofaschismus und die Krise der Demokratien; siehe auch den Beitrag Brachers zu diesem Thema in öAc 35 (1984), H. 6, S. 28ff.; Jagschitz, Der österreichische „Ständestaat", S. 497ff.; Hanisch, Widerstand in Österreich 1934 – 1945; Österreich 1934 – 1938; Reichhold, Kampf um Österreich, bes. SS. 370ff.

62 Ein Beispiel für eine solche Auseinandersetzung ist die in Österreich weitgehend unbekannt gebliebene Kontroverse zwischen Ernst Hanisch und Theodor Veiter (ehemals Rd) in APuZ: Hanisch, Widerstand in Österreich; VEITER, THEODOR: Wird Österreichs Geschichte ungeschrieben? Zum Beitrag von Ernst Hanisch: „Widerstand in Österreich 1934-1945", in: APuZ 43/88, 21. 10. 1988, SS. 34-37; Hanisch, Österreichs Geschichte soll dem internationalen wissenschaftlichen Standard gemäß geschrieben werden.

63 Diesen Umstand gab Ernst Hanisch zu, siehe Hanisch, Widerstand in Österreich 1934-1945, S. 37.

64 Konrad, Der Februar 1934, S. 13,

65 JARAUSCH, KONRAD H.: Der nationale Tabubruch. Wissenschaft, Öffentlichkeit und Politik in der Fischer-Kontroverse, in: Zeitgeschichte als Streitgeschichte, SS. 20ff.; zu Österreich siehe BURZ, ULFRIED: Die Kriegsschuldfrage in Österreich (1918-1938). Zwischen Selbstverleugnung und Identitätssuche, in: Brennpunkt Mitteleuropa, SS. 97-116.

Der *zweite Historikerstreit* – und mit diesem Namen auch weithin bekannt – brach 1986 durch eine These des Berliner Historikers Ernst Nolte (ATB Freiburg/Br.) auf, daß man die Massenvernichtung der Juden im Dritten Reich nicht isoliert von der Jahre zuvor durchgeführten Massenvernichtung unter Stalin betrachten dürfe. Ein Sturm der Entrüstung vor allem unter linken Historikern und Sozialwissenschaftlern, die um ihre Meinungsführerschaft fürchteten, fegte durch Deutschland (und abgeschwächt durch Österreich) und führte zu einer intensiven Debatte nicht nur in Fachkreisen, sondern auch im Feuilleton. Dieser Historikerstreit war in erster Linie eine politische Kontroverse, die Jürgen Habermas initiiert hatte, und hat mit einer nie zuvor so manifest gewordenen Deutlichkeit gezeigt, daß der Diskurs über den Nationalsozialismus die politische Deutungskultur in Deutschland (und auch in Österreich) nach wie vor bestimmt.[66]

Er fand dann anläßlich der rhetorisch verunglückten, aber inhaltlich völlig korrekten Rede des damaligen Bundestagspräsidenten Philipp Jenninger (St EM) zum Gedenken an die Novemberpogrome 1938 (sog. „Reichskristallnacht“) am 10. November 1988 im deutschen Bundestag einen vorläufigen Schlußpunkt. Was in der Folge passierte, ist – wenn man den Original-Text der Rede unvoreingenommen liest – völlig unverständlich gewesen. Jenninger hat in keinster Weise die Verbrechen der Nazis relativiert oder sie auch nicht im entferntesten entschuldigt. Trotzdem fiel die Klasse der politisch Betroffenen bzw. der *political correctness* in einer kollektiven Reaktion über ihn her. Die dadurch ausgelöste Kampagne in der „veröffentlichten Meinung“ veranlaßte ihn, in der Folge zurückzutreten.[67]

In Österreich entbrannte aber schon zweieinhalb Jahre vorher anläßlich der Kandidatur Kurt Waldheims (MKV Comagena Tulln; später erst Wl EM) für das Amt des Bundespräsidenten eine Debatte noch viel weitgehenderen internationalen Ausmaßes um die nationalsozialistische Vergangenheit. Dabei ging es um sein Curriculum nach 1938 bzw. seine Stellung als Offizier der deutschen Wehrmacht am Balkan. Obwohl Waldheim weder Kriegsverbrechen nachzuweisen waren, noch selbst ein Nationalsozialist war, wurde gegen ihn eine Kampagne geführt, die nachweislich vom Büro des Bundeskanzlers Fred Sinowatz ihren Ausgang genommen hatte. Die Quittung wurde bei den Präsidentschaftswahlen entsprechend ausgestellt.[68] Die Waldheim-Diskussion sowie die um die österreichische Geschichte von 1933 bis 1945 kulminierte im März 1988 anläßlich des Gedenkens an die 50jährige Wiederkehr des Anschlusses Österreichs an NS-Deutschland, das von linken Historikern und Publizisten gerne mit Zeitgeistbegriffen wie „Bedenkjahr“, „Trauerarbeit“ etc. be- und umschrieben wurde.[69]

---

66 Dazu siehe Kailitz, Steffen: Die politische Deutungskultur im Spiegel des „Historikerstreits“. What's right? What's left. Wiesbaden 2001; Herbert, Ulrich: Der Historikerstreit. Politisch, wissenschaftliche, biographische Aspekte, in: Zeitgeschichte als Streitgeschichte, SS. 94ff. Siehe auch: Historikerstreit. Die Dokumentation der Kontroverse um die Einzigartigkeit der nationalsozialistischen Judenvernichtung. Texte von Rudolf Augstein u. a. (= Serie Piper 816). München 1987.

67 Text der Rede siehe Deutscher Bundestag. Stenographischer Bericht. Gedenkveranstaltung aus Anlaß der Pogrome des nationalsozialistischen Regimes gegen die jüdische Bevölkerung vor 50 Jahren. 11. Wahlperiode, Bonn, Donnerstag, den 10. November 1988, SS. 7270-7276. Die „Betroffenheits-Stilisten“ besonderer Art, die offenbar nicht richtig zugehört hatten, zerstörten damit zumindest fahrlässig die politische Karriere eines durch und durch lauteren sowie angesehenen Politikers, der bezüglich Nationalsozialismus über jeden Verdacht erhaben war. Nach seinem Rücktritt war er zuerst deutscher Botschafter in Wien, wo er auch Kontakte zum ÖCV pflegte, und dann beim Heiligen Stuhl.

68 Dazu siehe Gehler, „... eine grotesk überzogene Dämonisierung eines Mannes ...“

Die nationale wie auch internationale Aufgeregtheit beruhigte sich in der Folge wieder, wobei die Jahre 1989/90, die einen ideengeschichtlichen wie geopolitischen Paradigmenwechsel zäsurierten, den man wahrscheinlich erst Jahrzehnte später in seiner ganzen Dimension abschätzen und interpretieren wird können, zusätzlich diesen Effekt verstärkten.[70] Die Probleme der Jahre 1933 bis 1945 erscheinen dem Betrachter zu Beginn des 21. Jahrhunderts in weite Ferne entrückt, genau so ähnlich, wie in den achtziger Jahren der Erste Weltkrieg meist außerhalb jedes Interessenbezugspunktes lag.

Die sog. „Goldhagen-Debatte" um die Verantwortung der Deutschen (und auch Österreicher) für den Holocaust, die Daniel Goldhagen mit dem Schlagwort „eliminatorischer Antisemitismus" zu kennzeichnen versucht hatte,[71] und eine neuerliche, ähnlich wie 1986 aufgeregte, aber kurzfristige Diskussion anläßlich der Bildung einer ÖVP/FPÖ-Koalitionsregierung und der daran anschließenden sog. „Sanktionen" einiger EU-Staaten Anfang Februar 2000 konnte an dieser Tendenz grundsätzlich nichts mehr ändern.

Für den ÖCV ist, wie wir deutlich gesehen haben und noch sehen werden, der Nationalsozialismus kein ernsthaftes Problem gewesen. Es gab neben der katholischen Kirche (und vor allem den Priestern) und den Eisenbahnern kaum ein andere Organisation bzw. Personengruppe in Österreich, deren Mitglieder in Relation derartigen Verfolgungen und Schikanen ausgesetzt waren.

Der *österreichische Historikerstreit* fand aber im Gegensatz zu den beiden vorhin genannten nicht in einem bestimmten Zeitraum statt, sondern ist ein nach 1945 immer latent vorhandener, der gelegentlich – meist zu runden Gedenkjahren – stärker in der Öffentlichkeit wahrgenommen wird. Aber offen-kontrovers ausgetragen wie die beiden anderen genannten wurde er in Österreich nie. Einige Beispiele dazu:

Während im Gedenken an den Februar 1934 es 1964 noch zu einer Versöhnungsgeste zwischen dem damaligen Bundeskanzler Alfons Gorbach (Cl) und dem Vizekanzler Bruno Pittermann (SPÖ) kam (siehe unten S. 407), wurde 1974 unter der Regierung Bruno Kreiskys die Sozialdemokratie offensiv. Bewußt versuchte sie, sich ihre moralische Legitimation aus der Geschichte zu holen.[72]

1983/84 wurde vom damaligen Bundeskanzler Fred Sinowatz behauptet, daß das Dollfuß/Schuschnigg-Regime ein Wegbereiter Hitlers war.[73] Damit wird in der parteipolitischen Auseinandersetzung gezielt unterstellt, daß christlich-demokratische und/oder konservative politische Bewegungen ihrerseits „Faschisten" wären, die mit den Nationalsozialisten lediglich in Konkurrenz um die Macht gestanden und auch Jahrzehnte nach dem Zweiten Weltkrieg ihre Grundauffassung nicht geändert hätten.[74]

---

69 Wohltuend hebt sich in diesem Zusammenhang die Dokumentation ab: Kirche in Österreich. 1938 1988. Hg. von Maximilian Liebmann. Graz 1990. Darin sind die Aktivitäten, Veranstaltungen, Reden etc. der katholischen Kirche, katholischer Einrichtungen und Verbände zum 50jährigen Gedenken des Anschlusses abgedruckt. Im Februar 1988 erschien auch eine beachtenswerte gemeinsame Sondernummer der österreichischen und deutschen *Academia* zum Thema 1938: Die Okkupation. Auch dem „34er" Jahr wurde eine Nummer allerdings nur der *Österreichischen Academia* gewidmet: 35 (1984) H. 3.

70 Die österreichische historische Forschung hat übrigens diese Zäsur weitgehend noch nicht als solche verarbeitet.

71 Goldhagen, Daniel J.: Hitlers willige Vollstrecker. Ganz gewöhnliche Deutsche und der Holocaust. Berlin 1996.

72 Konrad, Der Februar 1934, S. 14.

73 Siehe dazu auch Lichtenberger-Fenz, Österreichs Universitäten 1930 bis 1945, S. 73: „Den Nationalsozialismus mit seinen eigenen Waffen zu schlagen, ... wurde zum schnellsten Weg zur Kapitulation vor dem Nationalsozialismus."

74 Pointierter dazu Veiter, Das 34er Jahr, S. 19.

1984 gab es die Großausstellung „Die Kälte des Februar“, die Helmut Konrad als „eindrucksvolles Schlußdokument ... der sozialdemokratischen Hegemonie“ bezeichnet[75], sowie ein Symposion des Dr. Karl-Renner-Instituts (siehe unten S. 399). Hingegen fand im Jahr 1994 dieses Thema kaum Beachtung.

Der Schock für die Sozialdemokratie Anfang 2000 durch den Verlust der jahrzehntelang ausgeübten Regierungsmacht brachte alte Frontstellungen wieder zutage, es hatte sich „die Auseinandersetzung um die historische Erzählung in unserem Land verschärft“.[76] Im nachhinein äußerst bedenklich und mit Recht kritisierbar war die Tatsache, daß namhafte Historiker glaubten, historische Parallelen zwischen der Regierungsbildung des Jahres 2000 und der Jahre 1933/34 aufzeigen zu müssen.[77]

In diese Tendenz gehört auch ein Vorfall anläßlich des Gedenkens seitens sozialistischer Gewerkschafter an den 12. Februar 1934 im Jahr 2001 mit dem Titel „Die Kälte des 12. Februar“: Die „soziale Kälte“ der damaligen ÖVP/FPÖ-Regierung erinnere an „Maßnahmen, die an den Staatsgeist der 30er Jahre gemahnen“, wogegen der damalige ÖAAB-Generalsekretär Walter Tancsits (F-B EM) protestierte.[78] Und für den Parteitag der Wiener SPÖ am 15. September 2001 lag eine Resolution vor, in der stand: „Die Versuche, auf gesetzlichem Weg die Selbstverwaltung auszuschalten, erinnert an 1934.“ Darüber zeigte sich wiederum der damalige Wiener ÖVP-Obmann und Vizebürgermeister Bernhard Görg (AW) „empört und erschüttert“.[79]

Dagegen hob sich die Gedenkveranstaltung am 12. Februar 2004 im Parlament ab, wo Nationalratspräsident Andreas Khol (R-B) und der Zweite Präsident des Nationalrats und spätere Bundespräsident Heinz Fischer in seriöser Weise und mit Hilfe bekannter Historiker – u. a. Dieter A. Binder (ÖKV Winfridia Graz), Roman Sandgruber (Am) und Helmut Wohnout (Nc) – versuchten, eine gemeinsame Betrachtung zu finden. Jungsozialisten hingegen hängten, als Heimwehrler verkleidet, symbolisch die Demokratie an den Galgen und entfalteten ein Transparent: „Wie wird man ÖVP-Patriot? Demokratie abschaffen, ArbeiterInnen ermorden, Diktatur errichten!“[80]

Die Sozialdemokratie lehnt weiterhin die These einer „geteilten Schuld“, d. h. den Versuch, die Ursachen für die Katastrophe der Ersten Republik nicht nur manisch bei einer – nämlich der christlichsozialen-bürgerlichen – Seite zu sehen, kategorisch ab. Der SPÖ-Vorsitzende Alfred Gusenbauer stellte am Vorabend zum 70jährigen Gedenken an den 12. Februar im Jahr 2004 unmißverständlich dazu fest: Die Sozialdemokratie von heute lehne „alle Versuche einer revisionistischen Geschichtsschreibung und Versuche, die These einer vermeintlich geteilten Schuld zu verbreiten“, ab.[81]

---

75 Konrad, Der Februar 1934, S. 14.

76 Ebda., S.14.

77 Das waren u. a. Gerhard Botz, Helmut Konrad und Edith Saurer, so nach Konrad, Der Februar 1934, S. 14. Damit hat sich die „Klasse“ dieser „SPÖ-nahen“ Historiker wohl selber „deklassiert“. Ihre Beurteilung stellte eine krasse Verzerrung der historischen Realität dar, manche dachten vor diesem Hintergrund sogar an eine „Emigration“.

78 Zum Gedenken im Jahr 2001 an den 12. 2. 1934 und den Vergleich mit der ÖVP/FPÖ-Regierung: Veranstaltung der Gewerkschaft der Eisenbahner, Vorankündigung auf der homepage, siehe auch *Die Presse* vom 13. und 14. 2. 2001. Tancsits ist mit einer Enkelin von Dollfuß verheiratet.

79 *Die Presse*, 12. 9. 2001.

80 *Die Presse*, 13. 2. 2004.

81 Ebda.

Nicht zuletzt muß man auch erwähnen, daß die ehemaligen Nationalsozialisten nach 1945, keine geringe Zahl übrigens, am „Ständestaat" nie ein gutes Haar ließen. Sie waren selbst Verfolgte in dieser Zeit und sprechen immer noch mit der nationalsozialistischen Terminologie von der „Systemzeit".[82] Diese starke Kritik lag natürlich auch in der Rechtfertigung für ihre Entscheidung für den Nationalsozialismus begründet.[83]

In diesem *Österreichischen Historikerstreit* um die Zeit zwischen 1933 bis 1938 geht es um folgende Auseinandersetzungen:[84]

Um den Begriff Austrofaschismus

Die Kernfrage bei der Beurteilung des „Ständestaates" ist die, ob dieser faschistisch war bzw. in Anlehnung an den Begriff „Austromarxismus" als austrofaschistisch bezeichnet werden kann.[85] Die überwiegende Zahl der renommierten Historiker und Politikwissenschaftler, auch und vor allem internationale, die sich mit dieser Zeit bzw. dem Phänomen des Faschismus beschäftigt hatten bzw. beschäftigen, kommen zu dem Urteil, daß es sich beim österreichischen „Ständestaat" der Jahre 1934 bis 1938 um kein mit Deutschland oder Italien vergleichbares faschistisches System gehandelt habe. Folgende Beispiele seien angeführt:[86]

Francis L. Carsten kommt zu dem Schluß, daß trotz deutlicher Parallelen mit dem italienischen Faschismus der „Ständestaat" „vielmehr einer traditionellen Rechtsdiktatur als einem faschistischen System" ähnelte.[87] In einem anderen Beitrag wird von ihm der „Ständestaat" überhaupt nicht als Faschismus qualifiziert, sondern – wenn man von Faschismus in Österreich spricht – das trifft nur auf die NSDAP in Österreich sowie die Heimwehr zu.[88] Der aus Breslau stammende Londoner Historiker und Faschismus-Experte ***Walter Laqueur*** spricht bezüglich Österreich von „einem gemäßigt autoritären Regime" und von der „quasifaschistischen Heimwehr".[89] Für den dem sozialdemokratischen Lager zuzuordnenden deutschen Historiker ***Everhard Holtmann*** sind die Unterschiede zwischen dem „Ständestaat" und dem Faschismus so gewichtig, daß er den totalitären Charakter des Systems 1934 bis 1938 bezweifelt und dieses als autoritären Staat bezeichnet.[90]

Nach dem österreichischen Zeithistoriker ***Gerhard Jagschitz*** hatte der „Ständestaat" zwar einige faschistische Merkmale, sie blieben aber alle an der Oberfläche.[91] Der bekannte Bonner Zeithistoriker ***Karl Dietrich Bracher*** wandte sich seit jeher und immer wieder gegen den Begriff „Austrofaschismus", er spricht von einer „Krisendiktatur des autoritär-

---

82 Der Begriff „Systemzeit" wurde von den Deutschnationalen bzw. Nationalsozialisten auch für Weimarer Republik gebraucht, siehe Lönnecker, Vorbild ... für das kommende Reich, S. 40.

83 Sandgruber, Ökonomische Krise und Delegitimierung der Demokratie, S. 54.

84 Diese wurden bereits in Hartmann, Der CV in Österreich (1994), S. 136, und vor allem in Hartmann, Der CV in Österreich (2001), SS. 132, thematisiert.

85 Einen Überblick über den Diskussionsstand (1988) gibt Tálos, Emmerich: Das Herrschaftssystem 1934-1938: Erklärungen und begriffliche Bestimmungen, in: Austrofaschismus, SS. 345-369. Siehe auch Kriechbaumer, Österreich! und Front Heil, SS. 35ff. Der Begriff austrofaschistisch stammt von Otto Bauer.

86 Kriechbaumer, Österreich! und Front Heil, SS. 35ff., führt zusätzlich einige weitere derartige an.

87 Carsten, Faschismus in Österreich, S. 220.

88 Carstens, Francis L.: Zwei oder drei faschistische Bewegungen in Österreich?, in: Februar 1934, SS. 181ff.

89 Laqueur, Faschismus, S. 30 und 132.

90 Holtmann, Zwischen Unterdrückung und Befriedung, S. 15.

91 Jagschitz, Der österreichische „Ständestaat", S. 500.

en Ständestaates“ und von „nationalkonservativen Sonderformen und [faschistischen] Vorformen“.[92] Er bezeichnet den „Ständestaat“ als „bewußt demokratiewidrig, aber er war auch betont antitotalitär, verstand sich als ein Abwehrregime, das der autoritären Struktur bedurfte“.[93]

Auch der ebenfalls aus Bonn stammende, aber schon lange in Yale (USA) lehrende führende Vertreter der international vergleichenden Regimeforschung ***Juan José Linz*** bezeichnet Österreich als autoritäres Regime mit Elementen einer „organischen Demokratie“. Der Rückgriff auf die Katholische Soziallehre und die Kirche war eines der wichtigsten Hindernisse, um ein wirklich totalitäres Regime zu schaffen.[94] Der Berliner Historiker ***Ernst Nolte***, an dessen Aussagen, wie oben erwähnt, sich der Historikerstreit entzündete, bezieht den Faschismus lediglich auf die Heimwehren. Für ihn war der „Ständestaat“ ein „Bündnis von autoritärem Katholizismus und Heimwehrfaschimus, der als ganzes nicht faschistisch genannt werden sollte“.[95]

Der Grazer Verfassungsjurist und Politikwissenschaftler ***Wolfgang Mantl*** (Nc) bezeichnet den „Ständestaat“ als „konservativ-etatistische Diktatur“.[96] Der angesehene Wiener Historiker ***Gerald Stourzh*** hält ebenfalls den Ausdruck Austrofaschismus nicht für adäquat und spricht von einer „Regierungsdiktatur“ oder von einem „autoritärem Regime“.[97] Sein Schüler ***Helmut Wohnout*** (Nc) hat als einer der ersten auf „nichtlinker“ Historikerseite eine wohl treffende Charakteristik versucht und wohl auch gefunden. Nach seiner Ansicht ist wohl bestätigt, „daß als Bezeichnung des Regierungssystems weder der Begriff des christlichen Ständestaates, ... noch die des Austrofaschismus, – der ... zeitgenössischen Ursprungs ist, als Propagandabegriff von der Heimwehr ins Spiel gebracht und später im Zuge der generellen Faschismusdiskussion mit einem ganz anderen Bedeutungsinhalt unterlegt wurde – besonders hilfreich ist. Vielmehr sollte man das Herrschaftssystem der Jahre 1934 bis 1938 als das bezeichnen, was es wirklich war: das eines innen-, außen- und wirtschaftspolitisch in einer permanenten Krise steckenden autoritären Staates, bei dem die normsetzende Gewalt zum Großteil in der Regierung aufgegangen war und der daher über weite Strecken den Charakter einer Regierungsdiktatur hatte.“[98] Seine These von der Regierungsdiktatur hat er später auf „Kanzlerdiktatur“ spezifiziert, indem er nachgewiesen hat, daß das sowohl für Dollfuß als auch für Schuschnigg ab 1936 zutrifft.[99] Durch das Ermächtigungsgesetz vom 30. April 1934 blieb die Verfassung „über weite Strecken ein Dokument auf dem Papier“.[100]

Auch international sieht man diese Zeit differenzierter: „The term facism itself is ... unhelpful in advancing our understanding of the Austrian dictatorship, because it deflects

---

92 Bracher, „Austrofaschismus“ und die Krise der Demokratien, S. 11ff.

93 Bracher, Karl Dietrich: Geschichte als Erfahrung. Betrachtungen zum 20. Jahrhundert. Stuttgart 2001, S. 46.

94 Linz, Juan J.: Totalitäre und autoritäre Regime. Hg. Raimund Krämer. Berlin 2000 (= Potsdamer Textbücher Band 4), SS. 191 und 35.

95 Nolte, Der Faschismus in seiner Epoche, S. 41; Nolte, Die faschistischen Bewegungen, S. 256.

96 Mantl, Leopold Figl: Die Größe des Anfangs, S. 15.

97 Nach Meysels, Lucian O.: Der Austrofaschismus. Das Ende der ersten Republik und ihr letzter Kanzler. Wien 1992, S. 307, bzw. neuestens Stourzh, 1945 und 1955, S. 54.

98 Wohnout, Regierungsdiktatur oder Ständeparlament, S. 434.

99 Wohnout, Anatomie einer Kanzlerdiktatur, bes. S. 964f. Wohnout greift dabei auf Einschätzungen von Welan, Manfried – Neisser, Heinrich: Der Bundeskanzler im österreichischen Verfassungsgefüge. Wien 1971, S. 48, zurück.

100 Wohnout, Anatomie einer Kanzlerdiktatur, S. 964.

attention away from the political realities of the system and its social and economic consequences."[101]

Im Gegensatz zu den meisten Zeithistorikern gibt es hingegen aber eine Reihe von Autoren, die den „Ständestaat" als „faschistisch" bezeichnen, wofür dann Begriffe wie Austrofaschismus, Klerikal- bzw. Klerikofaschismus, Heimwehrfaschismus etc. verwendet werden. Zum überwiegenden Teil gehören diese der politologischen bzw. „linken Seite" an, und in Folge davon wird dann, wie erwähnt, die Geschichte nicht selten zur politischen Waffe, um in der tages- bzw. ideologiepolitischen Auseinandersetzung („Faschismuskeule") den Gegner zu treffen.

Vor allem ist hier die großangelegte Untersuchung „Austrofaschismus", die u. a. von dem Politikwissenschaftler ***Emmerich Tálos*** (ehemals A-P) herausgegeben wurde, zu nennen, die schon durch ihre Titelformulierung die Bewertung Austrofaschismus als gegeben voraussetzen möchte. Ebenso bezeichnend ist auch, daß sich das als Standardwerk verstehende und ebenfalls u. a. von Tálos herausgegebene „Handbuch des politischen Systems Österreich" den Untertitel „Erste Republik 1918-1933" führt und somit die Jahre 1933 bis 1938 bewußt nicht der Ersten Republik zurechnet. Tálos selber plädiert selbstverständlich für die Verwendung des Begriffs Austrofaschismus[102], ebenso auch der Wiener Zeithistoriker ***Anton Staudinger***.[103]

Überspitzt ist eindeutig der Begriff Klerikalfaschismus, der von dem deutschen Historiker ***Klaus-Jörg Siegfried*** verwendet wurde.[104] Ernst Hanisch hält diese „These für falsch. Der Begriff Klerikofaschismsus ist ein politischer Kampfbegriff."[105] Und auch Walter Laqueur meint dazu: „Weder Dollfuß noch Schuschnigg ... waren von fanatischer Religiosität erfüllt. Man konnte sie eher als autoritär denn als totalitär bezeichnen."[106]

Aus Anlaß „50 Jahre Februar 1934" veranstaltete das sozialdemokratische Dr. Karl-Renner-Institut 1984 ein Symposion, zu dem als Referent bezeichnenderweise der DDR-Historiker ***Kurt Gossweiler*** eingeladen wurde. Ein konsequenter Vertreter eines unstreitig totalitär-verbrecherischen Systems hatte also zu urteilen. Jahrzehnte danach, sicherlich auch im Bewußtsein des Zusammenbruchs des Sozialismus im Osten, klingen daher seine Ausführungen für heutige Leser nur mehr fossilhaft: So „... ordnet sich nach meinem Dafürhalten das Nach-Februar-Österreich in die Reihe jener Länder, in denen der konterrevolutionäre Gegenstoß der imperialistischen Bourgeoisie gegen die Ergebnisse der revolutionären Welle der ersten Nachkriegsjahre in die Errichtung einer offenen, terroristischen Diktatur, einer Diktatur faschistischen Typs also, einmündete."[107] In der Folge versucht er krampfhaft, die oben genannten Argumente, warum der „Ständestaat" kein

101 Kirk, Tim: Facism and Austrofascism, in: The Dollfuß/Schuschnigg Era in Austria. A Reassessment. Ed. Günter Bischof, Anton Pelinka und Alexander Lassner (= Contemporary Austrian Studies 11). New Brunswick 2003, S. 26.

102 Tálos, Emmerich: Das Herrschaftssystem 1934-1938: Erklärungen und begriffliche Bestimmungen, in: Austrofaschismus, S. 365. In dieser Linie steht das ebenfalls von Tálos mitherausgegebene Sammelwerk NS-Herrschaft in Österreich.

103 Staudinger, Anton: Austrofaschistische „Österreich"-Ideologie, in: Austrofaschismus, S. 287; Staudinger/Müller/Steininger, Die Christlichsoziale Partei, S. 175.

104 Siegfried, Klerikalfaschismus.

105 Hanisch, Der Politische Katholizismus als ideologischer Träger des „Austrofaschismus", S. 53.

106 Laqueur, Faschismus, S. 227.

107 Gossweiler, Kurt: Die faschistische Bewegung in Österreich. Ein Versuch ihrer Einordnung in eine Typologie des Faschismus, in: Februar 1934, S. 199.

faschistisches System sei, zu widerlegen, was aufgrund des ideologischen Standorts des Autors nicht sonderlich wundert.[108]

Gegen die so vorgenommene Etikettierung „Austrofaschismus" ist einzuwenden: Obwohl faschistische Strukturen und Versuche, solche zu imitieren, nicht übersehen werden dürfen, fehlte es an einer *faschistischen Ideologie*, den christlichen Ständestaatsgedanken kann man wohl als solchen nicht bezeichnen.

Es fehlte auch an einer *charismatischen Führerfigur*, die zwar Dollfuß merkwürdigerweise (wegen seiner Kleinheit und seiner engen, unsonoren Stimme) in gewissem Sinn war. Schuschnigg hingegen war keine charismatische Persönlichkeit.

Es gab zwar Organisationen des „Ständestaates", die faschistische Vorbilder hatten (etwa das Schutzkorps [SK] bezüglich der SS), doch blieben diese mangelhaft und an der Oberfläche. Die Vaterländische Front (VF) war auch keine *faschistische Massenorganisation.*

In dieser Epoche war jedenfalls Österreich ein Unikat, denn Träger der politischen Macht war weder eine ideologisch präformierte Massenorganisation (wie etwa NSDAP, Faschismus, Kommunismus), noch das Militär (wie teilweise in Ungarn, Rumänien und Polen) oder eine Dynastie (wie z. B. in Jugoslawien und Bulgarien). Es bestanden zahlreiche Einrichtungen der demokratischen Republik fort, allerdings fehlte das Parlament mit all seiner Konsequenz.

Für vollfaschistische Systeme ist auch ein gewisser *Antikonservativismus* kennzeichnend, der völlig fehlte, denn die Rezeption des katholischen Ständegedankens entsprach keiner Modernisierungsstrategie. Der „Ständestaat" war auf Konservierung eines eher vormodernen und romantisierenden, statischen Gesellschaftsmodells ausgerichtet. Er konnte daher auch der sozialrevolutionären klassenübergreifenden Massenmobilisierung durch die NSDAP kein wirksames politisches Mittel entgegensetzen. Auch wurde die Herrschaftsstruktur der traditionellen Gesellschaft durch keine neue Elite in Frage gestellt, was man ja bei Deutschland und Italien in den jeweiligen Machtübernahmephasen beobachten konnte, sondern die alten Eliten – nicht zuletzt der CV – wurden nach der Ausschaltung der Sozialdemokratie ausgebaut. Oder anders ausgedrückt: Der „Ständestaat" war eine Fortsetzung der bisherigen Koalition aus Christlichsozialen, Heimwehr und anderer ihnen nahestehender Kräfte – zusätzlich mit Unterstützung der katholischen Kirche – ohne Parlament und mit autoritären-antidemokratischen Zügen, die aber relativ große Bereiche von Freiräumen nie tangierten – im Gegensatz zum Nationalsozialismus und italienischen Faschismus oder gar den kommunistischen Diktaturen. Vor allem war es nach Ansicht vieler[109] der starke Einfluß der Kirche auf dieses System und die darin handelnden Personen, die eine Barriere gegen die Ausbildung eines faschistischen Totalitarismus bildete.

Weiters entstand der „Ständestaat" eher aus Improvisation und aus der Koinzidenz von teils zufälligen (wie die „Selbstausschaltung" des Nationalrats), teils bewußt herbeigeführten Ereignissen, die es erst Dollfuß ermöglichten, peu-á-peu einen antiparlamentarischen Kurs zu steuern. Der „Ständestaat" wurde daher nicht, wie in faschistischen Systemen üblich, aus einer offensiven Position angesteuert, sondern sein defensiver Charakter stand im Vordergrund.[110]

---

108 Seine Einladung zu diesem Symposion durch eine SPÖ-Einrichtung zeigt auch, daß man in der Sozialdemokratie Österreichs (auch natürlich in der SPD) einer falschen Einschätzung der DDR und ihrer ideologischen Machthaber erlegen war, was natürlich 1989/90 bei der Sozialdemokratie vor allem in Deutschland zu erheblichen Irritationen führte. Das erklärt u. a. auch die Wahlniederlage der Linken 1990 in West-Deutschland (Verlust von SPD-Mandaten; die Grünen verfehlten die 5-Prozent-Hürde).

109 Z. B. auch Ernst Hanisch.

110 Reichhold, Kampf um Österreich, S. 71f.

Zusätzlich ist auch anzumerken, daß die anfänglich 1933/34 durchaus bestandenen teilweisen Tendenzen eines Faschismus aufgrund des Machtfaktors der Heimwehren ab 1935 zurückgedrängt wurden (1936 Entmachtung der Heimwehren), so daß man sogar von einer „partiellen Defaschisierung" sprechen kann.[111]

Um Schuld und Widerstand des „Ständestaates"

Neben der Frage nach der Qualität des „Ständestaates" wird immer wieder die Schuldfrage diskutiert, nämlich die Ausschaltung der parlamentarischen Demokratie und der Sozialdemokratie, die Todesurteile im Zusammenhang mit dem 12. Februar 1934 usw. Der Schuldige wird dabei oft einseitig und platt festgemacht, so etwa von Anton Pelinka: „Das katholisch-konservative Lager trägt die primäre Verantwortung für den Weg, den die Regierung Dollfuß zwischen März 1933 und Februar 1934 eingeschlagen hat – für den Weg weg von der Republik und demokratischen Verfassung, hin zur Diktatur."[112] Mit derart simplen Feststellungen werden differenzierte Perspektiven ausgeblendet.

Denn: Welchen innen- wie außenpolitischen[113] Handlungsspielraum hatte Dollfuß zu dieser Zeit? Auf der einen Seite stand das faschistische Italien, das auf eine Beseitigung der Sozialdemokratie drängte, auf der anderen Seite Hitler-Deutschland, dessen Ableger in Österreich immer heftiger agierten. Auch muß man bedenken, daß in den dreißiger Jahren parlamentarische Demokratien eher die Ausnahme unter den politischen Systemen Kontinentaleuropas waren. Die Wahlergebnisse der Jahre 1932/33 haben auch ohne die damals existierende empirische Meinungsforschung signalisiert, daß bei den nächsten fälligen Nationalratswahlen, also spätestens im Herbst 1934, die NSDAP so stark werden würde, um die Regierung auch in Österreich auf (halb)legalem Weg zu übernehmen. Der Anschluß wäre dann vermutlich bereits lange vor 1938 erfolgt. Ob ein bereits z. B. 1934 oder kurz danach nationalsozialistisches Österreich nach 1945 gegenüber den Alliierten als „erstes Opfer" Hitlers dagestanden wäre, wird wohl zu verneinen sein.[114]

In diesem Zusammenhang ist der Vorwurf interessant, die demokratischen Parteien der Weimarer Republik hätten nicht die Notbremse gezogen und Wahlen sowie damit die „legale" Machtergreifung Hitlers verhindert.[115] Das gerade hat aber der „Ständestaat" getan. Wer angesichts des raschen und enormen Stimmenzuwachses der NSDAP damals sowie politisierend-moralisierend gegenwärtig auf Einhaltung der parlamentarischen Demokratie und Neuwahlen pocht(e), der nahm/nimmt in Kauf, „den Nationalsozialisten den Ball für einen Torerfolg aufzulegen".[116]

---

111 Botz, Gewalt in der Politik, S. 235; Binder, Der „christliche „Ständestaat", S. 210.

112 Pelinka, Paradigmenwechsel: Lernen aus der Geschichte, S. 43.

113 Dazu siehe auch Reichhold, Kampf um Österreich, S. 66f.

114 Diesen, bereits 1994 in Hartmann, Der CV in Österreich (1994), S. 136f., geäußerten Argumenten folgt auch Sandgruber, Ökonomische Krise und Delegitimierung der Demokratie, S. 58.

115 So der renommierte britische Historiker Eric Hobsbawm, zit. bei Sandgruber, Ökonomische Krise und Delegitimierung der Demokratie, S. 54.

116 Sandgruber, Ökonomische Krise und Delegitimierung der Demokratie, S. 58, spitzt zwar analytisch das so zu, bleibt aber unlogisch und inkonsequent, wenn er sofort feststellt. „Dollfuß hat angesichts dessen die Diktatur gewählt. Das ist kein zu billigender Weg." Wenn aber Neuwahlen wegen des sicheren NS-Erfolges auch nicht richtig gewesen wären, was wäre dann zu „billigen" gewesen? An der Unmöglichkeit, diese Frage befriedigend beantworten zu können, zeigt sich letztlich das Dilemma dieses „Österreichischen Historikerstreites".

Aus dieser Beurteilung heraus war die Handlungsweise von Dollfuß (auch im nachhinein betrachtet) verantwortungsethisch richtig. Der Umstand, daß die Zentrumspartei bei den Wahlen der NSDAP nicht standzuhalten vermocht hatte, verstärkte die Angst der Regierung vor Wahlen.[117] Weil nun das autoritäre Regime auf eine demokratische Legitimität nicht Rücksicht zu nehmen brauchte, war es möglich, die staatsfeindliche NSDAP und die Sozialdemokraten (bzw. Revolutionären Sozialisten) vorerst auszuschalten, und es gelang dadurch Dollfuß bzw. seinem Nachfolger Schuschnigg, Österreich noch einige Jahre zu halten.[118] Zumindest in Ansätzen wurde auch ein Österreichbewußtsein erzeugt, das für die Existenz und die Selbstfindung der Zweiten Republik lebensnotwendig war (siehe mehr dazu S. 411).

Auch wird die *Ausschaltung des Nationalrats Anfang März 1933* und die folgende Periode bis zum Frühjahr 1934 nur unter der Perspektive der Gegnerschaft zur Linken und viel zu wenig unter dem Aspekt einer Abwehr des Nationalsozialismus gesehen.[119] Problematisch ist daher auch die Gleichsetzung des Widerstands gegen den Nationalsozialismus zwischen 1938 und 1945 mit dem Widerstand gegen den „Ständestaat", wie er gerade in vielen Publikationen (z. B. des Dokumentationsarchivs des Österreichischen Widerstands) zum Ausdruck kommt. Denn damit wird erstens eine Gleichrangigkeit der beiden Zeitabschnitte 1933 bis 1938 und 1938 bis 1945 suggeriert, zweitens treten für die Zeit 1933 bis 1938 Linke und Nazis in eine ungewollte gemeinsame „Widerstands-Koalition" und drittens besteht damit auch die Groteske, daß zwischen 1933 und 1938 der Widerstand ein „Widerstand gegen den Widerstand" war: Die Linke leistete gegen ein Regierungssystem Widerstand, das seinerseits als solches ein Widerstand gegen Nazi-Deutschland war. Um ein monströses Unwort zu gebrauchen: Der linke Widerstand gegen den „Ständestaat" war ein Anti-Antifaschismus.

Viel zu wenig wird daher in der historischen Wissenschaft und damit zusammenhängend in der veröffentlichten Meinung auf den Charakter des „Ständestaates" als gewissermaßen institutionalisierten, wenn auch schlecht organisierten Widerstand gegen den Nationalsozialismus hingewiesen. Und seitens der links-inspirierten österreichischen Zeitgeschichtsforschung wird dazu quasi entschuldigend festgestellt: „Die These des Widerstands des Austrofaschismus gegen den Nationalsozialismus ist für die österreichische Linke emotional schwer zu ertragen. Der notwendige Prozeß der Entemotionalisierung wird zudem durch eine neuerdings auftretende vollmundige Verteidigung des Dollfuß-Schuschnigg-Regimes erschwert, wie sie etwa Gottfried-Karl Kindermann vertritt."[120] Andererseits kann nicht geleugnet werden, daß das autoritäre Regime mit der Ausschaltung der Sozialdemokratie potentielle Verbündete gegen Hitler beseitigte und damit den eigenen Widerstand schwächte.

Demgegenüber hat aber offenbar der nichtdemokratische und totalitäre Charakter der Ideenwelt der Kommunisten deren historische Würdigung im Widerstand durch

117 Haider, Die Auflösung der Weimarer Republik und das christlichsoziale Lager in Österreich. S. 104.

118 Reichhold, Kampf um Österreich, S. 62.

119 So u. a. bei Siegfried, Klerikalfaschismus, S. 3.

120 Hanisch, Widerstand in Österreich 1934-1938, S. 38. Auf die Idee, daß Publikationen wie Kindermanns „Hitlers Niederlage in Österreich" in Reaktion auf die emotionalisierte und schlagwortartig-polemische jahrzehntelange Kritik an Dollfuß bzw. am „Ständestaat" entstanden sein könnten, kommt Hanisch allerdings nicht. Dafür attestiert er in großzügiger Weise, daß die Arbeit von Reichhold, Kampf um Österreich, „etwas nüchterner" ausgefallen sei. Siehe dazu auch die jüngere Arbeit Kindermann, Österreich gegen Hitler. Zu den Kindermann-„Kritikern" gehört selbstredend auch Konrad, Der Februar 1934, S. 14.

professionelle Antifaschisten nicht im geringsten Abbruch getan. In diesem Zusammenhang kann daher mit Recht festgestellt werden: Nicht nur wogegen die Kommunisten kämpften ist wichtig, sondern auch wofür. Die sicherlich oft schrecklichen Schicksale der Kommunisten im Dritten Reich können nicht als Entschuldigung für deren totalitäre Grundhaltung dienen.[121]

Erika Weinzierl, die unverdächtige und ausgewiesene Historikerin des österreichischen Widerstands, kommt daher zu dem Schluß: „Der Ständestaat in Österreich ist die erste staatlich organisierte Résistance-Bewegung gegen den Nationalsozialismus gewesen." Dieser Umstand und die Tatsache der Verhaftungen vieler Funktionäre des „Ständestaates" 1938 führt zum Vorwurf Weinzierls an viele linke Historiker: „Diese Fakten kann man nicht schweigend übergehen."[122]

Ein weiterer „Schuldvorwurf" an den „Ständestaat" bezieht sich auch auf eine verfehlte Wirtschafts- und Sozialpolitik. Im Gegensatz zur desaströsen Schuldenpolitik des Dritten Reiches setzte vor allem die Regierung Schuschnigg auf eine solide Finanz- und Budgetpolitik, die aber, weil ausgabenrestriktiv, nicht die nötigen Investitionen tätigte – so der Vorwurf – , um somit nachfrageorientiert die Wirtschaft in gang zu bringen und damit auch die Arbeitslosigkeit zu senken. Der Gegensatz zu dieser Politik wäre wohl der Ansatz von John M. Keynes gewesen, ein bei großen Teilen der Linken weit verbreitetes wirtschaftpolitisches Szenario.[123]

Um den Februar 1934

Die Sozialdemokratie sieht sich bezüglich des Februars 1934 gerne als Verteidigerin der Demokratie. Abgesehen davon, daß sowohl das „Hainfelder Programm" von 1889 als auch das „Linzer Programm" von 1926 die parlamentarische Demokratie nur als Mittel zum Zweck der Errichtung einer unumkehrbar verstandenen sozialistischen Gesellschaftsordnung betrachtet hatten, kann wohl niemand weismachen, daß der Aufstand von Teilen des Schutzbundes vom 12. Februar 1934 darauf abzielte, die verfassungsmäßige Ordnung im Sinne des B-VG 1920/29 in vollem Umfang bzw. die parlamentarische Demokratie wieder herzustellen.

Daher wurde von dem Grazer Kirchenhistoriker Maximilian Liebmann (Cl) die Frage gestellt[124], welches Ziel denn der partielle Aufstand des Schutzbundes 1934 gehabt habe. In einem Aufruf am 12. Februar 1934 heißt es u. a.: „Nun gilt der Endkampf gegen Dollfuß und seine Faschisten! Der Endkampf gegen Kapitalismus, Wirtschaftsnot und Bedrückung aufzunehmen und zum Sieg zu führen ... Es lebe der Sozialismus!" Von Demokratie ist da nicht die Rede. Ohne viel zu hinterfragen, ist es für manche (linke) Zeithistoriker so etwas wie eine immer wieder tradierte „Binsenweisheit", daß es bei dieser partiellen Schutzbundrevolte „um die Verteidigung der Demokratie" (Ernst Hanisch) [125] gegangen sei. Belegt und

121 Hier ist auch der Umstand anzumerken, daß das sicherlich verdienstvolle Dokumentationsarchiv des Österreichischen Widerstands unter kommunistischem Einfluß steht bzw. gestanden hat.

122 Weinzierl, Widerstand, Verfolgung und Zwangsarbeit, S. 414.

123 Insbesondere ist es Emmerich Tálos (ehem. A-P), der diesen Vorwurf seit langem kultiviert, siehe zuletzt in Themen der Zeitgeschichte und der Gegenwart, SS. 27ff.

124 Dieser Frage ging erstmals Liebmann, Der 12. Februar 1934, und Liebmann, Die Tragik des 12. Februar 1934, nach.

125 Hanisch, Österreichs Geschichte soll dem internationalen wissenschaftlichen Standard gemäß geschrieben werden, S. 38.

nachgewiesen wurde eine solche „Verteidigung“ aber nicht, behauptet wird sie aber immer wieder, um die („gute“) Sozialdemokratie in einer Opferrolle zu sehen, die („böse“) Dollfuß-Regierung hingegen als Täter.[126]

Die Sozialdemokratie „austromarxistischer“ Richtung wird daher von „SPÖ-nahen“ Historikern gerne als Opfer des „Bürgerkriegs 1934“ heroisiert. Vor diesem Hintergrund verblassen die in der Sozialdemokratie damals herrschenden antiparlamentarischen Tendenzen, die sich aus deren revolutionären Richtung ergaben und sich noch im Linzer Parteiprogramm von 1926 manifestierten. In vielen Publikationen wird mit Akribie der Frage nachgegangen, wo es denn im christlichsozialen bzw. bürgerlichen Lager die Ansätze und Ursachen zu der Entwicklung antiparlamentarischer Tendenzen gegeben hat, die dann zum Jahr 1934, zum „Ständestaat“ oder gar zum Nationalsozialismus führten. Die Ortung revolutionärer und damit gegen die repräsentative Demokratie gerichteten Vertreter in der Sozialdemokratie Österreichs wird man hingegen in diesem Ausmaß vergeblich suchen.[127]

In Wirklichkeit gingen aber wichtige Sozialdemokraten zwischen März 1933 und Februar 1934 nicht von einer Wiedereinführung der parlamentarischen Demokratie aus. In den in dieser Zeit verfaßten „Thesen der Linken innerhalb der Sozialdemokratischen Partei“ heißt es u. a.: „... Es gibt daher nur die Wahl zwischen der fascistischen [sic!] Diktatur ... und der proletarischen Diktatur ... Jede reine politische Umwälzung, die nur zur Wiederherstellung der parlamentarischen Demokratie führt, ist ungenügend ...“ Der Linzer Historiker Roman Sandgruber (Am) kommt daher zu dem Schluß: „Parlamentarische Demokratie war daher für die Linken in der Sozialdemokratie ... in der Wirtschaftskrise nicht mehr denkbar.“[128] Auch Richard Bernaschek, dem unmittelbaren Auslöser des Februaraufstandes, ging es nicht um die Wiederherstellung der Demokratie: „Nicht im Kampf um die Demokratie, sondern im Kampf um den Sozialismus werden wir die entschlossenste Gefolgschaft ... finden. ... Unser Programm kann nicht lauten: Wiederherstellung des Parlaments. ... [Das] begeistert nicht einen einzigen Arbeiter ...!“[129]

In den Aussagen des Stabschef des Schutzbundes, Alexander Eifler (Edler von Lobenstedt), in dem gegen ihn geführten Hochverratsprozeß im Jahr 1935 ist dessen Bürgerkriegsplan bekannt geworden, der durchaus terroristische bzw. quasi-bolschewistische Züge aufgewiesen hat. In diesem Plan heißt es u. a. wörtlich: „Im Kampf gegen das Bundesheer sind die Offiziere sofort unschädlich zu machen, bei der Polizei alle Vorgesetzten bis zum Leutnant ... Der aktive Teil der Bourgeoisie ist zu isolieren und die Anwendung des Klassenterrors gegenüber verhafteten Gegnern der bürgerlichen Parteien zu verkünden.“ Die kurz vor dem 12. Februar und danach gefundenen und sichergestellten Waffen und Sprengmittel des Schutzbundes lassen in ihrer Quantität und Qualität den Schluß zu, daß hier ein erhebliches militärisches Potential vor allem in Ost-Österreich vorhanden war. Der Schutzbund zählte zu seinen besten Zeiten rund 80.000 Mann, die gut ausgebildet und mit Infanteriewaffen ausgerüstet waren. Quantitativ wie teilweise

126 Dazu siehe vor allem Liebmann, Die Tragik des 12. Februar, S. 30f.

127 Ein besonderes Beispiel einer solchen Schieflage der Darstellungsweise ist der Sammelband Februar 1934, der die Referate eines Symposions zum 12. Februar 1934, veranstaltet 1984 vom Dr. Karl-Renner-Institut, wiedergibt. Das wundert nicht, denn dieses Institut ist eine SPÖ-Einrichtung. Hingegen finden sich bei Kindermann, Österreich gegen Hitler, genaue Hinweise auf die revolutionär-bolschewistische Sprache in der Sozialdemokratie und die Pläne für den Bürgerkrieg.

128 Sandgruber, Ökonomische Krise und Delegitimierung der Demokratie, S. 57. Hier auch die Belege für das Zitat „Thesen der Linken usw.“

129 Zitiert bei Sandgruber, Ökonomische Krise und Delegitimierung der Demokratie, S. 58.

auch qualitativ waren sie den Kräften der Exekutive (Bundesheer, Polizei, Gendarmerie) überlegen. Es bestand also seit den zwanziger Jahren im Bereich der Sozialdemokratie eine zentral geführte „Privatarmee" von bedeutendem Ausmaß. Es kann gerade dabei deren demokratische Legitimation hinterfragt werden. Wäre sie strategisch richtig und nicht dilettantisch eingesetzt worden, so hätte das Aufstandsunternehmen durchaus erfolgreich sein können.[130]

Gerade bei der Bewertung von Dollfuß bzw. des „Ständestaates" ist es hilfreich, die in der angelsächsischen Historiographie häufig übliche „kontrafaktische" Geschichtsanalyse anzuwenden. Daher gesetzt die Annahme, die Aufstandsbewegung hätte Erfolg gehabt, dann wäre wahrscheinlich die Konsequenz gewesen, daß der Verbalradikalismus in den Programmen der österreichischen Sozialdemokratie sich in Realität umgesetzt hätte. Daß so etwas nur von kurzlebigem Bestand gewesen wäre, zeigen die erwähnten damaligen geopolitischen Verhältnisse in Europa. Weder Deutschland noch Italien hätten zwischen sich auf Dauer ein „linkes" Regime geduldet, so daß es ebenfalls über kurz oder lang zu einem Anschluß gekommen wäre. Oder es hätten sich zeitweise Zustände wie im Spanischen Bürgerkrieg ergeben, zusätzlich gepaart mit Umsetzungsversuchen von Gebietsansprüchen Ungarns und Jugoslawiens.[131] Naiv wirkt da die schwärmerische Behauptung, ein Erfolg des Aufstands hätte beispielgebend gewirkt und Faschismus und Nationalsozialismus vereitelt.[132]

Roman Sandgruber (Am) vertritt ebenfalls diese bereits 1994 geäußerte „kontrafaktische Analyse[133] und führt sie sogar – sicherlich etwas übertrieben – noch weiter aus. In dem außenpolitisch geschilderten Szenario nach einem erfolgreichen Februar-Aufstand wäre es einem solchen „linken" Österreich nicht anderes übriggeblieben, als sich der Sowjetunion zu näheren – mit der möglichen Konsequenz, daß diese 1945 Österreich zu ihrem Einflußbereich gerechnet und in den Ostblock einverleibt hätte.[134]

Helmut Wohnout (Nc) weist noch auf einen anderen, bislang unbeachteten Aspekt hin. Seit dem Frühjahr 1933 verübten die Nationalsozialisten in sich steigender Weise in Österreich terroristische Anschläge (siehe unten S. 409). Daher hat der Beginn der Kampfhandlungen am 12. Februar für die Regierung wie die Eröffnung einer „zweiten Front" gewirkt. Das könnte die relative Unverhältnismäßigkeit bei der Wahl der Mittel durch die Regierung (Einsatz von Artillerie, Standrecht etc.) erklären.[135]

Hierin gehört natürlich auch die Tragik der nach dem 12. Februar acht hingerichteten Schutzbund-Aufständischen, von denen jeder zuviel war. Kardinal Theodor Innitzer (NdW) intervenierte deswegen vergebens beim damaligen Justizminister Kurt Schuschnigg (AIn).[136] Aber die heroisierende sozialdemokratische Legendenbildung über die Hinrich-

---

130 Kindermann, Österreich gegen Hitler, SS. 157-172. Der Aktionsplan wird auf S. 160f. zitiert und stammt aus dem AVA. Siehe S. 368, Anm. 19.

131 Dieses Szenario hat Gottfried-Karl Kindermann in *Die Presse*, 11. 2. 2004, angenommen.

132 Haasis, Hellmut: Spuren der Besiegten 3. Freiheitsbewegungen vom demokratischen Untergrund nach 1848 bis zu den Atomkraftgegnern (= rororo Handbuch 6282). Reinbek 1984. Hingegen behauptet Konrad, Der Februar 1934, S. 24, daß der Aufstand nicht das Ziel gehabt hätte, die Macht im Staat zu erlangen.

133 Hartmann, Der CV in Österreich (1994), S. 137.

134 Sandgruber, Ökonomische Krise und Delegitimierung der Demokratie, S. 58. Dafür wird er von dem Grazer Zeithistoriker Helmut Konrad, der ebenfalls so wie er 2004 beim Symposion zum Februar 1934 im Parlament sprach, kritisiert, siehe Konrad, Der Februar 1934, S. 15.

135 Wohnout, Dreieck der Gewalt, S. 88.

136 Ausführlich die Rolle der Kirche bei diesen Ereignissen Liebmann, Der 12. Februar 1934, SS. 322ff.

tung des angeblich mit der Bahre zum Galgen gebrachten verwundeten Karl Münichreiter ist das klassische Beispiel einer Geschichtsschreibung, die zur politischen Waffe funktionalisiert wird. Denn mit dieser Legende soll die unmenschliche Perfidie dieses Systems, und vor allem natürlich die von Dollfuß und Schuschnigg, in ein besonders grelles Scheinwerferlicht gestellt werden. In einem authentischen, unbezweifelbaren Bericht der Gefängnispfarrer des Wiener Landesgerichts, u. a. von Eduard Köck (Rd), steht über Münichreiters Hinrichtung: „Ging, eine Zigarette rauchend, seelenruhig aus der Armesünderzelle zur Richtstätte.“[137]

Um das persönliche Schicksal von Engelbert Dollfuß

Das persönliche Schicksal von Engelbert Dollfuß – losgelöst von jeglichem politischen Standort – bleibt bei diesen innenpolitischen-zeithistorischen Kontroversen auf der Strecke. Er wurde sowohl von den Nationalsozialisten wie von den Sozialdemokraten zutiefst gehaßt, weil er gegen beide Radikalismen war. In der Nazi-Propaganda gegen ihn ging man soweit, sogar ein „Dollfuß-Gebet“ im Umlauf zu bringen, das sich an das Apostolische Glaubensbekenntnis anlehnt und sich in der Polemik kaum vom Seipel-Spottlied der Sozialdemokraten unterscheidet (siehe S. 265). Der Kuriosität halber sei es hier zitiert:

> „Ich glaube an den allmächtigen Vater, Schöpfer der Notverordnungen, an Engelbert Dollfuß, den kleingeborenen Sohn unseres Herren, der entgangen ist dem Heiligen Geist, erkoren zum Hassen gegen Deutschland, gerne gelitten von den Bonzen, im Rathaus Hahnenschwanz beneidet, von den Juden gefeiert, abgeschrieben das Hitlerprogramm, am dritten Tag wieder gut mit den Roten, er frißt aus den Händen des allmächtigen Völkerbundes, von dannen er kommen wird zu richten die Nazi und Sozi. Ich glaube an den Lausanner Geist, Gemeinschaft der Juden und Tschechen und anderer Österreicher, Auferstehung des Habsburger Reiches und ein schuftiges Leben.“[138]

Daß seitens mancher sozialdemokratischer Kreise das Bild von Dollfuß im Parlamentsklub der ÖVP nach wie vor ein Skandalon darstellt und Dollfuß-Denkmäler, -Büsten, -Messenund -Straßen zu Diskussionen führen, gehört auch hierher.[139] 2004 verstieg sich der SPÖ-Justizsprecher Hannes Jarolim zu der Feststellung: Daß Nationalratspräsident Andreas Khol das Dollfuß-Bild im ÖVP-Klub verteidige, lasse ihn für dieses

---

137 Liebmann, Die Tragik des 12. Februar, S. 37. Die „Mär“ von der Tragbahre wird von der linken Historie bis noch in die jüngste Zeit vertreten – ob bewußt die entgegenstehenden Fakten nicht rezepiert oder einfach noch nicht wahrgenommen wurde, bleibt dahingestellt – , so u. a. von Maderthaner, Der 12. Februar 1934, S. 182. Liebmanns Arbeit erschien 1993, die von Maderthaner 1997. Es wäre für eine Berücksichtigung reichlich Zeit gewesen. Zu diesen „Legendenbewahrern“ gehört auch der „SPÖ-nahe“ Grazer Zeithistoriker Helmut Konrad. Dazu siehe Konrad, Der 12. Februar 1934 in Österreich, S. 95, und Konrad, Der Februar 1934, S. 24. Er hielt auf dem Symposion im Parlament am 12. 2. 2004 das Referat „Der 12. Februar 1934“. Vorher wurde er von Dieter A. Binder, ebenfalls Referent dort, auf die Ergebnisse der Liebmann'schen Forschungen aufmerksam gemacht. In der Tat verzichtete dann Konrad zwar in seinem Vortrag auf die „Bahre-Legende“, erwähnte sie jedoch in der schriftlichen Fassung des Referates und ein halbes Jahr später wieder. Liebmann hat dann am 15. 12. 2004 seine beiden Beiträge an Konrad geschickt, der dann spät am 18. 3. 2005 Liebmann gegenüber dessen Position zugab. Lt. Mitteilung von Maximilian Liebmann an den Autor vom 9. 10. 2005.

138 Zitiert in Neuhäusler, Kreuz und Hakenkreuz, S. 289. Der Formulierung nach dürfte dieses „Gebet“ aus dem 2. Quartal des Jahres 1933 stammen.

139 Siehe u. a. Konrad, Der Februar 1934, S. 14.

Amt ungeeignet erscheinen.[140] Dollfuß-Bild-Verteidiger Khol geriet bereits Anfang 2000 anläßlich der ÖVP/FPÖ-Regierungsbildung ins verbal-rhetorische Visier der Sozialdemokratie. In parlamentarischen Zwischenrufen wurde er als „Kholfuß" bezeichnet.[141] Auch eine Gedenkmesse im Bundeskanzleramt aus Anlaß des 70. Jahrestages der Ermordung von Dollfuß war der SPÖ schon zuviel. Sie forderte von Bundeskanzler Schüssel, „die Gedenkmesse für den austrofaschistischen Diktator zu untersagen".[142] Mit Untersagungen und Verboten ist der Sache nicht geholfen, die einseitige Verwendung von Geschichte bleibt. Denn: „Solange es Straßen, Gassen und Plätze gibt, die nach Richard Bernaschek und Koloman Wallisch benannt sind, aber keine nach Engelbert Dollfuß, ist Wesentliches an Österreichs jüngerer Geschichte nicht aufgearbeitet, sondern bloß ideologisch instrumentalisiert." (Maximilian Liebmann)[143]

Der ÖCV steht zum menschlichen Schicksal des Märtyrers Engelbert Dollfuß, dem von seinen Mördern der priesterliche Beistand, als er langsam verblutete, versagt wurde und dessen Mord-Umstände frappant an den Märtyrertod seines Namenspatrons, des hl. Engelbert, Erzbischofs von Köln (erschlagen am 7. November 1225), erinnern.

Es ist zu hoffen, daß – ausgehend vom Paradigmenwechsel von 1989/90 – der Zeitablauf in Hinkunft einmal ausgleichend und beruhigend auf diese zeithistorischen Kontroversen wirken wird. Die vorhin erwähnten Untergriffe mancher SPÖ-Kreise anläßlich des 70jährigen Gedenkens an den 12. Februar im Jahr 2004 geben aber vorerst noch nicht viel Hoffnung.[144] Viel scheint jedenfalls von der Versöhnungsgeste im Februar 1964 auf dem Wiener Zentralfriedhof nicht mehr übriggeblieben zu sein, als sich damals der Bundeskanzler Alfons Gorbach (Cl) und der Vizekanzler und SPÖ-Vorsitzende Bruno Pittermann an den Gräbern der Februar-Kämpfer die Hand gegeben hatten.[145]

In der Abwehr des Nationalsozialismus: Die Österreich-Ideologie des „Ständestaates"

Mit der Machtergreifung Hitlers sowie der Gleichschaltung des CV im Deutschen Reich einerseits und der Errichtung des „Ständestaates" in Österreich andererseits war die Konfrontation unausweichlich. Sie manifestierte sich ab Mai/Juni 1933 vor allem im politischen Terror der Nazis in Österreich. Ziele von Sprengstoffanschlägen waren Eisenbahngleise und Energieversorgungseinrichtungen. Aber auch Häuser von exponierten Persönlichkeiten kamen ins Visier, wie das des Landeshauptmanns von Niederösterreich, Josef Reither (F-B EM), das fürsterzbischöfliche Palais von Salzburg oder die Residenz des Generalvikars von Feldkirch.

140 *Die Presse*, 13. 2. 2004.

141 Österreich 1934, S. 14.

142 *Die Presse*, 17. 7. 2004. Die SPÖ hat offenbar vergessen, daß jedes Jahr eine solche Gedenkmesse stattgefunden hat, auch unter SPÖ-Kanzlern.

143 Liebmann, Die Tragik des 12. Februar, S. 38f. Über die schillernde Figur eines Bernaschek wurde neben aller Tragik seines Endes bereits berichtet. Und bei Koloman Wallisch wäre es einmal an der Zeit, seine nicht allzu zimperliche Rolle in der ungarischen Rätediktatur unter Béla Kun zu untersuchen.

144 Dazu gehört der recht „offenherzige" Beitrag von Konrad, Der Februar 1934, der teils offensiv, aber teils auch wehmütig aus „seinem linken Herzen keine Mördergrube" macht.

145 Dieser Vorgang erinnert an den historischen Handschlag zwischen dem französischen Staatspräsidenten François Mitterand und dem deutschen Bundeskanzler Helmut Kohl am 22. 9. 1984 vor den Ossarien in Verdun.

Das erste spektakuläre Attentat wurde am 11. Juni 1933 in Innsbruck auf den Heimwehrführer Richard Steidle (AIn) verübt. Vor seinem Haus wurde er von dem 20jährigen Berliner Nationalsozialisten Werner Frhr. von Alvensleben, einem Vertrauensmann des SA-Führers Ernst Röhm, und drei weiteren österreichischen Nazis angeschossen.[146] Am 23. Juni 1934 wurde der Kapfenberger Kaplan Franz Eibel (KV Winfridia Graz) Opfer eines Bombenanschlages. Auf der Straße vor dem Pfarrhof wurde er von einem Ekrasitsprengkörper mit Zeitmechanismus getroffen, sein Becken wurde total zerrissen, schwer verletzt sank er in die Arme des zufällig vorbeikommenden Walther Kamschal (Cl). Im Brucker Krankenhaus erlag er am nächsten Tag seinen schweren Verletzungen. Die Trauerfeierlichkeiten für den ermordeten Priester, der „als erster Blutzeuge für das freie Österreich sein Leben hingab", gestalteten sich zu einer Demonstration gegen dieses Verbrechen. Neben anderen Rednern ergriff auch der Reichsführer der Ostmärkischen Sturmscharen, deren Kaplan Eibel war, Bundesminister Kurt Schuschnigg (AIn), das Wort und schloß seine Rede mit dem Satz: „Nun wird es ernst Kameraden! Treue!"[147] Innerhalb von 19 Tagen des Juni 1933 wurden aufgrund von Anschlägen der Nazis 48 Personen verletzt und vier getötet. Das Verbot der NSDAP in Österreich vom 19. Juni war daher nur die logische Konsequenz.

Der erste CVer, der Opfer des Nazi-Terrors wurde, war übrigens Kuno Kamphausen (Na), ein Kommunalbeamter in Schlesien. Er wurde am 30. Juni 1934 im Zuge der Mordaktionen anläßlich des sog. Röhm-Putsches von der SS erschossen.[148]

Wie recht Schuschnigg behalten sollte, bewies nicht einmal einen Monat später das Attentat auf Bundeskanzler Dollfuß am 25. Juli 1934, das mit Aufstandsversuchen der illegalen NSDAP begleitet war.[149] Der Putsch blieb nicht nur auf Wien beschränkt, auch in den Bundesländern kam es zu Kämpfen. Der von den Putschisten als Bundeskanzler vorgesehene frühere Landeshauptmann der Steiermark, Unterrichtsminister und nunmehrige österreichische Gesandte in Rom, Anton Rintelen (ehemals Trn EM), versuchte nach dem Scheitern des Putsches noch am selben Abend, sich vergeblich zu erschießen. Ihm wurde 1935 wegen Hochverrats der Prozeß gemacht. Nach dem rechtskräftigen Urteil (lebenslänglich) wurde er von Traungau sofort dimittiert.[150]

Besonders in der Steiermark kam es zu größeren Kampfhandlungen, deren Schwerpunkte im unteren Murtal (Linie Radkersburg-Halbenrain-Mureck-Straß), in der Weststeiermark (Preding, Stainz, Deutschlandsberg, Eibiswald), im oberen Murtal (Judenburg, Leoben, Donawitz, Eisenerz) und im Ennstal (Schladming, Gröbming, Liezen, Pyhrnpaß) lagen.[151] Die Auseinandersetzungen dauerten hier bis zum 5. August und forderten beim Bundesheer, bei der Gendarmerie, bei den Wehrverbänden und bei unbeteiligten Zivilisten

146 Botz, Gewalt in der Politik, S. 361.

147 Kirchengeschichte der Steiermark, SS. 313-315; Veselsky, Bischof, S. 48ff.

148 Ac 94 (2001), S. 50.

149 Darüber ausführlich in: Beiträge zur Vorgeschichte und Geschichte der Julirevolte; Die Erhebung der österreichischen Nationalsozialisten im Juli 1934. Akten der Historischen Kommission des Reichsführers SS. Wien 1984; Jagschitz, Der Putsch; Kindermann, Österreich gegen Hitler; die Beiträge von Kurt Bauer und Georg Kastner in Demokratie und Geschichte 2003/2004. Jb. des Karl von Vogelsang-Instituts zur Erforschung der Geschichten der christlichen Demokratie in Österreich. Hg. Helmut Wohnout. Jg. 7/8. Wien 2005, SS. 103ff.

150 Brief von Helmut Haidacher (Trn) vom 5. 4. 2004 an den Verfasser.

151 Mölzer, Der Gegensatz zwischen katholischen und nationalfreiheitlichen Korporationen in Graz, S. 498, berichtet im Gegensatz zur bisherigen Literatur von Putschhandlungen in Graz, so ein Sturm auf das Anhaltelager in Messendorf, wobei er sich lediglich auf einen mündlichen Zeugen beruft.

52 Tote. In der Klachau bei Tauplitz wurde ein Angehöriger des MKV, Herbert Frischmuth, tödlich verwundet.[152] Weiters gab es 93 Verletzte. Auf seiten der Aufständischen zählte man 42 Tote, darunter je ein Mitglied der Grazer B! Allemannia, Arminia und Frankonia, der B! Vandalia Wien sowie des C! Erz Leoben. In der Steiermark gab es auf beiden Seiten je über 100 Opfer (Tote, Verwundete).[153] Insgesamt aber wurden bei diesen Kämpfen in Österreich von den putschenden Nazis 119 Personen getötet und 175 verletzt.

Der zu Recht als Opfer der österreichischen Selbstbehauptung gegenüber Hitler bezeichnete Engelbert Dollfuß wurde nun in einer Art Mythos hochstilisiert. So hatte der Bundesleiter der VF, Karl M. Stepan (Nc), bereits am 2. August 1934 in einem Bundesbefehl verordnet, daß jede Veranstaltung der VF mit folgenden Worten zu eröffnen ist: „Unser toter Führer Dollfuß läßt Euch grüßen! Österreich!"[154] Ein anderes Beispiel für die Pflege des Dollfuß-Mythos im ÖCV in dieser Zeit und seiner Verbundenheit mit dem „Ständestaat" sind die Worte aus der Eröffnungsrede des VOP Alfred Benn (Nc) bei der 2. CVV am 9. März 1935 in Wien: „Der Held ist gefallen, sein Werk aber lebt! Und der ÖCV will ein Träger und allzeit getreuer Verfechter seiner hohen Idee sein und steht daher geschlossen hinter seinem Nachfolger, dem CVer Dr. Schuschnigg ... Ihm wollen wir daher mit voller Hingabe auf dem harten Weg folgen, welcher emporführt zu einem freien, katholischen, deutschen Österreich. Der CV ist nun einmal dem österreichischen Erneuerungswerke Dr. Dollfuß' verhaftet."[155]

Nach einer Untersuchung wurden zwischen dem 1. Juni 1933 und 10. März 1938 803 Personen Opfer von NS-Anschlägen, davon fanden 169 den Tod. Die meisten davon wie erwähnt bei den Juli-Kämpfen des Jahres 1934.[156] Ein solches Ziel eines NS-Anschlags war z. B. auch der Beamte des Bundeskanzleramtes Johann Thanhofer (Nc). Am Abend des 30. April 1935 wurde er in seinem Wohnbezirk Wien-Brigittenau auf mehrere Autos aufmerksam, aus denen Hakenkreuzflugzettel verstreut wurden. Er meldete das auf der nächsten Polizeiwachstube. Als er diese verließ, wurde ihm durch einen in der nächsten Nähe explodierenden Sprengkörper ein Fuß abgerissen. Die Verletzungen waren so schwer, daß ihm sein Bein abgenommen werden mußte und er dienstunfähig blieb.[157]

Die Agitation der Nazis nach dem mißglückten Putsch, „Hitlers Niederlage in Österreich" (Gottfried Karl Kindermann), beruhigte sich zwar für einige Zeit. In dieser kurzen Ruhepause des Kampfes ging man daran, zumindest in Ansätzen ein neues Österreichbewußtsein zu schaffen. Spätestens am 25. Juli 1934 waren auch nationalsozialistische Anfälligkeiten in den CV-Verbindungen beendet. Zwar gab es da und dort einige NSDAP-Mitglieder in verschiedenen Verbindungen, doch waren die numerisch bedeutungslos.

---

152 Farbe tragen, S. 166. Frischmuth war Mitglied der Tuistonia Mödling.

153 Genaue Schilderung bei Jagschitz, Der Putsch, S. 145ff. *Acta Studentica* 148/2004, S. 10. Über die Toten der Burschenschaften siehe Gehler, Studenten und Politik, S. 401 (Faksimile der Burschenschaftlichen Blätter, Sondernummer 1938).

154 Vaterländische Front. Bundesbefehl Nr. 18 (Kopie im Besitz des Verfassers).

155 Protokoll 2. CVV, S. 4.

156 Diese Untersuchung wurde 2002 gemeinsam vom Karl-von-Vogelsang-Institut, Projektleitung Helmut Wohnout (Nc), und dem Dokumentationsarchiv des Österreichischen Widerstands durchgeführt. Dazu siehe *Die Presse*, 3. 5. 2002 sowie www.doew.at/projekte/wuv/opfer_ns-beweg.html vom 3. 5. 2002. Von dort wurden auch die in diesem Zusammenhang genannten Zahlen entnommen. Ein Resümee dieser Untersuchung bietet Wohnout, Dreieck der Gewalt.

157 Botz, Gewalt in der Politik, S. 375; Drimmel, Abwehrkampf, Verfolgung und Widerstand, S. 67.

Im Lauf des Jahres 1933 wurden von Verbindungen seitens ihrer Mitglieder Ehrenerklärungen abverlangt, nicht der NSDAP oder deren Gliederungen anzugehören. Als Folge der eindeutigen Erklärungen der Bischöfe und des CV hat z. B. die Leopoldina bereits am 19. Juni 1932 nach eingehender Beratung beschlossen – der Beschluß wurde im Mai 1933 wiederholt – , „daß mit der Mitgliedschaft bei Leopoldina eine aktive Betätigung in der genannten Partei unvereinbar" sei, woraufhin es auch zu Austritten kam.[158] Von der Bajuvaria ist eine solche aus Mai 1933 bekannt.[159] Auch bei Nordgau Wien wurde im Herbst 1933 ein CC-Beschluß gefaßt, wonach jedes Verbindungsmitglied ausdrücklich erklären mußte, den Nationalsozialismus abzulehnen und der NSDAP nicht anzugehören. Diese Erklärung brachte einige Austritte, jedoch nicht die der späteren „Unterwanderer".[160] Anläßlich der 1. CVV Anfang Dezember 1933 wollte man eine solche Erklärung auf den ganzen ÖCV ausdehnen, was jedoch keine Mehrheit fand. Robert Krasser (Nc) und Emmerich Czermak (NdW) vertraten mit Recht die Auffassung, der ÖCV stehe als Nachfolger des alten CV auf dem Boden der früher gefaßten Unvereinbarkeitsbeschlüsse (siehe S. 337f.), die somit auch für den ÖCV weiter Gültigkeit besitzen.[161]

Interessant ist auch folgender Vorfall: Aufgrund ihrer nationalsozialistischen Affinität, insbesondere im Zusammenhang mit dem Juliputsch 1934, wurden viele Studenten relegiert bzw. gar nicht zugelassen. Im Herbst 1934 wurde in der Aula der Universität Wien ein Gespräch mehrerer solcher junger Leute belauscht. Sie hätten gesagt, daß in diesem Fall es das Beste wäre, dem CV beizutreten. Erstens wäre damit das Verdikt aufgehoben, zweitens könne man infiltrieren.[162]

Der ÖCV als solcher konzentrierte sich in seinem Bildungsprogramm ganz auf den geistigen Beitrag zur Abwehr des Nationalsozialismus.[163] Beispielgebend dafür waren die Schulungswochen Ende 1935 in Neubruck (NÖ.) und Ende 1936 in Kranichberg (NÖ.). So hielt Robert Krasser 1935 das Hauptreferat mit dem Titel: „Die Neugestaltung des staatlichen und gesellschaftlichen Lebens. Die große Stunde des österreichischen Katholizismus, die Verantwortung des ÖCV." Und Bundeskanzler Schuschnigg schrieb im Geleitwort des Bandes, der die Vorträge von 1935 veröffentlichte, u. a.: „Zu diesem Kreise unentwegter Verfechter einer Idee muß auch der Cartellverband gehören. Nicht deshalb, weil Dollfuß einer der seinigen war und er die Kräfte für sein Aufbauwerk aus den Grundprinzipien des Verbandes, aus der Katholizität und der Heimatliebe, geschöpft hat, sondern weil der Cartellverband auch innerhalb der Akademikerschaft berufen ist, führend im Kampf für Glaube und Vaterland zu stehen."[164]

Nach Ansicht des ehemaligen Unterrichtsministers Emil Schneider (Le) sollten die CV-Verbindungen „Führerschulen" sein, denn „das Werk, das Dollfuß uns hinterlassen hat, ist noch längst nicht geschaffen, es muß erst fertiggestellt werden und es braucht viele und hochwertig ausgebildete Arbeiter, um das Werk gut zu vollenden."[165] Durch die

---

158 Pichler, 75 Jahre Leopoldina, SS. 307f. und 328f.

159 Drimmel, Abwehrkampf, Verfolgung und Widerstand, S. 54. Dort ist diese Erklärung faksimiliert abgedruckt.

160 Nordgau Neunzig Jahre, S. 84.

161 Drimmel, Abwehrkampf, Verfolgung und Widerstand, S. 55, Anm. 50.

162 Diesen Vorfall meldete Richard Wollek (AIn) in einem Schreiben vom 6. 10. 1934 an den ÖAHB, in: BA, Akten des SD-Oberabschnitts Donau, ZB I 200, Blatt 001.

163 Dazu siehe vor allem Rill, CV und Nationalsozialismus, SS. 105-107.

164 CV Träger, S. 6ff.

165 Leopoldina 1901-1936, S. 8f.

Ermordung von Dollfuß, was von vielen Katholiken auch „als christlicher Opfertod" interpretiert wurde, entstand ein Mythos, der aus dem Gemenge „Österreichische Tradition" und „Ideologie des Ständestaates" bestand. Der „Heldenkanzler" wurde zum Vorbild und zur Symbolfigur vieler, möglicherweise sogar der meisten CVer und zum Ausgangspunkt der Erneuerung Österreichs in Antithese zum Nationalsozialismus.[166] Für den ÖCV und seinen Verbindungen war es daher klar, daß man voll hinter dem neuen Staat und seiner Organisation, der Vaterländischen Front (VF), stand.

Der sozialdemokratische Politiker Karl Renner bemerkte daher gelegentlich eines Paris-Besuches im Jahr 1937 nicht von ungefähr: „Die Cevauer haben ... einen großen Aufschwung genommen, so daß kein öffentlicher Posten von einem anderen als aus ihrer Mitte besetzt werde ... Diese Cevauer, die genau wissen, daß eine Nazisierung Österreichs sie um ihre Stellen bringen könnte, sind die Träger der Anti-Nazi-Politik."[167]

Daß es aber nicht immer so war, wie man es gerne gehabt hätte, zeigt ein im November 1935 verfaßter Sonderbericht, der von einem namentlich nicht eruierbaren Konfidenten, aber offenbar ein CVer, für den Leiter des Informationsdienstes erstellt wurde („Die politische und weltanschauliche Einstellung der studentischen farbentragenden Verbände in Österreich"). Über die CV-Verbindungen bemerkt er, daß diese sich anfänglich schwer getan hätten, die „gesamtdeutsche" Idee des CV aufzugeben, daß sie sich jetzt nach dem Dollfuß-Mord und der Verfolgung der Kirche leichter damit tun. Die CVer seien zwar Anhänger der Regierung, jedoch üben sie an deren Entscheidungen auch Kritik.[168]

Eine der wichtigsten Ideologien des „Ständestaates" war die **Betonung des österreichischen Gedankens bzw. der österreichischen Sendung**, was bei der historischen Bewertung oft nicht richtig eingeordnet oder gar nicht berücksichtigt wird. Vor allem wird kritisiert, daß man sich – trotz dieser österreichischen Betonung und trotz der Gegnerschaft zum Nationalsozialismus – als Deutsche, ja sogar als „bessere Deutsche"[169] verstanden hat. Aber man darf das nicht aus der Perspektive der Entwicklung nach 1945 zu einem österreichischen Nationsbegriff hin sehen und das dann von dieser Warte – nicht selten unbewußt – negativ beurteilen.[170] Denn unabhängig von jedem ideologischen Standort[171] war es überhaupt keine Frage, daß man sich in Österreich als Deutsche verstand und das Deutschtum kulturell pflegte. Zwar hatte die Forcierung eines spezifisch österreichischen Gedankens primär die Aufgabe, die Eigenstaatlichkeit und damit das politische System des „Ständestaates" gegenüber dem nationalsozialistischen Deutschland stabilisieren zu helfen, aber er konnte und wollte mit Sicherheit nicht damals schon ein österreichisches Nationalbewußtsein erwecken, wie man es nach 1945 zunehmend

166 Gehler, Studenten und Politik, S. 336.

167 Zitiert nach Binder, Der Weg der Studentenschaft in den Nationalsozialismus, S. 84.

168 Zitiert bei Gehler, Studenten und Politik, SS. 355ff.

169 Grotesk ist, daß im Zuge der wirtschaftlichen Stagnation Deutschlands Anfang des 21. Jahrhunderts dort bei Vergleichen mit dem hierbei etwas besser dastehenden Österreich Stimmen laut geworden sind, die von „Österreich: Das bessere Deutschland" sprachen.

170 So u. a. Bruckmüller, Ernst: Nation Österreich. Sozialhistorische Aspekte ihrer Entwicklung (= Studien zu Politik und Verwaltung Band 4). Wien 1984, S. 155f. Siehe auch Staudinger, Anton: Zur „Österreich"-Ideologie des Ständestaates, in: Das Juliabkommen 1936 – Vorgeschichte, Hintergründe und Folgen. Hg. von Ludwig Jedlicka und Rudolf Neck. Wien 1977, SS. 198-240, und ders.: Austrofaschistische „Österreich"-Ideologie, in: Austrofaschismus.

171 Mit Ausnahme vielleicht von Ansätzen in der verschwindend kleinen KPÖ.

verstanden hat.[172] Das ging schon dadurch nicht, weil der „Ständestaat" durch Rückgriffe auf die habsburgische Geschichte und Facetten der Monarchie nicht die Grundstimmung des größten Teils der Bevölkerung traf und das auch z. T. als lächerlich empfunden wurde.

Tatsache aber hingegen ist, daß durch diese Betonung des Österreichischen auf jeden Fall der Grundstein für ein geändertes Verhalten der Österreicher zu sich selbst (Österreichische Nation) sowie zur Eigenstaatlichkeit (Verschwinden der Anschlußideologie) gelegt wurde, was teilweise bereits gegen Ende des Krieges bereits zu wirken und sich dann nach 1945 zu entfalten begann – , auch oft in heute belächelten Äußerungen, wie etwa die „k. u. k.-Filme" (Deutschmeister, Kaiserwalzer, Kaisermanöver und vor allem die Sisi-Filme).[173]

Zu diesem Prozeß führt Ludwig Reichhold treffend aus: „Stellt man den VF-Staat in einem Zusammenhang mit der österreichischen Geschichte vor und nach 1918, dann liegt seine Funktion für die Bildung eines österreichischen Nationalbewußtseins darin, daß er das Übergangsstadium von dem noch nicht gefestigten Staatsbewußtsein des alten Österreich über die Anschlußhoffnung nach dem Ersten Weltkrieg zum heutigen Nationalbewußtsein Österreichs bildet. Er hat ... durch seine Ablehnung des Anschlusses dazu beigetragen, daß sich in dieser Zeit die Ansätze eines neuen österreichischen Staatsbewußtseins bilden konnten, das erst nach ... 1945 zur vollen Reife gediehen ist. In diesem Sinne bildet er die Brücke zwischen dem alten und dem neuen österreichischen Staatsbewußtsein, mit dem ... Österreich erst seine heutige Funktion im europäischen Staatengefüge im vollen Umfang angenommen hat."[174]

Dieses stilisierte Österreichbewußtsein blieb nicht ohne Auswirkungen auf den CV. Neben der selbstverständlichen Loyalität gegenüber dem „Ständestaat" und seinen Repräsentanten, insbesondere aus dem CV, wurde das in Weiterführung des Prinzips Vaterland (patria) zu einer Grundideologie des ÖCV, die dann besonders nach 1945 zu wirken begann. Der CVer, vor 1914 mit dem deutschnationalen-schlagenden Verbindungswesen in Konfrontation geraten, was sich dann nach 1918 mit dem Gegensatz zum Nationalsozialismus zuspitzte, wurde somit zum „kompromißlosen Österreicher" (Richard Schmitz). Man kann dem CV bzw. CVern manches vorwerfen, aber in dieser seiner spezifischen österreichischen Haltung, die weder ein „Hurrapatriotismus" ist, noch einen diskriminierenden „Österreichnationalismus" darstellt, war und ist er beispielhaft. Das wurde dann nach 1945 zu einer Grundkonstante im ÖCV, was sich natürlich auch durch die enge Verknüpfung auf die ÖVP bzw. die Regierung auswirkte und zu einer spezifischen vor allem auch auf der Kultur basierenden Österreich-Ideologie führte.[175] Es wird kritisiert, daß dadurch der Mythos von Österreich als „erstes Opfer des Nationalsozialismus" gefördert wurde, um somit die Verantwortung Österreichs bzw. der Österreichs am

172 Die Kritik, die daran Anton Staudinger übt, geht daher in die Leere und ist – wie leider so oft in der „Betroffenheits- und Ich-entschuldige-mich-Kultur" – durch eine 50 Jahre spätere Brille geschrieben. Siehe STAUDINGER, ANTON: Austrofaschistische „Österreich"-Ideologie, in: Austrofaschismus, S. 311. Dagegen analysiert Reichhold, Kampf um Österreich, SS. 74ff., die Österreich-Idee des „Ständestaates" ausführlich. Weiters dazu als allgemeiner Überblick STOURZH, GERALD: Vom Reich zur Republik. Studien zum Österreichbewußtsein im 20. Jahrhundert. Wien 1990.

173 Leider wird dieser Aspekt oft zuwenig beachtet, wie etwa in RIESER, SUSANNE: Bonbonfarbene Leinwände. Filmische Strategien zur (Re-)konstruktion der österreichischen Nation, in: Österreich in den Fünfzigern. Hg. von THOMAS ALBRICH u. a. (= Innsbrucker Forschungen zur Zeitgeschichte Band 11). Innsbruck 1995, SS. 119-136.

174 Reichhold, Kampf um Österreich, S. 88.

175 In diesem Zusammenhang sei nur in den fünfziger Jahren erschienene „Österreich-Buch" des Leiters der österreichischen Bundestheaterverwaltung, Ernst Marboe (Baj), hingewiesen.

Geschehen und den Verbrechen des Nationalsozialismus zu kaschieren. Das trifft aber den CV in Österreich nicht, denn er zählt neben anderen Gruppen (wie den Juden) wahrlich zu den „ersten Opfern des Nationalsozialismus", wie wir noch sehen werden.[176]

Nach dem bisherigen Befund dürfte ein Artikel des Chorherren des oö. Stiftes St. Florian, damals noch Privatdozent, später dann Professor für Kirchenrecht an der Katholisch-Theologischen Fakultät der Wiener Universität, *Johannes Hollnsteiner* (ehemals Nc), mit dem Titel „Österreichs kulturpolitische Sendung" die erste seriöse Formulierung dieses „österreichisches Gedankens" gewesen sein.[177] Hier ist bereits sehr stark von Österreichs deutscher Sendung, nicht zuletzt in Zentral- und Südosteuropa, und von Österreich als besserer deutscher Staat die Rede.[178]

Hollnsteiner wurde bislang in der österreichischen Historiographie kaum beachtet, obwohl er von Friedrich Heer (ehemals Baj) als „Chefideologe des Ständestaates"[179] und von dem Katholisch-Nationalen Edmund Glaise-Horstenau als „Beichtvater Schuschniggs" bezeichnet wurde. Er war einer der bedeutendsten Männer im Hintergrund des „Ständestaates", wobei sein Lebenslauf einen „schillernden" Charakter aufweist, der letztlich zu Unrecht zur *damnatio memoriae* seiner Person führte.[180] Im Zuge der Inthronisationsfeierlichkeiten für den neuen Wiener Erzbischof Theodor Innitzer (NdW) lernte er die *femme fatale* Wiens, Alma Mahler-Werfel, kennen und verkehrte ab da in ihrem Salon, wo sich die Spitzen des damaligen politischen, kulturellen und geistigen Lebens Österreichs trafen. Dort kamen sich Hollnsteiner und Minister Kurt Schuschnigg (AIn) näher – bekannt waren sie natürlich über den CV schon länger. Unzweifelhaft beeinflußte Hollnsteiner dadurch Schuschnigg in dieser besonderen „Österreich-Idee", die von jenem schon vorher formuliert und nun von diesem ab 1934 als Bundeskanzler besonders betont sowie zu einer „Staatsideologie des Ständestaates" emporgehoben wurde.

Diese sehr enge und intime Freundschaft zwischen Hollnsteiner und Alma Mahler-Werfel war allem Anschein nach – wenn man seinen und ihren Aufzeichnungen trauen kann – nicht ohne erotisch-sexuellen Hintergrund.[181] Wie überhaupt Alma Mahler-Werfel

---

176 Dazu siehe GRIES, RAINER: Mythen des Anfangs, in: APuZ 18-19/2005, 2. 5. 2005, SS. 12ff.

177 *Deutsche akademische Blätter* 2 (1926), SS. 105-109.

178 Buchmayr, Der Priester in Almas Salon, S. 37.

179 HEER, FRIEDRICH: Der Glaube des Adolf Hitler. Anatomie einer politischen Religiosität. Esslingen 2. Aufl. 1998, S. 642.

180 Über das Leben Hollnsteiner ausführlich Buchmayr, Der Priester in Almas Salon. Hollnsteiner war 1938/39 im KZ Dachau, trat im Mai 1941 aus dem Orden sowie dem Priesteramt aus und heiratete im September 1941 die aus einer Paderborner Verlegerfamilie stammende Opernsängerin Almut Schöningh, die er schon aus der Zeit vor 1938 kannte. Er starb 1971 im Alter von 76 Jahren in Linz. Er war zweifellos einer der interessantesten Persönlichkeiten der Zwischenkriegszeit und des CV, der – hätte er nicht 1941 das Stift verlassen – auch nach 1945 eine wichtige Rolle in der Kirche und der Universität gespielt hätte. Auf jeden Fall wäre dann sein nur wenig jüngerer Bundesbruder Franz Arnold (Nc) nach 1945 nicht Professor für Kirchenrecht geworden. Siehe auch HARTMANN, GERHARD: Alma Mahler-Werfel und der CV. Streiflichter zu Politik und Kulturleben des „Ständestaates", in: öAc 56 (2005), März, S. 44f.

181 Buchmayr, Der Priester in Almas Salon, S. 53, ist in diesem Urteil etwas vorsichtig, hingegen geht HILMES, OLIVER: Witwe im Wahn. Das Leben der Alma Mahler-Werfel. München 2004, bes. SS. 247-252, klar von einem sexuellen Verhältnis aus. Veiter, Das 34er Jahr, S. 266, Anm. 137, berichtet, daß er und Hollnsteiner eine zeitlang im selben Haus (Habsburgergasse 7) wohnten. Veiter über Hollnsteiner: „Daher wußte ich auch um seine Anfälligkeit für Frauen." Das sei auch – so Veiter – die Ursache für den Austritt aus dem Kloster und seine Verheiratung nach dem Anschluß gewesen und nicht eine Affinität zum Nationalsozialismus. Nach Veiter wird man „seine politische Bedeutung in der VF-Zeit schwerlich überschätzen können". Über Hollnsteiners Beziehung zu Alma Mahler-Werfel siehe auch *Der Spiegel* 22/2002, S. 198-202. Bei der Norica war seine Beziehung zu Alma Mahler-Werfel bekannt, und da man 1945 glaubte, Hollnsteiner sei aus der Kirche ausgetreten, wurde er gar nicht mehr als Mitglied geführt. VANc. Protokoll Gespräch Georg Krasser mit Georg Schmitz, 21. 9. 2005.

und ihre Tochter Anna Mahler auch gegenüber anderen Angehörigen des CV nicht ohne „erotische Wirkung“ geblieben sein dürften.[182]

Der Salon Alma Mahler-Werfels war im „Ständestaat“ auch ein Kristallisationspunkt für dessen Kulturpolitik. Durch die „Achse“ mit Hollnsteiner kam z. B. 1936 der bekannte (jüdische) Dirigent Bruno Walter an die Wiener Staatsoper. Ebenfalls in diesem Jahr traf sich Hollnsteiner mehrmals mit Thomas Mann und vermittelte ein Treffen mit Schuschnigg, um an ihn die Verleihung der österreichischen Staatsbürgerschaft in die Wege zu leiten, was aber dann nicht klappte.[183] In diesem Zusammenhang ist hinzuweisen, daß damals Österreich in gar nicht bescheidenem Umfang Exilland für vom NS-Regime in Deutschland Verfolgte war, ein Umstand, den man erst langsam zu beachten beginnt.[184]

Hochschulpolitik im „Ständestaat“

Die vom NSDStB inszenierten Unruhen auf den österreichischen Universitäten im Spätherbst 1932, die einseitige Austrittserklärung der KDHÖ aus der DSt Österreich sowie die politischen Umwälzungen in Österreich machten eine Neuordnung der Studentenschaft notwendig. Der NSDStB wurde verboten, und mit 1. Oktober 1933 wurde die studentische Vertretung neu geordnet. An Stelle der DSt trat die **Hochschülerschaft Österreichs**, die von **Sachwaltern**, an oberster Stelle der Sachwalter der Hochschülerschaft Österreichs, geführt wurden, die vom Unterrichtsministerium ernannt wurden. An jeder Universität bzw. Hochschule gab es solche. In der Steiermark mit drei Hochschulen wurde nur ein Sachwalter für das Bundesland mit jeweils einem Stellvertreter pro Hochschule eingesetzt. Mit der Einführung dieser Sachwalter versuchte man, eine neue Form der Mitarbeit der Studenten zu finden.[185] „Dem Sachwalter wird es obliegen, als Bindeglied der sonst nunmehr ungegliederten und unvertretenen Studentenschaft einerseits und den akademischen Behörden sowie durch diese der obersten Unterrichtsverwaltung andererseits zu dienen.“[186]

Mit Ausnahme der katholischen Studentenschaft, die in einer relativen Minderheit war, und der sich wohlwollend neutral verhalten habenden nichtsozialistischen jüdischen Studenten standen vor allem die schlagenden wie vor allem die nationalsozialistischen Studenten diesen Bestrebungen zumindest bis zum Juli-Abkommen 1936 ablehnend

---

182 Nach Hilmes, Oliver: Witwe im Wahn. Das Leben der Alma Mahler-Werfel. München 2004, S. 243f. soll Anton Rintelen (ehemals Trn) im September 1932 in einem Hotelzimmer in Velden Alma Mahler-Werfel eindeutig bedrängt haben. Nach S. 277f. soll sich Schuschnigg im Sommer 1935 bei einem Urlaub in Italien in Anna Mahler, der Tochter Alma Mahler-Werfels aus deren ersten Ehe mit Gustav Mahler „fassungslos in Anni verliebt“ haben. Nach Elias Canetti soll es auch einen Stapel dicker Liebesbriefe Schuschniggs an Anna Mahler gegeben haben. Erst durch den Unfalltod von Schuschniggs Frau Herma 1935 habe er das Verhältnis beendet, den er als „Fingerzeig“ wertete. Nach S. 20 werden im Nachlaß von Alma Mahler-Werfel auch zahlreiche Schriftstücke von Hans Pernter (Nc) aufgezählt, die aber offenbar verloren gingen.

183 Buchmayr, Priester in Almas Salon, SS. 91ff. und SS. 101ff.

184 Dazu siehe Asyl wider Willen. Exil in Österreich 1933-1938. Hg. von Ursula Seeber. Wien 2003.

185 Leitner, Politik und Hochschule, S. 69. Zur Sachwalterschaft und der Stellung des ÖCV dazu siehe auch Drimmel, Die Aufgaben des CV in der Hochschulpolitik, S. 102ff. Weiters Cyba, Aktivitäten, S. 32f.; Lichtenberger-Fenz, Österreichs Universitäten 1930 bis 1945, S. 71f.Zur Analyse der Jahrbücher der ÖH 1934-1938 siehe Hofbauer, Die verführte Universität.

186 MB 2 (1. 11. 1933), S. 3. Siehe auch Mitteilungen des WAHB, 30. 1. 1934, in: BA, Akten des SD-Oberabschnitts Donau, ZB I 414, Blatt 34.

gegenüber. „Während das nationale Element die angestrebte loyale Zusammenarbeit überall boykottierte, stellte sich der ÖCV bzw. viele seiner Mitglieder in selbstloser Weise zur Mitarbeit im Rahmen der Sachwalterschaft zur Verfügung."[187] Die Gegenseite stellte hingegen lapidar fest: „Nun schlug die Stunde des CV."[188] Und Heinrich Drimmel (NdW) bemerkte zur Neuordnung: „Ein solcher Läuterungsprozeß konnte sich naturgemäß nicht ohne Einsatz einer gewissen Härte vollziehen."[189]

Zum Sachwalter der Hochschülerschaft Österreichs wurde vom Unterrichtsminister zu Beginn des WS 1933/34 Hauptmann a. D. Karl von Stein bestellt, er wurde im April 1934 von Heinrich Drimmel abgelöst. Auf deren Vorschlag wurden jeweils die Sachwalter der einzelnen Hochschulen ernannt, unter denen es sehr viele CVer gab. Darüber hinaus gab es einen kompetenzlosen Beirat, der aus den Vertretern der studentischen Vereinigungen bestand.[190] So wurde an der Universität Wien der spätere Bundeskanzler Josef Klaus (Rd) ernannt, der aber bereits im April 1934 vom späteren Unterrichtsminister Heinrich Drimmel, bis dahin Vorsitzender des KDHA Wien, abgelöst wurde. Er hatte dann bis in den Herbst 1937 in Personalunion die Sachwalterschaften der Hochschülerschaft Österreich sowie die der Universität inne. Seine Stellvertreter für Österreich war zuletzt Franz Hlouscha (Rd).

Heinrich Drimmel (NdW) als VOP im Hof der Wiener Universität. Er war der führende Studentenfunktionär des „Ständestaates".

Auf der Technischen Hochschule Wien wurde Sachwalter anfänglich Ernst Marboe (Baj), der nach 1945 Leiter der Österreichischen Bundestheaterverwaltung war, an der Hochschule für Welthandel hatte dieses Amt später bis 1938 Hans Heger (BbW) inne, in den siebziger Jahren Mitglied des Bundesrates und zeitweise dessen Vorsitzender. Für das Bundesland Steiermark wurde zuerst Vinzenz Neubauer (Nc) Sachwalter, er wurde 1936 von Alfred Berger (Cl) abgelöst, der bis 1938 amtierte.[191] In Innsbruck wurde nach einer anderen kurzen provisorischen Lösung Oswald Peterlunger (KV Tirolia) zum Sachwalter bestellt, er war später in der Zweiten Republik Generaldirektor für die Öffentliche Si-

187 75 Jahre Carolina, S. 307.

188 Mölzer, Der Gegensatz zwischen katholischen und nationalfreiheitlichen Korporationen in Graz, S. 497.

189 Jahrbuch ÖH 1937/38, S. 10.

190 MB 2 (1. 11. 1933), S. 3..

191 75 Jahre Carolina, S. 307f.; Leitner, Politik und Hochschule, S. 61f. An der Universität Graz lag die Sachwalterschaft nacheinander in den Händen von Josef Aigner jun. (C1) (bis 1934), August Mutz (C1) (bis 1936) und nach einer direkten Verwaltung durch die steirische Sachwalterschaft ab 1937 bei Hans Baier (C1). An der Technischen Hochschule übernahm später die Sachwalterschaft Fritz Wolf (BbG).

cherheit. Er trat 1934 zurück, sein Nachfolger wurde Josef Rieger (KV Tirolia), ab 1936 war es Karl Pontesegger (ehemals AIn).[192]

Analysiert man die Funktionäre der Hochschülerschaft, so waren gegen Ende des „Ständestaates" (Stichtag 1. Juli 1937) mehr als die Hälfte der Funktionäre 1. Ranges (Sachwalter, deren Stellvertreter, Geschäftsführer, Abteilungsleiter der Österreichischen Hochschülerschaft) Angehörige einer CV-Verbindung. Bei den Funktionären 2. Ranges (Fachschaftsleiter, Referenten, Mitarbeiter) waren es nur ein Fünftel. Nach 1945 bekannt gewordene Funktionäre waren neben den bereits Genannten u. a. der Konzertpianist Erik Werba (Alp), August M. Knoll (NbW), Herbert Schleicher (NdW) und Alfred Twaroch (Alp).[193]

Neben der Einrichtung der Sachwalterschaft wurden am 16. Oktober 1933 „Vorübergehende besondere Disziplinarvorschriften"[194] erlassen, denen im September 1934 ein Bundesgesetz zur „Aufrechterhaltung der Disziplin unter den Studierenden an den Hochschulen" folgte.[195] 1935 wurde ein Hochschulerziehungsgesetz erlassen, dort hieß es u. a.:[196]

> „§ 1. Den wissenschaftlichen Hochschulen obliegt außer der Pflege der Forschung und Lehre auch die Erziehung zu sittlichen Persönlichkeiten im Geiste vaterländischer Gemeinschaft.
> § 2. Der Erziehung zu vaterländischer Gemeinschaft dient insbesondere die Verpflichtung der Studierenden
> 1. zum regelmäßigen Besuch der Vorlesung zur weltanschaulichen und staatsbürgerlichen Erziehung über die ideellen und geschichtlichen Grundlagen des österreichischen Staates,
> 2. zur Teilnahme an vormilitärischen Übungen,
> 3. zur Ableistung einer Schuldienstzeit im Hochschullager."

Ebenfalls 1935 wurde ein „Hochschulermächtigungsgesetz" beschlossen, das den Unterrichtsminister befugte, die studentische Selbstverwaltung, die Verleihung akademischer Titel und Auszeichnungen, die Zulassung von Vereinen etc. im Verordnungswege zu regeln.[197] Dieses Gesetz war übrigens 1937 die Grundlage für den Erlaß einer Hochschulvereinsordnung[198] und zur ersten Errichtung der Hochschülerschaft nach 1945 (siehe S. 524). Mit diesen beiden Gesetzen wurde nun eine legale Voraussetzung für den Eingriff des Staates in die Erziehungs- und Verwaltungsaufgaben der Hochschulen geschaffen.

Die Vorlesungen zur weltanschaulichen und staatsbürgerlichen Erziehung hielt an der Wiener Universität der Schuschnigg-Intimus und Kirchenrechtler Johannes Hollnsteiner (ehemals Nc),[199] an der Grazer Universität der dort damals noch als ao. Prof. lehrende bekannte österreichische Historiker P. Hugo Hantsch OSB (Fd)[200] und an den Wiener Hochschulen für Technik, Welthandel und Bodenkultur das spätere NS-Opfer Hans Karl Zeßner-Spitzenberg (Tt, NbW) (über ihn siehe S. 466).

---

192 Karl Pontesegger wurde wegen SPÖ-Mitgliedschaft nach 1949 aus dem CV ausgeschlossen. Siehe S. 519.
193 Nach Jahrbuch ÖH 1937/38, SS. 52-61.
194 BGBl. Nr. 474 vom 6. 10. 1933.
195 BGBl. Nr. 232 vom 6. 9. 1934.
196 BGBl. Nr. 267 vom 1. 7. 1935.
197 BGBl. Nr. 266 vom 1. 7. 1935.
198 BGBl. 348/1937.
199 Buchmayr, Der Priester in Almas Salon, S. 106.
200 Leitner, Politik und Hochschule und Hochschule, S. 56.

Die linke Historiographie in der Zweiten Republik kommentiert die Regierungspolitik des „Ständestaates“ gegenüber den Hochschulen: „Die christlich-autoritäre Politik der Regierungen Dollfuß und Schuschnigg, die auf Hochschulboden den neuen Studenten und die neue Elite für den neuen Staat schaffen wollte, schuf auch hier nichts als einen Faschismus, gekoppelt mit einer zweiten katholischen Gegenreformation.“[201] Sie – die linke Historiographie – ist nicht weit weg von der rechten, wenn der zeitweilige FPÖ-Chefideologe Andreas Mölzer (C! Vandalia) von den katholischen Verbindungen als „staatstragende Kaste“ spricht.[202]

Wie erwähnt war mit dem System der Sachwalterschaft auch das Ende der KDHÖ als hochschulpolitische Fraktion im Rahmen der studentischen Vertretungskörper der DSt, der Kammern, gekommen. Ihre Funktion wurde ab 1935 stärker religiös gesehen (siehe S. 247). Bereits im Juli 1933 gab es Tendenzen zu Überlegungen, einen „Österreichische Studentenschaft“ zu gründen. Nach Theodor Veiter (ehemals Rd), wollte eine solche Josef Kimmel (Rd), damals Landesleiter der Ostmärkischen Sturmscharen in Wien, ins Leben rufen.[203] Das gelang vorerst nicht.

Aus den Reihen der nunmehr „neuen KDHÖ“ Ende 1936/Anfang 1937 kam aber neuerlich der Vorschlag nach einer Österreichischen Studentenschaft, nachdem ihrer Meinung nach der „Liquidationsbegründung“ für die Sachwalterschaft weitgehend erledigt schien. Diese Österreichische Studentenschaft hingegen war als Nachfolgerin der Sachwalterschaft gedacht und sollte alle inländischen Hörer umfassen, jedoch wurde das christliche Bekenntnis wie die deutsche Volkszugehörigkeit als zusätzliche Voraussetzung genannt, was u. a. auch auf den Ausschluß der doch zahlreichen jüdischen Studentenschaft hinausgelaufen wäre. Weiters wurde als beratendes Organ eine Hochschulkammer gefordert. Diese Forderungen standen auch im Zusammenhang mit der Errichtung ständischer Körperschaften, wie diese von der Ständischen Verfassung 1934 auch vorgesehen waren, jedoch bis 1938 kaum verwirklicht worden.

Daß die KDHÖ, und da wiederum der ÖCV, einen solchen Vorschlag machten, zeigt, daß der ÖCV, der als Organisation durch die Umstellungsumwälzungen in Staat und Kirche (KA) in ein gewissen Bedrängnis bekam (siehe dazu S. 246 und 375), wiederum etwas Tritt bekommen hat.[204] Auch wurden auf der Cartellversammlung 1937 die Verbindungen aufgefordert, in Anbetracht der nationalsozialistischen Gefahr besonders die Arbeit der KDHÖ zu unterstützen. Man war der Meinung, daß nur der ÖCV die Richtung in der KDHÖ vorgeben könne.[205]

Neben der Sachwalterschaft und der KDHÖ existierte noch die Hochschülerorganisation der VF (Hochschulgruppen der VF). Sie verstand sich neben der Sachwalterschaft als

201 Lichtenberger-Fenz, Österreichs Universitäten 1930 bis 1945, S. 73.

202 Mölzer, Die Auseinandersetzungen zwischen nationalen und katholischen Korporationen im Jahre 1931, S. 17.

203 Veiter, Das 34er Jahr, S, 135f., beruft sich auf seine Tagebucheintragung vom 3. 7. 1933 und bezeichnet Kimmel „als geistig beschränkten Menschen und Feldwebelnatur“. Das deutet auf einen Konkurrenzsituation in der Verbindung hin. In dem Bericht des VOP Alfred Benn (Nc) auf der 2. CVV im März 1935 geht dieser ebenfalls auf den Gründungsversuch einer Österreichischen Studentenschaft ein und nennt dabei als Betreiber einer solchen Theophil Hildebrand (AIn), ein Schweizer (rezepiert 1928), und einen Dr. Blocher (Nc). Dieser ist aber weder im GV 1935 als Lebender oder Toter noch im GV 1929 zu finden.

204 *Katholische Tat.* Blätter der Katholischen Deutschen Hochschülerschaft Österreichs, Jänner 1937, S. 2f.; der Beitrag wurde von Helmut Schuster (F-B) gekennzeichnet. Siehe ebenso undatierte (wahrscheinlich November 1936) KDHW-Berichte.

205 Aus dem Protokoll der Cartellversammlung 1937, Einzelblatt, Antrag Nibelungia auf Resolution betr. KDHÖ, in: BA, Akten des SD-Oberabschnitts Donau, ZB I 414, Blatt 60.

die eigentliche „politische Organisation“ und war vor allem im Erziehungs- und Schulungswesen tätig. Insbesondere wurde sie als Übergangsorganisation vom Jungvolk (die Jugendorganisation der VF) zu den weiteren ständestaatlichen Organisationen gesehen. Darüber hinaus gab es noch die Studentenfreikorps der Ostmärkischen Sturmscharen und die Studentenkompanien des Heimatschutzes. Zwischen diesen den „Ständestaat“ unterstützenden Gruppen kam es des Einflusses wegen naturgemäß oft zu Reibereien. Seitens des ÖCV wurde die Hochschülerorganisation der VF, die 1936 im Zuge der Zurückdrängung der Wehrverbände entstand, mit kritischen Augen betrachtet. Heinrich Drimmel (NdW) bemerkte dazu in seinem Bericht an die 4. CVV in Graz 1937 als Leiter des Amtes für Hochschulfragen: „Im Hinblick auf die Hochschülerorganisation der VF besteht vielfach Zweifel, ob es notwendig ist, daß neben der Sachwalterschaft auch noch eine Organisation der VF ins Leben zu rufen sei.“[206]

Hochschulpolitisch die führende Figur in Österreich und im ÖCV der Zeit 1934-1937 war zweifelsohne Heinrich Drimmel (NdW). Er war nicht nur ab April 1934 Sachwalter für ganz Österreich und der Universität Wien, sondern war gleichzeitig Leiter des Hochschulamtes im ÖCV-Beirat und im Studienjahr 1936/37 auch VOP, d. h. in seiner Person waren nicht nur die hochschulpolitischen Belange des ÖCV konzentriert, sondern er war auch der allgemeine Studentenführer Österreichs. Darüber hinaus war er bis 1936 auch hochschulpolitischer Führer der Heimwehren. Als er im November 1937 in das Unterrichtsministerium versetzt wurde, trat er von seinen Sachwalterposten zurück.

Aufgrund des Boykotts der nationalen Studentenschaften und ihrer Beteiligung am Juli-Putsch 1934 wurde das Auftreten der schlagenden Korporationen weitgehendst vom Staat unterbunden. Verschiedentlich kam es zu länger andauernden Farbenverboten. Nach dem Juli-Putsch gab es eine Verhaftungswelle. So wurde z. B. ein Drittel der B! Stiria Graz wegen illegaler Betätigung mit Kerker, Anhaltelager, Geldbußen, Disziplinarverfahren etc. bedacht. Von den übrigen Grazer schlagenden Korporationen wurden im Laufe dieser Zeit die Burschenschaften Allemannia, Frankonia, und Ostmark, ferner der ATV, der VDSt sowie die Verbindung Tauriskia polizeilich aufgelöst, weil eine überwiegende Zahl ihrer Angehörigen illegale NSDAP-Mitglieder waren. Andere, wie z. B. das C! Vandalia suspendierten den Aktivenbetrieb.[207] Die verbleibenden Korporationen waren mit ihren Heimen Zellen der nationalsozialistischen Agitation, so wurde z. B. Anfang 1937 ein SA-Appell bei der B! Stiria von der Kriminalpolizei ausgehoben, als Folge wurde sie ebenso wie die B! Marcho-Teutonia verboten.[208] Im Jahr 1942 stand daher in dem Buch „Der Freiheitskampf der Ostmark-Deutschen“ in gewissem Sinn durchaus treffend zu lesen: „Wie die Verbrecher wurden sie registriert. Die Studenten an den österreichischen Hochschulen und vor allem die Korporationsstudenten, bei denen die Zugehörigkeit zu einer illegalen Parteiformation Pflicht war, gehörten zu den unentwegten Anhängern der Bewegung. Viele wanderten in den Kerker oder mußten ins Reich flüchten.“[209] Nach einer exakten Untersuchung vom Michael Gehler lag in Innsbruck bei denBurschenschaften Brixia, Germania

206 Gehler, Studenten und Politik, S. 325. Siehe dazu Heinrich Drimmel (NdW) in Jahrbuch ÖH 1937/38, S. 14. Die Äußerung Drimmels siehe MB 15 (15. 10. 1937), S. 22.

207 Corps Vandalia zu Graz, S. 78; Hundert Jahre Burschenschaft Frankonia, S. 51; Hundertfünfundzwanzig Jahre B! Allemannia, S. 10; Leitner, Politik und Hochschule, S. 55f.; Klauser, Geschichte der B! Stiria, S. 177f.; Die Kraft hat in sich selbst Bestand, S. 154f.; Mölzer, Der Gegensatz zwischen katholischen und nationalfreiheitlichen Korporationen in Graz, S. 498.

208 Ebner, Geschichte der B! Marcho-Teutonia, S. 153; Klauser, Geschichte der B! Stiria, S. 180.

209 Zitiert nach Binder, Der Weg der Studentenschaft in den Nationalsozialismus, S. 83.

und Suevia der Anteil der NSDAP-Mitglieder zwischen 75 und 80 Prozent, bei den Corps Athesia, Gothia und Rhaetia zwischen 68 und 85 Prozent.[210]

Ein Beispiel für den Boykott der schlagenden Verbindungen war die 350-Feier der Universität Graz am 14. Mai 1936, die bei dieser demonstrativ fernblieben; es nahmen nur die CV- und KV-Verbindungen sowie das freie C! Danubia teil. Daraufhin wurden die Altherrenfunktionäre der schlagenden Verbindungen, sofern sie Beamte waren, staatspolizeilich überprüft. Am 15. Juni 1936 wurde wegen des Fernbleibens ein Farbenverbot über zwölf schlagende Verbindungen bis Ende WS 1936/37 verfügt, eine Maßnahme, die übrigens vom CV bedauert wurde, weil ja damit die Gefahr des Abdrängens in die Illegalität noch mehr gegeben war. Im betreffenden Akt des Unterrichtsministeriums findet man am 12. Oktober 1936 als Begründung für die Einstellung von Verfahren den Vermerk: „Zudem ist zwischenzeitig eine Änderung der politischen Verhältnisse eingetreten", womit offenbar das Juli-Abkommen gemeint war.[211]

Entsprechend hielten sich vor allem nach dem Juli-Putsch 1934 die Schlagenden hinsichtlich Auseinandersetzungen mit CVern zurück. Zustände wie vor 1933 wären nicht mehr denkbar gewesen. Vereinzelt gibt es aber Berichte über solche. In Innsbruck gab es z. B. Anfang 1937 eine schwere Schlägerei im Vestibül der Universität zwischen diesen beiden Gruppen von Hochschülern,[212] und am 25. November 1937 wurde der spätere Tiroler Landesrat Luis Bassetti (R-D) im Umfeld einer Veranstaltung der Rheno-Danubia von Angehörigen der B! Suevia (sie galt als besonders nationalsozialistisch durchsetzt) insultiert, was aber mangels an Beweisen ohne weiteren behördlichen Folgen blieb.[213]

Aber durch das erwähnte Juli-Abkommen kam es auch zu einer teilweisen Mitarbeit der „nationalen" Studenten in der Hochschülerschaft, sofern sie nach außen hin sich zum Staat loyal verhielten. Die Einbindung dieser Gruppen war auch ein Anliegen des Sachwalters Drimmel.[214] Doch waren diese zuletzt nur in der unteren Funktionärsebene zu finden.[215]

Auch im Bereich der Professorenschaft gab es Disziplinierungsmaßnahmen, die nicht von ungefähr kamen, denn ein großer Teil war ja dem nationalen bzw. dem nationalsozialistischen Gedankengut positiv eingestellt. So wurden insgesamt zehn nationale bzw. nationalsozialistische, zwei liberale und zwei sozialdemokratische[216] Professoren zwangspensioniert. An der Universität Graz waren in diesem Zusammenhang 1936 die Professoren Arnold Pöschl und Otto von Dungern betroffen.[217] Im Verhältnis zur Säuberungswelle von 1938 waren diese Zahlen aber relativ geringfügig.

So wurden nach dem Anschluß im Bereich der Universität Wien 54 Prozent aller ordentlichen Professoren entlassen, sie stand damit an der Spitze der nationalsozialistischen „Säuberungen" an den Hochschulen. Das waren natürlich in erster Linien „Juden" und „Anhänger des [alten] Systems".[218]

---

210 Gehler, Studenten und Politik, S. 402.

211 AVA BMfU, Präs. 5 A 1, GZ: 23264-I-1; 31479-I-1, 22933-I-4; 19225-I-1; 16970-I-1.

212 Festschrift Leopoldina 70, S. 34.

213 Gehler, Studenten und Politik, S. 277f.

214 Drimmel, Die Häuser meines Lebens, S. 179f. Das rettete Drimmel 1938 auch von einer Verhaftung, S. 239.

215 Nach Jahrbuch ÖH 1937/38, SS. 52ff. tw. ersichtlich. So war z. B. der spätere SS-Offizier Wilhelm Höttl Mitarbeiter der Fachschaft Historiker in Wien.

216 Der Wiener Stadtrat und Mediziner Julius Tandler sowie der Grazer Techniker Alfons Leon (über diesen siehe auch S. 492).

217 Leitner, Politik und Hochschule und Hochschule, S. 56.

218 Lichtenberger-Fenz, Österreichs Universitäten und Hochschulen, S. 3f.

Der März 1938

„Am Anfang des März,
da geht es um Österreich.
Wir bleiben die alten fürs Heimatreich.
Mögen viele sich drehen,
mögen manche sich neigen,
mag alles vergehen,
Österreich muß bleiben!
Rot-weiß-rot bis in den Tod
ist nicht nur ein schales Wort,
ist unser Sinn, ist unser Hort.
Ist Österreich nun, für das wir stehen,
ist die Heimat, für die wir leben."

Als am 6. März 1938 der damalige Handelsminister Julius Raab (Nc) bei Leopold Figl (Nc), dem damaligen österreichischen Bauernbunddirektor, zu Besuch war, schrieb er diese Verse ins Gästebuch.[1]

Die politische Entwicklung vor und nach dem Anschluss

Nach dem Dollfuß-Attentat kam es in den folgenden Jahren zu einer gewissen Beruhigung, doch 1936 gab es eine für das weitere Schicksal Österreichs entscheidende Änderung.[2] Ursachen waren einerseits die innenpolitische Stabilisierung des NS-Regimes (1934: Röhm-Putsch; Tod Hindenburgs – Hitler auch Staatsoberhaupt; 1936: Besetzung des Rheinlands, Rückkehr des Saarlands; wirtschaftlicher Aufschwung und Senkung der Arbeitslosigkeit), womit auch ein Ansteigen der Sympathien für Hitler und die NSDAP verbunden war, andererseits auch die außenpolitischen Ereignisse: Infolge des Abessinienkonflikts rückte das faschistische Italien näher zu Deutschland, so daß die wichtigste außenpolitische Stütze Österreichs wegfiel. Das bedeutete eine zunehmende Isolierung.

In dieser Situation schien es vordergründig richtig gewesen zu sein, eine Verständigung mit dem Deutschen Reich zu suchen. Vom deutschen Gesandten in Wien, Franz von Papen (KV Rheno-Bavaria München EM), wurde das sog. **Juli-Abkommen** angeregt und dann am 11. Juli 1936 unterzeichnet. Es sah ein engeres Anlehnen Österreichs an das Deutsche Reich vor. Außerdem wurden sog. volkspolitische Referate in der VF eingerichtet, die, ähnlich wie die SAG für die Arbeiter, den nationalen bzw. nationalsozialistischen Teil der Bevölkerung betreuen bzw. einbinden sollten.[3] Weiters wurde der „betont nationale" Edmund Glaise-Horstenau zum Bundesminister ohne Portefeuille ernannt, ebenso Staatsräte, wie z. B. Arthur Seyß-Inquart.

---

1 Zitiert aus Trost, Figl von Österreich, S. 109f.

2 Zum Anschluß ist vor allem folgende Literatur zu beachten: Anschluß 1938; Binder, Dollfuß und Hitler; Goldinger, Gleichschaltung; Österreich, Deutschland und die Mächte; Rosar, Deutsche Gemeinschaft, S. 284; Schausberger, Anschlußideologie und Wirtschaftsinteressen; Schausberger, Der Anschluß; Tomkowitz/Wagner, Ein Volk, ein Reich, ein Führer.

3 Mitarbeiter dieses volkspolitischen Referates auf Bundesebene waren u. a. Hans Eibl (ehemals NdW) und Oswald Menghin (ehemals Rd), dazu siehe auch Kriechbaumer, Österreich! und Front Heil, SS. 115.

Für jene in Österreich, vor allem im ÖCV, die eine kompromißlose Gegnerschaft zum Nationalsozialismus verfolgten, war dieses Abkommen zweifellos der Anfang vom Ende. Franz von Papen benannte im Januar 1937 die Gegner des Juli-Abkommens: „Mit Ausnahme des extrem klerikalen Lagers des CV und der Katholischen Aktion und der damit eng verbundenen Legitimisten leugnet niemand wirklich ernstlich, daß ohne ein Einverständnis zwischen den regierenden Kreisen und der nationalen Opposition es in Österreich nicht möglich sein wird, den für den Aufbau des Staates unerläßlichen Frieden zu erlangen."[4]

Im Herbst 1937 mehrten sich die Anzeichen für einen stärkeren Druck des Deutschen Reiches auf Österreich. Hitler gab seine Aggressionspläne („Hoßbach-Protokoll") bekannt und wechselte Anfang 1938 Teile der militärischen Führung sowie den Außenminister aus, die diesen Plänen hinderlich waren. Wiederum von Papen eingefädelt kam es am 12. Februar 1938 zu einer Begegnung zwischen Adolf Hitler und Kurt Schuschnigg (AIn) auf dem Obersalzberg bei Berchtesgaden, die praktisch mit einem militärischen Ultimatum endete. Am 16. Februar bildete Schuschnigg seine Regierung um, im Zuge dessen der Vertrauensmann der Nationalsozialisten, Arthur Seyß-Inquart, Innenminister wurde. Gleichzeitige Bemühungen der Regierung, mit den illegalen Sozialdemokraten ins Gespräch zu kommen, waren bereits zu spät.[5] Inhaftierte Nationalsozialisten wurden amnestiert und erhielten nun offiziell die Erlaubnis, sich in der VF zu betätigen.

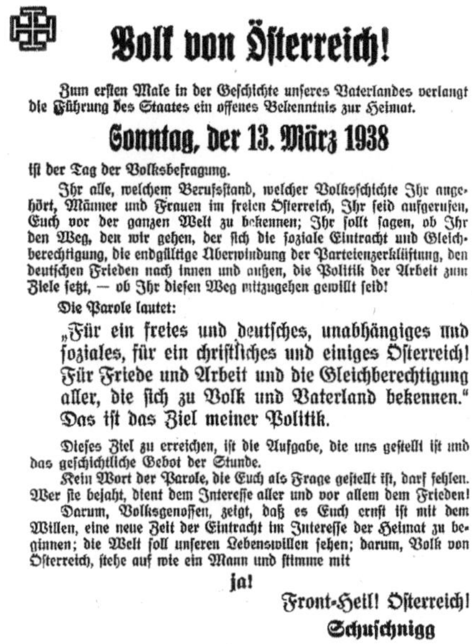

Volk von Österreich!

Zum ersten Male in der Geschichte unseres Vaterlandes verlangt die Führung des Staates ein offenes Bekenntnis zur Heimat.

Sonntag, der 13. März 1938

ist der Tag der Volksbefragung.

Ihr alle, welchem Berufsstand, welcher Volksschichte Ihr angehört, Männer und Frauen im freien Österreich, Ihr seid aufgerufen, Euch vor der ganzen Welt zu bekennen; Ihr sollt sagen, ob Ihr den Weg, den wir gehen, der sich die soziale Eintracht und Gleichberechtigung, die endgültige Überwindung der Parteienzerklüftung, den deutschen Frieden nach innen und außen, die Politik der Arbeit zum Ziele setzt, — ob Ihr diesen Weg mitzugehen gewillt seid!

Die Parole lautet:

„Für ein freies und deutsches, unabhängiges und soziales, für ein christliches und einiges Österreich! Für Friede und Arbeit und die Gleichberechtigung aller, die sich zu Volk und Vaterland bekennen."
Das ist das Ziel meiner Politik.

Dieses Ziel zu erreichen, ist die Aufgabe, die uns gestellt ist und das geschichtliche Gebot der Stunde.

Kein Wort der Parole, die Euch als Frage gestellt ist, darf fehlen. Wer sie bejaht, dient dem Interesse aller und vor allem dem Frieden!

Darum, Volksgenossen, zeigt, daß es Euch ernst ist mit dem Willen, eine neue Zeit der Eintracht im Interesse der Heimat zu beginnen; die Welt soll unseren Lebenswillen sehen; darum, Volk von Österreich, stehe auf wie ein Mann und stimme mit

ja!

Front-Heil! Österreich!
Schuschnigg

Eines der zahlreichen Plakate für die von Bundeskanzler Kurt Schuschnigg (AIn) angesetzte Volksabstimmung am 13. März 1938.

In dieser verzweifelten Situation, als bereits nationalsozialistische Unruhen und Kundgebungen an der Tagesordnung waren, gegen die die Exekutive kaum noch mehr vorgehen konnte, versuchte Schuschnigg auszubrechen und verkündete für den Sonntag, den 13. März eine Volksabstimmung „für ein freies und deutsches, unabhängiges und soziales, für ein christliches und einiges Österreich". Diesen Affront konnte Hitler natürlich nicht zulassen, so daß er am 10. März den Auftrag gab, den Einmarsch in Österreich vorzubereiten. Am 11. März forderte ein deutsches Ultimatum, die Volksabstimmung abzusetzen. Göring ging jedoch weiter und verlangte die Demissionierung der Regierung, was am späten Abend dann auch geschah. Vorher jedoch verabschiedete sich Schuschnigg im Radio

4 Zitiert in Weinzierl, Österreichs Katholiken und der Nationalsozialismus, S. 505ff.

5 So war z. B. Ernst Karl Winter (NbW) vor dem 11. März 1938 im Auftrag Schuschniggs in Graz, um den Kontakt mit der Arbeiterschaft zwecks gemeinsamer Aktion aufzunehmen. Dazu siehe Marko, Ernst Karl Winter, S. 218. Winter gelang in letzter Stunde die Flucht in die Schweiz, von wo er in die USA weiterreisen und dort als Professor für Soziologie und Sozialphilosophie wirken konnte.

mit dem Satz „Gott schütze Österreich!". Bundespräsident Wilhelm Miklas (AW EM) ernannte nun auf deutschen Druck hin gegen Mitternacht Seyß-Inquart zum Bundeskanzler.

Diesem „Anschlußkabinett" gehörten auch zwei CVer an, die als Katholisch-Nationale galten, nämlich Oswald Menghin (ehemals Rd) als Unterrichtsminister und Wilhelm Wolf (ehemals AIn) als Außenminister. Ihre Nominierung geschah vor allem auch, um Miklas zu beruhigen.[6] Diese österreichseits verfassungsrechtlich nicht anerkannte Bundesregierung[7] hatte nur eine kurze Lebensdauer; nach vollzogenem Anschluß wurde sie zu einer Landesregierung herabgestuft, und Seyß-Inquart wurde Reichsstatthalter, um dann ein Jahr später der endgültigen Gauverfassung Platz zu machen, die eine übergeordnete Verwaltungsinstanz bzw. das, was von der sog. österreichischen Landesregierung übrig blieb, nicht mehr benötigte.

Auch in den Ländern vollzog sich, teilweise etwas zeitverzögert, die „nationale Revolution". Die bisherigen Landesregierungen wurden durch Parteigänger der Nazis ersetzt und gingen dann später sukzessive in die Gauverwaltungen über. Interessant ist, daß der oö. Landesrat Franz Lorenzoni (Kb), der seit 1931 das Finanzressort leitete, vom NS-Landeshauptmann und späteren Gauleiter August Eigruber in dieser Funktion übernommen wurde und sechs Wochen im Amt blieb, um dann wieder als Beamter zurückzukehren.[8]

Am 12. März begann, nachdem Hitler sich der Rückendeckung Mussolinis versichert hatte, der Einmarsch der deutschen Truppen. Mit ihnen zogen SS-Kommandos ein, die mit ihrem Terrorregime unverzüglich begannen. Nachdem Hitler gegen Abend des 12. bereits in Linz eingetroffen war, konnte natürlich die Stellung des Bundespräsidenten nicht mehr gehalten werden. Auf Drängen Seyß-Inquarts trat Miklas am 13. März zurück[9], seine Funktion ging auf den Bundeskanzler über, der nun die volle legislative wie exekutive Macht besaß, um den Anschluß noch am selben Tag zu verkünden.

Für den 10. April setzten die neuen Machthaber eine Volksabstimmung über den Anschluß an. Was nun einsetzte, waren zwei Wellen: einerseits eine große Verhaftungswelle, über die noch später zu berichten sein wird, andererseits eine großangelegte Propagandawelle. Im Zuge dieser wurden auch die Kirche bzw. die Bischöfe instrumentalisiert.

---

6 Die Behauptung von Maximilian Liebmann (Cl) in öAc 35 (1984), Nr. 4, S. 7, daß in der vorletzten Regierung Schuschnigg (November 1936 bis Februar 1938) gleich viele CVer als Minister angehörten als im Anschluß-Kabinett Seyß-Inquart, stimmt nicht. Die genannte Regierung Schuschnigg umfaßte zum Schluß den Bundeskanzler, den Vizekanzler, sieben Minister und drei Staatssekretäre. Von diesen zwölf Personen waren vier CVer (Schuschnigg, Pernter, Resch und Schmidt), das war ein Anteil von 33,3 Prozent. Im Anschlußkabinett gab es neben dem Bundeskanzler und dem Vizekanzler noch weitere sieben Minister und einen Staatssekretär, das sind zehn Personen, von denen zwei CVer waren, das sind 20 Prozent CV-Anteil. Wolf war übrigens nur kurz „Außenminister", am 15. 3. übergab er seine Funktion dem Berliner Auswärtigen Amt. Er starb 1939 auf mysteriöse Art, die die Vermutung aufkommen ließ, der Unfall sei von den Nazis verursacht worden.

7 Daher wird sie auch nicht im Historischen Teil des Österreichischen Amtskalenders angeführt.

8 Slapnicka, Oberösterreich. Als es Oberdonau hieß, S. 11-13. Dies hatte offenbar keine politischen oder verbindungsinternen Folgen für Lorenzoni gehabt. Das mag auch daran gelegen haben, daß nach der ständestaatlichen Verfassung die Landesräte weniger als Politiker, sondern mehr als gehobene Beamte angesehen wurden. Lorenzoni wurde 1945 Landeshauptmannstellvertreter von Oberösterreich.

9 Im Gegensatz zu Bundeskanzler Schuschnigg oder anderen Politikern, die ins KZ oder ins Gefängnis mußten, blieb Miklas nicht nur nicht unbehelligt, er wurde sogar weiter begünstigt. Nach einer Verfügung Adolf Hitlers erhielt er die bisherigen abzugsfreien Bezüge (Jahressumme 55.700,73 Schilling) weiter und konnte in seiner Residenz – einem villenartigen Gebäude in der Hainburger Straße 15 (3. Wiener Gemeindebezirk) – mit einem Portier kostenlos wohnen. Er erhielt weiter einen Dienstwagen mit Chauffeur und konnte umsonst die Bahn benutzen sowie die Staatstheater besuchen. Siehe dazu UEBERSCHÄR, GERD R./VOGEL, WINFRIED: Dienen und Verdienen. Hitlers Geschenke an seine Eliten. Frankfurt/Main 1999, S. 51f.

Den Gang Theodor Kardinal Innitzers (NdW) zu Hitler ins Hotel Imperial sowie die unselige und oft immer noch nicht richtig eingeordnete Erklärung der österreichischen Bischöfe zum Anschluß und Innitzers handschriftliches „Heil Hitler" im Begleitschreiben dieser Erklärung vom 18. März nutzten die Nazis in diesen März-Tagen weidlich aus. Von Flensburg bis Radkersburg waren an den Litfaßsäulen die Plakate affichiert, auf denen dieses „Heil Hitler" prangte. Maximilian Liebmanns (Cl) konnte nachweisen, daß „jene Aufrufe nicht von den Bischöfen konzipiert, sondern vom Büro des Reichskommissars und Gauleiters Joseph Bürckel erstellt, dem Kardinal ins Haus geliefert und die Unterschriften abgerungen wurden".[10] Die österreichischen Bischöfe wurden also von den Nazis hereingelegt. Dazu mitgeholfen hatte Joseph Himmelreich (AIn), Pressereferent beim Reichsstatthalter in München, der zur Unterstützung nach Wien abkommandiert wurde. Er war der Beauftragte Bürckels für die Verhandlungen mit den Bischöfen.[11]

Darüber hinaus hatte der Heilige Stuhl ein vitales Interesse an einer Appeasement-Politik gegenüber den neuen Machthabern. Wenige Stunden nach der Landung der SS-Spitzen auf dem Flugfeld Wien-Aspern soll auch der Berliner Nuntius Erzbischof Cesare Orsenigo in Wien angekommen sein, um bei Innitzer deswegen zu intervenieren und auf einen Besuch bei Hitler zu drängen. Indirekter Zeuge dieser Begegnung soll Friedrich Funder (Cl) gewesen sein, der sich damals im Vorzimmer des Kardinals aufhielt.[12]

Die propagandistische Auswertung dieses „Heil Hitler" hat alle jene bewußten Katholiken – und somit auch CVer – nachweislich zutiefst getroffen, die bereits in Gefangenschaft saßen. Genüßlich wurde dies ihnen dort ausgebreitet.[13] Auch nach dem Krieg ist diese Betroffenheit innerhalb des CV thematisiert worden (siehe S. 513).

Aus „brückenbauenden" katholisch-nationalen Kreisen hatte sich in diesen Tagen auch eine „Aktion für den religiösen Frieden" gebildet, die am 8. April eine Denkschrift an Innitzer überreichte. Sie versuchte, den Wiener Erzbischof „auf Linie" zu bringen bzw. zu halten, d. h. zu einem Arrangement mit den neuen Machthabern zu kommen. Diese Denkschrift endete mit einem Satz, der wohl keines näheren Kommentars mehr bedarf: „Mit mindestens demselben Recht, mit dem die französischen Katholiken sich mit der Regierung des Gottesleugners Leon Blum gut stellen dürfen, können wir österreichische Katholiken einen tiefgläubigen Adolf Hitler unterstützen, der durch Taten christlicher Barmherzigkeit mehr Menschen mit Gott versöhnt hat, als in Frankreich mit Streik und Klassenhaß dem Satan in die Hände getrieben werden."

Unterschrieben wurde diese Denkschrift von 18 Persönlichkeiten, teils Priester, teils Laien. Darunter befanden sich sieben CVer: die Priester-Gebrüder Leopold Schmid (ehemals Rd) und Josef Schmid (Rd), Kaplan Josef Ober (NdW) und Pfarrer Anton Bauer (Rd), die bereits bekannten Katholisch-Nationalen Hans Eibl (ehemals NdW EM) und Taras Borodajkewycz (ehemals Nc) sowie Karl Lechner (ehemals Kb). Weiters auch drei

---

10 Liebmann, Theodor Innitzer und der Anschluß, S. 9.

11 Himmelreich trat am 6. 5. 1925 der Innsbrucker Austria bei. Nach dem Krieg lebte er in der Schweiz und war dort Chefredakteur bzw. Mitherausgeber der Zeitschrift *Großer Ruf*. Über ihn siehe Liebmann, Theodor Innitzer und der Anschluß, S. 271.

12 Dazu Liebmann, Maximilian: Kardinal Innitzer und der Anschluß. Kirche und Nationalsozialismus in Österreich 1938. Graz 1982. S. 88f. Diese Begebenheit wurde wegen der schwachen quellenmäßigen Absicherung bzw. Beweisbarkeit nach derzeitigem Stand in Liebmann, Theodor Innitzer und der Anschluß, nicht mehr erwähnt.

13 Liebmann, Theodor Innitzer und der Anschluß, S. 143.

deklarierte Neuländer (neben Lechner vor allem Anton Böhm).[14] Von diesen sieben CVern wurden vier aus ihrer Verbindung ausgeschlossen.

Aber auch der Sozialdemokrat Karl Renner, zweimalige Staatskanzler und Bundespräsident, gab eine Erklärung für den Anschluß ab. Doch zum Unterschied zu den Bischöfen tat er dies freiwillig und brauchte nicht, wie diese hineingelegt zu werden. Er ergriff selber die Initiative und bot sich dem neuen Regime an.[15] Auch Adolf Schärf und Oskar Helmer hatten 1938 die Rückkehr zu einem selbständigen Österreich abgelehnt. Otto Bauer hatte eine solche als „reaktionäre Parole" charakterisiert, die Zukunft liege in der gesamtdeutschen Revolution.[16]

Doch die Ernüchterung folgte jedoch bald. Bereits kurz vor dieser Abstimmung schrieben Alfred Kieslinger (AW) und Lambert Weißl (Kb) in St. Florian folgendes Gedicht auf eine Parkbank:

„Ihr Nazisozi laßt euch sagen,
ihr werdet uns noch lang nicht haben.
Man wird euch aus dem Lande schmeißen,
daß ihr tut in die Hose scheißen.
O Österreich, mein Vaterland,
beschmutzt hat dich des Führers Hand.
Ihr Volksgenossen, wählet nein,
damit es wieder werde rein!
Der Hitler ist ein Schweinehund,
er gründete den Nazibund.
In unser Land fiel feig er ein,
darum, o Leute, wählet nein!"

Beide wurden beobachtet, verhaftet und kamen ins KZ Dachau, wo sie erst im April 1939 freigelassen wurden.[17] Diese Aktion ist auch ein Beweis dafür, daß nicht ganz Österreich, wie man weismachen wollte und will, den Nazi verfallen war. Denn es wird oft der Eindruck erweckt, als hätten die meisten Österreicher den Anschluß bzw. den Nationalsozialismus begrüßt und wäre die Demokratie nur von Links verteidigt worden.[18]

Um den Wert dieser Abstimmung zu relativieren, gehört jene häufig tradierte Meldung in den Bereich einer Mär, wonach in einem entlegenen Tiroler Bergdorf die für den 13. März vorgesehene Abstimmung mit einem Ergebnis von 99 Prozent für Schuschnigg geendet habe – die Meldung der Absage kam nicht rechtzeitig – und dieses Bergdorf rund einen Monat später wiederum mit 99 Prozent für Hitler gestimmt hätte. Bei der Abstimmung am 10. April, die ganz im Stil solcher in Diktaturen ablief – zuletzt bekannt von den kommunistischen „Volksdemokratien" – , ist interessant, daß in den traditionellen

14 Denkschrift faksimiliert abgedruckt in Liebmann, Theodor Innitzer und der Anschluß, S. 140f. Karl Lechner kam schon 1924 zum Bund Neuland und geriet dadurch in den Bann der Katholisch-Nationalen. Nach 1945 wurde er bei Kürnberg nicht mehr geführt. Siehe Krammer, Geschichte der K. a. V. Bajuvaria, S. 293.

15 Liebmann, Theodor Innitzer und der Anschluß, S. 117f.

16 Stourzh, 1945 und 1955, S. 51.

17 Farbe tragen, S. 218f.; Polgar, Hundert Jahre Kürnberg, S. 106.

18 Zu dieser Einschätzung abgewandelt siehe Lill, Rudolf: Über die Anfänge der CDU in Köln 1945-1948, in: Historisch-politische Mitteilungen. Archiv für Christlich-Demokratische Politik 12 (2005), S. 157.

Wiener Arbeiterbezirken (z. B. Favoriten, Simmering, Brigittenau) der Anteil der Ja-Stimmen am höchsten, in den „bürgerlichen“ Bezirken jedoch am niedrigsten war.[19]

Am 14. März gab der Landesführer des NSDStB Österreich, Hubert Freisleben (B! Brixia Innsbruck), die Wiederrichtung der 1933 aufgelösten Deutschen Studentenschaft (DSt) unter Führung des NSDStB bekannt.[20] Bereits Ende März gab es Inskriptionsverbote für jüdische Studenten, die nach der sog. „Reichskristallnacht“ vom 9. November 1938 generell verfügt wurden. So sank dadurch aber auch aus anderen Gründen z. B. auf der Universität Wien die Hörerzahl von 9.180 (WS 1937/38) auf 5.351 (WS 1938/39), auf der Universität Graz von 2.015 (WS 1937/38) auf 1.404 (WS 1938/39) und auf der Wiener Technik von 1.763 (WS 1937/38) auf 1.287 (WS 1938/39). Desgleichen wurden die Hochschulen von Professoren gesäubert.[21]

Auf den Universitäten wurde das „Führer-Prinzip“ eingeführt. Nicht mehr die gewählten Rektoren oder Dekane waren die Leitungsorgane, sondern die ernannten Rektoren und Dekane wurden „Führer“ der Universitäten bzw. Fakultäten. Der Senat, der bislang nur aus Professoren bestand, wurde ein beratendes Organ, dem nun auch Vertreter des Mittelbaus (Dozenten) und Studenten angehörten, allerdings waren das durchwegs Funktionäre des NS-Dozentenbundes bzw. des NSDStB.[22] 1940 wurde das noch bestehende österreichische Unterrichtsministerium liquidiert und die Universitäten dem Reichserziehungsministerium unterstellt, nachdem die Landeshauptleute zu Reichsstatthaltern ernannt und die Reste der österreichischen Landesregierung abgeschafft wurden.[23]

Die Situation in der Steiermark: Graz – Die Stadt der Volkserhebung

Die Situation in der Steiermark, und damit auch betroffen der CV, war hinsichtlich der Anschlußstimmung und des Deutschnationalismus besonders extrem. Wie wir ja bereits gesehen haben, war das schlagende Korporationswesen nirgendwo in Österreich so bedeutsam wie in Graz. Damit hing natürlich eine starke nationale Grundstimmung in der Bevölkerung zusammen, die ja in Tendenzen bis heute anhält.[24] Die schlagenden Verbindungen waren spätestens ab 1932 fast zur Gänze nationalsozialistisch infiltriert, die betreffenden Verbindungsgeschichten, auch wenn sie zum Teil nach 1945 erschienen sind, machen aus dieser ihrer Einstellung kein Hehl.[25]

Die Auseinandersetzungen zwischen den CVern und den Nazis begannen nun, stärker zu eskalieren. Im WS 1937/38 kam es beim Farbenbummel am Sonntag auf dem Ring

---

19 Botz, Nationalsozialismus in Wien, S. 176-179. Das zeigt, daß die Arbeiterschaft wohl stärker den Ja-Parolen der Nazis gefolgt war.

20 Gehler, Studenten und Politik, S. 410.

21 Lichtenberger-Fenz, Österreichs Universitäten 1930 bis 1945, SS. 74ff.; Lichtenberger-Fenz, Österreichs Universitäten unter dem nationalsozialistischem Regime; Weingand/Winkler, Diese Welt muß unser sein, S. 110ff.

22 Lichtenberger-Fenz, Österreichs Universitäten unter dem nationalsozialistischem Regime, S. 8. Mit Interesse vermerkt man dabei, daß unter den Nazis bereits Mittelbau- bzw. Studentenvertreter aufgenommen wurden, was erst später durch das UOG in den siebziger Jahren geschah – allerdings demokratisch legitimiert.

23 Lichtenberger-Fenz, Österreichs Universitäten unter dem nationalsozialistischem Regime, S. 14.

24 Etwas detaillierter die Darstellung als hier bei Hartmann, Im Gestern bewährt, SS. 376-380. Über die Situation in der Steiermark siehe besonders Karner, Die Steiermark im Dritten Reich, S. 27ff.

25 So z. B. Ehrlicher-Leitinger, Ein Hort deutschen Fühlens; Festschrift ATV Hundert; Festschrift Gothia; Klauser, Geschichte der B! Stiria.

regelmäßig zu Raufereien. Einmal mußten sich die Carolinen auf ihr Haus zurückziehen, wo es erst einer Sturmkompanie der Polizei gelang, den Glockenspielplatz zu räumen.[26] Die Zustände in der Studentenschaft nahmen schließlich solche Formen an, daß der Rektor der Universität, Josef Dobretsberger (Cl [ehemals Nc]), im Januar 1938 den Lehrbetrieb einstellen ließ.[27]

Das Abkommen von Berchtesgaden vom 12. Februar 1938 verschärfte die Lage in der Steiermark, insbesondere in Graz, zusehends.[28] Die aktiven Mitglieder der vier in Graz ansässigen CV-Verbindungen (Carolina, Traungau, Babenberg, Glückauf Leoben), ca. 200 an der Zahl, waren durchwegs in der VF organisiert, das Carolinenhaus war nun der Stützpunkt der NS-Gegner, als deren Köpfe Landeshauptmann Karl M. Stepan (Nc) und VF-Landesleiter Alfons Gorbach (Cl) galten. Die Lage spitzte sich in Graz zu, aus der Sicht der Nazis wurde sie nun zur „Stadt der Volkserhebung".[29]

Bereits am 18. Februar kam es infolge des Berchtesgadener Abkommens zu einem Fackelzug von Nationalsozialisten mit Angehörigen der schlagenden Verbindungen zum Hauptplatz, der von einer Gegenkundgebung, insbesondere organisiert von der Glückauf, „unter dem Absingen österreichischer Kampflieder" gestört wurde. An dieser nahmen auch sozialdemokratische Arbeiter teil. Dabei kam es zu einer großen Schlägerei mit der Nazi-Studentenschaft.[30] Am selben Tag gelangte auch wegen der Amnestie der frühere steirische Landeshauptmann Anton Rintelen (ehemals Trn EM) in Freiheit, der wegen seiner Beteiligung am Juli-Putsch 1934 zu lebenslanger Haft verurteilt wurde. Seine Heimkehr in die Steiermark gestaltete sich zu einer Triumphfahrt. Am 19. Februar hatte während einer Großdemonstration ein junger NS-Fassadenkletterer erstmals am Grazer Rathaus eine Hakenkreuzflagge hissen können. Und an diesem Tag schrieb der Vorort Carolina an Schuschnigg: „Die Ereignisse dieser Tage veranlassen den Vorort des Österreichischen Cartellverbands, Dir, hochverehrter Herr Bundeskanzler, die unverbrüchliche Treue und bedingungslose Gefolgschaft des jungen CV zum Ausdruck zu bringen. Wir bekunden unseren leidenschaftlichen Willen, für die Freiheit und Unabhängigkeit Österreichs einzutreten, und versichern unserem Kanzler vorbehaltlos, zu jedem Opfer bereites Eintreten für seine Bemühungen um die Erhaltung des Friedens und die Sicherung von Österreichs Zukunft."[31]

Die VF wollte nun am 21. Februar eine Großkundgebung durchführen, die jedoch von den Nazis unter Armin Dadieu (ATV Graz) unterlaufen wurde; die Kern-VF versammelte sich daher nochmals am Abend und defilierte vor ihrem Landesführer Gorbach. Am 24. Februar hielt Schuschnigg vor der Bundesversammlung in Wien jene berühmte Rede, die er mit den Worten schloß: „Bis in den Tod – Rot-Weiß-Rot!" Sie sollte in ganz Österreich mittels Lautsprechern vor den betreffenden Rathäusern übertragen werden, so auch in Graz. Dort versammelten sich auf dem Hauptplatz Tausende Nationalsozialisten, und der Bürgermeister wurde genötigt, erstmals offiziell am Rathaus die Hakenkreuzfahne zu

26 75 Jahre Carolina, S. 278.

27 Leitner, Politik und Hochschule, S. 90.

28 Die Darstellung folgt, wenn nicht anders angemerkt, Karner, Die Steiermark im Dritten Reich, S. 44ff. (für den allgemein historischen Teil), und Leitner, Politik und Hochschule, S. 90 (für die CV-Geschichte).

29 Diesen „Ehrentitel" erhielt Graz von Adolf Hitler wegen der Demonstration am 19. 2. und der Anbringung der Hakenkreuzfahne am Rathaus verliehen.

30 Ferstl, Glückauf Leoben, S. 34.

31 ÖCVA. ÖCV-Angelegenheiten vor 1938, 2. 5. Rundschreiben des Vororts Carolina, 8. 3. 1938 (darin Brief zitiert).

hissen. Während der Rede wurden das „Horst-Wessel-Lied" gesungen und andere Kundgebungen abgehalten, so daß die Kanzlerrede nicht verstanden werden konnte.

Aufgrund dieses Erfolges kündeten die Nazis für den 27. Februar in Graz einen „Deutschen Tag" an, zu dem ca. 60.000 Anhänger erwartet wurden. Schuschnigg hingegen, emotional gestärkt durch den österreichweiten Erfolg seiner Rede, sagte diese Versammlung kurzerhand ab. Um dies zu gewährleisten, wurde Militär aus Niederösterreich und dem Burgenland herangezogen. Gleichzeitig fand eine Gegendemonstration von vorwiegend 30.000 Arbeitern statt, so daß die Nazis diese Kundgebung absagen mußten. Weil Gorbach ohne Genehmigung Schuschniggs bzw. der Bundesleitung der VF diese Gegendemonstration organisierte, wurde er am 28. Februar seines Amtes als Landesleiter der VF enthoben. Schuschnigg glaubte offenbar noch immer auf eine einvernehmliche Lösung. Gorbach verließ noch am 28. Februar Graz.[32]

Am 1./2. März war Seyß-Inquart in Graz, was trotz eines Demonstrationsverbotes zu machtvollen Kundgebungen der Nazis führte. Konsequenz dieses Besuches war, daß nach der Ablösung Gorbachs auch der zweite entschiedene Gegner der Nazis, Landeshauptmann Stepan, von Schuschnigg, die sich beide ohnehin nicht mochten[33], fallengelassen wurde. Am 3. März wurde Rudolf Trummer (Cl), damals auch Philistersenior der Carolina, zum Landeshauptmann ernannt. Am Sonntag, dem 6. März, wurden nach dem Gottesdienst in der Grazer Ursulinenkirche Angehörige des Traungaus auf dem Hauptplatz eingekesselt und in ein Handgemenge verwickelt, erst ein nationalsozialistisch eingestellter Universitätsprofessor konnte den Abzug ermöglichen.[34]

Am 9. März hatte nun Schuschnigg zur Volksabstimmung für ein freies und unabhängiges Österreich aufgerufen. An der propagandistischen Vorbereitung und Unterstützung beteiligten sich alle Grazer CV-Verbindungen. Zentrum war wieder das Carolinenhaus, das von Nazis belagert wurde und erst nach Intervention des Landeshauptmannes Trummer von der Polizei freigemacht werden konnte. Hans Baier (Cl), damals Sachwalter der Universität Graz und stellvertretender Hochschulführer der VF, wurde in diesen Tagen mit anderen Carolinen gemeinsam während der Verteilung von Flugblättern und Plakaten von SA-Einheiten in den „Gambrinus-Keller" gedrängt, vor dem Lokal standen SA-Schlägereinheiten. Einen Befehl zum Einschreiten der Polizei hielt Landeshauptmann Trummer für zwecklos.[35]

Schon einige Tage vor dem 11. März hatte Benno Budweis (BuL, Cl) die alte CV-Standarte (sie wurde 1934 schwimmend über den Inn nach Österreich gebracht und befand sich damals wegen des Vororts in den Händen Carolinas) in Sicherheit gebracht. Die Verbindungsfahne wurde im zweiten Stock des Carolinenhauses (Caritasverband) verwahrt, von wo sie Alfred Berger (Cl)[36] wenige Tage später nach Petersbergen (heute Stadtrand

---

32 Er wurde von Kurt Nestor (AIn) mit dem Auto nach Wien gebracht. CT XI, S. 219ff. Wegen dieser „Fluchthilfe" wurde Nestor am 15. 3. 1938 verhaftet und blieb sechs Wochen in Haft, siehe Farbe tragen, S. 266. Siehe auch das Flugblatt „Nationalsozialisten" im VACl. Nachlaß Kurz, wo der Abgang Gorbachs vermerkt wird. Aufgrund der Formulierung des Flugblattes mußte es am 28. 2. herausgekommen sein.

33 Trotz dieser Animosität der beiden zueinander hatten sie aber eines gemeinsam, nämlich den Couleurnamen Teut. Zu dieser Animosität siehe auch Opis, Matthias: Karl Maria Stepan. Porträt eines Unbequemen, in: Karl Maria Stepan. Briefe des steirischen Landeshauptmannes aus Gefängnis und KZ. Hg. von Fritz Csoklich und Matthias Opis. Graz 2001, S. 105.

34 Haidacher, Fünfzig Jahre Traungau, S. 38.

35 Darüber Karner, Die Steiermark im Dritten Reich, S. 48. Etwas anders sieht es Gerd Stepantschitz in den *Carolinen-Blättern* Nr. 18 (SS 1983), S. 22.

36 Berger verstarb als zum Zeitpunkt des Todes ältester ÖCVer am 10. 2. 2004, siehe *Academia intern* 2004/3, S. 16.

von Graz) gebracht hatte. Dort besaß die Schwägerin von Budweis ein Sommerhaus, wo die Fahnen im Keller versteckt werden konnten.

Am Abend des 11. März, vor seiner Radiorede, hatte Schuschnigg noch Trummer angerufen und mitgeteilt: „Es ist aus!" Als die Nachricht vom Rücktritt der Bundesregierung bekannt wurde, feierten 60.000 Menschen auf dem Grazer Hauptplatz bis in den nächsten Morgen hinein. Die Carolina hingegen verbrannte im Arkadenhof ihres Hauses Archiv, Aktenmaterial, Fläuse u. ä. Am Morgen des 12. März betraten ca. 30 SS-Männer, durchwegs Angehörige schlagender Verbindungen, das Haus und verwüsteten es.[37] Es wurde in der Folge beschlagnahmt. Interessant ist übrigens, daß bereits in einer NS-internen Denkschrift aus dem Jahr 1934 auf das Carolinen-Haus das Auge geworfen wurde, „welches jedenfalls ein geeignetes Kameradschaftshaus im natsoz. Sinne abgeben wird".[38]

Für die Abwicklung, Gleichschaltung, Auflösung – oder wie immer man das bezeichnen mag – der Vereine etc. wurde im Rahmen des Reichskommissars für die Wiedervereinigung Österreichs mit dem Deutschen Reich ein sog. Stillhaltekommissar für Vereine, Organisationen und Verbände eingerichtet, der in jedem Gau Beauftragte eingerichtet hatte. Aufgabe des Stillhaltekommissars war es auch vor allem, das Vermögen der betreffenden Vereine sicherzustellen.

Im Zuge der Entschädigungsdiskussion bez. Zwangsarbeiter und der damit zusammenhängenden US-Sammelklagen ab 2000 hat der österreichische Nationalrat ein „Bundesgesetz über die Einrichtung eines Allgemeinen Entschädigungsfonds für Opfer des Nationalsozialismus und über Restitutionsmaßnahmen" beschlossen, in dessen § 6 die Anspruchsberechtigten festgehalten wurden: „Personen oder Vereinigungen, die vom nationalsozialistischen Regime aus politischen Gründen, aus Gründen der Abstammung, Religion ... verfolgt wurden .. und .. auf dem Gebiet der heutigen Republik Österreich während der Zeit des Nationalsozialismus Verluste und Schäden erlitten haben."

Als Termin für die Geltendmachung solcher Wiedergutmachungsansprüche wurde der 28. Mai 2003 festgesetzt. Es entstand nun bei ÖCV-Verbindungen eine gewisse Hektik, um erstens die Beweismittel zu sichern und zweitens den Termin einzuhalten.[39] Am 3. März 2006 wurden nun seitens dieses „Allgemeinen Entschädigungsfonds für Opfer des Nationalsozialismus" erste Entscheidungen bezüglich Ansprüche von ÖCV-Verbindungen für derartige Wiedergutmachungen getroffen, und zwar für die Babenberg Graz (Aktivitas und AHV), die Bajuvaria Wien, die Glückauf Leoben, den Kürnberg Wien, den Nordgau Wien, die Norica Wien, die Pannonia Wien, den Traungau Graz (und Traungauburse) sowie den AHLB Steiermark. Für all diese wurde eine Forderung von zusammen über 51.700 US-$ anerkannt. Für den ÖCV und seine Verbindungen steht dabei weniger die Restitution des damals beschlagnahmten Vermögens im Vordergrund, dessen Wert fast 70 Jahre später ohnedies kaum mehr zu beziffern ist, sondern die Tatsache, daß sie damit als Opfer des Nationalsozialismus anerkannt wurden.[40]

Doch zurück nach Graz. Dort kam es auch zu einer Bischofsverhaftung. Am 12. März um 7 Uhr in der Früh drangen SA-Männer in das Bischöfliche Palais ein und setzten Ferdinand Pawlikowski (Trn EM), Fürstbischof von Graz-Seckau, bis in den Abend hin-

37 75 Jahre Carolina, S. 279. Siehe auch Duss, Viktor: Unsere Fahne, in: *Carolinen-Blätter* Nr. 25 (WS 1986/87), S. 9.

38 Zitiert bei Gehler, Studenten und Politik, S. 82.

39 Seitens des ÖCV wurde diese Thematik in der *Academia* zusätzlich, aber sehr spät sensibilisiert: Auer, Bernhard: Entschädigung für ÖCV-NS-Opfer, in: öAc 54 (2003), H. 2 (Mai), S. 28f.

40 Kopien der betr. Entscheidungen im Besitz des Verfassers bzw. die Originale bei den betr. Verbindungen. Von dem anerkannten Betrag werden 10 bis 12 Prozent ausbezahlt.

ein unter Hausarrest. Dabei wurde eine umfangreiche Hausdurchsuchung unternommen und Unterlagen mitgenommen. Am 13. März erschienen um 11.30 Uhr wiederum drei Kriminalbeamte und stellten ihn neuerlich unter Hausarrest. Nach dem Mittagessen wurde er verhaftet und in das Polizeigefängnis Graz, Zelle 1, gebracht. Erst am 14. März gegen 13 Uhr wurde er enthaftet, wobei als Begründung der Schutz „vor dem Pöbel" angegeben wurde. Diese Verhaftung hatte Pawlikowski tief in seinem Wesen getroffen.[41] Er war neben Peter Legge (Mm), Bischof von Meißen, der zweite Bischof, der von den Nazis inhaftiert wurde.[42]

Die Ereignisse in Wien und Innsbruck

Auch in Wien und Innsbruck brach der Sturm los. Die Verbindungsgeschichten berichten zum Teil ausführlich, wie man in den letzten Tagen vor dem Einmarsch treu zu Österreich stand und versuchte, wertvolles Gut aus den Verbindungsheimen zu retten.[43]

Als am 24. Februar 1938 Schuschnigg seine Rede vor der Bundesversammlung hielt, da strömte eine vieltausendköpfige Menge zum Parlament, darunter die meisten Wiener CVer *plenis coloribus*.[44] Am 5. März 1938 fand in der Aula der Wiener Universität eine Kundgebung der KDHÖ statt (siehe S. 248), die erst einmal den Zweck hatte, die Neuregelung der Studentenseelsorge vorzustellen. Gleichzeitig war sie auch eine Kundgebung für die Regierung. Der damalige Vorsitzende der KDHÖ, Anton Burghardt (NbW), sprach die Worte: „Der organisierte Katholizismus ist der Garant der Dollfuß-Straße und sonst niemand!"[45] Für den 8. waren Noriker-Tage unter dem Motto „Wir halten die Fahne" angesetzt. Hunderte Noriker erschienen im Saal des österreichischen Gewerbemuseums in der Berggasse, wo Richard Schmitz (Nc) und Robert Krasser (Nc) zündende Bekenntnisreden hielten, die in den Worten gipfelten „Wir wollen kein zweites Bayern werden", offenbar in böser Vorahnung an den Einmarsch bayerischer Regimenter am 12. März.[46] Norica war bereits im November 1937 Angriffspunkt von Studenten nationaler Verbindungen gewesen, als diese vor der Bude in der Schwarzspanierstraße demonstrierten und es zu einem Handgemenge kam.[47]

---

41 CT VI, S. 337ff.; Kirchengeschichte der Steiermark, S. 322f.; Veselsky, Bischof, S. 261ff. Der SS-Obersturmbannführer Erwin Schulz, der Pawlikowski freiließ, soll Gerüchten zufolge ein Angehöriger des deutschen CV gewesen sein. Weder in den Gesamtverzeichnissen des CV 1927, 1929 und 1931, in Rezeptionen im CV 1931-1938 noch im Gesamtverzeichnis des KV 1931 findet sich ein Erwin Schulz, so daß dies wahrscheinlich nicht zutreffen dürfte.

42 Ab 1935 lief gegen Legge ein Verfahren wegen Devisenvergehens. Er hatte nach seiner Ernennung 1932 eine verschuldete Diözese vorgefunden, so daß er in den Niederlanden einen Kredit aufgenommen hatte, der in der Folge getilgt werden mußte. In der damals üblichen Strategie nutzten dies die Nazis, gegen den Klerus vorgehen zu können. Legge wurde am 9. Oktober 1935 verhaftet, zu einer Geldstrafe verurteilt und dann freigelassen. Die Hetze gegen ihn ging jedoch weiter. Siehe dazu Bischöfe, S. 44f.; Ac 94 (2000), S. 115.

43 Einen teilweisen Überblick dazu bietet Farbe tragen, SS. 48-94.

44 Pinzer, Egon: Das Schicksal der ÖCV-Verbindungen in der Verbotszeit 1938 – 1945, in: Festschrift anläßlich der 16. CVV 1958 in Innsbruck. Hg. vom Vorort im ÖCV Leopoldina Innsbruck. Innsbruck 1958, S. 23; über die Situation in Wien Rill, CV und Nationalsozialismus, S. 102f.

45 Weinzierl, Kirche und Nationalsozialismus in Wien im März 1938, S. 165.

46 75 Jahre Norica, S. 226.

47 Rill, CV und Nationalsozialismus, S. 111.

Als am 9. März Schuschnigg die Volksabstimmung ankündigte, da wurden auch die Wiener CV-Verbindungen, vor allem Norica und Austria, Zentren der Agitation und Propaganda. Am 10. März wurden vom damaligen Schulungsleiter der VF, Heinrich Drimmel (NdW), und dem VF-Hochschulreferenten, Franz Hlouscha (Rd), alle Verantwortlichen der Wiener Verbindungen (ÖCV, Landsmannschaften) und sonstiger Hochschulvereinigungen in der Wiener Renngasse zur „Befehlsausgabe" organisiert. Interessant dabei ist, daß um die Mittagsstunden auch Vertreter der illegalen Hochschülerschaft der „Revolutionären Sozialisten" Kontakt zu Drimmel aufnahmen.[48] Berichtet wird auch von Versuchen nichtschlagender freiheitlicher (d. h. liberaler) Verbindungen, darunter das paritätische C! Marchia, gemeinsam mit sozialistischen Studenten und dem ÖCV eine Treuekundgebung zu organisieren, die aber von diesem abgelehnt worden sei.[49]

An diesem 10. März spitzte sich auch in Wien die Lage zu. Bereits am Nachmittag kam es zu Zusammenstößen auf der Kärntner und Rotenturmstraße sowie am Ring zwischen Nazis und den vaterländischen Verbänden, darunter dem CV.

Am späten Abend des 10. März zog ein Propagandatrupp der VF, bestehend aus CVern, vornehmlich von der Austria, durch die Josefstadt. Ecke Fuhrmanngasse/Florianigasse, vor dem Café „Florianihof", stießen sie auf die Naziorganisation „Oberland", deren Kern die SS-Standarte 89 bildete. Es kam natürlich zu Handgreiflichkeiten; als die Nazis sahen, daß sie im Nachteil waren, eröffneten sie das Feuer, wobei die Angehörigen der Austria Wien Franz Finstermann, Heinz Geiger und August Rettenbacher durch Schüsse verletzt wurden. Die Verletzten mußten in ein Krankenhaus gebracht werden.[50]

Die Lage spitzte sich weiter zu. Gleichsam als letztes Aufgebot versammelte sich am späten Nachmittag des 11. März der größte Teil des aktiven WCV in den Bereitschaftsräumen der Ostmärkischen Sturmscharen (Teinfaltstraße) und des Sturmkorps (Concordiaplatz; Börse). Dort hörten sie die Abschiedsworte Schuschniggs und versuchten in der Folge, wertvolles Gut auf den Buden sicherzustellen oder Material zu verbrennen, bevor die Nazihorden eintrafen. So hat z. B. ein Angehöriger der Rudolfina die Verbindungsfahne der Amelungia, die von den Nazis beschlagnahmt wurde, im Keller des sog. „Pfeil-Heims" gefunden. Er wickelte sie sich um den Leib und versteckte sie bis 1945, um sie danach zur Freude der Amelungia wieder zu übergeben. Die Selbstdarstellungen der österreichischen Verbindungen lesen sich teilweise wie Parallelaktionen. Überall versuchte man mehr oder minder erfolgreich Inventar entweder sicherzustellen oder zu vernichten. Zum Teil erfolgte das unter abenteuerlichen und auch nicht ungefährlichen Umständen.[51]

Neben den Verbindungen war vor allem die VF Ziel der Naziwut. Die VF-Zentrale Am Hof wurde bereits am 11 März um 21 Uhr besetzt, das Kruckenkreuz wurde herun-

48 Nordgau Neunzig Jahre, S. 90.

49 Rabinovici, Doron: Instanzen der Ohnmacht. Wien 1938-1945. Der Weg zum Judenstaat. Frankfurt/Main 2000, S. 168. Rabinovici übernimmt dabei fast wortwörtlich die Formulierung aus der Festschrift „80 Jahre Wiener Akademisches Corps Marchia". EM dieses Corps war auch der Begründer der österreichischen Zeitgeschichtsforschung in den sechziger Jahren, Ludwig Jedlicka (Aa EM). Mitteilung darüber von Gerhard Taus (Am), 22. 8. 2003.

50 Funder, Als Österreich den Sturm bestand, S. 311 (er nennt versehentlich den Nachmittag des 11. 3.); Rill, CV und Nationalsozialismus, S. 148; *Neue Freie Presse.* 11. 3. 1938.

51 Dazu siehe u. a. Exner, Semper bonae voluntatis, S. 34f.; Feiertag, Leopolds längste Nacht, SS. 111f.; Festschrift Alpenland Sechzig, S. 31f.; Geschichte Danubia, S. 78f.; Haidacher, Fünfzig Jahre Traungau, S. 38f.; Krammer, Geschichte der K. a. V. Bajuvaria, S. 317; Moser/Tschulik, Hundert Jahre Norica, S. 189; Nordgau Neunzig Jahre, S. 90f. und 108f.; Polgar, Hundert Jahre Kürnberg, SS. 103ff.; Rugia Fünfzig, S. 23f.; Rill, CV und Nationalsozialismus, S. 114; Schrammel, Geschichte der Franco-Bavaria, S. 31f. Siehe auch Massiczek, Die Situation an der Universität Wien.

tergerissen und die Fahne zertrampelt, an der Fassade wurde das Hakenkreuz aufgezogen. Der letzte maßgebliche VF-Mitarbeiter, der das Haus am Abend des 11. März verlassen hatte, war der stellvertretende Werbeleiter und spätere Vizekanzler Fritz Bock (NdW).[52]

Signifikant war auch das Verhalten des Wiener Bürgermeisters Richard Schmitz (Nc). Er ließ am Abend des 11. März das Wiener Rathaus von der bewaffneten Rathauswache sichern und die schweren Gittertore des Rathauses schließen. Er war angeblich entschlossen, den Nationalsozialisten Widerstand zu leisten. Doch der Rücktritt Schuschniggs ließ das aussichtslos erscheinen, so daß er spät am Abend aufgab.[53]

Auch in **Innsbruck** spielten sich ähnliche Szenen ab. Nach dem Übereinkommen von Berchtesgaden begannen auch hier die Nazis aus ihren Schlupflöchern zu kriechen. Bereits am 19. und 20. Februar kam es zu größeren NS-Demonstrationen in Innsbruck. Als am 24. Schuschnigg seine Rede in der Bundesversammlung hielt, war der ICV vollständig dabei, wie diese Rede in der Ausstellungshalle übertragen wurde. Am 4. März hielt Leopoldina ihre Semesterantrittskneipe auf dem Haus ab. Die Rede hielt P. Franz Reinisch (Le). Er sagte eine schwere Zeit voraus und äußerte seine felsenfeste Überzeugung, die Leopolden würden jetzt beweisen, daß sie Treue zu halten verstehen, Treue zu Christus und zur Heimat, Treue zu den Grundsätzen, komme, was kommen mag. Er sprach dies in bitterer Vorahnung seines eigenen Schicksals – er wurde am 21. August 1942 enthauptet (siehe S. 464).

In diesen Umbruchtagen war zweifellos der 9. März ein letzter Höhepunkt. Bundeskanzler Kurt Schuschnigg kam noch einmal in sein Innsbruck, dort, wo er sich sicher glaubte inmitten der sich überstürzenden Ereignisse, wo noch immer die Treuesten der Treuen versammelt waren, hielt er am Abend jene Rede, in der er die Volksabstimmung für den kommenden Sonntag, den 13. März, ankündigte. Als er mit der Parole „Mander, es ist Zeit!" schloß, erklang machtvoll das Andreas-Hofer-Lied.

In den beiden nächsten Tagen war der ICV voll beschäftigt, so wie in Wien und Graz den Propagandafeldzug der VF zu unterstützen. Am 10. März herrschte im „Austria-Büro", wie die Sachwalterschaft auch bezeichnet wurde, Hochbetrieb. Ständig verließen es katholische Studenten, um Propagandamaterial über das ganze Land zu verteilen. In der Nacht zum 11. März wurde auf dem Austria-Haus die Bildung einer Akademischen Legion erwogen. Nachdem es am Vorabend mehrmals zu brenzligen Situationen zwischen katholischen und nationalen Studenten gekommen war, herrschte am 11. März Hochspannung in Innsbruck. Offen demonstrierten SA und der SS-Studentensturm, beide unter Führung von Angehörigen der B! Suevia, gegen Schuschnigg. Als am Abend des 11. März sich das Unheil ankündigte, wurden auch hier die Verbindungsheime verlassen, wobei das Notwendigste mitgenommen und das Wichtigste verbrannt wurde.[54]

Das Ende der schlagenden Verbindungen

Die Mitglieder der schlagenden Verbindungen waren glühende Verfechter der Anschlußidee und größtenteils auch Anhänger des Nationalsozialismus. Viele von ihnen nahmen im Dritten Reich bedeutende Stellen ein. Beispielhaft seien erwähnt: Der Chef des RSHA

52 Reichhold, Kampf, S. 358.

53 Botz, Nationalsozialismus in Wien, S. 51.

54 Zur Lage in Innsbruck siehe Festschrift Leopoldina Siebzig, S. 36ff.; Gehler, Studenten und Politik, SS. 404ff.; Hundert (100) Jahre AV Austria, SS. 100ff.; Pichler, 75 Jahre Leopoldina, S. 368ff.

und SS-Obergruppenführer Ernst Kaltenbrunner (B! Arminia Graz), der Gauleiter der Steiermark, Siegfried Uiberreither (B! Cheruskia Graz), der Gauhauptmann der Steiermark, Armin Dadieu (ATV Graz), der Gauleiter von Niederdonau, Hugo Jury (B! Ghibellinia Prag), der Gauleiter von Kärnten, Friedrich Rainer (B! Ostmark Graz), der Sicherheitschef in den besetzten Niederlanden, Hanns Rauter (C! Joannea Graz). Erwähnenswert sind auch der ärztliche Leiter der Euthanasieanstalt Hartheim (Oberösterreich), Rudolf Lonauer[55] (B! Ostmark Graz), sowie der erste Kommandant (1942) des Vernichtungslagers Treblinka, Irmfried Eberl (B! Germania Innsbruck).[56]

Es mag übrigens auffallend sein, daß überdurchschnittlich viele Österreicher an den NS-Verbrechen beteiligt waren. Nach Simon Wiesenthals Schätzung sind Österreicher an der Ermordung von rund 3 Millionen Juden (also ca. die Hälfte) direkt schuldig.[57] Wie aber Roman Sandgruber (Am) deutlich hingewiesen hat, ist jedoch die von nicht sehr ausgewiesenen US-Historikern in die Welt gesetzt These nicht beweisbar, daß 14 Prozent der SS-Angehörigen Österreicher waren, wogegen deren Bevölkerungsanteil am Großdeutschen Reich nur acht Prozent betragen hatte.[58]

Doch zurück nach 1938, dem Jahr des Anschlusses. Damals war es für die Angehörigen der schlagenden Verbindungen besonders bitter, erfahren zu müssen, daß auch ihre Verbindungen der Gleichschaltungsmaschinerie der Nazis zum Opfer fallen mußten. Mit Wehmut berichten die betreffenden Verbindungsgeschichten von dieser Maßnahme. Der Landesführer des NSDStB Österreich und „Bereichsstudentenführung Süd-Ost", Hubert Freisleben (B! Brixia Innsbruck), wurde schon im März 1938 mit der Liquidierung der Studentenverbindungen beauftragt. Auf seine Anordnung hin mußten bis zum 15. Mai 1938 die Farben niedergelegt und die Verbindungen aufgelöst werden. Die meisten schlagenden Verbindungen taten dies im Laufe des Mai aus Anlaß der zu dieser Zeit üblichen Stiftungsfeste, so etwa in Innsbruck.[59]

---

55 Lonauer hatte bereits während seiner Grazer Aktivenzeit einen Totschlag während einer Mensur auf dem Gewissen, siehe Hartmann, Im Gestern bewährt, S. 386. In dem Buch von Matzek, Tom: Das Mordschloss. Auf den Spuren von NS-Verbrechen in Schloss Hartheim. Wien 2002, S. 120, wird die Behauptung aufgestellt, daß Lonauer „auch einer schlagenden Verbindung an[gehörte], der CV Carolina. Beim Schlagen einer Mensur verletzt er einen Kartellverbands-Bruder mit dem Säbel derart schwer, dass dieser daran stirbt." Diese Behauptung, nämlich Mitgliedschaft bei der Carolina, ist natürlich Unsinn, und zeigt von der schlechten Recherche-Grundlage dieses Buches. Es kann nicht einmal eine onomapoetische Verwechslung als Entschuldigung herangezogen werden, denn Lonauer war Mitglied der B! Ostmark und nicht etwa der B! Carniola. Bei Ebner, Geschichte der Grazer B! Marcho-Teutonia Graz, S. 128, findet sich ein SW-Foto, das Mitglieder von Grazer Burschenschaften bei einer Wartburg-Gedenkfeier in Eisenach im Oktober 1927 zeigt. Die dortige Bildlegende lautet u. a. „Ostmark: Rainer, Lonauer." Bei Rainer handelt es sich um den späteren Gauleiter von Kärnten, Friedrich Rainer. Auf dem Bild ist auch der spätere Gauleiter der Steiermark, Uiberreither, als Delegierter seiner B! zu sehen. Dieses Bild von ca. 20 Burschenschafter zeigt also drei spätere NS-Größen und Verbrecher. Leider sind solche Behauptungen – schlagende CV-Verbindungen – kein Einzelfall und deshalb immer ärgerlich. Adunka, Friedrich Heer, S. 23, schrieb z. B. von der schlagenden Verbindung Bajuvaria.

56 Gehler, Vom Rassenwahn zum Judenmord am Beispiel der Innsbrucker Universität, S.283; Gehler, Michael: „Heilen durch Töten" oder „Gott und Welt vergasen" – Vom Medizinstudent zum Massenmörder: Biographische Annäherungen zu Dr. Irmfried Eberl 1910 – 1948, in: Tirol und Vorarlberg in der NS-Zeit. Hg. von Rolf Steininger und Sabine Pitscheider. Innsbruck 2003. (= Innsbrucker Forschungen zur Zeitgeschichte Band 19); *Acta Studentica* 143/2003, S. 17.

57 Albrich, Holocaust und Schuldabwehr, S. 42.

58 Sandgruber, Roman: Rezension des Buches NS-Herrschaft in Österreich, in: *Historicum* Nr. 68 (Winter 2000/2001), S. 39. Die These dieser Überproportionalität wurde ungeprüft u. a. vertreten von Hanisch, Ernst: Der Ort des Nationalsozialismus in der österreichischen Geschichte, in: NS-Herrschaft in Österreich, S. 18.

59 Gehler, Studenten und Politik, SS. 76, 413f. und 417.

In Wien fand die Feier „der Überführung der waffenstudentischen Korporationen in die Gliederungen der NSDAP" am 8. Juni im großen Konzerthaussaal statt. Bei dieser Feier wurden „die Farben das letztemal in der Öffentlichkeit getragen und dabei symbolisch zum Ausdruck gebracht werden, daß die Fahnen und Farben der einzelnen Bünde in der einigenden Bewegung des Nationalsozialismus aufgehen".[60] Reichsstudentenführer war damals der spätere Gauleiter von Salzburg, SS-Oberführer Gustav Adolf Scheel (VDSt Tübingen).

In Graz gingen jedoch die Uhren etwas langsamer. Im Zuge der Auflösungsaufforderung kam es nun zu Verhandlungen zwischen den NS-Stellen und den Korporationen, wobei der Vertreter der B! Arminia, als die Nazis zur Abschlußfeier Vorschriften machen wollten, aufsprang und sagte, man werde doch wohl sein eigenes Begräbnis nach eigenen Wünschen gestalten können. Am 11. Juni 1938 fand nun die Feier der sog. Selbstauflösung der schlagenden Verbindungen statt. Rund 500 versammelten sich am Abend auf dem Geidorfplatz, zogen an Universität und Technik vorbei ins Landhaus, wo die Abschlußkundgebung stattfand. Friedrich Pock (B! Frankonia Graz) rief aus: „Treue bis zum Tod dem deutschen Volk und seinem Führer, dem Befreier der Ostmark, Adolf Hitler! Wir wollen eingehen in die geschlossene Einheit des NS-Studentenbundes."[61] Der Chronist der S! Gothia berichtet zum Abschluß wehmütig: „Am 11. Juni trugen wir ... zum letzten Male in der Öffentlichkeit die Farben. Was soll's nun mit Mütze und Band? Ich weiß es. Ich nehme sie mit mir ins Reich der Schatten. Sie sollen in meiner letzten Behausung mit mir der Ewigkeit entgegenträumen!"[62]

Seitens des NSDStB wurden studentische Kameradschaften gebildet, die mit einschlägig „klingenden" Namen (z. B. Wilhelm Gustloff, Georg Ritter von Schönerer, Otto Planetta) versehen wurde. Große Teile von schlagenden Verbindungen traten in jeweils bestimmte Kameradschaften über.[63]

Die Situation in der Tschechoslowakei und in Czernowitz

Der Anschluß Österreichs führte zu einem Domino-Effekt, an dessen Ende der Beginn des Zweiten Weltkriegs stand. Der nach Österreich nächste Stein im Kalkül Hitlers war die Zerschlagung der Tschechoslowakei. Die dort lebenden Deutschen hatten es nach 1918 nicht leicht. Im Oktober 1933 bildete sich unter Konrad Henlein eine Sudetendeutsche Heimatfront, die die Sammlung aller Deutschen in der Tschechoslowakei anstrebte. Obwohl diese Heimatfront, ab 1935 Sudetendeutsche Partei, formell mit der NSDAP nichts zu tun hatte, war deren Einfluß dort stark gegeben. Anfang 1938 verstärkte Henlein seine Propaganda, und nach dem Anschluß Österreichs auch den Druck auf die anderen deutschen Parteien. Die Deutsche Agrarpartei schloß sich bald der Sudetendeutsche

60 Brief der B! Olympia von Mai (undatiert) 1938 an die Bundesbrüder. Faksimiliert abgedruckt in Austria-Wien 1876-1976, 1. Teil, S. 26.

61 Die Rede von Friedrich Pock ist abgedruckt in Hundert Jahre Burschenschaft Frankonia, SS. 51-61.

62 Festschrift Gothia, SS. 18f. und 32f.; siehe dazu auch Ehrlicher-Leitinger, Ein Hort deutschen Fühlens, SS. 201ff. und 207ff.; Mölzer, Der Gegensatz zwischen katholischen und national-freiheitlichen Korporationen in Graz, S. 499.

63 Eine Liste der jeweils zusammengehörenden Verbindungen und Kameradschaften bringt *Acta Studentica* 129/1999, S. 9.

Partei an, und auch „die offizielle Führungsschicht der Christlichsozialen Partei glaubte, daß ein unabhängiges Bestehen nicht mehr möglich sein werde, so daß man sich ins Henlein-Lager retten müsse".[64] Die Folge davon war, daß sich die innenpolitische Krise verschärfte und die deutschen Minister aus der Regierung ausschieden.

Obwohl der Anschluß Österreichs die Tschechoslowakei staatsrechtlich wie innenpolitisch (noch) nicht tangierte, entstand ab dem März 1938 bei den dort lebenden Deutschen eine Art vorweggenommene „Gleichschaltungseuphorie" hin zur Sudetendeutschen Partei. Das erfaßte auch die Studenten, so daß die Saxo-Bavaria die erste war, die sich im Mai 1938 auflöste, nachdem zuerst der Antrag auf Aufgabe des Katholizitätsprinzips abgelehnt wurde. Auch die Vandalia und die Elbmark Tetschen-Liebwerd beschlossen im Mai 1938, der Nordgau Prag am 15. August 1938 ihre Auflösung. Am 12. Juni 1938 lösten sich in Eger (Cheb) alle deutschvölkischen Verbindungen auf und gingen in die Sudetendeutsche Hochschülerschaft der Sudetendeutschen Partei über. Die Ferdinandea und die Nibelungia Brünn lösten sich erst in Folge der Zerschlagung der Rest-Tschechei im März 1939 auf.[65]

Dieser Vorgang ist höchst bemerkenswert, denn die Tschechoslowakei (bzw. die Rest-Tschechei) war zumindest der Form nach ein demokratischer Rechtsstaat mit einem entsprechenden Vereinsrecht. Es bestand auch für die sich bereits 1938 auflösenden Verbindungen kein irgendwie gearteter politischer Zwang seitens der tschechischen Behörden. Offenbar war jedoch der Binnendruck innerhalb der Deutschen so stark vom Nationalsozialismus bzw. von der Sudetendeutschen Partei dominiert, daß er paradoxerweise zu solchen, eigentlich totalitären Gleichschaltungsmaßnahmen innerhalb eines rechtsstaatlichen-formaldemokratischen Systems führte. Das heißt nun aber auch: Der innere Zustand der katholischen Verbindungen war bereits derart, daß sie diesem Binnendruck offenbar nicht mehr standhalten konnten, nachdem sich die Christlichsoziale Partei der Sudetendeutschen Partei angeschlossen hatte. Die Unterdrückung der Deutschen durch den tschechoslowakischen Staat hat offenbar jedwede weltanschauliche Beurteilung des Nationalsozialismus in den Hintergrund treten lassen. Was in den einzelnen CVern dabei vorgegangen sein mag, entzieht sich der exakten historischen Forschung. Das Ende jenes alt-österreichischen Rests in Prag mag ein Zitat von Walter G. Wieser (Rd) vielleicht treffend beschreiben:

> „Die Verbindungen des SCV lösten sich auf oder sistierten einfach. Sie taten es unter stillem Protest und mit einer winzigen Hoffnung im Herzen. Und manche von den Vandalen, Ferdinanden oder wie immer sie hießen, sie mochten in diesen Tagen, da Hitler die Zerstörung des Farbstudententums vollendet hatte, den Heiligen auf der Brücke [gemeint der hl. Wenzel, Anm. d. Verf.] gefragt haben, ob diese ihre winzige Hoffnung wohl berechtigt wäre. Aber der Heilige schwieg. Er schwieg auch, als SS-Stiefel über die Brücke trampelten, als der Wind den Brandgeruch von Lidice herüberwehte, als auf dem Wenzelsplatz Menschen Freiwild wurden, weil sie Deutsch sprachen. Aber die Korporationen, die ihn vor allen geliebt hatten, sie sind ... wieder entstanden ... So hat der Heilige doch nicht ganz geschwiegen!"[66]

64 Ferdinandea 1919-1945, S. 180.

65 Wieser, Geschichte des Cartellverbands in Böhmen, Mähren und in der Bukowina, S. 60; bez. Ferdinandea siehe Ferdinandea 1919-1945, SS. 180ff.; bez. Nordgau Prag siehe Ac 79 (1986) S. 285.

66 Wieser, Geschichte des Cartellverbands in Böhmen, Mähren und in der Bukowina, S. 61. Wieser konnte 1964 bei Abfassung des Manuskripts nicht ahnen, daß die Elbmark später in Duisburg entstehen würde. Und die Existenz der Montana war damals zeitweilig vergessen.

In der Tat: Der Heilige hat nicht geschwiegen. Denn Ende 1989 zerbrach auch in der Tschechoslowakei das kommunistische Regime in einer unblutigen Revolution, ähnlich wie zuvor in der DDR. Bereits im Januar 1991 hielt der ÖCV seinen Studententag in der Nähe von Prag ab, und 2000 wurde die **KStV *Pragensis*** gegründet (siehe S. 710).

Die Vertriebenen, die nach der Wende ihre alte Heimat oder die ihrer Eltern wieder besuchen konnten, mußten aber feststellen, daß es die Welt, die sie verlassen mußten, nur noch in ihrer Erinnerung oder in Büchern gibt. Ihnen das Recht auf diese Erinnerung zu verwehren, wäre unmenschlich. Das Böhmen und Mähren der Deutschen und Tschechen ist untergegangen. Der Verlust dieser Kultur – eine Folge des maßlos übersteigerten Nationalismus auf allen Seiten – machte ganz Europa ärmer.

Die Besetzung der Rest-Tschechei am 15. März 1939 bedeutete nun das definitive Ende des Rest-CVs in Böhmen und Mähren. Aber nachdem die Teutonia Freiburg/Schweiz bereits 1936/37 sistierte, gab es danach noch zwei CV-Verbindungen: die Frankonia Czernowitz und die Baltia Danzig. Letztere konnte bis zum Beginn des Zweiten Weltkriegs (1. September 1939) noch irgendwie weiterbestehen[67] und wurde nach dem Krieg in Aachen reaktiviert.

Die östlichste CV-Verbindung, die **Frankonia zu Czernowitz**, hatte es nach dem Zusammenbruch der Monarchie noch schwerer als bisher. Das Herzogtum Bukowina fiel 1918 an das Königreich Rumänien. Im Herbst 1919 wurde Rumänisch zur Vorlesungssprache der Universität, so daß am 6. September 1919 die bisherigen Professoren und Beamten die Stadt verließen. Doch Frankonia beschloß, ähnlich wie die anderen Verbindungen auszuharren[68] Und als am 24. Oktober 1920 zur Inauguration König Ferdinand I. von Rumänien (C! Saxo-Borussia Heidelberg) in Czernowitz weilte, konnte Frankonia mit den anderen Verbindungen gleichberechtigt chargieren. Der Krieg und die neue politische Situation hatte im Verhältnis der Korporationen untereinander einiges verändert.

In den zwanziger Jahren versuchte man seitens des CV, diesen Vorposten in Rumänien, so gut es ging, zu unterstützen. Ende 1931 wurde sogar ein eigenes Verbindungshaus erworben. Doch 1933 nach der Gleichschaltung des CV im Deutschen Reich und den selbständigen Gründungen des ÖCV und SCV stand Frankonia isoliert da. Die starke Stellung der NSDAP bei den Auslandsdeutschen hatte auch bei der Frankonia Folgen. 1934 richtete die Aktivitas einen „Verbindungsführer“ ein, und 1936 wurde das Katholizitätsprinzip abgeschafft. Das alles geschah nicht ohne Dissens mit der Altherrenschaft. Jedoch – nicht zuletzt durch ihre Entlegenheit – hatte die Verbindung wesentliche Grundelemente ihrer Identität bewahren können. Doch im Jahr 1938 erhielt Rumänien durch einen „Staatsstreich“ des Königs eine autoritäre Regierung. Im Zuge dessen verloren im Mai die Verbindungen ihre staatliche Anerkennung, konnten aber im Untergrund weiter existieren.

Am 26. Juni 1940 verlangte die Sowjetunion in einem Ultimatum die Abtretung der mehrheitlich von Ruthenen bewohnten Nord-Bukowina (mit Czernowitz), dem Rumänien auf deutschem Rat hin zustimmte. Schon am 28. Juni marschierte die Rote Armee in Czernowitz ein. Damit war das Ende einer katholischen Verbindung nicht mehr aufzuhalten. 1951 rekonstituierte sie sich in Erlangen, nachdem eine solche 1948 in Österreich mit Hilfe der Rudolfina nicht zustande kam.[69]

---

67 CV-Synopse, S. 84.

68 Es gab Überlegungen, die Verbindung nach Wien oder Temesvár (Temeschburg) zu verlegen, CV-Synopse, S. 11.

69 Klepsch, Frankonia Czernowitz, SS. 44-51; Schieweck-Mauk, Lexikon der CV- und ÖCV-Verbindungen, SS. 301-303; Wieser, Geschichte des Cartellverbands in Böhmen, Mähren und in der Bukowina, SS. 65-71.

Der CV im Untergrund

„Wenn wir auch in diesen Tagen
nicht damit durch Straßen ziehen,
hat den Farben, die wir tragen,
neue Jugend sich verliehen.
Darf der Welt sich keiner nennen,
der zu unserem Bunde zählt,
unser Leben soll bekennen,
welche Farben wir gewählt."

Friedrich Pöll (AlIn) [1]

Die Zeit der Verfolgungen und der Opfer

Als es Nacht wurde über Österreich, begann für die meisten CVer ein innerer und äußerer Leidensweg. Ein *innerer* deswegen, weil all das zusammenzustürzen drohte, für das man den Burscheneid geleistet hat und das einem lieb und wert geworden war: der Glaube an Jesus Christus und seine Kirche, die Hoffnung auf ein doch noch selbständiges Österreich sowie die Liebe zur Heimat und zur bundesbrüderlichen Gemeinschaft.

Ein *äußerer* deswegen, weil viele der großen CV-Gemeinschaft wegen ihrer Zugehörigkeit zu einer Verbindung, wegen ihrer aufrechten Gesinnung, des Eintretens dafür sowie ihrer aktiven Mitarbeit daran, daß Österreich nicht vom Nationalsozialismus überrannt bzw. dann befreit werde, bitteres Leid erdulden mußten, von der beruflichen Schikane angefangen bis zum Tod. Daher sind dieses und das folgende Kapitel ein Kernstück dieses Buches.

In jener Zeit konnte und mußte man beweisen, daß der abgeleistete Eid auf die vier Prinzipien nicht nur ein Formalakt war, sondern auch eingefordert werden konnte. Für diejenigen, die diese schreckliche Zeit nicht mitmachen mußten, und dies ist ja bereits die überwiegende Mehrzahl im CV, sollen diese Ereignisse Mahnung und auch Verpflichtung sein, indem sie erkennen, was es bedeutet, für seine Prinzipien und Grundsätze einzutreten. In dieser Zeit schlug die große Stunde der Bewährung für die CVer, die sie auch größtenteils bestanden hatten. Robert Rill (Rg) bemerkt dazu: „Der nicht definitiv konkretisierbare CV-Geist war es, der den Körper so schuf und immunisierte, daß er sich gegen die braune Krankheit als resistent erwies."[2]

Es besteht kein Zweifel, daß die Herrschaft des Nationalsozialismus, die Möglichkeit ihres Entstehens und die Dauer ihrer Existenz eine der größten moralischen Katastrophen bedeuteten, welche die abendländische Welt je bedroht hat. Sie war damit zugleich eine Herausforderung an die Kirche – und somit auch an den CV – , wie diese sie

---

1 Dieser Text, gesungen nach der Melodie des Liedes „Wenn wir durch die Straßen ziehen..." (= Burschenstrophen-Melodie), findet sich handschriftlich aufgezeichnet im VAAlIn. Alpinias Budenbuch 1940-1945, und zwar eingetragen zwischen dem 13. 12. 1942 und dem 14. 1. 1943. Das ist der früheste schriftliche Nachweis dieses Textes, verfaßt von Friedrich Pöll (AlIn). Die gelegentlich vertretene Auffassung, der Text stamme von Fritz Mankowski (Cl), stimmt nicht. Trotzdem war diese „illegale Burschenstrophe" nicht nur in Innsbruck, sondern durch die Kontakte mit dem „illegalen" Vorort Carolina auch in Graz bekannt. Zu der Urheberschaft dieser Strophe siehe weiters genauer Hartmann, Im Gestern bewährt, S. 405.

2 Rill, CV und Nationalsozialismus, S. 118.

noch nicht erlebt hatte. Wie bereits ausgeführt wurde (siehe S. 337), haben Kirche und CV lange vor 1933 entschieden gegen den Nationalsozialismus Stellung bezogen, wobei diese Warnungen hauptsächlich religiös bestimmt gewesen waren. Aber der Nationalsozialismus war nicht nur mit der katholischen Lehre unvereinbar, er strebte in seinem Widerspruch zu christlichen Auffassungen auch eine Gesellschaftsordnung an, die nicht mehr menschenwürdig war.[3]

Der Nationalsozialismus war eine totalitäre Weltanschauung. Im März 1938 sagte Joseph Goebbels (ehemals UV Sigfridia Bonn)[4] vor österreichischen Künstlern: „Es ist ein großer Irrtum zu glauben, daß der Nationalsozialismus nur eine politische Lehre sei. Der Nationalsozialismus ist eine neue totale Auffassung des menschlichen Lebens, und weil er total ist, deshalb bezieht er alle Bereiche des menschlichen Denkens, Fühlens und Handelns in seinen Wirkungskreis mit ein."[5] Und der berüchtigte Präsident des Volksgerichtshofes, Roland Freisler, sagte zu Helmut James Graf von Moltke, Angeklagter nach dem 20. Juli 1944: Eines hätten der Nationalsozialismus und das Christentum gemeinsam. Beide „verlangen den ganzen Menschen!", und damit schlösse das eine den anderen aus.[6]

Der Konflikt mit der Kirche, ihren Verbänden und Angehörigen war daher unausweichlich vorgegeben. „Ohne Juda, ohne Rom erbauen wir Alldeutschlands Dom", so hieß es im Kulturkampf der Jahrhundertwende. Im Nationalsozialismus wurden dann Judentum, Kirche und Marxismus gleichrangig Feinde des deutschen Volkes. Thomas Mann stellte die These auf: „Der nationalsozialistische Antisemitismus ist zugleich Antichristlichkeit."[7] Der Kampf gegen die katholischen Verbände und deren führende Mitglieder, insbesondere den CV, hatte darum nicht nur das Ziel, eine konkurrierende Größe auszuschalten, die dem Wachstum der nationalsozialistischen Organisation im Wege stand; er lief nicht weniger darauf hinaus, gesellschaftliche Kristallisationskerne für die Praxis nichtnationalsozialistischer Werte zu beseitigen.[8]

Nicht unerwähnt in diesem Zusammenhang darf die beispielhafte Symbolgestalt des offenen Widerstands seitens der Hierarchie gegen nationalsozialistische Verbrechen, insbesondere gegen die Euthanasie, bleiben: der zweifelsohne im deutschen Sprachraum und darüber hinaus bekannte „Löwe von Münster", der sel. Bischof Clemens August Kardinal Graf von Galen (R-GM EM). Noch bevor die „Gleichschaltungsmaschinerie" der Nazis die deutschen CV-Verbindungen endgültig zerrieb, nahm er 1936 die Ehrenmitgliedschaft der Rheno-Guestfalia Hannoverisch Münden (heute Göttingen) an. In dem dafür verfaßten Dankesschreiben an die Verbindung heißt es u. a.: „In diesem Vertrauen ... darf ich Euch als Euer Bundesbruder zurufen, verzagt nicht, sondern steht auch weiterhin treu und fest zu unserer Kirche und zu unserem Schöpfer."[9] Über die Bedeutung Galens im Widerstand siehe S. 667.

---

3 Hürten, Verfolgung, Widerstand und Zeugnis, S. 11.

4 Der Unitas-Verein Sigfridia wandelte sich später zu einer Katholischen Burschenschaft und ging zum RKDB. Goebbels wählte den Couleur-Namen „Ulex" nach einer Figur eines Romans von Wilhelm Raabe, er trat aber bald aus. Siehe Beuth, Ralf Georg: Goebbels. München 1990, S. 29f.

5 *Reichspost*, 30. 3. 1938

6 Zitiert nach Plaschka, Richard Georg: Widerstand. Perspektiven und Begriff, in: Christlich motivierter Widerstand, S. 18.

7 Zitiert nach Hürten, Verfolgung, Widerstand und Zeugnis, S. 36.

8 Ebda., S. 31.

9 Ac 94 (2001), SS. 110f., und 97 (2004), SS. 298-304.

Der Schock des 11. März mußte erst einmal überwunden werden, aber er hatte den CV-Geist nicht zerstört. Zwar war ein bedeutender Teil der Altherrenschaft eingesperrt oder beruflich am Ende, und auch die Jungen waren vom Rausch der Tage mehr als nur verwirrt. Die Verbindungsheime waren in der Regel beschlagnahmt, und das Inventar sowie die Unterlagen waren zerstört oder besetzt, wenn man sie nicht vorher retten konnte. Das betreffende Material war endgültig verloren, das dachte man sich, und es schien auch plausibel.

Was passierte nun wirklich mit diesen Unterlagen aus dem CV-Sekretariat, oder besser aus dem Sekretariat des ÖAHB in der Wiener Singerstraße, und den Verbindungen? Das Schicksal des in den Märztagen des Jahres 1938 beschlagnahmten CV-Materials liest sich wie ein spannender Krimi, und es konnte erst im Zuge der Zäsur von 1989/90 rekonstruiert werden. Was war nun geschehen?

Die beschlagnahmten Unterlagen, sei es von den wilden Horden der SA bzw. SS oder durch gezielte Aktionen der neuen Machthaber (Gestapo), wurden zwecks Auswertung dem Sicherheitsdienst Inland (SD-Inland) des Reichssicherheitshauptamtes übergeben. Dort wurde ein sog. „Österreichisches Auswertungs Kommando" (ÖAK) gebildet, das das Material zu registrieren und zu bewerten hatte. Daraus folgerten Maßnahmen für Verhaftungen und für die Bekämpfung weltanschaulicher Gegner im Inland. Auch die CV-relevanten Materialien wurden nun diesem ÖAK übergeben. Daraufhin wurde nach Sichtung weniger wichtiges Material dem Studentenarchiv Würzburg überlassen, wichtiges Material wurde behalten. Darunter zählte z. B. der Akt Vorort Norica 1929/30, der sich offenbar im CV-Sekretariat befand, und der Akt Stellennachweis/Berufsberatung (darüber siehe S. 376).

Dieses CV-Material des SD-Oberabschnitts Donau wurde nach Abschluß der Bewertungen nach Potsdam verbracht. 1945 wurde dieses Archiv von den Sowjets beschlagnahmt und nach Moskau zur weiteren Auswertung transferiert. Den Sowjets weniger wichtig erscheinendes Material wurde ab den siebziger Jahren sukzessive dem DDR-Zentralarchiv Hoppegarten-Dahlwitz (östlich von Berlin) übergeben. Dort wurde es archivtechnisch bearbeitet und mit Signaturen versehen. Im Zuge der Wiedervereinigung wurde das DDR-Archiv dem deutschen Bundesarchiv einverleibt. Dieses eröffnete in der ehemaligen preußischen Kadettenanstalt und späteren Kaserne der US-Army Berlin-Lichterfelde eine Außenstelle, wohin diese SD-Akten verlegt wurden.[10]

Als im Herbst 2000 die Recherchen im Rahmen der Wiedergutmachung an Fremdarbeiter im Zweiten Weltkrieg und der Restitution arisierten Vermögens begann, hat die dafür zuständige Österreichische Historikerkommission eine Berliner Historikerin[11] beauftragt, in den Berliner Archiven alle relevanten Akten durchzusehen und zu registrieren. Das tat sie mit dem jeweiligen Signatur-Hinweis und einer Inhaltsangabe. Im Frühjahr 2001 wurde bekannt, welche Akten den CV betreffen.[12]

---

10 BA. Akten des SD-Oberabschnitts Donau, ZB I 53, 61, 200, 208, 331, 376, 382, 384, 385 und 414. Siehe dazu auch Hartmann, Gerhard: Funde aus dunkler Zeit, in: öAc 53 (2002), Nr. 3, SS. 28-29.

11 Andrea Wenck, die Enkelin des bekannten Generals Walther Wenck, Kommandeur der 12. Armee, die in den letzten Apriltagen des Jahres 1945 Berlin entsetzen sollte, allerdings vergeblich

12 Der Hinweis an den Autor erfolgte dankenswerterweise durch den Historiker Thomas Mang, der 1999 eine Diplomarbeit über den stv. Chef der Gestapoleitstelle Wien, Karl Ebner (ehem. Kb), und danach eine Dissertation

Neben den erwähnten Akten des Vororts Norica 1929/30[13] und des Stellennachweises[14] gibt es zahlreiches weiteres Schrifttum bzw. Hinweise auf dieses. Für den SD-Inland interessant waren natürlich personelle Zusammenhänge bzw. Verflechtungen. Wie erwähnt wurden seitens des ÖCV detaillierte Berufslisten angefertigt, die den Nazis natürlich höchst willkommen waren. Sie finden sich in diesen Akten, ebenso aber auch z. B. Hinweise, was mit dem sonstigen Material geschah. So ist u. a. ersichtlich, daß die Personalkartei des ÖCV, die Kassenunterlagen, das Archiv bzw. Schrifttum der Verbindungen Austria Wien, Bajuvaria und Welfia vom SD Inland an das Studentenarchiv Würzburg überstellt wurde.[15] Von dort wurde es 1954 teilweise an den ÖCV restituiert.[16]

In den Unterlagen befinden sich teilweise auch Originaldokumente für bestimmte Sachbereiche, wie etwa der Hochschulpolitik, die aller Wahrscheinlichkeit anderwärts nicht mehr der Forschung zugänglich sind. Sie wurden in diesem Buch jeweils verarbeitet.

In das den CV betreffende Aktenmaterial wurden aber auch andere, den CV nicht unmittelbar betreffende Schriftstücke inkorporiert. So u. a. die Frage einer katholischen Universität in Salzburg, die den Nazis besonders aufstieß. Aber auch über die Rolle des Jesuitenpaters Friedrich Muckermann (KV Cimbria Münster), der sich in den letzten Monaten vor dem Anschluß agitatorisch (gegen die Nazis) in Österreich aufhielt, findet sich interessantes und bislang unbekanntes Material.[17] Ebenso über den umstrittenen Bischof Alois Hudal (BbG EM). Sensationell dürfte es jedoch sein, daß der frühere sozialdemokratische Wiener Bürgermeister Karl Seitz schon am 8. Februar 1938, also noch vor dem Treffen Schuschniggs mit Hitler am Obersalzberg, versucht hat, über den ehemaligen christlichsozialen Politiker Erwin Waihs und P. Friedrich Muckermann in ein Gespräch mit Bundeskanzler Kurt Schuschnigg (AIn) zu gelangen. Bislang wurden solche Kontaktversuche der Sozialdemokratie mit dem Ständestaat-Regime lediglich für die Zeit unmittelbar vor dem Anschluß angesetzt.[18]

Warum sich diese Akten, u. a. Originaldokumente aus dem Bestand des Bundeskanzleramtes, im Umfeld des CV befinden, kann nicht mehr beantwortet werden. Ebenso ist natürlich nicht mehr das genaue Schicksal dieser Bestände nachzuvollziehen. Die Beschlagnahmungen ist eine Sache, was der SD übernommen, weitergeleitet und archiviert hat, eine andere. Hinzu kommt noch, was 1945 bei Kriegsende und dann beim Verfrachten nach Moskau sowie dort geschehen ist. Eines kann aber mit Sicherheit festgestellt werden: Nach Überstellung ins DDR-Zentralarchiv ist an den Akten nichts mehr geschehen. Und so liegt vieles Originalmaterial des ÖCV vor 1938 nach einer Odyssee in sicherer bundesdeutscher Obhut.[19]

über die Wiener Gestapo schrieb.

13 BA, Akten des SD-Oberabschnitts Donau, ZB I 208.

14 BA, Akten des SD-Oberabschnitts Donau, ZB I 385.

15 BA, Akten des SD-Oberabschnitts Donau, ZB I 53, Blatt 40.

16 ÖCVA. Protokoll des ÖCV-Beirats, 17. 12. 1954.

17 Zum Aufenthalt Muckermanns in Österreich siehe GRUBER, HUBERT: Friedrich Muckermann S. J. 1883-1946. Ein katholischer Publizist in der Auseinandersetzung mit dem Zeitgeist (=Veröffentlichung der Kommission für Zeitgeschichte. Reihe B: Forschungen Band 61). Mainz 1993, SS. 327-339 Die Rolle Muckermanns in Österreich von der zweiten Oktoberhälfte 1937 bis kurz vor dem Anschluß im März 1938 ist auch in dieser Studie nicht „durchsichtig" genug geschildert. Die in dem Berliner Aktenmaterial gefundenen Hinweise auf Muckermann lassen auf eine viel einflußreichere Position schließen, als bisher angenommen wird. Auf jeden Fall ist es ein Desiderat, diesem näher nachzugehen.

18 BA, Akten des SD-Oberabschnitts Donau, ZB I 53.

19 Der Verfasser ließ die CV-relevanten und anderen wichtigen Akten daraus kopieren, sie liegen im ÖCVA.

Das heute nicht mehr existierende (da zerbombte) Hotel Metropol am Wiener Franz-Josefs-Kai bzw. Morzinplatz war ein beliebter Veranstaltungsort für Bälle. Hier im Bild der Ball des Nordgau Wien am 15. Januar 1938. Zwei Monate später nach dem Anschluß wurde dieses Hotel Sitz der Gestapo-Leitstelle Wien, wo zahlreiche CVer verhört und inhaftiert wurden – möglicherweise auch der ein oder andere der hier Abgebildeten.

Aber kehren wir nach diesem Einschub wieder zurück in das Jahr 1938. Nicht zuletzt wegen des zahlreichen Materials, das im Sinne der NS-Machthaber für den CV belastend war und im Zuge der Märzereignisse requiriert wurde, sind mit Erlaß vom 20. Juni 1938 durch Heinrich Himmler (B! Apollo München) alle noch übrig gebliebenen katholischen Studentenverbände, für den CV in Deutschland der Verband Alter CVer (VACV) und in Österreich die formell noch bestehende Gesamtstruktur des ÖCV, aufgelöst worden.[20] Ausschlaggebend hierfür waren sicherlich die Erkenntnisse des ÖAK des SD Inland. In einem Bericht an das SD-Hauptamt Berlin heißt es zur Überprüfung des ÖCV-Materials u. a.: „Er [der Bericht, Anm. d. Verf.] enthält stichhaltiges und hinreichendes Material zur Charakterisierung des OeCV als eines einflußreichen nationalsozialistischen Gegners ... Der Bericht [bietet] ein hinreichendes Bild, um den CV als Rückgrat und den Nutznießer des Dollfuß-Schuschnigg-Systems erkennen zu lassen.“[21]

Auch wenn vereinsrechtlich die Verbindungen, Altherrenschaften, ÖCV und sonstige Zwischengliederungen aufgehoben wurden, die Prinzipien blieben für den inneren Bereich des ÖCV und seiner Verbindungen weiter bestehen und waren die Grundlage für ein mühevolles Erwachen aus dem Albtraum.

---

20 Verordnung abgedruckt in Stitz, Der CV 1919-1938, S. 382f.

21 BA, Akten des SD-Oberabschnitts Donau, ZB I 53, Blatt 055.

So ging ein Verbindungsbetrieb den Umständen gemäß weiter. Man traf sich im geselligen Kreis, bei der Meßfeier, bei Ausflügen usw. Die bundesbrüderlichen Kontakte rissen nicht ab. Man fand sich in der „Standarte 105". Zentrale Figur für die Norica und zum Teil auch für den Wiener Raum war zweifelsohne Robert Krasser (Nc).[22] Zu diesem Kreis gehörte auch der ÖCV-Seelsorger Hans Friedrich (AW). Die Austria Wien lebte in einer Art Zellensystem weiter. Die Rugia und die Austro-Peisonia feierten regelmäßig ihre Stiftungsfeste. Auch die Franco-Bavaria traf sich unter der Führung von Alfred Unger (F-B) und Friedrich Meznik (F-B) ebenfalls regelmäßig in der Illegalität, jedoch wurden am 9. November 1939 fünf davon verhaftet.[23] Im Laufe der Zeit entstand ein relatives enges Kontaktnetz zu den einzelnen konservativ-christlichdemokratischen Widerstandsgruppen.[24]

Bemerkenswert war der BC Rudolfinas vom 12. November 1938: Auf diesem wurden sechs Rudolfinen dimittiert, die sich dem neuen Regime zur Verfügung gestellt hatten, darunter der Unterrichtsminister im Anschlußkabinett, Oswald Menghin, sowie Theodor Veiter. Mit Recht schreibt der Chronist der Verbindung: „Wo in der Welt findet sich eine Gemeinschaft, die unter den denkbar gefährlichsten Umständen dieser Zeit eine so radikale Säuberung ihrer Reihen vornahm!"[25] Als es Mitte 1949 zu formalrechtlichen Bemängelungen dieses Urteils kam, schrieb der Vorsitzende der Verbandsführung, Heinrich Drimmel (NdW), an Friedrich Funder (Cl) deutliche Worte: „Jene Bundesbrüder ... haben mit dieser Dimissio einen Akt der Notwehr in Ehrensachen gesetzt ... Sie handelten mit dem Recht einer Truppe, die nach der letzten verlorenen Schlacht auf dem Rückzug einer der ihrigen des geheimen Einverständnisses mit dem Feind überführt und daraufhin kurzen Prozeß machten."[26]

Nordgau Wien feierte mit 30 ihrer Mitglieder am 26. März 1940 ihren 40. Gründungstag[27], und Karl Wanner (KV Tirolia) berichtet von einer hauptsächlich aus CVern bestehenden Gruppe im „Dominikanerbräu", die trotz Bespitzelung nicht aufgeflogen ist.[28]

Graz: Carolina als illegaler Vorort

Carolina wurde für 1937/38 zur Vorortsverbindung gewählt. Nach den damaligen Bestimmungen war sie mit dem VOP die Spitze des Verbandes. Da nun beschlußfassende Convente in dieser Zeit unmöglich waren, blieb der VOP Alfred Hueber im Amt. Carolina hatte daher also, obwohl in dieser Zeit kaum zum Tragen kommend, auch die Verantwortung für den ÖCV über.

---

22 Moser/Tschulik, Hundert Jahre Norica, S. 190.

23 75 Jahre Norica, S. 225f.; Rill, CV und Nationalsozialismus, S. 117ff. und 121ff.; Schrammel, Geschichte der Franco-Bavaria, S. 33. Farbe tragen, S. 257, erwähnt diese „Widerstandsgruppe Ing. Unger", führt aber Alfred Unger nicht an. Kopie des Briefes Ungers an das DÖW vom 15. 3. 1966 (im Besitz des Verfassers); Schrammel, Karl: Der Franco-Bayer DI Alfred Unger v/o Dietrich, in: *Franco-Bayern-Briefe*, November 2001. Unger war der Leibbursch von Dollfuß.

24 Siehe dazu auch Drimmel, Abwehrkampf, Verfolgung und Widerstand, SS. 82ff.

25 Zimmel, Bruno: Geschichte der katholisch-österreichischen Studentenverbindung „Rudolfina" und des „Österreichischen Cartellverbands". Wien 1949 (als Manuskript vervielfältigt), S. 25.

26 ÖCVA. Akt Drimmel. Brief Drimmels am Funder vom 18. 7. 1949 („Causa Veiter").

27 Nordgau Neunzig Jahre, S. 92.

28 Biographisches Lexikon des KV, 3. Teil, S. 120, Artikel über Wanner, wo ein Brief von ihm aus 1946 zitiert ist, in dem sich dieser Hinweis findet.

Nach einer Übergangszeit begannen wiederum, die alten bundesbrüderlichen Kontakte aufzuleben, wobei ja immer wieder besondere Vorsicht geboten war. Dabei wäre ja das Sommersemester 1938 etwas Besonderes gewesen. Traditionellerweise hätte zu Pfingsten das 50. Stiftungsfest Carolinas gefeiert werden sollen, die Vorbereitungen liefen ja schon an. Daß doch dem 50. Gründungstag gedacht wurde, verdankt Carolina jenen Bundesbrüdern, die sich damals im KZ Dachau befanden. Darüber schreibt Alfred Maleta (Cl):

> „18. August 1938. Wir waren fünf Carolinen, und zwar Josef Aigner jun., Anton Mörl, Walter Nestor[29], Friedrich Funder und meine Wenigkeit. Die gleichfalls verhafteten Bundesbrüder Karl M. Stepan und Alfons Gorbach waren nicht in unserer Mitte, sondern in Sonderhaft im Bunker. Wir fünf hatten schon Tage vorher getuschelt und die Idee geboren, daß wir in der Kantine – da der kommentmäßige Stoff Bier fehlte – mit dem Ersatzkaffee einen Festkommers abhalten und einen Salamander reiben würden. So geschah es auch! Wir besetzten einen Tisch so, daß sich niemand anderer zu uns gesellen konnte. Ich selbst kommandierte den Festkommers im Flüsterton: Silentium, commercium incipit! Mit gesenktem Blick und kaum merkbaren Bewegungen rührten wir mit den Kaffeetassen auf den Tellerchen, während ich hauchte: Ad exercitium salamandris ad honorem matris nostrae Carolinae. Vivat, crescat, floreat Carolina! Vivat patria nostra Austria! Ad multos annos! Leise murmelten wir Salamander, Salamander, Salamander ... Pause, ein zwei Minuten ... Besinnlich fügte ich noch hinzu: Austria erit in orbe ultimo, und dann: Commercium ex. Niemand hatte auch nur das geringste bemerkt. Aber wir fünf waren innerlich zutiefst ergriffen und von einer heiligen patriotischen Begeisterung erfüllt. Heute muß ich oft an diese Stunden denken, wenn ich die herbe und manchmal vielleicht nicht ganz unberechtigte Kritik am CV höre. Welch ein Fundament patriotischer Gesinnung und weltanschaulicher Überzeugung haben wir uns in der Jugend in seinen Reihen geschaffen! Ein Festkommers in der Hölle von Dachau! Wir leisteten uns sogar einen Festbummel auf der Lagerstraße. Es war nach Arbeitsschluß üblich, daß die Lagerinsassen auf der Lagerstraße spazierengingen. Wir Carolinen hängten uns ein, Arm in Arm und marschierten geschlossen die Lagerstraße in ihrer ganzen Länge hinauf und hinunter."[30]

Die Kontakte wurden nun immer dichter, so daß am 15. Juni 1941 wenige Tage vor dem Überfall auf Rußland, in der Wohnung von Gerd Stepantschitz, dem formal noch immer amtierenden Senior der Carolina, beschlossen wurde, die Verbindung zu reaktivieren. Man einigte sich auf die Wiederaufnahme des Verbindungsbetriebes, sofern dies unter den damaligen Umständen möglich war.[31]

Wieso war diese Reaktivierung möglich? Erstens gab es in Graz eine Mediziner-Kompanie an der Universität, dadurch waren viele Studenten dieses Fachs nicht an der Front, daher auch der hohe Medizineranteil bei diesen Rezepierten. Darin bestand aber auch

---

29 Walter Nestor wurde 1945 von den Sowjets nach Preßburg verschleppt und dort im Zuge der Vertreibungsaktionen von den Slowaken wiederum festgenommen. Seither gilt er als verschollen, sein Todesdatum wurde amtlich mit dem 31. 12. 1950 festgesetzt. CT IV, S. 315ff.

30 Maleta, Bewältigte Vergangenheit, S. 213f. Er führt als Teilnehmer auch Beimrohr an, dies ist jedoch ein Irrtum. Maleta dürfte damit Mörl gemeint haben.

31 Über die Reaktivierung siehe 75 Jahre Carolina, S. 281ff. Dazu auch die beiden Artikel über die illegale Carolinenzeit von Gerd Stepantschitz in *Carolinen-Blätter* Nr. 18 (SS 1983), S. 22f., und Franz Maller in ebda. Nr. 23 (WS 1985/86), S. 32ff. Siehe auch Grinschgl, Gerald: Der ÖCV in der Verbotszeit und im Widerstand gegen das Nazi-Regime (1938-1945), in: Hundert Jahre Norica, SS. 38-41.

eine große Gefahr, denn in Graz befand sich im Gebäude der ehemaligen III. Chirurgie die Medizinische Akademie der SS. Es bestand die Möglichkeit, daß irgendwas ans Tageslicht hätte kommen können.

Und noch ein weiteres Moment kam hinzu. Schon 1939 hatte sich in Graz unter der hauptsächlichen Einflußnahme von Carolinen eine Gruppe katholischer Hochschüler zusammengefunden, aus der Carolina nun seinen „illegalen" Nachwuchs nehmen konnte. Sie traf sich regelmäßig in der Barbarakapelle des Domes („Barbaragemeinde") und später in der Leechkirche. So fanden sich fast an die 100 Studentinnen und Studenten zusammen, die – unbemerkt von der Gestapo – ihrer katholischen Glaubensüberzeugung nachgingen und nach ihr in Gemeinschaft zu leben versuchten. Spiritueller Mittelpunkt war der Medizinstudent Fritz Mankowski (Cl)[32], der zu einer unbestrittenen charismatischen Figur in diesem Kreis wurde, aber von Rußland nicht mehr zurückkehrte.[33]

Im Frühjahr 1943 verdient ein besonderes Ereignis angemerkt zu werden. Nach dem Fall von Stalingrad sägten drei Carolinen in einer April-Nacht die sechs Meter hohe Hitler-Eiche in der Opernringkurve um.[34] Aufgrund der relativen Stärke der illegalen Carolina, weswegen man ein Auffliegen befürchtete, wurde am 15. Mai 1943 der Beschluß gefaßt, den Traungau zu reaktivieren.[35]

Im Herbst 1943 kam es auch zur offiziellen Reaktivierung des Vororts. Nachdem 1941 der VOP Alfred Hueber gefallen war, übernahm der jeweilige Senior kommissarisch das Amt des VOP, jedoch war dies nicht mehr als ein Dekorum. Zum VOP wurde Gerald Grinschgl gewählt, der nun bald Aktivitäten setzte. Er amtierte vom WS 1943/44 bis Februar 1946, als infolge des Verbots Carolinas durch die britische Besatzungsmacht die „Rechtsgrundlage" für den Vorort entzogen wurde (siehe S. 500). Grinschgl war der am längsten amtierende VOP der Geschichte des CV bzw. des ÖCV.

Zu den nun einsetzenden Aktivitäten gehörte die Abhaltung einer katholischen Hochschulwoche im November 1943 in Graz, die neben religiös-weltanschaulichen Vorträgen, kulturellen und geselligen Veranstaltungen vor allem den Zweck einer gegenseitigen Information über die Lage an den einzelnen Hochschulorten hatte. So waren auch eine Reihe Wiener und Innsbrucker CVer anwesend, die von der Gründung Alpinias berichteten.

Innsbruck: Alpinia wird gegründet

Während in Wien wegen der Größe vieles unüberschaubar blieb, tat sich in Innsbruck, so wie in Graz, Bemerkenswertes. Bereits im Juni 1938 entfachten Angehörige der Leopoldina die damals verbotenen traditionellen Herz-Jesu-Feuer. Nachdem diese Urheber entdeckt wurde, wurden zwei von ihnen von NS-Studenten blutig geschlagen.[36]

Am 15. Januar 1940 öffnete die Innsbrucker Universität, die zeitweilig geschlossen war, wieder ihre Pforten. Bei maßgeblichen CVern Tirols, u. a. bei Ignaz Dengel (Sv,

32 Siehe Mankowski, Herz, steig in den Morgen (biographischer Anhang); CT IV, S. 157ff. Über die Hochschulgemeinde siehe CT IV, SS. 188 und 292.

33 Mankowski, Herz, steig in den Morgen,S. 163.

34 Grinschgl, Gerald: Der ÖCV in der Verbotszeit und im Widerstand gegen das Nazi-Regime (1938-1945), in: Hundert Jahre Norica, S. 39; VACl. Nachlaß Grinschgl, Rede zum 65. Geburtstag von Gerd Stepantschitz.

35 Haidacher, Fünfzig Jahre Traungau, S. 39f.

36 Pichler, 75 Jahre Leopoldina, S. 323.

AIn), überlegte man, illegal eine oder mehrere Verbindungen zu reaktivieren. Um aber der Gestapo nicht allzu viele Hinweise zu geben, entschloß man sich im März/April 1940 zwecks besserer Tarnung zur Gründung einer neuen Verbindung. Im Rahmen des NSDStB (!) errichtete man eine Gruppe „Schönerer", aus der dann die Verbindung Alpinia erwuchs. Am 1. Mai 1940 wurde sie offiziell gegründet. Trotz intensiver Bespitzelungsmaßnahmen ab Beginn des Rußlandfeldzuges (22. Juni 1941) gelang es weiterhin, sich entweder getarnt über die Kameradschaft „Schönerer" oder die Katholische Hochschulgemeinde zu treffen.

Zu Pfingsten im Juni 1944 fand eine Hochschulwoche ähnlich wie 1943 in Graz statt, und zwar hoch oben auf einem Bauernhof über Innsbruck, an der als Vertreter des Vorortes Carolina Erich Pakesch (F-B, Cl) teilnahm. Ihm wurde offiziell das Aufnahmegesuch überreicht. Anfang Juli fuhr ein Alpine nach Graz, um mit dem VOP direkt zu verhandeln, so daß vorbehaltlich der endgültigen Zustimmung der CVV die Alpinia als freie Vereinigung in den ÖCV aufgenommen werden konnte.[37] „Alpinia war gelebter Widerstand!"[38]

Im WS 1944/45 war die Wiener und Grazer Universität gesperrt, es blieb lediglich in Innsbruck der Betrieb an der Medizinischen Fakultät aufrecht. Die Medizinstudenten wurden daher dorthin konzentriert, darunter auch zahlreiche CVer. „Dort war inzwischen das Lager des Österreichischen CV entstanden."[39]

Nach dem Gesamtverzeichnis des ÖCV aus dem Jahre 1949, dem ersten nach dem Krieg, wurden zwischen 1938 und 1945 insgesamt 72 CVer rezepiert, davon entfallen 18 auf die Alpinia, 14 auf die Austria Innsbruck, zwölf auf die Carolina, sieben auf die Rugia, sechs auf die Norica, je vier auf die Kürnberg, Rhaeto-Danubia und Rudolfina, zwei auf die Nibelungia Wien und einer auf die Raeto-Bavaria.[40] Wenn man davon ausgeht, daß von den im Krieg Rezepierten ein Teil gefallen oder ausgetreten ist, so kann man als echte Anzahl der zwischen dem 11. März 1938 und dem 8. Mai 1945 rezepierten CVer wahrscheinlich auf über 100 schätzen. Diese verdienen auch heute noch Respekt für ihren Mut, sich in dieser Zeit „Für Gott und Vaterland" bekannt zu haben.

---

37 öAc 1 (1949/50), H. 7, S. 14f.; Alpinia Innsbruck, S. 13ff.

38 Überschrift eines Artikels in *Academia intern* 5/2000, S. 10, anläßlich des 60. Stiftungsfestes Alpinias.

39 GRINSCHGL, GERALD: Der ÖCV in der Verbotszeit und im Widerstand gegen das Nazi-Regime (1938-1945), in: Hundert Jahre Norica, S. 39.

40 Nach Farbe tragen, S. 94f, sind es 80 solche Rezepierte mit zum Teil anderen Verbindungszahlen.

Der CV im Widerstand

„Jeden Tag erhielten die Amtstellen des Ständestaates Drohbriefe, sie würden dafür zu bezahlen haben, wenn sie weiterhin die Nationalsozialisten 'verfolgten', und in der Tat – wenn es Rache galt, haben die Nationalsozialisten ihr Wort immer hundertprozentig gehalten – sind die getreuesten österreichischen Beamten gleich am ersten Tag nach Hitlers Einmarsch ins Konzentrationslager geschleppt worden."

Stefan Zweig[1]

Bei der Bewertung von Verfolgung und Widerstand im CV sind folgende Kriterien zu berücksichtigen:

1. Eine große Zahl von CVern hatte berufliche und sonstige Schikanen bzw. Verhaftungen lediglich wegen ihres „So-Seins" auf sich zu nehmen. Ohne ab dem 12. März 1938 in irgendeiner Form Widerstand geleistet oder im Sinne der NS-Machthaber ein Verbrechen begangen zu haben, wurden sie relegiert oder verhaftet, weil sie eben CVer waren oder wichtige Positionen im Ständestaat innehatten. Diese Art von Verfolgung geschah entweder aus Sicherheitsgründen, oder es waren oft auch pure Racheakte.

2. Eine Reihe von CVern übte sich im sog. „Einzelwiderstand". Äußerungen („Heimtückegesetz") oder Handlungen als Einzelgänger führten zur Verfolgung. Dazu zählte u. a. auch das Abhören ausländischer „Feinsender" (siehe dazu z. B. die „Gruppe Seywald", S. 465). Für den nationalsozialistischen Totalitätsanspruch war bereits die Verweigerung der „Gleichschaltung", der inneren und äußeren Anpassung, der Wille zum Bewahren der eigenen Identität ein Widerstand, der seinem Willen zur ausschließlichen Gestaltung und zur daraus folgenden Uniformität entgegengesetzt wurde.

3. Eine Reihe von CVern war im organisierten Widerstand tätig, d. h., sie bauten zusammen mit anderen Gleichgesinnten eine Widerstandsgruppe auf, um durch Aktionen auf die Beseitigung des Nationalsozialismus hinzuarbeiten. Ein Teil wurde verhaftet und auch hingerichtet, ein anderer konnte unbehelligt bleiben. Sie gehörten zur Gruppe der nicht gerade wenigen Christen, die ihren Entschluß, im Kampf gegen Hitler das Äußerste zu wagen, aus ihrer Überzeugung als Christen gewannen.

Berufliche Schikanen und Verhaftungen

Am 12. März um 5 Uhr in der Früh landete auf dem Wiener Flughafen Aspern eine Sondermaschine mit einem SS-Kommando unter der persönlichen Leitung von Heinrich Himmler (B! Apollo München) und Reinhard Heydrich. Bereits in den Nachtstunden davor setzte die erste Verhaftungswelle ein, die die ganzen Tage nach dem Anschluß andauerte. Gefaßt wurden Funktionäre des „Ständestaats", aber auch Sozialdemokraten und Juden, um im Sinne einer disziplinierenden Polizeimaßnahme jeden Widerstand gegen den Anschluß auf diesem Weg im Keim zu ersticken. Nach

1 Zweig, Stefan: Die Welt von Gestern. Erinnerungen eines Europäers. Frankfurt/Main 1989, S. 442.

Schätzungen dürften ca. 75.000 Personen in diesen Märztagen verhaftet worden sein.[2] Man wollte mit dieser sofortigen Verhaftungswelle verhindern, daß sich ein Widerstand gegen den Anschluß bildet.

Eine besondere Pikanterie stellte die Verhaftung von Alfred Maleta (Cl) am 13. März 1938 dar. Leiter des SS-Kommandos war Anton Fellner (ehemals Nc), er war zur gleichen Zeit Senior der Norica, wie Maleta Senior der Carolina war. Zusammen waren sie auch auf der Cartellversammlung 1930 in Koblenz.[3]

Nach Konsolidierung der Lage, insbesondere nach der Anschluß-Abstimmung Anfang April, sind Minderbelastete wieder freigelassen worden. Ein numerisch geringer, aber von den Persönlichkeiten her wichtiger Teil wurde weiterhin festgehalten, „da sich um sie politisch gefährliche Gruppen bilden können".[4]

Im Laufe der Kriegszeit gab es noch weitere zwei wichtige Verhaftungswellen, die auch CVer betrafen, nämlich unmittelbar nach den Hitler-Attentaten am 9. November 1939 („Bürgerbräukeller") und nach dem 20. Juli 1944. Man gewinnt den Eindruck, daß es der Gestapo in diesen Fällen nicht nur darum ging, Widerstandszellen auszuheben, sondern auch eine Disziplinierungsmaßnahme zu setzen.

Der ÖCV hat es bei den Verhaftungen und beruflichen Schikanen den Nazi-Behörden ungewollt leicht gemacht. Im Sekretariat des ÖAHB bzw. des ÖCV in der Singerstraße 7

Ein solitäres Bilddokument: Die Beamten der Bezirkshauptmannschaft, Hans Brandstätter (Kb) und Walter Ortner (Kb), werden in Ried/Innkreis am Vormittag des 12. März 1938 verhaftet und abgeführt.

2 Im Gegensatz zu der christlichsozialen-ständestaatlichen Elite, die im März größtenteils verhaftet oder ausgeschaltet wurde, wurden die meisten ehemaligen deutschen Zentrumspolitiker 1933 nicht unmittelbar bedroht. Elvert, Gesellschaftlicher Mikrokosmos oder Mehrheitsbeschaffer im Reichstag, S. 177.

3 Maleta, Bewältigte Vergangenheit, S. 193 und 196; Anton Fellner ist bereits 1936 aus der Norica ausgetreten, siehe MB 11 (25. 5. 1936), S. 3. Er rundete nach 1945 sein Parteienspektrum ab und wurde Redakteur der sozialistischen Betriebszeitung bei der VOEST in Linz.

4 Stadler, Österreich 1938-1945 im Spiegel der NS-Akten, S. 28; Szeczi-Stadler, NS-Justiz, S. 12f.

wurden umfangreiche Listen und Aufstellungen von CVern, u. a. nach Berufsgruppen geordnet, beschlagnahmt. Anhand dieser war es der Gestapo leicht, die entsprechenden Verhaftungen zielgerecht vorzunehmen.[5]

In der Literatur immer wieder zitiert wird der erste Prominententransport ins KZ Dachau am 1. April 1938, dem noch weitere am 22. Mai, 16. Juni und am 15. Juli folgten. Sie trafen jeweils einen Tag später in Dachau ein, die Fahrt vollzog sich oft unter entwürdigenden Begleitumständen.[6] Der erste Transport umfaßte 150 Personen, davon waren 16 CVer[7], das war ein CV-Anteil von fast elf Prozent! Im zweiten waren 120, und die weiteren hatten ebenfalls ungefähr diese Stärke. Darüber hinaus gab es am 30. Mai und am 2. Juni zwei rein jüdische Transporte mit ca. 500 bis 600 Personen.

Im Anhang 4 sind alle jene CVer angeführt, von denen eine Haft oder ein KZ-Aufenthalt bekannt bzw. nachweisbar ist. Die dort vorgenommene Aufzählung soll nur dokumentieren, daß das NS-Regime bewußt CVer herausgenommen und inhaftiert hat, weil es wohl wußte, daß sie zu den schärfsten weltanschaulichen Gegnern zählten. Bei Verhören mit Inhaftierten aus dem CV spielte dieser eine Rolle. So ist z. B. belegt, daß der SD Inland Verhörfragen für die Gestapo ausgearbeitet hat. Josef Dobretsberger (Cl [ehemals Nc]) sollte gefragt werden „Haben Sie als CVer Ihre einflußreiche Stellung in der Regierung zur Vermittlung von Posten an Cartell-Brüder ausgenutzt?“[8] Richard Steidle (AIn) und Carl Vaugoin (Rd EM) sollten gefragt werden: „Inwieweit haben Sie mit Ihren politischen Auffassungen im CV Anklang gefunden?“[9]

Es lag natürlich auf der Hand, daß der NS-Machtapparat die Beamtenschaft von Gegnern des Regimes säuberte. Hierzu wurde am 31. Mai 1938 eine eigene Verordnung „Zur Neuordnung des österreichischen Berufsbeamtentums“ erlassen. Betroffen waren davon nicht nur Beamte, sondern auch Richter, Staatsanwälte, Lehrer sowie Ärzte, sofern sie in öffentlichen Krankenhäusern beschäftigt waren. Und viele „gleichgeschaltete“ Rechtsanwaltskammern zogen mit. Relativ unbehelligt blieb nur die Privatwirtschaft.

Von dieser Maßnahme war daher die überwiegende Zahl der CVer betroffen. Dies geschah oft unter sehr bitteren sozialen Begleitumständen, man stand über Nacht plötzlich vor dem Nichts. Oder viele erhielten überhaupt keinen Posten. Ein signifikantes Beispiel dazu: Als Wilhelm Hüttl (Cl) im Februar 1939 zum Dr. med. promoviert wurde, bekam er keine Stelle. Bei wiederholten Vorsprachen bei der Grazer Ärztekammer wurde er mit den höhnischen Worten „Ja, Herr Kollege, wären Sie halt nicht beim CV gewesen!“ abgewiesen.[10]

Eine „Schikane“ besonderer Art mußte z. B. Franz Staffelmayr (Kb) erdulden. Die Ausstellung eines Ehefähigkeitszeugnisses 1942 wurde wegen eines Geburtsfehlers, der Einarmigkeit, abgelehnt und ein Verfahren zur zwangsweisen Sterilisation eingeleitet.

---

5 Diese beschlagnahmten Listen sind allesamt erhalten geblieben. Siehe BA, Akten des SD-Oberabschnitts Donau, ZB I 331 A 1-3, 376, 382.

6 Als Beispiel sei nur die Schilderung von Alfred Maleta (Cl) erwähnt in Maleta, Bewältigte Vergangenheit, S. 197.

7 In diesem ersten „legendären“ Transport befanden sich folgende CVer: Josef Bick (Fd), Fritz Bock (NdW), Leopold Buchsbaum (Dan), Engelbert Dworak (Dan), Fritz Eckert (Am EM), Leopold Figl (Nc), Alfons Gorbach (Cl), Josef Kimmel (Rd), Rudolf Kloß (Am), Maximilian Pammer (Baj EM), Erich Pultar (Nc), Walter Pultar (Nc), Josef Reither (F-B EM), Paul Schmittner (Rd), Richard Schmitz (Nc) und Emmerich Zederbauer (NbW EM).

8 BA, Akten des SD-Oberabschnitts Donau, ZB I 53, Blatt 062, ÖAK an Leiter der Zentralabteilung, 3. 7. 1938. Diese „Fragen“ an Dobretsberger sind insofern merkwürdig, weil er zu dieser gar nicht in Haft war, sondern sich schon lang im Ausland befand.

9 BA, Akten des SD-Oberabschnitts Donau, ZB I 53, Blatt 063.

10 CT V, S. 81f.

Aufgrund eines medizinischen Gutachtens von Josef Lutz (Cl) konnte diese Maßnahme abgewendet werden. Der nachfolgenden Ehe entsprangen drei gesunde Kinder.[11]

Nun bewährte sich sehr oft die bundesbrüderliche Hilfe im Stillen. Neben der Privatwirtschaft war ab 1939 oft die Wehrmacht ein Ausweg, denn dort fragte man (vorerst) nicht nach der Gesinnung.

Angehörige des Klerus waren in der NS-Zeit besonders im Visier. Nach einer Untersuchung aus dem Jahr 1984 war gut ein Drittel des (reichs)deutschen Welt- und knapp ein Fünftel des Ordensklerus von politisch bedingten Zwangsmaßnahmen des NS-Regimes betroffen.[12] Es wundert daher nicht, daß sich unter den im Anhang 4 angeführten 384 CVern 78 Priester befinden (20,3 Prozent), also ein weitaus höherer Anteil, als es damals Priester im CV gab. An den Opfern des österreichischen Widerstands hat ja der Klerus (neben den Eisenbahnern) den prozentuell höchsten Anteil.[13]

In der 1988 erschienenen verdienstvollen Dokumentation „Farbe tragen – Farbe bekennen. 1938 – 1945. Katholische Korporierte in Widerstand und Verfolgung" sind 331 Angehörige von österreichischen CV-Verbindungen aufgezählt, die seitens des NS-Regime Verfolgung erleiden mußten oder zu Tode gekommen sind. Zusätzlich sind weitere 53 Namen eruiert worden, so daß die Gesamtzahl der bisher bekannten Verfolgten 384 ausmacht (siehe Anhang 4). Um halbwegs eine statistische Bezugsgröße zu haben, ist es zweckdienlich, die Zahl der Urphilister bzw. Ehrenmitglieder nach dem Gesamtverzeichnis von 1935 heranzuziehen. Sie betrug rd. 3.500. Somit wären die 384 genannten knapp 11 Prozent. Darüber hinaus ist doch von einer erheblichen Dunkelziffer auszugehen, die wahrscheinlich nie mehr eruierbar sein wird.[14] Es ist aufgrund von Schätzungen gar nicht so abwegig, daß sich mit der Zahl derer der Anteil auf 20 Prozent erhöht. Schwer zu erfassen ist natürlich auch die Zahl jener, die lediglich Bußgelder bekamen oder sonstwie verwarnt wurden.

Hinzu kommen noch all die CVer, die den bereits genannten beruflichen Schikanen ausgesetzt waren. Es gibt bei einigen Verbindungen Einzeluntersuchungen zu diesem Personenkreis, die trotz aller Unvollkommenheit doch gewisse Schlüsse zulassen. Als Beispiel dienen Carolina und Kürnberg. Im März 1938 waren bei ersterer ca. 200 Urmitglieder registriert. Von diesen wurden 67 inhaftiert oder entlassen und waren daher in irgendeiner Form der Verfolgung durch das NS-Regime ausgesetzt.[15] Das wäre ca. ein Drittel der Mitglieder. Für Kürnberg liegt eine Auswertung des „Entnazifizierungsfragebogens" von 1946 (dazu siehe S. 512) vor. 121 Fragebögen wurden eingesandt, davon gaben 81 an in irgendeiner Form einer Verfolgung durch das NS-Regime ausgesetzt gewesen zu sein. Laut Standesmeldung an den ÖCV im Dezember 1937 zählte Kürnberg 263 Mitglieder. Durch diverse Verluste (Gefallene, natürlich Verstorbene, Austritte etc.) dürfte die Mitgliederzahl 1945 bei ebenfalls rund 200 gelegen haben (1949 gab es 223 Mitglieder). Damit läge der Anteil bei Kürnberg höher als bei Carolina.[16]

---

11 Mitteilung von Franz Staffelmayr (Kb) an den Autor, 5. 10. 1987.

12 Priester unter Hitlers Terror, S. LVIII. Durch weitere Forschungsergebnisse seit 1985 werden sich diese Anteile zweifelsohne erhöht haben.

13 Riedler, Verfolgung katholischer Priester, S. 14f.

14 Dazu zählen z. B. alle jene, die bereits zu einem Zeitpunkt verstorben waren, als erst Mitte der achtziger das Interesse im CV an diesem Thema erwacht ist.

15 Hartmann, Im Gestern bewährt, S. 383f.

16 Polgar, Das Personalstandesblatt des ÖCV 1945 am Beispiel des Kürnberg.

Man wird daher nicht allzu fehl gehen, wenn man daher von an die 50 Prozent ausgeht, die in irgendeiner Form – von der Entlassung und der beruflichen Schikane angefangen bis zu wenigen Stunden Inhaftierung oder gar bis zum Tod – in negativer Form mit dem NS-Regime in Berührung kam. Diese Zahl steht in deutlichem Kontrast zu den Mitgliedern der NSDAP, die es im CV ab 1938 gab, geschweige denn zu jenen, die vor dem Anschluß Illegale wurden.

Diese aus damaliger NS-Sicht erfolgte „Kriminalisierung" von rund der Hälfte aller CVer in Österreich, aus welchen Gründen auch immer, hatte Ursachen und Folgen.

Die *Ursachen* lagen eindeutig in der konsequenten anti-nationalsozialistischen Haltung des Ständestaates und der ihn tragenden Eliten, darunter maßgeblich der CV. Diese seit 1933 ideologisch aufgebaute Konfrontation mußte einerseits zwangsläufig zu dieser Gegenreaktion des NS-Machtapparates führen, andererseits waren dadurch die CVer weit mehr als andere zu einem Widerstand gegen das NS-Regime prädisponiert. Das war beim CV in Deutschland nicht so. Die Machtübernahme Hitlers am 30. Januar 1933 hatte nie diesen „abrupten" Charakter wie der Anschluß im März 1938, und es ging vergleichsweise viel fließender (Gleichschaltung) und mit vielen länger dauernden Übergängen zu. Schon dadurch geriet der deutsche CV von vornherein nie in diese Konfrontation mit dem Nationalsozialismus wie der ÖCV. Trotz alledem ist aber festzuhalten, daß auch im deutschen CV es eine Fülle von Zeugnissen des Widerstands und der Verfolgung gibt.[17]

Die *Folge* war, daß nach 1945 in Österreich sofort weitaus mehr unbelastete Eliten (vornehmlich aus dem CV) für den Wiederaufbau zur Verfügung standen als in Deutschland, worauf noch näher eingegangen wird (siehe S. 581f.).

Analysiert man nun die in „Farbe tragen – Farbe bekennen" dokumentierten sowie die hinzugekommen 384 CVer, so kamen davon 24 ursächlich durch das NS-Regime zu Tode, das sind 6,3 Prozent. Darunter befanden sich zwei aus rassischen Gründen Ermordete und ein Euthanasieopfer. Des weiteren (Mehrfachnennungen möglich): 207 wurden im Zuge der Märzereignisse 1938 verhaftet, das ist mehr als die Hälfte der dokumentierten Zahl, ob das nun nur für einen Tag, wie z. B. der bereits erwähnte Fürstbischof von Graz-Seckau, Ferdinand Pawlikowski (Trn EM), geschah oder im Extremfall bis zum Mai 1945, wie beim Wiener Bürgermeister Richard Schmitz (Nc).

In einem ähnlichen Zusammenhang sind die Verhaftungen nach dem Attentat im Bürgerbräukeller im November 1939 (fünf) und nach dem Juli-Attentat 1944 (20) zu sehen. Infolge individueller Vergehen im Sinne der NS-Gesetzgebung (z. B. Heimtückeparagraph, Wehrkraftzersetzung, Hören ausländischer Sender) wurden 87 CVer inhaftiert bzw. verurteilt (23 Prozent), wegen Teilnahme an kollektiven Widerstandsaktionen bzw. Vorwurf derselben waren es 40 (10,4 Prozent), davon wurden vier in Gefolge der Oktoberereignisse 1938 im Wiener Stephansdom verhaftet. Von den Inhaftierten waren insgesamt 97 in einem KZ (über 25 Prozent).

CV und CVer im Widerstand

Es war keine Frage, daß die CVer über die Grenzen der Verbindungen und des Verbandes, ja sogar über weltanschauliche Gräben hinweg, an den verschiedenen Wider-

17 Zum Widerstand im deutschen CV siehe Mai, Widerstand im CV.

standsorganisationen und -gruppen mitarbeiteten. Dieser Widerstand formierte sich bereits kurz nach dem Anschluß, zuerst zaghaft und dann immer breitere Kreise umfassend. Er begann auch in der Lagerstraße von Dachau, wo Vertreter des ständestaatlichen Systems bzw. der Christlichsozialen Partei mit Sozialdemokraten in der Hölle des Konzentrationslagers gemeinsam gelobten: Es muß einmal ganz anders werden.

Der Widerstand des CV ist untrennbar mit seiner Grund-Basis, nämlich dem katholischen Bekenntnis, verbunden. Die Nazis sahen im CV eine „militante" Organisation der Kirche und behandelten ihn sowie seine Mitglieder danach. Trotz anfänglicher Köder, wie etwa im Deutschen Reich das „Reichskonkordat" oder nach dem Anschluß der Versuch, die Kirche mit einer Übereinkunft hereinzulegen, erkannten einerseits viele gläubige Katholiken recht rasch, wie der wahre Charakter des Nationalsozialismus aussah, andererseits bekämpfte das Naziregime bald die Kirche und katholische Laien. Auch ohne die enge Verknüpfung der katholischen Laienorganisationen, und damit des ÖCV, mit dem Ständestaat wären die führenden Vertreter Verfolgungen ausgesetzt gewesen, wie ja das Beispiel im Deutschen Reich oder in den anderen besetzten Gebieten zeigt.

Kaplan Heinrich Zeder (NdW) schrieb in seinen Erinnerungen: „Als ich 1940 unter dem Verdacht der Vorbereitung zum Hochverrat verhaftet wurde, stieß ich in den verschiedenen Gefängnissen immer wieder auf Cartellbrüder ... Es gab wohl keinen Akademiker, dem bei den Gestapoverhören nicht die Frage vorgelegt wurde, ob er CVer sei ... Auch bei den Verhandlungen vor dem Volksgericht wurde die Zugehörigkeit zum CV schon a priori als schwerste Belastung gewertet ... Noch niemals in der Geschichte der katholischen farbentragenden Hochschulverbindungen hat sich das Prinzip der Freundschaft und der tätigen Nächstenliebe wirkungsvoller gezeigt als in jenen Tagen, da es galt, seelische und leibliche Not zu lindern, Trost zu spenden und Entmutigte aufzurichten."[18]

Doch muß man auch festhalten, daß der katholische Widerstand primär ein solcher von Katholiken und nicht der Kirche und deren oberster Amtsträger (Bischöfe) war. Ihr rasches Appeasement 1933 im Deutschen Reich und dann auch 1938 teilweise in Österreich führte bei vielen Katholiken zu Verunsicherung, Verbitterung und Enttäuschung. Wenn sie in den Widerstand gegangen sind, so geschah das sehr oft gegen den Willen der zuständigen Bischöfe.[19]

Wenn im folgenden in Kürze der Versuch unternommen wird, den Anteil des Österreichischen CV an der österreichischen Widerstandsbewegung zu skizzieren, dann hat das den Zweck, dem Leser die vielschichtige personelle Verknüpfung des ÖCV mit ihr zu dokumentieren.[20]

Die ersten illegalen Jugendgruppen bildeten sich bereits im Frühjahr 1938 in Wien aus Mitgliedern des „Österreichischen Jungvolkes", des Studentenfreikorps, des Katholischen

---

18 Zeder, Heinrich: Sturm über Österreich, in: Festschrift der KÖHV Nordgau zum 50. Stiftungsfest, Wien 1950, SS. 104-109. Die Zugehörigkeit zum CV spielte bei Verhören, Anklageschriften, Urteilen etc. eine große Rolle. Siehe dazu etwa die 2001 aufgetauchten Verhörprotokolle der Gestapo (S. 438), die Anklageschrift gegen Josef Seywald (AW), Karl Biack (Nc), Max Platter (AIn) u. a., zit. in Widerstand und Verfolgung Salzburg, S. 80ff.

19 Zu dieser Thematik sehr kritisch Groß, Gehorsame Kirche – ungehorsame Christen im Nationalsozialismus.

20 Literatur dazu u. a.: Fried, Nationalsozialismus; Kempner, Priester vor Hitlers Tribunalen; Molden, Der Ruf des Gewissens; Romanik, Der Anteil der Akademikerschaft am österreichischen Freiheitskampf; Weinzierl, Der österreichische Widerstand. Zum katholischen Widerstand: Weinzierl, Österreichs Katholiken und der Nationalsozialismus; Zum Widerstand im CV: Widerstand CV; Widerstand und Verfolgung ÖCV; siehe auch Josef Windisch in öAc 36 (1985), H. 2, S. 8ff.

Jungvolkes u. a. Eine dieser Gruppen führte den Decknamen ***Eisen***,[21] sie bestand hauptsächlich aus Jugendlichen oder Studenten, die teilweise nach 1945 zum CV fanden. Sie verstreute Flugzettel und zerstörte Schaukästen des *Stürmers*. Die Gestapo verhaftete am 9. Juli 1938 einige Aktivisten, die bis 20. Januar 1939 in Haft blieben. Endgültig flog diese Gruppe am 7./8. Februar 1940 auf, es kam zu einer Reihe von Festnahmen. Zu dieser Gruppe Eisen gehörten u. a. Wilfried Daim[22] (Rd), Alois Döttling (F-B), Helmut Gnambs (Rd), Wilhelm Hadamovsky (Baj EM), Hubert Jurasek (Rd), Alfred Kostelecky (Rd), Hanns Sassmann (Trn EM), Karl Strobl (Rd) und Josef Windisch (Pan).

Die erste große öffentliche katholische Demonstration war die machtvolle religiöse Feier der katholischen Jugend mit ungefähr 8.000 Teilnehmern am Freitag, dem ***7. Oktober 1938, im Wiener Stephansdom***, bei der der Wiener Erzbischof Theodor Kardinal Innitzer (NdW) im Mittelpunkt von Ovationen stand. Dem vorausgegangen war die bereits erwähnte Erklärung der österreichischen Bischöfe zum Anschluß. Die Ernüchterung folgte jedoch bald, so daß es zu dieser Jugenddemonstration am Rosenkranzfest kam. Viele CVer waren darunter. Machtvoll erklang das Lied „Ein Haus voll Glorie schauet weit über alle Land."[23] Innitzers Ansprache war improvisiert, jedoch deutlich genug, als er den Jugendlichen zurief „Christus ist euer Führer!"

Die Rache folgte am nächsten Tag. Ca. 50 HJ-Rowdies stürmten das erzbischöfliche Palais, verwüsteten Teile seiner Einrichtungen, zerschlugen 1.200 Fensterscheiben, zerstörten unter anderem das Kreuz-Bild im Konsistorialsaal (es hängt noch heute unrenoviert dort) und bedrohten u. a. den eb. Sekretär Jakob Weinbacher (NbW). Innitzer konnte über einen unterirdischen Geheimgang in den Stephansdom fliehen.

Im gegenüberliegenden Churhaus wurde der Domkurat Johann Krawarik (NbW) beim Fenster hinausgeworfen und hatte Glück, daß er auf einen Sandhaufen landete. Trotzdem brach er sich beide Oberschenkel, erhielt von dem nach Verhaftung nach Wien strafversetzten Gustav Mittelbach (BbG) erste medizinische Hilfe und lag längere Zeit im Krankenhaus.

Eine weitere Folge dieser Ereignisse war, daß Ferdinand Habel (BbW) am Abend des 10. Oktober verhaftet wurde, wobei es zum Hergang unterschiedliche Aussagen und Quellen gibt. Als Kern kann man folgendes mit Sicherheit annehmen: Habel hat im Bereich Stephansplatz/Graben vor Dritten Innitzer in Schutz genommen und die Vorfälle am 8. Oktober kritisiert. Daraufhin wurde er verhaftet, kam zuerst ins Polizeigefängnis und dann am 11. Dezember ins KZ Dachau.[24] Auch die Schwester Innitzers, die sich im Wiener Stadtpark kritisch äußerte, wurde vorübergehend festgenommen.[25]

---

21 Farbe bekennen, S. 106; Widerstand und Verfolgung ÖCV, S. 18. Der Name Eisen stammt von dem Mitbegründer Fred Ellinger, dessen Initialen FE das chemische Zeichen für Eisen bedeuten.

22 Daim, Wilfried: Als Katholik im Dritten Reich, in: Christlich motivierter Widerstand, SS. 41-52.

23 Dieses Lied stammt aus der Kulturkampfzeit der siebziger Jahre des 19. Jahrhunderts und war daher natürlich bei dieser Gelegenheit besonders passend.

24 Lt. Mitteilung Georg Schmitz (Nc) an den Verfasser im E-Mail vom 9. 6. und 18. 9. 2005, der dazu ausführliches Material besitzt: ÖStA. Gauakten. GA. 271.292. Gestapo Wien, Staatspolizeileitstelle Wien an die Gauleitung Wien am 31. 10. 1938. Ebda. Intervention von Ordinariatskanzler Josef Wagner (Am EM), der den Hergang etwas anderes schildert. Siehe auch Fried, Nationalsozialismus, SS. 32ff. und 185f.; Rudolf, Aufbau, S. 230; Widerstand und Verfolgung Wien III, S. 41f. Über den 7. 10. 1938 siehe auch Ernst Exner (Pan) in *Academia intern* 8/1998, S. 1ff. Habels Schwester war die Mutter von Georg und Wolfgang Schmitz (Nc).

25 Goldinger, Der Sturm auf das Wiener erzbischöfliche Palais, S. 18.

Zeitgleich gab es mehrere ähnlich geartete Überfälle auf Kirchen bzw. kirchliche Einrichtungen, z. B. auf das Herz-Jesu-Kloster im 3. Wiener Bezirk, wo seinerzeit Ignaz Seipel (Nc EM) gewohnt hatte, auf das St. Pöltener Ordinariat, eine Kirche in Salzburg etc. Anfänglich gab es polizeiliche Untersuchungen zu diesen Vorfällen, doch am 11. November 1938 kam eine Weisung aus dem Berliner Reichsjustizministerium, daß die Staatsanwaltschaften keine Vorerhebungen unternehmen sollen.[26]

(Groß-)Österreichische Freiheitsbewegung (Gruppe Scholz-Kastelic[27]-Lederer). Bereits 1938 entstanden verschiedene gleichgesinnte Gruppen, die später unter diesem Namen zusammenfanden. Durch die Person des Augustiner-Chorherrn Karl Roman Scholz aus Klosterneuburg, der am 22. Juli 1940 verhaftet und am 10. Mai 1944 hingerichtet wurde, ist sie wohl die bekannteste Gruppe. Sie wurde durch eine erste Verhaftungswelle im Juli 1940 – es wurden ca. 200 Personen inhaftiert – stark geschwächt. Folgende CVer gehörten dieser im Prinzip aus drei Gruppen bestehenden Bewegung an: Alois Hradil (Wl), Florian Rath (Aa), Kurt Schleifer (AW), Karl Smekal (Wl), Alfons Übelhör (Nc), Walter Urbarz (NdW), Eberhard Würzl (W1), Heinrich Zeder (NdW) und Hermann Ziegler (Wl). Die starke Präsenz der Klosterneuburger Verbindung Welfia hat mit der Person von Roman Scholz zu tun.[28]

Zu den Aktionen dieser Freiheitsbewegung gehörte auch das Herstellen von Flugzettel, vornehmlich durch Walter Urbarz. Ein Vierzeiler erregte besondere Wut bei der Gestapo:

„Wir brauchen keinen Krieg,
wir brauchen keinen Sieg,
nur eine schöne Hitlerleich'
und ein freies Österreich!"

Zeder und Urbarz wurden im August 1940 verhaftet und saßen zusammen bis April 1943 im Gefängnis, zuletzt bei Krefeld.[29]

Österreichische Volksfront. Sie stand unter der Leitung des Linzer Kaufmanns Willy Zemljak (Dan) und arbeitete mit den Gruppen Burian und Hebra – hier war Karl Alfons Portele (Wl) tätig – zusammen. Sie waren allesamt legitimistisch eingestellt. Die Österreichische Volksfront war bereits ab Mitte 1938 aktiv. Am 9. November 1939 wurde sie von der Gestapo ausgehoben. Zemljak überlebte trotz Todesurteil das Dritte Reich.[30]

Österreichische Volksbewegung. Von Mitgliedern der Alpenland und der Pannonia wurde bereits im Herbst 1938 mit der Gründung dieser Bewegung begonnen. In der

---

26 Ebda.

27 In *Academia intern* 2/1996, S. 10, wird anläßlich der Besprechung eines Buches über Jakob Kastelic dieser als einer der „bekanntesten Widerstandskämpfer aus den Reihen des Cartellverbands" bezeichnet. Jakob Kastelic war jedoch nie Angehöriger einer (Ö)CV-Verbindung.

28 Farbe tragen, SS. 100ff.; Gahr, Widerstand und Widerstandsgruppen in Österreich, SS. 37-72; Kempner, Priester vor Hitlers Tribunalen, S. 360; Klusacek, Die österreichische Freiheitsbewegung; Luža, Widerstand in Österreich, S. 64f.; Molden, Der Ruf des Gewissens, S. 74f.; Nordgau Neunzig Jahre, S. 93-97; Pfeifer, Beiträge zur Geschichte der österreichischen Widerstandsbewegung; Szecsi-Stadler, NS-Justiz in Österreich, SS. 34 und 77; Widerstand und Verfolgung Oberösterreich, S. 279ff.; Widerstand und Verfolgung Wien III, S. 109f.; Widerstand und Verfolgung ÖCV, S. 15; Widerstand und Verfolgung Niederösterreich III, S. 74f.; Gahr, Widerstand und Widerstandsgruppen in Österreich, SS. 37-72.

29 Nordgau Neunzig Jahre, S. 94.

30 Molden, Der Ruf des Gewissens, Ruf, S. 61f.; Widerstand und Verfolgung Wien III, S. 134f.; Widerstand und Verfolgung ÖCV, S. 16.

Nacht vom 27. auf 28. Januar 1939 wurde eine Reihe von Mitgliedern verhaftet, darunter Alfred Alt (ehemals Pan), Josef Bischof (Alp), Ferdinand Habl (Pan), Josef Handschur (ehemals Pan), Josef Kessler (Pan) und Johann Paukowitsch (Alp).[31] Im Zusammenhang mit der Alpenland ist zu vermerken, daß der bekannte Pianist Erik Werba (Alp) am 14. März 1940 eine Disziplinarstrafe erhielt, weil er an die Weihnachtskneipe der Alpenland einen Entschuldigungsbrief schrieb.[32]

Die österreichische Bewegung (Gruppe Theiß). Sie entstand ebenfalls bereits 1938 um den bekannten Wiener Religionsprofessor Josef Schulenburg (Am) und war an der Feier im Stephansdom beteiligt. Am 7./8. Februar 1940 wurden einige Mitglieder verhaftet. Ihr gehörten u. a. Alois Döttling (F-B) und Josef Windisch (Pan) an.[33]

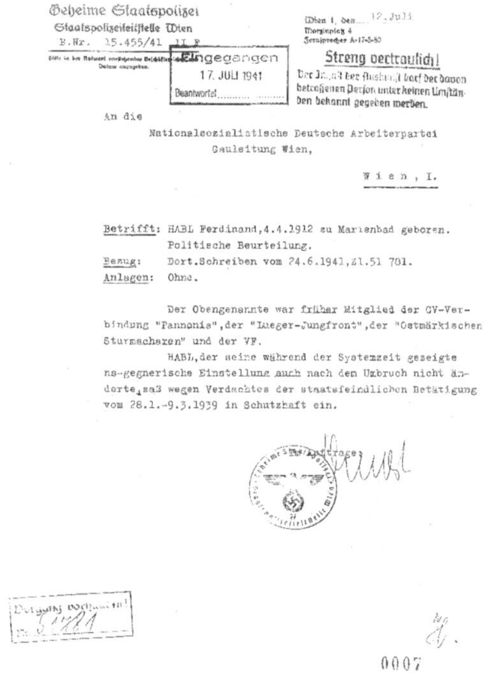

Geheime Staatspolizei
Staatspolizeileitstelle Wien
B.Nr. 15.455/41 II P

Eingegangen
17. JULI 1941
Beantwortet

Wien I, den 12. Juli
Morzinplatz 4
Fernsprecher A-17-5-80

Streng vertraulich!
Der Inhalt der Auskunft darf der davon betroffenen Person unter keinen Umständen bekannt gegeben werden.

An die
Nationalsozialistische Deutsche Arbeiterpartei
Gauleitung Wien,
W i e n , I.

Betrifft: HABL Ferdinand, 4.4.1912 zu Marienbad geboren. Politische Beurteilung.
Bezug: Dort. Schreiben vom 24.6.1941, Zl. 51 701.
Anlagen: Ohne.

Der Obengenannte war früher Mitglied der CV-Verbindung "Pannonia", der "Lueger-Jungfront", der "Ostmärkischen Sturmscharen" und der VF.

HABL, der seine während der Systemzeit gezeigte ns-gegnerische Einstellung auch nach dem Umbruch nicht änderte, saß wegen Verdachtes der staatsfeindlichen Betätigung vom 28.1.-9.3.1939 in Schutzhaft ein.

I. Auftrage:

0007

Ein Beweis für Gesinnungstreue: Ferdinand Habl (Pan) änderte „seine während der Systemzeit gezeigte ns-gegnerische Einstellung auch nach dem Umbruch nicht".

Stark war der CV auch vertreten bei der ***Geheimgruppe Gottfried Lerch***, die aus der Christlichen Turnerschaft Österreichs entstanden ist. Ihr Ziel war es u. a., NS-Verfolgte in Betrieben unterzubringen, Verfolgten zu helfen, ausländische Sender abzuhören und deren Nachrichten zu verbreiten. Ihr Anführer war der strafentlassene Gymnasiallehrer Gottfried Lerch (AW). Ihr gehörten u. a. Matthias Arthold (M-D), Wilhelm Aschböck (F-B), Konrad Birnkraut (AW), Hans Burger (Dan), Eugen Burtscher (AIn), Franz Chimani (AW), Fritz Doppler (AW), Gustav Fenz (Dan), Franz Finstermann (AW), Rudolf Fischer (F-B), Josef Fitzinger (F-B), Franz Freimüller (AIn), Ferdinand Habl (Pan), Engelbert Heppner (AW), Walter Jähnl (AW), Julius Kallus (Dan), August Maria Knoll (NbW), der spätere Staatssekretär Otto Kranzlmayr (AW), der frühere Vizebürgermeister von Wien bis 1938, Josef Kresse (AW), Anton Karl Lang (Kb), Walter Machac (Rd), Rudolf Millin (Aa), Josef Müller-Fembeck (AW), Albert Rheinberger (S-B), Robert Schlögl (F-B), Alfred Schneiderbaur (AW), Otto Wagner (AW) und Josef Zwerenz (Rt-D) an.[34]

Ähnliches tat auch die mit der Gruppe Lerch verbundene Organisation der sog. ***Widerstandslazarette***. Eine Reihe Ärzte oder sonstiger aus dem CV arbeiteten mit, wie

31 Exner, Semper bonae voluntatis, S. 37; Farbe tragen, S. 105; Festschrift Alpenland Sechzig, S. 33; Widerstand und Verfolgung Wien III, S. 82f.

32 Widerstand und Verfolgung Wien III, S. 442.

33 Putz, Beispiele des katholischen Widerstands, SS. 88-115; Schrammel, Geschichte der Franco-Bavaria, S. 33; Widerstand und Verfolgung ÖCV, S. 18.

34 Putz, Beispiele des katholischen Widerstands, SS. 9ff. und 85ff.

u. a. Franz Ritschl (Nc), Ferdinand Habl (Pan), August M. Knoll (NbW), Hans Friedrich (AW), Josef Müller-Fembeck (AW), Alfred Schneiderbaur (AW).[35] Ihr Ziel war u. a., die Dienstfrei- bzw. UK-Stellung von Wehrmachtsangehörigen zu betreiben.

Obwohl die ***Gruppe Müller-Thanner*** legitimistisch orientiert war, gab es Kontakte zu dem Sozialdemokraten und späteren Wiener Bürgermeister Felix Slavik. Er saß gemeinsam mit Jakob Fried (Am) am 24. November 1943 auf der Anklagebank. Fried, der vor 1938 die „Seele" der katholischen Laienbewegung Österreichs war (siehe S. 239), wurde bereits am 21. November 1938 verhaftet und blieb dies dann bis 23. Mai 1944.[36]

Gruppe Maier-Messner-Caldonazzi. Der Gersthofer Kaplan Heinrich Maier (NbW) (siehe S. 460) sammelte ab dem Frühjahr 1940 gleichgesinnte Freunde um sich, ab 1942 stieß der Generaldirektor der Semperit AG, Josef Messner, und ab 1943 Walter Caldonazzi (Am) dazu. Messner und Maier versuchten, Lagepläne von Rüstungsbetrieben den Alliierten zuzuspielen. Messner lieferte aufgrund des Semperit-Werkes bei Auschwitz auch erste Information über den dortigen Massenmord an den Juden, was aber bei den Amerikanern nur Erstaunen hervorrief. Im Frühjahr 1944 wurde die Gruppe zerschlagen, Maier und Caldonazzi wurden hingerichtet.[37]

Gruppe Meithner. Sie stand in der Folge unter der Leitung des von der Hochschule für Welthandel entfernten Professors Karl Meithner. Ihre Wurzeln reichen bis in das Jahr 1938. Anfang 1940 schlug die Gestapo zu, die Führung übernahm nun Max Gererstorfer (Baj), der übrigens im April 1945 bei Schwechat fiel, als er die Verbindung zur Roten Armee herstellen wollte. Zu dieser Gruppierung gehörten auch Eduard Chaloupka (Baj), Hans Dorrek (Baj), Ernst Krumhaar (NbW), Karl Plankensteiner (BbW), Felix Romanik (Baj), und Robert Steyskal (Nc).[38]

Unter der Leitung von Herbert Braunsteiner (NbW) stand ab Frühjahr 1941 die in Wien tätige Gruppe namens ***Österreichischer Kampfbund***, die sich vor allem im April 1945 hervortat. In dieser Gruppe waren neben Braunsteiner auch Anton M. Pichler (NbW) und Felix Hurdes (NbW EM) tätig.[39]

Die ***Antifaschistische Freiheitsbewegung*** (AFÖ) entstand 1941 in Kärnten und setzte dort auch einige Aktivitäten. Neben Johann Kapistran Pieller (Cl) und Arthur Trattler (Cl) gehörten ihr noch Anton Jaklitsch (Trn) und Otto Tiefenbrunner (AIn) an. Weitere Sympathisanten waren Arthur Schuschnigg (Bruder des Bundeskanzlers), Alois Karisch (später Kärntner Landesrat) und Erzbischof Andreas Rohracher (AIn EM). Bei der Verhaftung Piellers im August 1943 fand man Briefe von Max Kurz-Thurn-Goldenstein (Cl), in denen vom „Grazer Freundeskreis", gemeint die Carolina, die Rede war. Die Gestapo vermutete daher, daß Kurz in Graz das Haupt der Bewegung sei, und unternahm bei ihm eine Hausdurchsuchung. Kurz wurde vorher heimlich verständigt und konnte so einiges beiseite schaffen.[40] Zur AFÖ siehe auch S. 463.

---

35 Ebda., SS. 116-138; Drimmel, Abwehrkampf, Verfolgung und Widerstand, S. 90f.

36 Fried, Mein Leben in der Nazizeit; Gahr, Widerstand und Widerstandsgruppen in Österreich, SS. 82ff.; Molden, Der Ruf des Gewissens, S. 91; Widerstand und Verfolgung Wien III, S. 136f.

37 Luža, Widerstand in Österreich, S. 198; Molden, Der Ruf des Gewissens; Widerstand und Verfolgung ÖCV, S. 16; Hans Jakob Stehle in *DIE ZEIT,* 5. 1. 1996.

38 Drimmel, Abwehrkampf, Verfolgung und Widerstand, S. 82f.; Farbe tragen, S. 108; Molden, Der Ruf des Gewissens, Ruf, S. 93f.; Szeczi-Stadler, NS-Justiz, S. 77; Widerstand und Verfolgung Wien III, S. 111f.

39 Farbe tragen, S. 104f.; Molden, Der Ruf des Gewissens, Ruf, S. 109; Widerstand und Verfolgung ÖCV, S. 17.

40 CT IV, S. 316. Zur AFÖ gehörte auch der KVer (Tirolia) Karl Wanner, siehe Hundert (100) Jahre AKV Tirolia, S. 62.

Die ***Gruppe Migsch***, benannt nach dem sozialistischen Funktionär Alfred Migsch, gab zwischen Januar 1943 und Januar 1944 eine illegale Zeitschrift namens *Die Wahrheit* heraus. Über Verbindung des Wiener Magistratsbeamten Leopold Rieger (Baj) wurde zu Eduard Chaloupka (Baj) und Felix Hurdes (NbW EM) Kontakt aufgenommen. Es folgten verschiedene Gespräche, an denen auch Hans Pernter (Nc) teilnahm. Chaloupka konnte in der *Wahrheit* auch einen Aufruf an die österreichischen Akademiker herausbringen.[41]

In der illegalen bündisch-konfessionellen Jugendorganisation ***Liga junger Deutscher – Kampfbund für christlichen Glauben und deutsche Art*** arbeitete Johann Ruggenthaler (Baj), Kaplan in Wien-St. Brigitta, mit. Er wurde u. a. zusammen mit dem späteren bekannten Wiener Seelsorger und Bischofsvikar P. Josef Zeininger am 21. Februar 1944 wegen des Verdachts der Vorbereitung zum Hochverrat festgenommen.[42]

Wichtig waren aber auch die Aktivitäten, die auf eine konzeptionelle Neuordnung Österreichs bzw. der alten Christlichsozialen Partei tendierte (darüber siehe vor allem S. 562). Dies geschah z. B. vor allem in Niederösterreich um den ehemaligen sowie künftigen Landeshauptmann ***Josef Reither*** (F-B EM). Am 4. Mai 1944 kam es zu einem konspirativen Treffen bei ihm, an dem Leopold Figl (Nc) sowie der Bauernfunktionär Josef Kraus teilnahmen. Als Reither nach dem 20. Juli verhaftet wurde, flog dieses Treffen auf, so daß im Oktober Figl neuerlich verhaftet wurde. Am 21. Januar 1945 wurde er zum Tode verurteilt, konnte aber am 6. April befreit werden.[43]

Auch in Tirol entstanden Widerstandsgruppen, die sehr stark vom CV, nicht zuletzt durch die illegal gegründete Alpinia, geprägt waren. Wegen ihres regelmäßigen Zusammentreffens ist einmal die ***Mittwoch-Gruppe*** zu nennen, an der Leo Praxmarer (AIn) teilnahm. In der ***Gruppe Würthle*** und dem ***Flora-Kreis***, waren Hermann Flora (R-B), Hans Gamper (Vi) und Emil Eckl (R-B) tätig. Vinzenz Pezzei (Vi) gründete die ***Widerstandsbewegung Landeck***. Am bedeutendsten war die ***Mair-Grünewald-Gruppe***, die bereits 1940 von dem Mittelschulprofessor Franz Mair initiiert wurde. Das aktivste Mitglied war Eduard Grünewald (AlIn), er stellte den Kontakt zur Alpinia her und holte von dort viele Leute zu sich. Hans Gamper (Vi) gelang nun im Herbst 1944 der Zusammenschluß der diversen Gruppen, was die Voraussetzung zu den Ereignissen im April/Mai in Tirol war.[44]

Und diese waren sicherlich einzigartig. Anfang April kam der spätere Außenminister Karl Gruber (AW)[45] nach Innsbruck und übernahm am 13. April die Leitung der Widerstandsgruppen. Dies deshalb, weil er die meisten Kontakte zu den anderen hatte. Noch am 21. April begann seitens der Gestapo eine Verhaftungswelle, von der auch einige CVer betroffen waren. So wurden die drei Alpinen Eduard Grünewald, Alfred Hirsch und Otto Knittel verhaftet. Sie sollten am 1. Mai hingerichtet werden, konnten je-

---

41 Drimmel, Abwehrkampf, Verfolgung und Widerstand, S. 93f.; Molden, Der Ruf des Gewissens, Ruf, S. 136f.

42 Widerstand und Verfolgung Niederösterreich III, S. 244f.

43 Binder, Dieter A.: Zwischenkriegszeit, Widerstand und KZ, in: Hundert (100) Jahre Leopold Figl, S. 14.

44 Molden, Der Ruf des Gewissens, Ruf, S. 118f.; Widerstand und Verfolgung ÖCV, S. 19f.

45 Über Grubers Widerstandstätigkeit im Dritten Reich siehe Gehler, Michael: Anpassung, Mittun, Resistenz und Widerstand. Charakteristika, Probleme und Ambivalenzen von Oppositionsverhalten am Beispiel des Karl Gruber 1934 – 1945, in: Jahrbuch 2002. Dokumentationsarchiv des österreichischen Widerstands. Wien 2002, SS. 69-87. Gruber kam nach dem Anschluß nach Berlin und war dort bei AEG bzw. Telefunken als Hochfrequenztechniker bei der Entwicklung des Radars tätig, die er zu sabotieren versuchte. Im Zuge der Dezentralisierung der Rüstungsproduktion gegen Kriegsende konnte er nach Tirol gelangen. Bereits 1944 hatte er Kontakte mit US-Geheimdienstkreisen in der Schweiz.

doch entkommen.[46] Die Situation spitzte sich durch das Herannahen der Alliierten zu. Am 2. Mai gelang es, die Inhaftierten im KZ Reichenau zu befreien und wichtige Objekte zu besetzen. Am 3. Mai konnte durch eine militärische Widerstandsbewegung um 14 Uhr das Landhaus besetzt werden. Dabei wurde Rolf Winkler (AIn) schwer verletzt. Am Abend konnten bereits die ersten Flugzettel verteilt werden, und überall wurden rotweiß-rote Fahnen gehißt. Als die US-Armee einzog, konnte ihnen Ludwig Steiner (AIn) die befreite Stadt melden, was in erster Linie der Widerstandsbewegung, und da wiederum den CVern, zu danken war. Die in Innsbruck anwesenden CVer, darunter auch der VOP Gerald Grinschgl, nahmen an den Kämpfen teil.[47]

Die Widerstandsaktivitäten blieben nicht auf Österreich allein beschränkt, man lebte ja noch im „Großdeutschen Reich". Die christlich-demokratische deutsche Widerstandsbewegung nahm unter Jakob Kaiser recht bald Kontakt zu gleichgesinnten Österreichern auf. Doch in zunehmendem Maße hatte sich Anfang der vierziger Jahre eine eigenständige österreichische Idee innerhalb der österreichischen Widerstandsbewegung herausgebildet, so daß man gar nicht daran dachte, den Kampf in irgendeiner Form für die Beibehaltung des Anschlusses, auch unter anderen Voraussetzungen, zu führen. Zwar gab es seitens der führenden Männer des **20. Juli 1944** Gespräche mit Österreichern, so unter anderem mit Franz Rehrl (AW) und Josef Reither (F-B EM), doch ansonsten gab es keine politische Beteiligung daran. Wohl war das Konzept der Männer vom 20. Juli immer noch darauf gerichtet, die Einheit aller Deutschen zu bewahren. So war der frühere Sicherheitsdirektor von Tirol, Anton Mörl (Cl), als politischer Unterbeauftragter für den Wehrkreis XVIII (Kärnten, Salzburg, Steiermark, Tirol, Vorarlberg) vorgesehen, ohne daß er bei den Vorbereitungen dabei war. Er wäre also vom neuen Regime zum politischen Repräsentanten für den Alpenraum bestimmt gewesen. Er konnte von Glück reden, daß ihn die Gestapo nach dem Attentat nur verhörte und nicht einsperrte.[48]

Im übrigen waren Corpsstudenten stark bei den Männern des 20. Juli vertreten, etwa im Kreisauer Kreis oder im Goerdeler Kreis. Acht von ihnen wurden hingerichtet.[49] Zum Goerdeler Kreis gehörte auch der frühere württembergische Staatspräsident [i. e. Ministerpräsident] Eugen Bolz (Gu), der im Falle eine Glückens des Attentats unter einem Reichskanzler Carl Goerdeler (T! Eberhardina Tübingen) Reichsminister geworden wäre. Ebenfalls zum Goerdeler-Kreis gehörte Reinhold Frank (ArF), der für eine Funktion im Land Baden vorgesehen wäre. Beide wurden vom Volksgerichtshof zum Tode verurteilt und am 23. Januar 1945 in Berlin-Plötzensee hingerichtet.[50] Dem militärischen Widerstand gegen das NS-Regime gehörte Philipp Frhr. von Boeselager (RBo EM) an, der zu den engsten Beteiligten des geplanten Hitler-Attentats von 13. März 1943 und zu dem gescheiterten vom 20. Juli 1944 zählte, für das er den Sprengstoff besorgte.[51]

---

46 *Academia intern,* 5/2000, S. 10. Alfred Hirsch, Alpinia im Widerstand, in: *Alpinia Chronik* Nr. 209/210, 2004.

47 Alpinia Innsbruck, S. 24; Gruber, Zwischen Befreiung und Freiheit, S. 7; Molden, Der Ruf des Gewissens, Ruf, S. 296ff.; Reichhold, Geschichte, S. 97ff.

48 Jedlicka, Der 20. Juli 1944 in Österreich, SS. 79 und 158ff.; Molden, Der Ruf des Gewissens, Ruf, S. 145ff.

49 Korporierte im Widerstand gegen den Nationalsozialismus, SS. 140ff.; Schmidt-Cotta/Wippermann, Kampf um die Erhaltung der Tradition, S. 204; *Acta Studentica* 148/2004, S. 9. So u. a. Ulrich von Hassel (C! Suevia Tübingen), Adam Trott zu Solz (C! Saxonia Göttingen), Peter Graf Yorck zu Wartenburg (C! Borussia Bonn).

50 Eugen Bolz. Mann des Widerstands. Beilage zur Ac 76 (1983), Heft 4 . Zu Frank siehe Widerstand und Verfolgung im CV, SS. 81ff. sowie Ac 97 (2004), S. 364 und 98 (2005), S. 96f.

51 Zu Boeselager siehe Ac 97 (2004), S. 132.

Zum militärischen Widerstand zählte auch Bruno Schmitz (ehemals Nc). Nach Frontdienst in Polen und Rußland kam er 1942 zur Heeresstreife Groß-Wien und gründete dort eine Widerstandszelle, die Sabotageakte an Militärzügen sowie Sprengstoffanschläge auf Munitionsfabriken (Ebenfurth, Wiener Neudorf) und Versorgungseinheiten verübte. Schmitz wurde im November 1944 verhaftet und kam ins KZ Mauthausen, wo er mißhandelt wurde.[52]

Eine besondere Art des „Widerstands" eines CVers sei wegen dessen „verschlungener" Biographie vermerkt: Franz Kleinhappl (Trn) lernte während seines Medizinstudiums Anfang der zwanziger Jahre in Graz seine aus Banja Luka (Bosnien-Herzegowina) stammende Frau, eine Serbin, kennen. Mitte der zwanziger Jahre siedelte er nach Banja Luka, um dort als Chirurg zu arbeiten. Nach dem Balkanfeldzug 1941 wurde er von den Tito-Partisanen gezwungen, für sie als Arzt zu arbeiten, in Folge dessen er auch Jozip B. Tito persönlich behandelte. Nach 1945 wurde Kleinhappl als Arzt in die jugoslawische Volksarmee übernommen und später Chefarzt im Offiziersrang des Militärkrankenhauses Agram.[53]

Einen ähnlichen „ärztlichen Kontakt" hatte auch der mit Kleinhappl befreundete Grazer Chirurg Herbert Moser (Cl). Er war im Frühjahr 1942 in Prag stationiert und sollte jenem Arzt assistieren, der den durch ein Attentat im Mai 1942 schwer verwundeten Reinhard Heydrich behandelte. Moser war sich aufgrund seiner anti-nationalsozialistischen Vergangenheit des hohen Risikos einer solchen ärztlichen Tätigkeit bewußt und konnte durch verschiedene Ausflüchte eine Beiziehung seiner Person verhindern. Zum Glück, denn gleich nach dem Tod Heydrichs tauchte das Gerücht auf, er sei an einem ärztlichen Kunstfehler gestorben.[54]

Bei den Widerstandsaktionen im März/April 1945 im Raum Wien, die unter dem Dach der ***Widerstandsbewegung O5***[55] stattfanden, sind keine CVer in führender Position festzustellen. Trotzdem gab es sicherlich welche, die mittaten, das beweist ja auch die Aktion von Max Gererstorfer (Baj), der im Auftrag der O5 bei Schwechat Kontakt mit den Sowjets nehmen wollte, wobei er beim Überqueren der Front umgekommen ist.[56]

Im Februar 1945 machte sich eine Grazer Gruppe gegen Westen auf, der Gerd Stepantschitz (Cl) und Gerald Grinschgl (Cl) angehörten. Man gelangte Ende April bis in den Lungau. Als am 24. April 1945 Göring von Hitler abgesetzt wurde, was man ja im Rundfunk erfuhr, schickte Stepantschitz Grinschgl nach Innsbruck zu der schon hochaktiven Widerstandsbewegung, um einen Haftbefehl für Göring zu bekommen, der sich in Mauterndorf verschanzt hatte. Grinschgl blieb aber in Innsbruck und nahm an den Käm-

---

52 Luža, Der Widerstand in Österreich, S. 248; Mitteilung von Georg Schmitz (Nc) an den Verfasser vom 4. 4. 2005. Schmitz ging 1948 eine zweite Ehe ein. 1949 wurde er als Generalsekretär der Meisterkrankenkasse wegen Veruntreuung zu zwei Jahren verurteilt. Schmitz, der bereits vorher alkoholsüchtig war, verbrachte nach der Haftentlassung bis zu seinem Tod in psychiatrischen Anstalten. Seine 2. Ehe sowie dann seine rechtskräftige Verurteilung waren die Ursachen, daß ein weiterer Verbleib bei der Norica unmöglich war. Über Bruno Schmitz siehe auch S. 333.

53 Schreiben von Helmut Haidacher (Trn) vom 14. 3. 2004 an den Verfasser. Kleinhappl hielt trotzdem regelmäßigen Kontakt zu seiner Verbindung und dem Grazer CV. Aus Sicherheitsgründen wurde er aber nach 1945 nicht im GV geführt. Er starb 1991. Bei seinem Begräbnis im bereits zerfallenen Jugoslawien erschienen in Agram nicht nur zahlreiche Uniformierte der Armee, sondern auch Chargierte des Traungau. Sicherlich bleibt als „dunkler" Punkt in der Biographie Kleinhappls sein mögliches Mitwissen oder gar direktes oder indirektes Mitwirken an den Greueltaten der Tito-Partisanen bzw. Jugoslawiens ab 1945 gegenüber innerjugoslawische Konkurrenten (Tschetniks, Domobrancen etc.) und den zwangsvertriebenen Deutschen (Donauschwaben, Gottscheer etc.).

54 Moser, Herbert: Der große Bogen. Von der Klinik in den Busch. Graz 1983, SS. 55ff.

55 Im O5 bedeutet die 5 den fünften Buchstaben im Alphabet, E, so daß es OE = Österreich heißt.

56 Widerstand und Verfolgung ÖCV, S. 20.

pfen teil. Noch bevor die britischen Truppen einmarschierten, war der Lungau aufgrund der Initiative Stepantschitz' befreit, überall wehten die rotweißroten Fahnen. Er begab sich dann nach Murau, wo bereits Alfred Weitzendorf (Cl) ähnliche Aktionen durchführte.[57]

Auch CVer im Exil waren für die Wiedererrichtung eines selbständigen Österreich tätig. Daß Österreich in der Moskauer Deklaration (Ende Oktober 1943) als „erstes Opfer" Hitlers bezeichnet und dessen Selbständigkeit gefordert wurde, dafür hat sich auch ***Otto von Habsburg*** (NbW EM) bei US-Präsident Theodor Roosevelt intensiv eingesetzt. Der wiederum trat entscheidend für eine Selbständigkeit Österreichs ein, und zwar im Gegensatz zu den Briten, die anfänglich einen süddeutschen Staat unter Einschluß Österreichs forcierten.

Zu erwähnen ist auch, daß ***Josef Dobretsberger*** (Cl), der im Krieg im Exil war (Türkei, Ägypten, London), von den Briten sehr geschätzt wurde. Im Frühjahr 1943 wurde im Auftrag des Foreign Office ein Memorandum mit dem Titel „Die Zukunft Österreichs" verfaßt, das Grundlage für die Nachkriegsplanung der Engländer und der Alliierten wurde und auch die Moskauer Deklaration vom Oktober 1943 über die Wiederherstellung Österreichs beeinflußte. In diesem Memorandum wurde auf die Schwierigkeit aufmerksam gemacht, daß es keine Exilregierung oder einen repräsentativen Rat der österreichischen Exilgruppen gab. Auch wenn es diese gegeben hätte, wäre die Frage bestanden, eine geeignete Person zu finden, die auch in Österreich anerkannt werde. Harrison machte jedoch eine Ausnahme und nannte als Geeigneten dafür Josef Dobretsberger.[58]

Der stand dann tatsächlich mit dem früheren österreichischen Botschafter in London, Georg Frhr. von Franckenstein (er wurde 1938 Brite und hieß dann Sir George F.), in Verbindung. Es ist ein Telegramm vom 7. Mai 1945 an den Kärntner Vollzugsausschuß überliefert, das neben der Unterschrift Franckensteins auch die Dobretsbergers aufweist.[59] Er hatte also bei den österreichischen Exilgruppen eine wichtige Stellung inne.

Im Exil war auch der Handelsminister ***Fritz Stockinger*** (F-B), ein Intimus von Dollfuß. Er soll nach dem Anschluß zuerst in Paris und dann in Kanada versucht haben, eine Art österreichische Exilregierung aufzustellen, was dann aber nicht gelang.[60]

Viele CVer waren im sog. **Einzelwiderstand**, vier signifikante Beispiele der unterschiedlichsten Art, die die ganze Bandbreite dokumentieren sollen, seien genannt:

Hans Dorrek (Baj), nach dem Krieg Sekretär von Bundeskanzler Leopold Figl (Nc) und dessen Schwager, nahm im Herbst 1944 in Griechenland Kontakt zum griechischen Widerstand auf und desertierte zu den Engländern. In Rom ist er in der Zentrale des Intelligence Service tätig, verfaßt dort Listen von Widerstandskämpfern und wird als Radiosprecher eingesetzt.[61]

Karl Josef Krajatsch (Wl), Pfarrer in Götzendorf bei Gänserndorf, hatte im Oktober 1939 in einem Wirtshaus gesagt: „Der Führer ist eine Gauner und Verbrecher ... Alle Nationalsozialisten sind Trottel." Er wurde daraufhin verhaftet und nach dem Heimtückegesetz zu einem Jahr verurteilt.[62]

---

57 VACl. Nachlaß Grinschgl. Rede zum 65. Geburtstag von Gerd Stepantschitz.

58 Stourzh, Geschichte des Staatsvertrags, S. 1f.

59 Rauchensteiner, Sonderfall, S. 87.

60 Nach Veiter, Das 34er Jahr, S, 95.

61 Farbe tragen, S. 150f.

62 Widerstand und Verfolgung Niederösterreich, S. 217. Siehe auch Gahr, Widerstand und Widerstandsgruppen in Österreich, S. 42.

Fritz Meznik (F-B), der später Leiter des Bundespressedienstes, war 1939/1940 in Haft, wurden danach zur Wehrmacht eingezogen und in Frankreich stationiert. Im August 1944 gelang ihm die Desertion, er wurde Mitglied der französischen Resistance. Nach der Befreiung Frankreichs war er im US-Hauptquartier in Paris für die Rundfunksendungen für Österreich verantwortlich und wurde sogar Oberst der französischen Armee.[63]

Anton Maria Pichler (NbW) war nach kurzer Haft im März 1938 zuerst Kaplan in Ebenfurt und dann in Wien-St. Rochus. Dort war er Kommunikations- und Informationszentrum für viele CVer und MKVer. In den letzten Kriegstagen versteckte er in den Kellern unter der Wiener Rochuskirche zahlreiche desertierte Soldaten.[64]

Am 29. Januar 1944 schrieb Julius Raab (Nc) in das Gästebuch Leopold Figls (Nc) wiederum einige Verszeilen, die beiden den Kopf gekostet hätten, wenn die Gestapo daraufgekommen wäre:[65]

„Bald wird wieder das Freiheitsjahr sein,
dann gehört die Heimat wieder mein,
dann baun wir sie auf zu neuem Leben,
mag es auch viel Arbeit und Mühe geben.
Sie alle konnten uns nicht brechen, noch beugen.
Die Welt wird es einmal müssen bezeugen,
Österreich ist, wird sein, wird bestehen,
und aller Dreck wird untergehen.
Julius Raab, der Chef.“

Die Blutzeugen

Ludwig Bernegger (Kb). Das erste Opfer des Nationalsozialismus aus den Reihen des ÖCV.

Ludwig Bernegger (Kb) war in Linz Polizeikommissar und als solcher u. a. mit den terroristischen Anschlägen von Nationalsozialisten befaßt. Am 12. März 1938 wurde er außer Dienst gestellt. Als gegen 3 Uhr in der Früh des 13. März ein Trupp von SA- und SS-Männern in seine Wohnung einzudringen versuchte, sprang er aus dem Fenster und fiel den Nazis gleich in die Hände, die ihn offenbar erschlagen und erschossen hatten. Sein Leichnam wurde abtransportiert und gleich eingeäschert. Bernegger ist das erste Opfer aus den Reihen des ÖCV.[66]

Karl Biack (Nc) war bis zum 11. März 1938 Jurist bei der Polizeidirektion Salzburg und wurde danach entlassen. Wegen Abhörens ausländischer Sender seit 1941 wurden er und seine Frau am 21. März 1944 verhaftet und wegen

63 Farbe tragen, S. 257; Schrammel, Geschichte der Franco-Bavaria, S. 33.

64 Farbe tragen, S. 281f. Pichler war Kartellseelsorger des MKV und viele Jahre infulierter Propst der Votivkirche. Wegen seines nicht uneitlen Verhaltens und seiner Vornamenkombination wurde er bei den Wiener Theologiestudenten und jüngeren Priestern der fünfziger und sechziger Jahre „Pichler Mizzi“ genannt.

65 Zitiert nach Trost, Figl, S. 128.

66 Slapnicka, Oberösterreich. Als es Oberdonau hieß, S. 261; Polgar, Hundert (100) Jahre Kürnberg, S. 104.

„Vorbereitung zum Hochverrat“ angezeigt. Das Hören von „Feindsendern“ geschah gemeinschaftlich, und zwar u. a. mit Josef Seywald (AW) (s. u.) und dessen Familie, mit dem ebenfalls bis 1938 im höheren Polizeidienst gestanden habenden Max Platter (AIn) und dessen Ehefrau sowie mit Albert Schmidinger (Va) und dessen Ehefrau (*Gruppe Seywald*). Der VG München verurteilte ihn 22. Juli 1944 zum Tod, am 7. November 1944 wurde er in München-Stadelheim durch das Fallbeil ermordet. Seine Frau war bis Kriegsende in Haft.[67]

Walter Caldonazzi (Am) starb mit dem Ruf: „Es lebe Christus, der König, es lebe Österreich!“

Walter Caldonazzi (Am) gehörte zur *Widerstandsgruppe Maier-Messner-Caldonazzi* (siehe S. 454) und baute in Kramsach (Tirol) eine Untergruppe auf. Er wurde am 15. Januar 1944 verhaftet und am 26. Oktober 1944 durch den VG Wien I mit der Begründung, daß er für die „Selbständigkeitsmachung Österreichs zum Schaden des Großdeutschen Reiches“ gewirkt habe, zum Tod verurteilt und am 9. Januar 1945 hingerichtet. Seinen Henkern rief er zu: „Es lebe Christus, der König, es lebe Österreich!“[68]

Franz Deutsch (NdW) war bis 1938 Amtsarzt in Hollabrunn (NÖ.). Daß er Jude war, erfuhr er erst nach dem Anschluß durch die Beibringung eines Ariernachweises, woraufhin er zu fliehen versuchte. An der Schweizer Grenze wurde er aufgegriffen und verhaftet. Nach verschiedenen Stationen wurde er am 11. Januar 1942 ins KZ Riga eingeliefert, wo er umgekommen ist.[69]

Josef Dungel (Dan) fiel 1940 infolge einer Geisteskrankheit dem Euthanasieprogramm zum Opfer.[70]

Max Gererstorfer (Baj). Als Widerstandskämpfer (siehe S. 457) versuchte er, durch die feindlichen Linien bei Schwechat Kontakt zur Roten Armee zu bekommen, und kam dabei am 6. April 1945 im Artilleriefeuer um.[71]

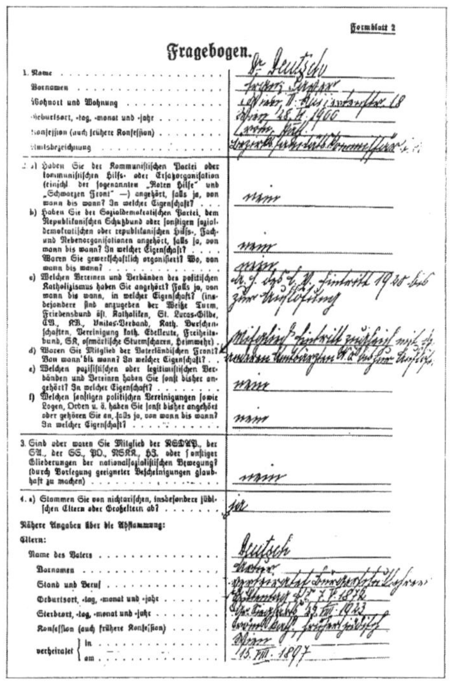

Formblatt 2

Fragebogen.

1. Name .... Dr. Deutsch
Vornamen ....
Wohnort und Wohnung ....
Geburtsort, -tag, -monat und -jahr ....
Konfession (auch frühere Konfession) ....
Amtsbezeichnung ....

2. a) Haben Sie der Kommunistischen Partei oder kommunistischen Hilfs- oder Ersatzorganisation (einschl. der sogenannten „Roten Hilfe“ und „Schwarzen Front“ —) angehört, falls ja, von wann bis wann? In welcher Eigenschaft? ... nein
b) Haben Sie der Sozialdemokratischen Partei, dem Republikanischen Schutzbund oder sonstigen sozialdemokratischen oder republikanischen Hilfs-, Fach- und Nebenorganisationen angehört, falls ja, von wann bis wann? In welcher Eigenschaft? .... nein
Waren Sie gewerkschaftlich organisiert? Wo, von wann bis wann? .... nein
c) Welchen Vereinen und Verbänden des politischen Katholizismus haben Sie angehört? Falls ja, von wann bis wann, in welcher Eigenschaft? (insbesondere sind anzugeben der Weiße Turm, Friedensbund öst. Katholiken, St. Lucas-Gilde, CV., KV., Unitas-Verband, Kath. Burschenschaften, Vereinigung kath. Edelleute, Freiheitsbund, SK, ostmärkische Sturmscharen, Heimwehr) .
d) Waren Sie Mitglied der Vaterländischen Front? Von wann bis wann? In welcher Eigenschaft? . .
e) Welchen pazifistischen oder legitimistischen Verbänden und Vereinen haben Sie sonst bisher angehört? In welcher Eigenschaft? .... nein
f) Welchen sonstigen politischen Vereinigungen sowie Logen, Orden u. ä. haben Sie sonst bisher angehört oder gehören Sie an, falls ja, von wann bis wann? In welcher Eigenschaft? .... nein

3. Sind oder waren Sie Mitglied der NSDAP., der SA., der SS., PO., NSKK., HJ. oder sonstiger Gliederungen der nationalsozialistischen Bewegung? (durch Vorlegung geeigneter Bescheinigungen glaubhaft zu machen) .... nein

4. a) Stammen Sie von nichtarischen, insbesondere jüdischen Eltern oder Großeltern ab? .... ja

Nähere Angaben über die Abstammung:
Eltern:
Name des Vaters .... Deutsch
Vornamen ....
Stand und Beruf ....
Geburtsort, -tag, -monat und -jahr ....
Sterbeort, -tag, -monat und -jahr ....
Konfession (auch frühere Konfession) ....
verheiratet { in .... am .... 15. VIII. 1897

Auszug aus dem Fragebogen des Franz Deutsch (NdW). Daß seine Eltern vom Judentum zum katholischen Glauben konvertierten, half ihm nicht.

---

67 Steiner, Gestorben für Österreich, S. 43; Widerstand und Verfolgung Salzburg, SS. 80ff.; Widerstand und Verfolgung ÖCV, S. 13.

68 Steiner, Gestorben für Österreich, S. 53f.; Steiner, Zum Tode verurteilt, S. 18; Widerstand und Verfolgung Tirol II, SS. 445ff.; Zeugen des Widerstand, S. 18f.

69 Nordgau Neunzig Jahre, S. 97; Widerstand und Verfolgung ÖCV, S. 13.

70 Danubia 40 Jahre. Festschrift. Wien 1947, S. 94; Farbe tragen, S. 151.

Johann Gruber (Nc), Priester, war Direktor des Linzer Blindeninstitutes. Er wurde wegen angeblicher sittlicher Vergehen denunziert und wegen Äußerungen gegen den Nationalsozialismus, die er schon vor 1938 getan hatte, bereits unmittelbar nach dem Anschluß verhaftet und zuerst zu drei Jahren verurteilt. Nach einer Nichtigkeitsbeschwerde wurde das Urteil auf zwei Jahre herabgesetzt. Nach Verbüßung der Strafe in Garsten wurde er am 6. April 1940 nach Dachau und am 16. August 1940 nach Mauthausen überstellt, und zwar in dessen Außenlager Gusen. Dort konnte er sich seine Stellung verbessern, so daß er Verbindungen nach außen knüpfen konnte, wodurch er vielen Gefangenen das Leben rettete. Im März 1944 flog das durch Denunziation auf, Gruber wurde sofort in Isolationshaft gesteckt. Am Karfreitag, dem 7. April 1944, wurde er vom Schutzhaftlagerführer Fritz Seidler[72] auf das brutalste mißhandelt und mit den Worten „Du wirst wie dein Herr um drei Uhr krepieren" erdrosselt.[73]

Ferdinand Habel (BbW)

Ferdinand Habel (BbW) hat nach der Kundgebung der Katholischen Jugend am 7. Oktober 1938 (siehe S. 451) tagsdarauf die Ausschreitungen kritisiert und wurde deshalb gleich verhaftet. Am 10. Dezember 1938 wurde er vom Polizeigefängnis Wien nach Dachau überstellt und im Herbst 1939 nach Mauthausen, wo er am 3. Februar 1940 an Hungertyphus starb.[74]

Johann Hardeck (Am) war Jude. Er konnte 1938 nach Prag ausreisen und als Schreibmaschinenmechaniker arbeiten. Im Frühjahr 1942 kam er ins KZ Theresienstadt, 1944 nach Auschwitz. Nach der Auflösung dieses KZs wurde er nach Kauffering, einem Außenlager von Dachau, überstellt, wo er Ende Januar/Anfang Februar 1945 starb.[75]

Adolf Hörhager (AIn) wurde bereits im Ersten Weltkrieg wegen seiner CV-Gesinnung, die das Duell ablehnt, der Offiziersrang aberkannt. Vor 1938 war er Leiter der Zillertalbahn und Funktionär der VF. In der Nacht vom 11. zum 12. März 1938 wurde er verhaftet und am 30. Mai nach Dachau gebracht. Im Herbst 1939 wurde er nach Mauthausen überstellt. Als 56jähriger war er den Strapazen des Steinbruchs nicht gewachsen. Am Sterbebett pflegte ihn Karl M. Stepan (Nc). Vom Tod gezeichnet sagte er: „Grüß mir die Freunde alle, auch die von der Austria, und sag ihnen, daß ich gestorben bin als treuer Christ und als ein guter Österreicher." Am 1. Februar 1940 ist er verstorben.[76]

---

71 Molden, Der Ruf des Gewissens, Ruf, S. 93f.; Romanik, Der Anteil der Akademikerschaft am österreichischen Freiheitskampf, S. 52ff. Gererstorfer wurde erst 2004 in die betreffenden Ehrentafeln des Gesamtverzeichnisses aufgenommen, obwohl Josef Windisch (Pan) bereits 1987 dem ÖCV-Generalsekretär Gererstorfer für die Gedenktafel im ÖCV-Haus vorgeschlagen hat, siehe Brief Windisch vom Oktober 1987, Kopie im Besitz des Verfassers.

72 SS-Hauptsturmführer Fritz Seidler war von Mai 1943 bis 1945 1. Schutzhaftlagerführer. Zu Ende des Krieges beging er Selbstmord.

73 öAc 46 (1995), H. 2, S. 27f.; Bandion, Johann Gruber; Bandion, In memoriam Johann Gruber; Cayrol, Held, S. 809f.; Kempner, Priester vor Hitlers Tribunalen, S. 137f.; Widerstand Oberösterreich, S. 566f.

74 *Academia intern* 6/1998), S. 3; Feiertag, Leopolds längste Nacht, S. 121f.; Widerstand und Verfolgung ÖCV, S. 7.

75 Mitteilung von Gerhard Taus (Am) vom 16. 2. 1988 an den Verfasser.

76 Zeugen des Widerstands, S. 42f.

Walter Krajnc (Vi), Jurist, schloß sich bereits 1938 einer Widerstandsgruppe an. 1940 wurde er zur Wehrmacht einberufen und kam 1942 nach Frankreich, wo er mit der Résistance Kontakt hatte. Krajnc verweigerte einen Erschießungsbefehl und wurde am 12. Juli 1944 verhaftet. Er wurde zum Tode verurteilt und am 29. Juli1944 in der Nähe von Avignon erschossen. Er fiel mit dem Ruf: „Es lebe Österreich, es lebe die Freiheit!" In seinem Abschiedsbrief heißt es: „Wenn es Euch ein Trost sein kann, so wißt, daß keine Spur von Todesangst in mir ist. Ich sehe hierin eine große Gnade Gottes. Ich habe heute die heiligen Sakramente empfangen, und jetzt ist mir so leicht und frei, als ging es auf eine Ferienreise. Lebt wohl, lebt alle wohl, ich rufe Euch zu: Auf Wiedersehen!"[77]

Walter Krajnc (Vi)

Karl Krczmar (BbW) trat zuerst in den Jesuitenorden ein, jedoch bald aus gesundheitlichen Gründen wieder aus. Zur Wehrmacht eingezogen äußerte er sich defaitistisch, wurde verraten und 1941 angezeigt. Vor dem Wiener Landesgericht wurde er wegen Wehrkraftzersetzung zum Tode verurteilt und am 2. Februar 1942 standrechtlich erschossen.[78]

Karl (von) Kummer (M-D) kam im September 1944 im KZ Buchenwald bei einem alliierten Bombenangriff um. Er war „Mischling 1. Grades" und ist aus politischen Gründen ins KZ gekommen.[79] Daß Kummer derart umgekommen ist, zeigt nur die Problematik alliierter Unternehmungen auf KZ's und relativiert gelegentlich die nach dem Krieg erhobener Vorwürfe an Briten und Amerikaner, sie hätten doch zur Rettung der Häftlinge KZ's bombardieren sollen.

Heinrich Maier (NbW), Kaplan in Wien-Gersthof. Führender Kopf der *Widerstandsgruppe Maier-Messner-Caldonazzi* (siehe S. 454). Am 22. März 1944 wurde er verhaftet, am 27./28. Oktober 1944 fand die geheime Verhandlung vor dem Wiener VG statt, der ihn zum Tode verurteilte. Vom 22. November 1944 bis Anfang Januar war er in Mauthausen, wo er schweren Mißhandlungen ausgesetzt war. Danach wurde er wieder nach Wien gebracht und am 22. März 1945, der letzten Hinrichtung, im Wiener Landesgericht geköpft. Seine letzten Worte waren: „Es lebe Christus, der König, und ein freies Österreich!"[80]

Ludwig Mooslechner (AIn). Nach seinem Medizinstudium in Innsbruck, Wien und Graz begann er beim LKH Graz, wo er im März 1938 aus politischen Gründen entlassen wurde. Danach war er in Schwanberg (Weststeiermark) als Arzt tätig. Im September 1944 wurde bei Mooslechner, dessen antinazistische und christlichsoziale Gesinnung allgemein bekannt war, ein Flugblatt gefunden, woraufhin er wegen „Wehrkraftzersetzung und Feindbegünstigung" verhaftet, aber jedoch aus Krankheitsgründen bald wieder freigelassen wurde. Ab

77 Hundert Jahre AV Vindelicia, S. 143; Widerstand und Verfolgung Tirol II, S. 451; Zeugen des Widerstands, S. 44f.

78 Feiertag, Leopolds längste Nacht, S. 123.

79 Brief von Herbert Schober (M-D) an den Generalsekretär des ÖCV vom 16. 10. 1987, Kopie im Besitz des Autors. Mitteilung von Peter Muschol (F-B) am 13. 6. 2003 bezüglich Bombenangriff und der „Rasse" Kummers. Muschol hatte Einsicht in die betr. KZ-Akten genommen. Kummer wurde zwischen 1935 und 1938 bei der M-D rezepiert und fehlt demnach noch im GV 1935.

80 Kempner, Priester vor Hitlers Tribunalen, S. 263f.; Loidl, Kaplan Heinrich Maier S. 272ff.; Molden, Der Ruf des Gewissens, Ruf, S. 110; Widerstand Wien III, SS. 75f. und 118f. Siehe auch Wolfgang Schmitz (Nc) über Maier in *Die Furche,* 12. 4. 1985, und Hansjakob Stehle über Maier in *DIE ZEIT*, 5. 1. 1996.

1943 verstärkte sich im Grenzgebiet Kärnten-Steiermark-ehemaliges Jugoslawien die Tätigkeit slowenischer und österreichischer Partisanen. Im Laufe des Spätwinters und des Frühjahrs 1945 wuchs die Zahl dieser Gruppe bis auf 500, meistens Österreicher und desertierte, gutausgerüstete Wehrmachtsangehörige, die mehrere hundert Mann der Deutschen Wehrmacht gebunden hatte. Mooslechner unterstützte bereits vor seiner ersten Verhaftung Deserteure und Partisanen sowie andere Untergetauchte mit Medikamenten, Informationen und Lebensmitteln sowie mit medizinischer Versorgung. Diese Aktionen setzte er nach seiner Enthaftung fort. Im März 1945 wurde Mooslechner von einem solchen Untergetauchten verraten, sofort verhaftet, in das Gefängnis Deutschlandsberg gebracht und beim Verhör schwer mißhandelt. Am 10. April wurde er zusammen mit 18 anderen Gefangenen auf die Hebalm gebracht, angeblich um nach Wolfsberg überstellt zu werden. Dort wurden sie in einem Bombentrichter, nachdem sie zuerst ihr Grab schaufeln mußten, durch Genick- und Bauchschüsse ermordet. Am 10. Juni wurden die Leichen in einem Heldengrab auf dem Friedhof von Deutschlandsberg beigesetzt.[81]

Johann Kapistran Pieller OFM (Cl). Er trat 1909 in das Grazer Franziskanerkloster ein. Nach seiner Priesterweihe 1918 begann er mit dem Studium an der Juridischen Fakultät und wurde 1924 wurde bei Carolina rezepiert, wo er in der Folge auch Verbindungsseelsorger war. 1927 erfolgte die Promotion zum Dr. rer. pol. und 1929 zum Dr. iur. 1931 bis 1935 war er in St. Pölten tätig, wo er sich auch auf das theologische Doktorat vorbereitete, das er dann 1937 in Wien erwarb. Ab 1939 war er in verschiedenen Franziskanerklöstern und zuletzt ab 1940 als Guardian in Eisenstadt tätig. Bereits 1937 lernte Pieller den in St. Pölten lebenden Novizen Eduard Pumpernig (nach 1945 Gemeinderat in Graz und später auch Mitglied des Bundesrates) kennen. Dieser rückte zur Wehrmacht ein und traf 1941 in Eisenstadt Pieller, dem er über die Ziele der *Antifaschistischen Freiheitsbewegung Österreichs (AFÖ)* berichtete. Pieller gab Pumpernig Geld, eine Pistole und diktierte u. a. auch gleich einen Aufruftext an die Tiroler. Die Kontaktvermittlung lief über den Provinzial P. Angelus (Eduard) Steinwender (MKVer). Doch die Gestapo kam dieser Bewegung auf die Spur. Nachdem bereits vorher einige Mitglieder verhaftet worden waren, wurde auch Pieller am 23. August 1943 festgenommen. Vom 9. bis 11. August 1944 kam es zur Gerichtsverhandlung vor dem VG Wien. Er und sieben weitere Angeklagte wurden zum Tode verurteilt. Von Prozeßbeobachtern wurde gegenüber Eduard Pumpernig der Vorwurf erhoben, daß er, um seine Haut zu retten, sich als „Kron"- bzw. Belastungszeuge ins Spiel brachte und andere, weit weniger als er in die AFÖ verstrickte Personen, darunter Pieller, belastete. Dies geht auch aus den Quellen hervor. Pieller wurde zum Tod, Pumpernig jedoch nur zu zehn Jahren mit Frontbewährung verurteilt. Diese Angelegenheit, die zwar in der einschlägigen Literatur bekannt war, kam erst anläßlich des Gedenkens an den 40. Jahrestag der Hinrichtung Piellers im Frühjahr 1985 an die Öffentlichkeit.[82]

Pieller blieb vorerst in Wien, wobei ihn sein ehemaliger Confuchs und damaliger stv. Gestapochef von Wien, Karl Ebner (ehemals Kb), vergeblich zu retten versuchte (siehe S. 472). Am 5. April 1945, die Rote Armee war schon nahe heran, mußten die zum Tode Verurteilten des Wiener LG zu zweit angekettet einen Leidensweg über Stockerau und

81 CT IV, S. 339ff.; über den Partisanenkrieg siehe Luža, Widerstand in Österreich, S. 777f., sowie FLECK, CHRISTIAN: Koralmpartisanen. Über abweichende Karrieren politisch motivierter Widerstandskämpfer (= Materialien zur historischen Sozialwissenschaft 4.). Wien 1986.

82 *Wochenpresse*, Nr. 12 und 13, 1985.

den Wagram nach Stein antreten. Dort wurden sie am 15. April 1945 – Wien war bereits befreit – erschossen und im Hof der Strafanstalt begraben.[83]

Heinrich Pühringer (AIn). Gegen ihn als Feldwebel wurde ein kriegsgerichtliches Verfahren, dessen Inhalt unbekannt ist, eingeleitet. Er wurde am 18. Dezember 1944 bei Movycen (Norwegen) erschossen.[84]

Franz Reinisch SAC (Le), 1903 geboren, entstammte einer alteingesessenen Tiroler Bauernfamilie. Nach der Matura 1922 am Franziskaner-Gymnasium Hall studierte er in Innsbruck Jus, wo er auch der Leopoldina beitrat. 1923 wechselte er an die Theologische Fakultät und trat 1925 in das Priesterseminar ein. Er wurde 1928 zum Priester geweiht und trat bereits im Herbst desselben Jahres in den Pallottiner-Orden ein. In der Zeit vor 1938 verfestigte sich sein Entschluß, „niemals Hitler-Mitläufer zu werden". Bald nach dem Anschluß erkannte er, daß er aus Gewissensgründen den Dienst in Hitlers Armee ablehnen müsse. Im Sommer 1939, kurz vor dem Krieg äußerte er sich gegenüber seinem Orden: „Unser Gewissen verbietet es uns, einer Obrigkeit zu folgen, die nur Mord und Totschlag in die Welt bringt, um der lüsternen Eroberung willen. Man darf diesem Verbrecher keinen Eid leisten."

Damit stellte er sich auch in Kontrast zum damaligen Grundtenor der kirchlichen Hierarchie, die sich positiv zum Dienst für das Vaterland stellte und zu solchen „Gewissensskrupel" distanziert war. Dahinter stand eine Differenzierung zwischen dem Nationalsozialismus als Weltanschauung, die durchaus zu kritisieren und gar zu bekämpfen galt, und dem Staat bzw. dem Vaterland, die für den Nationalsozialismus quasi „nichts konnten". So äußerte sich z. B. der sel. Bischof von Münster, Clemens August Graf Galen (R-GM EM) 1939: „Der Krieg ... ist aufs neue ausgebrochen und hat unser Volk und Vaterland in Bann gezogen." Und der Freiburger Erzbischof Konrad Gröber (Wld EM) veröffentlichte zu Kriegsbeginn ein Hinterwort mit dem Titel „Arbeite als ein guter Kriegsmann Christi". Der Bamberger Erzbischof Joseph Otto Kolb (AIn) stellte fest: Für den Christen genügt das Unrecht, das seinem Vaterland angetan wird, Gehorsam zu leisten, „den er der weltlichen Obrigkeit schuldet, um das Schwert zu zücken und seinem Fahneneid getreu zu kämpfen".[85] Und der Erzbischof von Paderborn, Lorenz Jaeger (Sb EM), forderte noch im Januar 1945 die Katholiken auf, sich weiterhin am Krieg Deutschlands gegen Kommunismus und Demokratie zu beteiligen.[86] Vor diesem Hintergrund war es klar, daß solche Gewissensnöte, wie sie bei Reinisch und Franz Jägerstätter auftraten, bei den zuständigen kirchlichen Oberen vordergründig auf kein Verständnis stießen. Nicht zuletzt war es auch die auf Abwägungen begründete Angst, bei Unterstützung solcher Positionen die Kirche als ganzes in Bedrängnis zu bringen.

Bereits im Jahr 1940 erhielt Reinisch ein Predigt- und Redeverbot für das Deutsche Reich. Am 1. März 1941 erhielt er nun den Stellungsbefehl, seine Antwort dazu war:

83 CT IV, S. 373ff.; Kempner, Priester vor Hitlers Tribunalen, S. 326; Liebmann, Die „Antifaschistische Freiheitsbewegung; Liebmann, Planungen und Aktionen der „Antifaschistischen Freiheitsbewegung Österreichs"; LIEBMANN, MAXIMILIAN: Gedenkansprache für Pieller am 14. 4. 1985, in: *Carolinen-Blätter* Nr. 22 (SS 1985), S. 6ff.; Widerstand Wien III, SS. 145-47; Widerstand und Verfolgung Burgenland, SS. 118, 147-149. Weiters siehe noch Kirchengeschichte der Steiermark, S. 355.

84 Widerstand und Verfolgung ÖCV, S. 13.

85 Zitate nach Groß, Ungehorsame Kirche, S. 36.

86 Nach Goldhagen, Die katholische Kirche und der Holocaust, S. 176. Dort werden Belege für diese Aussagen angeführt.

„Auf das deutsche Volk kann ich den Fahneneid leisten, aber auf einen Mann wie Hitler nie." Er wurde festgenommen und in das Wehrmachtsgefängnis Berlin-Tegel überstellt. Am 7. Juli 1942 wurde er wegen „Verweigerung des Fahneneids und Zersetzung der Wehrkraft" zum Tode verurteilt. In seiner Schlußerklärung am 25. Juli heißt es u. a.: „Er [damit meinte er sich selber, Anm. d. Verf.] ist daher gerne bereit, für Christus, den König, und die deutsche Heimat sein Leben hinzugeben, damit Christus, der Herr, diese antichristlich-bolschewistischen Kräfte und Mächte des Auslands wie besonders in der Heimat besiegen möge, auf daß unser Volk wieder werde: ein starkes und freies Gottesvolk inmitten der Völker des Abendlandes." Aus diesen Ausführungen geht u. a. eindeutig hervor, daß Reinisch den Wehrdienst nicht generell abgelehnt hat, im Gegenteil, er war bereit, für das deutsche Volk (und nicht für Österreich!) gegen den Bolschewismus zu kämpfen. Er hatte sich lediglich geweigert, Hitler den Eid zu leisten. Es ist daher falsch, P. Reinisch zu einem Apostel der Friedensbewegung hochzustilisieren.

Am 21. August 1942 wurde er durch das Fallbeil hingerichtet. Reinisch war der einzige Priester des „Großdeutschen Reiches", der Hitler den Eid verweigerte und deshalb sterben mußte. Wie aus einem Bericht des Pallottiner-Ordens an Papst Pius XII. im August 1943 zu entnehmen ist, begründete Reinisch die Ablehnung des Soldateneids mit folgenden drei Überlegungen: 1. Hitler hat gegen alles Völkerrecht Österreich gewaltsam besetzt. 2. Der NS-Staat hat das Konkordat dazu mißbraucht, die Kirche zu knechten. 3. Reinisch sei 1940 ohne Grund verboten worden, im gesamten Deutschen Reich zu predigen.[87]

Franz Seywald (AW) war bis 1938 Bezirkshauptmann von St. Johann im Pongau. Zusammen mit Biack (s. o.) und anderen („Gruppe Seywald") wurde er wegen „fortgesetzten, seit Jahren betriebenen Abhörens ausländischer Rundfunksender", die ein unabhängiges Österreich propagierten, am 22. Juli 1944 zum Tode verurteilt. Er erhängte sich zwei Tage später in der Zelle, um der Hinrichtung zu entgehen.[88]

Hermann Sinz (AIn) wurde wegen seines Widerstandes gegen das NS-Regime als Offizier zum Tod verurteilt und am 15. März 1944 bei Borissow erschossen.[89]

Richard Steidle (AIn). Er war Rechtsanwalt, Tiroler Heimwehrführer, später deren Bundesführer, Tiroler Landtagsabgeordneter, Mitglied des Bundesrates, Sicherheitsdirektor von Tirol und zuletzt ab 1934 Generalkonsul in Triest. Nach dem Anschluß wurde er nach Wien berufen und sofort verhaftet. Im September 1938 wurde er nach Buchenwald überstellt und dort am 30. August 1940 „auf der Flucht" erschossen.[90] Er war das einzige Todesopfer des NS-Regimes unter Österreichs Diplomaten der Ersten Republik.[91]

Hans Sylvester (BbW EM), Landeshauptmann des Burgenlandes. Am 17. März 1938 wurde er verhaftet und am 24. Mai 1938 nach Dachau gebracht, wo er den Qualen der Haft am 19. Januar 1939 erlag.[92]

---

87 Ac 96 (2002), S. 126; Gahr, Widerstand und Widerstandsgruppen in Österreich, S. 109f.; Kempner, Priester vor Hitlers Tribunalen, S. 337ff.; Priester unter Hitlers Terror, S. 1369; Riedler, Die Verfolgung katholischer Priester, SS. 28, 88-94; Steiner, Gestorben für Österreich, S. 180f.; Widerstand CV, SS. 165ff.; Zeugen des Widerstands, S. 80ff.

88 Schönner, Auf, mit Gott zur Mannestat, S. 107; Widerstand und Verfolgung Salzburg, SS. 80ff.

89 Widerstand und Verfolgung ÖCV, S. 12.

90 Zeugen des Widerstands, S. 94.

91 Agstner, Rudolf: Ciao Trieste, ein Nachruf auf das Österreichische Generalkonsulat 1920-2003, in: *Rot-Weiß-Rot.* Das Magazin der Auslandsösterreicher, 2/2003, S. 11.

92 Widerstand und Verfolgung Burgenland, S. 106f.; Widerstand und Verfolgung ÖCV, S. 9.

Hans Karl (Frhr. von) Zeßner-Spitzenberg (Tt, NbW), Professor für Rechtswissenschaften an der Hochschule für Bodenkultur und legitimistisch eingestellt. Er stellte sich zuerst am 14. März 1938 freiwillig der Gestapo, wurde jedoch vorerst nach Hause geschickt. Nach der 8-Uhr-Messe des 18. März in der Wiener Kaasgraben-Kirche erschienen Beamte und verhafteten Zeßner-Spitzenberg. Zuerst kam er ins Polizeigefängnis Wien, danach ins Landesgericht. Am 15. Juli 1938, dem 4. Österreicher-Transport, wurde er nach Dachau überstellt. Bei diesem Transport wurde er mißhandelt, dabei wurden seine Nieren verletzt. Aufgrund dieser schweren Mißhandlungen starb er bereits am 1. August 1938. Mit finanzieller Hilfe eines französischen Diplomaten gelang es der Witwe, den Leichnam freizubekommen, so daß er in Wien bestattet werden konnte.[93]

Von nichtösterreichischen Bandphilistern einer ÖCV-Verbindungen ist noch zu erwähnen:

Franz Virnich (R-F, AIn), Sohn eines Gründers der Austria Innsbruck. Er wurde 1940 in den besetzten Niederlanden verhaftet, wegen Volksverleumdung verurteilt und starb an den Folgen der Haft am 5. April 1943 im Zuchthaus Brandenburg-Görden.[94]

Im ÖCV haben die „Blutzeugen-Listen" große Tradition. Zum ersten Mal wurde eine derartige offiziell im Gesamtverzeichnis (GV) 1949 veröffentlicht, dann regelmäßig bis zum GV 1967 und dann wieder ab dem GV 1996. Abgesehen von der Definitionsfrage (wer ist als Blutzeuge anzusehen?) und des Zeitpunkts (vor oder nach 1938 bis 1945) haben sich in diesen Listen einige ungeklärte Fälle oder Fehler eingeschlichen. Das gilt auch für die Liste „Den Opfern der Gewalt" in „Farbe tragen".[95]

Für die Aufnahme in die Liste dieses Buches wurden folgende Kriterien festgelegt:
1. Der Tod muß zwischen dem 11. März 1938 und dem 8. Mai 1945 erfolgt sein.
2. Der Tod muß entweder infolge Gewalteinwirkung (Hinrichtung), in der Haft aufgrund der physischen oder psychischen (Selbstmord) Haftbedingungen oder während Widerstandsaktionen erfolgt sein.

In der og. Liste „Den Opfern der Gewalt" finden sich Namen, die nicht dorthin gehören. Dazu zählt Franz Bayer (Cl), dessen Fall eindeutig nicht mehr zu klären ist, da keine Quellen ausfindig gemacht werden konnten.[96] Weiters wird in dieser Liste Max Leitner (Kb) mit der Qualifikation „auf mysteriöse Weise gestorben" angeführt. Er beging aber Selbstmord. Falsch ist auch die Aufnahme des früheren Sozialministers Josef Resch (Nc EM). Nach der Lebensbeschreibung von Resch geht eindeutig hervor, daß Resch nicht verhaftet wurde, sondern in Hinterbrühl an Darmkrebs starb.[97]

Die Arbeit „Farbe tragen, Farbe bekennen" ist höchst verdienstvoll. Gerade bei den Blutzeugen wurde eine Reihe neuer Namen entdeckt, von denen man sich wundert, daß sie nicht schon früher berücksichtigt wurden. Es ist aber bedauerlich, daß diese Studie

93 Zeßner-Spitzenberg, Hans-Karl Zeßner Spitzenberg, SS. 67-84, und Wohnout, Helmut: Hans Karl Zeßner-Spitzenberg, in: öAc 39 (1988), H. 4, S. 6ff.

94 Virnich befindet sich auf der Ehrentafel im ÖCV-Haus, obwohl dessen dortige Erwähnung als lediglich Bandphilister einer österreichischen Verbindung und Nicht-Österreicher äußerst problematisch ist. Darauf hat bereits Josef Windisch (Pan) in einem Schreiben an den ÖCV-Generalsekrtetär im Oktober 1987 hingewiesen, Kopie im Besitz des Verfassers. Über Virnich siehe Schorn, Franz Virnich.

95 Farbe tragen, S. 3.

96 Siehe dazu Hartmann, Im Gestern bewährt, S. 393.

97 Holik, Josef Resch, SS. 1-7.

bislang keine Fortsetzung gefunden hat, weil – wie bereits erwähnt – seit dem Erscheinen (1988) eine große Zahl von weiteren CVern, die verhaftet waren, bekannt wurde.[98]

In den Gesamtverzeichnissen 1949 bis 1967 und ab 1996 finden sich weiters Werner Habel (Dan) und Hans Hollitscher (Pan), über die in der gängigen Literatur zum Widerstand keinerlei Hinweis gefunden wurde. Ebenso Otto Kemptner (F-B), der zwar 1938/39 im KZ war und dort gesundheitliche Schäden erlitt, jedoch erst 1944 verstarb, wobei ein direkter Zusammenhang nicht nachgewiesen werden kann.

In anderen Listen nicht berücksichtigt wurde bislang Max Gererstorfer (Baj), der aber als Blutzeuge zu gelten hat, weil er im Rahmen dieser Widerstandsaktion beim Überqueren der Frontlinie umkam. Er ist somit eindeutig ein Widerstandsopfer!

Für den deutschen CV zählt das CV-Handbuch (Ausgabe 2000) zusätzlich weitere 32 Angehörige von CV-Verbindungen auf, die Opfer des NS-Regimes waren. Die zeitliche Spannweite wird bei diesen auf tragische Weise auch sichtbar: Von dem bereits erwähnten Kuno Kamphausen (Na), einem Opfer des Röhm-Putsches am 30. Juni 1934, bis Hans Quecke (Hr), der noch am 29. April 1945, weil er dem Münchener Widerstand geholfen hatte, einen Tag vor Eintreffen der US-Truppen durch Genickschuß hingerichtet wurde.[99] Von diesen 32 waren bemerkenswerterweise 21, also mehr als zwei Drittel, Priester. Darunter aus dem „altösterreichischen Bereich“: ***P. Heribert Kluger*** (NdP EM), 1945 in Dachau umgekommen, Pfarrer ***Augustin Lang*** (Va), 1941 erschlagen, und der Erzdechant von Eger, ***Johann Ott*** (Fd), der 1943 in Prag hingerichtet wurde.[100] Das beweist nur wiederum, wie stark die Kirche und ihre Priester im Visier der NS-Verfolgung standen. Im Auftrag der Deutschen Bischofskonferenz wurde 1999 ein Verzeichnis über „Die katholischen Märtyrer des 20. Jahrhunderts“ herausgegeben, in denen 27 CVer als Märtyrer verzeichnet sind, darunter auch Franz Reinisch (Le) und Franz Virnich (R-F, AIn).[101] Auch wenn es möglicherweise beim deutschen CV noch eine diesbezügliche Dunkelziffer gibt, ist doch offenkundig, daß der CV in Österreich in Relation mehr Opfer bringen mußte.

Die Kriegsopfer

Nach alledem über die Kriegsopfer zu berichten ist natürlich schwer. Wie bringt man es zusammen, wenn man jetzt über mehrere Seiten gelesen hat, wie CVer unter Einsatz ihres Lebens versucht haben, mehr oder weniger dazu beizutragen, diesem Schreckensregime ein Ende zu bereiten? Im Ersten Weltkrieg kämpfte man für „Gott, Kaiser und Vaterland“, im Zweiten tat man es für „Führer, Volk und Vaterland“. Viele von den damals Einberufenen sind sicherlich mit dem Bewußtsein ins Feld gezogen, eine falsche Uniform anzuhaben. Und diejenigen, die gefallen sind, haben zwar nicht ihre Pflicht gegenüber dem Führer getan, sondern gegenüber ihren Kameraden. Hat man die Gelegenheit, die Lebensbilder der gefallenen CVer beider Weltkriege genauer zu lesen, so wird einem mit Erschütterung bewußt, wieviel junges und blühendes Leben dahingerafft wurde.

98 Bereits 1985 erschien vom Vorort die an sich verdienstvolle Broschüre „Widerstand und Verfolgung in der NS-Zeit“, die für den ÖCV erstmals systematische Listen von KZ-Häftlingen etc. brachte.

99 Zu Quecke siehe Ac 94 (2001), S. 51.

100 Widerstand und Verfolgung im CV, SS. 125f. und 159f.; CV-Handbuch, SS. 600; Ferdinandea 1919-1945, S. 199.

101 Dieses Verzeichnis erschien 1999 in Paderborn, Autor ist Hellmut Moll. Siehe Ac 92 (1999), S. 434.

Die Gesamtverzeichnisse des ÖCV von 1949 und von 1954 (Ergänzung) nennen zusammen 380 CVer, die im Zweiten Weltkrieg als gefallen oder vermißt gemeldet worden sind. Diese Zahl wird sicherlich nicht vollständig sein, so daß wir von einer tatsächlichen Zahl von über 400 ausgehen müssen. Die ist natürlich schwer in Relation zur Gesamtmitgliederzahl des ÖCV zu setzen, weil die letzten Daten vom 1. Dezember 1937 vorliegen, wo 1.588 Studierende und 3.821 Alte Herren bzw. Ehrenmitglieder, zusammen 5.411, ausgewiesen sind und man das „wehrfähige Alter" berücksichtigen muß. Diese Gruppe kann man nur sehr schwer rekonstruieren, vielleicht mag sie bei rund 3.000 CVern gelegen haben, so daß wie im Ersten Weltkrieg 15 Prozent der Eingerückten ausgehen kann, die im Krieg gefallen sind.[102]

Auch ist die Definition bzw. Abgrenzung des Begriffes Kriegsopfer nicht leicht. Reduziert man das auf die unmittelbar Gefallenen oder aufgrund von Verletzungen verstorbene Soldaten, so wird man so manchem „Kriegsopfer" nicht gerecht: etwa die Toten der „Heimatfront" (z. B. Opfer des Bombenkrieges) oder diejenigen, die unmittelbar an den Entbehrungen des Krieges gestorben sind, oder die vertriebenen Deutschen z. B. aus Böhmen, die hingemetzelt wurden. Oder der Pfarrer von Matzen (NÖ), *Georg Halzl* (F-B), einer der vielen zivilen Opfer der einmarschierende Rote Armee.[103] Oder der Prior des Neuklosters Wiener Neustadt, P. ***Alberich Rabensteiner*** (SOCist) (Am EM), der am Ostermontag, dem 2. April 1945, von einem sowjetischen Soldaten erschossen wurde, als er – der Pflicht einer christlichen Tugend nachkommend – die Leichname gefallener deutscher Soldaten bergen wollte.[104]

Die andere Seite: Zwei exemplarische CV-Biographien

Die erste Hälfte des 20. Jahrhunderts mit seinen Welt- und Bürgerkriegen, seinen totalitären Ideologien und Vertreibungen hat auch existentiell in den Biographien vieler Menschen tiefste Spuren, Wirrungen, Elend, Tod und Verderben hinterlassen. Zu ihnen zählen auch ***Karl Ebner*** (ehemals Kb [Cl]), SS-Oberstumbannführer und stellvertretender Leiter der Gestapo-Leitstelle Wien, und ***Eduard Krebsbach*** (RFb), SS-Standortarzt im KZ Mauthausen. Sie gehören zu jenem Kreis der sehr kleinen und überschaubaren Gruppe im CV, die vor 1938 überzeugte Nationalsozialisten wurden und im NS-System eine beachtliche Karriere machten.

Karl Ebner gelangte an eine nicht unbedeutende Schaltstelle des nationalsozialistischen Terrorapparates, wo er aber in der Folge – aus welchen Motiven auch immer – im Rahmen seiner Möglichkeiten Menschen geholfen hat, dabei aber selber in die Mühlen der NS-Justiz geriet, kurz vor Kriegsende zum Tode verurteilt wurde, jedoch dann

102 Der gleiche Prozentsatz im Ersten wie im Zeiten Weltkrieg mag bei erstem Hinsehen verblüffen. Denn man möchte meinen, durch den längeren Zweiten Weltkrieg und den dort verwendeten wirksameren Waffen müßte es mehr Tote gegeben haben. Man vergißt aber dabei, daß im Ersten Weltkrieg viele Verwundete gestorben sind, die im Zweiten Weltkrieg wegen des inzwischen besseren medizinischen Standards bzw. Sanitätsversorgung davongekommen wären. Dieses Phänomen hat man ja auch bei den letzten Kriegen im Golf bemerkt.

103 Schrammel, Geschichte der Franco-Bavaria, S. 34, behauptet, daß sich Halzl gegenüber Rotarmisten schützend vor Frauen gestellt habe. Das ist jedoch nicht zu beweisen, dazu siehe: Blutzeugen des Glaubens. Martyrologium des 10. Jahrhunderts. Hg. von Jan Mikrut. Band 1: Diözesen Wien, Eisenstadt, St. Pölten. Wien 1999, SS. 85-92.

104 So starb P. Prior Alberich Rabensteiner am 2. April 1945. Ein Bericht von † Adolf Höggerl, in: Sancta Crux. Zeitschrift des Stiftes Heiligenkreuz. 61. Jg, Nr. 117. Heiligenkreuz 2000, SS. 202-206.

freikommen konnte. Das hinderte aber die österreichische Justiz nicht daran, ihn 1948 wegen Hochverrats zu 20 Jahren Kerker zu verurteilen. Somit wurde er zum „Verräter" und „Überläufer". Wäre er aber noch vor Kriegsende 1945 tatsächlich hingerichtet worden, dann hätte ihn die Historiographie möglicherweise als Widerstandskämpfer gefeiert.[105]

Karl Ebner stammte aus Franzensfeste (heute Südtirol).[106] 1923 mußte die Familie das Land verlassen und siedelten nach Kötschach (Kärnten). Er inskribierte im WS 1923/24 an der Grazer Juridischen Fakultät[107] und wurde am 13. Mai 1924 bei Carolina rezepiert, Senior war damals Johann Grascher (Cl).[108] Im Herbst 1924 wurde P. Kapistran Pieller, eines der späteren Nazi-Opfer (siehe S. 463), bei Carolina rezepiert. Er und Ebner saßen nicht nur im selben Fuchsenstall, sondern waren auch Studienkollegen.

Mit Beginn des WS 1925/26 zog Ebner nach Wien, setzte dort sein Jus-Studium fort und ging noch als Fuchs der Carolina zur Kürnberg, wo er auch geburscht wurde.[109] Im Frühjahr 1928 beendete er mit der Promotion zum Dr. iur. sein Studium und trat in den Dienst der Bezirkshauptmannschaft Eisenstadt. Deren Leiter war Benno von Braitenberg (ehemals AIn), über den – ein Illegaler, der dann 1933 aus dem CV ausgeschlossen wurde – Ebner offenbar in Kontakt zum Nationalsozialismus kam. Braitenberg stammte so wie Ebner aus Südtirol (Bozen) und nahm 1921 im „Sturmzug Tirol" des Freikorps Oberland an den Kämpfen in Oberschlesien teil (siehe S. 281).

Im Frühjahr 1929 wechselte Ebner zur Polizei. Nach verschiedenen Dienstorten wurde er im Juli 1936 ans Polizeikommissariat Favoriten versetzt. Dort trat er dann formell der illegalen Bezirksgruppe der NSDAP (Juli 1936) und am 3. Januar 1937 der SS-Standarte 3/89 („Putschstandarte Holzweber") bei.

Nach dem Anschluß kam Ebner am 28. März 1938 zur neuerrichteten Gestapo-Leitstelle Wien, Referat II B (Juden und Kirche), dessen Leitung er mit 1. Juni 1939 über-

105 Immer wieder wurde in den sechziger und siebziger Jahren im CV kolportiert, daß es bei der Wiener Gestapo einen CVer gegeben hätte, der vielen geholfen habe, doch waren diese Hinweise wenig konkret. Nach Gerhard Schultes (Rd) (Mitteilung an den Verfasser 13. 5. 2005) hätte ein CVer in der Gestapo die Rudolfina bei ihren Zusammenkünften gedeckt. In Hartmann, Im Gestern bewährt, S. 630, Anm. 34, wird bereits auf Ebner und eine mögliche Mitgliedschaft bei Carolina bezug genommen. Es ist nicht mehr zu eruieren, auf welchen Hinweis die dort gemachte Notiz über Ebner beruht. Diese Passage ist Anfang 1988 während der Korrekturphase im nachhinein in den Text aufgenommen worden, wobei offenbar der Quellen- bzw. Literaturhinweis „hinausgerutscht" ist. Erst Arbeiten am Dokumentationsarchiv des Österreichischen Widerstands in den neunziger Jahren rückte die Person Ebners wieder in den Vordergrund, und anläßlich des 100. Stiftungsfestes der Kürnberg wurde in der zu diesem Anlaß herausgebrachten Geschichte ein Hinweis auf Ebner gebracht. Zu Ebner siehe Weiß, Die geheime Staatspolizei; Mang, Retter, um gerettet zu werden; Mang, Gestapo-Leitstelle Wien, bes. SS. 187ff.; Polgar, Kürnberg, S. 113f. In Rot-Weiß-Rot-Buch, S. 180, wird Ebner in Unkenntnis des Sachverhalts als Nazi-Opfer bezeichnet.

106 Die Lebenslaufbeschreibung Ebners folgt, wenn nicht anders angegeben, Mang, Retter, um gerettet zu werden, SS. 11ff.

107 UAG. Schreiben vom 6. 12. 2000, Zahl: A 140 ex 2000/01. Danach war Ebner vom WS 1923/24 bis SS 1925 dort inskribiert. Dem Schreiben lag die Kopie des sog. „Nationales" Ebners aus dem 1. Semester bei, wo steht, daß er nach Kötschach (Kärnten) zuständig war, sein Vater jedoch in Dölsach arbeitete. Möglicherweise wohnten die Eltern zuerst in Kötschach, um erst später an den Dienstort des Vaters zu übersiedeln. In Graz wohnte er in der Humboldtstraße 15 (Hochparterre).

108 Nach 1945 Generaldirektor für die Post- und Telegraphenverwaltung.

109 Nach der damals wie heute gültigen Bestimmung der CO bleibt ein Fuchs bei Studienortwechsel zwar vorerst Mitglied seiner Urverbindung, wird jedoch bei der Burschung Urmitglied seiner neuen Aufenthaltsverbindung und verliert die Mitgliedschaft seiner ursprünglichen Verbindung, wobei das Aufnahmedatum dieser bleibt. In den Gesamtverzeichnissen des CV von 1927 bis 1935 findet sich daher bei Ebner nach der Adresse immer der Klammerausdruck (Cl).

nahm. In diesem Zusammenhang und zu dieser Zeit war er an zentraler Stelle bei der Deportierung der Juden aus Wien beteiligt und ist aufgrund seiner Stellung bereits 1939 mit Adolf Eichmann zusammengetroffen.[110] Ins Jahr 1939 fiel auch sein Austritt aus der katholischen Kirche, der wahrscheinlich mit seiner Mitgliedschaft in der SS ursächlich zusammenhängt. Spätestens mit diesem Augenblick endete nach den CV-Satzungen auch automatisch seine Mitgliedschaft in der CV-Verbindung Kürnberg.

Laut ***Kurt Schuschnigg*** (AIn) war Ebner 1939 dessen zuständiger Gestapo-Beamter während seiner Inhaftierung im Hotel Metropol[111], wobei er ihn „nicht ohne menschliche Haltung" qualifizierte.[112] Im April 1942 wurde er zum stv. Leiter der Gestapo-Leitstelle Wien ernannt und am 9. April 1943 zum SS-Obersturmbannführer befördert. Im Gefolge der Ereignisse des 20. Juli 1944 in Wien wurde er von Widerstandskämpfern zusammen mit anderen SS- und Gestapo-Leuten kurzfristig festgenommen.

Nachgewiesenermaßen drängte Ebner ab 1942 den Einfluß von Beamten aus dem „Altreich" systematisch zurück und besetzte neue Posten vorwiegend mit Beamten aus der „Ostmark". Nachdem sich die Niederlage des Deutschen Reiches abzuzeichnen begann, ist auffällig, daß er prominente und/oder zahlungskräftige inhaftierte Regimegegner so wie auch Juden[113] auf subtile Weise versucht hat, zu helfen. Vor allem geschah das in der Zeit zwischen April bis Juni 1944, wo Ebner wegen der Erkrankung des Wiener Gestapo-Chefs die Leitung innehatte.

Diese Rolle Ebners wurde Ende 1944 gefährdet. Der neue Leiter der Wiener Gestapo wurde mißtrauisch und ordnete eine geheime Überwachung Ebners an, die am 9. Januar 1945 zu seiner Verhaftung führte. Am 16. März wurde er vom SS- und Polizeigericht Traunstein (Oberbayern) wegen „Wehrkraftzersetzung" zum Tod verurteilt. Nach Flucht aus dem Gefängnis und neuerlicher Verhaftung wurde er am 2. Mai 1945 vor Eintreffen der US-Truppen freigelassen. Er gelangte anschließend nach Dölsach zu seinen Eltern, wurde dort am 13. Juni 1945 von den Briten verhaftet und am 20. Februar 1947 den österreichischen Justizbehörden überstellt. Danach erfolgte eine eineinhalbjährige Voruntersuchung (Untersuchungshaft). Am 6. Dezember 1948 begann die Hauptverhandlung vor dem Volksgerichtshof Wien, bei der er von Rechtsanwalt Hugo Zörnlaib (NbW EM) verteidigt wurde. Am 11. Dezember 1948 wurde er zu 20 Jahren schweren Kerkers verurteilt.[114]

Seit 1951 verfaßten Ebner sowie seine Frau Gnadengesuche, denen am 16. Mai 1953 Bundespräsident Theodor Körner stattgab. Übrigens war einer der intensivsten Intervenenten für eine Begnadigung Ebners der damalige Dritte Präsident des Nationalrats, Alfons Gorbach (Cl), der 1952 deswegen im Briefwechsel mit Körner stand.[115] Daß Gorbach und Ebner sich aus den Grazer Carolinen-Zeiten kannten, ist anzunehmen. Seine Strafe wurde auf zwölf Jahre herabgesetzt und die Verbüßung der Reststrafe ausgesetzt, so daß Ebner am 19. Mai 1953 freikam.[116]

---

110 Widerstand und Verfolgung Wien III, S. 284, 289f.

111 Dieses Hotel am Wiener Franz-Josefs-Kai war das erste Quartier der Wiener Gestapo und sollte für viele CVer zur Durchgangsstation ins KZ werden.

112 Schuschnigg, Im Kampf gegen Hitler, SS. 388 und 466.

113 Lt. *profil* Nr. 12, 17. 3. 1997, S. 75.

114 VG-Verfahren gegen Karl Ebner: Vg 4b Vr 1223/47.

115 Mang, Retter, um gerettet zu werden, S. 131.

116 Er starb am 11. November 1983 in Lienz und wurde in Wien beigesetzt.

Wer zum Kreis der Geholfenen bzw. gar Geretteten – Thomas Mang[117] schreibt sogar von „Ebners Liste“ – gehört hat, ist nicht mehr vollständig zu eruieren. Ebenso wenig natürlich auch die Zahl derer, die durch Ebners Tätigkeit im Rahmen des NS-Unterdrückungsapparats zu Schaden gekommen ist. Sie wird naturgemäß ungleich höher gewesen sein. Aber durch den „Volksgerichtsprozeß“ sind viele der Geretteten bzw. Geholfenen durch Zeugenaussagen aktenkundig. Dabei fällt unwillkürlich die große Zahl von katholischen Priestern auf. Was aber der bisherigen Geschichtsforschung verborgen blieb, ist die erhebliche Zahl von CVern und da wiederum insbesondere von Angehören der Carolina Graz, bei der ja Ebner rezepiert wurde. Neben seiner entsprechenden Stellung in der Gestapo, die für solche Hilfeaktionen die nötige Basis bildete, war auch das Zusammenwirken mit dem Rechtsanwalt Erich Führer (B! Bruna Sudetia Wien), der zahlreiche NS-Opfer verteidigte, von entscheidender Bedeutung.[118]

Insofern bringt die Beschäftigung mit Ebner zusätzlich eine Zahl von CVern ans Licht, die zum Kreis der NS-Opfer bzw. des Widerstands gehörten.

Einer der gut dokumentiertesten Fälle einer solchen Unterstützung ist die für den Wiener Prälaten ***Jakob Fried*** (Am, Kb), die wohl bekannteste Figur der katholischen Volksbewegung der Zwischenkriegszeit. Dieser wurde am 21. November 1939 wegen Unterstützung der Widerstandsgruppe „Müller – Dr. Thanner“ (siehe S. 454) verhaftet, am 24. November 1943 zu zwei Jahren verurteilt und in das Polizeigefängnis Wien (Roßauer Lände) überstellt. Dort hörte er zum ersten Mal von Ebner und dessen „helfender“ Rolle. Am 9. Mai 1944 eröffnete Ebner ihm, daß von Berlin aus die Weisung ergangen sei, ihn ins KZ Dachau zu überstellen. Ebner ließ aber seine Lagerunfähigkeit feststellen, so daß er am 23. Mai entlassen wurde. Mitte September 1944 traf Ebner Fried in der Wiener Privatwohnung eines Bekannten. Ebner „sprach etwa zwei Stunden lang mit mir über die Verhältnisse so, wie man nur mit einem Freunde sprechen könnte. Er zeigte sich in seinen Äußerungen als Gegner des Nationalsozialismus ...“[119] Später erfuhr Fried, daß die Berliner Gestapo-Zentrale seine Verlegung ins KZ Dachau veranlaßt hatte, damit er dort „sonderbehandelt“ werde. Ebner konnte dies also buchstäblich in letzter Minute verhindern und die Zentrale täuschen, daß Fried bereits tot sei. „Ich verdanke so ... durch die entscheidende Mithilfe des Herrn Oberregierungsrates Dr. Karl Ebner ... mein Leben.“[120] Die Formulierungen bei Fried lassen die begründete Vermutung zu, daß das genannte Septembergespräch wohl auch in den Bereich des *forum internums* anzusiedeln war. Ebner kannte natürlich Fried[121] – denn welcher Wiener CVer der damaligen Zeit kannte ihn nicht.

Ein weitere Unterstützung ist beim ebenfalls legendären Wiener Prälaten ***Josef Wagner*** (Am EM) nachgewiesen. Der war bereits vor dem Krieg Kanzleidirektor des Wiener eb. Ordinariats und hatte als solcher öfters mit Ebner zu tun, der einmal über Intervention Wagners den Abtransport eines „nichtarischen“ Kalasantiner-Bruders verhinderte.[122] Sol-

117 Mang, Retter, um gerettet zu werden, S. 33.

118 Führer (Jahrgang 1900) war in den zwanziger Jahren Vorsitzender des Kreises VIII (Österreich) der DSt, seit 1932 NSDAP-Mitglied und so wie Ebner Mitglied der SS-Standarte 89; siehe Mang, Retter, um gerettet zu werden, S. 34, Anm. 115.

119 Brief Frieds vom 3. Juli 1947 an das LG für Strafsachen Wien, Vg 4d Vr 1223/47 Blz. 67ff, zitiert nach Fried, Mein Leben in der Nazizeit, S. 63.

120 Brief Frieds vom 3. Juli 1947 an das LG für Strafsachen Wien, Vg 4d Vr 1223/47 Blz. 67ff, zitiert nach Fried, Mein Leben in der Nazizeit, S. 64.

121 Er war auch Bandphilister des Kürnberg.

122 Widerstand und Verfolgung Wien III, S. 47. Mang, Retter, um gerettet zu werden, S. 51f.

che Interventionen Wagners für nichtarische Katholiken bei Ebner hat es öfters gegeben. Gegen Wagner selber gab es einmal Ermittlungen der Gestapo, wobei Ebner eine Verhaftung verhindern konnte.

Ebner half auch dem ebenfalls bekannten Wiener Prälaten ***Karl Rudolf*** (Am), der Ende 1943 ein Gauverbot wegen seiner Initiativen auf dem Gebiet der Seelsorge und seiner Predigten erhielt. Rudolf wurde 1944 von Ebner vorgeladen, der dann das Verbot aufhob.[123]

Die Tatsache, daß diese drei Wiener Prälaten – die zweite Führungsebene in der Erzdiözese Wien – alle der Amelungia angehörten, ist eher Zufall. Bei Fried könnte die Tatsache, daß er auch Bandphilister des Kürnberg war, für die Handlungsweise Ebners eine Rolle gespielt haben. Er ist es wahrscheinlich 1925 geworden, als Ebner dort schon aktiv war.[124]

Am 8. August 1944 wurden drei Exponenten der AFÖ zum Tod verurteilt, darunter ***P. Johann Kapistran Pieller*** (Cl). Sie wurden in dem Verfahren von dem Rechtsanwalt Erich Führer verteidigt, der nach dem Urteil ein Gnadenverfahren einleitete.[125] Dabei wurde er massiv von Ebner unterstützt, so daß die Exekution hinausgeschoben werden konnte. Seine zwischenzeitliche Verhaftung machte eine weitere Hilfe unmöglich, so daß Pieller am 15. April 1945 in der Strafanstalt Stein von der SS erschossen wurde. Mit an Sicherheit grenzender Wahrscheinlichkeit hatten sich Ebner und Pieller sehr gut gekannt, sie saßen ja zusammen im selben Fuchsenstall.

Aus den Gnadengesuchen Ebners und seiner Frau, aus Erwähnungen von Zeugenaussagen beim Verfahren sowie aus einem handschriftlichen Gedächtnisprotokoll des Rechtsanwalts Erich Führer sind noch folgende CVer bekannt:[126]

Es bestanden Kontakte Ebners zu dem damaligen Vorstandsmitglied der Creditanstalt-Bankverein, ***Josef Joham*** (Cl), nach 1945 deren Generaldirektor. Dieser geriet aus verschiedenen Ursachen in Spionageverdacht. Die belastenden Aktenstücke behielt Ebner in seinen Schreibtisch unbehandelt. Ähnlich wie bei Pieller kannte Ebner mit Sicherheit Joham aus seiner Zeit bei der Carolina.[127]

Der bekannte Burgschauspieler Fred Hennigs zählte in einem Schreiben an das LG Wien 1948 einige Personen auf, für die Ebner interveniert haben soll, darunter für den früheren Unterrichtsminister ***Hans Pernter*** (Nc).[128] Ebenso hat Ebner dem Wiener Rechtsanwalt ***Erich Schwinner*** (M-D) geholfen, aus der Haft entlassen zu werden, die sich bereits vor 1938 als CVer kannten.[129]

In dem Gesuch an Bundespräsident Renner aus dem Jahr 1948 nannte Ebner folgende Namen, denen er geholfen hatte, u. a. ***Karl Dworschak (Rd), Johann Grascher (Cl), Ludwig Mohr (Rg), Roman Rosiczky (Nc).***[130] Grascher und Ebner kannten sich aus Carolinen-Zeiten sehr gut, Ebner und Rosiczky aus der ersten Hälfte der dreißiger Jahre.

In der Liste des Rechtsanwalts Erich Führer finden sich zusätzlich weitere Namen, denen Ebner geholfen haben soll, darunter u. a. auch der legendäre Gefängnispfarrer am LG Wien, ***Eduard Köck*** (Rd). Der spätere Generaldirektor für die Post- und Telegrafen-

---

123 Mang, Retter, um gerettet zu werden, S. 52.
124 Laut Mitteilung von Gerhard Taus (Am) vom 5. 6. 2000 an den Verfasser.
125 Mang, Retter, um gerettet zu werden, S. 50.
126 Ebda., S. 100 und SS. 147-154.
127 Ebda., S. 101.
128 Ebda., S. 107.
129 Ebda., S. 108.
130 Ebda., S. 112.

verwaltung, Karl Dworschak, nannte bei der Zeugenvernehmung neben dem bereits erwähnten Grascher auch ***Willibald Mayr*** (Am).[131]

Bei seiner Zeugenaussage wurde u. a. auch ***Jakob Ahrer*** (ehemals Trn) genannt, der 1924 bis 1926 Finanzminister war und wegen einer Affäre zurücktreten mußte sowie außer Landes ging.[132]

Ludwig Mohr (Rg) nannte in seiner Zeugenaussage u. a. die Namen ***Wenzel Beza*** (NdW), er war in Eisenstadt Landesschulinspektor, und ***Lorenz (Lovro) Karall*** (A-P EM), nach 1945 Landeshauptmann des Burgenlands. Roman Rosiczky nannte bei seiner Zeugenaussage den Namen von Sektionschef ***Josef Pultar*** (Nc). Ein weiterer Name, der bei einer Aussage genannt wurde, war Min.-Rat ***Peter Bernsteiner*** (Rd).[133]

Nach Aussage des Schauspielers Hans Moser habe Ebner ihm 1940 oder 1941 geholfen, daß seine Frau, eine Jüdin, unbehelligt von Budapest nach Wien kommen konnte.[134]

Die Handlungsweise Ebners als Gestapo-Mann ab 1943 ist differenziert zu betrachten. Aus den Untersuchungen ist anzunehmen, daß er sich primär aus opportunistischen Gründen so verhalten hat, möglicherweise hat er dafür auch Geld angenommen. Andererseits muß es ihm in seiner Stellung auch bewußt gewesen sein, daß er mit seinem Verhalten ein hohes persönliches Risiko einging, was sich ja mit seiner Verurteilung zum Tod bewahrheitet hat.

Die Bewertung Ebners durch Jakob Fried läßt aber auch den Schluß zu, daß durchaus persönliche Überzeugungsmotive, u. U. auch die seines katholischen Glaubens oder schlicht und einfach das schlechte Gewissen, die Triebfeder seines Handelns gewesen sein könnten. Aber offenbar reichte die Unterstützung Frieds nicht aus, um als mildernde Umstände für den nach 1945 stattgefunden Prozeß anerkannt zu werden. Denn seine Mit-Verantwortung für die Ermordung der Wiener Juden bleibt unbestritten.[135]

Karl Ebner geriet zwischen die Mühlsteine der Tragik des 20. Jahrhunderts. Sein Versuch, sich daraus zu befreien, scheiterte.

Ein Täter des besonderen Art sei erwähnt: ***Eduard Krebsbach*** (RFb). Obwohl Angehöriger einer deutschen CV-Verbindung trieb er sein Unwesen in Österreich, und zwar im KZ Mauthausen.[136] Krebsbach wurde 1912 bei der Ripuaria Freiburg rezepiert. Vor dem Krieg war er u. a. Kreisarzt in Bergheim bei Köln. 1937 trat er der SS bei wurde im Herbst 1941 Standortarzt im KZ Mauthausen. Dort wurde er wegen seiner tödlichen Herzspritzen, die er einführte, gefürchtet und erhielt deswegen auch den Spitznamen „Spritzbach“. Auf seine Anordnung wurde dort auch die Gaskammer gebaut.

Er trieb jedoch nicht nur sein Unwesen im KZ, sondern im Mai 1943 erschoß er des Nachts rücklings einen angeheiterten Wehrmachtsangehörigen auf der Straße. Deswegen wurde er im August desselben Jahres versetzt. Nach Kriegsende wurde er festgenommen. Das Einvernahmeprotokoll Krebsbachs 1946 durch das US-War Crimes Investigating Team bedarf keines weiteren Kommentars mehr:

„Es ist bei den Menschen wie bei den Tieren. Tiere, die verkrüppelt zur Welt kommen oder sonst lebensunfähig sind, werden nach der Geburt gleich getötet. Man sollte das aus

131 Laut Mitteilung Mangs an den Verfasser, E-Mail vom 25. 11. 2000.
132 Ebda.
133 Ebda.
134 Mang, Retter, um gerettet zu werden, S. 83.
135 Wie deutlich in Mang, Gestapo-Leitstelle Wien, nachgewiesen wird.
136 Widerstand und Verfolgung in Oberösterreich II, SS. 542, 548, 550-552, 582 und 590f.

Humanitätsgründen auch bei den Menschen tun ... Es ist das Recht jedes Staates, sich gegen das Asoziale zu schützen, auch die Lebensuntüchtigen gehören dazu ... Ich habe meinen Auftrag nach bestem Wissen und Gewissen erfüllt, weil ich ihn erfüllen mußte, und auch heute noch der Ansicht bin, daß es menschlicher gehandelt ist, derartige Individuen aus ihrem zwecklosen Dasein zu erlösen, als sie leben zu lassen ... Das ist Wohltat und eine vernünftige Handlung!"

Am 13. Mai 1946 wurde er von einem US-Militärgericht in Dachau zum Tode verurteilt und am 28. Mai 1947 in Landsberg gehenkt.[137] Dieses Beispiel ist Gott sei Dank im – deutschen wie österreichischen – CV singulär geblieben.

137 Scharsach, Hans Henning: Die Ärzte der Nazis. Wien 2000, S. 210.

CV und Antisemitismus

„Christen kauft nur bei Christen!“

Richard Schmitz (Nc), Bürgermeister von Wien

Dieses Kapitel findet sich am Ende jener Zeitepoche, als der Antisemitismus in Deutschland und Österreich seinen grausamsten Höhepunkt erreicht hatte. Auch wenn diese Zeit schon gut ein Lebensalter zurückliegt, hat sie in Deutschland und in Österreich noch immer seine traumatisierende Wirkung bis in den politischen Alltag hinein. Eine verquere *political correctness* macht es oft nahezu unmöglich, sich diesem Thema in einer rational-unvoreingenommenen Weise zu nähern. Und es scheint, daß der Holocaust, der bisher vor allem ein Thema der deutschen und österreichischen Geschichtsdebatten gewesen war, zum negativen Gründungsmythos von Europa wird.

Vorweg: Dieses Thema ist ein zu umfassendes, um im Rahmen eines Kapitels, das natürlich einer umfangmäßigen Begrenzung unterliegt, erschöpfend behandelt zu werden.[1]

Vorbemerkungen

Am Beginn sind Begriffsbestimmungen und -klärungen nützlich. Es ist grundsätzlich zwischen Antijudaismus und Antisemitismus zu unterscheiden, obwohl es natürlich in der Praxis verwischende Übergänge gegeben hat und gibt. **Antijudaismus** bedeutet vorzugsweise judenfeindliche Einstellungen im Christentum, also das, was man gemeinhin auch, aber unscharf, mit religiösem Antisemitismus bezeichnet. **Antisemitismus** hingegen ist die Bezeichnung für grundsätzlich ablehnende bzw. ausgrenzende Gesinnung und Haltung gegenüber Juden. Daneben haben sich noch die Unterscheidungen in wirtschaftlicher, oder besser sozialer sowie rassischer Antisemitismus herausgebildet.[2]

1 Zum Thema Antisemitismus allgemein, in Österreich sowie im Studententum siehe Albrich, Vom Vorurteil zum Pogrom; Blaschke, Wie wird aus einem guten Katholiken ein guter Judenfreund; Bleuel-Klinnert, Deutsche Studenten auf dem Weg ins Dritte Reich, bes. SS. 18-25 sowie 135-153; Faust, Der Nationalsozialistische Deutsche Studentenbund, I, S. 132f.; Gehler, Vom Rassenwahn zum Judenmord am Beispiel des studentischen Antisemitismus; Greive, Theologie und Ideologie. Katholizismus und Judentum in Deutschland und Österreich; Griesewelle, Antisemitismus in deutschen Studentenverbindungen des 19. Jhs.; Hammerstein, Antisemitismus und deutsche Universitäten; Heinen, Strömungen; Hellwing, Der konfessionelle Antisemitismus im 19. Jh. in Österreich; Juden in Österreich; Kater, Studentenschaft; Maderegger, Die Juden im österreichischen Ständestaat; Mazura, Zentrumspartei und Judenfrage; Nipperdey, Die deutsche Studentenschaft in den ersten Jahren der Weimarer Republik, SS. 38-41; Pauley, Eine Geschichte des österreichischen Antisemitismus; Pulzer, Die Entstehung des politischen Antisemitismus in Deutschland und Österreich; Rütgen, Antisemitismus in allen Lagern; Schindler, Judenfeindschaft; Staudinger, Judenpolitik; Ströle-Bühler, Studentischer Antisemitismus in der Weimarer Republik; Weinzierl, Zu wenig Gerechte; Wohnout, Die Janusköpfigkeit des autoritären Österreich; Wreden, Antisemitismus; Wreden, Urburschenschaft; Zorn, Die politische Entwicklung des deutschen Studententums, S. 254f. Siehe u. a. auch Zumbini, Massimo Ferrari: Die Wurzeln des Bösen. Gründerjahre des Antisemitismus: Von der Bismarckzeit zu Hitler. Frankfurt/Main 2003.
Die Ausführungen dieses Kapitels fußen zum großen Teil auf einen Vortrag des Verfassers am 13. 5. 2000 über „CV und Antisemitismus“ im Rahmen eines Seminars der ÖCV-Bildungsakademie zum Thema „Antisemitismus – Kainsmal der Österreicher“ und gehen weit über die Darstellung in Hartmann, Im Gestern bewährt, SS. 414-419, hinaus.

2 Über die Terminologie siehe Berger-Waldenegg, Georg Ch.: Antisemitismus – Eine gefährliche Vokabel. Diagnose eines Wortes. Wien 2003. Der Versuch einer kohärenten Definitionserklärung ist auch in dieser Studie nicht befriedigend gelöst worden.

Antijüdische Verhaltensweisen reichen in die Zeit des Übergangs vom altorientalischen Staatensystem in die klassische Antike zurück. Die konsequente Vertretung eines exklusiven Monotheismus durch das Judentum vor allem in der Zeit nach dem Babylonischen Exil führte unweigerlich zu Konflikten mit den Religionssystemen der damaligen Zeit.

Eine neue, nunmehr christliche antijudaistische Qualität wird im **Neuen Testament**, insbesondere im Matthäus-Evangelium, sichtbar,[3] durch das sich ein scheinbar antijudaistischer Zug zieht, dessen Kulmination ohne Zweifel die Passionsgeschichte und die Rolle der Juden dabei ist. Höhepunkt dabei ist zweifelsohne Mt 27, 25: „Sein Blut komme über uns und unsere Nachkommen!" Das Matthäus-Evangelium war seit dem 11. Jahrhundert bis zur Liturgiereform des II. Vatikanums das an Sonn- und Feiertagen in der Meßfeier meistverwendete Evangelium und damit von zentraler Bedeutung in der Verkündigung. Es wundert daher nicht, daß auch dadurch der Antijudaismus im Christentum gefördert wurde.

Mit der Schaffung des Talmuds im 10. Jahrhundert und den Kreuzzügen ab dem 11. Jahrhundert setzten in Europa verstärkt Judenverfolgungen ein, die oft zu Pogromen führten. Die Juden wurden zu „Sündenböcken" für verschiedenes Unheil gemacht, so für die Pest Mitte des 14. Jahrhunderts, und entsprechend verfolgt. Abgesehen von Ausuferungen der Inquisition beruhigte sich die Pogromstimmung in den folgenden Jahrhunderten. Sicherlich mag dazu auch die rationale Seinssicht durch Humanismus und Renaissance geführt haben, die dann in die Aufklärung mündete.

Für die weitere Betrachtung des Antisemitismus ist das Staatsverständnis der Französischen Revolution maßgebend. Die Juden wurden von der französischen Staatsnation ausgegrenzt: Sie sind nicht nur religiös anders, sie haben auch einen anderen, nicht integrierbaren Nationalcharakter. Das ist der erste Nachweis einer national bzw. in der Folge rassisch bestimmten Ausgrenzung der Juden in der späteren Neuzeit. Das Nationalverständnis der Französischen Revolution hat in Europa auch andere Nationen stark beeinflußt, so auch die Deutschen. Damit wurde die Vorstellung von der nationalen Wesensfremdheit der Juden auch bei den Deutschen in den Vordergrund gerückt.

Die dispositiven Voraussetzungen für den Antisemitismus in Österreich

Ab 1860 und insbesondere ab 1867 (Staatsgrundgesetz) wurden die Juden in Österreich bürgerlich voll gleichberechtigt, was ihnen ihren Aufstieg vor allem in Wirtschaft, Wissenschaft und Kunst ermöglichte. Denn im Zuge der Industrialisierung ab Mitte des 19. Jahrhunderts entstanden neue Berufsgruppen im Bereich des Handels, der Industrie und des Dienstleistungssektors, die – weil neu – für die Juden offen waren. Außerdem waren sie die maßgeblichen Träger der liberalen Ära von 1867 bis 1878. Dadurch entwickelten sich die Juden zu Vorreitern der Verbürgerlichung sowie einer modernen, aus den Vorgaben der Religion herausgelösten, überwiegend auf (Markt-)Wirtschaft zentrierten Gesellschaft und zogen damit, man möchte fast sagen unvermeidlich, die Ressentiments all derjenigen auf sich, die entweder einem langsameren Rhythmus des Wandels folgten oder ihn über-

3 Als Beispiel möge nur die unterschiedliche Schilderung der Begebenheit des Hauptmanns von Kapharnaum bei Mt 8, 5-13 und Lk 7, 1-10 dienen. Die judenfeindliche Haltung in den Evangelien ist für Goldhagen, Die katholische Kirche und der Holocaust, bes. S. 33, der Ansatzpunkt, der Kirche eine Schuld an den Verbrechen gegenüber den Juden zuzuweisen,

haupt ablehnten. Damit waren die Juden für Kritik wegen unsozialen Verhaltens disponiert, was von populistisch-charismatisch Begabten (wie etwa Karl Lueger oder Georg von Schönerer) ausgenützt und vor allem in der Schicht der Modernisierungsverlierer auf fruchtbaren Boden fiel. Die Juden wurden so zu einem Synonym für das Böse bzw. für die als Bedrohung empfundene Moderne. Und so kam es gegen Ende des 19. Jahrhunderts zu einem „antisemitischen Grundkonsens“[4], dessen Worte die Nationalsozialisten nur mehr in die Taten umsetzen mußten.

Mit der Gleichstellung waren aber auch gehörige demographische Veränderungen verbunden, denn es gab nun in der Monarchie keine Zuwanderungsbeschränkungen mehr. Bis dahin lebten die Juden Österreichs vornehmlich in Galizien und der Bukowina sowie in Ungarn, nunmehr konnten sie sich ungehindert, zumindest in den jeweiligen Reichshälften, bewegen. Dadurch setzte vor allem eine Zuwanderung von Juden nach Wien und andere Zentren (Prag, Budapest) ein.

Dazu einige interessante statistische Daten:[5] In Wien betrug der Anteil der Juden 1857 nur 1,3 Prozent, schnellte 1869 – kurz nach der Gleichstellung der Juden –.auf 6,1 Prozent, um sich dann in den letzten Jahren der Monarchie auf 8,7 Prozent zu steigern. Im Vergleich dazu Berlin: Dort gab es Mitte des 19. Jahrhundert auch eine Ausgangsbasis von unter 2 Prozent. Der jüdische Anteil erhöhte sich aber vor dem Ersten Weltkrieg nur auf etwas über 4 Prozent, also nicht einmal die Hälfte von Wien. Man sieht also schon dadurch, daß die „jüdische Frage“, und damit verbunden Antijudaismus und Antisemitismus, in Wien einen ganz anderen Stellenwert bekommen mußte.

Mit der Zunahme der jüdischen Bevölkerung Wiens stieg überproportional auch die Zahl der jüdischen Studenten. Bereits 1880 waren 38,6 Prozent der Hörer der Medizinischen und 23,3 Prozent der Juridischen Fakultät Wiens Juden. Diese starke Stellung vor allem bei den Medizinern führte statistisch dazu, daß bis zum Ersten Weltkrieg rund ein Drittel der Gesamthörerzahl der Universität Wien Juden waren.

Der Prozent-Anteil der jüdische Hörer im Jahr 1890 betrug auf folgenden österreichischen Universitäten und Hochschulen:

Uni Wien	33,6	TH Wien	23,7
Uni Prag (dt)	31,6	TH Prag (dt)	21,0
Uni Czernowitz	22,3	TH Brünn (dt)	16,0

Der erwähnte überproportionale Anteil jüdischer Studenten vor allem bei zwei Fakultäten führte zwangsläufig zu einer jüdischen Dominanz in zwei Berufszweigen: bei Ärzten und Rechtsanwälten.

Der politisch, wirtschaftlich-sozial motivierte und in der Folge auch als solcher benützter Antisemitismus begann Ende der siebziger, Anfang der achtziger Jahre. Der Börsenkrach von 1873 in Berlin und Wien brachte ein jähes Ende der ersten Gründerzeitphase. Damit wurde sowohl in Deutschland wie vor allem auch in Österreich das Ende der liberalen – im Sinne des Jahres 1848 – Ära eingeleitet. Die mit diesem Börsenkrach verbundenen wirtschaftlichen und damit sozialen erheblichen Einbußen („Glücklich ist, wer vergißt, was nicht mehr zu ändern ist“ aus der Operette „Die Fledermaus“ von Johann Strauß Sohn,

4 Albrich, Vom Vorurteil zum Pogrom, S. 310f.

5 Nach Pulzer, Die Entstehung des politischen Antisemitismus in Deutschland und Österreich 1867 bis 1914, SS. 18-22, 276.

1874) wurden den Juden in die Schuhe geschoben. Sowohl in Deutschland wie in Österreich ist daher das Jahr 1873 als Beginn der eigentlichen antisemitischen Phase anzusehen.

Zeitlich am Beginn dieser steht der **Berliner Antisemitismusstreit**, der in manchen Facetten an den Historikerstreit von 1986 erinnert (darüber siehe S. 394). Im Jahr 1879 wurde von dem Berliner Journalisten Wilhelm Marr die Antisemitenliga gegründet, von ihm soll auch der Begriff Antisemitismus stammen. Im selben Jahr gründete der Berliner protestantische Hofprediger und antisemitische Agitator Adolf Stoecker seine Christlichsoziale Arbeiterpartei, die aber politisch bedeutungslos blieb. Aber salonfähig machte im selben Jahr den Antisemitismus erst der Berliner Historiker Heinrich von Treitschke, der Vertreter der borussisch-kleindeutschen Schule in der Geschichtsschreibung.[6] Er veröffentliche im November 1879 in den *Preußischen Jahrbüchern* einen Aufsatz, in dem er die Juden u. a. als eine „Schar strebsamer hosenverkaufender Jünglinge" und „deutsch redender Orientalen" bezeichnete. Der Aufsatz gipfelte in dem folgenschweren Ausspruch: „Die Juden sind unser Unglück!" Es folgte nun eine rund zweijährige Debatte, nämlich dieser „Berliner Historikerstreit", von Zeitgenossen „Treitschkestreit" genannt, in der sich vor allem der bekannte Althistoriker Theodor Mommsen als Widerpart Treitschkes profilierte.[7]

Mit Ende der liberalen Ära in Österreich setzte sich nun die deutschnationale Variante durch, d. h. es entstand die Meinung, die Juden seien eine von den Deutschen gesonderte eigene Nation. Die Juden, die seit jeher in Wien bzw. den deutschsprachigen Gebieten wohnten, fühlten sich aber nationsmäßig als Deutsche und wollten sich größtenteils assimilieren. Dagegen stand aber der verstärkte Deutschnationalismus, der in den Juden nicht nur eine Religion, sondern auch ein eigenes Volk sah. Damit begann der Rassenantisemitismus. Eine Reaktion darauf war der Zionismus, der wiederum die dissimilierenden Tendenzen zu legitimieren suchte.

Der Fall August Rohling

Am Beginn dieser antisemtischen Phase in den siebziger Jahren des 19. Jahrhunderts und als Scharnier zwischen religiösem Antijudaismus und politisch motiviertem Antisemitismus aus rassischen oder wirtschaftlichen Motiven steht die Person von August Rohling (AIn, Fd EM), die auch den CV erheblich tangierte. Er gehörte zu den bedeutendsten und wüstesten Vertretern des radikalen Antisemitismus des 19. Jahrhunderts. Mit seinen polemischen-antijüdischen sowie antisemitischen Schriften hat er wesentlich zur Ausbreitung des Antisemitismus beigetragen. Seine Ehrenmitgliedschaften bei der Austria-Innsbruck und der Ferdinandea werden immer wieder kritisch vermerkt.[8]

6 Seine historische „Deutungsmacht" trug wesentlich dazu bei, daß z. B. bis heute die Österreichischen Erbfolgekriege (u. a. Siebenjähriger Krieg 1756-1763) so dargestellt werden, als ob Preußen Deutschland gewesen sei und Österreich mit Maria Theresia, der Gemahlin des römischen-deutschen Kaisers, quasi „feindliches" Ausland war. Also nichts von dem eindeutigen Rechtsbruch, den damals der König von Preußen, Friedrich II., begangen hatte.

7 Dazu siehe Bleuel, Deutschlands Bekenner, S. 34f.; Jarausch, Deutsche Studenten, S. 85; siehe vor allem Der „Berliner Antisemitismusstreit" 1879-1981. Eine Kontroverse um die Zugehörigkeit der deutschen Juden zur Nation. Kommentierte Quellenedition. Im Auftrag des Zentrums für Antisemitismusforschung bearbeitet von Karsten Krieger. 2 Teile. München 2003.

8 So z. B. Bruckmüller, Verbindungen, S. 16.; Schindler, Judenfeindschaft, S. 41f.

August Rohling[9] studierte in Münster Theologie, empfing dort 1863 die Priesterweihe, habilitierte sich 1865 in Münster für Bibelwissenschaften und war dort anschließend als Privatdozent tätig. 1871 veröffentlichte er die Schrift „Der Talmudjude". Sie wurde zu einem Klassiker der antisemitischen Literatur und bis in die NS-Zeit mehrmals aufgelegt und übersetzt. Nachgewiesenermaßen war sie ein Plagiat des 1700 erschienenen Buches „Entdecktes Judentum" von Johann Andreas Eisenmenger, das versuchte, verschiedene absurde Vorurteile über das Judentum zu verbreiten.

Nach einem einjährigen Aufenthalt in den USA kehrte er 1875 nach Europa zurück und knüpfte bald Kontakte nach Österreich. In den Annalen der AV Austria Innsbruck steht unter dem Datum 13. Dezember 1875 die Eintragung: „Zur Christbaumfeier war der von Deutschland gekommene und auf einige Zeit hier weilende Dr. Rohling und mehrere Ehrenmitglieder erschienen."[10] Rohling ist offenbar zwecks seines beruflichen Fortkommens nach Österreich gereist. Wahrscheinlich waren seine diesbezüglichen Kontaktpersonen u. a. Ehrenmitglieder der Austria. Er hatte damit Erfolg: Am 11. April 1876 wurde er vom Kaiser Franz Joseph I. zum „provisorischen unbesoldeten ordentlichen Professor des Bibelstudiums und der Exegese des Alten Bundes an der Universität Prag" ernannt, bezog jedoch bereits ab 1. Januar 1877 sein „systemmäßiges Gehalt". Die exakten Hintergründe seiner Berufung sind nicht mehr genau zu eruieren, doch dürften mit Sicherheit antisemitische österreichische Kreise für ihn interveniert haben. Schließlich war Rohling mit seinem „Talmudjuden" bereits weithin einschlägig bekannt geworden.

In den Annalen der AV Austria Innsbruck steht weiters vermerkt: „Am BC vom 7. Februar 1877 wurde Hw. H. Dr. Rohling, jetzt Professor der Theologie in Prag, zum Ehrenmitglied creirt. Unter anderen bewogen uns bei Prof. Dr. Rohling, der in der Zeit seines hiesigen Aufenthalts in den engsten Contact mit uns trat, besonders sein ausgedehnter Ruf und seine wirklich großen Verdienste um die Austria." Welche großen Verdienste das waren, wird nicht genannt. Wegen seiner notorischen Geldknappheit werden es wohl keine pekuniären gewesen sein. Ob sein Antisemitismus ausschlaggebend gewesen war? Das ist zwar nicht zu beweisen. Aber sein erwähnter „ausgedehnter Ruf" war damals bereits derart, daß dies aber auch nicht ohne Bedeutung gewesen sein konnte, wie ja selbst der Chronist der Austria vermerkt.

Neben der einschlägigen publizistischen Tätigkeit konnte nun Rohling seine Stellung nun dafür nützen, um vor verschiedenen Gerichten als Sachverständiger zu bezeugen, daß sich aus dem Talmud und aus anderen rabbinischen Schriften Beweise für die Unmoral des Judentums (z. B. Ritualmord) erbringen lassen. Dadurch hatte er auch die Möglichkeit, sich für zahlreiche antisemitische Agitatoren einzusetzen und deren Freispruch bei

9 Über Rohling siehe vor allem Hellwing, Der konfessionelle Antisemitismus im 19. Jh. in Österreich, SS. 71-183. Die folgende Darstellung fußt weitgehend, wenn nicht anders angegeben, den dortigen Ausführungen. Der Privatdozent am Institut für Systematische Theologie der Kath. Theologischen Fakultät der Universität Innsbruck, Joop van Banning SJ, beschäftigte sich wissenschaftlich mit dem Antisemitismus und vor allem auch mit Rohling. Von ihm kam Anfang 2001 gegenüber dem Verfasser der Hinweis, daß der bislang immer als Gewährsmann für Rohling zitierte Hellwing höchst ungenau und einseitig gearbeitet hätte, so daß Rohling möglicherweise in einem anderen Licht erscheine, als bislang allgemein angenommen. Da jedoch Banning in dieser Frage zum Zeitpunkt der Veröffentlichung darüber noch nichts publiziert hat, kann dem keine (bzw. noch nicht) weitere Beachtung geschenkt werden. Siehe weiters auch die Stichworte über Rohling im $LThK^3$ (Günther Stemberger) und im $LThK^2$ (Severin Grill).

10 Annalen der AV Austria Innsbruck, Band II, WS 1875/76, Mitteilung vom Archivar der Austria Innsbruck, Fritz Steinegger an den Verfasser, undatiert, jedoch nach dem 3. 4. 2000.

Gericht zu erwirken. Rohling beabsichtigte weiters, durch Fälschungen, Meineide sowie durch Entstellungen und Verspottungen der jüdischen Religion, des Talmuds und der rabbinischen Schriften eine Atmosphäre zu schaffen, die zur Aufhebung der Gleichstellung der Juden führen sollte.

In den Jahren 1880 bis 1884 entfaltete Rohling seine „fruchtbarste" antisemitische Tätigkeit. Als die von Rohling geschürte Judenhetze immer mehr gefährliche Ausmaße annahm, wandte sich der Statthalter von Böhmen, Alfred Frhr. von Kraus, am 16. April 1883 an den Prager Erzbischof, Friedrich Kardinal Fürst Schwarzenberg, damit dieser die gefährliche Tätigkeit Rohlings unterbinde. Der Statthalter berichtete auch an den das Innenministerium zusätzlich leitenden Ministerpräsidenten Eduard Graf Taaffe, der wiederum seinerseits am 8. Mai 1883 den Unterrichtsminister Siegmund Frhr. Conrad von Eybesfeld anwies, auf Rohling mäßigend einzuwirken.

Da Rohling den Weisungen der Behörden nicht nachkam, seine Polemik zu drosseln, forderte der Statthalter von der Theologischen Fakultät, die sich in dieser Angelegenheit aber auffallend zurückhielt, die Einleitung eines Disziplinarverfahrens, deren Disziplinarkommission Rohling aber freisprach.[11]

Parallel zu dieser Disziplinaraffäre kam es nun zum entscheidenden Prozeß Rohling gegen den liberalen RRAbg. und Rabbiner von Floridsdorf, Joseph Samuel Bloch.[12] Bereits am 22. Dezember 1882 erschien von Bloch ein Artikel in der *Wiener Allgemeinen Zeitung*. Weitere Artikel erschienen dann vom 1. bis 4. Juli 1883 in der *Wiener Morgenpost*. Er bediente sich nun nicht mehr den alten Methode, die Äußerungen Rohlings lediglich zu widerlegen, sondern ging zum Gegenangriff über. Blochs Ziel war, eine Klage Rohlings gegen sich zu provozieren. Die Strategie ging auf, Rohling reichte am 18. März 1884 die Ehrenbeleidigungsklage (nach § 488 StGB) ein und ließ sich von dem prononciert antisemitischen Rechtsanwalt Robert Pattai (C! Joannea Graz), der von 1885 bis 1911 christlichsozialer RRAbg. war, vertreten. Bloch wurde angeklagt, Rohling vorgeworfen zu haben, daß derselbe bloß Lügen niedergeschrieben habe und allzeit bereit gewesen sei, diese zu beschwören (als gerichtlich beeideter Sachverständiger). Es lag nun an Bloch zu beweisen, daß die Behauptungen Rohlings falsch seien. Das führte naturgemäß zu einer umfangreichen gerichtlich bestellten Gutachtertätigkeit. Erst im Juni 1885 lagen die Gutachten im Umfang von 190 Seiten vor, der Prozeßbeginn wurde für den 18. November 1885 anberaumt.

Da die Gutachten für Rohling nicht günstig waren, versuchte er nun, die Wiener Juden einzuschüchtern, um zu einem Vergleich zu kommen. Als das keinen Erfolg hatte, zog er die Klage gegen Bloch im Oktober zurück. Es bestand nämlich die eminente Gefahr, daß Rohling aufgrund der Sachverständigen-Gutachten den Prozeß hätte verlieren könnte. Das wäre für sich allein genommen nicht so schlimm gewesen. Aber dadurch wäre gerichtsnotorisch erstens Rohlings wissenschaftliche Reputation zerstört worden, und zweitens – und das wäre wohl entscheidend gewesen – hätte nun Rohling wegen Meineids angezeigt werden müssen, weil er ja als gerichtlich beeideter Sachverständiger nachgewiesenermaßen die Unwahrheit gesagt hatte.

---

11 Eine der Begründungen für den Freispruch war die, daß der „Talmudjude" geschrieben wurde, bevor Rohling zum Professor in Prag ernannt wurde.

12 Bloch stammte aus Galizien, studierte in München (Dr. phil.) und wurde 1880 Oberrabbiner von Floridsdorf. 1883 wurde Bloch im Wahlkreis Kolomea (Galizien) in den Reichsrat gewählt und zweimal wiedergewählt. Siehe www.christenundjuden.org/de/displayItem.php?id=117 vom 15. 8. 2005.

Was nun folgte, ist gegenwärtig nicht mehr genau nachzuzeichnen. Es gibt Hinweise, daß Rohling kurz danach von seiner Lehrtätigkeit entbunden wurde, was an sich eine logische Konsequenz sowohl aus dem Prozeß wie auch aus der Disziplinaruntersuchung gewesen wäre. Andererseits hat Rohling offenbar erst Ende 1898 um die Pensionierung angesucht, der mit Wirkung von Ende März 1899 stattgegeben wurde. Es ist aber durchaus denkbar, daß Rohling Ende 1885 vom Dienst vorläufig suspendiert und erst 1899 in den dauernden Ruhestand versetzt wurde. Wie auch immer: Die wissenschaftliche wie auch persönliche Reputation Rohlings war Ende 1885 perdú.

Daher ist es besonders verwunderlich, daß nach all diesen Vorfällen am 23. November 1887 Rohling von der Ferdinandea Prag zum Ehrenmitglied ernannt wurde.[13] Zwar wurden gleichzeitig drei weitere Professoren der Theologischen Fakultät zu Ehrenmitgliedern ernannt, aber deswegen wird die Sache auch nicht durchsichtiger. Gründe werden in der offiziellen Geschichte der Ferdinandea keine angegeben. Auch aus damaliger Sicht – und das ist besonders zu betonen – war die Ehrenmitgliedschaftverleihung der Ferdinandea nicht nachzuvollziehen und zum Teil auch unverantwortlich. Es könnte aber sein, daß die junge Ferdinandea, die sich bei ihrer Gründung stark an der Austria Innsbruck orientierte, aus diesem Grund das dortige Prager EM Rohling auch bei sich aufnahm.[14]

Im Verhältnis Rohling-CV gibt es auch etwas Unerklärliches. Obwohl Rohling erst am 23. Januar 1931 in Salzburg verstarb, verschwindet er bereits ab 1920 aus den Gesamtverzeichnissen des CV bei beiden Verbindungen, ohne je wieder später aufzutauchen. Ist er nun doch ausgeschlossen worden, hat man ihm nahegelegt, selber auszutreten, oder hat er alleine von sich aus diesen Schritt getan? *Ignoramus et ignorabimus.* Ein Fehler der Standesführung scheint doch eher ausgeschlossen zu sein, denn erstens fehlt er bei beiden Verbindungen gleichzeitig und zweitens hätte man den Fehler doch bei späteren Gesamtverzeichnissen irgendwann einmal bemerken müssen. Auffällig ist bei der Ferdinanden-Geschichte, daß Rohling Ende der achtziger Jahre bis Anfang der neunziger Jahre als gelegentlicher Teilnehmer von Verbindungsveranstaltungen genannt wird, dann nicht mehr, auch nicht bei runden Stiftungsfesten. Das läßt auf einen mehr oder minder freiwilligen Rückzug schließen.

Widersprüchlich sind auch die Meldungen der Austria. In deren Grundbuch finden sich unter Rohling nachträgliche Eintragungen, offensichtlich vom langjährigen Archivar Alois Großmann (AIn). Der hat auch in den *Austrier-Blättern* Nr. 18, Weihnachten 1949, eine Kurzbiographie Rohlings verfaßt. Auch in der Festschrift „100 Jahre AV Austria" (1964) wird Rohling bei den Ehrenmitgliedern erwähnt. Hingegen fehlt in den *Austrier-Blättern* der fraglichen Zeit (bis 1935) ein Hinweis auf den Tod Rohlings, was auch wieder untypisch für die Austria ist, wenn Rohling noch Mitglied gewesen wäre.[15]

Auch wenn es offenbar schon vor dem Ersten Weltkrieg eine wie auch immer geartete Distanz zwischen Rohling und seinen zwei Verbindungen gegeben haben muß, so sind seine Ehrenmitgliedschaften kein Ruhmesblatt für den CV, weniger trifft das die Austria, dafür mehr die Ferdinandea.

---

13 Ferdinandea 1885-1918, S. 31.

14 Hinweis von Rudolf Geser (Fd), Archivar der Ferdinandea, an den Verfasser am 17. 6. 2000. Da seiner Mitteilung nach das Verbindungsarchiv für diese Zeit sehr dürftig ist, gibt es dort keine weiteren Hinweise über Rohling bez. seiner Aufnahme und dem späteren „Verschwinden".

15 Mitteilung des Standesführers der Austria Innsbruck, Oswald Stranzinger, vom 3. 4. 2000 an den Verfasser. Der resignierte angesichts der Widersprüche: „Da soll sich einer auskennen!"

Im Zusammenhang mit Rohling und indirekt mit der Austria Innsbruck sei auf einen weiteren, eher skurrilen Vorgang verwiesen. Im Gegensatz zu Österreich hat sich der Politische Katholizismus in Deutschland bzw. Preußen (Zentrumspartei) gegenüber den Juden toleranter und zurückhaltend verhalten. Die Zentrumspartei unterstütze im preußischen Abgeordnetenhaus in der Regel die religiösen Anliegen der Juden (Vivisektion, „Schächten"). Einen Antisemitismus in der Art wie bei den Christlichsozialen kannte man beim Zentrum nicht.[16] Das erregte natürlich den Unmut Rohlings. Am 8. März 1895, als er schon weitgehend isoliert war, schrieb er an den Zentrumsführer Ernst Lieber (AIn EM) einen Brief, wo er sich darüber beschwerte und Lieber sogar unterstellte, er sei Jude (Lieber käme von Leb, Lev, Levy). Das führte natürlich zu einer ironischen Antwort Liebers.[17] Lieber erhielt am 24. Juni 1871 die Ehrenmitgliedschaft der Austria verliehen. Das geschah damals im Zuge der Gründung des Deutschen Reiches und der Zentrumspartei. Offenbar war beiden nicht bekannt oder präsent, daß sie jeweils Ehrenmitglieder derselben Verbindung waren.

Antisemitismus und Politischer Katholizismus

Es ist unbestreitbar, daß eine der „Geschäftsgrundlagen" des Politischen Katholizismus bzw. der Christlichsozialen Bewegung in Österreich der Antijudaismus bzw. Antisemitismus war. Tatsache ist auch, und da gibt es nichts zu beschönigen, daß es ab dem letzten Drittel des 19. Jahrhunderts im allgemeinen politischen Bereich wie auch im Studententum Österreichs antijüdische Äußerungen und Haltungen gegeben hat. Antijudaismus bzw. Antisemitismus waren damals – um es modern auszudrücken – weitgehend politisch korrekt.[18]

In die Zeit der achtziger Jahre des 19. Jahrhunderts fiel der politische Aufstieg zweier Männer, die mit dem Antisemitismus politisch Erfolg hatten: Georg Ritter von Schönerer (B! Germania Innsbruck) und Karl Lueger (Nc EM). Während Schönerer und seine alldeutsche Bewegung mit seiner antihabsburgischen und antikirchlichen Haltung Anfang des 20. Jahrhunderts zunehmend ins abseits geriet[19], gelang es dem ursprünglich aus dem liberalen Milieu stammenden Lueger zuerst in Verbindung mit Deutschnationalen („Vereinigte Christen"), dann als selbständige politische Bewegung und fußend auf den christlichsozialen Ideen eines Vogelsang, politischen Erfolg zu haben, der aber zuerst im wesentlichen auf den Raum Wien-Niederösterreich beschränkt blieb. Der antisemitische Flügel der Christlichsozialen („Antisemitenbund") kristallisierte sich vor allem um das *Deutsche Volksblatt* Ernst Verganis und den bereits erwähnten RRAbg. Robert Pattai, die mit Schönerer zweifelsohne gemeinsame Wurzel hatten.

---

16 Über diesen Umstand ausführlich und überzeugend siehe Mazura, Zentrumspartei und Judenfrage.

17 Mazura, Zentrumspartei und Judenfrage, S. 104f.

18 Überblick siehe bei Albrich, Vorurteil, SS. 311ff.; Weinzierl, Zu wenig Gerechte, SS. 13-30; Wohnout, Die Janusköpfigkeit des autoritären Österreich. Siehe auch die unter Anm. 1 angegebene sonstige Literatur. Weiters auch die beiden Diplomarbeiten: Rona, Paul: Der christlichsoziale Antisemitismus in Wien 1848 - 1938. Vorgeschichte und Wirkungsweise. Wien phil. Dipl. Arb. 1991; Rotter, Amanda: Der Antisemitismus der Christlichsozialen in Österreich von den Anfängen der Christlichsozialen Partei bis in die Frühphase der ersten Republik. Wien phil. Dipl. Arb. 1994.

19 Über Schönerer siehe: Whiteside, Schönerer.

Diese Art von Antisemitismus, in den Grundzügen katholisch-konfessionell geprägt und ausgeformt mit wirtschaftlichen und sozialen Elementen, war somit ein programmatischer Grundpfeiler der christlichsozialen Sammelbewegung.[20] Obwohl Lueger seine politische Karriere als liberaler Wiener Gemeinderat („bürgerlicher Demokrat") begonnen hatte, wurde er zum Vorkämpfer der durch den Manchester-Liberalismus und Hochkapitalismus in ihrer Existenz bedrohten Kleingewerbetreibenden und Handwerker. Er erkannte bald die Zugkraft des Antisemitismus beim unteren Mittelstand, der für seine Notlage die Juden verantwortlich machte. So wurde der Antisemitismus als Antiliberalismus zu einem wesentlichen Integrationsfaktor der Christlichsozialen Partei.[21]

Im „Wahlmanifest der christlichsozialen Reichspartei" aus dem Jahr 1907, das man als das erste eigentliche Parteiprogramm der Christlichsozialen bezeichnen kann, wird u. a. gefordert, „den Moloch des übermächtigen jüdischen Großkapitals mit aller Schärfe zu bekämpfen ... Die Partei wird an den Grundpfeilern eines gesunden Volksempfinden gegenüber den wütenden Anstürmen der vom jüdisch-freimaurerischen Geist geleiteten Sozialdemokratie und ihrer Mitläufer ohne Wanken festhalten."[22] Das Feindbild wird um die Sozialdemokratie erweitert, weil ein guter Teil der akademischen Führungsschicht dieser Partei Juden waren. Der Tod Luegers 1910 änderte nichts an der grundsätzlich antisemitisch ausgerichteten Haltung der Christlichsozialen.

Die jüdische Frage erhielt mit Ausbruch des Ersten Weltkriegs vor allem für den Wiener Raum eine neue Dimension. Im Zuge der russischen Offensive im Herbst/Winter 1914/15 in Galizien kam es zu einer Fluchtbewegung der dortigen Bevölkerung. Rund 150.000 Personen, meist Juden, erreichten Wien, was verstärkten Antisemitismus hervorrief. Der Begriff „Ostjude" wurde damals geboren. Nach der Rückeroberung Galiziens und der Bukowina im Herbst 1915 wurde der Großteil dieser Flüchtlinge repatriiert. Die Brussilow-Offensive im Sommer 1916 löste eine neue, nicht mehr so starke Flüchtlingswelle aus, die den Antisemitismus in Wien neuerlich stark schürte. Es kam zu pogromartigen Ausschreitungen, und die Christlichsozialen schwammen voll auf dieser Welle.

Die Gründung der Republik und der Zerfall der Monarchie änderte nichts an ihrer antisemitischen Einstellung. Schon am 15. Dezember 1918 hieß es im christlichsozialen Wahlprogramm zu der bevorstehenden Wahl zur Konstituierenden Nationalversammlung im Februar 1919: „Die auch im neuen Staat hervortretende Korruption und Herrschsucht jüdischer Kreise zwingt die christlichsoziale Partei, das deutschösterreichische Volk gegen die jüdische Gefahr aufzurufen. Als eigene Nation anerkannt, sollen die Juden ihre Selbstbestimmung haben, die Herren des deutschen Volkes dürfen sie nicht sein."[23] Hier wird von seiten des Politischen Katholizismus erstmals das Nationsprinzip für die Juden gefordert. Sie sind nun nicht mehr nur eine Religionsgemeinschaft, sondern sie sind als Volk zu betrachten.

Das Parteiprogramm der Wiener Christlichsozialen vom November 1919 wird deutlicher: Jüdische Kinder sind in eigene Klassen und Schulen zusammenzuführen, und Juden sind „als Lehrer und Hörer nur im Verhältnis der Bevölkerungszahl zuzulassen".[24] Zu dieser Haltung der Wiener Christlichsozialen haben sicherlich die erwähnten Wiener Zu-

20 Rütgen, Antisemitismus in allen Lagern, S. 79.

21 Staudinger, Judenpolitik, S. 13.

22 Berchthold, Parteiprogramme, SS. 174-178.

23 Ebda., S. 357.

24 Ebda., S. 364f.

stände nach dem Krieg geführt, aber auch die Forderung der Zionisten nach Anerkennung einer eigenen jüdischen Nation war sicherlich ein willkommener Anlaß dafür. Wie bereits ansatzweise vor 1914 zu bemerken war, müssen die antisemitischen Parolen der Christlichsozialen in den Wahlkämpfen von 1919 und 1920 auch im Zusammenhang mit dem Antimarxismus gesehen werden.[25]

Vor der weiteren Darstellung wiederum einige statistische Daten.[26] Nach der Volkszählung von 1923 lebten in Wien 201.513 Juden, das waren 10,8 Prozent der Wiener Bevölkerung. Drei Wiener Bezirke hatten die stärksten jüdischen Anteile: Im 2. Bezirk waren es 38,5 Prozent, im 9. Bezirk 25,1 Prozent (typischer „Arztbezirk“) und im 1. Bezirk 24,3 Prozent (typischer „Rechtsanwaltsbezirk“).

Nach der Volkszählung 1934 gab es in Österreich 191.481 Juden (das waren 2,8 Prozent der Gesamtbevölkerung), davon 176.034 in Wien (91 Prozent der Juden), 9,4 Prozent Wiens. 15.447 lebten in den Bundesländern (Niederösterreich 7.756, Burgenland 3.632, Steiermark 2.195; alle anderen Ländern unter 1.000, Vorarlberg 42). Der Rückgang der jüdischen Bevölkerung hatte mehrere Ursachen (Rückwanderung, Geburtenschwäche).

Interessant ist auch eine Statistik aus 1935/36 bezüglich der Mittelschüler (Gymnasiasten). Es gab österreichweit damals 65.660, davon waren 7.103 Juden, das sind 11 Prozent. In Wien gab es 32.746 Mittelschüler, davon waren 6.269 Juden, das sind 19 Prozent. Es bestanden in manchen Wiener Gymnasien jüdische Mehrheiten, so am Akademischen Gymnasium, in der Stubenbastei und im 2. Bezirk.

Wenden wir uns exemplarischen antisemitischen Exponenten der christlichsozialen Bewegung, die CVer waren, und weiteren einschlägigen Äußerungen des Politischen Katholizismus zu.

In einer Redeskizze aus dem Jahr 1919 forderte ***Richard Schmitz*** (Nc), daß die Christlichsozialen Antisemiten sein müssen, weil „die Juden uns beherrschen, indem sie sich als Deutsche (Assimilantentum) ausgeben“.[27] Schmitz ist für ein christliches „Aktionsprogramm eines echten, d. h. praktischen Antisemitismus“: Erschwerung der Einwanderung, Beschränkung von öffentlichen Ämtern für die Juden, Erklärung als eigene Nation. Darüber hinaus befürwortet er eine „Selbsthilfe der Christen“: „Christen kauft nur bei Christen!“ Man erkennt in diesen Forderungen unschwer bereits bestimmte Momente der späteren nationalsozialistischen Judenpolitik. Schmitz war damals bereits Wiener Gemeinderat und Direktor des Volksbunds der Katholiken Österreichs. Er zählte also zu den wichtigsten Funktionären des Verbandskatholizismus.

Was Schmitz noch als Vortragsmaterial skizzierte, konzipierte ***Leopold Kunschak*** (Nc EM) im Herbst 1919 als Gesetzesentwurf über „Die Rechtsverhältnisse der jüdischen Nation“. Die dissimilierenden Forderungen von Schmitz werden rigoros fortgeführt. So wurde z. B. den Juden der Zutritt zu politischen Ämtern auf Bundes- und Landesebene verwehrt. Zum Lehramt (Gymnasien und Hochschulen) und zum öffentlichen Dienst wären sie nur im Verhältnis ihrer Einwohnerzahl zugelassen worden. Aufgrund verfassungsrechtlicher Bedenken wurde dieser Entwurf dann von Kunschak nicht eingebracht, sondern erst von ihm 1936 in einer etwas milderen Form veröffentlicht.[28]

25 Rütgen, Antisemitismus in allen Lagern, S. 90f.

26 Nach Maderegger, Die Juden im österreichischen Ständestaat, SS. 1-3, 152f.

27 Richard Schmitz, Praktischer Antisemitismus, Redeskizze. Vortragsmaterial, 1919, in: Juden in Österreich, SS. 94-99.

28 Staudinger, Judenpolitik, S. 36-38.

Kunschak war übrigens einer der herausragendsten Figuren unter den „Vorkämpfern" in der „Ostjudenfrage" – gemeint waren die ca. 20.000 verbliebenen Flüchtlinge aus Galizien und der Bukowina aus dem Ersten Weltkrieg. Unter der Parole „Ostjuden hinaus" wurde die Regierung unter Druck gesetzte. Im Herbst 1919 kam es zu Antisemitenkrawallen mit bedrohlichen Dimensionen. Kunschak verglich die Ostjuden mit „Heuschrecken, die das Land kahlfressen", und forderte im April 1920 im Parlament, daß Juden, die nicht freiwillig heimkehren, „unverzüglich in Konzentrationslager" zu internieren seien.[29]

Vom 11. bis 13. August 1923 fand in Linz der Reichsverbandstag der christlichsozialen Arbeitervereine statt, wo das „Linzer Programm der christlichen Arbeiter Österreichs" beschlossen wurde. Verfaßt wurde es von ***Karl Lugmayer*** (Aa) unter Mitwirkung von Leopold Kunschak. Aber Lugmayer verfaßte nicht nur dieses Programm, sondern kommentierte es auch.[30] Er wiederholte die bereits erwähnten og. Forderungen, vor allem hinsichtlich des eigenen Volkscharakters der Juden, und meinte, daß in einer gewissen Beschränkung der Rechte der Juden keine Ungerechtigkeit gesehen werden kann.[31]

Am 26. November 1926 wurde ein neues Programm der Christlichsozialen Partei beschlossen wurde, das wieder eine antijüdische Bestimmung enthielt: „VIII. Als national gesinnte Partei fordert die Christlichsoziale Partei die Pflege deutscher Art und bekämpft die Übermacht des zersetzenden jüdischen Einflusses auf geistigem und wirtschaftlichem Gebiete."[32] Während im Linzer Programm noch „verdrängen" stand, wird nunmehr der militantere Begriff „bekämpfen" verwendet. Erst 1932 erschien eine parteioffizielle und aktuelle Interpretation dieses Programms von Richard Schmitz. „Der Antisemitismus ist seit den Uranfängen der Bewegung ein Stück christlichsozialen Wesens." Er wiederholte die bekannten Positionen und lenkte den Antisemitismus sehr stark auf den Antimarxismus und den Kampf gegen die Sozialdemokratie. Vielleicht schon durch den herannahenden Nationalsozialismus gewarnt schränkte Schmitz aber in bemerkenswerter Weise ein: „Immer jedoch muß er [gemeint der Antisemitismus, Anm. d. Verf.] die Grenzen einhalten, die das Gesetz der christlichen Gerechtigkeit und das Gebot der christlichen Liebe gezogen haben. Daher gibt es für den Christlichsozialen keinen gewalttätigen und auch keinen Rassenantisemitismus."[33]

Beim Wahlkampf 1930 war gegenüber früher kaum mehr ein Antisemitismus zu bemerken. Der radikale Wortantisemitismus in der christlichsozialen Propaganda gab es offenbar nicht mehr, dieses Feld ging nun auf die Nationalsozialisten über. An der prinzipiell antisemitischen Gesinnung der Partei und deren führenden Vertreter hat sich aber nichts geändert. Das traf auch auf den damaligen Bauernbundfunktionär und ersten Bundeskanzler der Zweiten Republik, Leopold Figl (Nc), zu, der 1930 einen „gesunden Antisemitismus" forderte.[34]

Als einer der ersten im katholischen Bereich Österreichs hat sich, wie bereits erwähnt (siehe S. 339), ***Siegmund Guggenberger*** (Kb) kritisch mit den weltanschaulichen Grundsätzen des Nationalsozialismus auseinandergesetzt. Auch wenn er vom Standpunkt des katholischen Christentums zum Schluß einer Unvereinbarkeit kommt, ist bei ihm doch

---

29 Albrich, Vom Vorurteil zum Pogrom, S. 323f.

30 Lugmayer, Linzer Programm. Das Programm auch in Berchthold, Parteiprogramme, SS. 371-374.

31 Lugmayer, Linzer Programm, S. 143f.

32 Berchthold, Parteiprogramme, SS. 374-376.

33 Zitiert nach Rütgen, Antisemitismus, SS. 103f.

34 Trost, Figl von Österreich, S. 84.

der christlichsoziale Antisemitismus herauszulesen. Er kommt 1932 bei dieser kritischen Analyse zu höchst merkwürdigen Schlüssen. Ganz in der alten christlichsozialen Tradition stehend stellte er fest, „daß man kein Nationalsozialist sein muß, wenn man sein deutsches Volk von der Vorherrschaft und den Übergriffen des Judentums befreien will", und plädierte für die vorhin genannten dissimilierenden und ausgrenzenden Forderungen. Aber er fügte gleich hinzu: „Wenn der Nationalsozialismus behauptet, die Judenfrage sei nur mit brutaler Gewalt zu lösen, so begibt er sich in bewußtem Gegensatz zum Christentum ... Nicht Judenhaß und Judenhetze darf das Ziel sein, sondern Christenschutz!"[35]

Nach der Machtübernahme Hitlers 1933 und der damit einsetzenden nationalsozialistischen Judenpolitik im Deutschen Reich war der Politische Katholizismus in Österreich gefordert, in der Judenfrage seine Stellung zu überdenken. Im Herbst 1933 erschien von ***Emmerich Czermak*** (NdW) die Abhandlung „Verständigung mit dem Judentum".[36] Er führte zwar die moderaten Töne Richard Schmitz' von 1932 fort, lehnte aber die Assimilation weiter ab und forderte die Stellung einer eigenen Nation mit Minderheitenrecht. Zwar waren Czermaks Vorschläge von den Bemühen getragen, die „Judenfrage" friedlich zu lösen, doch bedeuteten die Forderungen nach einem besonderen Minderheitenrecht in der Konsequenz eine unterschiedliche Rechtsstellung der Juden als Staatsbürger zweiter Ordnung. Mit Recht kann man fragen, ob in den häufigen Forderungen der Christlichsozialen nach einem Minderheitenrecht, das aber tatsächlich minderes Recht darstellte, weite Teile der österreichischen Bevölkerung dahingehend disponiert wurden, nach 1938 die Entrechtung der Juden mit Selbstverständnis hinzunehmen.[37]

Der „Ständestaat" stand primär im Abwehrkampf gegen den Nationalsozialismus, daher trat der Antisemitismus weiter in den Hintergrund, nicht zuletzt auch durch die Ausschaltung der Sozialdemokratie. Daher ist es bemerkenswert, daß 1936 Leopold Kunschak wie erwähnt seinen 1919 verfaßten Gesetzesantrag veröffentlichte.[38] Die Juden sollten als „jüdische Nation" die Rechtsstellung einer „geschützten nationalen Minderheit im Staat" erhalten, wobei im Sinne der christlichsozialen Politik die Assimilation erschwert werden sollte. „Der Austritt ... aus der israelitischen Religionsgesellschaft hebt für den Austretenden ... die Zugehörigkeit zur jüdischen Nation nicht auf." Diese Bestimmung ist eindeutig rassisch motiviert, und damit werden die Äußerungen Kunschaks, er sei zwar Antisemit, nicht aber Rassenantisemit gewesen, äußerst fragwürdig.[39]

Auf der gleichen Linie lag auch ***Josef Tzöbl*** (ehemals Am). Nach ihm sind die „Juden nicht lediglich als Bekenntnis, sondern vornehmlich als Rasse und Volk zu behandeln".[40] Tzöbls Schrift wurde vom „Österreichischen Verband für volksdeutsche Auslandsarbeit" herausgegeben, der im März 1934 in Verbindung mit Bundeskanzler Engelbert Dollfuß (F-B) gegründet wurde. Die Verbandsspitze bestand damals aus Hugo Hantsch (Fd), Czermak und Tzöbl, dessen Tätigkeit und Antisemitismus wegen der Affinität zum Nationalsozialismus in manchen Kreisen der Vaterländischen Front aber bereits suspekt geworden war.

Richard Schmitz wurde 1934 Bürgermeister von Wien. Obwohl einer der unbeugsamsten Gegner des Nationalsozialismus konnte er seine antisemitische Vergangenheit

35 Guggenberger, In diesem Zeichen?, S. 16f.
36 Czermak, Verständigung mit dem Judentum.
37 So Rütgen, Antisemitismus, S. 115.
38 Staudinger, Judenpolitik, S.38f.
39 Rütgen, Antisemitismus, S. 121.
40 Tzöbl, Minderheitenrecht, S. 63.

nicht abstreifen. So setzte er eine Reihe die Juden diskriminierende Maßnahmen. Im August 1937 ordnete er an, daß an Juden keine Gemeindewohnungen zugewiesen werden. Und zu Weihnachten 1937 gab er die Parole aus: „Christen kauft bei Christen!"

Insgesamt war aber der **Ständestaat** zumindest beim „Wortantisemitismus" weitaus moderater als die Christlichsozialen vorher (offizielle Regierungsvertreter bzw. Parteifunktionäre und Mitglieder). Das lag schon in einer der Hauptideologien des Ständestaates zugrunde, nämlich der Abwehr des Nationalsozialismus. Engelbert Dollfuß (F-B), der noch als Student für den Arierparagraphen im CV eintrat (s. u.), enthielt sich als Bundeskanzler jedweder antisemitischen Aktivität oder Äußerung, und in seiner Umgebung gab es den Spitzenbeamten jüdischer Herkunft, Sektionschef Robert Hecht, der ihn in verfassungsrechtlichen Fragen beriet. Insbesondere Bundeskanzler Kurt Schuschnigg (AIn), der ja nicht dem antisemitischen Milieu Wiens entstammte, zeigte sich gegenüber den Juden freundlich gesinnt und wurde auch deswegen in den eigenen Reihen kritisiert. Davon blieb aber die antisemitische Grundhaltung breiter Bevölkerungskreise (deutschnationales und christlichsoziales Milieu) unberührt. Die ständestaatliche Verfassung sicherte den Juden die Gleichheit, und der Präsident der Israelitischen Kultusgemeinde, Desider Friedmann, betonte: „Eine Verfassung, die im Namen Gottes verkündet wird, kann nicht gegen uns Juden sein." In den Räten der Verfassung 1934, insbesondere im Bundeskulturrat aber auch im Staatsrat, waren jüdische Repräsentanten vertreten.[41]

Nicht unerwähnt darf die Rolle der *Reichspost* und ihres Chefredakteurs und Herausgebers ***Friedrich Funder*** (Cl) bleiben. Seit ihrer Gründung und in der Ersten Republik waren antisemitische Töne dort gang und gebe, sozusagen als publizistische Begleitmusik zur entsprechenden Politik der Christlichsozialen Partei.[42] Doch symptomatisch bei ihm und all den anderen war das Erlebnis des Nationalsozialismus, die eine zu einer radikalen Abkehr vom Antisemitismus zur Folge hatte. „Der Antisemitismus ist tot, ist mausetot. Um Himmels willen, man tue doch nichts, um ihn wieder zu erwecken", schrieb Funder in einem Brief 1947.[43]

In einer abschließenden Beurteilung kann man feststellen: Der Politische Katholizismus in Österreich – und damit inkludiert auch der CV – wurde im Gegensatz zu Deutschland wesentlich von einer antisemitischen Grund- und Tat-Haltung bestimmt. Diese war wiederum eingebettet in eine breite verankerte Grundstimmung auch in anderen Lagern, vor allem natürlich bei den Deutschnationalen (Großdeutschen) aber auch nicht unwesentlich in der Sozialdemokratie. Es war damals weitgehend „politisch korrekt", ein Antisemit zu sein. Ohne natürlich zu wissen oder zu ahnen, was nach der nationalsozialistischen Machtergreifung mit den Juden geschehen wird, war diese antisemitische Grundhaltung des Politischen Katholizismus (und damit auch die des CV bzw. die von CVern) mit Ursache – es wird bewußt der mit moraltheologischen Gehalt versehene Ausdruck „Schuld" vermieden – für die Eskalation der jüdischen Frage im Dritten Reich, und zwar sowohl hinsichtlich der Agierenden wie der passiv Akzeptierenden. Daß gerade die Exponenten des Politischen Katholizismus – und damit auch CVer – wiederum zu den herausragendsten Gegnern des Nationalsozialismus und damit zu deren Opfer zählten, wie wir gesehen haben, macht diese Frage zusätzlich höchst ambivalent.

---

41 Dazu insbesondere Maderegger, Die Juden im österreichischen Ständestaat, bes. SS. 115-128, sowie Wohnout, Die Janusköpfigkeit des autoritären Österreich.

42 Siehe dazu Pfarrhofer, Friedrich Funder, SS. 295-301.

43 Pfarrhofer, Friedrich Funder, S. 301.

Wie bereits oben angemerkt war der Politische Katholizismus in Deutschland (Zentrumspartei) nicht derartig antisemitisch ausgerichtet. So hat der Zentrumsabgeordnete Karl Ulitztka (Cl) (über ihn siehe S. 267) anläßlich der Reichstagswahl 1930 gemeinsam mit Thomas Mann und dem Reichsinnenminister Karl Severing (SPD) den Aufruf „Gegen die Kulturschande des Antisemitismus" unterzeichnet.[44]

Wie vieles, so ist das Jahr 1945 auch diesbezüglich eine Zäsur. Der Antisemitismus im katholischen Milieu ist vordergründig überwunden, ob er in den Köpfen, auch bei nachfolgenden Generationen verschwunden ist, mag dahingestellt sein. Dafür dauerte vielleicht seine Geschichte zu lang, um eine 180-Grad-Wendung plötzlich und total erfolgreich durchführen zu können.

Der Arierparagraph im CV

Insofern der CV und seine Verbindungen sowie der Politische Katholizismus Österreichs dieselben historischen, ideellen wie personellen Wurzeln haben, übertrug sich auch der im Katholizismus verbreitete Antijudaismus bzw. Antisemitismus auf die Verbindungen und deren Mitglieder, wobei man, was die Intensität betrifft, sich durchaus im Rahmen des im Politischen Katholizismus Üblichen befand. Darüber hinaus ist zu unterscheiden, ob antisemitische Äußerungen von einzelnen Verbindungsmitgliedern getroffen wurden, oder ob es offizielle Äußerungen bzw. Beschlüsse von Verbindungsconventen oder gar des Dachverbandes CV waren. Im Vergleich zur „wehrhaften" Studentenschaft finden sich letztere im CV im überschaubaren Rahmen, wohl durchaus aber – jedoch mit geringerer Intensität als bei den Schlagenden – bei den Mitgliedern.[45] Hier gibt es nichts zu beschönigen. Dieser Umstand wird jedoch gerne von der Geschichtsschreibung der Burschenschaften, Corps etc. zum Anlaß eines verstärkten Hinweises genommen, gleichsam um die eigenen, weitaus schwereren Verfehlungen in diesem Bereich zu relativieren.[46]

Die Geschichte des CV und seiner Verbindungen steht aber nicht nur in Symbiose zum Politischen Katholizismus, sondern auch zur allgemeinen Studentengeschichte seiner Zeit. Damit ergibt sich naturgemäß eine gewisse Ambivalenz, die ebenfalls zu berücksichtigen und hier zumindest kurz zu streifen ist.

Die unter maßgeblichen Einfluß von Ernst Moritz Arndt und Friedrich Ludwig Jahn entstandenen Urburschenschaften zur Zeit der Freiheitskriege 1811 bis 1815 wurden stark von einer deutschvölkischen Ideologie – es ging um die ideelle Einheit der Deutschen – geprägt. Damit war die Aufnahme von Juden in die Burschenschaft problematisch, ein Teil der Urburschenschaft zog auch die Konsequenz und nahm keine Juden auf.[47]

---

44 Siehe Berlin-Lexikon: http://www.luise-berlin.de/bma/bmatxt97/9710lexa.htm. Für diesen Hinweis wird Christoph-Rudolf Krenn (Cl) gedankt.

45 Diese Position vertritt auch Gehler, Studenten und Politik, S. 97.

46 Diese Tendenz hat die Arbeit von Hein, Antisemitismus, und in jüngerer Zeit vor allem Bösche, Der akademische Antisemitismus, der den Unterschied zwischen Satzungsbeschlüssen des CV und seiner Verbindungen nicht begreift bzw. begreifen will (bes. S. 241f.). Dagegen zeigt die Analyse der *Burschenschaftlichen Blätter* in der Studie von Ströle-Bühler, Studentischer Antisemitismus in der Weimarer Republik, welche eminente Vorreiterrolle die Burschenschaften beim studentischen Antisemitismus einnahmen.

47 Dazu siehe Wreden, Urburschenschaft, und Wreden, Antisemitismus. Einen Überblick bietet Weber, Zum Stand der Antisemitismusforschung in der Studentengeschichte.

Das ab 1859 in Österreich wieder allmählich entstandene Korporationswesen war anfänglich noch stark von den liberalen Ideen des Jahres 1848 geprägt. Wir haben aber bereits gesehen, daß es in Folge des Börsenkrachs von 1873 zu einem politischen Paradigmenwechsel kam, der nicht ohne Auswirkungen auf die Studenten blieb. Sowohl in Deutschland wie auch in Österreich kippte in den siebziger Jahren die Studentenschaft vom Liberalismus in den Nationalismus über. Aus dieser Tendenzwende entstand 1880/81 eine Studentenbewegung, nämlich die der ***Vereine Deutscher Studenten*** (VDSt, auch Kyffhäuserbewegung genannt), die stark antisemitisch geprägt war. Der Erfolg dieser Bewegung hatte auch für die anderen Studentengruppen Auswirkungen: Zahlreiche Burschenschaften und Corps führten ebenfalls das Arier-Prinzip ein und schlossen Juden aus. In Wien nahm die B! Libertas im WS 1878/79 als erste den Antisemitenstandpunkt in ihre Satzungen auf.[48] Das hatte Konsequenzen: Juden verließen zwangsweise die Korporationen, wie z. B. Victor Adler (B! braune Arminia Wien), Heinrich Friedjung (B! Germania Prag) und 1883 Theodor Herzl (B! Albia Wien). Bis dahin gab es viele Juden in Burschenschaften, vor allem auch im sog. paritätischen Burschenbundconvent, dem liberale Burschenschaften angehörten – allerdings war er zahlenmäßig nicht bedeutend. Einer solchen Burschenschaft (Budovisia Wien) gehörten zwei Brüder des Vaters von Bundeskanzler Bruno Kreisky an.[49]

Der Begründer des Zionismus Theodor Herzl (links) im Couleur der B! Albia Wien.

Die rassenantisemitische Ideen Schönerers fielen in der Folge bei den schlagenden Verbindungen vermehrt auf fruchtbaren Boden. Bei dem im Mai 1889 gegründeten „Linzer Delegierten-Convent" (LDC) österreichischer Burschenschaften wurde der Arierparagraph in dessen Satzungen aufgenommen, und im März 1896 wurde das sog. **Waidhofner Prinzip** beschlossen, nämlich die Verweigerung der Genugtuung (Duell) gegenüber den Juden.[50] Das Arier-Prinzip wurde im Lauf der Jahre noch verstärkt bzw. verfeinert. So beschloß z. B. die B! Allemannia Graz auf einem BC am 13. Mai 1933, daß „ein Bundesbruder, der eine Frau nicht-arischer Abstammung heiratet", verpflichtet sei, „sein Band niederzulegen". Ebenso wurde der Beitritt zu Vereinen untersagt, die keinen Arierparagraphen aufweisen.[51] Der weitere Weg der schlagenden Verbindungen radikalisierte sich zwangsläufig.[52] Ab Ende der zwanziger Jahre dominierten in Wien antijüdische Krawalle die Universität (siehe S. 322). Und so ist die Ermordung eines Funktionärs der Israelitischen Kultusgemeinde Innsbrucks bei den Novemberpogromen 1938 (sog. „Reichskristallnacht") durch den SS-Angehörigen

48 Siehe Jarausch, Deutsche Studenten, SS. 82-93; siehe auch Bösche, Der akademische Antisemitismus in Österreich; Hein, Antisemitismus; Seewann, Das Waidhofener Prinzip; Scheuer, Burschenschaft und Judenfrage.

49 *Borussenecho*, 29. Jg., Nr. 266, 1981, S. 10. Dies konnte Heinrich Kolussi (F-B) herausfinden.

50 Dazu besonders Seewann, Das Waidhofener Prinzip, SS. 153ff.

51 Cerwinka, Geschichte der Allemannia, S. 283.

52 Dazu siehe Ströle-Bühler, Studentischer Antisemitismus in der Weimarer Republik.

Gerhard Lausegger (B! Suevia) und der hohe Anteil von Schlagenden am NS-Vernichtungsapparat von einer gewissen Konsequenz getragen.[53]

Diese Ausgrenzung der Juden führte paradoxerweise zur Entstehung eines sich nicht assimilieren wollenden Judentums bzw. führte zum Zionismus. Die 1883 in Wien gegründete jüdische Studentenvereinigung propagierte „Bekämpfung der Assimilation, Hebung des jüdischen Selbstbewußtseins, Besiedelung Palästinas".[54] In der Folge entstanden weitere jüdisch-nationale Studentenverbindungen in ganz Österreich, die in der Regel Farbe trugen und den üblichen Komment pflegten. Sie alle gingen 1938 unter. Eine Anzahl Alter Herren dieser Verbindungen zog nach Israel und trug mit dazu bei, daß die versunkene altösterreichische Welt dort eine zeitlang weiterleben konnte.[55]

Nun zum CV: Bis 1914 fand bei ihm und seinen Verbindungen in Österreich nachweislich keine irgendwie geartete Debatte über die Judenfrage statt, sei es in der *Academia* oder auf Cartellversammlungen. Die Tatsache, daß 1903 in Wien deutschnationale zusammen mit jüdisch-zionistischen Studenten auf CVer losgingen, wird in der *Academia* mehr oder minder neutral gemeldet. Als aber 1913 die Schlagenden die CVer in Wien aufforderten, mit ihnen gemeinsam gegen die Juden loszugehen, lehnte das der CV entschieden ab.[56]

Die Situation änderte sich jedoch schlagartig im Verlaufe des Ersten Weltkriegs, insbesondere nach 1918. Wie erwähnt gab es bereits vor dem Krieg in Wien einen hohen Anteil jüdischer Studenten. Durch die russische Offensive 1914/15 strömten auch viele jüdische Studenten aus Galizien und der Bukowina nach Wien, zu Kriegsende kamen noch weitere hinzu.[57] Das wirkte sich wiederum besonders auf Wien aus. Da die meisten nichtjüdischen Studenten aus der Umgebung Wiens im Felde standen, kam es, daß im Sommersemester 1918 92 Prozent (!) der Hörer der Wiener Universität jüdischer Abstammung waren.[58] So konnte der Chorherr und Student der Geschichte Johannes Hollnsteiner (ehemals Nc) 1920 in einer Broschüre der KDAA schreiben: „Der durch die Kriegszeit gereifte Student ... empfand es als besonders bitter, daß in der Zeit, in der er fürs Vaterland Opfer brachte, auf unseren hohen Schulen Volksfremde und zum guten Teil Volksschädlinge sich breit gemacht haben."[59]

1920 besserte sich zwar die Lage durch die Heimkehrer, doch waren damals 65 Prozent der Medizinischen, 39 Prozent an der Juridischen und 45 Prozent an der Philosophischen Fakultät jüdischer Herkunft. Auf der Hochschule für Welthandel soll der jüdische Anteil 60 Prozent betragen haben. Wenn man bedenkt, daß der jüdische Anteil unter den Studenten Wiens 1890 ca. 33 Prozent ausmachte, war das ein beträchtlicher Zuwachs. Dieser hohe Anteil unmittelbar nach dem Krieg sank natürlich im Lauf der Zeit.

---

53 Gehler, Vom Rassenwahn zum Judenmord am Beispiel der Innsbrucker Universität, S. 282f.

54 Seewann, Theodor Herzl. Vom Burschenschafter zum Vater des Judentums, S. 129; Ders., Das Waidhofener Prinzip, SS. 154ff.

55 Einen guten Überblick über diese Verbindungen bietet Seewann, Jüdisch-nationale Korporationen in Österreich. Zur Jahreswende 1970/71 gab es unter der Leitung von Maximilian Liebmann (Cl) eine CV-Studienreise nach Israel, an der der Verfasser teilnahm. Dabei gab es in Tel Aviv ein berührendes Treffen mit ehemaligen Angehörigen solcher Verbindungen, die dazu in Couleur erschienen. Geographisch passend wurde gemeinsam das bekannte Studentenlied „Im Walfisch zu Askalon" gesungen.

56 Hartmann, Im Gestern bewährt, S. 132; über diese Ausschreitungen siehe auch Höflechner, Die Baumeister des künftigen Glücks, S. 26.

57 Bleuel-Klinnert, Deutsche Studenten auf dem Weg ins Dritte Reich, S. 135f.

58 Schnürer, Welfia, S. 145.

59 Zwei Jahre katholische Akademikerbewegung, S. 7. Über Hollnsteiner siehe auch S. 413f.

So betrug der jüdische Anteil an der Universität Wien im SS 1933 19,2 Prozent (Juristen 16,3 Prozent, Mediziner 32,1 Prozent, Philosophen 12,5 Prozent), im WS 1936/37 sank er auf 15,7 Prozent (Juristen 9,8 Prozent, Mediziner 25,1 Prozent, Philosophen 11,6 Prozent). Auf der TH Wien lag er 1933 bzw. 1936/37 bei 11 bzw. 11,2 Prozent, an der Universität Graz bei 1,8 bzw. 1,9 Prozent, an der Universität Innsbruck beide Male nur bei 0,7 Prozent.[60]

Daß dies nicht ohne Auswirkung bleiben konnte, liegt auf der Hand. Es war daher kein Wunder, daß es schon gegen Ende des Krieges zunehmend zu kritischen Äußerungen kam.[61] Diese Situation war der Nährboden für einen verstärkten Antisemitismus, oder, anders ausgedrückt, für Forderungen, die darauf hinausliefen, die Inskription für ausländische Studenten zu beschränken. Aber damit bekam man die Sache nicht in den Griff, denn es gab ja einen hohen Prozentsatz inländischer Juden. Und die aus den östlichen Teilen der Donaumonarchie stammenden waren laut Gesetz, sofern sie Deutsch als Muttersprache angaben, und das war ja bei vielen Juden der Fall, den inländischen Hörern gleichgestellt bzw. hatten nach Auflösung der Monarchie die Optionsmöglichkeit für die österreichische Staatsbürgerschaft.[62] Damit schob sich relativ rasch der Rassenstandpunkt in den Vordergrund, denn nur damit konnte man des Problems Herr werden, indem man eben „deutscharische" Hörer bevorzugte.[63]

Dies wurde bereits am 27. November 1918 in einer allgemeinen Studentenversammlung in Wien, bei der der CV *plenis coloribus* teilnahm, gefordert. Die anderen österreichischen Universitäten Graz und Innsbruck hatten bei weitem nicht das Problem, trotzdem zogen sie mit den Wienern aus Solidarität mit. So hat offenbar bis 1920 hinein in Graz der Allgemeine Studentenausschuß „arische Bestätigungen" für die Inskription ausgestellt, weswegen sich jüdisch-ausländische Studenten beschwerten. Dadurch kam es auch zu einer parlamentarischen Anfrage an den damaligen zuständigen sozialdemokratischen Unterstaatssekretär Otto Glöckel, der indirekt diese Vorgangsweise unterstützte.[64] Wie überhaupt die Sozialdemokratie ja auch nicht gerade frei von Antisemitismus war, wenn es gegen die „reichen Juden" ging, wie Dieter A. Binder (KV Winfridia Graz) nachgewiesen hat.[65]

Dieser Entwicklung konnte der CV nicht fernstehen, hatten sich doch gerade in den Umbruchtagen in Wien und Graz CVer und Schlagende zusammengetan, um gemeinsam die Deutsche Studentenschaft aufzubauen, ja sogar mit einer gemeinsamen Liste in Wien und Graz.[66] Daher kam es auch in der Verfassungsfrage der DSt zu einem konformen Vorgehen, als es um die Durchsetzung des volksbürgerlichen Prinzips in der DSt vor allem in Österreich ging (siehe S. 284f.). Auf der 52. CV 1921 in Linz stellte der Vertreter der

60 Nach Maderegger, Die Juden im österreichischen Ständestaat, S. 152f.

61 Vgl. Funder, Das weiß-blau-goldene Band, S. 165.

62 Über die komplizierte Frage dieser Optionsmöglichkeit und über den Kampf dagegen siehe überblicksmäßig Pauley, Eine Geschichte des österreichischen Antisemitismus, S. 129ff., sowie genauer Besenböck, Oskar: Die Frage der jüdischen Option in Österreich 1918-1921. Wien phil. Diss. 1992.

63 Zu den Numerus clausus-Anträgen siehe u. a. Faust, Der Nationalsozialistische Studentenbund, II, S. 89f.

64 AVA MCU 5 D + D, Graz. Z. 8079/20 und 9459/20 vom 15. 5. 1970.

65 Vgl. Binder, Der „reiche" Jude. Siehe dazu auch die Studie Reiter, Margit: Unter Antisemitismusverdacht. Die österreichische Linke und Israel nach der Shoah. Innsbruck 2001. Bundespräsident Karl Renner hat Anfang 1946 verlauten lassen, er glaube nicht, daß „Österreich in seiner jetzigen Stimmung Juden noch einmal erlauben würde, diese Familienmonopole aufzubauen." Siehe die Besprechung dieses Buches von Rolf Steininger in der *Frankfurter Allgemeinen,* 3. 1. 2002, S. 11.

66 Hartmann, Im Gestern bewährt, S. 253.

Austria Innsbruck fest: „Für die Verhältnisse an der Wiener Universität mit ihrer eminent jüdischen Invasion war diese Entwicklung [gemeint das Volksbürgerprinzip der DSt, Anm. d. Verf.] Schicksalsfrage, und Graz und Innsbruck haben sich aus Solidarität für die national bedrängten Wiener Hochschulen auf denselben Standpunkt gestellt und denselben wieder betont."[67]

Doch die vorhin erwähnten Zahlen über den Anteil jüdischer Studenten müssen möglicherweise nach neuesten Untersuchungen von Wolfgang Zaunbauer (Kb) eine kritische Prüfung erfahren. Für das Studienjahr 1926/27 wurden anhand der Wiener Rektoratsakten für das WS bei einer Gesamtstudentenzahl von 9.907 nur 948 jüdische Studenten ausgewiesen, das sind 9,6 Prozent, für das SS bei einer Gesamtstudentenzahl von 9.275 nur 814 jüdische Studenten, das sind 8,8 Prozent. Allerdings sind das möglicherweise nur Juden österreichischer und reichsdeutscher Staatsbürgerschaft. Der Anteil der Studenten nichtösterreichischer bzw. nichtdeutscher Staatsbürgerschaft lag bei rund 12 Prozent. Somit lag der Anteil nichtdeutscher (im damaligen Sinne) Studenten, bei denen die Juden inkludiert waren, bei rund 20 Prozent. Somit dürfte wahrscheinlich der Anteil der Juden an den Wiener Studenten bei rund 12 bis 15 Prozent gelegen haben, also deutlich niedriger als immer in der Literatur angegeben. Ob das nun auch für andere Jahre vor und nach 1926/27 angenommen werden kann, dafür spricht einiges, jedoch ist eine genaue Quellenüberpüfung notwendig. Es scheint somit, durch die Propaganda der DSt die Zahl der jüdischen Studenten bewußt höher angesetzt worden zu sein, um daraus Kapital schlagen zu können.[68]

Wie auch immer: Ob nun über oder unter 20 Prozent, der Anteil jüdischer Studenten in Wien war überdurchschnittlich hoch und nicht zu „übersehen". Auch 15 Prozent geben genügen Reibestoff.

Daß selbst marginale jüdische Anteile zu entsprechenden Reaktionen führen können, zeigt z. B. jenes Schreiben der Carolina und des Traungau (also der damalige GCV), das am 20. Juni 1919 den Akademischen Senat ersuchte, „bei Besetzung von Ehrenstellen, Ämtern und freiwerdenden Lehrkanzeln für die Zukunft nur mehr deutsch-arische Hochschullehrer berücksichtigen zu wollen".[69] Ähnlich ist die Eingabe der DSt Innsbrucks vom November 1922 zu bewerten, wonach nur 5 Prozent der Professoren Juden sein durften, Ehrenstellen (Rektor, Dekan) sollte ihnen verwehrt bleiben. Unterzeichnet wurde diese Eingabe von Vorsitzenden der DSt, Franz Kohs (AIn) – die katholische Liste hatte ja in Innsbruck die Mehrheit. Auf der Kundgebung am 6. Dezember 1923 in Innsbruck „für die Reinerhaltung der Hochschule vom jüdischen Einflusse" sprach der damalige DSt-Vorsitzende Ludwig Mair-Loyendorf (Le).[70]

Doch andererseits gibt es Fälle der Zurückhaltung, wie z. B. die Affäre um Prof. Alfons Leon auf der Grazer Technischen Hochschule. Dabei wurde, offenbar im Zusammenhang mit dem Familiennamen und der Tatsache, daß Leon Sozialdemokrat war, von den deutschnationalen Studenten behauptet, Leon sei Jude, was auch allgemein angenommen wurde, aber nicht der Fall war. Im WS 1924/25 kam es zu massiven Demons-

67 Bericht 52. CV, S. 112.

68 Zaunbauer, Studenten und Politik an der Universität Wien, SS. 49-51. Die Erkenntnisse fußen auf UAW. Rektoratsakten 691 ex 1926/27. Siehe auch Zaunbauer, Wolfgang: Der Anteil jüdischer Hörer an den österreichischen Hochschulen in der Ersten Republik. Eine Korrektur, in: *Acta Studentica* 152/2005, S. 4f.

69 UAG VA Carolina. Schreiben vom 20. 6. 1919.

70 Gehler, Vom Rassenwahn zum Judenmord am Beispiel der Innsbrucker Universität, S.275.

trationen seitens der Schlagenden (sog. „Leon-Krawalle"), weil Leon sich nicht an den Beschluß hielt, Kriegsteilnehmer weniger rigoros zu prüfen. An diesen beteiligte sich der CV bzw. Carolina nicht, was den Unmut der Schlagenden hervorgerufen und die gespannte hochschulpolitische Situation verschärft hatte.[71] Auch beteiligte sich der Grazer CV 1925 nicht am Boykott gegenüber dem jüdischen Dekan der juridischen Fakultät, Prof. Armin Ehrenzweig, (siehe S. 305) und ließ sich von den Schlagenden niemals festlegen ließ, daß die jüdische Frage eine Rassenfrage sei.

Anders aber wiederum im fast „judenfreien" Innsbruck: Dort protestierte am 10. Juni 1925 die vom CV dominierte DSt – Vorsitzender war damals Armin Hämmerle (AIn) – gegen die Erteilung der *venia legendi* an den Zahnmediziner Wilhelm Bauer, der Jude, jedoch katholisch-assimiliert war.[72]

Immer wieder wird behauptet, der CV habe so wie die schlagenden Verbindungen einen **Arierparagraphen** besessen.[73] Es sei denn, man interpretiert das Prinzip *Katholizität* oder die Formulierung *deutsch* in den Satzungen als solchen. Aber die Bestimmungen wandten bzw. wenden sich noch heute auch gegen andere Konfessionen bzw. Nationen. Aus dem Prinzip Katholizität heraus konnte und kann bis heute kein Nichtkatholik, daher auch kein Angehöriger des mosaischen Bekenntnisses, einer CV-Verbindung beitreten. Die Lage ist anders bei den im deutschen Kulturkreis assimilierten und zum Katholizismus konvertierten Juden. Für diese, allerdings in Gesamtrelation sehr geringe Zahl wäre ein Arierparagraph anzuwenden gewesen.

Vor dem Hintergrund der erwähnten Wiener Zustände nach 1918 ist der Vorstoß von Engelbert Dollfuß (F-B) auf der 51. Cartellversammlung in Regensburg 1920 zu verstehen, als er mit Hilfe des Wiener Alttestamentlers P. Nivard Schlögl (Nc) beantragte, daß „die deutsch-arische Abstammung, nachweisbar bis auf die Großeltern" die Bedingung zur Verbandszugehörigkeit sein müsse. Vor allem wegen der Berichte über die Wiener Zustände wurde dieser Antrag mit nur zwei Gegenstimmen – darunter Nibelungia Wien – vorläufig angenommen. Aus formalen Gründen war nach der damaligen CV-GO eine nochmalige schriftliche Abstimmung im Laufe des WS 1920/21 notwendig, bei der dieser Antrag nicht die notwendige Mehrheit erhielt. Dieser Antrag ist also nie in Kraft getreten und wurde auch nie wieder einer Cartellversammlung zur Abstimmung vorgelegt. Es gab daher keinen Arierparagraphen des CV – wenn man von dem 1933 dem gleichgeschalteten CV oktroyierten absieht (siehe S. 359).[74] Interessant ist dabei, daß selbst die Franco-Bavaria, die diesen Antrag stellte, bei der schriftlichen Abstimmung dagegen stimmte, was auf einen Stimmungs-Umschwung in der Verbindung hindeuten dürfte.[75] Es ist nicht uninteressant, daß fast zur selben Zeit 1920 auf dem Eisenacher Burschentag auf Antrag der Grazer Burschenschaften Frankonia und Allemannia dieser einstimmig für die DB den Rassestandpunkt beschloß. Ähnliche Beschlüsse bei den Corps und Landsmann-

71 Arminia SS. 120f. und 124f.; Ehrlicher-Leitinger, Ein Hort deutschen Fühlens, S. 153. Zum Fall Leon siehe ausführlich Weingand/Winkler, Diese Welt muß unser sein, SS. 81-94. Warum die Tatsachenfeststellung des Umstandes, daß sich Carolina nicht an den Krawallen beteiligte und daß dies ein Beleg für die Zurückhaltung der Carolina in der Judenfrage sei (siehe Hartmann, Im Gestern bewährt, S. 416, von den Autoren (ebda. S. 85) negativ beurteilt wurde („entbehrt nicht einer gewissen Ironie"), ist nicht nachzuvollziehen

72 Gehler, Vom Rassenwahn zum Judenmord am Beispiel der Innsbrucker Universität, S.276.

73 Widerstand und Verfolgung Wien III, S. 6.

74 Bericht 51. CV, S. 18; Stitz, Der CV 1919-1939, S. 45; Winter, Christentum und Zivilisation, S. 378.

75 Schrammel, Geschichte der K. Ö. H. V. Franco-Bavaria, S. 20.

schaften folgten.[76] Dieser Gleichklang aus Österreich war, wenn zwar sicher nicht akkordiert, jedoch auch kein Zufall.

Eine andere Sache hingegen sind die Satzungen der Verbindungen. Hier war es durchaus möglich, daß Arierparagraphen aufgenommen wurden. *Praeter legem* haben Verbindungen beim Eintritt verlangt, daß die Mitglieder „deutsch-arischer" Abstammung sein müssen.

Von der Norica ist belegt, daß man in den zwanziger Jahren ein Aufnahmegesuch unterschreiben mußte, wo stand, daß man „wissentlich katholischer Religion und deutsch-arischer Abstammung" ist. Eine entsprechende Bestimmung in der Satzung oder GO gab es aber offenbar nicht.[77] Ähnliches wird auch von der Carolina berichtet, ein definitiver Beweis konnte nicht erbracht werden.[78] Auch bei der Austria Wien wurde in der Praxis zumindest nach 1918 ein Arierparagraph angewendet.[79]

Die Amelungia hatte seit ihrer GO-Reform vom Sommersemester 1921 in § 11 Z. 10 die Bestimmung „deutscharische Abstammung bis auf die Großeltern" aufgenommen. Der bereits erwähnte und als Antisemit agierende Josef Tzöbl (ehemals Am) war damals in der DSt tätig, wodurch wahrscheinlich ein zusätzliches Antriebsmoment vorhanden war. Diese GO war bis 1938 gültig.[80]

In den ältesten vorhandenen Statuten der Bajuvaria vom 28. Juni 1921 heißt es unter IV. „Die Verbindung hat den Zweck, deutsch-arische Hochschüler... unter ihrem Banner zu vereinigen."[81] Es handelte sich dabei um die vereinspolizeilich vorgelegten Satzungen, deren Bestimmungen offenbar über die MKV-Verbindung Frankonia von der Franco-Bavaria stammen dürften.[82]

Ein interpretativer Grenzfall sind aber Satzungsbestimmung mit dem Begriff *deutsch* in Zusammenhang mit der Mitgliedschaft, etwa die Statuten der Leopoldina aus 1925, wo es in § 5 hieß: „Aktives Mitglied kann jeder katholische Studierende sein, der ... deutscher Volkszugehörigeit ist." Während bei den anderen genannten Beispielen immer expressis verbis „deutsch-arisch" steht oder die Beibringung eines Ariernachweises verlangt wird, steht hier nur „deutsch". Solche oder ähnliche Formulierungen finden sich auch bei anderen Verbindungen. Das läßt einen breiten Spielraum an Interpretationen zu. Die eine ist die, daß diese Bestimmung ein Ausfluß der „CV-Obernorm" ist, nämlich aus der Eingangs- bzw. „Überschrifts"-Bestimmung der CV-Satzung „Cartellverband der katholisch *deutschen* Studentenverbindungen". Nach dem Verständnis des damaligen CV konnten eben nur Katholiken und Deutsche Mitglieder werden. Der Begriff *deutsch* grenzt alle Nicht-Deutschen aus, ein Arierparagraph bzw. Formulierung wie *deutsch-arisch* o. ä. nur die Juden.

Wenn es nun solche Satzungsbestimmungen bei Verbindungen bzw. Aufnahmeerklärungen gegeben hat, dann waren diese cartellrechtswidrig, denn die Verbindungen dürfen bei den Bestimmungen über die Verbindungsmitgliedschaft weder enger noch weiter

76 Brunck, Die Deutsche Burschenschaft in der Weimarer Republik, SS. 158f. und 166ff.; Cerwinka, Geschichte der Allemannia, S. 282.

77 Moser/Tschulik, Hundert Jahre Norica, S. 160.

78 Es dürfte aber wahrscheinlich wie bei Norica außerhalb der Satzungen eine solche Erklärung gegeben haben.

79 Schönner, Auf, mit Gott zur Mannestat, S, 70.

80 Mitteilung von Gerhard Taus (Am) vom 22. 3. 2000 an den Verfasser.

81 Krammer, Geschichte Bajuvaria, S. 915f.

82 Ebda., S. 47

gefaßte Vorschriften besitzen. Gerade die Tatsache der Aufnahmeerklärungen beweist, daß die Verbindungen ohne eine Satzungsbestimmung, die ja nicht möglich war, gehandelt haben.

Die Diskussion um einen Arierparagraphen im CV war zweifellos eine Spiegelfechterei. Denn erstens gab es ja nicht die Massen von getauften katholischen Juden, die unbedingt dem CV beitreten wollten und derer man sich erwehren mußte.[83] Und zweitens sind trotz der antijüdischen Äußerungen und der „Arierparagraph"-Diskussion mindestens vier Fälle im ÖCV bekannt, die nicht „deutscharischer" Abstammung waren. Die „Volljuden" Franz Deutsch (NdW) und Johann Hardeck (Am) kamen im „Holocaust" des Dritten Reiches um. Zwei weitere „Halbjuden" sind bekannt, nämlich der Wiener Pfarrer Alexander Poch (AW)[84] sowie Karl Kummer (M-D).

Deutsch wußte nichts von seiner Abstammung (siehe S. 460), so daß ein ggf. Arierparagraph bei der Nordgau Wien ohne Bedeutung geblieben wäre. Er wurde gerade in jener Verbindung rezepiert, die durch Emmerich Czermak in der Juden-Frage besonders exponiert war.

Anders liegt die Sache bei Hardeck. Aller Wahrscheinlichkeit nach hat die Familie Hardeck von ihrer Abstammung gewußt. Wann die Konversion der Familie zum Katholizismus erfolgte, ist nicht mehr nachweisbar. Amelungia hatte ja in ihrer GO einen Arierparagraphen (s. o.). Hardeck wurde 1935 rezepiert, als diese GO noch gültig war. Die politischen Ereignisse ab 1933 dürften aber diese Frage in den Hintergrund gerückt haben, denn es ist auszugehen, daß man bei der Amelungia von der Herkunft Hardecks wußte.[85]

Zwei weitere eher mysteriöse Fälle von „CV-Juden" seien der Vollständigkeit erwähnt: Nach Hubert Adolph-Paburg (AW) soll der Gründer der Austria Wien, Kaspar Schwarz, Jude gewesen sein, wofür es aber keine weiteren Belege gibt.[86] Und nach Brigitte Hamann soll auch der Kampfgefährte Luegers, Albert Geßmann (AW EM), jüdischer Herkunft gewesen sein.[87] Doch in beiden Fällen sind das unbewiesene Behauptungen.

Wie ging es im CV in dieser Frage aber weiter? 1927 meldete sich der CV-Seelsorger P. Erhard Schlund OFM (Vc) in der *Academia* „Zur Rassenfrage" zu Wort und nahm die Diskussion von 1920 wieder auf. Abgesehen davon, daß ja schon aus dem Prinzip Katholizität heraus keine Glaubensjuden im CV aufgenommen werden können, meinte er, daß es durchaus im Sinne der Kirche erlaubt sei, wenn der CV getauften Juden die Aufnahme verweigere.[88] Dies war nachweislich die einzige „offiziöse" Stellungnahme eines Verbandsfunktionärs, ohne jedoch weitere Diskussionen hervorzurufen.

---

83 Als der gleichgeschaltete CV im Oktober 1933 einen Arierparagraphen einführte, sollen nach Schätzung der Verbandsführung 1935 ca. 240 CVer, weniger als einen Prozent, betroffen gewesen sein, so Schieweck-Mauk, Durchhalten, solange es geht, S. 59. Der Autor nennt aber dazu keine Quellenbelege. Die Zahl scheint aufgrund der obigen Ausführungen als viel zu hoch bemessen zu sein! Siehe dazu auch Gehler, Studenten und Politik, S. 96, wo die Äußerung eines Mitglieds der Austria Innsbruck zitiert wird: „Ich weiß keinen Fall, daß ein Jude um Aufnahme in die Verbindung ersucht hätte."

84 Widerstand und Verfolgung Wien III, SS. 46 und 61.

85 Mitteilung von Gerhard Taus (Am) vom 22. 3. 2000 an den Verfasser.

86 Hein, Antisemitismus, S. 103, Anm. 457.

87 Hamann, Brigitte: Hitlers Wien. Lehrjahre eines Diktators. München 7. Aufl. 1997, S. 417. Nach Freund, Das Österreichische Abgeordnetenhaus 1907, S. 147, wurde Geßmann 1852 geboren. Sein Vater war Militär-Baurechnungsrat, d. h. er hat offenbar vor 1848 eine militärische Laufbahn bzw. Beamtenlaufbahn begonnen, was für Juden zu dieser Zeit nahezu ausgeschlossen gewesen wäre.

88 Ac 40 (1927/28), SS. 53-56.

Trotz der Machtergreifung Hitlers und der beginnenden harten Politik gegenüber den Juden hatte sich der neue ÖCV ebenfalls mit der Judenfrage beschäftigt. Es war dies vor allem der bereits erwähnte Emmerich Czermak (NdW). Auf der ÖCV-Schulungswoche 1935 hielt er das Referat „Der CV und die Judenfrage". Obwohl er sich darin deutlich von den Nationalsozialisten distanzierte, stellte er klar, daß die Juden in einem christlichen Land eben doch Fremde sind und Fremde bleiben sollen. Aber so Czermak: „Erst wenn einer als unserem Wesen angeglichen anzusehen war, haben wir uns nicht mehr an den Großmüttern oder Urgroßmüttern gestoßen."[89] Also eine deutliche Abschwächung des Rasseprinzips. Ein Jahr später forderte Ernst Karl Winter (NbW) am 24. Mai 1936 in den *Wiener politischen Blättern* ein „Bündnis der Christen und Juden gegen den Nationalsozialismus", wohl ahnend, was kommen werde.[90]

Doch mit dem Novemberpogromen 1938 („Reichskristallnacht") sind nicht nur Johannes Ude (Cl), der damals nicht schwieg und einen flammenden Protestbrief an den Gauleiter der Steiermark Uiberreither schrieb[91], sondern auch viele andere eines Besseren belehrt worden: Die „Erzbischöfliche Hilfsstelle für nichtarische Katholiken" in Wien, die Verhaftung von Pfarrer Alois Hanig (NdW), weil er Juden getauft hatte, das Verbergen von ungarischen Juden durch Pfarrer Peter Lorenz (NbW) Anfang 1945 und das Ausstellen von Bestätigungen katholischer Vorfahren (sog. „Ariernachweis") ohne Rücksicht auf die Matriken durch Kaplan Anton Maria Pichler (NbW)[92] Ebenso der Arzt Arthur Lanc (NdW), der 1986 in Yad Vashem mit dem Titel „Gerechter unter den Völkern" geehrt wurde. Er hatte im Spätherbst 1944 im nördlichen Waldviertel ungarischen Juden zur Flucht verholfen.[93] Oder der spätere Prof. für Neues Testament an der Wiener Katholisch-Theologischen Fakultät, Johannes Kosnetter (Aa), der regelmäßig einer vom Dienst suspendierten jüdischen Gymnasiallehrerin Essen brachte.[94] Oder Rudolf Krasel-Almwehr (Merc), der einen Bundesbruder seiner MKV-Verbindung, der Jude war, den ganzen Krieg gegenüber versteckt gehalten hatte.[95] Oder Josef Marschall (Dan): Er war 1942-1944 im Rahmen eines Wehrmachtseinsatzes in Budapest, und bei Beginn der ungarischen Judendeportationen ermöglichte er mindestens 60 Juden die Flucht.[96] Oder Ludwig Sölder (Le), der als Leutnant in Crkvenica zwei jüdische Frauen verhaften sollte, ihnen aber Unbescholtenheitsatteste ausstellte und so das Überleben ermöglichte. Für diese Tat wurde er 1986 in Israel geehrt.[97]

Auch ist der in Rom wirkende Bischof Alois Hudal (BbG EM) zu erwähnen, der durch die teilweise Öffnung des Vatikanischen Geheimarchivs im Februar 2003 in einem etwas anderen Licht als bisher dasteht. Als im Oktober 1943 römische Juden verhaftet wurden, intervenierte Hudal im Auftrag des Vatikans bei den deutschen Militärbehörden und bat um sofortige Einstellung der Verhaftungen, was dann auch geschah. Nicht der im nachhinein geforderte öffentliche Protest des Papstes bzw. der Kirche, sondern die di-

---

89 Czermak, Der CV und die Judenfrage, S. 61.

90 Zitiert in Widerstand und Verfolgung Wien I, S. 566f.

91 Ausführlich zu Ude in dieser Zeit siehe Liebmann, Widerstand des und aus dem ÖCV, S. 108. Der Brief ist vollständig abgedruckt in Liebmann, Die Reichskristallnacht, S. 268.

92 Weinzierl, Zu wenig Gerechte, SS. 114f. Zu Pichler siehe Farbe tragen, S. 281f.

93 Farbe tragen, SS. 239-242; Nordgau Neunzig Jahre, S. 97f.

94 Weinzierl, Zu wenig Gerechte, S. 119

95 Farbe tragen, S. 232.

96 Ebda., S. 253f.

97 Ebda., S. 329f.

plomatische Vorgangsweise hatte offenbar zum Erfolg geführt.[98] Dies ist auch im Zusammenhang mit den stereotypen Vorwürfen an die Kirche und insbesondere an den Papst zu sehen, deren Schweigen hätte sie mitschuldig an den Verbrechen gemacht. So zuletzt von Daniel Goldhagen nicht gerade wissenschaftlich seriös erhoben.[99]

Doch auch die furchtbaren Verbrechen an den Juden, die in deutschem (und damit auch wohl inkludiert in österreichischem) Namen begangen wurden, und die damit verbundene einsichtige Umkehr hinderte kurz nach Ende des Krieges 1945 Robert Krasser (Nc) in einem ersten Rundschreiben nicht, neben der Aufforderung zur Härte gegen den Nationalsozialismus auch zu schreiben: „Strenger Maßstab bei der Aufnahme ... Keine Juden und Judenstämmlinge!“[100] Das blieb aber in dieser Form und auf dieser Ebene (Verbandsführung) aus ein Einzelfall, der vielleicht auch dadurch zu entschuldigen ist, daß im Juli 1945, nicht einmal drei Monate nach der Kapitulation, der Umfang und die wahre Dimension der nationalsozialistischen Judenvernichtungspolitik noch nicht so evident war.

Während diese Äußerung Krassers noch durch die Wirrnisse der unmittelbarsten Nachkriegszeit zu erklären sind, fehlt jedoch jedes Verständnis dafür, daß noch 1994 einige Burschenschaften in Österreich nach wie vor auf dem „Waidhofener Prinzip“ beharren („Man ist nicht verpflichtet, Fremdrassigen ... Genugtuung zu geben.“).[101]

In diesem Kapitel soll auch nicht unerwähnt bleiben, daß der Mit-Verfasser des Kommentars zu den sog. „Nürnberger Rassegesetzen“ (Gesetz zum Schutze des deutschen Blutes und der deutschen Ehre vom 15. 9. 1935) ein CVer war, nämlich ***Hans Globke*** (BvBo). Er war damals Ministerialbeamter im Reichsinnenministerium und verfaßte zusammen mit seinem Staatssekretär Wilhelm Stuckart den Kommentar zu diesen Gesetzen, die die juristische Grundlage für die Judenvernichtung bildeten. Ebenso war er Mitverfasser der berüchtigten 13 Verordnungen zum „Nürnberger Rassegesetz“. So zwang z. B. eine Verordnung vom 17. August 1938, deren Entwurf aus der Feder Globkes stammte, die Juden in Deutschland zusätzlich zu ihrem Vornamen die Namen Israel bzw. Sarah zu führen. Er war auch Miterfinder des Judensterns. Im Jahr 1963 wurde Globke in Abwesenheit von einem DDR-Gericht wegen Verbrechens gegen die Menschlichkeit, Kriegsverbrechen und Mordes zu lebenslangem Kerker verurteilt. Das war natürlich ein „Schauprozeß“ unter propagandistischen Gesichtspunkten im Rahmen des damaligen Kalten Krieges und daher naturgemäß mit einem rechtsstaatlichen Verfahren im Westen nicht zu vergleichen.

Obwohl Globke nie NSDAP-Mitglied war – sein Aufnahmeantrag wurde 1940 auf Intervention Martin Bormanns abgelehnt – und bekennender Katholik blieb, war er dennoch in die wohl dunkelsten Seite des NS-Systems schicksalhaft involviert. Auch wenn er durch seine legistische Arbeit Mischlingen und Mischehen geholfen haben dürfte[102] und er gewissermaßen in konspirativem Kontakt zur kirchlichen Hierarchie stand, so bleibt

98 Actes et documentes du Saint-Siège relatifs à la seconde guerre mondiale, ed. Pierre Blet u. a. , 11 Bände, Città del Vaticano 1965-1981, hier Band 9, S. 509f. Zitiert nach Feldkamp, Goldhagens unwillige Kirche, S. 26.

99 Goldhagen, Die katholische Kirche und der Holocaust.

100 ÖCVA. Nachlaß Robert Krasser, Rundschreiben 1, 14. 7. 1945.

101 Seewann, Das Waidhofener Prinzip, S. 169. Zu diesen Burschenschaften zählen: Die Germania und Stiria in Graz, die Brixia Innsbruck, die Leder Leoben, die Arminia Czernowitz zu Linz, die Gothia, Silesia und Teutonia in Wien.

102 „Globke gehörte zu den Beamten, die sich um eine mäßigende Einwirkung auf die Bestimmungen zur Diskriminierung der Juden bemühten“. Neliba, Günter: Der Legalist des Unrechtsstaates Wilhelm Frick. Eine politische Biographie. Paderborn 1992, S. 288.

sein bürokratisches Mitwirken an der „Endlösung“ evident. Daher werden sein rascher Aufstieg nach 1945 sowie seine Funktion als Staatssekretär im Bonner Bundeskanzleramt 1953 bis 1963 unter Konrad Adenauer bis in die Gegenwart immer wieder kritisch vermerkt (siehe S. 515).[103]

Die Diskussion um die unbewiesenen Beschuldigungen gegenüber Kurt Waldheim, der Mitte 1986 plötzlich aufgetretene „Historikerstreit“ in der Bundesrepublik um die Einzigartigkeit der nationalsozialistischen Judenvernichtung sowie die völlig verqueren Reaktionen auf die Gedenkrede des deutschen Bundestagspräsidenten Philipp Jenninger (St EM) aus Anlaß 50 Jahre der Novemberpogrome 1938 (sog. „Reichskristallnacht“) und viele ähnliche Vorfälle in den Jahren davor und danach haben gezeigt, daß das Inferno des Nationalsozialismus, insbesondere die Verbrechen an den Juden, auch nach mehr als sechzig Jahren insofern nicht bewältigt ist, als daß es noch immer nicht möglich ist, im historischen Sinn zur Tagesordnung übergehen zu können. Auf der einen Seite steht die Auffassung, die Vorkommnisse in der NS-Zeit können und dürfen nicht vergessen werden, die Deutschen und Österreicher stehen auch weiterhin in einer historischen Schuld, die nur durch „Trauerarbeit“ abgetragen, aber niemals getilgt werden kann. Auf der anderen Seite steht die Position, wie sie auf der Cartellversammlung des deutschen CV 1987 in München vom damaligen bayerischen Ministerpräsidenten Franz Josef Strauß (TsM) formuliert wurde: „Kein Volk kann auf Dauer mit einer kriminalisierten Geschichte leben. Dies und nichts anderes meine ich damit, daß wir als Deutsche wieder den aufrechten Gang lernen sollen ... Wir wollen nicht mit beinahe flagellantischer Besessenheit immer wieder Bekenntnisse deutscher Schuld ablegen, nachdem allein die Bundesrepublik Deutschland die Verantwortung und die Haftung für die nationalsozialistischen Verbrechen übernommen hat.“[104]

Mehr als sechzig Jahre nach Ende des Zweiten Weltkrieges scheint es offenbar zu einer Gewißheit geworden zu sein, was Philipp Jenninger 1988 in seiner erwähnten Rede aussprach: „Denn was immer in der Zukunft geschehen oder von dem Geschehenen in Vergessenheit geraten mag: An Auschwitz werden sich die Menschen bis an das Ende der Zeiten als eines Teils unserer deutschen [und damit auch österreichischen, Anm. der Verf.] Geschichte erinnern.“[105]

---

103 Zu Globke siehe Przybylski, Täter neben Hitler, bes. SS. 361-375, Hehl, Hans Globke, und CV-Handbuch, S. 551f.; die dortige Aufnahme Globkes in die Liste „Lebensdaten bedeutender CVer“ sowie seine unkritische Würdigung wurde kritisiert, so z. B. Ac 97 (2004), S. 446f.; weiters siehe Lommatzsch, Erich: Hans Globke und der Nationalsozialismus, in: Historisch-Politische Mitteilungen, Jg. 10, Köln 2003. Nach neuesten Forschungen bleibt von dem nach 1945 geschickt inszenierten Mythos der beteiligten Beamtenschaft, sie sei inmitten des Rassenwahns die mäßigende Kraft gewesen, nichts übrig. Mit rund 2000 Gesetzen, Verordnungen und Bestimmungen hatte sie einen stabilen justizförmigen Rahmen beigesteuert. Das ordnende und klassifizierende Ethos der Ministerialbürokratie war selbst eine maßgebliche Schubkraft bei der Verwaltung des Rassenwahns. Siehe dazu Essner, Cornelia: Die „Nürnberger Gesetze“. Die Verwaltung des Rassenwahns 1933-1945. Paderborn 2002. Rezension in der *Frankfurter Allgemeinen*, 8. 3. 2003, S. 7.

104 Ac 80 (1987), S. 176.

105 Deutscher Bundestag. Stenographischer Bericht. Gedenkveranstaltung aus Anlaß der Pogrome des nationalsozialistischen Regimes gegen die jüdische Bevölkerung vor 50 Jahren. 11. Wahlperiode, Bonn, Donnerstag, den 10. November 1988, SS. 7275.

Die Wiederentstehung des ÖCV

„Der CVer ist ein kompromißloser Katholik und ein kompromißloser Österreicher ... Wo immer die Farben einer CV-Verbindung aufleuchten, soll die Welt wissen, hier steht, arbeitet und, wenn es not tut, kämpft und opfert sich akademische Jugend für Glaube, Volk und Vaterland. Schwingt eure bunten Mützen, Freunde, und ruft mit mir: Für die glückliche und freie Zukunft Österreichs und des österreichischen Volkes!"

Richard Schmitz (Nc), CVV-Festrede am 30. November 1946, Wien.

Die Stunde Null des ÖCV

Nachdem der VOP Gerald Grinschgl (Cl) Ende April 1945 nach Innsbruck gekommen war, wurde dort ein Vorortsausschuß gebildet.[1] Am 13. Mai 1945 fand dann in der Wohnung des Innsbrucker Historikers Ignaz Dengel (Sv, AIn) eine erste Sitzung mit Vertretern des Innsbrucker CV statt. Grinschgl wurde gebeten, das Amt eines VOP weiterzuführen und den ÖCV aufzubauen. Man kam überein, für den 19. Mai 1945 in das Leopoldenhaus eine provisorische Cartellversammlung einzuberufen. Wegen der Studentenkompanie mit Angehörigen auch aus Wien und Graz waren dadurch Vertreter zahlreicher Verbindungen in Innsbruck. Die wichtigsten Beschlüsse dieser provisorischen Cartellversammlung, „die unter begeisterter Zustimmung aller Alter Herren und Aktiven von ernstem Verantwortungsbewußtsein aller getragen war", waren u. a. die Abänderung im Namen des ÖCV (anstatt Cartellverband „deutscher" nunmehr „österreichischer" Verbindungen) sowie die Säuberung des ÖCV von prinzipienuntreuen Mitgliedern.

Am 28. Juli kehrte der Vorort nach Graz zurück und nahm von dort seine Tätigkeit wieder auf. Ende August unternahm Helmut Goldner (ehemals Cl) eine Reise nach Wien, die wegen der damals herrschenden Umstände sechs Tage dauerte! Dort traf er sich mit dem WCV-Senior Johann Wollinger (Nc) und dem Vorsitzenden des ÖCV-Beirates Robert Krasser (Nc). Es wurde beschlossen, sobald wie möglich, spätestens gegen Ende des Wintersemesters, eine CVV nach Wien einzuberufen. Die Frage der Säuberung des ÖCV nahm in den Gesprächen einen großen Raum ein. Auch gab es eine Aussprache mit dem Wiener Studentenseelsorger Karl Strobl, der erklärte, er sehe eine Rettung der katholischen Sache an den Hochschulen nur in einem Eingreifen des CV.[2]

Am 19. Oktober 1945 fand in Wien eine Sitzung von Vertretern aus Wien, Innsbruck und Graz statt, die in erster Linie informativen Charakter und den Zweck hatte, die Aufbauarbeit der Ortsverbände und Verbindungen abzustimmen. Auch mit der eben erst gegründeten Freien Österreichischen Studentenschaft (FÖSt) (siehe S. 526) wurden vom Vorort erste Gespräche geführt, die im Dezember fortgesetzt wurden. Gemeinsam mit Robert Krasser wurde nun ein Fragebogen erarbeitet, der an sämtliche CVer zwecks Säu-

1 Die Darstellung der ersten Rekonstituierungsphase des ÖCV folgt, wenn nicht anders angemerkt, dem Bericht des Vororts Carolina auf der 5. CVV. Siehe Protokoll 5. CVV S. 12ff. sowie VACl. Akt Carolinen-Zirkel Vorarlberg. Auszug aus dem Sitzungsbericht der Cartellversammlung des ÖCV, 19. 5. 1945. Siehe auch Alpinia Innsbruck 1940-1965, S. 28f.

2 Protokoll 5. CVV, S. 15.

berung des Verbandes ergehen sollte und der mit einem Kommentar von Gerald Grinschgl versehen war (siehe dazu besonders S. 511).

Mitten in den nun in Gang befindlichen Aufbauprozeß platzte das Verbot der britischen Militärregierung. Mit 21. Dezember 1945 wurden alle Verbindungen in der britischen Zone, d. h. im speziellen für den Bereich Steiermark, verboten bzw. wurde die Wiedererrichtung untersagt.[3] Die britische Militärregierung in Deutschland hat für ihre Zone „Korporationen oder Korps [sic!] alten Stils" sowie die Beibehaltung „ihrer Titel, Kleidung, Vorrechte usw." verboten.[4] Daß die britische Militärverwaltung in Österreich genauso agieren würde, lag daher auf der Hand. Auch dürften zusätzlich Intrigen der Sozialisten schuld gewesen sein. Schon während der Emigration in England wurden die britischen Behörden insofern einseitig informiert, daß die Funktionäre des „Ständestaates", darunter vor allem überzeugte Katholiken und CVer, alles „Faschisten" seien. Dies ist natürlich bei Labour-Funktionären auf fruchtbaren Boden gefallen.[5] Im Juli 1945 kam nun die Labour-Party an die Regierung. Die betreffenden Emigranten sammelten sich in London im sog. „Sozialistischen Büro". Dort saß der später bekannte sozialistische Staranwalt Wilhelm Rosenzweig, der unter Entnazifizierung auch die Entfernung aller „Cevauer" verstanden wissen wollte.[6]

Durch dieses Verbot der britischen Militärregierung war nun Carolina ihrer Rechtspersönlichkeit beraubt und konnte daher nicht mehr Vorortsverbindung sein. Nach Absprache mit dem ICV und WCV wurde der Vorort am 4. Februar 1946 der Norica übertragen, was eine dieser Zeit angemessene Entscheidung – sie war bereits in Wien vorsitzende Verbindung – war.

Natürlich versuchte man von verschiedensten Seiten in Graz und Wien, gegen dieses Verbot etwas zu unternehmen. Friedrich Funder (Cl) schrieb am 26. Januar 1946 in der *Furche* unter dem Titel „Kompliziertes aus Graz" einen Artikel, wobei er sehr stark auf die antinationale bzw. antinationalsozialistische Haltung der Grazer CV-Verbindungen hinwies. Nun seien sie verboten, „zur kichernden Freude noch vorhandener Nazi".[7] Durch den Einsatz von Bundeskanzler Leopold Figl (Nc) und des steirischen Landeshauptmannstellvertreters Tobias Udier (GlL) konnte im Herbst 1946 der Verbotsbescheid aufgehoben werden. Die mündliche Benachrichtigung erfolgte am 9. Oktober 1946, die schriftliche am 21. November.[8] Damit war der steirische CV nach exakt elf Monaten wiederum voll aktionsfähig.

In Vertretung von VOP Gerald Grinschgl erstattete nun Helmut Goldner auf der 5. CVV Ende November/Anfang Dezember 1946 in Wien genauen Bericht über die

---

3 75 Jahre Carolina, S. 285f. Die notariell beglaubigte Übersetzung des Verbots-Bescheids befindet sich in VACl. Ein- und Auslauf 1945-49. H. Q. Military Goverment. Land Steiermark, Education Branch. Ref.: ST/EDN/61, 62, 10. Date: 21 Dec 45. Unterzeichnet von einem J. E. Howe, S.O.II, Education Branch.

4 Jarausch, Deutsche Studenten, S. 218. Das waren die späteren Bundesländer Nordrhein-Westfalen, Niedersachsen, Hamburg und Schleswig-Holstein, wo sich bekannte Universitätsstädte wie Bonn, Köln, Münster, Göttingen und Kiel befinden.

5 Floimaier, Geschichte der ÖSU, S. 43f. Er bezieht sich auf eine Information von Walter Urbarz (NdW).

6 Maimann, Helene: Politik im Wartesaal. Österreichs Exilpolitik in Großbritannien. 1938 – 1945. Wien 1975, S. 95f.

7 VACl. Ein- und Auslauf 1945-49. Korrespondenz Paller-Funder vom 2. und 24. 1. 1946.

8 H. Q. Civil Affairs (BE). Land Steiermark, Education Branch. Ref.: ST/EDN/10 & 61. Date: 21 Nov 46. Unterzeichnet von einem J. B. Hands, S.O.I, Education Branch. Die Abschrift des Schreibens befindet sich im VACl. Kopie im Besitz des Verfassers. Protokoll 5. CVV, S. 17. Bericht des VOP Wollinger; 75 Jahre Carolina, SS. 287 und 327f.

Tätigkeit des Vorortes Carolina. Als er geendet hatte, erhob sich Heinrich Drimmel (NdW) und sagte:

> „Als VOP der letzten CVV 1937 ... will ich heute zu diesem Bericht über neun Jahre CV-Geschichte abschließend Stellung nehmen ... Ich halte es für einen Akt der Selbstverständlichkeit, daß die heutige CVV den ... Bericht nicht nur bloß zur Kenntnis nimmt, sondern darüber hinaus Carolina Dank und die Anerkennung dafür zum Ausdruck bringt, was sie in schwerster Zeit für den CV geleistet hat. Dank gebührt ihr insbesondere dafür, daß sie das Unterpfand unserer Zusammengehörigkeit, unsere Standarte, die in den Frühjahrstagen 1933 unter Lebensgefahr über den Inn nach Österreich gebracht wurde, durch die schweren Jahre hinübergerettet ... und in der ersten Zeit nach der Befreiung alle Voraussetzungen für die Wiederaufnahme der Tätigkeit unseres Verbandes geschaffen hat. Ich stelle daher den Antrag: Die CVV wolle der abgetretenen Vorortsverbindung Carolina für ihre außergewöhnliche, erfolgreiche und unter schwierigsten Verhältnissen erbrachte Leistung den Dank und die volle Anerkennung aussprechen."[9]

Damit ist die längste und wohl auch schwierigste Vorortszeit in der Geschichte des CV und des ÖCV für Carolina zu Ende gegangen. Sie dauerte vom Sommer 1937 bis zu jenem 4. Februar 1946, also fast neun Jahre!

Der ÖCV und seine Verbindungen entstehen wieder – Die ersten Jahre nach dem Krieg

Das Wiedererstehen der ÖCV-Verbindungen vollzog sich in mehr oder minder mühevoller Weise. In der ersten Zeit nach dem Krieg ging es einmal um die Sammlung der Bundesbrüder und dann um die Sicherstellung bzw. Wiedererlangung der Werte, insbesondere auch der Verbindungsheime. Die Geschichten und Festschriften der einzelnen Verbindungen geben davon oft ein sehr anschauliches Zeugnis darüber.

Maßgeblich zur geistigen Konturierung des ÖCV der unmittelbaren Nachkriegszeit trug zweifellos der damalige Vorsitzende des ÖCV-Beirates, Robert Krasser (Nc), bei, der, wie kaum ein anderer seiner Nachfolger, Heinrich Drimmel (NdW) vielleicht ausgenommen, geistige Führung ausübte, auch wenn man mit seinen Maßnahmen nicht immer einverstanden war. Schon am 12. Dezember 1945 forderte er alle Verbindungen, Philistersenioren und CV-Funktionäre auf, ihre Gedanken zur Wiedererrichtung des CV mitzuteilen:[10]

> „Die Frage der zeitgemäßen Neugestaltung des CV, als dem Träger der zeitlos gültigen und wertvollen CV-Idee, verlangt eine großzügige Lösung. Der Sinn der Zeit, die sich auf allen Gebieten des menschlichen Lebens vor ein vollendetes Chaos gestellt sieht, kann nur Wiedergeburt und Erneuerung sein. Auch wir Katholiken sind durch Not und Zeit zur Erneuerung unseres persönlichen und gemeinschaftlichen Lebens

---

9 Protokoll 5. CVV, S. 16. Der Antrag wurde angenommen, das Protokoll vermerkte lebhaften Beifall. Drimmel irrte bezügliche der Verbringung der CV-Standarte, dies geschah erst im Frühjahr 1934, siehe 150 Jahre Aenania, S. 394.

10 VACl. Ein- und Auslauf 1945-49, Rundschreiben des Vorsitzenden des ÖCV-Beirates vom 12. 12. 1945.

aufgerufen ... Die Stellungnahme des ÖCV, dieses in der Vergangenheit prominentesten Vertreters der katholischen Geistesrichtung auf akademischem Boden, wird für die Wertung der katholischen Geistigkeit, für den kulturellen und staatlichen Wiederaufbau Österreichs von höchster Bedeutung sein."

Im Mai 1946 wurden der ÖCV sowie auch der ÖAHB durch Verlautbarung des Innenministeriums vereinsrechtlich wieder zugelassen, was sich auf dementsprechende Genehmigungen der Landesregierungen von Wien, Tirol und Salzburg auswirkte.[11]

Vom 29. November bis 1. Dezember 1946 konnte die erste offizielle Cartellversammlung nach dem Krieg, die 5. des ÖCV, in Wien abgehalten werden, wo u. a. die Beschlüsse der provisorischen Cartellversammlung vom Mai 1945 in Innsbruck bestätigt wurden. Welche Mühe es unter den damaligen Umständen bedeutete, eine solche Versammlung zu organisieren, kann man in der heutigen Zeit kaum ermessen. Man denke z. B. nur an die Barriere der Zonengrenzen. Von den damaligen Beschlüssen verdienen folgende besonders hervorgehoben zu werden, die sicherlich unter dem Eindruck der Katastrophe des Nationalsozialismus beschlossen wurden und mehr als ein halbes Jahrhundert später noch immer zeitgemäße Gültigkeit besitzen:

> „Die katholische Religion und die in ihr wurzelnde katholische Weltanschauung bildet das geistige Fundament und oberste Prinzip des CV ...
>
> Der CV betrachtet es als seine Mission, in unserer Zeit an der Wiederaufrichtung der menschlichen Gesellschaft aus dem Geiste des Evangeliums im Rahmen der Kräfte und Möglichkeiten seiner Mitglieder mitzuwirken.
>
> Der CV, der als einziger studentischer Verband während der langen Zeit seines achtzigjährigen Bestandes offen und unerschrocken zu Österreich stand und wie keine andere akademische Körperschaft von den Nationalsozialisten mit unerhörter Brutalität verfolgt wurde, bekennt sich im Zeitpunkt seines Wiedererstehens erneut und mit unbeirrbarer Entschlossenheit zu einem freien und unabhängigen Österreich. Unser Österreichertum ist uns nicht nur Erbe und Schicksal, sondern auch eine verantwortungsvolle Aufgabe. Wir sehen in der vollen und mitverantwortlichen Teilnahme an der Schicksalsgestaltung unseres österreichischen Vaterlandes ein demokratisches Recht, aber auch eine sittliche Pflicht, die wir mit ganzer Kraft und Hingabe erfüllen wollen ..."[12]

Ein weiterer Beschluß betraf die **alte CV-Standarte**, die 1934 nach Österreich in Sicherheit gebracht wurde. Sie wurde zu dauernden Verwahrung der ältesten österreichischen Verbindung, der Austria Innsbruck, übergeben.[13] Der Besitz dieser alten CV-Standarte ist von großem symbolhaftem Wert. Letztlich wird damit auch dokumentiert, was ja immer wieder auch verbal ausgedrückt wurde, daß der ÖCV 1933 bei seiner sog.

---

11 Protokoll 5. CVV, S. 17; *Wiener Zeitung*, 8. 5. 1946.

12 Die Beschlüsse publiziert in MB NF Nr. 1 (11. 11. 1947), S. 3f., und Vade mecum 1, S. 9.

13 Vade mecum 1, S. 24f. Offenbar unter dem Eindruck des Wiedererstehens des CV in Deutschland im Jahr 1950 beschloß jedoch die 8. CVV im selben Jahr, daß die Standarte der Aenania München aus Anlaß ihres 100. Stiftungsfeste übergeben werden solle. Im Gegenzug sollte die im Jahr 1925 unter dem Vorort Austria-Innsbruck gefertigte Standarte, die sich im Besitz des CV in Deutschlands befand und von der Frau des Bundeskanzlers Rudolf Ramek (Nc) gestiftet wurde, dem ÖCV übergeben werden. Vehemente Gegnerin dieses Beschlusses war die Carolina, die ja als letzter Vorort 1938 die Standarte verstecken konnte und die Aufhebung dieses Beschlusses betrieb. (Die Standarte wurde zwischenzeitlich nicht übergeben.) Dies geschah dann auf der 10. CVV 1952. Siehe Beschlußprotokolle 8. CVV, S. 76f, und 10. CVV 1952, S. 41f.

Abschaltung eigentlich die Kontinuität des alten CV und dessen Prinzipien weitergeführt hat, während dieser in den nationalsozialistischen Gleichschaltungssog geriet.

Höhepunkt der CVV war die Festrede am Abend des 30. November 1946, gehalten vom ehemaligen Bürgermeister von Wien und Vizekanzler Richard Schmitz (Nc), der vom ersten bis zum letzten Tag des NS-Regimes in Österreich in Haft war. Er schloß seine Rede mit der eingangs dieses Kapitels zitierten Passage.[14]

Die unvorstellbaren Zustände, die damals in Österreich unmittelbar nach dem Krieg herrschten, dokumentiert auch der erste Satz des ersten Rundschreibens der Altherrenschaft vom 15. April 1947: „Nach den katastrophalen Wintermonaten, in denen zufolge der unbeschreiblichen Kohlennot fast jede Sitzung, sowie die Drucklegung schon längst beabsichtigter Veröffentlichungen (Protokoll der CV-Versammlung) unmöglich war ..."[15]

Auch mitgliedermäßig hatte der ÖCV 1949 gegenüber 1935 (nach den Gesamtverzeichnissen) aufgeholt. 1935 gab es 1.408 Studierende und 3.253 Alte Herren, also insgesamt 4.661 ÖCVer, 1949 waren es 1.546 Studierende und 3.939 Alte Herren, also insgesamt 5.485 ÖCVer. Dabei muß man berücksichtigen, daß ca. 350 CVer im Zweiten Weltkrieg umgekommen sind, so daß die Zahlen noch besser ausgesehen hätten.[16]

Was die Kommunikation betrifft, so wurde zuerst wie vor 1938 ein *Mitteilungsblatt des ÖCV und des ÖAHB* herausgegeben.[17] Ab 1949 erschien dann lt. Beschluß der CVV 1949 die *Academia*, mit dem Zusatz *Österreichische*.[18] Mit der Wahl dieses Namens wurde bewußt an die alte Tradition des CV vor 1933 angeknüpft, und das geschah zu einem Zeitpunkt, als sich der CV in Deutschland noch in der Rekonstituierungsphase befand und an der neuerlichen Herausgabe einer *Academia* noch gar nicht zu denken war.

Das ÖCV-Freiheits- und Totenmal am Gipfel des Sonnwendstein (1523 m) in der Nähe des Semmering.

Von den CVV-Beschlüssen der ersten Jahre nach dem Krieg seien nur zwei erwähnt: Bereits auf der CVV 1946 wurde beschlossen, zur Melodie des bisherigen CV-Bundesliedes einen neuen Text zu verfassen, wobei dafür eine Ausschreibung gemacht wurde. Es sollte aber

14 Schmitz, Die Sendung des CV, S. 10f.

15 ÖCVA. Altherrenschaft. Schriftverkehr, Protokolle, Sonstiges 1945-56. Rundschreiben 1 des ÖAHB vom 15. 4. 1947, S. 1.

16 Laut Gesamtverzeichnis 1949.

17 Die erste Nummer erschien am 1. 11. 1947, die sechste und letzte am 15. 7. 1949.

18 Vade mecum 1, S. 33ff.

bis 1960 dauern, bis der Textvorschlag „Auf des Glaubens Felsengrunde" von Peter Diem (Rd) beschlossen wurde.[19]

Auf der CVV 1955 auf dem Semmering wurde spontan beschlossen, die durch die Kriegsereignisse stark in Mitleidenschaft gezogene Kapelle auf dem nahen Sonnwendstein als Gedächtniskapelle für die Toten des CV wiederaufzubauen. Sie wurde 1935 vom Freiwilligen Arbeitsdienst im Gedenken an den ermordeten Bundeskanzler Engelbert Dollfuß (F-B) und die bei einem Verkehrsunfall tödlich verunglückte erste Ehefrau[20] von Bundeskanzler Kurt Schuschnigg (AIn) errichtet. Es wurde ein Baukomitee eingesetzt, und bereits am 15. September 1956 konnte der kurz vorher ernannte neue Erzbischof von Wien, Franz König (Rd EM), die Kapelle einweihen.[21]

Obwohl es nach dem Krieg bald wiederum zu Verbindungsgründungen kam, gab es zuerst einmal eine Sistierung. Der ***Pflug***, eine Verbindung speziell für die Hochschule für Bodenkultur (siehe S. 227), beschloß einstimmig, sich nicht mehr zu rekonstituieren und mit der Mutterverbindung Franco-Bavaria zu vereinen.[22] Ende 1967 gab es aber offenbar Versuche, diese Verbindung zu reaktivieren, jedoch blieben diese ohne Erfolg.[23]

Bereits Ende 1946 entstand der Plan, speziell für die Hochschule für Welthandel eine eigene Verbindung zu gründen. Dies geschah dann am 25. Januar 1947 unter dem Namen ***Mercuria***, ihre Promulgation erfolgte am 23. Oktober 1947. Sie stellte auf der 6. CVV 1948 den Antrag auf Aufnahme in den ÖCV, was jedoch vorerst abgelehnt wurde. Lediglich der Status einer befreundeten Verbindung wurde zugebilligt. Nach einem weiteren vergeblichen Versuch 1949 erfolgte erst auf der 8. CVV 1950 die Aufnahme als freie Vereinigung. Vollberechtigte Verbindung wurde sie erst auf der 13. CVV 1955.[24]

Im Jahr 1948 gab es offenbar Bemühungen, in **Mödling** eine Verbindung zu gründen, die von Angehörigen der Rudolfina ausgingen und vom dortigen Philisterzirkel unterstützt wurden. Doch versandete offenbar bald diese Initiative.[25]

Bereits vor dem Ersten Weltkrieg gab es Versuche, in **Wiener Neustadt** eine Verbindung zu gründen. Eine Ferialverbindung namens ***Starhemberg*** konnte sich nicht halten, 1929 wurden deren Mitglieder in die Amelungia aufgenommen. Erst am 21. April 1950

19 Vade mecum 1, S. 24 und Vade mecum 2, S. 97f. Die Melodie dieses Liedes stammt von Johann Peters und wurde, so nach dem Allgemeinen Deutschen Kommersbuch. Hg. von Friedrich Silcher und Friedrich Ernst, 55.-58. Auflage, Lahr o. J. (sog. „Lahrer Bibel"), mit dem Text „Strömt herbei, ihr Völkerscharen, zu des deutschen Rheines Strand...." („Rheinlied") unterlegt. Der bisherige Text des CV-Bundesliedes begann mit „Einer Farbe, einem Glauben, einer Sitte zugetan" und soll aus 1828 stammen. Dazu siehe öAc 2 (1950/51), H. 7, S. 19; 11 (1959/60), H. 5, S. 11 und H. 8, S. 14f. und 12 (1960/61), H. 1, S 26. Das Trio des „Erzherzog Karl Stefan M" oder „8er Regiments M" hat dieselbe Melodie.

20 Herma geb. Masera. Bei der Autofahrt am 13. 7. 1935 in den Urlaub nach St. Gilgen verriß der Chauffeur bei Ebelsberg offenbar infolge einer plötzlichen Übelkeit das Auto und prallte gegen einen Baum. Während Schuschnigg und sein Sohn fast unverletzt blieben, fand seine Frau den Tod. Der Chauffeur wurde schwer verletzt. Siehe Hopfgartner, Kurt Schuschnigg. S. 47f.

21 öAc 8 (1956/57), H. 1, S. 4f. und 23 (1971), H. 2/3, Beilage S. III.

22 Schieweck-Mauk, Lexikon der CV- und ÖCV-Verbindungen, S. 565.

23 Ehemalige Alte Herren des Pflug haben damals an MKV-Verbindungen ein Schreiben gerichtet, aus dem hervorgeht, daß an eine Reaktivierung dieser Korporation gedacht wurde. Der ÖCV-Rechtspfleger Karl Kohlegger (AIn) vertrat damals die Auffassung, daß eine solche nicht möglich sei. ÖCVA. Protokoll der Verbandsführung 11. 12. 1967, S. 3.

24 öAc 2 (1950/51), H. 8, S. 13; Schieweck-Mauk, Lexikon der CV- und ÖCV-Verbindungen, S. 471-473.

25 ÖCVA. Altherrenschaft. Schriftverkehr, Protokolle, Sonstiges 1945-56. Brief vom Vorsitzenden des Philisterzirkels an Robert Krasser vom 24. 8. 1948 nebst Beilagen.

gelang unter dem Namen ***Neostadia*** eine dauerhafte Verbindungsgründung für in Wien studierende Wiener Neustädter. Auf der 10. CVV 1952 wurde sie befreundete Verbindung, auf der 12. CVV 1954 freie Vereinigung und auf der 16. CVV 1958 vollberechtigte Verbindung im ÖCV.[26]

Erfreulicherweise stiegen die Studentenzahlen in **Leoben** und damit auch die der Glückauf, so daß dort seit 1952 der Gedanke an eine zweite Verbindung diskutiert wurde. Am 5. Juni 1954 beschloß Glückauf, nun endgültig eine solche unter dem Namen ***Kristall*** zu gründen (Gründungsdatum). Sie wurde auf der 13. CVV 1955 als freie Vereinigung in den ÖCV aufgenommen, auf der 16. CVV 1958 als vollberechtigte Verbindung.[27]

Am 18. Februar 1948 wurde in Wien die KÖHV ***Liechtenstein*** gegründet. Sie stellte während des Vorortsjahres 1952/53 einen Aufnahmeantrag in den ÖCV, der jedoch auf der 12. CVV 1954 scheiterte. Aus diesem Grund wechselten die meisten Mitglieder Ende 1954 zur Alpenland über, so daß die Verbindung sistierte.[28]

Die 1937 gegründete K. ö. a. V. ***Ferdinandea*** (siehe S. 371) wurde 1948 reaktiviert und schloß sich dem KÖL an. Aus dem notwendigen Interesse des GCV an einer vierten Verbindung in Graz ergaben sich Ende der fünfziger Jahre Kontakte seitens des GCV, insbesondere der Carolina, zur Ferdinandea. 1959 gab es Bestrebungen, sie in den ÖCV aufzunehmen. 1961 trat dann Ferdinandea aus dem KÖL aus und beantragte auf der IV. CVV 1962 die Aufnahme in den ÖCV. Da jedoch 1961 bereits die Albertina (siehe S. 613) gegründet worden war, wurde dies abgelehnt, worauf sie 1965 sistieren mußte. 1988 wurde u. a. von Carolinen und MKVern neuerlich eine KÖL Ferdinandea gegründet, die die Tradition der alten fortführt.[29]

Im Jahr 1949 hatte der Abt des Wiener Schottenstiftes, Hermann Peichl (M-D EM), die Idee, aus der Absolventenvereinigung des Schottengymnasiums („Alt-Schotten") eine Verbindung zu gründen, die dann in der Folge ein Aufnahmegesuch in den ÖCV stellen sollte. Dieser Plan wurde jedoch vom ÖCV abgelehnt, weil es zu dieser Zeit ohnedies genug Verbindungen in Wien gab, die teilweise mit Nachwuchsproblemen zu kämpfen hatten, andererseits würde dadurch eine „wesensfremde Altherrenschaft" zum ÖCV stoßen.[30]

Eine wichtige Frage der ersten 15 Jahre nach dem Krieg war der Erwerb eines **CV-Hauses**. Das gestaltete sich zu einer Prärogative des Vorsitzenden der Altherrenschaft ab 1955, Hermann Withalm (Nc), wo ja die finanziellen Ressourcen für ein solches Unternehmen vorhanden waren. Er war ab 1956 als Staatssekretär im Finanzministerium u. a. für die Abwicklung des sog. „Deutsches Eigentums" zuständig und gilt als Erfinder der „Volksaktie", der Schaffung breit gestreuten Produktiveigentums. Zwar hatte diese Idee nicht den politisch tatsächlichen Erfolg, wie er sich ihn wünschte, um so mehr

26 ÖCVA. Information des ÖCV-Sekretärs Karl Lager (Nc) an ÖCV-Funktionäre betr. Neostadia vom 31. 1. 1951; Danubia 60, S. 73ff.; Schieweck-Mauk, Lexikon der CV- und ÖCV-Verbindungen, S. 489.

27 Schieweck-Mauk, Lexikon der CV- und ÖCV-Verbindungen, S. 418-420.

28 ÖCVA. Altherrenschaft. Schriftverkehr, Protokolle, Sonstiges 1945-56. Brief des Vororts Carolina an ÖCV-Sekretär Lager vom 27. 4. 1953; Krause, Studiosus, S. 140; Schieweck-Mauk, Lexikon der CV- und ÖCV-Verbindungen, S. 442.

29 OCVA. Verschiedene Protokolle 1957-62. Vorläufige Stellungnahme des Vororts zu Ferdinandea (undatiert); VACl. AHC-Protokolle. 31. 10. 1959 und 17. 6. 1960; 75 Jahre Carolina, S. 398; Krause, Studiosus, S. 147; Schieweck-Mauk, Lexikon, S. 271f.

30 ÖCVA. Protokoll des ÖCV-Beirates vom 7. 12. 1949, S. 2.

verwirklichte er sie dann dort, wo er es ungehindert konnte, nämlich im ÖCV: Die Finanzierung des ÖCV-Hauses geschah durch eine eigene Aktiengesellschaft, der sog. Gaststätten Betriebs AG (GASTA AG), mittels breit gestreuter Aktien innerhalb des ÖCV.

Rückblickend ist interessant, welche Objekte da alle in Aussicht genommen wurden. So z. B. das Palais der ungarischen Garde (Palais Trautson), heute Justizministerium, was wohl etwas übertrieben gewesen wäre, und das Heim des Österreichischen Fußballbundes in der Berggasse (Kaufpreis 600.000 öS), das man gerne gehabt hätte, aber leider anderwärts verkauft wurde. Anfang 1956 wurde das Objekt Lerchenfelderstraße 14 besichtigt, wobei ein Kaufpreis von 1,2 Mio. öS genannt wurde.[31] Es wurde schließlich um 700.000 öS von der Fa. Mautner Markhof erworben. Nach einer Sanierung um 2,9 Mio. öS wurde am 31. Januar 1958 „die Lerchenfelderstraße" feierlich eingeweiht. Zu diesem Objekt gehörte das legendäre Etablissement „Grünes Tor", das schon im Vorgängerbau bestanden hatte, wo bereits Johann Strauß aufspielte. Aber auch der WCV hielt dort schon vor 1914 Kommerse ab.[32] Nach 1918 wurde dort auch die österreichische NSDAP gegründet.

Anfang der achtziger Jahre kam es zu einer Umorientierung. Das Restaurant „Grünes Tor", in dem es mittels einer eigenen Aktion billige Mittagsmenüs für Studenten gab, wurde geschlossen. An seine Stelle trat als Mieter ein bekannter deutscher Lebensmitteldiscounter. Dadurch und durch das sukzessive Beenden von „CV-fremden" Mietverhältnissen war es erstens möglich, das Generalsekretariat des ÖCV 1985 völlig umzugestalten.[33] Zweitens sind nun im Haus neben diesem ausschließlich Verbindungen untergebracht. 1988 beschloß der Altherrentag den Ankauf der Lerchenfelderstraße durch den Altherrenbund. Danach wurde die GASTA AG aufgelöst.[34]

Ende der fünfziger Jahre beschäftigte den ÖCV die Klärung seiner Haltung zum **Rotary- und dem Lions-Club**, die sich nach dem Krieg von Amerika kommend auch in Europa und somit in Österreich zu etablieren begonnen haben. Der Vorsitzende des ÖCV-Beirats bzw. der Verbandsführung, Eduard Chaloupka (Baj), kontaktierte deswegen den Wiener Weihbischof Josef Streidt (AW), der feststellte, daß beide Clubs als Vorstufen der Freimaurer gelten. Und der Rechtspfleger Karl Kohlegger (AIn) hatte festgestellt, daß eine Doppelmitgliedschaft Lions-CV wegen der Katholizitäts- und Freundschaftsprinzipien nicht möglich sei.[35] Wie bei der Theologenfrage (siehe später S. 558) hat auch hier der Verlauf der Geschichte diese Frage in den Hintergrund treten lassen bzw. sogar erledigt.

---

31 ÖCVA. Protokoll des ÖCV-Beirates vom 17. 1. 1956 und Rundschreiben des Altherrenvorsitzenden Hermann Withalm vom September 1957. Der Beschluß über den Erwerb des Hauses fiel auf dem Altherrentag 1956 auf dem Semmering. Siehe Vade mecum 2, S. 101f. Über die „Lerchenfelder Straße" siehe öAc 7 (1955/56), H 1., S. 11, H. 4, S. 10, H. 9/10, S. 7f. und H. 11/12, S. 7; 8 (1956/57), H. 4, S. 4; 9 (1957/58), H. 4, S. 4-10, H. 5, SS. 3-12 sowie 12 (1960/61), H. 2, S. 11.

32 Ac 25 (1912/13), S. 321.

33 *Academia intern*, Mai 1985, S. XI,

34 *Academia intern*, X Dezember 1988, S. 1.

35 ÖCVA. Protokolle des ÖCV-Beirates vom 17. 2. 1958, der Verbandsführung vom 12. 5. 1959, 16. 11. 1959 und 8. 3. 1960, des ÖCV-Beirates vom 24. 4. 1961. Ausführlicher über Rotary, Lions und Schlaraffen und CV siehe Hartmann, Die Ära Chaloupka im österreichischen CV, S. 119f. Siehe zu den Lions auch Lumplecker, Gesellschafts- und sozialpolitisches Engagement in „elitären" Vereinen, wo auf SS. 84ff. die Zielsetzungen der Lions behandelt werden. Danach könnte man durchaus aufgrund von konkurrierenden Freundschaftsprinzipien eine Unvereinbarkeit konstruieren. Eine solche aus dem Prinzip Katholizität läßt sich aber nicht ableiten.

Viele Alte Herren des ÖCV wurden bei diesen beiden Clubs Mitglieder, so daß diese Frage immer mehr zu jenem Problem wurde, wie man Alte Herren nach dem Studium und im Beruf weiterhin an die Verbindungen und die örtlichen Philisterzirkel binden könne.[36]

Das Wiederentstehen des CV in Deutschland

Der CV in Deutschland hatte es im Vergleich zum ÖCV viel schwerer, sich zu rekonstituieren. Das studentische Vereinsleben war nach 1945 durch besatzungsrechtliche Vorschriften erheblichen Beschränkungen unterworfen. In den ersten Jahren waren die Militärregierungen bei Genehmigungen sehr zurückhaltend, desgleichen waren dies übrigens auch die deutschen Bischöfe, als es um das Wiederentstehen des alten Verbandskatholizismus ging (siehe S. 541f.). Zusätzlich verliefen die Entwicklungen in den einzelnen Besatzungszonen unterschiedlich.

In der **Britischen Zone**[37] entstanden bereits im Sommer 1945 und dann ab 1946 örtliche Altherrenzirkel, die 1947 einen Altherrenbund der Britischen Zone bildeten. Die Wiederbegründung von Verbindungen an sich war aber schwieriger, da die Briten wie in Österreich eine sehr restriktive Haltung an den Tag legten. In der **Amerikanischen Zone**[38] war die Entwicklung nicht unähnlich, obwohl es dort die aktiven Verbindungen etwas leichter hatten. 1947 kam es zu einem vorläufigen Ausschuß für die US-Zone. In der **Französischen Zone**[39] waren die Verhältnisse noch schwieriger, hier konnte sich erst 1949 ein AHB für die Französische Zone etablieren. Daß in der **Sowjetischen Zone** (die spätere DDR) eine Wiederentstehung des CV und seiner Verbindungen unmöglich war, braucht nicht extra betont zu werden.[40]

Erst ein Gesetz der Alliierten Hohen Kommission aus dem März 1950 beseitigte die Beschränkungen.[41] Entsprechend begannen ab 1949 die Bemühungen, den CV wiederzuerrichten. Das geschah nach Vorbereitungen auf der 64. CV im Juli 1950 in Mainz. Dort wurde auch eine neue Cartellordnung beschlossen, nach der die Vertreter der aktiven Verbindungen und der Altherrenverbände Mitglieder der Cartellversammlung sind, was dann später auch Vorbild für den ÖCV wurde (siehe S. 518). Von diesem übernahm man aber das Prinzip der Verbandsleitung (Verbandsführung des ÖCV) und schuf, etwas anders strukturiert, den CV-Rat. Der alte Academia/CV-Beirat, der im ÖCV-Beirat weiterlebte,

---

36 In seinem Bericht an die CVV 1975 ging in einer Beilage der damalige Leiter des Amtes für allgemeine CV-Fragen, Gerhard Hartmann (Baj), umfangreich auf diesen Fragenkomplex ein und kam zu folgenden Schluß: Die Mitgliedschaft bei Rotarien bzw. Lions ist ex lege nicht unvereinbar, weil die wesentlichen Elemente des 1946-Beschlusses, nämlich Geheimgesellschaft und ein dem Burscheneid vergleichbares Gelöbnis, nicht zutreffen. Jedoch wird eine Interessenskollision zwischen beiden Bereichen nicht ausgeschlossen, so daß eine abratende Haltung empfohlen wird. ÖCVA. Beschlußprotokoll XVIII. CVV 1975. Bericht des Leiters des Amtes für allgemeine CV-Fragen, Beilage 4. Im Jahr 1981 wurde der Zusatzklammerausdruck bez. Schlaraffia des Beschlusses 1946 gestrichen. ÖCVA. Beschlußprotokoll XXIV. CVV 1981.

37 Nordrhein-Westfalen, Niedersachsen, Schleswig-Holstein, Hamburg.

38 Bayern, Hessen, Wurttemberg-Baden, Bremen.

39 Rheinland-Pfalz, Baden, Württemberg-Hohenzollern.

40 Dazu siehe CV-Handbuch, SS. 92-122.

41 Neumann, Studentisches Vereinsrecht, S. 95f.

wurde aber nicht mehr im CV errichtet, wohl aber wurden verschiedene Ämter (Seelsorger, Rechtsamt, Hochschulamt, Schatzamt etc.) beibehalten.[42]

Entsprechend der gegenüber Österreich verzögernden Entwicklung gab es erst im Herbst 1949 ein CV-Mitteilungsblatt, das zuerst getrennt nach Besatzungszonen herausgegeben wurde. Und erst Anfang 1956 erschien die *Academia* wieder, also mehr als sechs Jahre nach der *Österreichischen Academia*.

Aufgrund der Rekonstituierung des CV in Deutschland[43] konnte auch die Regelung des Verhältnisses zum ÖCV in Angriff genommen werden. Bereits auf der CVV 1950 wurde seitens des ÖCV eine entsprechende Willenskundgebung beschlossen. Die Sache drängte insofern, da um diese Zeit – nach der Gründung der Bundesrepublik 1949 – vermehrt deutsche Staatsangehörige in Österreich zu studieren begannen. Aufgrund der Irritationen durch den Zweiten Weltkrieg bzw. den Nationalsozialismus sah man anfänglich Probleme hinsichtlich des Prinzips „Vaterland", wenn deutsche Staatsangehörige Mitglied einer ÖCV-Verbindung wurden. So kam aus deutschen Kreisen 1950/51 die Idee, in Innsbruck eine außerhalb des ÖCV stehende CV-Verbindung namens Cimbria zu gründen. Die Vorbereitungen dazu schienen bereits sehr weit gediehen, so daß dadurch ein Druck bestand, zu einer entsprechenden Einigung zu kommen.[44] Nach Verhandlungen konnte daher am 21. April 1952 das ***Salzburger Verbändeabkommen*** unterzeichnet werden. Im wesentlichen werden in diesem Abkommen folgende Punkte geregelt:[45]

1. In Deutschland wohnende Urmitglieder österreichischer Verbindungen (und umgekehrt) können ihre Mitgliedschaften wieder herstellen lassen, wenn ihr Verhalten in der NS-Zeit einwandfrei war.
2. Für die in Deutschland ansässigen Urphilister von österreichischen Verbindungen wird ein eigener Altherrenverband eingerichtet. Sinngemäß geschieht das umgekehrt.

42 CV-Handbuch, S. 122f.

43 Bedauerlicherweise haben sich in der schriftlichen wie mündlichen Nomenklatur „Unschärfen" eingeschlichen. Spricht oder schreibt man vom CV bis 1933, so ist auf keinen Fall zwischen „österreichischem" oder „deutschem" CV zu differenzieren. Der CV erstreckte sich vor 1933 auf sechs souveräne Staaten: Deutsches Reich, Österreich, Tschechoslowakei, die Schweiz (Tt), Rumänien (FcC) und die Freie Stadt Danzig (Baltia). Daß sich ab 1933 der Dritte ÖCV als österreichischer CV bezeichnet, ist natürlich völlig legitim. Nach der Wiedererrichtung des CV in Deutschland 1950 stellte sich wiederum die „Nomenklaturfrage". Jetzt gab es einen ÖCV und den rekonstituierten CV in Deutschland. Ist dieser nun der „deutsche" CV im Gegensatz zum ÖCV? Dieser „deutsche" CV kann mit Recht die formale, d. h. vereinsrechtliche Kontinuität zum CV vor 1933 beanspruchen, dem die österreichischen CV-Verbindungen angehörten. Aus dieser Betrachtungsweise kann man von ihm als „CV" sprechen/schreiben – im Gegensatz zum ÖCV. Nun ist aber der allgemeine Sprach- bzw. Schreibgebrauch nicht immer in diesem Sinne korrekt. D. h. in Österreich wird, insbesondere in der politisch-historischen Kommentierung wie auch intern, vom CV gesprochen/geschrieben, wenn der ÖCV gemeint ist. Denn mit dem „Kürzel" CV ist eben mehr als nur die pure Organisation des „Cartellverbands der katholischen deutschen/österreichischen usw." gemeint, sondern auch die „Idee", die dahinter steht. Und diese ist für Deutschland und Österreich nahezu identisch. Eine strenge, in sich konkludente Regel ist daher aus den genannten Gründen nicht zu postulieren. Um nun unter dem Abkürzungsbegriff zwischen dem CV in ideeller und organisatorischer Hinsicht zu unterscheiden, ist es daher legitim, ab 1950 vom „deutschen CV" zu reden/schreiben, wenn damit der „Cartellverband der katholisch-deutschen usw." gemeint ist. Die Wirkungsgeschichte des CV – unabhängig von Urmitgliedschaft und Organisationsform – wird jedoch am besten mit „CV in Österreich bzw. in Deutschland" umschrieben. Völlig falsch ist es und ins Lächerlich gerät es, wenn man den „deutschen CV" in Analogie zum ÖCV mit DCV abkürzt, wie es z. T. in offiziellen Schreiben/Dokumenten des ÖCV Anfang der fünfziger Jahre geschehen ist. Denn DCV ist die offizielle Abkürzung für den „Deutschen Caritasverband".

44 ÖCVA. Protokoll des ÖCV-Beirates, 31. 1. 1952, S. 11, 21. 2. 1952, S. 1f. und 31. 1. 1955.

45 Abgedruckt in Vade mecum 1, S. 57f. Das Abkommen wurde dann auf der CVV 1952 ratifiziert und ist bis heute im Prinzip gültig.

September/Oktober 1949
Nr. 1/2

Mitteilungsblatt
des **CV** in der US-Zone

ZUM GELEIT!

Liebe Cartellbrüder!

Endlich können wir Euch das lange angekündigte und allseits erwartete „Mitteilungsblatt" überreichen. Wir haben die Wichtigkeit der raschen und ausreichenden Unterrichtung unserer Cartellbrüder nie verkannt, glaubten indessen unter allen Umständen erst eine wirtschaftlich gesicherte Grundlage schaffen zu müssen. Ohne daß der einzelne Cartellbruder über seinen CV-Beitrag hinaus belastet würde, können wir nunmehr in Abständen von etwa 6 Wochen ein jeweils rund 12 Seiten umfassendes Blatt herausbringen.

Das Mitteilungsblatt soll bei aller Bescheidenheit in der äußeren Form die goldene Brücke zwischen den einzelnen Cartellbrüdern, den Verbindungen und dem Vorstand sein, es soll über alle wichtigen Vorgänge und Geschehnisse innerhalb des Verbandes Aufschluß geben, insbesondere aber auch beitragen, das Zusammengehörigkeitsgefühl in unserem CV wieder herzustellen und zu festigen und nicht zuletzt die erschwerte Erziehungsarbeit der aktiven Verbindungen zu fördern, die heute ohne einheitliche Hilfsmittel zurechtkommen müssen. Der Erreichung der gesteckten Ziele kann die Tätigkeit des Vorstandes allein nicht gerecht werden; vielmehr ist die tatkräftige Mitarbeit aller Cartellbrüder vonnöten.

Die erste Nummer des Mittelungsblattes des CV für die US-Besatzungszone in Deutschland.

3. In Österreich Studierende deutscher Staatsangehörigkeit, die noch nicht Mitglied einer CV-Verbindung sind, können einer ÖCV-Verbindung beitreten (und umgekehrt).
4. Es gelten jeweils die Meldevorschriften bei Studienortwechsel, d. h. ein Urstudierender einer CV-Verbindung hat sich bei einem Studienortwechsel nach Österreich bei einer ÖCV-Verbindung verkehrsaktiv zu melden.

Dieser letzte Punkt ist wohl der bedeutendste, denn damit besteht zwischen CV und ÖCV ein „Cartellverhältnis" (wie in der Frühzeit der Verbindungen, siehe S. 39). Und für den Studenten einer (Ö)CV-Verbindung besteht somit im „praktischen Leben" kein Unterschied zwischen den beiden Verbänden.

Am 5. Dezember 1957 wurde wiederum in Salzburg ein neues Verbändeabkommen unterzeichnet, das die „Cartellbrüderlichkeit" intensivierte, die Stellung der jeweiligen Altherrenschaften genauer definierte und finanzielle Ausgleichsregelung (z. B. Bezug der jeweiligen *Academia*) traf.[46]

Die Verbindungen des **Sudetendeutschen Cartellverbands** (SCV) rekonstituierten sich mit zwei Ausnahmen in den deutschen Westzonen bzw. der Bundesrepublik Deutschland. Ihr Schicksal hing naturgemäß eng mit den Ereignissen des Jahres 1945 bzw. der Vertreibung der Deutschen (Beneš-Dekrete) zusammen. In einem Bericht heißt es dazu: „Die letzte Maiandacht in der St. Salvatorkirche [Prag, Anm. d. Verf.] am Abend jenes denkwürdigen 4. Mai 1945 ließ uns letztmalig liebe Bundes- und Cartellbrüder begegnen, denn am nächsten Tag entlud sich über das Prager Deutschtum das furchtbare Verhängnis." Am 5. Mai 1945 gab der Sender Prag das Signal zum Aufstand. Es kam zu Greueltaten an der deutschen Bevölkerung. So wurden z. B. in diesen Maitagen vier Angehörige der Ferdinandea erschlagen oder erschossen.[47] Die letzte Vorlesung an der ältesten deutschen Universität hielt an diesem 5. Mai der Kirchenhistoriker Bernhard Panzram (Mm).[48] Besondere Beachtung bei dieser Vertreibungsaktion verdienen die Beispiele des Bischofs von Leitmeritz (Litomeřice), Anton Alois Weber (Fd EM), und des Prager Weihbischofs Johannes Remiger (Fd EM).[49]

46 Vade mecum 2, S.. 11ff. Es wurde auf der CVV 1958 ratifiziert.
47 Ferdinandea 1919-1945, S. 200.
48 *Studenten-Kurier*, Jg. 21/2005, Heft 1, S. 4.
49 Weber weigerte sich anfangs standhaft, als Bischof von Leitmeritz zurückzutreten. Er tat dies erst 1947. Remiger wurde im Prager Franziskanerkloster bis September 1946 konfiniert. Ferdinandea 1919-1945, S. 202.

Da die deutsche Bevölkerung Böhmen-Mährens 1945/46 vertrieben und die älteste deutsche Universität in Prag geschlossen wurde, war auch der Boden für die sechs sudetendeutschen Verbindungen sowie natürlich auch für die Frankonia Czernowitz entzogen worden. Die Ferdinandea rekonstituierte sich in Heidelberg, die Vandalia in München, die Saxo-Bavaria in Wien, der Nordgau Prag in Stuttgart, die Nibelungia Brünn in Darmstadt, die Elbmark Tetschen-Liebwerd in Duisburg und die Frankonia Czernowitz in Erlangen. Die Montana Příbram wurde nicht mehr rekonstituiert. Allen diesen Verbindungen blieb aber gemein, daß sie die Tradition ihrer altösterreichischen Herkunft wahren.[50]

Nach dem Krieg gab es – zum Unterschied zur Zeit vor 1938 – engere Kontakte zum **Schweizerischen Studentenverband (StV).** Bereits am 13. Februar 1947 wurde in Zürich eine Vereinbarung zwischen ÖCV und StV zwecks engerer Zusammenarbeit getroffen. Im Gegensatz zum Salzburger Verbändeabkommen CV-ÖCV gibt es aber für die Mitglieder bei Studienortwechsel keinen Zwang zur Meldepflicht.[51] Am 5./6. Januar 1953 folgte ein Bregenzer Abkommen.

Alle drei Verbände – CV, ÖCV und StV – schlossen am 10. Februar 1963 das ***Innsbrucker Verbändeabkommen*** ab, das für den ÖCV auf der CVV 1963 ratifiziert wurde. Es ersetzte für das Verhältnis ÖCV-StV das Züricher bzw. Bregenzer Abkommen, jedoch blieb das Salzburger Verbändeabkommen zwischen CV-ÖCV davon unberührt. In diesem Innsbrucker Verbändeabkommen wurden im wesentlichen Bestimmungen der bisherigen Abkommen aufgenommen bzw. wiederholt und die zwischen ÖCV und StV bereits in Zürich und Bregenz vereinbarten Punkte auch auf den CV ausgedehnt.

Durch die Gründung des Europäischen Kartellverbands (EKV) Mitte der siebziger Jahre (siehe S. 618) haben dann die allgemein-kommunikativen Bestimmungen dieser Abkommen weitgehend ihre Bedeutung verloren.

Die Entnazifizierung

Der Niederlage des nationalsozialistischen Regimes Anfang Mai 1945 folgte die Säuberung, die **Entnazifizierung**, unmittelbar auf dem Fuß. Sie wurde von den Alliierten angestoßen und von ihnen sowie den österreichischen Behörden durchgeführt.[52] Dazu gehörte auch und vor allem der Bereich der Hochschulen. Bereits im Mai 1945 konstituierte sich im Staatsamt für Unterricht unter Leitung des Unterstaatssekretärs Karl Lugmayer (Aa) eine Kommission, die sich mit der Frage der Zulassung von politisch belasteten Personen zum Studium beschäftigte. Nach einer Verordnung des Staatsamts vom 3. September 1945[53] waren bis zum 30. April 1950 alle belasteten und minderbelasteten Personen vom Studium ausgeschlossen.[54] Das waren alle Mitglieder der NSDAP, SS und SA sowie Funktionäre vom vergleichbaren Rang eines Ortsgruppenleiters aufwärts bei sonstigen

50 Dazu siehe Geser, Der Sudetendeutsche Cartellverband nach dem Kriege.

51 Vade mecum 1, SS. 71ff. Das Abkommen wurde dann auf der CVV 1948 ratifiziert.

52 Dazu allgemein siehe Stiefel, Entnazifizierung in Österreich; Stiefel, Der Prozeß der Entnazifizierung in Österreich; Verdrängte Schuld, verfehlte Sühne – Entnazifizierung in Österreich. Die rechtlichen Bestimmungen dazu siehe: Das Nationalsozialistengesetz mit Verbotsgesetz, erläutert von Egon Praunegger und Christian Friedrich Hein. Graz 1947.

53 StGBl. Nr. 168. In der provisorischen Staatsregierung des Jahres 1945 hießen die Ministerien so wie 1918-1920 Staatsämter. Sie wurden von Staatssekretären (entsprachen Bundesministern) geleitet. Die Unterstaatssekretäre entsprachen den Staatssekretären gem. B-VG.

Gliederungen der NSDAP, etwa der HJ, des NSDStB usw. Gegen diese Verordnung kam es 1945 und 1946 zu Reaktionen, Demonstrationen und Streiks, denn man kann sich vorstellen, daß aufgrund der starken „völkischen“ Ausrichtung der Studentenschaft ein sehr großer Kreis davon betroffen war. Erst die Jugendamnestie im April 1948 brachte ein Ende dieser rigorosen Bestimmungen.[55]

Ein besonderes Augenmerk lag natürlich auch bei den Professoren. An der Universität Wien gab es zu Ende des „Dritten Reiches“ im April 1945 130 Professoren, davon wurden 86 entlassen, pensioniert oder suspendiert, das waren zwei Drittel! Zu ihnen zählten übrigens der bekannte Literaturwissenschaftler Josef Nadler (ehemals Fd), dessen Amovierung zu größeren öffentlichen Diskussionen führte, und Hans Eibl (ehemals NdW EM). An der Grazer Universität gab es 136 Professoren, davon wurden 72 entlassen, das waren 53 Prozent. An der Wiener Technik wurden 41 von 56 Professoren enthoben (73 Prozent), auf der Welthandel und der Tierärztlichen jeweils 11 von 17 (65 Prozent) und auf der Bodenkultur 22 von 26 (85 Prozent). In Innsbruck wurden 26 Professoren suspendiert.[56] Die hohen Zahlen zeigen nur, wie sehr die relativ kurze Dauer (sieben Jahre) des „Tausendjährigen Reiches“ die Universitäten personalpolitisch in den Griff bekam.

Auch der ÖCV konnte nicht abseits stehen. Die Unvereinbarkeit der Grundsätze des CV mit denen des Nationalsozialismus wurde bereits eingehend dargelegt, der CV hat dazu vor 1933 eindeutige Beschlüsse gefaßt (siehe S. 337f.). Trotzdem gab es eine Reihe von CVern, die in irgendeiner Form mit dem NS-Regime in Verbindung gekommen war. Dabei sind drei Gruppen zu unterscheiden: Jene, die als sogenannte „Katholisch-Nationale“ schon vor 1938 bzw. 1933 versucht hatten, den Nationalsozialismus zu „taufen“ bzw. zu ihm „Brücken zu bauen“ und da einer gewissen Naivität erlegen sind (siehe S. 342f.). Weiters war es die Gruppe der überzeugten, ja fanatischen Nationalsozialisten vor 1938 („Illegale“). Diese Zahl war im ÖCV sehr begrenzt bzw. marginal. Zur dritten Gruppe gehörten solche, die aus Motiven der Existenzsicherung, der Familie o. ä. nach 1938 in irgendeiner Form der NSDAP oder einer ihrer Vorfeldorganisationen beigetreten sind, dort aber keinerlei Aktivitäten gesetzt haben und ansonsten den Prinzipien des CV, insbesondere dem katholischen Glauben, treu geblieben sind. Also mit einem Wort „Mitläufer“, wie es viele Hunderttausende im Dritten Reich gegeben hat.

Nun waren der VOP Gerald Grinschgl und der ÖCV-Beiratsvorsitzende Robert Krasser kurz nach Ende des Krieges wie bereits erwähnt übereingekommen, gegen Prinzipienbrüchige mit aller Schärfe vorzugehen. Es wurde daher ein gedrucktes Personalstandesblatt herausgebracht und im Spätherbst 1945 an alle CVer versendet. U. a. wurden folgende Punkte erfragt: 3. Mitgliedschaft bei der NSDAP, Eintrittsdatum, Parteianwärter, Parteifunktionen – Unterstützendes oder aktives Mitglied bei SA oder SS? 5. Kirchenaustritt. 6. Verfolgungen, Strafen etc. 7. Mitglied der Widerstandsbewegung. Der Bogen endete mit einer Erklärung, alles nach bestem Wissen usw. ausgefüllt zu haben.[57]

Mit dem Personalstandesbogen wurde eine vom Vorort verfaßte „Anleitung für die Beurteilung der aus den Personalstandesbögen hervorgehenden Angaben über die Tätigkeit von CVern in NS-Organisationen“ an die Verbindungen bzw. Altherrenschaften geschickt.

54 Verfassungsgesetz vom 8. Mai 1945, StGBl. Nr. 13, über das Verbot der NSDAP (Verbotsgesetz) i. d. F. des I. Hauptstückes des Bundesverfassungsgesetzes vom 6. Februar 1947, BGBl. Nr. 25 (Nationalsozialistengesetz).

55 Weinert, Die Entnazifierung an den österreichischen Hochschulen, SS. 259-261.

56 Ebda., SS. 255-259.

57 Ein solches Blatt befindet sich im VACl. Ein- und Auslauf 1945-49.

Darin wird auf die eindeutige Lage der Unvereinbarkeit zwischen CV und NSDAP und die betreffenden Beschlüsse hingewiesen. Weiter wird auch eine Überprüfung der Motive des NSDAP-Beitritts individuell vorgeschlagen. Auf keinen Fall durften Illegale (Parteimitglieder vor dem Anschluß), Parteifunktionäre sowie solche CVer mit NSDAP-Mitgliedschaft, die eine CV-Funktion ausgeübt hatten, pardoniert werden. Die „peinlichste und genaueste Ausfüllung" des Personalstandesblattes wurde zur Pflicht gemacht. Für die Behandlung der betreffenden Fälle sollten in den Verbindungen eigene Ehrengerichte eingesetzt, darüber hinaus ein besonderes CV-Gericht als Berufungsinstanz eingerichtet werden.[58]

Vorbild für diesen Fragebogen dürfte sicherlich jener sechsseitige gewesen sein, der nach Kriegsende von den US-Besatzungsbehörden herausgebracht wurde und Grundlage für deren Entnazifizierungsmaßnahmen bzw. die Erfassung von Kriegsverbrechen war.[59]

Auf dem Personalstandesblatt stand als letzter Einsendungstermin der 15. November 1945 eingedruckt, ein Datum, das, abgesehen von den damaligen Umständen der unmittelbaren Nachkriegszeit, nicht berücksichtigte, um welche wesentliche Sache es ging. Es kam, was kommen mußte, nämlich zu einer Kritik, wie übrigens das auch beim US-Fragebogen geschah. Diese auch innerhalb der Vorortsverbindung Carolina. So schrieb z. B. bereits am 18. Dezember 1945 Gabriel Paller (Cl) an Robert Krasser (Nc): „Wer dieses Standesblatt verbrochen hat, gehört in die Räucherkammer!"[60]

Es dauerte nun oft bis Ende der vierziger Jahre, bis der Prozeß der Entnazifizierung bei den Verbindungen abgeschlossen war. Aus verschiedenen Gründen, nicht zuletzt auch wegen des Datenschutzes, ist es sehr schwierig, für den gesamten ÖCV verläßliche Zahlen darüber zu eruieren, wer nun Mitglied der NSDAP etc. war. Es sei denn, man überprüft die NSDAP-Mitgliederkartei, die sich im Bundesarchiv in Berlin-Lichterfelde befindet.[61] Stichprobenartige Erkenntnisse lassen den Schluß zu, daß dieser Kreis höchstens 10 Prozent ausgemacht haben muß, wobei es natürlich regionale bzw. verbindungsmäßige Unterschiede gegeben hat. Auch muß man berücksichtigen, daß es sich in der Regel um sog. „Mitläufer" gehandelt hat, die vor den Ehrengerichten behandelt wurden, Illegale oder fanatische Nazis schieden bereits vorher und von selber aus.

Bei Carolina gab es z. B. 22 VG-Urteile (vom zeitweisen Farbenverbot bis zur Dimissio), damit wären ca. 10 Prozent der Mitglieder betroffen gewesen. Bei Kürnberg gab es lediglich vier VG-Urteile in dieser Sache, das betraf rund 2 Prozent der Mitglieder.[62] Bei der Austria Innsbruck gab es in diesem Zusammenhang 15 Ausschlüsse, allerdings gab es zwischen 1935 und 1946 25 wahrscheinlich ideologisch bedingte Austritte.[63] Bei der Babenberg Wien gab es 14 Urteile, das waren rund 10 Prozent der Mitglieder.[64] Bei der Franco-Bavaria wurden fünf Mitglieder ausgeschlossen, das waren rund 2

58 Das in dem Begleitschreiben angeführte besondere CV-Gericht als Berufungsinstanz blieb offenbar nur eine Idee. Ein solches hätte spätestens auf der CVV Ende 1946 beschlossen werden müssen, was aber nicht geschah.

59 Stiefel, Der Prozeß der Entnazifizierung in Österreich, S. 113; Stiefel, Entnazifizierung in Österreich, SS. 25ff. (hier ist der Fragebogen faksimiliert abgedruckt).

60 VACl. Ein- und Auslauf 1945-49.

61 Dies hat z. B. Martin Gehler für seine umfangreiche Studie Student und Politik für die Innsbrucker Verbindungen getan.

62 Für die Carolina siehe Hartmann, Im Gestern bewährt, S. 429f.; für Kürnberg siehe Polgar, Das Personalstandesblatt des ÖCV 1945 am Beispiel der Kürnberg, S. 202. Ähnlich dürfte die Situation bei Welfia gewesen sein, so Eberhard Würzl (Wl) in *Acta Studentica* 118/1997, S. 7.

63 Gehler, Studenten und Politik, S. 362f.

Prozent der Mitglieder, bei der Pflug hingegen acht, das waren keine 10 Prozent.[65] Mit der Zeit wurden die Urteile der Verbindungsgerichte gerade in den eben geschilderten Fällen immer milder, bereits gefällte Urteile wurden später oft wieder aufgehoben.

Trotzdem kam es immer wieder zu verbindungsinternen Konflikten über die Art der eingeschlagenen Vorgangsweisen. Bezeichnend und interessant ist in diesem Zusammenhang ein Vorgang in der Carolina. Der Vorsitzende der Vorarlberger Carolinen, Lorenz Konzett, schrieb am 23. März 1948 an den Philistersenior u. a.: „Es ist uns unverständlich, daß von Bundesbrüdern über Bundesbrüder der Stab gebrochen wird, weil sie zum Teil unter einem unerhörten Druck zur Abwehr größter wirtschaftlicher Nachteile für sich und ihre ganze Familie, zum Teil in gutem Glauben auf die öffentliche Haltung und die beruhigenden Erklärungen höchster kirchlicher Würdenträger, wie z. B. Kardinal Innitzer, sich zu einer Partei in einem Zeitpunkt meldeten, in welchem diese Partei die Staatsgewalt in vollem Ausmaß in Händen hatte." In einem weiteren Schreiben vom 14. April von Konzett heißt es: „Welche Strafe hätte Kardinal Innitzer verdient, der durch seinen unbegreiflichen Aufruf zur Abstimmung 1938 Tausende von guten Katholiken irregeführt hat, wahrscheinlich aber doch nicht etwa Parteianwärter oder Mitglied geworden ist, daher nach Anschauung des VG der Carolina nicht gegen die Grundsätze des CV verstoßen hat?" Der zweimalige Hinweis auf Innitzer beweist übrigens, daß dessen Aufruf ziemliche Unsicherheit unter den treuen Katholiken hervorgerufen haben muß, was noch zehn Jahre später seine Auswirkungen zeigte.[66]

Zwei prominente Fälle von „Entnazifizierung" im ÖCV seien erwähnt: ***Guido Schmidt*** (ehemals Nc) und ***Rudolf Kopf*** (ehemals Trn):

Guido Schmidt war vor 1938 unter Schuschnigg Staatssekretär und Außenminister und wurde nach dem Anschluß Vorstandsdirektor der „Hermann-Göring-Werke" in Berlin. Eine persönliche Beziehung zwischen ihm und Göring, die auch von gegenseitiger Sympathie getragen war, ist als mögliche Ursache für dieses Avancement anzusehen. Er wurde nach 1945 angeklagt, bereits vor 1938 „in Verfolgung persönlicher politischer Interessen etwas unternommen [zu haben], was die gewaltsame Änderung der Regierungsform in Österreich zugunsten der NSDAP und die Machtergreifung durch diese förderte", jedoch in einem aufwendigen und gut dokumentierten Verfahren freigesprochen.[67]

Dieses und ähnliche Verfahren fanden vor „Volksgerichten" statt. Sie waren Sondergerichte zur Aburteilung von Nazi- bzw. Kriegsverbrecher und bestanden aus zwei Berufsrichtern und drei Schöffen. Ihr Urteil war bereits rechtskräftig, nur unter bestimmten Umständen konnte der Oberste Gerichtshof ein Urteil aufheben. Ca. 14.000 Personen wurden verurteilt, 43 Todesurteile wurden gefällt, 30 davon vollstreckt, 30 mal wurde lebenslänglich verhängt. Ende der vierziger Jahre endete die Tätigkeit dieser Sondergerichtsbarkeit. Von den oft zu langen Haftstrafen verurteilten wurden dann fast alle bis 1955 amnestiert, was im nachhinein oft kritisiert wurde.[68]

---

64 Feiertag, Leopolds längste Nacht, S. 99 und 139. Unter den Ausgeschlossenen befand sich auch der Hitlerbildmaler Edmund Stierschneider.

65 Schrammel, Geschichte der Franco-Bavaria, S. 35.

66 Hartmann, Im Gestern bewährt, S. 430.

67 Der Hochverratsprozeß gegen Dr. Guido Schmidt, S. 2; Stiefel, Der Prozeß der Entnazifizierung in Österreich, S. 139.

68 Verfassungsgesetz vom 19. September 1945, StGBl. Nr 177, über das Verfahren vor dem Volksgericht und den Verfall des Vermögens. Siehe dazu auch Stiefel, Der Prozeß der Entnazifizierung in Österreich, S. 137ff.; zu den Prozessen und Begnadigungen siehe auch Butterweck, Hellmut: Verurteilt & begnadigt. Österreich und seine NS-Straftäter. Wien 2003.

Trotzdem er nun freigesprochen wurde, hat ihn die Norica ausgeschlossen.[69] Dagegen wandte sich besonders scharf Friedrich Funder (Cl), er drohte sogar, das Band der Norica zurückzulegen, wenn dies nicht rückgängig gemacht werde.[70] Da allerdings Schmidt kein Mitglied der NSDAP war, kann man bei ihm daher nur sehr bedingt den Begriff „Entnazifizierung" anwenden.

Rudolf Kopf war vor 1938 Vorarlberger Landesbeamter. Nach dem Anschluß bekleidete er in der NS-Zeit die Funktion eines Landesstatthalters von Vorarlberg und war dort der Vertreter des Gauleiters des gemeinsamen Gaues Tirol-Vorarlberg in verwaltungs- wie auch parteimäßiger Hinsicht. Er war daher sicher kein Mitläufer und war vor 1938 bereits Mitglied der NSDAP. Traungau sowie der zuständige Altherrenlandesbund Vorarlberg unternahmen nach 1945 gegen Kopf vorerst nichts. Die Sache wurde bezeichnenderweise erst 1949 virulent, als er Landesleiter des VdU von Vorarlberg wurde und für ihn in den Nationalrat einzog. Am 19. Oktober 1949 befaßte sich erstmals der ÖCV-Beirat mit der Causa Kopf. In den folgenden Monaten wurde eine heftige Debatte zwischen den (und innerhalb der[71]) Verbandsinstanzen einerseits und insbesondere Traungau andererseits geführt, so daß am 15. Juni 1950 beim OÖCVG ein Verfahren wegen Säumigkeit des Traungau eingeleitet wurde. Noch vor einem Urteil zog Kopf die Konsequenzen und trat aus dem CV aus.[72]

Seitens des Traungau wurde das als Unrecht empfunden, man verwies – so auch der AHLB Vorarlberg – auf die häufige Hilfe Kopfs für CVer nach 1938.[73] Bei aller Wertschätzung möglicher Verdienste Kopfs für CVer nach 1938 waren doch seine relativ hohe NS-Funktion ein weitaus gewichtigerer Grund für einen Ausschluß, so daß die Reaktion des Traungau auch nach einer erheblichen zeitlichen Distanz nicht ganz verständlich erscheint.[74]

69 Als Grund nannte Otto Tschulik (Nc) in einem Gespräch mit dem Autor, Schmidt hätte sich Bitten der Frau von Richard Schmitz (Nc), der im KZ Dachau einsaß, für ihn etwas zu unternehmen, ablehnend verhalten. Dazu gibt es ein Schreiben vom 26. 5. 1938 der Frau von Richard Schmitz an ihren Mann, das aber abgefangen wurde, wo steht: „... dafür ist Guido in besserer Stellung und kümmert sich nicht um uns." Mitteilung von Georg Schmitz (Nc) an den Verfasser (E-Mail 11. 3. 2005). Nach VANc. Protokoll Gespräch Georg Krasser mit Georg Schmitz, 21. 9. 2005, war man sich in Kreisen der Norica bereits nach dem Anschluß im klaren, daß Schmidt gute Beziehungen zu Göring hatte und Kontakte zu CVern mied. Diese Stimmung sowie die Sache mit Richard Schmitz waren die Ursachen für den Ausschluß, d. h. formal war es eigentlich eine Nichtaufnahme in die Mitgliederlisten. Nach Georg Krasser (Nc) sollen vor allem Hans Pernter (Nc) und Hans Wollinger (Nc) für den Ausschluß gewesen sein. Bei dem Volksgerichtsprozeß waren viele Angehörige der Norica als Zeugen geladen, wobei auffällig ist, daß ein Teil für ihn und ein Teil gegen ihn aussagte, was u. a. darauf schließen läßt, daß Schmidt wegen seines persönlichen Umgangsstils schon vor 1938 in der Norica nicht unumstritten gewesen sein dürfte.

70 Pfarrhofer, Friedrich Funder, S. 292f. Funder hat dann 1954 einen Antrag auf Wiederaufnahme gestellt, sieh VANc, VG-Akten, mündliche Verhandlung am 10. 2. 1954. Danach wurde der Antrag Funders aus formalen Gründen abgelehnt. Sieh dazu auch Plitzner, Korporierte Vorarlberger Politiker, S. 53.

71 Der damalige Rechtspfleger Alois Großmann (AIn) vertrat hier im Gegensatz zur Wiener Gruppe (Drimmel, Krasser, Wollinger) eine etwas zurückhaltendere Linie. Siehe ÖCVA. Protokoll des ÖCV-Beirates vom 15. 3. 1950, S. 3.

72 ÖCVA. Altherrenschaft des ÖCV. Protokolle, Schriftverkehr, Sonstiges. Rundschreiben vom 19. 3. 1950; ebda., Protokolle des ÖCV-Beirates vom 19. 10. 1949, 15. 3. , 14. 6. und 22. 11. 1950, Protokoll des ÖCV-Ausschusses vom9. 12. 1950; ebda., Akt Heinrich Drimmel. Anklageschrift Kopf an das OÖCVG vom 15. 6. 1950. Nach Plitzner, Korporierte Vorarlberger Politiker, S. 51, wurde Kopf auch von den MKV-Verbindungen Clunia und Markomannia-Eppenstein nicht mehr als Mitglied geführt.

73 Höbelt, Von der Vierten Partei zur Dritten Kraft, S. 80.

74 Haidacher, Fünfzig Jahre Traungau, S. 47. Im Gegensatz zum ÖCV verblieb Kopf jedoch im MKV, er wurde bereits 1920 Ehrenmitglied der Bregenzer MKV-Verbindung Kusterberg und wurde 1967 bei der Festschrift zum 60. Stiftungsfest als solcher noch geführt. Lt. freundlicher Mitteilung von Gerhard Taus (Am) am 11. 2. 2002 an den Verfasser.

Kopf wurde nun 1954 Vorarlberger VdU-Landesrat, und offenbar glaubte man im Traungau, daß sich die Verhältnisse für seine Wiederaufnahme geändert hätten. Am 24. März 1958 teilte der Altherrenverband Traungau dem ÖCV die Wiederaufnahme Kopfs mit. Es blieb aber in der Folge beim Ausschluß, auch die obersten Gremien des ÖCV wurden damit nicht mehr befaßt.[75]

Kein besonderes Ruhmesblatt war in diesem Zusammenhang ein hoher Funktionär des ÖCV vor 1938, der Nationalsozialist geworden ist, nämlich ***Anton Walter*** (ehemals Nc), der VOP des CV 1929/30 und als Mitglied des ÖCV-Beirates 1933-1938 Schriftleiter des *Mitteilungsblattes des ÖCV und des ÖAHB*.[76] Ein anderer hoher Funktionär war ***Engelbert Siegl*** (Nc). Er war seit den zwanziger Jahren Herausgeber des Gesamtverzeichnisses des CV und im Dritten ÖCV nach 1933 dessen Kassenwart und Standesführer. Ende 1939 stellte er einen Antrag auf Aufnahme in die NSDAP, dem aber nicht stattgegeben wurde.[77]

Etwas anders stellte sich diese Frage für den **CV in Deutschland** dar. Wie bereits erwähnt, vollzogen sich Nähe und Distanz des deutschen CV zum Nationalsozialismus anders als im ÖCV. Durch das Fehlen einer mit Österreich vergleichbaren Gegnerschaft zwischen CV und Nationalsozialismus und des abrupten Anschlusses (im Vergleich zum langsameren Prozeß der Gleichschaltung) war der CV in Deutschland in dieser Hinsicht anfälliger als der ÖCV. Vor allem das plötzliche Umschwenken der Bischöfe im Frühjahr 1933, indem sie die früheren Verbote bez. der NSDAP aufhoben, war für die Haltung vieler CVer in dieser Frage entscheidend.

Das hatte nach 1945 auch unterschiedliche Folgen für den Umgang mit CVern, die – in welcher Intensität auch immer – am Nationalsozialismus angestreift waren. Als Beispiele mögen nur der bereits erwähnte ***Hans Globke*** (BvBo) (siehe S. 497) und der nach 1945 bekannte Staatsrechtslehrer ***Theodor Maunz*** (Ae) genannt werden. Globke wurde unter Konrad Adenauer (KV Arminia Bonn) dessen (beamteter) Staatssekretär im Bundeskanzleramt und hatte in dieser Funktion vor allem hinter den Kulissen hohen Einfluß auf die deutsche Innenpolitik. Wegen seiner bereits erwähnten Rolle im Dritten Reich wurde er immer wieder und mehr oder weniger vehement von der Opposition und der Öffentlichen Meinung angegriffen. Die Betrauung einer derart verstrickten Person mit einem solchen Amt wäre ab den achtziger Jahren so nicht mehr möglich gewesen.

---

75 ÖCVA. Protokoll des ÖCV-Beirates vom 8. 4. und 24. 6. 1958.

76 Walter wurde am 4. 1. 1946 vom besonderen VG der Nc „als nicht mehr würdig erkannt, Noriker zu sein". Lt. VANc.

77 Nach BA. PK L 269 (Mikrofilm) hat Siegl am 25. 12. 1939 den Parteiaufnahmeantrag gestellt, in dem u. a. steht „Mit dem 13. 3. 1938 ist die Vergangenheit zu ihrem geschichtlichen Abschluß gelangt ... und stimme ich namentlich mit dem vom Führer aufgezählten 24 Punkten [des Parteiprogramms der NSDAP, Anm. des Verf.] innerlich vollkommen überein." Obwohl der Antrag Ende 1943 sogar vom Gauleiter Hugo Jury befürwortet wurde, wurde er in Berlin abgelehnt. Georg Schmitz (Nc) berichtete am 14. 10. 2005 dem Verfasser, daß er bei Recherchen bez. NS-Mitgliedschaften von Norikern immer wieder darauf gestoßen ist, daß Aufnahmeanträge wegen CV-Mitgliedschaft abgelehnt wurden. Nach VANc. Protokoll Gespräch Georg Krasser mit Georg Schmitz, 21. 9. 2005, ist zu schließen, daß Siegl eine eher schwache Persönlichkeit gewesen sei. Robert Krasser (Nc) hätte ihn als „CV-Träne" bezeichnet, weil er oft geweint hätte. Merkwürdig ist das „Schweigen" der Norica bez. Siegl nach 1945. Er ist Mitte 1946 gestorben, wird aber in den Totenlisten des GV 1949 und 1954 (Ergänzungsteil) nicht angeführt. Hingegen war gegen anderslautenden Meldungen (Drimmel, Abwehrkampf, Verfolgung und Widerstand, S. 76) Arbogast Fleisch (Nc), bis 1938 Sektionschef im Bundeskanzleramt und für Personalwesen zuständig, kein NSDAP-Mitglied. Sein zeitweiliger Ausschluß nach 1945 dürfte andere Gründe gehabt haben. Siehe VANc. Protokoll Gespräch Georg Krasser mit Georg Schmitz, 21. 9. 2005. Enderle-Burcel/Follner, Diener vieler Herren, S. 98f., erwähnt den zeitweiligen Ausschluß aus der Norica.

Theodor Maunz war bis zum Ende des CV Mitglied des Academia-(CV) Beirates (Leiter des Amtes für Soziales), hatte sich 1932 in Freiburg/Br. für Verwaltungsrecht habilitiert (ab 1937 dort Professor) und orientierte sich 1933 rasch um: Man müsse die „Trümmer“ des liberalen Verwaltungsrechts „abtragen“. Er galt als einer der führenden regimetreuen Verwaltungsrechtler und bekannte sich zum „Führer“ als oberste Rechtsinstanz. Nach 1945 gelang ihm erstaunlicherweise rasch eine Wende. Er wirkte 1948/49 an der Schöpfung des deutschen Grundgesetzes mit und konnte 1952 Professor in München werden. In Juristenkreisen weithin bekannt ist er mit seinem Grundgesetzkommentar „Maunz-Dürig“. 1957 wurde er in Bayern Kultusminister, mußte aber 1964 wegen seiner NS-Vergangenheit dann doch zurücktreten. Erst nach seinem Tod 1993 wurde bekannt, daß er seinen ehemaligen Schüler Gerhard Frey, den Führer der rechtsradikalen „Deutschen Volksunion“ (DVU), nicht nur nicht juristisch beraten hatte, sondern auch für dessen *Deutsche National-Zeitung* unter einem Pseudonym regelmäßig Artikel verfaßte. „Was von Maunz bleibt, ist ein großes schriftstellerischer Werk ... Langfristig von größerem Interesse ist aber die beunruhigende Beobachtung, wie ein hochbegabter, ehrgeiziger und wacher Jurist durch die Tapetentüren der politischen Systeme schreiten konnte und kann, ohne größere Skrupel zu empfinden ... Die Leistungen und Erfolge von Maunz sind deshalb auch lehrreicher Teil einer Gesellschafts- und Wissenschaftsgeschichte der Bundesrepublik. Deren Rückseite war durchlöchert von gebrochenen Biographien, verleugneten Aktivitäten und gesäuberten Schriftenverzeichnissen.“[78]

Die in Parenthese zu Globke und Maunz stehenden Persönlichkeiten in Österreich bzw. im ÖCV, wie z. B. der jahrzehntelange Präsidialchef des Bundeskanzleramtes, Eduard Chaloupka (Baj), oder die Verfassungsjuristen Walter Antoniolli (Nc) (Prof. in Wien und Präsident des Verfassungsgerichtshofes) und Godehard Josef Ebers (Sal, AIn) (Prof. in Innsbruck und Mitglied des Verfassungsgerichtshofes)[79], zeigen jedoch eine andere Seite.

Im Zusammenhang mit der Behandlung ehemaliger Nationalsozialisten ist auch die Rolle des Bischofs ***Alois Hudal*** (BbG EM) zu erwähnen, der vor, während und nach dem Krieg Rektor der Anima in Rom war. Durch seine Hilfe wurde vielen ehemaligen hochrangigen Nationalsozialisten, darunter nachgewiesenermaßen Verbrecher, die Flucht ermöglicht, indem Hudal (falsche) Pässe und Geld bereitstellte, das mit Sicherheit aus dem Vatikan floß. So u. a. dem aus Österreich stammenden Kommandanten der Vernichtungslager Treblinka und Sobibor, Franz Stangl. Er konnte 1948 aus einem Linzer Gefängnis nach Italien fliehen. Von Hudal erhielt er einen Paß für Syrien. Desgleichen soll er dem „Schlächter von Lyon“, Klaus Barbie, und möglicherweise auch bei Adolf Eichmann geholfen haben, die über die sog. „Ratten-Linie“ (über Genua) nach Südamerika entkommen konnten.[80]

78 *Frankfurter Allgemeine*, 1. 9. 2001, S. 45. Hinweis bez. Mitgliedschaft von Maunz im Academia Beirat siehe Ac 37 (1924/25), S. 147, und 38 (1925/26), S. 107.

79 Ebers mußte 1935 die Universität Köln verlassen, weil er dort untragbar war, und wurde 1936 Prof. in Innsbruck. 1938 entlassen und 1945 wieder eingesetzt wurde er 1946 Mitglied des Verfassungsgerichtshofes Wien. Siehe Farbe tragen, S. 152.

80 Klee, Persilscheine und falsche Pässe, SS. 32-50.

Schlußendlich sei noch erwähnt, daß Gustav Steinbauer (F-B) ausersehen wurde, im Nürnberger Prozeß 1945/46 Arthur Seyß-Inquart zu verteidigen.[81]

Die „Verfassungsreform des ÖCV"

Seit 1950 beherrschte den ÖCV eine besondere interne Frage: **die Reform der Cartellordnung (CO),**[82] an die man nach der Konsolidierung des ÖCV und seiner Verbindungen schreiten konnte. Es wurde nämlich zu Recht erkannt, daß die bisherige Konstruktion des ÖCV der Wirklichkeit nicht mehr entsprach, und allem Anschein nach gab die CO-Reform des deutschen CV (s. o.) einen Anstoß dazu. Erste Forderungen dazu wurden bereits auf der CVV 1950 gestellt. Auf der CVV 1951 beantragte der Vorort Austria Innsbruck eine CO-Reform, die auf eine gemeinsame CVV von Aktiven und Alte Herren hinauslief.[83]

Für die endgültige Organisierung einer Vorlage war der seit 1953 amtierende Rechtspfleger Karl Kohlegger (AIn) zuständig. Auf den Cartellversammlungen 1956 in Wien und 1957 in Rotholz (Tirol) wurden die Grundlinien einer solchen Reform diskutiert. Auf letzterer wurde ein Redaktionskomitee eingesetzt, das bald einen Diskussions-Entwurf erarbeitete. Dieser fand keine ungeteilte Zustimmung, insbesondere nicht bei den Aktiven, denn diese kritisierten, daß der CV seine historische Struktur wandeln solle. Der Verband als Gemeinschaft von Verbindungen sollte weitgehend zum Verband zweier Verbandsteile umgewandelt werden.[84] Was waren nun die Punkte, die diese Kritik hervorriefen?

Erstens einmal sollte der ÖCV-Beirat erheblich gestärkt werden. Nach § 92 des Entwurfs wäre ihm die Geschäftsführung des ÖCV zugefallen, die Verbandsführung hätte nach § 91 die Leitung.[85] Der Beirat wäre mit der Führung der Verwaltungsgeschäfte betraut worden und hätte die Beschlüsse durchzusetzen gehabt (§ 118). Er wäre auch befugt gewesen, Durchführungsbestimmungen aufgrund des ÖCV-Rechts zu erlassen, die jedoch der Zustimmung der Verbandsführung benötigt hätten (§ 121). Es wären also dem Beirat ähnlich einem Ministerrat Exekutivfunktionen zugewachsen, wobei nicht näher definiert wurde, was jeweils unter „Leitung" und „Geschäftsführung" zu verstehen gewesen wäre.

Zweitens wurden Bestimmungen vorgeschlagen, die die Funktion des Vorsitzenden des ÖCV-Beirats aufgewertet hätten. So wäre ihm die Leitung der Cartellverbandsversammlung (CVV) zugefallen, ebenso hätte er die Tagesordnung dafür aufgestellt (§§ 98

81 Seyß-Inquart hat gebeten, von einem österreichischen Anwalt verteidigt zu werden. Daraufhin wurde von Österreich eine Rechtsanwaltsliste erstellt, aus der dann Seyß-Inquart Steinbauer ausgewählt hat. Die beiden kannten sich aus der Zeit vor dem Krieg, als sie Mitglied der Deutschen Gemeinschaft (siehe S. 343) waren. Rosar, Seyß-Inquart und der Anschluß, S. 33. Gustav Steinbauer war übrigens der Vater von Heribert Steinbauer (ehemals AW). Siehe auch Steinbauer, Gustav: Ich war Verteidiger in Nürnberg. Ein Dokumentenbeitrag zum Kampf um Österreich. Klagenfurt 1950.

82 Eine ausführlichere Darstellung über diese „Verfassungsreform" findet sich in Hartmann, Die Ära Chaloupka im österreichischen CV, SS. 120-122.

83 Vade mecum 1, S. 43; ÖCVA. Beschlußprotokoll 9. CVV 1951,

84 Schreiben des Vororts an den ÖCV-Beirat vom 5. 12. 1957 mit Bericht über die Ortsverbände-Tagung, ÖCVA. Protokoll des ÖCV-Beirates vom 21. 1. 1958.

85 Nach den bisherigen Bestimmung hatte die Verbandsführung die Oberste Leitung inne (§ 94), während der ÖCV-Beirat ein Beratungsorgan war (§ 99).

und 103). Der entscheidende Änderungsvorschlag wäre aber gewesen, dem Vorsitzenden des ÖCV-Beirats in seiner Eigenschaft als Vorsitzenden der Verbandsführung in diesem Gremium ein Dirimierungsrecht bei Stimmengleichheit einzuräumen.[86] Es war klar, daß vor allem der letzte Vorschlag die Aktiven aufbrachte, denn damit wäre das Vetorecht des VOP in der Verbandsführung gefallen.

Auf der Sitzung des ÖCV-Beirates vom 21. März 1958 wurde der Entwurf nochmals einer eingehenden Diskussion unterzogen und die Erstellung eines neuen Entwurfs verlangt, wobei die Gleichberechtigung beider Verbandsteile gewahrt bleiben sollte.[87]

Der aufgrund der Einwände nun neu erstellte Entwurf an die CVV/den AHT 1959 in Baden ließ es, was die obersten Organe Verbandsführung und ÖCV-Beirat betraf, im wesentlichen beim alten bewenden. Er wurde dort am 30. Mai als neue CO beschlossen. Die entscheidende Änderung war nun der Schritt hin zu einem Verband mit zwei Verbandsteilen, dem aktiven Verband und der Altherrenschaft. Das wurde dadurch manifest, daß die CVV die Versammlung der Senioren wie der Philistersenioren (sowie der Ortsverbandssenioren wie der Altherrenlandesbundvorsitzenden) wurde. Ab 1959 werden die Cartellversammlungen des ÖCV neu, und zwar mit römischen Ziffern, gezählt (und damit leistet der ÖCV einen wertvollen Beitrag zur Allgemeinbildung). Die Senioren tagen getrennt als Aktiventag (AT), die Alten Herren wie bisher auch schon als Altherrentag (AHT), um dort jeweils nur sie betreffende Fragen zu erörtern und zu beschließen. Die CVV wird abwechselnd vom VOP und dem Vorsitzenden der Altherrenschaft geleitet. Zwar werden die Wahlen zu den gemeinsamen Funktionen, vor allem im ÖCV-Beirat (Vorsitzender, Amtsträger) nunmehr von der CVV vorgenommen, jedoch müssen alle anderen Beschlüsse jeweils in beiden Verbandsteilen eine Mehrheit bekommen. Damit wurde die Befürchtung der Aktiven ausgeräumt, von den Alten Herren dominiert zu werden.[88]

Neu war auch die Begrenzung der Funktionsdauer der Amtsträger. Ursprünglich wurden sechs Jahre vorgeschlagen, tatsächlich wurden es vier Jahre. Damit war die theoretisch lebenslängliche Amtsdauer zu Ende, ebenso die Sonderregelung für Heinrich Drimmel (NdW) (siehe S. 520).

Personen, die den ÖCV prägten

Zur Geschichte des ÖCV gehören wesentlich auch jene Personen, die ihn prägten. Dazu zählen zwar in erster Linie die obersten Funktionäre, jedoch in dieser Periode bis 1967[89] auch jene, die Kraft ihrer politischen bzw. gesellschaftlichen Position eine hohe Binnen-

86 Gegenüberstellung der jeweiligen Bestimmungen siehe ÖCVA. Protokoll des ÖCV-Beirates vom 21. 3. 1958.

87 ÖCVA. Protokoll des ÖCV-Beirates vom 21. 3. 1958.

88 ÖCVA. Vorbemerkungen des Redaktionsausschusses zum überarbeiteten Entwurf des II. Teiles des ÖCV-Rechtsbuches (Cartellordnung des ÖCV) an die 17. CVV und den 21. AHT, 27. bis 31. Mai 1959, Baden, Wien im April 1959, Beilage zum Protokoll des ÖCV-Beirates vom 1. 4. 1959. Die CVV erinnert somit auch stark an die *itio in partes* der Reichstagsverfassung des Heiligen Römischen Reiches nach dem Westfälischen Frieden von 1648, wonach zur Gültigkeit der Beschlüsse die Mehrheit sowohl im Corpus Catholicorum wie im Corpus Evangelicorum notwendig war. Zur CO-Reform 1959 siehe Rechtsbuch ÖCV, SS. 13-77; öAc 10 (1958/59), H. 11/12, S. 46f.

89 Das Jahr 1967 war durch den Tod des Vorsitzenden des ÖCV-Beirates, Eduard Chaloupka (Baj), eine gewisse Zäsur, weil dadurch und infolge anderer Umstände ein erhebliches „Sesselrücken“ bei den Funktionären des ÖCV erfolgte.

Wirkung entfalteten und somit im ÖCV manchmal mehr emotionale Autorität hatten, als dessen Funktionäre, wie etwa z. B. die beiden Bundeskanzler Leopold Figl (Nc) und Julius Raab (Nc).

Bei dieser Betrachtung haben natürlich die Ämter eines Vorsitzenden des ÖCV-Beirates bzw. der Verbandsführung[90] sowie die eines Vorsitzenden der Altherrenschaft besonderes Gewicht, nicht zuletzt auch wegen der längeren Funktionsperiode im Vergleich zum damals zwar protokollarisch höhergestellten Vorortspräsidenten.

Als 1933 das Amt des Vorsitzenden des ÖCV-Beirates eingeführt wurde, war es naheliegend, dessen „Schöpfer" ***Robert Krasser*** (Nc) zu wählen. Es war dies die politisch schwierige Zeit des „Ständestaates", der – auch mit wesentlicher Unterstützung des CV – in der Abwehr des Nationalsozialismus stand. In dieser Frage kam Krasser ein besonderes Verdienst zu. Nach dem Krieg bekleidete Krasser zuerst bis 1948 die Funktionen eines Vorsitzenden des ÖCV-Beirates wie des Vorsitzenden der Altherrenschaft, danach nur letztere. Unbestritten war Krasser in den unmittelbaren Jahren nach 1945 *die* prägende Persönlichkeit im ÖCV. Das drückte sich in einer geistigen Führung aus, so etwa durch die Herausgabe seines Buches „Katholische Farbstudenten. CV Idee und Wirklichkeit" (1952). Aber auch durch eine konsequente „Reinhaltung" des ÖCV von Mitgliedern, die sich seiner Meinung nach verfehlt hatten. Mit nahezu unerbittlicher Härte ging er beispielsweise in den Fällen Guido Schmidt (ehemals Nc), Josef Dobretsberger (Cl [ehemals Nc]), Rudolf Kopf (ehemals Trn) und Peter Krauland (ehemals AW) vor, die aus heutiger Sicht nicht immer leicht nachzuvollziehen wäre. Aus den Sitzungsprotokollen geht hervor, daß im ÖCV-Beirat Ende der vierziger, Anfang der fünfziger regelmäßig derartige Personalien wie „Disziplinarfälle" behandelt wurden. Krasser verwendete in diesem Zusammenhang – es ging ihm hier vor allem um ehemalige Nationalsozialisten, SPÖ-Mitglieder[91] oder wiederverheiratete Geschiedene – den Begriff „Säuberungsaktion" und drängte vehement um die entsprechende Durchführung bei den einzelnen Verbindungen bzw. Verbindungsgerichten.[92]

Sein rigides Verhalten, das damals weitgehend auch von Heinrich Drimmel (NdW) unterstützt wurde, blieb nicht ohne Kritik. Anfang 1950 – nach den „Fällen" Dobretsberger, Kopf u. a. – spitzte sich die Sache nach einem Rundschreiben Krassers vom 26. Januar 1950 zu. Dieser hatte für den 18. März 1950 nach Salzburg den Altherrenausschuß sowie den Altherrenländerrat mit dem TO-Punkt „Aussprache über die im Rundschreiben vom 26. Januar 1950 angeführten inneren Schwierigkeiten und Spannungen in der Altherrenschaft sowie über die Wiederherstellung der Verbandsdisziplin" einberufen, wogegen es auch teilweise „hinhaltenden" Widerstand gab. Der Vorsitzende des ÖCV-Beirates Drimmel hat aber „unter Androhung seiner sofortigen Demission" auf diese Tagung bestanden, „da es mit seiner Auffassung unvereinbar erscheint, die Geschäfte

90 Über die Vorsitzenden des ÖCV-Beirates von 1946 bis 1955 siehe Hartmann, Die Ära Chaloupka im österreichischen CV, S. 113f.

91 In diesem Zusammenhang sind der Innsbrucker Nationalökonom Hans Bayer (AIn EM), der dem BSA beigetreten war, und der Vorarlberger Arbeiterkammersekretär Karl Pontesegger (AIn), der SPÖ-Mitglied war, zu nennen, über deretwegen es 1950 zu einer Diskussion zwischen der Verbandsspitze und der Austria Innsbruck gekommen war. Bayer und Pontesegger finden sich nicht mehr im Gesamtverzeichnis 1951, sind also offenbar dann doch ausgeschieden. Siehe dazu ÖCVA. Protokolle des ÖCV-Beirates vom 19. 4. 1950, S. 1, und 14. 8. 1950, S. 1. Bayer schrieb am 18. 4. 1950 an Drimmel, daß der Austria Innsbruck vor der Ehrenmitgliedschaftsverleihung seine BSA-Mitgliedschaft bekannt gewesen war. Brief in ÖCV. Akt Drimmel.

92 ÖCVA. Rundschreiben 5 des ÖAHB des ÖCV vom 23. 6. 1948, insbes. S 4f.

einer Verbandsinstitution weiter zu führen, falls in diesem weiterhin Angehörige des SPÖ, des VdU und der Schlaraffia sich befinden".[93]

Auch wenn aus heutiger Sicht das Führungsverhalten Krassers nicht immer leicht zu verstehen ist, so war nach den Katastrophen von Krieg und Nationalsozialismus ein „reinigender" Neubeginn im ÖCV durchaus ein berechtigtes Anliegen. Nicht zuletzt auch angesichts der zuspitzenden weltpolitischen Lage durch Einsetzen des Kalten Krieges.

Der Vorsitzende des ÖCV-Beirates bzw. der Verbandsführung des ÖCV, Heinrich Drimmel (NdW) (rechts), und sein Nachfolger, der ÖCV-Seelorger Hans Friedrich (AW)

Zum Vorsitzenden des ÖCV-Beirates wurde zu Beginn 1948 der Beamte des Unterrichtsministeriums bzw. Sekretär von Unterrichtsminister Felix Hurdes (NbW EM) und spätere Unterrichtsminister (1954 bis 1964) ***Heinrich Drimmel*** (NdW) gewählt. Er war u. a. von 1934 bis 1937 Sachwalter der Hochschülerschaft Österreichs (siehe S. 415) und entwickelte sich nach 1946 zum Exponenten eines anfänglich durchaus positiv zu verstehenden konservativen Katholizismus. Er war zweifelsohne ein Intellektueller von hohem Format und *homme des lettres*, wie gerade seine umfangreiche schriftstellerische Tätigkeit nach seiner Pensionierung zeigte. In den ersten innerkirchlichen Auseinandersetzungen mit der Katholischen Aktion (KA) war er geistig-intellektuell und auch politisch ein gleichgewichtiger Partner gegenüber deren Exponenten, wie Otto Mauer, Karl Strobl oder Michael Pfliegler (siehe S. 551f.). In seiner Art prägte er das Amt des Vorsitzenden des ÖCV-Beirates in seiner Außenwirkung. In seiner Innenwirkung war er durch die weiterhin dominante Persönlichkeit Krassers als Altherrenschaftsvorsitzender bestimmt. Ende 1952 trat Drimmel zurück, als er zum Leiter der Hochschulsektion bestellt wurde.[94] Er war offenbar so beliebt und angesehen im ÖCV, daß er entgegen jeglicher Rechtssystematik in der CO ohne Portefeuille weiterhin (bis 1959) Mitglied des ÖCV-Beirates blieb.[95]

Sein Nachfolger wurde Anfang 1953 zuerst provisorisch und dann definitiv auf der CVV 1953 Msgr. ***Hans Friedrich*** (AW), der seit 1933 amtierende ÖCV-Seelsorger. Dieser

---

93 ÖCVA. Protokoll des ÖCV-Beirates vom 15. 3. 1950, S. 2.

94 Drimmel kündigte seinen Rücktritt auf der Sitzung des Beirates vom 25. 9. 52 an, siehe ÖCVA. Protokoll des ÖCV-Beirates vom 25. 9. 1952, S. 2f. In der Diskussion wurde deutlich, welche Bedeutung diese Funktion für den ÖCV hat, und man hatte Verständnis dafür, daß Drimmel hier Handlungsfreiheit haben mußte.

95 Drimmel nahm gelegentlich auch als Minister an den Sitzungen des Beirates teil, so z. B. am 31. 1. 1955, siehe ÖCVA. Protokoll des ÖCV-Beirates, 31 1. 1955.

war zwar angesehen, jedoch fehlte ihm zweifelsohne die Persönlichkeit seiner Vorgänger und Nachfolger. Er war in der ganzen Auseinandersetzung mit der KA überfordert, vor allem als dann die Arbeitsgemeinschaft Katholischer Verbände (AKV) gegründet wurde und die Konflikte mit der KA erheblich zunahmen (dazu siehe S. 553f.). Als der Linzer Bischof Franz Zauner dem Präsidenten der Arbeitsgemeinschaft Katholischer Verbände, Franz Karasek (Nc), verboten hatte, auf der 1955 in Linz vorgesehenen CVV zu sprechen, wurde diese auf den Semmering verlegt. Friedrich trat daraufhin als Vorsitzender des ÖCV-Beirates zurück, blieb jedoch bis 1967 ÖCV-Seelsorger.

Das Fatale an der personellen Situation Mitte der fünfziger Jahre war aber, daß bereits 1952 der Vorsitzende des AHB, Robert Krasser, durch einen Schlaganfall sein Amt nicht mehr ausüben konnte. Es gab dann Provisorien durch die in der CO nicht vorgesehenen geschäftsführenden Vorsitzenden Hermann Withalm (Nc) und Franz Baumgartner (Nc). Auf dem Altherrentag (AHT) 1954 wurde offen die Führungskrise thematisiert, und die Norica bekannte auch, daß es ihr nicht möglich war, Krasser zum Rücktritt zu bewegen. Aus pietätvoller Rücksicht wählte man Withalm neuerlich zum geschäftsführenden Vorsitzenden, wohl wissend, daß die Amtszeit Krassers 1955 ohnedies statutarisch enden werde.[96]

So waren die Jahre 1952 bis 1955 im ÖCV durch Führungsschwäche gekennzeichnet, und das wirkte sich vor allem fatal im innerkirchlichen Bereich aus, als kein ernsthafter Widerpart vorhanden war, der Implementierung der KA wenigstens halbwegs Paroli bieten zu können. Erst 1955 mit der definitiven Wahl Withalms zum tatsächlichen Vorsitzenden der Altherrenschaft und der gleichzeitig erfolgten Wahl ***Eduard Chaloupkas***[97] (Baj) zum Vorsitzenden des ÖCV-Beirates bzw. der Verbandsführung war dieses „Interregnum" im ÖCV beendet.

Es begann nun eine mehr als zwölfjährige Periode, die man rückblickend als jene bezeichnen kann, in der der ÖCV intern wie vor allem in der Außenwirkung zweifelsohne seinen Höhepunkt in der bisherigen Geschichte erreichte. Und: Zur Entwicklung hin vom Vorsitzenden des ÖCV-Beirats zum allgemein so wahrgenommenen „Vorsitzenden des ÖCV" hat wesentlich die Amtsführung von Eduard Chaloupka beigetragen. Betreiber seiner Wahl dürfte allem Anschein nach Hermann Withalm gewesen sein, der besonders die politische Wirkmächtigkeit als Präsidialchef des Bundeskanzleramtes betonte („... und diese guten Beziehungen bestehen natürlich zwischen dem Bundeskanzler und seinem Präsidialchef."). [98] Durch seine über zwanzigjährige Tätigkeit als Präsidial-Sektionschef des Bundeskanzleramtes festigte Chaloupka auch die Klammer zwischen politischer Führung, Beamtenschaft und ÖCV.

96 ÖCVA. Protokoll des 12. AHT, Wien, 26-30. Mai 1954: Bericht des Vorsitzenden des ÖCV-Beirats an die 12. CVV und den 12. AHT.

97 Über Chaloupka als Vorsitzender des ÖCV-Beirates bzw. der Verbandsführung siehe Hartmann, Die Ära Chaloupka im österreichischen CV; über Chaloupka allgemein siehe Drimmel, Herkunft und Jugendjahre Chaloupkas; Für Volk und Glauben leben.

98 ÖCVA. Protokoll des CV-Ausschusses vom 20. 5. 1955, S. 3. Als auf der letzten Sitzung des ÖCV-Beirates vor der CVV, am 10. 5. 1955, Friedrich seinen Rücktritt bekanntgab, hat jedoch Withalm den damaligen Leiter des Amtes für allgemeine CV-Fragen, Franz Kirchmair (AIn), in Vorschlag gebracht, was auch auf allgemeine Zustimmung stieß. ÖCVA. Protokoll des ÖCV-Beirats am 10. 5. 1955, S. 2. In wenigen Tagen muß es also einen entsprechenden Umschwung für Chaloupka gegeben haben.

„... und diese guten Beziehungen bestehen natürlich zwischen dem Bundeskanzler und seinem Präsidialchef." Bundeskanzler Leopold Figl (Nc) und sein Präsidialchef sowie späterer Vorsitzender der Verbandsführung des ÖCV, Eduard Chaloupka (Baj). Um Ostern 1950.

Aber es war auch die Zeit des beginnenden Umbruchs in Kirche, Gesellschaft und Universitäten. Wenige Tage vor seinem Tod schrieb Chaloupka an Herbert Schambeck (Rd): „Ich habe es nicht immer leicht gehabt ... in meiner Arbeit im CV. Aber ich glaube, daß auch meine Gegner mich kennengelernt haben und wissen, daß ... mir ... wirklich die Idee des Verbandes und seine richtige Fortentwicklung in die neue Zeit am Herzen liegt. Hier kann man nicht wie ein Rohr im Winde wanken oder Bocksprünge machen, sondern muß in ruhiger Entwicklung sich jener Situation anpassen, die letzten Endes auch von der Kirche ausgelöst wurde."[99]

Vorsitzende der Altherrenschaft waren – wie erwähnt – ab 1946 ***Robert Krasser*** und nach einem „Interregnum" ab 1955 ***Hermann Withalm***, der anfänglich im ÖCV eindeutig das Sagen hatte. Auf seine Initiative hin wurde das ÖCV-Haus gekauft (siehe S. 505f.). Als er 1956 Staatssekretär im Finanzministerium wurde, behielt er diese Funktion bei, jedoch wurde ein geschäftsführender Vorsitzender in der Person von Rudolf Mayr (AW) gewählt. Withalm nahm aber weiter höchst aktiv an den Sitzungen teil, der geschäftsführende Vorsitzende übernahm nur einige organisatorische Aufgaben und Vertretungen. Ausdruck des Einflusses Withalm war auch, daß in der Zeit zwischen 1956 und 1959 die meisten Protokolle der Verbandsführungs-Sitzungen als Ort „Staatssekretariat" vermerkten. Hingegen tagte die Verbandsführung danach sehr oft im Bundeskanzleramt im Büro Chaloupkas.

Als im Februar 1960 Withalm als Vorsitzender der Altherrenschaft mit sofortiger Wirkung zurücktrat, weil er Generalsekretär der ÖVP wurde, haben sowohl Chaloupka als auch Withalm als Nachfolger den Philistersenior der Norica, Hans-Egon Gros (Nc), vorgeschlagen.[100] Aber es wurde ***Rudolf Mayr*** gewählt.[101] Über ihn siehe S. 632.

99 Schreiben vom 16. 8. 1967, Kopie im Besitz des Verfassers.

100 ÖCVA. Protokoll der Verbandsführung vom 26. 2. 1960; Protokoll der II. CVV/22. AHT 25.-29. 5. 1960 Wien. Tätigkeitsbericht des Vorsitzenden der Altherrenschaft. Die Gründe für seinen Rücktritt teilte Withalm am 11. 3. der Altherrenschaft mit. Protokoll des ÖCV-Beirates vom 15. 3. 1960, Brief Withalms in der Beilage zum Protokoll. Dazu siehe ausführlicher Hartmann, Die Ära Chaloupka im österreichischen CV, SS. 122-124.

101 ÖCVA. Beschlußprotokoll des 22. AHT 26. 5. 1960. Über Rudolf Mayr siehe Schönner, Auf, mit Gott zur Mannestat, SS. 130ff.

Von den **Vorortspräsidenten** bis 1967 sind infolge ihrer späteren Funktionen besonders hervorzuheben: ***Johann Wollinger*** (Nc) [1946/47, später Stadtrat von Wien], ***Rudolf Gruber*** (NdW) [1960/61, später im ÖCV Leiter des Auslandsamtes und Jahrzehnte lang Vorstandsvorsitzender der NEWAG bzw. EVN] und ***Johannes M. Martinek*** (Dan) [1966/67, später einige Jahre Präsident der AKV].

Aus dem Kreis der Amtsträger, der **Mitglieder des ÖCV-Beirates,** sind besonders hervorzuheben: der Rechtspfleger von 1953 bis 1976, ***Karl Koblegger*** (Aln). Er prägte wesentlich die „Rechtskultur" im ÖCV, war „Vater" der neuen CO von 1959, der neuen Satzungen von 1968 und der CO-Reform 1975. Obwohl habituell „konservativ", zählte er in den letzten Jahren seiner Amtstätigkeit zu den Befürwortern einer Öffnung des ÖCV (Protestanten, Studentinnen), was ihn in Konflikt mit dem späteren Vorsitzenden der Altherrenschaft Theodor Detter (AW) brachte, worauf er 1976 resignierend zurücktrat (siehe S. 631); der Leiter des Academia-Amtes ***Ernst Marboe*** (Baj) von 1949 bis 1957, er war Leiter der Bundestheaterverwaltung und prägte dadurch wesentlich das kulturelle Leben Österreichs nach 1945; der Leiter des Sozialamtes ***Willibald Mayr*** (Am) von 1949 bis 1967, untrennbar mit seinem Namen ist die Akademikerhilfe mit ihren Studentenwohnheimen verbunden; ***Herbert Schambeck*** (Rd) als Leiter des Bildungsamtes von 1959 bis 1967, er machte als langjähriges Mitglied des Bundesrates bald politische Karriere.

Die Liste der Funktionäre des ÖCV findet sich im Anhang 1.

„Hier sind wir versammelt zu löblichem Tun!"

Der couleurstudentische Comment, Geschichte und Gegenwart
von Ernst Exner (Pan)

Der bekannte Autor studentischer Themen hat ein neues Werk herausgebracht, dessen inhaltlicher Bogen von den Wurzeln der Studentenverbindungen über den studentischen Comment im Allgemeinen, die Symbole einer Verbindung, die studentische Wichs, die Stationen eines Verbindungslebens, die Chargen, Kommers und Kneipe bis zu den studentischen Comments und Trinksitten reicht. Die treffenden Karikaturen von Ralf Wittig (Pan) runden das ca. 150-seitige Werk ab.

Bestellmöglichkeit ausnahmslos nur durch Einzahlung des entsprechenden Betrages auf das Konto Nr. 09494245500 bei Bank Austria – Creditanstalt (BLZ 12000), lautend auf Cartellverband (ÖCV)m und genaue Angabe von Namen und Adresse. Bei Bestellungen aus dem Ausland ist folgendes hinzuzufügen: IBAN: AT04 1100 0094 9424 5500/ BIC: BKAUATWW.

Preise inkl. Porto und Verpackung:
in Österreich: € 15,00
in Europa: € 17,00

Schriftenreihe der ACADEMIA – Zeitschrift für Politik, Wissenschaft, Religion und Kultur
1080 Wien, Lerchenfelderstraße 14, e-Mail: academia@oecv.at, Tel.: 01/405 16 22 DW 30

Die Hochschulpolitik in der Aufbauphase

Die Gründung der Österreichischen Hochschülerschaft (ÖH)

Die Universitäten Österreichs waren im Mai 1945 von den Kriegswirren arg mitgenommen. Dennoch konnte noch im SS 1945 teilweise der Vorlesungsbetrieb aufgenommen werden. Vielfach war es der selbstlosen Einsatzbereitschaft der Professoren- wie Studentenschaft zu danken, daß der Lehrbetrieb wieder bald anlaufen konnte.

Nun galt es auch, die studentische Selbstverwaltung neu zu ordnen, wobei es unmöglich war, an die Deutsche Studentenschaft oder Sachwalterschaft anzuknüpfen. Am 3. September 1945 wurde vom Staatsamt für Unterricht die *Hochschülerschaftsverordnung* aufgrund des ständestaatlichen *Hochschulermächtigungsgesetzes* (siehe S. 416) erlassen (StGBl 170/1945), nachdem es vorher wieder in Kraft gesetzt wurde.[1] Danach sollten die Funktionäre der Hochschülerschaft im Rahmen allgemeiner Wahlen bestimmt werden. Für die Übergangszeit (1945/46) wurden sie vom Staatsamt aufgrund der Vorschläge der drei Parteien (ÖVP, SPÖ, KPÖ) ernannt.

Die 2. Hochschülerschaftsverordnungsnovelle des Bundesministeriums für Unterricht vom 28. Oktober 1947 (BGBl 249/1947) enthielt eine Wahlordnung, die im Sinne der Nationalratswahlordnung der damaligen Zeit nur jenen Gruppen einen Wahlvorschlag gestattete, die als Hochschulvertretung aller im Zeitpunkt der Nationalratswahl 1945 von den Alliierten zugelassenen politischen Parteien anzusehen waren. Das erste Mal kandidierten die Kommunisten unter eigenem Namen, 1949 verlegten sie sich auf die „Volksfront-Taktik“ und versuchten es unter der Bezeichnung Verband demokratischer Studenten (VDS). Der VDS durfte aber unter diesem Namen nicht kandidieren und erhob deswegen Beschwerde beim Verfassungsgerichtshof, der in einem Erkenntnis vom 8. Dezember 1949 die 2. Hochschülerschaftsverordnungsnovelle aufhob, da zu diesem Zeitpunkt die Alliierten keinen Einwand mehr gegen weitere Parteienkandidaturen hatten. Somit war es dringend notwendig, die studentische Selbstverwaltung endlich einer gesetzlichen Regelung zuzuführen. Bereits am 30. Juni 1948 hatte die ÖH einen Entwurf eines „Bundesgesetzes über die studentische Selbstverwaltung an den Hochschulen wissenschaftlicher und künstlerischer Richtung“ vorgelegt. In Verhandlungen zwischen dem Ministerium und der ÖH wurde ein Hochschülerschaftsgesetz erarbeitet, das am 12. Juli 1950 vom Nationalrat beschlossen wurde (BGBl 174/1950). Danach wurde die ÖH als Körperschaft des öffentlichen Rechts eingerichtet. Alle ordentlichen Hörer österreichischer Staatsangehörigkeit waren automatisch Zwangsmitglieder der ÖH, die Selbstverwaltung besitzt. Diese ist nach einer juristischen Definition „die Tätigkeit von Körperschaften des öffentlichen Rechts mit obligatorischer Mitgliedschaft und einer gewissen Selbständigkeit, deren Organe (unmittelbar oder mittelbar) von den Verbandsangehörigen bestellt werden, mit Befehls- und Zwangsgewalt ausgestattet sind und in relativer Unabhängigkeit von den staatlichen Organen Verwaltungsaufgaben besorgen.“[2]

1 StGBl 75/1945; siehe auch Fuchs, Pflichtmitgliedschaft in der studentischen Selbstverwaltung, S. 42f.

2 Ebda., S. 25.

Die Aufgabe der ÖH war nach den Bestimmungen des Gesetzes die Vertretung der allgemeinen Interessen der Hochschüler und die Durchführung kultureller, sozialer und wirtschaftlicher Aufgaben. Somit war die ÖH auf eine reine Standesvertretung beschränkt, ein „allgemeines politisches Mandat" war nicht vorgesehen. Grundsätzlich ist die ÖH demokratisch verfaßt, die beschlußfassenden Organe – der Zentralausschuß (ZA) auf Bundesebene, die Hauptausschüsse (HA) für die einzelnen Hochschulen und die Fachschaftsausschüsse (FA) für die Fakultäten – werden aufgrund direkter, allgemeiner, gleicher und geheimer Verhältniswahlen ermittelt.

Oberstes Organ ist der ZA. Nach dem damaligen Gesetz gehörten ihm die Vorsitzenden der HAs sowie die FA-Vorsitzenden der größeren Fakultäten an. Darüber hinaus waren anfänglich 16 Ausgleichsmandate vorgesehen, denn die Zusammensetzung des ZA insgesamt wurde nach dem Parteienverhältnis ermittelt. Der ZA wählt den Vorsitzenden der ÖH sowie zwei Stellvertreter. Der Vorsitzende leitet die Sitzungen des ZA, vertritt die ÖH nach außen und innen und ist der Chef der Exekutive, der einzelne Referenten angehören. Der HA ist das oberste Organ einer Universität oder Hochschule, auf Fakultätsebene bestehen FA. Wahl, Funktionäre und Arbeitsweise sind ähnlich wie beim ZA. Die Funktionsdauer der Gremien wurde auf zwei Jahre festgesetzt. Diese Struktur blieb im wesentlichen bis 1973 bzw. 1999 sowie 2005 (siehe S. 672) erhalten.

Als das Gesetz beschlossen wurde, schrieb der damalige Leiter des Amtes für Hochschulfragen im ÖCV-Beirat, Walter Urbarz (NdW), in der *Academia*: „Als Ganzes gesehen bedeutet dieses Gesetz einen großen Erfolg für die Studentenschaft. Das beste Gesetz bleibt aber nur ein Stück bedrucktes Papier, wenn es nicht jener Personenkreis, für den es geschaffen wurde, der entsprechenden Nutzanwendung unterzieht. Unser Verband hat aufgrund jahrzehntelanger Erfahrung eine gewisse Skepsis gegenüber allen Versuchen, die Organisation der Studentenschaft über ein unbedingt notwendiges Maß auszudehnen. Die Erfahrung lehrt, daß jede Verbürokratisierung der Studenten von diesen auf das entschiedenste abgelehnt wird. Das neue Gesetz darf daher einer solchen in keiner Weise Tür und Tor öffnen. Damit wäre sein Mißerfolg bereits eingeleitet."[3] Diese Aussage vom Juli 1950 besitzt nach wie vor zeitlose Aktualität!

Die Sammlung der Studentischen Mitte

Im Jahr 1945 bestand nicht nur auf staatlicher Ebene, sondern auch auf Hochschulboden die Gefahr einer Dominanz der Linken (SPÖ und KPÖ). Daher mußte an die Schaffung einer von der ÖVP offiziell anerkannten Studentenpartei geschritten werden, wie es die alliierten Bestimmungen damals vorschrieben.[4]

3 Über die Gründung der ÖH: öAc 1 (1949/50), H. 4, S. 8, und H. 9, S. 13f. (hier Urbarz-Zitat). Weiters siehe Cyba, Politische Aktivitäten und Studiensituation, S. 38f.; Fischer-Kowalski, Zur Entwicklung von Universität und Gesellschaft in Österreich; Floimaier, Geschichte der ÖSU, S. 28f.; Fuchs, Pflichtmitgliedschaft in der studentischen Selbstverwaltung; siehe auch Urbarz, Walter: Die gegenwärtige Lage der österreichischen Hochschulen und der CV, in: *Civitas* 3 (1947/48), SS. 468-469.

4 Die Darstellung folgt, wenn nicht anders angemerkt: Floimaier, Geschichte der ÖSU; Forster, Geschichte der Österreichischen Hochschülerschaft; 5. CVV 1946, Protokoll der 5. CVV, SS. 31-35, Bericht des Leiters des Amtes für Hochschulfragen, Hans Wollinger (Nc).

Die ersten Anfänge dazu entstanden um die sog. „Peters-Platz-Gemeinde" des Wiener Hochschulseelsorgers Karl Strobl, der damals u. a. Kurt Schubert, Erika (Weinzierl-)Fischer, Hans Tuppy, aber auch CVer wie Rudolf Geischläger (Nc) und der spätere Diplomat Hans Proksch (AW) angehörten. Über diese Kanäle lief in der Folge der Kontakt zum CV. Später stießen noch Oswald Kurzel-Runtscheider (KVer) und Lukas Beroldingen (Nc) dazu. In der ersten Maiwoche 1945 wurde aus diesem Kreis die Freie Österreichische Studentenschaft (FÖSt) gegründet, und am 19. Mai 1945 fand die erste Plenarsitzung im Wiener Schwarzenbergpalais statt. Hans Proksch wurde zum ersten Vorsitzenden gewählt, trat aber bald aus gesundheitlichen Gründen zurück. Die ÖVP stellte der FÖSt Räumlichkeiten zur Verfügung und gab ihr das Recht, als ÖVP-Studentengruppe aufzutreten. Dies wurde durch einen Vertrag vom 5. November 1945 geregelt.

Der ÖCV war damals als Organisation ins Hintertreffen geraten, durch die Umbruchverhältnisse dieser Zeit kam er erst langsam wieder zum Leben. Die Nationalratswahlen am 25. November 1945 brachten klare Verhältnisse. Damit war die Gefahr einer Dominanz der Linken (SPÖ, KPÖ) vorerst gebannt. Der ÖCV engagierte sich nun stärker und bekam natürlich Rückendeckung von Bundeskanzler Leopold Figl (Nc).

Bereits im Oktober 1945 kam es zu Spannungen zwischen der FÖSt und dem ÖCV. Trotzdem wurden zur Jahreswende die Gespräche weitergeführt, an denen seitens der CV-Aktivenschaft Johann Wollinger (Nc) und für die Altherrenschaft Felix Romanik (Baj) teilnahmen. Am 14. März 1946 fand im großen Sitzungssaal des Bundeskanzleramtes die feierliche Gründung der „Union der Österreichischen Akademiker" statt, der unter Wahrung der vollsten organisatorischen Selbständigkeit der CV, die FÖSt, der Akademische Bund Katholischer Landsmannschaften (KÖL), der Altherrenverband des MKV, die Akademikerhilfe und später der ÖKV beitraten. Diese Zusammenfassung zu einem Dachverband knüpfte sicherlich an das Vorbild KDHÖ an und wurde vom CV betrieben.[5] Erster Obmann wurde Karl Leutgeb (FÖST).

Die hochschulpolitische Arbeit lag damals immer noch weitgehend bei der FÖSt, die zu dieser Zeit rund 1.500 Mitglieder besaß, also ebensoviel wie der CV 1949 bei der Aktivitas. (Das waren jeweils ca. 5 Prozent der 1946 inskribierten Hörer.) Die FÖSt breitete sich nun auch auf die anderen Hochschulstädte aus. Die Dominanz der FÖSt innerhalb der Union war so stark, daß sie bei der Hochschulwahl im Herbst 1946 vielfach noch mit dem Zusatznamen FÖSt auftrat.

Inzwischen war der ÖCV wiederum so weit erstarkt, daß sich die Spannungen zwischen ihm und der FÖSt steigerten. In dieser Situation wurde den führenden FÖSt-Vertretern bewußt, daß ihnen ein ähnlicher organisatorischer Rückhalt wie beim CV fehlte. Alexander Kragora (ÖKV Austria Graz) berichtete nun von der Reaktivierung des KV in Graz, so daß man für Wien eine ähnliche Möglichkeit sah. Das Übertreten der führenden FÖSt-Vertreter zum ÖKV hatte zwei Folgen: Die FÖSt verlor erstens zunehmend an Bedeutung, und der ÖKV wurde zweitens neben dem ÖCV zur stärksten hochschulpolitischen Gruppe in der Union, eine Tradition, die bis Ende der sechziger Jahre beibehalten wurde.

Aufgrund des neuen Hochschülerschaftsgesetzes konnten 1951 nun auch andere wahlwerbende Gruppen teilnehmen. Nach dem Erfolg des VdU bei den Nationalrats-

---

5 Die Satzung der Union ist abgedruckt in Vade mecum 2, SS. 66ff.

wahlen am 9. Oktober 1949 begannen die Bemühungen, auch eine Studentengruppe dieses Verbandes ins Leben zu rufen. Bereits im November 1949 wurden solche Gruppen in Wien und Graz gegründet, die natürlich – ähnlich wie der VdU – sich um das Reservoir der „Ehemaligen“ bzw. der Schlagenden bemühten bzw. auf diesem aufbauten. Seitens des ÖCV hat man das nüchtern bewertet. Unter dem Titel „Es ist soweit“ schrieb der damalige Hochulamtsträger Walter Urbarz (NdW) in der *Academia:* „Es ist klar, daß mit dem Auftreten der 'Unabhängigen' auf dem Boden der Hochschulen eine Entwicklung ihren Anfang nehmen wird, die nur 1938 gewaltsam unterbrochen wurde. Die alten Kampffronten auf akademischen Boden sind wieder neu entstanden.“[6] Die Einschätzung von Urbarz lag nicht daneben, wie die Geschichte der folgenden rund 20 Jahre zeigt.

Um nun die Basis zu verbreitern, wurde seitens der Union mit anderen Verbänden Kontakt aufgenommen, so auch mit der „Jungen Front“ des Ernst (Graf) Strachwitz. Somit entstand als Listenbezeichnung „Wahlblock (WB) der Union österreichischer Akademiker“, die bis 1967 erhalten blieb.

Der „Stellungskampf“ zwischen CV und KV im Wahlblock war nun das kennzeichnende Merkmal der fünfziger und sechziger Jahre, wobei sich der CV aufgrund der größeren Organisation langfristig durchsetzen konnte. Die FÖSt, die zuerst von CV und KV zerrieben schien, konnte sich in den sechziger Jahren durch den Zuzug hochschulpolitisch Aktiver aus dem Umkreis der Katholischen Hochschulgemeinden erholen.

Nach 1945 war die Sammlung der christlich orientierten studentischen Mitte notwendig, um einerseits der marxistischen bzw. sozialistischen wie auch andererseits der neonationalen (RFS) Herausforderung organisatorisch begegnen zu können. Dies konnte nur durch Zusammenfassung nach dem Dachverbandsmodell erfolgen. Daß dies gelungen ist, beweisen letztendlich die ÖH-Wahlergebnisse. In der Aufbruchsstimmung der sechziger Jahre wurde aber bewußt, daß diese Organisationsform nicht mehr geeignet sein konnte, studentische Politik zu machen (siehe S. 596).

Von den insgesamt acht Bundesobmännern der Union waren sechs CVer und je ein FÖStler bzw. KVer. Allein aus dieser Tatsache ersieht man die Dominanz des CV. Die 13 Vorsitzenden des ZA in der Zeit von 1946 bis 1969 verteilen sich folgendermaßen: CV 6, KV 5, FÖSt 2. Nimmt man jedoch deren Funktionsdauer für den Vergleich, sieht es folgendermaßen aus: CV 10 Jahre, KV 11,5 Jahre, FÖSt 1,5 Jahre. Bei beiden Funktionen fällt auf, daß anfänglich der KV stärker war, jedoch später der CV dominierte. Von den 10 CV-Jahren fallen z. B. 7 auf die zweite Hälfte des Beobachtungszeitraumes (also 11,5 von 23 Jahren).

Die Hochschulwahlen: Der CV in der Hochschulpolitik

Durch die Abhaltung allgemeiner Studentenwahlen auf Bundesebene im Gegensatz zur DSt vor 1933 kann von 1946 bis 2003 die politische Einstellung der Studentenschaft besser beobachtet werden. Die ersten Hochschulwahlen waren jedoch insofern noch nicht repräsentativ, weil die nationalfreiheitliche Studentenschaft erst ab 1951/53 mit einer eigenen Liste kandidieren konnte.

6 öAc 1 (1949/50), H. 2 (Dezember), S. 12.

Die Wahlbeteiligung betrug am Anfang (1946) über 82 Prozent, um sich dann ab 1949 auf rund zwei Drittel einzupendeln, ein Wert, der bis 1967 gehalten werden konnte. Danach sank die Wahlbeteiligung sukzessive auf unter 40 Prozent. Bei den ersten drei Wahlen (1946, 1948, 1949) kandidierten nur drei Parteien (Union, VSStÖ, Kommunisten). Aufgrund der allgemeinen innen- wie auch außenpolitischen Situation stellten vorerst die Kommunisten die größte Gefahr dar. Dies zeigte sich u. a. am 19. November 1946, dem ersten Wahltag, wo es auf der Universität Wien zu größeren Ausschreitungen mit Kommunisten kam. Das Ergebnis war jedoch bundesweit eindeutig: Die Union erhielt mehr als drei Viertel der Stimmen, die Kommunisten nicht einmal 3 Prozent. Sie konnten sich unter dem Namen VDS marginal bis 1951 steigern, sanken jedoch in der Folge auf fast 1 Prozent ab, ein Wert, den sie bis 1967 behielten. Der VSStÖ kam im Bundesdurchschnitt auf ein Fünftel der Stimmen. Das veranlaßte den Vorsitzenden des ÖCV-Beirates, Robert Krasser (Nc), auf der 5. CVV Anfang Dezember 1946 in Wien zu der Bemerkung: „Das sind die neuen Gegner [die Sozialisten, Anm. d. Verf.], mit denen wir es auf der Hochschule zu tun haben.“[7] 1948 und 1949 verlor dann die Union jeweils etwas zugunsten des VSStÖ.

Die Situation änderte sich 1951 mit dem Auftreten des BUS bzw. 1953 mit dem des RFS. Dadurch verlor der Wahlblock erheblich, konnte sich dann aber bis 1965 zwischen 55 und 59 Prozent einpendeln. Der VSStÖ sank deshalb ebenfalls ab 1951, konnte sich 1959 kurz verbessern, um dann wieder etwas abzusinken. Die Steigerung 1959 veranlaßte den damaligen Hochschulamtsträger Josef Finder (Dan) zu der Bemerkung, daß sich bei den Hochschulwahlen nun auch die allgemeine politische Situation bemerkbar macht, d. h. das Ansteigen des sozialistischen Milieus bei den Studenten.[8]

Der BUS bzw. der RFS erreichte 1951 auf Anhieb 12 Prozent und konnte sich 1953 sogar auf über ein Drittel der Stimmen steigern! In der Folge verlor er etwas, um dann 1967 nochmals stolze 30 Prozent zu erreichen. Danach sank er insbesondere ab der zweiten Hälfte der siebziger Jahre zur Bedeutungslosigkeit herab. Was das Verhältnis der katholischen zur nationalfreiheitlichen Studentenschaft betrifft, so haben sich die Wähleranteile im Vergleich zur Zeit vor 1933 umgedreht. Das ist natürlich durch die NS-Ära verständlich. Daß der RFS bis Ende der sechziger Jahre noch immer relativ stark und der „Angstgegner“ des Wahlblocks war, beweist nur, wie lange politische Grundströmungen andauern können.[9]

---

7 Protokoll 5. CVV, S. 21. Bemerkenswert war bei der Wahl 1948 u. a., daß in Leoben die Union 66 und der VSStÖ 60 Stimmen erhielt.

8 ÖCVA. Bericht des Leiters des Amtes für Hochschulfragen auf der 17. CVV und dem 21. AHT, 27.-31. 5. 1959, Baden bei Wien.

9 Die Wahlergebnisse sowie die Darstellung nach Floimaier, Geschichte der ÖSU, insbesondere S. 283f.; MB NF 2 (1. 3. 1948), S. 4f.; öAc 2 (1950/51), H. 5., S. 13f., 4 (1952/53), H. 4, S. 3f.; 6 (1954/55), H. 5, S. 3; 8 (1956/57), H. 5, S. 3; 10 (1958/59), H. 5, S. 11; 12 (19060/61), H. 5, S. 8f.; 14 (1962/63), H. 5, S. 4f. sowie 16 (1965/65), H. 5, S. 12f.; Cyba, Aktivitäten, S. 57f.; aus sozialdemokratischer Sicht siehe Weingand/Winkler, Diese Welt muß unser sein, SS. 120-126.

Ergebnisse der Hochschulwahlen von 1946 bis 1967 für den Zentralausschuß in Prozentwerten

	Wahlblock/ ÖSU	BUS/ RFS	VSStÖ KSV	VDS/	Sonstige	
1946	75,3	-	21,8	2,9	0	
1948	70,3	-	26,1	3,4	0	
1949	72,0	-	24,3	3,7	0	
1951	62,7	12,0	21,6	3,6	0,9	
1953	48,1	33,5	16,8	1,6	0	
1955	55,8	30,4	12,1	1,7	0	
1957	59,7	28,0	11,0	1,3	0	
1959	57,7	27,0	14,1	1,2	0	
1961	57,1	28,1	13,6	1,1	0	
1963	55,4	26,9	11,5	1,0	5,1	
1965	57,5	28,6	12,2	1,7	0	Aktion
1967	48,9	29,9	13,1	0	3,5	4,5

Sonstige:
1963 Neues Europa 5,1 Prozent (Hochschulgruppierung der Europäisch Föderalistischen Partei Otto Moldens)
1967 Fortschrittliche Studenten 1,4 Prozent (Hochschulgruppierung der Demokratisch Fortschrittlichen Partei Franz Olahs)

Im Laufe der Zeit drangen immer mehr CVer in die Hochschulpolitik ein und dominierten in den späten fünfziger und sechziger Jahren weitgehend, mit Ausnahme von Graz, wo der KV stark war. Die ÖH-Mandatare waren für den CV eine gewisse „Spielwiese", denn viele von diesen gelangten später in wichtige Funktionen der Politik, Wirtschaft, Verwaltung und der Medien. Man denke etwa an die beiden ZA-Vorsitzenden und späteren NRAbg. Franz Bauer (Nc) und Günther Wiesinger (NdW), oder aus der zweiten Reihe Alois Mock (Nc) als Fachschaftsvorsitzenden der Juristen in Wien. Die Liste der ÖH-Vorsitzenden siehe Anhang 5.

Bereits Ende der vierziger Jahren faßte die CVV eindeutig positive Beschlüsse zur Hochschulpolitik im allgemeinen bzw. zur Union im besonderen[10], weiters entschied 1949 das Oberste ÖCV-Gericht, daß die Mitgliedschaft des ÖCV in der Union nicht dem Stück IV der Satzungen („Dem CV liegen politische Bestrebungen fern") widerspricht. Um das Verhältnis zwischen dem ÖCV einerseits und den CV-Mandataren in der Hochschulpolitik andererseits zu regeln, wurde 1953 auf Initiative des damaligen Amtsträgers für Hochschulfragen, Walter Urbarz (NdW), das „Linzer Statut für Hochschulpolitik" beschlossen, das die Zuständigkeiten der Verbandsorgane genau regelte. Der Wortlaut dieses Statutes[11] läßt den Eindruck einer Gängelung durch die Verbandsinstanzen aufkommen. Dieser wurde bei einer Neufassung des Statuts 1967 etwas gemildert.[12]

10 Wiederverlautbarung Beschlüsse CVV, SS. 4f., 11 und 15.
11 Abgedruckt in Vade mecum 3, S. 153ff.
12 Ebda., S. 159f.

Die Hochschulpolitik der späten fünfziger und frühen sechziger Jahre war von Studentenstreiks geprägt, die sich für eine Verbesserung der materiellen Situation der Hochschulen und der Studenten einsetzten. Auf dem 2. Österreichischen Studententag (11.-14. Mai 1959) wurde ein Manifest mit einem Forderungsprogramm beschlossen, das drei Punkte umfaßte: Erhöhung des Hochschulbudgets, um Neubauten bzw. Adaptierungen vornehmen sowie Lehrstühle schaffen zu können; Einrichtung von staatlichen Stipendien (Studienförderungsgesetz); Verbesserung der gesundheitlichen Betreuung der Studenten.[13] Als das nichts nützte und das Hochschulbudget sogar gekürzt wurde, organisierte die ÖH – und damit CVer – für den 19. bis 21. Oktober 1959 einen Studentenstreik. Der ÖCV war in dieser Angelegenheit zuerst zurückhaltend, denn letztendlich ging es damit auch um Kritik an ÖVP-Regierungsmitgliedern (besonders Drimmel), doch dann stand man voll hinter der ÖH bzw. dem Wahlblock.[14]

Ein aus heutiger Sicht nicht uninteressantes Detail war die Forderung des Wahlblocks für die ÖH-Wahlen Anfang 1961, die Gebührenfreiheit einzuführen (es mußten damals pro Semester 90 öS bezahlt werden). Die Verbandsführung hat nach langer Debatte dem prinzipiell zugestimmt, jedoch nach wie vor Bedenken gegen eine solche Gebührenfreiheit geäußert („marxistische Tendenzen").[15]

Am 16. Oktober 1961 wurde Hans Blaickner (Cl) zum ÖH-Vorsitzenden gewählt, welche Funktion er bis 29. Mai 1963 ausübte. Er war einer der erfolgreichsten ÖH-Funktionäre aus dem ÖCV in der Wahlblockperiode. Als stv. Vorsitzender des HA an der Grazer Technik war er Mitorganisator der Studentenstreiks im Oktober 1959 und dann nochmals vom 29. Mai bis 1. Juni 1961 wegen Kürzung des Hochschulbudgets. Bei diesem demonstrierten bundesweit 2.000 Studenten, und in Graz kam es sogar zu Ausschreitungen und Verhaftungen.

Blaickner, offenbar in der Organisierung von Studentenstreiks erprobt, beschritt diesen Weg auch als ÖH-Vorsitzender. Auf der ZA-Sitzung vom 11. Dezember 1962 wurde der spontane Beschluß gefaßt, am 14. Dezember 1962 vor dem Parlament zu demonstrieren. Der WCV sprach sich dafür aus, die Führung des Wahlblocks wollte aber wegen juristischer Bedenken („Bannmeile") keine Demonstration. Im CV war dieser Beschluß ebenfalls nicht unumstritten, dennoch wurden die Wiener Aktiven noch in der Nacht zum 14. Dezember auf der Bude der Franco-Bavaria zusammengerufen, um sie für Ordnerdienste etc. einzuteilen. Die Polizei hörte alle Telefonate zwischen Blaickner, dem HA-Vorsitzenden der Wiener Universität, Peter Wittmann (Kb), und dem HA-Vorsitzenden der Wiener Technik, Helmuth Schattovits (Am), mit, jedoch konnte der CV seinerseits den Polizeifunk einfangen, so daß wiederum deren Vorhaben bekannt wurde. Insgesamt verlief die Demonstration in Ruhe und Ordnung.[16] Blaickner verscherzte es sich dadurch ein wenig mit der ÖCV-Führung, so daß Bedenken gegen eine zweite Kandidatur Anfang 1963 laut wurden.[17]

---

13 Manifest des Zentralausschusses der ÖH.

14 ÖCVA. Protokoll des ÖCV-Beirates vom 22. 9. 1959; Ebda. Bericht des Leiters des Amtes für Hochschulfragen an die II. CVV Wien, S. 2.; öAc 11 (1959/60), H. 1/2, S. 3f.

15 ÖCVA. Protokoll der Verbandsführung vom 3. 11. 1960; Protokoll des ÖCV-Beirates vom 9. 12. 1960.

16 Über Blaickner: Persönliche Mitteilungen von Hans Blaickner an den Verfasser. ÖCVA. Bericht des Hochschulamtsträgers an die IV. CVV (1962), S. 1f., und an die V. CVV (1963), S. 2.

17 ÖCVA. Protokolle der Verbandsführung vom 17. 10., 7. und 18. 12. 1962.

Über das Wirken Blaickners schrieb der damalige ÖCV-Hochschulamtsträger Heinrich Wille jun. (AW) in der *Academia*. „Hans Blaickner kreierte einen neuen Stil der Hochschulpolitik, der sich nicht auf die Verwaltung allein beschränkte, sondern mit neuen Ideen, Initiativen, persönlichem Mut, manchmal auch mit eigenwilligen Handlungen gestaltend in alle Belange der Hochschulen eingriff, seine Ziele mit Tatkraft verfolgte und meistens damit Erfolg hatte. Seine größten Erfolge sind die Hinaufsetzung der Aufschubgrenze für wehrpflichtige Kollegen bis zum 28. Lebensjahr und die Aufmerksamkeit der Öffentlichkeit auf die katastrophale Lage in den Hochschulen – zusammen mit anderen Cartellbrüdern in der Hochschulpolitik – durch Resolutionen, Interventionen, Kommuniqués, Fernsehdiskussionen und Demonstrationen gelenkt zu haben. .... Die Bestätigung für seine Arbeit fand Blaickner in dem Wahltag, der größtenteils auf seine Arbeit zurückzuführen ist."[18]

Das Verhältnis zu den Schlagenden: Graz blieb weiterhin das Zentrum von Konflikten

Die Situation für die schlagenden Verbindungen hatte sich 1945 vollkommen verändert. Wegen ihrer personellen Verstrickung mit dem NS-Regime war eine Wiederbegründung in derselben Raschheit wie beim CV unmöglich. Mit Beginn des Kalten Krieges (1948 – Berlin-Blockade) und infolge der Gründungen der Bundesrepublik sowie der DDR (1949) wurden die Bestimmungen der Alliierten gelockert. So kam es bereits 1949 zur teilweisen Wiederbelebung des schlagenden Verbindungswesens in den deutschen Westzonen, was nicht ohne Kritik ablief.[19]

Auch in Österreich wurde man im Zusammenhang mit der Formierung des „Dritten Lagers" wieder aktiv, und die schlagenden Verbindungen rekonstituierten sich ab 1949 sukzessive wieder. Dieser Prozeß dauerte bis Mitte der fünfziger Jahre.[20] Er steht auch im engen Zusammenhang mit der Gründung der entsprechenden Hochschulparteien (BUS, in der Folge RFS). Der RFS wurde hauptsächlich von den Schlagenden gegründet und getragen. Der Anteil der Nichtkorporierten und der Studentinnen blieb dort weitaus geringer als im Vergleich zum Wahlblock.[21]

Nun war aber für sie nach 1945 der Kampf um die Beibehaltung der Vorherrschaft im akademischen Bereich endgültig verloren. Er war es bereits in jenen Juni-Tagen des Jahres 1938, als sich diese Verbindungen „freiwillig" auflösen mußten (siehe S. 431). Alle den Schlagenden eigenen Attitüden, das „völkische" Gehabe und Mensurwesen, um nur diese beiden Beispiele zu nennen, wurden für mehr als antiquiert gehalten. Insofern das Couleurtragen eine Gemeinsamkeit zwischen CV und Schlagenden darstellt, wurde nun auch das Farbentragen der katholischen Verbindungen bei einer nicht streng differenzierenden Öffentlichkeit mißverstanden, so daß der CV auch hier bis heute Folgen verspüren muß, für die er im Grunde nichts kann.

---

18 öAc 14 (1962/63), H. 5, S. 4.

19 Finke, Lutz E.: Gestatte mir Hochachtungsschluck. Bundesdeutschlands korporierte Elite. Hamburg 1963, S. 158f.; vgl. auch Segebrecht, Wulf: Die Korporierten sind unter uns, in: Der Student. Probleme der geistigen Jugend. Hg. von Reinhard Döhl und Hans-Christian Kirsch. München 1961, SS. 68-82.

20 Siehe dazu Krause, Studiosus Austriacus (passim).

21 Ehrlicher-Leitinger, Ein Hort deutschen Fühlens, S. 259.

Neben allen anderen Differenzen kam nun noch hinzu, daß sich die Schlagenden mit dem neu entstandenen Österreichbewußtsein, der selbstverständlichen Eigenstaatlichkeit und vor allem mit dem Begriff der österreichischen Nation nicht abfinden konnten. Sie vertraten weiterhin die Ansicht der deutschen Volkszugehörigkeit Österreichs. Deutlich wird dies u. a. bei einer Selbstdarstellung des RFS im Jahre 1960: „Der RFS wendet sich entschieden gegen die geschichtsklitternden Bestrebungen gewisser Kreise, eine eigene österreichische Nation im Gegensatz zur deutschen zu konstruieren."[22]

In der 1970 erschienenen Geschichte der Grazer B! Arminia heißt es zum Verhältnis zu CV und KV: „Gegenüber den dem CV und dem KV angehörenden katholisch-konfessionellen Verbindungen betrieb der VB [Vertreterbesprechung, Anm. d. Verf.] eine Politik der stillschweigenden Anerkennung bestehender Tatsachen: Als 'Korporationen' wurden CV- und KV-Verbindungen insoweit anerkannt, als gemeinsame Interessen des gesamten Korporationsstudententums zu verteidigen waren (wozu auch das Auftreten bei akademischen Feiern zu zählen ist), die allgemeine politische und hochschulpolitische Einstellung – vor allem ihr Eintreten für eine 'fiktive österreichische Nation' – wurde hingegen heftig bekämpft. Diese Einstellung und nicht etwa die Ablehnung des Waffenstudententums durch CV und KV oder deren konfessionelle Bindung verhindern bis heute jeden Kontakt zwischen ihnen und den freiheitlichen Korporationen."[23]

Im Studienjahr 1957/58 machten sich verstärkt Aktivitäten der schlagenden Verbindungen bzw. des Rings Freiheitlicher Studenten (RFS) vor allem im Raum Wien bemerkbar. Das veranlaßte den damaligen ÖH-Vorsitzenden, Herbert Mauser (Aa), und den Vorsitzenden der ÖH der Universität Wien, Wilhelm Ukmar (Nc), am 12. Februar 1958 ein Memorandum an den ÖCV zu verfassen, das mehrere Punkte enthielt. Zum ersten ging es darum, daß der damalige Rektor offenbar in den Einflußbereich des Wiener Korporationsrings (WKR) geriet und die S! Barden sich bemühte, den Titel „Universitätschor der Universität Wien" zu erlangen. Weiters: Im Rahmen der Filmreihe der ÖH sollte der Film „Der Untertan" im Audimax aufgeführt werden, der u. a. Leben und Sitten schlagender Verbindungen persiflierte. Dagegen hat der RFS beim Rektor Protest erhoben, woraufhin die Aufführung aus Sicherheitsgründen außerhalb der Universität verlagert werden mußte. Die Südtirol-Kundgebung der ÖH am 15. Januar 1958 in der Wiener Stadthalle wurde vom RFS zum Anlaß deutschnationaler Kundgebung genommen. Mauser und Ukmar bewerten all diese Vorfälle als einen Versuch der Schlagenden, „die nach 1945 verlorenen Hochschulen wieder zurückzugewinnen".[24] In der Folge hat es auch der Vorsitzende der Altherrenschaft, Hermann Withalm (Nc), als bedenklich angesehen, daß Unterrichtsminister Heinrich Drimmel (NdW) vermehrt Veranstaltungen des WKR besucht hat[25], und auf dem Seniorenconvent des WCV hat es deswegen gegen Drimmel auch Angriffe gegeben.[26]

Als das C! Marchia an den ÖCV herangetreten war, ob man nicht 1959 die Schiller-Feier (200. Geburtstags Schillers) gemeinsam mit den Schlagenden gestalten sollte, lag es daher völlig auf der Linie, dies abzulehnen.[27] Mitte der sechziger Jahre deuteten sich Ent-

---

22 Hochschulführer Österreichischer, S. 76.
23 Ehrlicher-Leitinger, Ein Hort deutschen Fühlens, S. 223.
24 ÖCVA. Protokoll des ÖCV-Beirates vom 17. 2. 1958.
25 ÖCVA. Protokoll der Verbandsführung vom 6. 2. 1959.
26 ÖCVA. Protokoll der Verbandsführung vom 13. 3. 1959.
27 ÖCVA. Protokoll des ÖCV-Beirates vom 22. 6. 1959.

spannungen an. So gab es zu der 600 Jahr Feier der Universität Wien Überlegungen für ein gemeinsames Auftreten mit den Schlagenden.[28] Auch wurde der Wunsch der Professoren der Wiener Technischen Hochschule diskutiert, anläßlich der 150-Jahr-Feier einen gemeinsamen Kommers mit den Schlagenden abzuhalten.[29]

Wie sah es nun in Graz zwischen CV und Schlagenden konkret aus? Hier kulminierten ja in einzigartiger Weise die Auseinandersetzungen. Die Geschichte der leidvollen Erfahrung ließ zwar wenig Hoffnung erwarten, jedoch hatten sich die Zeiten geändert. Ganz anders als im Stil der offiziellen Geschichte der B! Arminia kommentierte Carolina das Wiedererstehen der schlagenden Verbindungen ab 1950: „Wir Carolinen freuen uns über die Zulassung unserer weltanschaulichen Gegner, da wir auf den hohen Schulen kein Monopol beanspruchen, und hoffen für alle Zukunft, daß das Übereinkommen der gegenseitigen Achtung nie mehr falle.“[30]

Friedrich Funder (Cl), vor 1914 der Theoretiker im Kampf für die Gleichberechtigung des CV auf Hochschulboden, schrieb am 25. März 1958 an Lorenz Konzett (Cl): „. . . und wenn wir Feste feiern, (dann sollte man) den Nachfolgern unserer damaligen Gegner die Wahrheit über die einstigen Zustände sagen, leidenschaftslos, kurz, mit ein paar Sätzen, in denen jede Silbe abgewogen ist und das Bestreben ersichtlich wird, das Heute nicht für die Vergangenheit verantwortlich machen zu wollen, ein menschliches Verstehen also auch dem damaligen Gegner bekunden. Wenn wir mit ritterlichen Worten das heutige Verhältnis zu dem einstigen Gegner gezeigt haben, dürfen wir mit um so größerer Wärme und Genugtuung über das von uns Erreichte und auf dem Boden des CV Gewonnene Ausdruck geben.“[31]

Im Sinne dieser Haltung fanden bereits Ende 1951 erste Kontakte statt. Am 4. Dezember 1951 trafen erstmals CVer und Schlagende beim Leobener Barbara-Kommers zusammen, es gab nur kleine Stänkereien, der befürchtete Wirbel blieb aber aus. Am 6. Dezember 1951 traf sich dann in Graz nach vorheriger Fühlungnahme ein Verhandlungskomitee. Dabei wurde ein vierköpfiges Redaktionsteam für ein Übereinkommen eingesetzt, je zwei CVer und zwei Schlagende. Am 10. Januar 1952 wurde von diesem Komitee das Übereinkommen erarbeitet und am 11. März 1952 unterzeichnet. Es sah die gegenseitige Tolerierung der weltanschaulichen Prinzipien, die Gleichberechtigung auf Hochschulboden, die Einhaltung der Regeln der Höflichkeit und des Anstands vor. Zur Regelung der Streitigkeiten wurde ein Schiedsgericht vereinbart.[32] Doch das anfängliche Einvernehmen schien sich wieder bald einzutrüben.[33] Wie nach dem Ersten Weltkrieg waren es auch diesmal die Alten Herren der Schlagenden, zum Teil noch im Geiste des 19. Jahrhunderts verfangen, die dem Abkommen reserviert gegenüberstanden. So boykottierte die B! Allemannia dieses Abkommen und verließ sogar deswegen die Vertreterbesprechung der Grazer schlagenden Verbindungen.[34]

28 ÖCVA. Protokoll der Verbandsführung vom 7. 2. 1964.
29 ÖCVA. Protokoll des ÖCV-Beirates vom ÖCVB 12. 5. 1964.
30 75 Jahre Carolina, S. 253. Vgl. auch Heinrich Drimmel in öAc 1 (1949/50), H. 1, S. 7.
31 VACl. Akt Carolinen-Zirkel Vorarlberg. Brief Funders an Konzett, 25. 3. 1958.
32 VACl. Mappe Verbändeabkommen Freiheitliche. Aktennotiz vom 11. 1. 1957 und Übereinkommen vom 11. 3. 1952; 75 Jahre Carolina, SS. 353 und 356; öAc 3 (1951/52), H. 6, S. 12.
33 75 Jahre Carolina, S. 354 und 357.
34 Cerwinka, Geschichte der Allemannia, S. 289.

Der erste ernste Vorfall fand schon recht bald statt. Am 10. Dezember 1953 kam es auf dem Glockenspielplatz zu einer Auseinandersetzung zwischen einem Arminen und Norbert Linhart (Cl).[35] Die B! Arminia beschuldigte Linhart, er hätte auf offener Straße den Arminen angepöbelt. Es kam zu einer polizeilichen Anzeige gegen Linhart, die jedoch erfolglos blieb. Die B! Arminia kündigte daraufhin Anfang 1954 das Abkommen und lehnte auch in der Folge eine klärende Aussprache ab. Die radikalen Kräfte hatten sich wieder durchgesetzt, so daß dieses Abkommen nicht einmal zwei Jahre hielt.[36]

Interessant ist ein erhalten gebliebenes Gedächtnisprotokoll über einen SC des GCV vom 18. Dezember 1958.[37] Bei diesem wurde das Verhältnis zu den Schlagenden erörtert, wobei es auch positive Stimmen gab. Der Protokollant vermerkte dazu: „Die Gefahr der Annäherung an die Freiheitlichen in Graz sehr groß. Auch hier scheint die Form über den Inhalt gestellt zu werden ... Man übersieht, daß man Achtung nur erwerben kann durch Treue zu den eigenen Grundsätzen und nicht durch dauernde Kompromisse in allen Richtungen, sie [gemeint die Befürworter einer Verständigung, Anm. d. Verf.] übersehen, daß es keine liberale, sondern antiklerikale Nationale gibt, sie übersehen, daß der CV bewußt als Weltanschauungsgruppe das Couleur trägt, entgegen dem Freisinn, der mit dem Couleur ident zu sein schien. Sie vergessen, daß das 'lieber rot als schwarz' auch unserer politischen Partei ... nur Niederlagen eingetragen hat."[38]

Die Stabilisierung des „Dritten Lagers" Ende der fünfziger Jahre vor allem in der Hochschulpolitik ließ die verständigungsbereiten Kräfte dort in den Hintergrund treten, die Rempeleien und Anpöbelungen nahmen wieder zu. Ein Höhepunkt war zweifellos das Jahr 1961, hier feierte die Technische Hochschule Graz den 150. Jahrestag ihrer Gründung, und die 4. CV-Verbindung (Albertina) wurde errichtet, was wie seinerzeit als „Provokation" aufgefaßt wurde. Im SS 1961 kam es immer häufiger zu Anpöbelungen seitens der Schlagenden, wenn ein CVer bekannte Grazer Lokale betrat. Immer öfters wurde das „Rosenkranzlied" wie in alten Zeiten abgesungen. Im Mai 1961 wurde ein Caroline aufgefordert, das Lokal zu verlassen, ansonsten es Schwierigkeiten gäbe. In der Nacht vom 2. auf den 3. Juni 1961 wurde im Carolinenhaus eingebrochen. Von den 36 Verbindungswappen im Konventsraum wurden 27 gestohlen, auch sonst fehlten einige Couleurartikel. Der Consenior erstattete am Sonntag, dem 3. Juni, um 15.30 Uhr bei der Staatspolizei Anzeige, wobei er auf das gerade abgehaltene 100. Stiftungsfest des C! Joannea hinwies. In der folgenden Woche wurden 17 Schilder und die anderen Gegenstände in einem Paket der Carolina zurückgestellt, die restlichen zehn gelangten an die Babenberg. Als Absenderadresse bei den Paketen war angegeben: „Anton Traungau, Körblergasse 62" [die Wohnung Karl M. Stepans (Nc), Anm. d. Verf.]. Dem Paket an die Babenberg war folgendes Schreiben beigegeben:

> „Ihr elenden Scheiß-CVer!
> Damit wir euer ohnehin schon geschwächtes Prestige nicht völlig zerstören, bitten wir euch, schleißige Babenberger, eurem lieben Cartellbund Carolina diese netten Täfelchen wieder zurückzugeben, auf daß diese letztere wieder dort aufhängen können, von

---

35 Linhart trat 1954 ins Außenministerium, war 1955/56 Sekretär von Außenminister Figl und 1961 bis 1964 Sekretär von Bundeskanzler Gorbach.

36 VACl. Protokoll AHC vom 11. 2. und 1. 4. 1954.

37 Es wurde offenbar vom Vertreter des damaligen Vorortes Norica verfaßt. Obwohl nicht gezeichnet, spricht dafür, daß es sich bei diesem um Karl Hans Haysen (Nc) gehandelt haben muß.

38 ÖCVA. Verschiedene Protokolle 1957-60. Vgl. auch 75 Jahre Carolina, S. 382.

> wo wir sie genommen haben! Als würdigen Rahmen der Überreichung stellen wir uns vielleicht das nächste Stiftungsfest vor. Falls ihr uns für unsere Mildtätigkeit euer Ehrenband überreichen wollt, müssen wir euch leider enttäuschen: Wir lassen uns nicht öffentlich beleidigen! Betet zu Gott, damit Ähnliches nicht mehr vorkommt!"

Auf der Rückseite der Schilder, die im großen und ganzen unbeschädigt waren, stand die Aufschrift „Scheiß-CV". Spätere Recherchen ergaben, daß tatsächlich Mitglieder des C! Joannea diesen Einbruch verübten.

Wes Geistes Kinder noch damals die sogenannten Nationalfreiheitlichen waren, zeigen die Vorfälle anläßlich der 150-Jahr-Feier der Grazer Technik. Am 25. November 1961 war der akademische Festakt im Stephaniensaal angesetzt. Die Schlagenden weigerten sich, beim Absingen der „Res-publica-Strophe" des Gaudeamus die Schläger zu ziehen, so daß das Absingen dieser Strophe schließlich unterblieb. Auch bei der Bundeshymne und der steirischen Landeshymne salutierten die Schlagenden nicht, was eine eklatante Nichtbeachtung der Republik Österreich darstellte. Auch im Vorraum kam es zu Anpöbelungen, so wurde einem Babenberger von einem Schlagenden die Couleurnadel herausgerissen, so daß es fast zu einer Rauferei kam.

Am nächsten Tag waren alle Studenten von der Professorenschaft der Technik zu einem vergnüglichen Nachmittag ins Brauhaus Puntigam geladen. Als die ersten CVer eintrafen, wurde das „Rosenkranzlied" mit dem Refrain „Scheiß-CV" abgesungen. Das genügte aber nicht, einige Schlagende ließen sich dazu herab, CVer mit Bier zu bespritzen, um auf diese Weise das *Asperges me* der katholischen Liturgie zu persiflieren.

Der ÖH-Vorsitzende Hans Blaickner (Cl) schrieb am 23. Januar 1962 an den damaligen Justizminister Christian Broda (SPÖ) einen Brief, in dem er namens der ÖH auf „neonazistische Ausschreitungen und Betätigungen einzelner Gruppen und Personen in jüngster Zeit" hinwies. Als Beispiel nannte er den „Österreichischen Hochschulführer" sowie die Monatsschrift *Die Aula* (Organ der Freiheitlichen Akademikerschaft). Er verwies auf eine Textstelle, wonach die „B! Germania zu Innsbruck ein enggeknüpfter Lebensbund deutsch-arischer Akademiker ... im Sinne ihres Ehrenburschen Georg Schönerer" ist. Weitere ähnliche Hinweise in diesem Brief folgten. Justizminister Broda antwortete am 13. Februar Blaickner und lobte ihn bzw. die ÖH. So heißt es u. a. dort: „Das Bekenntnis zum Arierparagraphen und dessen Propagierung widerspricht den demokratischen Prinzipien unserer Republik."[39]

In der Nacht vom 22. auf den 23. Mai 1964 drangen Mitglieder der B! Marcho-Teutonia zuerst in die Buden des Traungau und der Babenberg ein (Palais Attems), zerschlugen die Fensterscheiben und warfen Möbel in den Hof. Danach verstopften sie den Abfluß und drehten den Wasserhahn voll auf. Hierauf begaben sie sich zur Carolina und zertrümmerten auch dort die Fensterscheiben. Die Täter konnten dingfest gemacht werden, sie wurden am 13. Juli zu je zwei Monaten strengem Arrest, bedingt auf drei Jahre, verurteilt.[40] Man muß aber anerkennen, daß die B! Marcho-Teutonia rasch handelte und am 25. Mai drei der vier Übeltäter dimittierte, die in Untersuchungshaft genommen

39 Der Briefwechsel Blaickner-Broda befindet sich im VACl. Mappe Verbändeabkommen. Vorfälle mit den Freiheitlichen.

40 *Kleine Zeitung*, 24. 5. 1964; *Südost-Tagespost*, 24. 5. und 14. 7. 1964; *Wahrheit*, 28. 4. 1964.

wurden. Der Altherrenobmann entschuldigte sich schriftlich bei den drei Grazer CV-Verbindungen und beim Rektor.[41]

Daß Graz bis in die sechziger Jahre und noch weiter nationale Hochburg war und von „Unbelehrbaren" bevölkert wurde, beweist u. a. der Rechenschaftsbericht des Prorektors der Technischen Hochschule, Prof. Peter Klaudy, am 25. November 1966. Darin brachte er u. a. die Verpflichtung zum Ausdruck, „die Substanz des Menschen des Abendlandes, an dem das deutsche Volk und damit auch Österreich wesentlich Anteil hat, so wie bisher auch weiterhin aufrechtzuerhalten". Bereits ein Jahr vorher bei seiner Inaugurationsrede äußerte er sich im Sinne längst überwunden geglaubter Ideologie über Probleme der Rassenvermengung aus der Sicht einer als absolut angenommenen Vorrangstellung einer einzelnen Rasse. Der GCV unter dem Vorort Traungau hatte daraufhin am 14. Dezember 1966 an den damaligen Unterrichtsminister Theodor Piffl-Perčević geschrieben: „Die ... katholischen Grazer Studentenverbindungen im GCV fühlen sich um so mehr zu diesem energischen Protest veranlaßt, als gerade auf Grazer akademischem Boden in den Jahren zwischen den beiden Weltkriegen Gesinnungsterror, Intoleranz, Rassenvorurteile, nationale Überheblichkeit und religionsfeindliche Haltung von den gleichen Kreisen propagiert und handgreiflich bis zu Blutverbrechen demonstriert wurden. Dieselben Kreise sind es, die auch heute wieder im akademischen Leben zunehmend ... an Einfluß gewinnen und den frechen Mut besitzen, wie die Fälle Klaudy und Borodajkewycz bezeugen, im Ornat des Rektors und von den Lehrkanzeln aus durch die Verbreitung rassistischen und nazistischen Ideengutes nicht nur schädlichen Einfluß auf die akademische Jugend zu nehmen, sondern auch das Ansehen Österreichs ... zu untergraben."[42]

Zweifellos der letzte große öffentliche Skandal der „nationalen Sache" in Österreich war die **Affäre Borodajkewycz** im Jahr 1965. Taras Borodajkewycz, ehemals Angehöriger der Norica, 1933 maßgeblicher Funktionär des Katholikentages, schon immer zum Flügel der Katholisch-Nationalen (siehe S. 346) gehörend, trat bereits vor 1938 als Illegaler der NSDAP bei. 1955 gelang es ihm, ao. Prof. für Wirtschaftsgeschichte an der Hochschule für Welthandel (heute Wirtschaftsuniversität) zu werden. Aus seiner „großdeutschen Gesinnung" machte er auch nach 1945 keinen Hehl, was sich im Lauf der Zeit zuspitzte und weswegen er auch Kritik ausgesetzt war. Um dieser zu replizieren, kam es am 23. März 1965 im Auditorium maximum der Hochschule für Welthandel auf Einladung der ÖH zu einem vom Fernsehen übertragenen öffentlichen Vortrag bzw. einer Pressekonferenz Borodajkewycz', wo antisemitische Äußerungen sowie Bemerkungen fielen, die das Dritte Reich verharmlosten. Einleitende und abschließende Worte sprach der Vorsitzende der ÖH der Welthandel, Günter Puttinger (Am) (später NRAbg.) [43], wobei er Borodajkewycz in Schutz nahm.

Die Österreichische Widerstandsbewegung und ein „Antifaschistisches Studentenkomitee" veranstalteten am 31. März einen Demonstration gegen Borodajkewycz, bei der der kommunistische Rentner Ernst Kirchweger von dem poleizeibekannten rechtsradikalen Gegendemonstranten Günther Kümel (B! Olympia Wien) tödlich verletzt wurde. Das trug zur weiteren innenpolitischen Eskalation bei: Beim Begräbniszug am 8. April auf der

41 Ebner, Geschichte der B! Marcho-Teutonia, S. 177.
42 VACl. AHS. Ein- und Auslauf 1967-69.
43 Puttinger war von 1963 bis 1966 Vorsitzender der ÖH an der Hochschule für Welthandel.

Ringstraße beteiligten sich 25.000 Menschen, seitens der ÖVP nahmen Fritz Bock (NdW), Felix Hurdes (NbW EM) und Alfred Maleta (Cl) teil.[44]

Die Verbandsführung des ÖCV verabschiedete eine eindeutige Stellungnahmen gegen Borodajkewycz, was allgemein positiv bewertet wurde: „... Deshalb fühlt sich der ÖCV berufen, jede Gefährdung der demokratischen Prinzipien und der rechtsstaatlichen Ordnung durch Diskriminierung nationaler, rassischer oder religiöser Gruppen öffentlich abzulehnen. Er verurteilt jede Provokation durch neonazistische Äußerungen; diese sind geeignet, das Vertrauen des Auslandes an Österreich leichtfertig aufs Spiel zu setzen und rühren an den demokratischen Fundamenten unseres wiedererrichteten Staates. Aus diesem Grund distanziert sich der ÖCV von den beschämenden Ereignissen an der Hochschule für Welthandel und verlangt eine rasche, eingehende Untersuchung und sachliche Bereinigung dieser Vorkommnisse durch die zuständigen Behörden."

Da die Rolle Günter Puttingers (Am) bei dieser Affäre nicht unumstritten war, wurde nach Beratungen in der Verbandsführung beschlossen, die Sache dem Landesehrengericht Wien weiterzuleiten.[45] In der Folge kam es dann im Büro des Vorsitzenden des ÖCV-Beirates bzw. der Verbandsführung, Eduard Chaloupka (Baj), zu einem weiteren Gespräch in dieser Sache, an dem neben Puttinger u. a. der damalige Generalsekretär des Zentralausschusses der ÖH, Gerhard Skoff (Dan), und der damalige Leiter des Amtes für Hochschulfragen, Heinrich Wille (AW), teilgenommen hatten. Dabei wurde festgestellt, daß Puttinger kein Fehlverhalten vorzuwerfen ist, so daß keine weiteren Verhandlungen, auch vor dem Landesehrengericht, in dieser Sache mehr stattfanden.[46]

Borodajkewycz ging noch während des laufenden Skandals auf Urlaub und wurde im Mai 1966 auf Entscheid des Diszplinarsenats in Frühpension geschickt. Günther Kümel wurde am 25. Oktober 1965 wegen „Notwehrüberschreitung" zu zehn Monaten verurteilt.

Um das Farben- und Aufzugsrecht auf den Hochschulen

Das Farbentragen der Studentenverbindungen hatte in der Öffentlichkeit nach 1945 einen völlig anderen Stellenwert erhalten. Man verbindet damit noch immer Burschenschaften und Corps eher als katholische Verbindungen. Die Stimmung gegen das Farbentragen wandte sich daher auch gegen den CV vor allem dann, wenn man ihn mit dem „Ständestaat" gleichsetzte. Das ist von den Gegnern des CV weidlich ausgenützt worden, wie von den Sozialisten, die am 26. Mai 1949 an den Unterrichtsminister folgende Anfrage richteten: „Es galt daher als eine Selbstverständlichkeit, daß nach 1945 ... das

44 Zum Fall Borodajkewycz siehe vor allem Vordergrund Borodajkewycz, SS. 201, 251 und 276; weiters Hager, Hochschule und Neonazismus; Kasemir, Spätes Ende für „wissenschaftlich" vorgetragenen Rassismus; Pohanka, Attentate in Österreich, SS. 167-178. Ernst Kirchweger beteiligte sich bereits an der Matrosenrevolte von Cattaro 1918, danach kämpfte er auf seiten der Roten Armee. 1934 trat er der KPÖ bei und war fünf Jahre im KZ. Seine Vita und sein unglückseliger Tod ließen ihn zu einem „Opfer" für die Linke heroisieren. Günther Kümel hingegen war bereits ein notorisch bekannter Rechtsextremist, der durch entsprechende Taten vorher und nachher bekannt wurde. Es trafen also zwei Extremisten aufeinander.

45 ÖCVA. Protokolle der Verbandsführung vom 31. 3. und 10. 4. 1965, Beilage: Brief vom 13. 4. an das Landesehrengericht Wien.

46 Schreiben von Günter Puttinger (Am) an den Verfasser vom 11. 3. 2002.

Couleurtragen beseitigt wurde."[47] (Siehe dazu auch S. 583.) Eine ähnliche Stimmung herrschte auch in katholischen Kreisen rund um die Hochschulgemeinden (siehe S. 549).

Für den CV, insbesondere in Graz, ist das Farbentragen mehr als nur ein Dekorum, es wird damit die Gleichberechtigung auf akademischem Boden manifestiert, um die man mühevoll und leidgeprüft kämpfen mußte. Daher hatte der CV recht bald nach 1945 sein Augenmerk auf das „Aufzugsrecht" gelenkt, wobei die Lage durch die Besatzung etwas verworren war.

Der erste offizielle Auftritt des CV in Farben auf Hochschulboden fand anläßlich einer Heldengedenkehrung bei der CVV im SS 1948 auf der Wiener Universität statt. Dieser gelang erst, nachdem das Unterrichtsministerium einer Beschwerde gegen die ablehnende Haltung des Akademischen Senates stattgegeben hat. Beim 60. Stiftungsfest Carolinas 1948 war jedoch ein Erscheinen auf der Universität Graz noch nicht möglich.[48] Im Juli 1948 schrieb auf Initiative der Carolina der GCV an den Unterrichtsminister Felix Hurdes (NdW EM), im kommenden Herbst das Farbentragen wieder zuzulassen.[49]

Bei der am 11. November 1948 stattgefundenen Rektorenkonferenz wurde diese Frage halbwegs günstig behandelt. Die Rektoren von Innsbruck, der Hochschule für Bodenkultur sowie der Dekan der Theologischen Fakultät Salzburg hatten sich für ein sofortiges Farbentragen ausgesprochen, da dies dort bereits praktiziert wurde. Die restlichen Rektoren waren zwar grundsätzlich dafür, wollten dies aber erst nach der Besatzungszeit durchgeführt wissen, was möglicherweise eine Ausflucht darstellte.[50] Seitens des ÖCV unternahm man nun Vorstöße bei der Regierung, so u. a. bei Bundeskanzler Leopold Figl (Nc) und dem damaligen Klubobmann Julius Raab (Nc). Beide sicherten Unterstützung zu und empfahlen, sich an den Unterrichtsminister zu wenden.[51]

In Graz konnte nach langen Verhandlungen für den 27. Mai 1949 eine erste Couleurpromotion erreicht werden.[52] Dies geschah, obwohl offiziell zwar nicht erlaubt, jedoch stillschweigend geduldet, in der folgenden Zeit öfters.[53] Auf der Universität Wien wurde nach Gesprächen um die Jahreswende 1949/50 mit dem Rektor Prof. Richard Meister eine Einigung erzielt, so daß der WCV am 28. Januar 1950 formell beim Rektorat das Farbenrecht beantragte. Dem gab der Akademische Senat in seiner Sitzung vom 30. Januar 1950 statt. Das Erscheinen in Couleur wurde demnach allgemein gestattet, bei Feiern des ÖCV auch in Wichs. Bei Promotionen war nur das Couleurtragen erlaubt, ebenso bei akademischen Feiern (Inauguration).[54] Die erste Couleurpromotion fand dann am 16. Mai 1950 statt.[55]

Als der Unterrichtsminister Heinrich Drimmel (NdW) Anfang 1956 Graz einen Besuch abstattete, wurde er vom GCV aufmerksam gemacht, daß nur eine inoffizielle Regelung bestand. Daraufhin beantragten alle Grazer Farbenverbindungen offiziell das Aufzugsrecht, dem der Akademische Senat am 11. Juli 1956 stattgab. Bewilligt wurde die

47 Floimaier, Geschichte der ÖSU, S. 109.

48 ÖCVA. AHS des ÖCV. Schriftwechsel, Protokolle, Sonstiges 1945-56. Rundschreiben Nr. 5 des ÖAHB vom 23. 6. 1948.

49 75 Jahre Carolina, S. 342.

50 ÖCVA. Protokoll des ÖCV-Beirates vom 7. 11. 1948, S. 2.

51 Ebda., Protokoll des ÖCV-Beirates vom 11. 1. 1949, S. 2.

52 75 Jahre Carolina, S. 348.

53 Ebda., S. 351.

54 ÖCVA. Protokoll des ÖCV-Beirates vom 8. 2. 1950, S. 4; öAc 1 (1949/50), H. 1, S. 71, und H. 6, S. 7.

55 öAc 1 (1949/50), H. 8, S. 7.

Durchführung eines geschlossenen Farbenbummels sowie die Vorstellung bei den Rektoren in Farben. Bei offiziellen akademischen Feiern (Promotion, Inauguration) dürfen Farben getragen werden, bei verbindungsinternen Veranstaltungen darf auch chargiert werden.[56] Die Grazer Technik schloß sich dieser Regelung an. Erst mit dem WS 1958/59 wurde seitens des Rektorates das Chargieren bei der Inauguration wieder gestattet.[57]

Erstmals und seit dem immer wieder fand dieses Chargieren mit allen Grazer Korporationen statt. Damit war das fast 70jährige Kapitel des Kampfes um die volle Gleichberechtigung Carolinas bzw. des Grazer CV auf Hochschulboden abgeschlossen. Es mußte erst wieder das Jahr 1985 geschrieben werden, um die Frage des Chargierens bei der Inauguration aktuell werden zu lassen. Zu dieser Zeit war Christian Brünner Rektor der Universität.[58] Er hatte eine Neuordnung der Inaugurationsfeierlichkeit für den 30. Oktober 1985 erlassen. Demnach sollten die Chargierten nicht mehr am Podium Platz nehmen, sondern im Festsaal aufgestellt werden. CV und KV protestierten dagegen vehement und blieben vor der Aula, während die Schlagenden im Festsaal das Spalier bildeten. Das Interview Brünners in den *Carolinen-Blättern* war leider auch nicht gerade angetan, die Mißverständnisse zu beseitigen. In seiner Argumentation kam er jenen Rektoren oft sehr nahe, die seinerzeit das Chargieren mit der Begründung verboten hatten, die Inauguration sei eine private Feier des Rektors.[59]

56 VACl. Mappe Farbentragen Universität.

57 75 Jahre Carolina, S. 382.

58 Er stand früher der Aktion nahe, war ab 1990 NRAbg. für die ÖVP, wechselte jedoch 1995 zum Liberalen Forum und war für dieses bis 2000 steirischer LAbg. Durch seine beiden Brüder, die Carolinen sind, sowie durch seine Referententätigkeit in der Anfangsphase der ÖCV-Bildungsakademie war er auch mit dem CV verbunden.

59 *Carolinen-Blätter* Nr. 23 (WS 1985/86), S. 49ff.; *Kleine Zeitung*, 31. 10. 1985, S. 1.

Kirche und CV nach 1945

„Ihr seid CVer?
Ich bin auch CVer!“

Papst Pius XII. (Tfs EM)
24. September 1950, Castel Gandolfo[1]

Die Situation der Kirche nach dem Zweiten Weltkrieg

Während für die österreichische Kirche das Jahr 1918 große Unsicherheiten brachte, war das im Jahr 1945 nicht so der Fall. Ein kirchenfeindliches Unrechtsregime war zu Ende und ein freies, demokratisches Österreich – vorerst noch durch die Besatzungsmacht etwas eingeschränkt – war wieder hergestellt. Die noch offenen staatskirchenrechtlichen Fragen, wie die Anerkennung des Konkordats 1934, wurden durch Verträge mit dem Heiligen Stuhl bis Ende der fünfziger, Anfang der sechziger Jahre größtenteils gelöst (Schulvertrag, Errichtung der Diözesen Eisenstadt, Innsbruck und Feldkirch, Vermögensvertrag). Der für Kultusfragen zuständige damalige Unterrichtsminister Heinrich Drimmel (NdW) war dabei besonders um Lösungen bemüht.

Als eines der Opfer nationalsozialistischer Politik konnte die österreichische Kirche gleich nach 1945 eine relativ hohe moralische Autorität und auch gewissen Respekt beim alten Kulturkampfgegner, der SPÖ, gewinnen. Zwar waren die kirchenkämpferischen Töne der SPÖ nach 1945 noch nicht zur Gänze verschwunden, wie auch umgekehrt die feindlich-ablehnende Haltung kirchlich-katholischer Kreise ihr gegenüber, doch klangen sie ab Ende der fünfziger Jahre kontinuierlich ab. Die Auseinandersetzungen zwischen Kirche und Sozialdemokratie stellten ab nun, sieht man von der Fristenlösung ab, die Anfang der siebziger Jahre virulent wurde, im Vergleich zur Zwischenkriegszeit nicht mehr das Problem dar. Dafür zeigte die beginnende Säkularisierung erste Auswirkungen, die im Rückgang der Kirchlichkeit ab Mitte der sechziger Jahre manifest wurde. Betrug der Anteil der getauften Katholiken vor 1938 in Österreich noch über 90 Prozent, so sank er bei der Volkszählung 1991 auf 78 Prozent. Gleichzeitig stieg die Zahl der Konfessionslosen an.

Doch 1945 und in der ersten Zeit danach war noch nichts davon zu spüren. Im Gegenteil, die Präsenz des Katholischen, insbesondere von Katholiken in der Öffentlichkeit, war beachtlich. In diesen Jahren gab es in Deutschland wie in Österreich einen prägenden Kulturkatholizismus, der noch auf halbwegs intakte katholische Milieus bauen konnte und durch die katholischen Bundeskanzler Leopold Figl (Nc) und Julius Raab (Nc) sowie Konrad Adenauer (KV Arminia Bonn) eine Stütze besaß. In verstärktem Maße strömten Katholiken (darunter naturgemäß viele CVer) in akademische Führungspositionen des Staates und der Wirtschaft. Die Katholikentage der ersten 20 Jahre nach dem Krieg waren machtvolle und ungestörte Demonstrationen des österreichischen Katholizismus. Daran schloß die fast als „neotriumphalistisch“ zu bezeichnende Aufbruchsstimmung zu Beginn des Konzils in den sechziger Jahren an. Doch man sollte sich nicht täuschen: Schon Ende der fünfziger Jahre begann, sich ein Integrationsverlust des katholischen Milieus abzuzeichnen.

1 Über diesen Ausspruch Papst Pius' XII. siehe S. 662f.

Die Gründung der Katholischen Aktion nach 1945 und der Konflikt mit dem CV

Der Anschluß 1938 hatte auch die Zerschlagung des katholischen Organisationslebens zur Folge. Die katholischen Vereine, so auch der ÖCV, wurden aufgelöst, ihr Vermögen konfisziert und ihre Funktionäre sowie Mitglieder teilweise verfolgt. Der Radius der Kirche war allein auf den Kirchenraum beschränkt. Diese Entwicklung fand bei jenen Katholiken Zustimmung, die eine neue „pastorale Form" ersehnten.

Das Jahr 1945 brachte die Vereinsfreiheit wieder, und so entstand daher recht bald die Frage, wie sich das organisierte Laienapostolat formieren soll. Nachdem der „Reichsbund der katholischen Jugend" bereits vor 1938 innerkirchlich weitgehend zerschlagen war[2], wurde als erstes in den einzelnen Diözesen die Katholische Jugend, zuerst nur naturständisch, dann berufsständisch errichtet. Grotesk war allerdings dabei, daß dort das „Führerprinzip" (Pfarrführer, Dekanatsführer, Diözesanführer etc.), welches ja 1945 eindeutig Schiffbruch erlitten hat, wieder eingeführt wurde.[3] Dies hatte zwei Ursachen, erstens in der sog. „KA-Ideologie", daß nämlich die Katholische Aktion (KA) der Hierarchie untergeordnet ist[4], und zweitens auch in dem Umstand, daß nach 1945 die sehr stark von der Jugendbewegung geprägten Priesterpersönlichkeiten Einfluß erlangten, so Otto Mauer, „der Kopf und die Faust der KA"[5], Karl Rudolf, Karl Strobl und Michael Pfliegler. Sie führten nun die bereits vor 1938 angedachte KA-Ideologie und deren Struktur konsequent weiter.

Im Krieg wuchs um diese Personen, insbesondere um Strobl, ein Kreis junger Studenten und Akademiker heran, der die Neuformierung des Laienapostolates im Sinne der KA unterstützte und dem Verbandskatholizismus ablehnend, ja sogar feindlich gegenüberstand. Eines der Argumente dieser Gruppe gegen ihn war, daß „dieser die Bewährungsprobe des Krieges" nicht bestanden habe[6]. „Unter dem Eindruck des Versagens so viel wohlorganisierter Katholiken in der Bewährungsprobe des Nationalsozialismus sprachen manche den Organisationen ... jeglichen Wert ab."[7] Ohne zu begründen, in welcher Form denn die vom Nationalsozialismus verbotenen Verbände und deren verfolgten Funktionäre in der NS-Zeit versagt hätten, wurde eben dieses festgestellt, um deren Verschwinden bzw. Nichterrichtung rechtfertigen zu können.

Bezeichnend für die „vereinsfeindliche" Stimmung ist auch ein Schreiben des Fürstbischofs von Graz-Seckau, Ferdinand Pawlikowski (Trn EM), an den Wiener Erzbischof Theodor Kardinal Innitzer (NdW) vom 7. Juni 1945, wo es heißt: „Was die katholische Vereinstätigkeit betrifft, so bleibe ich bei der Organisation der Katholischen Aktion ... Wenn

2 Dazu siehe Schultes, Der Reichsbund der katholischen deutschen Jugend.

3 Der durchaus als KA-Sympathisant geltende legendäre Wiener Dompfarrer Karl Dorr (Rd EM) hat in einem Gespräch mit Gerhard Schultes (Rd) das Führerprinzip als Fehler eingestanden. Mitteilung von Gerhard Schultes an den Verfasser, 13. 5. 2005.

4 Über die KA allgemein Klostermann, Das organisierte Apostolat der Laien; Zauner, Katholische Aktion. Diese Darstellungen wurden von Vertretern der KA-Idee verfaßt. Weiters Lehner, Vom Bollwerk zur Brücke.

5 Knoll, Katholische Aktion und Aktion der Katholiken, S. 78. Zu Mauer die diesbezüglich etwas unkritische Biographie von Böhler, Bernhard: Monsignore Otto Mauer. Ein Leben für Kirche und Kunst. Wien 2003. Böhler (Nc) veröffentliche in öAc 54 (2003) Dezember, S. 34f., einen Artikel über sein Buch bzw. Otto Mauer, wo u. a. von „konservativen Kreisen, in denen man am Vereinskatholizismus" festhielt, zu lesen ist.

6 Ignaz Zangerle in *Blätter der KHJÖ* 3 (1948/49), H. 4, S. 5.

7 Ferdinand Klostermann in *Blätter der KHJÖ* 3 (1948/49), H. 7/8, S. 10.

die CV- und die KV-Verbindungen nicht aufleben würden, wäre es mir auch lieber, denn das endet doch in leerer Formalität und Stellenjägerei."[8] Und weiter heißt es in einem Schreiben des fb. Seckauer Ordinariates vom 18. April 1946, unterschrieben vom Bischof persönlich, an den Diözesanklerus u. a.: „Während der nationalsozialistischen Herrschaft konnten diese Vereine nicht weiterleben ... Es hat sich gezeigt, daß die Katholiken auch ohne die Krücke der Vereinstätigkeit an ihrer Religion und an ihrer Kirche festhalten. Daher haben die österreichischem Bischöfe sich entschlossen, nach dem Zusammenbruch des Vaterlandes von der Organisation katholischer Vereine im allgemeinen abzusehen ... Dadurch sollen außer den rein religiösen Vereinen andere Vereine nicht wieder aufleben."[9]

Doch noch waren die Kräfte des alten Verbandskatholizismus personell stark genug, so daß nicht gleich 1945 die einheitlich gegliederte KA mit ihrem Monopolanspruch geschaffen werden konnte, obgleich die Bischofskonferenz sich bereits im September 1945 für eine Strukturierung nach Natur- und Berufsständen aussprach.[10]

Die Vorgänge in der Erzdiözese Wien, der größten und bedeutendsten Österreichs, waren für die anderen Diözesen beispielgebend. Die KA vor 1938 war dort letztlich noch immer eine Art von Dachverband der bestehenden Vereine. Es war daher natürlich, daß man dort wieder anknüpfen wollte. Kardinal Theodor Innitzer (NdW) beauftragte 1945 Prälat Jakob Fried (Am), die KA wieder aufzubauen. Dieser bediente sich dabei seiner Freunde aus der Zeit vor 1938. So wurde Robert Krasser (Nc) Vorsitzender des Wiener Diözesanausschusses der „Katholischen Bewegung", wie damals die Vorform der KA hieß. Der Leiter des Wiener Seelsorgeamtes, Karl Rudolf (Am), einer der Betreiber der KA, kehrte erst Anfang 1947 nach Wien zurück. Es entstand nun eine gespannte Situation.

Inzwischen wurden auch in anderen österreichischem Diözesen solche Diözesanausschüsse der „Katholischen Bewegung" gegründet. Am 23. März 1947 fand in Salzburg eine erste Konferenz der Diözesanausschußvorsitzenden statt. Acht Personen nahmen daran teil, davon waren drei CVer, neben Krasser für Wien noch Erwin Domanig (Wl) für Salzburg und Anton Kränzl (Rd) für Linz. Vertreter der „reinen" KA-Idee waren lediglich der Steirer Max Pietsch sowie der Tiroler Ignaz Zangerle, ein aus dem Bund Neuland kommender ausgewiesener Gegner des CV.

Aus den Beschlüssen dieser Konferenz geht hervor, daß damals noch von keiner strikten Unterordnung unter die Hierarchie, wie es das Kennzeichen der späteren KA sein sollte, die Rede war. So hieß es u. a.: „Die katholischen Laien ... legen jedoch übrigens größten Wert darauf, daß ihre Tätigkeit selbständig ist." Über weitere Organisationsfragen, etwa Gliederung und dergleichen, oder gar über den Monopolcharakter bzw. eine Abwertung des Verbandskatholizismus ist im Protokoll dieser Sitzung nichts zu finden. Zwar wird die Pfarrarbeit sehr betont, doch dürfte man eher das alte Volksbundmodell (siehe S. 83f.) vor Augen gehabt haben.[11]

Doch die Situation spitzte sich weiter zu. Bald nach dem Salzburger Treffen kam es zu einer kirchenpolitisch denkwürdigen Sitzung bei Innitzer, bei der es zur endgültigen Kon-

8 DAG. Nachlaß Pawlikowski, Sch 12, H. 188. Durchschlag des Briefes vom 7. 6., zitiert in LIEBMANN, MAXIMILIAN: Leben und Wirken der katholischen Kirche und ihrer Bischöfe bis zu Gegenwart, in: Steiermark. Die Überwindung der Peripherie. Hg. von ALFRED ABLEITINGER und DIETER A. BINDER. Wien 2002, S. 360.

9 DAG. Nachlaß Pawlikowski.

10 Liebmann, Das „Mariazeller Manifest", S. 641.

11 DAG. Nachlaß Pawlikowski. Zusammengefaßtes Protokoll der Konferenz der Vorsitzenden der Diözesanausschüsse Österreichs in Salzburg, 23. 3. 1947.

frontation zwischen Fried und Rudolf kam. Noch bevor die eigentlichen Verhandlungen begannen, verließ Robert Krasser die Sitzung, was Innitzer mit einem „Das gefällt mir nicht“ quittierte.[12] Krassers Abgang, höchstwahrscheinlich emotional bedingt, war ein schwerer taktischer Fehler, denn er überließ nun das Feld den Betreibern der KA-Monopol-Idee. Aufgrund eines Konzeptes von Otto Mauer wurde nun die Gründung der KA in Wien beschlossen, gleichzeitig wurde er auch zum geistlichen Assistenten ernannt. Jakob Fried, der das katholische Verbandswesen in der Zwischenkriegszeit nachhaltig prägte, zog sich auf andere Aufgaben zurück (*Wiener Kirchenzeitung*, Dom-Verlag etc.).

Da nun Krasser gegangen war, mußte als Vorsitzender ein Nachfolger gefunden werden. Man einigte sich auf den damaligen Direktor des Rundfunks, Rudolf Henz. Als Textdichter des berühmten Dollfuß-Liedes[13] war er für die Vertreter des Verbandskatholizismus akzeptabel. Henz bezeichnete sich selber für dieses Amt nicht allzu berufen und geeignet. Das wußte die Gruppe Mauer-Rudolf, so daß sie um so leichter ihr Konzept durchziehen konnte. Henz wurde auch das österreichische KA-Präsidentenamt angeboten, er wollte jedoch ursprünglich nicht und schlug dafür Karl Maria Stepan (Nc) vor, der jedoch auch ablehnte.[14]

Damit hatte jene Gruppierung im österreichischen Katholizismus dem Laienapostolat und seiner Organisation die Richtung aufgeprägt, die ihre entscheidenden Impulse aus der katholischen Jugendbewegung erhalten hatte. Der schon seit der Zwischenkriegszeit bestehende Gegensatz zwischen dieser geistigen Strömung und dem CV (siehe S. 256f.) wurde nun unter anderen Vorzeichen und vor allem in viel größerer Dimension fortgesetzt. Daß die Bischöfe und der Klerus einem Modell der Laienorganisation mehr als wohlwollend gegenüberstanden, die sich zum Ziel die Unterordnung unter die Hierarchie setzte und viele demokratische Elemente ausschloß („Führer-Prinzip“), stand auf einem anderen Blatt. Es fand somit eine Verkirchlichung des katholischen Milieus statt.[15] Hinzu kam noch der offen zugegebene Monopolcharakter der KA: „Die KA ist nicht ein kirchliches Werk neben anderen, sondern sie beansprucht Monopolcharakter, sie ist die Organisations- und Arbeitsform der modernen Kirche.“[16]

Die katholischen Verbände, aus denen zahlreiche Initiativen auf sozialem Gebiet, dem Pressewesen u. a. im 19. und 20. Jahrhundert gekommen sind und die zum Träger der Katholikentagsbewegung wurden, waren erste wirksame Elemente einer echten Laienmitverantwortung in der Kirche auf der demokratischen Basis des Vereinsrechts, und das lange vor dem II. Vatikanum. Die Entflechtung vom parteipolitischen Katholizismus und „die neue Zeit“, die „neuer Formen“ bedarf, waren daher oft nur Vorwand, die „mächtigen“ (in personeller wie finanzieller Hinsicht) Vereine zu beseitigen. Bereits 1954 kritisierte der ansonsten von den KA-Kreisen hochgeschätzte und damals in Innsbruck

---

12 Laut Mitteilung von Gerhard Schultes (Rd) an den Verfasser, 13. 5. 2005, wird 1945 Innitzer der Ausspruch „Was, der bierselige CV ist auch wieder da?“ in den Mund gelegt.

13 „Ihr Jungen, schließt die Reihen dicht,
ein Toter führt uns an.
Er gab für Österreich sein Blut,
ein wahrer deutscher Mann.
Gewalt und Lüge schreckt ihn nicht.“

14 Henz, Rudolf: Fügung und Widerstand. Eine Autobiographie. Graz 2. Aufl. 1981, S. 283ff.; Strobl, Erfahrungen und Versuche, S. 214.

15 So Damberg, Bildung und Auflösung des „Katholischen Milieus“, S. 134.

16 Jantsch, Franz: Die Seelsorgertagung in Wien, in: *Der Seelsorger* 20 (1949/50), S. 243.

lehrende Karl Rahner, der wohl bedeutendste deutschsprachige Theologe der zweiten Hälfte des 20. Jahrhunderts, die eingetretene Entwicklung scharf. Eine solche KA würde das „kirchliche Leben versanden lassen", sie „wäre ein Verstoß gegen die historischen Rechte dieser Gruppen [gemeint die Katholischen Verbände, Anm. d. Verf.] (die früher waren als die Katholische Aktion als Organisation), ein Verstoß gegen das Subsidiaritätsprinzip, das auch in der Kirche gilt, ein Verstoß gegen das Recht auf freie Kirchenbildung".[17]

Die Folge davon war nun die Fortsetzung und Verschärfung des Strukturintegralismus[18], und daß der österreichische Katholizismus weitgehendst von einer gewissen Gruppe auch hinsichtlich der „Sprachregelung"[19] geprägt wurde. Bis zum Ende des 20. Jahrhunderts dauerte der fast irrational anmutende Konflikt, der sich auch auf politischem Gebiet äußerte (siehe S. 692).

Man versuchte nun anfänglich, seitens der neuen KA-Führung beruhigend auf den CV einzuwirken[20], und der ÖCV ermunterte 1950 auch seine Angehörigen, „tatkräftig in der Katholischen Aktion und ihren Organisationen mitzuarbeiten".[21] Der ÖCV-Seelsorger Hans Friedrich (AW) definierte in der *Academia* den Standort des CV zur KA, wobei er die Eigenständigkeit des CV betonte.[22] Ähnlich bezeichnete auch Robert Krasser den CV als „weltlichen Verband ... als selbstverantwortliches organisiertes katholisches Laientum mit selbständigen Aufgaben und eigenen Zielsetzungen, ganz im Sinne einer richtig verstandenen Katholischen Aktion".[23] Aber bei der Hauptversammlung des Wiener AHB am 17. November 1949 wurde Krasser deutlich: „Der CV wendet sich daher ... gegen die seit 1945 vehement auftretenden totalitären Bestrebungen katholischer Kreise und offizieller katholischer Organisationen, die auf eine Ausschaltung katholischer Organisationen ... hinauslaufen ... Der CV sieht deshalb in einem übertriebenen Zentralismus und jedem Totalitarismus rein kirchlicher Organisationen einen Hemmschuh für die Gesamtorganisation der Katholiken Österreichs."[24]

Kritik an dem „Untergeordnetsein" der KA übte 1963 auch August M. Knoll (NbW), der gemeinsam mit Wilfried Daim (Rd) und Friedrich Heer (ehemals Baj) das damals aufsehenerregende Buch „Kirche und Zukunft" herausbrachte. Die Idee dieser KA widerspreche den Intentionen des II. Vatikanums von der Selbstverantwortung der Laien.[25]

---

17 Rahner, Karl: Über das Laienapostoplat, in: *Der große Entschluß* 9 (1954), S. 322.

18 Liebmann, Metaphern für laienapostolische Aktionen und Strukturen, SS. 351ff.

19 Man denke etwa an die Historikerin Erika Weinzierl, die die Selbstdarstellung des österreichischen Katholizismus in dem zweibändigen Werk „Kirche in Österreich 1918-1965" redaktionell entscheidend beeinflußte und wichtige Beiträge zur Geschichte der Kirche in jüngster Zeit verfaßte, an Fritz Csoklich, der in der *Herder-Korrespondenz* regelmäßig aus seiner Sicht über die österreichische Kirche berichtete, und an den verstorbenen früheren Chefredakteur der *Kathpress,* Richard Barta (MKV Vandalia), der nicht nur einer der geistigen Väter des „Mariazeller Manifestes" war, sondern auch als „Ghostwriter" von Kardinal Franz König Einfluß ausübte. Siehe auch Barta, Richard: Freie Kirche in freier Gesellschaft, in: Reichhold, Ludwig: Zwanzig Jahre Zweite Republik. Österreich findet zu sich selbst. Wien 1965, SS. 92-101.

20 ÖCVA. Akt Heinrich Drimmel. Gedächtnisprotokoll einer Unterredung zwischen Ignaz Zangerle und dem Vorort am 18. 4. 1951.

21 Vade mecum 3, S. 101.

22 öAc 1 (1949/50), H. 8, S. 5f., und 2 (1950/51), H. 2, S. 6f.

23 Krasser, Farbstudententum, S. 11.

24 Referat Robert Krassers „Der CV im geistigen Ringen der Zeit", 17. 11. 1949, vor dem Wiener AHB. Als Manuskript vervielfältigt, S. 5f. (im Besitz des Verfassers).

25 Knoll, Katholische Aktion und Aktion der Katholiken, S. 73ff.

In den Bundesländern vollzog sich das, was in Wien vorexerziert wurde. Auch dort wurde um 1950 die KA nach diesem Muster eingeführt, wobei – sicherlich aufgrund personeller Engpässe der anderen Seite – bis in die fünfziger Jahre hinein CVer in wichtigen Positionen der KA saßen, natürlich nicht als Geistliche Assistenten oder Generalsekretäre. Die Steiermark wurde in der Folge eines der „klassischen" KA-Länder. Unterstützt vom damaligen Styria-Generaldirektor Karl M. Stepan (Nc), der wegen seiner Zurücksetzung nach 1945 verbittert war[26], entstand in Verbindung mit der Redaktion der zur Styria gehörenden *Kleinen Zeitung* und der Katholischen Hochschulgemeinde jene Vorrangstellung der KA, die auch politische Auswirkungen zeigte (zum Teil bis ins 21. Jahrhundert), wenn man z. B. an die ehemaligen KA-Funktionäre und späteren ÖVP-Politiker Josef Krainer jun. (später AIn EM), Josef Riegler u. a. denkt. Fördernd wirkte auch der Umstand, daß der Verbandskatholizismus und vor allem der CV durch den jahrzehntelangen Kampf mit dem „nationalen Freisinn" in der Steiermark bzw. in Graz nicht jene Positionen erringen konnten wie etwa in Wien oder Tirol.

Neben der bereits erwähnten Argumentation gegen die Verbände, sie hätten die Bewährungsprobe in der Nazizeit nicht bestanden, kam für die Steiermark eine weitere, durchaus grotesk anmutende hinzu. Man wollte die NS-Mitläufer nicht „draußen vor der Tür" stehen lassen. „Um aber diese Leute einbinden zu können, hat man im Land [Steiermark, Anm. d. Verf.] den CV nicht groß werden lassen", gibt der frühere Hochschulseelsorger Heinrich Schnuderl unumwunden zu.[27] Diese Argumentation wurde auch gegen den GCV im Rahmen des sog. „Fronleichnamsstreites" gebraucht (siehe S. 549).

Abschluß der Gründungsphase der Katholischen Aktion war der Mariazeller Studientag im Mai 1952 zur Vorbereitung des ersten Österreichischen Katholikentags nach 1945. Aus der Feder des Pressechefs des Katholikentags und späteren langjährigen Chefredakteurs der Kathpreß, Richard Barta (MKV Vandalia), stammt das sog. „Mariazeller Manifest" („Eine freie Kirche in einem freien Staat"), der kein offizieller Beschlußtext, sondern ein Bericht der Pressestelle war und in der Folge durch Mythisierung zu einer „Magna Charta" gemacht wurde. In ihm sollte zum Ausdruck kommen, daß die Amtskirche und die von ihr abhängige Katholische Aktion keine parteipolitische Aktivität entfalten bzw. Bindung eingehen sollten. Also das Ende der Verknüpfung von Kirche und parteipolitischen Katholizismus. Es ist Maximilian Liebmann (Cl) zu danken, daß er die Doppelstrategie bzw. die Widersprüche der KA und deren Exponenten nachgewiesen hat. Denn 1949 und 1953 gab es durchaus Gespräche zwischen der KA, besonders Otto Mauer, und der ÖVP bezüglich Kandidatennominierungen für die in diesen Jahren stattgefundenen Nationalrats- und Landtagswahlen.[28]

Aber trotz alledem gab (und gibt) es zahlreiche CVer, die im Rahmen der KA und ihrer Gliederungen führende Funktionen eingenommen haben. So waren z. B. Präsidenten der KA Österreichs: Hans Kriegl (NbW) (1962 bis 1970) und Ludwig Weiß (Rd) (1970 bis 1976). Diözesane KA-Präsidenten waren z. B. für Wien Franz Baumgartner (Nc) und

26 In diesem Zusammenhang wird seitens der „KA-Historiographie" immer auf die zunehmend innere Distanzierung Stepans vom CV, die Ablehnung des Verbandswesens und die Zuwendung zur KA hingewiesen. So z. B. bei Opis, Matthias: Karl Maria Stepan. Porträt eines Unbequemen, in: Karl Maria Stepan. Briefe des steirischen Landeshauptmannes aus Gefängnis und KZ. Hg. von Fritz Csoklich und Matthias Opis. Graz 2001, S. 75 und 132f., sowie Bruckmoser, Josef: Johann Weber. Kirche auf der Spur des Konzils. Graz 2001, S. 116.

27 Zitiert in Bruckmoser, Josef: Johann Weber. Kirche auf der Spur des Konzils. Graz 2001, S. 115.

28 Liebmann, Das „Mariazeller Manifest", SS. 646ff.; Liebmann, Die ÖVP im Spiegel der Bischofskonferenzakten, S. 267.

Robert Morawek (NdW), für Oberösterreich Alois Bruneder (Aa)[29] und Anton Kränzl (Rd), in der Steiermark Anton Musger (Nc) sowie für Kärnten der erwähnte Ludwig Weiß.

Die Katholische Aktion auf der Hochschule: Hochschulgemeinde und Hochschuljugend

Solange die Neuordnung des Laienapostolates den unmittelbaren Wirkungsbereich des CV nicht tangierte, gab es auch vorerst noch keine Spannungen zwischen diesem und der Kirche bzw. deren Institutionen. Aber in der NS-Zeit mußten die Bischöfe aufgrund des Verbotes der Vereine auch die Hochschulseelsorge neu ordnen. Dies geschah in einer der damaligen Situation angepaßten Form, nämlich in der „pfarrgemeindeähnlichen" Art der Hochschulgemeinde, z. B. in Wien in der Peterskirche unter Karl Strobl, aber auch in Innsbruck (unter maßgeblicher Unterstützung des illegalen CV und der Alpinia) und in Graz (Leechkirche, Barbaragemeinde). Während in Graz und Innsbruck die Gruppen sehr stark mit dem CV personell verflochten waren, war dies in Wien nicht der Fall.[30] Da in der Zeit nach 1945 der CV sehr mit seinem Wiederaufbau beschäftigt war, hatten zumindest innerkirchlich und vor allem in Wien die Hochschulgemeinden die Vorhand. Während noch am 20./21. September 1945 die Österreichische Bischofskonferenz in Salzburg davon sprach, daß der Katholischen Hochschulgemeinde „alle katholischen Studentengemeinschaften mit oder ohne vereinsmäßigen Charakter" angehören[31], wurde in Wien bereits Anfang 1946 jenes Modell kirchlicherseits bestätigt. Im Erlaß hieß es:

> „1. Alle katholischen Hochschüler Wiens werden in der Katholischen Hochschulgemeinde Wien zusammengefaßt ...
> 2. Mit der Leitung der Katholischen Hochschulgemeinde wird der Hochschulseelsorger betraut ...
> 3. Alle kirchlichen und katholischen Vereine und Arbeitsgemeinschaften sollen in einer einheitlichen Linie die religiöse Arbeit und die kirchliche Vertretung auf den Hochschulen durchführen ...
> 4. Die Katholische Hochschulgemeinde nimmt innerhalb der Hochschülerschaft die Belange der Katholischen Aktion wahr."[32]

Die Tendenzen waren klar: kirchenoffiziell, Monopolcharakter (vor allem die KA betreffend) und Unterordnung der Vereine.

Ähnlich war die Situation in Innsbruck, wo P. Heinrich Suso Braun OFMCap (AlIn) Hochschulseelsorger wurde, und in Graz. Dort waren zuerst der spätere Univ.-Prof. Ge-

---

29 Bruneder gilt als Baumeister der KA in Oberösterreich. Da er im CV stark verankert war (Vorsitzender des oö. CV in der Zwischenkriegszeit), konnte er für die Diözese Linz Spannungen zwischen CV und KA weitgehend vermeiden helfen. Siehe Hundert Jahre CV in Oberösterreich, S. 107f.

30 Über die Gründung der Hochschulgemeinden allgemein: Dörler, Die Entwicklung der Katholischen Hochschulgemeinde Innsbruck, S. 14f.; Heinrich Leithinger (Rg) in öAc 11 (1959/60), H. 7, S. 13f.; Rudolf, Aufbau im Widerstand, S. 253ff.; Strobl, Gemeinde der Studenten, S. 54ff.; Strobl, Erfahrungen und Versuche, SS. 65ff., 69f., 78f. und 84f.

31 DAG. Bischofskonferenz. Protokolle und Hirtenbriefe, Protokoll der Bischofskonferenz September 1945 in Salzburg.

32 *Wiener Diözesanblatt* 84 (1945/46), H. 7, 1. 4. 1946.

org Hansemann und in der Folge Ludwig Reichenpfader Hochschulseelsorger, wobei letzterer besonders in den fünfziger und sechziger Jahren prägend war.[33]

Parallel und in Symbiose zu den Katholischen Hochschulgemeinden (KHG), die sich als eine Institution der Seelsorge verstanden, wurde die *Katholische Hochschuljugend* (KHJ) als Organisationsform der KA gegründet. Zu Pfingsten des Jahres 1946 fand in Salzburg die Gründung der KHJÖ statt.[34] Aufgrund der Tatsache, daß KHG und KHJ praktisch identisch waren und sind – der Hochschulseelsorger der KHG und der Geistliche Assistent der KHJ sind immer dieselbe Person, und die KHJ hat immer ihr Heim in der KHG und stellt deren „Kerntruppe" dar –, war es nur unschwer vorauszusehen, daß dies zu Spannungen mit dem CV führen mußte, der diesen „Monopolcharakter" aufgrund seines Selbstverständnisses als laienapostolische Gruppe aus eigener Verantwortung heraus ablehnen mußte. Bezeichnenderweise wurde dieser Weg gerade von „fortschrittlichen" Theologen eingeschlagen, die besonders die Gemeindetheologie betonten und die Hochschulgemeinde als Beispiel nannten.[35] Durch die Betonung dieser Gemeindetheologie kam es aber in der Folge zu einer Art „Auserwählten-Ideologie", die stark an die Tendenzen der Jugendbewegung erinnert, was ja durch die personelle Verflechtung (Pfliegler, Mauer, Rudolf, Strobl) verständlich war. Nur in der KHG bzw. in der KHJ konnte man, überspitzt formuliert, „katholisch" sein, außerhalb – und damit im CV – nicht. So bemerkt Karl Strobl u. a.: „Der CV ... ist ... nicht intensiv genug informiert über die Grundsätze der katholischen Lehre."[36] Neben dem organisatorischen Monopolcharakter kam also noch ein spirituell-theologischer Elitecharakter hinzu.

Im Herbst 1951 tagte die Arbeitsgemeinschaft der KA Österreichs in Batschuns, Vorarlberg, wo man die Errichtung des *Katholischen Akademikerverbandes* (KAV) als Gliederung der KA beschloß. Ihr Geistlicher Assistent und spiritueller Präger wurde Otto Mauer. Damit wurde natürlich die Position des ÖCV weiter geschwächt, denn nach dem Prinzip „Von der Wiege bis zur Bahre" hatte jetzt die KA für den studentisch-akademischen Bereich jeweils Verbände errichtet: die KMJ, die KHJ und den KAV.[37] Auch in Deutschland gab es, vom Episkopat wohlwollend kommentiert, Bestrebungen, einen „vereinslosen" Akademikerverband zu errichten, die vom Präsidenten des Katholischen Akademikervebandes der Jahre 1926-1934 und 1946/47, Ferdinand Kirnberger (Rpf EM), ausgingen, der vor 1933 hessischer Finanzminister war.[38]

Dem CV blieb nun nichts anderes übrig, als die innerkirchliche Entwicklung zur Kenntnis zu nehmen und zu einem *Modus vivendi* mit der KHG und der KHJ zu finden. Dies geschah im Dezember 1947 und fand seinen Niederschlag in einem Beschluß der 6. CVV 1948, wo es heißt, daß der CV „grundsätzlich die Katholische Hochschulgemeinde als eine Einrichtung des bischöflichen Ordinariates für die katholische Hochschülerschaft" respektiere. Er erklärte sich zur Mitarbeit seiner aktiven Mitglieder bereit, die

33 Dörler, Die Entwicklung der Katholischen Hochschulgemeinde Innsbruck, S. 13; 75 Jahre Carolina, S. 406f.

34 Dörler, Die Entwicklung der Katholischen Hochschulgemeinde Innsbruck, S. 14; Strobl, Erfahrungen und Versuche, S. 46.

35 So widmete z. B. Ferdinand Klostermann seine Studie „Prinzip Gemeinde" der Wiener KHG. Vgl. auch Rahner, Karl: Hochschulgemeinde als gegenwärtiges Modell künftiger Pfarrstrukturen – Anfang einer Überlegung, in: Zwanzig Jahre KHJ, SS. 13-14.

36 Strobl, Erfahrungen und Versuche, S. 139.

37 Dieser Umstand wurde seitens des ÖCV zuerst kommentarlos zur Kenntnis genommen. ÖCVA. Protokoll des ÖCV-Beirates, 22. 11. 1951, S. 1.

38 Akten Deutscher Bischöfe VI, SS. 833 und 843-846.

jedoch keine Ämter übernehmen sollen. „Die unerläßliche Voraussetzung einer gedeihlichen Zusammenarbeit bildet die Anerkennung der Freiheit des CV als weltlicher Verband."[39]

Dieser Kompromiß wurde jedoch durch einen Artikel in den *Blättern* im Oktober 1948[40] empfindlich gestört und in Frage gestellt, wo der CV schwerstens angegriffen wurde. Die Folge war eine tiefe Verstimmung. Briefe wurden hin und her geschickt, Kardinal Innitzer (NdW) damit befaßt, und es verhärteten sich zuerst die Fronten. Das ging sogar soweit, daß Anfang 1949 der ÖCV-Seelsorger Friedrich abgeraten hatte, Tanzveranstaltungen der KHJ zu besuchen.[41] Am 11. April 1949 kam es dann zu einer Unterredung zwischen Vertretern des ÖCV und der KHG, bei der der Streit im Prinzip beigelegt wurde. Am 2. Mai 1949 richtete die Redaktion der *Blätter*, unterzeichnet u. a. vom späteren Wissenschaftsminister Hans Tuppy, an den damaligen ÖCV-Beiratsvorsitzenden ein Schreiben, in dem die seinerzeitigen Äußerungen zurückgenommen wurden.[42]

Damit zusammenhängend sind zur selben Zeit die Spannungen zwischen ÖCV und KHJÖ wegen der ***Pax Romana*** zu sehen. Diese Organisation wurde 1921 als internationale Vereinigung der katholischen Studenten- und Akademikerorganisationen gegründet.[43] Ihr Sitz ist Freiburg in der Schweiz. Vor 1938 war die KDHÖ Mitglied der Pax Romana. Nach 1945 wurde 1948 zuerst die KHJÖ und 1949 der ÖCV Mitglied.[44] 1950 kam man darauf, daß die KHJÖ in den beiden vorhergegangenen Jahren je öS 100.000 von der Pax Romana erhalten hat, ohne daß der ÖCV beteiligt wurde. Das war damals eine hohe Summe. Dazu schrieb der damalige Vorsitzende des ÖCV-Beirates, Heinrich Drimmel (NdW), an den Vorsitzenden der Altherrenschaft, Robert Krasser (Nc), folgenden Bericht: „Du wirst wissen, daß deswegen Kirchmair und Wurzer den Innsbrucker Hochschulseelsorger (P. Braun) angegangen sind. Er muß einen gewaltigen Schock erlitten haben, denn Strobl kam darauf eilends zu mir und hat Aufklärung angeboten, dabei aber gebeten, keinen Staub aufzuwirbeln. Er würde einen Brief des Generalsekretärs der Pax Romana produzieren, der alles aufklärt. Darauf warte ich heute noch. Ich selbst war ursprünglich dafür, unter die Vergangenheit einen Strich zu machen. Denn erstens ist das Geld ohnedies vertan, und zweitens meinte ich, daß man nicht diese Geldfrage zum Casus belli machen soll. Neuerdings bin ich den Brüdern – vor allem Ignaz Zangerle und Otto Mauer – auf Dinge gekommen, die denn doch über die Hutschnur gehen. Diese Leute wollen einfach den CV zersetzen und zur Bedeutungslosigkeit herabdrücken."[45]

---

39 Vade mecum 1, S. 60. Text der Vereinbarung zwischen CV und KHG in Wien, Dezember 1947, auch in DAG. Nachlaß Pawlikowski. Beilage zum Schreiben Hans Friedrichs an Pawlikowski vom 7 5. 4. 1949.

40 3. Jg., Heft 1, 1948/49.

41 ÖCVA. Protokoll des ÖCV-Beirates, 12. 1. 1949, S. 3.

42 ÖCVA. Altherrenschaft. Schriftverkehr, Protokolle, Sonstiges 1945-56. Brief der KHJÖ an den ÖCV, 17. 11. 1948, Brief Karl Strobls an Robert Krasser vom 10. 11. 1948; ÖCVA. Protokoll des ÖCV-Beirates vom 3. 11.und 9. 12. 1948 sowie vom 9. 2., 16. 3., 9. 5. und 16. 9. 1949; ÖCV. Akt Heinrich Drimmel. Entschuldigungsbrief der Redaktion der *Blätter* vom 2. 5. 1949; Strobl, Erfahrungen und Versuche, S. 85.

43 Zur Pax Romana siehe öAc 12 (1960/61), H. 9/10, S. 12f.

44 Der ÖCV ist 2004 wieder ausgetreten.

45 ÖCVA. Akt Heinrich Drimmel. Brief Drimmels an Krasser vom 28. 7. 1950. Vgl. auch Strobl, Erfahrungen und Versuche, S. 96. Er erwähnt zwar die Auseinandersetzungen wegen der Mitgliedschaft, jedoch nicht die Geldzuwendungen. 1968 interviewte die *Academia* Otto Mauer. Zum Schluß dieses Interviews wurde er gefragt: „Sind Sie eigentlich noch der alte CV-Fresser, als den man Sie gerne bezeichnet hat?" – Otto Mauer: „Wäre ich der, so hätte ich Sie nicht zu mir gebeten." öAc 20 (1968/69), H. 3, SS. 29ff.

Das Fronleichnamsfest mit seiner Prozession, im Jahr 1246 zur Verehrung der Eucharistie geschaffen, hatte im Zeitalter des Kulturkampfes einen demonstrativen Charakter angenommen. Es wurde zu einer Kundgebung des Katholizismus in der Öffentlichkeit. Neben der politischen Prominenz nutzten vor allem die zahlreichen katholischen Vereine mit ihren Fahnen und Abzeichen die Gelegenheit, ihre Stärke vor aller Öffentlichkeit zu zeigen, worunter vor allem auch die kirchliche gemeint war.

Nach 1945 traten diese Aspekte zwar zunehmend in den Hintergrund, doch dem CV, der seit jeher mit Chargierten und in Farben an den verschiedenen Fronleichnamsprozessionen teilnahm, wurde dies mißgönnt. Die Auseinandersetzungen um die Teilnahme katholisch-farbentragender Verbindungen, vornehmlich die des CV, an der Fronleichnamsprozession ist keine Erfindung der Zeit nach 1945. Bereits kurz nach Gründung der Markomannia Würzburg führte deren erste Teilnahme an der Fronleichnamsprozession am 30. Mai 1872 zu Angriffen der liberalen Presse.[46] Waren solche Angriffe weltanschaulicher Gegner noch aus der Natur der Sache „verständlich", so entstanden die Auseinandersetzungen um diese Frage nach 1945 in Österreich im Schoß des offiziellen katholischen Laienapostolats.

In **Graz** nahm man weder 1946 noch 1947 in Farben an der Fronleichnamsprozession der Dompfarre teil, denn 1946 war der CV in der Steiermark noch verboten, und 1947 beschloß die Aktivitas, das erste Mal auf den Hochschulen in Farben aufzutreten. Das Aufzugsrecht war aber noch immer nicht gestattet.[47] Außerdem besaßen aufgrund der nachkriegsbedingten Situation noch immer viele CVer kein vollständiges Couleur.

Nachdem nun vom 15. bis 18. Mai 1948 das 60. Stiftungsfest Carolinas glanzvoll verlaufen ist, wurde der Wunsch wach, auch bei der Fronleichnamsprozession wieder in Farben präsent zu sein. Der Ordinariatskanzler Josef Steiner, der für den erkrankten Fürstbischof die Geschäfte führte, hatte nun gebeten, auf die Teilnahme in Farben zu verzichten und mit den Naturständen mitzugehen, wobei die Aktiven des CV gemeinsam mit der KHG vor dem Allerheiligsten marschieren sollten. Der GCV war dazu im Prinzip bereit, doch eine Gruppe von Carolinen fügte sich jedoch nicht und suchte am 22. Mai Fürstbischof Pawlikowski (Trn EM) auf, der einlenkte, weil er glaubte, diese seien die offiziellen Vertreter des GCV. Doch dieses Mißverständnis klärte sich bereits nach drei Tagen auf.

Bemerkenswert war aber zu dieser Zeit der Anruf des damaligen Diözesanjugendseelsorger Georg Hansemann bei einem Carolinen: Es müßten liberale Kreise für die Kirche gewonnen werden, die Teilnahme des CV wirke provozierend. Dies erinnert fatal daran, daß es von den Nationalen auch als Provokation aufgefaßt wurde, als seinerzeit die Carolinen ihr Recht auf Gleichberechtigung auf den Hochschulen erkämpfen mußten. Am 25. Mai schrieb der Sekretär der Jugendstelle des Ordinariates, Wolfgang Arnold[48], an den Fürstbischof. Wegen des Vorurteils gegen den CV, das damals in bestimmten Kreisen herrschte, ist der Brief wert, zum Teil zitiert zu werden. Darin wird eingangs auf

46 *Studenten-Kurier*, NF 17 (2002), Heft 2, S. 4.

47 VACl. AHC-Protokollbuch 1945-58. AHC vom 28. 4. 1947.

48 Später Leiter des Feuilletons der inzwischen eingestellten ÖVP-Tageszeitung *Südost-Tagespost*.

die Bedenken der Jugendhelfer der Diözese Graz hingewiesen, wenn der CV bei der Fronleichnamsprozession mitmarschiere:

> „Der Begriff CV ist auch heute noch in hohem Maße mit dem Politischen Katholizismus der vornationalsozialistischen Ära verbunden. Die älteren Mitglieder unserer Jungmannschaften wissen dies noch aus eigener Erfahrung, den jüngeren Mitgliedern wurde eine solche Meinung in einer vielfach noch wesentlich schärferen Form durch ihre Eltern eingeimpft. Sehr häufig entstammen diese Mitglieder religiös indifferenten Familien und haben um ihre Mitgliedschaft in der Katholischen Jugend willen große häusliche Schwierigkeiten zu überwinden. Dazu kommt, daß farbentragende Verbindungen nicht nur in Arbeiterkreisen, sondern vielfach auch unter den Hochschülern selbst als nicht mehr zeitgemäß angesehen sind. Jedenfalls würde ein solches Ereignis ... die Jugendarbeit in jenen Bezirken empfindlich stören, auf deren Gewinnung heute unser hauptsächliches Augenmerk gerichtet sein muß."

Dieser Brief wie auch das Telefonat Hansemanns lassen den Schluß zu, daß, ähnlich wie im politischen Bereich, wo die ÖVP besonders in der Steiermark die Stimmen der „Ehemaligen" zu gewinnen versuchte, auch eine solche Tendenz in Kirche und KA festzustellen war, wobei der CV in Farben ein Hindernis war. Traungau und Babenberg nahmen dem Wunsch des Bischofs gemäß ohne Farben teil, Carolina schickte lediglich nur einen Vertreter. Wegen dieser ganzen Angelegenheit kam es auch zu einer Mißstimmung im GCV.[49]

Wegen der Differenzen in Graz beschloß Anfang 1949 der ÖCV-Seelsorger Hans Friedrich (AW), Fürstbischof Pawlikowski persönlich aufzusuchen, damit das oben zitierte Abkommen zwischen ÖCV und KHG auch in Graz angewendet werde.[50]

In **Innsbruck** kam es zu einem ähnlichen Vorgang. Nur war dort der ICV einheitlich für die Teilnahme in Farben, was jedoch der Bischof Paulus Rusch ablehnte, wobei es mit dem damaligen ICV-Senior Ivo Fischer (Vi) heftige Auseinandersetzungen gab.[51] Aus diesem Grund beschäftigte sich die Bischofskonferenz mit dieser Frage, die dem CV in der Folge die Teilnahme erlaubte. In Graz nahm man 1950 erstmals in Farben teil, 1952 dann mit Chargierten.

Doch die unterschwelligen Auseinandersetzungen gingen weiter, zu sehr waren die Differenzen verwurzelt und Gräben aufgerissen. So wurde z. B. 1957 in der *Österreichischen Caritas-Zeitschrift*[52] der ÖCV heftig angegriffen. Der Artikel befaßte sich mit dem Chargieren katholischer Verbindungen bei der Messe und dem Schlägerziehen bei der Wandlung, wobei

---

49 Ausführlicher beschrieben in Hartmann, Im Gestern bewährt, SS. 456-458. Der Vorgang, dokumentiert in: DAG. Nachlaß Pawlikowski. Schreiben des Sekretärs der Jugendstelle vom 25. 4. 1948 an Pawlikowski. Weiters in 75 Jahre Carolina, S. 405f.; Haidacher, Fünfzig Jahre Traungau, S. 53f.; Brief Stefan Grünzweigs (NbW) an den Verfasser vom 1. 9. 1987; Brief Helmut Haidachers (Trn) an den Verfasser vom 28. 9. 1987, in diesem Schreiben wird vollständig ein Brief Haidachers an Emmerich Kresbach jr. (Cl), Verfasser des Teiles 1948-63 in 75 Jahre Carolina, zitiert (vom 27. 8. 1964), in dem dessen Darstellung zu diesem Vorfall korrigiert wird.

50 DAG. Nachlaß Pawlikowski. Brief Friedrichs an Pawlikowski vom 25. 4. 1949. Bericht Reichenpfaders an Pawlikowski vom 30. 4. 1949; ÖCVA. Protokoll des ÖCV-Beirates von 9. 5. 1949; VACl. AHC-Protokollbuch 1945-58, AHC vom 10. 5. 1949; 75 Jahre Carolina, S. 407. Friedrich muß Ende 1950 nochmals in Graz gewesen sein. Aus dem Protokoll eines AHC der Carolina geht dies hervor. Er war beim Fürstbischof, der einen Wechsel in der Hochschulseelsorge zugesagt haben soll. VACl. AHC-Protkollbuch 1945-58. AHC vom 17. 11. 1950.

51 Dörler, Die Entwicklung der Katholischen Hochschulgemeinde Innsbruck, S. 15; Brief Ivo Fischers (Vi) an den Verfasser vom 8. 4. 1977.

52 Nr. 10., Oktober 1957.

Bezüge zur Mensur und den schlagenden Verbindungen hergestellt wurden. Der Artikel ist aus heutiger wie auch aus damaliger Sicht mehr als undifferenziert. Die Verbandsführung hatte ein Protestschreiben an die Redaktion beschlossen, wobei Abschriften an den Wiener Erzbischof, Franz Kardinal König (Rd EM), und den Sekretär der Bischofskonferenz, Alfred Kostelecky (Rd) geschickt wurden.[53] König antwortete am 27. November 1957 und bedauerte diesen Vorfall „und ich werde mich interessieren, wie die Schriftleitung den Fehler wieder gutgemacht hat." Der Schriftleiter antwortete am 6. Dezember und gestand, daß er sich „schärfer ausgedrückt hat, als notwendig gewesen wäre." Aber „ich weiß mich im Gegenteil in meiner Anschauung auch im katholischen Raum in der besten Gesellschaft. Daß ein österreichischer Bischof die Teilnahme in Wichs an der Fronleichnamsprozession nicht gestattet hat, wie sie schreiben, sondern sie ihm unter sehr massiven Androhungen abgezwungen wurde, dürfte Ihnen nicht unbekannt sein."[54]

In **Wien** – wo die Teilnahme des CV an der Fronleichnamsprozession von St. Stephan seit 1887 nachzuweisen ist[55] – gab es nach 1945 auch kurzzeitig derartige Probleme, aber bei weitem nicht diese Konfrontationen.

Der Versuch einer Einigung der katholischen Akademiker und Studenten

Die Situation war für den CV innerkirchlich unbefriedigend, er erkannte aber recht bald, daß er sich mit der KHG bzw. KHJ sowie dem neuen KA-Prinzip abfinden mußte. Die seit 1945 eingetretene Entwicklung ließ sich weder stoppen, noch geschweige rückgängig machen. In dieser Lage wollte man das Beste daraus machen. Bereits auf der CVV 1951 in Salzburg schlug der damalige Vorsitzende des ÖCV-Beirates Heinrich Drimmel (NdW) eine „Einigung und Einheit der katholischen Akademiker" vor.[56] Er stellte sich Katholische Hochschulausschüsse vor, in denen neben ÖCV, ÖKV, KÖL auch die Marianischen Kongregationen sowie die KHJ Mitglieder sein sollen. Eine ähnliche Konstruktion dachte man sich für die Altakademiker. Der CV-Ausschuß, das damals gemeinsame beschlußfassende Organ der Aktiven- und Altherrenschaft, beschloß am 14. Oktober 1951, die Österreichische Bischofskonferenz davon zu verständigen und ihr diese Vorschläge in Form eines Memorandums zu überreichen.

Als Vorarbeit zu dieser Einigung kam es am 25. Oktober 1951 zu einem Verbändeabkommen mit den KÖL und am 7. November 1951 zu einer Besprechung mit dem ÖKV, die ein ähnliches Ziel verfolgte. Auf der Österreichischen Bischofskonferenz wurde, nach vorhergehenden informellen Fühlungnahmen der Verbandsspitze mit dem Episkopat, dieses Memorandum wohlwollend behandelt. Der junge und unter spektakulä-

53 ÖCVA. Protokoll des ÖCV-Beirates vom 11. 11 1957.

54 ÖCVA. Protokoll des ÖCV-Beirates vom 18. 12. 1957.

55 CBl. 52 (WS 1887/88), S. 228. Hier berichtet Norica voll stolz, daß sie zum ersten Mal mit Band und Mütze an der Fronleichnamsprozession teilgenommen hat.

56 Die Bestrebungen zur Einigung der Katholischen Studenten- und Akademikerschaft sind im ÖCVA gut dokumentiert, insbesondere im Akt Heinrich Drimmel. Brief Drimmels an Friedrich vom 24. 10. 1951, Brief an Jachym vom 9. 12. 1951 und 18. 1. 1952, Brief an Otto Mauer vom 27. 1. 1952, an Alois Schrott vom 14. 6. 1952. Brief der KHJÖ vom 18. 12. 1954 ÖCVA. Protokolle des ÖCV-Beirates vom 31. 10., 22. 11. und 20. 12. 1951 sowie vom 31. 1. 1952. Weiters hatte der Verfasser die Gelegenheit, noch zu Lebzeiten von Erzbischof Franz Jachym in dessen Aktenablage Einsicht zu nehmen, wofür posthum gedankt wird. Es konnte ergänzendes Material gefunden werden; siehe auch öAc 3 (1951/52), H. 3, S. 4f., H. 4, S. 6f., H. 5, S. 13, H. 6, S. 12.

ren Umständen geweihte Wiener Erzbischof-Koadjutor Franz Jachym wurde von der Bischofskonferenz beauftragt, sich der Sache anzunehmen.

Für den ÖCV war es ein Erfolg, daß die Bischofskonferenz seinen Vorschlag behandeln ließ. Sowohl für ihn wie möglicherweise auch für die Bischöfe war sicherlich die nicht allzulang vorher in der Bundesrepublik erfolgte Gründung der „Katholischen Deutschen Studenteneinigung" (KDSE) bzw. der „Katholischen Deutschen Akademikerschaft" (KDA) beispielgebend. Der historischen Wahrheit zuliebe muß jedoch erwähnt werden, daß es dem ÖCV bei diesem Plan nicht nur um den hehren Gedanken einer koordinierenden Sammlung der katholischen Studenten- und Akademikerschaft ging. Auf der Sitzung des ÖCV-Beirates vom 31. Januar 1951 wurde ein „Strategiepapier" vorgelegt, in dem die Ziele und Durchführungsetappen zu dieser Einigung festgehalten werden. U. a. heißt es dort:

> „Bei all diesen Aktionen wäre darauf zu achten, daß der CV die Initiative behält und ein maßgebender Einfluß auf die ganze Entwicklung gewährleistet ist ... Unter Führung des CV Schaffung eines Studentenblocks katholischer Richtung ... Die Katholische Aktion in vernünftige Bahnen lenken ... Der CV könnte durch seine diesbezügliche Initiative automatisch die Isolierung, in die man ihn zu drängen versuchte und in die er sich vielleicht selbst begeben hat, sprengen und wieder im katholischen Lager jenes Ansehen gewinnen, auf das er Anspruch hat."

Nachdem Drimmel am 7. Dezember Jachym aufgesucht hatte, nahm er auf dessen Ersuchen zunächst mit den altstudentischen Verbänden sowie mit der Marianischen Kongregation die Fühlung auf. Jachym lud dann für den 21. Dezember 1951 zu einer Besprechung bei sich ein. Doch Drimmel war sich bewußt, daß eine Chance für eine wirkungsvolle Einigung nur dann bestand, wenn auch die KA-Seite dazustößt. Das war zu diesem Termin noch nicht der Fall. Seitens des ÖCV nahmen daran Heinrich Drimmel (NdW), Robert Krasser (Nc) und ein Vertreter des damaligen Vororts Rugia teil. Sprecher der Marianischen Kongregation war der spätere ÖCV-Seelsorger P. Alois Schrott SJ (Nc). Nach Weihnachten schrieb Drimmel an Jachym am 18. Januar 1952 einen Brief, dem er bereits einen detaillierten Satzungsentwurf für eine „Katholische Studentenschaft" (KSt) und eine „Katholische Akademikergemeinschaft" (KAG) beilegte.

Am 1. Februar 1952 fand dann eine weitere Sitzung bei Erzbischof Jachym statt. Von seiten der KA nahmen der Akademikerseelsorger Otto Mauer, der Wiener Studentenseelsorger Karl Strobl sowie u. a. der Funktionär Hans Tuppy teil. Dabei trat das ein, was zwangsläufig kommen mußte, nämlich die Ablehnung des Dachverbandsmodells durch die KA-Vertreter. Denn dieses widersprach nicht nur der KA-Idee, sondern offenbar spürten sie intuitiv die Absichten des ÖCV, wie sie in dem obzitierten „Strategiepapier" formuliert wurden. Was da nun im einzelnen passierte und wie die Stimmung war, geben gut einige Passagen eines Briefes von Drimmel an Otto Mauer, den Wortführer der KA-Gruppe, vom 27. Februar 1952, wieder:

> „Wer wie ich von einer eigenartigen Position aus einen sehr genauen Einblick in die tatsächlichen Verhältnisse des geistig-kulturellen Lebens besitzt, muß in Unruhe und Sorge geraten ob der Zwistigkeiten im eigenen Lager und der gesammelten Vernichtungsabsichten im Lager der Gegner ... Und wir müssen – leider – mit der Tatsache rechnen, daß die einzelnen Gruppen und Fraktionen der katholischen Akademikerschaft verlernt haben, miteinander und füreinander zu denken und zu handeln ... Sie werden danach auch viel-

leicht verstehen, warum ich auf der letzten Sitzung im eb. Palais mit mehr Leidenschaft gesprochen habe, als es in der dort herrschenden Atmosphäre der Kühle und Reserviertheit zu erwarten war ... Was ich jetzt entstehen sehe, ist eine dürre Konstruktion, die sich nur sehr unvollkommen über tragische Konflikte der Vergangenheit erhebt und die wahrscheinlich schon beim ersten Windstoß einstürzen wird ... Das Zurückgehen auf ein solches Minimalprogramm bedeutet allerdings auch folgendes: Solange die Frage der Beteiligung der traditionellen katholischen Akademikerverbände an der Planung und Vorbereitung des Katholikentages nicht grundsätzlich geklärt ist, bleibt es eine undankbare Aufgabe, die Verbände und deren Einzelmitglieder zu einer Mitarbeit auf Grund von Plänen zu bewegen, die völlig außerhalb des Bereiches dieses Verbandes gefaßt worden sind."

Mit Mauer und Drimmel trafen die geistig-intellektuellen Exponenten der beiden Richtungen im österreichischen Katholizismus aufeinander. Als Drimmel Ende 1952 als Vorsitzender des Beirates bzw. der Verbandsführung zurücktrat, wurde die Position des ÖCV entscheidend geschwächt.

Bei dem Treffen unter dem Vorsitz des Wiener Erzbischof-Koadjutors Jachym saßen an einem Tisch übrigens zwei künftige Minister: Heinrich Drimmel, Unterrichtsminister von 1954 bis 1964, sowie der damals noch junge Biochemiker Hans Tuppy, der 1987 bis 1989 Wissenschaftsminister war.

Heraus kam dann lediglich eine Arbeitsgemeinschaft der Verbände zu konkreten Anlässen, vor allem im Hinblick auf den kommenden Katholikentag. Das war die „dürre Konstruktion", von der Drimmel an Mauer schrieb. Damit hatte die KA erreicht, was sie wollte: Die Sache begann einzuschlafen. Übrig blieb von diesen Versuchen weiterhin ein Mißtrauen zwischen ÖCV und KA, insbesondere der KHG bzw. KHJ, die sich da und dort festigten und sogar vertieften.

Erzbischof Jachym bewertete die damaligen Kontroversen zwischen ÖCV und KA folgendermaßen: „Wieviel guter Wille steckt doch hinter all diesen Bemühungen, und doch wie engstirnig meinen manche, daß nur sie recht haben."[57]

Die Formierung des Verbandskatholizismus: Die Gründung der Arbeitsgemeinschaft Katholischer Verbände (AKV) und ihr Kampf um die Gleichberechtigung

In Deutschland (in den westlichen Zonen bzw. ab 1949 in der Bundesrepublik) verlief die Entwicklung des Laienkatholizismus bzw. dessen Wiedererstehens nach 1945 anders. Auch hier waren zwar die zahlreichen und mächtigen katholischen Verbände schon ab 1933 dem Gleichschaltungs- und Auflösungsdruck des Dritten Reiches ausgesetzt, so daß das in Österreich verwendete Argument vom „Versagen der Verbände" dort um so mehr gegolten hätte. Aber nach anfänglichem Zögern der Bischöfe, denen aus ähnlichen Motiven wie in Österreich das Katholische Verbandswesen suspekt war, entschloß man sich dennoch, das zerschlagene freie Verbandswesen wieder aufzubauen, bzw. die wichtigsten Verbände reorganisierten sich weitgehend ohne Rücksprachen mit dem Episkopat.[58] Zwar

57 Jachym. Eine Biographie, S. 443.

58 Gauly, Katholiken. Machtanspruch und Machtverlust, SS. 63-66; Katholische Verbände, S. 16.

gab es durchaus einzelne Elemente einer KA, doch im großen und ganzen blieben die Strukturen, wie sie vor 1933 bestanden hatten, weiter gewahrt. Dabei ist insbesondere das im Gegensatz zu Österreich noch immer wirkungsvolle Vertretungs- und Koordinierungsorgan der Verbände, das ***Zentralkomitee der deutschen Katholiken***, zu nennen. Auf dem Trierer Katholikentag 1970 wurde das Grundanliegen katholischer Verbände kurz und treffend formuliert: Sie sind „gesellschaftliche Strukturen in der Kirche" und „kirchliche Strukturen in der Gesellschaft".[59]

Nach dem Scheitern der vorhin genannten Einigungsbemühungen im katholischen akademischen bzw. studentischen Bereich und der Erfahrung, daß der Österreichische Katholikentag 1952 (siehe S. 659) ein solcher der KA war, mußte nun auch in Österreich ein alternativer Weg beschritten werden. Zu dieser Zeit war es ausgeschlossen, mit den führenden Köpfen der KA in ein Gespräch zu kommen, das das Ziel einer partnerschaftlichen Verständigung hatte. Immer wieder verfolgte man im ÖCV mit bestürzter Aufmerksamkeit die Angriffe auf ihn, die aus dem Bereich der KA kamen.[60] Die logische Konsequenz war die, daß sich die von der KA abwertend als „traditionell" bezeichneten Verbände zusammenfanden, um sich innerkirchlich wie auch in der Gesellschaft Gehör zu verschaffen. Zusätzlich sollte das politische Defizit der KA wettgemacht werden, in dem sich diese Verbände als *actio catholicorum*, als in Selbstverantwortung in der Welt wirkende katholische Laienschaft verstehen.

Initiator dieser Idee war der damalige Sekretär von Bundeskanzler Julius Raab (Nc) und spätere Generalsekretär des Europarates, der junge Diplomat Franz Karasek (Nc). Um die Jahreswende 1953/54 begannen die Vorbesprechungen für den Zusammenschluß von katholischen Verbänden, die vorerst unter den Namen „Aktion Karasek" bzw. „Volksbund katholisches Österreich" liefen.[61] In der Folge wurde der Name in „Arbeitsgemeinschaft katholischer Verbände" umbenannt. Am 27. April 1954 konnte die AKV dann der Öffentlichkeit vorgestellt werden bzw. sich konstituieren.[62]

Franz Karasek formulierte anläßlich der Jahreshauptversammlung der AKV am 29. April 1976 rückblickend die Motive der Gründung u. a.:

> „1. Es sollte die Koalitionsfreiheit im kirchlichen Raum, die 1938 zu bestehen aufgehört hatte, wieder voll hergestellt werden.
> 2. Die Katholiken sollten im politischen Raum präsent werden.
> 3. Allen Verbänden gemeinsame Anliegen sollten in gemeinsamer Anstrengung vertreten werden. ...
> Wir wehrten uns bereits 1945 gegen die Fortsetzung des Führer-Prinzips im kirchlichen Bereich, wir verlangten bereits damals demokratische Beratungsgremien, wir wollten Loslösung unserer demokratisch bestellten Vereinsorgane vom Weisungsrecht der Hierarchie ..."[63]

---

59 Katholische Verbände, S. 20.

60 ÖCVA. Protokoll des ÖCV-Beirates. Sitzung vom 31. 1. 1952. Dort heißt es auf S. 8: „Hofrat Krasser ... weist darauf hin, daß bei diversen Besprechungen innerhalb der KA wesentliche Angriffe gegen den CV geführt werden, insbesondere von Otto Mauer und Ignaz Zangerle."

61 Siehe ÖCVA. Protokoll des ÖCV-Beirates vom 25. 2. 1954.

62 Klostermann/Klemen/Leb, Das katholische Organisationsleben der Gegenwart, S. 184; Verbände Katholische; vgl. auch Hartmann, Getrennt oder vereint, S. 9ff.; öAc 5 (1953/54), H. 8, S. 8.

63 Zwanzig Jahre AKV, S. 17; zur Geschichte der AKV siehe auch Fünfunddreißig Jahre Arbeitsgemeinschaft Katholischer Verbände.

In seinen Bemühungen, die AKV auch in den Diözesen zu aktivieren, mußte Karasek schwerste Behinderungen auf sich nehmen. In den Diözesen Linz und in Innsbruck wurde im Frühjahr 1955 über Karasek das Redeverbot erteilt.[64] Ein wohl singulärer Vorgang, der nur beweist, wie offenbar gereizt die KA-Kreise auf die AKV reagierten. Otto Mauer, „Kopf und Faust der KA", prognostizierte auf der Frühjahrstagung der KA 1954 eine undurchsichtige Verquickung der Kirche mit der ÖVP. Die AKV sei „heute nicht nur überflüssig, sondern auch unheilvoll, da dadurch ... die Katholische Aktion zu einer Mesnerorganisation degradiert werde".[65] Die Empörung im ÖCV war dementsprechend, man verlegte die CVV 1955 von Linz weg, und der Vorsitzende des ÖCV-Beirates, Hans Friedrich (AW), trat von seinem Amt zurück, um sich ganz in dieser kritischen Situation der Funktion des ÖCV-Seelsorgers zu widmen.[66]

Aus diesem Grunde kam es auch nur sehr schleppend zur Gründung von Landesverbänden, wo die KA sehr stark war und ist, bzw. überhaupt nicht, wie etwa in der Steiermark.[67] Aber die AKV war nicht mehr wegzuignorieren, das mußte auch die andere Seite langsam anerkennen. So kam es schon am 31. Dezember 1955 zu einem Gespräch zwischen Karasek und dem Wiener Prälaten Franz Steiner (Aa), einem Seelsorger, der in der KA wirkte.[68]

Doch 1959 berichtete der Leiter des Amtes für allgemeine CV-Fragen, Franz Kirchmair (AIn), dem ÖCV-Beirat, daß der St. Pöltener Bischof-Koadjutor Franz Zák eine äußerst ablehnende Haltung gegenüber der AKV und deren Bestrebungen einnehme. Die Folge davon sei, daß der damalige Präsident der KA, Hans Kriegl (NbW), ebenfalls diese Haltung vertrete. Zák habe weiters anläßlich einer Vorsprache des Präsidenten der AKV, Franz Größl (Am), auch den Wunsch ausgesprochen, daß nur die Verbände der KA sich katholisch nennen dürfen.[69] Der Vorsitzende des ÖCV-Beirates, Eduard Chaloupka (Baj), hat das offenbar Bundeskanzler Julius Raab (Nc) erzählt. Dieser hat nun anläßlich eines Empfanges der Bundesregierung gelegentlich der Frühjahrstagung der Bischofskonferenz zu den Bischöfen gesagt: „Exzellenzen ich habe gehört, ihr wollt das katholisch dem CV wegnehmen, aber ich sage Ihnen, daraus wird nichts!"[70]

Aber es gab auch positive Signale. Auf der CVV 1960 in Baden hatte Franz Kardinal König (Rd EM) einen Vorschlag für eine Neuorganisierung des Laienapostolats („Forum für das Laienapostolat") gemacht, der sowohl die KA als auch die AKV-Verbände umfassen sollte.[71] Damit kam Bewegung in diese Frage. Das Ziel war ein Österreichischer

64 In einem Gespräch, das Maximilian Liebmann (Cl) und Gerhard Schultes (Rd) 1971 im Zuge der Vorstellung der ÖCV-Bildungsakademie mit Bischof Franz Zauner in Linz hatten, stellte dieser diese Maßnahme in Abrede. Er hätte lediglich mitgeteilt, wenn Karasek auf dem CVV-Kommers spreche, komme er nicht dorthin. Mitteilung von Gerhard Schultes an den Verfasser, 13. 5. 2005.

65 Zitiert bei Liebmann, Die ÖVP im Spiegel der Bischofskonferenzakten, S. 270.

66 ÖCVA. Protokoll des ÖCV-Beirates vom 29. 3. und 10. 5. 1955.

67 1962 wurde ein erfolgversprechender Versuch einer AKV-Gründung unternommen, der jedoch bald einschlief.

68 öAc 6 (1955/56), H. 4, S. 3.

69 ÖCVA. Protokoll des ÖCV-Beirates vom 17. 2. 1959.

70 Eduard Chaloupka hat von diesem Ausspruch in der Sitzung des ÖCV-Beirats am 23. 6. 1967 im nicht protokollierten „Inoffizium" erzählt. Es ging damals um die Kritik an der mangelnden Berücksichtigung des ÖCV in dem zweibändigen Werk „Kirche in Österreich 1918-1965". Lt. Mitteilung des damaligen Mitglieds des ÖCV-Beirats und Ohrenzeugens Maximilian Liebmann (Cl) an den Autor am 13. 9. 2001.

71 ÖCVA. Protokoll der Verbandsführung vom 2. 6. 1960.

Laienrat, in dem auch der ÖCV Sitz und Stimme haben sollte. Kardinal König wollte nun dieses Experiment für Wien versuchen.[72]

Jedoch war das nur die eine Seite der Medaille. Die andere Seite war die Anerkennung der AKV. Der neue AKV-Präsident Willibald Plöchl (Nc EM) berichtete der Verbandsführung, daß er sich am 29. Juni 1960 bei Kardinal König in einem Brief beschwerte, daß die Bischofskonferenz am 5. April 1960 erklärt hätte, die AKV sei kein nationaler Verband, sondern nur auf Wien beschränkt.[73]

Nach der Sommerpause 1960 ging es in der Frage der Organisierung des Laienapostolats (Laienrat) weiter, wobei in diesem Zusammenhang kurzfristig der Begriff Nationalkomitee auftauchte (offenbar in Anlehnung an das Zentralkomitee der deutschen Katholiken), der dann 1977 wieder ins Spiel gebracht werden sollte.[74] Dabei stand aus der Sicht des ÖCV bzw. der AKV eines im Vordergrund: Wie werden in diesem Zusammenhang die AKV und deren Verbände behandelt? Im Anschluß an das og. Schreiben Plöchls an König hat die AKV beschlossen, an die am 4. November 1960 tagende Bischofskonferenz ein Memorandum zu richten, in dem bemängelt wird, daß nicht alle AKV-Verbände eingeladen wurden und nicht die AKV als solches. Für den 27. Oktober wurde im eb. Palais eine Besprechung des Komitees Katholischer Organisationen angesetzt, was als Vorbereitung für die Gründung eines solchen Nationalkomitees gewertet werden konnte.

Der ÖCV war daher zum Handeln gezwungen. Auf Initiative Chaloupkas kam es am 19. Oktober 1960 zu einer Verbandsführungssitzung, zu der die maßgeblichen Funktionäre der KA und der AKV, die CVer waren, geladen wurden.[75] Daran nahmen neben den ÖCV-Funktionären noch teil: Hans Kriegl (NbW), Präsident der KA Österreichs, Franz Baumgartner (Nc), Präsident der KA Wien, Robert Morawek (NdW), Mitglied des KA-Präsidium Wien, Willibald Plöchl (Nc EM), Präsident der AKV, und Alfred Kostelecky (Rd), Sekretär der Bischofskonferenz. Das war zweifelsohne eine bemerkenswerte Versammlung: Auf dem Boden des ÖCV trafen sich die Exponenten der KA, der AKV und der Bischofskonferenz, die alle CVer waren.

Kostelecky berichtete, daß die Bischofskonferenz nicht gewillt sei, die AKV bundesweit anzuerkennen, da sie nicht in allen Diözesen existent sei. Kardinal König könne sich wegen der Widerstände einzelner Diözesanbischöfe in dieser Frage nicht mehr weiter exponieren. Daher könne die AKV als solche im Nationalkomitee nicht vertreten sein.

Die Sitzung des Komitees Katholischer Organisationen fand nun am 27. Oktober 1960 im eb. Palais statt. Seitens des ÖCV nahm Chaloupka teil, der dort durchaus provokativ gefragt hatte, warum nicht die AKV anwesend sei. Kardinal König wiederholte den bekannten Standpunkt, daß die AKV nicht bundesweit anerkannt sei.[76]

Aufgrund der Wiener Erfahrungen wurde von Kardinal König bei der Bischofskonferenz kurz darauf im Oktober 1960 ein „Komitee Katholischer Organisationen Österreichs" angeregt, das nun das Wiener Modell bundesweit ausdehnte. Der Aufgabenbereich wurde folgendermaßen umschrieben:

---

72 ÖCVA. Protokoll der Verbandsführung vom 9. 6. 1960.

73 ÖCVA. Briefkopie Plöchls an König in der Anlage zum Protokoll der Verbandsführung vom 13. 7. 1960.

74 Hanns Sassmann (Trn EM) in der *Kleinen Zeitung*, 12. 5. 1977, siehe dazu auch: Dokumentation Nationalkomitee.

75 ÖCVA. Protokolle der Verbandsführung vom 17. 10. und vom 19. 10. 1960. Genauere Schilderung dieses Vorgangs in Hartmann, Die Ära Chaloupka im österreichischen CV, SS. 127ff.

76 ÖCVA. Protokoll der Verbandsführung vom 3. 11. 1960.

1. Gegenseitige Information und Koordinierung der Arbeit.
2. Zusammenarbeit in großen, gesamtösterreichischen Anliegen.
3. Vertretung des österreichischen Katholizismus im internationalen Bereich.
4. Ausarbeitung von Vorschlägen für die Bischofskonferenz.

Diesem „Komitee“ gehörten neben den KA-Gliederungen und AKV-Verbänden auch die Gruppe der sonstigen Organisationen, wie Katholischer Familienverband, Legio Mariae usw., an. Es war die Vorstufe zum Österreichischen Laienrat, aber keinesfalls in irgendeiner Form dem Zentralkomitee deutscher Katholiken adäquat.[77]

Auf Initiative Chaloupkas fand nun am 13. März 1961 im Rahmen einer Verbandsführungssitzung neuerlich eine Aussprache statt. Seitens der KA nahmen Hans Kriegl sowie der Nachfolger Baumgartners als Präsident der Wiener KA, Robert Morawek (NdW), seitens der AKV Willibald Plöchl und der Generalsekretär Günther Wiesinger (NdW), teil. Plöchl berichtete, daß in Graz anstelle eines nicht möglichen AKV- Landesverbandes eine „ständige Vertretersitzung“ geschaffen wurde. Vertreter aller katholischen Organisationen der Steiermark hätten spontan zu diesem Gremium zusammengefunden, „sicherlich auch im Zusammenhang damit, da die katholische Richtung in der ÖVP-Steiermark immer mehr zurückgedrängt wird“. Der Vorsitzende des AHLR, Ulrich Sattler (Kb), brachte dabei die Situation des CV in der Steiermark auf den Punkt. Dieser sei dort „in der ÖVP und in der KA völlig an die Wand gestellt“.

Diese Sitzung als solche ergab ein ziemlich authentisches Bild über die Differenzen zwischen der KA und den übrigen katholischen Verbänden. Somit blieb Chaloupka nichts anderes übrig, als die Vertreter der KA und der AKV zu ersuchen, in Hinkunft jegliche Reibungsflächen zu vermeiden.[78]

Parallel zu den Vorbereitungen des Katholikentags 1962 (siehe S. 660) konstituierte sich nun das Wiener Diözesankomitee des Österreichischen Komitees katholischer Organisationen. Der ÖCV wurde durch den Wiener AHLB und den WCV vertreten. Die AKV als solche, obwohl in Wien anerkannt und auch von Kardinal König zugesagt, war nicht geladen. Chaloupka wollte deshalb beim Generalvikar Karl Moser intervenieren.[79]

Es bleibt noch zu betonen, daß die AKV stark vom ÖCV dominiert wurde. Präsidenten waren Franz Karasek (Nc) (1954-1956 und 1967-1976), Franz Größl (Am) (1956-1960), Willibald Plöchl (Nc EM) (1960-1963), Heribert Husinsky (Rd EM) (1963-1967), Hans W. Kaluza (Walth)[80] (1976-1987), Theodor Detter (AW) (1987-1993), Johannes M. Martinek (Dan) (1993-2001). Unter letzterem gelang es, die AKV wiederum stärker in der Öffentlichkeit zu positionieren. AKV-Seelsorger („Geistliche Beiräte“) dieser Zeit war der frühere ÖCV-Seelsorger Gerhard Schultes (Rd). Seit 2001 ist Josef Zemanek (Am) Präsident der AKV.[81] Vizepräsidenten waren neben den zu Präsidenten avancierten Detter, Husinsky, Kaluza und Karasek noch Wolfgang Blenk (AIn) und Gerhard Hartmann (Baj).[82]

77 Hartmann, Getrennt oder vereint, S. 14.
78 ÖCVA. Protokoll der Verbandsführung vom 13. 3. 1961.
79 ÖCVA. Protokoll der Verbandsführung vom 3. 11. 1961.
80 Er wurde vom MKV vorgeschlagen, der Gegenkandidat des ÖCV war damals Gerhard Hartmann (Baj). Dieser wurde vom damaligen Vorsitzenden der Verbandsführung, Adolf Kolb (Baj), favorisiert, konnte sich aber gegenüber Kaluza, bereits Vizepräsident, nicht durchsetzen..
81 *Academia intern* 3/2001, S. 7.
82 Nach Fünfunddreißig Jahre Arbeitsgemeinschaft Katholischer Verbände, S. 6.

Der AKV gehörten 50 Jahre nach ihrem Entstehen folgende Gründungs-Verbände an: ÖCV-Studentenbund und ÖCV-Altherrenschaft (daher ist der ÖCV ebenso wie der MKV in der AKV mit zwei Stimmen vertreten), MKV und MKV-Altherrenbund, ÖKV, KÖL, Christliche Lehrerschaft Österreichs (Pflichtschulen), Vereinigung Christlicher Lehrerinnen und Lehrer an Höheren und Mittleren Schulen, Hauptverband der katholischen Elternvereine, Klemensgemeinde, St. Michaelsbund, Österreichische Turn- und Sportunion, Österreichisches Kolpingwerk, Reichsbund – Bewegung für Gesellschaftspolitik und Sport, Verband der katholischen Schriftsteller Österreichs. Gegenüber der Gründung 1954 sind folgende Änderungen eingetreten: Ausgeschieden ist das St. Michaelswerk, der Reichsbund ist nur mehr ein Verband (gegenüber früher zwei), neu hinzugekommen sind die VCS, die Familiaren des Deutschen Ordens, die Katholische Medienakademie, die Österreichische Gesellschaft für christliche Kunst und der Österreichische Bauorden.[83]

Die Theologenfrage

Ab Mitte der dreißiger durften Theologiestudenten eines Priesterseminars, besonders in Wien, dem CV offiziell nicht mehr beitreten. Eine der Ursachen waren die damals eskalierten Auseinandersetzungen zwischen CVern und Neuländern innerhalb der Alumnen, besonders im Wiener Seminar, wo es sogar zu regelrechten Gangschlachten gekommen sein soll.[84] Dies auch im Zusammenhang mit der damals virulenten „nationalen Frage“, die ja besonders bei Neuländern ankam (siehe S. 348f.).

Wenn man bedenkt, daß die Theologen bei der Gründung und in der ersten Phase des CV einen maßgeblichen Anteil hatten, war diese Situation besorgniserregend. 1948 bemerkte der Hochschulamtsträger Johann Wollinger (Nc) mit Recht: „Doch erscheint uns die vollkommene Fernhaltung der jungen Kleriker [gemeint Priesterseminaristen, Anm. d. Verf.] von unserem Verband und dadurch vom pulsierenden Leben ein sehr gefährliches Experiment.“[85] Deshalb wurde auf der 8. CVV 1950 ein sog. Theologenstatut beschlossen. Danach konnten Priester über den Weg eines „Verkehrsgastes“ in den Status eines Alten Herren gelangen. Dieses Statut wurde auf drei Jahre beschlossen.[86] Das war jedoch auf die Dauer nicht befriedigend, man wollte ja Studenten gewinnen, um so auch in der Aktivenschaft eine „indirekte“ geistliche Betreuung zu gewährleisten. Daher wurde auf der 11. CVV 1953 die Verbandsführung beauftragt, im Wiener eb. Ordinariat sowie beim Heiligen Stuhl vorstellig zu werden, damit das seinerzeitige Verbot aufgehoben werde.[87] Und auf der 13. CVV wurde der Beschluß gefaßt, daß die Verbandsführung bis zum 31. Dezember 1955 diese Frage „auch beim Heiligen Stuhl in die Wege leiten“ sollte.

Der in diesem Jahr gewählte neue Vorsitzende des ÖCV-Beirates bzw. der Verbandsführung, Eduard Chaloupka (Baj), hatte sich nun dieser Sache besonders angenommen. Bereits in der ersten Beiratssitzung vom 6. Juni 1955 berichtete er, daß er anläßlich seiner

---

83 öAc 55 (2004), Mai, S. 12f.; *Academia intern* 3/2004, S. 13.

84 Der Verfasser war selber 1963-66 im Wiener Priesterseminar, wo damals noch von diesen „Gangschlachten“ erzählt wurde. Siehe auch öAc 1 (1949/50), H. 9, S. 5f.

85 MB NF 2 (1. 3. 1948). Diese Äußerung ist von frappant moderner pastoraltheologischer Weitsichtigkeit getragen.

86 Vade mecum 1, S. 52f.; öAc 1 (1949/50), H. 9, S. 5f.

87 Vade mecum 1, S. 54.

Antrittsbesuche bei Kardinal Innitzer (NdW) und Erzbischof-Koadjudor Jachym ein „großes Entgegenkommen feststellen und dadurch eine gewisse Lockerung im Wiener Priesterseminar erreicht werden konnte". Und am 15. November 1955 berichtete er dem ÖCV-Beirat, daß er beim Nuntius Giovanni Dellepiane (Nc EM) vorstellig wurde und mit dem Nuntiaturrat Cesare Zacchi (Baj EM) sowie mit dem Erzbischof-Koadjutor Franz Jachym gesprochen habe. Außerdem habe er Jakob Weinbacher (NbW), den damaligen Rektor der Anima und späteren Weihbischof von Wien, gebeten, in Rom bei der Studienkongregation vorzufühlen.[88] Durch den Tod des Wiener Erzbischofs Theodor Kardinal Innitzers geriet diese Initiative vorläufig etwas ins Hintertreffen,[89] jedoch nach der Ernennung Franz Königs (Rd EM) zum Erzbischof von Wien kam wieder Bewegung in die Sache. Seitens der Bischofskonferenz wurde noch 1956 eine dementsprechende Anfrage nach Rom gerichtet.[90]

Die Akteure der Lösung der Theologenfrage im ÖCV. V. l. n. r.: Der damalige Nuntiaturrat Cesare Zacchi (Baj EM) und der damalige Nuntius Giovanni Dellepiane (Nc EM). Der Vorsitzende der Verbandsführung des ÖCV, Eduard Chaloupka (Baj), und der damalige Sekretär von Außenminister Leopold Figl (Nc), Lukas Beroldingen (Nc). Das Foto stammt aus der Mitte der fünfziger Jahre.

88 ÖCVA. Protokoll des ÖCV-Beirates vom 6. 6., 28. 6., 27. 9. 1955 und vom 15. 11. 1955. Letzterem Protokoll liegt die Abschrift einer geplanten Vereinbarung bei, die zwischen dem Wiener Priesterseminar und der Verbandsführung abgeschlossen hätte werden sollen. Danach hätten Theologen bereits zwei Semester nach Eintritt in das Priesterseminar einer Verbindung beitreten können, einmal im Monat wäre der Besuch einer Veranstaltung erlaubt gewesen, ebenso der Besuch des Stiftungsfestes. Diese Vereinbarung hätte mit Beginn des Wintersemesters 1955/56 in Kraft treten sollen. Demnach mußte das Papier wohl noch im Sommersemester 1955 erstellt worden sein. Ob es nur ein internes Papier, d. h. ein Vorschlag des ÖCV war, oder ob die Punkte bereits Ergebnis von Verhandlungen waren, läßt sich nicht mehr feststellen.

89 ÖCVA. Protokoll des ÖCV-Beirates vom 13. 3. 1956.

90 ÖCVA. Protokoll des ÖCV-Beirates vom 30. 10. 1956.

Nach positiver Erledigung beschloß die Bischofskonferenz am 9./10. April 1957, daß nun den Seminaristen der Beitritt zum CV gestattet werden kann, und zwar unter folgenden Bedingungen: erst ab dem 3. Studienjahr, Teilnahme an Veranstaltungen einmal im Monat (jedoch keine Kneipe) sowie an zwei Festveranstaltungen im Jahr.[91] Das wurde im ÖCV mit Genugtuung aufgenommen, wobei der positive Einfluß des Päpstlichen Nuntius Dellepiane und des Uditore Cesare Zacchi hervorgehoben wurde.[92]

Am 27. November 1957 schrieb dann der Wiener Generalvikar und Weihbischof Josef Streidt (AW) an den Wiener CV, daß ab dem WS 1958/59 unter diesen Bedingungen Alumnen einer Verbindung beitreten können.[93] In der Tat traten daraufhin ab 1958 viele Theologen in Wiener Verbindungen ein, jedoch die sehr strenge, fast klosterähnliche Hausordnung, die damals im Wiener und in den anderen Priesterseminaren herrschte, läßt vermuten, daß das auch viele deswegen taten (oft ein Drittel eines Jahrgangs), um ein wenig Freiheit zu erhaschen. Immerhin konnte der ÖCV-Seelsorger Anfang 1959 berichten, daß aufgrund der neuen Regelung in Wien 20 Theologen einer Verbindung beigetreten sind.[94] Doch offenbar war dieser Beschluß nicht in allen Diözesen durchzusetzen, so war Chaloupka Ende 1959 in dieser Sache bei Erzbischof Andreas Rohracher (AIn EM) in Salzburg, um dort diese Frage endgültig zu regeln.[95]

Welche Auswirkungen das Verbot und dann wiederum die Erlaubnis hatten, mögen die folgenden Zahlen verdeutlichen:[96]

Die Entwicklung der Theologen- und Priesterzahl im ÖCV

	Zahl der Urstudierenden	Zahl der Theologen	Prozent-Anteil	Zahl der Priester
1935	1.408	56	3,98	411
1937	1.588	18	1,13	
1949	1.546	16	1,03	362
1954	1.614	24	1,49	336
1959	2.142	63	2,94	338
1963	2.463	63	2,56	418
1967	2.350	85	3,62	355

Anhand dieser Zahlen kann man erkennen, daß 1935 – das Verbot war noch nicht so wirksam – die Zahl der Theologen (d. h. damals fast ausnahmslos Priesteramtskandidaten) und der Priester im CV beachtlich war. Im Jahr 1937 ist dann ein krasser Einbruch

91 Vade mecum 2, S. 125.

92 ÖCVA. Protokoll des ÖCV-Beirates vom 21. 5. 1957, S. 4.

93 ÖCVA. Protokoll des ÖCV-Beirates vom 18. 12. 1957, Schreiben des Generalvikar Josef Streidt, Zl. 8179/57 liegt in Abschrift dem Protokoll bei.

94 ÖCVA. Protokoll des ÖCV-Beirates vom 19. 1. 1959. Siehe auch den Artikel „Junge Theologen erleben den CV", in: öAc 11 /1959/60), H. 3, S. 5f.

95 ÖCVA. Protokoll des ÖCV-Beirates vom 20. 10. und 16. 11. 1959, Protokoll der Verbandsführung vom 16. 11.1959.

96 Nach den Statistischen Teilen der Gesamtverzeichnisse 1935, 1949, 1963 (dort sind auch die Zahlen für 1954 und 1959 inkludiert) und 1967. Die Zahlen für 1937 nach Popp, Der CV in Österreich, S. 306 und 330. Eine Beobachtung danach ist nicht mehr möglich, weil die folgenden Gesamtverzeichnisse keine derartige statistische Abteilung besaßen bzw. besitzen.

zu bemerken. In den Jahren 1949 und 1954 machte sich das Verbot ebenso deutlich bemerkbar. 1959 ist aber die Zahl nach der Verbotsaufhebung sprunghaft angestiegen – fast eine Verdreifachung –, bei der Priesterzahl machte sich das aber noch nicht bemerkbar. Hier sehen wir die „Delle“ besonders in den Jahren 1954 und 1959 – also naturgemäß etwas zeitverzögert zu dem Absinken der Theologenzahl. 1963 sind vorübergehend erste Auswirkungen durch den Anstieg der Priester zu sehen.

Durch die „Verbotszeit“, die inkl. Nazi-Zeit ungefähr 20 Jahre dauerte, fiel eine ganze „Priestergeneration“ aus, was sich vor allem in den ersten zwei Jahrzehnten nach dem Zweiten Weltkrieg bemerkbar machte. Das war gerade jene Zeit, in der es zur Implementierung der „klerikalisierten“ Katholischen Aktion kam. Daß dann weniger Priester CVer waren förderte diesen Vorgang zusätzlich – neben jenen CV-Priestern, die von der KA-Idee gefangen waren, wie etwa Karl Rudolf (Am) und Franz Steiner (Aa). Im Jahr 1967 ist die Zahl der Theologen im Verhältnis stark angestiegen, was auf die Laientheologen sowie die Aufbruchstimmung nach dem Konzil zurückzuführen war. Der Rückgang der Priester hatte sein Ursache darin, daß offenbar der „natürliche Abgang“ größer wurde, als der Zugang,

Eduard Chaloupka kam also zweifelsohne das Verdienst zu, aufgrund der Möglichkeiten, die seine berufliche Stellung im Verkehr mit der Amtskirche und dem Heiligen Stuhl boten, die Theologenfrage einer für den ÖCV befriedigenden Lösung zuzuführen. Dies wurde besonders auch in der Begründung des Antrags auf der CVV 1962, Chaloupka die höchste Ehrung des ÖCV, das Band „In vestigiis Wollek“, zu verleihen, hervorgehoben.

Jedoch verlor gegen Ende seiner Amtszeit dieser Beschluß der Bischofskonferenz zunehmend an Bedeutung: Erstens hatten sich die Hausordnungen der Priesterseminare weitgehendst gelockert. Zweitens war es in der damals anbrechenden „progressiven“ Zeit nicht mehr allzu modern, einem in den Augen eines gewissen Teiles des Klerus „traditionellen“ CV beizutreten. Und drittens stieg die Zahl der Laientheologen sprunghaft an, die aber mit etwa dem gleichen Durchschnitt den Weg in eine CV-Verbindung fanden. Im Jahr 2001 betrug der Anteil der Theologiestudenten im ÖCV trotz allgemein sinkender Zahl an diesen Fakultäten immerhin noch 3,5 Prozent (siehe S. 705).

Der Höhepunkt: ÖCV und Politik 1945 bis 1970

„In schicksalhaften Stunden, in denen die internationalen Presseagenturen und der Weltfunk ihre prominenten Vertreter nach Wien entsendet haben, an einem Tag, an dem sich Geschick und Zukunft nicht nur Österreichs, sondern eines Kontinents und einer in zwei Hälften auseinanderklaffenden Welt neu formen, neu zu fügen beginnen, ... in einer Situation höchster Spannung und Verantwortlichkeit hat der Bundeskanzler Österreichs die Ruhe, die Liebe und das Herz gefunden, zu uns ... zu kommen, um die Verleihung des blau-rot-goldenen Bandes unseres Bundes vollziehen zu lassen."

Ernst Marboe (Baj) am Vorabend des Staatsvertrages, dem 14. Mai 1955[1]

Die Gründung der ÖVP: Abkehr vom parteipolitischen Katholizismus

Für Österreich und für das freie Deutschland sowie auch anderswo in West-Europa war es nach 1945 klar, daß der parteipolitische Katholizismus in seiner alten Form nicht mehr wiederbegründbar war.[2] Die Ursachen dafür lagen zum einen Teil am Rückzug der Kirche und der Priester aus der Politik, zum anderen Teil waren sie auch bei jenen Christen zu suchen, die aus ihrer eigenen Verantwortung heraus nach christlichen Leitlinien Politik machen wollten. Das bedeutete eine einschneidende Zäsur für die Christliche Demokratie in Europa und war natürlich sehr spannend, denn einerseits wollte man eine christlich-demokratische Volkspartei werden, die ökumenisch ausgerichtet sein und sich auch an zusätzliches Klientel im Bereich des Liberalismus, des konfessionell nicht gebundenen Konservativismus und auch der Arbeiterbewegung wenden sollte. Andererseits konnte man vor allem personell die Herkunft der Österreichischen Volkspartei von der Christlichsozialen Partei oder gar von der den Ständestaat tragenden Elite nicht leugnen.

Die Gespräche über die Gründung einer Partei in der Nachfolge der Christlichsozialen setzten interessanterweise bereits bald nach dem Anschluß ein, als es noch keinerlei Perspektiven für ein Wiedererstehen Österreichs gab. Um so mehr verdienen daher diese Überlegungen Respekt. Zum einen waren es Gespräche in der Österreicher-Gruppe im KZ Dachau, denen bereits eine soziale Integrationspartei vorschwebte, zum anderen waren es erste Überlegungen christlicher Gewerkschafter unter Führung von Lois Weinberger, die zu einer christlichen Arbeitnehmerpartei tendierten. Der im April 1939 aus Dachau entlassene ehemalige Kärntner Landesrat Felix Hurdes (NbW EM) stieß zu dieser Gruppe und informierte sie über die Gespräche im KZ. In der Folge akzeptierte man nach Diskussionen den Gedanken einer solchen sozialen Integrationspartei. Der Kriegsbeginn ließ aber weitere Überlegungen und Maßnahmen etwas in den Hintergrund treten. Erst 1942/43 begannen die Kontakte zu Handel und Gewerbe sowie vor allem zur niederösterreichischen Bauernschaft.

---

1 Festrede von Ernst Marboe (Baj) am Stiftungsfestkommers der Bajuvaria im Hübner's Kursalon am 14. Mai 1955, dem Vorabend der Unterzeichnung des Österreichischen Staatsvertrages, bei dem Bundeskanzler Julius Raab (Nc) das Ehrenband der Bajuvaria verliehen bekommen hat. Zitiert in *Litterae*, Nr. 2, 2005, S. 12.

2 Zur Geschichte dieser Zeit allgemein sowie der ÖVP im besonderen siehe Österreich. Die Zweite Republik; Binder, Von der „Rettung des christlichen Abendlandes" und „Europa in uns"; Kriechbaumer, Von der Illegalität zur Legalität; Mantl, Der parteipolitische Katholizismus; Reichhold, Geschichte der ÖVP; Volkspartei – Anspruch und Realität; Über die Rolle Figls siehe Binder, Zwischenkriegszeit, Widerstand und KZ, in: Hundert (100) Jahre Leopold Figl. S. 14.

Die Entlassung des Bauernfunktionärs Leopold Figl (Nc) aus dem KZ im Mai 1943 brachte eine Wende. Als Angestellter der Straßenbaufirma von Julius Raab (Nc) kam er im Land naturgemäß sehr viel herum und knüpfte wieder die alten Kontakte. Am 4. Mai 1944, dem „Florianitag", wurde im Weinkellner des ehemaligen sowie künftigen Landeshauptmanns von Niederösterreich, Josef Reither (F-B EM), der Bauernbund gegründet und seine Integration in die künftige Volkspartei beschlossen. Dieser Name war bereits bekannt, er wurde in der Gruppe Hurdes/Weinberger Ende 1939/Anfang 1940 geboren und galt seit 1940/41 als allgemeiner Arbeitstitel für die zu gründende soziale Integrationspartei. Durch die enge Verbundenheit Figls mit Raab wurde nun auch der Kontakt zur Wirtschaft intensiviert.

Alle diese Bemühungen erlitten einen schweren Rückschlag, als im Zuge des Attentats vom 20. Juli 1944 eine Verhaftungswelle in Gang gesetzt wurde, die weit über jene Kreise hinausging, die mit dieser Verschwörung etwas zu tun hatten. Davon waren u. a. auch Figl, Hurdes und Reither betroffen. Damit waren all ihre Vorbereitungen zu einem Zeitpunkt gestoppt, als durch die Kriegslage eine Chance für eine baldige Realisierung gesehen wurde. Figl und Hurdes kamen zuerst nach Mauthausen, dann 1945 ins Landesgericht Wien, wo sie am 6. April freikommen konnten und beschlossen, rasch die Partei zu gründen. Dies geschah am 17. April im Wiener Schottenstift. Leopold Kunschak (Nc EM), nach dem Ersten Weltkrieg für kurze Zeit Obmann der Christlichsozialen, wurde der erste Präsident der ÖVP, gf. Obmann wurde der frühere Unterrichtsminister Hans Pernter (Nc), der diese Position aus gesundheitlichen Gründen bald aufgeben mußte. Danach wurde Leopold Figl Bundesparteiobmann, einer seiner Stellvertreter wurde Raab. Generalsekretär der Partei wurde Felix Hurdes.[3]

Ähnlich war die Situation in den Bundesländern, wohin kurz nach dem Krieg eminente Schwierigkeiten für eine Kommunikation bestanden, vor allem vom sowjetisch besetzten Wien in die westlichen Zonen. Fast schon legendär ist hier die Tat des damals jungen Medizinstudenten Herbert Braunsteiner (NbW) zu nennen, der am Abend des 17. Mai durch die Enns – die Zonengrenze – schwamm, um als Bote von Wien den Kontakt zu den westlichen Bundesländern zu knüpfen.[4]

Bei der Gründung der ÖVP waren nicht nur auf Bundesebene CVer führend vertreten, sondern auch in den Ländern. Im *Burgenland* wurde Lovro Karall (A-P EM) ÖVP-Landesobmann und nach den Landtagswahlen Landeshauptmann; in *Niederösterreich* wurde erster Landeshauptmann Leopold Figl (Nc), nach den Landtagswahlen Josef Reither (F-B EM), Landesparteiobmann ab 1946 war Julius Raab (Nc); in *Oberösterreich* wurde nach einem Provisorium wie vor 1938 Heinrich Gleißner (S-B) Landeshauptmann, erster Landesparteiobmann wurde Josef Stampfl (Nc); in *Salzburg* wurde provisorischer Landeshauptmann Adolf Schemel (AW EM), nach den Wahlen 1945 Albert Hochleitner (AW); in der *Steiermark* wurde Alfons Gorbach (Cl) Landesparteiobmann (1945 geschäftsführend, ab 1946 definitiv); provisorischer Landeshauptmann von *Tirol* wurde Karl Gruber (AW), nach den Landtagswahlen Alfons Weißgatterer (AIn), erster Landesparteiobmann wurde Adolf Platzgummer (Le); in *Wien* wurde erster Vizebürgermeister Leopold Kunschak (Nc EM).

3 Über die Gründungsgeschichte siehe Kriechbaumer, Die Geschichte der ÖVP, SS. 15-27; Kriechbaumer, Von der Illegalität zur Legalität; Reichhold, Geschichte der ÖVP, SS. 15-74.

4 „So blieb mir nichts anders übrig, als die Enns zu durchschwimmen." Zeitzeugengespräch mit Herbert Braunsteiner, in: Demokratie und Geschichte. Jb. des Karl von Vogelsang-Instituts zur Erforschung der Geschichten der christlichen Demokratie in Österreich. Hg. Helmut Wohnout. Jg. 1, 1997, SS. 71-86.

An den Beispielen Figls, Gleißners, Gorbachs, Karalls, Kunschaks, Raabs und Reithers wird deutlich, daß die ÖVP nicht auf Funktionäre der Christlichsozialen Partei und des „Ständestaates" verzichten konnte. Der Bezug der ÖVP auf die CSP wurde ja auch bei der Unabhängigkeitserklärung sichtbar, und die Bischöfe sahen gleich 1945 die ÖVP so etwas wie die wiedererstandenen Christlichsozialen.[5]

Das Konzept einer antimarxistischen sozialen Integrationspartei, die die drei klassischen Stände Arbeitnehmer, Bauern und Gewerbe zusammenfassen sollte, führte fast zwangsläufig zu den drei Bünden der ÖVP, für die es bereits vor 1933 bzw. 1938 Vorläufer gab, so in der Christlichen Arbeiterbewegung, im Reichsbauernbund und im Gewerbebund, aber auch innerhalb des Katholischen Volksvereins für Oberösterreich – der Landesorganisation der Christlichsozialen.[6] Trotz seither verschiedener Parteireformen blieben sie weiterhin in der ÖVP tonangebend.

Der ***Österreichische Arbeiter- und Angestelltenbund*** (ÖAAB), der in der Zeit bis 1970 von Leopold Kunschak (Nc EM), Karl Lugmayer (Aa), Karl Kummer (Aa) und vor allem dann von Alfred Maleta (Cl) geprägt wurde, versuchte an die Traditionen des Sozialkatholizismus anzuknüpfen und anfänglich die ÖVP zu einer Partei der „linken Mitte" zu machen (Wiener Programm des ÖAAB 1946, vgl. Ahlener Programm der CDU 1947). Diese Ideen dominierten anfänglich auch die Gesamtpartei, traten dann aber Ende der vierziger Jahre in den Hintergrund.[7] Ähnlich wie der „Sündenfall" der Christlichsozialen Partei vor 1914 (siehe S. 99), so wird das baldige Abklingen des starken sozialen Impetus in den vierziger Jahren gelegentlich mit nostalgischem Unterton kommentiert.[8] Aber ähnlich wie dem genannten „Sündenfall", so wohnte auch dieser Entwicklung eine gewisse innere Logik inne – und brachte rückblickend auch für Österreich die positiven Effekte der Sozialen Marktwirtschaft.

Man bemühte sich aber auch um Zustimmung außerhalb des christlichen Lagers. So gelang es z. B., die Bauernschaft weitgehendst zu einigen, indem die Angehörigen des früheren nationalliberalen Landbundes unter dem ehemaligen Vizekanzler Vinzenz Schumy in den ***Bauernbund*** und damit in die ÖVP aufgingen. Auch auf seiten der Wirtschaft ***(Wirtschaftsbund)*** und der Industrie gelang es, ehemalige Sympathisanten des großdeutschen Lagers zu binden.

Diese Tendenz wurde auch dadurch begünstigt, daß bis 1949 die ÖVP die einzige „bürgerliche" Partei war, so daß sie von vornherein gute Chancen besaß, alle Stimmen des nichtmarxistischen Lagers zu bekommen. So erhielt sie für viele überraschend (nicht zuletzt auch für die Sowjets) am 25. November 1945, dem „Kathreins-Tag", die absolute Mehrheit. Nach dem Historiker der ÖVP, Robert Kriechbaumer (R-J), hatte dieser Erfolg folgende Ursachen:[9]

---

5 Liebmann, Die ÖVP im Spiegel der Bischofskonferenzakten, S. 255.

6 Staudinger/Müller/Steininger, Die Christlichsoziale Partei, S. 166; Wohnout, Bürgerliche Regierungspartei und weltlicher Arm der katholischen Kirche, S. 205f.

7 Kriechbaumer, Programme und Programmdiskussionen, S. 108.

8 So Binder, Von der „Rettung des christlichen Abendlandes" und „Europa in uns", SS. 401ff. Dabei wird die „Französische Attraktivität" (die französischen Christdemokraten Mouvement Républicain Populaire [MRP]" dem „deutschen Pragmatismus" gegenübergestellt. So attraktiv war aber das französische Modell MRP dann doch nicht, wenn man dessen Schicksal ab Ende der fünfziger Jahre verfolgt.

9 Kriechbaumer, Die Geschichte der ÖVP, S. 27.

„1. Der Ausschluß der ehemaligen Nationalsozialisten vom Wahlrecht sowie die Abwesenheit Hunderttausender Kriegsgefangener hatte eine atypische politische Konstellation entstehen lassen. So betrug der Frauenanteil an den Wahlberechtigten 64 Prozent.
2. Die ÖVP hatte bis 1949 das Monopol der einzigen antisozialistischen Gruppierung.
3. Das Konzept der sozialen Integrationspartei übte offensichtlich erhebliche Anziehungskraft aus, und
4. entsprach das stark in den Vordergrund gestellte Österreich-Bewußtsein der Partei dem Bedürfnis vieler Österreicher, die deutsche Nabelschnur zur Niederlage zu durchtrennen.“

Es war daher klar, daß dieser Erfolg 1949 nicht mehr so zu wiederholen war. Daher ging 1949 die absolute Mehrheit in eine relative über, um dann nochmals 1966 die absolute zu erreichen. Somit stellte die ÖVP von 1945 bis 1970 ununterbrochen den Bundeskanzler, zuerst von 1945 bis 1947 in einer Dreiparteienkoalition (mit SPÖ und KPÖ), dann in einer Großen Koalition mit der SPÖ und schließlich von 1966 bis 1970 in einer Alleinregierung.

Vier Bundeskanzler und Parteiobmänner der ÖVP prägten diese Epoche: Leopold Figl[10] (1945 bis 1953, als Parteiobmann bis 1952), Julius Raab (1953 bis 1961, als Parteiobmann von 1952 bis 1960), Alfons Gorbach (1961 bis 1964, als Parteiobmann von 1960 bis 1963) und Josef Klaus (Rd) (1964 bis 1970, als Parteiobmann von 1963 bis 1970).

Die ***Ära Figl/Raab*** kann in einem betrachtet werden und fällt zeitlich fast zusammen mit der Ära von Konrad Adenauer (KV Arminia Bonn)[11] in der Bundesrepublik Deutschland. Leopold Figl und Julius Raab entstammten nicht nur derselben Verbindung (Norica), sie waren zusätzlich freundschaftlich eng verbunden. Als Figl Bundeskanzler von 1945 bis 1953 in der ersten Reihe tätig war, stand Raab als ÖVP-Klubobmann, Wirtschaftsbundobmann und Obmann der nö. ÖVP (womit er sich eine eminente Hausmacht schaffte und zum eigentlichen starken Mann der Partei wurde) in der zweiten Reihe. Als Raab von 1953 bis 1961 Bundeskanzler war, bekleidete Figl das in dieser Zeit wichtige Amt eines Außenministers (bis 1959).

Unter Leopold Figl war es notwendig, für Österreich Aufbauarbeit zu leisten und die Trümmer des Kriegs zu beseitigen. Auch ging es „nach 1945 hauptsächlich um Abgrenzung und Emanzipation von Deutschland und die Entwicklung einer austrospezifischen Staatsidee“.[12] Dabei wurde fortsetzend an die spezifische Österreich-Ideologie des Ständestaates angeknüpft (siehe S. 411). Die außenpolitisch prägende Figur war zweifelsohne Außenminister Karl Gruber (AW), dem Figl weitgehend freie Hand ließ.[13] Das hatte auch innenpolitische Auswirkungen, denn Gruber gehörte um 1949 neben Figl und Raab eindeutig zu den dominierenden Persönlichkeiten in der ÖVP.[14] Er war es auch, der den Staatsvertrag textlich weitgehend vorbereitete und Österreich – dabei immer die staatliche Integrität vor Augen – in das westliche Lager angebunden hatte.

---

10 Über Figl siehe u. a. Hundert (100) Jahre Leopold Figl; Mantl, Leopold Figl: Die Größe des Anfangs.

11 Adenauer trat 1895 der Arminia Bonn bei, bei der auch u. a. der spätere Reichskanzler Wilhelm Marx Mitglied war. Ehrenphilister war Adenauer auch bei den KV-Verbindungen Suevia Bonn, Askania Berlin und Guestphalia Berlin. Siehe Biographisches Lexikon des KV, 2. Teil, S. 11.

12 Gehler, Österreichs Außenpolitik der Zweiten Republik, S. 28.

13 Ders., S. 63.

14 Ders., S. 65.

Leopold Figl (Nc) als Fuchsmajor und Julius Raab (Nc) im Couleur „ihrer" Norica.

Die verlorene Bundespräsidentenwahl 1951 und das schlechte Abschneiden bei den Nationalratswahlen 1953 waren die Ursachen für die Ablöse Figls durch Julius Raab. Das war einer der dramatischsten und menschlich aufregendsten Machtwechsel in der Geschichte der Zweiten Republik, die die Freundschaft der beiden zwar stark belastete, jedoch letztlich nicht störte.[15] Bei den Regierungsverhandlungen wollte Raab damals den VdU in die Regierung einbinden, um so eine bürgerliche Mehrheit gegenüber der SPÖ zu erreichen, was aber dann wegen des Widerstands von Bundespräsident Theodor Körner und der SPÖ scheiterte.[16]

Raab war rückblickend kommentiert wohl die stärkste Führungspersönlichkeit, die die ÖVP hervorgebracht hatte und die daher mit innerparteilicher Konkurrenz nicht gerade zimperlich umging. Seine diesbezüglichen „Opfer" waren u. a. Josef Dobretsberger (Cl), Peter Krauland (ehemals AW) und zuletzt Karl Gruber (AW) (darüber mehr s. u.). Nachdem er diesen aus der Regierung entfernen konnte, machte Raab seinen Vorgänger Figl

15 Darüber ausführlich in Wohnout/Schönner, Das politische Tagebuch von Julius Raab. Wortführer für eine Ablöse Figls waren damals die Landeshauptleute Heinrich Gleißner (S-B), Josef Klaus (Rd) und Josef Krainer sen. (BbG EM) sowie vor allem Unterrichtsminister Ernst Kolb (AIn), S. 17. Am 26. 3. 1953 kam es zu einem Vieraugengespräch zwischen Figl und Raab, der dann in sein Tagebuch notierte: „Aussprache mit Figl, der mir schwere Vorwürfe macht. Mit Recht verbittert." Ebda. S. 24.

16 Wohnout/Schönner, Das politische Tagebuch von Julius Raab, S. 20f.

zum Außenminister. Doch Raab dominierte eindeutig die Außenpolitik. Figl, der keine Fremdsprachen beherrschte, war nach Michael Gehler nur sein „Schattenminister“.[17]

Raab konnte daher 1955 für Österreich den Staatsvertrag erreichen, weil er die Chancen erkannte, die der Paradigmenwechsel in der internationalen Politik geboten hatte (Tod Josef Stalins, Gründungen der NATO und des Warschauer Paktes). Im Gegensatz zum westlichen bzw. proamerikanischen Kurs von Karl Gruber war er für eine Verständigungspolitik mit dem Osten und bereitete damit den künftigen Kurs der Neutralität vor. Mit dem sog. „Raab-Kamitz[18]-Kurs“ wurde dann das bundesdeutsche Wirtschaftswunder auch auf Österreich ausgedehnt. Damit einhergehend kam es 1952 und 1958 in der ÖVP programmatisch zu einer Orientierung an der Sozialen Marktwirtschaft und Öffnung zum Neoliberalismus.[19]

Bei Raab war die verlorene Präsidentschaftswahl 1957 sowie zusätzlich der in diesem Jahr erlittene Schlaganfall der Beginn seines Abstiegs. Der neue Spitzenvertreter der SPÖ in der Regierung, Vizekanzler Bruno Pittermann, schlug einen anderen politischen Weg und Stil ein: Er verstand die SPÖ zunehmend als Opposition in der Regierung. Dadurch konnte 1959 die ÖVP so wie 1953 nur knapp die relative Mehrheit im Nationalrat behaupten.

Kennzeichnend für diese Ära der späten vierziger, der fünfziger und frühen sechziger Jahre – der „langen fünfziger Jahre“ – war, daß deren Exponenten – vor allem Figl und Raab – ihre Verbundenheit mit dem CV bewahrten und pflegten. Zahlreich sind die Schilderungen, wie diese beiden (aber auch andere Politiker aus dem CV) oft und gerne zu Verbindungsveranstaltungen (Kommerse, AHC etc.) selbst unter schwierigsten Terminnöten gekommen sind. Das förderte natürlich ungemein einerseits ein gewisses Zusammengehörigkeitsgefühl im CV, andererseits auch die Bereitschaft, sich ebenfalls politisch zu betätigen. Dies sollte sich in dieser Form nicht mehr wiederholen, was möglicherweise auch ein Grund für den Rückgang des politischen Einflusses des CV bzw. von CVern ab den neunziger Jahren angesehen werden kann.

Als Beispiel für diese Haltung möge der Kommers zum 35. Stiftungsfest der Bajuvaria am 14. Mai 1955 dienen, also am Samstag vor der Unterzeichnung des Staatsvertrages, wo Raab das Band der Bajuvaria erhalten hat (siehe Umschlagbild sowie Kommentar dazu auf S. 4). Nach der Bandverleihung ergriff Raab das Wort, um die letzten Ereignisse darzustellen aber auch um die Verbundenheit mit den westlichen Demokratien zu betonen.[20] Bei diesem Kommers wurde übrigens der Trauerflor, der auf den Fahnen der CV-Verbindungen wegen der alliierten Besatzung angebracht wurde, abgenommen. Heute darf

17 Gehler, Österreichs Außenpolitik der Zweiten Republik, S. 109. Wie überhaupt Gehler (ebda. S. 111) das „überhöhte“ Image Figls, nicht zuletzt auch im CV tradiert, in Frage stellt. Insbesondere verweist er die gerne überliefert Begebenheit, Figl hätte am 12. 4. 1955 in Moskau den „Staatsvertrag ersoffen“, indem er die russischen Politiker unter den Tisch trank, wie auch eine bekannte Zeitungskarikatur insinuieren möchte, ins Reich der Märchen. Figl war bereits vor dem Bankett derart illuminiert, daß er vorher schon ins Bett geschickt werden mußte. In diesem Zusammenhang ist auch Figls Couleurname „Schwips“ bezeichnend, und seinen Sekretär Lukas Beroldingen (Nc) nannte man „Lord-Figl-Bewahrer“.

18 Reinhard Kamitz (VDSt Asciburgia Wien) war auch einfaches NSDAP-Mitglied.

19 Kriechbaumer, Programme und Programmdiskussionen, S. 112.

20 Dazu siehe in Für Volk und Glauben leben die Beiträge von Kurt Suchanek (Baj) (S. 171f.) und Peter Kamp (Baj) (S. 173f.). Kamp berichtet zusätzlich (S. 178f.) von dem Vorfall, daß Raab und Figl um ca. 22 Uhr den Kommers wegen eines Gespräches mit dem deutschen Gesandten (eigentlich noch Leiter der Wirtschaftsdelegation) verlassen mußte – es ging noch um Vermögensfragen („Deutsches Eigentum“). In einer Darstellung eines deutschen Diplomaten heißt es, daß die beiden zu diesem Gespräch „deutlich angeheitert“ erschienen seien.

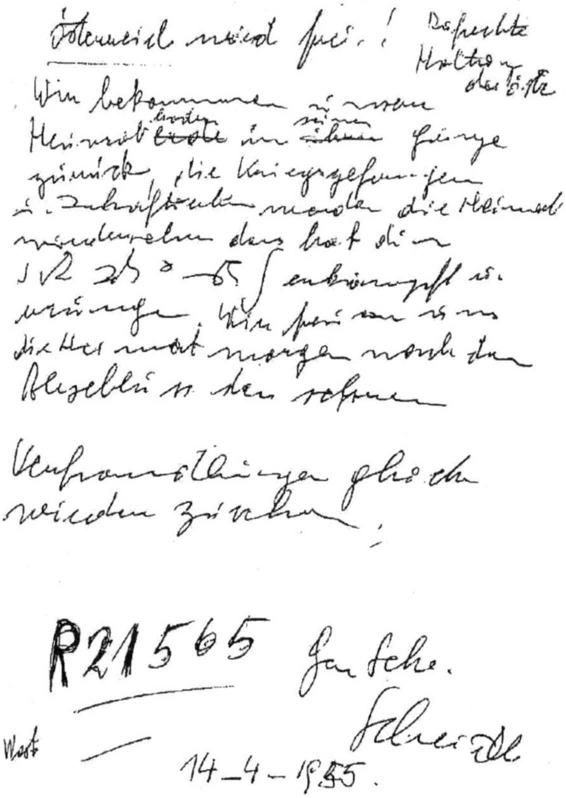

Bundeskanzler Julius Raab (Nc) diktierte in Moskau am 14. April 1945 seinem Sekretär Ludwig Steiner (AIn) auf einen Notizzettel, was er nach Wien telefonisch für eine Rundfunkmeldung durchgeben sollte: „Österreich wird frei! Wir bekommen unseren Heimatboden in seiner Gänze zurück, die Kriegsgefangenen und Inhaftierten werden die Heimat wiedersehen....“

bezweifelt werden, ob bei ähnlichen Konstellationen sich ein solches Ereignis – d. h. das Erscheinen prominenter Politiker aus dem CV – wiederholen würde.[21]

Die Wahlniederlage des Jahres 1959 löste eine Krise aus, es schlug die **Stunde der Reformer**, die vor allem aus der Steiermark und Salzburg Impulse erhielt. So wurden 1960 ***Alfons Gorbach*** (Cl) zum Parteiobmann und ***Hermann Withalm*** (Nc) zum Generalsekretär der ÖVP gewählt. Er trat daher als Vorsitzender der Altherrenschaft des ÖCV zurück und löste als Generalsekretär Alfred Maleta (Cl) ab, der in der Folge zum Bundesobmann des ÖAAB und zum Präsidenten des Nationalrates gewählt wurde. Das Duo Gorbach-Withalm versuchte, der ÖVP eine offene und moderne Richtung zu geben, was innerhalb des ÖCV nicht immer ohne Widerspruch blieb, vor allem bei jenen, die noch der alten Christlichsozialen Partei nachtrauerten.[22] Zwar gingen die Nationalratswahlen

21 Als am Samstag, dem 14. 5. 2005, die Bajuvaria zum 50jährigen Gedenken an dieses legendären Ereignis ihren Stiftungsfestkommers abhielt, hielt der frühere ÖVP-Bundesparteiobmann Josef Taus (Baj) eine beachtenswerte Rede.

22 Siehe dazu ein Bericht über eine Conveniat im „Grünen Tor“ mit Gorbach und Withalm Ende März 1960 in der *Wochenpresse,* 2. 4. 1960. Zu jenen CVern, die die ÖVP in die Richtung der alten Christlichsozialen Partei drängen wollten, sagte Gorbach: „Wenn ihr das so macht, dann habt ihr bei den nächsten Wahlen höchstens 25 Mandate.“

Die Teilnahme von Politikern aus dem CV an gesellschaftlichen oder sonstigen Veranstaltungen des CV oder seiner Verbindungen war in den ersten Jahrzehnten nach dem Zweiten Weltkrieg eine Selbstverständlichkeit. Unterrichtsminister Heinrich Drimmel (NdW) eröffnet den WCV-Ball 1960 in der Wiener Hofburg. Links von ihm der damalige WCV-Senior Ernst Exner (Pan).

1962 besser aus, doch verlor Gorbach Anfang 1963 die Regierungsverhandlungen, so daß er innerparteilich schwer angeschlagen war.

Hinzu kamen noch die für den 28. April 1963 angesetzten Bundespräsidentenwahlen, bei der der amtierende Bundespräsident Adolf Schärf nochmals kandidierte. Die ÖVP nominierte den bereits durch Krankheit gezeichneten Julius Raab, die ein Jahr zuvor von Otto Molden gegründete Europäische Föderalistische Partei (EFP) den ehemaligen Gendarmeriegeneral Josef Kimmel (Rd). Somit standen sich wie 1951 (Heinrich Gleißner und Johannes Ude) wiederum zwei CVer bei Bundespräsidentenwahlen gegenüber. Die Verbandsführung beschäftigte sich zwar damit, faßte jedoch dazu keine Beschlüsse.[23]

Nun traten die **eigentlichen Reformer** auf den Plan und fanden in dem früheren Finanzminister und Landeshauptmann von Salzburg ***Josef Klaus*** (Rd) die geeignete Person. Im Herbst 1963 wurde er in einer Kampfabstimmung gegen Heinrich Drimmel (NdW) zum Bundesparteiobmann gewählt und 1964 zum Bundeskanzler ernannt.[24] Gegenkandidat zu Withalm als Generalsekretär war der spätere Innenminister Franz Hetzenauer (Vi). Trotz der Abservierung Gorbachs wurde er 1965 zum Präsidentschaftskandidaten gegen den von der SPÖ aufgestellten Wiener Bürgermeister Franz Jonas nominiert, dem er nur ganz knapp unterlag. Das lag im vergleichsweise schlechten Abschneiden Gorbachs in seinem Heimatland Steiermark begründet. Und das wiederum hatte seine Ursache in einer distanzierten Schreibweise der *Kleinen Zeitung*, was auf den Einfluß des Styria-Generaldi-

23 ÖCVA. Protokoll der Verbandsführung vom 4. 3. 1963.

24 Zu Beginn der Sitzung des ÖCV-Beirats vom 2. 4. 1964 informierte der Vorsitzende Eduard Chaloupka (Baj) über den letzten Stand der Regierungsbildung. Danach wären zur tatsächlichen Regierungszusammensetzung noch an diesem Tag abweichender- und interessanterweise vorgesehen gewesen: Carl Bobleter als Handelsminister (er wurde dann Staatssekretär im Außenministerium, Bock blieb Handelsminister), Georg Prader als Staatssekretär im Innenministerium (er wurde dann Verteidigungsminister, Schleinzer dann Landwirtschaftsminister) und Franz Karasek als Staatssekretär im Außenministerium (er ging leer aus). Während der Sitzung wurde dann die endgültige Liste bekannt gegeben Diese Mitteilung ist insofern interessant, weil Chaloupka, der natürlich über jede Details der Regierungsbildung immer informiert war, mit diesem Wissen das Bundeskanzleramt verließ und in die Lerchenfelderstraße (ÖCV-Sekretariat) kam. Rund zwei Stunden später sah das Personal-Tableau der Regierung wieder anders aus. Über die ursprünglich anders vorgesehene ÖVP-Regierungsliste findet sich übrigens kein Hinweis in den herkömmlichen und bekannten Darstellungen zur Geschichte der Zweiten Republik. ÖCVA. Protokoll des ÖCV-Beirates vom 2. 4. 1964.

rektors Karl M. Stepan (Nc) zurückzuführen war. Er revanchierte sich damit für seine schlechte Behandlung durch die ÖVP nach 1945.

Mit Josef Klaus[25] zog die **neue Sachlichkeit** in die Regierungsarbeit und die ÖVP ein. Politische Entscheidungen sollten sich auf wissenschaftliche Informationen stützen, eine Professionalität der Politik sollte praktiziert werde, und durch die *Aktion 20* sollten Zukunftsthemen behandelt werden. Programmatisch wurde das auf einem Bundesparteitag 1965 im „Klagenfurter Manifest" zusammenfassend beschlossen.[26] Dadurch kam es zu einem positiven Aufschwung in der ÖVP, der ihr 1966 die absolute Mehrheit brachte. Klaus war in vielfacher Hinsicht der erste Reformer der Zweiten Republik: Er wagte 1966 eine Alleinregierung[27] – zum Teil auch gegen den Widerstand in den eigenen Reihen und gegen öffentlich geäußerten Befürchtungen vor bürgerkriegsähnlichen Auseinandersetzungen; er war für eine saubere Budgetpolitik, zuerst selber als Finanzminister und dann mit Hilfe seiner Finanzminister Wolfgang Schmitz (Nc) und Stephan Koren (Le EM); er reformierte den maroden Rundfunk (ORF); er forcierte die Verhandlungen mit der EWG, die 1967 durch den Südtirol-Konflikt und die Blockade Italiens sich verzögerten (dieser wurde 1969 mit dem *Südtirol-Paket* einer Lösung zugeführt).

Eine der entscheidenden Neuansätze im Regierungsstil von Klaus war die Auswahl seiner engsten Mitarbeiter und Berater sowie die Schaffung eines „Kabinetts des Bundeskanzlers". Während vorher die Bundeskanzler lediglich ein oder zwei Sekretäre besaßen, die sich auf den „Dienst um die Person des Bundeskanzlers" konzentrierten, wie es die Sprache des Österreichischen Amtskalenders so treffend-schön formuliert, schuf Klaus mit seinem „Kabinett" eine politische Koordinations-/Beraterstruktur, die die Klammer zwischen der Arbeit der Regierung, des Parlaments, der Hochbürokratie und der Partei (ÖVP) bildete. Diese Funktion hatte bisher teilweise der Präsidalsektionschef des Bundeskanzleramtes ausgeübt. Das war von 1946 bis 1967 Eduard Chaloupka (Baj), der von 1955 bis zu seinem Tod noch dazu das Amt eines Vorsitzenden der Verbandsführung des ÖCV bekleidete. Er starb im Sommer 1967 und wäre ohnedies Ende dieses Jahres in Pension gegangen. Danach erreichten die Präsidialsektionschefs, z. B. Roland Jiresch (Rd) und unter Bruno Kreisky Lukas Beroldingen (Nc), bei weitem nicht diese Stellung.

Josef Klaus besaß eine glückliche Hand in der Auswahl dieser seiner engsten Mitarbeiter, die zum Teil erheblich Karriere machten: Es waren dies z. B. der spätere Generalsekretär des Europarates (1979-1984) und Gründer der AKV, Franz Karasek (Nc), der spätere Bundespräsident Thomas Klestil (Baj), die späteren ÖVP-Bundesobleute Josef Taus (Baj) und Alois Mock (Nc), der spätere Bundesminister Heinrich Neisser (Rd), der spätere ÖVP-Generalsekretär Michael Graff (AW) sowie das spätere Bundesratsmitglied und

25 Über Klaus siehe u. a.: Hartmann, Historisch-Biographisches über Josef Klaus; Weinmann-Steinweis, Josef Klaus; Weinmann, Klaus (Eine unkritische nichtwissenschaftliche Biographie, siehe dazu Besprechung in der *Frankfurter Allgemeinen*, 7. 12. 2000, S. 12); Wohnout, Helmut: Josef Klaus. Politik aus christlicher Verantwortung (1910-2011), in: Faszinierende Gestalten der Kirche Österreichs. Hg. von Jan Mikrut (= Faszinierende Gestalten Österreichs Band 6). Wien 2002, SS. 301-322. Siehe auch „Ich ging den anderen Weg." Zeitzeugengespräch mit Josef Klaus, in: Demokratie und Geschichte. Jb. des Karl von Vogelsang-Instituts zur Erforschung der Geschichten der christlichen Demokratie in Österreich. Hg. Helmut Wohnout. Jg. 3, 1999, SS. 13-62.

26 Kriechbaumer, Programme und Programmdiskussionen, S. 119.

27 Der Vorsitzende des ÖCV-Beirates Eduard Chaloupka konnte 1966 wieder aus dem Nähkästchen der Regierungsbildung (Kabinett Klaus II ab 19. 4.) plaudern. Das Protokoll vermerkt: „Im Lauf der Sitzung wird mit großer Freude und Genugtuung festgestellt, daß 11 CVer im Kabinett Klaus II sind." ÖCVA. Protokoll der Verbandsführung und Protokoll des ÖCV-Beirates vom 18. 4. 1966.

Spitzendiplomat Friedrich Hoess (NbW). Dieses System setzten die folgenden Bundeskanzler, insbesondere Bruno Kreisky, aber auch andere Regierungsmitglieder fort, so daß hinsichtlich der Karrierelinien der Betreffenden das geflügelte Wort von der „Republik der Sekretäre“[28] entstand.

Viele der Reformansätze des Puristen Klaus kamen aber zu früh und wurden schließlich vom Wähler nicht honoriert. Durch verschiedene innerparteiliche Konflikte, durch den Korruptionsskandal um Viktor Müllner (ehemals Dan EM)[29] sowie Probleme in der Regierung verspielte die ÖVP bald das Vertrauen in der Bevölkerung, wie die Landtagswahlen ab Oktober 1967 (Oberösterreich) zeigten. Die danach an der Jahreswende 1967/68 geführten Diskussionen um eine „Hofübergabe“ an Withalm waren ebenso kontraproduktiv. Auch war nach Michael Gehler das Krisenmanagement im Zusammenhang mit der Besetzung der Tschechoslowakei im August 1968 nicht optimal und u. a. auch ein Grund für das spätere Scheitern der ÖVP-Alleinregierung.[30] Die Wahl Bruno Kreiskys zum SPÖ-Parteivorsitzenden 1967, die allgemeinen gesellschaftspolitischen Umwälzungen in Mitteleuropa (1968), aber auch die Ablöse des deutschen CDU-Bundeskanzlers Kurt Georg Kiesinger (KV Alemannia Tübingen) durch eine sozialliberale Regierung unter Willy Brandt waren gewissermaßen auch Wegbereiter zum Verlust der Macht an die SPÖ im Jahr 1970. Linke Historiker stellen es aber etwas verkürzt dar, wenn „der sinkende Konsens mit dem konservativen System – alle männliche Mitglieder der Regierung Klaus gehörten ... dem CV an – ... junge Wähler mit Linkstrend“ mobilisiert hat“.[31]

Die ersten 25 Jahre der Zweiten Republik wurden auf Bundes- wie Länderebene zweifellos von der ÖVP und deren Spitzenfunktionären geprägt. Angehörige des ÖCV standen dabei an vorderster Stelle, als es galt, ein freies und politisch wie wirtschaftlich stabiles Österreich aufzubauen.

Zurückblickend kann man klar feststellen, daß die christlich-demokratischen Parteien die ersten Volksparteien der europäischen Parlamentsgeschichte waren, denn es gelang ihnen, die gesellschaftliche Mitte zu sammeln. Betrachtet man ihren Lauf bis heute, so haben sie ihren politischen Zenit nach dem Krieg bis in die fünfziger Jahre erreicht. Sie waren überall die Aufbauparteien der europäischen Trümmergesellschaft und die großen Gegner des expandierenden Kommunismus. Ihre katholischen Partei- und Regierungsführer waren die Architekten der europäischen Integration, man denke nur an den Deutschen Konrad Adenauer (KV Arminia Bonn), den Franzosen Robert Schuman (UV Salia Bonn) und den Italiener Alcide de Gasperi.

---

28 Nach dem schlampig verfaßten Buch Kobenter, Samo: Republik der Sekretäre. Die Seilschaften der Machthaber in Österreich. Wien 1997.

29 Viktor Müllner war seit 1945 Landesobmann des ÖAAB Niederösterreichs, wo er seine Hausmacht aufbaute, von 1959 bis 1965 war er unter Landeshauptmann Eduard Hartmann auch gf. Landesparteiobmann. Seit 1949 war er Finanz-Landesrat, 1960 bis 1963 Landeshauptmannstellvertreter. Dann ging er als Generaldirektor der NEWAG/NIOGAS in die Wirtschaft. Er wurde wegen Veruntreuung angeklagt, verteidigte sich aber zum Schrecken der ÖVP mit dem Argument, er habe alles Geld der Partei gegeben. Müllner wurde verurteilt und schied aus dem CV aus, dem er seit 1948 – also relativ früh, noch bevor er in die Regierung einzog – als EM angehörte. Siehe dazu auch öAc 17 (1965/66), H. 6/7, S. 2f.

30 Gehler, Österreichs Außenpolitik, S. 347.

31 Ebner/Vocelka, Die zahme Revolution, S. 19. Dem Historiker Vocelka wäre es leicht gefallen, in der zugänglichen Literatur herauszubekommen zu haben, daß nicht alle Mitglieder der Regierung Klaus ab 1968 CVer waren, wie etwa z. B. die Minister Karl Schleinzer, Kurt Waldheim, Theodor Piffl-Perčević, Hans Klecatsky und Otto Mitterer.

Obwohl der parteipolitische Katholizismus spätestens 1945 sein Ende fand, ist die personelle Präsenz des CV in der Politik nach 1945 stärker geworden. Sie erreichte in den sechziger Jahren ihren Zenit.[32] Hinzu kam noch die starke personelle Verankerung des CV in der Ministerialbürokratie. „Dadurch, daß der CV sowohl in den Führungsgremien der Partei als auch in den Spitzenstellungen der Bürokratie vertreten war, bildete er eine natürliche Klammer zwischen ÖVP und höherer Beamtenschaft."[33]

Ein nicht geringes Problem bildete verbandsintern der damals gültige § 4 der ÖCV-Satzungen („Politische Bestrebungen liegen dem CV fern"). Außenstehende empfanden diese Bestimmung aufgrund der vielen CVer in der Politik als Heuchelei, und im ÖCV versuchte man immer wieder eine gerechte Auslegung dieser Bestimmung.[34] Es wurde immer wieder zu erklären versucht, daß mit dieser Bestimmung lediglich die organisatorische Unabhängigkeit zu einer Partei gemeint sei und daß man damit die Selbständigkeit des ÖCV signalisieren möchte. Da sie aufs 19. Jahrhundert zurückging, wurde sie bei der neuen Satzung 1968 anders formuliert: „Parteipolitisch ist er [gemeint der ÖCV, Anm. d. Verf.] nicht gebunden."[35]

In Auslegung des Prinzips „Katholizität" hatte auf Initiative Robert Krassers (Nc) die 5. CVV im November 1946 in Wien folgenden Beschluß gefaßt:[36]

> „Kein CVer darf einer politischen Partei angehören oder Handlangerdienste leisten, deren Programm mit den katholischen Grundsätzen in Widerspruch steht. Kein CVer darf einer politischen Partei angehören, deren praktisches Verhalten den Grundsätzen oder den Interessen des CV offenkundig widerstreitet und bei der die Zusammensetzung ihrer Führerschaft keinen Zweifel über die CV-gegnerische Einstellung aufkommen läßt. Im Zweifelsfall entscheidet die Verbandsführung."

Dieser Beschluß ist nach wie vor gültig. Da zur damaligen Zeit außer der SPÖ und KPÖ nur die ÖVP bestand, bedeutete das praktisch eine Bindung an diese Partei bzw. eine Festschreibung der Tatsache, daß der CV mit dem parteipolitischen Katholizismus bzw. dessen Nachfolger verbunden ist. Der Verbandsführung (heute Vorstand der Verbandsführung), einem kleinen Gremium also, oblag es nach diesem Beschluß, die Interpretation vorzunehmen, was „katholische Grundsätze" und die „Interessen des CV" sind. Gerade letzterer Punkt barg besonders die Gefahr zu eigenwilligen Auslegungen und wurde dann 1965 von der CVV wieder gestrichen (siehe S. 578).

Aber dieser Beschluß liest sich auf dem Papier dramatischer, als die Wirklichkeit ist. Aufgrund der jahrzehntelangen Tradition und der engen Verflechtung mit dem Politischen Katholizismus weiß man, wo der CV steht. Durch die Gruppenziele, die sich im Laufe der Zeit herausgebildet haben, besteht von vornherein ein Ausleseprinzip, so daß

---

32 Über die Bedeutung des CV in der ÖVP bzw. der Politik siehe Stirnemann, Interessengegensätze und Gruppenbildung innerhalb der ÖVP, S. 76ff.; Stirnemann, Innerparteiliche Gruppenbildung am Beispiel der ÖVP, S. 415ff.; Vodopivec, Wer regiert in Österreich, S. 220ff.

33 Berner, Franz: Struktur und Träger der Verwaltung, in: Österreich. Die Zweite Republik, 2. Band, S. 145.

34 Dazu siehe insbesondere Krasser, Farbstudenten, S, 37ff., und den Artikel Heinrich Drimmels in öAc 1 (1949/50), H. 3, S. 5ff.

35 Vade mecum 3, S. 7.

36 Vade mecum 1, S. 9f.

von vornherein praktisch nur jene dem CV beitreten, die mit seinen Zielen konform gehen. Aufgrund dieser Vorgaben wurde der CV bereits sehr früh zu einem Instrument der Elitebildung im Rahmen des Politischen Katholizismus, was er bis in die sechziger Jahre nahezu unangefochten für diesen Bereich war.[37] „Der CV ist wohl die Organisation, die sich in Österreich am intensivsten mit dem Problem einer modernen Elitebildung beschäftigt. Auch wenn die Ansichten über den Erfolg dieser Bemühungen sehr weit auseinandergehen, soll doch der Versuch, dieses Problem auf einer breiten Basis zu lösen, Anerkennung finden", so urteilte Alexander Vodopivec bereits 1961.[38]

Anhänger der „Verschwörungstheorie" versuchen immer wieder, dem CV eine personalpolitische Strategie nachzuweisen. Jedoch daß ein hoher Anteil der ÖVP-Politiker Angehörige des CV waren bzw. sind, hat nicht seine Ursache in einer alles lenkenden Zentrale im ÖCV. Da und dort findet man wohl Ansätze dazu, etwa die Genugtuung über die Ernennung Heinrich Drimmels zum Unterrichtsminister 1954. So heißt es z. B. im Protokoll einer ÖCV-Beiratssitzung: „ ... daß sich bereits vor einem Jahr die Verbandsführung mit der Besetzung des neuen Unterrichtsministers beschäftigte und ein diesbezügliches Schreiben an den Bundeskanzler richtete. Nun ist es ... ein besonderer Anlaß, daß unsere damals angemeldeten Ansprüche auch durchgeführt wurden..."[39] Zwei Jahre später wird in einer anderen Sitzung des Beirates bedauernd festgestellt, „daß es nicht gelungen ist, Dr. Karasek in Wien [gemeint als Kandidat auf der Liste eines Wiener Wahlkreises, Anm. d. Verf.] unterzubringen".[40]

Ist der CV bei der Nationalratswahl 1949 mit einem eigenen Schreiben der Altherrenschaft an ihre Mitglieder herangetreten[41], was 1953 wiederholt wurde[42], so traten diese Aktivitäten bei den Bundespräsidentenwahlen 1957 und den Nationalratswahlen 1959 zugunsten von Stellungnahmen der „Arbeitsgemeinschaft Katholischer Verbände" (AKV), die unter dem Motto „Katholiken wählen Katholiken" standen, zurück.[43]

CVer in der Politik

Die enge Verflechtung zwischen CV und ÖVP im Zeitraum von 1945 bis 1970 ist beachtlich. Sämtliche ÖVP-Bundesparteiobmänner und damit Bundeskanzler waren CVer: Leopold Figl (Nc), Julius Raab (Nc), Alfons Gorbach (Cl) und Josef Klaus (Rd). Auch bei den ÖVP-Generalsekretären – Felix Hurdes (NbW EM), Alfred Maleta (Cl) und Hermann Withalm (Nc) –, den Klubobmännern im Nationalrat – Julius Raab, Alfred Maleta, Felix Hurdes und Hermann Withalm – sowie den Nationalratspräsidenten – Leopold Kunschak (Nc EM), Felix Hurdes, Leopold Figl und Alfred Maleta – gab es keinen Nicht-CVer in der Reihenfolge bis 1970. Ähnlich sah es bei den Obleuten der ÖVP-Bünde aus.

37 Stimmer, Eliten in Österreich, SS. 1021ff.; siehe dazu auch Hartmann, Die Vorfeldorganisationen der ÖVP.

38 Vodopivec, Wer regiert in Österreich, S. 226.

39 ÖCVA. Protokoll des ÖCV-Beirates. Sitzung vom 26. 10. 1954.

40 ÖCVA. Protokoll des ÖCV-Beirates. Sitzung vom 10. 4. 1956.

41 ÖCVA. Altherrenschaft. Schriftverkehr, Protokolle, Sonstiges 1945-56. Aufruf der Altherrenschaft des ÖCV zur Nationalratswahl vom 1. 10. 1949. Dieser Aufruf geschah in der Hauptsache wegen der Demokratischen Union.

42 Wegen des Auftretens einer Splitterpartei namens Christlichsoziale Partei. Siehe ÖCVA. Protokolle des ÖCV-Beirates. Sitzung vom 19.1. 1953.

43 ÖCVA. Ebda., Beilage zur Sitzung vom 2. 4. 1957 (Wahlaufruf der AKV). Vgl. auch Flugzettel der AKV „Versöhnung zwischen Sozialismus und Kirche" zur Nationalratswahl 1959 (im Besitz des Verfassers).

Im Zeitraum von 1945 bis 1970 (Regierungen Figl I bis Klaus II) stellte die ÖVP 40 Mitglieder der Bundesregierung.[44] Von diesen 40 waren 21 CVer, das sind 52,5 Prozent. Die Liste der Regierungsmitglieder aus dem CV siehe Anhang 2.

Im Nationalrat bis 1970 saßen 43 CVer. Von diesen bekleideten 25 (58,1 Prozent) zusätzlich noch eine weitere höhere politische Position als die eines einfachen Abgeordneten (z. B. Mitglieder der Bundes- oder einer Landesregierung). Von der Verbindungsstatistik führt die Norica mit elf Vertretern, dann folgen weit abgeschlagen die Carolina und die Rudolfina mit je vier Vertretern. Man erkennt deutlich den stetig steigenden Anteil der CVer, der Mitte der sechziger Jahre seinen Höhepunkt erreichte. Die Liste der Namen findet sich im Anhang 3.

Anteil der CVer an der Fraktion der ÖVP im Nationalrat von 1945 bis 1970

Die erste Zahl unter den Rubriken „davon CVer“ und „Prozentanteil“ bezieht sich auf die Situation zu Beginn der Legislaturperiode, die zweite auf das Ende.

Legislaturperiode	ÖVP-Mandate	davon CVer	Prozentanteil
1945-49	85	17/16	20,0/18,8
1949-53	77	18/18	23,4
1953-56	74	19/18	25,7/24,3
1956-59	82	20/18	24,4/22,0
1959-62	79	20/19	25,3/24,1
1962-66	81	23/20	28,4/24,7
1966-70	85	20/19	23,5/22,4

Auch im Bundesrat saß eine Reihe von CVer, nämlich 22, davon bekleideten allein 17 früher oder später politisch hochrangigere Positionen. Die Liste der Mitglieder des Bundesrates findet sich im Anhang 3.

Anteil der CVer an den Mitgliedern des Bundesrates 1945 bis 1970

	ÖVP-Mandate	CVer	Prozent-Anteil
1945	27	8	29,6
1949	25	9	36,0
1953	25	7	28,0
1956	25	7	28,0
1959	26	8	30,8
1962	29	7	24,1
1966	28	7	25,0

Neben den erwähnten Präsidenten des Nationalrats sowie den Klubobmännern gab es noch eine Reihe von CVern in „parlamentarischen Funktionen“ (Dritte Präsidenten des

44 Im Sinne Art. 69 Abs. 1 B-VG: Bundeskanzler, Vizekanzler und Bundesminister.

Nationalrats, Vorsitzende des Bundesrates, Ständige stellvertretende Vorsitzende des Bundesrates, Präsident des Rechnungshofes). Auch eine große Zahl von Landeshauptleuten sowie Landespolitikern gehörten dem ÖCV an. Die Namen siehe Anhang 2.

Schließlich müssen als *Staatsoberhäupter* noch Franz Josef II. (NdW), regierender Fürst von und zu Liechtenstein, und sein ihm sukzessierender Sohn Fürst Hans Adam (NdW EM) erwähnt werden. In der *Bundesrepublik Deutschland* war der CV nicht so dominant in der Politik vertreten wie in Österreich. Hier hatte nicht zuletzt durch Konrad Adenauer der KV eine gewisse Vorhand. Trotzdem gab es auch damals eine Reihe von CVer in der Politik, es sei an der Spitze nur der Bundespräsident der Jahre 1959-1969, Heinrich Lübke (Asc) genannt.

Eine besondere Bedeutung für die ÖVP haben seit jeher ihre sog. „Vorfeldorganisationen".[45] Damit sind nicht die Bünde der ÖVP gemeint, aber auch nicht Organisationen wie der ÖCV oder etwa andere Katholische Verbände, zu denen aber ein besonderes Verhältnis aus der Geschichte des Politischen Katholizismus besteht bzw. bestanden hat. Sondern es sind vor allem Vereinigungen, die aus der „Parallelität" zu Organisationen der SPÖ entstanden sind bzw. aus politischer Notwendigkeit errichtet werden mußten. Da aber vielfach in der „rechten Reichshälfte" – wie erwähnt – katholische Organisationen der eigentliche Widerpart zu den betreffenden SPÖ-Vereinigungen darstellten, erhielten diese „Partei-Gründungen" oft nicht die erwünschte Bedeutung.

Für den ÖCV von Belang ist aus diesen Vorfeldorganisationen vor allem der 1953 gegründete *Österreichische Akademikerbund* (ÖAB). Er sollte ein gewisses Auffangbecken für alle nichtlinken Akademiker sein, die weder beim CV, noch katholischer organisiert waren. Signalwirkung hatte zweifelsohne, daß der damalige Finanzminister Reinhard Kamitz, Garant des österreichischen Wirtschaftswunders, jedoch ehemaliges NSDAP-Mitglied, zum ersten Präsidenten gewählt wurde. Er sollte vor allem für (National)Liberale attraktiv sein. Aber einer der drei Vizepräsidenten wurde der bekannte Internist und Alt-VOP Karl Fellinger (Nc), womit ein gewisser Einfluß der CV garantiert schien. Kamitz wurde 1969 dann von Stephan Koren (Le EM) abgelöst.[46]

Trotzdem beobachtete der ÖCV vor allem in der Anfangsphase, also in den fünfziger Jahren, den ÖAB und die personelle Entwicklung dort, genau. Im April 1957 befaßte sich der ÖCV-Beirat kritisch mit Erscheinungen „CV-feindlichen Charakters" im ÖAB, jedoch wurde auch festgestellt, daß durch den Vizepräsidenten Wollinger „die Lage im ÖAB auch für den CV gesichert" sei.[47] Bemerkenswert ist, daß sich 1958 Withalm zum Vizepräsidenten wählen ließ, während er gleichzeitig Vorsitzender der Altherrenschaft des ÖCV war. Von dieser Funktion trat er 1960 aus Unvereinbarkeitsgründen zurück, als er Generalsekretär der ÖVP wurde. Vizepräsident des ÖAB blieb er jedoch weiter.

In den folgenden Jahrzehnten verlor der ÖAB gegenüber früher zunehmend an Bedeutung und wurde nie das, was man mit ihm eigentlich vorhatte. Seit 2005 ist der ehemalige Präsident des Rechnungshofes, Franz Fiedler (F-B EM), Präsident des ÖAB.

---

45 Dazu siehe Hartmann, Die Vorfeldorganisationen der ÖVP.

46 Oberleitner, Politisches Handbuch, S. 49. Auf der Vizepräsidentenebene gab es immer wieder CVer. Neben dem bereits erwähnten Fellinger (1953-1956), waren das Hans Wollinger (Nc) (1954-1958), Hermann Withalm (Nc) (1958-1971), Ludwig Steiner (AIn) (1971-1977), Günther Winkler (Nc EM) (1971-1977), Marian Heitger (Wf, Nc) (ab 1977). Generalsekretäre waren Engelbert Schragl (Nc) (1971-1974), Fridolin Koch (M-D) (1974-1976), Werner Melis (Rd) (ab 1976).

47 ÖCVA. Protokoll ÖCV-Beirat, 2. 4. 1957, S. 1.

Das Jahr 1945 war für das „Dritte Lager“ Österreichs eine Zäsur. Eine Wiedererrichtung als Partei war damals noch nicht möglich, zu viele waren durch die NS-Zeit korrumpiert. Doch in zunehmendem Maße wurden minderbelastete NSDAP-Angehörige, zahlenmäßig sehr stark, wieder in das normale Leben eingeführt und erhielten ihre bürgerlichen Rechte wieder zurück. Die ÖVP, nunmehr eine kirchlich ungebundene Volkspartei, erkannte recht bald die Notwendigkeit, sich um dieses beträchtliche Wählerpotential anzunehmen. Es ist bezeichnend, daß gerade jene Persönlichkeiten, die sehr stark unter der NS-Verfolgung gelitten haben, hier den Weg einer gewissen Versöhnung beschritten haben, wie etwa Alfons Gorbach (Cl), Alfred Maleta (Cl) oder Karl M. Stepan (Nc).

Maleta hatte am 9. Dezember 1948 in einer Nationalratsrede die Zusammenfassung der alten Liberalen, Nationalen und Klerikalen zu einer geistigen Plattform vorgeschlagen, „die sich in selbstgewählter Bindung der Gemeinschaft verpflichtet fühlt, einer Gemeinschaft, die aus der abendländischen Kultur erwachsen ist“. In der Folge kam es in der *Furche* zu einer Auseinandersetzung zwischen Maleta und Friedrich Funder (Cl), wie und ob sich die ÖVP der ehemaligen Nationalen annehmen soll.[48] Maleta wurde nun in den folgenden Monaten zu einer Schlüsselfigur dieser Bestrebungen, nachdem er auch die Zustimmung von Julius Raab (Nc), damals bereits starker Mann der ÖVP, und des steirischen ÖVP-Obmannes Alfons Gorbach (Cl) erhalten hatte.

Die Zeit drängte insofern, als sich am 5. Februar 1949 unter der Leitung des an sich liberal eingestellten Salzburger Journalisten Herbert Kraus der „Verband der Unabhängigen“ (VdU) konstituiert hatte, nachdem sich innerhalb der ÖVP die Idee eines „vierten Bundes“ – nicht zuletzt auch unter Befürwortung von Gustav A. Canaval (Nc), Verleger der *Salzburger Nachrichten* – nicht realisieren ließ.[49] Maleta arrangierte nun in Oberweis, in der Villa seiner Schwiegereltern bei Gmunden, ein Treffen zwischen hochrangigen ÖVP-Funktionären und ehemaligen Nationalsozialisten, denen die Gründung des VdU vorerst suspekt war. Von ÖVP-Seite nahmen daran u. a. teil: Julius Raab, Alfred Maleta, der steirische NRAbg. Karl Brunner als Vertrauensmann Gorbachs, der oö. ÖVP-Landesparteiobmann Albert Schöpf (AIn) sowie der frühere Diplomat Theodor Hornbostel. Seitens der „Ehemaligen“ waren u. a. dabei: Wilhelm Höttl (ehemaliger SD-Mann), der Adjutant Kaltenbrunners Theo Wührer, Manfred Jasser, Walter Pollak, der spätere Chefredakteur der Oberösterreichischen Nachrichten, sowie Taras Borodajkewycz (ehemals Nc). Das Treffen fand am 28. Mai 1949, dem Himmelfahrtstag, statt. Da aber die angeblichen Forderungen der „Ehemaligen“ überzogen waren (25 Nationalratsmandate), blieb die Begegnung ergebnislos. Anfang Juni entstand eine Pressepolemik um dieses Treffen, und der an sich ÖVP-nahe Chef der Staatspolizei, Oswald Peterlunger (ÖKV Tirolia Innsbruck), begann gegen Unbekannt wegen Landesverrat zu ermitteln, ohne zu wissen, daß bei diesem Treffen hochrangige ÖVP-Funktionäre teilnahmen.[50] Außenminister Karl

48 Höbelt, Von der Vierten Partei zur Dritten Kraft, S. 42f.; Pfarrhofer, Friedrich Funder, S. 241f.; Reichhold, Geschichte, S. 190ff.

49 Höbelt, Von der Vierten Partei zur Dritten Kraft, S. 50f. Siehe dort auch allgemein zur Gründung des VdU.

50 Über das Oberweiser Treffen siehe Höbelt, Von der Vierten Partei zur Dritten Kraft, SS. 85ff. Höbelt bewertet dieses Treffen als nicht so wichtig und beschreibt es mit einem gewissen ironischen Unterton. Bei der Nennung der Namen Borodajkewycz, Jasser und Pollak schreibt er, daß zwei von ihnen CVer waren (S. 86). Abgesehen von diesem bei Borodajkewycz bekannten Umstand, findet sich für Pollak und Jasser kein derartiger Beleg im GV 1929 und 1935.

Gruber (AW) lehnte hingegen eine „Vierte Partei" wegen des noch instabilen politischen Systems ab.[51]

Im Herbst 1949 wurde der VdU als wahlwerbende Gruppe neben anderen zugelassen, so daß beide große Parteien fast gleich viel Stimmen und Mandate an den VdU verloren. In Vorarlberg wurde Rudolf Kopf (ehem. Trn), ein „milde-gütiger Illegaler"[52] Spitzenkandidat und erreichte dort sogar 22 Prozent der Stimmen (über Kopf siehe bereits S. 514). In der Folge gelang es der ÖVP recht unterschiedlich, in einzelnen Ländern die „Ehemaligen" zu integrieren. Von den „nationalen Hochburgen" war die Steiermark das einzige Land, in dem die ÖVP dauerhaft diese Gruppe zumindest als Wähler an sich binden konnte.

Seitens des ÖCV gab es an diesen Bemühungen scharfe Kritik. So bemerkte der Vorsitzende der Altherrenschaft, Robert Krasser (Nc), in einem Referat vor dem Wiener AHLB am 17. November 1949 allzu deutlich: „Die auch von der ÖVP in einzelnen Bundesländern (besonders Steiermark und Oberösterreich) betriebene Nazipolitik hat restlos Schiffbruch erlitten, wobei aber gerechterweise gesagt werden muß, daß diesen Fehler nicht nur die politische Partei beging, sondern daß sich seit 1945 Geistliche, ja sogar höchste kirchliche Kreise in den Bundesländern unausgesetzt bemühten, über das rein Menschliche weit hinausgehend die Bemühungen um die Nazi als ihre vordringliche Aufgabe anzusehen ... Wir sind der Meinung, daß mit der verunglückten Nazipolitik energisch Schluß gemacht werden muß ... Ich leugne nicht, daß gerade wir CVer in dieser Frage besonders empfindlich sind. Wir haben unter dem Nationalsozialismus verhältnismäßig am schwersten gelitten."[53]

Mit der Gründung des VdU und dem steigenden Selbstbewußtsein der „Ehemaligen" nahm die Polemik zwischen den beiden Lagern zu. „Lieber rot als schwarz" war wieder die Losung. Seitens des VdU wurden Angriffe auf den CV unternommen, wobei folgender Umstand eine nicht unwesentliche Rolle spielte. Nach 1945 wurden wie erwähnt durch „Volksgerichte" Naziverbrecher abgeurteilt. Schon aus rein statistischen Gründen war eine große Zahl von Richtern CVer. Nazis konnten ja nicht genommen werden, und aus dem sozialistischen Bereich gab es damals nur wenige. So wurde der Umstand, daß CVer Nazigrößen und Naziverbrecher zum Teil sogar zum Tode verurteilten, in den Kreisen der „Ehemaligen" – merkwürdigerweise unterstützt von der SPÖ im Rahmen des Bundespräsidentschaftswahlkampf 1951 – wohl „vermerkt", was die alten Gräben wieder aufriß.[54]

Die ÖVP konnte daher nur mit der Angst vor der „roten Katze" sowie vor dem drohenden Kommunismus bürgerlich gesinnte „Ehemalige" an sich binden, ansonsten war im Zweifelsfall die Präferenz des „dritten Lagers", vor allem die der Funktionäre, eher für die SPÖ. Bei den Bundespräsidentenwahlen 1951 lag Heinrich Gleißner (S-B) im ersten Wahlgang vor dem SPÖ-Kandidaten Generalmajor a. D. Theodor Körner, Edler von Siegringen. Beim zweiten Wahlgang konnte dieser nicht nur die Stimmen der KPÖ, sondern auch die Mehrheit der für den VdU-Kandidaten Burghard Breitner (C! Vandalia Graz) ge-

51 Gehler, Österreichs Außenpolitik der Zweiten Republik, S. 66f.

52 Höbelt, Von der Vierten Partei zur Dritten Kraft, S. 80.

53 „Der CV im geistigen Ringen der Zeit". Referat des Vorsitzenden der AHS Robert Krasser in der Hauptversammlung des Wiener AHB (17. 11. 1949). Als Manuskript gedruckt, S. 2 und 3. Im Besitze des Verfassers.

54 ÖCVA. Akt Heinrich Drimmel. Rundschreiben Drimmels vom April 1949 zur Artikelserie „Ist der CV eine politische Macht?". Schreiben des Vorsitzenden des OÖCVG, Franz Berger (Rd), an Drimmel vom 19. 6. 1951.

winnen. Bei den nächsten Präsidentschaftswahlen 1957 gewann der Kandidat der SPÖ Adolf Schärf mit rund 100.000 Stimmen vor dem gemeinsamen parteilosen Kandidaten der ÖVP und FPÖ Wolfgang Denk, obwohl ein Jahr zuvor ÖVP und FPÖ zusammen rund 200.000 Stimmen vor der SPÖ und KPÖ lagen. Auch die Habsburgkrise im Frühjahr 1963, bei der der damalige Innenminister Franz Olah gezielte und auch erfolgreiche Kontakte zur FPÖ pflegte, lag auf dieser Linie, die sich in den siebziger und achtziger Jahren in der Politik Friedrich Peters (Duldung der SPÖ-Minderheitsregierung 1970/71) sowie Norbert Stegers (1983-1987 Vizekanzler) fortsetzte. Lediglich in Ländern (so in der Steiermark und in Oberösterreich) gab es einige Kooporationen zwischen ÖVP und FPÖ.

Anfang der sechziger Jahre gab es einen CV/FPÖ-Personalfall.[55] ***Wilhelm Reichart*** (Nc) wurde 1959 für die FPÖ in den Vorarlberger Landtag gewählt. Er war bereits seit 1949 für die ÖVP Landtagsabgeordneter, trat aber 1959 aus verschiedenen Gründen aus der ÖVP aus. Die FPÖ ist in der Folge an ihn mit der Frage herangetreten, ob er nicht für sie kandidieren wolle. Nach einigem hin und her wurde Reichart im April 1961 vom OÖCVG ausgeschlossen, wobei ein Politiker aus dem ÖCV die Verbandsführung zu diesem Vorgehen gedrängt haben soll.[56] In der Folge wurde die Vollziehung des Urteils durch die Verbandsführung verzögert bzw. verschlampt. Erst im Februar 1964, also fast drei Jahre nach dem Urteil, wurde es von der Verbandsführung zugestellt! Viereinhalb Jahre dauerte der gesamte Vorgang, und war kein Ruhmesblatt für den ÖCV. Nicht was die materielle Seite des Urteils betrifft, sondern die formalen Vorgangsweisen aller Beteiligten.[57]

Das blieb natürlich im ÖCV nicht verborgen und hat höchstes Unbehagen hervorgerufen, nicht nur was den Ablauf des Verfahrens betraf, sondern auch die Stellung der Verbandsführung als einzige „Deutungsinstanz", welcher Partei man angehören dürfe oder nicht. Der Vorort des Jahres 1964/1965, Austria Innsbruck unter VOP Ivo Greiter, sah darin einen Widerspruch zu der 1962 beschlossenen Ehrengerichtsordnung des ÖCV. Auf der VII. CVV 1965 wurde daher die Streichung des Satzes aus dem Beschluß von 1946 (siehe S. 572) „In Zweifelsfällen entscheidet die Verbandsführung" beschlossen.[58]

Spannungsfeld Links

Das Thema „Verhältnis zur Sozialdemokratie" war bis 1934 eher von untergeordneter Bedeutung. Durch die Verflechtung von Kirche und parteipolitischem Katholizismus war die Frontstellung eindeutig, hinzu kam noch, daß die Sozialdemokratie vor 1934 betont antikirchliche Züge trug. Im CV war damit die Sachlage klar, es wäre unmöglich gewesen, daß ein CVer Sozialdemokrat geworden wäre oder umgekehrt. Im Krieg änderte sich aber die Lage. Die Gegner von einst fanden sich auf der Lagerstraße von Dachau wieder und

---

55 Der Fall Reichart wird genauer behandelt in Hartmann, Die Ära Chaloupka im österreichischen CV, SS. 125-127. Sie dazu ÖCVA. Protokolle der Verbandsführung vom 20. 10. 1959; vom 26. 2. und 8. 3.1960; 18. 9. 1961; 7. und 24. 2. 1964. Weitere Unterlagen zu Reichart auch in VANc.

56 Lt. einer Mitteilung von Georg Schmitz (Nc) vom 1. 4. 2005, der sich auf eine Aussage des damaligen VOP Engelbert Schragl (Nc) beruft.

57 Aus dem VANc geht hervor, daß Reichart, vertreten durch Georg Krasser (Nc), im Juni 1964 die Wiederaufnahme des Verfahrens vor der OÖCVG beantragt hat, allerdings ergebnislos.

58 Schreiben von Ivo Greiter an den Verfasser vom 8. 4. 2002, wo er den Fall Reichart als Ursache für diesen Beschluß anführt. Siehe Vade mecum des ÖCV. 3. Ausgabe a. a. O., S. 90 und öAc 16 (1964/65), H. 11/12 (August/September), S. 8.

kamen sich so zumindest persönlich näher. Damit wurde für die Große Koalition nach 1945 ein wichtiges Vertrauensfundament gelegt.

1945 wurde durch die Gründung der ÖVP und die Haltung der Kirche der parteipolitische Katholizismus in seiner bisherigen Form obsolet. Die Seelsorge versuchte, auch mit der sozialistischen Arbeiterschaft ins Gespräch zu kommen. Aber durch die Lockerung des Bündnisses Kirche – Partei – Katholische Verbände stand der ÖCV, in dem die SPÖ den letzten Vertreter eines militanten Politischen Katholizismus sah, nun ohne jeden „Flankenschutz" da.

Schon bald nach dem Krieg eröffnete die Sozialdemokratie den Konflikt mit dem CV. Der unmittelbare Anlaß lag im **Bund Sozialistischer Akademiker** (BSA) und der Notwendigkeit der SPÖ, im Rahmen des Proporzsystems der Großen Koalition geeignete Persönlichkeiten für die Postenvergabe zur Verfügung zu stellen. Der BSA wurde als Dachorganisation bereits bestehender selbständiger sozialistischer Akademikergruppen am 9. Mai 1946 gegründet. Im Bericht an den SPÖ-Parteitag 1946 definierte er ohne Umschweife seine Zielsetzungen: „.... 2. Der Partei jene Fachleute zur Verfügung zu stellen, die sie zur Erfüllung ihrer Aufgaben in Staat, Wirtschaft und Gesellschaft benötigt...."[59] Hier hatte aber die „linke Reichshälfte" – sie hatte im Rahmen dieses Proporzes ja Anspruch auf die „Hälfte" der politisch zu vergebenden Posten – eindeutig ein strukturelles Defizit bzw. befand sich im Nachteil. Zum ersten waren Akademiker naturgemäß weitaus stärker in bürgerlichen Parteien vertreten. Zum zweiten waren diese in der Sozialdemokratie sehr oft jüdischer Herkunft, die dann entweder emigrierten oder durch die Nazis umkamen. Im Verhältnis zu den „Schwarzen", die – wenn sie Funktionäre des „Ständestaates" waren – als Opfer des Nationalsozialismus galten und daher unbelastet waren, hatte die „Roten" 1945 nur wenige Fachkräfte in ihren Reihen.

Dank des CV und der anderen katholischen Korporationsverbände (KV, KÖL, MKV) sowie in der Folge der Katholischen Aktion (Katholische Hochschulgemeinden etc.) sowie des Österreichischen Akademikerbundes und anderer ähnlicher „Vorfeldgruppen" verfügte die ÖVP damals über eine beinahe intakte Eliterekrutierung. „Aufgrund dieser Umstände hatte die SPÖ hinsichtlich ihres intellektuellen Potentials gegenüber der ÖVP eindeutig das Nachsehen."[60]

So wetterte auf einem SPÖ-Parteitag der Chefredakteur der *Arbeiter-Zeitung*, Oskar Pollak, mit einem Seitenhieb gegen den CV durchaus treffend: „Wo eine Stelle zu besetzen ist, kann die ÖVP ein halbes Dutzend Leute präsentieren, während wir mit Mühe imstande sind, einen einzigen Bewerber vorzuschlagen, und der hat oft nicht die vorgeschriebene Qualifikation."[61] In der *Zukunft* beklagte er, daß der CV „heute fast ein Monopol auf alle akademischen Berufe und alle höheren Verwaltungsstellen" innehat.[62] Adolf Schärf verstieg sich damals sogar zu der Äußerung, „daß der öffentliche Dienst und mancher Zweig der freien Berufe in höherem Maße von Menschen katholischer Orientierung besetzt wurde, als es je in Zeiten der Gegenreformation der Fall war".[63] Schärf sprach sogar von einem „Machtantritt des CV".[64]

59 Nach Neugebauer/Schwarz, Der Wille zum aufrechten Gang, S. 29.
60 Ebda., S. 33. Zu den „politisch unbelasteten Beamten" siehe auch Stourzh, 1945 und 1955, S. 40f.
61 Zitiert nach Binder, Der Weg der Studentenschaft in den Nationalsozialismus, S. 85.
62 *Zukunft*, 1/1946.
63 Zitiert nach Neugebauer/Schwarz, Der Wille zum aufrechten Gang, S. 35.

Aus diesem Grund haben die SPÖ bzw. der BSA aus strategischen Überlegungen schon bald nach 1945 erwogen, dieses Potential aus dem Lager der ehemaligen Nationalsozialisten zu holen, um das Feld nicht vollends der ÖVP bzw. dem CV zu überlassen. Das wurde zeitweise so offenkundig, daß es Anspielungen auf die Buchstabenfolge SA bei der Abkürzung BSA gab. So waren 1948 in der Steiermark beispielsweise 70 Prozent der BSA-Mitglieder „Ehemalige", in Oberösterreich und Tirol waren es rund 60 Prozent. Dadurch mußte sich der BSA nicht nur nicht mit der Frage des Umgang mit „belasteten" und „minderbelasteten" Nationalsozialisten auseinandersetzen, sondern 1950 auch damit, wie man mit Burschenschaftern umgeht, die Mitglieder des BSA werden wollen. Im März 1950 wurde dazu beschlossen, daß sie Mitglied werden können, wenn „diese sich ehrlich zu uns bekennen".[65] Demgegenüber verlangte der BSA damals in der Beitrittserklärung die Versicherung, nicht dem CV anzugehören.[66] Diese Strategie ging auf, wie die Mitgliederstatistik des BSA beweist: Von 1948 auf 1954 vervierfachte sich der Mitgliederstand von 2.312 auf 8.741.[67]

Aber 56 Jahre nach dem Krieg hatte das für den BSA bzw. die SPÖ Folgen. Der Psychiater Heinrich Gross, ein ehemals überzeugter Nationalsozialist, der 1953 der SPÖ bzw. dem BSA beigetreten ist, war in die Kinder-Euthanasie verwickelt. Trotz eindeutiger Beweise wurde er deswegen nie verurteilt, zuletzt wegen Verhandlungsunfähigkeit.[68] Bereits im April 2000 kündigte der SPÖ-Vorsitzende Alfred Gusenbauer an, die „braunen Flecken" der SPÖ untersuchen zu lassen. Anfang 2005 wurde dann das Ergebnis dieser Studie in Buchform veröffentlicht. Sie verdient Respekt, wenn dort resümierend festgestellt wird: „Aus heutiger Sicht erscheint es nur schwer verständlich, warum sich die SPÖ (und mit ihr der BSA), eine nach ihrem Programm, ihrer Geschichte, ihrem Selbstverständnis und ihrer geistigen Traditionen der Demokratie zutiefst verbundene, antifaschistische Partei, die während der NS-Herrschaft in Österreich in ihren Reihen durch Verfolgung und Ermordung schwerste Opfer hinnehmen mußte, ausgerechnet dem Lager der ehemaligen Nationalsozialisten öffnete bzw. anbiederte."[69] In der Tat, die Glaubwürdigkeit der SPÖ als „Gralshüterin des Antifaschismus" – diese Rolle hat sie ja weidlich in der

---

64 Schärf, Adolf: Österreichs Erneuerung 1945-1955. Das erste Jahrzehnt der Zweiten Republik. Wien 1960, S. 156f.

65 Protokoll der BSA-Bundesausschußsitzung vom 5. 3. 1950, Archiv BSA Wien. Zitiert nach Neugebauer/Schwarz, Der Wille zum aufrechten Gang, S. 81. Dagegen wirkt etwas grotesk der Antrag auf dem SPD-Parteitag im November 2005, daß Angehörige der Deutschen Burschenschaft nicht SPD-Mitglied werden können. Offenbar war den Delegierten nicht bewußt, daß es einige SPD-Politiker aus den Reihen der DB gibt, wie etwa den langjährigen Minister und SPD-Fraktionsvorsitzenden in Nordrhein-Westfalen, Friedhelm Farthmann. Siehe *Frankfurter Allgemeine*, 21. 12. 2005 und *Die Welt*, 13. 1. 2006. Ursprünglich sah dieser Antrag sogar, diese Unvereinbarkeit auch für den CV vor.

66 ÖCVA. Akt Heinrich Drimmel. Abschrift eines Rundschreibens des BSA und eines Beitrittformulars von 1950. Beilage zum Protokoll des ÖCV-Beirates vom 12. 9. 1950

67 Neugebauer/Schwarz, Der Wille zum aufrechten Gang, S. 64. Damit hatte der BSA mehr Mitglieder, als der CV. Allerdings muß man folgendes bedenken: Erstens wurden Frauen und Lehrer in den BSA aufgenommen, zweitens muß man auch die übrigen katholischen Korporationsverbände (KV, KÖL, MKV) sowie die anderen katholischen Akademikerorganisationen (der Katholischen Aktion, der Marianischen Kongregationen etc.) berücksichtigen. Drittens kam noch der Österreichische Akademikerbund der ÖVP hinzu.

68 Der Prozeß wurde im März 2000 vertagt, und wegen fortschreitender Gehirndemenz von Gross wurde das Verfahren eingestellt, *Die Presse*, 24. 3. 2005. Über Gross siehe Scharsach, Hans Henning: Die Ärzte der Nazis. Wien 2000, SS. 99ff. und Neugebauer/Schwarz, Der Wille zum aufrechten Gang, S. 267f.

69 Neugebauer/Schwarz, Der Wille zum aufrechten Gang, S. 38.

sog. Waldheim-Affäre 1986 und bei der Bildung der ÖVP/FPÖ-Regierung 2000 gespielt – hat dadurch schwer gelitten.

Diese Studie nennt neben Gross noch weitere prominente Beispiele solcher BSA/NSDAP-Mitglieder: den Grazer Neurochirurgen Fritz Heppner[70], den Wiener Neurologen Walter Birkmayer („Fernseharzt"), den früheren Tiroler Landeshauptmannstellvertreter Karl Kunst, den ehemaligen SP-Vizebürgermeister von Innsbruck, Ferdinand Obenfeldner, der sogar Mitarbeiter der Gestapo war, den langjährigen Landeshauptmann des Burgenlandes, Theodor Kery, die ehemaligen Landeshauptmannstellvertreter von Oberösterreich, Stefan Demuth, und der Steiermark, Alfred Schachner-Blazizek[71], den „Linkskatholiken", Pazifisten und Obmann der sozialistischen Katholiken, Albert Massiczek[72], sowie den von der SPÖ nominierten VOEST-Generaldirektor (1961-1977) Herbert Koller[73].

Eine besondere Facette stellten Mitglieder der Regierung Kreisky dar, die „Ehemalige" waren. Im ersten Kabinett Kreisky 1970 mußte nach einem Monat der Landwirtschaftsminister Johann Öllinger zurücktreten, weil bekannt wurde, daß er Mitglied der SS war.[74] Sein Nachfolger wurde Oskar Weihs (S! Ghibellinen [Barden] Wien), Mitglied des steirischen Heimatschutzes unter Pfrimer, seit 1932 Mitglied der NSDAP.[75] Auch andere Regierungsmitglieder unter Kreisky waren Angehörige von NS-Organisationen, so daß man damals scherzeshalber meinte, in der Regierung Kreisky wären mehr Nazis als im Anschlußkabinett Seyß-Inquart gesessen. Aber auch prominente Sozialisten außerhalb des BSA zählten dazu, wie der ehemalige Innenminister und nö. Landeshauptmannstellvertreter Hans Czettel und der Verteidigungsminister Otto Rösch.[76]

Die SPÖ integrierte also aus den genannten Gründen bewußt via BSA ehemalige Nationalsozialisten bei sich, um sie für Funktionen einzusetzen. Das war eindeutig „mehr" als nur das Buhlen um die Stimmen der „Ehemaligen". Das versuchte natürlich auch die ÖVP, aber im Gegensatz zur SPÖ kam es zu keiner „Funktionärs-Integration" größeren Stils, wie ja letztlich das Scheitern der Oberweiser Gespräche (siehe S. 576) dokumentiert.

Als die Untersuchung „Der Wille zum aufrechten Gang" präsentiert wurde, kam es in den Medien gelegentlich zur Aufforderung an die ÖVP, sich ebenso wie die SPÖ den „braunen Flecken" zu stellen.[77] Das geschah einerseits aus Unkenntnis bezüglich der nahezu intakten Elite-Rekrutierungsmöglichkeiten der ÖVP nach dem Krieg, andererseits

70 Ebda., S. 85. Heppners einschlägige Vergangenheit schimmerte noch später durch, so in seinem Buch: Heppner, Fritz: Abschied vom Mittelalter. Überlegungen und Perspektiven. Graz 1993, SS. 45-54 („Wie deutsch darf Österreich sein?").

71 Neugebauer/Schwarz, Der Wille zum aufrechten Gang, S. 147f., 151f., 136f., 142f. und 144f. Schachner-Blazizek ist bereits im März 1933 als Student der NSDAP beigetreten. Sein Sohn Peter Schachner-Bazizek wurde ebenfalls SPÖ-Landeshauptmannstellvertreter. Im übrigen: Der Vater des langjährigen steirischen SPÖ-Finanzlandesrates Christoph Klauser war Willibald Klauser, der Verfasser der Geschichte der Grazer B! Stiria im Jahr 1940 – im „damaligen" Geist geschrieben.

72 Neugebauer/Schwarz, Der Wille zum aufrechten Gang, SS. 119. Massiczek trat bereits 1937 der NSDAP und SS bei.

73 Neugebauer/Schwarz, Der Wille zum aufrechten Gang, S. 132. Koller trat bereits 1931 als 20jähriger Student der NSDAP bei, er dürfte aller Wahrscheinlichkeit ein NSDStB-„Krawaller" des Jahres 1932 (siehe S. 331) gewesen sein

74 Neugebauer/Schwarz, Der Wille zum aufrechten Gang, S. 161f. Öllinger war seit 1937 Mitglied der SS und beteiligte sich als Student an nationalsozialistischen Terroraktionen.

75 Neugebauer/Schwarz, Der Wille zum aufrechten Gang, S. 163f.

76 Czettel war seit 1941 Mitglied der NSDAP, Rösch seit 1940, siehe *profil*, Nr. 27, 2005.

77 So Hans Rauscher im *Standard*, 15. 1. 2005.

war damit auch der Versuch verbunden, den „braunen Fleck" auf der linken Seite nicht sitzen zu lassen und auch die ÖVP da mit hineinzuziehen. Eine Provinzposse war dann das „Aufdecken" der NSDAP-Mitgliedschaft des Tiroler Landeshauptmannes Eduard Wallnöfer (Le EM) als „Sensation".[78]

Diese Vorgänge sind auch im Zusammenhang mit der Reintegration von Nationalsozialisten in die demokratischen Gesellschaften der Bundesrepublik Deutschland (zuerst die Westzonen) und Österreichs sowie der Sowjetischen Besatzungszone bzw. später die DDR zu sehen, wo sich erhebliche Unterschiede feststellen lassen.[79] Allgemein war es in Deutschland so, daß durch Anpassung, Gleichschaltung u. v. a. m. der weitaus größte Teil der Eliten aus allen Bereichen (Staat, Wirtschaft, Medien, Kultur) mit dem Nationalsozialismus in Berührung kam bzw. sich mit ihm verstrickte. Insofern hätte in *West-Deutschland* ein erhebliches strukturelles Problem beim Wiederaufbau des staatlichen, wirtschaftlichen und gesellschaftlichen Lebens bestanden, wenn man nicht auf solche zumindest minderbelastete Funktionseliten zurückgegriffen hätte.

In *Ost-Deutschland* ging man einen anderen, für den Kommunismus typischen Weg. Auch wenn man auch dort einige Jahre nach 1945 milde gegenüber ehemaligen Nationalsozialisten hat walten lassen, wenn sie sich dem System angepaßt hatten, so wurden doch weitgehend die Eliten durch „linientreues" Personal ausgetauscht, auch wenn die zumeist nicht die übliche Qualifikation besaßen. So gab es z. B. für solche, die nicht einmal ein Abitur besaßen, „Schnellsiederkurse", um das Richteramt bekleiden zu können. Mit solchen Methoden, die für Westdeutschland und Österreich aus ihrer Bildungstradition her undenkbar gewesen wären, wurde das erhebliche Defizit wettgemacht. Wenn man will, kann man dazu im Hinblick auf 1989 feststellen: Mit welchem Ergebnis denn.

Österreich hatte aber im Vergleich zu West-Deutschland das Glück, im Jahr 1945 sofort eine politisch über jeden Verdacht erhabene Funktionselite zu besitzen, nämlich die des „Ständestaates", die im März 1938 von ihren Positionen verdrängt und meistens sogar verfolgt wurde.[80] Der Ministerialsekretär des Bundeskanzleramtes, der am 12. März 1938 von seinem Schreibtisch vertrieben wurde, kehrte in den April-Tagen des Jahres 1945 an diesen wieder – nunmehr vorgerückt als Ministerialrat – zurück. Dies war nicht nur ein erheblicher Vorteil für Österreich – nämlich sofort eine „unbefleckte" Elite zu besitzen – , sondern auch für die ÖVP (und das mit Hilfe des ÖCV). Dazu gehörten auch zahlreiche Politiker des „Ständestaates", die dann nach 1945 in der ÖVP Karriere machten (Figl, Hurdes etc.). Das alles führte u. a. dazu, daß relativ bald nach 1945 innerhalb der SPÖ bzw. des BSA gegenüber dem CV ein gewisses „Inferioritätsgefühl" entstand, das rasch in Aggression umgeschlagen ist. Das zeigen nicht nur die Debatten innerhalb der SPÖ, sondern auch die folgenden Ereignisse.

---

78 *profil*, 21. 2. 2005, S. 28f. In diese „Provinzposse" wurde ungewollt der Innsbrucker Historiker Michael Gehler hineingezogen, der Mitte der achtziger Jahre durch Forschungen im Berliner Document Center (BDC) zu seinem Buch „Studenten und Politik" auf die NSDAP Mitgliedschaft Wallnöfers zwar stieß, sich aber damals verpflichten mußte, keine Namen preiszugeben. Siehe seine Stellungnahme dazu im *Standard* vom 25. 2. 2005. Nach Gehler ist Wallnöfer seit 1941 „einfaches" Parteimitglied gewesen.

79 Zu diesem Problem siehe überblicksartig Frei, Norbert: Karrieren im Zwielicht. Hitlers Eliten nach 1945. Frankfurt/Main 2. durchges. Aufl. 2002.

80 Dazu siehe Stourzh, 1945 und 1955, S. 40. Im Juli 1946 berichtete Bundeskanzler Leopold Figl (Nc), daß von fast 300.000 öffentlich Bediensteten (Bund, Länder, Gemeinden, Post, Bahn etc.) rd. 70.000 als NS-Belastete entlassen worden sind. Ebda., S. 55.

Handgemenge vor der Universität Wien am 26. Mai 1949 (Christi Himmelfahrt) zwischen CVern und sozialistischen Studenten.

Doch kehren wir wieder zurück zum CV. Im Zusammenhang mit der CVV wurde für den Donnerstag, dem 26. Mai 1949 (Christi Himmelfahrt) vormittags ein Festakt im Auditorium maximum der Wiener Universität abgehalten. Zum gleichen Zeitpunkt wollte der VSStÖ seinen dritten Gründungstag feiern. Die Absicht dafür war klar, es war eine Provokation beabsichtigt. Der legendäre Wiener Polizeipräsident Josef („Joschi") Holoubek versuchte eine Vermittlung. Trotzdem kam es zu tätlichen Auseinandersetzungen auf der Universität, die aber glimpflich verliefen.[81] Die *Arbeiter Zeitung* vom 28. Mai titelte „Antwort auf die Cevauer-Provokation! Zusammenstöße zwischen sozialistischen und reaktionären Studenten." Noch am selben Tag (26. Mai) richteten die SPÖ-Abgeordneten Otto Tschadek, Karl Waldbrunner und Bruno Pittermann eine Anfrage an Unterrichtsminister Felix Hurdes (NbW EM) wegen des Farbentragens an den Hochschulen: „Es gilt daher als eine Selbstverständlichkeit, daß nach 1945 die Hochschülerschaft demokratisch organisiert und das Couleurwesen beseitigt wird."

In der Folge verstärkte die *Arbeiter-Zeitung* unter ihrem Chefredakteur Oskar Pollak die Hetzkampagne gegen den CV. Insbesondere wurden ihm Korruption und Stellenpolitik vorgeworfen. Jede Gelegenheit, die sich bot, wurde von Pollak verwendet, so auch bei der sog. ***Fortedol-Affäre***, wo CV-Ärzte in Mistelbach wegen einer angeblichen Verwendung des Präparates Fortedol mit Todesfolge bei einigen Kindern in Zusammenhang gebracht wurden.

Höhepunkt der Kampagne war zweifellos die Präsidentschaftswahl vom Mai 1951, bei der die SPÖ sogar ein Plakat mit folgendem Text affichieren ließ: „Wählt Körner. Für

81 Nordgau Neunzig Jahre, SS. 111-114.

Glaubens- und Gewissensfreiheit, gegen den CV."[82] Am 20. Mai 1951, eine Woche vor der Stichwahl zwischen Gleißner und Körner, erschien von Oskar Pollak in der *Arbeiter-Zeitung* ein Leitartikel mit der Überschrift „Das Spinnennetz", in dem besonders die Gegnerschaft des CV zum Nationalsozialismus in solcher Weise herausgestrichen wurde, damit die Stimmen der „Ehemaligen" zu Körner wechseln sollten. In der Wahl der Überschrift ließ sich Pollak offenbar von Joseph Roths gleichnamigen Erstlings-Roman „Das Spinnennetz" inspirieren, der in 30 Folgen zwischen 7. Oktober und 6. November 1923 in der *Arbeiter Zeitung* erschien. In der Vorankündigung stand damals zu lesen, daß dieser Roman „den Sumpfboden der Reaktion" schildert. Er hat sich mit dem aufsteigenden Nationalsozialismus kritisch auseinandergesetzt – also gerade das Gegenteil, was Pollak eigentlich mit seinem Artikel bezweckte, wenn er die Gegnerschaft des CV zum Nationalsozialismus besonders hervorhebt.[83]

Einen Tag vor der Stichwahl, am 26. Mai 1951, richtete der Vorsitzende der Altherrenschaft, Robert Krasser (Nc), an die Vorsitzenden der Altherrenlandesbünde ein Schreiben, in dem die Herausgabe eines Weißbuches angekündigt wurde, worin alle Angriffe seitens der SPÖ gegen den CV dokumentiert werden sollten.[84] Das Ergebnis der Wahlen ist bekannt, daher schrieb Oskar Pollak am 29. Mai 1951 in der *Arbeiter-Zeitung:* „Die Spinne ist geschlagen wie 1911." Damit wies er auf das damalige Zusammengehen von Sozialdemokraten und Deutschnationalen bei den Stichwahlen zum Abgeordnetenhaus des Reichsrates hin (siehe S. 201). Die Taktik „lieber rot als schwarz" ging also auf. Die Hetze wurde aber fortgesetzt.

Selbst bei der Darstellung der Niederschlagung des kommunistischen Putsches vom Oktober 1950, einer für Österreich lebensbedrohender Situation, ging es nicht ohne Angriffe ab. Unter der Überschrift „Von der Katholischen Aktion war auch einer dabei" wurden die *Kleine Zeitung* sowie Karl M. Stepan (Nc) beschuldigt, mit aufgewiegelt zu haben.[85] Dabei war der CV übrigens aktiv an der Niederschlagung beteiligt. Im Innenministerium hatte sich unter der Leitung von Innenminister Oskar Helmer und Staatssekretär Ferdinand Graf (Trn EM) eine Einsatzgruppe gebildet, der neben dem Obmann der Bauarbeiter-Gewerkschaft Franz Olah auch der ÖH- und CV-Funktionär Walter Urbarz (NdW) angehörte. Dieser hatte unter seinem Kommando den gesamten aktiven Wiener CV und die jüngere Altherrenschaft in Einsatztrupps organisiert. Tatsächlich wurden dann diese eingesetzt, vor allem in den nördlichen Wiener Bezirken (Floridsdorf), weil der Nachschub von Erdöl aus dem Marchfeld gesichert werden mußte, in Schwechat und auf dem Wallensteinplatz (20. Bezirk), wo Barrikaden weggeräumt und beschädigte Straßenbahngleise ausgebessert wurden. Innerhalb des CV führte man ein eigenes Alarmsystem ein, das die Einsatztrupps an den jeweiligen Ort dirigierte.[86]

82 Kurt Vorhofer (Nc), jahrzehntelang Leiter der Wiener Redaktion der *Kleinen Zeitung*, erzählte in fortgeschrittener Stunde gerne vom Wahlkampfeinsatz der Norica (sie hieß damals „blaue Wolke") bei diesem Wahlkampfeinsatz. Er ist auf einem offenen LKW mit anderen Bundesbrüdern gesessen und hat SPÖ-Wahlplakate heruntergerissen. Ein SPÖ-Wahlkämpfer hat sich einmal an die Seitenwand des LKW angeklammtert. Vorhofer hätte ihn dabei auf die Finger mit einer Fahrradpumpe geschlagen, so daß die Gelenke blutig waren.

83 Bronsen, David: Joseph Roth. Eine Biographie (= dtv 1630). München 1981, S. 236f.

84 ÖCVA. Altherrenschaft des ÖCV. Protokolle, Schriftverkehr, Sonstiges 1945-56. Rundschreiben vom 26. 5. 1951.

85 Anschlag auf Österreich. Ein Tatsachenbericht über den kommunistischen Putschversuch im September-Oktober 1950. Hg. vom Zentralsekretariat der Sozialistischen Partei Österreichs im Auftrage des Parteivorstands. Zusammengestellt und verfaßt von Alfred Migsch. Wien o. J. (1951), S. 56f.

86 Forster, Geschichte der ÖH, S. 197.

1958 gab sich die SPÖ ein neues Parteiprogramm, und im Zuge von Konkordatsverhandlungen (Schulfrage, Vermögensfrage, Errichtung der Diözesen Eisenstadt, Innsbruck und Feldkirch) um 1960 entspannte sich die Atmosphäre etwas. Hubert Feichtlbauer (Kb) schloß 1959 eine Broschüre, die das neue SPÖ-Parteiprogramm kommentierte, mit folgender Bemerkung: „Den Weg in die österreichische Zukunft werden Katholiken und Sozialisten künftig vielleicht auf weitere Strecken als bisher gemeinsam gehen können, aber nicht bis zum Ende. Vom sozialistischen Ziel trennt uns heute wie früher eine Welt."[87]

Für die Hetze der *Arbeiter Zeitung* gegen den CV diente auch die Habsburg-Krise am Ende des ersten Halbjahres 1963. Nach einem Erkenntnis des Verwaltungsgerichtshofes wäre Otto von Habsburg ein Paß auszustellen gewesen. Am 1. Juni 1963 stand in der *Arbeiter Zeitung* über die Mitglieder des Verwaltungsgerichtshof-Senats: „Die meisten von ihnen ... sind CV-Mitglieder." Von den neun aufgezählten Mitgliedern waren jedoch nur zwei CVer. Daraufhin wurde Rechtsanwalt Hannes Krasser (Nc) beauftragt, namens des ÖCV in der *Arbeiter Zeitung* eine Entgegnung zu verlangen.[88]

Eine besondere Art der „Linksabweichung" im ÖCV leistete sich Franz Neumer (ehemals Fd, Baj). Er war Ministerialrat im Handelsministerium und Leiter der Abteilung für Brennstoffe (Kohle, Gas etc.), saß also auf einen Schlüsselposten der österreichischen Energiepolitik. Er spionierte für die Tschechoslowakei und wurde entsprechend verurteilt.[89]

Der Fall Dobretsberger

Kaum ein politischer Fall wie der des früheren Sozialministers Josef Dobretsberger (Cl [ehemals Nc]) hat den CV bis in die sechziger Jahre hinein beschäftigt. Der aus Oberösterreich stammende Professor für Nationalökonomie in Graz war unter Schuschnigg 1935/36 Sozialminister. 1938 ging er in die Emigration (Türkei, Ägypten), kehrte erst 1946 nach Österreich zurück und wurde in Graz wieder Professor. Wegen seiner kompromißlosen antinationalsozialistischen Haltung war er damals besonders bei jenen CVern angesehen, die durch den Widerstand geprägt waren. Aber 1946 waren alle wesentlichen politischen Positionen bereits vergeben, so daß Dobretsberger behauptete, man hätte seine weitere politische Karriere hintertrieben.[90]

Im Zuge der sog. „Figl-Fischerei"[91], dem Gespräch zwischen Bundeskanzler Leopold Figl (Nc) mit dem KPÖ-Politiker Ernst Fischer in der Wohnung des ÖVP-Abgeordneten Rudolf Kristofics-Binder am Fronleichnamstag, dem 5. Juni 1947, bei dem auch Figls Sekretär (und Schwager) Hans Dorrek (Baj) anwesend war, fiel zum ersten Mal der Name Dobretsberger. Dieser Kontakt ist im Zusammenhang mit dem Marshallplan, der fort-

87 Feichtlbauer, Hubert: Neuer Weg. Neues Ziel? Die Katholiken und das SPÖ-Parteiprogramm 1958. Hg. vom Katholischen Preßverein der Diözese Linz. Linz 1959, S. 15.

88 ÖCVA. Protokoll des ÖCV-Beirates vom 5. 6. 1963 sowie Protokoll der Verbandsführung und Protokoll des ÖCV-Beirates vom 26. 6. 1963; der verantwortliche Redakteur hat sich der Übertretung nach § 24 Abs. 2. Z. 1 des PrG schuldig gemacht. Da diese Entgegnung nicht gebracht wurde, ist Krasser am 26. Juni ermächtigt worden, Privatklage namens des ÖCV gegen die *Arbeiter Zeitung* zu erheben.

89 Die Bandverbindung Bajuvaria suspendierte im März 1969 seine Mitgliedschaft und schloß ihn nach der Verurteilung aus. Siehe Krammer, Geschichte der K. a. V. Bajuvaria, S. 617.

90 So zitiert bei Fleck, Der Fall Brandweiner, S. 6.

91 Über die „Figl-Fischerei" ausführlich siehe Gehler, This nine days wonder, sowie Trost, Figl von Österreich, S. 224ff. Gehler, Österreichs Außenpolitik der Zweiten Republik, S. 65, spricht von „genauer Raab-Fischer-Intrige".

schreitenden Sowjetisierung Ost-Mitteleuropas und der Londoner Staatsvertragsverhandlungen im Frühjahr 1947 zu sehen. Um Erleichterungen seitens der Sowjetunion zu erhalten, verlangte Fischer einen Wechsel an der Regierungsspitze. Als Nachfolger Figls nannte er Dobretsberger, „ein Intimfeind Figls" laut Manfried Rauchensteiner.[92] Diese „Fischerei" war u. a. gegen Außenminister Karl Gruber (AW) gerichtet, durch dessen Indiskretion Affäre in die Öffentlichkeit kam.[93] Für Gruber war übrigens sein damaliges Agieren die Anfangs-Ursache für seinen Sturz 1953. In diesem Jahr veröffentlichte er seine Autobiographie, wo er auf diese „Fischerei" einging.[94] Das brachte ihn ins Visier von Julius Raab (Nc), inzwischen nun Bundeskanzler und sein eigentlicher Hauptgegner. Friedrich Funder (Cl, Nc) schrieb in der *Furche* den denkwürdigen Satz: „Der Herr Bundesminister für auswärtige Angelegenheiten, Dr. Karl Gruber, ist amtsmüde geworden."[95]

Das nächste Mal machte Dobretsberger Ende 1948 von sich reden. In der Zeitschrift des Schweizerischen Studentenvereins (StV) *Civitas* erschien von ihm ein Artikel mit der Überschrift „Ein mißglücktes Experiment", in dem er sich kritisch mit dem Ständestaat auseinandersetzte und eine Verbindung mit der Enzyklika *Quadragesimo anno* ablehnte.[96] Die Sitzung des ÖCV-Beirates vom 9. Dezember 1948 befaßte sich mit diesem Artikel, besonders das Nachwort dazu erregte Mißfallen. Dieses, von der Redaktion der *Civitas* verfaßt, identifizierte sich mit den Aussagen. Der Vorsitzende des ÖCV-Beirates bzw. der Verbandsführung, Heinrich Drimmel (NdW), wurde in der Folge beim StV vorstellig und erreichte, daß August M. Knoll (NbW) eine Gegendarstellung verfassen konnte.[97]

Dobretsberger, von diesen Vorgängen informiert, schrieb am 30. Januar 1949 an seinen Philistersenior Robert Krasser (Nc): „Dein Brief in Angelegenheit *Civitas*-Artikel hat mir jede Illusion genommen, daß in unserem Verband die Freiheit unter Freunden weiterlebe. Ich möchte Dich nur ... darauf aufmerksam machen, daß Drimmel einen neuen Fall Ständestaat bekommen hat. Im *Steirerblatt*[98] vom 30. Januar 1949 schreibt Cbr. Chefredakteur Dr. Schuster (F-B) in seinem Aufsatz über den 'Streit um die wahre Demokratie' folgenden Satz: 'Der Ständestaat in der Form von 1934 war eine blutleere, auf falschen Grundlagen errichtete Konstruktion.' Also wieder ein Cbr. ohne Verantwortungsbewußtsein und ohne nationale Disziplinierung, allerdings diesmal einer von jener Richtung, die von 1938 bis 1945 zuviel ‚nationale Disziplin' an den Tag gelegt hat. Wenn Dr. Drimmel diesen Fall nicht ebenso energisch aufgreift, ... muß ich in seinem Vorgehen von Dezember eine persönliche Gehässigkeit gegen mich erblicken."[99]

Für die Nationalratswahlen im Herbst 1949 konnten nun erstmals auch andere Parteien als ÖVP, SPÖ und KPÖ kandidieren. So auch die Partei **Demokratische Union** (DU). Sie wurde Ende 1945 als Verein in Wien gegründet und rekrutierte sich in der Hauptsache aus unzufriedenen Widerständlern des bürgerlichen Lagers, die man in ihrer

92 Rauchensteiner, Der Sonderfall, S. 204.

93 Gehler, Österreichs Außenpolitik der Zweiten Republik, S. 65.

94 Gruber, Zwischen Befreiung und Freiheit.

95 *Die Furche*, 14. 11. 1953; siehe auch Gehler, Österreichs Außenpolitik der Zweiten Republik, S. 92. Die Hauptdifferenzen zwischen Raab und Gruber lagen in der Außenpolitik, Raab wandte sich stärker dem Osten zu, und Gruber war gegen den Versuch Raabs 1953, den VdU in die Regierung zu nehmen.

96 Dobretsberger, Ein mißglücktes Experiment.

97 ÖCVA. Protokoll des ÖCV-Beirats. Sitzung vom 9. 11. 1948, S. 2; Knoll, Warum scheiterte der österreichische Ständestaat.

98 ÖVP-Wochenzeitung, Vorgängerin der *Süd-Ost Tagespost.*

99 ÖCVA. Akt Heinrich Drimmel. Brief Dobretsbergers an Krasser vom 30. 1. 1949.

Position als „linke Mitte" bezeichnen könnte.[100] Die Unzufriedenheit beruhte in der Hauptsache auf den Umstand, daß die ÖVP in ihren Augen wieder an die alten Traditionen der Christlichsozialen Partei anzuknüpfen schien und es in der Politik nach der NS-Ära keinen Neuanfang gab.[101] Zu einem der drei stellvertretenden Obmänner wurde damals Julius Lasniczek (Rd) gewählt, ein hoher Beamter der Bundesbahn.

Dobretsberger, der bereits 1948 aus der ÖVP ausgetreten war, wurde nun im Frühjahr 1949 gebeten, die Obmannschaft der DU zu übernehmen und für die kommenden Nationalratswahlen im Oktober zu kandidieren. Am 1. August 1949 wurde er deren Obmann. Die politische Linie, die er verfocht, konnte er nun über diese wahlwerbende Gruppe transportieren, nämlich stärkere wirtschaftliche Ausrichtung auf den traditionellen altösterreichischen Markt Südosteuropas, Distanz zu den Vereinnahmungsversuchen Österreich durch die Westalliierten, vor allem durch die USA, und innenpolitisch eine deutliche antifaschistische Position.[102]

Aufgrund seines hohen Ansehens im CV, besonders in der Steiermark, gelang es ihm, zahlreiche CVer als Kandidaten, Funktionäre oder Mitarbeiter zu gewinnen. Offenbar durch Lasniczek zumindest atmosphärisch vorbereitet stießen Franz Kirchmayer (Rd) und Alfred Wukitsevits (Rd) zur DU, die gleich Landesobmänner von Wien und Niederösterreich wurden. In Tirol wurde August Mayr (AIn) Landesobmann. In der Steiermark befand sich wohl die Hochburg der DU, dort war neben Dobretsberger Franz Göbhart (BbG), der nach den Gesprächen in Oberweis aus der ÖVP austrat, die zentrale Figur.[103] In Graz fand er nun im Kreise von CVern und insbesondere Carolinen Gesinnungsgenossen und Mitstreiter. Zu diesem Kreis zählten Gerald Grinschgl (Cl), Stefan Grünzweig (NbW [ehemals Cl]), Herbert Schleicher (NdW, Cl), aber auch Gerd Stepantschitz (Cl).

Für den Nationalrat und/oder Landtage (alle Landtagswahlen fanden 1949 zeitgleich mit den Nationalratswahlen statt) kandierten für die DU weiters: In Kärnten Gerhard Biedermann (Cl), in der Steiermark Herbert Schleicher und Stephan Grünzweig sowie Robert Weidinger[104] (R-J) in Salzburg. Da Dobretsberger fast in allen Wahlkreisen selber Spitzenkandidat war, wäre er bei Erringung eines Grundmandats sicher in den Nationalrat eingezogen. Zusätzliche Rest- oder gar noch Grundmandate wären aufgrund der zu erwartenden Wählerschwerpunkte (Wien/Niederösterreich und Steiermark) zum Teil ebenfalls an CVer gegangen.[105]

In der Wahlkampfphase hatte es auch kurz den Anschein, daß der letzte Parteiobmann der Christlichsozialen Partei 1933/34, Emmerich Czermak (NdW), auch Sympathi-

100 Über die DU ausführlich Autengruber, Die Demokratische Union, und Autengruber, Kleinparteien in Österreich. Beide Studien bildeten die Grundlage über die Darstellung der DU. Siehe auch Rauchensteiner, Der Sonderfall, S. 261ff.

101 Eine ähnliche Stimmung konnte man z. B. ab 1989 in der ehemaligen DDR beobachten (etwa die Bewegung „Demokratischer Aufbruch", aus der die Bundeskanzlerin Angela Merkel stammte).

102 So Fleck, Der Fall Brandweiner, S. 7.

103 Laut Mitteilung von Stefan Grünzweig (NbW) vom 7. 8. 1987 an den Verfasser.

104 In den GV's 1949 und 1954 wird der Vorname Roland verwendet. Weidinger findet sich danach nicht mehr in den GV's, weil er offenbar sein Medizinstudium nicht beendet hatte. 1991 wurde er wieder in den Status eines Urphilisters aufgenommen. Ab dann steht in den GV' der Vorname Robert, ebenso in offiziellen Darstellungen der DU.

105 Die sicherlich profunden Studien Autengrubers über die DU bzw. Dobretsberger berücksichtigen nicht die Mitgliedschaften der Funktionäre bzw. Kandidaten im CV. Er konnte daher nicht die besondere Brisanz, die darin begründet war, erkennen und in den damaligen politischen Prozeß einordnen. Auch vermerkt er nicht den Ausschluß Dobretsbergers aus der Norica. So haftet Autengruber das Manko an, den eigentlichen „Sprengstoff" der DU für die ÖVP bzw. den „Politischen Katholizismus" nicht erkannt zu haben.

en für die DU hegte.[106] Es bestand somit die reale Gefahr, daß durch diese neue Partei eine Spaltung der politischen Mitte hätte eintreten können.

Aufgrund dieser Situation hat der Altherrenländerrat des ÖCV Anfang September eine Resolution beschlossen, die am 1. Oktober 1949 an alle Alten Herren verschickt wurde. Dort hieß es u. a.: „Inmitten solcher tatbereiter Gesinnung hat die Haltung einiger weniger Cartellbrüder, die den Ruf zur Einheit mit einer unmißverständlichen Absage beantwortet haben, Befremden, Widerspruch und Ablehnung hervorgerufen." Dann wurden die Beschlüsse des Jahres 1946 in Erinnerung gerufen und festgehalten, daß SPÖ, VdU und auch DU für einen CVer nicht wählbar seien:

> „Der CV muß auch der Demokratischen Union, an deren Gründung CVer maßgeblich beteiligt sind, eine klare Absage erteilen, weil er in ihr einen Verstoß gegen die gerade jetzt notwendige Einheit der Katholiken sieht ... Der Altherren-Länderrat richtet daher die Aufforderung ... , dafür zu sorgen, daß alle CVer Ruhe und Besonnenheit bewahren, alle Zersplitterungsversuche, die lediglich eine Hilfe für die Sozialisten und Kommunisten bedeuten, entschlossen abwehren, und sich im vollen Bewußtsein unserer großen Verantwortung in die einheitliche österreichische Front, wie sie unter den gegebenen Verhältnissen in der unter der Führung hervorragender Cartellbrüder stehenden Österreichischen Volkspartei gegeben ist, einordnen."[107]

Deutlicher ging es wohl nicht. Sicherlich, die innen- wie vor allem die außenpolitischen Umstände ließen die Sorge vor SPÖ und vor allem der KPÖ zu. Während aber in dieser Resolution SPÖ und VdU in ihrem Programm und ihrer Haltung als CV-feindlich qualifiziert wurden, konnte dies aber bei der DU nicht geschehen. Denn weder deren Programm noch die Personen standen im Widerspruch zu den Prinzipen des ÖCV. Daher die Parole von der „Einheit der Katholiken".

Bereits im September wurde seitens der Norica Druck auf Dobretsberger ausgeübt. Am 14. September fand eine Philisterausschußsitzung statt, die sich mit diesem Fall befaßte und die weitere Vorgehensweise festlegte. Sowohl am 19. wie dann am 23. September 1949 kam es zwischen ihm und Hans Vanura (Nc), einem Vertrauensmann Figls, der ihn 1945 zum nö. Landesamtsdirektor machte, sowie Johannes Wollinger (Nc), einem Vertrauten von Robert Krasser, zu einem Gespräch, das ohne Ergebnis war. Man wollte ihn zwingen, die DU aufzulösen und nicht mehr zu kandidieren, und bot ihm dafür einen entsprechenden Posten an. Daraufhin übergab man die Sache dem Verbindungsgericht, das am 28. September 1949 in einem formal äußerst fragwürdigen Verfahren, das cartellrechtswidrig war, Dobretsberger ausgeschlossen hatte. Er wurde von der Verhandlung nicht ordnungsgemäß verständigt, es wurde keine Anklageschrift übermittelt, er konnte keinen Verteidiger benennen, er wurde vor dem VG nicht gehört und die Frist war viel zu kurz.[108]

---

106 Er konnte es dann aus gesundheitlichen Gründen nicht. Bezeichnend ist das „Verhör" mit Czermak auf der am 17. 9. 1949 stattgefundenen Sitzung des Altherrenausschusses, in ÖCVA. Altherrenschaft des ÖCV. Schriftverkehr, Protokolle, Sonstiges 1945-56.

107 Rundschreiben der Altherrenschaft des ÖCV vom 1. 10. 1949 im ÖCVA sowie im VANc. Philister 1945-1949.

108 ÖCVA. Akt Drimmel. Rundschreiben des AHV Norica an alle Alten Herren der Norica vom 28. 9. 1949; Offener Brief Dobretsbergers vom Februar 1950: „Ein Wort zur Aufklärung und zum Abschied an meine ehemaligen Bundes- und Cartellbrüder". Im Besitze des Verfassers. Dort werden die Vorgangsweise und die formalen Mängel beschrieben. Diese wurden auch vom Philistersenior der Norica Ende der siebziger Jahre, Kuno Hörmann, und dem Ehrenvorsitzenden der Altherrenschaft des ÖCV und früheren langjährigen Philisterseniors

Am selben Tag wurde ein Rundschreiben des Philisterausschusses an alle Alten Herren der Norica verschickt, wo es u. a. heißt: „Das Philisterium der Norica betrachtet den Gedanken als unerträglich, daß es schließlich ein Noriker sein sollte, der die politische Geschlossenheit des österreichischen katholischen Volkes zu sprengen versucht." Des weiteren wurde auch das vorhin erwähnte Verhalten von Emmerich Czermak kritisiert.

Diese harte Haltung gegenüber Dobretsberger ist von Robert Krasser sicher auf Druck Leopold Figls und Julius Raabs durchgesetzt worden. Dobretsberger wurde nicht wegen Verletzung des Prinzips „Katholizität" dimittiert, sondern wegen des „Freundschaftsprinzips", weil offenbar die Verletzung der „Einheitsfront" auch einen Bruch der Freundschaft darstellen sollte.[109]

Bei den Wahlen (Nationalrat und alle Landtage) vom 9. Oktober 1949 erhielt die DU für den Nationalrat 12.059 Stimmen, das waren nicht einmal 0,3 Prozent. Unwillkürlich fragt sich der Beobachter, warum diese Aufregung, denn wegen des Ausschlusses Dobretsbergers aus dem CV bzw. dessen Wahlresolution erhielt die DU kaum weniger Stimmen. Rund ein Drittel der Stimmen entfielen auf die Steiermark, die Hochburg der DU, wo für den Landtag die DU 3.925 Stimmen erhielt.

Die Sache ging aber in der Norica nicht ohne Friktion ab. Auf der Sitzung des Philisterausschusses vom 27. Oktober 1949 wurde das deutlich. Der Vorsitzende des Verbindungsgerichts, Josef Pultar (Nc), hat seinen Rücktritt erklärt, und der Alt-VOP Karl Fellinger erhob „schärften Protest gegen die Aussendung" vom 28. September sowie gegen das mangelhafte Verfahren gegen Dobretsberger. Ebenso wurde ein kritisches Schreiben von Karl M. Stepan (Nc) verlesen. Es wurde zwar einvernehmlich beschlossen, eine allfällige Wiederaufnahme Dobretsbergers mit den Kritikern zu besprechen, doch es kam nicht dazu.[110] Zwar wurde am 6. Februar 1950 auf Intervention des ÖCV-Rechtspflegers Alois Großmann (AIn) eine neuerliche Verhandlung des Verbindungsgerichts angesetzt, jedoch wurde eine Wiederaufnahme des Verfahrens abgelehnt.[111] Die kritische Stimmung auf dem Philisterausschuß, die ein scheinbares Einlenken Krassers erkennen ließ, hat sicherlich ihre Ursache u. a. im Wahlergebnis, d. h. im Scheitern der DU. Warum die ganze Aufregung wird man sich wohl gedacht haben. In einem Bericht des Seniors der Norica für das WS 1949/50 heißt es bezeichnenderweise u. a.. „Diese Angelegenheit [der Ausschluß Dobretsbergers, Anm. d. Verf.] bedeutete einen großen Riß, der sich durch die Korporation hindurchzog und zu empfindlichen Störungen im Verbindungsleben führte."[112]

In der Carolina, der Bandverbindung Dobretsbergers, wer die Empörung über diesen Schritt der Norica sehr groß. Im Gegensatz zu dieser wurden dort die bei der DU aktiven

der Norica, Hans Egon Gros, dem Verfasser gegenüber bestätigt. Laut Mitteilung von Hörmann sind die VG-Akten bis 1953 in der Norica nicht mehr vorhanden, so daß in dieser Frage keine weiteren Details mehr eruiert werden konnten. Dies wurde auch 2005 vom Archivar der Norica, Georg Schmitz (Nc), bestätigt. Siehe auch Moser/Tschulik, Hundert Jahre Norica, S. 196. Das Rundschreiben der Norica und der Offene Brief Dobretsbergers weisen datumsmäßige Differenzen auf. Nach dem Offenen Brief fanden die beiden Gespräche am 17. und 20. 9. sowie das Ehrengerichtsverfahren am 29. 9. statt. Bei einer Bewertung der Glaubwürdigkeit der Quellen verdient aber das zeitnahere Rundschreiben des AHV der Norica eine Bevorzugung.

109 Das geht aus einem Schreiben Karl M. Stepans (Nc) an Franz Maller (Cl) vom 11. 3. 1968 hervor. Siehe VACl. Akt Dobretsberger.

110 VANc. Philister 1945-1949. Protokoll über die Philisterausschußsitzung am 27. 10. 1949.

111 Dies hatte sicherlich u. a.seine Ursache in dem gedruckten offenen Brief Dobretsbergers vom Februar 1950.

112 VANc. Philister 1945-1949. Bericht des Seniors des Wintersemesters 1949/50, Josef Leinwather. Dieser beklagte, daß dem Verbindungsball wegen dieser Affäre viele Alte Herren ferngeblieben seien.

Carolinen in keinster Weise gemaßregelt. Trotzdem mußte nach der CO Dobretsberger auch aus der Carolina ausscheiden.[113] Der Vorsitzende der Verbandsführung bzw. des ÖCV-Beirates, Heinrich Drimmel (NdW), begrüßte auf einer Sitzung des ÖCV-Beirates das Verhalten der Norica, die „klare Verhältnisse" geschaffen habe, bedauerte aber, „daß noch viele andere Cartellbrüder, die sich ähnlich wie Dobretsberger verhalten haben, von ihren Verbindungen nicht zur Rechenschaft gezogen worden sind".[114]

Dobretsberger machte in der Folge den schweren Fehler, sich an die KPÖ und deren Politik anzulehnen. Bald nach dem Kommunistischen Putschversuch im September 1950 fand in Graz am 5./6. November ein sog. „Erster steirischer Friedenskongreß" statt, bei dem Dobretsberger sich stark engagierte. Die ÖH der Universität Graz unter Richard Piaty (ÖKV Suevia) verabschiedete eine Resolution dagegen.[115]

Die KPÖ kandidierte bei den nächsten Nationalratswahlen 1953 unter dem Namen „Volksopposition", wo neben der KPÖ auch Linkssozialisten (Erwin Scharf) und die DU zusammengefaßt waren. Damit wäre das „Blockparteien-System" wie in der DDR und den anderen kommunistischen Staaten perfekt gewesen. Hier bestand nun die Gefahr, daß bei einer kommunistischen Machtübernahme in Österreich die DU die bürgerliche Blockpartei geworden wäre, ähnlich wie die Ost-CDU.[116] Als sich das abzeichnete, verließen die CVer um 1952 die DU, sofern das nicht schon früher geschah.

Franz Kirchmayer (Rd) hingegen ließ nicht locker und gründete für die Nationalratswahlen 1953 eine Christlichsoziale Partei, mit der er ganze 0,07 Prozent erhielt.[117] Er selber blieb aber von seiner Verbindung unbehelligt und machte in den sechziger Jahren sogar als Vorsitzender des AHLB Wien im ÖCV Karriere.[118]

Dobretsberger hingegen blieb vor allem nach 1955 politisch ziemlich isoliert, doch seine Freunde in der Carolina vergaßen ihn nicht. Im Jahr 1966 begannen Versuche der Carolina, Dobretsberger wieder aufzunehmen.[119] Der damalige Philistersenior Franz

113 Am 8. 11. 1949 wurde der Fall auf dem AHC Carolinas behandelt, das Vorgehen der Norica wurde heftig kritisiert. VACl. Protokoll des AHC vom 8. 11. 1949. Dort heißt es u. a. dazu: „Dr. Kurz berichtet, daß Prof. Dr. Dobretsberger von der Norica i. p. dimittiert wurde. Die Dimissio sei aber zweifelsohne aus rein politischen Gründen erfolgt ... Man habe Dobretsberger dimittiert, ohne ihn überhaupt zu vernehmen. Dr. Kurz weist in historischen Ausführungen nach, daß verschiedentlich Cartellbrüder ... gegen die herrschende politische Meinung Parteien gegründet hätten, daß sie aber deswegen nicht dimittiert worden seien. Hätte man früher so gehandelt wie im Fall Dobretsberger, dann gäbe es heute keinen CV mehr. Dr. Kurz weist darauf hin, daß jenen Cartellbrüdern, die bei der NSDAP waren, vergeben und vergessen wurde, während man Dobretsberger sofort hinauswarf, obwohl das Programm seiner Partei nichts gegen die Prinzipien des CV enthalte."

114 ÖCVA. Protokoll des ÖCV-Beirates vom 19. 1. 1949, S. 2. Bei der Sitzung bemerkte Otto Timp (Rd), daß bei der Rudolfina ein diesbezügliches EG-Verfahren läuft – allerdings ohne Konsequenzen, denn die erwähnten Rudolfinen bei der DU finden sich im Gesamtverzeichnis 1954 wieder. Resignierend schrieb ein Jahr später Drimmel an Krasser: „Der gute Dob muß wirklich zuletzt den Eindruck gewinnen, als sei ihm unrecht geschehen, wenn er sieht, wie andere Bünde in ähnlichen Fällen verfahren." ÖCVA. Akt Drimmel. Brief Drimmels an Krasser vom 28. 7. 1950.

115 Fleck, Der Fall Brandweiner, S. 17f. Bezeichnenderweise gab es keine Demonstrationen gegen Dobretsberger, dessen Ansehen beim GCV das offenbar verhindert hatte.

116 Skalnik, Parteien, S. 225; siehe auch Stourzh, Geschichte des Staatsvertrags, S. 106ff.

117 Autengruber, Kleinparteien in Österreich, S. 249f. Emmerich Czermak (NdW) als letzter Obmann („Liquidator") der alten Christlichsozialen Partei hat es abgelehnt, sich dieser neuen Partei zur Verfügung zu stellen. ÖCVA. Protokoll des ÖCV-Beirates von 19. 1. 1953, S, 1f.

118 Nach Gerhard Schultes (Rd) (Mitteilung an den Verfasser, 13. 5. 2005) blieb Kirchmayer deswegen unbehelligt, weil er u. a. „illegaler" Senior der Rudolfina war und sich für die Verbindung verdient gemacht hatte. Er war auf den CVV's auch ein gefürchteter Debatten-Redner.

119 Dieser Vorgang ist im VACl. Akt Dobretsberger dokumentiert. Genauer wird die Aufnahme in Hartmann, Im Gestern bewährt, S. 483f., beschrieben.

Maller (Cl) nahm im März 1967 mit dem damaligen Philistersenior der Norica, Hans Egon Gros (Nc), Kontakt auf. Nach einem Gutachten des Rechtspflegers Karl Kohlegger (AIn) war eine Wiederaufnahme Dobretsbergers bei der Carolina möglich, wenn die Norica erklärt, dagegen keinen Einwand zu haben und in Zukunft eine Urmitgliedschaft nicht reklamieren zu wollen. Dobretsberger wurde nun mit dem Eintrittsdatum von Norica Urmitglied Carolinas.[120] Daher wird Dobretsberger *ex tunc* als Urmitglied der Carolina geführt.

Damit war der Fall Dobretsberger erledigt. Er ist ein Beispiel dafür, wie der CV und seine Verbindungen unterschiedlich mit jenen umgehen bzw. umgegangen sind, die nicht die „herrschende politische Meinung" vertreten.

Der Fall Krauland

Neben Kopf, Guido Schmidt und Dobretsberger gab es noch einen weiteren „Fall" dieser Zeit: der des Peter Krauland (ehemals AW).[121] Dieser war von 1934 bis 1938 Landesrat für Finanzen in der Steiermark. Nach Kriegsende wurde er gleich von Julius Raab (Nc) in die Bundeskammer der gewerblichen Wirtschaft berufen. Bei den Wahlen im November 1945 kandidierte er für den Nationalrat. Von 1945 bis 1949 war er Bundesminister für Vermögenssicherung und Wirtschaftsplanung, damals ein Schlüsselressort, denn es behandelte nicht nur die Frage des sog. „Deutschen Eigentums", sondern war auch für die 1946/47 entstandene verstaatlichte Industrie zuständig.

Der gebürtige Steirer Krauland gehörte eher dem linken ÖAAB-Flügel an und vertrat damals einen stark planwirtschaftlichen Kurs. Jedoch war er aufgrund seiner ministeriellen Beanspruchung kaum in die Parteiarbeit involviert und dementsprechend nicht sehr verankert. Mitarbeiter von ihm bezeichneten ihn als höchst eigenwillige, doch sehr intelligente Persönlichkeit.[122] Im Laufe der Zeit kam es zu immer schwereren Konflikten zwischen dem planungsorientierten Krauland und seinem ehemaligen Förderer Julius Raab (Nc), der ein „Gewerbeordnungsliberaler" war. In diesem Konflikt, der wirtschafts- und finanzpolitische aber auch parteipolitische Hintergründe hatte, mußte Krauland gegenüber Julius Raab, der damals nach Figl der dominante Mann in der ÖVP war, á la longue das Nachsehen haben.

Nach Auflösung des Ministeriums im Jahr 1949 verblieb Krauland im Nationalrat. Im Sommer 1950 tauchten die ersten Verdachtsmomente in bezug auf Amtsmißbrauch und illegaler Parteienfinanzierung gegen ihn und einige Beamte auf, nicht jedoch wegen einer persönlichen Bereicherung. Das war nun für Julius Raab ein willkommener Anlaß, Krauland politisch zu eliminieren.[123] Im Juli 1951 trat Krauland aus der ÖVP aus, um einem Ausschluß zuvorzukommen.

---

120 Otto Tschulik (Nc) behauptet in Moser/Tschulik, Hundert Jahre Norica, S. 203, Anm. 32, daß die Wiederaufnahme Dobretsbergers dem Cartellrecht widerspricht. Offenbar kannte er nicht das Gutachten Kohleggers.

121 Krauland studierte in Wien Rechtswissenschaften, wo er am 15. 12. 1926 bei der Austria rezepiert wurde. 1933 heiratete er Vera Krasser, die Tochter von Richard Krasser (Nc EM), eines Bruders von Robert Krasser (Nc), der dadurch angeheirateter Onkel von Krauland war, lt. Mitteilung von Georg Schmitz (Nc). Nach dem Anschluß wurde er für mehrere Monate verhaftet, 1941 wurde er zur Wehrmacht einberufen. Zu Lebenslauf von Krauland siehe Kopetzky, Krauland, SS. 54ff.

122 Kopetzky, Krauland, S. 60f.

123 Ebda., S. 64.

In einem „übergeordneten“ Interesse ließ auch der CV Krauland fallen. Bereits ab Herbst 1950 drängte die Verbandsführung die Urverbindung Austria Wien, „daß auf die Wahrung der Ehre und der Reputation unbedingt geachtet werden müsse“ bzw. die „EG-mäßige Behandlung mit der gebotenen Dringlichkeit aufzunehmen“.[124] Am 3. November 1951 wurde er dann vom OÖCVG ausgeschlossen. Die Urteilsbegründung wirkt aus heutiger Sicht gekünstelt. Sie lautete: „AH Dr. Peter Krauland ist schuldig, bei der Verteidigung seiner Ehre gegenüber den in der Öffentlichkeit gegen ihn erhobenen Angriffen derart lässig gewesen zu sein, daß hierdurch das Ansehen und die Interessen des ÖCV schwer geschädigt wurden.“[125] Und im „Weißbuch des österreichischen CV“ heißt es: „Der OeCV ist auch nicht vor diesen zum überwiegenden Teil von politischen Gegnern des ehemaligen Ministers erhobenen Anschuldigungen zurückgewichen, sondern mußte vielmehr aus der Tatsache die Konsequenzen ziehen, daß Dr. Peter Krauland auf diese Anschuldigungen nicht bzw. nicht rechtzeitig und in der Form reagiert hat, wie dies von einem Angehörigen einer katholischen Verbindung erwarten werden muß.“[126] Kein Wort über die materielle Seite der Anschuldigungen, also eine Verurteilung noch vor einem rechtskräftigen Urteil. In der Vorgangsweise erinnert das sehr an den zwei Jahre davor liegenden Fall Dobretsberger. Auch hier war offenbar die „Norica“-Achse Raab-Figl-Krasser die treibende Kraft. In der Austria Wien kam es verständlicherweise zu erheblichen Meinungsverschiedenheiten.[127]

Nach Aufhebung seiner Immunität wurde er am 24. November 1951 in Untersuchungshaft genommen, jedoch am 19. Juni 1952 vorläufig aus der Haft entlassen. Am 20. Januar 1954 begann der Prozeß gegen Krauland[128] und sechs weitere Angeklagte, darunter Leo Hintze (BbG EM).[129] Am 6. Juli 1954 wurden die Urteile verkündet, Krauland und Hintze wurden freigesprochen, und zwar nicht aus materiellen Gründen, sondern aufgrund der Anwendung eines Amnestiegesetzes aus dem Jahr 1950. Dieses betraf Straftaten, die im Zeitraum von 1945 bis 1946 begangen wurden und für die eine Höchststrafe von nicht höher als fünf Jahre vorgesehen sind. Auf Krauland traf das zu. Die Urteilsbegründung führte u. a. nachkriegsbedingte Umstände an, die „zu einer Verwirrung der Rechtsbegriffe innerhalb der Bevölkerung im weitesten Ausmaß ...“ führten. Krauland wurde zwar in einem Punkt für schuldig erklärt, jedoch war dies wirkungslos. Also ein Freispruch dritter Klasse, wenn man den der zweiten Klasse als Freispruch mangels Beweisen bezeichnet.

Nach seinem Ausscheiden aus der Politik errichtete er ein undurchsichtiges Finanzimperium, 1958 kaufte er 74 Prozent einer ehemaligen Rothschildbank, die er in Allgemeine Wirtschaftsbank, AWB, umbenannte. 1974 mußte sie die Zahlungsunfähigkeit verlautbaren, und Krauland wurde 1977 wegen fahrlässiger Krida (Höhe 500 Mio. Schilling) und Veruntreuung angeklagt. Dieser zweite Krauland-Prozeß währte nur kurz, da Krauland

124 ÖCVA. Protokoll des ÖCV-Beirates, 13. 9. 1950; Protokoll des ÖCV-Ausschusses, 5. 12. 1950, S. 4.

125 ÖCVA. Akt Heinrich Drimmel, OÖCVG-Urteil Peter Krauland.

126 öAc 3 (1951/52), Heft 1/2, S. 22.

127 Schönner, Auf, mit Gott zur Mannestat, S. 113f.

128 Über den Prozeß siehe Kopetzky, Krauland, SS. 78ff.

129 Hintze war Min. Rat im Krauland-Ministerium und wurde am 30. 4. 1948 EM der Babenberg Graz, offenbar über Betreiben seines Sohnes Leo Hintze (BbG). Hintze überstand hinsichtlich seiner CV-Mitgliedschaft dieses Verfahren, er findet sich auch nach 1949 in den Gesamtverzeichnissen. Jedoch dürfte es aufgrund eines Hinweises im ÖCVA. Protokoll des ÖCV-Beirates 22. 11. 1951, S. 2, Schritte gegen Hintze vor dem Verbindungsgericht gegeben haben.

aus gesundheitlichen Gründen für verhandlungsunfähig erklärt wurde. Er starb am 8. September 1985 in Wien.

Auch wenn der Lebenslauf Kraulands in der Folge einen äußerst schillernden Verlauf nahm, ist abschließend festzustellen, daß erstens einmal sein 1951 erfolgter Ausschluß aus dem ÖCV ähnlich wie bei Dobretsberger nicht nach rechtsstaatlichen Grundsätzen erfolgte. Ein solcher wäre erst nach Vorliegen des „Freispruchs mit Schuldspruch" rechtens gewesen. Zweitens ist auch die politische Dimension anzumerken. Julius Raab sah in den auftauchenden Anschuldigungen eine günstige Gelegenheit, einen innerparteilichen Gegner kaltzustellen. Die ÖVP zog dabei den doppelten Nutzen, sie konnte ihre eigene Weste reinwaschen und einen unbequemen „Parteifreund" loswerden. Die wahren Hintergründe und Ursachen der „Affäre Krauland" lagen viel tiefer, als die bisherigen Informationen und Quellen es belegen. Er ist das Opfer eines politischen Systems geworden, an dessen Regeln er sich nur zum Teil hielt.[130]

130 Kopetzky, Krauland, S. 128f.

Hochschule in der Reformphase

„Wie man heute den Cartellverband in den dreißiger Jahren identifiziert mit dem Kampf um Österreichs Unabhängigkeit, wird man einst – so könnte ich mir vorstellen – mit dem Cartellverband dieser Zeit das Werk der Reformierung der österreichischen Hochschulen assoziieren."

Manfred Leeb (AW) 1965 in der Academia.[1]

Der ÖCV als Motor der Hochschulreform

In der Tat, Manfred Leeb hat recht, denn CVer waren in den sechziger Jahren maßgeblich als Ideengeber an der damaligen Hochschulreform beteiligt.[2] Nach 1945 war es bald notwendig, im Bereich der Studienordnung und der Hochschulorganisation, die zum Teil auf das 19. Jahrhundert zurückgingen, Reformen zu unternehmen. Bereits 1949 wurde ein erster Entwurf eines *Allgemeinen Hochschulstudiengesetzes* (AHStG) erarbeitet, und der neue Unterrichtsminister Heinrich Drimmel (NdW) konnte schon im Frühjahr 1955 das *Hochschulorganisationsgesetz* (HOG) im Nationalrat einbringen, das dann beschlossen wurde und ab 1. Oktober 1955 Gültigkeit besaß. Das HOG brachte aber gegenüber dem früheren Zustand keine wesentlichen Änderungen.

Noch unter Unterrichtsminister Ernst Kolb (AIn) trat im Februar 1954 eine Enquete zur Frage eines neuen AHStG zusammen, die im Herbst 1955 einen ersten Gesetzesentwurf erstellte. Im März 1958 wurde er überarbeitet, blieb jedoch in den Parteienverhandlungen stecken. Das Bundesgesetz über die sozial- und wirtschaftswissenschaftliche Studienrichtung (seit 1959 liefen die Bemühungen um eine derartige Hochschule in Linz) konnte aber bereits 1962 beschlossen werden, das AHStG allerdings erst 1966 in der ÖVP-Alleinregierung.

Ausgehend vom 4. Deutschen Studententag (3. Juni 1956, Hamburg), wo über eine zeitgemäße Hochschulreform diskutiert wurde, beschäftigte sich 1957 Michael Mitterauer (AW) als Fuchsmajor seiner Verbindung mit dieser Thematik, so daß aus der Austria Wien jener Kreis erwuchs, der bei den Hochschulreformbemühungen innerhalb und außerhalb des ÖCV maßgeblich beteiligt war. Es seien nur die Namen Heinrich Wille, Manfred Leeb, Karl Burian, Heribert Steinbauer (ehemals AW), Werner Vogt (ehemals AW), Michael Graff u. a. genannt. Im Studienjahr 1957/58 hatte die Austria den WCV-Vorsitz inne, und Michael Mitterauer verfaßte in diesem Rahmen ein „Hochschulprogramm des ÖCV". Es war dies das erste Reformkonzept nach 1945, war noch sehr vage und idealistisch gehalten, aber die Grundlage für die weitere Diskussion war gelegt. Diese nahm der Vorort Norica 1958 bis 1960 auf der CVV 1959 in Baden auf, wo ein Tag der

---

1 öAc 16 (1964/65), H. 11/12, S. 12.

2 Zur allgemeinen Universitätsgeschichte der Zeit von 1945 bis 1970 siehe Fischer-Kowalski, Zur Entwicklung von Universität und Gesellschaft in Österreich, und Schilcher, Hochschulen in Österreich. Über den Anteil des ÖCV bzw. der CVer bei der Hochschulreformdiskussion siehe insbesondere Floimaier, Geschichte der ÖSU, S. 202f.; weiters siehe auch öAc 11 (1959/60), H. 11/12, S. 7f., 14 (1962/63), H. 2, S. 7f., H. 6, S. 9f., und H. 11/12, S. 112f.; 16 (1964/65), H. 11/12, SS. 12ff. sowie 17 (1965/66), H. 9, SS. 9ff. (Hier wird eine übersichtliche Dokumentation zur Hochschulreform allgemein sowie über den Beitrag des ÖCV dazu gebracht.) Siehe weiters Burian u. a., Zur Frage der Hochschulorganisation, sowie Leeb-Vogt, Anregungen zur Reform der Hochschulen. Siehe auch ÖCVA. Die Berichte der Leiter des Amtes für Hochschulfragen an die CVVs der betreffenden Zeit.

Hochschulreform gewidmet war. Treibende Kräfte in der Norica waren Alfred Strommer und Hannes Aiginger. Im Studienjahr 1959/60 wurde im ÖCV der Entwurf eines ÖCV-Hochschulprogramms breit diskutiert, und auf der CVV 1960 in Wien wurde es zum Beschluß erhoben.

Bereits auf der CVV 1959 wurde der Konflikt zwischen Unterrichtsminister Drimmel und den Betreibern der Hochschulreform im ÖCV sichtbar, der sich zunehmend steigerte und bei einer Enquete des CV-Hochschulamtsträgers zum AHStG eskalierte, als am ministeriellen Entwurf heftig Kritik geübt wurde. Dies war im Frühjahr 1963, Drimmels politischer Stern war bereits im Sinken begriffen. Im April 1964 wurde er von Theodor Piffl-Perčević abgelöst, der die Reformdiskussion fortsetzte.[3] In diesem Jahr wurden auch zwei entscheidende Publikationen vorgelegt: Der ÖCV veröffentlichte die Schrift „Zur Frage der Hochschulorganisation" (unter Mitarbeit von Karl Burian, Michael Mitterauer, Werner Vogt und Heinrich Wille). Und im Sommer 1964 veröffentlichten Manfred Leeb und Werner Vogt im Auftrag des Wahlblocks die Programmschrift „Anregungen zur Reform der wissenschaftlichen Hochschulen Österreichs", eine Publikation, die die Hochschulreformdiskussion der nächsten Jahre maßgeblich beeinflussen sollte.

Auf der CVV im Juni 1964 in Graz wurde die Einrichtung eines „Rates für Hochschulreform" gefordert, und Unterrichtsminister Piffl-Perčević griff tatsächlich die Anregung des ÖCV auf und berief im Januar 1965 zu seiner persönlichen Beratung einen *Rat für Hochschulfragen* ein, der sich im Februar 1965 konstituierte. 37 Mitglieder hatte dieser Rat, 13 davon waren CVer. Ein hoher Anteil, wenn man bedenkt, daß dieser Rat noch in der Zeit der Großen Koalition errichtet wurde und daher den Proporz berücksichtigen mußte.[4] Dieser Rat arbeitete zügig, sofern dies unter den Bedingungen einer sich zu Ende neigenden Großen Koalition ging. Nachdem das AHStG sich zu verwirklichen schien, wurden Heinrich Wille, Werner Vogt, Manfred Leeb und Michael Mitterauer von der Verbandsführung beauftragt, die End-

Karl Fellinger (Nc), Alt-VOP und international angesehener Internist, war im Studienjahr 1964/65, als die Wiener Universität ihr 600jähriges Bestehen feierte, deren Rektor.

3 Die Carolina beabsichtigte 1970, Piffl-Perčević das Ehrenband zu verleihen. Die Verbandsführung hatte keinen Einwand dagegen, jedoch lehnte Piffl ein solches Band ab. Siehe Hartmann, Im Gestern bewährt, S. 472.

4 Liste veröffentlicht in öAc 16 (1964/65), H. 6, S. 9. Es waren u. a. Mitglied Clemens A. Andreae (Aln EM), Anton Burghardt (NbW), Otto Drischel (NdW), Karl Fellinger (Nc), Otto Hittmair (AIn), Franz Hoyer (Baj), Manfred Leeb (AW), Michael Mitterauer (AW), Werner Vogt (ehemals AW), Günther Winkler (Nc EM).

redaktion einer ÖCV-Resolution „Zur Frage der Hochschulreform" vorzunehmen[5], die dann auf der CVV 1965 in Salzburg beschlossen wurde.

In beiden Bereichen, dem Studienwesen und der Hochschulorganisation, hatte der ÖCV bzw. hatten CVer damals hervorragende und bahnbrechende programmatische Arbeit geleistet. Nach 1970, der Zeit der SPÖ-Alleinregierung, war der Rat des ÖCV insbesondere bei der Diskussion um ein Universitätsorganisationsgesetz (UOG) naturgemäß nicht mehr gefragt.

Wahlblock in der Krise: Die Gründung der „Aktion"

Obwohl der CV (gegenüber dem KV und der FÖSt) in der Hochschulreformdebatte eindeutig dominierte, wirkte sich das auf den Wahlblock nicht positiv aus. Die Streitigkeiten zwischen den Verbänden des Wahlblocks – eine „Fraktion der Fraktionen" – nahmen ständig zu, man reformierte zwar die Hochschule, jedoch nicht sich selber. 1965 gelang es ihm zwar, bundesweit noch 57,54 Prozent zu erreichen, doch bereits 1967 gab es ein böses Erwachen.[6]

Ausgangspunkt war wiederum einmal Graz, wo es seit jeher Konflikte zwischen dem KV und in zunehmendem Maße stärker sich engagierenden Angehörigen der FÖSt gab, die sich als Vertretung der nicht in Verbänden organisierten Studenten betrachtete.[7] Personeller Kristallisationspunkt der Unabhängigen in der FÖSt war Gerfried Sperl, 1961 bis 1963 FA-Vorsitzender der Philosophen. In dieser Funktion baute er innerhalb des Wahlblocks eine Gruppe von Unabhängigen auf. 1963 wurde er gegen das Veto des CV und der Leitung des Wahlblocks HA-Vorsitzender. Dabei wurden wieder alte Animositäten sichtbar, denn Sperl kam aus dem Bereich der KHG.[8] Er und seine Gruppe traten durch damals besonders als revolutionär empfundene Forderungen hervor, etwa die Demokratisierung der Hochschulen. Dadurch geriet er zusätzlich in Konflikt mit der Führung des Wahlblocks.

Am Tag vor den Hochschulwahlen, dem 26. Januar 1965, betitelte Kurt Wimmer seinen abschließenden Kommentar dazu in der *Kleinen Zeitung* mit der Überschrift „In Graz gehen die Uhren anders". Diese oft geäußerte steirische Selbsttäuschung bewahrheitete sich aber diesmal in der Folge. Zwar blieb der Mandatsstand gegenüber 1963 gleich, doch es sollte wie üblich einen Wechsel im HA-Vorsitz geben. Nach dem Verbändeproporz war der KV an der Reihe. Sperl weigerte sich zuerst zurückzutreten, erklärte sich aber dann bereit, wenn ein Mann aus seiner Gruppe Vorsitzender werde. Doch die Wahlblockführung blieb hart.

Sperl und seine Gruppe gaben daraufhin am 2. Juni 1965 im Grazer Café „Glacis" eine Pressekonferenz, bei der sie die Gründung der „Aktion – Neue Österreichische Stu-

5 ÖCVA. Protokoll der Verbandsführung vom 16. 2. 1965; Entwurf abgedruckt in öAc 16 (1964/65), H. 2, S. 6f.; weiters öAc 16 (1964/65), H. 3, S, 2f.

6 Die hier und anderswo angegebenen Wahlergebnisse sind entnommen: Cyba, Politische Aktivitäten und Studiensituation, S. 57ff.; Floimaier, Geschichte der ÖSU, S. 283. Siehe auch die Überblicksstudie Holter/Suppan, Politik und Studenten in Österreich, S. 645f.

7 ÖCVA. Beschlußprotokoll V. CVV 1963, Bericht des Leiters des Amtes für Hochschulfragen, Heinrich Wille jun. (AW), S. 3. Der folgende Abschnitt über die Aktion lehnt sich, wenn nicht anders angegeben, an Floimaier, Geschichte der ÖSU, S. 220ff., an. Siehe auch Weingand/Winkler, Diese Welt muß unser sein, SS. 208ff.

8 ÖCVA. Beschlußprotokoll VI. CVV 1964, Bericht des Leiters des Amtes für Hochschulfragen.

dentenvereinigung“ ankündigten. Ziel der Aktion sei es, alle „rechts von links und links von rechts“ stehenden Studenten anzusprechen. Tags darauf gaben sie auch in Wien (Hotel Intercontinental) eine Pressekonferenz, um den österreichweiten Anspruch zu betonen. Sprecher der Wiener Gruppe war Reinhold Knoll (ehemals MKVer und 1975 Kreisky-Werber), der Sohn von August M. Knoll (NbW),[9] später – 1968 – wurde das der Aktivist Bernhard Frankfurter[10], der durch seine Person dazu beigetragen hat, daß die Aktion nicht den erwarteten Erfolg in Wien hatte.

In seinen Positionen unterschied sich Sperl kaum von der Wiener Gruppe der Austria, aber so eine fehlte aus verschiedenen Gründen in Graz, so daß er in ein gewisses Vakuum stoßen konnte. Ende 1965/Anfang 1966 beschäftigten sich die Führungsgremien des ÖCV mit den Grazer Zuständen, die zur Gründung der Aktion führten. Das Protokoll bemerkt dazu lapidar-resignierend: „Der GCV ist nicht in der Lage, eine positive und aktive Rolle in der ÖH zu betreiben.“[11]

Sperl formulierte als erster die Ziele einer studentischen Mitgliederpartei der Mitte und war somit von der Idee her zweifellos ein Vorgänger der ÖSU. Die Frontstellung zwischen CV und KHJ bzw. KA in Graz hob die Gründung der Aktion zusätzlich auf eine andere Ebene, denn Sperl hatte enge Bindungen dorthin. Bezeichnend für das Verhältnis der Gruppe Sperl bzw. der Aktion zum CV bzw. KV ist eine im nachhinein (1985) gemachte Äußerung eines Mitstreiters Sperls, des späteren steirischen ÖVP-Politikers und Juristen Prof. Bernd Schilcher: „Wir haben uns mit dem VSStÖ immer besser verstanden als mit den Korporierten.“[12] Und noch mehr als 30 Jahre danach wird in der linken Historiographie wehmütig über die Aktion geurteilt: „Die politisch wohl interessanteste Studentenpartei war die Aktion, eine nonkonformistische Vereinigung von Linkskatholiken (unter anderem auch aus der KHJ), undogmatischen Linken und versprengten Liberalen.“[13]

Die Aktion konnte bei den nächsten Hochschulwahlen 1967 bundesweit fast 4,5 Prozent erreichen, jedoch hatte sie hauptsächlich in Graz ihre Wähler. Heribert Steinbauer (ehemals AW) bemerkte dazu: „Die vom steirischen katholischen Establishment wohlwollend gesehene, progressiv katholisch gefärbte Aktion hat gleich bei der ersten Kandidatur den Sprung zur neuen Hochschulpartei durchgestanden.“[14] Bei den folgenden beiden Hochschulwahlen gelang eine Steigerung (7,65 bzw. 8,44 Prozent), jedoch ab Mitte der siebziger Jahre wurde sie zwischen der ÖSU und den nun entstandenen Linksgruppen zerrieben. Da die ÖSU zu einem Teil die Ideen der Aktion übernahm und insbesondere in Graz Mitte der siebziger Jahre einen ähnlichen Kurs wie sie verfolgte, auch in der Wahl der personellen Ressource (KHJ), hatte sich der Gründungszweck der Aktion überlebt.

Der Wahlblock selber sah sich ab Mitte der sechziger Jahre zunehmend in einem Zweifrontenkampf: Der RFS erlebte in dieser Zeit seine letzte Hochblüte, und durch die Aktion bestand die Gefahr, daß am linken Rand Wähler verlorengingen. Dazu kamen noch innere Schwierigkeiten durch andauernde Streitereien zwischen den Verbänden so-

9 *Blätter* 20 (1965/66), H. 1, S. 16f.

10 In hochschulpolitischen Kreisen des CV wegen seines Namens „Würschtl“ genannt.

11 ÖCVA. Protokoll der Verbandsführung und Protokoll des ÖCV-Beirates vom 10. 10. 1965; Protokoll der Verbandsführung vom 17. 1. 1966.

12 Zitiert nach Weichselbaumer, Niedergang und Reste des politischen Katholizismus, S. 33.

13 Ebner/Vocelka, Die zahme Revolution, S. 67.

14 öAc 18 (1966/67), H. 5/6, S. 7.

wie wegen der Skandale um Wahlblock-Funktionäre, vor allem in Wien. Es fehlte also an programmatischen wie personell überzeugenden Positionen. In dieser Situation versuchte die hochschulpolitisch engagierte Gruppe um die Wiener Austria durch einen aggressiven und vor allem progressiven Wahlkampf Terrain aufzuholen. So wurde Ende 1966 eine eigene Wahlkampfzeitung des Wahlblocks, *top public*, herausgegeben, die durch Angriffe gegen das „eigene Lager", so u. a. gegen das Wiener Priesterseminar und Herbert Schambeck (Rd), größten Unmut im CV erregte (siehe dazu auch S. 626).[15]

Ergebnisse der Hochschulwahlen für den ZA in der „Übergangsphase" 1967 bis 1971

	Wahlblock/ ÖSU	RFS	VSStÖ	VDS/ Linke	Sonstige	Aktion
1967	48,9	29,9	13,1	0	3,5	4,5
1969	49,1	28,5	12,2	1,0	1,5	7,7
1971	53,7	25,1	10,6	2,1		8,4

Die Hochschulwahlen im Januar 1967 fielen für den Wahlblock katastrophal aus. Der RFS konnte sich steigern, ebenso geringfügig der VSStÖ (dies besagt vorerst noch nichts, da die Kommunisten zum Unterschied von 1965, wo sie über 1 Prozent erhielten, 1967 nicht kandidierten). Erstmals gab es drei potente Splittergruppen, die zusammen 8 Prozent erreichten. Deren Erfolg und nicht die mageren Zuwächse von RFS und VSStÖ verursachten das Abrutschen des Wahlblocks. Diese Splittergruppen waren größtenteils der studentischen Mitte zuzusprechen, so daß sich zwischen den drei politischen Lagern auf den Hochschulen nur wenig änderte. Aber die Alarmstufe für den Wahlblock war erreicht, man mußte zu einer Reform schreiten.[16]

Die Gründung der ÖSU

Die Zeit der Jahre 1967 bis 1969 wird in der Historiographie zunehmend unter der Chiffre **1968** als die der Studentenbewegung bezeichnet. Die Zeit der Aufbauphase nach 1945 hatte ihren Abschluß gefunden, und es entstanden weltweit Symptome einer Reformbewegung, wie etwa das II. Vatikanum, der Reformkommunismus (Eurokommunismus), aber auch z. B. die Reformpolitik unter Bundeskanzler Josef Klaus (Rd). Es gab ein positives Klima dafür, und das machten sich zunehmend progressive bzw. in der Folge revolutionäre Ideen zunutze. Die **Neue Linke**, ausgehend von Herbert Marcuse (USA) und übernommen von der Frankfurter Schule, prägte theoretisch diese Zeit und übte ohne Zweifel auch eine gewisse Faszination auf nichtmarxistische Kreise aus. Dort, etwa in der Kirche oder im CV, wurde man „progressiv", wer „konservativ" war, stand abseits. Wie Jahrzehnte vorher die nationale Frage auch den CV aufwühlte und in ihm der „katholisch-nationale" Flügel (s. S. 342) Anhänger gewann, so war auch Ende der sechziger Jahre die Gefahr eines übertriebenen „Progressismus" nicht von der Hand zu weisen.

15 Siehe Floimaier, Geschichte der ÖSU, S. 234f.

16 Siehe dazu öAc 18 (1966/67), H. 5/6, S. 7f. und H. 7, S. 5f.

Rangeleien zwischen CVern und Angehörigen des VSStÖ (und anderer linker Gruppierungen) anläßlich der Rektoratsinauguration an der Universität Wien im Herbst 1968.

Österreich blieb weitgehend von Auseinandersetzungen wie in Paris (Mai 1968) oder in Berlin (Rudi Dutschke) verschont, wenn es auch nicht immer unbedingt friedlich abgegangen ist. Ein Beispiel ist die Rektoratsinauguration am 17. Oktober 1968 an der Wiener Universität, wo Linke die Feier stören wollten und mit dem Ruf „Linksfaschisten raus!" empfangen wurden.[17]

Interessant ist zu beobachten, wie sich damals der ÖCV bzw. die von ihr geprägten Gruppen im Vergleich zum deutschen CV und zum Ring Christlich-Demokratischer Studenten (RCDS)[18] verhalten hatte. Und so scheint immer noch die 1977 aufgestellte These ihre Gültigkeit zu haben, daß durch eine sachorientierte Reformpolitik des ÖCV bzw. durch ihn die frühe ÖSU in den späten sechziger Jahren auf den Hochschulen viel „revolutionärer" Wind aus den Segeln genommen werden konnte. Diese Strategie hatte Österreich im Gegensatz zu Deutschland oder Frankreich viel erspart.[19]

Der CV ging nun nach den Hochschulwahlen 1967 mit sich selbst und dem Wahlblock ins Gericht, und man suchte nach Ursachen und überlegte Konsequenzen.[20] Und wiederum war im Wahlblock der ÖCV maßgebend. Bereits im März 1967 tagten die hochschulpolitisch tätigen CVer in Neusiedl am See. Das Ergebnis in Kürze: „Voraussetzung für personelle und programmatische Reformen ist die Beseitigung der strukturellen Hemmschuhe. Die derzeitige Verbändestruktur behindert die gedeihliche Zusammenarbeit. Daher folgende Forderung: Verdrängung der Verbändestruktur und vollberechtigte Mitgliedschaft von verbandslosen Wahlblockangehörigen (Idealfall: Mit-

17 Diese Parole wurde vom Verfasser, der damals als Vororts-Funktion (1. VOS) dabei war, in Gang gesetzt.

18 Der RCDS wurde 1947 gegründet. Bekannte Funktionäre des RCDS waren der spätere Präsident des Bundesverfassungsgerichtshofes Ernst Benda, der ehemalige Bürgermeister von Berlin, Eberhard Diepgen (B! Saravia Berlin), Erzbischof Johannes Dyba (Fre), der ehemalige bayerische Staatsminister Peter Gauweiler, Bundesinnenminister Wolfgang Schäuble sowie der Ministerpräsident Niedersachsens, Christian Wulff.

19 Der CV in Österreich, S. 111. Siehe auch den Artikel „Rhetorische Minderheit. Hat der deutsche CV versagt?", in: öAc 20 (1968/69), H. 10, S. 2f.

20 öAc 18 (1966/67), H. 5/6, S. 4f., H. 7, S. 5f., und H. 12, S. 4. Die Darstellung folgt, wenn nicht anders angemerkt, Floimaier, Geschichte der ÖSU, S. 243ff. Siehe auch Hochgerner, Studentenpolitik (aus der Sicht des VSStÖ).

glieder-Organisation).“[21] Auf Initiative des damaligen Hochschulamtsträgers Gernot Schaffer (Dan) wurden je ein programmatischer und ein Strukturreform-Arbeitskreis eingerichtet. Weiters holte er sich Helmut Schattovits (Am) zu seinem Mitarbeiter und delegierte ihn in die Wahlblockführung.

Schattovits war ein engagierter Vertreter der Einzelmitgliedschafts-Idee, CV-verbandspolitisch wurde er durch die Vororte 1967/68, der Amelungia unter Roderich M. Regler, und 1968/69, der Bajuvaria unter Claus J. Raidl (Baj), unterstützt. Auf einem Aktiventag vom 6. bis 10. März 1968 in Melk[22] konnte Schattovits seine Ideen unterbreiten und die Zustimmung dafür finden, so daß die XI. CVV im Mai 1968 in Wiener Neustadt sich diesem Weg anschloß. Gleichzeitig wurde im Schoß des CV das Programm besprochen, das dann auch weitgehendst von den anderen Wahlblock-Mitgliedsverbänden akzeptiert wurde. „Progressive Mitte“, diese Formulierung gab den Standort dieses Programms in einer Kurzformel wieder.[23] „Es war der Versuch, die bisherigen konservativen Studentenverbände zu einer auch ideologisch schlagkräftigen, modernen studentischen Bewegung zusammenzuschließen, dabei aber die Auswüchse des Revoluzzertums um jeden Preis zu vermeiden. Fortschrittlich, ja radikal in der Einstellung, realistisch und tatkräftig in der Durchführung mußte die zukünftige Politik der ÖSU sein.“[24] ***Österreichische Studentenunion***, ÖSU, sollte der neue Name lauten.[25] Im Mai 1968, als es in Paris brannte, fielen die Entscheidungen im Wahlblock, am 23. Mai 1968 um 4 Uhr in der Früh wurden die Satzungen der ÖSU beschlossen, daran anschließend konstituierten sich die einzelnen ÖSU-Hochschulverbände. Ende Mai geschah dies als erstes auf der Wiener Universität.[26]

Bei der Konstituierung der Bundes-ÖSU vom 18. bis 20. Oktober 1968 in Wien wurde Gerhard E. Ortner (Merc) erster Präsident.[27] Gewählt wurden noch Sepp-Gottfried Bieler (Rt-D), damals ÖH-Vorsitzender, zum 1. Vizepräsidenten und Peter Hackl (Merc) zum Generalsekretär. Weitere Präsidiumsmitglieder waren u. a. Helmut Schattovits (Am) und Roderich M. Regler (Am). Die ÖSU war zwar so organisiert, daß die alten Verbände eine ao. Mitgliedschaft besaßen, doch sie traten zunehmend immer mehr in den Hintergrund. Die größere Schlagkraft des CV gegenüber FÖSt, KV oder gar KÖL machte sich nun bemerkbar, so daß in der Folge die hochschulpolitische Bedeutung des KV und der FÖSt praktisch verschwand.

Die Hochschulwahlen vom Januar 1969 waren für die ÖSU ein Erfolg, sie erreichte wieder die absolute Mehrheit im ZA. Die Bedeutung dieser Wahl lag in einer Trendumkehr, die der damalige RFS-Mandatar und spätere Verteidigungsminister Friedhelm Frischenschlager (S! Barden Wien) als „Wunder dieser Wahl“ bezeichnete.[28] Möglicherweise erahnte er bereits den kommenden kontinuierlichen Abstieg des RFS.

---

21 ÖCVA. Beschlußprotokoll IX. CVV 1967, Bericht des Leiters des Amtes für Hochschulfragen.

22 Es war damals das erste Mal, daß ein Aktiventag (heute Studententag) zusätzlich außerhalb der CVV tagte, was in der Folge generelle Übung wurde.

23 Programm der ÖSU abgedruckt in Vade mecum 3, SS. 83ff.

24 *Österreichische Monatshefte.* 24 Jg., H. 5, S. 11.

25 Der Name ÖSU wurde auf einer Autofahrt nach Holland im November 1967 kreiert (Studienreise des Leiters des Amtes für Bildungsfragen, Maximilian Liebmann), und zwar im Auto von Peter Diem (Rd) auf der Strecke zwischen München und Nürnberg. Im Auto saßen noch Kurt Mazanek (ehemals AW), Herwig van Staa (Le) und Gerhard Hartmann (Baj).

26 Vertreter des ÖCV bei dieser Gründungsversammlung war damals Gerhard Hartmann (Baj).

27 Er war gleichzeitig im Studienjahr 1968/69 auch WCV-Senior.

28 *Wochenpresse,* 29. 1. 1969, S. 11.

Bis zu den Wahlen 1967 lag die Wahlbeteiligung fast bei 70 Prozent, 1967 waren es noch 66,5 Prozent. 1969 machte sich erstmals ein stärkerer Abwärtstrend bemerkbar, die Beteiligung betrug nur mehr 55 Prozent. 1971 waren es dann 44,2, 1974 sogar nur 34,2 Prozent. Sie stieg dann etwas wieder an, um sich dann in der Folge bei rund einem Drittel oder weniger einzupendeln. Das starke Absinken der Wahlbeteiligung 1974 ist erstmals sicher eine Folge der Zulassung ausländischer Hörer zu den Wahlen, die naturgemäß weniger Interesse hatten. Durch die Teilung in Diplom- und Doktoratsstudien galten viele Doktoranden noch als inskribiert, obwohl sie bereits berufstätig waren und daher auch weniger Interesse hatten. Und zweitens hat sicherlich die „Verpolitisierung" der Studentenpolitik viele Wähler abgeschreckt.

Die Reformierung der studentischen Mitte wurde 1971 honoriert, die ÖSU erhielt dabei ein Ergebnis, das nie mehr erreicht wurde.[29] Der RFS und VSStÖ verloren.

Ergebnisse der Hochschulwahlen für den ZA von 1971 bis 1981 in Prozenten

	1971	1974	1975	1977	1979	1981
ÖSU	53,7	41,5	36,2	48,0	38,3	23,2
Studentenforen		3,6	5,5	1,5	6,0	20,1
JES			7,0	10,2	14,0	16,2
Sonstige Mitte	8,4	4,7	8,8	3,2	3,1	1,9
VSStÖ	10,6	13,4	17,3	17,1	18,1	19,5
Sonstige Linke	2,1	10,8	9,6	9,4	8,8	6,8
RFS	25,1	20,9	15,0	8,4	7,0	4,1
Sonstige		5,1	0,6	2,2	4,7	8,2

Die Universitätsreform 1975

Am 20. Juni 1973 wurde ein neues **Hochschülerschaftsgesetz** (BGBl 309/1973) beschlossen. Danach wurde auch den Hochschülerschaften an den einzelnen Universitäten Rechtspersönlichkeit zugestanden. Auf unterster Ebene wurden Instituts- und Studienrichtungsvertretungen geschaffen, was im Trend der UOG-Refom lag. Aktiv wahlberechtigt wurden alle Studierenden unabhängig von der österreichischen Staatsbürgerschaft; passiv wahlberechtigt nur die Staatsangehörigen der Vertragsparteien des Europäischen Wirtschaftsraums (EWR)[30], wobei diese Bestimmung im HSG einer österreichischen Rechts-Unsitte folgend Verfassungsrang erhielt.

An der Vertretungsstruktur wurde im Prinzip kaum etwas geändert. Dem ZA gehörten nur mehr eigens gewählte Mitglieder an und nicht mehr die HA-Vorsitzenden bei der Anrechenbarkeit auf die jeweilige Fraktion.[31] Wesentlich war jedoch das durch die Studentenbewegung der späten sechziger Jahre in diesem Gesetz eingeführte allgemein-

29 Die Januskōpfigkeit des Erfolges der ÖSU wurde bereits damals von Hubert Pototschnig (Nc) in öAc 22 (1970/71), H. 5, S. 5, ziemlich deutlich erkannt, indem beim nächsten Mal Stimmeverluste vorausgesagt wurden.

30 Dem EWR gehören neben den Mitgliedsstaaten der EU noch Liechtenstein, Island und Norwegen an.

31 Über diese Reform siehe Fuchs, Pflichtmitgliedschaft der studentischen Selbstverwaltung, SS. 44ff.

politische Mandat der ÖH. In § 2 Abs. 1c dieses ÖH-Gesetzes heißt es über die Aufgabe der ÖH „ ... die Vertretung der allgemeinen Interessen ihrer Mitglieder ...“ Die Anwendung dieses Prinzips war immer ein Konfliktstoff zwischen den Studentenfraktionen. Augenfällig wurde es bei dem Engagement der ÖH in der Vietnam-, Friedens- und Anti-Atomkraftbewegung sowie bei der Besetzung der Hainburger Au und beim Konrad-Lorenz-Volksbegehren in der weiteren Folge der siebziger und achtziger Jahre.[32]

Die Stellung einer Körperschaft des öffentlichen Rechts verleiht der ÖH im internationalen Vergleich einen Sonderstatus. In Deutschland unterstehen in der Regel (die Hochschulgesetzgebung ist dort Ländersache) die Allgemeinen Studentenausschüsse (bzw. neuerdings Studierendenausschüsse) (AStA) der Aufsicht des jeweiligen Rektors und bilden quasi eine Organschaft innerhalb der Universität, der alle Studierenden angehören. Auf keinen Fall dürfen die AStA's ein allgemeinpolitisches Mandat auch nur im entferntesten wahrnehmen. Aber es kam und kommt deswegen häufig zu Konflikten, weil ja seit den späten sechziger Jahren die AStA's in der Bundesrepublik häufig von den Linken dominiert werden, die natürlich diese Position für ihre politische Agitation ausnützen wollten.[33]

Wegen der ÖH-Reform fand die nächste Wahl erst 1974 statt. Hier machte sich nicht nur bereits die Krise der ÖSU, sondern auch die Kaderarbeit der Linksgruppen bemerkbar. Erstaunlich war daher das Ansteigen der drei kommunistischen Gruppen (KSV, Nachfolger des VDS, moskauhörig; LKH, Maoisten; GRM, Trotzkisten) auf 10,8 Prozent! Es war also eine deutliche Verschiebung nach links festzustellen, obwohl die studentische Mitte noch immer rund 50 Prozent der Stimmen auf sich vereinigen konnte, wenn man die kleinen Gruppen hinzurechnet. Diese Aufsplitterung, die sich auch bei den ZA-Mandaten widerspiegelte, war u. a. die Folge der ÖH-Reform, wonach der ZA nun direkt gewählt wurde und nicht mehr aus den HA-Vorsitzenden und Zusatzmandataren bestand.

Eine Untersuchung des Jahres 1975 über die Parteipräferenzen der Studenten bei Nationalratswahlen kommt zu einem interessanten Ergebnis. Nach den ÖH-Wahlen von 1975 haben die Listen der Mitte weit über 50 Prozent erreicht, der VSStÖ und sonstige Linke fast 27 Prozent, der RFS 15 Prozent. Die Parteipräferenz nach einer repräsentativen Befragung lautete aber: 50 Prozent ÖVP, 35 Prozent SPÖ und KPÖ sowie 14 Prozent FPÖ. Während FPÖ und RFS nahezu deckungsgleich waren, votierten bei der ÖH-Wahl 1975 nicht nur ÖVP-Wähler für die Listen der Mitte. In der Tat: 13 Prozent der ÖSU-Wähler waren SPÖ-Sympathisanten. Die ÖSU konnte damals also durch ihre Politik und Darstellung deutlich mehr Wähler als nur ÖVP-Sympathisanten an sich binden.[34] Das war sicherlich in den Jahrzehnten davor beim Wahlblock nicht der Fall. Andererseits muß man auch berücksichtigen, daß die ÖVP damals in Opposition stand und die SPÖ das Wissenschaftsressort leitete, so daß bei der Interessensvertretungs-Politik die ÖSU davon profitierte – so wie 25 Jahre später die Linke gegenüber einem ÖVP-Minister.

1970 wurde von der neuen SPÖ-Regierung unter Bruno Kreisky ein Wissenschaftsministerium errichtet und mit Hertha Firnberg besetzt. Diese ging recht bald daran, den Entwurf für ein **Universitätsorganisationsgesetz** (UOG) zu erarbeiten. Karl Aiginger

32 Marschitz/Szyszkowitz, Zwischen Studentenstreik und Urabstimmung, S. 191.
33 *Rheinischer Merkur*, Nr. 14, 2004, S. 16.
34 Hochgerner, Studenten nach der Revolte, S. 253.

(Nc), bereits vorher hochschulpolitisch tätig, war von 1972 bis 1976 Hochschulamtsträger des ÖCV. Er war Motor und Mentor für eine gediegene Stellungnahme des Verbandes zum UOG-Entwurf. Er brachte es auch fertig, die drei betroffenen Gruppen – Professoren, Assistenten und Studenten – im ÖCV an einen Tisch zu bringen und eine vom Kompromiß getragene Stellungnahme zu erarbeiten. Die besondere Pikanterie der Zeit zwischen 1971 und 1974 war, daß die offiziellen Repräsentanten dieser drei Gruppen CVer waren: der Vorsitzende der Rektorenkonferenz und Rektor der Wiener Universität Günther Winkler (Nc EM), der Vorsitzende des Assistentenverbandes Josef Frühwirth (A-P) und der ÖH-Vorsitzende Hubert Pototschnig (Nc). Im Mai 1973 konnte Aiginger die Stellungnahme des ÖCV zum UOG vorstellen. Tenor dieser war die Forderung, die Hochschulautonomie nicht nur zu erhalten, sondern noch weiter auszubauen sowie vor Bürokratisierung zu warnen. In der Mitbestimmung wurde ein gemäßigter Kurs vertreten, ein Ergebnis des innerverbandlichen Kompromisses.[35]

Mit 1. Oktober 1975 trat das UOG in Kraft. Im Gegensatz zum AHStG war hier der ÖCV Reagierer und nicht Agierer. Dies war völlig klar, denn ab 1970 war die ÖVP nicht mehr in der Regierung, die in diesem Bereich oft sehr froh über die Vorarbeit des CV war. Die Hochschulorganisationsreformen in Österreich und in den sozialdemokratisch regierten Ländern Deutschlands haben letztlich gezeigt, daß mit übertriebener Bürokratie kein effizienter Lehr- und Wissenschaftsbetrieb zu erreichen ist.

Krise und Ende der ÖSU

Durch die neue Struktur der ÖSU kamen einerseits zwangsläufig auch Personen zu ihr, die von der christlichen Grundhaltung, wie sie von den Verbänden und der KHJ vermittelt werden, weit entfernt waren. Andererseits schienen sich aber die Flügelkämpfe des Wahlblocks auch in der ÖSU – wenn auch auf andere Art – fortzusetzen. Mit dem Abtritt der ÖSU-Gründergeneration, die noch weitgehendst vom CV geprägt war, machte sich das stärker bemerkbar.[36] Unmittelbar vor den Wahlen im Mai 1974 zeigten sich bereits Spannungen zwischen einem „rechten“ und „linken“ Flügel. Zwar verlor die ÖSU 1974 gegenüber 1971, doch der Trend war nicht einheitlich. Als Kompromiß-Kandidat zwischen den beiden Flügeln wurde Georg Schneider (AW) ÖH-Vorsitzender.[37] Doch die Differenzen waren deswegen nicht überwunden. Mitte November 1974 kam es auf einer ZA-Sitzung zum Eklat. Mit Hilfe von RFS, VSStÖ und den verschiedenen linksextremen Mandataren wurde Schneider auf Antrag von sieben ÖSU-Mandataren (darunter aber kein CVer) abgewählt. Diese gründeten in der Folge die ***Demokratische Studentenunion*** (DSU).

35 Zur UOG-Debatte siehe ÖCVA. Berichte der Leiter des Amtes für Hochschulfragen an die CVVs der Jahre 1973-75; ebda., Stellungnahme des ÖCV zur Hochschulorganisation, Mai 1973; ebda., Stellungnahme des CV zum 3. Entwurf eines Universitätsorganisationsgesetzes (o. J.); ebda., Revolution durch das UOG? Hg. vom Präsidium des ÖCV-Studentenverbandes 1975; öAc 24 (1972/73), H. 2/3, S. 2, und 25 (1973/74) Dez./Jä., S. 48. Stellungnahmen des ÖCV auch abgedruckt in Vade mecum 3 Erg., SS. 53ff. und 71ff.

36 Erste Ansätze dazu waren bereits vor den Wahlen 1971 bemerkbar, als eine „Kritische Gruppe Wien“ im ÖCV auf mangelnde Unabhängigkeit der ÖSU u. a. hinwiesen, siehe öAc 22 (1970/71), H. 5, S. 5f. Zu dieser Gruppe gehörten u. a. Ernst Reitermeier (Am) und Anselm Skuhra (ehem Rd).

37 öAc 25 (1973/74) März/April, S. 8ff. und12ff. Siehe auch Holter/Suppan, Studenten und Politik in Österreich, S. 645.

Etwa zur gleichen Zeit dieser „linken" ÖSU-Abspaltung erfolgte in Wien die Gründung der ***Jungen Europäischen Studenteninitiative*** (JES), einer konservativen Gruppe, bei der das personelle Gewicht von Industriellen und Adeligen (Vinzenz Liechtenstein) deutlich war. Ihre Ursprünge hatte sie in den sog. „Waldheim-Komitees" des Jahres 1971 – jugendliche Unterstützungsgruppen für Kurt Waldheim anläßlich seiner (erfolglosen) Kandidatur bei den Bundespräsidentenwahlen gegen den Amtsinhaber Franz Jonas. Die JES wandte sich gegen das allgemeinpolitische Mandat der ÖH (s. o.), wie es damals vor allem vom linken Flügel der ÖSU gefordert wurde, und verstand sich als „Service-Partei" sowie als „einzige nichtsozialistische Initiative". Auch einige CVer waren bei der JES-Gründung beteiligt, die auch bei vielen Alten Herren auf gewisse Sympathie stieß, so daß eine echte Gefahr für die ÖSU nicht nur links, sondern nun auch rechts erwuchs. Die JES konnte in der Folge sogar die absolute ÖH-Mehrheit an der WU Wien erringen und stellte 1981-1983 sogar den HA-Vorsitzenden an der Universität Wien und 1983-1985 den FA-Vorsitzenden bei den Wiener Juristen.[38]

Darüber hinaus gab es noch Schwierigkeiten mit Innsbruck, wo es nicht gelungen ist, eine ÖSU zu gründen. Dort bildete sich ein Team Innsbruck bzw. ein Forum Innsbrucker Studenten, das bereits 1974 auch für den ZA kandidierte. Der ÖCV empfahl für die Wahl 1975, ÖSU oder Forum Innsbruck zu wählen,[39] aber trotzdem war es kein Wunder, daß die Wahlen für die ÖSU schlecht ausfielen. Zusammen mit dem Forum Innsbruck (5,5 Prozent) und der Fraktion Theologie gelang es, Georg Schneider neuerlich zum ZA-Vorsitzenden zu wählen, ihm folgte für 1976/77 Georg Karasek (Nc).[40]

1977 erreichte die ÖSU im ZA wieder die absolute Mehrheit der Mandate.[41] Bei diesen Wahlen trat jedoch erstmals eine Gruppe auf, die für den ZA ein Mandat erreichte, jedoch auf dem HA der Universität Graz, wo sie lediglich kandidierte, auf Anhieb vier Sitze errang. Es war dies das ***Studentenforum*** Graz. Zum Unterschied von Wien, wo sich die ÖSU konsolidieren konnte, gab es in Graz noch immer einen starken „linken Flügel", der ideologisch in der Tradition der Aktion der sechziger Jahre stand, wobei auch eine personelle Verbindung zur KHG gegeben war. Alle diese Umstände bewogen im Herbst 1976 eine Gruppe von Studenten, bei der der CV, besonders auch die Carolina maßgeblich, jedoch nicht bei den Spitzenfunktionären beteiligt war, am 10. Oktober 1976 das Studentenforum Graz zu gründen, um so den Kurs der ÖSU zu korrigieren.[42] Der Erfolg des Studentenforums Graz auf dem HA der Universität war beachtlich: 1979 erreichte es 7 von 19 Mandaten, 1981 sensationelle 12 von 21![43]

In der ÖSU verstand man jedoch nicht diese Zeichen an der Wand, nur mit Mühe konnte am 19. Januar 1978 abermals eine Spaltung der ÖSU verhindert werden, wobei

38 Holter/Suppan, Politik und Studenten in Österreich, S. 650.

39 *Academia intern* Mai/1975. Aufruf von VOP Helmut Kukacka (A-D) und Karl Aiginger (Nc).

40 ÖCVA. Beschlußprotokoll XVIII. CVV 1975. Bericht des Leiters des Amtes für Hochschulfragen. Ebda., Protokoll des ÖCV-Beirates vom 20. 3. 1975, S. 5f.; öAc 26 (1975) Mai, S. 44. Karasek, Sohn des ÖVP-Politikers Franz Karasek (Nc), war von 1975-1977 auch ÖSU-Präsident und gehörte zur Gruppe der hochschulpolitisch Aktiven der Norica in den siebziger Jahren, zu der auch der Vorsitzende der ÖH der Universität Wien bis 1979, Helmut Brandstätter (ehemals Nc), zählte.

41 öAc 28 (1977) Juli/August, S. 9f.; *Acta Studentica* 22/1977, S. 6; *ibf-Spektrum* Nr. 281, 1. 6. 1977, S. 2f.

42 Holter/Suppan, Politik und Studenten in Österreich, S. 646; *Carolinen-Blätter* Nr. 11 (WS 1979/80), S. 44.

43 *ibf-Spektrum* Nr. 291, 1. 6. 1977, und 339, 1. 6. 1979, S. 1f.; *Carolinen-Blätter* Nr. 14 (SS 1981), S. 7ff. Obwohl das Studentenforum 1979 relativ stärkste Fraktion wurde, gab es eine Koalition der „Verlierer" von ÖSU, DSU/VSStÖ und RFS. Siehe dazu auch Hartmann, Im Gestern bewährt, SS. 493ff.

hier der CV maßgeblich auf Ausgleich bedacht war.[44] Das war keine gute Ausgangsposition für die Wahlen des Jahres 1979. Die ÖSU verlor im ZA zugunsten des Studentenforums und der JES, die von Rainer Stepan (Walth) angeführt wurde.[45]

Auch wenn man die Stimmen der Splitterparteien der Mitte zusammenrechnet und auf ein respektables Ergebnis kommt, so kann es nicht darüber hinwegtäuschen, daß die ÖSU nicht mehr in der Lage war, diese studentische Mitte integrativ zusammenzufassen. Der Auflösungsprozeß der ÖSU ging weiter. Nur mit Mühe konnte der Spitzenkandidat der ÖSU im Jahr 1979 mit Hilfe linker Gruppen (VSStÖ, KSV) zum ÖH-Vorsitzenden gewählt werden, denn eine Gruppe von Wiener ZA-Mandataren der ÖSU trat schon vorher aus und kandidierte mit Christian Zach (M-D) als Studentenforum Wien.[46]

Die Grazer Zahlen haben aber auch bewiesen, daß das Studentenforum durch seine Politik die JES im Rahmen halten konnte und beträchtliche Stimmen aus dem Potential der ÖSU bekam. Damit wurde ein Konzept eröffnet, wie man wiederum zu einer integrativen studentischen Partei der Mitte gelangen hätte können. Der Zentrifugalprozeß in der ÖSU hatte auch zur Folge, daß der ÖCV 1980 offiziell seine Mitgliedschaft in der ÖSU zurückzog.[47]

Der CV hatte es nun in der Folge schwer, denn es wurde nun deutlich, daß sich die hochschulpolitischen Aktiven auf mehrere Fraktionen verteilten. Die Rest-ÖSU driftete weiter nach links ab, es blieben nur mehr die diversen Foren (Wien, Graz, Innsbruck) und die JES. Für diese gab es zwar deutliche Sympathien seitens des damaligen Vorsitzenden der Altherrenschaft, Theodor Detter (AW), – „ich empfinde die JES heute dem CV für näherstehend als die ÖSU“[48] – und anderer, doch 80 Prozent der Aktiven betätigten sich bereits bei den Foren.[49] In dieser Situation versuchten die Hochschulamtsträger Karl Schultes (Walth) (bis 1981) und Ernst Wurz (Rt-D) (ab 1981) das Beste, d. h. sie förderten das Studentenforum und legten so den Grundstein für die spätere Gründung der AG. Mit Spannung sah man den nächsten Wahlen 1981 entgegen. Sie gingen erwartungsgemäß für die ÖSU katastrophal aus, sie verlor ein Drittel der ZA-Mandate.[50] In Graz gab es wie erwähnt einen Erdrutschsieg für das Studentenforum. Die zentrifugalen Kräfte waren bereits derartig, daß auch ein „Witzliste“ mit dem Namen „Morgenmuffel“ 1981 für den ZA auf Anhieb 2 Mandate erobern konnte, von denen einer ein CVer war.[51]

Die ÖVP war nun ebenfalls in der Folge unter ihrem Wissenschaftssprecher Heinrich Neisser (Rd) bestrebt, in die Zersplitterung Ordnung hineinzubringen. Es gelang ihm, die drei Fraktionen der Mitte (ÖSU, Forum, JES) in ein Gespräch zu bringen. ÖSU, JES und die Studentenforen konnten sich auf eine Wahl des ÖH- und des HA-Uni-Wien - Vorsitzenden einigen.[52] Im Herbst 1982 bildeten die Rest-ÖSU, Studentenforum und Forum Innsbruck eine gemeinsame Wahlplattform unter dem Namen „Aktionsgemeinschaft“

44 ÖCVA. Bericht des Hochschulamtsträgers an die XII. CVV 1978; ebda. Presseaussendung des ÖCV „Sprung in der ÖSU gekittet. CVer daran maßgeblich beteiligt!“ vom 23. 3. 1978.

45 *ibf-Spektrum* Nr. 330, 1. 6. 1979, S. 1f; *Academia intern*, Juni 1979, S. VII. Siehe auch die Analyse von Georg Karasek (Nc) in öAc 30 (1979), Mai/Juni, S. 6ff.

46 *ibf-Spektrum* Nr. 333/334, 1. 8. 1979, S. 13, und 335/336, 1. 9. 1979, S. 14.

47 ÖCVA. Beschlußprotokoll XXIII. CVV 1980. Antrag des Leiters des Amtes für Universitätsfragen auf Austritt des ÖCV aus der ÖSU.

48 *Academia intern,* April 1979, S. II.

49 öAc 32 (1981), H. 3, S. 11.

50 ÖCVA. VO-Rundschreiben 1980/81 vom 3. 6. 1981; *Kleine Zeitung,* 22. 5. 1981, S. 11.

51 Wolfgang Puttinger (Nc), siehe ÖCVA. 8. Vorortsrundschreiben, 3. 6. 1981, .

(AG), womit eine brauchbare Struktur für eine Politik der studentischen Mitte gefunden werden konnte.[53] Bei den Wahlen im Mai 1983 konnte dann doch ein gewisser Erfolg für die AG mit ihrem Spitzenkandidaten Herbert Rainer (Vi) verbucht werden. Er sollte der vorerst letzte CVer als ÖH-Vorsitzender sein. Die Mandatsverteilung im ZA für die folgende Zeit sah folgendermaßen aus:[54]

Ergebnisse der Hochschulwahlen für den ZA von 1983 bis 1989 in Prozenten

	1983	1985	1987	1989
AG	35,3	30,9	38,6	36,0
JES	16,9	20,7	12,2	7,9
Sonstige Mitte	1,4	1,8	0	0
VSStÖ	25,9	21,8	21,7	20,0
KSV	3,8	3,4	2,7	3,8
Sonstige Linke	4,4	5,4	1,8	6,0
Diverse Grüne	0	3,7	9,5	12,8
RFS/FSI	4,3	0	2,5	4,6
FLÖ	0	0	2,8	6,4
Sonstige	9,1	12,3	8,2	2,5

Die Parteien der studentischen Mitte, AG und JES, hatten 1983 zwar zusammen rund 52 Prozent, doch damit waren die Probleme für die AG nicht gebannt. Der ÖH-Vorsitzende Herbert Rainer (Vi) und die ÖH gerieten zunehmend in den „grünen Strudel" der achtziger Jahre durch ihr Engagement gegen das Donaukraftwerk Hainburg und die Abfangjäger.[55] Dadurch wurde erneut das Konzept einer integrativen studentischen Mitte in Frage gestellt. Die JES, die 1983 den AG-Kandidaten mitgewählt hatte, zog ihre Unterstützung zurück. Die Quittung wurde bei den Wahlen 1985 gereicht. AG und VSStÖ verloren trotz ihrer „Grün-Politik" an neue Grün-Gruppen, während die JES, die dazu kritisch eingestellt war, deutlich gewann und mit 15 von 65 ZA-Mandaten ihren Zenit erreichte.[56] 1987 hingegen verbesserte sich etwas die Situation der AG im ZA. Die JES war der deutliche Verlierer, ebenso stagnierten die linken Parteien. Der neue ÖH-Vorsitzende ab 1985 versuchte daher, wiederum unmittelbare studentische Interessen in den Vordergrund seiner Arbeit zu stellen.[57] Der Erfolg bei den Wahlen 1987 gab ihm recht. Die AG gewann fast in dem Ausmaß, wie die JES verlor. Diese hatte nach ihrem Erfolg 1985 ihren Bogen insofern überspannt, indem sie ihre konservative Programmatik und Strategie deutlich betonte und Vinzenz Liechtenstein sogar mit einer Parteigründung

52 öAc 33 (1982), H. 2, S. V; *Academia intern*, September 1981, S. IIf.; Holter/Suppan, Politik und Studenten in Österreich, S. 646f.

53 *ibf-Spektrum* Nr. 423, 15. 4. 1983, S. 1.

54 Ebda., Nr. 426, 1. 6. 1983, S. 10f. und 339, 1. 6. 1979, S. 1f.; *Acta Studentica* 58/1985, SS. *Carolinen-Blätter* Nr. 22 (SS 1985), S. 73f.; *Kleine Zeitung*, 20. 5. 1987.

55 Siehe sein Artikel „Die Zukunft ist grün" in öAc 35 (1984), H. 2, S. 28ff., und das Interview mit ihm in 36 (1985), H. 1, S. 22f.

56 Siehe zu dieser Wahl der Kommentar des damaligen VOP Georg Feith (GlL) in öAc 36 (1985), Heft 4, S. 12f.

57 Marschitz/Szyszkowitz. Zwischen Studentenstreik und Urabstimmung, S. 205.

rechts der ÖVP analog zur JES liebäugelte. Diese Art von konservativen Positionen bzw. Strategien waren offenbar nicht mehr gefragt. 1989 verlor die JES weiter dramatisch.[58]

Bemerkenswert bei der Wahlbeobachtung der 20 Jahre zwischen 1969 bis 1989 sind folgende Punkte:

1. Die Zersplitterung der studentischen Mitte war in der zweiten Hälfte der siebziger und der ersten Hälfte der achtziger Jahre besonders stark. So erreichte die Stammpartei ÖSU 1979 und 1981 gerade etwas mehr als ein Drittel der Stimmen für die Mitte. Danach ist der Trend wiederum zur „Stammpartei", diesmal zur AG, zu beobachten. Die JES, die unaufhaltsam aufzusteigen schien, erreichte 1985 ihren Höhepunkt mit über 20 Prozent. So hatte sie auch die absolute Mehrheit auf der WU Wien. Danach sank sie stetig und genauso „unaufhaltsam" wieder ab und verschwand 1999 völlig.[59]

2. Die traditionelle Linke (VSStÖ, div. marxistische Listen) blieb bis 1983 unter sich, wobei sich der VSStÖ von 13,4 Prozent (1974) auf 25,9 Prozent (1983) nahezu verdoppeln konnte. In diesem Jahr gelang es ihm erstmals, die relative Mehrheit im HA der Universität Wien zu erobern. Sicher hat das seine Ursache in den allgemeinen politischen Umständen (SPÖ-Regierung) und im sozialen Wandel der Studentenschaft. Ab 1985 traten verstärkt diverse grüne bzw. alternative Listen auf, die bereits 1989 zusammen 12,8 Prozent erreichten, während die extrem linken bzw. marxistischen Listen bis 1989 stagnierten.

3. Bemerkenswert ist der „Absturz" des RFS. 1969 erreichte er noch über 28 Prozent und war der „Angstgegner" der ÖSU, doch innerhalb von nur zehn Jahren sank bis 1979 sein Anteil auf 7 Prozent, um 1985 sogar überhaupt nicht mehr zu kandidieren. Zu beachten dabei ist, daß sich zwischen 1969 und 1979 die Hörerzahl nahezu verdoppelt hatte. Die nunmehr an die Universitäten strömenden Studenten hatten kaum mehr etwas mit den „nationalen Milieu" des RFS zu tun. Offenbar mit der Wahl Jörg Haiders (J! Silvania, Wien)[60] zum Parteiobmann war ab 1987/89 eine marginale Zunahme unter dem neuen Namen FSI/Freiheitliche Studenteninitiative zu beobachten.[61]

---

58 Holter/Suppan, Politik und Studenten in Österreich, S. 650f. So begrüßte die JES 1987 die Ernennung des Wiener Weihbischofs Kurt Krenn. Bezüglich der Gründung einer neuen konservativen Partei gab es 1980/81 bereits mit der „Aktion für Österreich", gegründet von Ärztekammer-Präsident Richard Piaty (ÖKV Suevia Graz), derartige Versuche, bei der sowohl JES-Funktionäre wie CVer mitmachten, z. B. der damalige Altherrenvorsitzende Theodor Detter (AW), der deswegen auch im ÖCV kritisiert wurde, so z. B. von der Ortsverbändetagung im Juni 1981, *Academia intern*, Juli 1981, S. VI, und auf der CVV 1982, siehe *Academia intern*, Juni 1982, S. I. Neben Detter waren u. a. noch folgende CVer Sympathisanten dieser Aktion: Karl Gruber (AW), Werner Masser (Trn), Heinrich Drimmel (NdW), Heinrich Kolussi (F-B). Siehe dazu *Neue Ordnung*, April 1981,

59 Es ist weder bei der Beurteilung der Funktionäre und noch weniger bei den Wählern der JES richtig, von einer studentischen Rechtspartei zu sprechen und sie in Zusammenhang mit dem RFS zu bringen, wie es Georg Karasek (Nc) in seiner sonst richtigen Analyse „Orientierungslosigkeit? Zur Krise der Hochschülerschaft" in öAC 30 (1979), Mai/Juni, S. 6f., tut. Die JES konnte zwar sicherlich einen Teil des Wähler-Potentials des RFS an sich binden, doch viel mehr erreichte sie Zustimmung bei ehemaligen Wählern der ÖSU bzw. bisherigen Nichtwählern.

60 Die J! Silvania hat sich aus der sistierten B! Silvania konstituiert. Haider ist dort Ehrenmitglied. Ursprünglich ist er Mitglied der p. B! Albia Bad Ischl.

61 Über den RFS und dessen rechtsextremes Umfeld siehe Zellhofer, Klaus (ehemals Merc): „Wir harren der Sturmsignale". Der Werdegang des RFS, in: Rechtsextremismus an Österreichs Universitäten. Hg. von der Österreichischen Hochschülerschaft. Wien 1996, SS. 51-66. Verantwortlich für diese Broschüre war die 1995 erfolgreiche linke ÖH-Koalition, deren Repräsentantinnen das Vorwort dieser Broschüre „Mit antifaschistisches Grüßen" schlossen.

Der soeben erwähnte Abschwung des RFS bei den ÖH-Wahlen ist auch einmal in seiner ganzen historischen Dimension zu sehen. Die ideologischen Vorgänger des RFS hatten vor 1914, obwohl es damals keine Studentenwahlen gab, zweifellos einen Anteil von rund drei Viertel bei den nichtjüdischen Studenten. In der Ersten Republik ging dieser auf rund zwei Drittel zurück. Nachdem das „dritte Lager" wieder zugelassen wurde, erreichte der RFS in seinen Glanzzeiten einen Anteil von fast 30 Prozent. Der dann einsetzende Rückgang lag sicherlich erstens darin, daß in den sechziger und siebziger Jahren die Studentenzahl sich explosionsartig nach oben entwickelt hatte. Damit wurden zwangsläufig die Angehörigen der alten Bildungseliten, bei der ja die Nationalen traditionsgemäß einen hohen Anteil besaßen (Ärzte, Rechtsanwälte, Ingenieure, Wirtschaftstreibende etc.), in eine Minderheitenposition gedrängt.

Zweitens hatte sich der „nationale Gedanke" deutscher Prägung in Österreich weitgehendst überholt. Groß- oder gar alldeutschen Träumereien nachzugehen sowie dem Anschluß nachzutrauern, ist sicherlich nicht mehr attraktiv, um eine Studentenpartei zwischen 20 und 30 Prozent Wähleranteil zu führen. Diesen Trend mußten auch die schlagenden Verbindungen aller Schattierungen erfahren: Im Gegensatz zum CV haben sie mit Nachwuchsschwierigkeiten zu kämpfen.[62] Dabei haben sie sowie der RFS eine für die FPÖ ähnliche Funktion wie der CV bzw. der Wahlblock für die ÖVP. FPÖ-Politiker wie Erwin Hirnschall, Helmut Krünes (VDSt Sudetia, Wien), Holger Bauer (p. B! Scardonia Schärding), Norbert Gugerbauer (B! Oberösterreicher Germanen, Wien), Friedhelm Frischenschlager (S! Barden Wien) u. a. waren RFS-Funktionäre und sind auch größtenteils Angehörige einer schlagenden Verbindung. Die plötzliche Renaissance der FPÖ im Herbst 1986 unter Jörg Haider (J! Silvania) hatte aber interessanterweise keinerlei sonderliche Auswirkungen auf die ÖH-Wahlen des Jahres 1987 und 1989 gezeigt.

Aufgrund der immer geringer werdenden Reibungsflächen zwischen CV und Schlagenden machte sich Anfang der siebziger Jahre eine Tendenz des „Anbiederns" an die Schlagenden bemerkbar. So vor allem im MKV.[63] Aber auch die älteste Wiener CV-Verbindung, die Austria, hatte anläßlich ihres 100. Stiftungsfestes Schlagende zum Chargieren eingeladen. Dagegen wandte sich der damalige VOP Michael Metzler (Nc), der Vorort blieb demonstrativ dem Kommers fern.[64]

Ein „Eklat", wenn man es so nennen möchte, war die Grazer „Tafel-Affäre" vom Oktober 1984.[65] Die schlagenden Verbindungen kamen auf die Idee, am Gang vor der Aula

62 Holter/Suppan, Politik und Studenten in Österreich, S. 651f. Siehe dazu einen Artikel aus den *CC-Blättern* vorn Juni 1986, abgedruckt in den *Acta Studentica* 63/1986, S. 5.

63 1974 wurde zwischen dem MKV und dem „Nationalfreiheitlichen Korporationsring" (NFKR) ein informelles Kooperationsabkommen unterzeichnet. Die MKV-Verbindung Borussia Wien stellte 1980 auf dem Pennälertag den Antrag, diese Kooperation noch zu vertiefen. Siehe *Borussen-Echo* 28. Jg. Nr. 256, 23. 5. 1980, SS. 3 und 8. Betreiber dieser Sache war der Angehörige der MKV-Verbindung Borussia und Redakteur des *Borussen-Echos*, Heinrich Kolussi (F-B), der in dieser Zeitschrift häufig Kritik am ÖCV übte, wie z. B. 29. Jg. Nr. 266, 1981, S. 7f. In dieser Tendenz lag auch ein Wahlaufruf des Wiener Stadtverbandes des MKV für die NR-Wahlen 1994, daß „die FPÖ in vielen Dingen konservativer als die ÖVP" sei. Dazu *Academia intern*, 2/1995, S. 1.

64 ÖCVA. Präsidium des Studentenverbandes 1976/77. Brief des VOP an den Senior der Austria Wien vom 18. 11. 1976. Siehe auch *Academia intern*, 1977/Januar-Februar, S. VIII, wo die Austria Wien kritisiert wurde.

65 Dazu ausführlicher Hartmann, Im Gestern bewährt, S, 498. Nach Erscheinen dieses Buches erhielt der Verfasser von Reinhold Reimann am 30. 9. 1988 ein Schreiben, wonach von der Universität Graz selber der Vorschlag gekommen ist, die Jahreszahl 1955 zu nehmen.

der Universität eine Marmortafel zu spenden, deren Text lautete: „Den Opfern des Krieges und politischer Willkür 1934 bis 1955." Die Formulierung des Textes stieß jedoch in der steirischen Öffentlichkeit auf breiten Widerspruch. Man war zwar von der Linken gewohnt, die Zeit vor und nach 1938 gleichgesetzt zu bekommen, doch die Zeitspannen 1945 bis 1955 mit jener von 1938 bis 1945 in Gleichklang zu setzen, war völlig neu und überraschend. Der unvermittelte Betrachter des Textes mußte sich unwillkürlich fragen, welche politische Willkür wohl denn am 31. Dezember 1955 in Österreich noch geherrscht haben möge?

Die Aufklärung erfolgte rasch, nicht zuletzt durch die neonazistisch gefärbte Rede des Vertreters der Schlagenden bei der Tafelübergabe, für die sich sogar die Staatspolizei interessierte. Es ging den Tafel-Betreibern nicht nur um Kriegsgefangene, Vertriebene etc., sondern einfach darum, jene „Volksgenossen" geehrt zu wissen, die nach 1945 durch eine ordentliche Gerichtsbarkeit umgekommen sind. So heißt es z. B. in der Geschichte der B! Arminia: „In Ehrfurcht neigen wir uns vor den Opfern, die das große Ringen aus unseren Reihen gefordert hat: vor dem Feind gefallen, ermordet worden, oder in Ausübung ihrer vaterländischen Pflicht gestorben sind folgende Bundesbrüder:" Es folgen alphabetisch die Namen, und da findet sich „Dr. Ernst Kaltenbrunner", Chef des Reichssicherheitshauptamtes und SS-Obergruppenführer, unter ihnen, der 1946 in Nürnberg als Kriegsverbrecher hingerichtet wurde. Und dann nach der Namen Aufzählung heißt es weiter: „Ihnen und den beiden Opfern der Kämpfe des Jahres 1934 ... ist eine Gedenktafel im Arminenhaus gewidmet."[66]

Die Tafel wurde dann aufgrund des öffentlichen Druckes abmontiert.[67]

66 Ehrlicher-Leitinger, Ein Hort deutschen Fühlens, S. 217.

67 Daß solche oder ähnliche Tendenzen, gemeint auch die Gleichsetzung des „Ständestaates" mit der Nazi-Zeit, weiterhin vorhanden sind, beweist u. a. Bosche, Zwischen Kaiser und Schönerer, S. 23, der – grob gesprochen – die Eskalation bei den Kämpfen zwischen CVern und Schlagenden verantwortlich macht, daß ein „Großteil der akademischen Elite sich im Ständestaat und im NS-Regime engagierte." Da wird wohl auch Ursache und Wirkung verwechselt.

Aufbruch und Ernüchterung: Der ÖCV in den sechziger und siebziger Jahren

Die innere Entwicklung des ÖCV

Die 1959 beschlossene neue „Verfassung" des ÖCV, die Cartellordnung (CO) (siehe S. 517) erhielt auf der CVV 1971 in Seggauberg unter dem Vorort Traungau eine kleine Modifizierung: Das Vorortsprinzip wurde nach Vorbild des deutschen CV in ein Präsidiumsprinzip umgewandelt. Der aktive Verbandsteil wurde in ÖCV-Studentenverband umbenannt, und der Studententag (bisher Aktiventag) wählte nun nicht mehr eine Verbindung zum Vorort, die ihrerseits den VOP bestimmte, sondern direkt den Präsidenten des ÖCV-Studentenverbandes. Das Präsidium mußte sich aber aus Mitgliedern einer Verbindung oder eines Ortsverbandes zusammensetzen.[1]

Doch wie so oft, die Probleme wurden damit nicht gelöst. Bereits 1971/72 kam es zu Konflikten zwischen ÖCV-Beirat und Verbandsführung, nachdem diese auch als Planungs- und Diskussionsorgan zunehmend gegenüber dem Beirat an Bedeutung gewann. Mit der Wahl von Adolf Kolb (Baj) 1972 zum Vorsitzenden des ÖCV-Beirates wurde die Lage etwas entschärft. Unter dem Präsidium des Studentenverbandes des Jahres 1974/75, Austro-Danubia Linz, mit dem Präsidenten Helmut Kukacka (später ÖVP-Politiker), wurde die Reform des Jahres 1971 reformiert. Der Name „Vorortspräsident" wurde wieder eingeführt und der Schritt zurück zu einem modifizierten Vorortsprinzip getan. Ein Jahr später kam es zu einer Reform der Verbandsspitze. Aus der Verbandsführung wurde der Vorstand der Verbandsführung, aus dem ÖCV-Beirat die Verbandsführung. Außerdem wurden einige Ämter umbenannt oder abgeschafft. Im Prinzip gelten diese Bestimmungen, die ja nur eine Modifikation der CO von 1959 darstellen, bis heute, obwohl seitdem immer wieder – ein altes Leiden im ÖCV – an dieser CO „herumgedoktert" wurde, so daß man kaum mehr die historische Entwicklungslinie nachvollziehen kann.[2]

Vom Inhalt natürlich interessanter war die Debatte um eine **neue Satzung**, denn die bisherige aus dem Jahr 1935 ging in vielen Bestimmungen noch auf die alte Satzung des CV des 19. Jahrhunderts zurück. Zwei Formulierungen waren nach 1945 besonders problematisch: die Forderung zu einem „Bekenntnis zum deutschen Volkstum" (Stück II) und Stück IV („Politische Bestrebungen liegen dem ÖCV fern").[3]

Im Zuge der Identitätsfindung Österreichs nach 1945, die im Begriff „Österreichische Nation" ihren sinnfälligsten Ausdruck fand, wurde der Passus „Deutsches Volkstum" immer problematischer, obwohl es klar war, daß der studentische Komment und das Verbindungswesen kulturhistorisch deutschen Ursprungs sind und daß es in vielen Verbindungen, wie in Innsbruck, aber auch in Graz, einen hohen Anteil deutscher Mitglieder

1 ÖCVA. Beschlußprotokoll XIV. CVV 1971. Antrag des Vorortes Traungau „Strukturänderung des aktiven Verbandsteiles des ÖCV"; öAc 22 (1970/71), H7/8, S. 2f.

2 ÖCVA. Sitzung des „Arbeitskreises für Struktur- und Führungsfragen im ÖCV" vom 11. 11. 1972; ebda., Strukturkonzept des Präsidiums des ÖCV-Studentenverbandes (Austro-Danubia), ohne Datum (vermutlich 1975); ebda. Protokoll des ÖCV-Beirates vom 15. 1. 1975; ebda., Beschlußprotokoll der XVIII. CVV 1975, Antrag des ÖCV-Rechtspflegers; öAc 26 (1975) Mai (CV-Intern), S. 1f.

3 Alte Satzung abgedruckt in Vade mecum 2, S. 1f.

Der katholische Priester Stephan Mwanza-Mpongo (Pan) wurde am 15. Mai 2000 in Wien als erster Schwarzafrikaner plen. col. zum Dr. theol. promoviert

gab und gibt. Beschleunigt wurde die Diskussion durch den Ungarnaufstand 1956, als viele ungarische Studenten nach Österreich flohen. Da gerade der ÖCV damals sehr stark in der Ungarnhilfe tätig war, lag eine Integration ungarischer Studenten nahe. Der ÖCV-Beirat stellte jedoch damals fest, daß eine Aufnahme von Ungarn „statuten- und prinzipiengemäß nicht möglich und daher abzulehnen ist".[4]

Es sollte fast zehn Jahre dauern, bis in dieser Frage Bewegung kam. Der Aktiventag 1965 hat mit 27 zu 6 Stimmen gebilligt, daß nichtdeutschsprechende Ausländer rezepiert werden können.[5] Auf der CVV 1966 wurde dann beschlossen, die Satzungsreform anzugehen. Die neuen Satzungen wurden dann nach einer intensiven und interessanten Debatte u. a. in der *Academia* auf der CVV 1968 in Wiener Neustadt verabschiedet.[6] Es gelang, die strittigen Punkte zu umschiffen. Das Problem „deutsch" wurde dadurch gelöst, indem man den Ursprung des ÖCV aus dem CV feststellte (Art. 1, Abs. 1).

Die Frage der „deutschen Volkszugehörigkeit" war spätestens ab diesem Zeitpunkt im ÖCV (aber auch im CV) praktisch bedeutungslos geworden. Die einzigen „Selektionsmerkmale" waren nur mehr – abgesehen vom Studium und in der Folge auch nicht mehr ganz unbestritten – die Mitgliedschaft in der katholischen Kirche und die Zugehörigkeit zum männlichen Geschlecht. Fast dreißig Jahre später, 1996, wurde erstmals im ÖCV ein Schwarzafrikaner rezepiert.[7]

Eingedenk der Diskussionen um die Staatsformfrage 1918/19 oder um Ständestaat und Demokratie hatte man 1968 auch auf eine Festlegung auf Republik[8] oder Demokratie verzichtet, lediglich das Bekenntnis zum „souveränen Staat Österreich" ist festgehalten (Art. 6). Doch das sollte mehr als 30 Jahre später wieder zu Diskussionen führen. Zwischenzeitlich hat man versucht, das dem 1968 beschlossenen Satzungs-Artikel anhaftende Manko durch

4 ÖCVA. Protokoll des ÖCV-Beirates vom 15. 1. 1957, S. 7.

5 ÖCVA. Protokoll der Verbandsführung und des ÖCV-Beirates vom 10.10. 1965 (Arbeitstagung).

6 öAc 18 (1966/67), H. 4, S. 2ff., H. 5/6, S. 2f., H. 7, S. 2f., und H. 8, S. 2f.; 19 (1967/68), H. 8, S. 2 und H. 9. Die Satzungen abgedruckt in Rechtsbuch ÖCV, SS. 7-10.

7 Stephan Mwanza-Mpongo, rezepiert 22. 6. 1996 bei der Pannonia und kath. Priester. Siehe *Acta Studentica* 131/2000, S. 4.

8 Aus 1958 wird berichtet, daß es einen Monarchistenzirkel im CV gegeben hat, der offenbar eine Spalte in der *Academia* haben wollte, wogegen es aber ernste Bedenken gab. ÖCVA. Protokoll des ÖCV-Beirates vom 6. 5. 1958.

das Fehlen vor allem des Begriffes „Demokratie“ durch „Interpretation der Satzungen“, Resolutionen und gesellschaftspolitische Leitlinien wettzumachen. Bereits 1972 wurde auf der CVV eine Interpretation der Satzung des ÖCV verabschiedet, wo ein Bekenntnis „zum demokratischen Rechtsstaat“ abgelegt wurde.[9] 1979 wurde ein Grundsatzprogramm des ÖCV beschlossen, wo sich ein Bekenntnis „zum sozialen Rechtsstaat und zur parlamentarischen Demokratie“ fand.[10] Ein ähnlicher Beschluß folgte dann 1983. Nach einer mehrjährigen Diskussionsphase, wurden auf der CVV 1994 die „Gesellschaftspolitischen Grundsätze und Positionen 1994 des Österreichischen Cartellverbandes“ verabschiedetet, in denen das „Bekenntnis zum demokratischen Rechtsstaat“ wiederum Aufnahme fand (Punkt 4.3).

Alle diese Beschlüsse ließen keinen Zweifel am unbedingten Bekenntnis des ÖCV zur (parlamentarischen) Demokratie und zum Rechtsstaat und waren teilweise „CV-Verfassungsnorm“. Man konnte also dem ÖCV nicht vorwerfen, er bekenne sich nicht zur Demokratie, obwohl das nicht expressis verbis in seiner Satzung verankert war.

Auf der Cartellversammlung 2001 in Baden wurde nun von der Leobener Verbindung Kristall ohne erkennbaren Anlaß der Antrag gestellt, den betr. Satzungs-Artikel folgendermaßen zu fassen: „Der Österreichische Cartellverband bekennt sich zum souveränen und demokratischen Rechtsstaat der föderalistischen[11] Republik Österreich und ihrer aus der Geschichte und Lage gewachsenen besonderen Aufgaben.“ Er wurde damals zurückgezogen, um eine für die Öffentlichkeit peinlich erscheinende Debatte zu vermeiden. Ein Jahr später wurde dann dieser Antrag beschlossen.

Es ließ sich jedoch Kritik nicht unterbinden. Einerseits kam eine solche von „monarchistischen Kreisen“.[12] Andererseits ließen sich diese Vorgänge von der Öffentlichkeit nicht verheimlichen, so daß es in einer Tageszeitung hieß: „Bekenntnis zur Republik spaltet den CV.“ Darin wird von Druck berichtet, der auf die Verbindungen ausgeübt wurde, diesem Antrag zuzustimmen.[13]

In den sechziger, siebziger und achtziger Jahren gab es im ÖCV eine Reihe von **Verbindungsgründungen**. Die neuen Universitäten von Klagenfurt und Linz, der Ausbau Salzburgs zur Volluniversität sowie der Beschluß der CVV 1974, jenen Hörern der neugeschaffenen Pädagogischen Akademie den Beitritt zum ÖCV zu ermöglichen, wenn sie den sechssemestrigen Studiengang absolvieren, machten solche möglich und notwendig.

Die erste in dieser Reihe war die ***Theresiana***. Bereits auf der 4. CVV 1937 in Wien kam es zu Diskussionen, ob Militärakademiker dem CV beitreten können, was aber damals abgelehnt wurde.[14] Nach der Wieder-Errichtung des Bundesheeres und der Theresianischen Militärakademie in Wiener Neustadt wurde diese Frage wieder aktuell. Kurz vor der II. CVV, am 23. Mai 1960, gründeten Angehörige des ÖCV und des MKV an der Militärakademie die Theresiana. Obwohl auf der II. CVV 1960 das Militärakademikerstatut beschlossen worden war, bestand diese Gründung aufgrund von Schwierigkeiten mit

---

9 Diese Interpretation wurde damals vom Verfasser in seiner Eigenschaft als Leiter des Amtes für allgemeine ÖCV-Fragen initiiert.

10 Diese Beschlüsse gingen vom damaligen Leiter des Amtes für Gesellschaftspolitik, Herwig van Staa (Le), aus.

11 Es bleibt auch zu fragen, ob es angesichts des stärker werdenden Einigungsprozesses innerhalb der EU und der damit zusammenhängenden Infragestellung klein-föderaler Strukturen sinnvoll war, den ÖCV derart festzulegen.

12 Albert Pethö (Baj) stellte ins Internet „Warum ich Monarchist bin“, wo er diesen Antrag ablehnte. Obwohl sein Beitrag nicht einer gewissen Skurrilität entbehrte, enthielt er doch einige bemerkenswerte Überlegungen. Provozierend aber wirkte, daß er sich als Domain für seine homepage „cartellverband“ sichern konnte.

13 *Der Standard*, 6. 7. 2002, S. 6.

14 MB 15 (15. 10. 1937), S. 23f.

der Akademie-Leitung und der Nichtkonformität mit der ÖCV-Satzung nicht lang, sie wurde wieder aufgelöst. Im Herbst desselben Jahres wurde von sechs Angehörigen der Austria Wien die „Zweite Theresiana“ mit denselben Farben etc. gegründet. Am 15. April 1961 wurde der Publikationskommers abgehalten. Für die Aufnahme in den ÖCV ergaben sich jedoch weiterhin Probleme. Die III. CVV 1961 gab nach Verhandlungen die Zustimmung zur Gründung aus dem ÖCV durch Teilung der Austria Wien und der Norica. Daraufhin wurde die Theresiana neuerlich aufgelöst und sofort wiederbegründet. Auf der IV. CVV 1962 wurde sie als vollberechtigte Verbindung in den ÖCV aufgenommen. Als studentische Besonderheit führen die Chargierten nicht den Schläger, sondern den alten k. u. k. Offizierssäbel. Anstatt des Cerevis tragen sie einen Stürmer.

Das 1960 beschlossene Militärakademikerstatut war aus zweierlei Gründen eine Abweichung vom Universitäts- bzw. Hochschulstudiumsprinzip für die Aufnahme in den ÖCV bzw. in deren Verbindungen. Erstens dauert die Ausbildung auf der Militärakademie drei Jahre (sechs Semester) bis zur Ausmusterung zum Leutnant. Das wäre in Parenthese zum früheren Studium an der Hochschule für Welthandel, wo die Normstudienlänge zum Diplomkaufmann auch sechs Semester betragen hatte, vertretbar gewesen, da ja bereits vor 1938 diesen Studenten der ÖCV offenstand. Jedoch waren zweitens die Absolventen der Militärakademie sog. H 2-Offiziere, also den B-Beamten, für die lediglich die Matura Voraussetzung war, gleichgestellt. Erst die Absolvierung der Landesverteidigungsakademie führte zum H 1-Offizier (Generalstabsoffiziers), der mit der Verwendungsgruppe A (Akademiker) identisch war. Im Zuge der Einführung des Fachhochschulwesens nach deutschem Vorbild in Österreich wurde die Militärakademie in den Rang einer solchen gestellt, so daß der Absolventen im Jahr 2000 erstmals neben dem Leutnantspatent auch den Titel Magister erhielten.[15]

Die nächste Gründung erfolgte in Graz. Gegen Ende der fünfziger Jahre verzeichneten die drei Grazer Verbindungen einen starken Zustrom, so daß der Gedanke, eine vierte Grazer Verbindung zu gründen, auftauchte. Am 1. Februar 1961 schrieb der GCV der Verbandsführung über eine solche beabsichtigte Gründung mit dem Namen *Ostaricia*.[16] Der GCV beschloß dann am 27. Februar 1961, einen Arbeitskreis zur Gründung einer vierten Verbindung in Graz zu gründen. Nachdem der Name Ostaricia[17] verworfen wurde, entschloß man sich für ***Albertina*** nach dem hl. Albertus Magnus. Am 15. Mai 1961 wurden die ersten Füchse rezepiert, und am 3. Juni 1961 wurde die Verbindung auf der III. CVV einstimmig als freie Vereinigung in den ÖCV aufgenommen (gilt als Gründungstag). Das Publikationsfest wurde am 10.-12. November 1961 gefeiert. Auf der IV. CVV 1962 wurde sie als vollberechtigte Verbindung in den ÖCV aufgenommen. Nach anfänglichen Schwierigkeiten konnte sie ab Mitte der achtziger Jahre ihren Platz im GCV festigen.

Im Frühjahr 1962 wurde der Vollausbau der bislang nur als Theologische Fakultät bestehenden Universität Salzburg beschlossen. Daraufhin kam es bei der Alpinia Innsbruck zur Initiative der Gründung einer zweiten Verbindung in Salzburg, die entscheidende Be-

---

15 Schieweck-Mauk, Lexikon der CV- und ÖCV-Verbindungen, S. 751f. ; öAc 12 (1960/61), H. 8, S. 18, 13 (1961/62), H. 7, S. 13f.; Danubia 60, S. 76; Theresianen-Brief, Sondernummer III/1990; 30 Jahre Ö. k. a. V. Theresiana, SS. 9-14.

16 ÖCVA. Protokoll der Verbandsführung vom 16. 2. 1961.

17 Noch auf der Sitzung der Verbandsführung am 21. 3. 1961 wird über Ostaricia berichtet, jedoch auf der Sitzung des ÖCV-Beirats vom 24. 4. 1961 fällt bereits der Name Albertina. Daß ursprünglich der Name Waldmark vorgesehen gewesen wäre, wie Schieweck-Mauk, Lexikon der CV- und ÖCV-Verbindungen, S. 52, behauptet, läßt sich im ÖCVA nicht belegen. Über die Albertina und ihre Gründung siehe 75 Jahre Carolina, S. 295f.

sprechung fand am 29. Juni 1961 statt (gilt als Gründungsdatum). Als Name wurde ***Rupertina*** (nach dem hl. Rupert) und als Wahlspruch wurde „Spiritum nolite exstinguere" („Löscht den Geist nicht aus") nach dem Titel des Festvortrags von Karl Rahner auf dem Österreichischen Katholikentag 1962 in Salzburg gewählt. Aufgrund des Einspruchs der Rheno-Juvavia verzögerte sich das Aufnahmeprozedere in den ÖCV, so daß erst auf der VI. CVV 1966 in Graz die Aufnahme der Rupertina als freie Vereinigung in den ÖCV beschlossen werden konnte. In diesem Jahr wurde auch der Aktivenbetrieb eröffnet. Auf der IX. CVV 1967 in Wien wurde sie als vollberechtigte Verbindung aufgenommen. Lange Zeit hatte die Rupertina mit Nachwuchsschwierigkeiten zu kämpfen, die erst Mitte der siebziger Jahre nachließen. 1981 versuchten drei Rupertinen unter dem Namen Rainberg eine weitere CV-Verbindung zu gründen, sie wurden jedoch ausgeschlossen, und der ÖCV lehnte auch das ab. Die Ausgeschlossenen gründeten hierauf 1982 die RKAB-Burschenschaft Langobardia.[18]

1962 erhielt Linz eine Hochschule für Sozial- und Wirtschaftswissenschaften (seit 1975 Johannes Kepler Universität). Bereits im Februar 1959 wurde das Thema einer Verbindungsgründung in Linz auf Verbandsführungsebene behandelt, wobei sogar der damalige Landeshauptmann von Oberösterreich, Heinrich Gleißner (S-B), anwesend war und berichtete. Er war zu dieser Zeit auch Philistersenior der früheren Prager Verbindung Saxo-Bavaria, die nunmehr in Wien war. Es gab damals Überlegungen, diese Verbindung von Wien nach Linz zu verlegen, wogegen sich aber Gleißner wandte, „da die Saxo-Bavaria bewußt nach Wien und nicht in das Altreich [sic!] gegangen ist."[19] Auf der nächsten Sitzung der Verbandsführung berichtet der eigens dazu eingeladene Vorsitzende des oö. AHLB, Ferdinand Lipa (Rd), daß die Austria Wien in Linz eine Tochterverbindung namens Austria Linz gründen wolle, wogegen sich sowohl der VOP Alfred Strommer (Nc) als der Vorsitzende der Altherrenschaft, Hermann Withalm (Nc), aussprachen, denn die Neugründung sollte das Werk des Gesamtverbands sein.[20]

Aber es sollte noch gut vier Jahre dauern, bis die Gründung der Linzer Hochschule Realität annahm, und damit auch wiederum die Frage einer dortigen Verbindungsgründung, wobei an der Gründung aus dem Verband festgehalten wurde.[21] Die V. CVV 1963 beauftragte daher den AHLB Oberösterreich, eine „Gründung aus dem Verband" vorzubereiten. Nach einer fast dreijährigen Vorbereitungsphase konnte der AHLB unter seinem Vorsitzenden Gottfried Fosen (AW) auf der VIII. CVV 1966 in Innsbruck den entsprechenden Antrag unter dem Namen ***Austro-Danubia*** stellen. Die Konstituierung erfolgte am 18. September 1966 (Gründungstag), 20 Tage vor Eröffnung der Hochschule. Sie war damit sofort freie Vereinigung. Der Publikationskommers erfolgte am 25. Februar 1967 im Linzer Redoutensaal. Auf der IX. CVV 1967 in Wien wurde sie als vollberechtigte Verbindung aufgenommen. Gründungsphilister waren u. a. neben Fosen Erwin Wenzl (AlIn), Franz Roth (AlIn) und Heinrich Gleißner (S-B). Die Verbindung hatte so-

18 Schieweck-Mauk, Lexikon der CV- und ÖCV-Verbindungen, S. 652-654.

19 ÖCVA. Protokoll der Verbandsführung vom 26. 2. 1959. Im Protokoll des ÖCV-Beirates von 31 1. 1952 ist ebenfalls von den „Stellung der Alten Herren im Reich" die Rede.

20 Über den Plan einer Linzer Tochterverbindung der Austria Wien siehe auch Schönner, Auf, mit Gott zur Mannestat, S. 147. Für die dort aufgestellte Behauptung, auch die Bajuvaria hätte auf Initiative ihres Philistersenioren und Vorsitzenden des ÖCV-Beirats Eduard Chaloupka eine Tochterverbindung in Linz gründen wollen, lassen sich weder Belege in den Protokollen der Verbandsführung bzw. ÖCV-Beirats noch in Krammer, Geschichte der K. a. V. Bajuvaria, finden.

21 ÖCVA. Protokoll der Verbandsführung vom 4. 3. 1963.

fort regen Zulauf und war auch in der Hochschulpolitik sehr aktiv.[22] Unabhängig davon gab es Ende der sechziger Bemühungen von Alten Herren der mit der Franco-Bavaria fusionierten ehemaligen Wiener Verbindung Pflug, diese in Linz zu reaktivieren, was aber nicht gelang.[23]

Die Errichtung der Hochschule für Bildungswissenschaften in Klagenfurt Anfang 1970 machte auch dort eine Verbindung notwendig. Am 28. Januar 1972 wurde die ***Carinthia*** auf Initiative des damaligen Leiters des Amtes für allgemeine CV-Fragen, Gerhard Hartmann (Baj), gegründet. Auf der XV. CVV 1972 wurde sie als freie Vereinigung in den ÖCV aufgenommen. Aufgrund der besonderen Kärntner Situation – der Anteil der Kärntner Studenten im CV war immer sehr gering – und auch der in der *Academia* geführten Diskussion um die Sinnhaftigkeit der Klagenfurter Hochschule hatte es die Verbindung anfänglich sehr schwer.[24] So konnte der Aktivenbetrieb erst 1977 eröffnet werden. Und erst auf der XXIV. CVV 1981 wurde die Carinthia zur vollberechtigten Verbindung im ÖCV. Ab 1985 entspannte sich das Nachwuchsproblem.[25]

Nach einer dreijährigen Pause kam es zu einer weiteren Gründungswelle im ÖCV: Am 4. November 1975 gründete der Badener CV-Zirkel und die Neostadia an der Badener Pädagogischen Akademie die Verbindung ***Veritas*** (ursprünglich war der Name Austro-Pannonia vorgesehen). Auf der XIX. CVV 1976 in Baden wurde sie als freie Vereinigung aufgenommen und auf der XX. CVV in Mariazell als vollberechtigte Verbindung. Da die Pädagogischen Akademien mehrheitlich Studentinnen aufweisen, versuchte man, durch die Gründung der gleichnamigen Studentinnenverbindung *Veritas Baden* am 30. September 1978 die Mädchenfrage einer Lösung zuzuführen. Vergebens, denn diese hatte sich im Herbst 1994 wieder aufgelöst.[26]

Am 16. Juli 1977 wurde an der Pädagogischen Akademie in Feldkirch (Vorarlberg) die ***Vindemia*** auf Betreiben des Vorsitzenden des AHLB Vorarlberg, Ivo Fischer (Vi), gegründet und auf der XXI. CVV 1978 als freie Vereinigung in den ÖCV aufgenommen und auf der XXII. CVV 1979 in Linz als vollberechtigte Verbindung. Trotz Versuche, ähnlich wie bei Veritas aufgrund der strukturellen Nachwuchsproblematik die Studentinnenfrage zu lösen, konnte die Verbindung nicht bestehen. In den achtziger Jahren wurde der Aktivenbetrieb eingestellt, 1987 die Verbindung aufgelöst und die wenigen Alten Herren von der Vindelicia Innsbruck übernommen.[27]

Am 16. Juni 1978 gründete die Vorortsverbindung Waltharia die ***Floriana*** in der nunmehrigen nö. Landeshauptstadt St. Pölten (ursprünglich war der Name Hyppolit vorgesehen). Da in St. Pölten weder eine Universität noch eine Pädagogische Akademie bestehen,

---

22 Schieweck-Mauk, Lexikon der CV- und ÖCV-Verbindungen, S. 133f., öAc (1966/67), H. 2 (November), S. 24.

23 *Acta Studentica* 133/2000, S. 4.

24 Die Debatte über die Hochschule Klagenfurt wurde sehr ausführlich in der *Academia* in den Jahrgängen 19 bis 24 (1967/68-1972/73) geführt. Sie liest sich aus heutiger Sicht gelegentlich skurril. So war z. B. der Alt-VOP Gerhard E. Ortner (Merc) als Gründungs-Prorektor vorgesehen, während hingegen u. a. die noch junge ÖSU („Warnung vor Klagenfurt“, öAc 19 [1967/68], H. 11, S. 10), Ernst Bruckmüller (Nc) („Der Irrtum“, öAc 21 [1969/70], H. 2, S. 6f.), Clemens Steindl (Nc) („Alma Mater Minimunda“, öAc 20 [1968/69], H. 3, S. 11f.]), in der *Academia* gemeinsam mit anderen gegen die Hochschule wetterten. Das war für die Gründer der Carinthia keine leichte Situation. So mußte z. B. der Verfasser als Gründer der Verbindung diesen Zwiespalt gelegentlich eines Besuches in Klagenfurt beim damaligen ÖVP-Landesparteiobmann, Landesrat Herbert Bacher, aufzuklären versuchen.

25 Hartmann, Im Gestern bewährt, S. 501; Schieweck-Mauk, Lexikon der CV- und ÖCV-Verbindungen, S. 203f.

26 Schieweck-Mauk, Lexikon der CV- und ÖCV-Verbindungen, S. 786f.

27 Ebda., S. 794.; *Academia intern*, 1977/September-Oktober, S. V.

studieren deren Mitglieder in der Regel in Wien, so daß der Aktivenbetrieb sehr schwierig ist. Auf der XXII. CVV 1979 in Linz wurde sie als freie Vereinigung aufgenommen und erst auf der XXVIII. CVV 1985 als vollberechtigte Verbindung.[28]

Da bei der einzigen Linzer CV-Verbindung Austro-Danubia Ende der siebziger Jahre relativ hoher Nachwuchs zu verzeichnen war, beschloß man dort 1981 die Gründung einer neuen Verbindung, was auf der XXIV. CVV 1981 in Feldkirch angenommen wurde. Man wählte den Namen ***Severina*** aus Anlaß des 1500. Todesjahrs des hl. Severin (1982). Am 26. Februar 1982 fand die feierliche Promulgation statt (Gründungstag). Auf der XXV. CVV 1982 wurde sie als freie Vereinigung und auf der XXVI. CVV 1983 als vollberechtigte Verbindung in den ÖCV aufgenommen. Gründungsphilistersenior war der Alt-VOP Eduard Saxinger (Trn). Von der Severina ging 1992 die Gründung der Straßburger Verbindung Argentorata (ursprünglich Alsatia) aus.[29] Unabhängig davon schlug die Ferdinandea Prag zu Heidelberg 1981 vor, die 1934 in Příbram gegründete und 1939 untergegangene Verbindung Montana in Linz wieder zu reaktivieren, was aber nicht angenommen wurde.[30]

Bereits am 6. Oktober 1927 gründeten Theologie-Studenten in Salzburg einen dem CV nahestehenden Club, der 1929 den Namen ***Lodronia*** annahm. Nachdem die Leitung des Priesterseminars davon Kenntnis erlangte, mußte die Verbindung bereits Anfang 1930 ihren Betrieb einstellen. Jedoch bestand eine Art Philisterium („Wanderalbum") weiter, das sich bemühte, der 1932 gegründeten Verbindung Rheno-Juvavia angeschlossen zu werden, was sich jedoch 1938 zerschlug. Ähnliche Aktivitäten nach 1945 versandeten nach 1950. Der Salzburger AHLB-Vorsitzende Karl Berghammer (R-J) regte die Reaktivierung der Lodronia Ende 1979 an, am 23. November 1980 rekonstituierte sich der Altherrenverband. Auf der XXIV. CVV 1981 in Feldkirch trat dieser in ein Freundschaftsverhältnis zum ÖCV. 1982 wurde der Aktivenbetrieb eröffnet. Auf der XXVI. CVV 1983 wurde Lodronia als freie Vereinigung in den ÖCV aufgenommen.[31] Die Aufnahme als vollberechtigte Verbindung erfolgte 1987 auf der XXX. CVV.[32]

Im Jahr 1980 wurde ebenfalls in Salzburg eine Katholische österreichische Studentenverbindung *Reinberg* von Angehörigen des ÖCV und des MKV gegründet, die auf der CVV 1981 den Antrag auf Aufnahme in den ÖCV als freie Vereinigung stellte. Dieser wurde abgelehnt.[33] Das weitere Schicksal dieser Verbindung ist unbekannt, sie existiert nicht mehr.

Besondere Beachtung verdienen weiters zwei Verbindungsgründungen dieser Ära: Austria-Sagitta Wien und Claudiana Innsbruck. Das waren Versuche, die Probleme mit der Potestanten- (Austria-Wien, siehe S. 631) und der Studentinnenfrage (Austria-Innsbruck, siehe S. 711) durch die Gründung von gemischten Verbindungen zu lösen.

Nachdem sich bei Kristall die Protestantenfrage beruhigt hatte, tauchte sie nach außen hin unvermittelt 1974 bei der Austria Wien auf. Diese Verbindung war seit rund zehn Jahren durch ihren Kurs in einen extremen Spannungszustand geraten, die der neue Philistersenior ab 1974, Theodor Detter (AW), zu bereinigen suchte. Nach diesen internen

---

28 Schieweck-Mauk, Lexikon der CV- und ÖCV-Verbindungen, S. 281.

29 Ebda., S. 706f.; Festschrift zur Publikation der Severina, bes. S. 20

30 *Acta Studentica* 133/2000, S. 4.

31 Schieweck-Mauk, Lexikon der CV- und ÖCV-Verbindungen, S. 443f.

32 *Academia intern*, VI/Juni 1987, S. 1.

33 ÖCVA. Beschlußprotokoll der XXIV. CVV 1981. Dringlichkeitsantrag der K. Ö. St. V. Reinberg. Dieser Dringlichkeitsantrag wurde nicht zugelassen. Da die Lodronia offiziell vom AHLB Salzburg unterstützt wurde, hatte die Reinberg keine Chance.

Konflikten und der Weigerung der XVIII. CVV 1975, den protestantischen Mitgliedern der Austria Wien einen Sonderstatus zu gewähren, kam es 25. November 1975 zum sog. „Putsch“. Rund 200 Alte Herren kamen auf den BC, einige ließen sich reaktivieren, wählten den amtierenden Senior ab und einen neuen aus den Reaktivierten. In der Folge kam es dann zu einem Kurswechsel der Austria und einer inneren Beruhigung.[34]

In der Folge konnte Ende 1975 die christliche Verbindung ***Austria-Sagitta*** als Auffangbecken für die protestantischen Austrier gegründet werden. Auf der XIX. CVV 1976 wurde ein Freundschaftsabkommen mit dem ÖCV geschlossen. Ohne die finanzielle wie personelle Unterstützung der Austria wäre die Austria-Sagitta anfänglich nicht lebensfähig gewesen. Anfang der neunziger Jahre stabilisierte sich die Lage.[35]

Die ***Claudiana*** wurde als „gemischte“ Verbindung am 13. April 1984 u. a. von vier Mitgliedern der Leopoldina und zwei der Austria Innsbruck gegründet, die auch nichtkatholische und weibliche Mitglieder als vollberechtigt aufnahm. Auf der XIX. CVV 1986 wurde ein Freundschaftsabkommen mit dem ÖCV geschlossen. Da seit 1989 keine Aufnahmen mehr erfolgten, sistierte 1996 die Aktivitas.[36]

In den Jahren von 1960 bis 1982 wurden im ÖCV zehn Verbindungen (wieder)gegründet, wobei eine wiederum sistierte. Seitdem gab es in Österreich nur mehr eine CV-Verbindungsgründung.

Die Mitgliederzahlenentwicklung anhand der Gesamtverzeichnisse des ÖCV der Jahre 1935 bis 1973/74 sowie 1987 (die Gesamtverzeichnisse dazwischen führten bedauerlicherweise keine Statistik) und die Standesnachweise des ÖCV-Generalsekretariates vom 1. März 1978 und Oktober 1980 verdeutlichen das Wachstum des ÖCV. Der Kulminationspunkt Anfang der sechziger sowie das deutliche Absacken in den siebziger Jahren sind auffällig. Die politischen Verhältnisse (ÖVP in Regierung und in Opposition) können ein Erklärungsgrund sein.

Die Mitgliederzahlentwicklung des ÖCV von 1935 bis 1987

	Studierende	Alte Herren	Insgesamt (inkl. EM)
Gesamtverzeichnis 1935	1.411	3.558	4.969
Gesamtverzeichnis 1949	1.546	4.122	5.668
Gesamtverzeichnis 1954	1.614	5.117	6.731
Gesamtverzeichnis 1959	2.142	5.976	8.118
Gesamtverzeichnis 1963	2.463	6.595	9.058
Gesamtverzeichnis 1967	2.350	7.382	9.732
Gesamtverzeichnis 1973/74	1.626	8.087	9.713
Standesnachweis 1978	1.611	8.019	9.630
Standesnachweis 1980	1.819	8.094	9.913
Gesamtverzeichnis 1987	2.102	8.885	10.987

34 Schönner, Auf, mit Gott zur Mannestat, S. 164f. Diese Aktion wurde auch in der Öffentlichkeit registriert, siehe *profil,* 16. 12. 1975, S. 41.

35 Schönner, Auf, mit Gott zur Mannestat, S. 132f.

36 Schieweck-Mauk, Lexikon der CV- und ÖCV-Verbindungen, S. 240f.

Beim Vergleich zu den Hörerzahlen muß die Entwicklung des ÖCV bedenklich stimmen. Waren in den fünfziger Jahren fast an die 10 Prozent der österreichischen Hörer CVer, so sank der Anteil 1973/74 auf rund 2,5 Prozent und 1987 auf knapp über 1 Prozent. Abgesehen von der immer geringer werdenden Attraktivität traditioneller Studentenverbindungen und dem immer höher werdenden Anteil weiblicher Hörer, kann eine Verbindung mit gutem Gewissen nur knapp über 100 Aktive in einen Verbindungsbetrieb integrieren. Demnach wäre zwar eine Verdoppelung der CV-Studentenzahlen maximal denkbar, jedoch aufgrund der verschiedenen Situationen bei den Verbindungen realistischerweise nicht durchführbar. Will man also mehr Studenten für den CV gewinnen, so ist dies mittelfristig nur durch Verbindungsgründungen möglich.

Nachdem sowohl im ÖCV wie auch im CV die Frage der „deutschen Volkszugehörigkeit" zunehmend bedeutungslos wurde (s. o.), war es nur mehr eine Frage der Zeit, bis es zum „Export" der Idee des katholischen Farbstudententums kam.

Die erste Verbindung dieser Art war die ***Edo-Rhenania*** zu Tokyo. Der Japaner Aloysius Yujiuro Shinoda hatte sich während seines Studiums in Köln der Rheinstein angeschlossen. Nach dessen Rückkehr blieb der Kontakt zwischen ihm und der Rheinstein aufrecht, was in der Folge am 18. Mai 1963 zur Gründung der Edo-Rhenania durch japanische katholische Studenten mit Hilfe der Rheinstein sowie in Japan lebender CVer führte. Der Name Edo war die alte Bezeichnung für Tokyo, ihr Hauptkeilboden die von deutschen Jesuiten betriebene katholische Sophia Universität. Auf der 78. CV 1964 wurde sie befreundete Verbindungen des deutschen CV, auf der 87. CV wurde ein Abkommen zwischen ihr und dem CV geschlossen, 1974 mit dem ÖCV. Zu den Ehrenmitgliedern gehören u. a. drei Prinzen des japanischen Kaiserhauses, ein shintoistischer Abt sowie der Jesuitenpater Nikolaus Luhmer (E-Rh EM), der 1945 den Atombombenabwurf auf Hiroshima überlebt hatte.[37]

In die Zeit der ersten Hälfte der siebziger Jahre gab es in den „Außenbeziehungen" des ÖCV zwei signifikante Ereignisse: ein neues **Verbändeabkommen mit dem MKV** und die **Gründung des Europäischen Kartellverbands (EKV)**.

Zwischen dem ÖCV und dem MKV wurde erstmals 1948 ein Verbändeabkommen abgeschlossen, das aber seitens des ÖCV erst 1951 ratifiziert wurde. Für die Praxis der einzelnen Mitglieder gab es daraus folgende Konsequenzen: Das gleichzeitige Tragen der Bänder beider Verbände war nicht gestattet, und: Wenn jemand aus Gründen des Prinzipienbruchs bei einem Verband ausgeschlossen wurde, so hat das bei anderen Verband ein entsprechendes Verfahren zur Folge.[38] Im Jahr 1973 wurde eine Neufassung des Verbändeabkommens beschlossen und ratifiziert. Einer der Hintergründe war, verschiedene entstandene Spannungen (etwa der Beschluß des ÖCV, Studenten an Pädagogischen Akademien aufzunehmen) wieder zu glätten. Es gab im wesentlichen folgende Veränderungen: Das gleichzeitige Tragen der Bänder ist so wie bei ÖCV/KÖL gestattet, zwischen den Mitgliedern herrscht die Anrede des „brüderlichen Du" und eine verkürzte Fuchsenzeit von MKV-Mitgliedern beim ÖCV ist unter gewissen Bedingungen möglich.[39]

37 Schieweck-Mauk, Lexikon der CV- und ÖCV-Verbindungen, SS. 253-256.

38 Vade mecum 1, SS. 66ff.

39 Vade mecum 3 Erg., SS. 5ff.; öAC 25 (1973), Oktober, *Academia intern,* S. II. Die Neufassung des Verbändeabkommens wurde im wesentlichen vom damaligen Kartellvorsitzenden des MKV, Hans-Walther Kaluza (Walth), und dem damaligen Leiter des Amtes für allgemeine CV-Fragen, Gerhard Hartmann (Baj), 1972/1973 ausgehandelt, die damit eine gewisse „Eiszeit" zwischen beiden Verbänden beenden konnten. Siehe dazu ÖCVA. Protokoll des Ständigen Ausschusses vom 11. 6. 1975, S. 2, wo Kaluza dem ausscheidenden Amtsträger für allgemeine CV-Fragen dafür ausdrücklich dankte.

Am 19. Mai 1973 fand in Salzburg im Haus des ÖVP-Politikers Hans Heger (BbW) die Konstituierung des Gründungs-Präsidiums des Europäischen Kartellverbands (EKV) statt. Die Vertreter des ÖCV waren Gerhard Hartmann (Baj) (Leiter des Amtes für allgemeine CV-Fragen) (2. v. r.) und Rudolf Pecina (Baj) (Vertreter des ÖCV-Studentenverbandes) (1. v. r.). Hinter Hartmann befindet sich der damalige Auslandsreferent des CV und spätere Vorsitzende des CV-Rats, Willi Dietl (R-F). Zur Delegation des CV gehörten auch zwei Vertreter des Münchener Ortsverbands, darunter der spätere TV-Entertainer Thomas Gottschalk (TsM) (3. v. l.).

1981 gab es eine Änderung, als ÖCVer und MKVer untereinander nicht mehr „Farbenbrüder“, sondern aufgrund der Entwicklung im EKV nunmehr „Kartellbrüder“ sind.[40]

Die Idee für einen Zusammenschluß christlicher Studentenverbände in einen europäischen Rahmen geht auf den damaligen Kartellvorsitzenden des MKV, Hans Walther Kaluza (Walth), zurück und reicht bis ins Jahr 1970. Im Zuge der Verhandlungen um ein neues Verbändeabkommen zwischen ÖCV und MKV wurde von Kaluza im Oktober 1972 erstmals die Idee unterbreitet, daß alle katholischen farbentragenden Studentenverbände des deutschsprachigen Raums eine gemeinsamen Verband auf europäischer Ebene bilden sollten.[41] Neben der Vertretung gegenüber europäischen Einrichtungen sollte dieser auch der Zusammenarbeit vor allem auch in der Bildungspolitik dienen. Im ersteren Fall wäre ein solcher Verband nach der Diktion des internationalen Rechts eine *Non Govermental Organisation (NGO)*. Der MKV war in dieser Sache weiterhin aktiv und lud

40 ÖCVA. Antrag des Vorstands der Verbandsführung an die XXIV. CVV 1981 auf Änderung des Verbändeabkommens. Dabei wurde auch ein Verbändeabkommen mit dem KÖL abgeschlossen, es besteht nun ein Ständiger Ausschuß ÖCV-MKV-KÖL.

41 ÖCVA. Protokoll der Verbändebesprechung MKV-OCV, 15. 11. 1972, S. 6f. Zur Geschichte des EKV siehe auch Kaluza, Hans Walther: Der Europäische Kartell-Verband (EKV), in: Die Vorträge der gemeinsamen 5. Österreichischen und 42. Deutschen Studentenhistorikertagung in Salzburg 1982. Hg. vom Österreichischen Verein für Studentengeschichte. Wien 1984, SS. 17-26. (= Beiträge zur Österreichischen Studentengeschichte Band 9)

zu einer Gründungsversammlung für den 19. Mai 1973 nach Salzburg in das Haus des AHLR Vorsitzenden Hans Heger (BbW), ein. Teilnehmer waren neben MKV und ÖCV auch der CV, der Technische CV (TCV), der Südtiroler Mittelschülerverband (SMV) sowie der Ring Katholischer deutscher und der Ring akademischer Burschenschaften (RKDB und RKAB). Es wurde eine provisorische Gründung vorgenommen, der Name *Europäischer Kartellverband (EKV)* und die Grundlinien der Satzung festgelegt sowie ein Gründungspräsidium bestimmt.[42]

Bei einem Treffen am 15. Dezember 1973 in Nürnberg wurden die Statuten beschlossen. Im Februar und März 1974 gab es weitere Gespräche in München, im Dezember wieder in Nürnberg. Damit waren die Vorbereitungsgespräche abgeschlossen. Es folgte nun die „Ratifizierungsphase", dabei mußte auch im ÖCV einige Überzeugungsarbeit über die Sinnhaftigkeit einer solchen Gründung geleistet und die Angst vor Aushöhlung des Salzburger bzw. Innsbrucker Verbändeabkommens mit dem CV und dem StV genommen werden. Schlußendlich konnte auf der CVV 1975 der Beitritt des ÖCV zum EKV beschlossen werden.[43] Danach konnte am 15. November 1975 in Salzburg die offizielle Gründung des EKV erfolgen. Bei dieser wurde der „Gründer" des EKV, Hans W. Kaluza, zum ersten Präsidenten gewählt (bis 1979).[44]

Dem EKV gehören 2004 neben den oben genannten Gründungsverbänden inzwischen noch an: KÖL, KV, Katholiek Vlaams Hoogstudenten Verbond (KVHV), ÖKV, StV, UV, VCS und Verband farbentragender Mädchen. Daneben gibt es noch eine Kurie der freien Vereinigungen, das sind Einzel-Studentenvereinigungen ohne Dachverband z. B. Slowenien, Slowakei, der Ukraine, Tschechien, Frankreich (Straßburg) und auch Österreich (z. B. Austria Sagitta).[45]

Impuls für den ÖCV: Die Gründung der Bildungsakademie

Die Bildungsarbeit des ÖCV war ursprünglich nur lose organisiert. Es gab Nachwuchs- und Chargenschulung und vor allem wenig Geld für die Bildungsarbeit. Als 1967 der damalige Leiter des Amtes für Bildungsfragen, Herbert Schambeck (Rd), nicht mehr kandidierte – er hatte offenbar seine wissenschaftliche und politische Karriere im Auge –, wurde von Carolina Maximilian Liebmann als Nachfolger vorgeschlagen. Er gewann knapp gegen einen Wiener Kandidaten. Dies sollte sich als einer der wenigen Glücksfälle in der Geschichte des ÖCV erweisen.

Liebmann setzte sofort unkonventionelle Initiativen. So veranstaltete er im November 1967 eine Studienreise in das damals kirchlich wie politisch interessante Holland. Und für den 15. bis 17. März 1968 organisierte er das II. ÖCV-Symposion in Seggauberg[46], das

42 ÖCVA. Protokoll der Gründungsversammlung vom 19. Mai 1973. Zum Präsidenten wurde Hans W. Kaluza, zum 2. Vizepräsidenten Gerhard Hartmann bestimmt.

43 Siehe die Berichte von Gerhard Hartmann (Baj) in öAc 25 (1973), Oktober, *Academia intern*, S. II. und 26 (1974), Oktober/November, *Academia intern*, S. IIIf. Satzungen des EKV abgedruckt in Vade mecum 3, Erg., SS. 13ff.

44 Zu einem der Vizepräsidenten wurde Norbert Vana (Baj) gewählt.

45 Gesamtverzeichnis 2004 des ÖCV, S. I-55f.

46 Das I. ÖCV-Symposion veranstaltete der Vorort Babenberg im März 1964 in Graz bereits unter der Leitung Liebmanns (Cl) zum Thema „CV von morgen".

damals die Diskussion über den „neuen CV" entscheidend anregte.[47] Der damals anwesende VOP Roderich Regler (Am) fuhr von Seggauberg unmittelbar zum Alt-VOP-Treffen, wo er über die zum Teil sehr extremen Ansichten der Teilnehmer berichtete. Der Vorsitzende des ÖCV-Beirates, Rudolf Mayr (AW), zitierte daraufhin Liebmann auf die Verbandsführung und erbat einen ausführlichen Bericht.[48] Dieser ließ sich jedoch von seinem Weg nicht abhalten und wurde damals dabei verbandspolitisch vom Vorort Bajuvaria unter dem VOP Claus J. Raidl unterstützt.

Liebmann erkannte jedoch bald, daß mit dem bisherigen Instrumentarium des Bildungsamtes nur wenige Möglichkeiten für gezielte Arbeit vorhanden waren. Aufgrund des wenig erfolgversprechenden Verlaufes des CVV 1970 in Klosterneuburg faßte er auf der Heimfahrt von dort den Entschluß zu einem organisatorischen Neubeginn. Am 13. Mai 1970 schrieb er einigen CVern: „Selten schien die Ziel- und Konzeptlosigkeit des CV so groß wie jetzt. Ich glaube, daß die letzte CVV es, wie kaum jemals, notwendig macht, intensiv über unsere Ziele und die Schulung nachzudenken." Dann folgte die Einladung zu einer Tagung in Graz (Mariatrost) mit einem Tagungsordnungsvorschlag. Als letzter Punkt wurde „CV-Akademie" angeführt.[49] Bei dieser Tagung, die schließlich vom 27. bis 29. Juni 1970 stattfand, wurde neben verschiedenen anderen Dingen die Idee der Bildungsakademie geboren, wobei bereits damals das Prinzip der Teilnahmeverpflichtung für alle CVer festgehalten wurde. Auf einer zweiten Tagung in Mariatrost vom 11. bis 13. Dezember 1970 wurden die Vorschläge weiter diskutiert und verfeinert. Danach konnte Liebmann am 27. Dezember 1970 einen Diskussionsentwurf für die Bildungsakademie zur verbandsinternen Begutachtung versenden, der die wesentlichen Merkmale bereits enthielt: Studienwoche als Voraussetzung für die Burschung, Fortbildung als Voraussetzung für die Philistrierung, Schulung für ÖCV-Funktionäre, Studienausschuß, Generalsekretär, Finanzierung etc.[50] Nach einer weiteren Tagung in Graz konnte der endgültige Antrag an die CVV 1971, die in Seggauberg tagte, fertiggestellt werden.[51] Der Vorort Traungau identifizierte sich voll und ganz mit diesem Antrag, so daß er von der Verbandsführung bzw. vom ÖCV-Beirat gestellt wurde. Bedenken und Widerstände konnten in oft mühevoller Kleinarbeit ausgeräumt werden, so daß der Antrag durchging. Im Februar 1972 konnte in einem feierlichen Akt auf Seggauberg der Betrieb eröffnet werden, die ersten Studienwochen begannen zu laufen.

Die Nachfolger Liebmanns, Wolfgang Mantl (Nc), 1974 bis 1976, und Gerhard Hartmann (Baj), 1976 bis 1981, beide der „Gründergeneration" der Bildungsakademie angehörend, verstanden unter dieser Einrichtung auch ein Instrument der Öffentlichkeitsarbeit für den ÖCV. Man erinnere sich an die Symposien „10 Jahre nach dem Konzil" (1975) mit der Aussage von ÖVP-Bundesparteiobmann Josef Taus (Baj) zum Politischen Katholizismus (siehe S. 641), „Das Christliche in der säkularisierten Gesellschaft" (1977)

---

47 Programm des II. ÖCV-Symposions (im Besitz des Verfassers), siehe auch öAc 19 (1967/68), H. 7, S. 25f., und H. 8, S. 29f.

48 Briefwechsel zwischen Maximilian Liebmann, Roderich Regler und Rudolf Mayr (im Besitz des Verfassers).

49 Schreiben Liebmanns an den Verfasser vom 13. 5. und 10. 6. 1970. Erstmals findet sich der Begriff „CV-Akademie" kurz davor in einem Leserbrief in der *Academia*, als Rudolf Finz (Dan) die Gründung einer solchen forderte, öAc 21 (1969/70), H. 4/5 (Jänner/Februar).

50 Teilnehmerliste und Schreiben Liebmanns (im Besitz des Verfassers), siehe auch öAc 22 (1970/71), H. 1, S. 28, und H- 5, S. 7.

51 ÖCVA. Beschlußprotokoll XIV. CVVV 1971. Antrag der Verbandsführung und des ÖCV-Beirates „ÖCV-Bildungsakademie". Siehe auch öAc 22 (1970/71), H. 8, S. 4f.

und „Christentum und Liberalismus" (1978). Weiters wurden Schriften herausgebracht, so zur CV-Geschichte und zur Diskussion um ein österreichisches Nationalkomitee.

1977 hatte die Österreichische Bischofskonferenz einen Bericht über den Stand der gesellschaftlichen Wirksamkeit der Kirche erstellen lassen. Im Kapitel „Wissenschaft und Hochschulwesen" heißt es u. a.: „Herkömmlich christlich ausgerichtete Studentenorganisationen (z. B. CV-Verbindungen) traten an der Universität als solche merklich weniger in Erscheinung als in früheren Zeiten; im internen Verbindungsleben finden indessen bemerkenswerte Bemühungen um die (u. a. theologische und gesellschaftspolitische) Fortbildung der Mitglieder statt. Namentlich die Seminare, Symposien und Kurse der ÖCV-Bildungsakademie müssen hier erwähnt werden."[52] Ohne Übertreibung ist daher festzuhalten, daß damit bereits das Urteil der kirchlichen Zeitgeschichte über die Idee und Wirksamkeit der Bildungsakademie gesprochen wurde!

Die Ängste der Verbindungen, daß mit einer zentralen Bildungsinstitution des ÖCV ihre Kompetenzen weggenommen werden, erwiesen sich als grundlos. Im Gegenteil, von der Bildungsakademie wurden Verbindungen, Ortsverbände und Vorort sehr oft befruchtet. Sie hat einen wesentlichen Beitrag zur Konsolidierung des ÖCV geleistet, die auch eine Nachahmung im deutschen CV (CV-Akademie) und im KV (KV-Akademie) gefunden fand.

Die Bildungsakademie ist zwischenzeitlich zu einem unbestrittenen festen Bestandteil des ÖCV geworden. Neben den Studienwochen als Voraussetzung für die Burschung haben aber in den neunziger Jahren die sog. Weiterführenden Seminare immer mehr einen berufsaus- oder -weiterbildenden Charakter angenommen, eine Antwort auf die geänderten Herausforderungen der akademischen Berufswelt. Gegenüber der Gründungsphase der Bildungsakademie sind jedoch die Subventionen deutlich zurückgegangen. Von seinerzeit, Mitte der siebziger Jahre, umgerechnet rd. 45.000 Euro pro Jahr Subventionen seitens der Länder, Diözesen, Kammern etc. waren es 2000 nur mehr knapp mehr als 4.000 Euro. Damit muß die Bildungsakademie wesentlich vom ÖCV eigenfinanziert werden.[53]

Offen oder geschlossen I: Um die Linie der Academia

Die sechziger und beginnenden siebziger Jahre waren im ÖCV von heftigen internen Diskussionen um die Verbandszeitschrift *Academia* geprägt.[54] Dabei ging es in der Hauptsache um die Auswirkungen eines geistigen Ringens, für das die damalige Zeit kennzeichnend war. Einen ersten Anstoß hierzu gab zweifelsohne die innerkirchliche Aufbruchstimmung, hervorgerufen durch das Pontifikat Johannes' XXIII. und die Einberufung des dann 1962 begonnen II. Vatikanums. Geistesgeschichtlich war dieser Prozeß eingebettet in einem Entkrustungsprozeß, der ca. 15 Jahre nach dem Ende des Zweiten Weltkriegs vor allem in den westlichen Demokratien, zu denen ja Österreich zu zählen hatte, in unterschiedlicher zeitlicher Abfolge und Intensität einsetzte. Die unmittelbare Aufbau- und Aufräumphase war zu Ende, und so begann man, sich anderen Dingen zuzuwenden, nämlich Reformdiskussionen, die in der unmittelbaren Zeit nach 1945 so noch nicht möglich waren.

52 Kirche in Österreich Berichte, S. 75f.
53 So der Leiter der Bildungsakademie des ÖCV, Markus Schaffhauser (Kb), in *Academia intern* 3/2000, S. 5.
54 Dazu ausführlicher Hartmann, Die Ära Chaloupka im österreichischen CV, SS. 134-140.

Flankiert wurde diese Stimmung noch durch einen politischen Prozeß in Österreich, vor allem in der ÖVP, der sich auch deutlich von den Zuständen in der vergleichbaren Bundesrepublik Deutschland abhob. Dort wurde die CDU/CSU bis 1969 von der „Aufräum- und Aufbaugeneration" eines Konrad Adenauer (KV Arminia Bonn), Ludwig Erhard und Kurt Georg Kiesinger (KV Alamannia Tübingen) geprägt, und erst nach dem Verlust der Regierungsverantwortung begann Anfang der siebziger Jahre mit Helmut Kohl ein dann in der Folge durchwegs erfolgreicher Reformprozeß innerhalb der Unionsparteien. In Österreich hingegen begannen sich bereits nach dem schlechten Ausgang der Nationalratswahlen 1959, die „Reformer" zu regen. Die „Aufräum- und Aufbaugeneration" eines Leopold Figl (Nc) und Julius Raab (Nc) wurde durch die Reformergruppe Josef Klaus (Rd)/Hermann Withalm (Nc) abgelöst. Vor allem der anfänglich charismatische Josef Klaus stand Mitte der sechziger Jahre für eine Aufbruchstimmung in der Politik, die zwar vieles vorwegnahm und erreichen konnte, letztlich aber 1970 dann doch wiederum scheiterte (siehe S. 571).

Hinzu kamen noch weitere „Aufbrüche" Ende der sechziger Jahre: Es waren dies einerseits die vielgestaltigen Bewegungen in den westlichen Industrienationen, die mit dem Chiffre „1968" zu umschreiben sind, andererseits auch Prozesse im kommunistischen Bereich (Eurokommunismus, Tschechoslowakei), die eine, wenn auch vorerst trügerische Hoffnung aufkeimen ließen. Es entstand in der akademischen Jugend des deutschsprachigen Raums sowie Westeuropas eine emotional getragene Aufbruchstimmung, die in gewissem Sinn auch an die Jugend(Studenten)bewegungen vor dem Ersten Weltkrieg (siehe S. 256), des Jahres 1848 und sogar die der Freiheitskriege 1813 (Urburschenschaft) erinnern ließen.

All diese Entwicklungen konnten auch auf den ÖCV, den größten katholischen Studenten- und Akademikerverband Österreichs, nicht ohne Auswirkungen bleiben. Vor allem die Reformschübe in der Kirche wie in der ÖVP beeinflußten junge CVer, die sich davon angesprochen fühlten, und das waren damals nicht wenige. Einige davon sammelten sich in der Hochschulreformgruppe des CV (vor allem bei Austria Wien und Norica) bzw. im Wahlblock (siehe S. 594). Plattform für die reformorientierten CVer wurde die Verbandszeitschrift *Academia*, eine nahezu beispiellose Situation, wie sie in keinem vergleichbaren gesellschaftlichen Verband zu finden war. Damit war schon der Konflikt vorprogrammiert. Er verlief auf zwei Ebenen. Die eine war die formale, d. h. wie weit kann ein von einem „Vereinsvorstand" herausgegebenes und von Mitgliedsbeiträgen größtenteils finanziertes Organ die journalistische Enge eines „Vereinsblattes" sprengen und zu einem inhaltlich ansprechenden, kritischen und intellektuell niveauvollen Journal werden, das die Diskussion nicht scheut. Die andere war die inhaltliche Seite. Indem nun die Redaktion bzw. die Blattlinie deutliche Sympathien für die Reformbewegungen in Kirche und Politik zeigte, stellte sie sich in unwillkürlichem Gegensatz zu jenen, die diesen Reformen – aus welchen Motiven auch immer, aus intellektueller Redlichkeit oder aus Ängstlichkeit – kritisch bis ablehnend gegenüberstanden. Und diese Fronten verliefen damals (wie heute) quer durch den ÖCV, durchaus durch die Umstände der Zeit (sechziger Jahre) noch in weitaus zuspitzender Form.

Amtsträger und damit verantwortlich für die *Academia* war in den sechziger Jahren Helmut Steinacker (Nc), Pressereferent der Bundwirtschaftskammer. Er war kein intellektueller oder reformerisches Heißsporn oder Agierer, sondern eher der einsichtige Gewährer, der ehrliche Makler, der die Zeichen der damaligen Zeit wohl erkannte und begriff, was nötig zu sein hatte.

Es waren zuerst kirchlich-religiöse Themen, die widersprüchliche Kritik hervorriefen. Nachdem schon im April 1962 ein Artikel den Unmut des damaligen Sekretärs der Bischofskonferenz, Alfred Kostelecky (Rd), hervorgerufen hatte,[55] kam es infolge eines Beitrags von Manfred Leeb (AW) in der Februar-Nummer 1964[56] zu neuerlichen Aufgeregtheiten, auch entwarf er in der *Academia* eine „KÖHV Utopia im ÖCV".[57] Ebenso gab es einen Konflikt wegen eines kritischen Artikels über das Wiener Priesterseminar[58], der einen Leserbriefsturm hervorrief. Die Verbandsführung beschloß, daß Leeb, solange ein Ehrengerichts-Verfahren seitens der Rudolfina gegen ihn läuft, in der *Academia* nicht schreiben dürfe.[59] Das sprach sich sofort herum. Der bereits am nächsten Tag (15. April) tagende Wiener Seniorenconvent hatte offenbar durch eine gezielte Indiskretion davon erfahren und „distanziert sich von einer Beschränkung der freien Meinungsäußerung durch die Verbandsführung und spricht sich gegen eine Zensur ... aus."[60]

Die *Academia*-Debatte schien nun vorerst mit einem Patt beendet zu sein. Doch lange dauerte die scheinbare Ruhe nicht, sie war Anfang 1965 wieder zu Ende. Es mußte aufgrund der Vorgeschichte natürlich als Provokation aufgefaßt werden, daß Manfred Leeb fast zur Gänze die Januar-Nummer 1965, die sich vorwiegend mit religiös-theologischen Fragen im Sinne der konziliaren Aufbruchstimmung beschäftigte, bestritt.[61] Auf der Sitzung des ÖCV-Beirates am 16. Februar kam es dann zu den entsprechenden Vorhaltungen.[62] Danach beruhigte sich die Sache etwas, andere Fragen (Affäre Borodajkewycz) standen u. a. im Vordergrund, um jedoch im Nachklang der CVV wieder zu eskalieren.

Dazu ist aber eine strukturelle Vorbemerkung notwendig. Bereits mit der Gründung der Österreichischen *Academia* 1949 war es klar, daß der „politisch" verantwortliche Amtsträger, ein Alter Herr in exponierter beruflicher Position, wie damals der Ministerialrat im Bundespressedienst, später Leiter der Bundestheaterverwaltung, Ernst Marboe (Baj), nicht selber die redaktionelle Leitung einer fast immer monatlich erscheinenden Zeitschrift leisten kann. Dazu bediente er sich gleich eines Mitarbeiters. Bereits damals, 1949, wurde der junge Helmut Steinacker Redaktionsleiter. Nach dem Tod Marboes wurde er auch Amtsträger und behielt sich vorerst auch noch die redaktionelle Leitung vor, was er damals noch beruflich vereinbaren konnte. Anfang der sechziger Jahre wurde das aber für ihn immer schwieriger, so daß er sich mit Zustimmung der Verbandsführung ebenso eines redaktionellen Mitarbeiters bediente, und das war Gerd Rittenauer (Rd) aus dem Pressereferat der Bundeswirtschaftskammer, was die Sache für beide in der Abwicklung vereinfachte.

Rittenauer gestaltete nun die Juni/Juli-*Academia*-Nummer 1965. In einem nicht gezeichneten Artikel wurde ironisch-distanziert und mit provokanten Zwischenüberschriften (Thema verfehlt-ungenügend; Flohmarktstimmung; War halt doch ein schönes Fest) kommentierend über die CVV berichtet, und das war natürlich dem Vorort nicht

55 ÖCVA. Protokoll des ÖCV-Beirates vom 25. 4. 1962.

56 öAc 15 (1963/64), H. 5, SS. 12-14. Unter „Respektlose Anmerkungen" wird der Zustand der Wiener Theologischen Fakultät und damit der Ausbildungsstandard dort kritisch (mit Recht) unter die Lupe genommen.

57 öAc 15 (1963/64), H. 6, S. 5. Dieser Beitrag wurde 1964 als Utopie bezogen auf 1984 verfaßt, er wurde kommentarlos in *Academia intern*, März 1984, S. IVf., nochmals abgedruckt.

58 Manfred Leeb in öAc 15 (1963/64), H. 5, S. 12f.

59 ÖCVA. Protokoll der Verbandsführung vom 14. 4. 1964.

60 ÖCVA. Protokoll der Verbandsführung vom 12. 5. 1964.

61 öAc 16 (1964/65), H. 4 (Januar), insbesondere der Artikel „Respektlose Anmerkungen: Ein Rückblick ohne Zorn", S. 7f.

62 ÖCVA. Protokoll des ÖCV-Beirates vom 16. 2. 1965.

genehm. Wie später bekanntgegeben wurde, war Werner A. Perger (ehemals AW) der Verfasser dieses Beitrags.[63] Die Verbandsführung hat nun offenbar hinter dem Rücken Steinackers und ohne ihn zu informieren beschlossen, die Gestaltung der August/September-Nummer selber, d. h. durch den Vorort, zu übernehmen. Davon erfuhr Steinacker dann doch und protestierte.[64]

Auf der Sitzung der Verbandsführung am 29. September kam das dann zur Sprache. Steinacker verteidigte sich: „Darf bzw. soll denn die *Academia* kein Sprachrohr mehr des modernen ÖCV sein bzw. werden? ... Die CVV ist eindeutig für die freie Meinungsäußerung in unserer Verbandszeitschrift eingetreten – und wo stehen wir jetzt? Nicht nur bei der *Academia* treten solche Probleme auf, sondern auch bei der *Furche* und bei anderen guten Zeitschriften ...“ Für eine „Weihrauchacademia“ sei er nicht zu haben.[65]

Das war natürlich eine Kampfansage an den Vorort unter VOP Konrad Hofinger (AIn), die zu einem Machtkampf zwischen diesem und Steinacker führte. Der VOP nahm nun die Initiative in die Hand und glaubte, in der Entfernung des Redakteurs Rittenauer, der ja operativ für die *Academia* verantwortlich war, die *Academia*-Krise bereinigen zu können. Der Vorort wollte anstatt Rittenauer Heribert Steinbauer (ehemals AW) auf diese Position haben und hatte bereits unter Ausschaltung Steinackers mit ihm Kontakt aufgenommen.[66]

Ende November kam es dann zu der entscheidenden Sitzung der Verbandsführung. Der VOP präsentierte das von der Verbandsführung genehmigte Konzept für die Neugestaltung der *Academia*. Steinacker stellte dazu fest, daß er von beabsichtigten personellen Veränderungen erst am 23. November informiert wurde, sah in den Vorverhandlungen des Vororts einen groben Eingriff in seine Geschäftsführung und kritisierte, daß seit Monaten ohne sein Wissen verhandelt wurde. Der VOP Hofinger konterte dagegen nur lapidar, daß er auf dem Standpunkt stehe, daß die *Academia* in der derzeitigen Form den Verbandsinteressen widerspreche, das träfe auch auf die November-Nummer zu, und bezog sich auf das „Vetorecht“, das er gemäß Beschluß der 10. CVV 1952 habe.[67]

Auf Antrag des VOP beschloß nun die Verbandsführung, bis zur CVV 1966 dem Amtsträger einen geschäftsführenden Redakteur beizugeben, der unter jenem der Verbandsführung für die Gestaltung der *Academia* verantwortlich ist. Erwartungsgemäß wurde Heribert Steinbauer dazu bestimmt. Steinacker wurde 48 Stunden Bedenkzeit gewährt. Ins Protokoll dieser Verbandsführungssitzung wurde folgender Zusatz aufgenommen: „Nach Ablauf von 48 Stunden teilt Steinacker fernmündlich mit, daß er seinen Standpunkt nicht geändert hat.“[68]

In dieser verfahrenen Situation versuchte der Vorsitzende der Verbandsführung, Eduard Chaloupka (Baj), einen Ausweg. Anfang Dezember kam es daher zu einem

---

63 öAc 16 (1964/65), H. 9/10 (Juni/Juli), SS. 2-5. In der folgenden Nummer wurde als Autor Werner A. Perger (ehemals AW) genannt. Der wurde später Redakteur der Tageszeitung *Die Presse* und von dieser als Korrespondent nach Bonn geschickt, wo er es auch zum zeitweiligen Präsidenten des Verbands der Auslandspresse brachte. In Bonn wechselte er dann als Korrespondent zur Wochenzeitung *Die Zeit*. Sein Nachfolger als Korrespondent der *Presse* wurde Engelbert Washietl (Rt-D). Perger ging später nach Hamburg und wurde zeitweise stv. Chefredakteur der *Zeit*. Er trat nach 1987 aus dem CV aus.

64 In einem Schreiben vom 8. 4. 2002 an den Verfasser bestätigte der damalige VOP Ivo Greiter (AIn) den in der Folge aufgrund der Sitzungsprotokolle geschilderten Ablauf. In dieser Nummer wurde dann ausführlich über die CVV, teilweise von Ivo Greiter selber, berichtet. öAc 16 (1964/1965), H. 11/12 (August/September), SS. 2-9.

65 ÖCVA. Protokoll der Verbandsführung vom 29. 9. 1965.

66 ÖCVA. Protokoll der Verbandsführung vom 27. 10. 1965.

67 Vade mecum I, S. 40f.

68 ÖCVA. Protokoll der Verbandsführung vom 29. 11. 1965.

Gespräch zwischen ihm und Steinacker, in dem man zu einer Lösung gefunden zu haben glaubte. Danach sollte Steinacker die redaktionelle Leitung der *Academia* wieder unmittelbar übernehmen, und Rittenauer sollte im Impressum nicht mehr aufscheinen. Damit glaubte man, den *Casus belli* für den Vorort aus der Welt geschafft zu haben. Die Verbandsführung hat daraufhin beschlossen, von der Durchführung der ursprünglichen Beschlüsse (Bestellung Steinbauers) Abstand zu nehmen. Durch Brief und Gegenbrief zwischen Verbandsführung und Steinacker sollte das dann festgehalten werden, ebenso daß die Korrekturabzüge der Verbandsführung rechtzeitig vorgelegt werden.[69]

Kurz vor Weihnachten am 23. Dezember 1965 kam es dann zu einem neuerlichen Treffen zwischen Chaloupka und Steinacker, wo dann die entsprechenden Erklärungen abgegeben wurden.[70] Damit schien zumindest über Weihnachten der Frieden hergestellt zu sein. Doch der war nur scheinbar. Zwar schien Rittenauer formal nicht mehr auf, aber an der beruflichen Belastung Steinackers hat sich ja nichts geändert. Auch wenn er formal die Redaktionsleitung wieder selber übernommen hat, die Arbeit an sich mußte ja wer anderer machen, und der war weiterhin im Hintergrund Rittenauer, was dem Vorort nicht verborgen blieb.

Der Vorortsauschuß hatte sich daher in seiner Sitzung am 1. Februar 1966 mit dieser Frage zwangsläufig befassen müssen, um nicht sein Gesicht zu verlieren, und beschlossen, daß die *Academia* ihr Erscheinen bis zur CVV einstellen soll. Als Gründe hierfür wurden nochmals die ungenügende Berichterstattung über die CVV 1965 angeführt, für die Rittenauer verantwortlich gemacht wurde. Des weiteren wurden auch einige Artikel kritisiert. Entscheidend war aber für den Vorort, daß die Vereinbarung vom 23. Dezember nicht eingehalten wurde. Denn Rittenauer hatte am 26. Januar eine Redaktionssitzung abgehalten.

Steinacker hatte das Treiben des Vororts gegen ihn offenbar satt und gab folgende Erklärung ab: Der VOP verlange die Beseitigung Rittenauers. Dafür sehe er keinen Anlaß, er trete daher zurück. Die Verbandsführung hat seinen Rücktritt zur Kenntnis genommen.[71] Heribert Steinbauer wurde provisorisch mit der Leitung des Academia-Amtes betraut.[72] Auf der nächsten CVV wurde er dann zum neuen Academia-Amtsträger gewählt. Der Pressedienst wurde zu einem eigenen Informationsamt, zu dessen Amtsträger Kurt Bergmann (Dan) bestellt wurde. Beide Persönlichkeiten signalisierten zweifelsohne ein positives Personalreservoir des ÖCV. Beide machten später sowohl im ORF (Steinbauer als Generalsekretär, Bergmann als Intendant) als auch in der ÖVP (Steinbauer als stv. Generalsekretär, Bergmann als Klubdirektor) Karriere.

Und damit schienen die Probleme um die *Academia* (vorläufig) wie weggewischt worden zu sein, auch wenn der neue Amtsträger keinerlei inhaltliche Änderung bedeutete, er war ja mit dem Reformkurs der *Academia* einverstanden.

Der weiterhin unverändert gebliebene aufgeschlossene Kurs der *Academia* stand im zweiten Halbjahr 1966 im Windschatten einer anderen „Zeitschriften-Affäre". Der Wahlblock, die CV-nahe Studentenpartei, stand in den sechziger Jahren unter Erneuerungs- und Profilierungszwang. Dazu sollte eine eigene, vom Wahlblock herausgegebene Zeitschrift namens *Top public* dienen. In der Nummer 3 des ersten Jahrgangs erschien ein Artikel von

69 ÖCVA. Protokoll der Verbandsführung vom 13. 12. 1965.

70 ÖCVA. Protokoll der Verbandsführung vom 17. 1. 1966.

71 ÖCVA. Protokoll der Verbandsführung und Protokoll des ÖCV-Beirates vom 15. 2. 1966.

72 ÖCVA. Protokoll der Verbandsführung vom 19. 2. 1966. Siehe auch öAc 17 (1965/66), H. 6/7, SS. 1ff., wo Steinbauer sich vorstellte.

Werner Vogt (ehemals AW) mit dem Titel „U-Minister Herbert Schambeck". Darin wurden verschiedene biographische Details um Schambeck (Rd) kritisch unter die Lupe genommen, etwa seine akademische Laufbahn oder seine persönliche Art, weil er damals als möglicher Unterrichtsminister gehandelt wurde. Schambeck wurde 1959 zum Amtsträger für Bildungsfragen gewählt und hatte dieses Amt zwei Amtsperioden bis 1967 inne.

Dieser Artikel hat damals im ÖCV größtenteils Empörung hervorgerufen, bei einem anderen Teil aber sicherlich hinter vorgehaltener Hand Belustigung. Er wurde auch Gegenstand der Erörterung innerhalb der ÖCV-Gremien, weil aufgrund der damaligen Wahlblock-Konstruktion eine direkte Einflußnahme seitens des ÖCV dort möglich war. Die Verbandsführung stellte fest, daß das Prinzip Amicitia verletzt wurde, und beschloß einen Antrag auf Vorerhebungen gegen Vogt beim Landesehrengericht Wien.

Diese Vorgangsweise der Verbandsführung weckte aber den Widerspruch des ÖCV-Beirats, insbesondere den der betroffenen Amtsträger. Der Hochschulamtsträger Gernot Schaffer (Dan) bemängelte, daß er vorher nicht kontaktiert wurde, und war der Meinung, daß Schambeck sich selber wehren könne. Auch Kurt Bergmann (Dan) und Heribert Steinbauer kritisierten diesen Beschluß.[73]

Und wie ging es in der *Academia* weiter? Was man mit Steinacker eigentlich beenden wollte, nämlich daß der Amtsträger nicht mehr selbst die Redaktionsleitung innehat, kam gut ein Jahr nach dessen Rücktritt wieder aufs Tapet. Heribert Steinbauer ging im April 1967 als Generalsekretär in den ORF. Der teilte nun der Verbandsführung mit, daß er einen geschäftsführenden Redakteur in der Person von Werner A. Perger (ehemals AW) bestellen mußte, was die Verbandsführung auch genehmigte. Nicht ohne Pikanterie wird der aufmerksame Leser feststellen können, daß das gerade jene Person war, die knapp zwei Jahre davor durch ihren Beitrag über die CVV 1965 die geschilderten schweren Auseinandersetzungen ausgelöst hatte. Damit war auch der Grundstein für die „zweite *Academia*-Krise" gelegt, und es begannen bereits wieder Kritiken an Artikel.[74]

In diesem Zusammenhang steht auch die Entwicklung innerhalb der Austria Wien, die zu einer Exponentin des progressiven Aufbruchs im ÖCV der späten sechziger Jahre wurde. Personell wurde diese Entwicklung zweifelsohne von der Hochschulreformgruppe um Vogt/Leeb und der *Academia*-Gruppe initiiert. Schockierend wirkte in diesem Zusammenhang für viele im ÖCV ein von der Austria Wien im ÖCV-Haus am 21. April 1967 abgehaltenes sog. „Happening", ganz im Stil der damaligen „revolutionären" Zeit.[75] Widersprüche dazu blieben nicht aus, so etwa der Artikel von Heinrich Drimmel (NdW) am 14. September 1968 in der *Furche* mit dem Titel „Rutscht der CV nach links ab?" Die Situation in der Austria Wien wurde in diesem Sinne immer kritischer und eskalierte im WS 1972/73, als sie sich an der Anti-Vietnam-Krieg-Demonstration am 19. Januar 1973 ostentativ beteiligte, wogegen die Verbandsführung Stellung bezogen hatte.[76] Die Situation in der Austria wurden dann 1975 durch einen sog. „Putsch" bereinigt (siehe S. 617).

Doch zurück zur Blatt-Linie der *Academia*. Sie wurde unter der redaktionellen Leitung von Heribert Steinbauer, in der Folge dann von Werner A. Perger und Gerhard Feltl

---

73 ÖCVA. Protokoll des ÖCV-Beirates vom 12. 12. 1966; Anlage: Brief der Verbandsführung an das Landesehrengericht Wien vom 15. 12.: Antrag auf Vorerhebungen gegen Werner Vogt.

74 ÖCVA. Protokoll der Verbandsführung und Protokoll des ÖCV-Beirates vom 10. 4. 1967. Der Artikel von Karl-Hans Haysen (Nc) „Darf er das" wurde diskutiert, wo der Linzer Bischof Franz Zauner kritisiert wurde. Siehe auch die Kritik von Otto Tschulik (Nc) in öAc 18 (1966/67), H. 9, S. 2.

75 ÖCVA. Protokoll der Verbandsführung und Protokoll des ÖCV-Beirates vom 24. 4. 1967.

76 öAc 24 /1972/73), H. 6-8, SS. 17ff.

(Rg) konsequent weitergeführt und ausgebaut. Seit 1970 bekleidete Wolfgang Aigner (Nc) das Academia-Amt. Die verbandsinterne Kritik wurde trotz des Karl-Renner-Preises (1970) daher immer stärker und heftiger, auf jeder CVV wurde darüber diskutiert, die Leserbriefe[77] und Agitationen gegen die *Academia*, der man vorwarf „links" zu sein, wurden immer zahlreicher. Es kam nun zur zweiten *Academia*-Krise, die durchaus Züge einer gewissen Pogromstimmung hatte, wenn man die damaligen Auseinandersetzungen, Leserbriefe, Resolutionen liest. 1972/1973 strebten diese dem Höhepunkt zu und eskalierten bei einem Conveniat des AHLB Wien im „Grünen Tor" am 6. Februar 1973, als ein Angehöriger der Rudolfina[78] dem Amtsträger eine Ohrfeige versetzte.[79] Es hätte die Möglichkeit bestanden, ohne Aufgeregtheit diese Angelegenheit zu bereinigen, doch die bereits eingetretene aufgeschaukelte Eskalation ließ sich nicht mehr zurückschrauben.[80] In einer Art Trotzreaktion (Aigner: „Meine Herren, hier reicht's mir!")[81] begab sich die Academia-Gruppe in eine Isolierung. Der Amtsträger Aigner, die Redaktion – an der Spitze Gerhard Feltl – sowie auch der Leiter des Informationsamtes, Gerhard Schimak (Rg), traten „aus Protest gegen den Rechtsruck im ÖCV" von ihren Ämtern zurück.[82]

Auf der CVV 1973 wurde hierauf Ernst Wolfram Marboe (Baj) von den Kritikern zum Amtsträger gewählt. Damit war eine personelle Gruppe im CV gescheitert. Das Urteil Wolfgang Aigners über die *Academia* Mitte der achtziger Jahre – „Heute ist die *Academia* schön, aber drin steht nichts mehr"[83] – zeugte von der weiter bestehenden inneren Verbitterung.

Gerhard Feltl hat in der letzten *Academia*-Nummer unter seiner Verantwortung im Editorial u. a. geschrieben: „Viele der Themen, die als Beweis gefährlicher Linksdrift gelten, sind nichts anderes als Vorarbeiten zu notwendigen Antworten auf unsoziale, ungerechte und zerstörerische Tendenzen unserer industriellen Massengesellschaft: die Überlegungen zur Bodenreform etwa, das Engagement in Sachen Dritter Welt, die Frage nach der Zukunft der Religion, nach den Ursachen von Aggression und Gewalt, nach dem Versagen

---

77 Einer der intensivsten und in seiner Art skurrilsten Leserbriefschreiber bzw. Agitatoren gegen die *Academia*-Führung war Walter Oberleitner (Tt), der aber in einem offenen Brief an die Altherrenschaft vom 24. 2. 1973 (im Besitz des Verfassers) einen Aspekt auf den Punkt brachte: „Die Beliebtheit der Academia außerhalb des Verbandes geht Schritt für Schritt mit der wachsenden Unbeliebtheit im Verband."

78 Es handelte sich um Rudolf Jelinek (Rd).

79 In einem Schreiben des Vorsitzenden des AHLB Wien, Franz Stadler (Am), an die Mitglieder des AHLB Wien vom 21. 5. 1973 (im Besitz des Verfassers) wird der Ablauf des Abends vom 6. 2. 1973 aus der Sicht Stadlers geschildert, wobei die unmittelbare Sachverhaltsdarstellung des Vorfalls an sich höchste Glaubwürdigkeit besitzt. Danach hätte Jelinek keinen Faustschlag gegen Aigner geführt, wie gelegentlich behauptet, sondern er hat „die Hand gegen Dr. Aigner ausgestreckt und dabei die linke untere Gesichtshälfte berührt".

80 Nach den ausführlichen Schilderungen in dem zitierten Schreiben des AHLB-Vorsitzenden Stadler hat sich sofort der ranghöchste Anwesende der Rudolfina bei Aigner entschuldigt. Sämtliche Debattenredner danach hätten das Verhalten Jelineks mißbilligt. Aigner selber hat gesagt: „Alles vergeben und vergessen." Nach diesem Schreiben von Stadler muß man den Eindruck gewinnen, daß trotz aller Kritik an der *Academia* die meisten Teilnehmer aufgrund der Situation von einer gewissen Pro-Aigner-Stimmung erfaßt waren. Anstatt nun von der *Academia*-Gruppe diesem Vorfall quasi die Märtyrer-Gloriole zu verpassen und daraus für sich stimmungsmäßig im ÖCV Kapital zu schlagen, wozu durchaus die Möglichkeiten bestanden hätte, wurden die Gräben noch tiefer gerissen. Mit dazu beigetragen hat eine kritische Resolution der Bildungsakademie des ÖCV vom 10. 2. 1973 sowie ein gewisser „Flankenschutz" in der Presse. Das mußte unweigerlich zum Endpunkt führen, d. h. dem Rücktritt Aigners als Amtsträger, der dieser Situation teilweise auch psychisch nicht mehr gewachsen war.

81 öAc 24 (1972/73), H. 6-8, SS. 26ff. In dieser letzten Nummer der *Academia* unter der Leitung von Aigner und Feltl wurde aufgrund dieses Vorfalls mit den Kritikern „abgerechnet".

82 APA-Aussendung 3. 6. 1973. Dies führte u. a. zu einem Schreiben der Verbandsführung vom 18. 6. 1973 an Feltl, die mit Frage endete, ob es nicht konsequent wäre, auszutreten. Kopie des Schreibens im Besitz des Verfassers.

83 *Kleine Zeitung*, 11. 1. 1985, S. 18.

unseres Bildungssystems, die Abhandlungen zur Sexualität, zur Wachstumsproblematik, zu Manipulation und Medienberichterstattung und dergleichen mehr."[84] Nach mehr als 30 Jahren klingen diese Ausführungen nach wie vor aktuell und zeigen eigentlich, wie modern und zukunftsschauend man in der *Academia*-Redaktion gedacht hat. Allerdings war man nicht imstande, das und sich zu „verkaufen".

Ernst W. Marboe und sein Redakteur Peter Hofbauer (Merc) haben natürlich versucht, die Wogen zu glätten, auch gegenüber einer kritisch beobachtenden Öffentlichkeit. Die Einführung von *Academia intern* (der sog. „blaue" Teil) beruhigte vor allem jene Kritiker, denen die Berichterstattung aus dem Verband zu wenig war. Nimmt man aber die Nummern der *Academia* der folgenden Jahre zur Hand, so stellt man fest, daß sich an der prinzipiellen Themenauswahl und deren kritischen Beleuchtung nichts (oder bestenfalls sehr wenig) geändert hatte. Spätestens in den achtziger Jahren – unter den Amtsträgern Erwin Rotter (Nc), Gerald Freihofner (Nc) und Walter Schwarz (Baj) sowie den Chefredakteuren Gerhard Popp (Baj), Tino Teller (A-P) und Clemens M. Auer (Cl) – konnte man kaum Unterschiede zur Ära Aigner/Feltl feststellen, wenn man einmal allgemeine gesellschaftspolitische sowie redaktionstechnische Entwicklungen außer acht läßt. Vorhaltungen oder Kritik innerhalb des CV blieben aber vergleichsweise marginal.

Unwillkürlich fragt sich der distanzierte Betrachter, wozu das ganze Theater? Der eingangs dieses Abschnitt erörterte geistige Transformationsprozeß in Gesellschaft und Kirche hatte auch Spuren im ÖCV hinterlassen und zu „Aufwühlungen" vor allem bei jenen geführt, die man nach heutiger Terminologie als „Modernisierungsverlierer" bezeichnen würde. Verstärkt wurde dieses „Verlierergefühl" durch den Regierungswechsel 1970 zur SPÖ, durch das Jahr „1968" und dessen Folgen sowie durch die Wahrnehmung eines gesellschaftlichen wie politischen „Linkismus". Das alles führte zu einem hohen Grad von Verunsicherung bei einer bestimmten Schicht von Alten Herren im ÖCV, die gerade bei Conventen der verschiedensten Art überrepräsentiert war und somit einen „gewissen Ton" angeben konnte.

Das alles hat sich nun seit Mitte der sechziger Jahre sukzessive und in Schüben in und an der *Academia* gewissermaßen „entladen", eben bis zu dessen Höhepunkt im ersten Halbjahr 1973. Das führte dann aber zu der eben bemerkten Groteske, daß nach dem offenbar „reinigenden Gewitter" wieder alles als in Ordnung wahrgenommen wurde, obwohl es in der *Academia* im Grunde so wie bisher weiter ging.

Parallel dazu sahen sich extreme Vertreter des Reformkurses als gescheitert, als sie erkennen mußten, daß der ÖCV in ihrem Sinn nicht transformierbar war. Sie gingen entweder in die innere Emigration, oder sie zogen die Konsequenzen bzw. ließen die Konsequenzen ziehen. Werner Vogt wurde u. a. wegen seiner Unterstützung Kreiskys bei der Nationalratswahl 1975 aus der Austria Wien ausgeschlossen. Werner A. Perger oder beispielsweise Leo Gabriel jr. (ehemals NdW)[85], der durch sein Lateinamerika-Engagement in ein linkes Fahrwasser geriet, zogen selber die Konsequenzen.

Die übrigen – wohl die meisten – dieser Gruppe wurden von der „normativen Kraft des Faktischen" bald eingeholt: Nicht selten sitzen sie in Vorständen von Aktiengesell-

84 öAc 24 (1972/73), H. 6-8, S. 1.

85 Leo Gabriel jr. ist der Sohn von Leo Gabriel (NdW), der in den fünfziger und sechziger Jahren an der Wiener Universität Philosophie lehrte. Gabriel jr. war bei der Europa-Wahl 2004 Spitzenkandidat der Linken Liste, siehe *profil*, Nr. 21, 17. 5. 2004, S. 22.

schaften, Redaktionen oder gingen gar in die Politik, blieben aber den beim Burscheneid verpflichteten Prinzipien im wesentlichen treu.

Fast 25 Jahre nach dieser „Academia-Krise" Anfang der siebziger Jahre kam es 1996/97 zu einer ähnlichen Zuspitzung. Auf der CVV 1996 wurde der langjährige Redaktionsmitarbeiter Martin Zimper (Dan) als Nachfolger von Gerald Freihofner (Nc) zum Amtsträger gewählt, der durch den Stil einiger seiner Kommentare in Kritik geriet. Der Vorort Bajuvaria des Jahres 1996/97 beantragte daher für die CVV 1997 ein Academia-Statut, was seinerseits wiederum Schelte von prominenten CV-Journalisten wie z. B. Hubert Feichtlbauer (Kb) hervorrief. Der Bericht Zimpers auf der CVV sowie seine anschließende Vertrauensfrage wurden abgelehnt, das Statut aber ebenfalls. Zum neuen Amtsträger wurde Gerhard Tschugguel (Merc) gewählt. In Verbindung mit dem 1997 ebenfalls abgelehnten Studentinnen-Antrag (siehe S. ¦) und dem Academia-Statut wurde dieser Personalwechsel von einer interessierten Öffentlichkeit als Rechtsruck im ÖCV kommentiert.[86]

Offen oder geschlossen II: Protestanten in den (Ö)CV?

Am 15. November 1967 wurde bei Kristall Leoben ein Protestant rezepiert, und in der Dezember-Nummer der *Academia* wurde dieser Fall verbandsöffentlich bekannt. Kurz vorher, im Oktober, referierte der damalige VOP Roderich M. Regler (Am) in Salzburg über die Öffnung des CV für Protestanten und Studentinnen, trat aber in der *Academia* („Öffnung nach innen?") für Sonderlösungen (Bursen etc.) ein.[87]

Nachdem Kristall am 25. November 1967 ihre Entscheidung den Verbindungen schriftlich mitgeteilt hatte, war nun die Angelegenheit ÖCV-offiziell geworden. Die Verbandsführung beschloß am 11. Dezember 1967, den Fall Kristall beim OÖCVG anzuzeigen.[88]

In der Folge kam es zu heftigen Diskussionen in der *Academia* und auf den Cartellversammlungen der Jahre 1968 und 1969, wo beide Male die Aufnahme von Protestanten, d. h. die Änderung des Katholizitätsprinzips, abgelehnt wurde.[89] Die Debatte zog sich bis 1970 hin, als die Verbandsführung beim OÖCVG den Antrag auf ein Ausschlußverfahren für Kristall stellte,[90] was dann offenbar Wirkung zeigte. Es wurde ein Verein der Freunde Kristalls gegründet, der das Problem cartellrechtlich löste.

Nachdem sich die „Affäre Kristall" beruhigt hatte, wurde Mitte der siebziger Jahre bekannt, daß die Austria Wien bereits im Jahr 1969 den ersten Protestanten aufgenommen hatte.[91] Nach mehreren Aussprachen auf der Verbandsführung und der CVV[92] wurde als

86 *Academia intern* 5/1996, S. 11; , 3/1997, S. 8f., 4/1997, S. 6f.; öAc 47 (1997), H. 3, S. 4; *kathpress* 2. 5.1997, S. 17 und 6. 5. 1997, S. 18; *Multimedia* 10/1997, 25. 5. 1997, S. 6.

87 öAc 19 (1967/68), H. 3, S. 28.

88 VACl. Altherrenschaft Ein- und Auslauf 1967-69. Rundbrief der Kristall, 25. 11. 1967. ÖCVA. Protokoll der Verbandsführung vom 11. 12. 1967, S. 2f.

89 öAc 19 (1967/68), H. 4/5, S. 2f. (Stellungnahme des ÖCV-Seelsorgers P. Alois Schrott), H. 6, S. 2ff., 20 (1968/69), H. 11/12, S. 2ff.; *Kathpress*, 28. 5. 1969, S. 1.

90 ÖCVA. Protokoll der Verbandsführung vom 6. 8. 1970, S. 1. Die Verbandsführung beschäftigte sich noch weiter mit dem Fall, wobei man bemüht war, wogenglättend zu wirken, was auch dann erreicht wurde. Denn bald trat diese Sache in den Hintergrund, siehe öAc 22 (1970/71), H 5. Februar, S. 3.

91 öAc 27 (1976), September/Oktober, Academia intern, S. III.

92 ÖCVA. Protokoll des ÖCV-Beirates vom 19. 2. 1975; ebda. Beschlußprotokoll XVIII. CVV 1975, Antrag der Austria Wien betr. „Änderung der ÖCV-CO und Aufnahmeermächtigung".

Ausweg 1975 die *Austria Sagitta* als eine christliche Verbindung gegründet (siehe oben), die die Protestanten der Austria Wien aufnahm.[93]

Die Diskussion um die Aufnahme von Protestanten wurde von den Befürwortern mit dem ökumenischen Argument geführt, doch man hatte eher den Eindruck, daß es personelle Probleme waren, die dazu führten. Der damalige ÖCV-Seelsorger Gerhard Schultes (Rd) stellte sich auf den Standpunkt, daß sich die Verbindungen auch als eucharistische Gemeinschaften verstehen müssen. Mit dieser Sprachregelegung wollte man damals einerseits das Protestanten- (Stichwort: Interkommunion) wie das Geschiedenenproblem im CV (Zulassung zu den Sakramenten wiederverheirateter Geschiedener im *Forum internum*) in den Griff bekommen. Da es mit den Protestanten keine sog. „Interkommunion" gibt, können diese auch nicht Mitglied einer CV-Verbindung werden. Der erste Entwurf zu einem neuen Codex (CIC) sah 1977 im c. 46 § 3 (Schema „Über das Volk Gottes") die Möglichkeit einer Mitgliedschaft nichtkatholischer Christen in privaten kirchlichen Vereinigungen (dazu gehört der CV) vor, wenn nach dem Beurteilungsermessen der zuständigen kirchlichen Autorität sichergestellt war, daß die Vereinsaktivität dadurch keine Einbuße erleidet und kein Schaden für die katholische Glaubensausübung zu befürchten ist. Aus nicht näher eruierbaren Gründen wurde dann dieser Passus nicht in den endgültigen CIC aufgenommen.[94]

Ein Befürworter einer Lösung für die Integration von Protestanten in den ÖCV war hingegen der Rechtspfleger Karl Kohlegger (AIn). Als sich herausstellte, daß nicht alle Protestanten der Austria Wien zur Austria Sagitta gewechselt waren, stellte sich Kohlegger schützend vor diese, so daß es auf der CVV 1976 zu „heftigen Polemiken gegen meine Person von seiten des Philisterseniors der Austria-Wien [Theodor Detter, Anm. d. Verf.] kam, daß ich die Funktion als Rechtspfleger des ÖCV schließlich zur Verfügung stellte. Denn ich war nach einem 23jährigen Kampf gegen eine sich im Verband immer mehr verstärkende Intoleranz und Fortschrittsfeindlichkeit müde und ratlos geworden."[95]

In den folgenden Jahren beruhigte sich – im Gegensatz zur Studentinnenfrage (siehe S. 711) – die Diskussion. Bei einer ÖCV-internen Meinungsumfrage im Jahr 1988 sprachen sich aber immerhin 29 Prozent für die Aufnahme von Protestanten aus, 19 Prozent waren für eine Teilmitgliedschaft und 14 Prozent sind für eigene Verbindungen. Hingegen waren 28 Prozent für eine strikte Beibehaltung des Katholizitätsprinzips. Jeweils deutlich mehr als ein Viertel der Befragten waren für die beiden Extrempositionen (Aufnahme – Ablehnung), eine jeweils höhere Quote als bei der Frage nach Aufnahme von Studentinnen (siehe S. 712).[96]

Zuletzt wurde seitens des ICV auf der CVV 1995 in Baden ein Antrag auf Aufnahme gestellt. Es wurde nicht nur dieser abgelehnt, sondern auch die Einsetzung einer Kommission, die diese Frage erörtern sollte, was zu einer Verärgerung der ICV-Verbindungen führte, deren Delegierte geschlossen den Sitzungssaal verließen.[97] 1997 meldete sich der ICV-Seelsorger P. Franz Dangl SJ (R-D) nochmals zu Wort und forderte die Aufnahme von Protestanten.[98] Aber die damalige Debatte um die Studentinnen-Frage ließ dieses Problem in den Hintergrund treten.

---

93 öAc 27 (1976) September/Oktober, S. III, und November/Dezember, S. VIII.

94 Schulz, Der neue Codex und die kirchlichen Vereine, S. 82f.

95 öAc 27 (1976), November/Dezember, *Academia intern*, S. VII.

96 Zitiert nach Scheiber, Der ÖCV als Beispiel einer politischen Elite, S. 74.

97 Ac 88 (1995), S. 189.

98 *Academia intern* 3/1997, S. 1f.

Auch den deutschen CV beschäftigt seit 1969 die Frage nach der Aufnahme nichtkatholischer Christen. Die gemischtkonfessionelle Situation in Deutschland bringt hier mehr Probleme mit sich (Mischehe). Damals lehnte die Cartellversammlung einen entsprechenden Antrag ab. In der Folge waren in zeitlichen Abständen der CV-Rat sowie die Cartellversammlung immer wieder gefordert, zu dieser Frage Stellung zu beziehen, wobei die Beibehaltung des „K-Prinzips" unbestritten blieb.[99] Die Realität dürfte wohl aber anders aussehen: Nach einer Umfrage im Jahr 1992 soll beim deutschen CV ein Drittel aller Verbindungen Protestanten als Mitglieder haben.[100] 1995 wurde ein Antrag auf Aufnahme von Protestanten abgelehnt.[101] Seit 2000 wurde im Rahmen einer „Werte- und Strukturdebatte" auch über dieses Prinzip diskutiert, wobei die 116. CV 2002 in Düsseldorf mit überwältigender Mehrheit für die Beibehaltung des Katholizitätsprinzips votierte.[102]

Personen, die den ÖCV prägten

Nach dem überraschenden Tod des kurz vorher im Amt als Vorsitzender des ÖCV-Beirats bzw. der Verbandsführung bestätigten Eduard Chaloupkas (Baj) im Sommer 1967 wurde auf einer ao. CVV im Herbst der bisherige Vorsitzende der Altherrenschaft, ***Rudolf Mayr*** (AW), zu dessen Nachfolger gewählt. Bereits 1959 kandidierte er bei der ersten Wiederwahl Chaloupkas für dieses Amt.[103] Er war wie Chaloupka Sektionschef (Präsidialchef des Rechnungshofes), langjähriger Philistersenior der Austria Wien sowie eine sehr gesellige und kommunikative Persönlichkeit[104] und sah sich mit dieser Funktion endlich am Ziel seiner Wünsche. Ob er der Richtige für die in jeder Hinsicht „heiklen" Jahre von 1967 bis 1971 war? Möglicherweise doch. Es bleibt nämlich der Zweifel, ob Chaloupka mit seiner ausgeprägten Persönlichkeit und seinem Führungsstil in diesen Jahren immer flexibel genug gewesen wäre, diese auch im ÖCV unruhige Zeit zu meistern, als der eher ausgleichende denn führende Mayr.

Mayr kandidierte 1971 nicht nochmals und starb kurz nach seinem Ausscheiden. Gewählt wurde ***Hans Kronhuber*** (Am), Min. Rat im Bundeskanzleramt (Bundespressedienst) und zeitweilig wichtiger Mitarbeiter der ÖVP-Bundesparteileitung. Er hätte zweifelsohne dem ÖCV politische Impulse gegeben, trat jedoch bereits nach kurzer Zeit im Sommer 1971 gesundheitsbedingt von seinem Amt zurück, das bis zur nächsten CVV vom ÖCV-Sekretär ***Karl Lager*** (Nc) provisorisch verwaltet wurde. Dieser war über 30 Jahre ÖCV-Sekretär und verkörperte in jener Epoche im Hintergrund ein Stück personeller Kontinuität. Anläßlich seines Ausscheidens im Herbst 1979 äußerte er sich in einem Interview in gewissem Sinn bemerkenswert: „In den 26 Jahren unserer Ehe gab es nie ein böses Wort

99 Kurze Übersicht dazu in *Studenten-Kurier* NF Nr. 17, 1994, SS. 5ff.

100 Ac 86 (1993), S. 30.

101 Ac 88 (1995), S. 189.

102 Ac 94 (2002), S. 253f.

103 ÖCVA. Beschlußprotokoll der I. CVV 1959, S. 30. Bei der Abstimmung erhielt Mayr 47 Prozent. Das war ein respektables Ergebnis, wenn man bedenkt, daß Chaloupka Amtsinhaber war und seine Funktion ohne wesentliche Kritik ausübte. Mit diesem Wahlergebnis wurde die Rivalität zwischen Austria und Bajuvaria, die in den fünfziger Jahren ihren Anfang nahm und bis Anfang der siebziger Jahre dauerte, „kultiviert". Über diese Rivalität siehe Schönner, Auf, mit Gott zur Mannestat, 146f. Über die Wahl Mayrs siehe Hartmann, Die Ära Chaloupka im österreichischen CV, S. 145f.

104 So gab es im ÖCV den Spruch: „Keine Feier ohne Mayr."

über den CV. Dabei war ich viele Abende und Wochenenden gar nicht zu Hause."[105]

Auf der CVV 1972 wurde dann der Präsidialchef des Landesverteidigungsministerium, ***Adolf Kolb*** (Baj), gewählt und übte dieses Amt nach Wiederwahl bis 1980 aus. Neben seinen Funktionen im CV[106] war er führender Funktionär der Katholischen Männerbewegung und somit der KA. Das erleichterte die Gesprächsführung zwischen KA und ÖCV. Die siebziger Jahre im ÖCV waren einerseits durch die Folgen des Jahres 1968, andererseits durch den Verlust der ÖVP-Mehrheit geprägt. Das meisterte mit Sicherheit Kolb durch seine moderierende, jedoch auch durchaus bestimmende Weise.

Rudolf Mayr – so wie ihn viele in Erinnerung behalten haben.

Die Vorsitzenden des ÖCV-Beirates bzw. der Verbandsführung in der Ära 1946 bis 1980 waren fast durchwegs Angehörige des Öffentlichen Dienstes bzw. der Hochbürokratie und Juristen. In diesen 34 Jahren standen 24 Jahre Präsidial-Sektionschefs (Chaloupka, Mayr, Kolb) an der Spitze des ÖCV, die restlichen sieben Jahre Ministerialbeamte (Drimmel, Lager, Kronhuber), drei Jahre ein Gymnasiallehrer bzw. Priester (Friedrich).

Die Periode 1980 bis 1998 wurde in dieser Funktion hingegen von Hochschullehrern bzw. Naturwissenschaftlern dominiert. 1980 bis 1984 war ***Otto Hittmair*** (AIn) Vorsitzender der Verbandsführung. Er war renommierter Physiker an der Technischen Universität Wien, stammte zwar aus einer angesehen „Austrier"-Familie, bekleidete aber vorher keine hervorgehobene Funktion in der Verbindung oder gar im ÖCV. Sein Nachfolger bis 1988 wurde der Innsbrucker Professor für Experimentalphysik und Philistersenior der Leopoldina, ***Josef Kolb*** (Le). Beide waren Ausdruck einer gewissen „Innsbrucker Dominanz" im ÖCV zu dieser Zeit.[107]

Danach bekleidete ebenfalls nur für vier Jahre bis 1992 ***Herbert Mang*** (NdW), Prof. für Elastizitäts- und Festigungslehre an der Fakultät für Bauingenieurwesen der Wiener Technischen Universität dieses Amt.[108] Auch er ist ein renommierter Wissenschaftler und wurde 2003 sogar zum Präsidenten der Österreichischen Akademie der Wissenschaften

---

105 *Academia intern* Nov/Dez 1979, S. IV.

106 Er war zur Zeit, als Chaloupka Vorsitzender des ÖCV-Beirates war, sein Stellvertreter im AHV der Bajuvaria, praktisch also Philistersenior und Vertreter auf der CVV. 1967 wurde er zum 2. stv. Vorsitzenden der Altherrenschaft gewählt. Er war gewissermaßen Nutznießer der Personalrochade, die durch den Tod Chaloupkas entstanden ist. Dazu siehe Hartmann, Die Ära Chaloupka im österreichischen CV, S. 145f.

107 An und für sich kandidierten 1984 als Nachfolger Hittmairs der bis 1983 amtierende Vorsitzende der Altherrenschaft, Theodor Detter (AW), sowie der Rechtspfleger Otto Tschulik (Nc). „Doch beiden blieben auf der Strecke", so der Kommentar der *Academia.* Die Innsbrucker schickten den 70jährigen Josef Kolb überraschend ins Rennen, der die Abstimmung mit 47 zu 35 Stimmen, also mit 57,3 Prozent gewinnen konnte. Offenbar wollte man, vor allem wahrscheinlich in der Aktivitas, nicht nochmals Detter in der Verbandsführung haben. *Academia intern*, Juni 1984, S. I. ÖCVA. Beschlußprotokoll XXVII. CVV 1984.

108 Gegenkandidat war Norbert Vana (Baj), ebenfalls Prof. an der Wiener Technischen Universität. Die Abstimmung ging mit 56 (69,1 Prozent) zu 25 (30,9 Prozent) deutlich für Mang aus. ÖCVA. Beschlußprotokoll XXXI. CVV 1988.

gewählt. Für nur zwei Jahre, nämlich 1992 bis 1994, amtierte ***Franz Stadler*** (Am) als Vorsitzender der Verbandsführung. Er war in den siebziger Jahren Vorsitzender des Wiener Altherrenlandesbundes, 1973 bis 1976 Vorsitzender des Altherrenländerrates und damit bereits Mitglied der Verbandsführung. Damit betrat wiederum ein verbandspolitisch Erfahrener die Bühne.[109] Als Vorstandsvorsitzender einer Versicherung durchbrach er die Reihe der Professoren, die mit ***Bruno Grösel*** (BbW), wiederum Professor an der Wiener Technik für das Fach Fördertechnik und Konstruktionslehre an der Fakultät für Maschinenbau, 1994 bis 1998 fortgesetzt wurde.

In der Periode der Jahre 1980 bis 1998 waren mit einer kurzen Ausnahme nur akademische Lehrer in naturwissenschaftlich-technischen Fächern Repräsentanten des ÖCV. Für einen Verband von Akademikern und Studenten wäre es zwar nicht unnatürlich, daß solche Persönlichkeiten an dessen Spitze stehen. Doch eher außergewöhnlich war die naturwissenschaftlich-technische Dominanz, die für den ÖCV eher untypisch ist.

Durchaus in einem gewissen Sinn spektakulär war 1998 die Wahl von ***Helmar Kögl*** (Dan), und zwar als Gegenkandidat zum amtierenden Vorsitzenden Grösel, die jener mit einer deutlichen Mehrheit gewann. Er repräsentierte ein ganz anderes Profil und einen anderen Stil als die bisherigen Vorsitzenden, seine Amtsführung war auch von einer deutlichen „Basisnähe" und Kontaktfreudigkeit gekennzeichnet.

Vorsitzender der Altherrenschaft ab 1967 nach der Wahl Rudolf Mayrs zum Vorsitzenden des ÖCV-Beirats und dem damit verbundenen Rücktritt von jenem Amt wurde der langjährige Philistersenior der Norica und bisherige 2. stellvertretende Vorsitzende der Altherrenschaft, ***Hans-Egon Gros*** (Nc). Nach dem Tod von Robert Krasser (Nc) war er die führende Figur innerhalb seiner Verbindung, so daß seiner Wahl eine gewisse logische Konsequenz innewohnte. Als Eigentümer eines mittelständischen Unternehmens (Malereiunternehmen und Farbenherstellung) zählte er auch nicht zum typischen CV-Berufsbild. Aber er war 1967, als er gewählt wurde, bereits 61 Jahre alt. Und in den zehn Jahren seiner Amtstätigkeit fühlten sich mit Sicherheit Alte Herren jüngeren und mittleren Alters von ihm nicht so sehr repräsentiert, was hinter vorgehaltener Hand zunehmend Kritik verursachte.[110] Bei der CO-Reform des Jahres 1976 wurde daher von nicht ungefähr die Amtsperiode des Vorsitzenden der Altherrenschaft auf maximal zweimal drei Jahre begrenzt.

Nach Gros wurde 1977 ***Theodor Detter*** (AW), Vorstandsvorsitzender einer Versicherung, gewählt. Als damals 45-jähriger war er natürlich jünger und dynamischer. In seiner Eigenschaft als Philistersenior der Austria Wien ab 1974 hatte er die Schwierigkeiten dieser Verbindung, in die sie in den sechziger („Linkskurs") und siebziger (Protestanten) Jahren geraten ist, mit Konsequenz bereinigt. Mit derselben Konsequenz versuchte er, im ÖCV seine Vorstellungen durchzusetzen, wobei er sich dabei vom Inhalt wie von der Methode her nicht immer Freunde machte.[111] Die Neustrukturierung des ÖCV-Sekretariats in ein Generalsekretariat und eine gewisse Politisierung des Verbandes ist zweifelsohne sein

109 Gegenkandidat war der Vorsitzende der Altherrenschaft der Jahre 1983-1989, Franz Skacel (Rd). Die Abstimmung ging mit 44 (54,3%) zu 37 (45,7%) relativ knapp aus. ÖCVA. Beschlußprotokoll der XXXV. CVV 1992.

110 Der langjährige Vorsitzende des AHLB Steiermark und Philistersenior der Carolina, Franz Maller (Cl), prägte in diesem Zusammenhang auf einer CVV in den siebziger Jahren in einem emotionalen Debattenbeitrag den Vorwurf „Der Fisch stinkt vom Kopf".

111 Siehe dazu z. B. seine in *Academia intern*, April 1979, SS. I-III, mit dem Titel „Mit erhöhtem Einsatz" dargelegten Punkte und Forderungen.

Verdienst, wiewohl letzteres nicht unumstritten war, wie z. B. seine vom Zaun gebrochene „Sozialistendebatte im CV" (siehe S. 646). In der Endphase der Ära Adolf Kolb und während der Amtszeit von Hittmair, der als ein in der Verbandsarbeit völlig Unerfahrener gewählt wurde, dominierte Detter eindeutig die Verbandsführung. Nach seinem Ausscheiden war er in den achtziger Jahren einige Zeit Präsident der Arbeitsgemeinschaft Katholischer Verbände, wo er innerkirchlich einen konservativen Kurs vertrat.

Sein Nachfolger im ÖCV für die Jahre 1983 bis 1989 war der bisherige Philistersenior der Rudolfina und Universitätsdirektor der Universität Wien, ***Franz Skacel*** (Rd). Von 1989 bis 1995 waren der Facharzt ***Erich Schmöllerl*** (AW) und von 1995 bis 2001 der Krankenhaus-Verwaltungsdirektor ***Karl Pilnacek*** (Aa) Vorsitzende der Altherrenschaft. 2001 folgte der relativ noch junge und in der Wirtschaft tätige ***Anton Hopfgartner*** (AIn) – er war bereits 1993 bis 1998 Leiter der ÖCV-Bildungsakademie.

Als **Vorsitzende des Altherrenländerrates** und somit Mitglied der Verbandsführung bzw. ab 1976 des Vorstands der Verbandsführung bedeutsam waren u. a. (siehe die vollständige Liste in Anhang 1) der Vorsitzende des AHLB Salzburg ***Hans Heger*** (BbW) (1970 bis 1973). Er war langjähriges Mitglied des Bundesrates und zweimal dessen Vorsitzender. Von 1976 bis 1979 hatte diese Funktion der Vorsitzende des nö. AHLB, der Landesamtsdirektor ***Leopold Speiser*** (Nc), inne. Beide verstanden sich oft auch als Korrektiv zu ihren jeweiligen Altherrenschaftsvorsitzenden Gros und Detter.

In der Reihe der **Vorortspräsidenten** sind u. a. besonders erwähnenswert (siehe die Liste der VOP's in Anhang 1): In den kritischen Jahren 1967/68 und 1968/69 bekleideten dieses Amt durchwegs angemessen ***Roderich Regler*** (Am) – er wurde später Wiener Landtags- und Nationalratsabgeordneter – und ***Claus J. Raidl*** (Baj) – er wurde später bedeutender Industriemanager. Weiters sind in diesem Amt zu erwähnen: 1971/72 ***Josef Zemanek*** (Am), er wurde später Vorsitzender des AHLB Wien und Präsident der Arbeitsgemeinschaft Katholischer Verbände; 1972/73 ***Walter Schwarz*** (Baj), er war später von 1984 bis 1992 Leiter des Academia-Amtes; 1974/75 ***Helmut Kukacka*** (A-D), er wurde später oö. Landesrat, ÖVP-Generalsekretär, Nationalratsabgeordneter und Staatssekretär; 1975/76 ***Erwin Rotter*** (Nc)[112], er war von 1980 bis 1984 Leiter des Academia-Amtes und von 1991 bis Ende 1992 ÖCV-Seelsorger; 1979/80 ***Christian Sonnweber*** (Le), er wurde später Geschäftsführer der Notariatskammer und war auch Leiter der ÖCV-Bildungsakademie; 1992/93 ***Wolfgang Aigner*** (AW), er war in der Folge Leiter des Amtes für Gesellschaftspolitik und ist seit 2005 Wiener LAbg..

Von den **Amtsträger**, den Mitgliedern des ÖCV-Beirates bzw. ab 1976 der Verbandsführung sind erwähnenswert (die vollständige Liste der Amtsträger siehe Anhang 1): Der ÖCV-Seelsorger der Jahre 1971 bis 1983 ***Gerhard Schultes*** (Rd)[113]; die Leiter der Hoch-

112 Rotter war Urmitglied der Amelungia, wurde aber später Urmitglied der Norica, seiner bisherigen Bandverbindung.

113 Dessen Nachfolger wurde 1983 der im ÖCV bis dahin unbekannte Leon Sireisky (Se), der nach Wiederwahl im Jahr 1987 im Jahr 1990 vorzeitig sein Amt aufgab. Mit dem Abtritt von Schultes und der Wahl Sireiskys entstand ein kirchenpolitischer Nachteil für den ÖCV. So konstatierte die CVV-Berichterstattung von 1990 in *Academia intern*, 6/1990, S. II, daß Sireisky „glücklos" agierte. Gerhard Schultes (Rd) bestätigte in einer mündlichen Mitteilung an den Autor am 17. 2. 2004, daß er im nachhinein seinen Vorschlag, Sireisky zum Nachfolger zu wählen, sehr bedauert hat, aber es habe zum damaligen Zeitpunkt keine Alternative gegeben. Zwar wurde dann 1990 der im ÖCV bekannte Erwin Rotter (Nc) als ÖCV-Seelsorger gewählt, aber dieser trat wegen seines Laisierungsantrags (Stift Melk) ebenfalls vorzeitig zurück. Siehe *Academia intern* 3/1993, S. 5. Erst mit der Wahl von Josef Wolsegger (R-B), der zweimal wiedergewählt wurde, kam das Seelsorgeamt wieder in ruhigere Gewässer.

schulamtes ***Helmut Schattovits*** (Am) (1968/69) und ***Karl Aiginger*** (Nc) (1972-1976), die Leiter des Bildungsamtes bzw. der Bildungsakademie ***Maximilian Liebmann*** (Cl) (1967-1974), ***Wolfgang Mantl*** (Nc) (1974-1976) und ***Gerhard Hartmann*** (Baj) (1976-1981) – er war 1971-1975 auch Leiter des Amtes für allgemeine CV-Fragen; die Leiter des Academia-Amtes ***Wolfgang Aigner*** (Nc) (1969-1973), ***Ernst Wolfram Marboe*** (Baj) (1973-1976), später ORF-Intendant, ***Peter Hofbauer*** (Merc) (1976-1980), ***Gerald Freihofner*** (Nc) (1992-1996), ***Gerhard Tschugguel*** (Merc) (1997-2002) – er war auch Leiter des Amtes für Soziale Hilfe (1988-1990) und Generalsekretär des ÖCV (1982-1988) – und ***Herbert Kaspar*** (ab 2001) – er war auch Leiter des Amtes für Information (1973-1076) und des Kassenamtes (1983-1987); die Leiter des Amtes für Gesellschaftspolitik ***Herwig van Staa*** (Le) (1977-1981), später Bürgermeister von Innsbruck und Landeshauptmann von Tirol, und ***Clemens Steindl*** (Nc) (1986-1990).

Vertrauen ist Voraussetzung!

KR Dkfm. Heinz Hofhans, Rd
Heinz Hofhans jun., Rd

Immobilientreuhänder und Gebäudeverwalter

1080 Wien, Albertgasse 32
Tel.: 01/409 70 50 oder 409 70 60
Fax: DW 20
email: office@hofhans.at
www.hofhans.at

An- und Verkauf von Wiener Zinshäusern, Villen, Baugründen und Eigentumswohnungen

Übernahme von Hausverwaltungen mit fachmännischer und persönlicher Beratung

Mitglied des Ehrenschiedsgerichts

Kanzlei Hofhans
seit 1935 in Familienbesitz

Die neue politische Situation ab 1970

ÖVP: Abschied von der Macht

Während in den fünfziger Jahren die christlich-demokratischen Parteien Europas erfolgreich waren, gab es in den siebziger Jahren einen Niedergang.[1] 1969 verlor die CDU/CSU die Regierung und 1972 erstmals die relative Mehrheit im Bundestag (das zweite Mal dann 1998 und 2002). 1970 verlor diese die ÖVP für längere Zeit. Dieter A. Binder schreibt in diesem Zusammenhang von „Der lange Weg zur Mittelpartei".[2] In Frankreich löste sich 1967 die katholische Partei (MRP) auf. In Belgien und in den Niederlanden gingen die Christlichen Demokraten ebenso zurück. Die einst so mächtige Democrazia Christiana in Italien verschwand Anfang der neunziger Jahre vollkommen im Sumpf der Korruption. Daß es 1982/83 den Unionsparteien in Deutschland gelang, wieder für 16 Jahre bestimmende Kraft zu werden, war in dieser Epoche beachtenswert.

Durch die langsame Verkleinerung der katholischen Milieus und das Verschwinden des katholischen Rituals aus dem Alltag in selbst zuvor tief katholischen Landschaften lösten sich auch die Bindungen an die christlich-demokratischen Parteien auf. In den achtziger Jahren sortierte sich zusätzlich das Bürgertum neu. Für einen nicht unbeträchtlichen Teil der Akademiker wurde es schick, grün zu wählen. Ein anderer Teil folgte den neoliberalen Botschaften Ronald Reagans und Margret Thatchers. Kleinbürgerliche Schichten wechselten zu rechtspopulistischen Protestparteien. Und schließlich implodierte 1989/90 der osteuropäische Staatssozialismus, womit die letzte Klammer, der einheitsstiftende Feind des mitteleuropäischen Bürgertums, wegfiel.

Die durch die soziale Integration geprägten Anhängerschaften, lange Zeit Erfolgsmodell der Christdemokraten, zerfielen in nur schwer kompatible Kulturen. Die einen sind forsche Modernisierer, die anderen ängstliche Kleinbürger, die nächsten Sozialkatholiken. Was immer nun diese Parteien versuchten, um neue Wählerschichten zu gewinnen, das verlieren sie auf der anderen Seite. Das alles waren Ursachen für den Rückgang der Christlichen Demokratie in Europa im letzten Drittel des 20. Jahrhunderts, der auch Österreich betraf.

Der Verlust der Macht für die ÖVP und der plötzliche Rückzug von Bundeskanzler Josef Klaus (Rd) wurde 1970 als großer Schock empfunden. Es war nun niemand im CV mehr da, zu dem man „Du, Herr Bundeskanzler" hätte sagen können. Für ein Jahr wurde Hermann Withalm (Nc) Parteiobmann, danach folgte für vier Jahre der aus dem nationalliberalen Milieu Kärntens stammende Karl Schleinzer. Erstmals in der Geschichte der Christlichsozialen Bewegung bzw. der ÖVP gelangte jemand an die Spitze der Partei, der weder aus der katholischen Kernschicht stammte, noch geschweige CVer war. Auch sein Generalsekretär Herbert Kohlmaier war damals noch kein CVer.[3] Durch geschicktes Taktieren von Alfred Maleta (Cl) und Georg Prader (Nc) gelang es 1971, Alois Mock (Nc) zum Bundesobmann des ÖAAB zu machen.

1 Über die christlich-demokratischen Parteien Europas zusammenfassend siehe Christdemokratie in Europa im 20. Jahrhundert.

2 Binder, Von der „Rettung des christlichen Abendlandes" und „Europa in uns", S. 423.

3 Er wurde erst 1975 EM der Rudolfina.

Der Verlust der Macht zwang die ÖVP nicht nur zu einer Reform, sondern auch zu Überlegungen, wie man wiederum die Mehrheit der Wähler erringen könne. Sicherlich aufgrund der neuen politischen Führung an der Spitze der ÖVP versuchte man, sich dem nationalliberalen Wählerkreis zu öffnen. Es wurden daher Felix Ermacora, Ernst (Graf) Strachwitz und der Gleisdorfer Bürgermeister Rudolf Fischer (p. B! Nibelungia Gleisdorf) (ehemals FPÖ) für die Nationalratswahlen im Herbst 1971 aufgestellt, weil man glaubte, damit erhebliche Teile der FPÖ-Stimmen gewinnen zu können.[4] Die Verbandsführung des ÖCV protestierte am 27. November 1971 gegen diesen Versuch, „nunmehr in zunehmendem Maße Leitbilder einer längst vergangenen Ära in der österreichischen Innenpolitik" zu präsentieren.[5] Diese Öffnung hatte nichts genutzt, im Gegenteil. Nach dem neuen Wahlrecht erhielt die SPÖ die absolute Mehrheit. Betrug der Abstand zwischen SPÖ und ÖVP 1970 noch drei Mandate, so war er 1971 auf 13 gewachsen.

Der Schock der Jahre 1970 und 1971 mußte zu einer programmatischen Erneuerung der ÖVP führen, an der „vor allem jüngere Autoren, die aus dem linken Flügel des CV (Redaktion der Zeitschrift *Academia* sowie Teile der Verbindung Norica)"[6] beteiligt waren. Ende 1972 wurde auf einem Parteitag dieses neue „Salzburger Programm" beschlossen, mit dem die ÖVP den Kampf um die gesellschaftliche Mitte aufnahm. „Durch die stärkere Betonung des Freiheitsbegriffs sowie die Betonung ihres christlichen und liberalen Erbes positionierte sie sich als Alternative zu einer die siebziger Jahre bestimmenden SPÖ, die sich durch die stärkere Betonung klassischer marxistischer Positionen in ihrem 1978 verabschiedetem Parteiprogramm im mitteleuropäischen Vergleich wiederum an den linken Rand der sozialdemokratischen Parteien setzte."[7] Dieses Parteiprogramm sollte 23 Jahre Bestand haben (Wiener Parteiprogramm 1995), eine sehr lange Gültigkeitsdauer im Vergleich zu anderen Parteiprogrammen (innerhalb und außerhalb der ÖVP).

Ein Thema beherrschte Anfang der siebziger Jahre die politische Auseinandersetzung besonders, nämlich die Strafrechtsreform, und da wiederum die **Fristenlösung**.[8] Schon im Oktober 1972, also bald nach Bekanntwerden der sozialistischen Vorschläge, unterstützte der ÖCV die „Aktion Leben"[9], und im März 1973 kam es zu einer gemeinsamen Stellungnahme des ÖCV und des MKV zum Entwurf eines Strafgesetzbuches.[10]

Doch die SPÖ zog die Strafrechtsreform parlamentarisch durch. Die „Aktion Leben", mit mehr oder minder Unterstützung der Bischofskonferenz und der ÖVP, beschloß nun die Durchführung eines Volksbegehrens zum „Schutz des menschlichen Lebens". Obwohl der ÖCV und seine Verbindungen vorbehaltlos mitmachten, kam es dennoch in der Verbandsführung zu Bedenken wegen der Gefahr einer katholischen „Minderheitenfeststellung".[11]

---

4 Kriechbaumer, Die Geschichte der ÖVP, S. 56.

5 Schreiben der Verbandsführung vom 27. 9. 1971 an Bundesparteiobmann Karl Schleinzer, Kopie im Besitz des Verfassers.

6 Kriechbaumer, Programm und Programmdiskussionen, SS. 120ff.

7 Ebda., S. 123.

8 Zur Fristenlösungsdebatte siehe Sagmeister, Raimund: Fristenlösung. Wie kam es dazu? Salzburg 1981.

9 *ÖCV-Pressedienst*, 20. 10. 1972, im Besitz des Verfassers. Vade mecum 3 Erg., S. 44f.

10 Stellungnahme des ÖCV und MKV zum Entwurf eines Strafgesetzbuches und Forderung nach Novellierung der Strafprozeßordnung, 27. 3. 1973. Abgedruckt in Vade mecum 3 Erg., SS. 45ff.

11 Siehe ÖCVA. Protokoll der Verbandsführung 3. und 18. 9. 1974. Vade mecum 3 Erg., S. 84. Zu den Kritikern gehörten damals Gerhard Schultes (Rd), Wolfgang Mantl (Nc) und Gerhard Hartmann (Baj), die befürchteten, daß das Volksbegehren unter der Marge des ORF-Volksbegehrens von 1964 bleibt.

Es gab dabei ein „Opfer“: Eine der wohl intellektuellsten Persönlichkeiten, die aus dem österreichischen CV hervorgegangen ist, nämlich Friedrich Heer (ehemals Baj), wurde 1974 von seiner Verbindung ausgeschlossen. Ausgangspunkt war ein Interview Heers am 6. März 1973 in der *Arbeiter Zeitung*, in dem er sich zwar nicht für die Abtreibung, wohl aber für die Freiheit der Frau und daher gegen strafrechtliche Bestimmungen aussprach. Das verunsicherte und empörte kernkatholische Schichten und führte indirekt zu diesem Ausschluß. Dieser offenbarte auch die Schwierigkeit einer Gemeinschaft wie die des CV, wie mit geistig exponierten und daher oft unbequemen Persönlichkeiten, wie Friedrich Heer es war, umgegangen wird. Seine Bedeutung als Historiker, Denker, Publizist, Dramaturg des Burgtheaters und Beeinflusser des österreichischen Geisteslebens vor allem in den fünfziger und sechziger Jahren ist unumstritten und von höchst bleibendem Wert. Seine von ihm erzeugte und auch in seiner Persönlichkeit liegenden Spannung mußte nahezu in der Zwangsläufigkeit einer griechischen Tragödie zu diesem Schritt führen, bei dem beide Parteien jeweils recht und unrecht zugleich hatten.[12] Die *Academia* glossierte in einem durchaus kritischen Unterton diesen Ausschluß mit „Scheitern in Wien“, dem Titel eines der Romane Friedrich Heers.[13]

Nun erhielt dieses vierte Volksbegehren in der Geschichte Österreichs im Herbst 1975 zwar über 896.000 Stimmen (17,9 Prozent der Wahlberechtigten) – es war damit das bislang erfolgreichste (ORF-Volksbegehren 833.000, Arbeitszeitgesetz-Volksbegehren 890.000 und Aussetzung des 13. Schuljahres 339.000) – , doch blieb es politisch wirkungslos. Wie überhaupt die Volksbegehren ab 1970, also ab der Regierung der SPÖ, ungeachtet ihrer Stimmenhöhe keinen parlamentarischen Erfolg fanden.

Im Frühjahr 1974 kam es zu einer für den CV nicht gerade angenehmen politischen Situation. Als sich das Ende der Bundespräsidentschaft von Franz Jonas infolge dessen schwerer Krankheit abzeichnete, lief alles auf Hermann Withalm (Nc) als Kandidaten der

---

12 Friedrich Heer wurde nicht wegen seines möglichen Eintretens für die Fristenlösung dimittiert, das wäre ja aufgrund seiner dezidierten Äußerungen gar nicht möglich gewesen. Er wurde wegen der Verletzung des Prinzips Bundesbrüderlichkeit ausgeschlossen: Eine Aussprache zu dem Thema Fristenlösung auf der Verbindung sagte er mit der Begründung ab, er weile dienstlich im Ausland. Doch er wurde an diesem Abend im Gartenbau-Kino gesehen. Dazu siehe Peter Kamp (Baj) in *Academia intern* 6/2003, S. 16. Zu Friedrich Heer siehe die umfangreiche Biographie Adunka, Friedrich Heer, zu den Vorgängen des Ausschlusses siehe S. 91f. und 266f. Es ist hoch anzurechnen, daß in der Österreichischen *Academia* aus Anlaß seines 20. Todestages (18. 9. 1983) – Heer starb übrigens einen Tag vor Bruno Pittermann – eine selbstkritische Würdigung erschien (*Academia intern* 5/2003, S. 12).

13 öAc 26 (1974), H. 6. Verfasser der Glosse war Franz Dienbauer (Nc). Der Vorsitzende des ÖCV-Beirates, Adolf Kolb (Baj), rechtfertigte sich wegen des Ausschlusses vor dem Beirat, ÖCVA. Protokoll des Beirats vom 16. 10. 1974 S. 2f. Dieser schrieb bereits am 8. 3. 1973, nach dem Erscheinen des Artikels in der *Arbeiter Zeitung*, an Heer einen unmißverständlichen Brief in seiner Eigenschaft als Vorsitzender der Verbandsführung: „Wer sich in einer so grundsätzlichen Angelegenheit und einer solchen Art und Weise wie Du gegen die Auffassung der Bischöfe der katholischen Kirche in unserem Land und der damit voll und ganz übereinstimmenden Auffassung der Verbandsführung des Cartellverbands ... stellt, muß sich die Frage gefallen lassen, ob er es mit seinem Gewissen vereinbar hält, weiterhin einer katholischen Verbindung ... anzugehören ... Falls Du Dich von den in dem gegenständlichen Interview enthaltenen Auffassungen nicht distanzieren kannst oder willst, wäre daher Dein Ausscheiden aus Verbindung und Verband die richtige Konsequenz .“ Dieser kurz nach dem Erscheinen des Interviews an Heer geschriebene Brief gab eigentlich schon die Richtung vor, die dann ein Jahr später vollzogen wurde. Diese Vorgabe des „raghöchsten“ Bajuvaren im ÖCV wird wohl mitentscheidend gewesen sein. Der Brief Kolbs wurde „hektographiert“ und an CV-Funktionäre verteilt. Ein Exemplar im Besitz des Verfassers. Der Ausschluß von Friedrich Heer wird Jahrzehnte noch danach immer wieder kritisch thematisiert, zuletzt in Pelinka, Pradigmenwechsel. Lernen aus der Geschichte, S. 50.

Umsonst gedrucktes Plakat für die Wahl zum Bundespräsidenten für den zuerst vorgesehenen Kanditaten Hermann Withalm (Nc).

ÖVP für die Bundespräsidentenwahlen zu. Obwohl bereits die erste Plakatserie („Seine Stärke gehört uns allen") gedruckt war, wurde auf Vorstoß der Tiroler der dort populäre Alois Lugger (AIn) als Präsidentschaftskandidat nominiert. Diese Vorgangsweise hinterließ keinen guten Eindruck. Lugger unterlag dann gegen den amtierenden Außenminister Rudolf Kirchschläger (MKV Waldmark Horn).[14] Inzwischen änderte sich 1975 die politische Situation in der ÖVP. Durch einen tragischen Verkehrsunfall kam Karl Schleinzer im Sommer 1975 ums Leben. Für Anfang Oktober waren Nationalratswahlen angesetzt, so daß die ÖVP rasch eine neue Führung wählen mußte. Neuer Bundesparteiobmann wurde der schon seit Jahren als „Geheimtip" gehandelte und mit viel Vorschlußlorbeeren bedachte Josef Taus (Baj), Generalsekretär der aus der KA stammende Erhard Busek. Die Nationalratswahlen brachten keine Änderung der Mandatszahlen. Es ist natürlich müßig zu diskutieren, ob Schleinzer, wäre er am Leben geblieben, besser abgeschnitten hätte, oder hätte das auch auf Taus zugetroffen, wenn ihm eine längere Anlaufzeit zur Verfügung gestanden wäre.

So rasch Taus hochgejubelt wurde, so rasch fiel er in der Gunst der Medien. Seit seinen Äußerungen am 8. Dezember 1975 im Rahmen einer Veranstaltung der Bildungsakademie des ÖCV zum Thema „Politischer Katholizismus" (s. u.) wurde er von der „veröffentlichten" Meinung zunehmend demontiert.[15] Auch innerhalb der Partei geriet er rasch in eine gewisse Isolierung. Es gelang ihm, Erhard Busek 1976 nach Wien abzustellen, aber dessen Nachfolger als Generalsekretär, Sixtus Lanner, erfüllte nicht die Erwartungen, so daß die Wahlen im Oktober 1979 für die ÖVP schlecht ausgingen. Sie verlor drei Mandate, eines an die FPÖ (unter dem Spitzenkandidaten Alexander Götz) und zwei an die SPÖ, die damit trotz verschiedener sich bereits abzeichnender Skandale sowie des Debakels der Atomvolksabstimmung ihre Mehrheit ausbauen konnte.

Josef Taus trat ab, sein Nachfolger wurde Alois Mock (Nc), seit 1971 ÖAAB-Bundesobmann und seit 1978 zusätzlich Klubobmann im Nationalrat. Sixtus Lanner wurde im März 1982 von Michael Graff (AW) als Generalsekretär ersetzt, so daß ab diesem Zeitpunkt die beiden Spitzenfunktionen der ÖVP wie vor 1970 jeweils von CVern besetzt waren.

14 Für den MKV war die Sache etwas unangenehm, seine Verbandsführung empfahl, Lugger zu wählen. Siehe ÖCVA. Protokoll des Ständigen Ausschusses ÖCV-MKV, 5. 6. 1974, S. 4. Die „Causa" Withalm wurde auch in öAc 25 (1973/74), Mai/Juni, S. 44, kritisiert. Siehe auch Hartmann, Gerhard: Seine Stärke gehör(te) uns allen. Persönliche Gedanken zum Tod von Hermann Withalm, in: öAc 54 (2003), H. 4, S. 16. Der Autor wäre vorgesehen gewesen, 1974 im Wahlkampfteam Withalms mitzuarbeiten.

15 Taus selber sieht diese Demontage mehr als 20 Jahre danach nicht mehr so und meint, die Presse habe ja schon vorher immer für Kreisky geschrieben. So lt. Weichselbaumer, Niedergang und Reste des politischen Katholizismus, S. 15. Allerdings bleibt die überaus positive Stimmung für ihn in der Presse anläßlich seiner Wahl im Sommer 1975 und das Kippen im Dezember des gleichen Jahres ein nachweisbares Faktum.

Obwohl die SPÖ zunehmend in Skandale verwickelt war (AKH, Androsch, Konferenzzentrum), gelang es der ÖVP nicht die Wende. Sie konnte unter Mock 1983 die absolute Mehrheit brechen, erhielt insgesamt 81 Sitze (plus vier) und erreichte damit immerhin den Rücktritt Kreiskys, jedoch die FPÖ unter ihrem Spitzenkandidaten Norbert Steger (S! Barden zu Wien), eine mehr als nur schillernde Figur, erhielt 12 Sitze (einen mehr), obwohl sie Stimmen verlor. Die SPÖ büßte zwar die absolute Mehrheit ein (sie sank auf 90 Sitze), konnte jedoch eine bereits vorher abgesprochene Kleine Koalition (der „Verlierer") mit der FPÖ bilden.

Im Vergleich zur CDU/CSU gelang es der ÖVP in der Folge nicht der politische Erfolg auf Bundesebene, obwohl sie bei Landtagswahlen fulminante Erfolge feierte und die SPÖ/FPO-Regierung unter Sinowatz/Steger zeitweilig ein Bild des Jammers bot. Die erfolgreiche Kandidatur des früheren Außenministers und UN-Generalsekretärs Kurt Waldheim (MKV Comagena Tulln; ab Ende 1992 Wl EM[16]) im Jahr 1986 stürzte zuerst die SPÖ/FPÖ-Regierung in eine schwere Krise, wodurch Österreich dann in eine gewisse internationale Isolation geriet, die bis 1992 andauern sollte.[17]

Nach dem Scheitern der SPÖ/FPÖ-Koalition im Gefolge der verlorenen Präsidentschaftswahlen 1986 sah man in der ÖVP erstmals seit 1970 die Chance auf einen Machtwechsel. Personelle Gewähr dafür bot vor allem Alois Mock, der auch Unterstützung vom ÖCV erfuhr.[18] Durch den Rücktritt von Bundeskanzler Fred Sinowatz, die Ernennung von Franz Vranitzky sowie mit der Wahl Jörg Haiders (J! Silvania Wien) zum neuen FPÖ-Bundesparteiobmann änderte sich die Situation schlagartig allgemein sowie auch für ÖVP. Hinzu kam noch, daß eine Große Koalition ins Spiel gebracht wurde. Die SPÖ konnte ihre relative Mehrheit knapp behaupten, aber die beiden großen Parteien verloren zugunsten der FPÖ und der Grünen.

Obwohl beim Amtsantritt Alois Mocks als Parteiobmann 1978 die ÖVP von der SPÖ 18 Mandate und 1986 nur mehr drei entfernt war, wurde eine unverständliche Führungsdiskussion entfacht. Bereits 1987 legte Michael Graff sein Amt als Generalsekretär zugunsten von Helmut Kukacka (A-D) nieder. Der innerparteiliche Druck auf Mock wurde aber stärker, so daß er 1989 von Josef Riegler abgelöst wurde. Ebenso trat Kukacka als Generalsekretär zurück.

Der Politische Katholizismus in Diskussion

Die ausgehenden sechziger und der größte Teil der siebziger Jahre – also rund eine Dekade – war von einem Umbruch gekennzeichnet, der nahezu alle gesellschaftlichen Bereiche erfaßte. Die Kirche begann 1962 mit ihrem Konzil, das zwar 1965 endete, dessen Auswirkungen erst einige Jahre später – also in dieser Dekade – spürbar wurden. Eines der

16 Bereits 1982 hatte die Pannonia die Ehrenbandverleihung beschlossen, der auch die ÖCV-Verbandsführung zugestimmt hatte, aber aus verschiedenen, auch terminlichen Gründen kam es weder zu einer offiziellen Zustimmung, noch zu einer Verleihung. Exner, Semper bonae voluntatis, S. 99f.

17 Über die Waldheim-Affäre und die Folgen siehe Gehler, „... eine grotesk überzogene Dämonisierung eines Mannes..." Gehler, Österreichs Außenpolitik, S. 371, weist mit Recht auf die weitgehend unbeachtet gebliebene Rolle Rudolf Kirchschlägers (MKV Waldmark Horn), der im Kampf um Wien 1945 als Hauptmann 1.200 Fahnenjunker in einen aussichtslosen Kampf schickte, was Hunderten von Jugendlichen den Tod kostete.

18 Der Vorstand der Verbandsführung des ÖCV begrüßte und unterstützte das von CVern gegründete Mock-Komitee, siehe *Academia intern*, Oktober 1986, S. I.

Auch nach dem „Machtverlust" von 1970 zeigte sich politische Prominenz auf Veranstaltungen des CV, so z. B. am Festkommers zum 50. Stiftungsfest der Pannonia und zum Jubiläum der XXV. Cartellversammlung am 22. Mai 1982 in den Wiener Sofiensälen: links Franz Josef II. (NdW), regierender Fürst von und zu Liechtenstein, neben ihm der damalige Zweite Präsident des Nationalrats, Roland Minkowitsch (Pan EM), und der ehemalige Vizekanzler Hermann Withalm (Nc). Gegenüber von Franz Josef II. mit dem Rücken der damalige Landeshauptmann von Niederösterreich, Siegfried Ludwig (AW).

Folgen war auch der endgültige Abschied von der Verknüpfung der Kirche mit einer politischen Partei, was Ende des 19. und im ersten Drittel des 20. Jahrhunderts der Fall war.

Das Jahr 1968 wurde zum Chiffre für gesellschaftliche Umwälzungen. Die Nachkriegszeit war endgültig vorbei, die Moderne – in jeglicher Hinsicht – hatte endgültig ihren Durchbruch. Auch wenn von diesem, zum Teil durchaus radikalen Wandel oft nur Äußerlichkeiten, etwa die Mode, betroffen war, so verunsicherte er doch viele Menschen, die buchstäblich den Boden unter ihren Füßen wegbrachen sahen – oder es zumindest glaubten. Hinzu kam noch der eingangs des Kapitels geschilderte Machtverlust der ÖVP, der zusätzlich viele Katholiken, die in dieser Partei ihre Heimat gefunden hatten, beunruhigte. Auch mußten sich die ehemals christlichsozialen Parteien wie die ÖVP oder die deutschen Unionsparteien zu Volksparteien wandeln, um neue Wählergruppen zu gewinnen, was zusätzlich die historischen Kernschichten verunsicherte. Auf der anderen Seite konnten sich die christlichdemokratischen Parteien nicht mehr auf ihr katholisches Stamm-Milieu und die darin agierenden Verbände und Vorfeldorganisationen verlassen.

All diese Ereignisse trafen auch den CV, der sich seit seiner Gründung dem Verbandskatholizismus und dem mit ihm eng verflechteten parteipolitischen Katholizismus verbunden fühlte, ja ein wesentlicher Teil desselben war, vor allem in der von ihm wahrgenommen Aufgabe der Nachwuchspflege und Elite-Bildung. Extremerweise konnte das

Gefühl des doppelten Verlassenssein entstehen, einerseits von der Kirche, die sich nicht mehr parteipolitisch binden konnte und auch mit der Sozialdemokratie das Gespräch aus pastoralen Gründen pflegen mußte, andererseits auch durch die ÖVP, die in die Opposition geschickt wurde und die von 1971 bis 1975 von einem Nicht-CVer geleitet wurde. Auf der anderen Seite standen Figuren wie ein Bruno Kreisky oder Willy Brandt, die die Sozialdemokratie als moderne und intellektuell attraktive Bewegung erscheinen ließen.

Zu einem heftig diskutierten Begriff dieser Zeit wurde die ***Äquidistanz*** der Kirche zu den Parteien, d. h. die gleiche Entfernung oder Nähe. Wann dieser Begriff auftauchte, läßt sich nicht mehr genau nachweisen. Er dürfte wahrscheinlich schon Mitte der fünfziger Jahre in der Bundesrepublik Deutschland entstanden, jedoch erst in den sechziger Jahren in Österreich rezepiert worden sein.[19] Merkwürdigerweise wurde dem Wiener Erzbischof, Franz Kardinal König (Rd EM), unterschoben, er hätte diesen Begriff verwendet. Der Hintergrund für diese Meinung dürfte wahrscheinlich seine Dialogbereitschaft mit der Sozialdemokratie bzw. dem Marxismus überhaupt gewesen sein, die ihn im katholischen Kernmilieu suspekt machte („Roter Kardinal"). Auf jeden Fall stellte er jedoch 1975 in Abrede, diesen Begriff eingebracht zu haben.[20]

Die SPÖ ging bald nach ihrem Regierungsantritt daran, aus der Sicht der Kirche bzw. der ÖVP radikale gesellschaftspolitische Reformen umzusetzen. Die Strafrechtsreform ab 1972 bezüglich der Homosexualität und vor allem dann bezüglich der Abtreibung ließ kulturkämpferische Zustände aufkommen.[21] Das Scheitern der Bemühungen (Aktion Leben), die Freigabe der Abtreibung zu verhindern, führte zu teilweisen Vorwürfen von ÖVP-Funktionären an die Amtskirche, sie hätte die Partei in diesen Auseinandersetzungen aufgrund einer gewissen Äquidistanz-Haltung zu wenig unterstützt, also „im Regen stehen lassen".

In katholischen Kreisen bzw. der ÖVP entstand nun eine Gegenbewegung, die sich gegen die Theorie der Äquidistanz der Kirche zu den politischen Parteien wandte. Einer, der dies aussprach, war der neue ÖVP-Obmann Josef Taus (Baj) selber. Vom 6. bis 8. Dezember 1975 fand im Bildungshaus St. Gabriel bei Mödling ein Symposion der Bildungsakademie des ÖCV zum Thema „Zehn Jahre nach dem Konzil" statt.[22] Bei der abschließenden Podiumsdiskussion am 8. sagte Josef Taus u. a.: „Ich scheue mich überhaupt nicht zu sagen, daß es vom Standpunkt der Kirche aus gesehen so etwas wie einen Politischen Katholizismus geben muß. Das hat mit der Identifizierung einer Partei überhaupt nichts zu tun. Aber warum, bitte, sollte es einen Politischen Katholizismus nicht geben?"[23]

Diese Äußerungen riefen eine langanhaltende Diskussion in den Medien und im katholischen Bereich hervor. Sie verschärfte sich im Laufe der Jahre zusehends, da sie auf die Ebene Kirche-VP gehoben wurde. Seitens mancher ÖVP-Politiker, wie etwa der Landeshauptleute Wilfried Haslauer (A1In) und Josef Ratzenböck (AlIn EM), wurde der Kirche vorgehalten, daß die ÖVP zwar für sie die „Kastanien aus dem Feuer" holen müsse (etwa

---

19 Leitner, Kirche und Parteien in Österreich nach 1945, SS. 155ff. Zum erstenmal nachweisbar ist dieser Begriff in diesem Zusammenhang in einem Artikel in der *Furche* am 26. 2. 1966, kurz vor den Nationalratswahlen, bei denen die ÖVP die absolute Mehrheit erhielt.

20 Leitner, Kirche und Parteien in Österreich nach 1945, S. 156.

21 Das wurde z. B. beim Villacher Parteitag der SPÖ 1972 tw. manifest. Siehe Leitner, Kirche und Parteien in Österreich nach 1945, S. 162.

22 Unter der Leitung von Wolfgang Mantl (Nc) und Gerhard Hartmann (Baj).

23 Das schriftliche Tonbandprotokoll im Besitz des Verfassers.

Fristenlösung, Schulfrage etc.), sie aber dies zuwenig honoriere.[24] Im Prinzip waren diese Vorwürfe unterschwellig bis in die achtziger Jahre, etwa von Andreas Khol (R-B), zu hören.

In der zweiten Hälfte der siebziger Jahre brachen diese inneren Widersprüche offenbar auf. Hier eine Partei, die ideenmäßig in der Tradition des Politischen Katholizismus steht und dreimal hintereinander Wahlen verloren hat, die neue Strategien zum Erhalt und zur Gewinnung von Wählerschichten erforderten. Dort eine Kirche, die sich aus der Parteipolitik zurückgezogen hat und tagespolitische Neutralität wahren will und muß. Sie weiß zwar, daß letztlich nur auf die ÖVP Verlaß ist, kann aber dies nicht laut aussprechen. Dazwischen stehen die katholischen Organisationen, von denen ein Teil, nämlich die KA, von der Hierarchie abhängig ist und daher in diesen Fragen ihr folgt und sie in gewissem Sinne verteidigt, der andere Teil, wie etwa der CV, jedoch nach wie vor mit der Nachfolgepartei des Politischen Katholizismus aus vielerlei Gründen verbunden ist.

Das Problem ÖVP und Kirche war aber noch lange nicht ausdiskutiert, obwohl Anfang der achtziger Jahre eine Beruhigung eingetreten ist und das Thema „Politischer Katholizismus" immer mehr an Bedeutung verlor und nur mehr gelegentlich diskutiert wurde. Aber solange es sowohl überzeugte Katholiken wie ÖVP-Anhänger gibt, und das ist mengenmäßig immer noch die Mehrzahl, wird es immer Konflikte zwischen dem pastoraltheologischen Anspruch der Kirche und den parteipolitischen Notwendigkeiten geben.

Offen oder geschlossen III: Ängste, Ausgrenzungen und Angriffe

Auf der 5. CVV 1946 wurde der bereits zitierte Beschluß gefaßt: „Kein CVer darf einer politischen Partei angehören oder Handlangerdienste leisten, deren Programm mit den katholischen Grundsätzen in Widerspruch steht. Kein CVer darf einer politischen Partei angehören, deren praktisches Verhalten den Grundsätzen und Interessen des CV offenkundig widerstreitet und bei der die Zusammensetzung ihrer Führerschaft keinen Zweifel über die CVgegnerische Einstellung aufkommen läßt."[25]

Dieser Beschluß ist nach wie vor gültig. Er besagt zweierlei. Erstens die Bindung an die katholischen Grundsätze. In den siebziger und achtziger Jahren traf für Österreich die Unvereinbarkeit auf jeden Fall auf die KPÖ und den links-alternativen Teil der Grünen zu, bei der SPÖ und der FPÖ hat sich seit 1946 einiges geändert, hier wird man in verschiedenen Sachbereichen unterschiedliche Auslegungen vornehmen können. Anders ist es zweitens bei der „CV-gegnerischen" Einstellung. Wie die Geschichte zeigt, findet man diese sowohl bei der SPÖ als auch der FPÖ aus den verschiedensten Ursachen und historischen Entwicklungen heraus.

In der Geschichte des ÖCV hat es immer vereinzelt Fälle einer „politischen Abweichung" gegeben, siehe die Fälle Kopf und Dobretsberger im Jahre 1949, aber auch die Präsidentschaftskandidaturen von Johannes Ude (Cl) 1951 und Josef Kimmel (Rd) 1963 sind dazu zu zählen, obwohl in letzteren Fällen keine „Disziplinierungen" vorgenommen wurden.

Sieht man einmal von lokaler Ebene ab, so ist abgesehen von Wilhelm Reichart (ehemals Nc) (siehe S. 578) kein Fall bekannt, daß ein CVer sich „ungestraft" landes- oder

24 *Kathpress-Informationsdienst* Nr. 312 (27. 4. 1977) und 370 (9. 11. 1977); Leitner, Kirche und Parteien in Österreich nach 1945, S. 170f.

25 Vade mecum 1, S. 9f.

bundespolitisch bei einer anderen Partei als bei der ÖVP betätigt hätte. Dies wäre wahrscheinlich gar nicht möglich gewesen, denn zumindest bei der SPÖ wäre ein CVer entweder gar nichts geworden oder er hätte auf Druck der SPÖ aus dem CV austreten müssen. Die Verflechtungen zwischen den politischen Parteien und ihren jeweiligen Vorfeldorganisationen bzw. Milieus sind auch nach zwei Weltkriegen und entsprechenden gesellschaftlichen Umwälzungen immer noch so stark, daß ein Querwechseln nahezu unmöglich erscheint.

Anders liegt es bei der einfachen Mitgliedschaft, und noch anders ist die Situation in der Wahlzelle, die sich ja jedweden Nachforschungen entzieht. Natürlich hat es nach 1945 immer wieder Fälle gegeben, wo CVer der SPÖ oder dem BSA beigetreten sind. Dies mag sich Mitte der siebziger Jahre verstärkt haben – ohne je eine marginale Größe überschritten zu haben –, als die ÖVP als Oppositionspartei auf Bundesebene und in der verstaatlichten bzw. halbverstaatlichten Industrie dadurch immer weniger die Möglichkeit für Ämterpatronage besaß. Daß hier einige aus Existenzsicherung oder Karrierelust der SPÖ oder dem BSA beigetreten sind, erinnert an die NSDAP-Mitläufer nach 1938, wobei hier natürlich der Vergleich insofern hinkt, weil es damals oft keine andere Wahl gegeben hat.

Völlig vereinzelt sind jene Fälle, wo CVer aus Überzeugung einen linken oder marxistischen Weg eingeschlagen haben, wie etwa Werner Vogt (ehemals AW) zum Beispiel. Es bestand aber für den ÖCV seit 1945 keinerlei irgendwie geartete Gefahr, daß scharenweise SPÖ- oder FPÖ-Anhänger um Rezeption bitten oder Alte Herren massenweise der Faszination anderer Parteien als der der ÖVP erliegen. Dies hat sehr viel mit historisch gewachsenen Strukturen und Verknüpfungen, aber auch mit der Soziologie des Milieus zu tun.

Peter Diem (Rd), der Textautor des ÖCV-Bundesliedes, beantragte auf der CVV 1969 in Krems die Durchführung einer Meinungsumfrage im ÖCV, was dann zur Jahreswende 1969/70 mit Hilfe eines renommierten Meinungsforschungsinstitutes auch geschah. Die Frage 24 lautete: „Bei welchen der angeführten Parteien hältst Du es mit den Prinzipien des CV vereinbar, sie zu wählen?“ Da Mehrfachnennungen möglich waren, gab es 144 Prozent Nennungen, davon entfielen 93 Prozent auf die ÖVP, 15 Prozent auf die SPÖ, 7 Prozent ohne Angabe, 23 Prozent FPÖ und weitere Prozentpunkte geringster Zahl für KPÖ und NDP.[26] Das heißt also, daß 15 Prozent der CVer damals sowohl die ÖVP als auch die SPÖ für wählbar hielten. Da die 93 Prozent ÖVP und die 7 Prozent ohne Angaben zusammen 100 Prozent ergeben, bedeutet das, daß es damals keine CVer gegeben hat, die nicht die ÖVP, sondern ausschließlich nur andere Parteien (SPÖ, FPÖ) für wählbar hielten. Diese Umfrage erfolgte kurz vor Ende der ÖVP-Alleinregierung Josef Klaus (Rd), die deutliche Abnützungserscheinungen und einen Imageverlust auch bei CVern hatte. Gleichzeitig präsentierte sich unter dem neuen Vorsitzenden Bruno Kreisky eine liberale und offene SPÖ, die durch die Installierung einer sozialliberalen Koalition in der Bundesrepublik im Herbst 1969 zusätzlich sicher Auftrieb erhielt.

Auf dem 71. Stiftungsfest der Rudolfina 1969 schloß Peter Diem (Rd), damals Angestellter der ÖVP, seine Festrede mit folgenden Sätzen: „Wenn sich heute oder morgen ein junger CVer auf der Grundlage unserer Prinzipien zu einem nicht von materialistischen und gottlosen, sondern von humanitären, ja religiösen Erwägungen getragenen Sozialis-

26 Rechenzentrum Dr. Fessel GmbH. Auszählung der Fragebogenaktion des OCV. Amt für Statistik des ÖCV. April 1970. Als Manuskript gedruckt (im Besitz des Verfassers), siehe auch öAc 21 (1969/70), H. 7, SS. 29ff. Zu einem ziemlich ähnlichen Ergebnis kam 1970 eine Studie des KV, wo 91 Prozent für die Unionsparteien votierten. Siehe Bartscher, Korporationen in Hochschule und Gesellschaft, S. 151.

mus bekennen wollte, dann soll er das auch bei uns frei tun dürfen ... Es ist unsere Aufgabe, ihn zu überzeugen, aber nicht mit Formalargumenten und Verboten, sondern durch die Kraft des besseren Arguments."[27]

Bereits am 27. März 1969 erschien in einer Wiener Tageszeitung ein Aufruf der Gesellschaft für Kulturpolitik, bei der kommenden Wiener Landtagswahl die Stimme für den Wiener Bürgermeister Bruno Marek abzugeben. Dieser Aufruf wurde u. a. von dem damaligen Direktor des Wiener Dom- und Diözesanmuseums, Rudolf Bachleitner (Rg), mitunterzeichnet. Es kam, was kommen mußte: Durch eine gegenseitige Aufschaukelung begünstigt beendete Bachleitner seine Mitgliedschaft bei der Rugia bzw. wurde von dieser ausgeschlossen. Aus seiner Rechfertigung gegenüber der Cartellöffentlichkeit für seine Unterschrift schimmerte eine gehörige Portion Naivität – wenn man boshaft wäre, würde man das als Dummheit bezeichnen.[28]

Ab diesem Zeitpunkt begann sich, die auch in Österreich zunehmend etablierende Magazin-Presse auf das Thema ÖCV und SPÖ zu stürzen, wobei sehr oft sich CV-Spitzenfunktionäre von geviften Journalisten bei Pressekonferenzen, etwa anläßlich von Cartellversammlungen, aufs Glatteis führen ließen.[29]

Als die Wahl im Herbst 1975 anstand, wurde bereits Anfang dieses Jahres ein „Wahlkomitee Dr. Kreisky" gegründet, dem Werner Vogt (ehemals AW) und der ORF-Kurzwellenredakteur Werner Schmidt (ehemals Merc) angehörten. Dieser Umstand führte im März 1975, als das bekannt wurde, zu einem großen Presseecho. Die Verbandsführung des ÖCV distanzierte sich davon, die beiden wurden später ausgeschlossen.[30]

1976 wurde Theodor Detter (AW) zum Vorsitzenden der Altherrenschaft des ÖCV gewählt. Als Philistersenior der Austria Wien mußte er sich sicherlich mit vielen Problemen einer „Linksabweichung" in seiner Verbindung beschäftigen. Er versuchte nun in den folgenden Jahren, dem ÖCV eine Sozialismus-Debatte aufzudrängen, die aus den bereits oben erwähnten Gründen ein „Scheingefecht" war, jedoch das öffentliche Ansehen des ÖCV, das gerade durch die damalige Arbeit der Bildungsakademie als gut zu bezeichnen war, beeinträchtigte. Bereits auf der Philisterseniorenkonferenz vom 5. März 1977 verlangte er von der Verbandsführung eine klare Stellungnahme zum Verhältnis ÖCV und SPÖ, nachdem durch einen Beitrag des ehemaligen Rechtspfleger Karl Kohlegger (AIn) eine kurze Diskussion über die Frage Mitgliedschaft eines CVers bei der SPÖ entbrannte.[31] Die Verbandsführung gab nun eine solche am 23. März 1977 ab, beschränkte sich aber dabei auf die Aufzählung der bisherigen Beschlüsse, insbesondere der og. aus 1946.[32]

27 Abgedruckt in *Neues Forum* 16 (1969), S. 570.

28 öAc 20 (1968/69), H. 8, S. 15 und H. 10, S. 32.

29 Dies geschah zum Beispiel 1973 in Wien mit Hans Heger (BbW), damals Vorsitzender des Altherrenländerrates und Mitglied des Bundesrates, und 1976 auf der CVV Baden mit dem damals abtretenden Leiter der CV-Bildungsakademie, Wolfgang Mantl (Nc). ÖCVA. Dokumentation über „ÖCV und politische Parteien", 1973 (im Besitz des Verfassers); Protokoll der Verbandsführung, 10. 6. 1976, Beilage B. Aufgrund der Pressekonferenz 1976 mußte sogar die Verbandsführung reagieren, weil in den Medien mißverständlich gemeldet wurde, der CV öffne sich der SPÖ, siehe *Academia intern* in öAc 27 (1976), Juli/August, S. II.

30 ÖCVA. Protokoll des ÖCV-Beirates, 19. 2. 1975; öAc 26 (1975) März, S. 41; Vade mecum 3 Erg., S. 95f. Seitens des MKV nahm dessen Mitglied Reinhold Knoll im Kreisky-Komitee teil. Zum Presseecho siehe ÖCVA. ÖCV-Presseschau Nr. 4, Mai 1975. Vogt schrieb aus diesem Anlaß am 18. 2. 1976 in der *Kleinen Zeitung* einen Beitrag mit dem Titel „Abschied vom CV", auf den Gerhard Hartmann am 26. 2. 1977 ebda. mit „Wenn Toleranz und Fairnaß fehlen" antwortete.

31 *Academia intern*, September/Oktober und November/Dezember 1977.

32 ÖCVA. Protokoll der Verbandsführung, 23. 3. 1977.

Der scheidende VOP des Studienjahres 1976/77, Michael Metzler (Nc), nahm zu Detter einen gegensätzlichen Standpunkt ein. So bemerkte er bei der Amtsübergabe anläßlich der Sitzung der Verbandsführung am 22. Juni 1977 dazu: „Wie ein von Kreisky weitwund geschossenes Wild verkriecht sich der CV und leckt sich die Wunden, die ihm angeblich von internen Dissidenten zugefügt wurden."[33]

Doch die Debatte im ÖCV dazu ging weiter. Für die Cartellversammlung des Jahres 1978 stellte der Altherrenverband Austria Wien einen Antrag, der den CVV-Beschluß 1946 deutlich verengt hätte, ähnliche andere Anträge folgten. In dieser Situation wurden unabhängig voneinander zwei Unterschriftenaktionen Anfang März gestartet, die eine von Michael Graff (AW) um den Kreis der 1973 abgewählten *Academia*-Redaktion mit dem Titel „Manifest 1978 für Freiheit und Toleranz im CV".

Eine zweite Unterschriftenaktion wurde vom damaligen Leiter der Bildungsakademie des ÖCV, Gerhard Hartmann (Baj), organisiert und war, wenn man will, CV-systemimmanent. Der Text lautete: „Die unterzeichneten Mitglieder einer ÖCV-Verbindung sind der Ansicht, daß die Auseinandersetzung mit anderen Meinungen, Gruppen und Parteien nicht durch bloße Abgrenzungen und Ausschlußdrohungen geführt werden darf, sondern durch offensive und positive Betonung und Vertretung unserer Grundsätze und Grundwerte erfolgen muß. Hierzu ist eine gelassene Atmosphäre der Offenheit und Toleranz erforderlich." Fast an die Hundert unterschrieben.[34] Nicht zuletzt auch durch die Publizität zogen die Antragsteller, insbesondere der AHV Austria Wien, ihre Anträge auf der CVV zurück. Beschlossen wurde ein Antrag, der im Prinzip die bisherigen Beschlüsse des ÖCV wiederholte.[35] Damit war eine der unsinnigsten Debatten im ÖCV beendet.

Sie wurde fünf Monate später von der SPÖ „honoriert". Am 8. Oktober 1978 fanden Landtagswahlen in der Steiermark statt. Vom 5. bis 8. Oktober 1978 erschien in der *Kleinen Zeitung*, dem steirischen SPÖ-Organ *Neue Zeit* und in der steirischen Ausgabe der *Neuen Kronen Zeitung* eine Wahlkampfanzeige der SPÖ, in der es u. a. hieß: „In einer übermächtigen ÖVP wäre auch Landeshauptmann Niederl kein Garant dafür, daß Scharfmacher und CVer in machtpolitischem Übermut die Gesprächsbasis mit den Sozialdemokraten und den Vertretern der Arbeitnehmer zerstören." Es war dies das erste Mal seit den Bundespräsidentenwahlen 1951 (siehe S. 583f.), daß seitens der SPÖ der CV in gehässiger Weise für die Wahlpropaganda mißbraucht wurde.

Diese Art der Auseinandersetzung war ja von der SPÖ aus nichts Neues, jedoch neu war, daß dieses Inserat auch in der im Verlag Styria (Inhaber Katholischer Preßverein in der Diözese Graz-Seckau) herauskommenden *Kleinen Zeitung* mehrmals erschienen ist. Das hatte in der Folge zu teils heftigen Diskussionen innerhalb der Styria – der Generaldirektor Hanns Sassmann (Trn EM), der Chefredakteur der Kleinen Zeitung Fritz Csoklich, der Obmann des Preßvereins Prälat Johann Reinisch – und zu Reaktionen seitens des

33 ÖCVA. Protokoll der Verbandsführung,22. 6. 1977, S. 9.

34 Dabei u. a. der damalige Bürgermeister von Klagenfurt Leopold Guggenberger (Rd), der spätere Vorsitzende der Verbandsführung Otto Hittmaier (AIn), der Generalvikar von Graz-Seckau Leopold Städtler (Cl), die früheren Leiter der Bildungsakademie Maximilian Liebmann (Cl) und Wolfgang Mantl (Nc), die ÖVP-Politiker Heinrich Neisser (Rd), Wolfgang Schmitz (Nc), Josef Taus (Baj), Manfried Welan (F-B), Josef Höchtl (F-B), Helmut Kukacka (A-D), Hans Winetzhammer (A-D EM), Hans Katschthaler (AlIn), der damalige VOP Karl Schultes (Walth).

35 ÖCVA. Beschlußprotokoll XXI. CVV 1978, S. 6, Beilage 5. Die Unterlagen über die beiden Unterschriftenaktionen befinden sich beim Verfasser. Vgl. auch *profil*, 21. 3. 1978, sowie noch andere Presseberichte.

ÖCV geführt, der gegenüber der Tatsache, daß in einer Zeitung in der Trägerschaft eines Katholischen Preßvereins so ein Inserat erscheinen konnte, Unverständnis bekundete.[36]

CVer in der Politik

Obwohl ab 1970 die ÖVP in der Bundespolitik bis 1987 nicht mehr in der Regierung war, tat dies dem Engagement der CVer in der Politik keinen Abbruch. Bei den Wahlen der Jahre 1970, 1971 1975, 1979, 1983 und 1986 wurden 40 CVer in den Nationalrat gewählt. Von diesen bekleideten 24 (60 Prozent) zusätzlich noch eine weitere höhere politische Funktion als die eines einfachen Abgeordneten. Von der Verbindungsstatistik führt die Norica mit sieben, die Austria Wien und die Amelungia mit je drei. Im Gegensatz zur Zeit vor 1970 ist aber eine weitaus breitere Verbindungsstreuung festzustellen. In diesem Zeitraum gab es 17 CVer, die Mitglied des Bundesrates waren.

Interessant ist der Anteil der CVer an den jeweiligen ÖVP-Mandataren der verschiedenen Legislaturperioden. Man erkennt deutlich einen steigenden Anteil. Die Namen der Nationalratsabgeordneten, Mitgliedes des Bundesrates sowie die der parlamentarischen Funktionäre (Präsidium, Klubobleute), der leitenden Parteifunktionäre der ÖVP sowie der Landespolitiker aus dem CV finden sich in den Anhängen 2 und 3.

Anteil der CVer an der Fraktion der ÖVP im Nationalrat von 1970 bis 1986

Die erste Zahl unter den Rubriken „davon CVer" und „Prozentanteil" bezieht sich auf die Situation zu Beginn der Legislaturperiode, die zweite auf das Ende.

	ÖVP-Mandate	davon CVer	Prozentanteil
1970	78	20/19	25,5/24,4
1971	80	20/19	25,0/23,8
1975	80	20/19	25,0/23,8
1979	77	19/21	24,7/27,3
198	81	22/22	27,2
1986	77	22/20	28,6/26,0

Anteil der CVer an den Mitgliedern des Bundesrates von 1970 bis 1986

	ÖVP-Mandate	davon CVer	Prozent-Anteil
1970	25	7	28,0
1971	25	6	24,0
1975	29	6	20,7
1979	29	7	24,1
1983	33	6	18,2
1986	33	5	15,2

36 Genaue Darstellung des Vorfalls mit Quellenangaben siehe Hartmann, Im Gestern bewährt, SS. 524-527.

Anfang 1987 kam es zur Bildung der SPÖ/ÖVP-Koalitionsregierung. Die ÖVP bekam sieben Ministerposten, davon entfielen auf CVer drei. Die restlichen Minister waren eine Frau, ein angeblicher Freimaurer und zwei aus dem Bereich der KA bzw. der KHG. Damit sind wir auch beim Thema Gruppenbildung innerhalb der ÖVP angelangt.[37]

Der ÖCV hat nach wie vor einen hohen prozentualen Anteil in der Bundespolitik. Sein Anteil an den Christlichsozialen bzw. ÖVP-Abgeordneten zum Reichsrat bzw. zum Nationalrat pendelte von 1907 bis 1986 kontinuierlich zwischen 20 und 30 Prozent. Darin sind zwar Schwankungen enthalten, jedoch war in den zehn Jahren vor 1986 wiederum eine Steigerung zu bemerken. Allein diese Kontinuität über 80 Jahre hinweg ist ein politisches Phänomen. Bis in die fünfziger Jahre war der CV hinsichtlich der Rekrutierung des Führungspersonals nahezu konkurrenzlos, wenn man einmal vom Adel (bis 1918) und von den Priestern (bis 1933) absieht. Zum Unterschied zu Deutschland hatte in Österreich der KV und schon gar nicht der UV jene Bedeutung erlangt. Aber durch die Errichtung der Katholischen Hochschulgemeinden und der Katholischen Hochschuljugend bzw. der Katholischen Akademiker-Vereinigung als KA im universitären Bereich kam es zu einer Konkurrenzsituation (darüber mehr siehe S. 692).

37 Dazu siehe Hartmann, Die Vorfeldorganisationen der ÖVP; Stirnemann, Innerparteiliche Gruppenbildung am Beispiel der ÖVP; Welan, Manfried: ÖCV und ÖVP, in: öAc 37 (1986), H. 9 Oktober, SS. VIII-X. Zu diesem Thema allgemein siehe auch Peel, Die Bedeutung der Jugendorganisationen als Rekrutierungsressourcen.

CV und Kirche nach dem II. Vatikanum

„So darf der CV als eine solche echte Laieninitiative – aber doch in treuer Gefolgschaft unter der Hierarchie stehend – angesehen werden, der sich seit seiner Gründung bereits als mündige, selbsttätige, selbstverantwortliche und apostolatsbewußte Laiengemeinschaft gefühlt und entwickelt hat, ohne dazu jemals einen Auftrag (Mandat) von der Amtskirche erhalten zu haben.“

Ernst Hofer (Cl)[1]

Die Zeit der Laien: Von der Volkskirche zur Kirche im Volk

Als am 25. Januar 1959 Papst Johannes XXIII., knapp drei Monate im Amt, das II. Vatikanische Konzil ankündigte, war das allgemein eine Überraschung. Damit wurde ein Aufbruch („aggiornamento“) ausgelöst, von dem heute die einen behaupten, er sei überzogen worden, die anderen aber meinen, er sei nur der Anfang einer Reformphase in der Kirche. Er steht auch in einem historischen Zusammenhang mit anderen Aufbruchstimmungen der damaligen Zeit: der Studentenbewegung der späten sechziger Jahre und dem Reformkommunismus.

Das Konzil begann nach mehrjährigen Vorarbeiten 1962 mit seinen Sessionen, die offizielle Schlußsitzung fand am 8. Dezember 1965 statt. Neben vielen anderen Dekreten und Beschlüssen war natürlich für den CV jenes über das Laienapostolat besonders interessant. Es wurde am 18. November 1965, also knapp vor Beendigung des Konzils, unter dem Titel *Decretum de Apostolatu Laicorum* verabschiedet.[2] Beachtenswert war der Art. 24. Dort wird das Recht der Laien betont, freie Vereinigungen zu bilden, die unter bestimmten Umständen die Sendung der Kirche sogar besser erfüllen. Das war natürlich für den CV die Bestätigung seiner Haltung gegenüber der KA.

Tatsächlich brachte das Konzil in der „Laientheologie“ eine entscheidende Wende, die auch der KA-freundliche Grazer Bischof Josef Schoiswohl (Rd) 1966 zugeben mußte: „Die Arbeit des Laien ... war 'Mitarbeit' am hierarchischen Apostolat Pius XI. Das Konzil sieht die Aufgabe der Laien ganz anders: Der Grundstand ist der des Christen, zu dem Kleriker und Laien gehören. Das Apostolat ist Teilnahme an der Heilssendung Christi.“[3] Damit wurde das Konzept der KA, „nach dem die Laien nur am Apostolat der Hierarchie Anteil erhalten oder gegebenenfalls an ihm mitwirken können, einfach fallen gelassen.“[4] Im nachhinein tragisch für die jüngere Kirchengeschichte Österreichs war es aber, daß dieser entscheidende ekklesiologische Paradigmenwechsel von den „Ideologen“ der KA nicht oder nur höchst widerwillig zur Kenntnis genommen wurde.

Der ÖCV schaltete überraschend schnell, das Zentralthema des Jahres 1966/67 (Vorort Danubia) lautete „Konzil – CV als Laienapostolat“.[5] Dies geschah übrigens im Gleich-

---

1 Hofer, CV als Laienapostolat, S. 49f.

2 Lateinischer und deutscher Text des Dekretes sowie Kommentar dazu von Ferdinand Klostermann in: Das Zweite Vatikanische Konzil, SS. 587-701. Siehe auch Schulz, Der neue Codex und die kirchlichen Vereine, S. 36f.

3 DAG, Nachlaß Schoiswohl. Protokoll Collegium Presbyterorum, 29. 9. 1966, zit. bei Liebmann, Das Konzil sieht die Aufgaben der Laien ganz anders (im Druck).

4 Neuner, Peter: Der Laie und das Gottesvolk. Frankfurt/Main 1988, S. 121.

5 öAc 18 (1966/67), H. 4, SS. 16ff.

klang mit dem deutschen CV und dem StV. Im Oktober 1967 fand in Rom der II. Weltkongreß der Laien statt, als Vorbereitung dazu gab es für den europäischen Bereich am 12.-16. Mai 1966 in St. Pölten einen eigenen Kongreß. Mitglied des Kongreß-Präsidiums als auch Vorsitzender der österreichischen Delegierten war der Vorsitzende des ÖCV-Beirates, Eduard Chaloupka (Baj). Das konnte man sicherlich als Reverenz gegenüber den ÖCV bzw. den Katholischen Verbänden werten.[6]

Das II. Vatikanum hatte in Österreich die **synodale Phase** ausgelöst. Es galt nun, die Konzilsbeschlüsse den einzelnen Ortskirchen anzupassen und die neuen Formen der Laien-Mitbestimmung einzurichten, so daß ab Ende der sechziger Jahre Diözesansynoden stattfanden. Erstmals konnten dorthin die nicht der KA angehörenden katholischen Verbände mehr oder minder mit ihr gleichberechtigt Vertreter entsenden. Im April 1971 konstituierte sich der *Österreichische Synodale Vorgang* (ÖSV). Obwohl kirchenrechtlich keine Nationalsynode, sollte er dennoch als eine solche gedacht sein. Das vorbereitende Management des ÖSV schraubte aber die Gleichberechtigung zwischen KA und den anderen katholischen Verbänden wieder zurück, so daß es seitens des ÖCV zu Kritik an Formalien wie aber auch in inhaltlicher Hinsicht u. a. wegen der Formulierung der Passage über die Hochschulseelsorge kam.[7] Trotz alledem waren bei den einzelnen Synoden und beim ÖSV zahlreiche CVer Mitglied, jedoch nicht nur beim Kontingent der katholischen Verbände, sondern auch über andere „Kurien" (Diözesen, Wahlkreise etc.). Dem ÖSV gehörten 27 CVer an.[8]

Wie wir bereits gesehen haben, kam es bereits 1960 zur Installierung eines *Komitees Katholischer Organisationen Österreichs* (siehe S. 556), dem die Gliederungen der KA, die Verbände der AKV und die sonstigen katholischen Organisationen angehörten. Der Katholikentag 1962 in Salzburg, die Ergebnisse des II. Vatikanums sowie die beginnende synodale Phase in Österreich führten die Überlegungen um eine engere Zusammenarbeit der verschiedenen katholischen Organisationen weiter. Anfang September 1969 regte die kurz vorher von der Österreichischen Bischofskonferenz errichtete Pastoralkommission an, einen repräsentativen ***Österreichischen Laienrat*** (ÖLR) zu schaffen. Die Bischofskonferenz billigte

---

6 ÖCVA. Protokoll der Verbandsführung vom 27. 10. 1965; Beschlußprotokoll der VIII. CVV 1966, Bericht des Vorsitzenden des ÖCV-Beirates.

7 Hartmann, Gerhard: Nur im Watschenmann. Zum Österreichischen Synodalen Vorgang, in: öAc 24 (1972/73), H. 6-8, S. 36ff. und Beilage, S. IV, 26 (1974) Oktober/November, S. 32f. Stellungnahme des ÖCV zum ÖSV abgedruckt in Vade mecum 3 Erg., SS. 50f. Die KHG Graz (Unterzeichner Egon Kapellari, Martin Gutl und P. Jordan Gebhard [Trn]) schrieb am 6. 4. 1973 dem ÖCV wegen dessen Stellungnahme zum ÖSV. (Kopie des Schreibens im Besitz des Verfassers.) Anfang Juni 1973 kam es diesbezüglich zu einem Treffen, an dem seitens des ÖCV Maximilian Liebmann (Cl), Gerhard Schultes (Rd) und Gerhard Hartmann (Baj) teilnahmen, seitens der „anderen Seite" u. a. Otto Mauer. Das Gespräch war nicht gerade befriedigend. Schultes wollte darüber eine Glosse in der *Academia* mit dem Titel „Der Großinquisitor" (das bezog sich auf Otto Mauer) veröffentlichen, er konnte aber noch rechtzeitig zurückgezogen worden, als bekannt wurde, daß Otto Mauer verstorben ist (3. 10. 1973). Mitteilung von Gerhard Schultes an den Verfasser, 13. 5. 2005.

8 U. a. die Priester Alfred Kostelecky (Rd), Florian Kuntner (Ne), Leopold Städtler (Cl) und Jakob Weinbacher (NbW), die „Laien" Gerhard Hartmann (Baj), Karl Kalcsics (BbG), Alfred Klose (Nc), Maximilian Liebmann (Cl), Helmut Schattovits (Am). Der Wiener Diözesansynode, die eine gewisse Vorreiterrolle spielte, gehörten ebenfalls eine Reihe von CVern an, so u. a. die Priester Alexander Dordett (Merc), Karl Fuchs (Baj), Lothar Kodeischka (AW), Alfred Kostelecky (Rd), Anton M. Pichler (NbW), Alois Schrott (Nc), Franz Steiner (Aa), Rudolf Weiler (Rt-D) und Jakob Weinbacher (NbW) sowie die „Laien" Hannes Aiginger (Nc), Wolfgang Aigner (Nc), Hans Dorrek (Baj), Heinrich Drimmel (NdW), Gerhard Hartmann (Baj), Franz Karasek (Nc), Alfred Klose (Nc), Adolf Kolb (Baj), Hans Kriegl (NbW), Robert Morawek (NdW), Leopold Speiser (Nc), Jaro Sterbik-Lamina (The). Von 160 Priestern waren 28 CVer, das sind 17 Prozent, von 155 Laien waren 79 männliche Akademiker, davon 20 CVer, das sind 25 Prozent.

dies und beauftragte das Komitee katholischer Organisationen mit der Konstituierung des ÖLR, die dann am 12. Februar 1970 stattfand. Die Satzungen, sowohl was die inhaltlichen Aufgaben wie die Zusammensetzung betrifft, lehnten sich stark an das Modell des Zentralkomitees der deutschen Katholiken (ZdK) an. Mitglieder der Vollversammlung waren neben den Vertretern der Gliederungen der KA, der Verbände der AKV und der sonstigen katholischen Organisationen auch Vertreter der Diözesanräte. Diese vier ungefähr gleich starken Kurien wählten eine fünfte Kurie, nämlich wichtige Einzelpersönlichkeiten. Der Vorsitz wechselte jährlich zwischen diesen Kurien.[9]

Die etwas abwertende Namensgebung („Laienrat"), die Tatsache, daß der ÖLR im Gegensatz zur KA keinen Apparat besitzt, und die Weigerung der KA, sich dem ÖLR unterzuordnen, ließen ihn bald zu einer Alibi-Funktion verkümmern. Die KA war nicht bereit, die in den Statuten des ÖLR vorgesehenen Kompetenzen (Impulsträger für österreichische Katholikentage, Wahrnehmung internationaler Kontakte, gesellschaftspolitische Initiativen etc.) zugunsten des ÖLR abzugeben bzw. auf sie zu verzichten. Obwohl zwar gleichberechtigtes Mitglied im ÖLR versuchte die KA immer wieder, ihre Sonderstellung damit zu behaupten, indem sie sowohl beim ÖSV wie beim Katholikentag 1983 für die Entsendung von Delegierten neben dem ÖLR, wo ja die KA Mitglied ist, einen eigenen Wahlkörper beanspruchte. Deswegen kam es ja zu den Konflikten, insbesondere mit dem ÖCV.[10]

Diese unbefriedigende Situation, das politische Scheitern des Volksbegehrens der *Aktion Leben* (1975), aber auch die allgemeine politische Lage in Österreich ab 1970 veranlaßten Hanns Sassmann (Trn EM) am 12. Mai 1977 in einem Interview mit der *Kleinen Zeitung*, die Einrichtung eines **Nationalkomitees** in Anlehnung an das ZdK zu fordern. Es entstand hierauf eine fast zweijährige Diskussion im österreichischen Katholizismus um Für und Wider dieses Vorschlages. Die Befürworter kamen eher aus den Reihen der traditionellen Verbänden, aber nicht nur, die Skeptiker eher aus dem Bereich der KA, wobei hier unausgesprochen die Angst vor Einflußverlust mitgespielt hat, und der „fortschrittlichen" Pastoraltheologie (u. a. Ferdinand Klostermann), die einen Rückfall in einen uniformen Politischen Katholizismus befürchtete. Die Bildungsakademie des ÖCV gab damals eine Broschüre mit dem Titel „Dokumentation Nationalkomitee" (1979) heraus. Diese faßte nicht nur die Diskussion zusammen, sondern lud auch prominente Katholiken Österreichs zu einer Stellungnahme ein. In Zusammenhang mit dem Katholikentag 1983 kam es neuerlich zu solchen Überlegungen, die aber nicht realisiert wurden.

Im Gegensatz zur Bundesrepublik Deutschland gelang es in Österreich daher nicht, eine funktionierende und auch entsprechend dotierte organisatorische Plattform aller katholischen Verbände, ähnlich dem ZdK, zu schaffen. Ängstlichkeit, ob begründet oder nicht, sei einmal dahingestellt, und Sorge um Verlust von Vormachtstellungen, die aber in der Realität quantitativ wie qualitativ obsolet geworden sind, haben dies verhindert. Daß die innerkirchliche Situation Österreichs ab 1986, wie allgemein bekannt, so sich entwickelte, hat mit darin auch seine Ursache.

Die beiden letzten Jahrzehnte des 20. Jahrhunderts waren auch in Österreich durch den Beginn der sog. Postmoderne gekennzeichnet. Damit versteht man jene Periode, die

9 Hartmann, Getrennt oder vereint, S. 15f.

10 Der Verfasser war mehrere Jahre Mitglied des Vorstandes des ÖLR (in seiner Eigenschaft als Vizepräsident der AKV bzw. als Mitglied der Österreichischen Pastoralkommission) und hat die diesbezüglichen Diskussionen selbst leidvoll mitgemacht.

durch den Übergang von der Industrie- zur Informationsgesellschaft gekennzeichnet ist. Solche Übergänge sind mit Änderungen der sozialen Gefüge verbunden, im konkreten heißt das u. a. der Verlust der traditionellen Milieus, die auch und vor allem die katholische Kirche und da wiederum auch die ihr zuzurechnenden sozialen Verbände (damit auch der CV und seine Verbindungen) trifft.

Solche Übergänge sind auch von Binnenkonflikten und von dem Verhalten geprägt, wie man diese Moderne rezepiert und annimmt. Davon gibt es für den katholischen Bereich einige Beispiele: Durch die Enzyklika *Humanae vitae* (1968), den schleichenden Auszug der Frauen aus der Kirche und durch personalpolitische Entscheidungen Roms ab 1986 – von denen Österreich besonders betroffen war – gingen nicht nur große Teile eines kulturkatholischen Milieus, sondern auch die konziliar-synodalen Aufbruchstimmung weitgehend verloren. Hatten sich bereits Anfang der sechziger Jahre Abbröckelungserscheinungen innerhalb des bis dahin weltanschaulich, gesellschaftlich wie auch politisch weithin geschlossenen Katholizismus gezeigt, so wurden zu Beginn der siebziger Jahre erste Risse auch nach außen sichtbar. Mit der Pluralisierung aller Lebensbereiche und der damit einhergehenden Liberalisierung der Gesellschaften in den westlichen Demokratien kamen Wertetraditionen ins Wanken, und es wurden althergebrachte Denk- und Verwaltungsstrukturen der katholischen Kirche in Frage gestellt.[11]

Diese Phänomene einer fortschreitenden Säkularisierung aber auch der weltpolitische Paradigmenwechsel der Jahre 1989/90 prägten den Zustand der Kirche im deutschsprachigen Raum wie auch in den westeuropäischen Industriegesellschaften in den Jahren vor und nach dem Milleniumswechsel. So sank bei der Volkszählung 2001 in Österreich der Anteil der Katholiken von 78 Prozent (1991) auf 73,6 Prozent. 1951 waren noch über 90 Prozent katholisch! Besonders signifikant war der Trend in Wien, dort sank der Katholikenanteil von 57 Prozent auf 49,2 Prozent![12]

Darüber hinaus oder u. a. deswegen entstanden Polarisierungen innerhalb der Kirche, die sich auch auf den ÖCV auswirkten. Vor allem wegen der ab Mitte der achtziger Jahre spezifischen personellen Situation des österreichischen Episkopats (Groër, Krenn, Laun, Eder) konstituierte sich im Juni 1995 in Österreich die Kirchenvolksbegehrens-Bewegung (die auch in anderen Ländern, so 1996 in Deutschland, Nachahmung fand). Initiator und Organisator dieser Plattform „Wir sind Kirche" war Thomas Plankensteiner (R-B).[13] Aufgrund des Erfolges war deren Anliegen nicht mehr totzuschweigen, so daß es zum „Dialog für Österreich" und zu einer abschließenden gesamtösterreichischen, quasi-synodalen Versammlung Ende Oktober 1998 in Salzburg kam[14], von deren 296 offiziellen Delegierten 16 CVer waren.[15] Auch wenn diese knapp über 5 Prozent auf den ersten Blick

11 Siehe dazu auch Gauly, Katholiken. Machtanspruch und Machtverlust, SS. 219.

12 *Die Presse*, 18. 10. 2002. 2006 ist der Anteil uf 45 Prozent gesunken, *Die Presse*, 22. 3. 2006.

13 Thomas Plankensteiner trat 1999 als Sprecher der Plattform wegen eines möglichen Eintritts in die Politik (ÖVP) zurück, sein Nachfolger wurde Hubert Feichtlbauer (Kb), der sich bereits 1996 durch sein Buch „Der Aufstand der Lämmer. Zu den Fragen des Kirchenvolks" als Sympathisant dieser Bewegung deklarierte. Im April 2002 trat auch er von diesem Amt zurück.

14 Über den „Dialog für Österreich" siehe öAc 49 (1998), Heft 4, SS. 32-39; *Academia intern* 2/1998, S. 8f., 5/1998, S. 2 und 8 /1998, S. 1. Über die damalige Situation der Kirche siehe u. a. *Orientierung* 63 (1999), SS. 3-6 und 15-18.

15 Mitgliederliste des „Dialogs für Österreich" siehe *Kathpress Info-Dienst* Nr. 112, 17. 5. 1998. So u. a. Franz Gütlbauer (Cl), Bernhard Hippler (AlIn), Thomas Kath (Rg), Maximilian Liebmann (Cl), Helmut Liegl (Rg), Markus Mairitsch (Ca EM), Johannes Martinek (Dan), Floridus Röhrig (Wl EM), Josef Scherer (AIn), Gerhard Schultes (Rd), Rudolf Schwertner (Am) sowie Paul Ulmer (Trn). Im Vergleich zu den oben genannten Werten der Wiener Diözesansynode oder des Österreichischen Synodalen Vorgangs war der CV-Anteil eher gering.

geringfügig erscheinen mögen, so war doch bemerkenswert, daß die Exponenten der beiden Flügel CVer waren: Auf der einen Seite der bereits erwähnte Thomas Plankensteiner und auf der anderen Seite Matthäus Thun-Hohenstein (Baj) als Sprecher des „Clubs Österreichischer Katholiken",[16] einer Vereinigung konservativer Katholiken, der auch der damalige Klubobmann der FPÖ, Ewald Stadler (S! Skalden Innsbruck), angehörte.[17] Zu diesen Kreisen ist auch die „Arbeitsgemeinschaft Katholisch Korporierter" zu zählen.

In diesem Zusammenhang nicht unerwähnt bleiben dürfen auch „rechtskatholische" Initiativen wie das umstrittene sog. „Engelwerk", die ihren Sitz am St. Petersberg bei Silz (Tirol) hat. Priesterlicher Leiter war viele Jahre der Sohn der Gründerin, Hans-Jörg Bitterlich (AlIn).[18] Gründer und langjähriger Herausgeber des rechtskatholischen Blattes *Der 13.* ist Friedrich Engelmann (BbW). Somit spiegeln sich die Ende des 20. Jahrhunderts entstandenen Konflikte innerhalb der katholischen Kirche allgemein und Österreichs auch im CV auf höchst signifikante Weise wider.[19]

Der prolongierte Konflikt und seine langsame Entschärfung: CV, KA und Hochschulseelsorge

An der Situation seit Beginn der sechziger Jahre hatte sich nichts Wesentliches verändert. CV und KHG bzw. KHJ fanden einen *Modus vivendi* eines mehr oder minder konfliktlosen Nebeneinanders. Die Einigung der katholischen Akademikerschaft Österreichs war gescheitert (siehe S. 551), jedoch das II. Vatikanum mit seinen „Räten" auf den verschiedenen Ebenen (Pfarrei, Dekanat, Diözese etc.) brachte auch für den Hochschulbereich eine neue Dimension ein. Obwohl kirchenrechtlich nicht expliziert, verstand sich die KHG im Sinne der Gemeindetheologie als „kategoriale" Gemeinde aller Universitätsangehörigen (vom Professor bis zum Studenten). Als solche wurde und wird sie von den betreffenden Diözesen personell wie sachlich dotiert. Die „Spaltung" innerhalb des katholischen Hochschülerbereiches war evident geworden, in ihm spiegelte sich nur die des katholischen Organisationswesens – hier KA, dort katholische Verbände – wider.

Da sich die KHG als Quasi-Pfarrgemeinde versteht, war es nur recht und billig, daß bereits 1961 Maximilian Liebmann (Cl) die Einrichtung eines Pfarrgemeinderates forderte.[20] Bei den Beratungen der diversen Diözesansynoden und beim Österreichischen Synodalen Vorgang wurde in der Folge immer wieder diese Frage bzw. Forderung erörtert, jedoch vom KHG-„Establishment" jedesmal abgelehnt. Da aber im innerkirchlichen Spektrum die Katholischen Hochschulgemeinden theologisch eher dem fortschrittli-

16 Über den „Club Österreichischer Katholiken" und die „Arbeitsgemeinschaft Katholisch-Konservativer Korporierter" siehe *Kathpress Informationsdienst* Nr. 170, 27. 7. 1997 und Nr. 236, 11. 10. 1998; *kathpress* 2./3. 2. und 20. 10. 1998; zu den genannten Exponenten dieses Klubs gehörte auch der frühere NRAbg. Robert Geischläger (Nc). Ähnlich dem „Club Österreichischer Katholiken" wurde Ende September 2000 das „Forum Deutscher Katholiken" gegründet, dessen Präsident Hubert Gindert (Alf) wurde, siehe: Ac 94 (2001), S. 268.

17 Siehe dazu der Artikel „Das Netzwerk" in öAc 44 (1993), H. 3., SS. 7-9, wo auf die Allianz zwischen rechtskatholischen und nationalfreiheitlichen Kreisen eingegangen wird.

18 Siehe dessen Interview in öAc 43 (1992), H. 4, SS. 22-26.

19 Dazu siehe auch Hartmann, Gerhard: Das letzte Kapitel wurde geschlossen. Anmerkungen zur jüngeren Kirchengeschichte Österreich, in: öAc 55 (2004), Dezember, SS. 32-35.

20 Siehe auch Liebmann, Die Katholische Hochschuljugend.

chen bzw. aufgeschlossenen Flügel zuzurechnen sind, kann die ablehnende Haltung zu einem Pfarrgemeinderat (etwas Demokratisches, daher Progressives) nur aus Angst vor möglicher Aufgabe von Positionen interpretiert werden. Resignierend schrieb Liebmann daher 1981: „Vielleicht kommt auch die Zeit, daß CV und KV mit der KHJ gleichrangig in der Hochschulgemeinde sitzen, sofern diese Frage durch die Wahl eines entsprechenden Pfarrgemeinderates nicht überflüssig wird.“[21] Dabei ist die Idee einer eigenen Universitätspfarrei im deutschen Sprachraum relativ alt, sie reicht ins letzte Drittel des 18. Jahrhundert in das damals vorderösterreichische Freiburg/Br.[22]

Gegenwärtige kirchenrechtliche Grundlage für die Errichtung einer solchen Personalpfarrei ist das Motu Proprio *Ecclesiae Sanctae* vom 11. Oktober 1966, das Durchführungsbestimmungen zu einigen Konzilsdekreten enthält. Den jeweiligen Ortsordinarien wird hier die Vollmacht erteilt, Personalpfarreien (etwa für Hochschulen) zu errichten (Teil I, Nr. 21 § 3).[23]

In **Innsbruck** war die Situation nicht so angespannt wie in Wien oder gar in Graz. Das lag u. a. darin, daß die dortigen Hochschulseelsorger immer um ein Gespräch mit den CV/KV-Verbindungen bemüht waren, ja daß sie teilweise sogar selber einer Verbindung angehörten, wie etwa der Kapuziner Heinrich Suso Braun (AlIn), Hochschulseelsorger von 1945 bis 1953 und 1970/71, der Jesuit Heinrich Leithinger (Rg)[24], Hochschulseelsorger 1959 bis 1963, und Bernhard Hippler (AlIn), Hochschulseelsorger bzw. -pfarrer ab 1979.

Im Jahr 1973 kam es zu Auseinandersetzungen zwischen zwei Gruppen innerhalb der KHG bzw. KHJ, die zur Spaltung und sogar zur Aufhebung der Hochschulgemeinde durch die Bischofskonferenz führte. Ende der siebziger Jahre beruhigte sich jedoch die Situation, vor allem durch die Ernennung des Verbindungsseelsorgers der Alpinia, Hippler, zum Hochschulseelsorger. Mit 20. September 1980 errichtete der Innsbrucker Bischof Paulus Rusch die Universitätspfarre, der Studenten, Mittelbau und Professoren angehören, als Personalpfarre mit einem gewählten Hochschulgemeinderat, womit ein seinerzeitiger Beschluß der Innsbrucker Diözesansynode umgesetzt wurde.[25] Sie ist die einzige kanonisch errichtete Hochschulpfarre gemäß dem Motu Proprio *Ecclesiae Sanctae* im deutschsprachigen Raum.[26] Es ist bemerkenswert und wirft auch ein Licht auf die zerfahrene Situation der österreichischen Hochschulpastoral, daß sogleich der damalige Vorsitzende der Konferenz der Österreichischen Hochschulseelsorger, der Grazer Egon Kapellari (Ca EM), Bedenken geäußert hatte und die Notwendigkeit einer „spirituell starken Kerngruppe á la KHJÖ“ betonte.[27] Im CIC von 1983 regelt c. 813 die Hochschulseelsorge und verpflichtet den Ortsbischof, zumindest katholische Universitätszentren einzurichten. Die Errichtung von eigenen Hochschulpfarreien (also Personalpfarreien) wird als bevorzugte Methode der Hochschulpastoral angesehen.[28]

---

21 Das Diözesankomitee der Katholischen Organisationen Steiermarks. DKO. Hg. von Dieter A. Binder im Auftrag des DKO. Graz 1981, S. 11. Liebmann hat offenbar bei der Abfassung dieses Beitrags von der nachfolgend geschilderten Entwicklung in Innsbruck noch nicht Kenntnis erlangt.

22 Hallermann, Präsenz der Kirche an der Hochschule, S. 60f. Die Idee stammte von dem Freiburger Pastoraltheologen Carl Schwarzel (1746-1803).

23 Hallermann, Präsenz der Kirche an der Hochschule, S. 205f.

24 Leithinger schrieb über die Katholischen Hochschulgemeinden einen Artikel in öAc 11 (1959/60), H. 7, S. 13f.

25 Über die Geschichte der Innsbrucker Hochschulgemeinde siehe Hochschulseelsorge im Wandel.

26 Hallermann, Präsenz der Kirche an der Hochschule, SS. 229. Zumindest bis zur Abfassung des Buches von Hallermann im Jahr 1996.

27 Hochschulseelsorge im Wandel, S. 52.

28 Hallermann, Die Präsenz der Kirche an der Hochschule, S.341f.

Der Vorort des Jahres 1985/86, Austria Innsbruck, unter dem VOP Christoph Lauscher versuchte, aufgrund der Innsbrucker Erfahrungen die Errichtung von Hochschulpfarren bzw. Hochschulpfarrgemeinderäten für ganz Österreich ins Spiel zu bringen. Bei einer Studientagung des Vororts Anfang März 1986 in Innsbruck zum Thema „Kirche an Universitäten" hegte aber der neue Grazer Studentenseelsorger Heinrich Schnuderl (Kapellari war inzwischen Bischof von Gurk-Klagenfurt geworden) die alten Bedenken dagegen, weil er befürchtete, „daß die Einbeziehung der politisch ausgerichteten und tätigen Studentenverbände einige Studenten davon abhalten könne, mit der Hochschulgemeinde Kontakt aufzunehmen". Die Schaffung von Universitätspfarren sei eine nicht „dienliche Juridisierung".[29] So also die damalige Argumentationslinie der KHG-Funktionäre. Der CV jedoch ließ sich nicht davon abschrecken und forderte auf der CVV 1986 in Innsbruck die Einführung von Hochschulpfarren.[30]

In der Diözese **Graz-Seckau** werden von den 30 territorial gewählten Mitgliedern des Diözesanrates zwei von der Hochschulgemeinde, d. h. von einer eigens dafür einberufenen Studentenversammlung, gewählt, deren Funktionsdauer jedoch nur zwei Jahre dauert.[31] Im Zuge des Steirischen Katholikentages 1981 gab es unter dem damaligen GCV-Präsidenten Martin Auer (Cl) durchaus Ansätze zu vernünftigen Gesprächen und Kooperationen, jedoch versandeten sie danach wiederum.[32]

Als Bischof Johann Weber am 30. November 1985 mittels Dekrets die Grazer Leechkirche zur Universitätskirche erhob, verwendete er folgende Formulierung: „Als solche soll sie [die Leechkirche, Anm. d. Verf.] der Katholischen Hochschulgemeinde und den Vereinigungen katholischer Akademiker und Studenten als gottesdienstliches Zentrum dienen." Eine interessante Formulierung, die folgende zwei Interpretationen zuläßt: Subsumiert man unter dem Begriff Hochschulgemeinde auch die KHJ (was ja der Realität entspricht), dann sind diese den übrigen katholischen Studentenvereinigungen gleichgestellt. Damit wäre der Anspruch der KHG bzw. der KHJ gefallen. Ist unter dem Begriff „Vereinigung" auch die KHJ gemeint, dann sind CV, KV etc. mit dieser gleichberechtigt genannt. Insgesamt also, je nach Interpretation, ein positiver Schritt für den CV.[33]

Doch die bereits erwähnten Zeiten des Wandels in der Kirche gingen auch nicht spurlos an den Katholischen Hochschulgemeinden vorüber. Ende der achtziger Jahre wurde vom damaligen Weihbischof Kurt Krenn die Hochschulseelsorge in **Wien** neu geordnet, die praktisch auf eine Zerschlagung des von Karl Strobl begründeten Konzepts hinaus-

---

29 *Kathpress* Nr. 47, 3. 3. 1986.

30 ÖCVA. Beschlußprotokoll XXIX. CVV 1986; *Kathpress* Nr. 19, 13. 5. 1986.

31 Hartmann, Mitbestimmung in der Kirche Österreichs, S. 25f. 1980 gelang es einem CVer, fast gewählt zu werden, doch endete dies in einem Eklat. Die Wahl 1980 fand Anfang Mai statt. Kandidat des GCV war Paul Kaiserfeld (ehemals BbG), der den zweiten Platz nur knapp verfehlte. Nach der Wahl kam es abends in einem Grazer Lokal zu Verbalinjurien seitens Franz Krainers (Sohn von Josef Krainer jun.) gegenüber Kaiserfeld, wobei die Worte „Scheiß-CVer und Trottel" (so Kaiserfeld) bzw. „Scheiß-CV" (so Claus Albertani und Krainer) gefallen sind. Am 14. 5. 1980 kam es beim Hochschulseelsorger Egon Kapellari zu einer Aussprache, bei der sich Krainer bei Kaiserfeld entschuldigte. Gedächtnisprotokoll dieser Aussprache, verfaßt vom damaligen GCV-Präsidenten Rudolf Dörflinger (BbG), Kopie im Besitz des Verfassers. Anfang März 1988 wurden überraschenderweise Meinrad Lindschinger (C1) und ein KVer gewählt. Wer die „steirische Szene" kennt, eine Sensation. Leider herrschte auf der Wahlversammlung eine aggressive Stimmung („Lagermentalität"), so die *Kleine Zeitung,* 10. 3. 1988, S. 10.

32 *Carolinen-Blätter* Nr. 12 (SS 1980), S. 45f.

33 Kopie des Dekrets im Besitz des Verfassers.

lief.[34] KHG und KHJ sind nicht mehr das, was sie bei ihrer Gründung nach 1945 waren. Auch die Zahlen sprechen eine eindeutige Sprache: 1997 waren in der KHJÖ 363 ordentliche Mitglieder aktiv, der ÖCV hatte zu dieser Zeit über 2.000 Aktive.[35]

In **Deutschland** ist aufgrund der Tatsache, daß es dort keine Katholische Aktion nach österreichischem Muster gibt und die Verbände nach wie vor dominant sind, die Entwicklung anders verlaufen. Nach 1945 wurden auch in Deutschland Hochschulgemeinden als Träger der Hochschulpastoral errichtet, aber sie waren nicht KA-ideologisch belastet. Die 1946 gegründete Katholisch-Deutsche Studenteneinigung (KDSE) versuchte eine Plattform zu sein, geriet aber Ende der sechziger Jahre in ein „linkes" Fahrwasser und wurde 1973 aufgelöst. An ihre Stelle wurde die Arbeitsgemeinschaft der Studenten- und Hochschulgemeinden (AGG) gegründet.

Ende 1999 begann man mit einer Neustrukturierung der Hochschulpastoral. Nach gut einjähriger Diskussion konnte der Aachener Bischof Heinrich Mussinghoff, der in der Bischofskonferenz für Wissenschaft und Kultur zuständig ist, Ende April 2002 ein „Forum Hochschule und Kirche e. V." präsentieren, das eine gemeinsame Plattform aller hochschulpastoralen Initiativen darstellen soll. Ihm gehören an: die Arbeitsgemeinschaft katholischer Hochschulgemeinden (der Zusammenschluß von rund 130 solcher Gemeinden), die Konferenz für Katholische Hochschulpastoral (Organisation aller Mitarbeiter in der Hochschulpastoral), das Studienförderwerk Cusanus und der Katholische Akademische-Ausländer-Dienst sowie die Arbeitsgemeinschaft katholischer Studentenverbände (AGV). Letzterem gehören u. a. der CV und der KV an.[36]

In Österreich scheint nun aber – zumindest vorläufig – jenes Konfliktfeld zwischen CV und KHG/KHJ, das bis in die achtziger Jahre hinein dauerte, zumindest auf studentischer Ebene in den Hintergrund getreten zu sein. Und das gestanden auch zwei Hauptexponenten der steirischen KA bzw. KGH, die dem ÖCV das Leben vor allem in der Steiermark nicht immer leicht gemacht hatten, ein. Der Grazer Studentenseelsorger der Jahre 1982 bis 1997, Heinrich Schnuderl, gab in einem Rückblick auf diese Zeit an, froh zu sein, „daß sich – zumindest auf studentischer Ebene – die alten Zwistigkeiten zwischen KHJ und CV überlebt haben".[37] Und der Präsident der KA Steiermarks, Fritz Csoklich, der ehemalige Chefredakteur der *Kleinen Zeitung*, rief am 10. Mai 1997 bei einem Festkommers der Grazer MKV-Verbindung Markomannia-Eppenstein: „Geben wir einander die Hände!" Die alten Ressentiments seien „endgültig aus der Welt zu schaffen".[38]

Der Chronist ist natürlich erstaunt und fragt sich unwillkürlich, was diesen Sinneswandel beeinflußt hat? Waren es Abgeklärtheiten, die mit fortschreitendem Alter zu deuten sind? Oder sind es späte Einsichten, daß über so manche Positionen, die Mitte des 20. Jahrhunderts seitens der KA bzw. der KHG aufgebaut wurden, die Zeit einfach hinweggelaufen ist? Mitte der sechziger Jahre haben Ferdinand Klostermann („Prinzip Gemeinde") und

34 Der damals von Krenn geäußerte Appell, der CV solle anstelle der KHJ „wieder zu einer bestimmenden Kraft innerhalb der Hochschulgemeinden werden", stieß beim CV auf Mißtrauen und löst offizielle Solidaritätsbekundungen des CV mit der KHJ aus. Siehe dazu Weichselbaumer, Niedergang und Reste des politischen Katholizismus, S. 33.

35 Zu den Mitgliedszahlen der KHJ siehe Fiala, Prinzip Religio, S. 80.

36 *KNA-Informationsdienst* Nr. 19/8. 5. 2002, S. 5; *Frankfurter Allgemeine*, 27. 4. 2002, S. 4; *Rheinischer Merkur*, 28. 11. 2002, S. 25.

37 *Denken+Glauben*. Zeitschrift der Katholischen Hochschulgemeinde für die Grazer Universitäten, Nr. 89, Juni 1997, S. 5.

38 *kathpress*, 12./13. 5. 1997.

auch Karl Rahner gemeint, die Katholische Hochschulgemeinden seien so etwas wie ein gegenwärtiges Modell künftiger Pfarrstrukturen, was Mitte der achtziger Jahre von einem Schüler Klostermanns, Wilhelm Zauner, wiederum in Frage gestellt wurde. Denn die „Gemeindekirche" kann die damals so verschmähte „Volkskirche" nicht ersetzen, höchstens nur ergänzen. Ende der neunziger Jahre ist dann das Gemeindemodell der KHG in Frage gestellt worden, sie sei höchstens als kirchliche Servicestelle zu definieren.

Und die Katholische Aktion? Sie war seinerzeit mit dem Vorsatz angetreten, die aus ihrer Sicht positiven Elemente des Verbandskatholizismus mit dem System des hierarchischen Laienapostolats zu verbinden, was zur österreichischen Sonderform der KA innerhalb des deutschsprachigen Raumes geführt hat. Während aber die unabhängigen katholischen Verbände aufgrund ihres Standorts in der Gesellschaft die Säkularisierung ab den siebziger Jahren besser bewältigen konnten, wurden die Gliederungen der KA, die naturgemäß viel stärker mit der Kirche identifiziert wurden, härter getroffen. Die Ausdünnung der Pfarrseelsorge, nicht zuletzt auch durch den Priestermangel verursacht, wirkte dabei ebenso mit. Mitte der neunziger Jahre wurde im Zuge der Umgestaltung der kategorialen Seelsorge der Erzdiözese Wien ein bedeutender Teil der KA-Organisationen in die direkte diözesane Verwaltung überführt. Die KA war bei diesen Reformüberlegungen nicht eingebunden, was zu offenen Stellungnahmen von ihr führte.[39]

Tatsache ist auch, daß die Räte auf den diversen Ebenen (von der Pfarrei aufwärts) zwar mit großem Elan eingeführt wurden. Doch relativ bald kehrte Ernüchterung ein, wenn es galt, genügend Kandidaten und geeignete Mitarbeiter dafür zu finden. Im alten Pfarrausschuß saßen die Repräsentanten der verschiedenen katholischen Vereine. Ihre Vertreter waren durch ihren Verein quasi demokratisch legitimiert und brachten in die Pfarrarbeit nicht nur sich, sondern den ganzen Verein mit ein. Man hatte, wenn es etwas zu organisieren galt, eine ausreichende personelle Ressource, auf die man zurückgreifen konnte. Das gibt es nun weitgehend nicht mehr, weil man die alten bewährten, katholischen Vereine bewußt an den Rand gedrängt bzw. sogar zerschlagen hat. Was an deren Stelle treten sollte, war eine „kleriko-laikale" Einheitsfront, die es in dieser Form nur in Österreich gab.

Hat die Gemeindekirche die Volkskirche abgelöst? Wenn man sich den Zustand des deutschen Protestantismus im Gebiet der ehemaligen DDR ansieht, kann man wohl zu dieser Meinung gelangen. Dort war bis 1933 die Evangelische Kirche mit über 90 Prozent beherrschend. Nach 12 Jahren Nazi-Herrschaft und fast 45 Jahren Sowjet- bzw. DDR-Regime hat sie diese Stellung weitgehend eingebüßt. In städtischen Ballungsräumen bekennen sich nicht einmal mehr 10 Prozent zu ihr. Doch das ist durch eine politische Sonderentwicklung verursacht worden, die durchaus den Trend zur Umkehr in sich birgt: die allgemeine menschliche Sehnsucht nach Religiösem.

In den davon nicht betroffenen deutschsprachigen Gebieten (wie in den übrigen westeuropäischen Industriegesellschaften) haben sich trotz säkularistischer Tendenzen bestimmte volkskirchliche Grundstrukturen erhalten, im Gegenteil, sie werden weiterhin intensiv gepflegt. Vor allem sind es immer noch – und es gibt keinerlei Anzeichen, daß sich hier etwas ändern wird – die Lebenswenden-Riten (*rites du passages*), wie Taufe, Erstkommunion, Firmung, Hochzeit und Begräbnis, wo das Bedürfnis nach Ritualen die Menschen umfängt. Dazu gehören auch die Feste im Jahreslauf. Es gehört z. B. zu den größten Merkwürdigkeiten der durch fortschreitende Säkularisierung geprägten letzten dreißig

39 Dazu siehe Katholische Kirche Österreichs 1996 in *Orientierung* 61 (1997), SS. 17-20.

Jahre, daß sich das Martins-Fest mit seinem Brauchtum – ursprünglich nur in Gegenden des Rheinlands in dieser Form verankert – im ganzen deutschen Sprachraum, auch in evangelischen Gebieten, verbreitet hat.

Hier kann man eine eminente Chance für das Christentum und die Kirche(n) erkennen. Darin haben auch katholische Verbände wie der CV und seine Verbindungen einen Platz. Verbände zur Zeit der Volkskirche hatten sich zum (unrealistischen) Ziel gemacht, möglichst viele der „Schäfchen" an sich zu binden. Das ist obsolet geworden, wenn es nicht schon seit eher so war. Kirche (und katholischer Verband) im Volk zu sein, ist die Forderung des beginnenden 21. Jahrhunderts. Und dieser Forderung haben sich auch die katholischen Studentenverbindungen zu stellen, wenn sie das Katholizitätsprinzip und ihre Wahlsprüche („Für Volk und Glauben", „Pro Deo et Patria" etc.) ernst nehmen: Sie können das „Salz der Erde" (Mt 5,13) sein.

Die Katholikentage

Über die Katholikentage Österreichs nach dem Zweiten Weltkrieg schreibt Maximilian Liebmann: „Grundsätzlich kann für die österreichischen Katholikentage nach dem Zweiten Weltkrieg vermerkt werden, daß sie ein Spiegelbild des umstrukturierten Katholizismus darstellen. Nicht mehr die weitgehend autonomen katholischen Vereine, sondern die eng an die Hierarchie gebundene Katholische Aktion gibt den Ton an. Sie ist der eigentliche Organisator, ihre Gliederungen stellen das Gros der Teilnehmer. Die trotz kirchlichen Widerstands wiedererweckten Vereine sind nur noch ein Schatten ihrer einstigen Bedeutung."[40] So war es vor allem beim **Ersten Österreichischen Katholikentag** nach dem Krieg vom 10. bis 14. September 1952 in Wien. Die Initiative dazu ging von der KA aus, sie wurde mit der Organisation betraut.

Die Verbände, darunter vor allem der ÖCV, waren anfänglich überhaupt ausgeschlossen, später kamen sie vereinzelt dazu. So wurde Ende 1951 der Vorsitzende des ÖCV-Beirates, Heinrich Drimmel (NdW), *ad personam* in das Zentralkomitee aufgenommen.[41] Doch ohne CVer kam man nicht aus, weil sie bereits in der KA mitarbeiteten, wie etwa das Mitglied des gf. Präsidiums des Katholikentages und spätere Verkehrsminister Ludwig Weiß (Rd) oder der Vorsitzende des Komitees für technische Organisation, der Direktor des Technischen Museums, Josef Nagler (Baj).[42] Kirchenhistorisch bedeutsam war die bereits erwähnte vorbereitende Studientagung, die vom 1. bis 4. Mai 1952 in Mariazell stattfand (siehe S. 545).

„Um die Freiheit und Würde" des Menschen war das Motto des Katholikentages. Angesichts der vergangenen nationalsozialistischen Ära sowie des damals gegenwärtigen Eisernen Vorhangs, hinter dem das System des Stalinismus herrschte, eine nur allzu verständliche Formulierung. Kontroversiell zwischen ÖCV und KHJÖ bzw. deren Vertreter war die Organisierung eines Katholischen Jungakademikertreffens im Sitzungssaal des nö. Landhauses am 11./12. September 1952. Der ÖCV wurde von den Organisatoren, vor allem vom Studentenseelsorger Karl Strobl, vorher nicht kontaktiert, er mußte, sofern er

40 Liebmann, Österreichische Katholikentage, S. 43.
41 ÖCVA. Protokoll des ÖCV-Beirats, 20. 12. 1951, S. 2.
42 Katholikentag 1952, S. 66f.

wollte, daran *sine coloribus* teilnehmen, und es kam auch zu verdeckten Angriffen gegen den CV bei dieser Veranstaltungsreihe.[43]

Der **Österreichische Katholikentag 1962** fand unter vielfach anderen Voraussetzungen statt als der zehn Jahre vorher. Österreich war frei, die Konkordatsfrage gelöst, und man war unmittelbar vor dem II. Vatikanum in einer Aufbruchsstimmung. Der Katholikentag, der vom 1. bis 3. Juni 1962 in Salzburg stattfand, stand unter dem Motto „Löscht den Geist nicht aus!" Theologischer *spiritus rector* war der Konzilstheologe Karl Rahner. Dieser Katholikentag war keine Massenveranstaltung, sondern eine Delegiertenversammlung (ca. 2.100 Teilnehmer), so daß man damit wieder an die ursprünglichen Vorbilder anschloß. Dem ÖCV wurden je 40 Aktive und Alte Herren zugestanden. Aus „technischen Gründen" war ein Chargieren beim Gottesdienst nicht möglich, jedoch „durften" die CVer *plenis coloribus* erscheinen.[44] Die Festrede bei der Schlußansprache hielt der Präsident der KA Österreichs, Hans Kriegl (NbW).

Bei der Vorbereitung zu diesem Katholikentag ging es wie immer bei solchen Gelegenheiten auch um Personalien. Zahlreiche Arbeitskreise waren zu füllen, und so wurde auch der ÖCV gebeten, Vorschläge zu unterbreiten.[45] Das Ergebnis, d. h. die Zusammensetzung der Arbeitskreise, dokumentierte nur den tatsächlichen Zustand des Österreichischen Katholizismus gut 15 Jahre nach der bundesweiten Einführung der KA, gegliedert nach Natur- und Berufsständen und ausgestattet mit dem 1945 bereits obsolet geglaubten Führerprinzip. Das entscheidende Planungskomitee wurde z. B. von prononcierten KA-Vertretern wie Otto Mauer, Karl Strobl, Ferdinand Klostermann und Josef Krainer jr. (später AIn EM) dominiert. Doch trotz alledem wurde die intellektuelle Sachkompetenz des ÖCV in der Gesamtliste sichtbar.[46]

Zwölf Jahre später fand der **Österreichische Katholikentag 1974** in Wien unter geänderten politischen Verhältnissen statt. Er war gleichsam die „Schlußveranstaltung" des *Österreichischen Synodalen Vorgangs* und stand unter dem Motto „Versöhnung". Dies war um so zwiespältiger, als in diesem Jahr, die Endphase des auch von der Kirche unterstützten Volksbegehrens der „Aktion Leben" lief, das ja eine Konfrontation darstellte. Dieser Katholikentag war wiederum eine Massenveranstaltung.[47]

Der vorläufig letzte **Österreichische Katholikentag 1983** fand wiederum in Wien (9. bis 11. September) statt, gleichzeitig besuchte Papst Johannes Paul II. Österreich. Bei der Herbstkonferenz der Bischöfe vom 6. bis 8. November 1979 wurde dieser angeregt. Im Vorfeld gab es Diskussionen um das Thema, denn man wollte, aus welchen Motiven auch immer, sich nicht in die Nähe einer „Türkenbefreiungsfeier" (1683-1983) rücken lassen, so daß man ein Europathema nahm. Dem vorbereitenden Katholikentagskomitee gehörten zahlreiche CVer an.[48] Die KA ließ es sich aber wiederum nicht nehmen, neben

43 ÖCVA. Protokolle des ÖCV-Beirats vom 31. 1. 1952, S. 8f. und 25. 9. 1952, S 1.

44 ÖCVA. Protokoll der Verbandsführung vom 12. 4. 1962.

45 ÖCVA. Protokoll der Verbandsführung vom 28. 9. 1961.

46 Z. B. Wolfgang Aigner (Nc), Anton Burghardt (NbW), Franz Helbich (Nc), Wilfried Daim (Rd), Franz Göbhart (BbG), Hugo Hantsch (Fd), Friedrich Heer (ehemals Baj), Felix Hurdes (NbW EM), August M. Knoll (NbW), Karl Kummer (Aa), René Marcic (R-J), Hans Schmitz (Nc), Wolfgang Schmitz (Nc), Heribert Steinbauer (ehemals AW), Josef Taus (Baj), Rudolf Weiler (Rt-D), Alfred Klose (Nc), Karl Wenger (Kb), Ferdinand Westphalen (S-B). ÖCVA. Protokoll des ÖCV-Beirates vom 2. 10. 1961, Beilage: Liste der Katholikentags-Komitee-Mitglieder.

47 Liebmann, Österreichische Katholikentage, SS. 47-49.

dem Laienrat, dem sie angehörte, als separater Wahlkörper zu fungieren.[49] Trotz alledem war der Katholikentag, nicht zuletzt wegen des Papstbesuches, ein beeindruckendes Ereignis. Der Europäische Kartellverband (EKV) sowie der CV hielten in ihren Rahmen Veranstaltungen ab.

Anläßlich des Besuches von Papst Johannes Paul II. im September 1983 durfte bei der Festmesse im Wiener Stephansdom das katholische Farbstudententum nicht fehlen.

In vieler Beziehung Vorbild für diesen Katholikentag war der **Steirische Katholikentag 1981**. Er fand vom 26. bis 28. Juni 1981 in Graz unter dem Motto „Ein Fest der Brüderlichkeit" statt, bei dem Steirische CV wesentlich mitwirkte und am Samstag, dem 27. abends, einen Kommers veranstaltete, bei dem der Bischof von Stockholm, Hubertus Brandenburg (Sd), die Festrede zum Thema „Brüderlichkeit in einer säkularisierten Gesellschaft" hielt.[50]

Der **Mitteleuropäische Katholikentag von 2004** hatte zwar eine lange Vorlaufphase, und viele Veranstaltungen gab es in Österreich im zeitlichen Vorfeld dieses Ereignisses, doch stand der organisierte Katholizismus nicht im Zentrum des Geschehens, sondern die Verbundenheit mit den mitteleuropäischen Nationen im Zusammenhang mit deren Beitritt zur EU am 1. Mai 2004. Höhepunkt des Katholikentages war die Wallfahrt der Völker am 22. Mai in Mariazell. „Ein Schande für den ÖCV!", so tituliert ein kritischer Kommentar die (Nicht-)Beteiligung des ÖCV an diesem Ereignis. Nur 7 von 45 Verbindungen chargierten, und die für den ÖCV reservierten Plätze waren nur zu einem Drittel besetzt. Ob das nur die damals herrschenden verheerenden Witterungsbedingungen waren?[51]

Bischöfe im CV

Trotz oder gerade weil es nach 1945 zu schweren innerkirchlichen Konflikten zwischen dem CV und der KA gekommen war, gab und gibt es auch nach 1945 eine Reihe von Bischöfen in Österreich, die Mitglied des CV waren bzw. sind und dazu auch standen bzw. stehen.

48 So u. a. Theodor Detter (AW), Hubert Feichtlbauer (Kb), Gerhard Hartmann (Baj), Hans Walther Kaluza (Walth), Adolf Kolb (Baj), Alfred Kostelecky (Rd), Walter Rechberger (Am), Hanns Sassmann (Trn EM), Herbert Schambeck (Rd), Heinrich Schneider (Rd EM), Gerhard Schultes (Rd), Franz Stadler (Am), Rainer Stepan (Walth), Josef Taus (Baj).

49 Über den österreichischen Katholikentag siehe Katholikentag 1983. Der Verfasser war bis 1981 Mitglied des Katholikentagskomitees. Die *Österreichische Academia* widmete zur Vorbereitung des Katholikentags eine eigene Nummer: 34 (1983), H. 1.

50 Über den Steirischen Katholikentag 1981 genaue siehe Hartmann, Im Gestern bewährt, SS. 513.

51 *Academia intern* 4/2004, S. 10. Der MKV hingegen war fast vollständig erschienen.

In **Wien** waren bzw. sind das die Erzbischöfe Theodor Kardinal Innitzer (NdW), Franz Kardinal König (Rd EM)[52] und Christoph Kardinal (Graf) Schönborn (Rt-D EM)[53] sowie die Weihbischöfe Franz Kamprath (F-B EM), Ernst Seydl (NdW EM), Josef Streidt (AW), Jakob Weinbacher (NbW) und Florian Kuntner (Ne); in **Eisenstadt** Stephan László (A-P EM) und Paul Iby (A-P EM); in **Linz** Weihbischof Alois Wagner (A-D EM), der später in Rom Kurien-Erzbischof wurde und zu den Mitbegründern der 1986 ins Leben gerufenen CV-Verbindung Capitolina in Rom zählt.[54] Wagner, der in der Nachfolge des Linzer Bischofs 1981 übergangen wurde, hatte seinerzeit als Linzer Generalvikar den CV und besonders die ÖCV-Bildungsakademie nicht nur mit Worten unterstützt.

In **Salzburg** sind es die Erzbischöfe Andreas Rohracher (AIn EM) und Alois Kothgasser (R-J EM) sowie Weihbischof Johann B. Filzer (Vi EM); in **Gurk-Klagenfurt** Josef Köstner (Rg EM) und Egon Kapellari (Ca EM); in **Graz-Seckau** Ferdinand Pawlikowski (Trn EM), Josef Schoiswohl (Rd) und Egon Kapellari (Ca EM); in **Innsbruck** war es Reinhold Stecher (R-B) und in **Feldkirch** Bruno Wechner (AIn EM); **Militärbischöfe** war Alfred Kostelecky (Rd)[55] – er war vorher jahrzehntelang Sekretär der Österreichischen Bischofskonferenz – und ist Christian Werner (The). Zu erwähnen ist auch der 1943 ernannte Erzbischof von **Bamberg** Joseph Otto Kolb (AIn) und der bis 1952 amtierende Rektor der Anima in **Rom**, der umstrittene Bischof Alois Hudal (BbG EM). Erich Kräutler (Le) war 1971 bis 1981 Bischof in Brasilien (Xingu im Bundesstaat Para).

Von den päpstlichen **Nuntien** in Österreich wurden CVer Giovanni Dellepiane (Nc EM) – ab 1947 Internuntius und von 1949 bis 1961 Nuntius – , Opilio Kardinal Rossi (Dan EM) – von 1961 bis 1976 Nuntius –, Mario Cagna (Dan EM) – von 1976 bis 1984 Nuntius, und Donato Squicciarini (Dan EM)[56] von 1984 bis 2004. Als sie in Wien Nuntiaturräte waren, wurden CVer Gerolamo Prigione (Dan), derzeit Nuntius in Mexiko, und Cesare Zacchi (Baj EM), lange Nuntius in Kuba und danach Präsident der päpstlichen Diplomatenakademie.

Es wurde bereits erwähnt, daß **Papst Pius XII.**, als er Nuntius in München war, 1922 das Ehrenband der dortigen CV-Verbindung Trifels verliehen bekam (siehe S. 254). Als am 24. September 1950 über 300 CVer in Couleur anläßlich des Heiligen Jahres zu einer

---

52 Obwohl Kardinal König seine Ehrenmitgliedschaften bei CV-Verbindungen (zusätzlich noch Welfia und Norica) nie hervorstrich, zeigte er doch Interesse am ÖCV und nahm gelegentlich Termine war. Siehe dazu die Würdigung seines langjährigen Sekretärs Franz Grabenwöger (Dan) in *Academia intern* 3/2004, S. 17. Bereits bald nach seiner Ernennung zum Wiener Erzbischof am 10. 5. 1956 gab es Initiativen der Verbindungen Nordgau Wien und Mercuria, König die Ehrenmitgliedschaft zu verleihen, was jedoch den Unmut der ÖCV-Führung entfachte. ÖCV. Protokoll des ÖCV-Beirates, 18. 8. 1956, S. 4. Anläßlich des 25. Stiftungsfestes wollte im SS 1957 die Pannonia ebenfalls die Ehrenmitgliedschaft verleihen, was aber von der Verbandsführung ebenfalls abgelehnt wurde. ÖCVA. Protokoll des ÖCV-Beirates, 29. 4. 1957, S. 1.

53 Über dessen Bandverleihung siehe *Academia intern* 6 /1997, S. 1, und *kathpress*, 12./13. 5. 1997.

54 Ac 80 (1987), SS. 178 und 199.

55 Kostelecky mußte fast zehn Jahre (Ende 1986) auf seine Bischofsernennung warten, wenn man dem *Borussen-Echo* Nr. 234, 27. 6. 1977, S. 18, Glauben schenken kann, wo steht: „Er hat es lange erwartet und wurde lange vertröstet. Nun ist es zwar noch nicht offiziell, aber in Rom bereits gelaufen: Kbr. Msgr. Alfred Kostelecky, GOS, wird Weihbischof von Wien. Damit ist neben Kbr. Weinbacher ein zweiter MKVer Weihbischof. Die Gothia Seckau wird zu diesem Anlaß einen Kommers in Wien schlagen." Die Rudolfina, Kosteleckys Ur-Verbindung im ÖCV, war damals etwas vorsichtiger, obwohl der in Bischofsernennungsfragen findige Herbert Schambeck ihr Mitglied ist.

56 Nach dem Weggang des Nuntius Mario Cagna (Dan EM) war von 1984 bis 1989 Michele Cecchini Nuntius. Er war mitverantwortlich für den umstrittenen personalpolitischen Kurs Roms in der österreichischen Kirche ab 1986 (Groër, Krenn, Eder, Küng). Zu einer Bandverleihung der Danubia kam es nicht.

Audienz in Castel Gandolfo waren, stellte der Papst in gelöster Sprechweise die Frage: „Ihr seid CVer?“ Nach dem Jubel der anwesenden CVer fuhr er mit einem Lächeln auf sich deutend fort: „Ich bin auch CVer.“ Bemerkenswert an diesem Ausspruch war, daß Pius XII., der nur im *Pluralis majestaticus* sprach, die Ich-Form verwendete. Kurz vor seinem Tod 1958 empfing er wieder 315 CVer in privatem Rahmen anläßlich der Romwallfahrt der Gothia Erlangen. Im *L'Osservatore Romano* vom 4. Juli 1958 heißt es dazu, dar Papst habe u. a. erklärt, er habe die Freude gehabt, als Ehrenmitglied in den CV eingereiht zu werden.[57]

Der damalige Münchener Erzbischof Joseph Ratzinger und spätere Papst Benedikt XVI. erhält am 11. Februar 1978 das Ehrenband der Regensburger CV-Verbindung Rupertia.

Überraschend (oder doch auch nicht) war am 19. April 2005 die Wahl des Kurien-Kardinals Joseph Ratzinger (Rup EM) zum **Papst Benedikt XVI.** Nach Johannes Paul II. war er der zweite nichtitalienische Papst seit 1523. Ratzinger war ein anerkannter Theologe, wurde 1977 zum Erzbischof von München-Freising und 1981 zum Präfekten der Glaubenskongregation ernannt. Er war ein enger Vertrauter des Papstes und galt als Vertreter der kirchlichen Doktrin. 1986 war er einer der Mitgründer der Capitolina Rom (siehe S. 707).[58] Der CV schaltete anläßlich seiner Wahl eine ganzseitige Anzeige in der *Frankfurter Allgemeinen*: „Der Cartellverband der katholischen deutschen Studentenverbindungen grüßt seinen Cartell- und Bundesbruder, Seine Heiligkeit Papst Benedikt XVI. und wünscht Ihnen, Heiliger Vater, ... allzeit die rechte göttliche Eingebung bei all ihren Entscheidungen, viel Geduld mit den Zauderern und Uneinsichtigen sowie eine immerwährende Lebensfreude.“[59]

Auf jeden Fall gilt anzumerken, daß zwei Päpste der jüngsten Kirchengeschichte das Band einer CV-Verbindung trugen bzw. tragen. Und das in einer Zeit, wo scheinbar Ordensgemeinschaften, neue Bewegungen oder auf Geheimhaltung bedachte Gesellschaften (z. B. Opus Dei) um innerkirchliche personelle Positionen zu konkurrieren scheinen. Und auch in einer Zeit, wo zumindest in Österreich nach 1945 von einer bestimmten innerkirchlichen Ideologie her (KA) der CV massiv angefeindet wurde. Auch wenn beide Päpste keine Urmitglieder waren bzw. sind, so hat der eine – Pius XII. – sich öffentlich mehrmals zum CV bekannt, und der andere (Benedikt XVI.) war Mitbegründer einer Verbindung, was ja im normalen Curriculum eines CVers ansonsten eher eine

---

57 CV-Handbuch, 575f. Auch seitens des ÖCV hatte man vorgehabt, anläßlich des Heiligen Jahres nach Rom zu fahren, hat das aber „infolge der neuen Schilling-Relation“ abgesagt. ÖCVA. Protokoll des ÖCV-Beirates, 7. 12. 1949, S. 2.

58 Ratzinger erhielt 1978 das Ehrenband der Rupertia Regensburg. Später wurde er auch Ehrenmitglied der Alcimonia Eichstätt.

59 *Frankfurter Allgemeine*, 23. 4. 2005, S. 13. Der CV widmete in der Nr. 3/2005 der *Academia* ausführlich diesem Ereignis Platz.

Seltenheit darstellt. CVer auf dem Stuhle Petri sind nicht nur Anlaß zur Genugtuung, sondern für eine Vereinigung katholischer Studenten und Akademiker eine Verpflichtung.

Im historisch-kritischen Rückblick sind natürlich die Mitgliedschaften von Bischöfen beim CV, sei es als Urmitglieder oder Ehrenmitglieder, zu hinterfragen. Mit Recht kann nämlich festgestellt werden, daß diese sich nicht immer „im Interesse des CV" verhalten haben. Das gilt übrigens natürlich nicht nur für den Episkopat, sondern auch selbstverständlich für den Klerus. Vor 1914 waren bis auf zwei Ausnahmen – nämlich Franz Kardinal Bettinger (AIn), Erzbischof von München und Freising, und Josef Groß (Fd), Bischof von Leitmeritz – alle Bischöfe nur Ehrenmitglieder einer CV-Verbindung (siehe S. 92). Diese verstanden das Ehrenband hauptsächlich in der Reihe der ihnen häufig verliehenen Ehrenmitgliedschaften oder Protektorate der unzähligen katholischen Vereine. Sie unterstützten aber das Anliegen der katholischen Verbindungen im universitären Kulturkampf – etwa als Virilisten in den betreffenden Landtagen – , so daß doch eine gewisse gegenseitige Verbundenheit zu beobachten war.

Nach 1914 setzte sich die Praxis der Ehrenbandverleihungen zwar fort (siehe S. 254), doch der akademische Kulturkampf war in seiner Intensität zurückgegangen. Erste Anzeichen einer von der Hierarchie gewollten Zurückdämmung des Katholischen Verbandswesens zugunsten der Katholischen Aktion zeigten sich bereits am Horizont, wozu auch Eugenio Pacelli bzw. Papst Pius XII. (Tfs EM) gehörte.[60] Das intensivierte sich nach 1945 noch mehr. Die Erzbischöfe Theodor Innitzer (NdW) von Wien und Sigismund Waitz (AIn EM) von Salzburg, sowie die Grazer Bischöfe Ferdinand Pawlikowski (Trn EM), Josef Schoiswohl (Rd) und Egon Kapellari (Ca EM) förderten mehr oder minder bewußt die KA zu Lasten der Katholischen Verbände und damit des CV. Auch unter dem Klerus ist solch ein Verhalten zu beobachten, als Beispiel sei nur der Wiener Seelsorgeamtsleiter Karl Rudolf (Am) genannt. Mit Recht kann daher an der Sinnhaftigkeit mancher Ehrenbandverleihung gezweifelt werden.

Im Gegenzug gab es unter den Bischöfen zahlreiche Ur- oder Ehrenmitglieder, die sich mit dem CV identifizierten, um nicht zu sagen, sie seien sogar begeisterte „Couleurstudenten" gewesen. Dazu gehört zweifellos der bereits erwähnte Münchener Erzbischof Bettinger, ein Mitbegründer der Markomannia Würzburg. Weiters die Wiener Weihbischöfe Josef Streidt (AW), Jakob Weinbacher (NbW) und Florian Kuntner (Ne) sowie die Militärbischöfe Alfred Kostelecky (Rd) und Christian Werner (The). Auch Josef Schoiswohl hat trotz seiner KA-Befürwortung seine Herkunft aus dem CV nicht verleugnet. Im Vergleich zu manchen bischöflichen Ehrenmitgliedern vor und nach 1914 hat Eugenio Pacelli bzw. Papst Pius XII. (Tfs EM) seine Ehrenbandverleihung als Verpflichtung verstanden. Obwohl als zurückhaltend bekannt, hat er erstaunliche positive Äußerungen zum CV von sich gegeben, wie bereits erwähnt wurde.

Ein Heiliger und drei Selige im CV

Die enge Verflechtung des CV mit der katholischen Kirche wird auch durch den Umstand dokumentiert, daß einige seiner Mitglieder zu den „Ehren der Altäre" erhoben wurden bzw. sich dazu im Wartestand befinden.

60 Wolf, Hubert: Pacelli, die Kardinäle und der Nationalsozialismus, in: *Frankfurter Allgemeine*, 28. 1. 2006, S. 39.

Der erste war P. ***Rupert Mayer*** SJ (Tt, Ae, Gu). Er wurde am 23. Januar 1876 in Stuttgart geboren und studierte Theologie und Philosophie in Freiburg/Schweiz, wo er am 12. Februar 1895 der Teutonia beitrat, dann in München und Tübingen, wo er jeweils bei Aenania und Guestfalia aktiv war. Nach der Priesterweihe 1899 trat er in Feldkirch (Vorarlberg) bei den Jesuiten ein. 1912 holte ihn Erzbischof Franz Kardinal Bettinger (AIn) als Seelsorger nach München. Im Ersten Weltkrieg war er Militärgeistlicher und verlor 1916 an der Rumänienfront durch eine Verwundung ein Bein. Nach dem Krieg kehrte er nach München zurück und wurde 1921 Präses der Marianischen Männer-Kongregation. Die Gestapo verhängte 1937 gegen ihn ein Predigtverbot, das er mißachtete. Daraufhin wurde er wiederholt verhaftet und kam schließlich Ende 1939 ins KZ Sachsenhausen. 1940 wurde er im Kloster Ettal interniert. Nach Ende des Krieges war er wieder in München. Aufgrund seines allgemeinen schlechten Gesundheitszustands starb er am 1. November 1945 in der Kreuzkapelle von St. Michael. Sein vielbesuchtes Grab fand er in der Krypta der Bürgersaalkirche im Zentrum Münchens.

Während der CV-Gleichschaltung 1933 (siehe S. 354) war er als Nachfolger von P. Erhard Schlund OFM (Vc) als CV-Seelsorger ausersehen, was er aber in Treue zum Katholizitätsprinzip ablehnte. Die Verbundenheit Rupert Mayers mit dem CV wird auch dadurch belegt, daß am 15. August 1957 in Frankfurt/Main die AV Rupert Mayer gegründet wurde, die 1969 in den CV aufgenommen wurde. Wegen Nachwuchsmangels mußte sie 1983 mit der Guestfalia-Silesia fusionieren.

Während eines Besuches Papst Johannes Pauls II. in Deutschland wurde P. Rupert Mayer am 3. Mai 1987 im Münchener Olympiastadion selig gesprochen.[61]

Der zweite CV-Selige ist ***Jakob Kern*** OPraem (Am). Er wurde am 11. April 1887 in Wien geboren und auf die Namen Franz Alexander getauft. Nach Ablegung der „Kriegsmatura" 1915 in Hollabrunn rückte er ein und kam Anfang 1916 an die Tiroler Front. Bereits im September wurde er schwer verletzt (Lungen- und Leberdurchschuß). Nach seiner Genesung begann er im Herbst 1917 noch als Angehöriger der k. u. k. Armee mit dem Theologiestudium und trat ins Wiener Priesterseminar ein. Bereits am 3. Mai 1917 wurde er bei der Amelungia rezepiert.

Der sel. Rupert Mayer (Tt) (2. von rechts) 1895 als Verkehrsaktiver bei der Münchener Aenania.

61 CV-Handbuch, S. 572; Haub, Rupert Mayer. Die *Academia* widmete anläßlich der Seligsprechung Mayer eine Sondernummer: 80 (1987), Heft 2. Dort wurde auch diskutiert, ob Mayer 1934 aus dem CV rechtswirksam ausgetreten ist. Er hat das zwar eher nebensächlich geschrieben, aber bei keiner seiner Verbindungen ist ein Austrittsgesuch o. ä. nachzuweisen.

Der sel. Jakob Kern OPraem. (Am).

Nach dem Zusammenbruch der Monarchie und der Errichtung der Tschechoslowakei kam es dort zur Gründung einer tschechischen Nationalkirche, der u. a. der Prämonstratenser der Abtei Strahov (Prag), Isidor Zahradnik, beitrat. Kern beschloß, dafür Sühne zu leisten, trat am 28. Oktober 1920 in das Prämonstratenserkloster Geras ein und nahm den Ordensnamen Jakob an. 1922 wurde er zum Priester geweiht und war anschließend seelsorglich tätig. Nach einer Operation im Sommer 1923 und einer Kur in Meran erlitt er im September 1924 wieder einen Rückfall. Im Wiener Allgemeinen Krankenhaus starb er während einer Operation am 20. Oktober 1924.

Seit 1956 wurde seitens der Diözese Wien, des Stiftes Geras und der Amelungia die Seligsprechung betrieben. Im Juli 1997 kam es zum positiven Abschluß des römischen Seligsprechungsverfahrens. Anläßlich eines Besuches Papst Johannes Pauls II. in Österreich wurde Jakob Kerm am 21. Juni 1998 bei einer feierlichen Messe auf dem Wiener Heldenplatz „zu den Ehren der Altäre" erhoben bzw. selig gesprochen.[62]

Der dritte CVer ist der seinerzeitige Erzbischof von Lemberg (rit. lat.)[63], ***Josef Bilczewski*** (FcC EM). Er wurde von Papst Johannes Paul II. am 26. Juni 2001 selig und von Papst Benedikt XVI. (Rup EM) am 23. Oktober 2005 heilig gesprochen. Er wurde am 26. April 1860 in Wilamowitz bei Wadowitz (West-Galizien) geboren, absolvierte in Wadowitz das Gymnasium, studierte in Krakau Theologie und wurde am 6. Juli 1884 zum Priester geweiht. Nach Studien in Rom und Paris habilitierte er sich in Krakau für Dogmatik und wurde dort 1891 für dieses Fach zum a. Prof. bzw. 1893 zum o. Prof. ernannt. Für das Studienjahr 1900/01 zum Rektor gewählt wurde er jedoch bereits im Herbst 1900 von Kaiser Franz Joseph I. zum Erzbischof von Lemberg (rit. lat.) ernannt. Die Bischofsweihe erfolgte am 20. Januar 1901. Er war auch Mitglied des österreichischen Herrenhauses. Somit ist Bilczewski der erste österreichische Parlamentarier, der heilig gesprochen wurde. Der Grund für seine Selig- bzw. dann Heiligsprechung lag in seinen besonderen seelsorglichen Aktivitäten, seinem sozialen Engagement – insbesondere im Ersten Weltkrieg – sowie seinem ausgleichenden Wirken zur Befriedigung nationaler Konflikte.[64]

---

62 Jakob Kern. Ein Leben voll Freude; Fleischmann, Diener Gottes Jakob Kern; *Academia intern* 7/1997, S. 1, 2/1998, S. 8 und 8/1998, S.1; öAc 50 (2000), H. 1, S. 44; Ac NN (1998), S. 98.

63 In Lemberg gab es drei katholische Erzbischöfe, einen nach „lateinischem Ritus" (rit. lat.), sowie den unierten ukrainisch-katholischen und einen armenisch-katholischen.

64 Die Begründung für die Selig- bzw. Heiligsprechung würde auf viele andere Bischöfe, Priester, Laien etc. passen, so daß durchaus auch andere Motive (etwa die geographische Gemeinsamkeit mit Papst Johannes Paul II.) eine Rolle gespielt haben dürften. Siehe die Broschüre, hergestellt für die Feier in Rom: Caononizzazione. Piazza San Petro. 23 Ottobre 2005. A Cura dell'Ufficio Celebrazioni liturgiche del sommo Pontifice. Roma 2005, p. 7-22.

Die Frankonia Czernowitz verlieh ihm am 14. September 1901 die Ehrenmitgliedschaft („Protektor"). Er starb am 20. März 1923 in Lemberg.[65]

Der vierte selige CVer ist der Bischof von Münster, ***Clemens August Kardinal Graf von Galen*** (R-GM EM).[66] Er wurde am 16. März 1878 auf Burg Dinklage (Süd-Oldenburg) als Sproß eines alten westfälischen katholischen Adelsgeschlechtes geboren. Von 1890 bis 1894 besuchte er das Gymnasium in Feldkirch (Stella matutina). Nach Studien in Freiburg/Schweiz und Innsbruck wurde er am 28. Mai 1904 zum Priester geweiht. Von 1906 bis 1929 wirkte er in Berlin an vom Bistum Münster betreute Pfarren. Danach war er Pfarrer von St. Lamberti in Münster, an dessen Turm noch heute die Käfige der hingerichteten Wiedertäufer hängen.

1933 wurde er zum Bischof von Münster gewählt. Nachdem zwei Kandidaten aus der Dreierliste eine Wahlannahme abgelehnt hatten, setzte der Heilige Stuhl Galen zusätzlich auf die Liste. Bereits in seinem ersten Hirtenbrief griff Galen wesentliche Elemente der nationalsozialistischen Ideologie, so das Rasseprinzip, an. Und 1934 agitierte er gegen Alfred Rosenbergs „Mythus des 20. Jahrhunderts". Höchstwahrscheinlich dürfte die Enzyklika *Mit brennender Sorge* auf seine Initiative zurückgehen. Wer die Fixierung des Episkopates nach Römerbrief 13 auf die rechtmäßige staatliche Autorität kennt, für den muß Galens Predigt am 6. September 1936 in Xanten geradezu revolutionär erscheinen: „Denn in dem Augenblick, in welchem menschliche Obrigkeit in ihren Befehlen dem klar erkannten, im eigenen Gewissen bezeugten Willen Gottes widerstreitet, hört sie auf 'Gottes Dienerin' zu sein, zerstört sie ihre eigene Würde, verliert sie ihr Recht zu gebieten."

Weltbekannt wurde Galen jedoch vor allem durch seine drei Predigten im Sommer 1941 am Höhepunkt der Hitler'schen militärischen Erfolge. In einer dieser Predigten geißelte er die Tötung von Geisteskranken, so daß daraufhin das Euthanasieprogramm der Nazis eingestellt wurde. Diese Predigten trugen ihm den Beinamen „Löwe von Münster" ein, sie wurden nicht nur in Deutschland, sondern in ganz Europa herumgereicht. Galen rechnete mit seiner Verhaftung, doch die Nazis trauten sich nicht und verschoben das auf die „Abrechnung" nach dem „Endsieg". Pius XII. erhob ihn am 24. Dezember 1945 zum Kardinal. Am 16. März 1946 kehrte Galen aus Rom nach Münster zurück, starb jedoch bereits am 22. März an einer Bauchfellentzündung.

Anfang 1936 faßte der Altherrenconvent (die Aktivitas war wegen der Gleichschaltung bereits 1934 sistiert worden) der FAV (Forstakademischen Verbindung) Rheno-Guestfalia Hannoverisch Münden zu (nunmehr) Göttingen den Beschluß, Bischof Galen die Ehrenmitgliedschaft zu verleihen – nicht zuletzt weil Galen auch ein passionierter Jäger war. Am 17. Juli 1936 bat Galen die Verbindung zu sich, um Band und Mütze überreicht zu bekommen, die 1927 gegründet und noch im selben Jahr in den CV aufgenommen wurde. Bereits am nächsten Tag schrieb Galen dem Philistersenior:

„Für die mir ... erbrachten Ehrenbezeugungen ... anläßlich der Verleihung der Ehrenmitgliedschaft ... danke ich euch allen herzlich ... Das mit verliehene schwarz-grün-weiße-Band soll die Verpflichtung zu Bekennermut und Tapferkeit sein, um trotz Bedrängnis

---

65 Ac 98 (2005), SS. 356-359; www.catholic-hierarchy.org, 8. 12. 2003; Wikipedia (polnisch), 22. 8. 2005. Allem Anschein nach wurde man im CV auf den Umstand, daß Bilczewski selig gesprochen wurde, erst durch einen Bericht des Verfassers in den *Acta Studentica* 146/2004 (März), der dann in der folgenden Nummer der Ac zitiert wurde, aufmerksam.

66 Über Galen siehe den Artikel von Bischof Paul Josef Cordes (Sd) in Ac 97 (2004), SS. 298-304 sowie Trautmann, Clemens August von Galen.

und Unwegsamkeit treu zu unserem christkatholischen Glauben und zu unserem Vaterland zu stehen, wie dies auch sinnfällig in dem Wahlspruch unserer lb. Rheno-Guestfalia in den Worten 'Pro Deo et Patria' zum Ausdruck kommt. In diesem Vertrauen gemeinsamer Tatkraft darf ich Euch als Euer Bundesbruder zurufen, verzagt nicht, sondern steht auch weiterhin treu und fest zu unserer Kirche und zu unserem Schöpfer."

Der Umstand der Ehrenmitgliedschaft Galens, die dieser offenbar nach seinen Worten als sehr ernst auffaßte – im Gegensatz zu manchem seiner mit einer CV-Ehrenmitgliedschaft bedachten Mitbrüder – , geriet in der folgenden Auflösung des CV und im Krieg in Vergessenheit. 1946 starb bereits Galen, und erst 1948 rekonstituierte sich die Verbindung wieder. Zufällig stieß man erst 2001 durch Recherchen in der Verbindung auf den Vorgang der CV-Ehremitgliedschaft Galens.[67]

Der Münsteraner Kirchenhistoriker Hubert Wolf (Wf EM) schreibt über die Botschaft, die von der Seligsprechung Galens ausgeht: „Ein ganz durchschnittlicher Zeitgenosse von durchaus beschränkten Geistesgaben ist über sich hinausgewachsen; .... ein Stammler und Stotterer wurde zum mutigen Prediger, dessen Stimme weit über Westfalen hinaus gehört wurde; ein Obrigkeitsfanatiker wurde zum Widerständler gegen einen Staat, den er als Unrechtsregime erkannt und gegen dessen Morde an unschuldigen Menschen er öffentlich protestiert hat; ein Verteidiger rein kirchlicher Interessen entwickelte sich zum Anwalt der fundamentalen Rechte aller Menschen ... Die Seligsprechung Galens stellt eine Verpflichtung der Kirche dar, stets Anwältin der Menschenrechte in dieser Welt zu sein. Sie stellt einen Appell an die Politik dar, zur Orientierung an Werten zurückzukehren, die der moralischen Verfügung entzogen sind. Sie stellt auch eine Verpflichtung für die Christen dar, den Mut zur Zivilcourage aufzubringen, wann immer es im Alltag erforderlich ist, auch wenn wir vielleicht glauben, dafür nicht gemacht zu sein. Denn das Beispiel Galens zeigt, daß das, 'was schwach scheint, aber von Gott stammt, stärker ist als die Menschen'." (1 Kor 1, 25b).[68]

Galen wurde am 9. Oktober 2005 in Rom in Anwesenheit von Papst Benedikt XVI. (Rup EM) und vieler weiterer CVer selig gesprochen.[69]

Weitere CV-Selige könnten der 1942 von den Nazis hingerichtete ***P. Franz Reinisch*** (Le) werden. Die süddeutsch-österreichische Provinz des Pallottiner-Ordens hat zwar für Reinisch ein Seligsprechungsverfahren vorbereitet aber noch nicht eingeleitet.[70] Seit 2003/04 laufen in Wien Bemühungen um die Ingangsetzung eines Seligsprechungsprozesses für ***Hans Zeßner-Spitzenberg*** (Tt, NbW), der 1938 im KZ Dachau umgekommen ist (siehe S. 446). Ungeachtet politischer Einwände geht auch der Seligsprechungsprozeß für Papst ***Pius XII.*** (Tfs EM) weiter.[71] Mehr als 100 Jahre ruht offenbar ein 1895 eingeleitetes Verfahren für den Linzer Bischof ***Franz Rudigier*** (AW EM).

67 Ac 94 (2001), S. 110f.

68 Wolf, Hubert: Man muß auch löschen, wenn das Nachbarhaus brennt, in: *Frankfurter Allgemeine*, 26. 2. 2005, S. 47.

69 Ac 98 (2005), S. 360-362. Sowohl bei der Seligsprechung Galens wie bei der Heiligsprechung Bilczewskis waren Angehörige des CV, darunter Chargierte der betroffenen Verbindungen, zahlreich anwesend. Das Heft 6 des Jg. 98 (2005) widmete das Titelbild („Aufmacher") den Selig- bzw. Heiligsprechungen.

70 Der Vorstand der Verbandsführung des ÖCV hat Anfang April 2006 beschlossen, daß Seligsprechungsverfahren für P. Reinisch durch eine Unterschriftenaktion zu unterstützen, siehe *Newsletter ÖCV 7/2006*.

71 Ac 97 (2004), S. 301.

Der CV im Zeitalter der Massen-Universität

Bildungsexplosion und Massen-Universität

Der Zustrom an die Universitäten hat sich im Laufe von fast 200 Jahren deutlich vervielfacht. Das zeigt die ***Entwicklung der Studentenzahlen von 1928/29 bis 2004/05***, bezogen auf das Gebiet der heutigen Republik Österreich:

1828/29	6.952	1978/79	105.888
1868/69	6.226	1983/84	148.787
1913/14	19.249	1988/89	188.057
1918/19	25.626	1992/93	223.820
1936/37	18.288	2000/01	241.576
1946/47	33.558	2001/02	197.143
1958/59	20.242	2004/05	219.169
1968/69	59.666	2005/06	217.800
1973/74	88.298		

Die Zahlen sprechen für sich.[1] Während sich die Studentenzahlen innerhalb von 50 Jahren von 1918 bis 1968 etwas mehr als verdoppelt haben, sind in den 32 Jahren von 1968 bis 2000 um das Vierfache gestiegen! Der große Sprung erfolgte dabei in den rd. 15 Jahren ab Mitte der siebziger Jahre bis ca. 1990. Danach ist eine gewisse Sättigung des Zuwachses zwischen 1992 und 2000 zu bemerken. Im deutschsprachigen Vergleich steht Österreich im Studenten-Anteil an der Spitze. 2000/2001 waren 28 Personen pro 1.000 Einwohner Studenten, in Deutschland waren das lediglich 17, in der Schweiz gar nur 14.[2]

Durch die Einführung der Studiengebühren mit dem WS 2001/02 reduzierte sich die Zahl, jedoch nicht so stark, wie befürchtet (oder insgeheim erhofft) wurde, und auch nicht so sehr bei den Studienanfängern. Die Studentenzahlen 2001/02 sind dann in Österreich ungefähr auf das Niveau von ungefähr 1990 gesunken.[3] Danach stiegen die Zahlen wieder an und übersprangen bald neuerlich die 200.000-Marke, wo sie bei unter 220.000 zu stagnieren scheinen. Das war einerseits auf eine Steigerung der Studienanfänger zurückzuführen, andererseits auf den Zuspruch der neu eingeführten sechssemestrigen Kurzstudien (Bakkalaureat).[4] Eine besondere Herausforderung war das Urteil des Europäischen

1 Nach Völlmecke, Hochschulstatistik; die Studentenzahlen ab WS 1983/84 wurden freundlicherweise von Mag. Harald Titz vom Bildungsministerium am 14. 2. 2001 zur Verfügung gestellt; für 2000 siehe *Acta Studentica* 138/2002, S. 6, für 2001/2002 und 2004/2005 siehe *Die Presse*, 18. 11. 2005, für 2005/06 lt. Mitteilung von Josef Wöckinger, Bundesministerium für Bildung und Wissenschaft, Wien, E-mail 16. 1. 2006. Bezüglich der verblüffend ähnlichen Zahlen 1913/14, 1936/37 und 1958/59 ist festzustellen: 1913/14 studierten in Wien, Graz und Innsbruck viele aus den übrigen Gebieten der Monarchie und dem Deutschen Reich, was 1958/59 fast nicht mehr der Fall war. Das traf zwar weitgehend (insbesondere für das Deutsche Reich) auch 1936/37 zu, doch war in diesem Studienjahr noch ein relativ hoher Anteil jüdischer Studenten vor allem in Wien zu verzeichnen, der natürlich 1958/59 weggefallen war.

2 Meldung im *Kurier*, 17. 8. 2001.

3 *apa* 26. 10. 2001.

4 *Die Presse*, 18. und 27. 11. 2003.

Gerichtshofes im Jahr 2005 wegen der österreichischen Zugangsbeschränkungen, die für EU-Bürger aufgehoben wurden.[5]

Es ist natürlich hier nicht der Platz, den Ursachen des auch international zu beobachtenden Phänomens der enormen Steigerung der Studentenzahlen nachzugehen, aber dennoch erscheint es lohnenswert, einige Punkte zu beachten. Einer davon ist die durch die Bildungsreform der sechziger Jahre und die daraus resultierende Bildungsexplosion verursachte Verschiebung der „Bildungspyramide". Das Szenario der Bildungs- und Berufswege, wie es seit Ende des 19. Jahrhunderts bis zu Beginn der sechziger Jahre des 20. Jahrhunderts bestand, hatte sich gewandelt. Es gibt keine achtjährige, sondern nur mehr eine vierjährige Volks(Grund)schule. Bei halbwegs vorhandenen Voraussetzungen tritt man nach vier Jahren Grundschule in eine Höhere Schule (Gymnasium) ein („Das Gymnasium – Hauptschule der Nation"[6]).

Auch das Maturazeugnis, insbesondere das einer Allgemeinbildenden Höheren Schule, hat nicht mehr diesen Wert wie ehedem. Der seit Ende der siebziger Jahre bereits in der Bundesrepublik Deutschland zu beobachtende Trend, nach dem Gymnasium noch eine weitere Ausbildung („Lehre") zu absolvieren, machte sich auch in Österreich bemerkbar.[7] Die „Bildungspyramide" verschob sich daher nach oben.[8] Dies hatte natürlich Folgen für die Universitäten und deren Studenten. Wenn das Maturazeugnis immer häufiger den Übergang in eine „Lehre", also eine weitere Ausbildung, bedeutet, dann sinkt auch dessen Stellenwert und damit auch die Stellung des Studenten an einer Universität. Das Studium ist dort zunehmend – insbesondere durch die Einführung des Bakkalaureats und der Fachhochschulen – eine dem Gymnasium nachgelagerte (und sog. „praxisorientierte") Berufsausbildung geworden. Die der Matura nachgelagerte berufsausbildende „Lehre" und die Kurzstudien auf der Universität (Bakkalaureat) und den Fachhochschulen werden sich möglicherweise in den kommenden Jahren zunehmend angleichen.

Unter diesen Aspekten ist die OECD-Studie „Bildung auf einen Blick 2005" zwiespältig zu bewerten. Dort heißt es u. a., daß in Österreich die Akademikerquote bei 15 Prozent liegt, im OECD-Durchschnitt aber bei 24 Prozent. Auch bei den Studienanfängern ist Österreich unterdurchschnittlich: 35 Prozent gegenüber 53 Prozent im OECD-Durchschnitt. Abgesehen davon, daß es international unterschiedliche Bewertungen gibt, was zur Hochschule (Universität) oder nicht gehört, die dann auch nicht vergleichbare unterschiedliche Ergebnisse generieren, muß natürlich nach dem vorhin geschilderten Bildungsszenario hinterfragt werden, ob es überhaupt erstrebenswert erscheint, daß sich die Bildungspyramide derart nach oben verschiebt. Hingegen spricht für Österreich und für die Elitebildung hierzulande, daß 1,9 Prozent eines Altersjahrgangs promoviert haben, während es im OECD-Durchschnitt nur 1,3 Prozent sind. Und das liegt mit Sicherheit nicht in der Titelsucht der Österreicher begründet.[9]

---

5 Das Urteil im Wortlaut in *Die Presse*, 7. 7. 2005

6 So wurde ein Artikel in *Die Zeit*, 13. 12. 1991, S. 11, tituliert.

7 In der Bundesrepublik Deutschland überstieg 1990 zum erstenmal die Zahl der Studenten an Universitäten, Gesamthochschulen und Fachhochschulen (1,7 Mio.) die der „Auszubildenden" (ehedem Lehrlinge genannt, neudeutsch „Azubi" abgekürzt). In Österreich betrug im selben Jahr die Zahl der inländischen Studenten 170.000, die der Lehrlinge 150.000 (Ca.-Werte), also eine ähnliche Entwicklung.

8 Diese Verschiebung der Bildungspyramide nach oben findet sich z. B. auch in den Berufslaufbahnen der Wirtschaft: Positionen, die früher gut von Absolventen der Berufsbildenden Höheren Schulen, z. B. Handelsakademien, ausgeübt wurden, werden jetzt immer mehr von Magistern (rer. soc. oec.) besetzt.

9 *Die Presse*, 13. und 14. 9. 2005.

Dieses völlig gewandelte Ausbildungs- und Berufsbild des Studenten und Akademikers hat natürlich Folgen für das Begriffspaar **Student – Elite**. 1955 waren nur 0,25 Prozent der Bevölkerung Österreichs Studenten, 2001 waren es bereits drei Prozent. Das ist eine Verzwölffachung! Somit hat sich auch der Elite-Status der Studenten nach oben verschoben. Auf den einfachen Studenten trifft das nicht mehr zu. Auslandssemester[10], Postgraduate-Studien, Doktoratsstudium usw. sind Kriterien für eine Elite-Kennzeichnung innerhalb der Studentenschaft. Möglicherweise hat diese Gruppe wiederum einen 0,25 Prozent-Anteil an der Bevölkerung.

Aber alles, was überreich vorhanden ist, wird weniger geschätzt. Wenn immer mehr Menschen einen höheren Bildungsabschluß anstreben, hat das nicht nur positive Effekte. Das zeigte sich besonders mit der um die letzte Jahrhundertwende einsetzenden wirtschaftlichen Stagnationsphase. Die Akademikerarbeitslosigkeit ist im Zeitraum Juli 2001 bis Juli 2002 in Österreich um 38,1 Prozent gestiegen. Das Problem der Jugendarbeitslosigkeit wird durch eine Höherqualifizierung also nicht verringert, sondern bloß um die Zeit des Studiums verzögert. Durch das Bestreben, viele Menschen in eine höhere Bildung zu pressen, sinkt gleichzeitig das Niveau der Ausbildung. Die Spirale der Bildungsinflation dreht sich dadurch noch schneller.[11]

All das hat auch Folgen für die postulierte Einheit von Forschung und Lehre auf den Universitäten. Bei Studentenzahlen von mehr als 50.000 an einer Universität (z. B. Wien 90.000 [2000 die größte Universität Europas!], München 80.000) lassen sich Forschungsaufgaben nur mehr schwer erfüllen. Diese werden zunehmend, ganz im Sinne der Verschiebung der „Bildungspyramide", von Post-graduate-Institutionen (Institute der Akademien der Wissenschaften, der Boltzmann-Gesellschaft, der Max-Planck-Gesellschaft usw.) wahrgenommen, und das wurde auch von der Wissenschaftspolitik ab den siebziger Jahren bewußt gefördert. Damit entsteht die Gefahr, daß das Prinzip der Humboldt'schen Universitätsreform in Preußen Anfang des 19. Jahrhunderts, die Mitte des 19. Jahrhunderts von dem österreichischen Bildungsreformer Leo Graf Thun-Hohenstein (AW EM) übernommen wurde, daß nämlich die Lehre an den Universitäten aus der dort betriebenen Forschung erfließt, nicht mehr eingehalten werden kann und *ad absurdum* geführt wird. Man gewinnt also den Eindruck, Universitäten seien nicht mehr Stätten der Forschung, sondern nur Schulen anderer Art. Hinzu tritt der Umstand, daß immer weniger von Bildung die Rede ist – im Humboldt'schen Sinn von Bildung durch Wissenschaft – und immer mehr von Ausbildung. Löst sich aber Lehren und Lernen vom Forschungsprozeß, dann verliert die Universität als Ausbildungsort ihren Sinn.

Hinzu kam die von den europäischen Hochschulministern am 19. Juni 1999 in Bologna beschlossene Vereinbarung, bis 2010 einen einheitlichen europäischen Hochschulraum zu schaffen. Seither werden die Studiengänge nach dem angelsächsischen *Bachelor- und Master-Modell* umgebaut. Für Deutschland und Österreich bedeutete das die einschneidendste Universitätsreform seit mehr als 150 Jahren. Durch die Einführung des sechssemestrigen Bakkalaureats entsteht in der Folge eine Studiengangshektik, wodurch sich zusätzlich die Grenzen zu den Fachhochschulen verwischen. Im Jahr 2002 wurde in

10 Nach einer Umfrage im deutschen CV im Jahr 2000 gaben 47 Prozent der befragten Studenten an, während ihres Studiums Auslandserfahrung gesammelt zu haben. Aus dieser Befragung ging auch hervor, daß die CV-Studenten um über 7 Prozent schneller als der Durchschnitt studierten. Ac 92 (2000), S. 390f.

11 Siehe dazu den Kommentar „Gefahren der Bildungsinflation" in *Die Presse* 8. 11. 2002. Der Trend zur steigenden Akademikerarbeitslosigkeit ist anhaltend geblieben, siehe dazu auch *Die Presse*, 9. 6. 2005.

Österreich auch für die Fachhochschulen Bachelor/Master-Studien eingerichtet.[12] Damit verlieren die Universitäten zunehmend weiter ihren Forschungscharakter. Ob das für den Bildungs- und Forschungsstandort Österreich (ähnliches trifft auch für Deutschland zu) förderlich ist, bleibt dahingestellt. Sicher ist eines, daß dadurch die verstärkte Akademikerarbeitslosigkeit nicht gebremst wird. Lediglich die Zahl der Studienabbrecher wird geringer, dafür die der Arbeitslosen nach dem Studienende größer.

Wenn man von „Student und Elite" spricht, dann sind aber nicht nur die erwähnten rein fachliche Kriterien heranzuziehen. Auch die Mitgliedschaft oder das Engagement in studentischen Vereinigungen, Gruppen oder Parteien ist ein wichtiges Kennzeichen. Vor und nach dem Ersten Weltkrieg gab es eine hohe Organisationsdichte innerhalb der Studentenschaft. Nach dem Zweiten Weltkrieg hat diese nachgelassen. Es ist vielfach zu beobachten, daß die studentischen Parteien, Studentenverbindungen und -vereine, Hochschulgemeinden u. ä. keinen derartigen exzeptionellen Zuwachs wie die Studentenzahlen aufweisen. Im großen und ganzen halten sich deren Steigerungsraten, wenn überhaupt, sehr in Grenzen.

Nun ist aber die Mitgliedschaft in solchen Gruppen zweifellos ein Ausdruck einer Elitebildung. Denn dadurch wird ein gesellschaftliches Engagement, das auch über den gehobenen Durchschnitt hinaus geht, bewiesen. Unter den Gegebenheiten einer Massenuniversität ist das eine Chance für Gruppierungen wie den CV. Aber die zunehmende „Verschulung" der Universitäten und vor allem der Fachhochschulen behindert diese Art von „Bildung" inzwischen enorm. Für das gute Funktionieren eines Gemeinwesens sind aber solcherart „Gebildete" unverzichtbar!

Reform der Österreichischen Hochschülerschaft und der Universitäten

In den Jahren 1998/99 sowie 2004/05 kam es zu einschneidenden Änderungen bei der **Österreichischen Hochschülerschaft**, deren augenfälligste Reformen erstens die Ausweitung des Kreises der Wahlberechtigten auf Pädagogische Akademien, Religionspädagogische Akademien, Berufspädagogische Akademien und Fachhochschullehrgänge (1998/99) sowie zweitens die Abschaffung der Direktwahl für die Bundesebene (2004/05) waren.[13] Die erste ÖH-Wahl nach dieser Ausweitung fand im Mai 2001 statt, die erste nach Abschaffung der Direktwahl auf der Bundesebene 2005, so daß spätestens ab diesem Zeitpunkt die Ergebnisse nicht mehr leicht mit früheren zu vergleichen sind.

Nach der Reform 1998/99 ist nun das Oberste Organ die *Bundesvertretung* (BV; früher ZA). Die BV wählt den ÖH-Vorsitzenden. Die Mandatszahl der BV hängt von der Größe der Universitäten ab. Die Universitätsvertretungen (UV) wählen je 5.000 Studenten einen Vertreter in die BV nach dem d'Hondt'schen Listenverfahren (ähnlich der Entsendung in den Bundesrat). Um jene wahlwerbenden Gruppen, die dadurch nicht zum Zug gekommen sind, in ihrem Minderheitenrecht nicht zu benachteiligen, wurden Listenverbände

12 „Volksschullehrer werden nun Bachelor", siehe *Die Presse*, 11. 9. 2004.

13 Bundesgesetz über die Vertretung der Studierenden an den Universitäten (Hochschülerinnen- und Hochschülerschaftsgesetz 1998 – HSG 1998), BGBl. I Nr. 22/1999, zuletzt geändert durch BGBl. I Nr. 1/2005. Siehe auch Huber, Stefan: ÖH-Recht. Hochschülerinnen- und Hochschülerschaftsgesetz mit Nebenbestimmungen (= Schriftenreihe zum Wissenschaftsrecht der Ludwig-Boltzmann-Forschungsstelle für Bildungs- und Wissenschaftsrecht Band 6). Wien 2005.

eingeführt. Erhält ein solcher Listenverband mindestens 1.000 Stimmen, so bekommt er ein Mandat in der BV. Universitäten oder Akademien, die weniger als 1.000 Hörer haben, können Entsendegemeinschaften bilden. Die Vorsitzenden der Universitätsvertretungen und Referenten haben in der BV beratende Stimme.

An den Universitäten wurden die Hauptausschüsse in ***Universitätsvertretungen*** (UV) umbenannt, die je nach Größe der Universität 9 bis 27 Sitze aufweisen. Die Vorsitzenden der Studienvertretungen sowie die Referenten haben beratende Stimme. Die bisherigen ***Fakultätsvertretungen*** (FV) (5 bis 11 Sitze) wurden 2004/05 in ihrem Tätigkeitsbereich bzw. Kompetenzen stark herabgestuft, was u. a. auch in ihrer nunmehrigen Bezeichnung – „Organe gemäß § 12 Abs. 2" – zum Ausdruck kommt.[14] Im Prinzip koordiniert die FV die ***Studienvertretungen*** (SV) (3 bis 5 Sitze).

An den Akademien und Fachhochschul-Lehrgängen ist die Vertretung den Klassen- bzw. Schulsprechern nicht unähnlich. Jeder Jahrgang hat direkt einen Jahrgangssprecher zu wählen, die zusammen die Akademievertretung bilden, die wiederum aus ihrer Mitte einen Vorsitzenden wählt.

Zusätzlich wurden Elemente der direkten Demokratie eingeführt. Fünf Prozent oder 200 Wahlberechtigte eines Organs können einen Antrag einbringen, und die BV sowie die UV's können mit Zweidrittelmehrheit beschließen, daß Urabstimmungen durchgeführt werden. Dieses Gesetz ist mit 1. Februar 1999 in Kraft getreten und hat das HSG von 1973 abgelöst.

Heftig umstritten war die Novelle 2004, mit der einerseits die Direktwahl in die BV abgeschafft, andererseits die Mittelaufteilung geregelt wurde. Danach verbleiben der BV nur mehr 15 Prozent anstatt 30 Prozent der Mittel. Begründet wurden diese Änderungen u. a. damit, daß nach der Universitätsreform von 2002 (s. u.) die Universitäten eine sehr starke autonome Stellung erhalten haben, was sich auch auf den studentischen Vertretungsbereich auswirken mußte.

Im November 2004 brachten die Regierungsparteien ÖVP und FPÖ einen entsprechenden Initiativantrag im Nationalrat ein, der auch von der AG und dem ÖCV unterstützt wurde. Er rief naturgemäß heftige Kritik seitens der „linken" ÖH-Führung hervor, die sogar von „Putsch gegen die Demokratie" sprach, und ließ die nicht weit hergeholte Vermutung zu, man wolle die „linke Mehrheit" auf diese Weise aushebeln.[15] Ein Rückschritt in die Zeiten der Deutschen Studentenschaft (DSt) der Zwischenkriegszeit ist nicht ganz abzusprechen. Die SPÖ brachte kurz vor den ÖH-Wahlen 2005 eine Verfassungsklage gegen den Wahlmodus der Bundesvertretung ein.[16]

Neben der Studentenvertretung wurden auch die **Universitäten** reformiert. Bereits unter der Ministerschaft Erhard Buseks begannen die ersten Schritte in Richtung Universitäts-Autonomie. Damit wurden die Grundsätze des UOG aus dem Jahr 1975 zunehmend verlassen und ein neues UOG 1993 beschlossen. Am 11. Juli 2002 wurde ein von Bildungsministerin Elisabeth Gehrer vorgelegtes Reformgesetz im Nationalrat

14 Das HSG 1998 i. d. F. 2005 zeigt übrigens erhebliche stilistische, juristische und handwerkliche Mängel, was nicht zuletzt auf die Art und Weise der Behandlung – Initiativantrag und keine Regierungsvorlage mit Begutachtungsverfahren – zurückzuführen ist.

15 Siehe dazu die Berichterstattung in *Die Presse*, 12. 11. 2004. Ein weiterer Punkt der Kritik war die Art und Weise der Vorgangsweise, nämlich die Einbringung als Initiativantrag, der im Gegensatz zu einer Regierungsvorlage nicht dem Begutachtungsverfahren unterworfen ist. Selbst die sonst regierungsfreundliche *Presse* bewertete diesen Antrag kritisch.

16 *Die Presse*, 24. 5. 2005

beschlossen, das den Universitäten die volle Rechtsfähigkeit mit allen Konsequenzen brachte. Mit 1. Oktober 2002 bzw. 1. Januar 2004 trat es in Kraft.[17]

Danach besitzt jede Universität als juristische Person des öffentlichen Rechts eine eigene Rechtspersönlichkeit (§ 4). Die gesetzlichen Aufgaben werden weisungsfrei erfüllt, jedoch gibt es eine Aufsicht des Bundes. Weiters wird in einer auf drei Jahren abgeschlossenen Leistungsvereinbarung festgelegt, welche strategischen Ziele, Profilbildung, Universitätsentwicklung, Forschungsleistungen, Studienangebote etc. eine jede Universität zu erbringen hat, aufgrund dieser die finanziellen Mittel des Bundes bereitgestellt werden (Globalbudget) (§ 13). Die Studienpläne werden autonom erstellt, vorgegeben sind nur die obersten Organe der Universität; die Einrichtung von Instituten, Fakultäten, Departements und Abteilungen werden autonom in der Satzung geregelt. Außerdem werden die Medizinischen Fakultäten zu eigenen Medizin-Universitäten (Wien, Graz und Innsbruck) ausgegliedert.

Für jede Universität besteht ein Universitäts-Rat aus fünf, sieben oder neun weisungsfreien Mitgliedern, wobei je zwei, drei oder vier Mitglieder vom Ministerium und vom Senat bestellt werden. Diese wählen ein fünftes, siebentes oder neuntes Mitglied zusätzlich. Dieser ist eine Art Aufsichtsrat, wo u. a. die genannte Leistungsvereinbarung beschlossen wird. Er genehmigt u. a. den Entwicklungs- und Organisationsplan der Universität, die Studienangebote sowie den Rechnungsabschluß. Aufgrund eines Dreier-Vorschlags des Senats wählt er den Rektor auf vier Jahre. Aufgrund eines Vorschlags des Rektors wählt er die in der Satzung festgelegte Zahl von Vizerektoren. Insgesamt gab es bei Einführung dieser Gremien im Jahr 2003 139 Mitglieder von Universitätsräten, von denen damals nur vier (2,9 Prozent) CVer waren. „Nicht gerade berauschend für den größten Akademikerverband des Landes", meldete die *Academia.*[18]

Das Rektorat als Kollegialorgan leitet u. a. die Universität, erteilt die Lehrbefugnis und entscheidet über die Verteilung des Budgets. Der Rektor leitet u. a. das Universitätsamt, ist Dienstvorgesetzter und führt die Berufungsverhandlungen.

Der Senat besteht aus 12 bis 24 Mitgliedern, wobei ein Viertel Studenten sein und die Professoren die absolute Mehrheit haben müssen. Seine Funktionsperiode dauert drei Jahre. Neben den bereits erwähnten Befugnissen fallen in seine Kompetenz u. a. vor allem der Erlaß der Universitätssatzung und der Studienpläne, die Zustimmung zu dem Organisations- und Entwicklungsplan, die Mitwirkung beim Habilitations- und Berufungsverfahren. Daneben gilt für alle Neueintretenden das Angestelltengesetz, es gibt also keine Pragmatisierungen mehr.

Im Zuge der dem Gesetzesbeschluß vorangegangenen Diskussion haben sowohl die ÖH als auch der ÖCV die Minderung der studentischen Mitbestimmung kritisiert. Ansonsten begrüßte der ÖCV grundsätzlich die Reformen dieses Gesetzes. Im Vergleich zur Hochschulreformdiskussion in den sechziger und siebziger Jahren (siehe S. 594 und 601) war seitens des ÖCV bzw. von CVern weniger in der Vorlauf-Debatte zu bemerken.[19]

17 Bundesgesetz über die Organisation der Universitäten und ihre Studien (Universitätsgesetz 2002), BGBl. 2002 vom 9. 8. 2002, 1267-1333. Bildungsministerin Elisabeth Gehrer bezeichnete dieses als die größte Reform seit 153 Jahren (Thun'sche Reform von 1848/49). *Die Presse*, 12. 7. 2002.

18 *Academia intern* 4/2003, S. 5.

19 *Die Presse*, 4. 9. und 4. 10. 2001; öAc 53 (2002), Nr. 2, S. 26f.

Studentenwahlen im Zeichen der Massenuniversität: Das Ende der Vormachtstellung?

Auch unter den Rahmenbedingungen von Massenuniversitäten und anderen gesellschaftlichen bzw. politischen Veränderungen konnte sich die Aktionsgemeinschaft (AG) vorerst als stärkste Studentenpartei auf Bundesebene halten. Sie steigerte von 1983 bis 1993 (mit Schwankungen) ihren Stimmenanteil von 35,3 Prozent auf 44,4 Prozent, während die JES – die bürgerliche Konkurrenz in den siebziger und achtziger Jahren – von 20,7 Prozent (1985) auf 2,4 Prozent (1993) zurückging und ab 2003 überhaupt nicht mehr kandidierte.

Bei der Wahl von 1995 fiel die AG auf 38,5 Prozent zurück, was in der Hauptsache auf das Konto des neu auftretenden Liberalen Studentenforums (LSF) ging. Eine knappe Mehrheit links der Mitte (VSStÖ, Grüne [GRAS], LSF, Unterstützung vom KSV) wurde gezimmert, die eine Angehörige des VSStÖ zur ÖH-Vorsitzenden wählte. Zum ersten Mal seit 1946 war nunmehr kein Kandidat der studentischen Mitte (Wahlblock, ÖSU oder AG) Vorsitzender des ZA geworden.[20]

Doch diese Koalition kam bald in erhebliche und chaosartige Schwierigkeiten. Schon Ende 1995 trat das LSF aus dieser aus, so daß die Rotation der ÖH-Vorsitzenden zu den Grünen nicht gelang.[21] Die Folge war, daß 1997 diese knappe „linke Mehrheit" verloren ging und die AG wiederum den Vorsitzenden stellen konnte. Dieser Trend setzte sich bei der Wahl 1999 fort. So schienen – zumindest vorerst – die Jahre 1995 bis 1997 ein unglückliches Intermezzo gewesen zu sein. Doch das war eine Täuschung, wie die Wahlen der Jahre 2001, 2003 und 2005 zeigen sollten.

Aufgrund der Einführung der Studiengebühren und des aufgeheizten innenpolitischen Klimas infolge der Bildung einer ÖVP/FPÖ-Regierung erlitt die AG 2001 einen deutlichen Verlust, konnte aber trotzdem knapp die relative Mehrheit behalten. VSStÖ und GRAS gewannen hingegen hinzu, so daß wie 1995 eine „linke Koalition" („Frauenteam") gebildet wurde, die jedoch gleich eine Niederlage einstecken mußte. Der von ihr aufgerufene Boykott der Studiengebühren erwies sich als Rohrkrepierer.

Die Wahlen des Jahres 2003 zeigten aber, daß die linke Koalition kein „Ausrutscher" war. Die AG verlor zwar nur wenig, aber die GRAS konnte einen deutlichen Zuwachs verbuchen und wurde knapp (nur 90 Stimmen mehr) stimmenstärkste Partei. Zwar tat die aufgeheizte innenpolitische Stimmung im Frühjahr 2003 wegen der Reformen des Sozialsystem ihr weiteres dazu, doch ist auch – und das dürfte letztlich wohl langfristig entscheidend sein – ein politischer Grundstimmungswandel innerhalb der Studentenschaft zu bemerken, der sich auf das Wahlverhalten auswirken mußte.

Die Wahlen des Jahres 2005 wurden nach dem neuen System (s. o.) abgehalten, d. h. die Direktwahl auf Bundesebene (BV) entfiel zugunsten einer Entsendung seitens der einzelnen UV's. Man war nun gespannt, ob das Kalkül der Betreiber dieser Änderung – die Regierungsparteien und Bildungsministerin Elisabeth Gehrer – aufgehen sollte. Denn bislang wählte man für die BV bzw. den ZA eher „politisch" und für die UV's eher „serviceorientiert". Damit erhoffte man sich auf diesem Weg eine Umdrehung der Verhältnisse in der ÖH. Aber das trat nicht ein. Die GRAS konnte ihren Abstand zur AG ausbauen, und

20 Marschitz/Szyszkowitz, Zwischen Studentenstreik und Urabstimmung, S. 209; Marschitz, Die Wahlen zur Hochschülerschaft 1993. Eine solche rot-grüne Koalition gab es übrigens bereits 1989 auf der Universität Salzburg, gleichsam als Vorbote künftiger Entwicklungen.

21 öAc 46 (1995), 6 (Dezember), S. 36, 47 (1996), 3 (Juli), S. 32f.

der VSStÖ gewann leicht hinzu. Nutznießer des neuen Systems waren auch die FLÖ, die bislang auf der Universitätsebene zwar gut dastanden, jedoch bei den Wahlen zu der BV unterdurchschnittlich lagen.

Das Groteske an dem nun herrschenden Wahlsystem für die BV war, daß der VSStÖ als drittstärkste Partei mehr Mandate erhielt, als die vor ihm liegenden Listen GRAS und AG (15 : 14 : 14). Obwohl das eigentlich den Betreibern dieser „Reform" zu Denken geben sollte, erklärte Bildungsministerin Elisabeth Gehrer, daß sich der Wahlmodus bewährt hätte.[22]

Jedoch nicht nur für die BV verlor die AG, sondern auch auf den Ebenen der UV's. Mit Ausnahme der Wirtschaftsuniversität Wien und den Medizinischen Universitäten Wien sowie Innsbruck, wo die AG jeweils die absolute Mehrheit erhielt, konnte die Linke (VSStÖ und GRAS) an allen Universitäten eine Koalition bilden.[23]

Ergebnisse der Hochschulwahlen für den ZA/die BV von 1989 bis 2005 in Prozenten[24]

	1989	1991	1993	1995	1997	1999	2001	2003	2005
AG	36,0	40,1	44,4	38,3	39,8	40,6	29,2	28,8	24,7
JES	7,9	5,2	2,4	3,5	3,6	2,0	(bei Sonst)	0,0	0,0
FLÖ	6,4	8,2	10,4	6,7	7,1	6,5	5,4	6,7	13,4
RFS/FSI	4,2	4,9	3,5	3,9	4,6	4,6	3,0	2,4	1,8
VSStÖ	20,0	15,5	13,8	8,8	12,4	15,1	21,5	20,4	21,2
KSV	3,8	2,4	2,5	2,9	3,6	4,6	4,6	4,8	4,0
So. Linke	6,0	0,0	0,0	0,0	0,0	0,0	0,0	0,0	0,0
GRAS/ Grüne	12,8	12,0	14,5*	18,5	14,6	12,7	22,0	29,0	25,3
LSF	0	0	0	8,8	10,4	9,9	5,3	3,4	3,9
Sonstige	2,9	11,7	8,5	8,6	7,1	6,0	9,0	4,5	5,7

* Ab 1993 gibt es nur mehr eine grüne Liste: Grüne und Alternative StudentInnen (GRAS)

Bei den Wahlen im Jahr 1989 erreichten die „Parteien der Mitte" (AG, JES und – unterstellterweise – die FLÖ[25] als wohl ein Sammelbecken „freischwebender" bürgerlicher Stimmen) zusammen 50,3 Prozent. Rechnet man die „rechtskonservativen" Wähler des RFS hinzu, so kommt man auf einen Anteilsblock von 54,9 Prozent. Bei den folgenden Wahlen erhielt dieser Block dann folgende Anteile (erste Zahl ohne, zweite Zahl mit RFS): 53,5/55,9 – 57,2/60,7 – 48,5/52,4 – 50,5/55,1 – 49,1/53,7 – 35,6/38,6 – 35,5/37,9 – 38,1/39,9.

22 *Die Presse*, 6. 6. 2005.

23 Eine Groteske der Wahlen des Jahres 2005 war, daß die AG nicht imstande war, die formalen Voraussetzungen für eine Kandidatur in Salzburg zu schaffen.

24 Nach *Acta Studentica* 143/2003, 127/1999, 117/1997, 97/1993, 108/1995. Die Ergebnisse für 2005 sind auf der Basis der Summen der Universitätsergebnisse erstellt.

25 Die FLÖ ist bei den Funktionären eher links, jedoch nicht bei den Wählern.

Die Ergebnisse zeigen – auch bei unterschiedlichen Wellenbewegungen – einen kontinuierliche Rückgang des Wähler-Lagers der Mitte bzw. von Mitte-Rechts. Nicht zuletzt hatte das zur Folge, daß die Wahl des ÖH-Vorsitzenden immer schwieriger wurde. Konnten sich noch 1983 die soeben gegründete AG und die JES auf eine bequeme Mehrheit stützen, so war das bald wegen der Verweigerung der JES vorbei (siehe S. 606). 1985 und 1987 gab es eine Zusammenarbeit zwischen AG und dem VSStÖ – offenbar in Vorwegnahme der Großen Koalition. Doch 1989 schlossen sich die Links- und Grün-Fraktionen zu einem Block zusammen, so daß nur mit Hilfe von Splittergruppen und Enthaltung der FSI/RFS der Kandidat der AG gewählt werden konnte.[26] In den Jahren 1991 und 1993, als die ÖVP bei den Nationalratswahlen stark zugunsten der FPÖ verlor, konnte hingegen die „ÖVP-nahe" AG ihre Stellung bei den ÖH-Wahlen verbessern. Man muß das auch unter dem Aspekt betrachten, daß ab 1987 die ÖVP wieder in der Regierung saß und den Wissenschaftsminister stellte, zuerst Hans Tuppy und danach Erhard Busek. Bereits 1987 gab es erste Konflikte (Studentenstreik) zwischen der AG-geführten ÖH und dem ÖVP-Wissenschaftsminister.[27] Nach dem erwähnten Rückschlag von 1995 gab es 1997 und 1999 wieder eine Verbesserung,

Mit Recht kann man aber fragen, ob die Mehrheit links (geworden) ist. Die Wähler von VSStÖ und KSV, 2003 und 2005 jeweils zusammen 25,2 Prozent, also ein gutes Viertel, werden mit Sicherheit in ihrer politischen Grundhaltung als links bezeichnet werden können – aber kann man das auch für die GRAS, das LSF und die FLÖ behaupten, die 2005 zusammen 42,6 Prozent erreichten? Für die prägende Funktionärsschicht der GRAS und die FLÖ wird man das wahrscheinlich tun können, wohl kaum aber generell für die Mehrzahl ihrer Wähler. Man wählt oft Grün („Wohlfühlpartei") aus einer gewissen politisch-emotionalen Protest-Grundstimmung á la mode, ohne darüber näher zu reflektieren. Weiters ist auch die besonders bei höherem Bildungsgrad vorzufindende Wechselwählerbereitschaft in Zusammenhang mit sich auflösenden politischen Milieus zu berücksichtigen, so daß lebenslange oder gar generationsübergreifende parteipolitische Bindungen immer weniger eine Rolle spielen. Und schließlich: Ab 1970 war die ÖVP in Opposition, ab 1987 dann nur als Zweite in der Regierung, so daß sie – und damit ihr studentischer Ableger – für gewisse politische Zustände nicht bzw. nicht so sehr verantwortlich gemacht wurde. Daher ist möglicherweise die ÖSU/Studentenforum/AG in den letzten 30 Jahren des 20. Jahrhunderts überbewertet und nach dem Regierungswechsel 2000 unterbewertet worden.

Trotz aller „Wenn's und Aber's" dieser Erklärungsversuche: Man wird nicht umhin können, für die Jahrhundertwende einen Wendepunkt der politischen Einstellung innerhalb der Studentenschaft zu konstatieren. Rufen wir uns in Erinnerung: Vor dem Ersten Weltkrieg war der überwiegende Teil der (nichtjüdischen) Studentenschaft in Österreich (und auch in Deutschland) Sympathisanten des deutschnationalen Gedankengutes und dessen Parteien. Damit verbunden war auch eine eindeutige Dominanz des schlagenden Verbindungswesens. Prononciert katholische Studenten, wie etwa die des CV, waren zahlenmäßig eine Minderheit, was sich erst in den letzten Jahren der Monarchie etwas besserte. Eine genaue Einstellungs-Analyse ist leider nicht möglich, weil es damals weder allgemeine Studentenwahlen noch eine sozialwissenschaftliche fundiert Meinungsforschung gab.

26 Marschitz/Szyszkowitz, Zwischen Studentenstreik und Urabstimmung, S. 210.
27 Ebda., S. 204f.

Das änderte sich nach 1918, wo es nun Kammerwahlen nach dem Verhältniswahlrecht gab. Das politische Einstellungsverhalten der Studenten dürfte zwischen Schlagenden und „Katholen" ca. 2 : 1 betragen haben. Nach dem Zweiten Weltkrieg und nach der Zulassung des RFS drehte sich das Verhältnis um: Der Wahlblock war deutlich vorne. Die Sozialdemokraten wurden nun auch bei den Wahlen „wahrnehmbarer" und erreichten mehr als 10 Prozent.

In den siebziger Jahren kam es nicht zuletzt durch den starken Anstieg der Studentenzahlen zu einer deutlichen Bewegung. Zwar konnte trotz aller Probleme die ÖSU (bzw. dann das Studentenforum bzw. die AG) eine deutliche Mehrheit halten, doch der RFS verlor sukzessive seine bisherige Bedeutung. Seine Werte pendelten seit 1989 zwischen 2,4 und 4,6 Prozent, ohne daß dabei ein genereller Trend sichtbar wird. 2005 ist er auf 1,8 abgesackt. Dieser Niedergang des RFS ist bemerkenswert, wenn man an seine Erfolge in den fünfziger und sechziger Jahren denkt. Wahlstatistisch gesehen füllte das Runtergehen des RFS zunehmend die Linke aus, die jedoch nicht einheitlich auftrat: Neben dem VSStÖ gab es eine Reihe diverser (extrem) linker sowie dann auch grün-alternativer Listen, die sich erst ab 1993 auf drei konzentrierten: VSStÖ, GRAS und KSV. Diese drei steigerten sich von 1989 von 36,6 auf 54,2 Prozent in 2003, um dann 2005 auf 50,5 etwas abzusinken.

Der Historiker kann seriöserweise diese Entwicklung erst nach einem längeren Beobachtungszeitraum kommentieren, obwohl viele Parameter für die oben geschilderte Deutung sprechen. Daher kommt dieser Wertung nur eine gewisse Vorläufigkeit zu.

Und was heißt das für den ÖCV? Nach wie vor ist es in seinem Interesse, daß viele seiner Mitglieder hochschulpolitisch tätig sind. 2003 waren es mehr als sonst.[28] Und 2005 war rund ein Drittel der Mandatare auf der Ebene der UV's CVer. Doch diese lobenswerte Tatsache alleine half leider noch nicht. Denn entscheidend ist vor allem, die entsprechenden Mehrheiten bei den Wählern zu bekommen. Mit Recht konstatierte daher der Amtsträger für Universitätsfragen, Hans-Joachim Sorger (NdW), nach der Wahl: „Für die AG werden wohl harte interne Diskussionen starten müssen, wie sich diese an sich überparteiliche Fraktion in Zukunft positioniert und am politischen Markt auftreten möchte ... Wir vom ÖCV sind zu Kooperation bereit und unterstützen gerne ... die Bestrebungen der AG ..."[29]

Bedenklich ist nach wie vor die niedrige **Wahlbeteiligung**. Sie sank von 31,5 Prozent im Jahr 1993 kontinuierlich auf unter 28 Prozent in den Jahren 1999 und 2001; 2003 war sie unwesentlich besser, in 2005 stieg sie wieder etwas auf 30,5. Bei den erstmals im Jahr 2001 neuen wahlberechtigten Studenten der Pädagogischen Akademien und Fachhochschulen gingen sogar nur 16,9 Prozent zu Wahl, 2003 nur 15 Prozent. Karteileichen, Werkstudenten, Doktoratsstudenten o. ä. können zumindest in diesem Fall nicht mehr als Ausrede herangezogen werden.

Die Frage sowohl der Akzeptanz und Legitimität der ÖH in den Augen der Studenten wie auch das Ernstnehmen der ÖH im universitären Mitentscheidungsprozeß[30] wird hier immer entscheidender, vor allem unter dem Gesichtspunkt der Pflichtmitgliedschaft. Die Verfassungsmäßigkeit der ÖH als Selbstverwaltungskörper mit Pflichtmitgliedschaft ist

---

28 So nach einem Bericht in *Academia intern* 4/2003, S. 4.

29 *Academia intern*, 4/2005, S. 6.

30 Auf dieses Problem hat 1985 der damaligen VOP Georg Feith (GlL) in öAc 36 (1985) H. 4, S. 12f. bereits eindringlich hingewiesen.

nach Meinung des VfGH und der Lehre, gedeckt durch Art. 14 Abs. 1 B-VG, nicht nur gegeben, sondern darüber hinaus notwendig.[31] Gegen eine solche versuchte 1989 die JES zu agitieren, und auch die Politik der FPÖ ab 1990 nach Abschaffung des Kammerstaates ging in dieselbe Richtung. Am 12. Dezember 1990 und am 23. Januar 1991 beschloß der ZA, über die Frage der Pflichtmitgliedschaft gemeinsam mit den ÖH-Wahlen am 14. bis 16. Mai 1991 eine Urabstimmung abzuhalten, bei der 80,34 Prozent für eine ÖH mit Pflichtmitgliedschaft votierten.[32]

31 Fuchs, Pflichtmitgliedschaft der studentischen Selbstverwaltung, S. 74.

32 Ebda., SS. 85ff.; Marschitz/Szyszkowitz, Zwischen Studentenstreik und Urabstimmung, SS. 187-197.

Arbeitsgemeinschaft Eigenheim

Die Landesregierung war in den letzten Jahren stets bemüht, insbesondere auch zur Verfolgung des Kyotozieles (Klimaschutz), verbesserte ökologische Bauformen in der Wohnbauförderung zu erreichen. Hiezu wurde 1999 und 2000 das bestehende Förderungsmodell optimiert und im Jahre 2002 ein entsprechendes Öko-Punkte-System eingeführt. Landesrat Sobotka legt in seinem Ressort den Schwerpunkt auf vermehrten Einsatz von biogenen Baustoffen sowie auf individuelle und architektonische Gestaltung. Zur Umsetzung hat er in LH a.D. Mag. Siegfried Ludwig, der dieses Ressort in seiner Amtszeit vordringlich betreut hat, als Obmann der ARGE Eigenheim, einen erfahrenen und kompetenten Partner. Unter seiner Obmannschaft sind alle Unternehmen der ARGE Eigenheim auf dem richtigen Weg zur weiterführenden Optimierung im sozialen Wohnbau. Wir geben Ihnen gerne ausführliche Informationen über die Vielzahl an geförderten Wohnungen in den Städten und Gemeinden Niederösterreichs.

Wohnungsinformation: Montag bis Donnerstag 9–15, Freitag 9–12 Uhr
Tel. 02742/204-235, Frau Christalon, e-Mail: rosemarie.christalon@alpenland.ag

Vormerkungen nehmen nachstehend angeführte gemeinnützige Bauvereinigungen an:

KAMPTAL – Tel. 02982/31 11 – www.members.aon.at/kamptal
Schönere Zukunft – Tel. 01/505 87 75 – www.schoenere zukunft.at
KW – Tel. 01/401 57-314 – www.kaw.at
Terra – Tel. 02742/204-0 – www.terra.ag
alpenland – Tel. 02742/204-0 – www.alpenland.ag
Austria – Tel. 02236/44 800 – www.austria-ag.at
Frieden – Tel. 01/505 57 26 – www.frieden.at
GEDESAG – Tel. 02732/83 3 93 – www.gedesag.at
NBG – Tel. 02236/405 – www.gnb-nbg.at
Waldviertel – Tel. 02846/7014 – www.waldviertel-wohnen.at
atlas – Tel. 02236/220 49 – www.atlas-wohnbau.at
HEIM – Tel. 01/486 42 78 – www.willkommen@heim-wohnen.at
GNB Gebau-Niobau – Tel. 02236/405 – www.gnb-nbg.at
Heimat Österreich – Tel. 0662/43 75 21-0 – www.hoe.at
Niederösterreichisches Friedenswerk – Tel. 01/505 57 26 – www.frieden.at
WET – Tel. 02236/44 800 – www.wet.at

Die neue politische Lage ab 1986

Die ÖVP wiederum in der Regierung

Nach dem Scheitern der sozialliberalen Koalition im Gefolge der verlorenen Präsidentschaftswahlen von 1986 und der Wahl Jörg Haiders (J! Silvana Wien) zum neuen FPÖ-Bundesparteiobmann wurde nach den vorgezogenen Nationalratswahlen im selben Jahr, bei der die SPÖ unter dem neuen Bundeskanzler Franz Vranitzky ihre relative Mehrheit knapp behaupten konnte, eine Große Koalition gebildet. Beim Amtsantritt Alois Mocks (Nc) als Parteiobmann 1978 trennten 18 Mandate die ÖVP von der SPÖ, 1986 waren es nur mehr drei. Trotzdem wurde eine unverständliche Führungsdiskussion entfacht. Bereits im November 1987 legte Michael Graff (AW) sein Amt als Generalsekretär zugunsten von Helmut Kukacka (A-D) nieder, doch der innerparteiliche Druck auf Mock wurde immer stärker, so daß er 1989 von Josef Riegler abgelöst wurde. Ebenso trat 1990 Kukacka als Generalsekretär zurück.

Die Wahl im Spätherbst 1990 bedeutete für die ÖVP eine Katastrophe. Größtenteils gingen die Verluste zur FPÖ. Die Diskussion um den Parteiobmann flammte naturgemäß wieder auf, neuer Obmann wurde im späten Frühjahr 1991 in einer Stichwahl mit Bernhard Görg (AW) der bisherige Wissenschaftsminister Erhard Busek.[1] ÖVP-Klubobmann wurde nach der Wahl Heinrich Neisser (Rd) als Nachfolger von Fritz König (Dan EM).

Zweifelsohne spektakulär war der Wahlerfolg von Thomas Klestil (Baj) bei den Bundespräsidentenwahlen 1992. Er war das erste CVer, der bei einer Volkswahl zum österreichischen Bundespräsidenten gewählt wurde.[2] Seine damals überzeugende Persönlichkeit sowie eine im Wahlkampf hervorgehobene gewisse Distanz zur ÖVP brachten ihm u. a. diesen Erfolg.[3]

Bei der nächsten Nationalratswahl im Herbst 1994 hatte die ÖVP neuerlich Verluste (die SPÖ sogar dramatische) hinzunehmen, die wiederum eine Führungsdiskussion hervorriefen. Erhard Busek, die scharfzüngig-intellektuelle „Leitfigur" jener Politiker, die aus dem Dunstkreis der KA bzw. der KHG stammten, mußte 1995 jemanden aus seinen eigenen Reihen weichen: Wolfgang Schüssel. Generalsekretär wurde bis 1999 Othmar Karas (Walth). Nach der Wahl 1994 wurde Andreas Khol (R-B) als Nachfolger von Heinrich Neisser (Rd) ÖVP-Klubobmann.

Wolfgang Schüssel übernahm von Alois Mock im Mai 1995 das Außenministerium. Mit diesem – damals bereits von seiner Krankheit gezeichnet – verließ nun vorerst der letzte CVer die Bundesregierung. Mehr als acht Jahre leitete Mock die österreichische Außenpolitik. Anfänglich ging es darum, der sog. *Waldheim-Affäre* und der damit verbundenen gewissen Isolation Österreichs zu begegnen. Ab dem Jahr 1989 waren dann die

1 Bernhard Görg (AW) meldete zuerst seine Kandidatur an, erst später warf sich auch Busek in den Ring, womit die Rivalität CV und KA (KHG) auf höchster Parteiebene ausgetragen wurde. Fritz Csoklich wertete dies in der *Kleinen Zeitung* vom 9. 6. 1991 als „VP-Guerillakampf", und Hubertus Czernin schrieb am 2. 6. 1991 im *profil* vom „Das Netzwerk".

2 Wilhelm Miklas (AW EM) wurde 1928 noch von der Bundesversammlung gewählt. Kurt Waldheim war zum Zeitpunkt seiner Wahl noch nicht EM der Welfia.

3 Es war daher auch durchaus selbstverständlich, daß der Vorstand der Verbandsführung des ÖCV 1998 zur Unterstützung der Wiederwahl Klestils aufrief. *Academia intern*, 7/1997, S. 5 und 1/1998, S. 11.

politischen Umbrüche in Ost-Mitteleuropa eine besondere Herausforderung. Eingang sogar in internationale Geschichtsdarstellungen hat jenes Bild vom 27. Juni 1989 gefunden, als Mock mit seinem ungarischen Amtskollegen Gyúla Horn gemeinsam den Stacheldraht des „Eisernen Vorhangs" durchschnitt. Es war bedauerlich, daß er in der Person des damaligen Bundeskanzlers Franz Vranitzky keinen kongenialen Partner hatte, um auf dem Boden der historischen geopolitischen Stellung Österreichs in diesem Raum eine daran anknüpfende integrative Politik voll entwickeln zu können.[4]

Ein weiteres Verdienst Alois Mocks war seine richtige Einschätzung in der *Jugoslawien-Politik* Anfang der neunziger Jahre, die er auch dem damaligen deutschen Außenminister Hans Dietrich Genscher vermitteln und die er vor allem dann mit dessen Nachfolger Klaus Kinkel (Gu) vertreten konnte.[5] Auch ist sein Name eng mit dem *Beitritt Österreichs zur EU* verbunden, für den er sich massiv einsetzte und den er als Vollendung seiner politischen Laufbahn ansah.

So wie das Duo Leopold Figl (Nc) und Julius Raab (Nc) die Politik Österreichs und der ÖVP in den 15 Jahren nach dem Zweiten Weltkrieg bestimmte, so prägte Alois Mock die ÖVP in einem ähnlichen Zeitrahmen seit der zweiten Hälfte der siebziger Jahre bis Anfang der neunziger Jahre. Seine persönliche Verbundenheit mit dem CV ließ ihn in diesen Reihen zu einer Identifikationsfigur werden. Sein Abgang von der politischen Bühne hinterließ gerade in dieser Hinsicht eine schmerzliche Lücke.

Wolfgang Schüssel brach aus budgetpolitischen Gründen noch im Jahr 1995 Neuwahlen vom Zaun. Die ÖVP konnte sich zwar halten, hatte aber auf einen Erfolg gehofft. Jedoch ging die SPÖ auf Kosten anderer Parteien gestärkt aus den Wahlen hervor. Anfang 1997 räumte der mehr als zehn Jahre amtierende Bundeskanzler Franz Vranitzky den Sessel für den bisherigen Finanzminister Viktor Klima. Bei den nächsten Wahlen im Herbst 1999 konnte sich die ÖVP insgesamt mandats- wie stimmenmäßig behaupten. Durch Verluste der SPÖ und den Nicht-Wiedereinzug des Liberalen Forums gewann vor allem die FPÖ erheblich dazu, erhielt gleich viel Mandate wie die ÖVP, doch knapp mehr Stimmen.

Obwohl sich die ÖVP anfänglich festlegte, bei einem dritten Platz in die Opposition zugehen, gelang es nicht zuletzt Bundespräsident Klestil, sie zu Verhandlungen über eine Neuauflage der Koalition mit der SPÖ zu bewegen. Trotz dessen Bemühungen und der Unterstützung durch verschiedene Kreise[6] scheiterten diese jedoch Ende Januar 2000, so daß es zu einer Koalition zwischen ÖVP und FPÖ unter Führung Schüssels, jedoch ohne Jörg Haider kam. Diese wollte Bundespräsident Klestil verhindern. So wurde erst nach dessen Tod bekannt, daß er in einer Art Präsidialregierung den EU-Kommissar Franz Fischler (Merc EM) zum Bundeskanzler einer schwarz-roten Regierung mit Hannes

4 Gehler, Österreichs Außenpolitik, S. 546: „Das Tandem Vranitzky-Mock funktionierte in außenpolitischen Fragen aber nur selten konfliktfrei."

5 Zu Klaus Kinkel und Alois Mock siehe Ac 85 (1992), S. 150: „Zwei Außenminister beim Kommers." Kinkel und Mock sprachen auf dem Kommers der 106. CV 1992 in Mannheim. Kinkel, deutete dabei an, daß ihm „beim Einzug der Chargierten schon Gefühle überkamen, denn schließlich bin ich auch dreimal Senior der Guestfalia gewesen". Und weiters vermerkt die *Academia*: „Echte Begeisterung kam auch auf, als der österreichische Außenminister Alois Mock (Nc) eine flammende Rede für ein vereintes Europa hielt."

6 So u. a. durch den ORF unter Generalintendant Gerhard Weis (Baj) und der *Kronen Zeitung* unter Hans Dichand (ÖKV Norica Graz). Die Umstände, daß Weis, Klestil und dessen Pressesprecher Hans Magenschab derselben Verbindung angehören (Baj) und daß Magenschab der Schwager von Weis ist, waren dabei sicherlich nicht hinderlich. *Die Presse*, 28. 1. und 4. 2. 2000.

Androsch als Vizekanzler ernennen wollte. Als Schüssel und Haider Klestil bedeuteten, eine solche Regierung sofort zu stürzen, hat Klestil davon Abstand genommen.[7]

Die Koalition mit der FPÖ war in der ÖVP anfangs nicht unumstritten. Der damalige Wiener ÖVP-Landesobmann Bernhard Görg (AW) stimmte dagegen, die Landeshauptleute von Oberösterreich, Josef Pühringer (Se EM), und Tirol, Wendelin Weingartner (R-B), äußerten erhebliche Bedenken.[8] Die Verbandsführung des ÖCV hingegen begrüßte das Programm der Regierung und forderte alle auf, sie an den Taten zu messen.[9]

Das war ein vergeblicher Wunsch, denn die Folge war ein politisch wie völkerrechtlich umstrittener Sanktionsbeschluß der übrigen 14 EU-Mitglieder gegenüber Österreich, der erst im September 2000 aufgehoben wurde.[10] Nach der sog. Waldheim-Affäre sah sich Österreich wiederum heftiger internationaler Kritik ausgesetzt, die wie damals rational nicht unbedingt nachvollziehbar war. Was sich in Kommentaren und Berichten österreichischer, deutscher und internationaler Medien sowie in Stellungnahmen verschiedener Persönlichkeiten aus Politik und Kultur an historischem Dilettantismus abspielte, war mitunter haarsträubend.[11] Der ÖCV hingegen verurteilte die Sanktionen der 14 EU-Mitgliedsstaaten gegenüber Österreich auf der CVV 2000 in Brixen und forderte die umgehende Aufhebung.[12]

In den Januar- und Februar-Tagen des Jahres 2000 wurden in Österreich sowie auch im Ausland Stimmen laut, daß das Vorgehen der 14 EU-Staaten gegenüber Österreich von österreichischen Politikern selbst maßgeblich initiiert wurde, ähnlich wie auch 1986 die Waldheim-Affäre vom Büro des damaligen Bundeskanzlers Fred Sinowatz nachweislich ihren Ausgang genommen hatte. Auch wenn man seriöserweise erst nach Öffnung sämtlicher Archive den genauen Hergang wird erfahren und bewerten können, konzentrierte sich in der Medienberichterstattung der Vorwurf auf zwei Personen: auf den gescheiterten Bundeskanzler Viktor Klima und Bundespräsident Thomas Klestil.[13]

Dieser Umstand sowie das Verhalten Klestils im Zuge der Regierungsbildungsphase zwischen den Wahlen im Oktober 1999 und der Ernennung der Regierung Schüssel Anfang Februar 2000, insbesondere seine öffentlich zur Schau getragene Abneigung bei deren Angelobung, hat Klestil heftige Kritik auch aus den Reihen des ÖCV und seiner Verbindung[14] eingetragen. Das war ein wohl in dieser Form ein- und erstmaliger Vorgang im CV. Die Altherrenschaft der Rudolfina stellte sogar für die CVV 2000 den Antrag, daß die Verbandsführung an Klestil herantreten solle, um über die Vorgänge rund um die Regierungsbildung Auskunft zu bekommen. Insbesondere sollte gefragt werden, ob

---

7 Dies bestätigten Fischler und Androsch, siehe *Die Presse*, 12. und 13. 10. 2004. Erst nach Öffnung der betreffenden Akten in einigen Jahrzehnten wird man nähere Umstände erfahren können.

8 *Die Presse*, 3. und 4. 2. 2000.

9 öAc 50 (2000), H. 1, S. 5.

10 Über die Sanktionen siehe profund Gehler, Michael: Präventivschlag als Fehlschlag: Motive, Intentionen und Konsequenzen der EU 14-Sanktionsmaßnahmen gegen Österreich im Jahre 2000, in: Das europäische Projekt zu Beginn des 20. Jahrhunderts. Hg. von Wilfried Loth (= Grundlagen für Europa. Band 8). Opladen 2001, SS. 325-382.

11 Siehe eine erste Analyse dieses „Dilettantismus" von Karl-Peter Schwarz, damals stv. Chefredakteur von *Die Presse,* in der *Frankfurter Allgemeinen*, 12. 2. 2001, unter dem Titel „Das Wiener Intrigenspiel und der kalkulierte Wahn des Westens. Der faschistische Feind, gegen den die ideologischen Überregulierer Europas in Österreich anrennen, ist eine Fiktion."

12 ÖCVA. Beschlußprotokoll XLIII. CVV 2000; *Academia intern* 4/2000; Ac 93 (2000), S. 264.

13 *Die Presse*, 3. 2. 2001.

14 Die Bajuvaria setzte sogar den Punkt „Diskussion zum Thema: Regierungsbildung – Bbr. BP Klestil" auf die TO des ersten BC des SS 2000 (8. 3.), *Litterae's B-intern, 5/2000.*

Klestil „die internationale Staatengemeinschaft“ informiert hätte. Die vorbereitende Sitzung der Verbandsführung für die CVV am 8. April 2000 lehnte diesen Antrag zwar ab, er war jedoch bereits mit den Unterlagen verschickt worden und somit „cartellöffentlich“. Am 18. Mai vor Beginn der XLIII. CVV (2.-4. Juni 2000) zog jedoch die Rudolfina ihren Antrag „bezüglich der Rolle von Cbr. Dr. Klestil bei der Regierungsbildung“ zurück.[15]

Die *Academia*-Nummer nach der Regierungsbildung befaßte sich eingehend und kritisch mit den Umständen und Art dieser,[16] und Ernst Hofbauer (Baj) griff in einem Buch seinen Bundesbruder Thomas Klestil zum Teil jedoch in unseriöser Weise heftig an. In den Medien wurde natürlich genüßlich darauf hingewiesen, daß Klestil und Hofbauer derselben Verbindung angehören.[17] Letzteres führte u. a. zu Äußerungen, die den ÖCV als „Herausgeber“ dieses Buches bezeichneten. Das wiederum veranlaßte den Vorsitzenden der Verbandsführung des ÖCV, Helmar Kögl (Dan), am 29. November 2000 zu einer Stellungnahme, worin er diese Meldung als „unwahre Behauptung“ zurückwies. „Der ÖCV legt keinen Wert darauf, in politische Untaten hineingezogen zu werden.“ Gleichzeitig distanzierte er „sich von der Stimmungsmache und den Beschimpfungen gegenüber Bundespräsident Thomas Klestil.“[18]

Im April 2002 veröffentlichte Ernst Hofbauer neuerlich ein Buch[19], wo er Amtsstil und Privatleben von Thomas Klestil und seiner Frau kritisierte. Mehr als das erste Buch erfuhr dieses eine große mediale Resonanz und damit Verbreitung, wurde aber auch zu recht stark kritisiert.[20] Und noch häufiger wurde auf den Umstand der „Bundesbrüderschaft“ der beiden hingewiesen, so daß der CV in diese Sache neuerlich hineingezogen wurde. Der Vorsitzende der Verbandsführung, Helmar Kögl, bezeichnete diese Art von Auseinandersetzung als „unangenehm“.[21] Bundespräsident Thomas Klestil erhob Klage gegen den Verlag sowie den Autor.[22] Insgesamt wurde die Amtsperiode von Thomas Kle-

15 ÖCVA. Protokoll der 120. Sitzung der VF, 8. 4. 2000; Brief AHV Rudolfina an die Verbandsführung des ÖCV, 24. 3. 2000; ebda., Beschlußprotokoll der XLIII. CVV 2000, TO-Punkt 1, lit. d. Der Philistersenior der Bajuvaria, Johannes Dorrek, schrieb am 28. 4. 2000 dem Philistersenior der Rudolfina, daß er von Klestil Unterlagen erhalten hatte, die beweisen sollen, daß dieser nicht bei den Sanktionen involviert war. Unter diesen Unterlagen befindet sich u.a. eine Chronik der telef. Auslandskontakte Klestils in der Zeit vom 27. 1. bis 7. 2. 2000 sowie die Abschrift eines Briefes von Klestil an den damaligen Vorsitzenden des Europäischen Rates und portugiesischen Ministerpräsidenten vom 21. 3. 2000.

16 öAc 50 (2000), H. 1, SS. 5, 7-18, insbesondere der Artikel „Der Fall des Präsidenten“ von Andreas Kresbach (Cl).

17 Hofbauer, Verrat, siehe bes. S. 16.; siehe auch zu diesem Buch der Kommentar in *Die Presse*, 22. 11. 2000. Siehe auch Besprechung in öAc 50 (2000), H. 5, S. 25. Obwohl dieses Buch durchaus nachvollziehbare Fakten schildert, hat es zwei erhebliche Nachteile: Erstens werden oft keine oder nur unvollständige Belege für diese angeführt, und zweitens vergreift sich Hofbauer im Ton erheblich, so daß diese Fakten-Sammlung durch die subjektive Seite des Buches leidet.

18 *Academia intern* 7/2000.

19 Unsere Klestils. Ein Paar geht seinen Weg. Wien 2002.

20 *News*, Nr. 14, 2002, SS. 31-33, und 15, 2002, SS. 8-25; *Der Standard*, 5. 4. 2002, S. 8; *Die Presse*, 5. 4. 2002, S. 7, 8. 4. 2002; *Der Spiegel*, Nr. 12, S. 167.

21 öAc 53 (2002), H. 2, S. 26f.

22 Klestil erwirkte eine einstweilige Verfügung, die aber teilweise aufgehoben wurde. Am 17. Oktober 2002 wurde aber Hofbauer wegen „übler Nachrede“ zu einer bedingten Geldstrafe von 7.000 Euro verurteilt, am 14. Juli 2003 wurde im Rahmen eines Berufungsverfahrens vom Oberlandesgericht Wien der Strafbetrag auf 4.300 Euro herabgesetzt. Anfang 2004 setzten Bemühungen ein, die weiteren anhängigen Streitigkeiten in einen Vergleich münden zu lassen. *Die Presse*, 29. 5., 6. 7., 15. und 18. 10. 2002, 28. 1. und 15. 7. 2003, 16. 1. 2004. Der Verteidiger Hofbauers war Peter Armstark (ehem. S-B). Im übrigen hat auch der Pressesprecher Klestils, Hans Magenschab (Baj), seine Tätigkeit in der Hofburg teilweise durchaus kritisch in einem Buch verarbeitet: „Die große Flut. Oder: Die Errettung Mitteleuropas durch den Kabinettsdirektor Dr. Tuzzi“ (St. Pölten 2004). Allerdings ist die literarische Art – unabhängig von dem Umstand, daß dieses Buch nach dem Tode Klestils erschienen ist – juristisch „unangreifbarer“.

stil von einer gewissen Tragik überschattet, deren Höhepunkt zweifellos sein Tod zwei Tage vor der Amtsübergabe war.

Doch zurück zur Regierung Schüssel. Sie wird historisch u. a. auch daran gemessen werden, wie weit durch eine Koalition mit der FPÖ deren „Domestizierung" und vor allem die Jörg Haiders gelingen sollte. Die Ergebnisse der Landtagswahlen ab dem Jahr 2000 ließen diesen Schluß bereits vermuten, jedoch haben erst die Nationalratswahlen Ende 2002 diese Entwicklung vorläufig bestätigt. (Für ein endgültiges Urteil bedarf erst eines längeren Beobachtungszeitraum.) Diese wurden durch einen FP-internen Putsch („Knittelfeld") im Spätsommer 2002 notwendig und machten die ÖVP zur stärksten Partei, eine Position, die sie 1970 abgeben mußte. Die FPÖ verlor fast zwei Drittel ihrer Sitze. Bei der Wahl waren Angehörige des ÖCV für die ÖVP unterstützend besonders aktiv (Aktion 2411[23]), und zwar in einer Weise, die gerade noch mit den Prinzipien des ÖCV („parteipolitisch ungebunden") vereinbar waren.

Wolfgang Schüssel und die ÖVP hatten 1999/2000 zwei Möglichkeiten: Entweder die Fortsetzung der Koalition mit der SPÖ, bei der man sich aber mit nahezu an Sicherheit grenzender Wahrscheinlichkeit ausrechnen konnte, daß bei der nächsten Wahl die FPÖ mit Jörg Haider noch stärker werden würde. Oder durch das Einbinden der einen populistischen Kurs fahrenden FPÖ in die Regierungsverantwortung diese in den nun eingetretenen Minimierungsprozeß zu zwingen. In beiden Fällen aber verliert eine solche Partei gehörig an Stimmen bzw. gerät in Schwierigkeiten.

Der Erfolg des Jahres 2002 gab Wolfgang Schüssel vorerst recht. (Und die „Spaltung" zwischen FPÖ und BZÖ ab 2005 ist ein weiterer Beweis dafür.) Trotzdem gab es innerhalb der ÖVP wie 1999/2000 Stimmen, die eine Große Koalition befürworteten und diese Meinung auch offen vertraten. Im ÖVP-Parteivorstand haben die Landeshauptleute Erwin Pröll (Rt-D EM) und Josef Pühringer (Se EM) gegen eine Koalition mit der FPÖ gestimmt, Landeshauptmann Herwig van Staa (Le) und Wirtschaftskammerpräsident Christoph Leitl (Kb EM) haben sich der Stimme enthalten. Bernhard Görg (AW), der 2000 als einziger gegen die Koalition mit der FPÖ aufgetreten war (s. o.), kommentierte drei Jahre später seine Haltung etwas gelassener.[24]

Die ÖVP/FPÖ-Regierung Schüssel begann ab 2002/2003 mit einer Reform insbesondere in der Renten- und Gesundheitspolitik. Ähnlich, wie die rot-grüne Regierung in Deutschland zeitgleich deswegen in der Wählergunst abrutschte, war dies auch für die ÖVP und FPÖ zu bemerken. So hat die ÖVP zuerst im März 2004 den seit jeher – seitdem es allgemeine Wahlen gibt – „schwarzen" Landeshauptmann in Salzburg, zuletzt Franz Schausberger (Rp), und dann im Oktober 2005 den in der Steiermark verloren. In Kärnten ist sie halbiert worden. Allerdings haben die Reformen in Österreich – im Gegensatz zu Deutschland – bald Wirkungen gezeigt, die auch internationale Beachtung fanden.

Diese Darstellung hat Anfang 2006 ihren Abschluß gefunden. Daher war es nicht möglich, die in diesem Jahr fälligen Nationalratswahlen und deren Ergebnis zu berücksichtigen, vor allem im Hinblick auf die Entwicklung der FPÖ/BZÖ und die Regierung Schüssel. Hier bereits gemachte Wertungen für die politische Periode ab 2000 können daher obsolet geworden sein. Andererseits ist es natürlich auch für eine zeithistorische Studie, die zwangsläufig auch eine politikwissenschaftliche Seite hat, reizvoll, aus eingetre-

23 Am 24. 11. fanden die Wahlen statt, daher 2411.

24 *Die Presse*, 21. 2. 2003.

tenen Entwicklungen heraus in die Zukunft zu extrapolieren, auch auf die Gefahr hin, daß das aufgrund eines anderen Verlaufs hinfällig wird.

Fest steht, daß Österreich ab Mitte der achtziger Jahre ähnlich wie andere europäische Länder (z. B. Dänemark, Niederlande) den spektakulären Aufstieg eines populistischen Herausforderers (Jörg Haider) erlebt hat. Dieser ging mehr zu Lasten der ÖVP als der SPÖ. Diese Entwicklung in Österreich und in anderen europäischen Staaten führte zu der allgemein tradierten Auffassung, daß es zur Auflösung fest fundamentierter Parteiensysteme gekommen ist bzw. kommen wird. In der mit Österreich aufgrund historischer Gemeinsamkeiten stark verbundenen Bundesrepublik Deutschland war dies bis jetzt aber nicht dermaßen zu beobachten. Und auch die Nationalratswahlen von 2002 ließen als Deutung eine Rückkehr wieder zum *status ante quo* 1986 annehmen. Ob das so stimmt oder nur eine vorübergehende Entwicklung war, kann natürlich nicht festgestellt werden.

Politikwissenschaftlich Studien gehen aber mehrheitlich von einem Umbruch des Parteiensystems aus. Für Deutschland (und damit auch Österreich) wird folgende Konfliktlinie angenommen: Die einen werden ein entschlossenes Reformhandeln als erforderlich ansehen, um den wirtschaftlichen und sozialen Standard zu erhalten; die anderen wollen auch in Zukunft an den bisherigen Verfahren und Üblichkeiten festhalten, weil sie – so meint man – bisher Erfolg gehabt hatten. Der Historiker Hans-Ulrich Wehler nennt das „Blockierung durch unsere Erfolgsmentalität“, die an Wirklichkeitsverleugnung herankommt.[25] Diese elementare Auseinandersetzung zwischen zwei einander diametral gegenüberstehenden Generaldeutungen der Wirklichkeit wird wohl in Zukunft den politischen Prozeß in den westeuropäischen Industrienationen beherrschen. In Deutschland war es das Thema der rot-grünen Regierung (Agenda 2010), was dann aber zu einem schwer exekutierbaren Wahlergebnis in 2005 führte. Die nun entstehende Hauptkonfliktlinie zwischen Bewegung und Beharrung verläuft quer durch die traditionellen Parteien, vor allem der (nicht mehr ganz so) großen Volksparteien. Eine Mitte 2005 formulierte Annahme geht davon aus, daß die Sozialdemokratie zwischen den Prozessen Bewegung und Beharrung in eine Zerreißprobe kommen wird, während es die Chance der christdemokratischen Parteien sein wird, sich als „Parteien der Bewegung“ zu profilieren.[26]

CVer in der Politik

Trotz einer weitherzigen „Umarmungstaktik“ Bruno Kreiskys und trotz (oder gerade wegen) des kometenhaften Aufstiegs der FPÖ unter Jörg Haider (J! Silvania Wien) blieb im großen und ganzen in den letzten 30 Jahren des 20. Jahrhunderts die ÖVP weiterhin die überwiegende politische Heimat für die meisten CVer. Das gilt auch für das katholische Milieu insgesamt, auch größtenteils für den Bereich der Katholischen Aktion. So ist es für Anton Pelinka kein Zufall, „daß die letzten drei Bundesparteiobmänner der ÖVP aus Gliederungen der Katholischen Aktion hervorgegangen sind“.[27]

---

25 Dazu zählt z. B. die auch in Österreich bei den Reformen 2002/03 beobachtete Tendenz von Gewerkschaften o. ä., auch teilweise der Regierung nahestehender Teile (Beamte), die demographische Entwicklung hinsichtlich des Pensionseintrittsalters nicht wahrnehmen zu wollen.

26 Dürr, Tobias: Bewegung und Beharrung: Deutschlands künftiges Parteiensystem, in: APuZ 32-33/2005, 8. 8. 2005, SS. 31ff.

27 Pelinka, Paradigmenwechsel: Lernen aus der Geschichte, S. 49.

Wiederum ist es zuerst interessant, wie es in dieser Epoche im Parlament für den CV ausgesehen hat. Von 1990 bis 2006 wurden 30 CVer in den Nationalrat gewählt, von denen 14 (46,7 Prozent) zusätzlich noch eine weitere höhere politische Funktion als die eines einfachen Abgeordneten bekleideten bzw. bekleiden. In den Bundesrat wurden in diesem Zeitraum neun CVer entsandt, von denen fünf eine höhere politische Funktion als die eines einfachen Mitglieds bekleideten. Die Liste der Namen befindet sich im Anhang 3.

Anteil der CVer an der Fraktion der ÖVP im Nationalrat von 1986 bis 2002

Die erste Zahl unter den Rubriken „davon CVer" und „Prozentanteil" bezieht sich auf die Situation zu Beginn der Legislaturperiode, die zweite auf das Ende.

	ÖVP-Mandate	davon CVer	CV-Prozent-Anteil
1986	77	22/20	28,6/26,0
1990	66	18/18	30,0/30,0
1994	52	16/16	30,8/30,8
1995	53	14/16	26,4/30,2
1999	52	11/9	21,2/17,3
2002	79	8/8	10,1/10,1

Anteil der CVer an den Mitgliedern des Bundesrates von 1990 bis 2005

	ÖVP-Mandate	davon CVer	CV-Prozentanteil
1990	30	5	16,7
1994	27	4	14,8
1995	27	4	14,8
1999	27	2	7,4
2001	27	0	0
2002	27	1	3,7
2005	27	2	7,4

Der Anteil der CVer im Nationalrat steigerte sich 1990 aus ähnlichen Gründen wie 1930. Offenbar rangierten CVer auf vorderen Listenplätzen, so daß sich die erheblichen Verluste der ÖVP nicht auf den CV-Anteil auswirkten. 1994 und 1995 bewegte sich der CV-Anteil im üblichen Durchschnitt seit 1945, also um die 25 Prozent, um dann 2002 merklich abzusinken.

Die Ursachen hierfür sind vielschichtig. Eine davon dürfte der Anstieg des Frauenanteils sein. Hier sind zwei Zahlenvergleiche interessant. In der Legislaturperiode 1966-1970 hatte die ÖVP 85 Mandate (davon waren aber nur zwei Frauen). Von diesen waren 20 bzw. 18 CVer. Nimmt man die Männerzahl 83 als Ausgangspunkt, dann waren davon 24,1 bzw. 21,2 Prozent CVer. Bei der Wahl 1999 erreichte die ÖVP 52 Mandate, die

Männerzahl lag bei 40. Davon waren 11 bzw. 9 CVer, das sind 27,5 bzw. 22,5 Prozent. Also noch ein fast identischer Anteil bezogen auf die Männerzahl.

Unter diesem Gesichtspunkt ist aber der Einbruch im Jahr 2002 besonders drastisch. Von 79 ÖVP-Abgeordneten waren 55 Männer, der CV-Anteil bei diesen war nun 14,5 bzw. 12,7 Prozent, also fast eine Halbierung des Anteils. Parallel war das auch im Bundesrat zu bemerken, im Jahr 2001 saß sogar kein CVer mehr in der Zweiten Kammer des Parlaments, das war erst wiederum 2002 der Fall.

Trotz alledem: Der ÖCV hat nach wie vor einen hohen prozentualen Anteil in der Bundespolitik. Sein Anteil an den Christlichsozialen bzw. ÖVP-Abgeordneten zum Reichsrat bzw. zum Nationalrat pendelte seit 1907 bis 1999 zwischen 15 Prozent und knapp über 38 Prozent. Ob der deutliche Anteilsrückgang ab der Wahl 1999 ein unterer Pendelschlag und eine Ausnahme darstellt oder ob damit der Beginn eines Trends signalisiert wird, kann erst nach einem längeren Beobachtungszeitraum festgestellt werden.

Die Namen der Parlamentarischen Funktionäre dieser Zeit, der Regierungsmitglieder, Landespolitiker und ÖVP-Spitzenfunktionäre aus dem CV siehe Anhang 2. In der Periode von 1987 bis 2000 (Koalitionsregierung SPÖ-ÖVP) und ab 2000 (Koalitionsregierung ÖVP-FPÖ) gab es 24 Mitglieder der *Bundesregierung*, die von der ÖVP gestellt wu(e)rden, davon waren 4 CVer, das sind 16,7 Prozent. Die Betrachtung der Entwicklung ist ebenso hilfreich. Nach diesen Zahlen lag die Dominanz des CV bei den Regierungsmitgliedern eindeutig in den fünf Jahrzehnten zwischen 1920 bis 1970 (abzüglich der NS-Zeit).

Anteil der CVer an den Bundesregierungen von 1920 bis 2005

	Von CSP/ÖVP gestellt	davon CVer	CV-Prozentanteil
1920-1933	36	20	55,6
Ständestaat	24	14	58,3
1945-1970	40	21	52,5
1987-2005	24	5	20,8

Der Begriff „von CSP/ÖVP gestellt" ist zwar für die Zeit nach 1945 eindeutig, für 1920 bis 1938 jedoch nicht. Nach 1920 gab es ganz in der Tradition der Monarchie einige Ministerberufungen aus dem Beamtenstand, die parteipolitisch nur schwer zuzuordnen waren. In der Zeit des Ständestaates gab es zwar, wenn man so will, eine „Einparteienherrschaft" (Vaterländische Front), jedoch dürfen jene Minister, die aus dem Lager der Heimwehr oder gar dem national(sozialistisch)en Lager kamen, seriöserweise nicht unter dem Begriff „Von der CSP gestellt" subsumiert werden. Dies wurde dann bei der Festlegung der Zahl 24 auch berücksichtigt.

Während bei der Nationalratswahl 1990 18 von 60 ÖVP-Abgeordneten CVer waren (Anteil 30 Prozent, nur 1962 war er höher: 30,9 Prozent), sieht vergleichsweise die Situation bei der FPÖ anders aus. Bei der 1990 sprunghaft gestiegenen FPÖ-Fraktion (von 18 auf 33 Mandate) fanden sich nur vier Angehörige einer schlagenden Hochschulverbindung (12,1 Prozent), darunter Friedhelm Frischenschlager (S! Barden Wien), der aber 1993 zum Liberalen Forum wechselte.

In früheren Zeiten fast undenkbar war die politische Tätigkeit von „Schlagenden" bei den Christlichsozialen bzw. der ÖVP, so z. B. die NRAbg. Rudolf Hämmerle (C! Rheno-Palatia München) und Gerhard Bruckmann (S! Gothia Graz) sowie Bundesminister

Martin Bartenstein (ATV Graz). Ebenso bemerkenswert ist, daß Reinhard Firlinger (F-B) 1994 für das Liberale Forum in den Nationalrat eingezogen ist, jedoch bereits 1996 zur FPÖ wechselte.[28]

Auch eine nähere Betrachtung der CVer in den ***Landesregierungen*** ab 1918 ist aufschlußreich. Insgesamt bekleideten 93 CVer Positionen in diesen, davon waren 40 Landeshauptleute, 27 waren davon Landeshauptmannstellvertreter, 8 Landesregierungsmitglieder übten anderwärts eine höhere Position aus (z. B. der steirische Landesrat Gorbach als Bundeskanzler), und lediglich 18 blieben einfache Landesregierungsmitglieder (Landesräte).[29] Daraus kann man erkennen, daß – gemessen am Bund – CVer in den Ländern überproportional in Spitzenfunktionen vertreten waren bzw. sind. Unterdurchschnittlich hingegen war seit jeher der Anteil der CVer an den Fraktionen der CSP bzw. ÖVP in den Landtagen. Sie erreichten selten die Spitzenwerte von über 20 Prozent wie im Nationalrat.[30] Daraus ist folgender Schluß zu ziehen: Die Elite-Stellung von CV-Angehörigen in der Landespolitik war noch deutlicher ausgeprägt als im Bund. Obwohl in den Ländern vergleichsweise weniger CVer politisch tätig waren bzw. sind, erreichten diese hingegen dort häufiger Spitzenstellungen.

Hilfreich ist dabei auch die Betrachtung der Anzahl der CVer in den Landesregierungen in Zehnjahresschritten. Hier ersieht man, daß CVer in der Ersten Republik rasch Positionen besetzen konnten, wobei der Höhepunkt verständlicherweise im Ständestaat lag, wo mit Ausnahme Kärntens alle Landeshauptleute Österreichs CVer waren. Ab 1945 war die Zahl bis in die neunziger Jahre relativ stabil, um dann ab Anfang des 21. Jahrhunderts etwas zurückzugehen. Der Anteil der Ehrenmitglieder an den Landeshauptleuten ist ebenfalls sehr hoch.

Anteil der CVer an den Landesregierungen von 1925 bis 2005

Die Klammerzahl in der Rubrik Landeshauptleute sind die Ehrenmitglieder

	Landeshauptleute	Sonstige Mitglieder der Landesregierung	Summe
1925	7 (2)	9	16
1935	8 (2)	11	19
1946	5 (3)	5	10
1955	4 (2)	9	13
1965	5 (2)	8	13

28 Firlinger teilte am 31. 1. 1994 der Verbandsführung schriftlich seinen Austritt aus dem ÖCV mit. ÖCVA. Beilage zum Protokoll 98. Verbandsführungssitzung 19. 1. 1994. Siehe auch *profil*, 2. 4. 1994, S. 16. Dies tat er wegen des Unvereinbarkeitsbeschlusses ÖCV – Liberales Forum des Studententages vom 6.-9. 1. 1994. Da er aber in den Gesamtverzeichnissen danach immer angeführt wird, ist dieses Schreiben wohl ohne rechtliche Konsequenz geblieben.

29 Siehe dazu die Aufstellung in Anhang 3.

30 Dazu siehe z. B. den Bericht von *Academia intern* 6/2005, S. 5. über die drei Landtagswahlen im Herbst 2005. Da im Burgenland zwei und in der Steiermark ein CVer in der Landesregierung sitzen, gaben sie ihr Landtagsmandat ab, so daß in diesen Landtagen kein CVer mehr vertreten ist. Hingegen konnten als herausragende Ausnahme bei den Landtagswahlen in Wien fünf (von 18 ÖVP-Mandaten) CVer den Einzug schaffen, darunter der Klubobmann Matthias Tschirf (Merc) und der Alt-VOP Wolfgang Aigner (AW), das sind 27,8 Prozent.

	Landeshauptleute	Sonstige Mitglieder der Landesregierung	Summe
1975	4 (4)	9	13
1985	6 (4)	6	12
1995	5 (3)	7	12
2005	4 (3)	8	12

Mit dem Beitritt Österreichs zur Europäischen Union am 1. Januar 1995 gibt es auch im *Europäischen Parlament* zu Straßburg 21 Abgeordnete aus Österreich. 1995 wurden diese noch vom Nationalrat delegiert, 1996 wurde nachgewählt, und 1999 gab es für Österreich die erste ordentliche Wahl. Seit 1995 gab/gibt es sechs CVer aus Österreich im Europäischen Parlament (Namensliste siehe Anhang 3). Weiters war von 1995 bis 2004 Franz Fischler (Merc EM) EU-Kommissar. Von 1979 bis 1999 war übrigens Otto von Habsburg-Lothringen (NbW EM) auf der Liste der CSU Europa-Abgeordneter.

CV und Politik manifestiert sich nicht nur in der Darstellung politischer Funktionen. Wie kein anderer Verband war bzw. ist der CV mit der ***Hochbürokratie*** verbunden. Daher ist es durchaus interessant, sich beispielhaft den Anteil der CVer an der höchsten Beamtenrangklasse, den Sektionschefs in den Ministerien, in großen Zeitsprüngen anzusehen.[31] Dabei wurden folgende Jahre genommen: Das Jahr 1914 als letztes Friedensjahr der Monarchie, nachdem es bereits 50 Jahre den CV in Österreich gegeben hat; das Jahr 1935, zwanzig Jahre später, als es bereits 70 Jahre den CV in Österreich gab und weil dieses Jahr gleichsam noch an der Wende zwischen Republik und Ständestaat und nach gut 15 Jahren christlichsozialer Regierungstätigkeit steht; das Jahr 1958, einem ersten Höhepunkt der CV-Dominanz in der Hochbürokratie; das Jahr 1967, nachdem es den CV in Österreich schon mehr als 100 Jahre gab, nach 22 Jahren ÖVP/CV-Bundeskanzler und einem Jahr ÖVP-Alleinregierung; das Jahr 1991: fast 130 Jahre CV in Österreich, das seit 1967 eine ÖVP-Alleinregierung, die 13jährige Ära Kreisky, eine kurzlebige SPÖ/FPÖ-Regierung sowie nach 17 Jahren wiederum eine ÖVP-Teilhabe an der politischen Macht erlebte, das Jahr 2000, mit dem 30 Jahre SPÖ-Bundeskanzler beendet wurden, und das Jahr 2005 nach fünf Jahren ÖVP/FPÖ-Regierung.

Anteil der CVer an den Sektionschefs 1914 bis 2005

	1914	1935	1958	1967	1980	1991	2000	2005
Sektionschefs	47	30	55	65	72	77	82	65
davon CVer	0	6	26	23	6	11	13	6
Prozentanteil	0	20,0	47,3	35,4	8,3	14,3	15,9	9,2

31 Wenn nicht anders angegeben standen für diese Recherche die Amtskalender der betreffenden Jahre zur Verfügung.

Nach dem Ersten Weltkrieg gab es 1922 zwei CV-Sektionschefs, 1927 vier und 1935 sechs. Damit war der Höchststand vor 1938 erreicht. Auffallend ist, daß sich selbst 70 Jahre nach der CV-Gründung in Österreich der CV-Anteil in der Spitzenbürokratie kaum bemerkbar gemacht hat. Daß dies in der Monarchie so der Fall war, verwundert wegen der Dominanz des national-liberalen Freisinns in dieser Berufsgruppe nicht. Geht man davon aus, daß vor dem 50. Lebensjahr eine Ernennung zum Sektionschef damals eine Seltenheit darstellte, so hätte ein solcher Fünfzigjähriger 1935 unter normalen Umständen im Jahr 1902 sein Studium beginnen müssen. Nun ist, wie wir gesehen haben, erst Mitte des ersten Jahrzehnts des 20. Jahrhunderts ein Verbindungsgründungs- und Eintrittsboom zu verzeichnen gewesen. Die statistische Menge, die notwendig ist, um in einer gewissen Breite in diese Spitzenfunktionen vorstoßen zu können, stand praktisch erst nach 1945 zur Verfügung.

Nach dem Zweiten Weltkrieg stießen CVer rasch in hochbürokratische Spitzenfunktionen vor. Neben der nunmehr vorhandenen „statistischen Breite" war es vor allem auch der Umstand, daß CVer im Gegensatz zu den alten hochbürokratischen Eliten in der Regel nicht durch das NS-Regime korrumpiert waren. Es ist daher beachtlich, daß trotz der Großen Koalition mit der Aufteilung in praktisch zwei Einflußhälften der CV-Anteil an den Sektionschefs 1958 nahe an 50 Prozent herankam, um dann nach einem Rückgang Ende der sechziger Jahre den Wert von mehr als einem Drittel zu halten.

Daß die Zahlen bis 1991 abgesunken sind, verwundert nach 17jähriger Abstinenz der ÖVP von der Regierungs-Macht nicht. Daß aber auch nach 13jähriger Wiederteilhabe der ÖVP an der Regierung Werte wie in den fünfziger/sechziger Jahren nicht erreicht werden, zeigt – auch wenn man verstärkte Frauenkarrieren[32] berücksichtigt –, daß der traditionelle Einfluß des CV in der Hochbürokratie zurückgegangen ist. Das wird insbesondere für das Jahr 2005 deutlich, nach fünf Jahren ÖVP/FPÖ-Koalition mit deutlicher Dominanz der ÖVP.[33]

Eine andere Berechnungsmethode kommt zu einem ebenfalls nicht uninteressanten Ergebnis. Im Zeitraum von 1949 bis 1989 war rund ein Fünftel aller in dieser Zeit amtierenden Sektionschefs CVer, wobei dieser Anteil in klassischen ÖVP-Ministerien deutlich darüber lag, als in traditionellen SPÖ-Ministerien.[34] So zeigt sich eine CV-Dominanz im Bundeskanzleramt, im Unterrichtsministerium, im Landwirtschaftsministerium sowie im Handels/Wirtschaftsministerium aber auch im Finanz- wie im Außenministerium[35]

Es gibt aber nichts zu beschönigen: Der CV-Anteil an den Sektionschefs ist trotz des Wiedereintritts der ÖVP in die Regierung gesunken. Doch muß man bei dieser Bewertung noch andere Faktoren beachten. Erstens wäre die nächstniedrigere Rangstufe (Ministerialräte) daraufhin zu untersuchen, aber auch die Landesverwaltungen und die anderen nachgeordneten Dienststellen. Zweitens: Der Beamtenstatus verliert zunehmend an Bedeutung, ein auch in Deutschland zu beobachtender Trend. Das System der Pragmatisierung, dort wie in Österreich ein Besonderheit des Öffentlichen Dienstes, wird deutlich zurückgedrängt. Drittens: Im Zuge der spätestens seit den achtziger Jahren

32 So gab es 2000 zwei weibliche Sektionschefs, im Jahr 2005 bereits fünf.

33 Dazu kam noch, daß infolge einer Verwaltungsreform die Zahl der Sektionen erheblich reduziert wurde.

34 Scheiber, Der ÖCV als Beispiel einer politischen Elite, S. 107. Diese Diplom-Arbeit untersucht detailliert nach Ministerien die Präsenz des ÖCV in den Sektionen bzw. den Sektionschef und ist als solche sehr begrüßenswert.

35 Scheiber, Der ÖCV als Beispiel einer politischen Elite, S. 122f.

einsetzenden Ökonomisierung der Gesellschaft sind auch für den CV andere Berufswege als die des Öffentlichen Dienstes zunehmend attraktiver geworden. Mitte des 21. Jahrhundert müßte eine Bewertung des CV und seiner Stellung in der Gesellschaft weniger durch die Anteile von CVer an Sektionschef, als vielmehr durch die der Vorstandsvorsitzenden einer Aktiengesellschaft erfolgen.

Interessant im Zusammenhang mit CV und Politik ist ein Blick in die ***Bundesrepublik Deutschland.*** In den letzten westdeutschen Bundestag von 1987 wurden 28 CVer gewählt, davon einer für die FDP. Die CDU/CSU erreichte 223 Sitze, somit betrug der Anteil 12,1 Prozent. Bekannte CV-Bundestagsmitglieder 1987 waren u. a. der Bundestagspräsident Philipp Jenninger (St EM) sowie der ehemalige CV-Ratsvorsitzende Hans Stercken (Nv).[36]

Bei der im Oktober 1994 stattgefunden Bundestagswahl erreichte die CDU/CSU 294 Mandate, von diesen gehörten einer CV-Verbindung 14 an, darunter u. a. Verkehrsminister Matthias Wissmann (AlBo EM) und Bildungsminister Jürgen Rüttgers (Rap), das sind knappe 4,8 Prozent. Allerdings muß man im Vergleich zu Österreich zwei Dinge berücksichtigen. Erstens sind in Deutschland Katholiken und Protestanten ungefähr gleich stark, allerdings machen letztere innerhalb der Unionsparteien nicht die Hälfte, sondern ungefähr nur ein Drittel aus. Und zweitens sind in Deutschland sowohl der KV wie auch der UV von Bedeutung. Von diesen beiden Verbänden gab es damals je 5 Abgeordnete bei der CDU/CSU-Fraktion.[37] Somit beträgt die Gesamtzahl der CV/KV/UV-Abgeordneten in der CDU/CSU-Fraktion 24. Nimmt man aber von dieser Fraktion nur zwei Drittel von 294 Abgeordneten als Vergleichsmaßstab, dann kommt man auf 196, 24 Abgeordnete bedeuten dann knapp über 12,2 Prozent. In Österreich betrug hingegen der CV-Anteil an der ÖVP-Fraktion 1994 23,1 Prozent.

Nicht unerwähnt darf bleiben, daß 1994 und auch 1998 jeweils zwei CVer als FDP-Abgeordnete in den Bundestag zogen, u. a. Außenminister Klaus Kinkel (Gu).[38] Bis 1994 war Dieter-Julius Cronenberg (Sx) der von der FDP gestellte Vizepräsident des Bundestages.

Bei der Bundestagswahl 1998 verschlechterte sich der Anteil der CVer. Nur neun zogen für die CDU/CSU (245 Mandate) in den Bundestag ein, darunter der von 2000 bis 2002 amtierende Vorsitzende der CDU/CSU-Bundestagsfraktion Friedrich Merz (BvBo).[39] Dagegen ist als parteiloser Wirtschaftsminister der rot-grünen Bundesregierung 1998-2002 Werner Müller (Cpf) zu nennen. Bei der Bundestagswahl des Jahres 2005 wurden nur mehr sechs CVer gewählt[40], davon einer für die FDP. Von der CDU/CSU-Fraktion (226) ist das ein Anteil von 2,2 Prozent. Auch bei Berücksichtigung der erwähnten Unterschiede ist das ein schlechterer Anteil als in Österreich.

Auch eine Reihe deutscher Landespolitiker stammt(e) aus dem CV, wie z. B. Franz Josef Strauß (TsM) und Edmund Stoiber (Tfs EM) in Bayern, Erwin Teufel (ChT EM) in Baden-Württemberg sowie der spektakuläre Wahlsieger von 2005 in Nordrhein-Westfa-

36 Ac 80 (1987), S. 87 und 138.

37 U. a. aus dem KV Bundesminister a. D. Heiner Geissler (KV Alamannia Tübingen) und aus dem UV Bundesminister a. D. Rudolf Seiters (Unitas-Winfridia Münster).

38 Dazu siehe Ac 87 (1994), S. V.

39 Im Zusammenhang mit Politikern aus dem deutschen CV ist folgendes „Exoticum" erwähnenswert: Vicente Albornoz (B-S) ist 2000 als Abgeordneter der christlichdemokratischen „Democracia Popular" in den Nationalkongreß Ecuadors eingezogen. Ac 93 (2000), S. 194.

40 Ac 98 (2005), S. 398. Darunter die bereits erwähnten Merz und Wissmann sowie Edmund Stoiber (Tfs EM), der jedoch bald sein Mandat niederlegte.

len, Jürgen Rüttgers (Rap). Von 1990 bis 2002 war Karl-Joseph Schommer (Nc) sächsischer Wirtschaftsminister, der sogar Urmitglied einer österreichischen Verbindung ist![41]

Zurück wieder nach Österreich. Die gerade erwähnten deutschen Politiker aus dem CV in der FDP oder in einer rot-grünen Bundesregierung läßt auch für den ÖCV die Frage stellen, welche politischen Präferenzen in ihm vorherrschen? Immer wieder liest man vom sog. „fünften Prinzip ÖVP".[42] 1969/70 ist erstmals im ÖCV eine Meinungsumfrage durchgeführt worden, bei der auch nach der Wählbarkeit der Parteien gefragt wurde. Damals gestanden dies 93 Prozent der ÖVP zu, 23 Prozent der FPÖ und 15 Prozent der SPÖ. Neben geringsten Prozentpunkten für die KPÖ und andere Parteien gaben 7 Prozent kein Votum ab. Aufgrund der Mehrfachnennungsmöglichkeiten ergeben nun 93 Prozent ÖVP plus 7 Prozent keine Nennung insgesamt 100 Prozent, d. h. es gab damals keinen CVer, der die ÖVP nicht für wählbar hielt.

Im Jahr 1988 wurde im ÖCV wiederum eine solche Umfrage durchgeführt. Das Ergebnis lautete: ÖVP 86 Prozent, FPÖ 16 Prozent, Vereinte Grüne Österreichs 12 Prozent, SPÖ 10 Prozent, Grün-Alternative Liste 9 Prozent, sonstige Parteien 6 Prozent, keine Angaben 13 Prozent.[43] Ähnlich wie 1969/70 erreichten ÖVP und „keine Angaben" 99 Prozent. Es gab also nur 1 Prozent im ÖCV, der die ÖVP nicht für wählbar hielt. Interessant im Vergleich zu dem Ergebnis von 1969/70 ist, daß 1988 die Werte sowohl für die FPÖ (trotz oder wegen Haider?) als auch für die SPÖ gesunken sind. Allerdings ist, berücksichtigt man SPÖ und die beiden Grünen Parteien, das „freischwebende linke Potential" im ÖCV etwas gestiegen.[44] Bei einer Umfrage im Jahr 1992, die jedoch nicht so repräsentativ und genau war, wie die beiden vorigen, votierten für die ÖVP nur mehr 66 Prozent.[45]

Die Konkurrenz

Bis in die fünfziger Jahre war der CV hinsichtlich der Rekrutierung der Führungselite der ÖVP nahezu konkurrenzlos.[46] Zum Unterschied zu Deutschland hatte in dieser Hinsicht in Österreich weder der KV und schon gar nicht der UV Bedeutung erlangt. Durch die Errichtung der Katholischen Hochschulgemeinden (KHG) und der Katholischen Hochschuljugend als KA im universitären Bereich kam es zu einer Konkurrenzsituation. Aus diesen Reihen erwuchs eine Reihe von politischen und sonstigen Führungspersönlichkeiten, wie z. B. die Regierungsmitglieder ab 1987 Erhard Busek, Josef Riegler, Wolfgang Schüssel und Hans Tuppy.

Die Spannungen zwischen ÖCV und KA übertrugen sich nun von der innerkirchlichen auch auf die politische Ebene, wie der aufmerksame politische Beobachter feststellen konnte. Für den Historiker ist aber diese Sache schwierig, weil es bislang kaum

41 Zu Karl-Joseph Schommer siehe Ac 83 (1990), S. 271.

42 So u. a. auch Binder, Von der „Rettung des christlichen Abendlandes" und „Europa in uns", S. 423, Anm. 117.

43 Zitiert nach Scheiber, Der ÖCV als Beispiel einer politischen Elite, S. 83. Über die Umfrage 1988 siehe öAc 40 (1989), H. 6, S. 6f.

44 Als Beispiel möge dafür der ehemalige (ab 1991) Chefredakteur der *Academia,* Klaus Zellhofer (ehemals Merc) dienen, der 2003 Pressesprecher der Wiener Grünen wurde, siehe *Die Presse*, 7. 7. 2003.

45 *Academia intern* 5/1992, S. 6.

46 Hartmann, Die Vorfeldorganisationen der ÖVP, S. 331f.

seriöse Quellen über diesen Konflikt gibt. Lediglich in verschiedenen Zeitungsberichten finden sich Hinweise darüber, doch ihr „historisch-wissenschaftlicher" Wert ist nicht allzu groß anzusetzen. Geschickt wird dabei der „konservative", ja „reaktionäre" und „finstere" CV gegen die nach allen Seiten „offenen" Politiker aus der KHG ausgespielt. Diese vorgefaßte Meinung ist seit den fünfziger Jahren nachzuweisen. So schreibt der *Spiegel* 1955 anläßlich eines Berichtes über die AKV vom „militanten Katholiken" Franz Karasek (Nc), während die KA als „gemäßigte Kreise" bezeichnet wird.[47] Das wird immer wieder wiederholt und tradiert. So wurde z. B. die KHJ/KHG als „neues, liberaleres Zentrum" neben dem CV bezeichnet, die im Gegensatz zu ihm ein „fortschrittlicheres Christentum" vertritt.[48]

Bei der Ablöse von Alois Mock als ÖVP-Bundesparteiobmann 1989 sowie bei der Wahl Erhard Buseks 1991 wurde vermehrt auf diesen Umstand hingewiesen. So schrieb das *profil* aus Anlaß des Wechsels von Mock zu Riegler: „Josef Riegler und die drei Minister seiner Wahl sind nicht im verschwörerischen CV, sondern in der weltoffenen KHJ groß geworden."[49] In der deutschen KNA stand dazu geschrieben: „Neue ÖVP-Spitze: Katholischer Background."[50] Diese beiden Zitate markieren gängige Klischees: Erstens der „verschwörerische" CV gegen die „weltoffene" KHJ. Zweitens: CVer sind eigentlich gar keine Katholiken, die findet man nur in den Gliederungen der KA. Hingegen: „Als nach dem tragischen Unfalltod des aus dem politisch nationalliberalen Klima Kärntens entstammenden Karl Schleinzer 1975 als dessen Nachfolger der CVer Josef Taus zum neuen ÖVP-Obmann gewählt wurde, da konnte man vergeblich in den Berichten und Kommentaren nach der Feststellung suchen: Nun steht wieder ein bewußter Katholik an der Spitze der ÖVP."[51]

Nach der Nationalratswahl erschien am 13. Oktober 1990 in der *Kleinen Zeitung* ein u. a. von CVern unterzeichnetes halbseitiges Inserat mit dem Titel „Die Zeit der Visionen ist vorbei!" Dabei wurde die Demontierung des erfolgreichen Parteiobmanns Alois Mock (Nc) 1989 kritisiert, um einen neuen „handzahmen Parteiobmann" (nämlich den KA-Mann Josef Riegler) zu kreieren. Das desaströse Wahlergebnis für die ÖVP sei nun die Quittung dafür. Der ebenfalls aus der KA stammende Chefredakteur der *Kleinen Zeitung,* Fritz Csoklich, machte daraus in einer Glosse am 24. Oktober eine Dolchstoßlegende: Es sei ein „betrüblicher Umstand, daß einzelne Gruppen im CV" eine alte „Urfehde gegen prominente Nicht-CVer" in der ÖVP betreiben würden, nur daß diese „aus anderen katholischen Gruppen kommen". Csoklich wünschte, „daß vernünftige Kräfte im CV ... die unnötigen Ausritte einzelner übereifriger Elemente zu bändigen wissen." Hubertus Czernin, damals beim *profil* häufig in Sachen CV/KA artikelmäßig nicht immer gut recherchierend unterwegs[52], sah in der Ausgabe vom 5. November 1991 einen „Grazer Kleinkrieg", wo CVer gegen „liberale Katholiken" kämpften. Aber in der Redaktion der *Kleinen*

47 *Der Spiegel*, 26. 10. 1955.

48 So 1999 Ebner/Vocelka, Die zahme Revolution, S. 66.

49 *profil*, 24. 5. 1989.

50 *KNA-Informationsdienst*, 27. 4. 1989.

51 HARTMANN, GERHARD: Ein neuer Politischer Katholizismus?, in: öAc 40 (1989), H. 3, S. 8.

52 Eine journalistische „Spitzenleistung" an Vermengung von Un/Halbwahrheiten sowie miserable Recherche stellt in der Reihe der „Enthüllungsstories" einschlägiger Magazine der Aufmacher-Artikel „Phantom CV. Eine geheime Macht in der Krise" der Nummer 14 vom 2. 4. 1994 des *profil* dar. Allerdings war Hubertus Czernin daran nicht beteiligt.

Zeitung waren auch nicht alle einer Meinung von Csoklich. So forderte sein Stellvertreter Kurt Vorhofer (Nc)[53] am 23. Oktober den Rücktritt Rieglers.

In der Zwischenzeit konnte Maximilian Liebmann (Cl) am 22. November in der *Steirischen*[54] klarstellen, daß es um einen überlebenswichtigen inneren Diskurs in der ÖVP gehe und nicht um einen Grabenkampf CV-KA. Trotzdem fiel ihm seine eigene Verbindung in den Rücken, was frappant an Auseinandersetzungen innerhalb der Carolina über die Staatsformfrage 1918/19 erinnerte (siehe S. 221).[55]

Rückblickend erscheinen diese Kontroversen verblassend. Denn die Ära Josef Riegler als ÖVP-Bundesparteiobmann hat sich als unbedeutend erwiesen. Schon bald danach konnte man sich kaum mehr an ihn erinnern. Auch hat sich die Demontage Mocks nicht in das einfache CV/KA-Schema einordnen lassen, denn daran waren auch CVer beteiligt, wie u. a. der ehemalige ÖVP-Generalsekretär Helmut Kukacka (A-D) und der oö. Landeshauptmann Josef Ratzenböck (AlIn EM).

Im Jahr 1999 kommentierten linke Beobachter der jüngeren innenpolitischen Geschichte zwar in ihrem oberflächlichen Jargon, aber gar nicht so unzutreffend: „Eine Zeitlang haben die Unterschiede zwischen CVern und KHJlern in der ÖVP eine ideologische Bruchlinie zwischen reaktionärem und liberalem Konservativismus markiert. Seitdem das Duo Schüssel/Khol die ÖVP prägt, ist diese Trennung offensichtlich überwunden."[56]

Wie eine Art „Götterdämmerung" wirkte der Verlust der jahrzehntelangen ÖVP-Mehrheit in der Steiermark, weil diese Niederlage – obwohl mehrheitlich banale hausgemachte Gründe dafür verantwortlich waren – eine Landes-ÖVP traf, wo bald nach 1945 eine besondere Spielart der KA-Ideologie personell im Vorder- wie im Hintergrund dominierte und der CV politisch weitgehend marginalisiert war. Daß der Verlust des Landeshauptmannsessels durch „dissidentes" Verhalten des „eigenen Lagers" (Liste Hirschmann, Schreibweise der *Kleinen Zeitung*) herbeigeführt wurde, ist natürlich von politischen Beobachtern auch innerhalb des ÖCV vermerkt und diskutiert worden.[57]

---

53 Zu den profiliertesten innenpolitischen Zeitungskommentatoren Österreichs der Periode Mitte der sechziger bis Mitte der neunziger Jahre zählte zweifellos Kurt Vorhofer (Nc) von der *Kleinen Zeitung*. Seine treffenden und historisch profunden innenpolitischen Analysen stießen – gerade vielleicht auch deswegen – nicht immer auf Wohlwollen, auch innerhalb des CV bzw. der Norica. Das Thema CV und Politik beschäftigte ihn gerade nach 1970 immer wieder. So u. a. sein Kommentar „Der CV nach 7 Jahren Kreisky" in der *Kleinen Zeitung*, 21. 5. 1977. Der Verfasser rechnet es zu den glücklichen Momenten seines Lebens, daß er mit Kurt Vorhofer in Freundschaft verbunden sein konnte, die von zahlreichen intensiven und fruchtbaren Gesprächen geprägt war. Sein früher Tod 1995 ein halbes Jahr nach seiner Pensionierung war überraschend und ein großer Verlust für die politische Kultur Österreichs. Siehe auch das Porträt über Vorhofer von Gerald Freihofner (Nc) in öAc 46 (1995), H. 3, S. 34f.

54 Die *Steirische* war der (vergebliche) Versuch, als Wochenzeitung die kur davor eingestellte ÖVP-Tageszeitung *Südost-Tagespost* zu ersetzen.

55 Der BC Carolinas versandte nämlich einen offenen Brief, in dem der Unmut über das Vorgehen älterer Bundesbrüder geäußert wurde und man sich von der „Art und Aufmachung des Inserats" distanzierte. Auch wurde klargestellt, daß diese Aktion nicht mit dem steirischen CV identifiziert werden dürfe. Es wundert daher nicht, daß über diese Aktion eine Meldung am 1. Dezember in der *Kleinen Zeitung* erschien, wo das als „Nachspiel innerhalb des CV" bezeichnet wurde. Der damalige Chefredakteur der *Academia*, Clemens Martin Auer (Cl), hat diese Angelegenheit gut dokumentiert und auch treffend glossiert. „Die 'kleine' Geschichte. Fritz Csoklichs Schreckgespenst vom Kampf CV gegen Katholische Aktion" ist sein Beitrag betitelt. *Academia intern*, 1/1991, S. 4.

56 Ebner/Vocelka, Die zahme Revolution, S. 66.

57 Siehe dazu den Artikel von Lacy, Rudolph de (pseud.): Adieu Steiermark, in: öAc 56 (2005), Dezember, S. 20f. Auf diesen replizierte Mantl, Wolfgang: Im Gegenlicht, in: öAc 57 (2006), März, S. 26f., wobei dieser Artikel wie eine wehmütige Philippika wirkt.

In der Geschichte des CV in Österreich spielte sein Verhältnis zu den Schlagenden bzw. zum „Dritten Lager" durch die entsprechenden Konflikte immer eine hervorgehobene Rolle. Während sich dieses auf der politischen Ebene ab Mitte der fünfziger Jahre sowie in der Hochschulpolitik ab den siebziger Jahren in einem Rückbildungsprozeß zu befinden schien, kam es nun ab 1986 zu einem fast kometenhaften Aufstieg der FPÖ unter Jörg Haider (J! Silvania Wien). Der hatte seine Ursachen auch und vor allem seiner populistischen Politik und keinen nennenswerten Niederschlag für den RFS bei den Hochschülerschaftswahlen gefunden, doch war seitdem eine gewisse Aufbruchstimmung der „nationalen Seite" zu beobachten. Der FPÖ gelang es, ab Mitte der achtziger Jahre einen Teil der konservativen Wähler-Grundstimmung an sich zu binden, und machte damit die Wechselstimmung für die ÖVP, die 1985/86 herrschte und sich u. a. im Erfolg für Kurt Waldheim (MKV Comagena Tulln, später Wl EM) bei den Bundespräsidentenwahlen ausdrückte, zunichte. Die FPÖ wurde daher mit teilweise anfänglichem Erfolg die Organisatorin einer Gegenbewegung zur Linken (SPÖ, Grüne), was der ÖVP im Gegensatz zu CDU/CSU aus verschiedenen Gründen nicht gelang.

Im Windschatten dieser Entwicklung agierten vermehrt Angehörige schlagender Verbindungen in der Öffentlichkeit bzw. im politischen Bereich. Ende 1992 bzw. Anfang 1993 waren beim FPÖ-Vordenker Andreas Mölzer (C! Vandalia Graz) in und mit der Zeitschrift *Aula* sowie auch in den *Kärntner Nachrichten* Annäherungsversuche an katholisch-konservative Kreise zu bemerken[58], die aufgrund der politischen wie historischen Gegebenheiten vom ÖCV im März 1993 sowie auf der CVV im Mai 1993 entschieden zurückgewiesen wurden.[59] Bereits auf der CVV 1994 wurde ein Unvereinbarkeitsbeschluß ÖCV – FPÖ bzw. Liberales Forum gefaßt.[60] Auf der CVV 1997 wurde neuerlich das Anbiedern von RFS, FPÖ und Schlagenden zurückgewiesen, nachdem in einer Zeitschrift des RFS der ÖCV in die Nähe von Linksterroristen gestellt wurde.[61]

Ein weiter Versuch der Anbiederung stellte der „Club Österreichischer Katholiken" dar, der als Antipode zu der Kirchenvolksbegehrens-Bewegung entstanden ist (siehe S. 653). Zu diesem gehörte auch der damalige Klubobmann der FPÖ, Ewald Stadler (S! Skalden Innsbruck), der – wie Mölzer einige Jahre vorher – versuchte, mit rechten katholischen Kreisen, auch vom CV, eine Plattform zu bilden, um sich die „Flügelkämpfe" in der Kirche zunutze zu machen.[62]

Im Oktober 1994 machten die Schlagenden in Innsbruck mit einem „Gesamt Tiroler-Freiheitskommers" von sich reden, der nur unter großem Polizeischutz stattfinden konnte. Die „Burschenschaftliche Gemeinschaft", eine besonders rechtslastige Gruppe, der u. a. die Münchener B! Danubia, die Wiener B! Olympia und die Innsbrucker B! Brixia angehörten,

58 *Kathpress-Info-Dienst* Nr. 246, 13.12. 1992, S. 8.

59 *Kathpress* Nr. 66, 20. 3. 1993, S. 7; *Kathpress-Info-Dienst* Nr. 124, 30. 5. 1993, S. 6f. In diesem Zusammenhang gehört auch der im September 1993 gegründete „Patriotische Club", bei deren Gründungsversammlung laut *profil* Nr. 14, 2. 4. 1994, S. 15, u. a. Leopold Guggenberger (Rd), Günther Schneeweiß-Arnoldstein (ehemals M-D), Heinrich Kolussi (F-B) und Friedrich Engelmann (BbW) teilnahmen.

60 ÖCVA. Beschlußprotokoll XXXVII. CVV 1994.

61 ÖCVA. Beschlußprotokoll XL. CVV 1997; *Academia intern* 4/1997, S. 8.

62 Über den „Club Österreichischer Katholiken" siehe *Kathpress Informationsdienst* Nr. 170, 27. 7. 1997 und Nr. 236, 11. 10. 1998; *kathpress* 2./3. 2. und 20. 10. 1998; zu den Exponenten dieses Klubs gehörte auch der frühere NR-Abg. Robert Geischläger (Nc).

sowie der Wiener Korporationsring waren u. a. die Hauptveranstalter.[63] Im Mai 2000 wiederholte sich das mit einer Festakademie „Europa 2000". Beide Male kam es zu Gegendemonstrationen. Der damalige Innsbrucker Bürgermeister Herwig van Staa (Le) geriet in die Kritik, weil er erstens auf der Festakademie sprach und zweitens die Entscheidung der Universität kritisierte, die die Abhaltung des Kommerses in ihren Räumen untersagte.[64]

Anläßlich der 1000-Jahr-Feier Österreichs (Ostarrichi) veranstalteten der Freiheitliche Akademikerverband der Steiermark und die Grazer Burschenschaften am 25./26. Oktober 1996 ein Symposion auf der Grazer Universität, bei dem es auch um die „Österreichische Nation" ging.[65] Dagegen protestierte die Grazer ÖH, und der damalige Rektor Helmut Konrad, ein Sozialdemokrat, entschuldigte das Versehen, diese Veranstaltung erlaubt zu haben, sagte sie aber nicht mehr ab. Die Burschenschaften verzichteten jedoch auf ihren Festkommers am 26. Oktober auf der Universität und verlegten ihn in den Minoritensaal, als Festredner wurde der ehemalige FPÖ-NRAbg. und Rechtsaußen Otto Scrinzi engagiert. Linke Gruppen (Grüne, Jusos, Kommunisten) aber auch die ÖH riefen zu einer Gegendemonstration auf, wenn die Chargierten der Burschenschaften zum Minoritensaal ziehen. Die Grazer Innenstadt wurde durch Polizeikräfte gesichert, damit die rd. 350 Burschenschafter und die 500 Gegendemonstranten nicht aneinander gerieten.

In diese Turbulenzen geriet dann das 35. Stiftungsfest der Albertina. Einerseits fürchtete man sich, in den Strudel möglicher Auseinandersetzungen hineinzugeraten, wenn man Alberten für Schlagende hält, andererseits wurden die CVer von der Polizei unbehelligt in die Innenstadt gelassen, weil man meinte, sie seien Burschenschafter.[66]

Der CV leidet in der Öffentlichkeit immer wieder unter den Verwechslungen mit Schlagenden. 1997 versuchte der ICV dagegen zu wirken und erfand einen Aufkleber mit dem Text „Farbe tragen, statt Narben tragen!" Das fand man jedoch bald nicht so griffig und änderte den Slogan in „CV – garantiert burschenschafterfrei!". Dabei wurde in Form eines Verkehrsverbotsschildes ein Couleurstudent fechtend dargestellt. In einer GCV-Zeitung 1998 wurde der Text auf dem Titelseite abgedruckt, worauf jemand auf der Carolinen-Bude anrief und mit dem Ausdruck „klerikale Säue" beschimpfte.

Der Vorort Rheno-Danubia 1999/2000 griff die Idee dieses Aufklebers wieder auf. Das blieb in der Folge der studentenhistorischen Zeitung *Studenten-Kurier* nicht unbemerkt, wo die Abbildung auf dem Aufkleber als „peinlich" bezeichnet wurde, weil die Studenten beim Mensur-Fechten nicht korrekt dargestellt waren.[67]

Beim traditionellen Ledersprungkommers in Leoben zu Beginn des Studienjahres 2001/02, bei dem ansonsten Eintracht zwischen den weltanschaulich verschiedenen Studentengruppen herrschte, wurde diese durch die besonders deutschnational eingestellte B! Leder gestört. Einige Gäste dieser B! fielen durch zum Hitlergruß gestreckte Hände und häufige „Heil Deutschland!"-Rufe auf, außerdem wurde ein schwarzafrikanischer Student

63 öAc 45 (1994), H. 4, S. 7f.; Gehler, „... erheb ich wie üblich die Rechte zum Gruß...", S. 205f.

64 *Acta Studentica* 131/2000, S. 4.

65 Referenten waren u. a. die Historiker Alfred Ableitinger und Lothar Höbelt sowie der Bonner Politikwissenschaftler Tilman Mayer.

66 Zu den Vorfällen in Graz siehe *Kleine Zeitung*, 2., 5., 9., 11., 12., 22., 24. und 28. 10., 1., 5. und 9. 11. 1996; Brief des damaligen Cl-Seniors Markus Simmerstatter vom 4. 2. 2002 an den Verfasser.

67 *Studenten-Kurier* NF 16 (2001), H. 2, S. 27. Gegen das „peinlich" schrieb Markus Simmerstatter (Cl) einen Leserbrief, *Studenten-Kurier*, ebda., H. 4, S. 3. Zu der Geschichte des Aufklebers eine Schreiben von Markus Simmerstatter an den Verfasser vom 4. 2. 2002.

wegen seiner Hautfarbe beleidigt. Der Leobener CV hat dagegen entschieden beim Rektor protestiert und ein Verbot der B! Leder gefordert.[68]

Im Rechtsextremismus-Bericht des Innenministeriums für das Jahr 2001 werden die Burschenschaften als „Beobachtungsobjekt im Sinne des Sicherheitspolizeigesetzes" angeführt, wobei die B! Olympia der Staatspolizei besonders auffiel; einer ihrer Angehörigen war der FPÖ-NRAbg. Martin Graf.[69]

Im Jahr 2002 kumulierte das politische relevante Auftreten der nationalen Rechten. Seit 1996 veranstaltete der Wiener Korporationsring bzw. der Ring Volkstreuer Verbände jeweils am 8. Mai ein Totengedenken aus Anlaß des Jahrestages des Endes des Zweiten Weltkriegs am Wiener Heldendenkmal (Äußeres Burgtor). Sechs Jahre gab es dabei keinerlei Probleme, erst 2002 sollte sich das ändern, wobei sicherlich die seit 2001 operierende „linke" ÖH dabei eine Rolle spielte. Damit wurde die Bedeutung dieses Datums manifest gemacht: Tag der Trauer/Niederlage oder Tag der Freude/Befreiung. Es kam daher am 8. Mai 2002 zu Gegendemonstrationen, die jedoch nicht eskalierten. Der Festredner, der FPÖ-NRAbg. Wolfgang Jung (p. B! Albia Bad Ischl), bezeichnete sich am selben Tag abends im ORF als „Deutscher", was zu weiteren kurzzeitigen Kontroversen führte. Bei einer seitens der ÖH organisierten Demonstration in der Wiener Universität wurde vor laufender Kamera des ORF der sog. Siegfriedskopf (Ehrenmal für die im Ersten Weltkrieg gefallenen Studenten) von einem Vermummten mit Hammer und Meißel beschädigt.[70]

Bald danach kam es zu einem weiteren Skandal. Der bereits einschlägig bekannte FP-Volksanwalt Ewald Stadler hielt bei einer Sonnwendfeier am 21. Juni 2002 in Seebarn (NÖ) eine Rede, wo es u. a. hieß: „Und 1945 – und das ist zur Staatsideologie geworden – sind wir angeblich vom Faschismus und der Tyrannei befreit worden und in die nächste Tyrannei geraten."[71] Rund 14 Tage später wurde der Text, der auch in der FPÖ nicht unwidersprochen blieb, öffentlich bekannt und führte dann zu einer tagelangen medialen Kontroverse.[72] Schützenhilfe in der Diskussion erhielt Stadler von Andreas Mölzer (C! Vandalia).[73] In dieser Aussage Stadlers werden die Epochen 1938 bis 1945 sowie 1945 bis 1955 (Besatzung Österreichs) gleichgesetzt, eine Strategie, die im nationalen Lager nicht neu ist, wenn man an den Eklat um die Gedenktafel in der Grazer Universität 1984 denkt (siehe S. 608f.).

Beide Vorfälle, Totengedenken 8. Mai 2002 und Sonnwendfeier 21. Juni 2002, haben jedoch deutlich gemacht, daß die Ideologie der schlagenden Verbindungen nach wie vor existent ist, und daß deren Exponenten in der FPÖ bzw. im BZÖ, neben Stadler, Mölzer und Jung auch Martin Graf (B! Olympia Wien), der kurzzeitige Vizekanzler Herbert Haupt (L! Kärnten Wien) sowie der seit der Spaltung als FPÖ-Vorsitzende und in Wien nicht ohne Erfolg agierende Heinz-Christian Strache (p. B! Vandalia Wien), diese Parteien zunehmend dominierten[74] und versuchten, auf verschiedenste Weise ihre Positionen in der Öffentlichkeit zu vertreten.

68 *Academia intern*, 1/2002, S. 8.

69 *profil*, Nr. 28, 16. 9. 2002, S. 48. Hier wird der unter Verschluß gehaltene Bericht zitiert.

70 *Kurier*, 3. 5. 2002, S. 3; *Die Presse*, 2. und 10. 5. 2002; *Acta Studentica* 140/September 2002, S. 8. Der Österreichische Verein für Studentengeschichte hat über diese Vorfälle eine umfangreiche Zeitungsberichte-Dokumentation angelegt.

71 Zitiert nach *Die Presse*, 11. 7. 2002.

72 *Die Presse*, 4., 5., 6., 8., 10., 11. und 12. 7. 2002.

73 *Der Standard*, 9. 7. 2002.

74 *Format* Nr. 21, 2002, S. 34ff.

Doch das Jahr 2002 brachte auch eine Wende. Im Herbst eskalierten bei der FPÖ die innerparteilichen Konflikte („Knittelfeld"), so daß Neuwahlen angesetzt wurden, die einen Absturz der FPÖ brachten.

Werfen wir noch einen kurzen Blick nach Graz, wo seit Ende des 19. Jahrhunderts die Auseinandersetzungen zwischen CV bzw. der Carolina und den Schlagenden eine Intensität wie in keiner anderen deutschsprachigen Hochschulstadt erreichten. Auch nach 1945, als anderswo diese Reibereien zur Lappalie wurden oder gar aufhörten, gab es immer noch Konfliktpunkte, wie wir gesehen haben (siehe S. 533f.). Daß diese Art von Gegnerschaft mehr als 100 Jahre dauern sollte, hat ein Vorfall beim Stiftungsfest der Carolina vom 4.-6. Juni 2004 in Erinnerung gerufen, der natürlich nicht einer gewissen Heiterkeit entbehrt. In den Morgenstunden des Freitag, des 4. Juni 2004, war ein Elektriker auf dem Carolinenhaus. Vier Angehörige der Grazer B! Allemannia sind zufällig in angeheitertem Zustand vorbeigekommen, sahen das offene Tor bzw. dann die Tür und sind in das Carolinenhaus eingedrungen. In einem hinteren Zimmer haben sie sich Bier eingeschenkt und zu singen begonnen. Der zufällig nur kurz vorbeikommende Senior hat dem keine Beachtung geschenkt, weil er Bundesbrüder vermutete. Die Allemannen konnten dann das Carolinen-Haus verlassen, nahmen aber das Bild des Carolinen-Gründers Josef Hintner (AIn, Cl) und drei Wimpel mit, hinterließen aber ihre homepage-Adresse www.allemannia.at.

Das wurde natürlich von den Chargen bemerkt, und es wurde ein AH der Allemannia angerufen, so daß die Sache bereinigt wurde. Zerknirscht brachte ein Aktiver das Bild und die Wimpel zurück.[75] Auch wenn das, wie erwähnt, mehr oder minder ein dummer Bubenstreich war, so zeigt der Vorfall doch, wie tief die Gegnerschaft immer noch liegt.

Hat(te) der CV Macht? – Oder: Der CV als Funktionselite

Diese Frage geistert in regelmäßigen Abständen in diversen Nachrichtenmagazinen umher, wobei als Beweis immer wieder die große Zahl an Politikern aus dem CV angeführt wird.[76] Zeitlich ziemlich am Anfang dieser publizistisch tradierten „Macht-Meinung" über den ÖCV steht das im Herbst 1961 bei dem damals noch jungen Verlag Fritz Molden erschienene Buch von Alexander Vodopivec „Wer regiert in Österreich?" Für damalige Verhältnisse keine schlechte Studie, in der natürlich der CV vorkommen mußte.[77] Man befaßte sich im ÖCV-Beirat mit diesem Buch, wobei der „ÖCV-Pressereferent" Helmut

---

75 Laut E-Mail von Markus Simmerstatter (Cl) vom 2. 7. 2004 an den Verfasser.

76 Der erste nachweisbare Artikel dieser Art dürfte wahrscheinlich in der *Wochenpresse* am 2. 4. 1960 erschienen sein. Es folgten u. a. der *Stern* (Österreichausgabe) 26. 5. 1976 mit „Die Karrierehelfer" und am 3. 4. 1984 die *Wochenpresse* mit dem Artikel „Die Macht des CV: Alois Mocks Cartellbrüder" von Hubertus Czernin. Der wechselte dann zum *profil* und befaßte sich dort mehrmals mit dem CV. Am 2. 4. 1994 gab es dort mit dem CV sogar einen „Aufmacher": „Phantom CV. Eine geheime Macht in der Krise." Auch in Buchpublikationen finden sich solche Analysen. Während die in Vodopivec, Wer regiert in Österreich, S 226, noch von Seriosität gekennzeichnet ist, fehlte diese bei Seifert, Thomas: Sprungbretter zur Macht. Kaderschmieden in Österreich. Wien 1998, SS. 11f. doch eher. Bezeichnend ist jedenfalls, daß Seifert in seinem Buch den CV an die Spitze der „Kaderschmieden" stellt.

77 Der ORF-Journalist Alexander Vodopivec veröffentlichte vor allem in den siebziger Jahren zahlreiche derartige Bücher, die zwar in der grundsätzlichen Analyse richtig, jedoch in der Detailausführung durch zahlreiche, oft peinliche Fehler gekennzeichnet waren.

Steinacker (Nc) mitteilen konnte, „daß er mit dem Verleger gesprochen hat, damit Extreme über den CV nicht vorkommen."[78]

Der (Ö)CV als Organisation hat und hatte nie Macht. Die Protokolle der Verbandsführungs- und Beirats-Sitzungen seit 1945 geben keinerlei Hinweise, daß durch „spinnennetzhaftes" Intrigenspiel Ministerposten, Abgeordnetensitze o. ä. „vergeben" worden sind oder bestimmte politische Fragen mit Erfolg lanciert werden konnten. Eher schien es umgekehrt zu sein, wenn man an den Einfluß von CV-Politikern im ÖCV bei den „Säuberungsaktionen" um 1950 (siehe S. 585f.) denkt. Die „Macht" des CV, wenn man dieses Wort überhaupt anwenden kann, beruht lediglich auf dem persönlichen Beziehungsgeflecht, das durch das Lebensprinzip der Verbindungen, durch ein hohes gegenseitiges Vertrauen und einen Vertrauensvorschuß getragen wird. Dieses Beziehungsgeflecht funktioniert wie durch einen Selbstregelmechanismus und bedarf keiner expliziten Führung. Es bildet sich gleichsam von selber aufgrund der Erziehungsarbeit der Verbindungen, die sehr stark auf den vorgegebenen Inhalten (Prinzipien), insbesondere dem katholischen Glauben und dem Bekenntnis zu Österreich, beruht. Und es entzieht sich in der Regel jedweder formeller Institution, und damit ist die nachträgliche historische Einordnung höchst schwierig. Oder anders ausgedrückt: Man „weiß" zwar, daß es einen derartigen politischen Einfluß gegeben hat bzw. gibt, aber er ist nicht „aktenkundig", man kann ihn daher letztendlich historisch-kritisch nicht „dingfest" machen.

Es ist auch ein Irrglauben zu meinen, daß die in der Politik tätigen CVer wie auf ein geheimes Kommando hin in allen tages- wie personalpolitischen Fragen nur eine Meinung äußern (dürfen). Gerade die Christliche Demokratie als soziale Integrationsbewegung kann mit ihren unterschiedlichen Interessengruppen kein geschlossenes Bild abgeben. Unterschiedliche Bünde- und Länderinteressen sind bei Politikern aus dem CV genauso zu finden, wie bei Politikern, die nicht aus ihm kommen. Im Gegenteil, gerade moderne Zeitströmungen fördern sogar einen solchen Meinungspluralismus. Innerparteiliche Flügelkämpfe oder persönliches Konkurrenzdenken, die bis zum Ausschluß aus dem CV/ÖVP (z. B. Krauland oder Dobretsberger) oder zum Amtsverlust (Außenminister Gruber, Bundeskanzler Figl) reichten, waren zwischen CVern genauso gegeben wie zwischen „normalen" ÖVP-Funktionären. Es gibt höchstens ganz seltene Fälle, wo man feststellen kann, daß nahezu alle CVer in der Politik geschlossen hinter einer Sache stehen.

Die Aufzählung all jener Personen in der Politik, die einer CV-Verbindung angehören, hat daher in diesem Buch nicht den primären Zweck, Machtstrukturen zu dokumentieren, sondern ist lediglich für die Darstellung politischer Sozialisation und der Wirkungsgeschichte von Nutzen.

Eine Folge der Organisationsform Lebensverbindung im CV liegt in der Verbundenheit aller Mitglieder, die durch das Prinzip Lebensfreundschaft gleichsam ideologisch überhöht wird (siehe S. 51f.). Dies war und ist natürlich immer Anlaß, dem CV Protektionismus vorzuwerfen. Aber: Wenn ein CVer eine Position zu vergeben hat und bei gleichwertig fachlicher Voraussetzung einen CVer bevorzugt, so liegt das primär daran, daß von vornherein zwischen ihm und dem Bewerber erstens ein ganz anderes Vertrauensverhältnis besteht, und er zweitens weiß, daß ein CVer durch den Verbindungsbetrieb ganz andere Voraussetzungen mit sich bringt.

78 ÖCVA. Protokoll des ÖCV-Beirates vom 9. 12. 1960.

Untersuchungen aus den neunziger Jahren für den Bereich Wirtschaft in der Bundesrepublik Deutschland haben gezeigt, daß bei Besetzung von Spitzenpositionen der Entscheider in solchen Fällen von dem Bedürfnis geleitet wird, daß zwischen ihm und dem ausgewählten Bewerber die „richtige Chemie" herrscht und daß man von Personen umgeben werden möchte, denen man vertrauen kann. Der Glaube, selber der richtige Mann am richtigen Platz zu sein, veranlaßt Topmanager, jemanden mit denselben oder ähnlichen Eigenschaften auszuwählen.[79] Somit scheinen „Bevorzugungen" von CVern durch CVer doch auch wesentliche andere Gründe zu haben.

Es wurde bereits öfters darauf hingewiesen, daß sich der CV in Österreich als Elitebildungsinstrument für den Politischen Katholizismus verstanden hat und nach wie vor versteht. Das hat(te) in erster Linie seine Auswirkungen bei der Besetzung von politischen sowie anderen gesellschaftlich relevanten Positionen, vorerst weniger im wirtschaftlichen Bereich, der jedoch zunehmend ab den achtziger Jahren diesbezüglich an Bedeutung gewann. Im Gegensatz zu anderen europäischen Staaten, wie England und Frankreich, gibt es in Deutschland und Österreich keine Höheren Schulen (Gymnasien) oder Universitäten, die man für das Erklimmen der Karriereleiter „besucht haben muß" (z. B. Eton), obwohl es auch hier gewisse Ansätze gegeben hat (wie z. B. Schotten, Kalksburg, Theresianum und früher die Stella matutina, Feldkirch). Diese Funktion übernahmen im deutschsprachigen Raum vielfach „Bundeliten" (dazu siehe S. 52), wobei natürlich nebenher weiterhin „Herkunftseliten" bestehen (Adel, Großbürgertum etc.).

In den Gesamtverzeichnissen des (Ö)CV bis 1967 waren bei den Studierenden in der Regel die Heimatadressen angegeben. Somit konnte man für die Zeit bis dahin gut nachvollziehen, wieweit sich die ländliche bzw. urbane Herkunft aufteilt. Auffällig für die frühen Jahre des CV ist auf jeden Fall der hohe Anteil von Studenten aus dem ländlichen Raum.[80] Der begabte Volksschüler wurde vom Pfarrer oder Lehrer als solcher erkannt, und sie legten den meist bäuerlichen Eltern nahe, das Kind studieren zu lassen. Dieses Curriculum war bis zum Zweiten Weltkrieg im ÖCV häufig zu beobachten. Es gibt zahlreiche Beispiele solcher Karrierewege, wie z. B. bei Bundeskanzler Engelbert Dollfuß (F-B), Kardinal Franz König (Rd EM) oder dem Generaldirektor der Creditanstalt-Bankverein, Josef Joham (Cl).

Interessant in diesem Zusammenhang ist die Einblendung der jüngeren deutschen Eliteforschung, weil es naturgemäß viele Ähnlichkeiten mit Österreich gibt. Nach der Potsdamer Elitestudie von 1995 beeinflußt die soziale Herkunft nach wie vor die beruflichen Karriereaussichten der heutigen Eliten, vor allem bei Führungspositionen in der Wirtschaft. Kinder aus gehobenen Kreisen („wo man sich kennt") machen trotz gleicher Bildungsqualifikationen schneller und erfolgreicher in der Wirtschaft Karriere.[81] Die Bildungsexpansion im letzten Drittel des 20. Jahrhunderts hat offenbar nur den Zugang zu den Bildungsinstitutionen erleichtert, nicht aber den zu den Elitepositionen.[82]

Die Mitgliedschaft in einer *Bundelite*, z. B. im CV, ersetzt daher größtenteils die Voraussetzungen für eine Mitgliedschaft in der *Herkunftselite*. Insofern relativiert sich der Vorwurf des Protektionismus an den CV, wenn man seine Funktion als Elite-Bildungsin-

---

79 Hartmann, M., Eliten in Deutschland, S. 21. Siehe auch Hartmann, Michael: Die Elite und die Masse. Warnung vor Isolierung des Nachwuchses an Elitehochschulen, in: Ac 98 (2005), SS. 11-14.

80 Popp, CV in Österreich, SS. 234ff., läßt diesen Schluß aufgrund statistischer Auswertung nach der Herkunft zu.

81 Hartmann, Michael: Der Mythos von Leistungseliten. Frankfurt/Main 2002, SS. 70-80, 131 und 151.

82 Hartmann, M., Eliten in Deutschland, S. 24.

stitution – unabhängig von der weltanschaulichen Einstellung – genauso akzeptiert wie andere ähnliche Einrichtungen.

Bereits im Zusammenhang mit dem „Ständestaat" wurde festgestellt, daß der CV für diesen die Stellung einer sog. *Funktionselite* eingenommen hat (siehe S. 392). Als Funktionselite werden „solche Sozialaggregate bestimmt, die in der ... Gesellschaft besonderen Einfluß haben, bestimmte Verantwortungen tragen und spezifische Leistungs-, Planungs- Koordinationsfunktionen übernehmen ... In der konkreten Realität politischer Systeme sind es ... vor allem die Regierungsgremien, die führenden Fraktionsgruppen des Parlaments, die höhere Ministerialbürokratie, die Spitzenpositionen in der Provinzialverwaltung ... und die Sprecher politisch relevanter Verbände, die spezifischen Aufgaben von Funktionseliten erfüllen."[83]

Diese Definition trifft auf den CV nicht nur für den „Ständestaat", sondern auch für die Zeit von 1945 bis 1970 „hälftig" zu, d. h. im Sinne des damaligen Proporzsystems für den Bereich der ÖVP. Durch den Regierungswechsel im Jahr 1970 gab es hierbei eine Zäsur, wenn nicht sogar einen Bruch, der durch den Wiedereinzug der ÖVP in die Regierung 1987 oder gar durch die Übernahme der Kanzlerschaft Anfang 2000 nicht mehr gekittet werden konnte. Abgesehen von der Konkurrenz aus dem Bereich der Katholischen Hochschulgemeinden (s. o.) – bezeichnenderweise folgten Alois Mock (Nc) als Bundesparteiobleute der ÖVP durchwegs Exponenten aus diesem Bereich (Riegler, Busek, Schüssel) – gab es auch andere gesellschaftliche Faktoren, die eine *restitutio in rem* in dieser Hinsicht nicht mehr zuließen, wie z. B. der stark gestiegene Frauenanteil in Spitzenberufspositionen sowie der stark Anstieg der Studenten- wie Akademikerzahl. Bei all dem blieb die absolute Zahl des ÖCV über Jahrzehnte mehr oder minder konstant.

83 WEEGE, WILHELM: Politische Klasse, Elite, Establishment, Führungsgruppen. Ein Überblick über die politik- und sozialwissenschaftliche Diskussion, in: Die politische Klasse in Deutschland. Eliten auf dem Prüfstand. Hg. von THOMAS LEIF, HANS-JOSEF LEGRAND UND ANSGAR KLEIN. Bonn 1992, S. 42f. Der Begriff Funktionselite stammt von STAMMER, OTTO: Das Eliteproblem in der Demokratie, in: Schmollers Jahrbuch für Gesetzgebung, Verwaltung und Volkswirtschaft 71 (1951), SS. 1ff.

Der CV an der Jahrhundertwende

Die Mitgliederentwicklung des ÖCV

Die zahlenmäßige Mitgliederentwicklung des ÖCV gestaltete sich in den Jahren vor und um die Jahrhundertwende folgendermaßen:

Die Mitgliederzahlentwicklung des ÖCV von 1990 bis 2004

	Ur-Studierende	Rückgang in Prozent	Alte Herren (inkl. EM)	Insgesamt
1990 (lt. GV 1993)	2.039			
Gesamtverzeichnis 1993	1.954	4,17	9.144	11.098
Gesamtverzeichnis 1996	1.935	-0,98	9.237	11.172
Gesamtverzeichnis 2000	1.839	-4,96	9.424	11.263
Gesamtverzeichnis 2004	1.795	-2,39	9.613	11.408
2006 (lt. ÖCV-Standesführung)	1.795	0	9.604	11.399

Für diese Entwicklung ist folgendes anzumerken. Die Zahl der Ur-Studierenden lag in der Zwischenkriegszeit bei höchstens 1.500, das waren ca. 7 bis 8 Prozent aller Hörer. Nach 1945 steigerten sich die Werte: 1953/54 gab es ca. 1.600 CV-Studenten, das war ein Anteil von nahezu 9 Prozent an der gesamten Studentenschaft. Für das SS 1954 wurde berechnet, daß jeder sechste Student aller inländischen, männlichen Hörer CVer gewesen war! 1958/59 war fast jeder neunte Student (egal welchen Geschlechts und welcher Konfession) CVer (20.242 Hörer, 2.142 CV-Studenten, das sind 10,6 Prozent). 1963 war noch jeder zehnte inländische männliche Hörer CVer. 1968/69, gab es zwar einen Höchststand von Aktiven mit fast 2.400, sicherlich eine „konjunkturelle" Folge der ÖVP-Alleinregierung ab 1966, doch durch die fast Verdreifachung der Studentenzahl (59.666) sank der CV-Anteil auf 4 Prozent. Die Zahl der Ur-Studierenden sank dann bis 1978 auf 1.611 ab, um dann wiederum anzusteigen.[1]

Im Studienjahr 1991/92, bei fast 220.000 Studenten, machte der CV-Anteil mit rund 2.000 Studierenden nur mehr 0,9 Prozent aus. Ab 1993 klaffte diese Schere nochmals weiter auseinander: Der CV-Anteil machte nur mehr 0,85 Prozent aus, im Jahr 2000 bei über 241.000 Studenten lag er knapp unter 0,8 Prozent. Der folgende kurzfristige Rückgang der Studentenzahlen infolge der Studiengebühren verbesserte zwar marginal den CV-Anteil, in absoluten Ziffern sank jedoch die Zahl der Urstudierenden weiter ab. Insgesamt betrug der Rückgang von 1990 auf 2004 rund 12 Prozent! Bei den rückläufigen Zahlen der Studierenden in 2000 und 2004 ist aber auch zu berücksichtigen, daß nicht zuletzt durch die Einführung der Studiengebühren man sich eher philistrieren läßt, wäh-

1 Die Mitgliederzahlen des ÖCV nach den Gesamtverzeichnissen. Der CV-Anteil an den männlichen, inländischen Hörern lt. Bericht des Leiters des Amtes für Statistik, Viktor Lenhart (Baj). ÖCVA. Protokoll des ÖCV-Beirates vom 24. 2. 1964.

rend früher ein Trend zum Hinausschieben des Übertritts in den Status eines Alten Herren bestand. Dies wird auch durch die steigende Zahl der Alten Herren dokumentiert.[2] Doch insgesamt zeigen die Zahlen 2004/2006 ein Stagnieren.

Abgesehen von der immer geringer werdenden Attraktivität traditioneller Studentenverbindungen und dem immer höher werdenden Anteil weiblicher bzw. nichtkatholischer Hörer kann eine Verbindung gruppendynamisch maximal nur rund 100 Aktive in einen Verbindungsbetrieb integrieren. Demnach wäre zwar eine Erhöhung der CV-Studentenzahl denkbar, weil ja nicht alle Verbindungen diese Marge voll ausgeschöpft haben. Will man aber langfristig mehr Studenten für den CV gewinnen, so ist das nur durch weitere Verbindungsgründungen möglich. Solche fanden in den alten, großen Universitätsstädten Wien, Graz und Innsbruck, wo sich mehr als 86 Prozent der Studenten befinden[3], nach 1945 aber nur zweimal statt (Mercuria Wien und Albertina Graz).

Insgesamt ist die Situation für das letzte Jahrzehnt des 20. Jahrhunderts mitgliedermäßig als stagnierend und für die Aktivenschaft als rückläufig zu bewerten. Das steht in einem gewissen Gegensatz zu Erkenntnissen über Trends der sog. „Shell-Studie" des Jahres 2000 über das Einstellungsverhalten Jugendlicher. Es wurde zwar in den neunziger Jahren ein stetiger Rückgang der religiösen Haltung und Praxis von Jugendlichen bis 24 Jahren in Westdeutschland (Gebiet der alten Bundesrepublik) festgestellt, doch seit 1985 gleich geblieben ist, daß 7 Prozent der Jugendlichen in einer konfessionell-religiösen Gruppe tätig sind.[4]

Allerdings ist der Blick auf eine Statistik der im **Convent Deutscher Akademikerverbände** (CDA) bzw. im **Convent Deutscher Korporationsverbände** (CDK) interessant, dem die schlagenden Korporationsverbände (Burschenschaften, Corps, Landsmannschaften usw.) sowie andere ähnliche kleinere Verbände, nicht jedoch die katholischen (CV, KV, UV, TCV) angehören. Danach ist dort die Zahl der Korporationen von 660 (1992) auf 645 (1997) zurückgegangen, ebenso die Zahl der Aktiven um 8,3 Prozent von 13.217 (1992) auf 12.172 (1997) und die der Alten Herren um 14,5 Prozent (!) von 82.578 (1992) auf 70.606 (1997).[5] Zwar ist bei den Aktiven des ÖCV ein leichter Rückläufigkeitstrend zu bemerken, jedoch steigt die Zahl der Alten Herren mehr als der Rückgang der Aktiven, so daß die Gesamtmitgliederzahl im ÖCV immer noch wächst. Das ist darauf zurückzuführen, daß im ÖCV die Zahl der „ungesättigten" Verbindungen relativ bedeutend ist.[6] Da bei den Schlagenden nach 1945 kaum noch nennenswert Verbindungen gegründet wurden, ist der natürliche Abgang bei den Alten Herren größer, als die Übertritte von der rückläufigen Aktivenschaft in die Altherrenschaft.

Aber auch beim **CV in Deutschland** machen sich Schrumpfungen bemerkbar. Im folgenden die zahlenmäßige Entwicklung.[7] Die Zahl der Aktiven sank deutlich stärker als im ÖCV, nämlich von 5.267 (1995) auf 4.052 (2003), das ist ein Rückgang um 23 Prozent. Im Vergleich dazu beträgt der Rückgang der Ur-Studierenden des ÖCV von 1993

2 Lt. Mitteilung des ÖCV-Generalsekretärs Karl-Wolfgang Schrammel (F-B) an den Verfasser vom 13. 1. 2006.

3 So nach den Studentenzahlen 2004/05.

4 Fuchs-Heinritz, Religion, SS. 169ff.

5 *Acta Studentica*, 125/1998.

6 Das sind jene Verbindungen, die nach 1945 gegründet wurden und die im Gegensatz zu den übrigen Verbindungen noch keine normale Mitglieder-Pyramide aufweisen.

7 Ac 95 /2003), S. 258.

bis 2004 knapp über 8 Prozent. Auch die Altherrenschaft stagniert leicht (Rückgang um 0,5 Prozent in diesem Zeitraum). Ähnlich wie im ÖCV waren 1955 6,7 Prozent der Studenten in Deutschland CVer, der CV hatte damals eine Aktivenzahl von fast 7.000! Ende der neunziger waren nur mehr 0,44 Prozent der Studenten CVer.[8]

Die Mitgliederzahlentwicklung des CV in Deutschland von 1957 bis 2003

	Studierende	Alte Herren/EM	Insgesamt	Veränderung jeweils
1957	7.821	18.142	25.963	
1967	10.269	23.657	33.926	+30,7 %
1977	5.794	26.521	32.315	- 4,8 %
1987	5.760	26.338	32.098	- 0,7 %
1995	5.267	26.232	31.499	- 1,9 %
1999	4.637	26.387	31.024	- 1,5 %
2003	4.052	26.091	30.143	- 2,8 %

Interessant ist auch die Beobachtung der Verteilung der **Studienrichtungen** innerhalb des ÖCV. Diese ist bis 1967 relativ unproblematisch nachzuvollziehen, weil die betreffende Statistik jeweils in den Gesamtverzeichnissen Aufnahme fand. In den GV's der neueren Art (reine Alphabetisierung) gibt es eine solche nicht mehr, daher war die für 2001 aufgrund einer Mitteilung des ÖCV-Generalsekretariats nur schwer zu rekonstruieren. Aufgrund der ab den späten sechziger Jahren möglichen Doppelstudien ist diese Statistik wegen Mehrfachnennungen zusätzlich verzerrt (Überhang von 36,1 Prozent!).

Trotzdem lassen sich gewisse Trends gut ablesen. Deutlich ist ein Rückgang des Medizinstudiums zu erkennen. Hier dürfte die Zahl für 2001 einen sicheren Aussagewert haben, weil Medizin kein klassisches Doppelstudium ist. Noch 1935 waren Jus, Medizin und Geisteswissenschaften (in der Regel Gymnasiallehramt) nahezu gleichwertig, mehr als ¾ aller CVer studierten diese Fächer, 1963 waren es dann nur mehr weniger als 2/3. Im Jahr 1935 betrug der Block Jus/Welthandel weniger als 1/3, 1963 war er schon bei über 45 Prozent. In diesen Studienrichtungen gibt es (zusammen mit Geisteswissenschaften und Technik [Informatik] die meisten Doppelstudenten, damit dürfte sich der Trend von 1935 auf 1963 weiter verstärkt haben. Der Anteil dieser Studenten wird bei deutlich über 50 Prozent liegen. Während 1935 noch eine „gute Mischung" der „Universitas" zu erkennen ist, die sich natürlich auch auf den Gesamthabitus der einzelnen Verbindungen und des ÖCV auswirkte, so sieht man 2001 auch beim ÖCV eine deutliche Auswirkung des og. Trends zur der der Matura nachgelagerten Berufsausbildung (Wirtschaftsstudien).

8 *Studenten-Kurier*, NF 14 (1999), H. 3, S. 26.

Die Studienrichtungen der Studierenden des ÖCV 1935 bis 2001

	1935	1949	1954	1959	1963	2001
Theologie	4,3	1,0	1,6	3,2	2,9	3,5
Jus	29,3	28,6	33,3	35,4	34,3	39,4
Merc	2,6	7,2	11,2	12,6	11,0	33,7
Med	23,5	20,6	13,6	10,4	11,8	12,8
Med.Vet	1,9	4,9	2,9	1,2	0,6	0,8
Gei. Wiss	24,4	15,7	13,2	14,1	18,9	16,0
Nat.Wiss	1,7	4,3	5,5	6,2	4,5	5,9
TU	7,0	8,4	8,8	7,5	5,8	14,7
Mont	0,2	0,8	2,9	3,0	1,7	6,5
Boku	4,5	8,0	6,5	5,6	8,0	3,0
Kunst	0,6	0,5	0,6	0,7	0,5	0,4

Auch die Berufsgliederung der Alten Herren der österreichischen CV-Verbindungen verdient Interesse. Sie baut ja zu einem Teil auf den Studienrichtungen auf.[9] Der Rückgang der ***Priester*** ist deutlich. Der allgemeine Priestermangel sowie eine „gewisse Distanz" von Theologiestudenten bzw. Priesteramtskandidaten zum CV sind für diese Entwicklung verantwortlich. Allerdings muß man auch berücksichtigen, daß in der ersten Phase des CV der Klerus eine hervorgehobene Stellung eingenommen hatte. Die sog. ***Rechtsberufe*** (Rechts- und Staatsanwälte, Richter und Notare, Steuerberater) zeigen eine relative Stabilität. Der ***Öffentliche Dienst*** (inkl. Interessensvertretungen, Kammern etc.), seit Anbeginn eine Domäne des CV in Verbindung mit der Dominanz des Jus-Studiums, ist in den 55 Jahren von 1949 bis 2004 deutlich zurückgegangen. Ähnliches gilt auch für die (Gymnasial)***Lehrer***. Beide Gruppen haben sich gegenüber ihrem Höchststand fast halbiert. Auch der Bereich ***(Tier)Ärzte, Apotheker*** ist leicht zurückgegangen Unter den Begriff ***Ingenieure*** fallen selbständige Techniker (Zivilingenieure, Baumeister, Architekten, Ziviltechniker). 1935 (und davor) wurden unter Ingenieure auch solche subsumiert, die in einem öffentlich-rechtlichen Dienstverhältnis stehen. Daher ist dort der Anteil relativ hoch, dafür der öffentliche Dienst 1935 gegenüber 1949 deutlich geringer. Der Bereich ***Universität*** (Professoren, Dozenten, Assistenten, wissenschaftliche Beamte/Angestellte) war im Beobachtungszeitraum leicht steigend.

9 Bei der Errechnung der Prozentzahlen wurden Alte Herren im Ruhestand oder ohne Berufsangabe nicht berücksichtigt. Die Angaben beruhen bis 1967 auf den Statistischen Teilen der betreffenden Gesamtverzeichnisse. Bedauerlicherweise ist danach seitens des ÖCV keine Berufsstatistik der Alten Herren auf der Basis der bisherigen Parameter mehr erfolgt. Daher wurden anhand des GV 2004 die berufstätigen Alten Herren der Anfangsbuchstaben A bis H manuell ausgewertet. Insgesamt sind das 2.326 Personen, womit ein sehr hohes Sample auf der Basis des „Zufalls" erreicht wurde. Die dadurch errechneten Prozentzahlen kommen daher der tatsächlichen Wirklichkeit heran.

Die Berufsgliederung der Alten Herren des ÖCV

	1913	1935	1949	1967	2004
Priester	22,7	12,6	9,4	6,0	3,7
Universitätslaufbahn	1,3	2,1	2,5	3,2	4,1
Rechtsberufe	17,4	10,2	11,8	10,5	11,4
Öffentlicher Dienst	19,4	20,2	30,2	28,4	16,8
(Tier)Ärzte, Apotheker	17,3	16,9	21,8	20,4	15,9
Lehrer	16,1	13,9	13,0	13,0	6,7
Ingenieure	3,7	11,5	0,9	1,9	2,7
„Privatbeamte"	2,1	9,5	7,9	14,7	32,5
Selbständige	k. A.	3,1	2,5	1,9	6,2

Bis 1967 wurden Alte Herren, die in einem nicht-öffentlichen Angestelltenverhältnis standen, unter der Rubrik ***„Privatbeamte"*** zusammengefaßt. Dieser Ausdruck verrät natürlich einiges. Deutlich ist in dieser Gruppe bereits der Anstieg von 1949 auf 1967 zu bemerken, mehr als verdoppelt hat sich der Anteil aber von 1967 auf 2004, wobei das hauptsächlich zu Lasten des Öffentlichen Dienstes ging. Deutlich ist von 1967 auf 2004 auch der Anstieg der ***Selbständigen***.

Auch im ÖCV machte sich der seit den siebziger Jahren einsetzende Trend zum Ökonomischen bemerkbar. Während der Sektor „Privatwirtschaft" („Privatbeamte" und Selbständige) 1949 nur 10,4 Prozent ausmachte, war er bereits 1967 – nach Abschluß der Phase des „Wirtschaftswunders" – auf 16,6 gestiegen, 2004 betrug der Anteil 38,7 Prozent! Diese allgemeine gesellschaftliche Entwicklung machte auch vor dem ÖCV nicht halt. Eine nicht zu unterschätzende Rolle spielte die Einführung der rer. soc. oec.-Studiengänge Mitte der sechziger Jahre, die nunmehr an allen Universitätsstandorten absolviert werden können. Sie lösten erstens als „Allround"-Studium die Rechtswissenschaften ab und stießen zweitens in berufliche Positionen vor, die bislang von Handelsakademikern besetzt wurden. Letzteres geschah nicht in einer Art Verdrängung nach unten, sondern weil durch das zeitweise enorme Wirtschaftswachstum in den Unternehmen komplexere Leitungsmechanismen expandierten. Spezifisch für Österreich kam noch hinzu, daß ab Mitte der achtziger Jahre – einerseits durch das Streben in die EU, andererseits durch den Globalisierungsdruck der Wirtschaft aber auch durch Wiedereintritt der ÖVP in die Regierungsverantwortung – die direkt wie indirekt verstaatlichte Wirtschaft[10] radikal abgebaut wurde.

Während also bis in die siebziger Jahre hinein hochbürokratische Funktionen (z. B. Sektionschef, Ministerialrat, Hofrat) gleichsam das Berufsideal des CVers war, um so – gepaart mit politischen Funktionen – eine gewisse Dominanz in Staat und Gesellschaft anzuzeigen, hat sich das dann stark in Richtung Wirtschaft geändert. CV-Anteile im politischen Bereich wie in der Hochbürokratie verlieren zunehmend an Aussagekraft hinsichtlich gesellschaftlicher Wirkungsmacht. Doch im Gegensatz zu diesen erwähnten tabella-

10 Einen guten Überblick über den Status dieses Sektors gibt die nach wie vor unerreichte Studie von WALLNER, LEOPOLD: Die öffentliche Hand als Unternehmer. 2. Teil: Umfang der öffentlichen Unternehmertätigkeit in Österreich. Wien 1963. Danach machte 1961 öffentlicher Dienst und (halb-) verstaatlichte Wirtschaft die Hälfte das Brutto-Nationalprodukts aus (S. 13).

rischen Auflistungen läßt sich Vergleichbares für die Wirtschaft nicht konstruieren (etwa bezogen auf Vorstandsmitglieder von Aktiengesellschaften).

Beispielhaft seien jedoch zwei Namen genannt, die einerseits im Bereich des selbständigen Unternehmertums, andererseits im Top-Management in Österreich in den letzten zwei Jahrzehnten des 20. Jahrhunderts exorbitante Spitzenstellungen einnehmen konnten: Josef Taus (Baj) und Claus J. Raidl (Baj). Dabei kommt noch zusätzlich hinzu, daß vorher der eine Spitzenpolitiker (ÖVP-Bundesparteiobmann), der andere VOP und ÖH-Funktionär war.

Insgesamt ist also das Berufsbild der CVer in Österreich (aber auch in Deutschland) „bunter" geworden und hat sich auch modernen Zweigen (z. B. IT- bzw. EDV-Branche) geöffnet. Als Beispiele besonderer „Buntheit" dienen nicht zuletzt die im gehobenen TV-Bereich tätigen bzw. tätig gewesenen Ernst Wolfram Marboe (Baj), Gerhard Weis (Baj), Thomas Gottschalk (TsM)[11] sowie Alfred Biolek (ehemals NdW). Aber auch ein Astronaut ist zu nennen: Reinhold Ewald (Rst), der an einem russischen MIR-Raumflug vom 10. Februar bis 2. März 1997 teilnahm.[12] Und 2005 wurde der Fußballprofi von Borussia Dortmund und deutsche Nationalspieler Christoph Metzelder (Si) rezepiert.[13]

Der deutliche „Schwenk" in der Berufsausrichtung der Alten Herren hin zum Ökonomischen wird in Hinkunft auch Spuren im ÖCV hinterlassen müssen. Noch immer (Gesamtverzeichnis 2004) gibt es die verschiedensten Berufszirkel des Öffentlichen Dienstes (zumindest auf dem Papier), während man beim doppelt so großen Anteil der „Privatbeamten" eine solche Differenzierung vergeblich sucht. Aber genauso wie bislang eine „Vernetzung" bei den Beamten sinnvoll war, so ist eine solche um so mehr in der Wirtschaft notwendig. Dabei stünden dort weniger Fragen der Standespolitik oder Interessensvertretung im Vordergrund, als vielmehr die Ausschöpfung der persönlichen Kontakte für wirtschaftliches Handeln. Ansätze gibt es bereits – wie diverse Wirtschaftszirkel –, doch werden diese quantitativ der eingetretenen Entwicklung noch nicht gerecht.

Der Export der CV-Idee - Gründungen von ÖCV-Verbindungen

Die weltpolitische Wende der Jahre 1989/90 ermöglichte katholische Verbindungsgründungen im ehemaligen Ostblock, vornehmlich natürlich in jenen Gebieten, die entweder bis 1945 deutsch besiedelt waren oder die bis 1918 bzw. 1945 in einer staatlichen Verbindung zu Österreich oder zu Deutschland standen. Durch die zunehmende europäische Integration war es ab dieser Zeit politisch möglich geworden, auch in jenen Gebieten des westlichen Europas ebenfalls Verbindungen zu gründen, die bis 1918 zu Österreich oder Deutschland gehörten.

Bereits am 26. November 1986 wurde aus dem CV und dem KV heraus in Rom die ***Capitolina*** gegründet. Der Zweck war, die deutschsprachigen Studenten in Rom, vor allem an den kirchlichen Universitäten, zu sammeln. Die Gründungsurkunde unterschrieben u. a. der spätere Papst Benedikt XVI., Joseph Kardinal Ratzinger (Rup EM), und Corrado Kardinal Bafile (RBo EM), ehemaliger Nuntius in Bonn. Auf der 101. CV 1987 wurde die

---

11 Siehe das Interview Gottschalks in der öAc 44 (1993), H. 2, S. 36f., wo er sich nach wie vor zum CV bekannte.

12 Ac 90 (1997), S. 309f.

13 Ac 98 (2005), S. 247. Der deutsche Fußball-Bundesligaverein Borussia Dortmund entstand übrigens aus einem katholischen Jugendverein.

Capitolina freie Vereinigung und auf der 104. CV 1990 vollberechtigte Verbindung des deutschen CV. Ehrenmitglieder waren bzw. sind u. a. der frühere Wiener Nuntius Opilio Kardinal Rossi (Dan EM) und Kurien-Erzbischof Alois Wagner (A-D EM).[14]

Papst Johannes Paul II. empfängt Chargierte der CV-Verbindung Capitolina Rom.

Allerdings reichen Überlegungen zur Gründung einer Verbindung in Rom bis in das Jahr 1965. So hatte der damalige VOP Ivo Greiter (AIn) Mitte 1965 die Verbandsführung ersucht, zu überlegen, ob man nicht eine ÖCV-Korporation in Rom (am Germanicum) gründen solle, dem die Verbandsführung zugestimmt hat.[15] Der Vorsitzende der Verbandsführung, Eduard Chaloupka (Baj), nahm sich dieser Frage offenbar an und berichtete fünf Monate später, daß es aufgrund von Informationen aus Rom zur Zeit nicht tunlich und möglich sei, dort eine Verbindung zu gründen.[16]

Am 19. Mai 1991 wurde die ***KDStV Suevia-Danubia*** in Fünfkirchen (Pecs), Ungarn, gegründet, die seit der 105. CV 1991 eine freie Vereinigung des deutschen CV ist. Die Rheno-Franconia zu München war in der Gründungsphase unterstützend tätig. Die Mitglieder dieser Verbindung rekrutieren sich vornehmlich aus der deutschen Minderheit in Südungarn. 1993 mußte aufgrund personeller und anderer Schwierigkeiten der Aktivenbetrieb eingestellt werden. Drei Jahre später wurde eine Reaktivierung versucht.[17]

Am 25. September 1992 wurde von Mitgliedern der Severina Linz der Cercle d'Etudiants Alsatia *(Alsatia II)* in Straßburg gegründet. Sie wurde auf der 107. CV 1993 in Berlin eine befreundete Verbindung des deutschen CV. Ihr gehören deutsche- wie französischsprachige Studenten an. 1996 wurde der Name in Fraternité Edutiante Européenne (FEE) ***Robert Schumann Argentorata*** *(RSA)* geändert.[18]

Unter maßgeblicher Beteiligung und Unterstützung Alter Herren von ÖCV-Verbindungen erfolgte am 15. Oktober 1992 in Halle an der Saale die Gründung der ***Rheno-Saxonia***, die die Tradition der 1896 zu Köthen gegründeten Katholischen Studentenverbindung gleichen Namens fortführt.[19] Von den 1995 angeführten 44 Bandphilistern gehörten 23 als Urmitglied einer ÖCV-Verbindung an.[20] Sie wurde auf der 107. Cartellversammlung 1993 als „Gründung im Verband" in den CV aufgenommen. Gelegentlich eines Festes am 12. Februar 1994, an dem zahlreiche österreichische CVer teilnahmen, wurden Mitglieder der Verbindung von „Autonomen" tätlich angegriffen, zwei – darunter

14 Schieweck-Mauk, Lexikon der CV- und ÖCV-Verbindungen, S. 202f.; Ac 80 (1987), S. 90.

15 ÖCVA. Protokoll der Verbandsführung vom 12. 7. 1965.

16 ÖCVA. Protokoll der Verbandsführung vom 29. 11. 1965.

17 Schieweck-Mauk, Lexikon der CV- und ÖCV-Verbindungen, S. 731f.

18 Ebda., S. 78f.

19 Ebda., S. 627f.

20 GV des CV 1995, S. 426f.

Josef Kopf (NbW) – wurden verletzt.[21] Die Rheno-Saxonia gehört zur Reihe jener CV-Verbindungen, die nach dem Zusammenbruch der DDR neben Halle auch in Dresden, Leipzig, Greifswald und Magdeburg entstanden sind, es jedoch wegen der konfessionellen Struktur – die Katholiken sind dort eine kleine Minderheit – sehr schwer hatten und haben.[22]

1992 wurde in Lemberg die farbentragende Gemeinschaft Ukrainischer Katholischer Studenten ***Obnova*** gegründet, die auf eine Organisation des Jahres 1929 zurückgeht, als Lemberg noch zu Polen gehörte. Am 24. November 2001 kam es zu einem Bändertausch mit der Austria Sagitta.[23]

Am 15. Oktober 1993 wurde in Preßburg die slowakisch katholisch akademische Verbindung ***Istropolitan*** aufgrund von Kontakten mit dem EKV gegründet, zu der dann die Bajuvaria enge Beziehungen aufnahm.[24] 1994 wurde diese Verbindung in den EKV aufgenommen, sie entwickelte sich in der Folge zufriedenstellend. Auf der CVV 2001 wurde ein Freundschaftsabkommen zwischen ihr und dem ÖCV abgeschlossen.

Am 15. März 1994 wurde in Budapest die kath. akad. Vereinigung ***Pannonia*** gegründet, die mit der Rhaeto-Danubia ein Freundschaftsabkommen schloß.[25] Die akademischen wie pennalen Verbindungen in Ungarn, darunter die Pannonia und die Suevia-Danubia, gründeten 1995 den „Kartellverband der christlichen Studentenverbindungen in Ungarn – Keresztény Diákegyesületek Kartellszövetségének" (KEDEX), der aber in der Folge wieder einschlief.[26]

Am 13. September 1994 gründeten CVer und MKVer, die als Soldaten des österreichischen UN-Bataillons auf den Golanhöhen Dienst taten, die Verbindung ***Golania***, wobei die Farben die von Syrien sind. Sitz der Verbindung ist Arne, ein christlicher Ort in der Nähe von Damaskus.[27]

Am 7. Oktober 1995 wurde mit Unterstützung des damaligen Vororts Alpenland im slowakischen Kaschau (Kosice) die zweite slowakische katholisch farbentragende Verbindung namens ***Cassovia*** gegründet, wobei damals die Idee eines slowakischen Cartellverbands erörtert wurde.[28] Ein solcher wurde zusammen mit Istropolitan, der Cassovia und der katholischen Pennalie Carpathia (Preßburg, gegründet 1994) unter dem Namen „Kartel Slovenskych Katolickych Spolkov" (Kartellverband slowakischer katholischer Verbindungen) am 15. Juni 1996 in Preßburg unter reger Anteilnahme der Öffentlichkeit (Fernsehen, mehrere Parlamentsabgeordnete) gegründet.[29]

Nach dem Vorbild der Golania (Golanhöhen) gründeten Angehörige von ÖCV- und MKV-Verbindungen, die in Zypern beim UN-Bataillon Dienst taten, am 3. Mai 1996 die Verbindung ***Pax Cypriana.*** Da das seit 1964 bestehende Engagement des österreichischen

21 Rundschreiben des damaligen Philisterseniors Wilfried Werkmeister (Fd, R-S) vom 18. 2. 1994. Der Verfasser, selber Bandphilister der Rheno-Saxonia, informierte schriftlich am 3. 3. 1994 über diesen Vorfall, bei dem österreichische Staatsbürger tätlich insultiert wurden, den damaligen österreichischen Botschafter in Bonn, Friedrich Hoess (NbW); *Nibelungenkurier*, Nr. 4/1994, S. 8f.

22 Siehe dazu WEISKORN, RICHARD: Wiederaufbau des CV nach Nazizeit und DDR, in: Ac 97 (2004), SS. 17-20.

23 *Academia intern* 2/2002, S. 3.

24 Schieweck-Mauk, Lexikon der CV- und ÖCV-Verbindungen, S. 412.

25 Ebda., Lexikon der CV- und ÖCV-Verbindungen, S. 576.

26 *Acta Studentica* 106/1995, S. 9 und 142/2003, S. 9.

27 Schieweck-Mauk, Lexikon der CV- und ÖCV-Verbindungen, S. 330.

28 *Academia intern* 8/1995, S. 13; *Vorort.* Die Zeitung des Vororts KÖHV Alpenland, 3a/1995, S. 22f.

29 *Acta Studentica* 113/1996, S. 9.

Bundesheeres in Zypern im Juni 2001 beendet wurde, war damit nun auch das Schicksal dieser Verbindung in Zypern besiegelt, die Verbindung hat sich ohne personelle Überleitung aufgelöst.[30]

In den Jahren 1996 bis 1998 wurde die 1896 an der Katholischen Universität Löwen gegründete ***Lovania*** wiedererrichtet. Sie wurde bereits auf der 33. CV 1897 befreundete Verbindung. Im Zuge des Ersten Weltkrieges hat die Verbindung ihren Betrieb eingestellt und wurde auch danach nicht mehr errichtet. Anläßlich des 100. Stiftungsfestes 1996 wurde sie als befreundete Verbindung des CV reaktiviert. Ende des 19. Jahrhunderts war übrigens der bekannte österreichische Filmpionier Alexander („Sascha") Graf Kolowrat-Krakowsky Mitglied der Lovania.[31]

Das Interesse des ÖCV an Prag war zwar bereits 1991 gegeben, als Mitte Januar der Studententag des ÖCV in Dobris bei Prag seine Sitzung abhielt[32], doch erst am 29. April 1999 ging der Anstoß für die Gründung einer katholischen Farb-Verbindung in Prag vom Professor am österreichischen Oberstufen-Gymnasium Prag, Johannes Würfl (NdW), in der Residenz des damaligen österreichischen Botschafters Peter Niesner (Cl) und dem dort seit 1998 bestehenden ÖCV-Wirtschaftszirkel aus. Am 17. Juni 2000 wurde die **KStV *Pragensis*** gegründet. Ein wesentliches Reservoir für den Nachwuchs ist das österreichische Oberstufenrealgymnasium in Prag. Gründungsmitglieder waren neben den Genannten u. a. Rudolf Gruber (NdW) und der damalige Österreichische Handelsdelegierte in Prag, Michael Angerer (BbG). Schutzpatron dieser Verbindung ist der hl. Johannes Nepomuk.[33]

Am 10. März 2003 wurden von Angehörigen der KÖL, des (Ö)CV und des MKV in London die Katholisch Europäische Landsmannschaft (KEL) ***Gregoriana*** gegründet; sie gilt offiziell als Tochterverbindung der KÖL Josephina Wien. Der Name Landsmannschaft hat weniger einen Bezug zur KÖL als vielmehr zum den alten ***Nationen*** (siehe S. 16), d. h. den mittelalterlichen studentischen Vereinigungen nach Herkunft. Ihr Name rührt vom hl. Georg, dem Schutzpatron Englands. Ihr Ziel ist die Sammlung der im Raum London wohnhaften katholisch Korporierten sowie der in London im Rahmen von Auslandssemestern katholischen Studierenden aus dem deutschen Sprachraum. Sie steht aber auch britischen Studenten katholischer Konfession offen.[34]

Hingegen gab es in der Zeit nach 1986 nur zwei Gründungen von ÖCV-Verbindungen. Nachdem der ÖCV seine Satzungen entsprechend geändert hatte, wurde an der Südtiroler Landesuniversität Bozen (mit den weiteren Standorten Brixen und Trient) am 6. November 1999 die ***Meinhardia*** als Tochterverbindung der Austria-Innsbruck und der Rheno-Danubia gegründet. Auf der XLIII. CVV 2000 in Brixen wurde sie als freie Vereinigung in den ÖCV aufgenommen.[35]

Im Herbst 2001 wurde in Eisenstadt als Tochterverbindung der Austro-Peisonia die ***Austro-Ferrea*** gegründet. Sie erfolgte wegen der in Eisenstadt errichteten Fachhochschule sowie wegen des Umstands, daß viele Studenten aus dem Raum Eisenstadt nach Wien

---

30 *Acta studentica* 135/2001, S. 9 und 142/2003, S. 10.

31 Schieweck-Mauk, Lexikon der CV- und ÖCV-Verbindungen, S. 444f. http://de.wikipedia.org/wiki/Sascha_Kolowrat-Krakowsky, 15. 8. 2005. Kolowrat war Gründer der Sascha-Film.

32 *Academia intern*, 1/1991, S. 2.

33 Siehe *Acta studentica* 131 /2000, S. 9., *Academia intern* 5/2000 und Ac 93 (2000), S. 264.

34 *Acta studentia* 143/2003, S. 14; *Academia intern*, 4/2005, S. 10.

35 *Acta Studentica* 130/2000, S. 11; *Academia intern* 4/2000, S. 2.

pendeln und somit von der dortigen CV-Verbindungen nicht erfaßt werden können.[36] Auf der CVV 2004 erfolgte ihre Aufnahme als vollberechtigtes Mitglied des ÖCV.[37]

Offen oder geschlossen IV: Um die Aufnahme von Studentinnen

Eine andere Situation als bei der Frage, ob Protestanten in den ÖCV aufgenommen werden können, besteht bei der Aufnahme von Studentinnen.[38] Im Gegensatz zu jenen, die in Österreich statistisch eine Minderheit sind, ist besonders nach 1945 ein ständiges Ansteigen der Hörerinnen festzustellen. 1993/94 war der Anteil weiblicher Erstinskribenten erstmals höher als jener der männlichen. Die Frage ist daher die, wieweit das Muster farbentragender Studentenverbindungen für Studentinnen geeignet ist.

Immer wieder stößt man in der Geschichte des Couleurstudententums auf Versuche, farbentragende Studentinnenverbindungen zu gründen. 1913 wird bereits von einem „Kartell der katholischen Studentinnenvereine Deutschlands" berichtet, zu dem 21 Vereine gehörten.[39] 1919 wurde die Vereinigung Katholischer Deutscher Hochschülerinnen Ostara, Innsbruck, gegründet, die man 1947 zu reaktivieren versuchte. Sie löste sich aber 1951 freiwillig wieder auf.[40] Im Herbst 1920 wurde in Prag die katholische Studentinnenverbindung Hroswitha gegründet, von der es aber bald keine Nachrichten mehr gab.[41] Egal unter welchen verschiedenen weltanschaulichen Prämissen: Diese Versuche hatten es immer schwer.[42]

Die steigende Zahl von Studentinnen wurde bereits bald vom ÖCV erkannt. Anfang 1957 versuchte der damalige Vorsitzende des ÖCV-Beirates, Eduard Chaloupka (Baj), dieses Problem durch die Gründung einer „Vereinigung katholischer Jungakademikerinnen" zu lösen. Abgesehen von dieser Willenskundgebung sowie der Ausarbeitung der Statuten durch das ÖCV-Sekretariat war aber danach nichts mehr von dieser Initiative zu bemerken.[43]

Die Diskussion um Studentinnen im CV begann dann wieder Ende der sechziger Jahre, als der Schweizerische Studentenverband (StV) solche aufnahm. Ab 1967 kamen regelmäßig StVerinnen in Couleur auf offizielle Veranstaltungen des ÖCV und ließen das Herz so manches Alten Herren bei diesem Anblick höher schlagen, auch wenn er ansonsten solchen Reformen gegenüber reserviert eingestellt war. Der VOP des Studienjahres 1967/68, Roderich Regler (Am), thematisierte diese Frage aufgrund der Erfahrungen mit

---

36 *Academia intern* 2/2003, S. 2.

37 *Academia intern* 4/2004, S. 2.

38 Zu der Frage Studentinnen und Verbindungen allgemein siehe Gärdtner-Krause-Polnitzky, Frau und Couleur; Gärdtner, Studentinnen in Korporationen; Diess.: „Wer lebt in unsrem Kreis, und lebt nicht selig drin?" – Frauen in studentischen Korporationen, in: Burschen Herrlichkeit, SS. 383-391. *Studenten-Kurier*, NF 14 (1992/93), Winter, SS. 23f. Zum ÖCV siehe auch Scheiber, Der ÖCV als Beispiel einer politischen Elite, SS. 71-75.

39 Ac 26 (1913/14), S. 431f.; einen kurzen historischen Überblick zu den Studentinnenverbindungen gibt Gärdtner, Studentinnen in Korporationen; Exner, Ernst: Mädels heraus. Studentinnenverbindungen in Geschichte und Gegenwart, in: *Academia intern* 3/2001, S.10f.; *Acta Studentica* 144/2003, SS. 3ff.

40 Seit Herbst 2004 laufen von Altmitglieder Bemühungen um eine Wiedererrichtung. Siehe *Acta Studentica* 153/2005, S. 15.

41 Ferdinandea 1919-1945, SS. 63-65.

42 Krause, Burschenherrlichkeit, S. 201f.; *Acta Studentica* 24/1977, S. 2ff.

43 ÖCVA. Protokoll des ÖCV-Beirates vom 15. 1. und 2. 4. 1957.

dem StV in der *Academia*, worauf es zu ersten konkreten Anregungen kam, wie man Studentinnen in den ÖCV integrieren könnte.[44]

Die Protestanten-Debatte (siehe S. 630f.) sowie die Umbrüche in der Hochschulpolitik drängte diesen Problemkreis vorerst etwas in den Hintergrund, bis im Juli 1977 bekannt wurde, daß die Austria Innsbruck durch einen ***Verein der Freunde der Austria Innsbruck*** Studentinnen integrieren wollte. Die Verbandsführung verurteilte diese Vorgangsweise und bezeichnete das als „juristischen Trick".[45] Daraufhin entstand im ÖCV eine Diskussion um eine cartellrechtliche Lösung dieser Frage, die vorerst bis Anfang der achtziger Jahre dauerte.[46] 1983 traten die Studentinnen aus diesem Verein aus und beendeten somit diesen Versuch.

Anläßlich der Gründung der Verbindungen Veritas Baden und Vindemia Feldkirch wurde diese Frage wieder aktuell, denn beide hatten als fast ausschließlichen Einzugsbereich eine Pädagogische Akademie, die einen hohen Anteil Hörerinnen haben. So entstand 1978 ein weiblicher Zweig der ***Veritas***, der sich jedoch 1994 ebenfalls auflöste. Die ebenfalls 1978 gegründete St. Pöltener Verbindungen ***Floriana*** war ursprünglich gemischt, jedoch mußten die weiblichen Mitglieder wegen der Aufnahme in den ÖCV 1984 ausscheiden.

Bereits 1985 konstituierte sich als Gründung der Norica die ***Norica Nova*** für Studentinnen, deren Ehrenmitglieder die Ministerinnen Marilies Flemming[47] und Maria Rauch-Kallat wurden. Ihr Verbindungsbetrieb ist mit der Norica nahezu identisch, und von Anfang an war eine Vollintegration intendiert. Das machte die Studentinnenfrage im ÖCV neuerlich zu einem Diskussionsthema, das nun zunehmend auch von außen wahrgenommen wurde. In der Folge gab es nun mehrere Versuche, eine Lösung im Rahmen des Cartellrechts zu finden. Doch die zu überwindenden Mehrheiten in beiden Verbandsteilen sind zu hoch (4/5-Mehrheit bei Änderung der Satzung), so daß auf der CVV 1991 ein Antrag abgelehnt wurde, wonach jede Verbindung selber entscheiden sollte, ob sie Studentinnen aufnimmt oder nicht.[48]

Interessant war auch das Meinungsbild im ÖCV. Bei einer internen Meinungsumfrage im Jahr 1988 sprachen sich generell 21 Prozent für die Aufnahme von Studentinnen aus, 23 Prozent waren für einen Sonderstatus (Teilmitgliedschaft) und 29 Prozent waren für eigene Studentinnenverbindungen in Anlehnung an den ÖCV. Hingegen waren 20 Prozent für einen reinen Männerbund. Hier waren die Extreme (Aufnahme – reiner Männerbund) mit je einem Fünftel etwa gleich stark.[49]

---

44 Regler, Roderich M.: Öffnung nach Innen? – Der ÖCV und die Studentinnen, in: CV – Caritati vivere. XI. Cartellversammlung. 22.-26. Mai 1968. Österreichischer Cartellverband. Vorort KÖHV Amelungia. Wien 1968, S. 37f. ; öAc 19 (1967/68), H. 8, S. 27f. Die Debatte wurde von Peter Diem (Rd) fortgeführt: öAc 19 (1967/68), H. 8, S. 27f.

45 ÖCVA. Protokoll des Vorstands der Verbandsführung 13. 7. 1977, bes. S. 4. Die treibende Kraft für diesen „Vereinslösung" war der langjährige Rechtspfleger Karl Kohlegger (AIn), der damals in einem gewissen „Kontrapunkt" zum Vorsitzenden der Altherrenschaft, Theodor Detter (AW), stand. In seinem Schreiben vom 4. 8. 1977 an den Vorsitzenden der Verbandsführung Adolf Kolb (Baj) bemängelt Kohlegger mit Recht, daß die Austria Innsbruck vor bzw. zur Sitzung nicht gehört wurde.

46 Dazu die Diskussion in *Academia intern* Dezember 1979, Jänner 1980 und Februar 1980 und Mai 1980 sowie auch diverse Anträge zur CVV 1980.

47 *Wienerin,* Juni 1986, S. 76ff.

48 ÖCVA. Beschlußprotokoll XXXIV. CVV 1991; *Kathpress* Nr. 103, 3. 6. 1991, S. 8.

49 Zitiert nach Scheiber, Der ÖCV als Beispiel einer politischen Elite, S. 74.

Nach einem ersten Versuch im Jahr 1993 hat nun im Juni 1996 ein CC der Norica mit einer Mehrheit von 71 Prozent eine Satzungsänderung betr. Aufnahme von Studentinnen beschlossen, nachdem für die CVV 1996 ein Antrag auf Änderung der CO, der die Mitgliedschaft von Studentinnen erlaubt hätte, zurückgezogen wurde. Das Oberste ÖCV-Gericht erklärte daraufhin im November 1996 die betreffenden Beschlüsse für nichtig. Auf der CVV 1997 wurde dann ein Antrag der Norica, wonach die Verbindungen das Recht hätten, zwar Studentinnen als Vollmitglieder aufzunehmen, diese jedoch nicht als Mitglieder im Sinne des ÖCV-Rechts gelten, mit überwältigender Mehrheit abgelehnt.[50] Hingegen wurde als Kompromiß beschlossen, daß Angehörige von ÖCV-Verbindungen auch Mitglied einer gemischt-geschlechtlichen Verbindung sein können, wenn diese auf den Prinzipien des ÖCV beruht.[51] Ohne das Ziel der Vollintegration aufgeben zu wollen, haben daraufhin Norica und Norica Nova ein Kooperationsabkommen geschlossen, das zwar die rechtliche Unabhängigkeit beider Korporationen festschreibt und somit das Cartellrecht erfüllt, aber es gibt wie jeher praktisch nur einen Verbindungsbetrieb.

Von Mitgliedern der Aargau, der Alpenland und der Franco-Bavaria wurde daher noch 1997 den Beschlüssen der CVV folgend eine gemischte Verbindung namens ***Universitas*** gegründet.[52]

Aus der Aktion *pro patria 2411* zur Unterstützung der ÖVP bei den Nationalratswahlen 2002 entstand die K. a. V. ***Merkenstein*** als Verbindung besonderen Typs mit inoffizieller Unterstützung aus dem ÖCV (Austria Wien), die aber dort keine Mitgliedschaft anstrebt bzw. anstreben kann, weil sie u. a. auch weibliche Mitglieder aufnimmt.[53] Im Gegensatz zur Norica steht der Versuch der ***Vindelicia***, Studentinnen mittels eines seit 1978 bestehenden eigenen sog. Damenstatuts zu regeln. Ohne viel davon Aufheben zu machen, wird damit die Integration von Studentinnen in einer Verbindung praktiziert.[54]

Aber der Kompromiß von 1997 war aber nach wie vor unbefriedigend und beendete die Diskussion zu diesem Thema keineswegs. Mit Rückendeckung des Vorstands der Verbandsführung hat der Vorort des Jahres 1999/2000 mit VOP Christian Gehrer (R-D) für März 2000 eine notariell beaufsichtigte Befragung aller Mitglieder von ÖCV-Verbindungen durchgeführt, die natürlich rechtlich irrelevant war und nicht ohne Kritik vonstatten ging. So haben fünf Verbindungen (Austria Wien, Franco-Bavaria, Marco-Danubia, Nordgau Wien und Saxo-Bavaria) durch Conventsbeschluß ihren Mitgliedern untersagt, an dieser Befragung teilzunehmen, was allerdings auch mehr als problematisch war. Die Teilnahme betrug trotzdem in beiden Verbandsteilen um 55 Prozent, was an sich einen Erfolg darstellte und womit doch ein sehr nahes Stimmungsbild in dieser Frage erreicht werden konnte. Die Frage lautete „Soll die Aufnahme von Studentinnen den Verbindungen freigestellt werden?". Die Aktiven sprachen sich mit 50,7 Prozent knapp dagegen aus, während die Alten Herren mit fast 62 Prozent deutlich dafür und somit an-

---

50 Ein solcher Beschluß wäre rechtlich unhaltbar gewesen.

51 ÖCVA. Beschlußprotokolle XXXIX. CVV 1996 und XL. CVV 1997. Zur Debatte Studentinnen im ÖCV siehe: *Academia-intern* 3/1995, 5/1996, 7/1996, 8/1996, 1/1997, 2/1997, 4/1997, 5/1997, 3/1998, 1/2000, 3/2000, 4/2000und 1/2001; *Acta Studentica* 113/1996, S, 9, 117/1997, S. 6 (Pressespiegel); *kathpress* 2. 5. 1997, S, 6; 6. 5. 1997, S. 5; *Die Presse*, 3. 5. 1997; *Studenten-Kurier*, 1/1997, S. 24; *Der Standard*, 5. 5. 1997; Scheiber, Der ÖCV als Beispiel einer politischen Elite, SS. 71-75.

52 *Academia intern*, 5 und 7/1997. Die Universitas hatte damals eine Ordensschwester als Verbindungsseelsorgerin.

53 *Academia intern* 6/2003, S. 8.

54 Hundert Jahre AV Vindelicia, S. 124. Dieses Statut wurde 1979 auch für den ÖCV empfohlen, siehe *Academia intern*, Dezember 1978, S. III und September 1979, S. VIf.

scheinend „progressiver" waren.[55] Das Ergebnis signalisierte eine fast paritätische Spaltung der Aktivitas, die in der Studentinnenfrage ja primär gefordert wäre, so daß eine Lösung auf dem Weg einer CO- (2/3-Mehrheit) oder gar Satzungs-Reform (4/5-Mehrheit) in weite Ferne gerückt scheint.

Auf der CVV 2000 in Brixen wurde daher auch (zum wievielten Mal ist nur mehr mühsam nachzuhalten) die Frauenintegration abgelehnt, wobei – wie bei der Umfrage – bei der Altherrenschaft der Widerstand geringer war als bei den Aktiven.[56] Trotzdem wurde eine Reformkommission zur Lösung dieser Frage eingesetzt, die zur Jahreswende 2000/01 zwei Vorschläge vorgelegt hat. Nach dem ersten würde es im ÖCV drei Kurien geben, nämlich rein männliche Verbindungen, gemischte Verbindungen und rein weibliche Verbindungen. Im zweiten gäbe es nur männliche wie weibliche Verbindungen. Auch diese Vorschläge bedurften der entsprechenden qualifizierten 4/5-Mehrheit, weil sie die Satzungen tangierten. Auf der CVV 2001 in Baden wurde diese Mehrheit erwartungsgemäß (wieder) nicht erreicht. Und wiederum wurde der Unterschied zwischen Aktivitas und Altherrenschaft deutlich: Während in letzterer immerhin fast zwei Drittel für den Vorschlag stimmten, waren in der Aktivitas fast zwei Drittel dagegen.[57]

Für die Befürworter der Öffnung steht die Zukunft des ÖCV auf dem Spiel, für die Gegner ebenfalls. Und dazwischen scheinen Welten zu liegen. Im Zusammenhang mit politischen Einflußmöglichkeiten des CV ein abschließendes Zitat von Manfried Welan (F-B): „Je mehr in Zukunft die Frauen Politik bewegen werden, desto weniger wird die Politik von CVern bewegt werden, wenn sich der CV den Frauen nicht öffnet."[58] Es bleibt dabei jedoch die Frage offen, ob die Frauen den CV brauchen?[59]

Eine andere Form, unabhängig von der CV-internen Diskussion, Studentinnen die Idee des katholischen Farbstudententums nahezubringen, sind rein weibliche Verbindungen, zwar im Geist des CV gegründet, jedoch unabhängig von ihm. Abgesehen von den vorhin zitierten Versuchen weiblicher Verbindungen früherer Zeiten sind solche dann in den achtziger und neunziger Jahren entstanden und genießen nicht selten mediales Interesse.[60] In Österreich waren pennale Verbindungen im Umfeld des MKV Vorreiterinnen. Die erste war die Danubia Krems, 1973 unter der Patenschaft der Kremser MKV-Verbindung Austria gegründet, die aber 1980 sistierte. Doch dieses negative Beispiel hinderte nicht, daß es im Verlauf der achtziger Jahre zu weiteren Gründungen kam, die sich am 21. Mai 1988 zum **Verband Farbentragender Mädchen Österreichs** (VFM) zusammenschlossen, dem 2003 elf pennale Mädchenverbindungen mit ca. 300 Mitglieder angehören.[61]

Auf dem Universitätsbereich gingen derartige Gründungen anfänglich zögerlich vonstatten. 1979 wurde in Wien von der Danubia die ***Donau*** gegründet, die jedoch bereits 1984 sistierte. Ein ähnliches Schicksal widerfuhr der ebenfalls 1979 gegründeten ***Swania***

55 *Acta Studentica*, 131/2000.

56 ÖCVA. Beschlußprotokoll XXXXIII. CVV; *Academia intern*, 4/2000.

57 ÖCVA. Beschlußprotokoll XXXXIV. CVV; *Academia intern* 4/2001, SS. 1ff.

58 Siehe Welan, Manfried: CV und ÖVP, in: öAc 37 (1986), H. 9 Oktober, S. X. Dieser Artikel wurde abgedruckt aus : Schwarz-bunter-Vogel. Studien zu Programm, Politik und Struktur der ÖVP. Wien 1985, S. 176.

59 Fragt sich Scheiber, Der ÖCV als Beispiel einer politischen Elite, S. 75.

60 Zuletzt der Artikel „Schwestern ohne Schwerter" in *Frankfurter Allgemeine*, 18. 10. 2005, S. 46.

61 Dazu siehe Gärdtner, Studentinnen in Korporationen, S. 46f. Es handelte sich um folgende Studentinnenverbindungen: Puellaria Arminiae Hollabrunn, Babenberg Klosterneuburg, Prima Vindobonensis und Concordia Wien, Stella Polaris Laa/Thaya, Tragisa St. Pölten, Austria Mistelbach, Walcueria Güssing, Laetitia Korneuburg.

Salzburg (1985 erloschen). 1984 wurde in Innsbruck die CV-nahe ***Claudiana*** gegründet[62], 2001 eine KÖHV ***Aurora.*** 1999 wurde von der Rugia die Studentinnenverbindung ***Arcadia*** Wien ins Leben gerufen.[63]

Aus dem 1983 gegründeten Verein der Freunde der Babenberg Wien ist 1991 die ***Salia Babenberg***[64] entstanden; weiters die ***Juvavia*** in Salzburg, 1990 die ***Seraphina*** in Graz (1993 wieder aufgelöst) und die monarchistisch orientierte ***Elisabethina*** in Wien. Diese vier trafen sich am 29. Mai 1992 auf der Bude der Babenberg Wien, um die Gründung einer **Vereinigung Christlicher farbentragender Studentinnen** (VCS) in Österreich zu besprechen.[65] Diese wurde dann am 24. Oktober 1992 allerdings ohne die Seraphina gegründet, die ja später sistierte. Ihre gehören 2003 sechs Verbindungen mit ca. 150 Mitgliedern an. Auf der CVV 1993 wurde ein Verbändeabkommen zwischen ÖCV und VCS beschlossen, im selben Jahr auch eines zwischen der VCS und dem KÖL.[66] Wesentliche Punkte des Abkommens neben allgemeinen Beteuerungen war die Regelung eines „kartellschwesterlichen Du's" und die Teilnahmemöglichkeit von VCS-Angehörigen an Veranstaltungen der Bildungsakademie zu denselben Bedingungen wie CVer.

1994 wurde die VCS Mitglied des EKV, im selben Jahr traten die Verbindungen ***Lentia Danubia Astaris*** Linz (gegründet 1993 in Steyr)[67], nach 2000 wieder sistiert, und ***Koinonia*** Wien bei. Seit 1996 ist die VCS auch Mitglied der AKV. Ebenfalls in diesem Jahr wurde in Graz an Stelle der Seraphina die CÖMV (Christlich Österreichische Mädchenverbindung) ***Academia*** gegründet, die ihren Publikationskommers auf der Bude des Traungau abhielt.[68] Sie ist dann auch dem VCS beigetreten, der Ende 2000 ins sechs Verbindungen zusammen 125 Mitglieder aufwies, darunter u. a. Regina von Habsburg-Lothringen (Elisabethina Wien), die Frau Ottos von Habsburg-Lothringen (NbW EM), die Schauspielerin Christiane Hörbiger (Koinonia Wien), die Volksanwältin Rosemarie Bauer (Koinonia Wien), die Außenministerin bzw. EU-Kommissarin Benita Ferrero-Waldner (Juvavia Salzburg) und steirische Landeshauptfrau Waltraud Klasnic (Academia Graz).[69]

Allgemein haben es Studentinnenverbindungen nicht leicht, sie müssen gegen Vorurteile ankämpfen und haben es weitaus schwerer als die männlichen Pendants, sich auf Dauer durchzusetzen. Doch die VCS hat offenbar ihre erste Bewährungsprobe bestanden.

---

62 Diese interkonfessionelle und gemischtgeschlechtliche Gründung geht auf eine Initiative des ICV des WS 1981/82, zurück. ÖCVA. 9. Vorortsrundschreiben 1980/81, 9. 7. 1981, S. 2f.

63 *Acta Studentica* 133/2000, S. 7.

64 Darüber siehe Feiertag, Leopolds längste Nacht, S. 195f.

65 Zur VCS siehe: *Facit,* Zeitung des Vororts Austria Wien, 9. Jg., Nr. 7, 1992, S. 11; *Academia intern* 6/1997 und 4/2000; zum

66 ÖCVA. Beschlußprotokoll XXXVI. CVV. Zum Verbändeabkommen siehe *Kathpress* Nr. 121, 27. 5. 1993, S. 6. Verbändeabkommen abgedruckt im Rechtsbuch des ÖCV.

67 Siehe *Acta Studentica* 133/2000, S. 4.

68 *ad fundum* Zs. des Traungau 6/1997, S. 13.

69 Die beiden Bandverleihungen an Ferrero-Waldner und Klasnic entbehrten insofern nicht einer gewissen Problematik bzw. sogar Skurrilität, weil sie unmittelbar vor der Bundespräsidentenwahl 2004 und der steirischen Landtagswahl im Jahr 2005 beschlossen wurden, wo dann beide verloren hatten.

Der CV im Wandel der Zeiten – Die historische Bedeutung des CV und seine Zukunft

Der CV und seine Verbindungen in Österreich wurden, wie wir gesehen haben, im Rahmen des aufstrebenden Verbandskatholizismus des 19. Jahrhunderts in Deutschland und Österreich gegründet. Die infolge des Kulturkampfes entstandene katholische Emanzipationsbewegung hatte zum Ziel, die Rechte der Katholiken im Rahmen der in Österreich ab 1867 gewährten Grund- und Freiheitsrechte nicht nur nicht zu sichern, sondern auch zu ermöglichen, daß sie ihren legitimen Platz innerhalb des sich ausbildenden parlamentarischen Systems einnehmen konnten.

Das 19. Jahrhundert ist durch drei geistig-politische Emanzipationsbewegungen gekennzeichnet. Es ist dies erstens einmal der bürgerliche Liberalismus, der im Revolutionsjahr 1848 seinen Bezugspunkt fand. Das vor allem wirtschaftlich orientierte Bürgertum löste nach 1815 sukzessive den Adel in seiner politischen Vormachtstellung ab. Zweitens ist es die Arbeiterbewegung. Das durch die industrielle Revolution des 19. Jahrhunderts entstandene Industrieproletariat bedurfte ebenfalls einer politischen Idee, um seine Rechte einfordern zu können, und fand es in der marxistisch geprägten Arbeiterbewegung.

Und drittens war es die Idee der Christlichen Demokratie bzw. des Politischen Katholizismus. Hier ging es weniger um eine standesspezifische Interessensvertretung (Bürgertum, Arbeiterschaft), sondern anfänglich um die politische Existenzsicherung einer Glaubensgemeinschaft. Darüber hinaus entwickelte der Politische Katholizismus auf dem Boden des christlichen Glaubens als erster das Modell einer sozialen Integrationspartei und hatte damit bis Mitte des 20. Jahrhunderts einen deutlichen Erfolgsvorsprung gegenüber politischen Strömungen, die sich jeweils nur auf eine „Klasse" konzentrierten.

Der CV und seine Verbindungen haben im Rahmen dieser Bewegung eine besondere Rolle eingenommen. Das war erstens einmal in ihrem unmittelbaren Bereich die „Eroberung der Universitäten", um dieses Zitat von Karl Lueger (Nc EM) zu verwenden. Als der CV gegründet wurde, waren die Universitäten weitgehend von den Ideen des Jahres 1848 beherrscht. Die Studenten waren fast ausschließlich Anhänger des liberalen Freisinns, der sich in der Folge deutschnational gab. In dieser Darstellung haben wir gesehen, wie sich das politisch-ideologische Einstellungsverhalten der Studentenschaft grundlegend gewandelt hat. Lag vor 1914 der Anteil der der katholischen Kirche nahestehenden Studenten sicherlich unter 10 Prozent, so verbesserte er sich in der Zwischenkriegszeit auf rd. ein Drittel, um nach 1945 trotz unterschiedlicher Schwankungen eine deutliche Mehrheit zu erreichen, wenn man die ÖH-Wahlergebnisse dazu als Maßstab nimmt. Die unter verschiedenen Namen (Wahlblock, ÖSU, Studentenforum, AG, JES) auftretenden Studentenparteien der christlich-demokratischen Mitte konnten zusammen ihre Vormachtstellung bis gegen Ende des 20. Jahrhunderts halten.

Zweitens: Die CV-Verbindungen in Deutschland und Österreich wurden recht bald das Elitereservoir für den Politischen Katholizismus (Zentrum, Christlichsoziale). Sie lösten dessen anfängliche Eliten, Adel und Klerus, sukzessive zu Beginn des 20. Jahrhunderts ab. Jede politische Partei bedarf einer Führungselite und dafür Ausbildungs- und

Selektionsmechanismen. Für den Politischen Liberalismus nationaler Prägung in Österreich waren bzw. sind das z. T. die schlagenden Verbindungen. Ähnlich bildete sich der CV für den Politischen Katholizismus dazu heraus, wobei noch folgendes Phänomen zu beobachten war bzw. ist: Viele politische Funktionen in der ÖVP wurden an CVer vergeben, obwohl diese zum Ernennungszeitpunkt gar nicht aus einer klassischen Parteilaufbahn kamen, also zum Politikertyp des Quereinsteigers gehörten. Die Tatsache der Zugehörigkeit bei einer CV-Verbindungen war (bzw. ist) offenbar Gewähr genug. Bei der Sozialdemokratie wäre ähnliches vor allem in früheren Zeiten unmöglich gewesen.

Insofern jede parlamentarische Demokratie einen gut funktionierenden Parteienpluralismus bedarf, der wiederum sich eines fachlich qualifizierten Apparates bedienen muß, ist der CV in seiner Eigenschaft als Elitereservoir einer Partei, wenn man so will, ein demokratiepolitisches Essential.

Der CV und seine Verbindungen sind auch im Rahmen des Verbandskatholizismus zu sehen. Katholische Verbände haben die Aufgabe, durch ihr Wirken in der Gesellschaft christliche Werte in den spezifischen Milieus zu vermitteln und durchzusetzen. Hier war und ist der CV gerade im Hochschulbereich gefordert. Katholische Akademiker, und das sind nun mal die Alten Herren des CV, bewirken trotz aller Unvollkommenheit des Lebens in der Gesellschaft automatisch auch die Präsenz einer christlichen Lebens- und Wertehaltung.

Katholische Verbände haben lange vor dem II. Vatikanum Laienmitverantwortung und Laienmitbestimmung praktiziert. Viele CVer finden sich als Funktionäre bei anderen katholischen Standesvereinen oder Dachverbänden. Die in den Verbindungen praktizierte demokratische Grundhaltung führte beim CV zu einer kritischen Haltung gegenüber einem hierarchischen Klerikalismus und Integralismus, wie er z. T. in der KA-Ideologie zu finden war (Führerprinzip, hierarchische Ausrichtung).

Der CV und seine Verbindungen haben ihren inhaltlichen Bezugspunkt im katholischen Glauben und bei den erwähnten damit zusammenhängenden Bewegungen, sie haben ihre Organisation von den studentischen Lebensverbindungen übernommen, wie sie sich Anfang des 19. Jahrhunderts bei den Burschenschaften und Corps herausgebildet hatte. Der CV verband Idee und Form, und dies war einer der Gründe seines Erfolgs.

Die Form einer Lebensverbindung vermittelt seinen Mitgliedern das Hineinwachsen in demokratische Strukturen, in denen sie sich bewähren müssen. Verbindungsfunktionäre lernen in relativ frühen Jahren, was ein Universitätsstudium nur ansatzweise vermitteln kann: Organisieren und argumentatives Auftreten. Der CVer, wenn er sich in Verbindung, Verband und Hochschulpolitik engagiert, „lernt" in der Regel weitaus mehr als sein nichtkorporierter Kollege und besitzt dadurch für das Berufsleben eine bessere Ausgangsposition.

Der zweite Vorteil der Organisationsform Lebensverbindung liegt in der Verbundenheit aller Mitglieder. Durch die damit vorherrschende gewisse Unbefangenheit der verschiedenen Generationen untereinander werden soziale Verhaltensweisen entwickelt, die z. B. Service-Organisationen (Rotary, Lions etc.), Freimaurer, Ritterorden usw., die in der Regel nur bereits in der Gesellschaft „Etablierte" aufnehmen, nicht bieten können.

Was die Zukunft des CV oder ähnlicher Verbände betrifft, so scheint im ersten Augenschein der historische Befund kaum zu Optimismus Anlaß zu geben, wenn man vier Bereiche betrachtet: Stagnierende bis sinkende Mitgliederzahlen in der Aktivenschaft trotz explodierender Studentenzahlen; sinkende politische Bedeutung, wenn man dafür die geringer gewordene Zahl von CVern in politischen Funktionen heranzieht; der (zumindest vorerstige) Verlust der Vorherrschaft in der studentischen Interessensvertretung; der amtskirchlich verordnete bzw. mindest geduldete Strukturintegralismus des hierarchisch ausgerichteten Laienapostolats durch die Katholische Aktion hat nach 1945 in Österreich den CV innerkirchlich an den Rand gedrängt.

Doch zu Beginn des 21. Jahrhunderts herrschen inzwischen völlig andere Bedingungen als in der Gründungsphase des CV bzw. sogar teilweise bis in die fünfziger Jahre hinein. Während damals sich der CV in einem zahlenmäßig überschaubaren Umfeld bewähren mußte und damit auch wahrnehmbar war, findet er sich nunmehr in einer zur extremen Verschulung (Bologna-Prozeß) neigenden Massenuniversität wieder. Es gibt weder einen Kampf um Gleichberechtigung, noch geht es um die „Eroberung der Universität". Die weltanschaulichen Auseinandersetzungen haben sich nach dem Zusammenbruch des Kommunismus 1989/90 stark abgeschwächt. Hinzu kommt das seit einigen Jahrzehnten zu beobachtende Phänomen der Bindungsangst vor allem bei Jugendlichen, was allgemein auch den Parteien, Gewerkschaften, sonstigen Verbänden, Vereinen etc. der unterschiedlichsten Art zu schaffen macht und auch im privaten Bereich die Zahl der Singles, vor allem in akademisch gebildeten Schichten, steigen ließ. Daß dies weltanschaulich sehr stark ausgerichtete Organisationen mit hohen Anforderungen an die Mitglieder, wie den CV, besonders trifft, liegt auf der Hand.

Die seit den siebziger Jahren ständig und stark steigende Zahl der Akademiker und der verstärkte Zustrom von Frauen in höhere Positionen läßt auch die Bedeutung des CV als Elitebildungsinstrument für die Christliche Demokratie zurückgehen, weil dadurch das Reservoir für solche Führungspersönlichkeiten entscheidend größer geworden ist. (Hinzu kam noch die innermilieuliche Konkurrenz durch die Katholischen Hochschulgemeinden, die ab den siebziger Jahren zu wirken begann.)

Die Stärke des CV lag früher im Öffentlichen Dienst bzw. davon abgeleitet in politischen wie quasi-politischen Funktionen. Nun ist auch dieser Sektor infolge der Globalisierung und Ökonomisierung der Gesellschaft seit den achtziger Jahren im Rückgang begriffen. Das berufliche Idealbild des CVers liegt nicht mehr im Ministerialrat oder Hofrat, sondern im Vorstandsmitglied einer Aktiengesellschaft oder im selbständigen Unternehmer, wie die Veränderung der Berufsstruktur im ÖCV zeigt.

Die Zukunft des CV hängt auch von seinem wichtigsten Angelpunkt ab: der katholischen Kirche. Der von ihr verkündete Ewigkeitscharakter könnte beruhigend wirken, doch die Realität sieht anders aus. Auch wenn man die Glaubensüberzeugung von diesem Ewigkeitscharakter teilt, so mag dies vielleicht für die Kirche an sich zutreffen, nicht jedoch für deren sozialen Darstellungsformen, die durchwegs zeitbezogen sind. Dazu zählt auch die Frage, ob der Mitte des 19. Jahrhunderts entstandene Verbandskatholizismus auch für das 21. Jahrhundert Modell sein kann. Seine (angebliche) Krise rührt nicht von einem strukturellen Defizit in bezug zur Moderne, sondern eher von Gründen einer weitgehenden Säkularisierung der Gesellschaft her, die sich, wenn der Anschein nicht trügt, noch weiter fortsetzen wird. Die daraus resultierenden Turbulenzen für die Kirche in ihrer volkskirchlichen Erscheinungsform und deren gesellschaftlichen Wertvorgaben auf dem Gebiete der Moral berühren genauso die Katholischen Verbände. Dabei erweist sich für den CV seine spezifische Distanz zur Amtskirche und sein säkular-politisches Ansehen als gewisser Vorteil.

Durch die Massenuniversität und die erwähnte (siehe S. 669f.) Verschiebung der Bildungspyramide nach oben ist der CV in Relation deutlich geschrumpft und in seiner Bedeutung gesunken. Daran ist wohl kaum was zu ändern. Dafür besteht die reelle Chance, den Elite-Status zu fördern und auszubauen, eine Elite nicht um ihrer selbst willen, sondern – wie viele Wahlsprüche von Verbindungen in abgewandelter Form lateinisch oder deutsch heißen – Pro Deo et Patria bzw. für Gott und Vaterland.

An einigen Punkten sei das dingfest gemacht: Das erste Prinzip des CV heißt Religio. In einer Zeit scheinbar fortschreitender Säkularisation ist dieses Prinzip an sich schon ein Zeichen einer gewissen Elite, etwa in Wien, die strukturell größte katholische Stadt des deutschsprachigen Raums (vor München und Köln). Hier ist die Katholikenzahl bei der letzten Volkszählung 2001 erstmals unter 50 Prozent gesunken. Kann man da noch vom volkskirchlichen Charakter sprechen? Für den CV heißt das: Es geht nicht mehr um die traditionelle Volkskirche, sondern um Kirche im Volk.

Der erste österreichische CVer Franz Senn (Ae) (siehe S. 30) ist Beispiel dafür. Er wurde Priester und ist Gründer des Deutschen wie Österreichischen Alpenvereins. Wenn man genau darüber nachdenkt, ist das Kirche im Volk *par excellence*. Die Zukunft der Kirche wird auch davon abhängen, wie die Weitergabe des Glaubens an die Kinder in den Familien gelingt. Das ist Chance und Herausforderung zugleich, vor allem für jene CVer, die eine Familie gründen oder haben. Für die Studierenden des CV gilt daher um so mehr das Wort in der Bergpredigt: „Ihr seid das Salz der Erde!" (Mt 5, 13) Das ist das Grundgesetz für ein richtig verstandenes katholisches Elite-Verständnis. In konkreten Lebenssituationen muß gespürt und auch erfahren werden können, daß CVer Christen sind. Das ist der eigentliche missionarische Auftrag des katholischen Farbstudententums seit über 150 Jahren, der in Zusammenhang mit dem Lebensbundprinzip durch das Jesus-Wort: „Denn wo immer zwei oder drei in meinem Namen versammelt sind, dort bin ich mitten unter ihnen." (Mt 18,20) seine besondere Ausformung erhält.

Unter dem Aspekt der Massenuniversität ist auch das CV-Prinzip Wissenschaft in einem geänderten Blickpunkt zu sehen. Wie kann der CV und seine Verbindungen, wie können CVer in diesem Betrieb und Umfeld überhaupt bestehen? Indem nicht nur die Ausbildung im Vordergrund steht, was möglicherweise durch die Studienreform infolge des Bolognaprozesses den Anschein hat.

Studentsein heute heißt heute nicht mehr *eo ispo* Elite-Sein wir vor 50 Jahren. Dazu zählt jetzt mehr, z. B. Auslandssemester, Doktoratsstudium, Post-Graduate-Studium, Zweit-Studium. Um Ausbildung geht es zwar auch, viel wichtiger ist die Bildung der Persönlichkeit, die des Charakters und vor allem die des Herzens.

Im Zeitalter offenkundiger vermehrter Bindungsunfähigkeit auch gegenüber Vereinigungen ist die tätige Mitgliedschaft als Student in einer Gruppe schon Kennzeichen eines gewissen Elitestatus. Ob das nun eine Verbindung, eine Studentenpartei, die Hochschulgemeinde o. ä. ist, wäre an sich egal. Denn dadurch wird bereits ein gesellschaftliches Engagement, das auch über den gehobenen Durchschnitt hinaus geht, bewiesen. Das ist auch unter den Umständen einer Massenuniversität die Chance für Gruppierungen wie den CV oder ihm nahestehenden bzw. ähnlichen Vereinigungen.

Katholische Elite heißt daher nicht, seine eigenen persönlichen Interessen in den Vordergrund zu stellen, sondern heißt vor allem Dienst: Was man im Studium und in der Erziehungsgemeinschaft der Verbindungen erworben hat, ist einzubringen in Kirche und

Gesellschaft, für die Heimat und sein Vaterland. Der älteste CVer Österreichs hat vor 150 Jahren sein heute noch immer gültiges Beispiel gegeben! Vom Gründer der Aenania München, Franz Lorenz Gerbl, stammt die Aufforderung „Einwirken auf die Societät!“, die zeitlos Gültigkeit besitzt.

Es gibt nach wie vor noch viele leistungsbereite junge Menschen, die sich auch ohne persönliche Vorteilsnahme aus einer christlichen Grundmotivation heraus engagieren wollen und können. Sie zu finden und zu binden ist die große Aufgabe. Der CV muß sich zeitgerecht in einer Kommunikationsgesellschaft organisieren. Auch wenn die Herde klein ist, sie muß sichtbar sein. Dann funktioniert auch der Grundsatz: Wo reges Leben ist, kommt der Nachwuchs von selbst.

Nachwort

Haben fata sua libelli – jedes Buch hat seine Geschichte, so auch dieses. Es ist das Produkt einer mehr als 30jährigen Beschäftigung mit dem Forschungsgegenstand „CV in Österreich". Sie begann 1974 mit dem Auftrag des damaligen Leiters der ÖCV-Bildungsakademie, Univ. Prof. Dr. Wolfgang Mantl (Nc), im Rahmen eines Skriptums zur CV-Geschichte die Zeit nach 1945 zu übernehmen. Als ich 1976 selber zum Leiter der ÖCV-Bildungsakademie gewählt wurde, wurde dieses Skriptum wesentlich überarbeitet und erweitert in gedruckter Form unter Mitarbeit von Univ. Prof. Dr. Ernst Bruckmüller (Nc), Hofrat Dr. Peter Krause (Rt-D) und Prälat Dr. Gerhard Schultes (Rd) herausgebracht. Diese Broschüre erschien 1977 als 1. Auflage des „Der CV in Österreich" und wurde den Teilnehmern der Studienwochen der ÖCV-Bildungsakademie zur Verfügung gestellt. Mitte der achtziger Jahre war diese Auflage vergriffen.

Durch diesen Auftrag Mitte der siebziger Jahre wurde ich mit der Geschichte und dem Wirken des österreichischen CV konfrontiert, ein Thema, das mich dann fortan ständig begleiten und zu weiteren Publikationen führen sollte.[1] Um 1980 wurde ich vom damaligen Philistersenior der Carolina, Dr. Nikolaus Kotzbeck, gebeten, für das bevorstehende 100. Stiftungsfest im Jahr 1988 eine umfassende und umfangreiche Darstellung der Geschichte dieser Verbindung zu schreiben. Sie erschien dann in diesem Jahr. Bei dieser Verbindung finden sich nahezu alle Facetten der CV-Geschichte, insbesondere ihre herausragende Rolle im akademischen Kulturkampf, so daß sie mit Recht bereits eine umfangreiche Information zur CV-Geschichte geboten hat, jedoch aufgrund ihres Titels und Anlasses als solche kaum rezepiert wurde.

Es ist das Verdienst der Leiter der ÖCV-Bildungsakademie, Dr. Christian Sonnweber (Le) (1989-1993) und Dr. Anton Hopfgartner (AIn) (1993-1998), daß sie wiederum die Notwendigkeit erkannten, den Teilnehmern der Studienwochen die CV-Geschichte nahezubringen. So erschien 1994 von mir als Monographie und als 2. Auflage „Der CV in Österreich" in Buchform. Im Jahr 2001 wurde unter dem Leiter der ÖCV-Bildungsakademie, Mag. Markus Schaffhauser (Kb), die 3. etwas erweiterte Auflage herausgebracht. Beiden Auflagen gelang es in zunehmendem Maße, von der historischen Forschung wahrgenommen zu werden.

Doch die Komplexität der Wirkungsgeschichte des CV in Österreich zeigte auch bald die Grenzen dieser Veröffentlichungen, die ja wegen ihres Einsatzes im Rahmen der Bildungsakademie einer seitenmäßigen Begrenzung unterlegen waren. Somit rückte bald die Notwendigkeit einer umfangreicheren und weitaus größere Bereiche auslotenden CV-Geschichte in den Vordergrund. Das Jubiläumsjahr 2006 – 150 Jahre CV – war daher der naheliegende Anlaß zur Realisierung.

Diese Arbeit wurde nicht nur geschrieben, um als wissenschaftliche Veröffentlichung das genannte Beziehungsfeld zu erhellen und festzuhalten, sondern auch für die Mitglieder des CV, damit ihnen bewußt wird, welcher Gesinnungsgemeinschaft sie angehören. Dies gilt vor allem für die neueintretenden Studenten, denen dieses Buch besonders gewidmet ist.

---

1 Siehe entsprechend im Literaturverzeichnis.

Der CV und seine Verbindungen nahmen sich schon relativ früh ihrer eigenen Geschichte an. Die zahlreichen Einzeluntersuchungen, die im Literaturverzeichnis angeführt werden, sind ein eindrucksvoller Beleg dafür. Auf der CVV 1957 wurde auf Initiative des damaligen Vorsitzenden des ÖCV-Beirates, Sekt. Chef. Dr. Eduard Chaloupka (Baj), eine „Historische Kommission" eingerichtet.[2] Aus dieser entwickelte sich die nur kurzfristig tätige „Österreichische Gesellschaft für Studentengeschichte".[3]

Im deutschen CV gibt es eine „Gesellschaft für Studentengeschichte und studentisches Brauchtum". Interkorporativ versteht sich der „Österreichische Verein für Studentengeschichte", der Anfang der siebziger Jahre ins Leben gerufen wurde, unter der Leitung von Hofrat Dr. Peter Krause (Rt-D) steht und das höchst niveauvolle Informationsorgan *Acta Studentica* herausbringt.

Bemerkenswert ist auch der „Archivverein der Markomannia Würzburg", der sich 1986 in die „Gesellschaft für deutsche Studentengeschichte" umgewandelt hat und unter der Leitung von Dr. Friedhelm Golücke (Mm) steht. Ihre Einzelveröffentlichungen sind zum Teil von sehr hohem wissenschaftlichem Niveau und stellen einen wichtigen Beitrag zur Geschichte des Korporationswesens im deutschen Sprachraum dar. Auch sie gibt mit dem *Studenten-Kurier* ein wichtiges Informationsorgan heraus.

Die Historisierung des und im CV beginnt früh. Bereits 1890 erschien von ***Florian Werr*** (Fl) eine „Geschichte des Cartellverbands der katholisch deutschen Studentenverbindungen" in erster und 1900 in 2. Auflage. Sie war jedoch im Prinzip eine Aneinanderreihung der einzelnen Verbindungsgeschichten.

In ihrer Art beispielgebend war dann die von dem großen österreichischen katholischen Publizisten ***Friedrich Funder*** (Cl, Nc) verfaßte Geschichte der Norica aus Anlaß ihres 50. Stiftungsfest 1933: „Das weiß-blau-goldene Band. 'Norica'". In diesem Zusammenhang ebenso zu erwähnen sind die Darstellungen über die Austria Wien zu deren 50. Stiftungsfest 1926 von ***Josef Leb*** (AW) und die über die Carolina zu deren 40. Stiftungsfest 1928 von ***Emmerich Kresbach sen.*** (Cl).[4]

Nach 1945 sind die beiden Arbeiten von ***Peter Stitz*** (Sb) „Der akademische Kulturkampf um die Daseinsberechtigung der katholischen Studentenkorporationen in Deutschland und in Österreich von 1903 bis 1908" (erschienen 1960) und „Der CV 1919 – 1938. Der hochschulpolitische Weg des Cartellverbandes der katholischen deutschen Studentenverbindungen (CV) vom Ende des 1. Weltkriegs bis zur Vernichtung durch den Nationalsozialismus" (erschienen 1970) ohne Übertreibung für die CV-Forschung als bahnbrechend zu benennen.

Ab 1970 wurde der CV in Österreich zunehmend auch als universitäres Forschungsobjekt entdeckt, wobei sich das bis auf wenige Ausnahmen auf Diplomarbeiten oder Dissertationen beschränkte.[5] Hier sind zu nennen:

---

2 öAc 8 (1956/57), H. 9,10 (Juni/Juli), S. g.

3 Sie brachte die drei Veröffentlichungen Wieser, Geschichte des Cartellverbands in Böhmen, Mähren und der in der Bukowina, Rehberger, CV und Nationalsozialismus, und Stickler, Der zweite Österreichische Cartellverband, heraus.

4 Zu Kresbachs Wertung siehe S. 120.

5 Eine Ausnahme war die Carolinen-Geschichte des Verfassers, die auch dem Zweck der Erlangung der Venia legendi für Neuere Kirchengeschichte an der Katholisch-Theologischen Fakultät der Universität Graz diente.

Die von ***Helmut Stockhammer*** (ehemals A-D) 1970 veröffentlichte Linzer Diplomarbeit „Der ÖCV – Innenstruktur und Sozialisation". Die Salzburger historische Dissertation „Die Geschichte der österreichischen Studenten-Union (ÖSU)" von ***Roland Floimaier*** (Rp) aus dem Jahr 1974 tangiert zwangsläufig wesentliche Aspekte der Geschichte des ÖCV.[6] 1975 erschien sogar in Frankreich (Orléans-Tours) eine Diplomarbeit (Memoire de Maitrise) von ***Vivian Bediou*** über den Österreichischen Cartellverband. Im Rahmen der universitären Forschung veröffentlichte ***Erich Leitner*** (Trn) 1978 in der Schriftenreihe der ÖCV-Bildungsakademie die Broschüre „Politik und Hochschule. Der CV in der Steiermark 1918 – 1938".

Die erste größere akademisch-wissenschaftlich fundierte Arbeit über den CV ist die 1980 an der Wiener Universität eingereichte Dissertation von ***Gerhard Popp*** (Baj): „Der Cartellverband der katholisch deutschen Studentenverbindungen (CV) in Österreich 1864 – 1938. Organisation und Öffentlichkeitswirkung." Sie erschien 1984 überarbeitet unter dem Titel „CV in Österreich 1964-1938. Organisation, Binnenstruktur und politische Funktion" in Buchform und ist – wie der Buchtitel auch ausdrückt – primär eine Organisations- und Strukturgeschichte. Aber ungeachtet dieses Ansatzes bzw. Schwerpunkts leistete Gerhard Popp eine wertvolle und unersetzliche Grundlage für die Geschichte des CV in Österreich.

In den Jahren 1980/81 erschien von ***Dieter A. Binder*** (ÖKV Winfridia Graz) eine Reihe von wissenschaftlichen Arbeiten zu Teilaspekten der Geschichte des CV in Österreich (siehe Literaturverzeichnis).

Bernhard Moser (Nc) verfaßte 1983 an der Wiener Universität die Dissertation „Die katholisch akademische Studentenverbindung Norica in Wien 1883 – 1938. Versuch einer Strukturanalyse." Gleichzeitig erschien von ihm eine Kurzfassung aus Anlaß des 100. Stiftungsfestes der Norica in der Verbindungsgeschichte „Hundert [100] Jahre Norica."[7] Aus dem Jahr 1985 stammt die Wiener politikwissenschaftliche Dissertation von ***Adalbert Emich*** (ehemals Rg) „Verbandsinterne und -externe Reflexionen des Österreichischen Cartellverbandes (ÖCV) auf die Österreichische Friedensbewegung am Beispiel der Friedensdemonstrationen vom 15. Mai 1982 und 22. Oktober 1983."[8] Ebenso an der Wiener Universität wurde 1986 von ***Robert Rill*** (Rg) die historische Dissertation „Die Auseinandersetzung des Cartellverbands in Österreich mit dem Nationalsozialismus" eingereicht, die dann 1987 unter dem Titel „CV und Nationalsozialismus in Österreich" in Buchform erschienen und für dieses Thema grundlegend ist.

Einen wichtigen Aspekt der CV-Geschichte Österreichs vor 1914 behandelt ***Ulrich Nachbaur*** *(Le)* in seiner 1988 an der Universität München abgefaßte umfangreichen Diplomarbeit „Die deutschen katholischen Studentenkorporationen in Österreich vor 1914 und ihre Haltung aus 'nationaler' Frage." Nachbaur bietet eine sehr detailreiche Geschichte des österreichischen CV bzw. seiner Verbindungen bis 1914, wobei sie sich auch auf die wertvollen Bestände des Archivs der Austria Innsbruck stützen konnte. Eine ausgezeichnete Grundlagenarbeit bietet die aus dem Jahr 1992 stammende Innsbrucker politik-

---

6 Es handelt sich bei dieser Arbeit nicht um eine Geschichte der ÖSU ab 1968, wie man vielleicht wegen des Titels annehmen könnte, sondern um eine Geschichte „davor", d. h. des Wahlblocks bis zur Gründung der OSU.

7 Der zweite Teil stammt von Otto Tschulik.

8 Das war zweifelsohne ein extremes Randthema, das im ÖCV keine wesentliche bzw. nachhaltige Rolle spielte, so daß diese Arbeit für dieses Buch nicht von Nutzen war.

tikwissenschaftliche Diplomarbeit von ***Claudia Scheiber*** „Der ÖCV als Beispiel einer politischen Elite – Unter besonderer Berücksichtigung der Ministerialbürokratie."

Von dem Innsbrucker Historiker ***Michael Gehler*** stammt um 1990 eine Reihe von studentenhistorischen Arbeiten (siehe Literaturverzeichnis), so u. a. seine Dissertation „Studenten und Politik. Der Kampf um die Vorherrschaft an der Universität Innsbruck 1918-1938", wo sich naturgemäß sehr viele CV-Bezüge finden. Seine Arbeiten sind eine profunde Grundlage für die CV-Geschichte, insbesondere Innsbrucks.

Auch auf der Wiener Theologischen Fakultät war das Thema ÖCV eine Diplomarbeit wert. 1997 wurde von ***Peter Fiala*** (Dan) eine solche verfaßt: „Die Bedeutung des Prinzips religio des ÖCV in sozialethischer Sicht. Ein Beitrag zur Entwicklung der Beziehungen von Kirche, Gesellschaft und Staat in Österreich." Ebenfalls aus dem Jahr 1997 stammt die Linzer sozialwissenschaftliche Diplomarbeit von ***Roland Weichselbaumer*** (KÖL Saxo-Meiningia Linz) „Niedergang und Reste des politischen Katholizismus in der Zweiten Republik unter Berücksichtigung des katholischen Farbstudententums".

In ihrer Art interessant ist die 2001 verfaßte Linzer Diplomarbeit von ***Thomas Lumplecker*** (A-D) „Gesellschafts- und sozialpolitisches Engagement in 'elitären' Vereinen: Ein Vergleich der Organisationsprinzipien von Studentenverbindungen und Service-Clubs", wo ÖCV und Lions-Clubs verglichen werden. Von ***Wolfgang Zaunbauer*** (Kb) stammt die in Wien 2004 verfaßte historische Diplomarbeit „Studenten und Politik an der Universität 1918-34", die die Wiener Studentenpolitik dieser Zeit sowie die Unruhen auf der Wiener Universität behandelt und auch auf den CV eingeht.

Von den sonstigen außeruniversitären Arbeiten über den CV oder eine Verbindung mit wissenschaftlichen Anspruch sind einmal die Veröffentlichungen über die Austria Wien zu nennen: Von ***Robert Rehberger*** (Rd) ist die Geschichte der Wiener Austria beachtenswert, von der bisher zwei Teile erschienen sind (1876-1889; 1889-1900). Anläßlich des 125. Stiftungsfestes der Austria Wien erschien 2001 von ***Hannes Schönner*** (AW) eine optisch gut aufbereitete Verbindungsgeschichte. In diese wurden die Arbeiten von Rehberger eingearbeitet und dann ab 1900 von Schönner ergänzend weitergeführt.

Des weiteren die 1976 von ***Peter Pichler*** (Le) verfaßte Geschichte der Leopoldina und die 1984 von ***Otto Krammer*** (Baj) verfaßte umfangreiche fünfteilige „Geschichte der Katholischen Akademischen Verbindung Bajuvaria 1920 – 1980."

Von neueren Verbindungsgeschichten, meistens anläßlich runder Stiftungsfeste erschienen, ist besonders die 1986 von ***Rudolf Geser*** (Fd) und ***Rolf Wilflingseder*** (Fd) herausgegebene Geschichte der Ferdinandea zu erwähnen, deren 1. Band (1885-1918) für diese Darstellung wichtig war. Weiters sind die von ***Michael Polgar*** (Kb) über den **Kürnberg** (2000) und die von ***Ernst Exner*** (Pan) über die **Pannonia** (2002) hervorzuheben. Beide Autoren verstehen es, die Geschichte ihrer Verbindungen jeweils anschaulich, wissenschaftlich fundiert (d. h. quellenorientiert), aber auch lesbar darzustellen. Die wohl originellste Verbindungsgeschichte neuerer Zeit, die in ihrer Art nichts Vergleichbares kennt, ist die von ***Andreas Feiertag*** (ehemals BbW) über die Babenberg Wien (2000). Mit dem Titel „Leopolds längste Nacht. Eine studentische Erzählung" wählte der Autor das Stilmittel einer Prosaerzählung, um die Geschichte seiner Verbindung so vor allem jüngeren Lesern nahezubringen. Dies ist gelungen, weil er die Fakten unverfälscht verarbeitet hat.[9]

---

9 Feiertag wurde 2005 dimittiert.

In diesem Zusammenhang muß natürlich die 1988 erschienene sehr stark quellenorientierte Untersuchung „Farbe tragen, Farbe bekennen. 1938-1945. Katholisch Korporierte in Widerstand und Verfolgung", hg. u. a. von ***Peter Krause*** (Rt-D) und ***Gerhard Taus*** (Am), erwähnt werden, weil sie bei der Sammlung der betreffenden Namen und Schicksale Pionierarbeit geleistet hat.

Eine hervorragende und grundlegende Arbeit zur CV-Geschichte ist das 1997 von ***Siegfried Schieweck-Mauk*** (Mm) verfaßte umfangreiche „Lexikon der CV- und ÖCV-Verbindungen. Die Korporationen und Vereinigungen des Cartellverbands der Katholischen Deutschen Studentenverbindungen (CV) und des Cartellverbands der katholischen österreichischen Studentenverbindungen (ÖCV) in geschichtlichen Kurzdarstellungen."

Insgesamt ist also in der Zeit ab 1970 eine beachtliche Zahl von wissenschaftlichen Arbeiten festzustellen, die sich mit dem CV in Österreich oder Teilaspekten von ihm beschäftigten, die es in dieser Form vorher so nicht gegeben hat. Sie alle haben es natürlich wesentlich erleichtert, diese Veröffentlichung realisieren zu verhelfen.

Die Quellenlage

Wie in der Darstellung bereits mehrfach angemerkt wurde, ist die Quellenlage für die Geschichte des CV in Österreich nicht optimal. Zum einen ist es der Umgang der einzelnen Verbindungen mit ihrer eigenen „Geschichte" bzw. ihrem eigenen Material, Dokumenten etc. Hier gibt es, nicht zuletzt auch aufgrund je spezifischer personeller Konstellationen, höchst unterschiedliche Zustände, auf die nicht im Detail eingegangen werden kann. Es ist zu hoffen, daß durch Veröffentlichungen dieser Art das Verständnis in den Verbindungen geweckt wird, ihre eigene Geschichte „aufzuheben".

Zum anderen ist es vor allem das Jahr 1938. Der größte Teil des archivalisch interessanten Materials des ÖCV bzw. seiner Verbindungen wurde im Zuge des Anschlusses gleich in den ersten Tagen nach dem 11. März 1938 vernichtet. Das geschah entweder selber, indem man schriftliches Material nicht in die Hände der Nazis fallen lassen wollte, oder von SA-Horden u. ä. im Zuge der „Beschlagnahmungen" der Verbindungsheime. Ein relativ kleiner Teil wurde von der Gestapo konfisziert und in der Folge ausgewertet. Dieses Akten-Material gelangte nach einer Odyssee in das deutsche Bundesarchiv und wurde nach der Jahrhundertwende entdeckt (siehe dazu S. 438).

Das oft nur durch Zufall den Krieg in privaten Händen überdauerte entsprechende Material wurde nicht selten aus Unkenntnis bei Verlassenschaften o. ä. von den Nachkommen „entsorgt". Es ist daher für den österreichischen CV ein Glück, daß einiges ihn betreffendes Material sich im deutschen CV-Archiv befindet, das die Nazizeit überdauern konnte. Denn dieses extreme Schicksal haben die deutschen CV-Verbindungen ab 1933 nicht erlitten. Zwar wurde deren Material auch beschlagnahmt, aber es überdauerte im großen und ganzen die Nazi-Zeit und konnte größtenteils zurückerstattet werden.

So sind neben anderen, meist zufällig entdeckten schriftlichen Hinweisen und Quellen in anderen Archiven vor allem die laufenden Berichte der Verbindungen in der *Academia* oft die einzigen quellenmäßigen Unterlagen für die CV-Geschichte und stellen ein wichtiges und unmittelbares Material dar. Bis in die zwanziger Jahre hinein haben die Verbindungen jeweils monatlich einen Bericht geliefert, der neben zahlreichen, heute unwichtig erscheinenden Details doch wichtige Informationen vor allem im Hinblick auf die Hochschulpolitik bieten. Ihnen kommt ein hoher Wert in der Sicherung des äußeren ereignisgeschichtlichen Rahmens zu.

Einiges Quellenmaterial hauptsächlich zum akademischen Kulturkampf bzw. zu den Auseinandersetzungen zwischen CV und Schlagenden konnte auch in den Universitätsarchiven, vor allem in Graz, im Allgemeinen Verwaltungsarchiv Wien (Akten des Unterrichtsministeriums), im deutschen CV-Archiv Regensburg und sogar im Politischen Archiv des Bonner Auswärtigen Amtes aufgefunden werden. Größtenteils wurden diese bereits in der Geschichte der Carolina verarbeitet.

Hinweise zu diesem Buch

Verbindungskennzeichnung: Bei Angehörigen einer (Ö)CV-Verbindung steht in der Regel nach dem Familiennamen in Klammer die betr. Verbindungsabkürzung, bei Ehrenmitgliedern folgt als Zusatz EM. Dies ist insofern von Bedeutung, weil es für den Sozialisationsgrad innerhalb einer Verbindung oder des CV in der Regel entscheidend ist, ob jemand den normalen Mitgliederwerdegang durchlaufen – Rezeption bald nach Studienbeginn, Burschung, Übernahme von Chargen und aktive Teilnahme am Verbindungsleben, Philistrierung nach Studienende – oder ob einer als Arrivierter in Kirche, Politik oder Gesellschaft in gesetztem Alter das Ehrenband erhalten hat. Ebenso wird vermerkt, ob jemand ehemals dieser Verbindung angehört hat.

Ebenso wurde versucht, bei Angehörigen schlagender oder anderer (KV etc.) Verbindungen den Namen der Betreffenden anzuführen.

Diese Verbindungsnennungen erfolgen jeweils bei erster Nennung eines Namens in einem Unterkapitel. Bei häufigen, wiederholten bzw. hintereinander vorgenommenen Nennungen der Namen wird dann in der Regel auf diesen Zusatz verzichtet.

Zitierweise: In der Regel wird in den Anmerkungen der betreffende Beleg in Kurzform zitiert (Autorenzuname, Kurztitel), der dann leicht im Literaturverzeichnis zu verifizieren ist. Es kann jedoch gelegentlich vorkommen, daß ein zitierter Titel in der Anmerkung voll ausgeschrieben wird. Dann kommt er nicht im Literaturverzeichnis vor. Es handelt sich dabei in der Regel um solche, die nur an dieser Stelle erwähnt werden und sonst keinen weiteren Bezug zum Thema des Buches haben.

Bibelstellen: Diese wurden nicht der sog. Einheitsübersetzung von 1979 entnommen, sondern in Erinnerung an den begeisterten CVer P. Nivard Schlögl (Nc) dessen Übersetzung.[10] Schlögl war Zisterzienser des Stiftes Heiligenkreuz bei Wien und wurde 1908 zum Professor für Alttestamentliche Exegese an der Katholisch-Theologischen Fakultät der Universität Wien ernannt. Seine Bibelübersetzung erhielt nicht das kirchliche Imprimatur und wurde auf den *Index librorum prohibitorum* gesetzt. Aus diesem Grund wurde Schlögl, der zwar eine eigenwillige Persönlichkeit war, aber ein hervorragendes Sprachge-

10 Die heiligen Schriften des Alten Bundes. Aus dem kritisch wiederhergestellten hebräischen Urtexte übersetzt und kurz kommentiert von Nivard Schlögl. Zwei Bände. Wien 1922; Die heiligen Schriften des Neuen Bundes. Aus dem Urtext übersetzt, mit einer Erläuterung und einer Einführung. Wien 1920. In letzterer setzte er sich in einem Nachwort, S. 424f., mit der Kritik an seiner Übersetzung auseinander. Über Schlögl siehe LThK^2, IX, Sp. 420.

fühl besaß, 1922 die *venia legendi* für Alttestamentliche Exegese entzogen, blieb aber Professor für biblisch-orientalische Sprachen.[11]

Wegen des großen Bekanntheitsgrades Schlögls in der katholischen Akademikerschaft Österreichs war diese Übersetzung anfänglich stark verbreitet. Daher war man auch innerhalb des CV entrüstet, als diese am 10. Januar 1922 auf den Index gesetzt wurde.[12]

Der durch plakativ geschriebene zeithistorische Bücher („Den Staat den keiner wollte") und Fernsehserien („Ringstraßenpalais") seinerzeit bekannt gewordene Journalist Helmut Andics hat in seinem Buch „Der ewige Jude" (Wien 1965) behauptet, Nivard Schlögl hätte den ehemaligen Heiligenkreuzer Zisterzienser Jörg Lanz von Liebenfels nachhaltig geprägt. Dieser beeinflußte durch seine Zeitschrift *Ostara* den jungen Hitler. Andics blieb – wie so oft – den wissenschaftlichen Nachweis schuldig. Hingegen konnte Wilfried Daim (Rd) in seiner profunden Studie „Der Mann, der Hitler die Ideen gab" (Wien 1985) darstellen, daß Lanz von Liebenfels in Heiligenkreuz durch andere Einflüsse geprägt wurde.

Schlögl setzte sich im Rahmen des universitären Kulturkampfes vor 1914 sehr für die Interessen der katholischen Studenten bzw. des CV ein. Sein großer Körperwuchs war bei Reibereien mit Schlagenden oftmals von Nutzen. Er war auch der erste Philistersenior der Franco-Bavaria.

Schlagende. Im Gegensatz zum CV, KV etc., wo man deren Angehörige CVer, KVer etc. benennen kann, gibt es für die Angehörigen der Burschenschaften, Corps, Landsmannschaften etc. keine aus sich begründete übergeordnete Kurzform als quasi „Gattungsbegriff". Daher wurde bereits in der Geschichte Carolinas dafür der Begriff „Schlagende" gewählt. Das hat weniger mit dem bei diesen Verbindungen üblichen Mensurwesen, das erstens im Lauf der Zeit gelockert wurde und auch nicht bei allen diesen Korporationen Pflicht ist, sondern mehr mit dem dort allgemein akzeptierten und praktizierten Duellprinzip zu tun, was wiederum eines der Kernpunkte der kulturkämpferischen Auseinandersetzungen zwischen CV und eben diesen „Schlagenden" war. Dieser „Gattungsbergriff" hat sich zumindest im CV auch allgemein eingebürgert und ist dort bis heute umgangssprachlich im Gebrauch. Auch wenn die Kennzeichnung „Schlagende" nicht unbedingt exakt und vollständig korrekt ist, wird sie wegen der Prägnanz und Kürze verwendet, um nicht zuletzt im Interesse des Leseflusses umständliche Formulierungen zu vermeiden.

Abbildungen. Entgegen der ursprünglichen Intention sind in diesem Buch Abbildungen aufgenommen worden, stellen aber im Vergleich zu einer Verbindungsgeschichte keine eigenständige inhaltliche Komponente dar. Abgesehen von der layouterischen Notwendigkeit, dem Leser nicht unbedingt eine „Bleiwüste" bieten zu müssen und so der Auflockerung des Leseflusses dienen zu helfen, wurden nur solche Abbildungen aufgenommen,

11 Der Hauptkritikpunkt des Heiligen Offiziums an der Übersetzung des Neuen Testaments betraf die Wandlungsworte in Mt 26, 26. Das Wort, das zu Differenzen führte, war εὐλογεῖν, das die Vulgata mit *benedicere* überstezt, d. h. segnen. Die Einheitsübersetzung nimmt dafür „sprach den Lobpreis". Schlögl nimmt aber dafür den Begriff „verwandeln" und argumentiert, daß dem og. griech. Verb höchstwahrscheinlich das hebr. ב ר ך *brk* zugrunde gelegen haben dürfte. Das Ur-Matthäusevangelium ist ja aller Wahrscheinlichkeit nach zuerst in aramäischer Sprache verfaßt worden, um dann später in eine griechische Fassung zu gelangen. Zu dieser Zeit – so Schlögl – war bereits eine Arkan-Disziplin für die jungen Christen notwendig, die darauf aus war, den Kult zu verschleiern. Somit bedeutet *brk* nicht nur segnen (bzw. den Lobpreis des hebr. Kultes sprechen), sondern ein durch das Segnen Verwandeln Seite 45, Anm. 11, der Übersetzung des NT von Schlögl (s. vorige Anmerkung).

12 Siehe dazu Krammer, Die Geschichte der K. a. V. Bajuvaria, S. 64f. und 70f.

die bislang gar nicht oder höchst selten bzw. entlegen veröffentlicht wurden. Bei der Auswahl wurde auch auf eine gewisse „Originalität" und dokumentatorische Aussage wert gelegt. In diesem Zusammenhang sei den Zurverfügungstellern der Bilder gedankt.

Personenregister. Es wurde versucht, die jeweiligen Lebensdaten (Geburtsjahr – Todesjahr) neben den anderen Informationen, wie Verbindungszugehörigkeit, Funktionen im ÖCV, in der Politik usw., anzuführen. Dies gelang aber nicht immer durchgängig.

Inserate. Für eine Veröffentlichung wie diese sind Inserate ungewöhnlich. Da dieses Buch im normalen Sortimentsbuchhandel wirtschaftlich nicht absetzbar ist, mußten seitens des ÖCV auch andere Finanzierungsmöglichkeiten gefunden werden. Dabei hat die Unabhängigkeit von Subventionen seitens der öffentlichen Hand, die mit diesen Inseraten gewährleistet wird, zweifelsohne einen Vorteil, wofür der Leser um Verständnis gebeten wird. Der besondere Dank gilt den Inserenten.

Danksagung

Da einige Bereiche – insbesondere der akademische Kulturkampf – sich von meiner Geschichte der Carolina in diesem Buch teilweise wiederfinden, sind wesentliche Danksagungen von 1988 – nunmehr nach fast 20 Jahren – auch in 2006 zu wiederholen.

So danke ich für die seinerzeitige unkomplizierte Behandlung meiner Wünsche besonders Frau Dr. Isabella Ackerl vom Allgemeinen Verwaltungsarchiv Wien, dem (nach wie vor) Leiter des deutschen CV-Archivs in Regensburg, Archivdirektor Msgr. Dr. Paul Mai (Rup), und dem früheren deutschen CV-Sekretär Dipl.-Vw. Eberhard Dohrenbusch (St).

Seit nunmehr vier Jahrzehnten besteht zwischen emer. Univ.-Prof. Dr. Maximilian Liebmann (Cl), Universität Graz, und mir eine Freundschaft. Sie war einer der Grundlagen, die es mir ermöglichten, mich mit der Geschichte des CV in Österreich wissenschaftlich auseinanderzusetzen. Von ihm erhielt ich viele wertvolle Hinweise und Anregungen. Er hat auch die entsprechenden Kapitel über Kirche und CV einer kritischen Lektüre unterzogen und dadurch Ergänzungen sowie Korrekturen ermöglicht. Vor allem war es aber seine prägende Sicht der jüngeren Kirchengeschichte Österreich in bezug auf die für den CV wesentliche Frage des Verbandskatholizismus und des Laienapostolates, die sich in zahlreichen Veröffentlichungen von ihm niedergeschlagen hat. Dafür sei der herzliche Dank ausgesprochen.

In diesem Zusammenhang – nämlich der erwähnten Sicht in bezug auf die katholischen Verbände – ist auch der Nestor der CV-Verbindungsgeschichtsschreibung, Sektionschef a. D. Dr. Otto Krammer (Baj), Wien, zu nennen. Als Jahrgang 1903 – und somit bei Erscheinen dieses Buches ältester lebender Angehöriger des ÖCV – repräsentiert er mehr als die Hälfte der Geschichte des CV in Österreich. Er erlebte noch bewußt das alte Österreich und als Handelnder die Umbruchsituation 1918-1920 – er war damals Mitbegründer dreier Verbindungen. Am 11. März 1938 überantwortete er als Beamter der Personalsektion des Bundeskanzleramtes wichtige Karteiblätter dem Wiener Kanalsystem. Sein literarisches Schaffen nach seiner Pensionierung ist beachtlich. Auch ihm danke ich für viele Hinweise.

In den letzten Jahren haben mir viele Persönlichkeiten innerhalb und außerhalb des CV in vielerlei Hinsicht geholfen und damit auch zur Realisierung dieses Buches beigetragen. Sie werden nachfolgend in alphabetischer Reihenfolge angeführt:

Min.-Rat Alfons Brandl (Ae), langjährig gewesener Philistersenior der Aenania München, hat dankenswerterweise mit Informationen geholfen.

Bbr. Mag. Nicolaus Drimmel (Baj), Wien, Enkel sowie Großeneffe der den ÖCV prägenden Persönlichkeiten Eduard Chaloupka (Baj) und Heinrich Drimmel (NdW), hat mir über diese beiden ausführliche Studien ermöglicht. Vor allem bei der zu Chaloupka gelang es dadurch, die vorhandenen Quellen im ÖCV-Archiv zu sichten und auszuwerten.

Prof. Ernst Exner (Pan), Wien, Verfasser der anerkennenswerten Verbindungsgeschichte der Pannonia und vieler weiterer einschlägiger Veröffentlichungen, insbesondere in der *Österreichischen Academia*, danke ich vor allem für die Zurverfügungstellung zahlreicher, teilweise noch bislang unbekannter Bilder.

Univ. Prof. Dr. Michael Gehler, Universität Innsbruck, selber aufgrund seiner zahlreichen diesbezüglichen Veröffentlichungen ausgewiesener Studentenhistoriker, danke ich für zahlreiche Hinweise, Anregungen und Korrekturen sowie vor allem für viele lange Gespräche.

Mit Hofrat i. R. Dr. Peter Krause (Rt-D), Wien, dem langjährigen Vorsitzenden des Österreichischen Vereins für Studentengeschichte, bin ich mehr als 30 Jahre verbunden. Auf meine Anregung hin wurde sein leider inzwischen vergriffenes erfolgreiches Standardwerk „O alte Burschenherrlichkeit" 1979 veröffentlicht, das dann mehrere Auflagen erlebte. Ihm danke ich für zahlreiche Anregungen. Meine damals im Verlag Styria vorgenommene Betreuung dieses Werkes brachte mich naturgemäß dem Thema näher.

Emer. Prof. Dr. Rudolf Lill, Köln, ist als Profanhistoriker u. a. einer der ausgewiesensten Kenner der Geschichte der katholischen Milieubildung des 19. Jahrhunderts, des Kulturkampfes und der Geschichte des römischen Papsttums der neueren Zeit. Ihm danke ich ebenso für zahlreiche Hinweise und Gespräche im Laufe von mehr als 20 Jahren.

Herr Dr. Thomas Mang, Perchtoldsdorf, hat mich auf die den österreichischen CV betreffenden Bestände im Bundesarchiv Berlin-Lichterfelde aufmerksam gemacht, wofür besonderer Dank angebracht ist.

Bbr. Dr. Peter Muschol (F-B, Cl), Bad Saarow, geht erfolgreich seit Jahren Spezialfragen der Geschichte des CV im Zusammenhang mit dem „Dritten Reich" nach. Für die entsprechenden Mitteilungen danke ich ihm besonders.

Bohumil Pešek, Prag, einer der kompetentesten Kenner österreichischer Militärmusik vor 1918, danke ich für die richtige Schreibweise der tschechischen Namens- bzw. Ortsbezeichnungen.

Dr. Michael Polgar (Kb), Linz, Verfasser der anerkennenswerten Verbindungsgeschichte des Kürnberg, danke ich für die Bereitstellung einiger Bilder sowie für verschiedene Hinweise.

Bedauerlicherweise erst spät, aber dafür um so intensiver begann der Kontakt zu Hofrat i. R. Univ. Doz. Dr. Georg Schmitz (Nc), Korneuburg, dem Archivar der Norica. Er vermittelte mir sehr viele Hinweise über die Norica, auch und gerade über einige „heikle" Punkte der CV-Geschichte. Dafür gilt mein besonderer Dank an ihn. Damit verbunden ist die Hoffnung, daß es ihm gelingen möge, das für die Geschichte des CV wichtige Archiv der Norica zu ordnen und damit der Forschung zu öffnen – für die Abfassung dieses Buches leider zu spät.

Mag. Karl-Wolfgang Schrammel (F-B), Wien, der Generalsekretär des ÖCV, selber Historiker der Franco-Bavaria, hat mir bei der Beschaffung vieler kleiner, aber für das Gesamtbild dieser Darstellung wichtiger Details sehr geholfen. Dafür und für die Hilfe bei der allgemeinen Realisierung dieses Buches im ÖCV sei der besondere Dank abgestattet.

Hofrat Msgr. Gerhard Schultes (Rd), selber in der Geschichte des katholischen Verbandswesens bewandert, verdanke ich zahlreiche wichtige Hinweise und die kritische Lektüre eines Teils des Manuskripts.

Bbr. Mag. Markus Simmerstatter (Cl), Graz, hat mich dankenswerter Weise mit zahlreichen Hinweisen versorgt.

Mag. Gerhard Taus (Am) hat sich nach Erscheinen meiner Geschichte der Carolina 1988 der mühevollen Arbeit der korrigierenden Lektüre unterzogen. Die daraus gewonnen Erkenntnisse konnten nun berücksichtigt werden. Darüber hinaus danke ich auch für weitere zahlreiche Anregungen, Hinweise und Gespräche.

Bbr. Dipl. Theol. Heinz Terhorst (Ale, R-S), Archivar des Zentralkomitees deutscher Katholiken in Bonn, konnte mir dankenswerterweise ebenso wichtige Hinweise vermitteln.

Der CV-Sekretär Bbr. Stud. Ass. Richard Weiskorn (Ae, R-S), Aachen – Bad Honnef, hat für mich in dankenswerter Weise viele An- und Nachfragen erledigt.

Min.-Rat Dr. Helmut Wohnout (Nc), u. a. Geschäftsführer des „Karl von Vogelsang Instituts", hat mit zahlreichen Anregungen und sonstigen Informationen geholfen, wofür besonders zu danken ist.

Darüber hinaus gab es eine weitere große Zahl von Personen im und außerhalb des CV, die im Lauf der letzten 30 Jahre in vielerlei Hinsicht mit Informationen, Anregungen etc. dazu beigetragen hat, daß dieses Buch geschrieben werden konnte. Ihnen sei an dieser Stelle gedankt.

Für die Realisierung dieses Buches bzw. die Unterstützung dafür danke ich besonders den Mitgliedern des Vorstands der Verbandsführung des ÖCV, insbesondere dem Vorsitzenden Dr. Helmar Kögl (Dan), der sich vor allem für die Feier „150 Jahre CV" in München Verdienste erworben hat, sowie dem Vorsitzenden der Altherrenschaft Dr. Anton Hopfgartner (AIn), der seinerzeit selber als Historiker mit einer für den ÖCV wichtigen Arbeit über Kurt Schuschnigg (AIn) hervorgetreten ist. Ebenso gebührt der Dank dem Leiter des Kassenamtes des ÖCV, Komm. Rat Dr. Dieter Nefischer (Rg), sowie dem Leiter des Academiaamtes, Dr. Herbert Kaspar (Am), einem alten Weggefährten im ÖCV.

Da die Abfassung dieser Arbeit wesentlich in der Freizeit erfolgte, schulde ich *last but not least* einen besonderen herzlichen Dank meiner Familie für ihre über mehrere Jahre sich erstreckende Geduld mit mir, die nicht immer leicht zu bewahren war.

Und so hoffe ich, daß mein Bemühen nicht vergebens war.

Anhang 1:
Die Funktionäre und Amtsträger des Österreichischen CV

1. Vorortspräsidenten des CV

Urmitglieder österreichischer Verbindungen als Vorortspräsidenten des Cartellverbands der katholischen deutschen Studentenverbindungen

1889/90	Alois HUBER (AIn), für Vorort Aenania München [Mediziner]
1893/95	Joseph HUBER (AIn) [Facharzt]
1902	Hermann SEIBERT (Nc) [gefallen]
1902/03	Franz KRAFFT (ehemals Nc)[1]
1911	Franz REISETBAUER (ehemals Cl)[2]
1911/12	Josef JOHAM (Cl) [Generaldirektor der Creditanstalt-Bankverein]
1921	Viktor FRISCH (AW) [Vorst. Vors. Industrie AG]
1921/22	Johann GFÖLLNER (AW) [Primararzt]
1925/26	Gustav SAUSER (AIn) [Univ. Prof. Innsbruck]
1929	Karl FELLINGER (Nc) [Facharzt, Univ. Prof. Wien]
1929/30	Anton WALTER (ehemals Nc)[3]
1962/63	Rainer VAHLKAMPF (Cl), für Vorort Frisia Hannover [Techniker, Ang.]

2. Die Vorortspräsidenten des (Dritten) ÖCV ab 15. Juli 1933

1933/35	Alfred BENN (Nc) [gefallen]
1935/36	Josef KNECHT (AW) [Facharzt]
1936/37	Bruno SIMLINGER (ehemals NdW) [Arzt]
1937	Heinrich DRIMMEL (NdW) [Bundesminister]
1937/41	Alfred HUEBER (Cl) [gefallen]
1941/43	Der jeweilige „illegale" Senior der Carolina
1943/46	Gerald GRINSCHGL (Cl) [Facharzt, Univ. Doz. Graz][4]
1946/47	Johann WOLLINGER (Nc) [Stadtrat von Wien]
1947/48	Ernst LUEGMAYER (AW) [Diplomat]
1948/49	Helmut GNAMBS (Rd) [Ang.]
1949/50	Franz KIRCHMAIR (AIn) [Bundeswirtschaftskammer]
1950/51	Ernst HOLFELD-WEITLOF (AIn) [Wirtschaftskammer Salzburg]
1951/52	Adalbert WEISZMANN (ehemals Rg)
1952/53	Carl HAUSER-PAINSCHAB (Cl) [Ang.]
1953/54	Hermann SPITALER (Am) [Hofrat, Stadtschulrat Wien]
1954/55	Hans BURGER (AW) [Min. Rat]
1955/56	Dietbert HELBIG-NEUPAUER (AW) [Rechtsanwalt]
1956/57	Eberhard TIEFENTHALER (Le) [Bibliotheksdirektor]
1957/58	Walter BESLER (Le) [Landesschulinspektor]
1958/59	Alfred STROMMER (Nc) [Rechtsanwalt]
1959/60	Engelbert SCHRAGL (Nc) [Vorst. Vors. Industrie AG]
1960/61	Rudolf GRUBER (NdW) [Vorst. Vors. Energie AG]
1961/62	Peter MICHELER (NdW) [Bundeswirtschaftskammer]
1962/63	Heinrich SCHUSTER (F-B) [Selbständiger]

1 Lt. Mitteilung von Georg Schmitz (Nc) vom 3. 12. 2005 wegen einer standesamtlichen Trauung ausgeschlossen.
2 Über die Hintergründe seines Austritts siehe S. 272.
3 Aus dem CV wegen NSDAP-Mitgliedschaft ausgeschlossen, siehe S. 515.
4 Über den erzwungenen Rücktritt Grinschgls siehe S. 500.

1963/64	Otto INSAM (BbG) [Facharzt]
1964/65	Ivo GREITER (AIn) [Rechtsanwalt]
1965/66	Konrad HOFINGER (AIn) [Vorst. Mitgl. Versicherungs-AG]
1966/67	Johannes M. MARTINEK (Dan) [Vorst. Mitgl. Sparkasse]
1967/68	Roderich M. REGLER (Am) [NRAbg., Bundeswirtschaftskammer]
1968/69	Claus J. RAIDL (Baj) [Vorst. Vors. Industrie AG]
1969/70	Gerhard E. ORTNER (Merc) [Univ. Prof. Paderborn]
1970/71	Eduard SAXINGER (Trn) [Rechtsanwalt]
1971/72	Josef ZEMANEK (Am) [Dir. Sparkasse]
1972/73	Walter SCHWARZ (Baj) [Selbständiger]
1973/74	Heinz WOLF (A-D) [Min. Rat]
1974/75	Helmut KUKACKA (A-D) [Staatssekretar]
1975/76	Erwin ROTTER (Nc [ehemals Am]) [Rechtsanwalt]
1976/77	Michael METZLER (Nc) [Rechtsanwalt]
1977/78	Karl SCHULTES (Walth) [Vorst. Vors. Industrie AG]
1978/79	Alberich KLINGER (Aa) [Landesakademie Krems]
1979/80	Christian SONNWEBER (Le) [Geschäftsführer Notariatskammer]
1980/81	Wolfgang TÜRTSCHER (Le) [AHS-Prof.]
1981/82	Alfred KRIEGLER (Pan) [Rechtsanwalt]
1982/83	Bernhard HAINZ (Nc) [Rechtsanwalt]
1983/84	Klaus ZEHETNER (Rd) [Ziviltechniker]
1984/85	Georg FEITH (GlL) [Ang.]
1985/86	Christoph LAUSCHER (AIn) [Ang.]
1986/87	Gerald SCHEIDL (Am) [Ang.]
1987/88	Josef FIGL (AW) [Bundeswirtschaftskammer]
1988/89	Paul MITTER (Merc) [Selbständiger]
1989/90	Günther WIESINGER (NdW) [Arzt]
1990/91	Jacob WOLF (AIn) [Landesbeamter, Tirol]
1991/92	Norbert KRAFT (ehemals Nc) [Arzt]
1992/93	Wolfgang AIGNER (AW) [LAbg. Wien; Univ. Ass. Wien]
1993/94	Gottfried BISCHOF (Rt-D) [Rechtsanwalt]
1994/95	Martin G. SELLNER (NdW) [Öffentlicher Dienst]
1995/96	Martin BERGANT (Alp) [Ang.]
1996/97	Philipp SCHULMEISTER (Baj) [Ang.]
1997/98	Alexander BIACH (Rg) [Öffentlicher Dienst]
1998/99	Alexander WAGNER (A-D)
1999/00	Christian GEHRER (R-D) [Ang.]
2000/01	Klaus STEINWENDER (AW) [Rechtsanwalt]
2001/02	Anton ZEILINGER (AIn)
2002/03	Karl W. SCHRAMMEL (F-B) [Generalsekretär des ÖCV]
2003/04	Leo BORCHARDT (Trn)
2004/05	Johannes EITZINGER (Nc)
2005/06	Markus PRANTL (AIn)
2006/07	Johannes KLEIBEL (Se)

3. Die Vorsitzenden der Verbandsführung bzw. des Beirates des ÖCV

Wenn nicht anders angegeben fand der Funktionswechel auf der jeweiligen CVV bzw. dem CV-Ausschuß im Rahmen der betreffenden CVV statt.

1933 - 1948	Robert KRASSER (Nc) [LAbg. Wien, Vize-Präs. Stadtschulrat Wien]
1948 - 1952	Heinrich DRIMMEL (NdW) [s. o., Rücktritt Ende 1952]
1953 - 1955	Hans FRIEDRICH (AW) [Msgr., Rel. Prof.] [interimistisch ab Januar 1953 bis CVV 1953]
1955 - 1967	Eduard CHALOUPKA (Baj) [Sekt. Chef Bundeskanzleramt, 1967 †]

1967	Karl KOHLEGGER (AIn) [interimistisch; Präs. OLG Innsbruck]
1967- 1971	Rudolf MAYR (AW) [Sekt. Chef Rechnungshof]
1971	Hans KRONHUBER (Am) [Min. Rat Bundeskanzleramt]
1971/72	Karl LAGER (Nc) [interimistisch; ÖCV-Sekretär, Min. Rat BMfLV]
1972 - 1980	Adolf KOLB (Baj) [Sekt. Chef. BMfLV]
1980 - 1984	Otto HITTMAIR (AIn) [Univ. Prof. TU Wien]
1984 - 1988	Josef KOLB (Le) [Univ. Prof. Innsbruck]
1988 - 1992	Herbert MANG (NdW) [Univ. Prof. TU Wien]
1992 - 1994	Franz STADLER (Am) [Vorst. Vors. Versicherungs-AG]
1994 - 1998	Bruno GRÖSEL (BbW) [Univ. Prof. TU Wien]
1998 - 2006	Helmar KÖGL (Dan) [Bundeswirtschaftskammer]

4. Die Vorsitzenden der Altherrenschaft ab 15. Juli 1933

1933	Emmerich CZERMAK (NdW) [Bundesminister]
1933/38	Viktor FRISCH (AW) [s. o.]
1946/55	Robert KRASSER (Nc) [s. o.]
1952/53	Hermann WITHALM (Nc) [geschäftsführend; Vizekanzler]
1953	Franz BAUMGARTNER (Nc) [geschäftsführend; Landesamtspräsident NÖ; bis 8. 12. 1953]
1953/54	Konrad KÖNIGSWIESER (Rd) [als 2. stv. Vorsitzender die Amtsgeschäfte wahrnehmend von 8. 12. 1953 bis AHT 1954; Gen. Dir. Raiffeisenkasse]
1954/55	Hermann WITHALM (Nc) [geschäftsführend]
1955/60	Hermann WITHALM (Nc) [s. o.]
1956/60	Rudolf MAYR (AW) [geschäftsführend]
1960	Ulrich SATTLER (Kb), AHLRx [geschäftsführend; w. Hofrat Burgenland]
1960/67	Rudolf MAYR (AW) [s. o.]
1967/77	Hans Egon GROS (Nc) [Selbständiger]
1977/83	Theodor DETTER (AW) [Vorst. Vors. Versicherungs AG]
1983/89	Franz SKACEL (Rd) [Universitätsdirektor]
1989/95	Erich SCHMÖLLERL (AW) [Facharzt]
1995/01	Karl PILNACEK (Aa) [Krankenhaus Verw. Direktor]
ab 2001	Anton HOPFGARTNER (AIn) [Selbständiger]

5. Die Vorsitzenden des Altherrenländerrates

Den Altherrenländerrat gibt es dieser Form erst ab 1949 und zwar in Verschränkung mit der ÖAHB, dessen 1. stv. Vorsitzender der Vors. des AHLR ist. Davor bestand ein Altherrenländertag völlig separiert vom und parallel zum ÖAHB.

1949/53	Matthias PAHLE (AIn) [Finanzbeamter, Innsbruck]
1953/55	Konrad KÖNIGSWIESER (Rd) [s. o.]
1955/57	Richard FLANDORFER (Rd) [Vizepräsdient LG, Linz]
1957/59	Ferdinand LIPA (F-B) [Pensionsversicherungsanstalt, Linz]
1959/64	Ulrich SATTLER (Kb) [s. o.]
1964/70	Gottfried FOSEN (AW) [Notar, Linz]
1970/73	Hans HEGER (BbW) [Selbständiger, Mitglied des Bundesrates]
1973/76	Franz STADLER (Am) [s. o.]
1976/79	Leopold SPEISER (Nc) [v. Hofrat, NÖ. Landesregierung]
1979/82	Ivo FISCHER (Vi) [Facharzt, Feldkirch]
1982/85	Franz KAPSAMER (AIn) [Versicherungs-Direktor]
1985/88	Alois SCHEICHER (Dan) [Vorst. Dir. Energie AG]
1988/89	Wolfgang STAMPFL (Nc) [Hofrat, OÖ. Landesregierung]

1989	Hermann SPITALER (Am) [s. o.]
1989/92	Alfred AIGNER (AIn) [Facharzt, Univ. Prof.]
1992/98	Helmut ZEHMANN (Am) [Ang.]
1998/00	Alfred FIEDLER (AIIn) [Selbständiger]
2000/03	Norbert VANA (Baj) [Univ. Prof. TU Wien]
ab 2003	Gernot BRANDWEINER (BbG) [Verbandsgeschäftsführer]

6. AMTSTRÄGER

Die Reihenfolge der Ämter sowie deren Bezeichnung erfolgt nach der gegenwärtig gültigen CO. Allfällige frühere oder sonstige Bezeichnungen finden sich in Klammer oder in den Anmerkungen. Nach den gegenwärtigen Ämtern folgen die ehemaligen. Wenn nicht anders angegeben, erfolgte der Funktionswechel auf der jeweiligen CVV bzw. dem CV-Auasschuß im Rahmen der betreffenden CVV. Die Amtsträger waren bis 1976 Mitglieder des ÖCV-Beirates und sind ab 1976 Mitglieder der Verbandsführung.

A. Bestehende Ämter

SEELSORGEAMT (ÖCV-Seelsorger)

Alois ILLEK (Rd) [1933-1935] – Hans FRIEDRICH (AW) [1935-1967] – P. Alois SCHROTT SJ (Nc) [1967-1971] – Gerhard SCHULTES (Rd) [1971-1983] – Leon SIREISKY (Se) [1983-1990] – P. Erwin ROTTER OSB (Nc) [provisorisch Anfang 1990, 1990-31.12.1992] – Ernst KALLINGER (Am) [interimistisch Anfang 1993-1993] – Josef WOLSEGGER (R-B) [1993-2005] – P. Gernot WISSER SJ (Am) [ab 2005]

RECHTSAMT (Rechtspfleger)

Alois GROSSMANN (AIn) [1933-1950 (†)] – Anton STAUDINGER (AIn) [9. 12. 1950-1951] – Josef PEER (AIn) [1951-1953] – Karl KOHLEGGER (AIn) [1953-1976] – Eduard SAXINGER (Trn) [1976-1980] – Otto TSCHULIK (Nc) [1980-24. 1. 1991 (†)] – Wolfgang MAZAL (NbW) [provisorisch Anfang 1991, 1991-1999] – Wolfgang BINDER (NdW) [1999-Ende 2001 (Rücktritt)] – Walter LICHAL (Rd) [provisorisch Ende 2001, ab 2002-16. 10. 2005] – Rudolf JIROVEC (Rt-D) [provisorisch ab 16. 10. 2005]

AMT FÜR UNIVERSITÄTSFRAGEN (Hochschulfragen)

Max DINKHAUSER (AIn) [1933-1935] – Heinrich DRIMMEL (NdW) [1935-1938] – Johann WOLLINGER (Nc) [1946-1949] – Walter URBARZ (NdW) [1949-1953] – Josef FINDER (Dan) [1953-1959] – Othmar HUBER (ehem. M-D) [1959-1961] – Ignaz REICHL (Nc) [1961-18. 7. 1962] – Othmar HUBER [interimistisch 18. 7. -17. 10. 1962] – Heinrich WILLE (AW) [provisorisch 17. 10. 1962-1963, 1963-1965] – Peter WITTMANN (Kb) [1965-1966] – Gernot SCHAFFER (Dan) [1966-1968] – Helmut SCHATTOVITS (Am) [1968-1969] – Claus J. RAIDL (Baj) [1969-1970] – Sepp-Gottfried BIELER (Rt-D) [1970-Ende 1972] – Karl AIGINGER (Nc) [provisorisch Ende 1972-1973, 1973-1976] – Georg MATHES (Nc) [1976-11. 1. 1979] – Karl SCHULTES (Walth) [provisorisch 11. 1. 1979, 1979-16. 4. 1981] – *kurze Vakanz* – Ernst WURZ (Rt-D) [1981-1983] – Clemens OPPOLZER (Aa) [1983-1985] – Stefan KÖCK (Nc) [1985-1986] – Wolfgang MAZAL (NbW) [1986-1989] – Andreas TSCHULIK (Nc) [1989-1990] – Martin PLATZER (Vi) [1990-1994] – Markus SCHINDLER (NdW) [1994-7. 4. 1995] – Josef TOMISKA (NdW) [interimistisch 1995] – Peter MARHOLD (A-P) [1995-1999] – Karl-Heinz WANKER (R-J) [1999-2003] – Norbert VANA (Baj) [2003-2005] – Hans-Joachim SORGER (NdW) [ab 2005]

AMT FÜR BILDUNGSWESEN[5]

Eduard MAYLLER (AW) [1937-1938] – August M. KNOLL (NbW) [1946-1948] – Alfred TWAROCH (Alp) [1948-1959] – Herbert SCHAMBECK (Rd) [1959-1967] – Maximilian LIEBMANN (Cl) [1967-1974] – Wolfgang MANTL (Nc) [1974-1976] – Gerhard HARTMANN (Baj) [1976-17. 12. 1981] – Johann KREUZEDER (Nc) [interimistisch 17. 12. 1981-1982] – Erich GRATZENBERGER (Pan) [1982-1986] – Walter RECHBERGER (Am) [1986-31. 1. 1989] – Wolfgang BANDION (Nc) [interimistisch 1. 2. 1989-1989] – Christian SONNWEBER (Le) [1989-1993] – Anton HOPFGARTNER (AIn) [1993-1998] – Markus SCHAFFHAUSER (Kb) [ab 1998]

---

5 Das Amt für Bildungswesen wurde auf der CVV 1937 anstelle des Amtes für Soziale Fragen eingerichtet. Seit 1971 ist der Amtsträger gleichzeitig Leiter der Bildungsakademie.

ACADEMIAAMT (Amt für Pressefragen, Schriftleiter des Mitteilungsblattes)[6]

Anton WALTER (ehemals Nc) [1934-1938] – Hermann WOLF (Va) [1946-1947] – Hans JILEK (Am) [1947 -1948] – Hans KRONHUBER (Am) [1948-1949] – Ernst MARBOE (Baj) [1949-28. 9. 1957 (†)] – Helmut STEINACKER (Nc) [provisorisch 1957, 1957-15. 2. 1966] – Heribert STEINBAUER (ehemals AW) [provisorisch 19. 2. 1966, 1966-7. 10. 1969] – Robert PRANTNER (Am) [interimistisch 19. 2. 1966-1966 für den Bereich „Pressefragen"] – Wolfgang AIGNER (Nc) [provisorisch 7. 10. 1969-1970, 1970-1973] – Ernst Wolfram MARBOE (Baj) [1973-1976] – Peter HOFBAUER (Merc) [1976-1980] – Erwin ROTTER (Nc) [1980-1984] – Walter SCHWARZ (Baj) [1984-1992] – Gerald FREIHOFNER (Nc) [1992-1996] – Martin ZIMPER (Dan) [1996-1997] – Gerhard TSCHUGGUEL (Merc) [1997-2001] – Herbert KASPAR (Am) [ab 2001]

AMT FÜR GESELLSCHAFTSPOLITIK (bis 1976 Amt für allgemeine CV-Fragen)[7]

Robert KRASSER (Nc) [1946-1. 11. 1948] – *zeitweise Vakanz* – Johann WOLLINGER (Nc) [1949-1953] – Franz KIRCHMAIR (AIn) [1953-1959] – Hermann SPITALER (Am) [1959-1963] – Hans BAUER (AIn) [1963-30. 9. 1963] – Alfred STROMMER (Nc) [interimistisch 30. 9. 1963-1964] – Gerd STEPANTSCHITZ (Cl) [1964-1967] – Hannes AIGINGER (Nc) [1967-1971] – Gerhard HARTMANN (Baj) [1971-1975] – Fritz WINDHAGER (Baj) [1975-1977] – Herwig van STAA (Le) [1977-1981] – Herbert MAIER (M-D) [1981-1984] – Walter RECHBERGER (Am) [1984-1986] – Clemens STEINDL (Nc) [1986-1991] – Christoph PALE (Am) [1991-1995] – Wolfgang AIGNER (AW) [1995-1999] – Alexander LESIGANG (Baj) [1999-2003] – Helmut WEINTÖGL (Baj) [2003-1. 10. 2005] – Lukas MANDL (Rt-D) [provisorisch ab 1. 10. 2005]

AMT FÜR BERUFSFRAGEN[8]

Richard WOLLEK (AIn) [1933-1936] – Max DINKHAUSER (AIn) [1936-1938] – Otto TIMP (Rd) [1946-1951] – Günther NADHERNY (NdW) [1951-1959] – Rudolf MAYR (AW) [1959-1960] – Otto TIMP (Rd) [1960-1963] – Josef MARSCHALL (Dan) [1963-1967] – Fritz DÖRR (Rg) [1967-1982] – Alfred SCHWARZER (NdW) [1982-1986] – Hubert KLINGER (Am) [1986-1994] – Peter KULEFF (Rg) [1994-2002] – Toni GÜNKEL (AlIn) [ab 2002]

AMT FÜR FINANZEN (Kassenamt, ÖCV-Kassenwart)[9]

Engelbert SIEGL (Nc) [1933-1938] – Heinrich DRIMMEL (NdW) [1946-1. 11. 1948] – Eduard HOLZMANN (AW) [1. 11. 1948-1951] – Anton KAPF (AW) [1951-1963] – Anton LEITHNER (Nc) [1963-Ende 1967] – Karl PALE (AlIn) [provisorisch Anfang 1968, 1968-1976] – *Das Amt war vorübergehend abgeschafft, die Agenden wurden vom ÖCV-Generalsekretär verwaltet* – Herbert KASPAR (Am) [1983-1987] – Alfred KÖCK (Am) [1987-1990] – Peter FRIED (Nc) [1990-2003] – Dieter Heinz NEFISCHER (Rg) [ab 2003]

AMT FÜR MARKETING UND KOMMUNIKATION (ab 2002; früher Amt für Information)[10]

Kurt BERGMANN (Dan) [1966-1970] – Gerhard SCHIMAK (Rg) [1970-1973] – Herbert KASPAR (Am) [1973-1977] – Martin STICKLER (Am) [1977-1979] – Alexander BIACH (Rg) [ab 2002]

---

6 Das seit 1933 bestehende Mitteilungsblatt des ÖCV und des ÖAHB erhielt 1934 eine Schriftleitung mit Sitz im ÖCV-Beirat. 1949 wurde daraus das Academiaamt, das bis 1966 auch für den Pressedienst zuständig war.

7 Das Amt für allgemeine CV-Fragen wurde 1946 auf Antrag von Robert Krasser (Nc) geschaffen und sollte in Personalunion mit dem Vorsitzenden des ÖCV-Beirates geführt werden, damit dieser auch ein „Ressort" hat. Es war u. a. für den Kontakt zur Politik, zu anderen österreichischen Verbänden mit Ausnahme den Hochschülerschaftsparteien, z. B. zur AKV, zum MKV, aber auch tatsächlich für „allgemeine CV-Fragen" zuständig. Im Zuge der CO-Reform des Jahres 1976 wurde es in das Amt für Gesellschaftspolitik umgewandelt.

8 Bis 1938 Stellennachweis und bzw. Amt für Berufsberatung, ab 1946 Berufsberatung und Berufslenkung.

9 Bis 1938 verwaltete der Kassenewart auch die Hilfskasse des ÖCV.

10 Das Amt für Information wurde seit 1979 nicht besetzt und in der Folge abgeschafft.

B. Ehemalige Ämter

AMT FÜR SOZIALE HILFE (für Soziale Fragen, für soziale Arbeit und Fürsorge, Hilfskasse)[11]

Hans LOIBL (Rd) [1935-1937] – Willibald MAYR (Am) [1948-1967] – Karl STROBL (Am) [1967-1976] – Josef WALLIG (Am) [1976-1984] – Erich PSIK (Am) [1984-1988] – Gerhard TSCHUGGUEL (Merc) [1988 -1990]

AMT FÜR STATISTIK (Standesführung)[12]

Engelbert SIEGL (Nc) [1933-1938] – Viktor LENHART (Baj) [provisorisch ab 1957, 1958-1968] – Walter STIX (NdW) [1968-1980]

AMT FÜR AUSLANDSFRAGEN (bis 1938 für Grenz- und Auslandsdeutschtum)[13]

Werner HABEL (NdW) [1933-1935] – P. Hugo HANTSCH OSB (Fd) [1935-1938] – Hans WOLLINGER (Nc) [interimistisch 1946] – Robert MUTH (Le) [1946-9. 12. 1950] – Wilhelm WURZER (Le) [9. 12. 1950-1953] – Karl STEGER (Le) [1953-1955] – Eberhard TIEFENTHALER (Le) [1955-1959] – Michael MITTERAUER (AW) [1959-1962] – Rudolf GRUBER (NdW) [1962-1966] – Engelbert HOFINGER (AIn) [1966-1970] – Karl KOBER (BbG) [1970-Juli 1971 (†)] – Franz HASENGSCHWANDTNER (Alb) [provisorisch Juli 1971-1972, 1972-31. 10. 1973] – Norbert VANA (Baj) [provisorisch 31. 10. 1973-1974, 1974 -1976]

SPORTAMT (Sportwart)[14]

Karl STRÄSSLER (BbW) [1933-1935] – Gottfried LERCH (AW) [1935-1938] – Kurt HOFER (Rd) [1946-1948] – Ferdinand ZDARSKY (Am) [1948-9. 12. 1950] – Rudolf OTEPKA (BbW) [9. 12. 1950-1959] – Franz LUGER (Nc) [1959-1963] – Josef GSTREIN (AIn) [1963-1967] – Ernst WOGROLLY (BbG) [1967-1972] – Friedrich KAISER (Pan) [1972-1975]

ÖCV-ARCHIV UND BIBLIOTHEK[15]

Bruno ZIMMEL (Rd) [1953-1966] – Michael STICKLER (Am) [1966-1976]

AMT FÜR NACHWUCHSFRAGEN[16]

Wolfgang AIGNER (Nc) [1963-1964]

AMT FÜR BERUFSFÖRDERUNG[17]

Franz KOPOLD (F-B) [1948-1959] – Karl KEHRER (Kb) [1959-1963]

OHNE PORTEFEUILLE[18]

Heinrich Drimmel (NdW) [1953 – 1959]

---

11 Das Amt für Soziale Fragen wurde auf der CVV 1935 errichtet, seine Agenden wurden 1937 dem damals eingerichteten Amt für Bildungswesen übergeben. 1948 wurde es wieder eingeführt. Nach der CO-Reform 1959 verwaltete das Amt auch die Hilfskasse des ÖCV. Auf der CVV 1990 wurde das Amt abgeschafft, seine Agenden wurden dem Vorstand der Verbandsführung übertragen.

12 Das Amt wurde seit 1980 nicht mehr besetzt und in der Folge abgeschafft.

13 Das Amt wurde mit der CO-Reform 1976 abgeschafft.

14 Das Sportamt war vor 1938 auch mit der Wehrausbildung im Rahmen der Teilnahme von CVern an den Wehrverbänden befaßt. Für den zurückgetretenen Amtsträger Kaiser konnte 1975 kein Nachfolger gefunden werden, daher wurden der ICV und der GCV mit dessen Agenden betraut. Bei der CO-Reform 1976 wurde dieses Amt abgeschafft. *Academia intern*, Juli/August 1975, S. III.

15 Zimmel war bereits seit 1949 ÖCV-Archivar, aber erst seit 1953 ist das eine offizielles Amt im ÖCV-Beirat geworden, siehe öAc 10 (1958/59), H. 11/12, S. 47f. Das Amt wurde mit der CO-Reform 1976 abgeschafft.

16 Das Amt bestand nur 1963/64. Eine neuerliche Einführung dieses Amtes wurde auf der IX. CVV 1967 abgelehnt.

17 Dieses Amt wurde 1948 zum Zweck der Errichtung der Berufszirkel als Besonderheit zuerst nur innerhalb der Altherrenschaft eingeführt. Siehe Vademecum 1, S. 18f.

18 Nach dem Ausscheiden Drimmels wurde er entgegen jeglicher CO-Rechtssystematik zum Mitglied des ÖCV-Beirates ad personam bzw. ohne Portefeuille bestellt. Mit der CO-Reform von 1959 endete diese Funktion.

7. ÖCV-Sekretäre bzw. ÖCV-Generalsekretäre [19]

Ab 1989 beginnt die Amtsperiode jeweils mit 1. 1. des betr. Jahres und nach dreijähriger Dauer endet sie an einem 31. 12.

Theodor LISSY (Rd) [1933-1936] – Anton KAPF (AW) [1936-1938; 1946-1949] – Karl LAGER (Nc) [16. 2. 1949-30. 9. 1979] – Ludwig PICHLER (ehemals Am) [1. 10. 1979-31. 1. 1982 (zurückgetreten)] – Gerhard TSCHUGGUEL (Merc) [1982-1988] – Karl KOLLER (Merc) [1989-1991] – Stephan FILEK-WITTINGHAUSEN (NdW) [1992-1994] – Alexander LESIGANG (Baj) [1995-1997] – Eberhard BLUMENTHAL (Rt-D) [1998-2003] – Karl Wolfgang SCHRAMMEL (F-B) [ab 2004]

8. Die Cartellversammlungen des CV in Österreich bzw. des ÖCV sowie die Vororte österreichischer Verbindungen

Nr.	Jahr	Tagungsort	Vorort
4.	1867	Innsbruck	Aenania
30.	1894	Köln	Austria Innsbruck
38.	1902	Mannheim	Norica
47.	1911	Linz/Donau	Carolina
52.	1921	Linz/Donau	Austria Wien
1.	1933	Wien	Norica
	1934	keine CVV	Norica
2.	1935	Wien	Norica
3.	1936	Graz	Austria Wien
4.	1937	Wien	Nordgau
	1938	keine CVV	Carolina
prov.	1945	Innsbruck	Carolina
5.	1946	Wien	Norica
	1947	keine CVV	Norica
6.	1948	Wien	Austria Wien
7.	1949	Wien	Rudolfina
8.	1950	Innsbruck	Austria Innsbruck
9.	1951	Salzburg	Austria Innsbruck
10.	1952	Wien	Rugia
11.	1953	Graz	Carolina
12.	1954	Wien	Amelungia
13.	1955	Semmering / NÖ	Austria Wien
14.	1956	Wien	Austria Wien
15.	1957	Rotholz / Tirol	Leopoldina
16.	1958	Innsbruck	Leopoldina
I./17.	1959	Baden/NÖ	Norica
II.	1960	Wien	Norica
III.	1961	Eisenstadt/Bgld.	Nordgau
IV.	1962	Wien	Nordgau
V.	1963	Linz	Franco-Bavaria
VI.	1964	Graz	Babenberg Graz
VII.	1965	Salzburg	Austria Innsbruck
VIII.	1966	Innsbruck	Austria Innsbruck
IX.	1967	Wien	Danubia

19 Bis zur Gründung des Dritten ÖCV 1933 gab es bereits einen Sekretär des Wiener Altherrenbundes. Dieser wurde dann Sekretär des ÖAHB sowie praktisch der des ÖCV. Nach 1945 wurde offiziell ein ÖCV-Sekretär eingeführt, der dann bei der CO-Reform des Jahres 1976 in ÖCV-Generalsekretär umbenannt wurde.

ao. X.	1968	Wien	Amelungia
XI.	1968	Wiener Neustadt	Amelungia
XII.	1969	Krems/Donau	Bajuvaria
XIII.	1970	Klosterneuburg	Mercuria
XIV.	1971	Seggauberg (Stmk)	Traungau
XV.	1972	Weißenbach/Attersee/OÖ	Amelungia
XVI.	1973	Wien	Bajuvaria
XVII.	1974	Innsbruck	Leopoldina
XVIII.	1975	Linz	Austro-Danubia
XIX.	1976	Baden NÖ	Amelungia
XX.	1977	Mariazell / Stmk.	Norica
XXI.	1978	Melk / NÖ	Waltharia
XXII.	1979	Linz	Aargau
XXIII.	1980	Innsbruck	Leopoldina
XXIV.	1981	Feldkirch	Leopoldina
XXV.	1982	Wien	Pannonia
XXVI.	1983	Wien	Norica
XXVII.	1984	Gmunden / OÖ	Rudolfina
XXVIII.	1985	Leoben / Stmk.	Glückauf
XXIX.	1986	Hall in Tirol	Austria Innsbruck
XXX.	1987	Wien	Amelungia
XXXI.	1988	St. Pölten / NÖ	Austria Wien
XXXII.	1989	Krems NÖ	Mercuria
XXXIII.	1990	Wien	Nordgau
XXXIV.	1991	Innsbruck	Austria Innsbruck
XXXV.	1992	Wien	Norica
XXXVI.	1993	Wien	Austria Wien
XXXVII.	1994	Salzburg	Rhaeto-Danubia
XXXVIII.	1995	Baden / NÖ	Nordgau
XXXIX.	1996	Dornbirn / Vlbg.	Alpenland
XXXX.	1997	Wien	Bajuvaria
XXXXI.	1998	Graz	Rugia
XXXXII.	1999	Linz	Austro-Danubia
XXXXIII.	2000	Brixen / Südtirol	Rheno-Danubia
XXXXIV.	2001	Baden / NÖ	Austria Wien
XXXXV.	2002	Kufstein / Tirol	Austria Innsbruck
XXXXVI.	2003	Freistadt / OÖ	Franco-Bavaria
XXXXVII.	2004	Graz	Traungau
XXXXVIII.	2005	Eisenstadt	Norica
IL.	2006	München	Austria Innsbruck
L.	2007	Linz	Severina

Anhang 2: CVer in politischen Funktionen I (Bundesregierung, Landesregierungen, Parlaments- und Parteifunktionen)

1. Bundespräsidenten

Johann N. HAUSER (AW EM) (gleichberechtigtes Präsidium 1918/19) – Wilhelm MIKLAS (AW EM) (1928-1938) – Kurt WALDHEIM (Wl EM) (1986-1992) – Thomas KLESTIL (Baj) (1992-2004)

2. Bundesregierung

BUNDESKANZLER

Michael MAYR (AIn EM) (1920/21) – Ignaz SEIPEL (Nc EM) (1922-1924; 1926-1929) – Rudolf RAMEK (Nc) (1924-1926) – Carl VAUGOIN (Rd EM) (1930) – Otto ENDER (AIn) (1930/31) – Karl BURESCH (Wl EM) (1931/32) – Engelbert DOLLFUSS (F-B) (1932-1934) – Kurt SCHUSCHNIGG (AIn) (1934-1938) – Leopold FIGL (Nc) (1945-1953) – Julius RAAB (Nc) (1953-1961) – Alfons GORBACH (Cl) (1961-1964) – Josef KLAUS (Rd) (1964-1970)

VIZEKANZLER

Eduard HEINL (Baj EM) (1920, stv. Vorsitzender im Kabinett) – Carl VAUGOIN (Rd EM) (1929/1930) – Richard SCHMITZ (Nc) (1930) – Emil FEY (ehem. Rd EM) (1933/34) – Fritz BOCK (NdW) (1966-1968) – Hermann WITHLAM (Nc) (1968-1970) – Alois MOCK (Nc) (1987-1989)

BUNDESMINISTER IM BUNDESKANZLERAMT

Gem. Art. 77 Abs. 3 B-VG oder ohne Portefeuille (Staatssekretäre 1918-1920, 1945)

Michael MAYR (AIn EM) (1919/1920, für Verfassungs- und Verwaltungsreform) – Emil FEY (ehem Rd EM) (1933, für Angel. d. öff. Sicherheit) – Otto ENDER (AIn) (1933/1934, für Verfassungs- und Verwaltungsreform) – Richard SCHMITZ (Nc) (1934, ohne Portefeuille) – Emil FEY (ehem. Rd) (1933-1935, Öffentliche Sicherheit; div. „innere" Angelegenheiten) – Karl BURESCH (Wl EM) (1935/1936, ohne Portefeuille) – Leopold FIGL (Nc) (1945, ohne Portefeuille) – Erwin ALTENBURGER (Rt-D EM) (1947-1949, ohne Portefeuille) – Heinrich NEISSER (Rd) (1987-1989, für Föderalismus und Verwaltungsreform)

Staatssekretäre

Emil FEY (ehem. Rd EM) (1932/1933, für Ang. des Sicherheitswesens) – Karl GRUBER (AW) (1966-1969) – Stephan KOREN (Le EM) (1967/1968) – Heinrich NEISSER (Rd) (1969/1970)

AUSSENMINISTER

Heinrich MATAJA (ehem. Am EM) (1924-1926) – Ignaz SEIPEL (Nc EM) (1930) – Guido SCHMIDT (ehem. Nc) (1938) – Wilhelm WOLF (ehem. AIn) (1938) – Karl GRUBER (AW) (1945-1953) – Leopold FIGL (Nc) (1953-1959) – Kurt WALDHEIM (Wl EM) (1968-1970) – Alois MOCK (Nc) (1987-1995)

Staatssekretäre

Guido SCHMIDT (ehem. Nc) (1936-1938) – Ludwig STEINER (AIn) (1961-1964) – Carl BOBLETER (AIn) (1964-1968)

INNENMINISTER

Heinrich MATAJA (ehem. Am EM) (1918/19) – Rudolf RAMEK (Nc) (1921) – Franz HETZENAUER (Vi) (1966-1968)

Staatssekretäre

Ferdinand GRAF (Trn EM) (1945-1956) – Otto KRANZLMAYR (AW) (1961-1963) – Johann HAIDER (NbW) (1966-1968) – Roland MINKOWITSCH (Pan EM) (1968-1970)

UNTERRICHTSMINISTER

Leo Graf THUN-HOHENSTEIN (AW EM), k. k. Minister für Kultus und Unterricht (1849-1860) – Josef Alexander Frhr. von HELFERT (AW EM), Präsident des k. k. Unterrichtsrates (1861-1863) – Rudolf RAMEK (Nc) (1921) – Emil SCHNEIDER (Le) (1923-1926) – Josef RESCH (Nc EM) (1926) – Anton RINTELEN (ehem. Trn EM) (1926, 1932/33) – Richard SCHMITZ (Nc) (1926-1929) – Emmerich CZERMAK (NdW) (1929, 1930-1932) – Kurt SCHUSCHNIGG (AIn) (1933-1936) – Hans PERNTER (Nc) (1936-1938) – Oswald MENGHIN (ehem. Rd) (1938) – Felix HURDES (NbW EM) (1945-1952) – Ernst KOLB (AIn) (1952-1954) – Heinrich DRIMMEL (NdW) (1954-1964) – Alois MOCK (Nc) (1969/1970)

Staatssekretäre

Wilhelm MIKLAS (AW EM) (1919/1920) – Hans PERNTER (Nc) (1934-1936) – Karl LUGMAYER (Aa) (1945)

JUSTIZMINISTER

Friedrich Graf SCHÖNBORN (AW EM), k. k. Justizminister (ab 1888) – Rudolf RAMEK (Nc) (1919/1920) – Kurt SCHUSCHNIGG (AIn) (1932-1934)

Staatssekretär

Franz HETZENAUER (Vi) (1963-1966)

FINANZMINISTER

August Graf SÈGUR-CABANAC (Rd EM) (1922) – Jakob AHRER (ehem. Trn) (1924-1926) – Josef KOLLMANN (Am EM) (1926) – Karl BURESCH (Wl EM) (1933-1935) – Josef KLAUS (Rd) (1961-1963) – Karl KORINEK (Baj EM) (1963/1964) – Wolfgang SCHMITZ (Nc) (1964-1968) – Stephan KOREN (Le EM) (1968-1970)

Staatssekretäre

Fritz BOCK (NdW) (1955/1956) – Hermann WITHALM (Nc) (1956-1959) – Alfred FINZ (NdW EM) (ab 2000)

LANDWIRTSCHAFTSMINISTER

Julius Graf FALKENHAYN (AW EM), k. k. Ackerbauminister (1879-1895) – Alfred EBENHOCH (AIn), k. k. Ackerbauminister (1907/1908) – Engelbert DOLLFUSS (F-B) (1931-1934) – Josef REITHER (F-B EM) (1934/1935) – Ludwig STROBL (F-B) (1935/1936) – Franz FISCHLER (Merc EM) (1989-1994) -- Josef PRÖLL (Am EM) (ab 2003)

Staatssekretär

Heinrich GLEISSNER (S-B) (1933/1934)

HANDELSMINISTER

Richard WEISKIRCHNER (AW AM), k. k. Handelsminister (1909-1911) – Eduard HEINL (Baj EM) (1920/1921, 1930-1932, 1945, 1946-1948) – Fritz STOCKINGER (F-B) (1932-1936) – Julius RAAB (Nc) (1938) – Ernst KOLB (AIn) (1948-1952) – Fritz BOCK (NdW) (1956-1968)

Staatssekretäre

Fritz BOCK (NdW) (1952-1955) – Vinzenz KOTZINA (Am) (1963-1966)

SOZIALMINISTER

Ignaz SEIPEL (Nc EM), k. k. Minister für Soziale Fürsorge (1918) – Josef RESCH (Nc EM) (1920/1921; 1924-1929, 1930-1933, 1936-1938) – Franz PAUER (Nc) (1921/1922) – Richard SCHMITZ (Nc) (1922-1924, 1930, 1933/1934) – Theodor INNITZER (NdW) (1929/1930) – Otto ENDER (AIn) (1931) – Josef DOBRETSBERGER (Cl) (1935/1936)

Staatssekretär

Josef RESCH (Nc EM) (1918-1920)

LANDESVERTEIDIGUNGSMINISTER

Carl VAUGOIN (Rd EM) (1921; 1922-1933) – Engelbert DOLLFUSS (F-B) (1933/1934) – Alois Fürst SCHÖNBURG-HARTENSTEIN (Dan EM) (1934) – Engelbert DOLLFUSS (F-B) (1934) – Kurt SCHUSCHNIGG (AIn) (1934-1938) – Ferdinand GRAF (Trn EM) (1956-1961) – Georg PRADER (Nc) (1964-1970) – Robert LICHAL (Rt-D) (1987-1990)

Staatssekretär

Alois Fürst SCHÖNBURG-HARTENSTEIN (Dan EM) (1933/1934)

VERKEHRSMINISTER

Ludwig WEISS (Rd) (1966-1970)

Staatssekretäre

Josef TAUS (Baj) (1966/1967) – Helmut KUKACKA (A-D) (ab 2003)

BAUTENMINISTER

(Öffentliche Arbeiten bis 1918; 1945 und ab 1966)

Albert GESSMANN (AW EM), k. k. Minister für Öffentliche Arbeiten (1907/1908) – Julius RAAB (Nc) (1945) – Vinzenz KOTZINA (Am) (1966-1970)

BUNDESMINISTER FÜR VERMÖGENSSICHERUNG UND WIRTSCHAFTSPLANUNG

(1945 – 1949)

Peter KRAULAND (ehem. AW) (1945-1949)

3. LANDESREGIERUNGEN

BURGENLAND

Landeshauptleute

Josef RAUHOFER (BbW EM) (1924-1928) – Anton SCHREINER (BbW EM) (1928/1929, 1930/1931) – Johann THULLNER (BbW EM) (1929/1930) – Hans SYLVESTER (BbW EM) (1934-1938) – Lorenz (Lovro) KARALL (A-P EM) (1946-1956) – Josef LENTSCH (A-P EM) (1961-1964)

Landeshauptmannstellvertreter

Lorenz KARALL (A-P EM) (1934, 1945/1946) – Franz STEINDL (A-F EM) (ab 2000)

Landesräte

Hans SYLVESTER (BbW EM) (1926/1927; 1931-19934) – Johann THULLNER (A-P EM) (1927-1929) – Lorenz (Lovro) KARALL (A-P EM) (1929-1934) – Karl POSCH (A-P EM) (1934-1938) – Franz STROBL (A-P EM) (1934-1938) – Josef LENTSCH (A-P EM) (1949-1953, 1956-1961) – Nikolaus BERLAKOVICH (A-P) (ab 2005)

KÄRNTEN

Landeshauptmannstellvertreter

Silvester LEER (Rd EM) (1921-1931)

Landesräte

Silvester LEER (Rd EM) (1918-1921) – Felix HURDES (NbW EM) (1936-1938) – Georg WURMITZER (Ca EM) (1999-2004) – Josef MARTINZ (S-B) (ab 2004)

NIEDERÖSTERREICH

Landeshauptleute

Alois Prinz LIECHTENSTEIN (AW EM) (1906-1918) – Karl BURESCH (Wl EM) (1922-1931, 1932/1933) – Josef REITHER (F-B EM) (1931/1932, 1933-1938, 1945-1949) – Leopold FIGL (Nc) (1945, 1962-1965) – Siegfried LUDWIG (AW) (1981-1992) – Erwin PRÖLL (Rt-D EM) (ab 1992)

Landeshauptmannstellvertreter

Karl LUEGER (Nc EM) (1905-1910) – Richard WEISKIRCHNER (AW EM) (1914-1918) – Josef ZWETZBACHER (Pf EM) (1920-1925) – Josef REITHER (F-B EM) (1925-1931, 1932) – Viktor MÜLLNER (ehem. Dan EM) (1960-1964) – Siegfried LUDWIG (AW) (1969-1981) – Erwin PRÖLL (Rt-D EM) (1982-1992)

Landesräte

Leopold KUNSCHAK (Nc EM) (1918/1919) – Wilhelm MIKLAS (AW EM) (1918/1919) – Josef ZWETZBACHER (Pf EM) (1918-1920) – August SÉGUR-CABANAC (Rd EM) (1920-1922) – Rudolf BEIRER (AIn) (1922-1932) – Georg PRADER sen. (Nc) (1932-1938) – Viktor MÜLLNER (ehem. Dan EM) (1949-1960) – Siegfried LUDWIG (AW) (1968/69) – Erwin PRÖLL (Rt-D EM) (1980-1982)

OBERÖSTERREICH

Landeshauptleute

Julius Graf FALKENHAYN (AW EM) (1871) – Alfred EBENHOCH (AIn) (1898-1907) – Johann N. HAUSER (AW EM) (1908-1927) – Josef SCHLEGEL (Nc) (1927-1934) – Heinrich GLEISSNER (S-B) (1934-1938, 1945-1971) – Erwin WENZL (AlIn) (1971-1977) – Josef RATZENBÖCK (AlIn EM) (1977-1995) – Josef PÜHRINGER (Se EM) (ab 1995)

Landeshauptmannstellvertreter

Max MAYR (AIn) (1918/1919) – Josef SCHLEGEL (Nc) (1919-1927) – Josef SCHWINNER (AW) (1927-1931) – Franz LORENZONI (Kb) (1945-1948) – Felix KERN (AW) (1948-1955) – Erwin WENZL (AlIn) (19661971) – Karl ECKMAYR (A-D EM) (1989-1995) – Christoph LEITL (Kb EM) (1995-2000) – Franz HIESL (A-D EM) (ab 2000)

Landesräte

Josef SCHLEGEL (Nc) (1918/1919, 1945) – Max MAYR (AIn) (1919-1931) – Josef SCHWINNER (AW) (1919-1927) – Ernst HIRSCH (Kb EM) (1931-1933) – Felix KERN (AW) (1931-1938) – Franz LORENZONI (Kb) (1934-1938, 1945) – Heinrich GLEISSNER (S-B) (1945) – Josef WALK (Aa) (1945) – Franz BREITWIESER (AW) (1948-1954) – Erwin WENZL (AlIn) (1955-1966) – Josef RATZENBÖCK (AlIn EM) (1973-1977) – Hans WINETZHAMMER (A-D EM) (1977-1986) – Helmut KUKACKA (A-D) (1986/1987) – Christoph LEITL (Kb EM) (1990-1995) – Josef PÜHRINGER (Se EM) (1987-1995) – Franz HIESL (A-D EM) (1995-2000) – Viktor SIGL (A-D EM) (ab 2003)

SALZBURG

Landeshauptleute

Karl Graf CHORINSKY (AW EM) (1880-1890) – Franz REHRL (AW) (1922-1938) – Adolf SCHEMEL (AW EM) (1945) – Alfred HOCHLEITNER (AW) (1945-1947)– Josef REHRL (AW EM) (1947-1949) –Josef KLAUS (Rd) (1949-1961) – Wilfried HASLAUER (AlIn) (1977-1989) – Hans KATSCHTHALER (AlIn) (1989-1996) – Franz SCHAUSBERGER (Rup) (1996-2004)

Landeshauptmannstellvertreter

Franz REHRL (AW) (1919-1922) – Adolf SCHEMEL (AW EM) (1945-1949) – Michael HASLINGER (AIn EM) (1963-1973) – Wilfried HASLAUER (AlIn) (1973-1977) – Hans KATSCHTHALER (AlIn) (1977-1989) – Arno GASTEIGER (AIn) (1989-2000) – Wilfried HASLAUER jr. (R-J) (ab 2004)

Landesräte

Daniel ETTER (AW EM) (1918-1922) – Franz REHRL (AW) (1918/1919) – Adolf SCHEMEL (AW EM) (1934-1938) – Michael HASLINGER (AIn EM) (1961-1963) – Hans KATSCHTHALER (AlIn) (1974-1977)

STEIERMARK

Landeshauptleute

Anton RINTELEN (ehem. Trn EM) (1918-1926, 1928-1933) – Karl Maria STEPAN (Nc) (1934-1938) – Rolph TRUMMER (Cl) (1938) – Josef KRAINER sen. (BbW EM) (1948-1971) – Friedrich NIEDERL (BbW EM) (1971-1980) – Josef KRAINER jun. (AIn EM) (1980-1996)

Landeshauptmannstellvertreter

Anton RINTELEN (ehem. Trn EM) (1918/1919) – Jakob AHRER (ehem. Trn) (1919-1924) – Tobias UDIER (GlL) (1945-1963) – Hanns KOREN (Cl EM) (1963-1970) – Friedrich NIEDERL (BbG EM) (1970/1971) – Hermann SCHÜTZENHÖFER (Cl EM) (ab 2005)

Landesräte

Jakob AHRER (ehem. Trn) (1918/1919) – Adolf ENGE (Fd) (1924-1927) – Peter KRAULAND (ehem. AW) (1934-1938) – Alfons GORBACH (Cl) (1937/1938) – Josef KRAINER sen. (BbG EM) (1945-1949) – Hanns KOREN (Cl EM) (1957-1963) – Friedrich NIEDERL (BbG EM) (1965-1970) – Josef KRAINER jr. (AIn EM) (1971-1980) – Hermann SCHÜTZENHÖFER (Cl EM) (2000-2005)

TIROL

Landeshauptleute

Franz Frhr. von RAPP (AIn EM) (1871-1880, 1881-1888) – Anton Graf zu BRANDIS (AIn EM) (1889-1901) – Theodor KATHREIN (AIn) (1904-1916) – Franz STUMPF (AIn) (1921-1935) – Josef SCHUMACHER (Nc EM) (1935-1938) – Karl GRUBER (AW) (1945) – Alfons WEISSGATTERER (AIn) (1945-1951) – Hans TSCHIGGFREY (Le) (1957-1963) – Eduard WALLNÖFER (Le EM) (1963-1987) – Alois PARTL (Am) (1987-1994) – Wendelin WEINGARTNER (R-B) (1994-2002) – Herwig van STAA (Le) (ab 2002)

Landeshauptmannstellvertreter

Franz SCHUMACHER (Nc EM) (1919/1920) – Franz STUMPF (AIn) (1919/1921) – Hans PEER (Le EM) (1921-1928, 1933-1934) – Franz TRAGSEIL (AIn) (1929-1933) – Alfons WEISZGATTERER (AIn) (1945) – Hans GAMPER (Vi) (1945-1949, 1961-1965) – Josef Anton MAYR (AIn) (1949-1961) – Fritz PRIOR (Vi EM) (1965-1989) – Ferdinand EBERLE (AlIn) (1994-2006)

Landesräte

Richard STEIDLE (AIn) (1918-1921) – Franz TRAGSEIL (AIn) (1928/1929, 1933/34) – Hans GAMPER (Vi) (1929-1935, 1945, 1949-1953, 1954-1961) – Ernst FISCHER (AIn) (1934) – Hans PEER (Le EM) (1934-1938) – Alois LUGGER (AIn) (1947-1949, 1953-1954) – Josef Anton MAYR (AIn) (1948/1949) – Hans TSCHIGGFREY (Le) (1949-1957) – Eduard WALLNÖFER (Le EM) (1949-1963) – Alois OBERHAMMER (AIn) (1957-1961) – Hermann SCHEIDLE (AIn) (19961-1965) – Luis BASSETTI (R-D) (1970-1986) – Alois PARTL (Am) (1970-1987) – Wendelin WEINGARTNER (R-B) (1989-1993) – Ferdinand EBERLE (AlIn) (1989-1994)

VORARLBERG

Landeshauptleute

Adolf RHOMBERG (AIn EM) (1890-1918) – Otto ENDER (AIn) (1918-1930, 1931-1934) – Ferdinand REDLER (Cl) (1930/1931) – Ernst WINSAUER (Va) (1934-1938) – Herbert KESSLER (AIn EM) (1964-1987) – Herbert SAUSGRUBER (Le EM) (ab 1997)

Landeshauptmannstellvertreter

Adolf RHOMBERG (AIn EM) (1884-1890) – Ferdinand REDLER (Cl) (1918-1930, 1931-1934) – Alfons TROLL (R-B) (1934-1938) – Ernst KOLB (AIn) (1954-1959) – Siegfried GASSER (AIn) (1984-1990) – Herbert SAUSGRUBER (Le EM) (1990-1997) – Hans-Peter BISCHOF (R-B) (1997-1999)

Landesräte

Rudolf KOPF (ehem. Trn) [für VdU] (1954-1959) – Siegfried GASSER (AIn) (1973-1984) – Herbert SAUSGRUBER (Le EM) (1989-1990)

WIEN

Bürgermeister

Karl LUEGER (Nc EM) (1897-1910) – Josef NEUMAYER (Rd EM) (1910-1912) – Richard WEISKIRCHNER (AW EM) (1912-1919) – Richard SCHMITZ (Nc) (1934-1938)

Landeshauptmannstellvertreter (Vizebürgermeister)

Ernst Karl WINTER (NbW) (1934-1936) – Josef KRESSE (AW) (1934-1938) – Leopold KUNSCHAK (Nc EM) (1945/1946) – Heinrich DRIMMEL (NdW) (1964-1969) – Bernhard GÖRG (AW) (1996-2001)

Stadträte

Leopold KUNSCHAK (Nc EM) (1922-1934) – Hans WOLLINGER (Nc) (1964/1965) – Hannes KRASSER (Nc) (1969-1973) – Günther GOLLER (Rg) (1973-1983) – Manfried WELAN (F-B) (1986/1987) – Heinrich WILLE (AW) (1991/1992) – Bernhard GÖRG (AW) (1992-1996) – Peter MARBOE (Baj) (1996-2003)

SÜDTIROL

Landeshauptleute

Karl ERCKERT (AIn) – Silvio MAGNAGO (R-D EM)

LIECHTENSTEIN

Regierende Fürsten

Franz Josef II. (NdW) (1938-1989) – Hans Adam (NdW EM) (ab 1989)

Regierungschef

Franz Josef HOOP (Le) (1928-1945)

4. Parlamentarische Funktionäre

PRÄSIDENTEN DES NATIONALRATES (bzw. Abgeordnetenhauses des Reichsrates)

Theodor KATHREIN (AIn) (1897) – Viktor Frhr. von FUCHS (AW EM) (1898-1900) – Richard WEISKIRCHNER (AW EM) (1907-1909, 1920-1923) – Johann N. HAUSER (Nc EM) (1918/1919, gleichberechtigtes Präsidium) – Wilhelm MIKLAS (AW EM) (1923-1928) – Leopold KUNSCHAK (Nc EM) (1945-1953) – Felix HURDES (NbW EM) (1953-1959) – Leopold FIGL (Nc) (1959-1962) – Alfred MALETA (Cl) (1962-1970) – Andreas KHOL (R-B) (ab 2002)

ZWEITE PRÄSIDENTEN DES NATIONALRATS (1. Vizepräsidenten des Abgeordnetenhauses des Reichsrates)

Theodor KATHREIN (AIn) (1893-1897) – Johann N. HAUSER (Nc EM) (1919/1920) – Rudolf RAMEK (Nc) (1930-1933) – Alfred MALETA (Cl) (1970-1975) – Roland MINKOWITSCH (Pan EM) (1975-1986) – Robert LICHAL (Rt-D) (1990-1994) – Heinrich NEISSER (Rd) (1994-1999)

DRITTE PRÄSIDENTEN DES NATIONALRATS (2. Vizepräsidentent des Abgeordnetenhauses des Reichsrates)

Theodor KATHREIN (AIn) (1891-1893) – Alfons GORBACH (Cl) (1945-1953, 1956-1961) – Alfred MALETA (Cl) (1961/1962) – Andreas KHOL (R-B) (1999/2000)

STÄNDESTAAT (Bundestag, Räte 1934-1938)

Josef BICK (Fd) (Zweiter Vizepräsident des Bundestages und Präsident des Bundeskulturrates) – Otto SULZENBACHER (AIn) (Zweiter Präsident des Bundeskulturrates) – Ernst FISCHER (AIn) (Dritter Präsident des Staatsrates)

VORSITZENDE (PRÄSIDENTEN) DES BUNDESRATES

Josef ZWETZBACHER (Pf EM) (1921/1922) – Josef SCHWINNER (AW) (1922) – Franz REHRL (AW) (1922/1923, 1927, 1931/1932) – Anton RINTELEN (Trn EM) (1923) – Richard STEIDLE (AIn) (1923/1924, 1928) – Otto ENDER (AIn) (1924, 1928/1929, 1933) – Johann THULLNER (BbW EM) (1925) – Franz REINPRECHT (Rd) (1925/1926) – Rudolf BEIRER (AIn) (1926) – Karl Aubert SALZMANN (Cl) (1926/1927, 1931) – Franz STUMPF (AIn) (1932/1933) – Franz HEMALA (Nc) (1934) – Josef STAMPFL (Nc) (1948) – Josef REHRL (AW EM) (1948) – Leopold BABITSCH (BbG) (1958) – Leopold HELBICH (Nc) (1961) – Jörg IRO (AIn) (1966) – Josef KRAINER (BbG EM) (1967) – Anton BRUGGER (AIn) (1967) – Hans HEGER (BbW) (1971, 1975, 1980) – Herbert SCHAMBECK (Rd) (1988, 1992, 1997) – Martin STRIMITZER (Le) (1990)

STELLVERTRETENDE VORSITZENDE DES BUNDESRATES

Karl DREXEL (Cl EM) (1920-1923) – Karl Gottfried HUGELMANN (ehem. AW) (1923-1932) – Karl Aubert SALZMANN (Cl) (1932-1934) – Josef REHRL (AW EM) (1946-1948, 1949) – Karl LUGMAYER (Aa) (1951-1956) – Fritz ECKERT (Am EM) (1957-1973) – Herbert SCHAMBECK (Rd) (1975-1987, 1988-1992, 1993-1996) – Martin STRIMITZER (Le) (1992) – Milan LINZER (Am) (1999)

KLUBOBLEUTE DER CHRISTLICHSOZIALEN PARTEI BZW. DER ÖVP (Christlichsoziale Vereinigung im Abgeordnetenhaus des Reichsrates bis 1918)

Theodor KATHREIN (AIn) (1898-1906, Obmann des Zentrumsklubs) – Karl LUEGER (Nc EM) (1907-1910) – Albert GESSMANN (AW EM) (1910/1911) – Alfred EBENHOCH (AIn) (1911) – Johann N. HAUSER (Nc EM) (1917-1919) – Karl BURESCH (Wl EM) (1929-1934) – Julius RAAB (Nc) (1945-1953) – Alfred MALETA (Cl) (1953-1962) – Felix HURDES (NbW EM) (1962-1966) – Hermann WITHALM (Nc) (1966-1970) – Stephan KOREN (Le EM) (1970-1978) – Alois MOCK (Nc) (1978-1986) – Fritz KÖNIG (Dan EM) (1986-1990) – Heinrich NEISSER (Rd) (1990-1994) – Andreas KHOL (R-B) (1994-2002)

PRÄSIDENTEN DES RECHNUNGSHOFES

Otto ENDER (AIn) (1934-1938) – Josef SCHLEGEL (Nc) (1947-1953) – Franz FIEDLER (F-B EM) (1992-2004)

VOLKSANWÄLTE

Fanz BAUER (Nc) (1977-1988) – Herbert KOHLMAIER (Rd EM) (1988-1995)

5. Parteifunktionen der CSP bzw. der ÖVP

BUNDES(REICHS)PARTEIOBMÄNNER

Karl LUEGER (Nc EM) (bis 1910) – Alois Prinz von und zu LIECHTENSTEIN (AW EM) (1910-1918) – Johann N. HAUSER (Nc EM) (1918-1920) – Leopold KUNSCHAK (Nc EM) (1920/1921) – Ignaz SEIPEL (Nc EM) (1921-1930) – Carl VAUGOIN (Rd EM) (1930-1933) – Emmerich CZERMAK (NdW) (1933/1934) – Hans PERNTER (Nc) (1945, gf. Obmann) – Leopold FIGL (Nc) (1945-1952) – Julius RAAB (Nc) (1952-1960) – Alfons GORBACH (Cl) (1960-1963) – Josef KLAUS (Rd) (1963-1970) – Hermann WITHALM (Nc) (1970/1971) – Josef TAUS (Baj) (1975-1979) – Alois MOCK (Nc) (1979-1989)

GENERALSEKRETÄRE

Friedrich SCHÖNSTEINER (Alp EM) (1918-1928) – Viktor KOLASSA (NdW) (1929-1934) – Felix HURDES (NbW EM) (1945-1952) – Alfred MALETA (Cl) (1952-1960) – Hermann WITHALM (Nc) (1960-1970) – Herbert KOHLMAIER (Rd EM) (1971-1975) – Michael GRAFF (AW) (1982-1987) – Helmut KUKACKA (A-D) (1987-1990) – Othmar KARAS (Walth) (1995-1999) – Reinhold LOPATKA (BbG EM) (ab 2003)

BUNDESOBMÄNNER DES ÖSTERREICHISCHEN ARBEITER- UND ANGESTELLTENBUNDES (ÖAAB)

Erwin ALTENBURGER (Rt-D EM) (1945-1960) – Alfred MALETA (Cl) (1960-1971) – Alois MOCK (Nc) (1971-1978) – Herbert KOHLMAIER (Rd EM) (1978-1987) – Robert LICHAL (Rg) (1987-1991) – Josef HÖCHTL (Walth) (1991-1997)

BUNDESOBMÄNNER DES WIRTSCHAFTSBUNDES

Julius RAAB (Nc) (1945-1963) – Leopold MADERTHANER (Rt-D EM) (1989-1999) – Christoph LEITL (Kb EM) (ab 1999)

BUNDSOBMÄNNER DES BAUERNBUNDES

Josef REITHER (F-B EM) (1945-1947) – Roland MINKOWITSCH (Pan EM) (1970-1980) – Alois DERFLER (Merc EM) (1980-1989)

Anhang 3: CVer als Abgeordnete des Reichsrats und des Nationalrats, Mitglieder des Herrenhauses und des Bundesrates

1. Reichsratsabgeordnete in den Wahlperioden I. bis XI. (1861 bis 1907)

Egbert Graf Belcredi (AW EM), Alfred Ebenhoch (AIn), Franz de Paula Eder (AW EM), Julius Graf Falkenhayn (AW EM), Viktor Frhr. von Fuchs (AW EM), Albert Geßmann (AW EM), Josef Greuter (AIn EM), Theodor Kathrein (AIn), Alois Prinz von und zu Liechtenstein (AW EM), Georg Lienbacher (Fd EM), Karl Lueger (Nc EM), Josef Neuner (AIn EM), Siegfried Altgraf Salm-Reifferscheidt (AW EM), Karl Schachinger (Kb EM), Josef Scheicher (Nc EM), Josef Schlegel (Nc), Ernst Graf Sylva-Tarouca (AW EM), Alfons Troll von Obergfell (AW) und Richard Weiskirchner (AW EM)

2. Reichsratsabgeordnete in den Wahlperioden XII. bis XIII. (1907 bis 1918) und Mitglieder der Provisorischen Nationalversammlung 1918/1

Josef Baechlé (Rg EM), Karl Drexel (Cl EM), Alfred Ebenhoch (AIn), Viktor Frhr. von Fuchs (AW EM), Albert Geßmann (AW EM), Johann N. Hauser (Nc EM), August M. Kemetter (AW), Leopold Kunschak (Nc EM), Alois Prinz von und zu Liechtenstein (AW EM), Karl Lueger (Nc EM), Michael Mayr (AIn EM), Wilhelm Miklas (AW EM), Raimund Neunteufel (AW), Ferdinand von Pantz (Rd EM), Karl Schachinger (Kb EM), Josef Scheicher (Nc EM), Josef Schlegel (Nc), Ämilian Schöpfer (R-B EM), Franz Stumpf (AIn), Konrad Walcher (Rd EM), Richard Weiskirchner (AW EM) und Richard Wollek (AIn).

3. Mitglieder des Herrenhauses bis 1918

Anton Graf Brandis (AIn EM), Karl Graf Chorinsky (AW EM), Maximilian Frhr. von Gagern (AW EM), Karl Frhr. von Hackelberg-Landau (Kb EM) [erbliches Mitglied], Alexander Frhr. von Helfert (AW EM), Theodor Kathrein (AIn), Alois Prinz von und zu Liechtenstein (AW EM), Friedrich Maaßen (AW EM), Franz Frhr. von Rapp (AIn EM), Adolf Rhomberg (AIn EM), Franz M. Schindler (AW EM), Friedrich Graf Schönborn (AW EM), Alois Fürst Schönburg-Hartenstein (Dan EM), Ernst Graf Sylva-Tarouca (AW EM), Stanislaus Graf Tarnow-Tarnowski (AW EM), Leo Graf Thun-Hohenstein (AW EM), Josef Wackernell (AIn EM), Richard Weiskirchner (AW EM) und Otto Willmann (Fd EM).

Vom hohen Klerus waren Mitglieder des Herrenhauses: Josef Altenweisel (Brixen) (Le EM), hl. Josef Bilczewski (Lemberg) (FcC EM), Franz de Paula Eder (Salzburg) (AW EM), Cölestin Ganglbauer (Wien) (AW EM), Theobald Grasböck (Stift Wilhering) (Kb EM), Josef Groß (Leitmeritz) (Fd), Anton Joseph Gruscha (Wien) (AW EM), Johann E. Haller (Salzburg) (AW EM), Adam Hefter (Gurk) (Wl EM), Gilbert Helmer (Stift Tepl) (Fd EM), Johann B. Katschthaler (Salzburg) (AIn EM), Rudolf Kutschker (Wien) (AW EM), Gustav Piffl (Wien) (Wl EM) und Hermann Zschokke (Weihbischof, Wien) (Nc EM).

4. Abgeordnete zur Konstituierenden Nationalversammlung 1919/20 sowie zum Nationalrat 1920 bis 1934

Josef Aigner (Cl), Franz Binder (A-P EM), Karl Buresch (Wl EM), Dominikus Dietrich (Vi EM), Hubert Dostal (Nc), Karl Drexel (Cl EM), Nikolaus Falger (Vi), Michael Gangl (A-P EM), Ernst Hahn (AIn), Johann N. Hauser (Nc EM), Eduard Heinl (Baj EM), Ernst Hirsch (Kb EM), Franz Hofer (Rg EM), Felix Kern (AW), Erich Kneußl (AIn), Viktor Kolassa (NdW), Franz Kolb (Vi EM), Josef Kollmann (Am EM), Leopold Kunschak (Nc EM), Leopold Leutgeb (Am), Josef Luchner (Vi)[20], Michael Mayr (AIn EM), Franz Mayrhofer (Nc), Wilhelm Miklas (AW EM), Michael Paulitsch (Rd EM), Julius Raab (Nc), Rudolf Ramek (Nc), Josef Rauhofer (BbW EM), Josef Resch (Nc EM), Eduard Reut-Nicolussi (AIn), Richard Schmitz (Nc), Emil Schneider (Le), Friedrich Schönsteiner (Alp EM), Ämilian Schöpfer (R-B EM), Anton Schreiner (BbW EM), Franz Schumacher (Nc EM), Kurt Schuschnigg (AIn), August Ségur-Cabanac (Rd EM), Georg Seidl (Nc), Ignaz Seipel (Nc EM), Hans Stögner (AW), Franz Stumpf (AIn), Hans Sylvester (BbW EM)[21], Johann Thullner (A-P EM), Carl Vaugoin (Rd EM), Josef Wagner (AW), Johann Wancura (NdW EM), Richard Weiskirchner (AW EM), Ernst Winsauer (Va) und Richard Wollek (Nc) sowie Heinrich Mataja (ehemals Am).

5. Mitglieder des Bundesrats 1920 bis 1934

Rudolf Beirer (AIn), Franz Binder (A-P EM), Paul Bramböck (Vi), Karl Drexel (Cl EM), Otto Ender (AIn), Daniel Etter (AW EM), Franz Hemala (Nc), Josef Moser (AW EM), Franz Rehrl (AW), Franz Reinprecht (Rd), Karl A. Salzmann (C1), Emil Schneider (Le), Josef Schwinner (AW), Richard Steidle (AIn), Franz Stumpf (AIn), Johann Thullner (A-P EM), Ignaz Tschurtschenthaler (Trn), Konrad Walcher (Rd EM) und Josef Zwetzbacher (Pf EM). Weiters Karl Gottfried Hugelmann (ehemals AW), Anton Rintelen (ehemals Trn) und Josef Tzöbl (ehemals Am).

---

20 Er war als MdKNV von Südtirol gewählt worden, was dann aber nicht anerkannt wurde. Siehe Hundert Jahre Vindelicia, S. 63f.

21 Sylvester war bereits 1930 EM der A-P, die jedoch erst nach 1945 in den ÖCV aufgenommen wurde, bei BbW wurde er 1934 EM.

6. Mitglieder des „Hauses der Bundesgesetzgebung" im Ständestaat 1934-1938

STAATSRAT

Engelbert Dworak (Dan), Ernst Fischer (AIn), Friedrich Funder (C1), Clemens Holzmeister (Nc), Lorenz Karall (A-P EM), Richard Kerschagl (Merc EM), Josef Kimmel (Rd), Leopold Kunschak (Nc EM), Franz Mayrhofer (Nc), Wilhelm Mohr (Trn), Hermann Peichl (M-D), Albert Rechfeld (Kb EM), Josef Resch (Nc EM), Alois Fürst Schönburg-Hartenstein (Dan EM), Rolf Trummer (Cl), Ignaz Tschurtschenthaler (Trn) und Karl Vaugoin (Rd EM).

Davon wurden in den Bundestag gewählt: Funder, Kimmel, Mohr, Resch, Tschurtschenthaler und Vaugoin.

BUNDESWIRTSCHAFTSRAT

Leopold Babitsch (BbG), Leopold Figl (Nc), Franz Fischer (Le), Karl Habich (Nc), Josef Joham (C1), Erich Kneußl (AIn), Richard Krasser (Nc), Franz Pongratz (F-B), Julius Raab (Nc), Ulrich Sattler (Kb), Georg Seidl (Nc) und Eduard Strauß (Baj EM).

Davon wurden in den Bundestag gewählt: Fischer, Joham, Kneußl, Krasser und Raab.[22]

BUNDESKULTURRAT

Leopold Arzt (Nc), Josef Bick (Fd), Leopold Engelhart (Rd), Hans Hierzenberger (Kb), Franz Hörburger (Cl), Franz Huber (Nc), Franz Kolb (Vi EM), Josef Köller (A-P), Karl Lugmayer (Aa), Franz Xaver Mayrhofer-Grünbühel (AW), Otto Sulzenbacher (AIn), Anton Thir (GlL), Alfred Wastl (Rd) und Johann Zeßner-Spitzenberg (Tt, NbW).

Davon wurden in den Bundestag: Arzt, Bick, Engelhart, Sulzenbacher und Thir.

LÄNDERRAT

Burgenland: Landeshauptmann Hans Sylvester (BbW EM) und Landesrat Karl Posch (A-P); **Niederösterreich**: Landeshauptmann Josef Reither (F-B EM) und Landesrat Georg Prader sen. (Nc); **Oberösterreich**: Landeshauptmann Heinrich Gleißner (S-B) und Landesrat Franz Lorenzoni (Kb); **Salzburg**: Landeshauptmann Franz Rehrl (AW) und Landesrat Adolf Schemel (AW); **Steiermark**: die Landeshauptleute Karl M. Stepan (Nc) und Rudolf Trummer (Cl) sowie Landesrat Peter Krauland (ehemals AW); **Tirol**: die Landeshauptleute Franz Stumpf (AIn) und Josef Schumacher (AIn) sowie Landesrat Hans Peer (Le EM); **Vorarlberg**: Landeshauptmann Ernst Winsauer (Va); **Wien**: Bürgermeister Richard Schmitz (Nc).

Die Landeshauptleute waren Mitglieder des Bundestages.

7. Abgeordnete zum Nationalrat 1945 bis 1970

Erwin Altenburger (Rt-D EM), Leopold Babitsch (BbG), Luis Basetti (R-D), Fritz Bock (NdW), Leopold Figl (Nc), Franz Gabriele (F-B), Robert Geschläger (Nc), Alfons Gorbach (Cl), Ferdinand Graf (Trn EM), Karl Gruber (AW), Edmund Grünsteidl (Merc EM), Leopold Guggenberger (Rd), Johann Haider, Leopold Helbich (Nc), Franz Hetzenauer (Vi), Felix Hurdes (NbW EM), Josef Klaus (Rd), Herbert Kohlmaier (Rd EM), Ernst Kolb, Hanns Koren (Cl EM), Vinzenz Kotzina (Am), Otto Kranzlmayr (AW), Karl Kummer (Aa), Leopold Kunschak (Nc EM), Alois Leitner (Am), Erwin Machunze (NdW EM), Alfred Maleta (Cl), Hans Maurer (Nc), Franz Mayrhofer (Nc), Roland Minkowitsch (Pan EM), Alois Oberhammer (AIn), Hans Pernter (Nc), Georg Prader (Nc), Julius Raab (Nc), Rudolf Reisetbauer (Cl), Rupert Roth (BbG EM), Albert Schöpf (AIn), Karl Schwer (Trn), Georg Seidl (Nc), Josef Stemberger (R-B), Franz Strobl (A-P EM), Hans Tschida (A-P), Ignaz Tschurtschenthaler (Trn), Ludwig Weiß (Rd) und Hermann Withalm (Nc) sowie Rudolf Kopf (ehem. Trn) (für den VdU).

22 Der Priester Josef Anton Geiger war ebenfalls Mitglied des Bundeswirtschaftsrates. In Hundert Jahre AV Vindelicia, S. 66, wird er als Hospitant im Burschenrang bei der Vindelicia erwähnt, allerdings wird er im GV 1935 nicht angeführt, so daß diese Art der Mitgliedschaft nicht CV-konform gewesen sein dürfte.

8. Mitglieder des Bundesrates 1945 bis 1970:

Leopold Babitsch (BbG), Anton Brugger (AIn), Friedrich Eckert (Am EM), Franz Gabriele (F-B), Alfred Gasperschitz (Nc), Johann Gassner (Rt-D EM), Ferdinand Graf (Trn EM), Hans Heger (BbW), Leopold Helbich (Nc), Albert Hochleitner (AW), Jörg Iro (Nc), Ernst Kolb, Josef Krainer sen. (BbG EM), Franz Latzka (Rd), Karl Lugmayer (Aa), Georg Prader (Nc), Josef Rehrl (AIn EM), Herbert Schambeck (Rd), Albert Schöpf (AIn), Karl Schwer (Trn), Josef Stampfl (Nc), Johann Tschida (A-P), Alfons Übelhör (Nc), Johann Winetzhammer (A-D EM) und Ernst Winsauer (Va).

9. Abgeordnete zum Nationalrat 1970 bis 1990:

Luis Basetti (R-D), Franz Bauer (Nc), Kurt Bergmann (Dan), Wolfgang Blenk (AIn), Alois Derfler (Merc EM), Wendelin Ettmayer (Alp), Gottfried Feurstein (Le), Franz Flicker (NbW), Josef Frühwirth (A-P), Gerfried Gaigg (AW), Alfred Gasperschitz (Nc), Johann Gassner (Rt-D EM), Michael Graff (AW), Johann Haider (NbW), Leopold Helbich (Nc), Josef Höchtl (F-B), Jörg Iro (Nc), Othmar Karas (Walth), Franz Karasek (Nc), Andreas Khol (R-B), Friedrich König (Dan EM), Herbert Kohlmaier (Rd EM), Stephan Koren (Le EM), Vinzenz Kotzina (Am), Otto Kranzlmayr (AW), Alois Leitner (Am), Robert Lichal (Rt-D), Robert Löffler (F-B), Leopold Maderthaner (Rt-D EM), Erwin Machunze (NdW EM), Alfred Maleta (Cl), Oskar Mayer (Am), Roland Minkowitsch (Pan EM), Alois Mock (Nc), Josef Mühlbachler (F-B), Heinrich Neisser (Rd), Georg Prader (Nc), Ludwig Steiner (AIn), Josef Taus (Baj), Johann Tschida (A-P), Gustav Vetter (NdW EM), Günther Wiesinger (NdW) und Hermann Withalm (Nc) sowie Heribert Steinbauer (ehem. AW).

10. Mitglieder des Bundesrates von 1970 bis 1990:

Fritz Eckert (Am), Josef Frühwirth (A-P), Friedrich Fuchs (AlIn), Alfred Gasperschitz (Nc), Hans Gassner (Rt-D EM), Hans Heger (BbW), Leopold Helbich (Nc), Fritz Hoess (NbW), Jörg Iro (Nc), Kurt Kaufmann (F-B), Helmut Kukacka (A-D), Robert Lichal (Rt-D), Milan Linzer (Am), Robert Löffler (F-B), Leopold Maderthaner (Rt-D EM), Johann Penz (F-B), Herbert Schambeck (Rd), Gerd Stepantschitz (C1), Martin Strimitzer (Le).

11. Abgeordnete zum Nationalrat von 1990 bis 2006

Wendelin Ettmayer (Alp), Gottfried Feurstein (Le), Alfred Finz (NdW EM), Franz Flicker (NbW), Gerfried Gaigg (AW), Michael Graff (AW), Wolfgang Großruck (AIn), Peter Haubner (Lo), Leopold Helbich (Nc), Josef Höchtl (F-B), Richard Kaiser (Nc), Andreas Khol (R-B), Friedrich König (Dan EM), Helmut Kukacka (A-D), Günther Leiner (AIn), Robert Lichal (Rt-D), Reinhold Lopatka (BbG EM), Leopold Maderthaner (Rt-D EM), Karl Maitz (BbG EM), Reinhold Mitterlehner (A-D), Alois Mock (Nc), Josef Mühlbachler (F-B), Heinrich Neisser (Rd), Hubert Pirker (Ca EM), Günter Puttinger (Am), Roderich Regler (Am), Michael Spindelegger (Nc), Franz Steindl (A-F EM), Walter Tancsits (F-B EM), Josef Taus (Baj), Gustav Vetter (NdW EM) sowie Heribert Steinbauer (ehem. AW) und Reinhard Firlinger (F-B) (für das LIF bzw. die FPÖ).

12. Mitglieder des Bundesrates von 1990 bis 2006

Bernhard Baier (Se), Richard Kaiser (Nc), Kurt Kaufmann (F-B), Milan Linzer (Am), Johann Penz (F-B), Herbert Schambeck (Rd), Andreas Schnider (Cl), Michael Spindelegger (Nc), Martin Strimitzer (Le), Michael Strugl (A-D).

13. Mitglieder des Europäischen Parlaments

Gerfried Gaigg (AW), Otto Habsburg-Lothringen (NbW EM), Friedrich König (Dan EM), Othmar Karas (Walth), Milan Linzer (Am), Hubert Pirker (Ca EM), Paul Rübig (Se EM) und Michael Spindelegger (Nc).

Anhang 4: CVer, die in der Zeit des Nationalsozialismus verfolgt wurden (Tod, Inhaftierungen, Geldstrafen)

Grundlage dieser Liste sind die in der 1988 erschienen Publikation „Farbe tragen“ angeführten CVer. Ansonsten Beleg-Verweise zu anderen Stellen dieses Buches [siehe S. 000] oder andere Beleg-Angaben, wie z. B. [WuV NÖ, S. 000]. Die dabei verwendeten Abkürzungen sind:

[Hirsch, 2004] = Alfred Hirsch, Alpinia im Widerstand, Vortrag am 20. 4. 2003, in: *Alpinia Chronik* Nr. 209/210, 2004.
[Liste Gahr/DÖW] = Gahr, Widerstand und Widerstandsgruppen in Österreich, SS. 115-188, Liste fußend auf DÖW Akt Nr. 8 907.
[ParlBio] = Biographien österr. Parlamentarier, abzurufen auf der homepage des Parlaments.
[Schmitz] = Schmitz, Georg: 1938-1945- Noriker im Gefängnis oder KZ, *Das Fenster* Nr. 22, 5/2005, S. 8-9.
[Schrammel] = Mitteilung von Karl W. Schrammel (F-B) an den Autor.
[Enderle I] = Enderle-Burcel, Christlich – Ständisch – Autoritär. Mandatare im Ständestaat 1934 – 1938.
[WuV NÖ III] = Widerstand und Verfolgung Niederösterreich, 3. Band.
[WuV Sbg.] = Widerstand und Verfolgung Salzburg.
[WuV Tirol II] = Widerstand und Verfolgung Tirol, 2. Band.
[WuV Wien III] = Widerstand und Verfolgung Wien, 2. Band.
(P) = Priester

Adrowitzer, Alfred (R-J): 1944 Pol. Gef. Salzburg, 1945 KZ Buchenwald
Aigner, Josef jr. (Cl): 1938/39 KZ Dachau
Aigner, Josef sen. (Cl): Juli 1944 Pol. Gef. Linz
Alt, Alfred (Pan): 1939 Pol. Gef. Wien
Altenburger, Erwin (Rt-D EM): 1938 Pol. Gef. Wien
Altmann, Leopold (Rd): 1945 Pol. Gef. Wien wegen „Verzögerung“ von Einberufungen
Amann, Alois (AIn): 1938 Pol. Gef. OÖ
Amann, Franz X. (AIn): 1938 Pol. Gef. NÖ
Anderl, Alois (Rd): (P) 1942/43 Pol. Gef. Wien wegen. Heimtückegesetz
Arnold, Franz (Nc): (P) 1944 Geldstrafe [WuV Wien III, S. 54]
Arzt, Leopold (Nc): 1938 Pol. Gef. Wien

Badstuber, Josef Alexander (Wl): (P Can reg.) Haft [Liste Gahr/DÖW]
Barta, Leopold (Cl): (P) 1940/41 Pol. Gef. Leoben wegen. Heimtückegesetz
Bauer, Ludwig (Baj): Haft [Krammer, Bajuvaria, S. 321]
Baule, Bernhard (Trn EM): 1938 Pol. Gef. Graz.
Baumann, Erich Eberhard (Rd): (P) Haft [Liste Gahr/DÖW]
Benn, Alfred (Nc): 1938/39 KZ Mauthausen
Benscherer, Thomas (Rd): (P) 1944 Geldstrafe
Berger, P. Alberich (AW): (P SOCist) Haft
Bernegger, Ludwig (Kb): Am 14. 3. 1938 von SA/SS erschlagen
Beza, Wenzel (NdW): 1938/39 KZ Dachau
Biack, Karl (Nc): 1944 Haft und Hinrichtung
Bick, Josef (Fd): 1938 KZ Dachau und Sachsenhausen
Birk, Bernhard (ChT, AW): 1938-1941 Pol. Gef. Wien, KZ Dachau und Flossenbürg
Bischof, Josef (Alp): 1939 Pol. Gef. Wien
Bock, Fritz (NdW): 1938 Pol. Gef. Wien, 1938/39 KZ Dachau
Bock, Wilhelm (Nc): (P CanReg) 1938/39 Pol. Gef Linz und KZ Dachau; 1944/45 Haft
Brandstätter, Hans (Kb): 1938-1942 KZ Dachau
Braunsteiner, Herbert (NbW): 1940 KZ Schirmeck, Elsaß
Bruckner, Karl (Nc): 1938 Pol. Gef. Linz; 1938-1944 KZ Dachau
Buchsbaum, Leopold (Dan): 1938-1940 KZ Dachau und Flossenbürg
Buchta, Josef (Am): (P) 1939/40 Pol. Gef. Wien
Büchele, Ernst (Cl): 1928 Pol. Gef. Wien

Caldonazzi, Walter: 1944/45 LG Wien, 9. 1. 45 hingerichtet
Canaval, Gustav A. (Nc): 1938-1945 KZ Dachau und Flossenbürg
Chaloupka, Eduard (Baj): 1938 Pol. Gef. Wien
Cremer, Gottfried (AIn): 1939 KZ-Haft (wo unbekannt)

Dellmann, Wilhelm (Vi): 1938 Pol. Gef. Innsbruck
Deutsch, Franz (NdW): 1938 Haft, KZ Riga, Tod aus rassischen Gründen
Dietrich, Dominikus (Vi): (P) 1939 und 1940 Pol. Gef. Innsbruck
Dinkhauser, P. Carl (AIn): (P SJ) 1938 kurze Haft
Döttling, Alois (ehemals F-B): 1940/41 Pol. Gef./LG Wien
Dollenz, Simon (NbW): 1939 LG Wien
Domanig, Gottfried (Wl): 1938 Pol. Gef. Wien
Dorrek, Hans (Baj): 1938 Pol. Gef. Wien
Dungel, Josef (Dan): 1940 Euthanasieopfer
Dworak, Engelbert (Dan): 1938/39 KZ Dachau
Dworschak, Karl (Rd): 1938 Haft

Eberle, Joseph (ArF): 1941 Pol. Gef. Wien
Ebers, Godehard (Sal, AIn): 1938 Pol. Gef. Innsbruck
Eckert, Fritz (Am EM): 1938 KZ Dachau; 1944/45 LG Wien, zum Tod verurteilt
Edlinger, Franz (Nc): 1938-1940 KZ Buchenwald
Ender, Otto (AIn): 1938 Pol. Gef. Bregenz
Enge, Adolf (Fd) 1938 und 1944 Pol. Gef. Graz
Enzmann, Josef (Am): (P) 1938-1940 KZ Dachau
Erne, Franz (Cl): 1944 KZ Reichenau (bei Innsbruck)
Evers, Johannes (Le): (P) Pol. Gef. (Ermland)

Ferstl, Alfred (Trn): 1938/39 Pol. Gef. Leoben, Graz und Wien; 1939 KZ Buchenwald
Feucht, Heinrich (AW): 1938 Haft [WuV NÖ II, S. 93]
Figl, Leopold (Nc): 1938-1943 Pol. Gef. Wien und KZ Dachau; 1944/45 KZ Mauthausen und LG Wien
Fink, Karl (Cl): 1938 Pol. Gef. Steyr
Fioresi, Max von (Cl): 1943/44 KZ Dachau als Gegner des Südtiroler Aussiedelungsabkommens.
Fischer, Ernst (AIn): 1938-1941 Pol. Gef. Innsbruck und Landshut, 1944/45 Pol. Gef. Innsbruck
Flora, Hermann (R-B): 1943-1945 Pol. Gef. Innsbruck
Föger, Raimund (Rg): 1943 Pol. Gef. Bregenz
Fragner, Kurt (Merc): Im Krieg Internierung in Spanien (Kloster Monteserrat)
Freudenthaler, Paul (NdW): (P) 1939 Haft
Fried, Jakob (Am): 1938-1944 LG Wien und Regensburg
Funder, Friedrich (Cl): 1938 Pol. Gef./LG Wien; 1938/39 KZ Dachau/Flossenbürg; 1944 Pol. Gef. Wien

Gamper, Hans (Vi): 1938 Pol. Gef. Wien; 1938/39 KZ Dachau
Ganglbauer, August (Cl): 1938 Haft
Gasteiger, Franz (AIn): 1939/40 KZ Dachau
Gerstmair, Georg (Nc): 1940 Pol. Gef. St. Pölten
Geyer, Eduard jr. (AW): 1938 BG Tulln
Geyer, Eduard sen. (AW): 1938 KZ Dachau
Ginsl, Johann (Kb): 1938 Haft [Polgar, Kürnberg, S. 107]
Gleißner, Heinrich (S-B): 1938 Pol. Gef. Linz; 1938/39 KZ Dachau und Buchenwald
Gorbach, Alfons (Cl): 1938 Pol. Gef. Graz; 1938/39 KZ Dachau
Grabher, Edwin (BbG): 1938 KZ Mauthausen
Graf, Ferdinand (Trn EM): 1938-1940 KZ Dachau und Flossenbürg
Grahsl, Norbert (Am): 1938 Pol. Gef. Wien
Grass, Franz (AIn): 1938 und 1940 Haft
Groder, Martin Anton (AIn): 1941 Pol. Gef. Innsbruck und Bregenz
Gros, Hans Egon (Nc): 1938 Haft
Gross, Rudolf (Baj EM): 1938 Haft
Gruber, Johann (Nc): (P) 1938-1940 LG Linz; 1940-1944 KZ Mauthausen; † 1944
Gruber, Peter (GlL EM): (P) 1938 Haft

Grünewald, Eduard (AlIn): 1945 Pol. Gef. Innsbruck
Gubitzer, Ernst (F-B): Haft [Schrammel]
Gunz, Karl (AIn): 1939/40 LG Innsbruck

Habel, Ferdinand (BbW): 1938-1940; KZ Dachau und Mauthausen; ebda. † 1940
Habl, Ferdinand (Pan); 1939 Haft
Haffner, Gottfried (AIn): 1938 und 1945 Haft
Haidacher, Jakob (Trn): 1938 BG Judenburg
Handschur, Josef (ehem. Pan): 1939 Haft [Exner, Bonae voluntatis, S. 37]
Hanig, Alois (NdW): (P) 1939 Haft
Hantsch, P. Hugo (Fd): (P OSB) 1938/39 KZ Buchenwald
Hantschk, Albert (Aa): 1938 Haft
Hardeck, Johannes (Am): 1940 Haft, ab 1942 KZ Theresienstadt, Auschwitz, Dachau-Kauffering; † 1945 aus rassischen Gründen
Hecht, Heinrich (Dan): 1940 Haft
Heer, Friedrich (ehem. Baj): 1938 Haft [Adunka, Friedrich Heer, S. 37]
Heidlmayr, Hans (Kb): 1938 Haft [Polgar, Kürnberg, S. 107]
Heinl, Eduard (Baj EM): 1938, 1944 und 1945 Haft
Helbig-Neupauer, Bruno (R-B): 1942/43 Haft und KZ Auschwitz
Heller, Leopold (Aa): 1940 Haft wegen Verdachts „staatsfeindlicher Betätigung" [WuV NÖ III, S. 265]
Hemmel, Matthias (Cl): 1938/39 Pol. Gef./LG Linz
Henhapl, Karl (NbW): 1938 Pol. Gef. Klagenfurt
Hiller, Christian (Nc EM): (P) 1940 BG Bregenz
Hirsch, Alfred (AlIn): 1945 Pol. Gef. Innsbruck/KZ Reichenau [Hirsch, 2004]
Hittmair, Anton (AIn EM): 1938/40 KZ Dachau
Hofbauer, Silvester (Kb): 1938 und 1944 Haft [Polgar, Kürnberg, S. 107]
Hofmann, Franz Albert (Kb): 1938 Haft [Polgar, Kürnberg, S. 107]
Hörburger, Guntram (Nc): 1944/45 Haft Salzburg [WuV Sbg. 88f.]
Hörhager, Adolf (AIn): 1938-1940 KZ Dachau und Mauthausen; † Mauthausen
Hofmann, Franz Albert (Am): 1938 Haft
Hollnsteiner, Johann CanReg (ehem Nc): (P) 1938/39 KZ Dachau
Hornig, Klaus (Wf, Vi): 1942-1944 Haft; 1944/45 KZ Buchenwald wegen Weigerung, an einer Massenerschießung teilzunehmen.
Hradil, Alois (Wl): 1940-1945 Haft, Hochverrat,
Hundegger, Ernst (AIn): 1938 Pol. Gef. Innsbruck
Hundegger, Karl (AIn): 1938-1940 LG Klagenfurt
Hurdes, Felix (NbW EM): 1938 Pol. Gef. Wien; 1938/39 KZ Dachau; 1944/45 KZ Mauthausen

Jäger, Paul (AW): 1938 BG Feldkirch; 1938/39 KZ Dachau
Jilek, Hans (Am): 1938 Haft
Juffinger, Michael (AIn): (P) 1941 Haft
Jurasek, Hubert (Rd): 1938/39 LG Wien

Käfer, Hermann (Dan): 1938-1939 KZ Dachau und Buchenwald
Kail, Siegfried (Am): 1938 Haft
Kallus, Julius (Dan): 1938 KZ Dachau
Kamschal, Walther (Cl): 1938 Pol. Gef. Graz
Kankovsky, Anton (Nc): 1938-1941 KZ Dachau
Karri, Alexander (F-B): 1939/40 LG Wien
Kemptner, Otto (F-B): 1938/39 KZ Dachau
Kern, Felix (AW): 1938/39 KZ Dachau, 1944 KZ Schörgenhub
Kerschagl, Richard (Merc EM): 1938 Haft [Enderle I]
Kessler, Josef (ehem. Pan): 1939 Haft [Exner, Bonae voluntatis, S. 37]
Kiener, Joseph (Cl): 1929-1934 vom faschistischen Italien auf die Insel Ponza strafverbannt [Schreiben des CV-Sekretariats an die Vorsitzenden der Ortszirkel wegen Spenden für Kiener (Dezember 1929), in: BA, Akt ZB I 208, Blatt117. Hier ist auch ein Lebenslauf Kieners eingebaut; *Carolinen-Blätter* Nr. 15 (WS 1981/82), S. 32.]
Kimmel, Josef (Rd): 1938/39 KZ Dachau

Kislinger, Alfred (AW): 1938/39 KZ Dachau
Klar, Rudolf (Nc); 1938 Haft [Schmitz, S. 8]
Kloß, Rudolf (Am): 1938/39 KZ Dachau
Klotz, Anton (R-B): 1938-41 KZ Buchenwald
Knecht, Alois (Le): (P) 1940-1945 KZ Sachsenhausen und Dachau
Kneß, Hans (AIn): 1938 Pol. Gef. Innsbruck
Kneußl, Erich (AIn): 1944 KZ Reichenau
Knittel, Karl (AIn): (P) 1938 und 1941 Haft
Knittel, Otto (AlIn): 1945 Pol. Gef. Innsbruck [Hirsch]
Knoll, Julius (BbW): 1938/39 KZ Dachau
Kohler, Fritz (AIn): 1938 BG Bludenz
Kolassa, Viktor (NdW): 1938 KZ Dachau, 1944 Haft
König, Franz (Rd EM): (P) 1943 Geldstrafe
Kolb, Ernst (AIn, Cl): 1938 Pol. Gef. Graz
Kolb, Franz (Vi EM): (P) 1939 und 1941 Pol. Gef. Innsbruck
Kollerics, Franz (BbW): (P) 1944 Pol. Gef. München
Kollmann, Josef (Am EM): 1940 Prozeß, Freispruch
Kollmann, Leopold (BbG): 1940-1943 Haft Graz-Karlau wegen Äußerung „der Hitler wird den Krieg verlieren".
Komarek, Wilhelm (AIn): 1938 Pol. Gef. Wien
Konzett, Lorenz (Cl): 1938 Haft
Kostelecky, Alfred (Rd): (P) Pol. Gef. Wien
Krainer, Josef (BbG EM): 1938 Haft [ParlBio]
Krajatsch, Karl (Wl): (P CanReg) 1939/40 Haft
Krajnc, Walter (Vi): 1944 †, Avignon
Krammer, Josef Otto (Baj EM): 1944 Pol. Gef. Wien
Kranzlmayr, Otto (AW): 1938 Haft
Krauland, Peter (ehem. AW): 1938 Haft [ParlBio]
Krczmar, Karl (BbW): 1941/42 LG Wien; † wegen Wehrkraftzersetzung
Krieger, Franz (Am): 1938 Haft
Krisch, Franz (Rd): 1938 Pol. Gef. Wien
Krumhaar, Ernst (NbW): 1942 Haft
Krusche, Franz (F-B): Haft [Schrammel]
Kugler, Franz (Rg): 1938 KZ Dachau
Kummer, Karl (M-D): 1944 †, KZ Buchenwald
Kummer, Karl (Aa): 1938 Pol. Gef. Wien
Kunschak, Leopold (Nc EM): 1938 und 1944 Pol. Gef. Wien
Kusin, P. Eberhard (Rg): (P OFMCap) 1943-1945 KZ Theresienstadt und Dachau

Lager, Karl (Nc): 1939 Haft Krems-Stein
Lang, Anton (Kb): 1938 Haft [Polgar, Kürnberg, S. 107]
Lanner, Eduard (AIn): 1938 Pol. Gef. St. Pölten
Leb, Josef (AW): 1938 Pol. Gef. Wien
Lerch, Gottfried (AW): 1938/39 Pol. Gef. Wien
Leutgeb, Leopold (Am): 1938 Haft
Liener, Josef (Rd): (P) 1943 Geldstrafe, 1944 Haft („Rundfunkverbrechen") [WuV NÖ III, SS. 227f., 233]
List, Anton (F-B): 1938 Pol. Gef. St. Pölten und Wien
Loacker, August (Nc): 1938-41 Landshut
Lorenzoni, Franz (Kb): 1944 Pol. Gef. Linz

Magreiter, Ludwig (S-B): 1938 Haft
Maier, Heinrich (NbW): (P) 1944/45 LG Wien, † 1945
Maleta, Alfred (Cl): 1938-1940 KZ Dachau und Flossenbürg
Mangutsch, Rudolf (AIn): 1938 und 1944 Pol. Gef. Innsbruck
Marschall, Hubert (Kb): 1938-40 KZ Dachau
Marschall, Josef (Dan): 1940 Haft
Maurer, Friedrich (Nc): 1938 und 1944 Haft
Mayer, Rupert (Vi): 1944/45 Haft [WuV Sbg. S. 87f.]

Mayr, Hans (Kb): 1938 Haft [Polgar, Kürnberg, S. 107]
Mayr, P. Ignaz (AIn): (P SJ) 1938 Haft
Mayr, Rudolf (Le): (P) Haft (?)
Mayr, Willibald (Am): 1944 Haft
Meichlbeckh, Arthur (Le): 1938 Haft
Meznik, Friedrich (F-B): 1939/40 Haft
Missong, Alfred (NbW EM): 1938 und 1941 Haft
Mittelbach, Gustav (BbG): 1938 Haft
Mörl, Anton (Cl): 1938-40 KZ Dachau und Flossenbürg
Mohr, Ludwig (Rg): 1938 Pol. Gef. Eisenstadt, 1938/39 KZ Dachau, 1939 Pol. Gef. Wien, 1939/40 KZ Buchenwald
Mooslechner, Ludwig (AIn): 1945 Pol. Gef. Deutschlandsberg, † erschossen
Moser, Franz Josef (Kb): 1942 Haft [Polgar, Kürnberg, S. 108]
Moser, Fritz (Kb): 1938 Pol. Gef. Linz
Müksch, Leopold (Am): 1938 Pol. Gef. Wien
Müller, Matthäus (Kb): 1938 Haft [Polgar, Kürnberg, S. 108]
Mutschlechner, Karl (R-B): 1938 Haft
Mutz, August (Cl): 1938 Pol. Gef. 1938 Klagenfurt
Muxel, Anton (Le): 1938 Haft

Nestor, Franz (AIn): 1938 Pol. Gef. Graz
Nestor, Kurt (AIn): 1938 Pol. Gef. Graz und 1939 Pol. Gef. Wien
Nestor, Walter (Cl): 1938/39 KZ Dachau
Neumann, Leonhard (BbG): 1938 Pol. Gef. Graz
Nicoladoni, Franz (Le): 1938 Pol. Gef. Linz

Oberhofer, Albin (Le): 1938 Haft
Öhlinger, Fritz (AIn): 1939 Haft Prag
Ölz, Karl (Cl): 1938 Pol. Gef. Wien
Oravecz, Johannes (NbW): (P) 1944 Geldstrafe
Ortner, Walter (Kb): 1938 Haft [Polgar, Kürnberg, S. 108]
Ott, Ferdinand (F-B): 1939 Haft [WuV NÖ II, 35]

Pahle, Matthias (AIn): 1938 Pol. Gef. Innsbruck
Pammer, Maximilian (Baj EM): 1938 KZ Dachau und 1938/39 Haft
Passler, Jakob (R-B): 1938 Pol. Gef. Graz und 1945 Haft
Paukowitsch, Johannes (Alp): 1939 Haft
Paulitsch, Michael (Rd EM): (P) 1938-1940 Pol. Gef. Klagenfurt
Paulmayer, Franz (Nc): 1938/39 KG Steyr
Pawlik, Heinrich (Baj): 1938 Haft
Pawlikowski, Ferdinand (Trn EM): (P) 1938 Pol. Gef. Graz
Pernter, Hans (Nc): 1938 Pol. Gef. Wien; 1938-1940 KZ Dachau und Flossenbürg, 1944/45 KZ Mauthausen
Pesendorfer, Eduard (Kb): 1938-1943 KZ Dachau
Pfeifauf, Nikolaus (Vi): (P) 1941 Pol. Gef. Innsbruck
Pichler, Anton Maria (NbW): (P) 1938 Haft
Pichler, Josef (Rd): 1938/39 KZ Dachau
Pichler, Michael (Cl): 1938 Pol. Gef. Wien
Pieller, P. Capistran (Cl): (P OFM) 1943-1945 LG Wien, 1945 erschossen in Stein
Pilat, Anton (M-D): 1938 KZ Dachau
Plankensteiner, Karl (BbW): 1942 Haft
Plaseller, P. Paskal (AIn EM): (P OFM) 1938 Pol. Gef. Kufstein/Innsbruck
Platter, Max (AIn): 1944/45 Salzburg, München und Straubing [siehe S. 460]
Plattner, Anton (Vi): (P) 1939 und 1941 Pol. Gef. Innsbruck
Platzgummer, Adolf (Le): (?) mehrmals Haft
Plöchl, Willibald (Nc EM): 1938 Pol. Gef. Wien
Poch, Alexander (AW): (P) 1944 Pol. Gef. Wien
Pontesegger, Helmut (AIn): 1938 Pol. Gef. Bregenz
Portele, Karl Alfons (Wl): 1939-1943 LG Wien

Posch, Karl (A-P EM): 1938 Pol. Gef. Eisenstadt und 1944 Pol. Gef. Wien
Praxmarer, Leo (AIn): 1938 Pol. Gef. Innsbruck
Prochaska, Albert (Aa): 1938-1940 Pol. Gef. Wien
Pühringer, Heinrich (AIn): 1944 erschossen
Pultar, Erich (Nc): 1938 KZ Dachau
Pultar, Josef (Nc): 1938 Pol. Gef. Wien
Pultar, Walter (Nc): 1938/39 KZ Dachau

Quass, Karl (Trn): (P) 1938 Haft, 1940-1943 Graz und Essen, 1943-45 KZ Dachau

Rath, P. Gebhard (Aa): (P SOCist) 1940 Haft
Rechfeld, Albert (Kb EM): 1938 KZ Dachau [Polgar, Kürnberg, S. 107]
Rehrl, Franz (AW): 1938 Pol. Gef. Salzburg, 1939-1941 Karlsbad und Salzburg, 1944-1945 Berlin Moabit und KZ Ravensbrück
Reinisch, P. Franz (Le): (P SAC) 1942 Hinrichtung
Reisetbauer, Rudolf (Cl): 1943 Haft in Holland
Reither, Josef (F-B EM): 1938-1941 KZ Dachau und 1944/45 KZ Ravensbrück und Berlin
Remy, Fritz (AIn): (P) 1939-1944 KZ Sachsenhausen und Dachau
Resch, Walter (Rt-D): 1938 Haft
Riccabona, Anton (AIn): 1938 Pol. Gef. Innsbruck
Riccabona, Franz (AIn): 1938 Pol. Gef. und LG Salzburg und 1945 Haft
Riccabona, Max (Trn): 1941/42 Haft Pol. Gef. Wien und 1942-1945 KZ Dachau
Ritter, Felix (Rd): (P) 1944 Geldstrafe [WuV NÖ III, S. 249]
Romstorfer, Franz (Rd): (P) Haft [Liste Gahr/DÖW]
Ruepp, Karl (R-D): (P) 1939 Pol. Gef. Innsbruck
Ruggenthaler, Johann (Baj): (P) 1938 und 1944/45 Pol. Gef. Wien
Ruthensteiner, Rudolf (Cl): 1943/44 Simferopol Wehrmachtsgefängnis; zum Tod verurteilt

Salzmann, Hermann (Le): 1945 Haft
Sattler, Ulrich (Kb): 1938 Pol. Gef. Eisenstadt
Sauser, Gustav (AIn): 1938 Pol. Gef. Wien
Schemel, Adolf (AW EM): 1938/1939 Haft [WuV Sbg. 15]
Schiemer, Albert (R-D): (P) 1940, 1941 und 1943 Pol. Gef. Innsbruck und Liezen
Schifferer, Josef (AW): 1938-1942 KZ Dachau und Mauthausen
Schir, Edwin (Vi): 1938 Haft
Schlegel, Josef (Nc): 1938 Pol. Gef. Linz
Schleifer, Kurt (AW): 1940-43 Haft
Schmidinger, Albert (Va): 1944/45 Haft [WuV Sbg. 80f.; siehe S. 460]
Schmidler, Karl (AIn): 1940 Haft LG Feldkirch
Schmittner, Paul (Rd): 1938-1940 KZ Dachau und Flossenbürg
Schmitz, Bruno (ehemals Nc): 1944/45 Haft und KZ Mauthausen [Schmitz, S. 8]
Schmitz, Richard (Nc): 1938-45 KZ Dachau
Schneider, Gottfried (Rd): (P) Haft (?)
Schöch, Friedrich (AIn): (P) 1939/40 Haft Bregenz und Feldkirch
Schöler, Alois (Cl): 1938 Pol. Gef. Bruck/Mur und Graz
Schrimpf, Johann (AW): (P) 1939 KG St. Pölten
Schrott, P. Alois (Nc): (P SJ) 1942 Pol. Gef. Innsbruck
Schumacher, Josef (AIn): 1938 und 1944 Pol. Gef. Innsbruck
Schumacher, Karl (AIn): (P) 1938 und 1939 Pol. Gef. Innsbruck
Schumacher, Viktor (AIn): 1938 und 1945 Pol. Gef. Hall i. T
Schuschnigg, Kurt (AIn): 1938 bis 1945 Pol. Gef. Wien, KZ Dachau und Sachsenhausen,
Schwarz, Wilhelm (Rd): 1938/39 KZ Buchenwald
Schwarzenberg, Heinrich (AIn): 1943 Pol. Gef. Genua, Mailand, Verona, Innsbruck und Linz; 1943/44 KZ Buchenwald
Schwarzer, Walter (AIn): 1938 Haft
Schweiger, Karl (BbG): 1938 Haft
Schwinner, Erich (M-D): Haft [s. S. 472]
Sedlmayr, Hans (Cl): 1938 Haft Judenburg

Seeberger, Emil (S-B): 1938 Haft Bregenz
Seidl, Georg (Nc): 1938 Haft [Enderle I]
Seywald, Franz (AW): 1944 Haft, zum Tode verurteilt, †
Simon, Karl (Am): 1939 Pol. Gef. Wien
Simmer, Ottokar (Wl): 1938 Haft [WuV NÖ II, 20]
Sinz, Hermann (AIn): 1944 hingerichtet, Wehrkraftzersetzung
Smekal, Karl (Wl): 1940-1945 Haft
Sommer, Josef (S-B): 1938 Haft (?)
Stampfl, Josef (Nc): 1944 Pol. Gef. Linz
Stanglberger, Anton (AW): 1938-1940 KZ Dachau
Stangler, Franz (Baj EM): 1938 LG Wien
Steidle, Richard (AIn): 1938-1940 KZ Buchenwald, auf der Flucht erschossen
Steiner, Franz (Aa): (P) [Liste Gahr/DÖW]
Steinkasserer, Herbert (AIn): 1939 Pol. Gef. Innsbruck
Steinwender, Leonhard (AW): (P) 1938 -1940 KZ Buchenwald
Stepan, Karl Maria (Nc): 1938-1940 KZ Dachau und Mauthausen, 1944/45 KZ Flossenbürg und Dachau
Steyskal, Robert (ehem. Nc): 1941/42 LG Wien
Straub, Eduard (FcC, AW): 1938/39 KZ Dachau
Strobl, Franz (A-P EM): 1938/39 KZ Buchenwald, 1944 Haft
Strobl, Karl (Rd): (P) 1938 und 1940/41 LG Wien
Strouhal, Friedrich (Dan): 1940 Pol. Gef. Wien
Sweceny, Carl Theodor (BbG): 1938 Pol. Gef. Klagenfurt
Sylvester, Hans (BbG): 1938/39 KZ Dachau; erliegt dort den Haftbedingungen

Thaller, Ferdinand (Nc): 1938 KZ Dachau
Thir, Anton (GlL); (P) 1938 Haft Bruck/Mur
Tiefenbrunner, Otto (AIn): 1938 Haft und 1943-1945 LG Wien
Trattler, Arthur (Cl): 1944 Mil. Gef. Wien
Trentinaglia, P. Ferdinand (Vi): (P SJ) 1944/45 Haft
Trummer, Rudolf (Cl): 1939/40 Pol. Gef. München
Tschida, Josef (A-P): (P) 1943/44 Haft Fürstenfeld und Graz
Tschurtschenthaler, Ignaz (Trn): 1938-1941 KZ Dachau und Flossenbürg

Ude, Johannes (Cl): (P) 1940 und 1944/45 Haft
Übelhör, Alfons (Nc): 1940-1942 Haft Düsseldorf und Wien; 1944 Verurteilung durch den Volksgerichtshof
Ulitzka, Karl (Cl): (P) 1944/45 KZ Dachau
Unger, Alfred (F-B): 1939-1945 KZ Dachau [Schrammel]
Urban, Josef Clemens (AW): 1944/45 Pol. Gef. Wien
Urbarz, Walter (NdW): 1940-1943 Haft

Vanura, Hans (Nc): 1938 Pol. Gef. Krems
Vaugoin, Carl (Rd EM): 1938 KZ Dachau
Virnich, Franz (R-F, AIn): 1940-1943 Haft, zum Tode verurteilt, hingerichtet
Völkl, Hans (Rd): 1938 Haft
Völkl, Karl (Rd): 1938 Haft
Vogelsang, Johann (NbW EM): 1938-1943 KZ Buchenwald
Voigt, Peter (Vi): (P OPraem) 1939 und 1940 Pol. Gef. Innsbruck

Waitz, Franz Josef (Vi): (P) 1941 Haft Innsbruck
Waitz, Walter (Vi): (P) 1940 Haft Innsbruck
Walzer, Leopold (F-B): 1938 Haft
Wasserbäck, Erwin (Trn): (P) 1933 Pol. Gef. Berlin [siehe S. 382]
Wastl, Alfred (Rd): 1939 KZ Buchenwald [Enderle I]
Weber, Edmund (Am EM): 1938-1942 KZ Dachau und Sachsenhausen
Weiland, Franz Josef (BbW): (P) 1939 Haft Wr. Neustadt
Weinbacher, Jakob (NbW): 1938 Haft Wien und 1943/44 Haft Stettin
Weinlich, Roland (Nc): 1938 und 1944 Haft [Schmitz, S. 9]
Weiser, Eduard (AW): 1938-1941 KZ Buchenwald

Weiskopf, Michael (Le): (P) 1940 und 1941 Haft Innsbruck
Weiß, Ludwig (Rd): 1938/39 Haft
Weiss, Thomas (Trn): 1941 Haft
Weißgatterer, Alfons (AIn): 1938 Haft Innsbruck
Weissl, Lambert Franz (Kb): (P) 1938/39 KZ Dachau
Werba, Erik (Wl): 1938/39 Haft Wien
Wibiral, Richard (Nc): 1938 Haft [Schmitz, S. 9]
Willner, Dominik (NdW): (P) 1943-1945 KZ Dachau
Windisch, Josef (Pan): 1940-1942 Haft LG Wien
Wirth-Purtscheller, Ernst sen. (AW): 1938 Haft
Wirth-Purtscheller, Ernst jr. (AW): 1938 Haft
Wohlgemuth, Franz (R-J): (P) 1938 Haft LG Graz
Wolf, Fritz (BbG): 1938 Haft
Wurzinger, Josef (BbG): (P) 1940 Geldstrafe
Würzl, Eberhard (Wl): 1941 Haft

Zacke, Friedrich (R-J): 1938 Haft
Zaunbauer, Hans (Kb): 1944 Haft [Polgar, Kürnberg, S. 108f.]
Zaunbauer, Wolfgang Maria (Kb): 1938 Haft [Polgar, Kürnberg, S. 109]
Zdarsky, Ferdinand (Am): 1938 Haft
Zeder, Heinrich (NdW): (P) 1940-1943 Haft Wien und Krefeld
Zederbauer, Emmerich (NbW EM): 1938 KZ Dachau
Zeggl, Jakob (F-B): (P) 1940 Haft Korneuburg
Zemljak, Wilhelm (Dan): 1940 Haft [WuV Wien III, S. 134f.]
Zemrosser, Rudolf (Rd): 1938 Haft
Zeßner-Spitzenberg, Hans (Tt, NbW): 1938 KZ Dachau, stirbt dort
Ziegler, Heribert (Wl): Haft
Zimmeter, Max (AIn): (P) 1938 Pol. Gef. Innsbruck [WuV Tirol II, 350]
Zöllner, Franz (Nc): 1938 Haft [WuV NÖ II, 20]
Zwetzbacher, Josef (Pf): 1938/39 Haft [WuV NÖ II, 35]

Anhang 5: Die Vorsitzenden der Österreichischen Hochschülerschaft (ÖH)

aus den Reihen der Union, des Wahlblocks, der ÖSU und der AG

1946-1947	Karl Leutgeb (FÖSt)
1947-1948	Fritz Köhler (Union)
1948-1949	Franz Bauer (Nc) (Union)
1949-1951	Alexander Kragora (KV) (Union)
1951-1954	Norbert Burda (KV) (Wahlblock)
1954-1955	Günther Wiesinger (NdW) (Wahlblock)
1955-1957	Alfred Wittmann (KV) (Wahlblock)
1957-1959	Herbert Mauser (Aa) (Wahlblock)
1959-1961	Ludwig Koller (KV) (Wahlblock)
1961-1963	Hans Blaickner (Cl) (Wahlblock)
1963-1965	Hanspeter Thiel (KV) (Wahlblock)
1965-1967	Hermann Kert (Baj) (Wahlblock)
1967-1969	Sepp-Gottfried Bieler (Rt-D) (Wahlblock)
1969-1971	Max Ortner (Rd) (ÖSU)
1971-1972	Ernst Streeruwitz (ÖSU)
1972-1974	Hubert Pototschnig (Nc) (ÖSU)
1974	Georg Schneider (AW) (ÖSU)
1974-1975	Stefan Keckeis (DSU)

1975-1976	Georg Schneider (AW) (ÖSU)
1976-1977	Georg Karasek (Nc) (ÖSU)
1977-1979	Fritz Pesendorfer (ÖSU)
1979-1981	Fritz Lenkch (ÖSU)
1981-1983	Josef Stockinger (ÖSU)
1983-1985	Herbert Rainer (Vi) (AG)
1985-1987	Michael Goldinger (AG)
1987-1989	Stefan Szyszkowitz (AG)
1989-1991	Walter Marschitz (AG)
1991-1993	Thomas Frad (AG)
1993-1995	Markus Kaiser (AG)
1995-1997	VSStÖ/GRAS
1999-2001	Angelika Obermayr (AG)
2001-	VSStÖ/GRAS

Wir halten,
was wir versprechen.

VAV VERSICHERUNGEN

[Gut aufgehoben]

VAV Versicherungs-Aktiengesellschaft

Münzgasse 6 & Beatrixgasse 1 · 1030 Wien · Tel.: 01/716 07-0 · Fax: 01/716 07-100

E-Mail: info@vav.at · **www.vav.at**

Quellenverzeichnis

1. Ungedruckte Quellen

Allgemeines Verwaltungsarchiv, Wien. Präsidialakten des k. k. Ministeriums für Kultus und Unterricht, des Staatsamtes für Inneres und Unterricht und des Bundesministeriums für Unterricht.

Archiv des CV, Regensburg. Vorort Markomannia, Würzburg, 1888/89 (A 2); Vorortskopierbuch Nr. III, 8. 4. 1909 – 7. 7. 1911 (A 21); Protokollbuch über die Vorortskommissionssitzungen vom 17. 3. 1910 – 5. 5. 1911 (A 22); Vorort Ripuaria, Freiburg, Grazer Krawalle (A 34); EVA Graz, Rektoratsinauguration Graz, Studentendemonstrationen in Graz, Studentenrummel in Linz (A 153); Graz: Babenberg, Carolina, Traungau 1924-34 (A 439); Ortsverband Graz (Grazer Krawalle 16.-19. 11. 1932) (1924-32) (A 440); Vorort Carolina 1911/12 Einlauf, 3 Bände (A 18-20); Vorort Norica (A 96); Rundschreiben, enth. Niederschrift über die Sitzung des Ausschusses zur Durchführung des EVA an den österreichischen Hochschulen (11.-13. 12. 1926) (A 565).

Archiv des ÖCV, Wien. Protokolle der Verbandsführung und des ÖCV-Beirates bzw. des Vorstands der Verbandsführung und der Verbandsführung; Anträge, Berichte und Beschlußprotokolle zu den Cartellversammlungen; Altherrenschaft des ÖCV – Schriftverkehr, Protokolle, Sonstiges 1945-1956; Protokolle CV-Ausschuß, Vorortsübergabe, Verbändegespräche, Altherrenausschuß, Altherrenländerrat; Akt Vorsitzender des ÖCV-Beirats Dr. Heinrich Drimmel; Akt Robert Krasser.

Bundesarchiv, Berlin-Lichterfelde. Akten des Oberabschnitts Donau des Sicherheitsdienstes (SD) Inland bezüglich des ÖCV.

Diözesanarchiv Graz. Nachlässe Leopold Schuster und Ferdinand Pawlikowski; Personalakte Ude und Wasserbäck.

Diözesanarchiv Wien. Aktenablage Franz Jachym; Priesterdatenbank.

Landesarchiv Steiermark, Graz. Statthalterei, Präsidialakten.

Politisches Archiv des Auswärtigen Amtes, Bonn-Berlin. Beziehungen Deutsches Reich – Österreich-Ungarn. Vorfälle 25. Stiftungsfest Carolina Graz 1913.

Universitätsarchiv Graz. Rektoratsakten; Vereinsakten; Vereinsakten Carolina.

Universitätsarchiv Wien. Rektoratsakten.

Verbindungsarchiv Aenania, München. Dokumente, Mappe Gerblbriefe an Freunde.

Verbindungsarchiv Alpinia Innsbruck. Alpinias Budenbuch 1940-1945.

Verbindungsarchiv Carolina, Graz. AHC-Protokollbuch 1934-1958; AHV Carolina, Aus- und Einlauf 1. 1. 1956 – 9. 6. 1957 und 9. 11. 1957 – 10. 12. 1958; Nachlaß Max Kurz-Thurn-Goldenstein; Vereinsakten Polizeidirektion Graz (Vereinsregister 1888-1938); Akt Bischofsernennung Weber 1968/69; Akt Dobretsberger; Ein- und Auslauf 1945-1949; Altherrenschaft Ein- und Auslauf 1967-1969 (Franz Maller); Protokolle der Altherrenconvente; Mappe Verbändeabkommen, Vorfälle mit Freiheitlichen, Farbentragen auf der Universität; Akt Carolinen-Zirkel Vorarlberg; Nachlaß Gerald Grinschgl; Mappe Inseratenaffäre 1978; Carolinas Tote (CT), 11 Bände.

Verbindungsarchiv Norica, Wien. Ordner Philister 1945-1949. Protokolle, Berichte, Schriftverkehr.

2. Gedruckte Quellen

Akten, Protokolle, Sitzungsberichte, Amtskalender, etc.

Akten Deutscher Bischöfe I. – Akten Deutscher Bischöfe über die Lage der Kirche 1933 –1945. I. Teil 1933 – 1934. Bearb. von Bernhard Stasiewski (= Veröffentlichungen der Kommission für Zeitgeschichte. Reihe A: Quellen, Band 5). Mainz 1968.

Akten Deutscher Bischöfe VI. – Akten Deutscher Bischöfe über die Lage der Kirche 1933 –1945. VI. Teil 1943 – 1945. Bearb. von LUDWIG VOLK (= Veröffentlichungen der Kommission für Zeitgeschichte. Reihe A: Quellen, Band 38). Mainz 1985.

Akten Fuldaer Bischofskonferenz I. – Akten der Fuldaer Bischofskonferenz. I. Teil: 1871 – 1887. Bearb. von ERWIN GATZ (= Veröffentlichungen der Kommission für Zeitgeschichte. Reihe A: Quellen, Band 22). Mainz 1977.

Akten Fuldaer Bischofskonferenz II. – Akten der Fuldaer Bischofskonferenz. II. Band: 1888 – 1899. Bearb. von ERWIN GATZ (= Veröffentlichungen der Kommission für Zeitgeschichte. Reihe A: Quellen, Band 27). Mainz 1977.

Bericht 51. CV. – Bericht über die 51. CV-Versammlung abgehalten 1920 zu Regensburg unter dem Vorort Vindelicia München. München 1920.

Bericht 52. CV. – Bericht über die 52. CV-Versammlung abgehalten vom 21. bis 26. August 1921 zu Linz a. d. Donau unter dem Vorort Austria-Wien. Wien 1921.

Bericht 53. CV. – Bericht über die 53. CV-Versammlung in Bonn a. Rh. Im Auftrag des Vorortes Novesia-Bonn zusammengestellt von ALFONS KEMPER. Bonn 1922.

Bericht über den 1. Diöcesan-Katholikentag. St. Pölten. 23. und 24. October 1895. St. Pölten 1894. (= Separatdruck aus der *St. Pöltener Zeitung.*)

Bericht 3. Katholikentag. – Bericht über den III. allgemeinen österreichischen Katholikentag in Linz vom 8. bis inclusive 11. August 1892. Hg. vom vorbereitendem Comité. Wels 1892.

Bericht 4. Katholikentag. – Bericht über den vierten allgemeinen österreichischen Katholikentag in Salzburg vom 31. August bis inclusive 3. September 1896. Hg. vom vorbereitendem Comité. Salzburg 1896.

Bericht 5. Katholikentag. – Bericht über den V. Allgemeinen österreichischen Katholikentag in Wien. 18. bis 21. November 1905. Hg. vom vorbereitendem Comité. Wien 1906.

Bericht 6. Katholikentag. – Bericht über den VI. Allgemeinen österreichischen Katholikentag in Wien. 16. bis 19. November 1907. Hg. vom vorbereitendem Diözesankomitee. Wien 1908.

Bericht 7. Katholikentag. – Bericht über den VII. allgemeinen österreichischen Katholikentag in Innsbruck vom 9. bis 12. September 1910. Hg. vom vorbereitendem Komitee. Innsbruck o. J.

Bericht 1. Katholikentag Wien. – Bericht über den ersten Katholikentag der Erzdiözese Wien am 24. und 25. März 1920. Hg. vom vorbereitendem Komitee. Wien 1920.

Bericht 4. niederösterreichischer Katholikentag. – Bericht über den IV. N. Ö. Katholikentag in St. Pölten am 27. und 28. September 1908. Hg. Lokalkomitee. St. Pölten 1908.

Bericht XXIII. Eucharistischer Kongreß. – Bericht über den XXIII. Internationalen Eucharistschen Kongreß. Wien 12. bis 15. September 1912. Im Auftrage der Kongreßleitung hg. und bearbeitet von Chefredakteur KARL KAMMEL. Wien 1913.

Bericht 2. Studententag. – Bericht über den zweiten deutschen Studententag zu Wien am 2. bis 6. Lenz 1905. Ein Mahnwort an das deutsche Volk, insbesondere dessen Lehrer und Abgeordnete, zusammengestellt im Auftrag der deutschen Studentenschaft sämtlicher Hochschulen Österreichs. Wien 1905.

Bericht 14. Studententag. – Bericht über den 14. Deutschen Studententag in Graz. Bericht über das Amtsjahr 1931/32. Hg. von der Deutschen Studentenschaft. Berlin 1932.

Das Braunbuch. Hakenkreuz gegen Österreich. Hg. vom Bundeskanzleramt. Wien 1933.

Der Notenwechsel zwischen dem Heiligen Stuhl und der Deutschen Reichsregierung. I: Von der Ratifizierung des Reichskonkordats bis zur Enzyklika „Mit brennender Sorge". Bearb. von DIETER ALBRECHT (= Veröffentlichungen der Kommission für Zeitgeschichte. Reihe A: Quellen, Band 1). Mainz 1965.

Der Notenwechsel zwischen dem Heiligen Stuhl und der Deutschen Reichsregierung. III: Der Notenwechsel und die Demarchen des Nuntius Orsenigo 1933-1945. Bearb. von DIETER ALBRECHT (= Veröffentlichungen der Kommission für Zeitgeschichte. Reihe A: Quellen, Band 29). Mainz 1980.

Deutsche Studentenschaft 1926/27. – Die Deutsche Studentenschaft. Tätigkeitsbericht über die Zeit vom 1. Juli 1926 bis 30. Juni 1927, erarbeitet vom Vorstand der Deutschen Studentenschaft. Berlin 1927.

Deutsche Studentenschaft 1930/31. – Die Deutsche Studentenschaft. Tätigkeitsbericht über die Zeit vom 1. Juli 1930 bis 30. Juni 1931, erarbeitet vom Vorstand der Deutschen Studentenschaft. Berlin 1931.

Die Kirchliche Lage in Bayern nach den Regierungspräsidentenberichten 1933-1945. I. Regierungsbezirk Oberbayern. Berab. von HELMUT WITETSCHEK (= Veröffentlichungen der Kommission für Zeitgeschichte. Reihe A: Quellen, Band 3). Mainz 1966.

Gothaischer Genealogischer Hofkalender nebst diplomatisch-statistischem Jahrbuche. 148. Jahrgang. Gotha 1911.

Katholikentag 1913. – Der Katholikentag der Deutschen Österreichs vom 15. bis 17. August 1913 in Linz a. D. Hg. von FRIEDRICH PESENDORFER. Linz 1913.

Katholikentag 1933. – Allgemeiner Deutscher Katholikentag Wien 1933, 7. bis 12. September. Wien 1934.

Katholikentag Österreichischer 1974. – Österreichischer Katholikentag 11. - 13. Oktober 1974. Dokumentation. Wien 1974.

Katholikentag Wiener 1958. Wiener Katholikentag 15. Juni 1958. Festführer. „Ihr alle seid Brüder!". Wien 1958.

Löscht den Geist. – Löscht den Geist nicht aus. Probleme und Imperative des Österreichischen Katholikentags 1962. Hg. vom Präsidium der Katholischen Aktion Österreich. Innsbruck 2. Aufl. 1963.

Niederösterreichischer Amts-Kalender für das Jahr 1914. 49. Jahrgang. Wien 1914.

Österreichische Amts-Kalender für das Jahr 1935, 1967, 1983/84, 1987/88, 1991/1992, 2000/2001 und 2005/2006; 14., 35., 36., 55., 59., 68. und 73. Jahrgang. 70., 91., 107., 111., 115., 124. und 129. Jahrgang des Niederösterreichischen Amts-Kalenders. 58., 79., 95., 99., 103., 112. und 117. Jahrgang des Hof- und Staatshandbuches. Wien 1935, 1967, 1983, 1987, 1991, 2000 und 2005.

Protokoll 4. AHB. – Protokoll der 4. Generalversammlung des AHB des CV in Würzburg. Pfingstwoche, 4. und 5. Juni 1925. München 1925.

Protokolle der 36., 39., 40., 41., 42., 43., 44., 45, 46., 47., 48. und 49. CV [Cartellversammlung]. Rudimentärer Protokollbestand im CV-Archiv Regensburg (Fotokopien im ÖCVA).

Protokoll 38. CV. – Protokoll der 38. Cartell-Versammlung zu Mannheim vom 24. bis 28. August 1902. Vorort Norica. Wien 1902.

Protokolle Klubvorstand. – Protokolle des Klubvorstandes der Christlichsozialen Partei 1932 – 1934. Hg. von WALTER GOLDINGER (= Studien und Quellen zur österreichischen Zeitgeschichte Band 2). Wien 1980.

Sitzungsbericht der 50. C. V.-Versammlung, abgehalten vom 2. bis 6. September 1919 in Würzburg unter dem Vorort Thuringia. Würzburg 1919.

Sitzungsbericht der 54. C. V.-Versammlung, abgehalten vom 6. bis 11. August 1924 zu Breslau unter dem Vorort Winfridia. Breslau 1924.

Sitzungsbericht der 55. C. V.-Versammlung zu Innsbruck vom 2. bis 8. September 1925 unter dem Vorort Austria-Innsbruck. Innsbruck 1925.

Sitzungsbericht der 58. C. V.-Versammlung zu Aachen vom 2. bis 7. August 1928 unter dem Vorort Kaiserpfalz. Aschaffenburg 1928.

Sitzungsbericht der 59. C. V.-Versammlung zu Wien vom 5. bis 8. Juli 1929 unter dem Vorort Norica. Als Handschrift gedruckt. Wien 1929.

Sitzungsbericht der 60. C. V.-Versammlung zu Koblenz. Vom 30. Juli bis 4. August 1930 unter dem Vorort Bavaria-Bonn. Bonn 1930.

Sitzungsbericht der 2. ÖCV-Versammlung zu Wien am 9. März 1935 unter dem Vorort Norica.

Sitzungsbericht des 2. ÖAHB-Tages am 10. März 1935 zu Wien. Als Handschrift gedruckt. Wien 1935.

Sitzungsbericht der 5. ÖCV-Versammlung zu Wien am 29., 30. November und 1. Dezember 1946 unter dem Vorort Norica. Protokoll der 5. ÖAHB-Tagung. Als Handschrift gedruckt. Wien 1947.

Verhandlungen 1. Katholikentag. – Verhandlungen des Allgemeinen österreichischen Katholikentags für die gesamte Monarchie zu Wien am 30. April, 1., 2. und 3. Mai 1877. Wien 1877.

Verhandlungen 2. Katholikentag. – Verhandlungen des II. Allgemeinen Katholikentags für die Gesamte Monarchie zu Wien am 29. und 30. April, 1. und 2. Mai 1889. 2 Bände. Wien 1889.

Verhandlungen der vierten General-Versammlung des katholischen Vereines Deutschlands am 24., 25., 26. und 27. September 1850 zu Linz. Amtlicher Bericht. Linz 1850.

Verhandlungen der fünften General-Versammlung des katholischen Vereines Deutschlands am 7., 8., 9. und 10. Oktober 1851 zu Mainz. Amtlicher Bericht. Linz 1852.

Gesamtverzeichnisse des CV. Die Verbindungen des CV mit ihren Ehrenmitgliedern, Alten Herren und Studierenden. 1910, 1927, 1929,1955 und 2001

Gesamtverzeichnisse der Ehrenmitglieder, Alten Herren und Studierenden des Cartellverbandes der katholischen österreichischen Studentenverbindungen (ÖCV). 1935, 1949, 1954, 1959, 1963, 1967, 1973, 1977, 1980, 1983, 1987, 1990, 1993, 1996, 2000 und 2004.

Gesamtverzeichnis 2003 des Mittelschüler-Kartell-Verbandes der katholischen farbentragenden Studentenkorporationen Österreichs (MKV). Wien 2003.

Geschäftsordnung und Comment der kath. deutschen Studenten-Verbindung „Carolina" und Geschäftsordnung des Philister-Verbandes. Graz 1897.

Rechtsbuch des ÖCV. Gesamtausgabe 1970. Hrsg. von KARL KOHLEGGER und KARL LAGER. Wien 1970.

Satzung GO 1905. – Allgemeine Bestimmungen für den C. V. der kath. deutsch. Stud. Verb. Halle/S. 1905.

Satzung GO 1918. – Satzung und Geschäftsordnung des C. V. Vorort Cheruscia. Münster 1918.

Satzung GO 1921 – Satzung und Geschäftsordnung des C. V. Vorort Austria. Wien 1921.

Satzung GO 1924. – Satzung und Geschäftsordnung des C. V. Vorort Winfridia. Breslau 1924.

Satzung GO 1928. – Satzung, Geschäftsordnung und Ehrengerichtsordnung des CV. Hrsg. vom Vorort Sauerlandia. Münster 1928.

Satzung GO 1933. – Satzung und Cartell-Ordnung des ÖCV. Hg. vom Vorort Norica durch AH ENGELBERT SIEGL. Wien 1933.

Satzung GO 1935. – Satzung, Cartell-Ordnung und Ehrengerichtsordnung des ÖCV. Hg. vom Vorort Austria-Wien durch AH ENGELBERT SIEGL. Wien 1935.

Statuten GO 1883. – Statuten und Geschäftsordnung des Kartellverband der katholischen deutschen Studentenverbindungen. Nach dem revidierten und angenommenen Entwurf gedruckt beim Vorort Saxonia in Münster. Münster 1883. (= Beilage zum CBl. 44 [WS 1883/84].)

Vade Mecum 1. – Vade Mecum des ÖCV. Hg. von KARL LAGER. Wien 1955.

Vade Mecum 2. – Vade Mecum des ÖCV. Hg. von KARL LAGER. 2. Ausgabe. Wien 1964.

Vade Mecum 3. – Vade Mecum des ÖCV. Hg. von KARL LAGER. 3. Ausgabe. Wien 1973.

Vade Mecum 3 Erg. – Vade Mecum des ÖCV. Hg. von KARL LAGER. Ergänzung der 3. Ausgabe. Wien 1976.

Wiederverlautbarung der Beschlüsse der Cartellversammlungen des OeCV seit 1933. Hg. vom Vorort des ÖCV Austria Innsbruck. Innsbruck 1951.

3. ZEITSCHRIFTEN, ZEITUNGEN

Academia. Organ für den Cartellverband der katholisch deutschen Studentenverbindungen. 1. Jg. 1888ff. [Ac]

Acta Studentica, Wien

Akademische Monatsblätter

Alma Mater. Mittheilungen des Cartellverbandes der deutschen katholisch-österreichischen Studenten-Corporationen, als Fortsetzung Mittheilungen der katholisch-österreichischen Studenten-Verbindung „Austria" in Wien beginnend mit 4. Jg. 1900, Nr. 13 bis 9. Jg. 1906, Nr. 42.

Blätter der Katholischen Hochschuljugend Österreichs, Wien

Borussenecho, Wien.

Carolinen-Blätter, Graz

Christliche Demokratie, Wien

Correspondenz-Blatt der katholischen deutschen Studentenverbindungen Nr. 1 (1. 3. 1869) bis Nr. 63 (SS 1893) [ab Nr. 48 Korrespondenzblatt]. [CBl.]

Correspondenz-Blatt des Cartell-Verbands der katholischen Studenten-Corporationen der österreichischen Hochschulen: Austria in Wien, Ferdinandea in Prag, Unitas in Czernowitz. Nr. 1 (1892) bis Nr. 6 (1896).

Frankfurter Allgemeine

Grazer Volksblatt

Katholische Tat. Blätter der Katholischen Deutschen Hochschülerschaft Österreichs. 1936, 1937.
Linzer Volksblatt
Litterae, Zs. der K. a. V, Bajuvaria, Wien
Mittheilungblatt der katholisch-österreichischen Studenten-Verbindung „Austria" in Wien. 1. Jg. 1898 bis 3. Jg. 1900 (Nr. 1-12)
Mitteilungsblatt des OeCV und des OeAHB. 1933 bis 1938. NF 1945 bis 1949. [MB]
News, Wien
Noriker-Blätter, Wien

Österreichische Academia. Hrsg. vom ÖCV und ÖAHB. 1. Jg. 1949ff. [öAc]
Orientierung, Zürich
Die Presse, Wien
profil, Wien
Rheinischer Merkur, Bonn
Reichspost, Wien
Der Seelsorger, Wien
Der Spiegel, Hamburg
Der Standard, Wien
Stimmen der Zeit, München
Studenten-Kurier. Zeitschrift für Studentengeschichte, Hochschule und Korporationen, NF 1986ff., Köln
Wiener Zeitung
Wochenpresse, Wien
Die Zeit, Hamburg

Literaturverzeichnis

Achtzig (80) Jahre Akademikerhilfe. Festschrift. Wien 2001.

Achtzig (80) Jahre Traungau. 1908 – 1988 (= Ad fundum Nr. 5.). Graz 1988.

ADUNKA, Evelyn: Friedrich Heer (1916-1983). Eine intellektuelle Biographie. Innsbruck 1995.

ALBERTIN, LOTHAR: Nationalismus und Protestantismus in der Österreichischen Los-von-Rom-Bewegung um 1900. Köln Phil. Diss. 1953.

ALBRICH, THOMAS: Vom Vorurteil zum Pogrom: Antisemitismus von Schönerer bis Hitler, in: Österreich im 20. Jahrhundert 1, SS. 309-366.

DERS.: Holocaust und Schuldabwehr. Vom Judenmord zum kollektiven Opferstatus, in: Österreich im 20. Jahrhundert 2, SS. 39-106.

ALLMEYER-BECK, JOHANN CHRISTOPH: Ministerpräsident Baron Beck. Ein Staatsmann des alten Österreich. Wien 1956.

Alpinia Innsbruck 1940 – 1965. KÖHV Alpinia Innsbruck. Hg. anläßlich des 25. Stiftungsfestes. Innsbruck 1965.

Anschluß 1938. Protokoll des Symposiums in Wien am 14. und 15. März 1978. Hg. von RUDOLF NECK und ADAM WANDRUSZKA (= Veröffentlichungen der Wissenschaftlichen Kommission des Theodor-Körner-Stiftungsfonds und des Leopold Kunschakpreises zur Erforschung der österreichischen Geschichte der Jahre 1918 bis 1938, Band 7). Wien 1981.

APSCHNER, GERNOT: Die andere Art des Fechtens. Mensur einst und jetzt. Graz phil. Dipl. Arb. 1988.

Arminia Graz. – Grazer akademische Burschenschaft „Arminia" 1868-1928. Graz 1928.

ASMUS, HELMUT: Das Wartburgfest. Studentische Reformbewegungen 1770-1819. Magdeburg 1995.

Austria-Wien 1876-1976. – Katholische Österreichische Studentenverbindung Austria-Wien. 1876-1976. Zwei Teile. Wien 1976.

Austrofaschismus. Beiträge über Politik, Ökonomie und Kultur 1934-1938. Hg. von EMMERICH TÁLOS und WOLFGANG NEUGEBAUER. Wien 4. erw. Aufl. 1988.

AUTENGRUBER, Peter: Kleinparteien in Österreich 1945 bis 1966. Innsbruck 1997.

DERS.: Die Demokratische Union und Univ.-Prof. Dr. Josef Dobretsberger. Wien phil. Diss. 1993.

BAHNSON, HANS PETER: Vorgeschichte und Gründung des Kösener Senioren-Convents-Verbandes, in: „Wir wollen Männer, wir wollen Taten!", SS. 45-83.

BÄRNTHALER, IRMGARD: Die Vaterländische Front. Geschichte und Organisation. Wien 1971.

BANDION, WOLFGANG J.: In memoriam Johann Gruber, in: Christlich motivierter Widerstand, SS. 62-68.

DERS.: Johann Gruber, Mauthausen-Gusen 7. April 1944. Wien 1996.

BARTSCH, HELLMUTH: Die Studentenschaften in der Bundesrepublik Deutschland. Köln Jur. Diss. 1968.

BARTSCHER, ULRICH: Korporationen in Hochschule und Gesellschaft. Eine empirische Studie über traditionell orientierte Institutionen in einer sich wandelnden sozialen Umwelt. Augsburg 1981 (Köln Phil. Diss. 1979).

BAUMGÄRTNER, RAIMUND: Weltanschauungskampf im Dritten Reich. Die Auseinandersetzungen der Kirchen mit Alfred Rosenberg (= Veröffentlichungen der Kommission für Zeitgeschichte Reihe B: Forschungen, Band 22.). Mainz 1977.

BAYER, RICHARD: Das studentische Leben und die Korporationen in Graz, in: Einst und Jetzt. Jahrbuch 1982 des Vereins für corpsstudentische Geschichtsforschung. 27. Band. O. O. 1982, SS. 47-66.

BECHMANN, EDUARD: Die Wiener Akademische Burschenschaft „Silesia". III. Von 1885 - 1900. Wien 1934.

Beiträge zur Vorgeschichte und Geschichte der Julirevolte. Hg. auf Grund amtlicher Quellen. Wien 1934.

BERCHTHOLD, KLAUS: Österreichische Parteiprogramme 1868 – 1966. Hg. und mit einer Einleitung versehen. Wien 1967.

BERKA, GÜNTHER: 100 Jahre Deutsche Burschenschaft in Österreich. 1859 – 1959. Die geistigen Leistungen ihrer bedeutenden Männer. Bearbeitet im Auftrage des Allgemeinen Delegiertenkonvents der Deutschen Burschenschaft in Österreich (= Geschichte des Europäischen Studententums, Band 1.). Graz 1959.

BESENBÖCK, OSKAR: Die „Soziale Arbeitsgemeinschaft“ (SAG). Ein Referat der Vaterländischen Front 1935-1938. Wien phil. Dipl. Arb. 1989.

BIAS-ENGELS, SIGRID: Zwischen Wandervogel und Wissenschaft. Zur Geschichte von Jugendbewegung und Studentenschaft 1896-1920 (= Edition Archiv der deutschen Jugendbewegung Band 4). Köln 1988.

BINDER, DIETER A.: Die Anfänge der katholischen Studentenverbindungen in Graz, in: Religio, Patria, Scientia, Amicitia. Festschrift zum 38. Pennälertag Graz 1980. Hg. vom Steirischen Mittelschülerverband. Leoben 1980, SS. 24-52.

DERS.: Dollfuß und Hitler. Über die Außenpolitik des autoritären Ständestaates in den Jahren 1933/34 (= Dissertationen der Universität Graz 43). Graz 1976.

DERS.: Duell und Duellverweigerung. Zur Frühgeschichte des CV in Österreich, in: Blätter für Heimatkunde 55 (1981), SS. 42-53.

DERS.: Der „reiche Jude“, in: GuG 4 (1985), SS. 43-54.

DERS.: Politischer Katholizismus und Katholisches Verbandswesen. Am Beispiel des Kartellverbandes der Katholischen nichtfarbentragenden Studentenverbindungen Österreichs (ÖKV) (= Revocatio historiae Band 1). Schernfeld 1989.

DERS.: Von der „Rettung des christlichen Abendlandes“ und „Europa in uns“. Die Österreichische Volkspartei nach 1945, in: Christdemokratie in Europa im 20. Jahrhundert, SS. 399-424.

DERS.: Der „Christliche Ständestaat“ Österreich 1934 – 1938, in: Österreich im 20. Jahrhundert 1, SS. 203-256.

DERS.: Der Weg der Studentenschaft in den Nationalsozialismus, in: Die Universität und 1938. Hg. von Christian Brünner und Helmut Konrad (= Böhlaus Zeitgeschichtliche Bibliothek Band 11). Wien 1989.

Biographisches Handbuch der Österreichischen Parlamentarier 1918-1993. Hg. von der Parlamentsdirektion. Wien 1993.

Biographisches Lexikon des KV. Hg. von SIEGFRIED KOSS und WOLFGANG LÖHR Teil 2. (= Revocatio Historiae Band 3). Schernfeld 1993. Teil 3. (= Revocatio Historiae Band 4). Schernfeld 1994.

BLASCHKE, OLAF: Wie wird aus einem guten Katholiken ein guter Judenfeind? Zwölf Ursachen des katholischen Antisemitismus auf dem Prüfstand, in: Katholischer Antisemitismus im 19. Jahrhundert. Ursachen und Traditionen im internationalen Vergleich. Zürich 2000, SS. 77-110.

BLENK, GUSTAV: Leopold Kunschak und seine Zeit. Porträt eines christlichen Arbeiterführers. Wien 1966.

BLEUEL, HANS PETER – KLINNERT, ERNST: Deutsche Studenten auf dem Weg ins Dritte Reich. Ideologien – Programme – Aktionen. 1918 – 1935. Gütersloh 1967.

BLEUEL, HANS PETER: Deutschlands Bekenner. Professoren zwischen Kaiserreich und Diktatur. Bern 1986.

Blut und Paukboden. Eine Geschichte der Burschenschaften. Von DIETRICH HEITHER, MICHAEL GEHLER, ALEXANDRA KURTH und GERHARD SCHÄFER (= Fischer Taschenbuch 13378). Frankfurt/Main 1997.

BOOCKMANN, HARTMUT: Wissen und Widerstand. Geschichte der deutschen Universität. Berlin 1999.

BÖSBAUER, HANS – SCHAURHOFER, AUGUST: Die nichtpolitischen Katholiken-Organisationen in der Diözese Wien. Erläutert über Auftrag des Wiener Diözesankomitees (= Handbibliothek für Österreichische Katholiken Nr. 1). Wien 1906.

BÖSCHE, ANDREAS: Zwischen Kaiser und Schönerer. Die Auseinandersetzungen zwischen den deutschnationalen und den katholischen Studenten in Innsbruck, in: Die Vorträge der 15. österreichischen Studentenhistorikertagung Eisenstadt 2002. Hg. vom Österreichischen Verein für Studentengeschichte (= Beiträge zur Österreichischen Studentengeschichte Band 28). Wien 2002, SS. 5-23.

DERS.: Der akademische Antisemitismus in Österreich am Beispiel Innsbrucker Korporationen, in: Einst und Jetzt. Jb. 2002 des Vereins für corpsstudentische Geschichtsforschung. 47. Band. O. O. 2002, SS. 227-252.

BOTZ, GERHARD: Gewalt in der Politik. Attentate, Zusammenstöße, Putschversuche, Unruhen in Österreich 1918 bis 1934. München 2. Aufl. 1983.

DERS.: Nationalsozialismus in Wien. Machtübernahme und Herrschaftssicherung 1938/39. Buchloe 3. verb. Aufl. 1988.

BOTZET, GÜNTER: Sozialer Wandel der studentischen Korporationen. Eine theoretisch-strukturelle Analyse von Kleingruppen. Münster Phil. Diss. 1971.

Bracher, Karl Dietrich: „Austrofaschismus" und die Krise der Demokratien, in: Österreich 1934 – 1984, SS. 11-27.

Ders.: Kritische Bemerkungen zum Begriff des Faschismus, in: Beiträge zur neueren Geschichte Österreichs. Festschrift für Adam Wandruszka (= Veröffentlichungen des Instituts für österreichische Geschichtsforschung Band XX). Wien 1974, SS. 503-510.

Braeunlich, Paul: Die Katholikentage und die Universitäten. Auf Grund amtlicher Berichte. Halle 1910.

Ders.: Die österreichische Los-von-Rom-Bewegung (= Berichte über den Fortgang der „Los von Rom Bewegung" Heft 2). München 1899.

Brandt, Peter: Von der Urburschenschaft bis zum Progreß, in: Burschen Herrlichkeit, S. 35-53.

Brennpunkt Mitteleuropa. Festschrift für Helmut Rumpler zum 65. Geburtstag. Hg. von Ulfried Burz, Michael Derndarsky und Werner Drobesch. Klagenfurt 2000.

Briefe zur deutschen Politik in Österreich von 1848 bis 1918. Ausgewählt und bearbeitet von Paul Molisch. Wien 1934.

Broucek, Peter: Katholisch-nationale Persönlichkeiten (= Wiener Katholische Akademie. Miscellanea LXII). Wien 1979.

Bruckmüller, Ernst: Die Verbindungen des CV in Österreich vor dem Ersten Weltkrieg. Gründungsphase und erste Konsolidierung, in: Der CV in Österreich, SS. 1-36. [Nc]

Brunck, Helma: Die Deutsche Burschenschaft in der Weimarer Republik und im Nationalsozialismus. München 1999.

Brunner, Walter: Die Geschichte der österreichischen Hochschulen (= Pädagogisch-psychologische Beihefte der Schriftenreihe „Schule und Beruf" Heft 22/24). Wien 1960.

Buchmayr, Friedrich: Der Priester in Almas Salon. Johannes Hollnsteiners Weg von der Elite des Ständestaates zum NS-Bibliothekar. Weitra 2003.

Bundsmann, Anton: Die Landeschefs von Tirol und Vorarlberg in der Zeit von 1815-1913 (= Schlern-Schriften 117). Innsbruck 1954.

Burian, Karl – Mitterauer, Michael – Vogt, Werner – Wille jr., Heinrich: Zur Frage der Hochschulorganisation. Diskussionsbeitrag des ÖCV. Hg. vom Österreichischen Cartellverband. Wien o. J. (1964).

Burger, Hannelore – Wohnout, Helmut: Eine „polnische Schufterei"? Die Badenische Sprachenverordnungen für Böhmen und Mähren 1897, in: Politische Affären und Skandale in Österreich, SS. 79-98.

Burschen Herrlichkeit. – „Der Burschen Herrlichkeit". Geschichte und Gegenwart des studentischen Korporationswesens. Hg. von Harm-Hinrich Brandt und Matthias Stickler (= Historia Academica Band 36). Würzburg 1998.

Cardauns, Hermann: Fünfzig Jahre Kartell-Verband (1863-1913). Festschrift zum goldenen Jubiläum des Verbandes kath. Studentenvereine Deutschlands. Kempten 1913.

Carsten, Francis L.: Faschismus in Österreich. Von Schönerer bis Hitler. München 1977.

Celerin, Alfred: Die Österreichischen Katholikentage des 19. Jahrhunderts. Wien Phil. Diss. 1955.

Cerwinka, Günter: Filia hospitalis. Studenten, Hochschule und „Kulturkampf im literarischen Werk Ferdinand Wittenbauers (1857-1922) (= Schriftenreihe des Steirischen Studentenhistoriker-Vereins Folge 21). Graz 1993.

Ders.: Freiheit und Einheit. Zu den Kontakten der national-liberalen Studentenkorporationen mit der Arbeiterbewegung in Österreich und ihrem historisch-ideologischen Hintergrund, in: Cerwinka, „... und heraus mit mut'gem Sang", SS. 119-135.

Ders.: Geschichte der Allemannia (und) Persönlichkeiten, in: Cerwinka, „... und heraus mit mut'gem Sang", SS. 273-310.

Ders.: „... und heraus mit mut'gem Sang". Beiträge zur österreichischen Studenten- und Studentenvereinsgeschichte (= Schriftenreihe des Instituts für Geschichte der Universität Graz Band 13). Graz 2002

Ders.: Dr. theol. Marcellin Schlager (1829-1910). in: Blätter für Heimatkunde 78 (2004), SS. 107-118.

Ders.: Student und Gasthaus in Graz, in: Cerwinka, „... und heraus mit mut'gem Sang", SS. 159-196.

Christdemokratie in Europa im 20. Jahrhundert. Hg. von Michael Gehler, Wolfram Kaiser und Helmut Wohnout (= Institut für Zeitgeschichte der Universität Innsbruck. Arbeitskreis Europäische Integration. Historische Forschungen. Veröffentlichungen 4). Wien 2001.

Christlich motivierter Widerstand. Hg. von GERALD SCHEIDL (= Academia Heft IA/1988). Wien o. J. (1988).

Civis academicus. Handbuch der deutschen, österreichischen und schweizerischen Korporationen und sonstigen studentischen Zusammenschlüsse an Universitäten und Hochschulen sowie Pennalien (Schülerverbindungen). Hg. von ERNST-GÜNTER GLIENKE (†) unter Bearbeitung von KLAUS KETTLING und ERNST THOMAS. Jahrgang 2005/2006 (= 8. Auflage). Köln 2004.

Corps Vandalia zu Graz 1894 – 1979. Zwölf Beiträge zu seiner Geschichte, gesammelt von ANDREAS MÖLZER. O. O. (Graz) o. J. (1979).

CV-Handbuch. Hg. von der Gesellschaft für Studentengeschichte und studentisches Brauchtum e. V. Regensburg 3. erw. Auflage 2000.

Der CV in Österreich. Seine Entstehung, seine Geschichte, seine Bedeutung. Hg. von GERHARD HARTMANN unter Mitarbeit von ERNST BRUCKMÜLLER, PETER KRAUSE und GERHARD SCHULTES. Wien 1977.

CV-Synopse. Synoptische Darstellung der Deutschen Geschichte und der CV-Geschichte von 1815-1955. Hg. von GERHARD MEINL u. a. Regensburg 1992.

CYBA, EVA: Politische Aktivitäten und Studiensituation. Eine empirische Untersuchung an der Universität Wien. Wien Phil. Diss. 1974.

CZEDIK, ALOIS: Zur Geschichte der k. k. österreichischen Ministerien 1861-1916. III. Band: 1905-1908. IV. Band. Teschen 1920.

CZERMAK, EMMERICH: Der CV und die Judenfrage, in: Der CV, der Träger des katholischen Farbstudententums und die neue Zeit. Hg. von Robert Krasser (= Schriften des ÖCV 1/3.). Wien 1936, SS. 60-66.

DERS.: Der Kardinal als CVer, in: Erzbischof Dr. Theodor Innitzer. „Unser Kardinal". Ein Erinnerungsbuch, hg. von Karl Mühldorf. Wien 1956.

DERS.: Verständigung mit dem Judentum, in: Ordnung in der Judenfrage. Hg. von Nikolaus Hovorka und Viktor Matejka. Wien 1933.

CZUMPELIK, RUDOLF: Hundert (100) Semester Nordgau, in: Festschrift Nordgau 50, SS. 79-104.

DACHS, HERBERT: Albert Ehrhard – Vermittler oder Verräter?, in: Modernismus, SS. 213-233.

DAMBERG, WILHELM: Bildung und Auflösung des „Katholischen Milieus", in: Zeitzeichen. 150 Jahre Deutsche Katholikentage 1848-1998. Paderborn 1999, SS. 127-138.

DEJACO, ERNST: Über die Entwicklung und Einordnung von Zweikampf, Duell und Mensur aus rechtlicher Sicht, in: Festschrift der KMV Clunia Feldkirch zu ihrem 75jährigen Bestehen. Feldkirch 1983, SS. 56-68.

DERICHSWEILER, ALBERT: Die rechtsgeschichtliche Entwicklung des deutschen Studententums von seinen Anfängen bis zur Gegenwart. Münster Jur. Diss. 1938.

Deutscher Reformkatholizismus im Umbruch der Moderne. Hg. von WILFRIED LOTH (= Konfession und Gesellschaft. Beiträge zur Zeitgeschichte. Band 3). Stuttgart 1991.

Die Kraft hat in sich selbst Bestand. 1894-1994. 35 Beiträge zur 100jährigen Geschichte des akad. Corps Vandalia zu Graz. Hg. vom Altherrenverband des Corps Vandalia. Graz 1995.

DILLINGER, EDMUND: P. Erhard Schlund – der erste CV-Seelsorger, in: Hundert (100) Jahre KDStV Vindelicia. Hg. von der KDStV Vindelicia zu München im CV. München 1997, SS. 272-277.

DIRKS, WALTER: Anfänge und Folgen katholischer Jugendbewegung, in: Die Jugendbewegung. Welt und Wirkung. Zur 50. Wiederkehr des freideutschen Jugendtages auf dem Hohen Meißner. Hg. von ELISABETH KORN, OTTO SUPPERT und KARL VOGT. Düsseldorf 1963, SS. 243-250.

DOBRETSBERGER, JOSEF: Ein mißglücktes Experiment, in: Civitas 4 (1948/49), SS. 86-90.

Dokumentation Nationalkomitee. Im Auftrag des Studienausschusses der ÖCV-Bildungsakademie Hg. von GERHARD HARTMANN. Wien 1979. (= Schriftenreihe der ÖCV-Bildungsakademie Band 3.)

DON ALFONSO von Bourbon und Österreich-Este: Kurzgefaßte Geschichte der Bildung und Entwicklung der Ligen wider den Zweikampf und zum Schutz der Ehre in den verschiedenen Ländern Europas von Ende November 1900 bis 7. Februar 1908. Wien 1909.

DÖRLER, ELISABETH: Die Entwicklung der Katholischen Hochschulgemeinde Innsbruck seit 1945 (= Beiträge zur österreichischen Studentengeschichte Band 8). Wien 1983.

DÖRRER, ANTON: Entstehung der katholisch deutschen Studentenbewegung in Österreich (= Akademische Bücherei Nr. 6/7). München 1924.

DRIMMEL, HEINRICH: Die Aufgaben des CV in der Hochschulpolitik, in: Der CV und die geistigen Probleme der neuen Zeit. Im Auftrage des ÖCV-Beirates hg. von Robert Krasser. Wien 1937, SS. 102-113.
DERS.: Albert Ehrhard und seine Studenten in Wien von 1900 (= Wiener katholische Akademie. Miscellanea IV). Wien 1976.
DERS.: Die Häuser meines Lebens. Erinnerungen eines Engagierten. Wien 1975.
DERS.: Die katholischen Intellektuellen, in: Kirche in Österreich 1918 – 1965, 1. Band, SS. 335-347.
DRIMMEL, NICOLAUS: Abwehrkampf, Verfolgung und Widerstand, in: Für Volk und Glauben leben, SS. 45-98.
DERS.: Herkunft und Jugendjahre Chaloupkas, in: Für Volk und Glauben leben, SS. 11-32.

EBNER, PAULUS – VOCELKA, KARL: Die zahme Revolution. '68 und was davon blieb. Wien 1998.
EBNER, WOLFGANG: Geschichte der Grazer akademischen Burschenschaft Marcho-Teutonia verfaßt anläßlich des 100. Stiftungsfestes. Graz 1985.
EHRHARD, ALBERT: Der katholische Student und seine Ideale. Eine Programmrede: Allen deutschen Studenten an Österreichs Hochschulen gewidmet. Wien 1899.
EHRLICHER, KLAUS-ECKART – LEITINGER, REINHART: Ein Hort deutschen Fühlens. Die Grazer akademische Burschenschaft Arminia im Wandel der Zeiten. 1868-1968. Graz 1970.
ELLWEIN, THOMAS: Die deutsche Universität. Vom Mittelalter bis zur Gegenwart. Frankfurt/Mai 2. verb. Auf. 1992.
ELVERT, JÜRGEN: Gesellschaftlicher Mikrokosmos oder Mehrheitsbeschaffer im Reichstag? Das Zentrum 1918-1933, in: Christdemokratie in Europa im 20. Jahrhundert, SS. 160-180.
EMICH, ADALBERT: Verbandsinterne und -externe Reflexionen des Österreichischen Cartellverbandes (ÖCV) auf die „Österreichische Friedensbewegung" am Beispiel der Friedensdemonstrationen vom 15. Mai 1982 und 22. Oktober 1983. Wien phil. Diss. 1985
ENDERLE-BURCEL, GERTRUDE: Christlich – Ständisch – Autoritär. Mandatare im Ständestaat 1934 – 1938. Biographisches Handbuch der Mitglieder des Staatsrates, Bundeskulturrates, Bundeswirtschaftsrates und Länderrates sowie des Bundestages. Wien 1991.
DIESS.: Diener vieler Herren. Biographisches Handbuch der Sektionschefs der Ersten Republik und des Jahres 1945. Wien 1997.
ENGEL-JANOSI, FRIEDRICH: Österreich und der Vatikan 1846-1918. Zweiter Band: Die Pontifikate Pius' X. und Benedikts XV. (1903-1918). Graz 1960.
ENGELHART, LEOPOLD: Der Neuaufbau der Katholischen Aktion in Wien und die bisherigen Erfahrungen, in: Katholische Aktion und Seelsorge. Referate der vierten Wiener Seelsorgertagung vom 2.-4. Jänner 1935. Wien 1935, SS. 31-40. [Rd]
ERMECKE, GUSTAV: Über Recht und Ethik der Mensur, in: Theologie und Glaube 53 (1963), SS. 105-119.
EXNER, ERNST: Kaiser Franz Joseph und die Chargierten – eine Spurensuche, in: GDS-Archiv für Hochschul- und Studentengeschichte. Band 5. Köln 2001, SS. 155-162.
DERS.: Semper bonae voluntatis! Die Katholisch-österreichische Hochschulverbindung Pannonia im ÖCV zu Wien. Stationen ihrer Geschichte. 1932 – 2002. Wien 2002.

FALTER, Jürgen W.: Hitlers Wähler. München 1991.
Farbe tragen, Farbe bekennen. 1938-1945. Katholisch Korporierte in Widerstand und Verfolgung. Hg. von HERBERT FRITZ u. a. Wien 1988.
FAUST, ANSELM: Die „Eroberung" der Deutschen Studentenschaft durch den Nationalsozialistischen Deutschen Studentenbund (NSDStB) 1926-1933, in: Einst und Jetzt. Jb. 1975 des Vereins für corpsstudentische Geschichtsforschung. 20. Band. O. O. 1975, SS. 49-59.
DERS.: Der Nationalsozialistische Deutsche Studentenbund. Studenten und Nationalsozialismus in der Weimarer Republik. 2 Bände. Düsseldorf 1973.
Februar 1934. Ursachen, Fakten, Folgen. Beiträge zum wissenschaftlichen Symposion des Dr.-Karl-Renner-Instituts abgehalten vom 13. bis 15. Februar 1984 in Wien. Hg. von ERICH FRÖSCHL und HELGE ZOITL. Wien 1984.
FEIERTAG, ANDREAS: Leopolds längste Nacht. Eine studentische Erzählung der Geschichte der katholischen Hochschulverbindung Babenberg Wien im Österreichischen Cartellverband von 1910 bis 2000. Wien 2000.

FELDKAMP, MICHAEL F.: Goldhagens unwillige Kirche. Alte und neue Fälschungen über Kirche und Papst während der NS-Herrschaft. München 2003.

FELLNER, MICHAEL: Pater Erhard Schlund OFM (1888-1953) und seine Auseinandersetzung mit der völkischen Bewegung und dem Nationalsozialismus, in: GDS-Archiv für Hochschul- und Studentengeschichte. Band 5. Köln 2001, SS. 65-124.

Ferdinandea 1885-1918. – Katholisch Deutsche Studentenverbindung Ferdinandea-Prag zu Heidelberg im CV. 1886 – 1986. Band I 1885 – 1918. Gründerzeit. Hg. von RUDOLF GESER und ROLF WILFLINGSEDER. Heidelberg 1986.

Ferdinandea 1919-1945. – Katholisch Deutsche Studentenverbindung Ferdinandea-Prag zu Heidelberg im CV. 1886 – 1986. Band II 1919 – 1945. Zwischen den Weltkriegen. Hg. von RUDOLF GESER und ROLF WILFLINGSEDER. Heidelberg 1986.

FERSTL, Alfred: Sechzig (60) Jahre Glückauf-Leoben. Leoben 1982.

Festbuch 59. CV. – Festbuch der 59. Cartellversammlung des Cartellverbandes der katholischen deutschen Studentenverbindungen (CV), Vorort Norica Wien. Wien 1929.

Festführer Katholikentag 1933. – Festführer zum Allgemeinen Deutschen Katholikentag in Wien. 7. bis 12. September 1033. Hg. vom Pressekomitee des Katholikentages. Wien 1933.

Festkommers Katholikentag 1913. – Fest-Kommers. Sonntag den 17. August 9h 15m c. t. im städtischen Volksgartensaal. Cartellverband der kathol. deutschen Studentenverbindungen. Katholikentag der Deutschen Österreichs in Linz a. D. Linz 1913.

Festschrift 2. Katholikentag. – Festschrift und Programm des von den katholischen Studentenkörperschaften anläßlich des II. allgemeinen österreichischen Katholikentages abgehaltenen Commerses. Wien (1. Mai) 1889.

Festschrift Alpenland Sechzig. – Festschrift 60 Jahre Alpenland. Hg. von der K. Ö. H. V. Alpenland. Wien o. J. (1981).

Festschrift ATV Fünfzig. – Festschrift zum fünfzigsten Stiftungsfeste des Akademischen Turnvereins Graz. Graz 1914.

Festschrift Leopoldina Siebzig. – Festschrift zum 70. Stiftungsfest der Katholischen Österreichischen Hochschulverbindung Leopoldina. Innsbruck 1971.

Festschrift Nordgau Hundert. – Das Band, das uns umschlingt. 1900 – 2000. Festschrift der K. Ö. H. V. Nordgau Wien. Gesamtredaktion Otto Drischel. Wien 2000. (= Nordgau aktuell Nr. 250)

Festschrift zur Publikation der Katholisch österreichischen Studentenverbindung Severina. Linz o. J. (1982).

Festschrift der K. Ö. H. V. Rheno-Juvavia anlässlich des 70. Stiftungsfestes. 1932 – 2002. Salzburg 2002.

FIALA, PETER: Die Bedeutung des Prinzips religio des ÖCV in sozialethischer Sicht. Ein Beitrag zur Entwicklung der Beziehungen von Kirche, Gesellschaft und Staat in Österreich. Wien theol. Dipl. Arb. 1997.

FISCHER-KOWALSKI, MARINA: Zur Entwicklung von Universität und Gesellschaft in Österreich, in: Das politische System Österreich. Hg. von HEINZ FISCHER. Wien 1974, SS. 571ff.

FLECK, CHRISTIAN: Der Fall Brandweiner. Universität im Kalten Krieg. Wien 1987. (= Biographische Texte zur Kultur- und Zeitgeschichte Band 6.)

FLEISCHMANN, KORNELIUS: Diener Gottes Jakob Kern O. Praem. Graz 1985.

FLOIMAIER, ROLAND: Die Geschichte der österreichischen Studenten-Union (ÖSU). Salzburg Phil. Diss. 1974.

FORSTER, CHRISTINE: Die Geschichte der Österreichischen Hochschülerschaft 1945-55. Wien 1984 (Wien Phil. Diss. 1981). (= Dissertationen der Universität Wien 166.)

FREUND, FRITZ: Das österreichische Abgeordnetenhaus. Ein biographisch-statistisches Handbuch. 1907-1913. XI. Legislaturperiode. Wien 1907.

FREUND, FRITZ: Das österreichische Abgeordnetenhaus. Ein biographisch-statistisches Handbuch. 1907-1913. XII. Legislaturperiode 1911-1917. Wien 1911.

FREVERT, UTE: Ehrenmänner. Das Duell in der bürgerlichen Gesellschaft. München 1991.

FREY, KLAUS-WALTER: Die bürgerliche Revolution des Jahres 1848 an den Universitäten in Wien, Graz und Innsbruck unter dem Einfluß der freiheitlich-burschenschaftlichen Bewegung. Würzburg Jur. Diss. 1983.

FRIED, JAKOB: Die Katholische Aktion – das Laienapostolat, in: Katholizismus Österreich, SS. 120-131.
DERS.: Mein Leben in der Nazizeit (= Miscellanea aus dem kirchenhistorischen Institut der katholisch-theologischen Fakultät Wien VII). Wien 1970.
DERS.: Nationalsozialismus und katholische Kirche in Österreich. Wien 1947.
FUCHS, FELIX: Pflichtmitgliedschaft in der studentischen Selbstverwaltung. Graz iur. Dipl. Arb. 1993.
FUCHS, STEPHAN: „Vom Segen dieses Krieges." Katholisch Gebildete im Ersten Weltkrieg. Eine Studie zur Kriegsdeutung im akademischen Katholizismus (= CONTUBERNIUM. Tübinger Beiträge zur Universitäts- und Wissenschaftsgeschichte Band 61). Stuttgart 2004.
FUCHS-HEINRITZ, WERNER: Religion, in: Jugend 2000. Band 1. Hg. von Deutsche Shell. Opladen 2000, SS. 157-180.
FUNDER, FRIEDRICH: Als Österreich den Sturm bestand. Aus der Ersten in die Zweite Republik. Wien 1957.
DERS.: Das weiß-blau-goldene Band. „Norica": Fünfzig Jahre Wiener katholischen Studententums. Innsbruck 1933.
DERS.: Österreichische Katholikentage. Aus ihrem Werden und Wirken, in: Österreichischer Katholikentag 1952. Festführer. Wien 1952, SS. 17-28.
DERS.: Vom Gestern ins Heute. Aus dem Kaiserreich in die Republik. Wien 3. Aufl. 1971.
Fünfunddreißig (35) Jahre Arbeitsgemeinschaft Katholischer Verbände. Hg. von der Arbeitsgemeinschaft Katholischer Verbände. Wien 1989. (= AKV-Informationen 3/89)
Fünfundsiebzig (75) Jahre Carolina. Geschichte der katholischen österreichischen Hochschulverbindung Carolina in Graz. In drei Teilen. 1. Teil: 1888 bis 1928, EMMERICH KRESBACH sen. 2. Teil: 1928 bis 1948, GABRIEL PALLER. 3. Teil: 1848 bis 1963, EMMERICH KRESBACH jr. Graz o. J. (1963).
Fünfundsiebzig (75) Jahre K. D. St. V. Ferdinandea-Prag zu Heidelberg. 1886 – 1961. Heidelberg 1961.
Fünfundsiebzig (75) Jahre Norica. Mit Beiträgen von FRIEDRICH FUNDER, GUSTAV BLENK und OTTO TSCHULIK. Wien o. J. (1962).
Für Volk und Glauben leben. Festschrift für Eduard Chaloupka. Hg. von NICOLAUS DRIMMEL. Wien 2002.

GAAR, MANFRED: Franz Hagenhofer. Das Wirken eines steirischen Bauernführer. Graz Phil. Diss. 1974.
GAHR, BARBARA THERESE: Widerstand und Widerstandsgruppe in Österreich. Mit besonderem Augenmerk auf den bürgerlich-konservativen und katholisch motivierten Widerstand. Wien Dipl. phil. 1995.
GÄRDTNER, PETRA – KRAUSE, PETER – POLNITZKY, GERHARD: Frau und Couleur. 1. Teil: Das Umfeld (= Beiträge zur Österreichischen Studentengeschichte Band 18). Wien 1989.
GÄRDTNER, PETRA: Studentinnen in Korporationen, in: GDS-Archiv für Hochschul- und Studentengeschichte. Band 1. Schernfeld 1992, SS. 44-54.
GAULY, THOMAS M.: Katholiken. Machtanspruch und Machtverlust. Bonn 1991.
GEHLER, MICHAEL: Österreichs Außenpolitik der Zweiten Republik. Von der alliierten Besatzung bis zum Europa des 21. Jahrhunderts. 2 Bände. Innsbruck 2005.
DERS.: „... eine grotesk überzogene Dämonisierung eines Mannes ..." Die Waldheim-Affäre 1986-1992, in: Politische Affären und Skandale in Österreich, SS. 614-665.
DERS.: Entstehungs-, Organisations- und Wirkungsgeschichte österreichischer Studentenvereine unter besonderer Berücksichtigung des Vormärz (1815-1848), in: Jb. Hambach-Gesellschaft 1992/93, SS. 37-67.
DERS.: Vom Rassenwahn zum Judenmord am Beispiel des studentischen Antisemitismus an der Universität Innsbruck von den Anfängen bis in das „Anschluß"-Jahr 1938, in: Zeitgeschichte 16 (1989), SS. 263-288.
DERS.: „... erheb ich, wie üblich, die Rechte zum Gruß... „ Rechtskonservativismus, Rechtsextremismus und Neonazismus in österreichischen Studentenverbindungen von 1945 bis 1995, in: Blut und Paukboden, SS. 187-222.
DERS.: Studenten im Freikorps Oberland. Der „Sturmzug Tirol" in Oberschlesien 1921, in: Tiroler Heimat. Jb. für Geschichte und Volkskunde 51/52 (1987/88), SS. 129-152.
DERS.: Studenten und Politik. Der Kampf um die Vorherrschaft an der Universität Innsbruck 1918-1938. Innsbruck 1990. (= Innsbrucker Forschungen zur Zeitgeschichte Band 6).
DERS.: „... this nine days wonder?" Die „Figl-Fischerei" von 1947. Eine politische Affäre mit Nachspiel, in: Politische Affären und Skandale in Österreich, SS. 346-381.

Geistiges Leben im Österreich der Ersten Republik. Auswahl der bei den Symposien in Wien vom 11. bis 13. November 1980 und am 27. und 28. Oktober 1982 gehaltenen Referate. Hg. von ISABELLA ACKERL und RUDOLF NECK. Wien 1985. (= Veröffentlichungen der Wissenschaftlichen Kommission zur Erforschung der Geschichte der Republik Österreich Band 10.)

GERL-FALKOVITZ, HANNA-BARBARA: Romano Guardini. Konturen des Lebens und Spuren des Denkens. Kevelaer 2005 (= Topos plus Taschenbücher 553).

Geschichte Danubia. – Geschichte und Geschicke der katholischen akademischen Verbindung „Danubia" von 1907-1947. Wien 1947.

Geschichte der Republik Österreich. Hg. von HEINRICH BENEDIKT. Wien 1954 (Nachdruck 1977).

GESER, RUDOLF: Der Sudetendeutsche Cartellverband nach dem Kriege. Geschichtliche Anmerkungen zu seinem Wiedererstehen in den westdeutschen Besatzungszonen, in: GDS-Archiv für Hochschul- und Studentengeschichte. Band 5. Köln 2001, SS. 126-136.

DERS.: Geschichte einer vergessenen Verbindung. KDStV Montana zu P#74ibram 1934-1938. Würzburg 1982. (= Veröffentlichungen des Archivvereins der Markomannia 22.)

Gesetze des NS-Staates. Dokumente eines Unrechtssystems. Zusammengestellt von UWE BRODERSON. Mit einer Einführung von INGO VON MÜNCH. Paderborn 3. neubearb. und wesentlich erw. Auflage 1994.

Gewerkschaften Christliche. – Die Christlichen Gewerkschaften in Österreich. Hg. von der Stiftung für die Pflege der Tradition der christlichen Arbeiterbewegung. Wien 1975.

GIRTLER, ROLAND: Wurzeln des Farbstudententums, in: Pro Patria, SS. 17-44.

GLADEN, PAULGERHARD: Gaudeamus igitur. Die studentischen Verbindungen einst und jetzt. Unter Mitarbeit von Ulrich Becker. München 1986. (Lizenzausgabe Köln 2001.)

GOLDHAGEN, DANIEL JONAH: Die katholische Kirche und der Holocaust. Eine Untersuchung über Schuld und Sühne. Berlin 2002.

GOLDINGER, WALTER: Gleichschaltung, in: Österreich. Die Zweite Republik, 1. Band, SS. 91-108.

DERS.: Der Sturm auf das Wiener erzbischöfliche Palais 1938 im Lichte der NS-Akten, in: GuG 8 (1989), SS. 16-21.

DERS. – BINDER, DIETER A.: Geschichte der Republik Österreich 1918 – 1938. Wien 1992.

GOLÜCKE, FRIEDHELM: Lebensbilder aus der Würzburger Studentenschaft. Die Ehrenmitglieder der KDStV Markomannia 1873 – 1983 (= GDS-Archiv für Hochschul- und Studentengeschichte Beiheft Nr. 1). Schernfeld 1990.

DERS.: Studentenwörterbuch. Das akademische Leben von A bis Z. Graz 4. verb. Auflage 1987.

DERS.: Verfasserlexikon zur Studenten- und Universitätsgeschichte. Ein bio-bibliographisches Verzeichnis. Köln 2004. (= Abhandlungen zum Studenten- und Hochschulwesen Band 13.)

GREIPL, EGON JOHANNES: Römische Kurie und katholischen Partei. Die Auseinandersetzungen um die Christlichsozialen in Österreich im Jahre 1895, in: Quellen und Forschungen. Aus italienischen Archiven und Bibliotheken 64 (1984), SS. 284-344.

GREIVE, HERMANN: Theologie und Ideologie. Katholizismus und Judentum in Deutschland und Österreich 1918-1935 (= Arbeiten aus dem Martin-Buber-Institut der Universität Köln Band 1). Heidelberg 1969.

GRIESEWELLE, DETLEF: Antisemitismus in deutschen Studentenverbindungen des 19. Jahrhunderts, in: Student und Hochschule im 19. Jahrhundert. Studien und Materialien. Mit Beiträgen von Karsten Bahnson u. a. (= Studien zum Wandel von Gesellschaft und Bildung im Neunzehnten Jahrhundert 12.). Göttingen 1975, S. 366-379.

GRIMM, HORST – BESSER-WALZEL, LEO: Die Corporationen. Handbuch zu Geschichte, Daten, Fakten, Personen. Frankfurt/Main 1986.

GROSS, ALEXANDER: Gehorsame Kirche – ungehorsame Christen im Nationalsozialismus (= Topos plus Band 520). Kevelaer 2004.

GROSSMANN, ALOIS: Die Anfänge des CV in Österreich, in: Der CV und die geistigen Probleme der neuen Zeit. Im Auftrage des ÖCV-Beirates hg. von Robert Krasser. Wien 1937, SS. 130-159.

DERS.: Die ersten CVer in Österreich, in: MB 10 (15. 4. 1936), S. 4f.

DERS.: Die ersten Ehrenmitglieder des CV in Österreich, in: MB 17 (15. 2. 1938), S. 5f.

DERS.: Die Vorgeschichte des alten CV, in: MB 13 (25. 11. 1936), S. 4.

GRUBER, KARL: Zwischen Befreiung und Freiheit. Der Sonderfall Österreich. Wien 1953.

Grundschriften der deutschen Jugendbewegung. Hg. von WERNER KINDT. Mit einer Einführung von Theodor Wilhelm. Düsseldorf 1963.
Gründungsgeschichte der akademischen Verbindung Austria-Innsbruck und die Füchse des Jahres 1864/65. Hg. von GUSTAV SAUSER, JOSEF HOFINGER und ADOLF HAAS. Innsbruck 1935.
GRÜTTNER, MICHAEL: Studenten im Dritten Reich. Paderborn 1995.
GUGGENBERGER, SIEGMUND: Die Anfänge der katholischen Volksbewegung in Österreich, in: Volkswohl 13 (1922), SS. 196-202 und 236-242.
DERS.: In diesem Zeichen? Was der Katholik vom Nationalsozialismus wissen muß. Wien 1932.

HAGEN, HERMANN: Der CV gedenkt seiner im Weltkrieg gefallener Brüder. Im Auftrag des CV-Beirates herausgegeben (= Flugschriften aus dem CV, Neue Folge 9). München 1930.
DERS.: Die Stellung des CV zu der Bewegung der Lotsenbriefe. O. O., o. J. (1922).
DERS.: Ehre und Ehrenschutz des katholischen Akademikers (= Flugschriften aus dem CV, Neue Folge 2/3). München 1925.
HAGER, JOSEF: Hochschule und Neonazismus: Der „Fall Taras Borodajkewycz" 1965, in: GuG 15 (1996), SS. 169-184.
HAHN, SIGMUND: Reichsratsalmanach. Prag 1867, 1873, 1879, 1885 und 1891.
HAIDACHER, HELMUT: Fünfzig (50) Jahre Traungau. Nach den Semesterberichten der Verbindung und anderen Quellen zusammengestellt. Graz 1958.
HAIDER, BARBARA: Die Auflösung der Weimarer Republik und das christlichsoziale Lager in Österreich (1930-1933). Wien phil. Dipl. Arb. 1992.
HALLERMANN, HERIBERT: Präsenz der Kirche an der Hochschule. Eine kirchenrechtliche Untersuchung zur Verfassung und zum pastoralen Auftrag der katholischen Hochschulgemeinden in Geschichte und Gegenwart. München 1996.
HAMMERSTEIN, NOTKER: Antisemitismus und deutsche Universitäten. 1871 – 1933. Frankfurt/Main 1995.
Handbuch des Politischen Systems Österreichs. Hg. von HERBERT DACHS u. a. Wien 2. Aufl. 1992.
Handbuch des Politischen Systems Österreichs. Erste Republik 1918 – 1933. Hg. von EMMERICH TÁLOS u. a. Wien 1995.
HANISCH, Ernst: Österreichs Geschichte soll dem internationalen wissenschaftlichen Standard gemäß geschrieben werden, in: APuZ 43/88, 21. 10. 1988, SS. 38-39.
DERS.: Die Ideologie des Politischen Katholizismus in Österreich 1918 – 1938 (= Veröffentlichungen des Instiututs für kirchliche Zeitgeschichte am internationalen Forschungszentrum für Grundfragen der Wissenschaften Salzburg. II. Serie: Studien 5). Wien 1977.
DERS.: Der Politische Katholizismus als ideologischer Träger des „Austrofaschismus", in: Austrofaschismus, SS. 53-73.
DERS.: Widerstand in Österreich 1934-1945, in: APuZ 28/88, 8. 7. 1988, SS. 35-45.
HANZER, STEFAN: Die Zeitschrift „Das neue Reich" (1918-1925). Zum restaurativen Katholizismus in Österreich nach dem Ersten Weltkrieg. Wien Phil. Diss. 1973.
HARTMANN, GERHARD: Die „Affäre Wasserbäck" (1933). Die ungewöhnliche Karriere eines steirischen Priesters, in: Blätter für Heimatkunde 79 (2005), SS. 85-98.
DERS.: Die Ära Chaloupka im österreichischen CV. Eduard Chaloupka als Vorsitzender des ÖCV-Beirates und der Verbandsführung von 1955 bis zu seinem Tod 1967, in: Für Volk und Glauben leben, SS. 109-148.
DERS.: C. V. auf blutgetränktem Boden. Erinnerung an Albert Leo Schlageter (Fl) wurde versäumt, in: Ac 94 (2002), SS. 255-257.
DERS.: Der CV in Österreich. Seine Entstehung, seine Geschichte, seine Bedeutung. Graz 2., völlig neu bearbeitete Aufl. 1994; Limburg-Kevelaer 3. überarbeitete und ergänzte Aufl. 2001. (1. Aufl. siehe Der CV in Österreich.)
DERS.: CVer als politische Mandatare der österreichisch-ungarischen Monarchie, in: *Acta Studentica* 7. Jg., Dezember 1976, Folge 19/20, S. 4-5.
DERS.: Im Gestern bewährt. Im Heute bereit. 100 Jahre Carolina. Zur Geschichte des Verbandskatholizismus. Unter Mitarbeit von Dieter A. Binder. Herausgegeben von Maximilian Liebmann im Auftrag des Altherrenbundes der K. Ö. H. V. Carolina (= Grazer Beiträge zur Theologiegeschichte und Kirchlichen Zeitgeschichte Band 2). Graz 1988.

DERS.: Historisch-Biographisches über Josef Klaus, in: Durchbruch in die Moderne. Von der industriellen zur nachindustriellen Gesellschaft. Festschrift zum 70. Geburtstag von Bundeskanzler a. D. Josef Klaus. Hg. von ALOIS MOCK. Graz 1981, SS. 337-345.

DERS.: Der Kulturkampf auf der Universität Graz 1888 bis 1914, in: Die Vorträge der 6. österreichischen Studentenhistorikertagung Graz 1984. Hg. vom Österreichischen Verein für Studentengeschichte (= Beiträge zur Österreichischen Studentengeschichte Band 11). Wien 1985, SS. 29-47.

DERS.: Der ÖCV nach 1945, in: Der CV in Österreich, SS. 70-97.

DERS.: Getrennt oder vereint? Koordinierungsversuche im katholischen Verbandswesen Österreichs, in: Dokumentation Nationalkomitee, SS. 9-17.

DERS.: Hundertfünfundzwanzig (125) Jahre Cartellverband. Historisch-kritische Anmerkungen, in: Hundertfünfundzwanzig (125) Jahre Cartellverband. XXIV. CVV Feldkirch. Vorort: K. Ö. H. V. Leopoldina. Hg. von der K. Ö. H. V. Leopoldina. Innsbruck 1981, SS. 3-13.

DERS.: Mitbestimmung in der Kirche Österreichs. Wien 1978. (= AKV-Information 3/1978.)

DERS.: Priester und Politik als Thema der kirchlichen Zeitgeschichte, in: Festgabe des Hauses Styria. Hanns Sassmann zum 60. Geburtstag. Hg. von Maximilian Liebmann und Dieter A. Binder. Graz 1984, SS. 99-106.

DERS.: Die Vorfeldorganisationen der ÖVP, in: Volkspartei – Anspruch und Realität, SS. 317-336.

HARTMANN, MICHAEL: Eliten in Deutschland. Rekrutierungswege und Karrierepfade, in: APuZ, B 10, 1. 3. 2004, S. 17-24.

HARTMANN, PETER C.: Die katholischen Verbände und der Wingolf im Rahmen der deutschen Geschichte, in: Burschen Herrlichkeit, SS. 289-312.

HAUB, RITA: Rupert Mayer. Der Wahrheit verpflichtet (= Topos plus Taschenbuch 512). Kevelaer 2004.

HAUBNER, BEATE: Von Schiller zu Badeni. Die politische Bedeutung der deutschnationalen Burschenschaften in Wien. Wien phil. Dipl. Arb. 1996.

HAUSLADEN, HANS: Urgeschichte der AV Austria, in: Hundert (100) Jahre AV Austria, SS. 82-99.

DERS.: Abriß der CV-Geschichte, in: CV-Handbuch. Hg. von der Gesellschaft für Studentengeschichte und studentisches Brauchtum. München 1980.

HEERBACH, KARL: Katholiken-Organisation oder Tempus faciendi. Zeitgemäße Winke. Warnsdorf o. J.

HEHL, ULRICH VON: Hans Globke (1898-1973), in: Zeitgeschichte in Lebensbildern. Band 3. Aus dem deutschen Katholizismus des 19. und 20. Jahrhunderts. Hg. von JÜRGEN ARETZ, RUDOLF MORSEY und ANTON RAUSCHER. Mainz 1979, SS. 247-259.

HEIM, ORTWIN: Die katholischen Vereine im deutschsprachigen Österreich 1848-1855. Salzburg 1990. (= Veröffentlichungen des internationalen Forschungszentrums für Grundlagen der Wissenschaften Salzburg. Serie II - Studien, Dokumentationen. Neue Folge Band 41.)

HEIN, ROBERT: Studentischer Antisemitismus in Österreich. Hg. vom Österreichischen Verein für Studentengeschichte. Wien 1984. (= Beiträge zur Österreichischen Studentengeschichte Band 10.)

HEINEN, ERNST: Antisemitische Strömungen im politischen Katholizismus während des Kulturkampfes, in: Geschichte in der Gegenwart. Festschrift für Kurt Kluxen, Hg. von Ernst Heinen und Hans Julius Schoeps. Paderborn 1972, SS. 259-299.

HEINRICH, EDITH: Der Lehrkörper der Wiener Universität in den öffentlichen Vertretungskörpern Österreichs 1861 – 1918. Wien Phil. Diss. 1947.

HEISS, GERNOT: Von Österreichs deutscher Vergangenheit und Aufgabe. Die Wiener Schule der Geschichtswissenschaft und der Nationalsozialismus, in: Willfährige Wissenschaft, SS. 39-76.

HELLWING, I(SAAK). A.: Der konfessionelle Antisemitismus im 19. Jahrhundert in Österreich. Wien 1972. (= Veröffentlichungen des Instituts für Kirchliche Zeitgeschichte. II. Serie: Studien 2.)

HEMALA, FRANZ: Geschichte der Gewerkschaften. Wien 2. Aufl. 1930. [Nc]

HIELSCHER, Friedrich: Zweikampf und Mensur, in: Einst und Jetzt. Jb. 1966 des Vereins für CORPSSTUDENTISCHE Geschichtsforschung. 11. Band. O. O. 1966, SS. 171-199.

HILDEBRANDT, GUNTHER: Generalversammlung der Katholiken Deutschlands 1848 – 1932, in: Die bürgerlichen Parteien in Deutschland. Hg. von Dieter Fricke u. a. 2. Band 1974, SS. 103-112.

HOCHGERNER, JOSEF: Studentenpolitik nach der Revolte. Wien Phil. Diss. 1978.

DERS.: Studium und Wissenschaftsentwicklung im Habsburgerreich. Studentengeschichte seit der Gründung der Universität Wien bis zum Ersten Weltkrieg. Wien 1983. (= Studenten in Bewegung. Österreichische Studentengeschichte vom Mittelalter bis zur Gegenwart Band 1)

Hochschulführer für die katholischen deutschen Studierenden Wiens. KDHA. 1929/30. Wien 1929.
Hochschulführer Österreichischer. – Österreichischer Hochschulführer. Graz 1960.
Hochschulkampf 1908. – Der österreichische Hochschulkampf im Sommer 1908. Hg. vom Vertrauensmännerkomitee der freiheitlichen Studentenschaft Wiens. Innsbruck 1908.
Hochschulseelorge im Wandel. Festschrift zum 50-jährigen Bestehen der Kath. Hochschulgemeinde Innsbruck. Hg. von BERNHARD HIPPLER. O. O. (Innsbruck) o. J. (1995).
Der Hochschulstreit über die akademische Freiheit und konfessionelle Verbindungen. Darstellung und Kritik. Anhang. Urkunden, Verfügungen und Resolutionen. Von einem 70. Semester. Leipzig 1905.
Der Hochverratsprozeß gegen Dr. Guido Schmidt vor dem Wiener Volksgerichtsprozeß. Veröffentlichte gerichtliche Protokolle. Wien 1947.
HÖBELT, LOTHAR: Konservative und Christlichsoziale: Phasen des Übergangs – und seine Folgen, in: Brennpunkt Mitteleuropa, SS. 345-352.
DERS.: Von der Vierten Partei zur Dritten Kraft. Die Geschichte des VdU. Graz 1999.
HOENSBROECH, PAUL GRAF: Der konfessionelle Kouleurstudent. Berlin 1904.
DERS.: Ein Wort an Deutschlands und Österreichs Studenten. Leipzig 1908.
HÖFLECHNER, WALTER: Baumeister des künftigen Glücks. Fragment einer Geschichte des Hochschulwesens in Österreich vom Ausgang des 19. Jahrhunderts bis in das Jahr 1938. Graz 1988. (= Publikationen aus dem Archiv der Universität Graz Band 23.)
HÖTTINGER, MATTHIAS: Der Fall Wahrmund. Wien Phil. Diss. 1949.
HOFBAUER, ANDREA MARIA: Die verführte Universität. Die „Jahrbücher der Hochschülerschaft Österreichs“ 1934 – 1938. Wien Phil. Dipl. Arb. 1996.
HOFBAUER, ERNST: Der Verrat. Wien 2000.
HOFER, BARBARA MARIA: Joseph Eberle. Katholischer Publizist zwischen „Monarchie“ und „Schönerer Zukunft“. Ein Beitrag zur katholischen Publizistik der Ersten Republik. Salzburg phil. Diss. 1995.
HOFER, ERNST: CV als Laienapostolat, in: Laienapostolat, SS. 49-55. [Cl]
HOFRICHTER, PETER: Die österreichischen Katholikentage des 20. Jahrhunderts (bis 1933). Wien Phil. Diss. 1966.
DERS.: Modernismus in Österreich, Böhmen und Mähren, in: Modernismus, SS. 175-197.
HOLIK, JOHANNA: Sozialminister Dr. Josef Resch (1880-1939). Ein Beitrag zur Sozialgeschichte der Ersten Republik. Wien 1986 (Als Manuskript vervielfältigt).
HOLTER, STEFAN – SUPPAN, WERNER: Politik und Studenten in Österreich – Analyse der Studentenpolitik und der Hochschulwahlen, in: Österreichisches Jb. für Politik 1987. Hg. von Andreas Khol, Günther Ofner und Alfred Stirnemann. Wien 1988, SS. 633-661.
HOLTMANN, EVERHARD: Zwischen Unterdrückung und Befriedung. Sozialistische Arbeiterbewegung und autoritäres Regime in Österreich 1933-1938. Wien 1978. (= Studien und Quellen zur österreichischen Zeitgeschichte Band 1.)
HONEDER, JOSEF: Johann Nepomuk Hauser. Landeshauptmann von Oberösterreich. Linz 1973.
HOPFGARTNER, ANTON: Kurt Schuschnigg. Ein Mann gegen Hitler. Graz 1989. [AIn]
HUDAL, ALOIS: Der Katholizismus in Österreich. Sein Wirken, Kämpfen und Hoffen, in: Katholizismus Österreich, SS. 11-26.
HUG, STEFAN K.: Straftat ohne Strafe. Zur Rechtsgeschichte der Mensur, in: Einst und Jetzt. Jb. 2005 des Vereins für corpsstudentische Geschichtsforschung 50 (2005), SS. 31-60.
HUGELMANN, KARL GOTTFRIED: Die politischen Parteien und die Anschlußfrage, in: Die Anschlußfrage in ihrer kulturellen, politischen und wirtschaftlichen Bedeutung. Hg. von Friedrich F. G. Kleinwaechter und Heinz von Paller. Wien 1930, SS. 322-336.
HÜMMER, HANS PETER: Die Entstehung der Corps im Zeichen des klassischen Idealismus – ihre Vorläufer und Abgrenzung gegen die Burschenschaft, in: „Wir wollen Männer, wir wollen Taten!“, SS. 15-44.
Hundert (100) Jahre AKV Tirolia. 1893-1993. Zeitgeschichtliches, Zeitkritisches und Zeitgenössisches. Innsbruck 1993 (= Edition Tirolenstimme Band 1)
Hundert (100) Jahre AV Austria. 100 Jahre CV in Österreich. Innsbruck 1964.
Hundert (100) Jahre A. V. Vindelicia. Festschrift im Auftrag des Philisterverbands Vindeliciae herausgegeben von PAUL TORGGLER, SEBASTIAN POSCH und FRITZ THÖNI. Innsbruck 2001.

Hundert (100) Jahre CV in Oberösterreich. Unter Mitarbeit von HARRY SLAPNICKA, FRANZ WILFINGSEDER und FRIEDRICH ENGELMANN. Linz o. J. (1980).
Hundert (100) Jahre Grazer akad. Burschenschaft Frankonia. 1879 – 1979. Text KARL MELDT. Graz 1981.
Hundert (100) Jahre KDStV Vindelicia. Hg. von der KDStV Vindelicia zu München im CV. München 1997.
Hundert (100) Jahre Leopold Figl. „Glaubt an dieses Österreich!". Festschrift zu den Gedenkfeierlichkeiten anlässlich des 100. Geburtstages des großen Österreichers im Oktober 2002. Hg. von JOHANNES DORREK u. a. Wien 2003.
Hundert (100) Jahre Norica, 50 Jahre ÖCV. O. O. (Wien) o. J. (1983).
Hundert (100) Jahre Verein Deutscher Studenten zu Graz. Festschrift. Hg. vom Verein Deutscher Studenten zu Graz, Altherrenbund und Aktiver Bund. Graz 1976.
Hundert (100) Semester Amelungia. 1907 – 1957. Wien 1957.
Hundert (100) Semester Katholisch-akademische Verbindung Austro-Peisonia. Wien 1976.
Hundertfünfzig (150) Jahre Katholische Deutsche Studentenverbindung Aenania. Hg. von ALFONS BRANDL u. a. München 2001.
Hundertfünfundzwanzig (125) Jahre Akademische Burschenschaft Allemannia Graz. Kleines Allemannen-Handbuch. Hg. von GÜNTER CERWINKA und ANDREAS KOLMAYR. Graz 1994.
HÜRTEN, HEINZ: Verfolgung, Widerstand und Zeugnis. Kirche im Nationalsozialismus. Fragen eines Historikers. Mainz 1987.

Jachym. Eine Biographie. – Franz Jachym. Eine Biographie in Wortmeldungen. Hg. ANNEMARIE FENZL. Wien 1986.
JAGSCHITZ, GERHARD: Der österreichische Ständestaat 1934 – 1938, in: Österreich 1918-1938, SS. 497-516.
DERS.: Der Putsch. Die Nationalsozialisten 1934 in Österreich. Graz 1975.
Jahrbuch KDAÖ 1923. – Jahrbuch der katholisch-deutschen Akademikerschaft Österreichs 1923. Hg. vom Katholisch-deutschen Akademikerausschuß Wien. Wien 1923.
Jahrbuch KDAÖ 1927. – Jahrbuch der katholisch-deutschen Akademikerschaft Österreichs. Wien 1927.
Jahrbuch KDHA 1929/30. – Jahrbuch des Katholisch Deutschen Hochschulausschusses Wien 1929/30. Wien 1930.
Jahrbuch KDHÖ 1932. – Jahrbuch der Katholischen Deutschen Hochschülerschaft Österreichs 1932. Wien 1932.
Jahrbuch ÖH 1937/38. – Jahrbuch der Hochschülerschaft Österreichs 1937/1938. Wien 1937.
Jakob Kern. Ein Leben voll Freude. Festschrift anläßlich des 75. Todestages des Seligen Jakob Kern am 20. Oktober 1999. Hg. von der K. Ö. H. V. Amelungia. Wien 1999. (= Grün-Gold-Rot Nr. 13/1999).
JARAUSCH, KONRAD H.: Deutsche Studenten 1800 – 1970 (= Neue Historische Bibliothek. edition suhrkamp Neue Folge Band 258). Frankfurt/Main 1984.
JAUCH, ROBERT: Das Prinzip „Religion" katholischer Studenten- und Akademikerverbände (= Veröffentlichungen des Archivvereins Markomannia Nr. 28.). Würzburg 1968.
JEDLICKA, LUDWIG: Der 20. Juli 1944 in Österreich (= Sammlung: Das einsame Gewissen. Beiträge zur Geschichte Österreichs 1938 bis 1945 Band II). Wien 1965.
DERS.: Die Ära Schuschnigg, in: Österreich 1927 – 1938, SS. 195-207.
DERS.: Dr. Alfred Maleta und die Soziale Arbeitsgemeinschaft (SAG), in: Parlament Partei, SS. 69-84.
DERS.: Vom alten zum neuen Österreich. Fallstudien zur österreichischen Zeitgeschichte. 1900 – 1975. St. Pölten 2. Aufl. 1977.
JIRESCH, ROBERT: Geschichte der katholisch-österreichischen Studentenverbindung „Rudolfina". Wien 1933.
Juden in Österreich 1918 – 1938. Materialienmappe. Hg. von AVSHALOM HODIK, PETER MALINA und GUSTAV SPANN. Wien 1982.
JUEN, MARKUS: Waffenstudenten und katholische Korporationen an der Universität Wien 1918 – 1938. Versuch einer Bestandsaufnahme. Wien phil. Dipl. Arb. 1994.
Jugendbewegung und CV. Im Auftrage des CV-Beirates Hg. von AUGUST NEGER. München 1928.
Jugendbewegung und Universität. Von ARNOLD BERGSTRÄSSER und HERMANN PLATZ. Karlsruhe 1927.
Jugendbewegung. – Die deutsche Jugendbewegung 1920 – 1923. Die Bündische Zeit. Quellenschriften. Hg. von WERNER KINDT. Düsseldorf 1974.

KANN, ROBERT A.: Das Nationalitätenproblem der Habsburgermonarchie. Geschichte und Ideegestalt der nationalen Bestrebungen vom Vormärz bis zur Auflösung des Reiches im Jahr 1918. 2 Bände. Graz 2. erw. Aufl. 1964.

DERS.: Ein deutsch-böhmischer Bischof zur Sprachenfrage, in: Festschrift für Heinrich Benedikt. O. Ö. Professor für Neuere Geschichte an der Universität in Wien. Überreicht zum 70. Geburtstag. Hg. von HUGO HANTSCH und ALEXANDER NOVOTNY. Wien 1957, SS. 162-179.

DERS.: Hochschule und Politik im österreichischen Verfassungsstaat (1867-1918), in: Geschichte und Gesellschaft. Festschrift für Karl R. Stadler zum 60. Geburtstag. Wien 1974, SS. 507-526.

KAPFHAMMER, FRANZ MARIA: Die katholische Jugendbewegung, in: Kirche in Österreich, Band 2, SS. 23-53.

DERS.: Michael Pfliegler – Leben und Werk, in: Custos quid de nocte? Österreichisches Geistesleben seit der Jahrhundertwende. Hg. von KARL RUDOLF und LEOPOLD LENTNER. Wien 1961, SS. 119-166.

DERS.: Neuland. Erlebnis einer Jugendbewegung. Graz 1987.

KARNER, STEFAN: Die Steiermark im Dritten Reich 1938 – 1945. Aspekte ihrer politischen, wirtschaftlich-sozialen und kulturellen Entwicklung. Graz 1986.

KASEMIR, GERARD: Spätes Ende für „wissenschaftlich" vorgetragenen Rassismus. Die Borodajkewycz-Affäre 1965, in: Politische Affären und Skandale in Österreich, SS. 486-501.

KASTNER, HANNES: 60 Jahre „Unitas in Österreich", in: Die Vorträge der 11. österreichischen Studentenhistorikertagung Linz 1994. Hg. vom Österreichischen Verein für Studentengeschichte (= Beiträge zur österreichischen Studentengeschichte Band 23). Wien 1994, SS. 64-75.

KATER, MICHAEL H.: Studentenschaft und Rechtsextremismus in Deutschland 1918-1933. Eine sozialgeschichtliche Studie zur Bildungskrise in der Weimarer Republik (= Historische Perspektiven 1.). Hamburg 1975.

Katholikentag 1952. – Österreichischer Katholikentag 1952. Festführer. Wien, 11. bis 14. September. Wien 1952.

Katholikentag 1983. – Österreichischer Katholikentag 1983. Hoffnung leben, Hoffnung geben. Besuch von Papst Johannes Paul II. in Österreich. Eine Dokumentation. Hg. von E. PLOIER, A. KRAXNER und W. SCHAFFELHOFER. Graz 1984.

Katholische Verbände. Studientag der Vollversammlung der Deutschen Bischofskonferenz. 21. September 1988. Hg. Sekretariat der Deutschen Bischofskonferenz. Bonn 1988.

Katholizismus Österreich. – Der Katholizismus in Österreich. Sein Wirken, Kämpfen und Hoffen. Hg. von ALOIS HUDAL. Innsbruck 1931.

KAUPP, PETER: Die integrierende Funktion studentischen Brauchtums. Eine soziologische Betrachtung, in: Einst und Jetzt. Jb. 2003 des Vereins für corpsstudentische Geschichtsforschung 49 (2004), SS. 13-20.

DERS.: Das Wartburgfest von 1817 und seine Auswirkungen auf die demokratischen Verfassungen, in: Einst und Jetzt. Jb. 2003 des Vereins für corpsstudentische Geschichtsforschung 48 (2003), SS. 181-204.

KEMPNER, BENEDICTA MARIA: Priester vor Hitlers Tribunalen. München 3. Aufl. 1970.

KIELHAUSER, A.: Die Vorschrift über das ehrenrätliche Verfahren im k. u. k. Heer und Ehrenratsfragen. Wien 1912.

KINDERMANN, GOTTFRIED-KARL: Österreich gegen Hitler. Europas erste Abwehrfront 1933 – 1938. München 2003.

Kirche in Österreich 1918 – 1965. Hg. von FERDINAND KLOSTERMANN, HANS KRIEGL, OTTO MAUER und ERIKA WEINZIERL. Gesamtredaktion Erika Weinzierl. 2 Bände. Wien 1966/1967.

Kirche in Österreich. Berichte, Überlegungen, Entwürfe. Hg. von THEODOR PIFFL-PER#76EVI#71. Graz 1979.

Kirchengeschichte der Steiermark. Hg. von KARL AMON und MAXIMILIAN LIEBMANN. Graz 1993.

KLAUS, JOSEF: Macht und Ohnmacht in Österreich. Konfrontationen und Versuche. Wien 2. Aufl. 1971.

KLAUSER, WILLIBALD: Geschichte der Grazer Akademischen Burschenschaft „Stiria". Graz 1940.

KLEE, ERNST: Persilscheine und falsche Pässe. Wie die Kirchen den Nazis halfen. Frankfurt/Main 3. Aufl. 1992.

KLEPSCH, JOSEF: Fünfundsiebzig (75) Jahre Frankonia-Czernowitz zu Erlangen. Wien 1966.

KLOCKE, ALOYS: Geschichte der Katholischen Deutschen Studentenverbindung im CV Falkenstein in Freiburg (Breisgau) 1912 – 1962. Freiburg/Br. o. J. (1962).

KLOSE, WERNER: Freiheit schreibt auf eure Fahnen. 800 Jahre deutsche Studenten. Oldenburg 1967.

KLOSTERMANN, FERDINAND – KLEMEN, JOSEF – LEB, JOSEF: Das katholische Organisationsleben der Gegenwart, in: Kirche in Österreich 1918 – 1965, 2. Band, SS. 138-186.

KLOSTERMANN, FERDINAND: Das organisierte Apostolat der Laien und die Katholische Aktion, in: Kirche in Österreich 1918 – 1965, Band 2, SS. 68-137.

DERS.: Prinzip Gemeinde. Gemeinde als Prinzip des kirchlichen Lebens und der Pastoraltheologie als der Theologie dieses Lebens (= Wiener Beiträge zur Theologie Band XI.). Wien 1965.

KLUGE, ULRICH: Der österreichische Ständestaat 1934 – 1938. Entstehung und Scheitern. Wien 1984.

KLUSACEK, CHRISTINE: Die österreichische Freiheitsbewegung. Gruppe Roman Scholz. Wien 1968.

KNAUER, OSWALD: Das österreichische Parlament 1848 – 1966. Wien 1966.

KNOBLOCH, LEOPOLD O.: Universitätsprofessor Dr. Albert Ehrhard – ein beinahe vergessener Gründer Nordgaus, in: Nordgau Neunzig Jahre SS. 78-83.

KNOLL, AUGUST M.: Warum „scheiterte" der österreichische Ständestaat 1934 – 1938? Eine Antwort auf die gleichnamige Frage J. Dobretsbergers, in: Civitas 4 (1948/49), SS. 403-411, 496-503 und 604-616.

DERS.: Katholische Aktion und Aktion der Katholiken, in: DAIM, WILFRIED – HEER, FRIEDRICH – KNOLL, AUGUST MARIA, Kirche und Zukunft. Wien 1963, SS. 71-98.

KNOLL, KURT: Die Geschichte der wehrhaften Vereine deutscher Studenten in der Ostmark von den Anfängen bis in die Gegenwart. Wien 1924. (= Sonderdruck aus dem Werk: Die Geschichte der schlesischen akademischen Landsmannschaft „Oppavia" in Wien im Rahmen der allgemeinen studententischen Entwicklung an den Wiener Hochschulen.)

KNOLL, REINHOLD: Zur Tradition der christlichsozialen Partei. Ihre Früh- und Entwicklungsgeschichte bis zu den Reichsratswahlen 1907. Wien 1973. (= Studien zur Geschichte der österreichisch-ungarischen Monarchie Band XIII.)

KOCH, HANNSJOACHIM W.: Geschichte der Hitlerjugend. Ihre Ursprünge und ihre Entwicklung 1922-1945. Percha 1979.

KOLMER, GUSTAV: Das Herrenhaus des österreichischen Reichsrates. Nach dem Bestand des Jahres 1906. Wien 1907.

DERS.: Parlament und Verfassung in Österreich. 6 Bände. Wien 1901-1914.

KONRAD, HELMUT: Der 12. Februar 1934 in Österreich, in: Österreich 1934, SS. 91-98.

DERS.: Der Februar 1934 im historischen Gedenken, in: Themen der Zeitgeschichte und der Gegenwart, SS. 12-26.

Kontinuität und Bruch. 1938 – 1945 – 1955. Beiträge zur österreichischen Kultur- und Wissenschaftsgeschichte. Hg. von FRIEDRICH STADLER. Wien 1988.

KOPETZKY, JULIA: Die „Affäre Krauland". Ursachen und Hintergründe des ersten großen Korruptionsskandals der Zweiten Republik. Wien phil. Dipl. Arb. 1997.

Korporierte im Widerstand gegen den Nationalsozialismus. Hg. vom Österreichischen Verein für Studentengeschichte (= Tradition und Zukunft Band III). Wien 1997.

KOSCH, WILHELM: Der burschenschaftliche Gedanke seit 1817, in: Die burschenschaftliche Bewegung im katholischen Deutschland. Handbuch des R. K. D. B. Hg. von WILHELM KOSCH und JOSEF ZANDERS (= Akademische Bücherei Nr. 10/11). Graz 2. Aufl. 1929, SS. 31-42.

KOSS, SIEGFRIED: Wider die Verselbständigung eines historischen Klischees. Georg Graf von Hertling, der Würzburger Bund und der CV/KV- „Farbenstreit", in: *Studenten-Kurier* Nr. 4. 1998, SS. 5-7.

KRAMMER, OTTO: Akademia. Ein katholischer Finkenverein zu Wien 1902 – 1983 (= Beiträge zur österreichischen Studentengeschichte Band 15). Wien 1988.

DERS.: Der Christlich-Deutsche Studentenbund (C. D. S. B.) (= Miscellanea aus dem Kirchenhistorischen Institut der kath. theol. Fakultät Wien XLI.). Wien 1975.

DERS.: Geschichte der Katholischen Akademischen Verbindung Bajuvaria 1920 – 1980. Fünf Teile. Als Manuskript vervielfältigt (= Wiener Katholische Akademie – Miscellanea Dritte Reihe Nr. 24). Wien 1984.

KRASSER, ROBERT: Katholische Farbstudenten. CV Idee und Wirklichkeit. Wien 1952.

KRAUS, ERICH: Wenzel Gleispach und die österreichische Hochschulpolitik der Zwischenkriegszeit. Wien Phil. Diss. 1976.

KRAUSE, PETER: O alte Burschenherrlichkeit. Die Studenten und ihr Brauchtum. Graz 5. völlig überarbeitete Aufl. 1997 (1. Aufl. 1979).
DERS.: CV und Politik in Österreich 1918-1938, in: Geistiges Leben im Österreich der Ersten Republik, SS. 104-116.
DERS.: Studiosus Austriacus. Handbuch des Österreichischen Korporationswesens. Wien 3. Aufl. 1982.
KRIECHBAUMER, ROBERT: Geschichte der ÖVP, in: Volkspartei – Anspruch und Realität, SS. 11-102.
DERS.: Von der Illegalität zur Legalität. Die ÖVP im Jahr 1945. Politische und geistesgeschichtliche Aspekte des Entstehens der Zweiten Republik. Wien 1985.
DERS.: Österreich! und Front Heil! Aus den Akten des Generalsekretariats der Vaterländischen Front. Innenansichten eines Regimes (= Schriftenreihe des Forschungsinstituts für Historische Studien der Dr.-Wilfried-Haslauer-Bibliothek, Salzburg, Band 23). Wien 2005.
DERS.: Programme und Programmdiskussion, in: Volkspartei – Anspruch und Realität, SS. 103-136.
KRISIANOWSKY, HILDEGARD: Die Anfänge des katholischen Vereinswesens nach 1848 in Wien. Wien Phil. Diss. 1947.
KUNSCHAK, LEOPOLD: Österreich 1918-1934. Wien 2. Aufl. 1935.
KUPRIAN, HERMANN J. W.: „Machen Sie diesem Skandal ein Ende. Ihre Rektoren sind eine nette Gesellschaft." Modernismusdiskussion, Kulturkampf und Freiheit der Wissenschaft: Die Wahrmund-Affäre 1907/08, in: Politische Affären und Skandale in Österreich, SS. 99-127.

Laienapostolat. – Das Laienapostolat im Lichte des Konzils. Hg. vom Vorort im ÖCV KAV Danubia. Wien 2. Aufl. o. J. (1967).
LAQUEUR, WALTER: Faschismus. Gestern – Heute – Morgen. Berlin 1997.
DERS.: Die deutsche Jugendbewegung. Eine historische Studie. Köln 1978.
LAUN, ANDREAS: Fragen der Moraltheologie heute. Freiburg/Br. 1992.
LEB, JOSEF: Die Geschichte der Katholischen, Deutschen Studentenverbindung „Austria" in Wien. Dargestellt aus Anlaß des Goldenen Stiftungsfestes. Wien 1926.
LEEB, MANFRED – VOGT, WERNER: Anregungen zur Reform der wissenschaftlichen Hochschulen in Österreich. Wien 1964.
LEHNER, MARKUS: Vom Bollwerk zur Brücke. Katholische Aktion in Österreich. Linz theol. Diss. 1991.
LEITNER, ERICH: Politik und Hochschule. Der CV in der Steiermark 1918 – 1938 (= Schriftenreihe der ÖCV-Bildungsakademie Band 2). Wien 1978.
LEITNER, FRANZ: Kirche und Parteien in Österreich nach 1945. Ihr Verhältnis unter dem Gesichtspunkt der Äquidistanzdiskussion (= Politik- und Kommunikationswissenschaftliche Veröffentlichung der Görres-Gesellschaft Band 4). Paderborn 1988.
LENTZE, HANS: Die österreichischen Universitäten als Nebenkriegsschauplatz im österreichischen Kulturkampf, in: Festschrift Nikolaus Grass zum 60. Geburtstag, dargebracht von Fachgenossen, Freunden und Schülern. Hg. von LOUIS CARLEN und FRITZ STEINEGGER. 2. Band. Innsbruck 1975, SS. 2247-360.
Leopoldina 1901 – 1936. Gedenkschrift, Hg. im Namen der Altherrenschaft von WALTHER PÖLT. Innsbruck 1936.
LEUGERS-SCHERZBERG, AUGUST HERMANN: Felix Porsch. 1853-1930. Politik für katholische Interessen in Kaiserreich und Republik (= Veröffentlichungen der Kommission für Zeitgeschichte. Reihe B: Forschungen, Band 54). Mainz 1989.
LEWIS, GAVIN: Kirche und Partei im politischen Katholizismus. Klerus und Christlichsoziale in Niederösterreich 1885 – 1907 (= Veröffentlichungen des Instiututs für kirchliche Zeitgeschichte am internationalen Forschungszentrum für Grundfragen der Wissenschaften Salzburg. II. Serie: Studien 4). Salzburg 1977.
LICHTENBERGER-FENZ, BRIGITTE: „... Deutscher Abstammung und Muttersprache". Österreichische Hochschulpolitik in der Ersten Republik (= Veröffentlichungen des Ludwig-Boltzmann-Instituts für Geschichte der Gesellschaftswissenschaften Band 19). Wien 1990.
DIESS.: Österreichs Universitäten und Hochschulen – Opfer oder Wegbereiter der nationalsozialistischen Gewaltherrschaft. Am Beispiel der Universität Wien, in: Willfährige Wissenschaft, SS. 3-16.
DIESS.: Österreichs Universitäten unter dem nationalsozialistischem Regime, in: Grenzfeste Deutsche Wissenschaft. Über Faschismus und Vergangenheitsbewältigung an der Universität Graz. Hg. von der Steirischen Gesellschaft für Kulturpolitik. Graz 1985, SS. 5-19.

DIESS.: Österreichs Universitäten 1930 bis 1945, in: Kontinuität und Bruch, SS. 69-82.
LIEBMANN, MAXIMILIAN: Katholische Aktion und Ständestaat, in: Pax et Iustitia. Festschrift für Alfred Kostelecky zum 70. Geburtstag. Hg. von HANS WALTER KALUZA u. a. Berlin 1990, SS. 601-622. [Cl]
DERS.: Zeitgeschichtliche Betrachtung der katholischen Verbände, in: Laienapostolat, SS. 41-48.
DERS.: Die Entscheidung der Katholischen Kirche für die Republik, in: Christliche Demokratie 8 (1990), SS. 189-195.
DERS.: Die theologische Fakultät im Spannungsfeld von Universität, Kirche und Staat von 1827 bis zur Gegenwart, in: Tradition und Herausforderung. 400 Jahre Universität Graz. Hg. von KURT FREISITZER u. a. Graz 1985, SS. 156-188.
DERS.: Der 12. Februar 1934 – Das Ziel der Revolte und die Katholische Kirche, in: Christliche Demokratie 7 (1989), SS. 305-340.
DERS.: Die „Antifaschistische Freiheitsbewegung", in: GuG 4 (1985), SS. 255-303.
DERS.: Die Katholische Hochschuljugend in der Sicht eines Mitglieds des Cartellverbands, in: Zwanzig Jahre KHJ, SS. 98-100.
DERS.: Theodor Innitzer und der Anschluß. Österreichs Kirche 1938 (= Grazer Beiträge zur Theologiegeschichte und Kirchlichen Zeitgeschichte Band 3). Graz 1988.
DERS.: Österreichische Katholikentage. Ein kurzer historischer Abriß, in: Katholikentag 1983, SS. 15 - 53.
Liebmann, Steirische Katholikentage. – DERS.: Deutsche und österreichische Katholikentage – die fünf steirischen Katholikentage, in: Brüderlichkeit. Aspekte der Brüderlichkeit in der Theologie. Hg. von JOHANNES B. MARBÖCK (= Grazer theologische Studien Band 5). Graz 1981, SS. 9-55.
DERS.: Die geistige Konzeption der österreichischen Katholikentage in der Ersten Republik, in: Geistiges Leben in Österreich der Ersten Republik. Hg. von ISABELLA ACKERL und RUDOLF NECK (= Wissenschaftliche Kommission zur Erforschung der Geschichte der Republik Österreich, Veröffentlichungen Band 10). Wien 1986, SS. 125-175.
DERS.: „Das Konzil sieht die Aufgabe der Laien ganz anders." Laienvereine und Laientheologie im Strom zeitgeistiger, ekklesiologischer Entwicklung des 20. Jahrhunderts (im Druck; Manuskript lag dem Verfasser vor).
DERS.: Das „Mariazeller Manifest" als Teil einer Doppelstrategie, in: Brennpunkt Mitteleuropa, SS. 639-658.
DERS.: Metaphern für laienapostolische Aktionen und Strukturen. Vom Modernismus über Integralismus zum Kirchenvolks-Begehren, in: Gott-Bild. Gebrochen durch die Moderne? Festschrift für Karl Matthäus Woschitz. Hg. von GERHARD LARCHER. Graz 1997, SS. 351-368.
DERS.: Planungen und Aktionen der „Antifaschistischen Freiheitsbewegung Österreichs" sowie die von einzelnen ihrer Anhänger, in: GuG 5 (1986), SS. 108-138.
DERS.: Die „Reichskristallnacht" – Johannes Ude war nicht zu feige, in: Domus Austriae. Eine Festgabe für Hermann Wiesflecker zum 70. Geburtstag. Hg. von WALTER HÖFLECHNER u. a. Graz 1983, SS. 263-272.
DERS.: Die Tragik des 12. Februar und Dollfuß, in: Christliche Demokratie 10 (1993), SS. 27-45.
DERS.: DDDDr. Johann Ude (1874-1965) – Prophet oder Querulant?, in: Die Karl-Franzens-Universität, Fünfjahrbuch 3, Graz 1982, SS. 74-71.
DERS.: Widerstand des und aus dem ÖCV, in: Korporierte im Widerstand gegen den Nationalsozialismus, SS. 106-113.
LILL, RUDOLF: Der Kampf der römischen Kurie gegen den „praktischen" Modernismus, in: Die päpstliche Autorität im katholischen Selbstverständnis des 19. und 20. Jahrhunderts. Salzburg 1970, SS. 109-123.
DERS.: Der Kulturkampf. Hg. und erläutert (= Beiträge zur Katholizismusforschung. Reihe A: Quellentexte zur Geschichte des Katholizismus Band 10). Paderborn 1997.
LOIDL, FRANZ: Kaplan Heinrich Maier. Ein Opfer des nationalsozialistischen Gewaltsystems, in: Kirche und Staat. Fritz Eckert zum 65. Geburtstag. Hg. von HERBERT SCHAMBECK. Berlin 1976, SS. 271-292.
LÖNNE, KARL-EGON: Politischer Katholizismus im 19. und 20. Jahrhundert. Frankfurt/Main 1986.
LÖNNECKER, HARALD: „Vorbild ... für das kommende Reich". Die Deutsche Studentenschaft (DSt) 1918 – 1933, in: GDS-Archiv für Hochschul- und Studentengeschichte. Band 7. Köln 2004, SS. 37-53.
LUGMAYER, KARL: Das Linzer Programm der christlichen Arbeiter Österreichs. Wien 1924.

LUMPLECKER, THOMAS: Gesellschafts- und sozialpolitisches Engagement in „elitären“ Vereinen: Ein Vergleich der Organisationsprinzipien von Studentenverbindungen und Service-Clubs. Linz Dipl. rer. soc. oec. 2001.
LUŽA, RADOMIR: Der Widerstand in Österreich 1938 – 1945. Wien 1983.

MADEREGGER, SYLVIA: Die Juden im österreichischen Ständestaat 1934-1938 (= Veröffentlichungen des Historischen Instituts der Universität Salzburg 8). Wien 1973.
MADERTHANER, WOLFGANG: 12. Februar 1934: Sozialdemokratie und Bürgerkrieg, in: Österreich im 20. Jahrhundert 1, SS. 153-202.
DERS.: Die Sozialdemokratie, in: Handbuch des Politischen Systems Österreich. Erste Republik 1918 – 1933. Hg. von EMMERICH TÁLOS u. a. Wien 1995, SS. 177-194.
MAHRENHOLZ, HANS CHRISTHARD: Einführung des Arierparagraphen im Wingolf nach 1933, in: Einst und Jetzt. Jb. 1982 des Vereins für corpsstudentische Geschichtsforschung. 27. Band. O. O. 1982, SS. 127-134.
MAI, PAUL: Widerstand im CV, in: Korporierte im Widerstand gegen den Nationalsozialismus, SS. 123-132.
MAIER, HANS: Katholiken im kulturellen Ghetto?, in: StdZ 128 (2003), SS. 795-804.
MALETA, ALFRED: Der Sozialist im Dollfuß-Österreich. Eine Untersuchung der Arbeiterfrage. Linz 2. Aufl. 1935.
DERS.: Bewältigte Vergangenheit. Österreich 1932 – 1945. Graz 1981.
MANG, THOMAS: „Gestapo-Leitstelle Wien – Mein Name ist Huber.“ Wer trug die lokale Verantwortung für den Mord an den Juden Wiens? Münster 2003. (= Schriftenreihe des Dokumentationsarchivs des österreichischen Widerstandes zu Widerstand, NS-Verfolgung und Nachkriegsaspekten Band 1)
DERS.: Retter, um sich selbst zu retten. Die Strategie der Rückversicherung. Dr. Karl Ebner, Leiter-Stellvertreter der Staatspolizeileitstelle Wien 1942-1945. Wien phil. Dipl. Arb. 1998.
Manifest des Zentralausschusses der Österreichischen Hochschülerschaft – Juni 1959. Wien 1959.
MANKOWSKI, FRIEDRICH: Herz, steig in den Morgen. Gedichte und Briefe eines großen Liebenden. Erläutert und hg. von Irene Mertens und Georg Schaller. Graz 2. Aufl. 1985.
MANTL, WOLFGANG: Leopold Figl: Die Größe des Anfangs, in: Demokratie und Geschichte. Jb. des Karl von Vogelsang-Instituts zur Erforschung der Geschichte der christlichen Demokratie in Österreich. Jg. 6, 2002. Wien 2003, SS. 13-22.
DERS.: Der parteipolitische Katholizismus, in: Gesellschaft und Politik 11. Jg. 1975, H. 3, SS. 36-58.
MARESCH, CHRISTIAN: Die Katholische Kirche im Österreichischen Ständestaat. Wien theol. Dipl. Arb. 1993.
MARKO, JOSEPH: Ernst Karl Winter. Wissenschaft und Politik als Beruf(ung) 1918 – 1938, in: Geistiges Leben in der Ersten Republik, SS. 199-219.
MARSCHITZ, WALTER: Die Wahlen zur Hochschülerschaft 1993. Analyse der Studentenpolitik und der Hochschülerschaftswahlen 1991 bis 1993, in: Österreichisches Jb. für Politik 1993. Hg. von Andreas Khol, Günther Ofner und Alfred Stirnemann. Wien 1994, SS. 267-286.
DERS. – SZYSZKOWITZ, STEFAN: Zwischen Studentenstreik und Urabstimmung. Analyse der Studentenpolitik und der Hochschülerschaftswahlen 1987 bis 1991, in: Österreichisches Jb. für Politik 1991. Hg. von ANDREAS KHOL, GÜNTHER OFNER und ALFRED STIRNEMANN. Wien 1992, SS. 187-221.
MARTIN, MATTHIAS: Für Gott und gegen den Führer? Das Verhältnis von NS-Bewegung und katholischer Kirche vor der Machtergreifung Hitlers im Deutschen Reich (= Veröffentlichungen der Universität Innsbruck Band 217). Innsbruck 1996.
MASSICZEK, ALBERT: Die Situation an der Universität Wien März/April 1938, in: Wien 1938 (= Forschungen und Berichte zur Wiener Stadtgeschichte 2.). Wien 1978, SS. 216-229.
MAY, JOSEPH: Geschichte der Generalversammlungen der Katholiken Deutschlands (1848-1902). Im Auftrag des Zentralkomitees dargestellt. Köln 1903.
MAYER, THOMAS: Katholische Farbstudenten im Kulturkampf. Eine Untersuchung der Periodika katholischer Korporationsverbände im 19. Jh. Stein am Rhein 2003.
MAZURA, UWE: Zentrumspartei und Judenfrage 1870/71-1933. Verfassungsstaat und Minderheitenschutz. (= Veröffentlichungen der Kommission für Zeitgeschichte. Reihe B: Forschungen. Band 62). Mainz 1994.

MEDINGER, WALTER: Couleurstudententum und Arbeiterbewegung in Österreich bis 1918, in: Die Vorträge der 7. Österreichischen Studentenhistorikertagung Krems 1986. Hg. vom Österreichischen Verein für Studentengeschichte (= Beiträge zur österreichischen Studentengeschichte Band 13). Wien 1986, SS. 103-131.
MEIER, HEINZ: Die österreichischen Christlichsozialen während des 1. Weltkriegs. Wien Phil. Diss. 1966.
MEISSL, SEBASTIAN: Wiener Ostmark-Germanistik, in: Willfährige Wissenschaft, SS. 133-154.
Meißnertag 1963. – Der Meißnertag 1963. Reden und Geleitwort. Im Auftrage des Hauptausschusses für die Durchführung des Meißnertages hg. von Werner Kindt und Karl Vogt. Düsseldorf 1964.
MIKO, NORBERT: Die Vereinigung der Christlichsozialen Reichspartei und des katholisch-konservativen Zentrums im Jahre 1907. Wien Phil. Diss. 1949.
Mit uns zieht die neue Zeit. Der Mythos Jugend. Hg. von THOMAS KOEBNER, ROLF-PETER JANZ und FRANK TROMMLER. Frankfurt/Main 1985.
Modernismus. – Der Modernismus. Beiträge zu seiner Erforschung. Hg. von ERIKA WEINZIERL. Graz 1974.
MOGGE, WINFRIED: Wandervogel. Freideutsche Jugend und Bünde. Zum Jugendbild der bürgerlichen Jugendbewegung, in: Mit uns zieht die neue Zeit, SS. 174-198.
MOLDEN, OTTO: Der Ruf des Gewissens. Der österreichische Freiheitskampf 1938 – 1945. Beiträge zur Geschichte der österreichischen Widerstandsbewegung (= Sammlung: Das einsame Gewissen. Beiträge zur Geschichte Österreichs 1938 bis 1945 Band V). Wien 3. Aufl. 1970.
MOLISCH, PAUL: Politische Geschichte der deutschen Hochschulen in Österreich von 1848 bis 1918. Wien 2. erw. Aufl. 1939.
DERS.: Die deutschen Hochschulen in Österreich und die politisch nationale Entwicklung nach dem Jahre 1848. Mit besonderer Berücksichtigung der Wiener Hochschulen zumindest nach urkundlichen Quellen dargestellt. München 1922.
MÖLZER, ANDREAS: Die Auseinandersetzungen zwischen nationalen und katholischen Korporationen im Jahre 1931 in Graz anläßlich der Gründung und Publikation der Katholischen Akademischen Turnerverbindung Norica (= Schriftenreihe des Steirischen Studenten-Historiker-Vereins 2). Graz 1981.
DERS.: Demokraten der ersten Stunde, in: Pro Patria, SS. 7-16.
DERS.: Der Gegensatz zwischen katholischen und national-freiheitlichen Korporationen in Graz von den Anfängen bis zum Jahre 1938. Im Lichte der Studentenunruhen des Jahres 1932, in: Beiträge und Materialien zur Geschichte der Wissenschaften in Österreich, Hg. von WALTER HÖFLECHNER (= Publikationen aus dem Archiv der Universität Graz Band 11). Graz 1981, SS. 480-509.
DERS.: Die Korporationen und Österreichs Dritte Lager, in: Pro Patria, SS. 189-234.
DERS.: Das deutsche Studententum und der Zweikampf, in: Pro Patria, SS. 105-150.
DERS.: Studentenunruhen in Graz im Spätherbst 1932, in: Blätter für Heimatkunde 55 (1981), SS. 53-61.
MOMMSEN, Hans: Generationskonflikt und Jugendrevolte in der Weimarer Republik, in: Mit uns zieht die neue Zeit, SS. 50-67.
MOSER, BERNHARD: Die katholisch akademische Studentenverbindung Norica in Wien 1883 – 1938. Versuch einer Strukturanalyse. Wien phil. Diss. 1983.
DERS. – TSCHULIK, OTTO: Hundert (100) Jahre Norica. Hg. von der K. a. V. Norica (= Nc-Info Nr. 181). Wien 1987.
MÜLLER, RAINER A.: Landsmannschaften und studentische Orden an deutschen Universitäten des 17. und 18. Jahrhunderts, in: Burschen Herrlichkeit, SS. 13-34.

NACHBAUR, ULRICH: Die deutschen katholischen Studentenkorporationen in Österreich vor 1914 und ihre Haltung aus „nationaler“ Frage. München phil. Dipl. Arb. 1988.
NEUGEBAUER, WOLFGANG – SCHWARZ, PETER: Der Wille zum aufrechten Gang. Offenlegung der Rolle des BSA bei der gesellschaftlichen Reintegration ehemaliger Nationalsozialisten. Hg. vom Bund sozialdemokratischer AkademikerInnen, Intellektueller und KünstlerInnen (BSA). Wien 2005.
NEUHÄUSLER, JOHANN: Kreuz und Hakenkreuz. Der Kampf des Nationalsozialismus gegen die katholische Kirche und der kirchliche Widerstand. 2 Teile. München 2. Aufl. 1946.
NEUMANN, ROLF: Studentisches Vereinsrecht, Freiburg/Br. Jur. Diss. 1957.
NIEDERSTÄTTER, ALOIS: Feuerstein ist nach wie vor bei den Veilchenblauen... Die Briefe von Richard Wollek an den Vorarlberger Landeshauptmann Adolf Rhomberg (1897/98), in: Alemannia Studens. Mitteilungen des Vereins für Vorarlberger Bildungs- und Studenten-Geschichte. Band 2. Regensburg 1992, SS. 13-64.

NIPPERDEY, THOMAS: Die deutsche Studentenschaft in den ersten Jahren der Weimarer Republik, in: Kulturverwaltung der zwanziger Jahre. Alte Dokumente und neue Beiträge. Hg. in Gemeinschaft mit WILHELM ZILIUS von ADOLF GRIMME. Stuttgart 1961, SS. 19 - 48.

NOLTE, ERNST: Die faschistischen Bewegungen. Die Krise des liberalen Systems und die Entwicklung der Faschismen. München 7. Aufl. 1979.

DERS.: Der Faschismus in seiner Epoche. Die Aktion française. Der italienische Faschismus. Der Nationalsozialismus. München 5. Aufl. 1979.

Nordgau Neunzig Jahre. – 90 Jahre Nordgau. Festschrift der Katholischen Österreichischen Hochschulverbindung Nordgau Wien im ÖCV 1900 – 1990 (= Nordgau-Aktuell Nr. 119). Wien 1990.

NS-Herrschaft in Österreich. Ein Handbuch. Hg. von EMMERICH TÁLOS u. a. Wien 2001.

NUSS, AUGUST: Der Cartellverband der katholischen deutschen Studentenverbindungen (C. V.) (= Studentenbibliothek Heft 5). Mönchen Gladbach 1913.

OBERLEITNER, WOLFGANG W.: Politisches Handbuch Österreichs 1945-1980. Wien 1981.

OBERMÜLLER, HEINRICH: Aufbruch und Untergang. Katholische Verbindungen an mittleren und höheren Schulen in Österreich und den Nachfolgestaaten der Monarchie. Band 2 - Teil 1. Von 1918 bis 1945 (= Tradition und Zukunft. Beiträge zur Geschichte und Gegenwart des höheren Bildungswesen, unter besonderer Berücksichtigung der studentischen Vereinigungen Band V). Wien 2000.

DERS.: Aufbruch und Untergang. Katholische Verbindungen an mittleren und höheren Schulen in Österreich und den Nachfolgestaaten der Monarchie. Band 2 - Teil 2. Von 1918 bis 1945 (= Tradition und Zukunft. Beiträge zur Geschichte und Gegenwart des höheren Bildungswesen, unter besonderer Berücksichtigung der studentischen Vereinigungen Band VIII). Wien 2003.

DERS.: Verboten und verfolgt. Katholische Verbindungen an mittleren und höheren Schulen im deutschen Sprachraum. 1. Teil. Von den Anfängen bis 1918 (= Tradition und Zukunft. Beiträge zur Geschichte und Gegenwart des höheren Bildungswesen, unter besonderer Berücksichtigung der studentischen Vereinigungen Band I). Wien 2000.

Österreich, Deutschland und die Mächte. Internationale und österreichische Aspekte des „Anschlusses" vom März 1938. Hg. von GERALD STOURZH und BRIGITTA ZAAR (= Veröffentlichungen der Kommission für die Geschichte Österreichs Band 16). Wien 1990.

Österreich im 20. Jahrhundert. Band 1: Von der Monarchie bis zum Zweiten Weltkrieg. Band 2: Vom Zweiten Weltkrieg bis zur Gegenwart. Hg. von ROLF STEININGER und MICHAEL GEHLER. Wien 1997.

Österreich 1918 – 1938. Geschichte der Ersten Republik. Hg. von ERIKA WEINZIERL und KURT SKALNIK. 2 Bände. Graz 1982, SS. 27-54.

Österreich 1927 – 1938. Protokoll des Symposions in Wien 23. bis 28. 10. 1972. Hg. von LUDWIG JEDLICKA und RUDOLF NECK. Wien 1973.

Österreich 1934. Vorgeschichte – Ereignisse – Wirkungen. Hg. von GÜNTHER SCHEFBECK. Wien 2004.

Österreich 1934 – 1984. Erfahrungen, Erkenntnisse, Besinnung. Hg. von JOSEPH F. DESPUT. Graz 1984.

Österreich. Die Zweite Republik. Hg. von ERIKA WEINZIERL und KURT SKALNIK. 2 Bände. Graz 1972.

Österreich November 1918. Die Entstehung der Ersten Republik. Protokoll des Symposion in Wien am 24. und 25. Oktober 1978. Hg. von ISABELLA ACKERL und RUDOLF NECK (= Wissenschaftliche Kommission zur Erforschung der Republik Österreich. Veröffentlichungen Band 9). Wien 1986.

OTRUBA, GUSTAV: Die Universitäten in der Hochschulorganisation der Donaumonarchie – nationale Erziehungsstätten im Vielvölkerreich 1850 bis 1914, in: Student und Hochschule im 19. Jahrhundert. Studien und Materialien. Mit Beiträgen von Karsten Bahnson u. a. (= Studien zum Wandel von Gesellschaft und Bildung im Neunzehnten Jahrhundert 12). Göttingen 1975, SS. 75-155.

PABST, MARTIN: Couleur und Braunhemd. Deutsche Studenten in der Weimarer Republik und im „Dritten Reich". München 1993.

Parlament Partei. – Um Parlament und Partei. Alfred Maleta zum 70. Geburtstag. Hg. von ANDREAS KHOL, ROBERT PRANTNER und ALFRED STIRNEMANN. Graz 1976, SS. 69-84.

PASCHKE, ROBERT: Studentenhistorisches Lexikon. Aus dem Nachlaß herausgegeben und bearbeitet von Friedhelm Golücke (= GDS-Archiv für Hochschul- und Studentengeschichte. Beiheft 9). Köln 1999.

PAULEY, BRUCE: Eine Geschichte des österreichischen Antisemitismus. Von der Ausgrenzung zur Auslöschung. Wien 1993.

PEEL, JÜRGEN: Die Bedeutung der Jugendorganisationen als Rekrutierungsressourcen und als Instanz der politischen Sozialisation für die österreichischen Nationalratsabgeordneten. Wien phil. Dipl. Arb. 1991.

PELINKA, ANTON: Paradigmenwechsel: Lernen aus der Geschichte. Die katholische Kirche Österreichs, der autoritäre Ständestaat und die Zweite Republik, in: Themen der Zeitgeschichte und der Gegenwart, SS. 43-55.

DERS.: Stand oder Klasse? Die Christliche Arbeiterbewegung Österreichs 1933 bis 1938. Wien 1972.

Personenlexikon Österreich. Hg. von ERNST BRUCKMÜLLER. Wien 2001.

PFARRHOFER, HEDWIG: Friedrich Funder. Ein Mann zwischen Gestern und Morgen. Graz 1978.

PFEIFER, EDDA: Beiträge zur Geschichte der österreichischen Widerstandsbewegung des konservativen Lagers 1938 – 1945. Die Gruppen Karl Roman Scholz, Dr. Karl Lederer und Dr. Jakob Kastelic. Wien Phil. Diss. 1963.

PFERSCHY, GERHARD: Steiermark, in: Österreich 1918 – 1938, Band 2, SS. 939-960.

PFLEGER, PETER: Gab es einen Kulturkampf in Österreich? Innsbruck iur. Diss. 1997.

PFLEGER, ULRIKE: „Zwei Wagen ziehen durch das Land ...“ . Der Streit der Konservativen und der Christlichsozialen Partei in Tirol von ihren Anfängen bis zu ihrer Vereinigung 1918. Innsbruck phil. Dipl. Arb. 1992.

PFLIEGLER, MICHAEL: Die deutsche Jugendbewegung und der Jungkatholische Geist. Wien 1923.

PICHLER, PETER: Fünfundsiebzig (75) Jahre Geschichte der Katholischen Österreichischen Studentenverbindung Leopoldina Innsbruck. Innsbruck 1976.

PLANCKH, HERMANN: Geschichte der Elbmark Tetschen-Liebwerd (= Veröffentlichungen des Archivvereins Markomannia 24). Würzburg 2. Aufl. 1985.

PLASCHKO, KARL – WIRTH, GOTTFRIED: Beiträge zur Geschichte des Bundes der katholisch-österreichischen Landsmannschaften und seiner Korporationen bis 1938, in: Die Vorträge der Dritten Österreichischen Studentenhistorikertagung Wien 1978. Hg. vom Österreichischen Verein für Studentengeschichte (= Beiträge zur Österreichischen Studentengeschichte Band 4). Wien 1978, SS. 47-70.

PLIWA, ERNST: Österreichs Universitäten. 1863/64 – 1902/03. Statistisch-graphische Studie. Nach amtlichen Quellen bearbeitet. Wien 1908.

PLITZNER, KLAUS: Korporierte Vorarlberger Politiker 1848 bis 2003. Wien – Frankfurt a. M. – Straßburg – Brüssel, in: Acta Studentica 149-150/2004, SS. 47-55.

POHANKA, REINHARD: Attentate in Österreich. Graz 2001.

POLGAR, MICHAEL: 100 Jahre K. Ö. St. V. Kürnberg 1900 – 2000. Wien 2000.

DERS.: Das Personalstandesblatt des ÖCV 1945 am Beispiel der K. ö. St. V. Kürnberg-Wien, in: Einst und Jetzt. Jb. 1997 des Vereins für corpsstudentische Geschichtsforschung. 42. Band. O. O. 1997, SS. 193-202.

Politische Affären und Skandale in Österreich. Von Mayerling bis Waldheim. Hg. von MICHAEL GEHLER und HUBERT SICKINGER. Thaur 2. durchges. u. erw. Aufl. 1995.

POPP, GERHARD: Der CV in Österreich 1864 – 1938. Organisation, Binnenstruktur und politische Funktion (= Schriften des Karl-von-Vogelsang-Institutes Band 2.). Wien 1984.

Priester unter Hitlers Terror. Eine Biographische und statistische Erhebung. Im Auftrag der Deutschen Bischofskonferenz unter Mitwirkung der Diözesanarchive bearbeitet von ULRICH VON HEHL (= Veröffentlichungen der Kommission für Zeitgeschichte. Reihe A: Quellen. Band 37). Mainz 1984.

Pro Patria. Das deutsche Korporations-Studententum – Randgruppe oder Elite? Hg. von ANDREAS MÖLZER. Graz 1994.

PRZYBYLSKI, PETER: Täter neben Hitler. Ereignisse, Tatsachen, Zusammenhänge. Berlin 1990.

PULZER, PETER G. J.: Die Entstehung des politischen Antisemitismus in Deutschland und Österreich 1867 bis 1914. Gütersloh 1966.

PUTZ, ALFRED WERNER: Beispiele des katholischen Widerstands gegen den Nationalsozialismus mit besonderer Berücksichtigung der Zeit ab 1925. Wien Phil. Diss. 1981.

RAABE, FELIX: Die bündische Jugend. Ein Beitrag zur Geschichte der Weimarer Republik. Stuttgart 1959 (Phil. Diss. Berlin).

RAUCHENSTEINER, MANFRIED: Der Sonderfall. Die Besatzungszeit in Österreich 1945 bis 1955. Graz 1979.

REHBERGER, ROBERT: CV und Nationalsozialismus. Ein Beitrag zur österreichischen und deutschen Studentengeschichte (= Veröffentlichungen der Österreichischen Gesellschaft zur Erforschung der Studentengeschichte 2). Wien 1967.
DERS.: Geschichte der katholischen österreichischen Studenten-Verbindung Austria in Wien. Erster Teil 1876 – 1889. Wien o. J. (1957).
DERS.: Geschichte der katholischen österreichischen Studenten-Verbindung Austria-Wien. Zweiter Teil 1890 – 1900. Wien o. J. (1996).
REICHHOLD, LUDWIG: Geschichte der christlichen Gewerkschaften Österreichs. Wien 1987.
DERS.: Geschichte der ÖVP. Graz 1975.
DERS.: Die christlich inspirierten Jugendorganisationen in Österreich, in: Geistiges Leben im Österreich der Ersten Republik, SS. 312-330.
DERS.: Kampf um Österreich. Die Vaterländische Front und ihr Widerstand gegen den Anschluß 1933 – 1938. Eine Dokumentation. Wien 2. Aufl. 1985.
DERS.: Opposition gegen den autoritären Staat. Christlicher Antifaschismus 1934 – 1938. Wien 1964
DERS.: Einsamer Rufer in der Wüste. Leopold Kunschak und der 12. Februar 1934, in: GuG (1984), SS. 41-46.
REINALTER, HELMUT: Freimaurerei, studentische Orden und Burschenschaften, in: Studentische Burschenschaften, SS. 65-69.
RIEDLER, MONIKA: Die Verfolgung katholischer Priester während der NS-Zeit in Österreich von 1938 – 1945. Der Hakenkreuzweg zehn auserwählter Priesterschicksale. Wien phil. Dipl. Arb. 1989.
RILL, ROBERT: CV und Nationalsozialismus in Österreich (= Publikationen des Instituts für Kirchliche Zeitgeschichte 2,19; Veröffentlichungen des Internationalen Forschungszentrums für Grundlagen der Wissenschaften Salzburg, N. F. 28). Wien 1987.
RINK, HERMANN: Die Mensur, ein wesentliches Merkmal des Verbandes, in: „Wir wollen Männer, wir wollen Taten!“, SS. 383-402
RINNERTHALER, ALFRED: Der Fall Wahrmund. Politische, rechtliche und diplomatische Turbulenzen im Umfeld von Modernismus und Antimodernismus in Österreich, in: Österreich und der Heilige Stuhl im 19. und 20. Jahrhundert. Hg. von HANS PAARHAMMER und ALFRED RINNERTHALER (= Veröffentlichungen des Internationalen Forschungszentrums für Grundlagenforschungen der Wisssenschaften Salzburg, N. F. 78). Frankfurt/Main 2001, SS. 187-246.
ROMANIK, FELIX: Der Anteil der Akademikerschaft am österreichischen Freiheitskampf. Unter Mitarbeit von Johann Wollinger. Wien o. J. (1947).
ROSAR, WOLFGANG: Deutsche Gemeinschaft. Seyss-Inquart und der Anschluß. Wien 1971.
Rot-Weiß-Rot-Buch. Darstellungen, Dokumente und Nachweise zur Vorgeschichte und Geschichte der Okkupation Österreich. Nach amtlichen Quellen. Wien 1946.
RUDOLF, KARL: Aufbau im Widerstand. Ein Seelsorge-Bericht aus Österreich 1938 – 1945. Salzburg 1947.
DERS.: Die katholische Hochschüler- und Mittelschülerbewegung in Wien und Österreich, in: Katholizismus Österreich, SS. 148-170.
DERS.: Das Werden der Katholischen Aktion in der Erzdiözese Wien, in: Der Aufbau. Jahrbuch der Katholischen Aktion in Österreich 1935. Hg. von KARL RUDOLF. Wien 1935, SS. 11-24.
RÜTGEN, HERBERT: Antisemitismus in allen Lagern. Publizistische Dokumente zur Ersten Republik Österreich 1918 – 1938 (= Dissertationen der Karl-Franzens-Universität Graz 78). Graz 1989
Rugia Fünfzig. – Fünfzig (50) Jahre K. Ö. H. V. Rugia Wien. 1908 – 1958. Wien 1958.

SANDGRUBER, ROMAN: Ökonomische Krise und Delegitimierung der Demokratie, in: Österreich 1934, SS. 43-59.
SAUER, WALTER: Katholisches Vereinswesen in Wien. Zur Geschichte des christlichsozialen-konservativen Lagers vor 1914 (= Geschichte und Sozialkunde Band 5). Salzburg 1980.
SCHÄFER, GERHARD: Die frühe Burschenschaftsbewegung, in: Blut und Paukboden, SS. 14-53.
DERS.: Studentische Koporationen. Anachronismus an bundesdeutschen Universitäten (= Edition 2000. Band 51). Lollar 1977.
SCHAUER, KARIN: Die historische Entwicklung des Vereinsrechts in Österreich. Wien rer. pol. Diss. 1969.
SCHAUSBERGER, NORBERT: Der Anschluß, in: Österreich 1918 – 1938, 1. Band, SS 517-552.

DERS.: Anschlußideologie und Wirtschaftsinteressen 1918 – 1938, in: Österreich und die deutsche Frage des 19. und 20. Jahrhunderts. Hg. von HEINRICH LUTZ und HELMUT RUMPLER. München 1982, SS. 282-299.

SCHEIBER, CLAUDIA: Der ÖCV als Beispiel einer politischen Elite – Unter besonderer Berücksichtigung der Ministerialbürokratie. Innsbruck phil. Dipl. Arb. 1992.

SCHEUER, OSKAR: Burschenschaft und Judenfrage. Der Rassenantisemitismus in der deutschen Studentenschaft. Berlin 1927.

DERS.: Die geschichtliche Entwicklung des Deutschen Studententums in Österreich mit besonderer Berücksichtigung der Universität Wien von ihrer Gründung bis zur Gegenwart. Wien 1910.

SCHIEWECK-MAUK, SIEGFRIED: „Durchhalten, so lange es geht!" Ein katholischer Studentenverband im Dritten Reich: der „CV", in: GDS-Archiv für Hochschul- und Studentengeschichte. Band 4. Köln 1998, SS. 53 67.

DERS.: Lexikon der CV- und ÖCV-Verbindungen. Die Korporationen und Vereinigungen des Cartellverbands der Katholischen Deutschen Studentenverbindungen (CV) und des Cartellverbands der katholischen österreichischen Studentenverbindungen (ÖCV) in geschichtlichen Kurzdarstellungen. Vierow 1997.

SCHILCHER, BERND: Hochschulen, in: Österreich. Die Zweite Republik, Band 2, SS. 347-368.

SCHINDLER, THOMAS: Die Judenfeindschaft christlicher Theologieprofessoren und Studentenverbindungen im 19. Jahrhundert, in: Die Vorträge der 7. Österreichischen Studentenhistorikertagung Krems 1986. Hg. vom Österreichischen Verein für Studentengeschichte (= Beiträge zur Österreichischen Studentengeschichte Band 13). Wien 1986, SS. 33-50.

SCHLÖMER, HANS: Die Gleichschaltung des KV im Frühjahr 1933, in: Korporationen und Nationalsozialismus. Hg. von Friedhelm Golücke (= Abhandlungen zum Studenten- und Hochschulwesen Band 2). Schernfeld o. J., SS. 13-72.

SCHLUND, Erhard: Die Katholische Aktion. Materialien und Akten. München 1928.

DERS.: Um die Seele des Akademikers. Religionspsychologisches und Pastoraltheologisches zur Hochschulseelsorge (= Flugschriften aus dem CV. NF Heft 5). München 1927.

SCHMIDT-COTTA, RALF-ROLAND – WIPPERMANN, WOLFGANG: Kampf um die Erhaltung der Tradition – die Corps im Dritten Reich, in: „Wir wollen Männer, wir wollen Taten!", SS. 180-206.

SCHMITZ, GERTRUD: Die Entwicklungsgeschichte der christlichen Volksbewegung in Österreich 1875 – 1891. Wien Phil. Diss. 1938.

SCHMITZ, RICHARD: Die Sendung des CV. Festrede am CV-Abend der 5. ÖCV-Versammlung 30. November 1946. Als Manuskript gedruckt. Wien 1946.

SCHNÜRER, GEORG: Welfia, ihre Entstehung und ihre Schicksale. Im Auftrag des Alherren-Verbandes der „Welfia" dargestellt. Klosterneuburg o. J. (um 1935).

SCHÖNNER, HANNES: Auf, mit Gott zur Mannestat! Die Geschichte der K. Ö. St. V. Austria-Wien. Festschrift anläßlich des 125. Stiftungsfestes. Sommersemester 2001. Kommentierte Darstellung im Spiegel historischer Quellen. Klosterneuburg 2001.

SCHOEPFER, AEMILIAN: Katholizismus und Politik, in: Katholizismus Österreich, SS. 436-456.

SCHOISSENGEIER, Josef: Ernst Karl Winter im Umfeld des Politischen Katholizismus zur Zeit des Österreichischen „Ständestaates". Wien theol. Dipl. Arb. 1990.

SCHÖNENBERGER, KARL: Geschichte des Schweizerischen Studentenvereins. Umgearbeitet, gekürzt und fortgeführt auf Grundlage der 2. Auflage von Sebastian Grüter. Immensee 1941.

SCHORN, FRANZ HUBERT: Franz Virnich 1882 – 1943. Opfer der NS-Justiz. Bericht und Dokumentation. Grevenbroich 1998.

SCHRAMMEL, KARL WOLFGANG: Geschichte der K. Ö. H. V. Franco-Bavaria (= F-B-B Franco-Bayern-Briefe Nr. VI Sonderausgabe). Wien o. J. (1998).

SCHROEDER, OSKAR: Aufbruch und Mißverständnis. Zur Geschichte der reformkatholischen Bewegung. Graz 1969.

SCHRÖDER, WILLI: Die Gründung der Jenaer Burschenschaft, das Wartburgfest und die Turnbewegung 1815-1819, in: Studentische Burschenschaften, SS. 70-79

SCHULTES, GERHARD: Das „Katholische Aktionskomitee" für Niederösterreich. Ein Beitrag zur Vorgeschichte der Katholischen Aktion, in: Festschrift Franz Loidl zum 65. Geburtstag. Hg. von VIKTOR FLIEDER. Band 1. Wien 1970, SS. 340-378.

DERS.: Einige historisch-kritische Anmerkungen, in: Der Seelsorger 34 (1964), SS. 442-443.
DERS.: Der Reichsbund der katholischen deutschen Jugend Österreichs. Entstehung und Geschichte (= Veröffentlichungen des Kirchenhistorischen Instituts der Katholisch-Theologischen Fakultät der Universität Wien, Band 4). Wien 1967.
DERS.: Zeitalter der Vereine, in: Fünfhundert (500) Jahre Diözese Wien. 1469/1669. Wiener Diözesankalender als offizielle Festschrift. Wien 1969, SS. 46-50.
SCHULZ, WILFRIED: Der neue Codex und die kirchlichen Vereine. Paderborn 1986.
SCHULZE, FRIEDRICH – SSYMANK, PAUL: Das deutsche Studententum von den ältesten Zeiten bis zur Gegenwart. Leipzig 1910.
SCHUSCHNIGG, KURT: Der Sozialist im Dollfuß-Österreich. Eine verspätete Rezension, in: Parlament Partei, SS. 59-68.
DERS.: Im Kampf gegen Hitler. Die Überwindung der Anschlußidee. Wien 1969.
SCHWARZ, JÜRGEN: Die deutsche Studentenschaft in der Zeit von 1918 bis 1923 und ihre Stellung zur Politik. Berlin 1971 (Freiburg/Br. Phil. Diss. 1962).
SCHWECHLER, KARL: 60 Jahre Grazer Volksblatt. Ein Beitrag zur Geschichte der katholischen Bewegung in der Steiermark. Graz 1926.
SCHWINGHAMMER, UWE: Die Studienzeit Emil Schneiders und die Situation an der Innsbrucker Universität, in: Minister Dr. Emil Schneider. Ein Unterrichtsminister aus dem „schwärzesten Österreich"! 1883 – 1961. Hg. von KLAUS PLITZNER und WOLFGANG SCHEFFKNECHT (= Schriften des Vorarlberger Landesarchivs Nr. 7). Schwarzach 2001, SS. 115-142.
Sechzig (60) Jahre KaV Danubia. 60. Stiftungsfest. Redaktion: Helmar Kögl und Johannes M. Martinek. Wien 1967.
SEEWANN, GERHARD: Österreichische Jugendbewegung 1900 – 1938. Die Entstehung der Deutschen Jugendbewegung in Österreich-Ungarn 1900 bis 1914 und die Fortsetzung in ihrem katholischen Zweig „Bund Neuland" von 1918 bis 1938. 2 Bände. Frankfurt/Main 1971.
SEEWANN, HARALD: Theodor Herzl. Vom Burschenschafter zum Vater des Judenstaates, in: Einst und Jetzt. Jb. 2000 des Vereins für corpsstudentische Geschichtsforschung. 45. Band. O. O. 2000, SS. 121-138.
DERS.: Die jüdisch-nationalen Korporationen in Österreich. Ein zusammenfassender Überblick, in: Die Vorträge der 15. österreichischen Studentenhistorikertagung Eisenstadt 2002. Hg. vom Österreichischen Verein für Studentengeschichte (= Beiträge zur Österreichischen Studentengeschichte Band 28). Wien 2002, SS. 25-36.
DERS.: Das „Waidhofener Prinzip". Die versuchte Ehrabsprechung Juden gegenüber als Manifestation studentischen Antisemitismus an österreichischen Hochschulen im Jahre 1896, in: Einst und Jetzt. Jb. 1995 des Vereins für corpsstudentische Geschichtsforschung. 40. Band. O. O. 1995, SS. 149-190.
SELKE, LOTHAR: Die Technische Hochschule zu Brünn und ihre Korporationen, in: Einst und Jetzt. Jb. 1999 des Vereins für corpsstudentische Geschichtsforschung. 44. Band. O. O. 1999, SS. 71-112.
SHEPERD, GORDON: Engelbert Dollfuß. Graz 1961.
SIEGFRIED, KLAUS-JÖRG: Klerikalfaschismus. Zur Entstehung und sozialen Funktion des Dollfußregimes in Österreich. Ein Beitrag zur Faschismusdiskussion (= Sozialwissenschaftliche Studien Bd. 2). Frankfurt/M. 1979.
SILBERBAUER, GERHARD: Österreichs Katholiken und die Arbeiterfrage. Graz 1966.
SKALNIK, KURT: Parteien, in: Österreich. Die Zweite Republik, SS. 197-230.
SKLORZ, NORBERT: Die politische Haltung der Academia 1918 - 1935. Ein Beitrag zur Geschichte des CV in der Weimarer Republik (= Veröffentlichungen des Archivvereins der Markomannia 18). Würzburg 1980.
SLAPNICKA, HARRY: Christlichsoziale in Oberösterreich. Vom Katholikenverein 1848 bis zum Ende der Christlichsozialen 1934. Linz 1984.
DERS.: Katholizismus, katholische Konservative und Christlich-soziale Österreichs im 19. Jahrhundert, in: Christliche Demokratie in Europa. Grundlagen und Entwicklungen seit dem 19. Jahrhundert. Hg. von WINFRIED BECKER und RUDOLF MORSEY. Köln 1988, SS. 113-128.
DERS.: Oberösterreich. Zwischen Bürgerkrieg und Anschluß. 1927 – 1938. Linz 1975.

DERS.: Oberösterreich. Als es „Oberdonau hieß" (1938 – 1945) (= Beiträge zur Zeitgeschichte Oberösterreichs Band 5). Linz 1978.
SSYMANK, PAUL: Die freistudentische oder Finkenschaftsbewegung an den deutschen Hochschulen (= Vorträge und Aufsätze aus der Comenius-Gesellschaft 13. Jg., 4. Stück.). Berlin 1905.
DERS.: Dreizehn Jahre Freistudententum. 1896 – 1909 (= Archiv der Freistudenten-Bewegung 3.). Leipzig 1910.
STADLER, KARL R.: Die Gründung der Republik, in: Österreich 1918 – 1938, SS. 101-108.
DERS.: Österreich 1938 – 1945 im Spiegel der NS-Akten (= Das einsame Gewissen Band 3). Wien 1966.
STAUDINGER, ANTON: Zu den Bemühungen katholischer Jungakademiker um eine ständisch-parlamentarische und deutsch-völkische Orientierung der Christlichsozialen Partei, in: Februar 1934, SS. 221-232.
DERS.: Bemühungen Carl Vaugoins um Suprematie der christlichsozialen Partei in Österreich (1930 – 1933). Wien Phil. Diss. 1969.
DERS.: Die Entscheidung der christlichsozialen Abgeordneten für die Republik/Diskussion zum Beitrag Staudinger, in: Österreich November 1918. Die Entstehung der Ersten Republik. Protokoll des Symposions in Wien am 24. und 25. Oktober 1978. Hg. von ISABELLA ACKERL und RUDOLF NECK (= Wissenschaftliche Kommission zur Erforschung der Geschichte der Republik Österreich. Veröffentlichungen Band 9). Wien 1986, SS. 168-172 und 269-276.
DERS.: Christlichsoziale Judenpolitik in der Gründungsphase der österreichischen Republik, in: Jb. für Zeitgeschichte 1978. Wien 1979.
DERS.: Die Mitwirkung der christlichsozialen Partei an der Errichtung des autoritären Staates, in: Österreich 1927 – 1938, SS. 68- 75.
DERS.: Christlichsoziale Partei, in: Österreich 1918 – 1938, SS. 249-276.
DERS.: Christlichsoziale Partei und Errichtung des „Autoritären Ständestaates" in Österreich, in: Vom Justizpalast zum Heldenplatz. Studien und Dokumentationen 1927 bis 1938. Hg. von LUDWIG JEDLICKA und RUDOLF NECK. Wien 1975, SS. 65-81.
DERS. – MÜLLER, WOLFGANG C. – STEININGER, BARBARA: Die Christlichsoziale Partei, in: Handbuch des Politischen Systems Österreich. Erste Republik 1918 – 1933, SS. 160-176.
STEINBÖCK, ERWIN: Kärnten, in: Österreich 1918 – 1938. Band 2, SS. 801-840.
STEINER, HERBERT: Gestorben für Österreich. Widerstand gegen Hitler. Wien 1968.
DERS.: Zum Tode verurteilt. Österreicher gegen Hitler. Eine Dokumentation. Wien 1964.
STERBIK-LAMINA, JARO: Das Werden unseres Verbandes, in: 30 Jahre MKV. Festschrift anläßlich des Jubiläums unseres Verbandes. Hg. vom WStV-ChC unter der vorsitzenden Verbindung K. Ö. St. V. Kreuzenstein in Verbandsjahr 1962/63. 21. Österreichischer Pennälertag: Wien Pfingsten 1963. Wien 1963, SS. 23-31.
STICH, IGNAZ: Die katholisch-österreichischen Studentenverbindungen „Austria" und „Rudolfina" in Wien. Ihr Wesen und ihre Ziele. Im Auftrag der beiderseitigen Convente verfaßt. Wien 1899.
STICKLER, MICHAEL: Der zweite Österreichische Cartellverband (= Veröffentlichungen der Österreichischen Gesellschaft für Studentengeschichte 3). Wien 1968.
STIEFEL, DIETER: Der Prozeß der Entnazifizierung in Österreich, in: Politische Säuberung in Österreich. Die Abrechnung mit Faschismus und Kollaboration nach dem Zweiten Weltkrieg. Hg. von KLAUS-DIETMAR HENKE und HANS WOLLER (= dtv 4561). München 1991, SS. 108-147.
DERS.: Entnazifizierung in Österreich. Wien 1981.
STIMMER, GERNOT: Eliten in Österreich. 1848-1970. 2 Bände (= Studien zur Politik und Verwaltung Band 57). Wien 1997.
DERS.: Studentische Gruppierungen und Nationalsozialismus, in: Korporierte im Widerstand gegen den Nationalsozialismus, SS. 23-54.
STIRNEMANN, ALFRED: Innerparteiliche Gruppenbildung am Beispiel der ÖVP, in: Österreichisches Jb. für Politik 1980. Hg. von ANDREAS KHOL und ALFRED STIRNEMANN. Wien 1981, SS. 415-448.
DERS.: Interessensgegensätze und Gruppenbildung innerhalb der Österreichischen Volkspartei. Eine empirische Studie (= Forschungsbericht No. 39). Wien 1969.
STITZ, PETER: Der CV 1919 – 1938. Der hochschulpolitische Weg des Cartellverbandes der katholischen deutschen Studentenverbindungen (CV) vom Ende des 1. Weltkriegs bis zur Vernichtung durch den

Nationalsozialismus (= Der weiße Turm. Zeit- und Lebensbilder aus dem katholischen Studententum Band 4). München 1970.
DERS.: Geschichte der KDStV Sugambria zu Jena und Göttingen. 1902 – 1960. Oberursel 1960.
DERS.: Der akademische Kulturkampf um die Daseinsberechtigung der katholischen Studentenkorporationen in Deutschland und in Österreich von 1903 bis 1908. Ein Beitrag zur Geschichte des CV. Hg. von der Gesellschaft für CV-Geschichte (= Der weiße Turm. Zeit- und Lebensbilder aus dem katholischen Studententum Band 3.). München 1960.
STOCKHAMMER, HELMUT: Der ÖCV. Innenstruktur und Sozialisation (= Beiträge zur Sozialforschung 2/1970). Linz 1970.
STÖGER, WALTER: Das Verhältnis der Konservativen zur christlichsozialen Partei. Wien Phil. Diss. 1949.
STOURZH, GERALD: Geschichte des Staatsvertrages 1945 – 1955. Österreichs Weg zur Neutralität. Graz 2. erw. und neu bearb. Aufl. 1985.
DERS.: 1945 und 1955: Schlüsseljahre der Zweiten Republik (Österreich – Zweite Republik. Befund, Kritik, Perspektive. Band 1). Innsbruck 2005.
STROBL, KARL: Erfahrungen und Versuche. Notizen aus dem Nachlaß. Hg. von ALOIS KRAXNER, AGNES NIEGL und FRIEDRICH WOLFRAM. Wien 1985.
DERS.: Gemeinde der Studenten, in: Kirche in Österreich 1918 – 1965, 2. Band, SS. 54-67.
STRÖLE-BÜLER, HEIKE: Studentischer Antisemitismus in der Weimarer Republik. Eine Analyse der Burschenschaftlichen Blätter 1918 bis 1933. (= Europäische Hochschulschriften. Reihe III Geschichte und ihre Hilfswissenschaften Band 486) Frankfurt/Main 1991.
Studenten im Kampf. – Beiträge zur Geschichte des NSD.-Studentenbundes. Sondernummer von „Die Studentische Kameradschaft“. Hg. vom Reichsstudentenführer. München, April 1938.
Studentenschaft Deutsche. – Die Deutsche Studentenschaft, in ihrem Werden, Wollen und Wirken. Hg. vom Vorstand der Deutschen Studentenschaft. Leipzig 1928.
Studententum Freistudentenschaft. – Deutsches Studententum und Deutsche Freistudentenschaft. Graz 1912.
Studentische Burschenschaften und bürgerliche Umwälzung. Zum 175. Jahrestag des Wartburgfestes. Hg. von HELMUT ASMUS. Berlin 1992.
STUDIER, MANFRED: Der Corpsstudent als Idealbild der Wilhelminischen Ära. Untersuchungen zum Zeitgeist 1888 – 1914 (= Abhandlungen zum Studenten- und Hochschulwesen Band 3). Schernfeld 1990.
SUTTER, BERTHOLD: Die Badenischen Sprachverordnungen von 1897. Ihre Genesis und ihre Auswirkungen vornehmlich auf die innerösterreichischen Alpenländer. 2. Band. Graz 1965.
SZECSI, MARIA – STADLER, KARL: Die NS-Justiz in Österreich und ihre Opfer (= Das einsame Gewissen Band 1). Wien 1962.

TENBRUCK, FRIEDRICH H.: Freundschaft. Ein Beitrag zu einer Soziologie der persönlichen Beziehung, in: Kölner Zeitschrift für Soziologie und Sozialpsychologie 16 (1964), SS. 431-456.
THALLER, FRANZ: Babenberg 1920 – 1935. Aus der Verbindungsgeschichte. Graz 1935.
Themen der Zeitgeschichte und der Gegenwart. Arbeiterbewegung – NS-Herrschaft – Rechtsextremismus. Ein Resümee aus Anlass des 60. Geburtstags von Wolfgang Neugebauer. Hg. vom Dokumentationsarchive des österreichischen Widerstands (= Schriftenreihe des Dokumentationsarchivs des österreichischen Widerstands zu Widerstand, NS-Verfolgung und Nachkriegsaspekten Band 4). Wien 2004.
TILL, RUDOLF: Die Anfänge der christlichen Volksbewegung in Österreich, in: Jb. der österreichischen Leogesellschaft 1937. Wien 1937, SS. 57-103.
TRAUNER, KARL-REINHART: Die Los-von-Rom-Bewegung. Gesellschaftspolitische und kirchliche Strömungen in der ausgehenden Habsburgermonarchie. Szentendre 1999.
TRAUTMANN, MARKUS: Clemens August von Galen. Ich erhebe meine Stimme (= Topos plus Taschenbuch Band 566). Kevelaer 2005.
TROST, ERNST: Figl von Österreich. Wien 3. Aufl. 1972.
TZÖBL, JOSEF: Österreich und das Minderheitenrecht. Wien 1936.

Überfall Carolina. – Der Überfall auf die katholische Studentenverbindung „Carolina“ in Graz (= Sammlung zeitgemäßer Broschüren 14). Graz 1901.
UNGER, MICHAEL: Die Christlichsoziale Partei im Burgenland (= Burgenländische Forschungen 49). Eisenstadt 1965 (Wien Phil. Diss. 1964).

Universitätsgesetze. – Die österreichischen Universitätsgesetze. Sammlung der für die österreichischen Universitäten gültigen Gesetze, Verordnungen, Erlässe, Studien- und Prüfungsordnungen usw. im Auftrag des k. k. Ministeriums für Kultus und Unterreich mit Benützung der amtlichen Quellen Hg. von Leo Beck-Mannagetta und Carl Kelle. Wien 1906.

Unruh, Karl: Langemarck. Legende und Wirklichkeit. Koblenz-Bonn 3. Aufl. 1997.

Urbanitsch, Peter: Zum Verhältnis von Staatsmacht, (politischen) Vereinen und Parteien, in: Brennpunkt Mitteleuropa, SS. 279-304.

Veiter, Theodor: Das 34er Jahr. Bürgerkrieg in Österreich. Wien 1984.

Verbände Katholische. – Die katholischen Verbände. Geschichte – Wesen – Zukunft. Hg. anläßlich des 10. Jahrestages der Gründung der AKV. Wien 1964.

Verbindungsbuch. Katholisch Österreichische Studentenverbindung Babenberg Graz im ÖCV. Gesamtredaktion Hofrat Dr. Franz Thaller. Graz 1980.

Verdrängte Schuld, verfehlte Sühne. Entnazifizierung in Österreich 1945 - 1955. Symposion des Instituts für Wissenschaft und Kunst, Wien, März 1985. Hg. von Sebastian Meissl, Klaus-Dieter Mulley und Oliver Rathkolb. Wien 1986.

Verosta, Stephan: Für die Unabhängigkeit Österreich, in: Österreich November 1918, SS. 41-48.

Veselsky, Oskar: Bischof und Klerus der Diözese Graz-Seckau unter nationalsozialistischer Herrschaft (= Dissertationen der Karl-Franzens-Universität Graz 54.). Graz 1981.

Vodopivec, Alexander: Wer regiert in Österreich? Ein politisches Panorama. Wien 1961.

Völlmecke, Irma: Österreichische Hochschulstatistik 1829 bis 1979, in: Geschichte und Ergebnisse der zentralen amtlichen Statistik in Österreich 1829 – 1979. Festschrift aus Anlaß des 150jährigen Bestehens der zentralen amtlichen Statistik in Österreich. Bearbeitet im Österreichischen Statistischen Zentralamt (= Beiträge zur Österreichischen Statistik. Hg. vom Österreichischen Statistischen Zentralamt Hefte 550 und 550A.) . Wien 1979, SS. 479-512. Tabellenanhang, SS. 69-96.

Volkmann, Hellmut: Die Deutsche Studentenschaft in ihrer Entwicklung seit 1919. Leipzig 1925.

Volkspartei – Anspruch und Realität. Zur Geschichte der ÖVP seit 1945. Hg. von Robert Kriechbaumer und Franz Schausberger. Wien 1995. (= Schriftenreihe des Forschungsinstituts für politisch-historische Studien der Dr. Wilfried-Haslauer-Bibliothek, Salzburg, Band 2).

Vordergrund Borodajkewycz. – Einer im Vordergrund. Taras Borodajkewycz. Hg. von Heinz Fischer. Wien 1966.

Wahrmund Akten. – Ludwig Wahrmund. Lehrfreiheit? Akten und Erläuterungen zum Fall Wahrmund. München 1909.

Walter, Anton J.: Die moderne Jugendbewegung in Österreich, in: Jugendbewegung und CV, SS. 29-35.

Wandervogelzeit. – Die Wandervogelzeit. Quellenschriften zur deutschen Jugendbewegung 1896 – 1919. Hg. von Werner Kindt. Düsseldorf 1968.

Wandruszka, Adam: Das „nationale Lager", in: Österreich 1918 – 1938, 1. Band, SS. 277-316.

Weber, Paul-Günther: Zum Stand der Antisemitismusforschung in der Studentengeschichte, in: Die Vorträge der gemeinsamen 52. deutschen, 10. österreichischen und 8. schweizerischen Studentenhistorikertagung Zofingen 1992. Hg. vom Österreichischen Verein für Studentengeschichte (= Beiträge zur österreichischen Studentengeschichte Band 22). Wien 1993, SS. 55-78.

Weichmann, Theodor: Studentische Zusammenschlüsse in Graz, in: Die Vorträge der 6. österreichischen Studentenhistorikertagung Graz 1984. Hg. vom Österreichischen Verein für Studentengeschichte (= Beiträge zur Österreichischen Studentengeschichte Band 11.). Wien 1985, SS. 13-16.

Weichselbaumer, Roland: Niedergang und Reste des politischen Katholizismus in der Zweiten Republik unter Berücksichtigung des katholischen Farbstudententums. Linz rer. soc. oec. Dipl. Arb. 1997.

Weinert, Willi: Die Entnazifizierung an den österreichischen Hochschulen, in: Verdrängte Schuld, verfehlte Sühne. Entnazifizierung in Österreich, SS. 254-269.

Weingand, Hans-Peter/Winkler, Werner: Diese Welt muß unser sein. Die sozialistischen Studierenden in Graz 1919 – 1991. Graz 1992.

Weinmann, Beatrice: Josef Klaus. Ein großer Österreicher. Mit einem Vorwort von Gerd Bacher. Wien 2000.

Weinmann-Steinweis, Beatrice: Josef Klaus. ÖVP-Reformer und Bundeskanzler. Wien phil. Diss. 1995.

WEINZIERL, Erika: Zu wenig Gerechte. Österreicher und Judenverfolgung 1938 – 1945. Graz 4. Aufl. 1997.

DIESS.: Österreichs Katholiken und der Nationalsozialismus, in: Wort und Wahrheit 18 (1963), SS 417-439 und 493-526.

DIESS.: Kirche und Nationalsozialismus in Wien im März 1938, in: Wien 1938 (= Forschungen und Berichte zur Wiener Stadtgeschichte 2). Wien 1978, SS. 164-171.

DIESS.: Kirche und Politik, in: Österreich 1918 – 1938, 1. Band, SS. 437-496.

DIESS.: Kirche – Gesellschaft – Politik von der Ersten zur Zweiten Republik, in: Kontinuität und Bruch, SS. 51-67.

DIESS.: Aus den Notizen von Richard Schmitz zur österreichischen Innenpolitik im Frühjahr 1933, in: Geschichte und Gesellschaft. Festschrift für Karl R. Stadler zum 60. Geburtstag. Wien 1974, SS. 113-142.

DIESS.: Der Weg des österreichischen Katholizismus von 1918 – 1962, in: Löscht den Geist nicht aus. Probleme und Imperative des Österreichischen Katholikentages 1962. Hg. vom Präsidium der Katholischen Aktion Österreichs. Innsbruck 2. Aufl. 1963, SS. 80-98.

DIESS.: Universität und Politik in Österreich. Antrittsvorlesung gehalten am 11. Juni 1968 an der Universität Salzburg (= Salzburger Universitätsreden Heft 33). Salzburg 1968.

DIESS.: Der österreichische Widerstand, in: Österreich. Die Zweite Republik, 1. Band, SS. 109-128.

DIESS.: Widerstand, Verfolgung und Zwangsarbeit 1934-1945, in: Österreich im 20. Jahrhundert 1, SS. 411-464.

WEISS, FRANZ: Die geheime Staatspolizei – Staatspolizeileitstelle Wien, 1938 – 1945. Organisation, Arbeitsweise und personale Belange. 9 Bände. Wien phil. Diss. 1991.

WEISS, JOSEPH: An der Wiege der katholischen deutschen Studentenverbindungen. Neues von der Bonner Union 1847-53-55 (= Der Weiße Turm. Zeit- und Lebensbilder aus dem katholischen Studentenleben 1). München 1930.

WERR, FLORIAN: Geschichte des Cartellverbands der katholisch deutschen Studentenverbindungen (= Beilage zum CBl Nr. 57). Paderborn 1890.

DER.: Geschichte des Cartellverbands der katholisch deutschen Studentenverbindungen. Berlin 2. Aufl. 1900.

WHITESIDE, ANDREW G.: Georg Ritter von Schönerer. Alldeutschland und sein Prophet. Graz 1981.

Widerstand CV. – Widerstand und Verfolgung im CV. Die im Zweiten Weltkrieg gefallenen CVer (Zählbild). Eine Dokumentation. Hg. von der Gesellschaft für Studentengeschichte und studentisches Brauchtum e. V. München 1983.

Widerstand und Verfolgung im Burgenland 1934 – 1945. Eine Dokumentation. Hg. vom Dokumentationsarchiv des Österreichischen Widerstands. Wien 1979.

Widerstand und Verfolgung in der NS-Zeit 1938-1945. Hg. vom Vorort des ÖCV Glückauf Leoben. Verfaßt von JOSEF WINDISCH und PETER RICHTER. Leoben 1985.

Widerstand und Verfolgung in Niederösterreich 1934 – 1945. Eine Dokumentation. Band 3. Hg. vom Dokumentationsarchiv des Österreichischen Widerstands. Wien 1987.

Widerstand und Verfolgung in Oberösterreich 1934 – 1945. Eine Dokumentation. Band 2. Hg. vom Dokumentationsarchiv des Österreichischen Widerstands. Wien 1982.

Widerstand und Verfolgung in Salzburg 1934 – 1945. Eine Dokumentation. Band 2. Hg. vom Dokumentationsarchiv des Österreichischen Widerstands. Wien 1991.

Widerstand und Verfolgung in Tirol 1934 – 1945. Eine Dokumentation. Band 2. Hg. vom Dokumentationsarchiv des Österreichischen Widerstands. Wien 1984.

Widerstand und Verfolgung in Wien 1934 –1945. Eine Dokumentation. Hg. vom Dokumentationsarchiv des Österreichischen Widerstands. Band 1: 1934 - 1938. Band 3: 1938 – 1945. Wien 1975.

WIESER, WALTER G.: Geschichte des Cartellverbands in Böhmen, Mähren und der in der Bukowina (= Veröffentlichungen der Österreichischen Gesellschaft zur Erforschung der Studentengeschichte 1). Wien 1967.

WILHELM, THEODOR: Der geschichtliche Ort der deutschen Jugendbewegung, in: Grundschriften Jugendbewegung, SS. 7-29.

Willfährige Wissenschaft. Die Universität Wien 1938 bis 1945. Hg. von GERNOT HEISS, SIEGFRIED MATTL, EDITH SAURER, KARL STUHLPFARRER (= Österreichische Texte zur Gesellschaftskritik Band 43). Wien 1989.

WILTSCHEGG, WALTER: Die Heimwehr. Eine unwiderstehliche Volksbewegung? (= Studien und Quellen zur österreichischen Zeitgeschichte Band 7). Wien 1985.

DERS.: Zum „Korneuburger Gelöbnis" der Heimwehr, in: GuG 4 (1986), SS. 139-158.

DERS.: Österreich – der „Zweite deutsche Staat"? Der nationale Gedanke in der Ersten Republik. Graz 1992.

WINKLER, WILHELM: Weltanschauung in Zahlen, in: Jb. der Österreichischen Leogesellschaft 1936. Wien 1936, SS. 49-67.

WINTER, ERNST KARL: Christentum und Zivilisation. Wien 1956.

„Wir wollen Männer, wir wollen Taten!" Deutsche Corpsstudenten 1848 bis heute. Hg. ROLF-JOACHIM BAUM. Berlin 1998.

WITZMANN, ERICH: Der Anteil der Wiener waffenstudentischen Verbindungen an der völkischen und politischen Entwicklung 1928 – 1938. Wien 1940.

WOHNOUT, HELMUT: Anatomie einer Kanzlerdiktatur, in: Soziokultureller Wandel im Verfassungsstaat. Phänomene politischer Transformation. Hg. von HEDWIG KOPETZ, JOSEPH MARKO und KLAUS POIER (= Stuien zu Politik und Verwaltung Band 90). Wien 2004, SS. 961-974.

DERS.: Dreieck der Gewalt. Etappen des nationalsozialistischen Terrors in Österreich 1932-1934, in: Österreich 1934, SS. 78-90.

DERS.: Die Janusköpfigkeit des autoritären Österreich. Katholischer Antisemitismus in den Jahren vor 1938, in: GuG 13 (1994), SS. 3-16.

DERS.: Regierungsdiktatur oder Ständeparlament? Gesetzgebung im autoritären Österreich. Wien 1993. (= Studien zur Politik und Verwaltung Band 43.)

DERS.: Bürgerliche Regierungspartei und weltlicher Arm der katholischen Kirche. Die Christlichsozialen in Österreich 1918-1934, in: Christdemokratie in Europa im 20. Jahrhundert, SS. 181-207.

DERS. – SCHÖNNER, Johannes: Das politische Tagebuch von Julius Raab 1953/54. Neue Erkenntnisse zu den ersten Jahren seiner Kanzlerschaft, in: Demokratie und Geschichte. Jb. des Karl von Vogelsang-Instituts zur Erforschung der Geschichte der christlichen Demokratie in Österreich. Jg. 7/8, 2003/04. Wien 2005, SS. 13-72.

WREDEN, ERNST WILHELM: Antisemitismus und Studentenverbindungen im Dritten Reich, in: Die Vorträge der gemeinsamen 5. Österreichischen und 42. deutschen Studentenhistorikertagung in Salzburg 1982. Hg. vom Verein für Österreichische Studentengeschichte (= Beiträge zur Österreichischen Studentengeschichte Band 9). Wien 1984, SS. 71-81.

DERS.: Urburschenschaft und Judenfrage, in: Die Vorträge der gemeinsamen 5. Österreichischen und 42. deutschen Studentenhistorikertagung in Salzburg 1982. Hg. vom Verein für Österreichische Studentengeschichte (= Beiträge zur Österreichischen Studentengeschichte Band 9). Wien 1984, SS. 62-70.

WURM, HERMANN JOSEF: Handbuch für den Cartell-Verband der katholisch deutschen Studentenverbindungen. Amberg 1900.

DERS.: Die katholische Studentenschaft im 19. Jahrhundert, in: Ac (1900/01), SS. 157f.

ZANDERS, JOSEF: Die Katholische Deutsche Burschenschaft. Wege und Ziele, in: Die burschenschaftliche Bewegung im katholischen Deutschland. Handbuch des R. K. D. B. Hg. von WILHELM KOSCH und JOSEF ZANDERS (= Akademische Bücherei Nr. 10/11). Graz 2. Aufl. 1929., SS. 5-23.

ZAUNER, WILHELM: Die Katholische Aktion. Ursprünge, Entwicklungen und Chancen des als KA organisierten Laienapostolates, in: ThPQ 125 (1977), SS. 37-47.

ZEHETBAUER, ERNST: Die „Einjährigen" in der alten Armee. Das Reserveoffizierssystem Österreich-Ungarns 1868-1918 (= Militärgeschichte und Wehrwissenschaft Band 4). Osnabrück 1999.

Zeitgeschichte als Streitgeschichte. Große Kontroversen seit 1945. Hg. von MARTIN SABROW, RALPH JESSEN und KLAUS GROSSE KRACHT (= Beck'sche Reihe 1544). München 2003.

ZESSNER-SPITZENBERG, PIUS: Hans Karl Zeßner Spitzenberg. Ein Leben aus dem Glauben. Wien 2003.

Zeugen des Widerstands. Eine Dokumentation über die Opfer des Nationalsozialismus in Nord-, Ost- und Südtirol 1938 bis 1945. Bearbeitet von JOHANN HOLZNER, P. ANTON PINSKER SJ, P. JOHANN REITER SJ und HELMUT TSCHUOL. Innsbruck 1977.

Zhernotta, Franz: Geschichte der Waltharia 1928 – 1968, in: Kultur und Christliche Weltanschauung. Festschrift zum hundertsemestrigen Bestand der KÖHV Universitätssängerschaft Waltharia im ÖCV. Wien 1978, SS. 37-40.

Zocher, Ingo: Der Wingolfsbund im Spannungsfeld von Theologie und Politik 1918 – 1935. Eine Theologenverbindung zwischen nationaler Identität und christlichem Prinzip (= GDS-Archiv für Hochschul- und Studentengeschichte Beiheft 6). Vierow 1996.

Zoitl, Helge: Hochschulautonomie und Studentenrecht, in: Justiz und Zeitgeschichte. Hg. von Erika Weinzierl und Wolfgang Huber (= Veröffentlichungen des Ludwig-Boltzmann-Instituts für Geschichte der Gesellschaftswissenschaften Salzburg Nr. 1). Salzburg o. J.

Ders.: „Student kommt von Studieren!" Zur Geschichte der sozialdemokratischen Studentenbewegung in Wien (= Materialien zur Arbeiterbewegung Nr. 62). Wien 1992.

Zorn, Wolfgang: Die politische Entwicklung des deutschen Studententums 1918 – 1931, in: Darstellungen und Quellen zur Geschichte der deutschen Einheitsbewegung im neunzehnten und zwanzigsten Jahrhundert. Im Auftrage der Gesellschaft für burschenschaftliche Geschichtsforschung Hg. von Kurt Spehenson u. a. Band 5. Heidelberg 1965, SS. 223-307.

Zwanzig (20) Jahre AKV. Jubiläumsschrift der Arbeitsgemeinschaft katholischer Verbände. Wien 1977.

Zwanzig (20) Jahre KHJ in Graz. Graz o. J.

Zweite Vatikanische Konzil. – Das Zweite Vatikanische Konzil. Konstitutionen, Dekrete und Erklärungen. Lateinisch und Deutsch. Kommentare Teil II (= LThK 2. Aufl. Supplementband II.). Freiburg/Br. 1967.

Zwicker, Stefan: Albert Leo Schlageter – eine Symbolfigur des deutschen Nationalismus zwischen den beiden Weltkriegen, in: Nationalismus und nationale Identität in Ostmitteleuropa im 19. und 20. Jahrhundert. Hg. von Bernard Linek und Kai Struve (= Tagungen zur Ostmitteleuropa-Forschung Bd. 12). Marburg 2000.

Wir setzen Impulse.

Raiffeisen Landesbank Oberösterreich

www.rlbooe.at

Abkürzungsverzeichnis

1. Allgemeine Abkürzungen

Als allgemein bekannt vorausgesetzte Abkürzungen werden nicht angeführt.

AAS	Acta Apostolicae Sedis, Rom
AC	Allgemeiner Convent
Ac	Academia
AFÖ	Antifaschistische Freiheitsbewegung Österreichs
AG	Aktionsgemeinschaft, Aktiengesellschaft
AH	Alter Herr, Abgeordnetenhaus
AHB	Altherrenbund
AHC	Altherrenconvent
AHLB	Altherrenlandesbund
AHLR	Altherrenländerrat
AHS	Altherrenschaft
AHStG	Allgemeines Hochschulstudiengesetz
AHT	Altherrentag
AHV	Altherrenverband
AKV	Arbeitsgemeinschaft Katholischer Verbände
Ang.	Angestellter
APuZ	Aus Politik und Zeitgeschichte. Beilage zur Wochenzeitung *Das Parlament*
ASS	Acta Sanctae Sedis, Rom
AStA	Allgemeiner Studentenausschuß
ATV	Akademischer Turnverein
AVA	Allgemeines Verwaltungsarchiv
B!	Burschenschaft
BA	Bundesarchiv, Berlin bzw. Koblenz
BC	Burschenconvent
Bf.	Bischof
BG	Bezirksgericht
BGBl.	Bundesgesetzblatt
Bgm.	Bürgermeister
BKzlr.	Bundeskanzler
BM	Bundesminister
BPräs.	Bundespräsident
BR	Bundesrat
BSA	Bund Sozialistischer Akademiker
BUS	Bund Unabhängiger Studenten
BV	Bundesvertretung der ÖH
BVP	Bayerische Volkspartei
c.	Canon des CIC
C!	Corps
can. reg.	Augustiner Chorherr
CBl	Correspondenzblatt des CV
CBl(Ö)	Correspondenzblatt des Ersten ÖCV
CC	Cumulativconvent, Coburger Convent
CDSB	Christlich Deutscher Studentenbund
CIC	Codex Iuris Canonici
CO	Cartellordnung
cs.	tschechoslowakisch
CSP	Christlichsoziale Partei
CT	Carolinas Tote (im VACl)
C. U. M.	k. k. Ministerium für Kultus und Unterricht
CV	Cartellverband oder Cartellversammlung
CVer	Angehöriger einer (Ö)CV-Verbindung

CVA	Archiv des CV, Regensburg
CVV	Cartellverbandsversammlung des ÖCV
DAG	Diözesanarchiv Graz
DAW	Diözesanarchiv Wien
DB	Deutsche Burschenschaft
Dir.	Direktor
DKO	Diözesankomitee Katholischer Organisationen der Steiermark
DNVP	Deutschnationale Volkspartei
DÖW	Dokumentationsarchiv des Österreichischen Widerstands
DSt	Deutsche Studentenschaft
DSU	Demokratische Studentenunion
DU	Demokratische Union
eb.	erzbischöflich
Ebf.	Erzbischof
EEA	Erlanger Ehrenabkommen
EF	Einjährig Freiwilliger
EM	Ehrenmitglied
EVA	Erlanger Verbändeabkommen
FA	Fachschaftsausschuß
Fasz.	Faszikel
fb.	fürstbischöflich
FBf.	Fürstbischof
FEbf.	Fürsterzbischof
FÖSt	Freie Österreichische Studentenschaft
GCV	Grazer CV
GdI	General der Infanterie
Gen. Sekr.	Generalsekretär
Gestapo	Geheime Staatspolizei
GFM	Generalfeldmarschall
GO	Geschäftsordnung
GRM	Gruppe Revolutionärer Marxisten
GuG	Geschichte und Gegenwart
GV	Gesamtverzeichnis (des CV bzw. ÖCV)
HA	Hauptausschuß
Hg.	Herausgeber, herausgegeben
HOG	Hochschulorganisationsgesetz
ICV	Innsbrucker CV
InfTrDiv	Infanterie-Truppendivision
i. p.	in perpetuum (auf immer)
IR	Infanterieregiment
J!	Jägerschaft
Jb.	Jahrbuch
JES	Junge Europäische Studenteninitiative
KA	Katholische Aktion
KAV	Katholischer Akademikerverband
KDAA	Katholisch Deutscher Akademiker-Ausschuß
KDAÖ	Katholisch Deutsche Akademikerschaft Österreichs
KDHA	Katholisch Deutscher Hochschul-Ausschuß
KDHÖ	Katholisch Deutsche Hochschülerschaft Österreichs
Kg.	König(in)
KHG	Katholische Hochschulgemeinde
KHJ(Ö)	Katholische Hochschuljugend (Österreichs)
KMJ	Katholische Mittelschülerjugend
KNA	Katholische Nachrichtenagentur, Bonn

KÖL	Bund Katholisch Österreichischer Landsmannschaften
Ks.	Kaiser(in)
KSCV	Kösener Senioren-Convents-Verband
KSJ	Katholisch Studierende Jugend
KSV	Kommunistischer Studentenverband
KV	Kartellverband der katholischen deutschen nichtfarbentragenden Studentenvereine
L!	Landsmannschaft
LAbg.	Landtagsabgeordneter
LAStmk	Landesarchiv der Steiermark
LDC	Linzer Delegierten-Convent
LG	Landesgericht
LH	Landeshauptmann
LHStv.	Landeshauptmannstellvertreter
LKH	Liste der Kommunistischen Hochschulgruppen, Landeskrankenhaus
LKV	Niederösterreichischer Landeskartellverband
LR	Landesrat
$LThK^2$	Lexikon für Theologie und Kirche, Freiburg/Br., 2. Auflage
$LThK^3$	Lexikon für Theologie und Kirche, Freiburg/Br., 3. Auflage
MB	Mitteilungsblatt des ÖCV
MCU	k. k. Ministerium für Kultus und Unterricht
MdB	Mitglied des dt. Bundestages
Min.	Minister
Min. Präs.	Ministerpräsident
Min. Rat	Ministerialrat
MKV	Mittelschülerkartellverband
MP	Member of British Parliament
MSF	Missionare von der Heiligen Familie
ND	Bund Neudeutschland
NE	Neues Europa
NF	Neue Folge
NL	Neustudentische Liga
NÖ, nö.	Niederösterreich, niederösterreichisch
NR	Nationalrat
NRAbg.	Nationalratsabgeordneter
NSDAP	Nationalsozialistische Deutsche Arbeiterpartei
NSDStB	Nationalsozialistischer Deutscher Studentenbund
ÖAB	Österreichischer Akademikerbund
öAc	Österreichische Academia
ÖAHB	Österreichischer Altherrenbund
ÖAK	Österreichisches Auswertungs-Kommando des SD
ÖCV	Österreichischer CV
ÖCVA	Archiv des ÖCV
OFM	Mitglied des Franziskanerordens
OFMCap	Mitglied des Kapuzinerordens
ÖGL	Österreich in Geschichte und Literatur
ÖH	Österreichische Hochschülerschaft
ÖKV	Österreichischer KV
ÖLR	Österreichischer Laienrat
OÖ, oö.	Oberösterreich, oberösterreichisch
OÖCV	Oberösterreichischer CV
OÖCVG	Oberstes ÖCV-Gericht
OP	Mitglied des Dominikanerordens
OPraem	Prämonstratenser Chorherr
OSB	Mitglied des Benediktinerordens
OSFS	Oblate des hl. Franz von Sales
ÖStA	Österreichisches Staatsarchiv
ÖSU	Österreichische Studentenunion

OT	Mitglied des Deutschen Ordens
PA	Politisches Archiv des Auswärtigen Amtes Berlin (davor Bonn)
PCV	Prager CV
PNV	Provisorische Nationalversammlung
PolGef.	Polizeigefängnis
Präs.	Präsidium, Präsidial
RA	Rektoratsakte
RCDS	Ring Christlich Demokratischer Studenten
RFS	Ring Freiheitlicher Studenten
RGBl.	Reichsgesetzblatt
RH	Rechnungshof
RK	Reichskonkordat
RKDB	Ring Katholisch Deutscher Burschenschaften
RKAB	Ring Katholisch Akademischer Burschenschaften (Österreichs)
RKzlr.	Reichskanzler
RR	Reichsrat
RRAbg.	Reichsratsabgeordneter
SAC	Mitglied des Pallottinerordens
SAG	Soziale Arbeitsgemeinschaft
SC	Seniorenconvent
SCV	Sudetendeutscher CV
SD	Sicherheitsdienst der SS
SDAP	Sozialdemokratische Arbeiterpartei
Sekt. Chef	Sektionschef
SS	Sommersemester
StAfIuU	Staatsamt für Inneres und Unterricht
Statth.	Statthalterei
StdZ	Stimmen der Zeit
StGB	Strafgesetzbuch
StGBl.	Staatsgesetzblatt
StGG	Staatsgrundgesetz
StProt RR AH	Stenographische Protokolle des Abgeordnetenhauses des Reichsrates
StProt RR HH	Stenographische Protokolle des Herrenhauses des Reichsrates
StV	Schweizerischer Studentenverein
T!	Turnerschaft
TH	Technische Hochschule
TitBf.	Titularbischof
TitEbf.	Titularerzbischof
TU	Technische Universität
ThPQ	Theologisch Praktische Quartalschrift
UAG	Universitätsarchiv Graz
UAW	Universitätsarchiv Wien
VDS	Verband demokratischer Studenten
UOG	Universitätsorganisationsgesetz
UV(Ö)	Unitasverband (Österreichs)
V!	Verbindung
VA	Vereinsakte
VAAe	Verbindungsarchiv Aenania
VAAlIn	Verbindungsarchiv Alpinia Innsbruck
VACl	Verbindungsarchiv Carolina
VANc	Verbindungarchiv Norica
VB	Vertreterbesprechung
VBgm.	Vizebürgermeister
VDSt	Verein(e) Deutscher Studenten
VdU	Verband der Unabhängigen
VF	Vaterländische Front oder Verbandsführung

VG	Verbindungsgericht oder Volksgericht
VGH	Verfassungsgerichtshof
VKzlr.	Vizekanzler
VO	Vorort
VOB	Vorortsbeisitzer
VOK	Vorortskommission
VOP	Vorortspräsident
Vors.	Vorsitzender
Vorst. Mitgl.	Vorstandsmitglied
Vorst. Vors.	Vorstandsvorsitzender
VOS	Vorortsschriftführer
VPräs.	Vizepräsident
VSStÖ	Verband Sozialistischer Studenten Österreichs
VVDSt	Verband der VDSt
WCV	Wiener CV
WS	Wintersemester
ZA	Zentralausschuß der Österreichischen Hochschülerschaft
ZdK	Zentralkomitee der deutschen Katholiken

2. Die Namen der CV- bzw. ÖCV-Verbindungen mit der offiziellen Abkürzung

Die Verbindungen sind in alphabetischer Reihenfolge ihres ausgeschriebenen Namens angeführt. Bei Verbindungen, die nicht mehr am Ort der Gründung sind, ist dieser nach dem Verbindungsnamen in Klammer vermerkt. Es sind nur diejenigen Verbindungsabkürzungen in diesem Verzeichnis aufgenommen, die im Text auch vorkommen.

Aa	Aargau, Wien
Ae	Aenania, München
Alb	Albertina, Graz
AlBo	Alania, Bonn
Alp	Alpenland, Wien
AlIn	Alpinia, Innsbruck
AlSt	Alsatia, Stuttgart
Am	Amelungia, Wien
ArF	Arminia, Freiburg/Br.
ArH	Arminia, Heidelberg
ArM	Arminia, Münster-Greifswald
AIn	Austria, Innsbruck
AW	Austria, Wien
A-D	Austro-Danubia, Linz
A-F	Austro-Ferrea, Eisenstadt
A-P	Austro-Peisonia, Wien
BbG	Babenberg, Graz
BbW	Babenberg, Wien
Bd	Badenia (Straßburg), Frankfurt
Baj	Bajuvaria, Wien
Bl	Baltia (Danzig), Aachen
BvBo	Bavaria, Bonn
BuL	Burgundia (Leipzig), Düsseldorf
Ca	Carinthia, Klagenfurt
Cl	Carolina, Graz
ChT	Cheruskia, Tübingen
Dan	Danubia, Wien
Eck	Eckart, Köln (fusioniert mit Erwinia Köln [Straßburg], aufgegangen in Rappoltstein Köln)
Fl	Falkenstein, Freiburg/Br.
Fd	Ferdinandea (Prag), Heidelberg
F-B	Franco-Bavaria, Wien
FcC	Frankonia (Czernowitz), Erlangen
GlL	Glückauf, Leoben
Gf	Greiffenstein (Breslau), Frankfurt/Main
Gu	Guestfalia, Tübingen
G-S	Guestfalia-Silesia, Paderborn
Hr	Hercynia, Freiburg/Br.
Kr	Kristall, Leoben
Kb	Kürnberg, Wien
Le	Leopoldina, Innsbruck
Lo	Lodronia, Salzburg
Lov	Lovania, Löwen
M-D	Marco-Danubia, Wien
Mm	Markomannia, Würzburg
Merc	Mercuria, Wien
Na	Nassovia, Darmstadt
NbB	Nibelungia (Brünn), Darmstadt
NbW	Nibelungia, Wien
NdP	Nordgau (Prag), Stuttgart/Koblenz
NdW	Nordgau, Wien
Nc	Norica, Wien
Nm	Normannia, Karlsruhe
Nv	Novesia, Bonn
Pan	Pannonia, Wien
Pf	Pflug, Wien (sistiert)
R-B	Raeto-Bavaria, Innsbruck
Rt-D	Raeto-Danubia, Wien

R-D	Rheno-Danubia, Innsbruck	St	Staufia, Bonn
R-F	Rheno-Frankonia, München	Sv	Suevia, Berlin
RBo	Ripuaria, Bonn	Sb	Sugambria (Jena), Göttingen
RFb	Ripuaria, Freiburg/Br.	Tt	Teutonia, Freiburg (Schweiz)
Rpf	Rheinpfalz, Darmstadt	Th	Thuringia, Würzburg
R-GM	Rheno-Guestfalia (Hannoverisch Münden), Göttingen	Trn	Traungau, Graz
		Tfs	Trifels, München
Rd	Rudolfina, Wien	TsM	Tuiskonia, München
Rup	Rupertia, Regensburg	Va	Vandalia (Prag), München
Rp	Rupertina, Salzburg	Vi	Vindelicia, Innsbruck
Sd	Sauerlandia, Münster	Vc	Vindelicia, München
S-B	Saxo-Bavaria (Prag), Wien	Walth	Waltharia, Wien
S-T	Saxo-Thuringia (Dresden), Bochum	Wl	Welfia, Klosterneuburg
Sx	Saxonia, Münster	Wld	Wildenstein, Freiburg (Breisgau)
Se	Severina, Linz	Wf	Winfridia (Breslau), Münster
Si	Silesia (Halle), Bochum		

Abbildungsverzeichnis

WKO
WIRTSCHAFTSKAMMER ÖSTERREICH

Daran arbeiten wir weiter!
Österreichs boomende Kreativwirtschaft ist der beste Beweis, dass es sich lohnt, neue Wege zu gehen: 33 % mehr Unternehmen und 29 % mehr Arbeitsplätze. Eine Dynamik, von der wir alle profitieren.
Geht's der Wirtschaft gut, geht's uns allen gut.
http://wko.at

Personenregister

tiroler
wasser
kraft
Energie mit Perspektiven
PPI United
Kraft
Tirol hat die Kraft,
unabhängig zu bleiben.
Jeder will frei sein. Wir Tiroler haben die Kraft dazu – wir müssen nur wollen. Die Nutzung unserer heimischen Wasserkraft macht uns unabhängig von Versorgungs- und Preisrisiken. Wir haben die Wahl: Freiheit statt Fremdbestimmung. Sicher in die Zukunft.
E-sicher. Tiroler Wasserkraft.
Infos: 0800 818 819 und www.tiroler-wasserkraft.at

Das Schema der „Tochterverbindungen“ im ÖCV

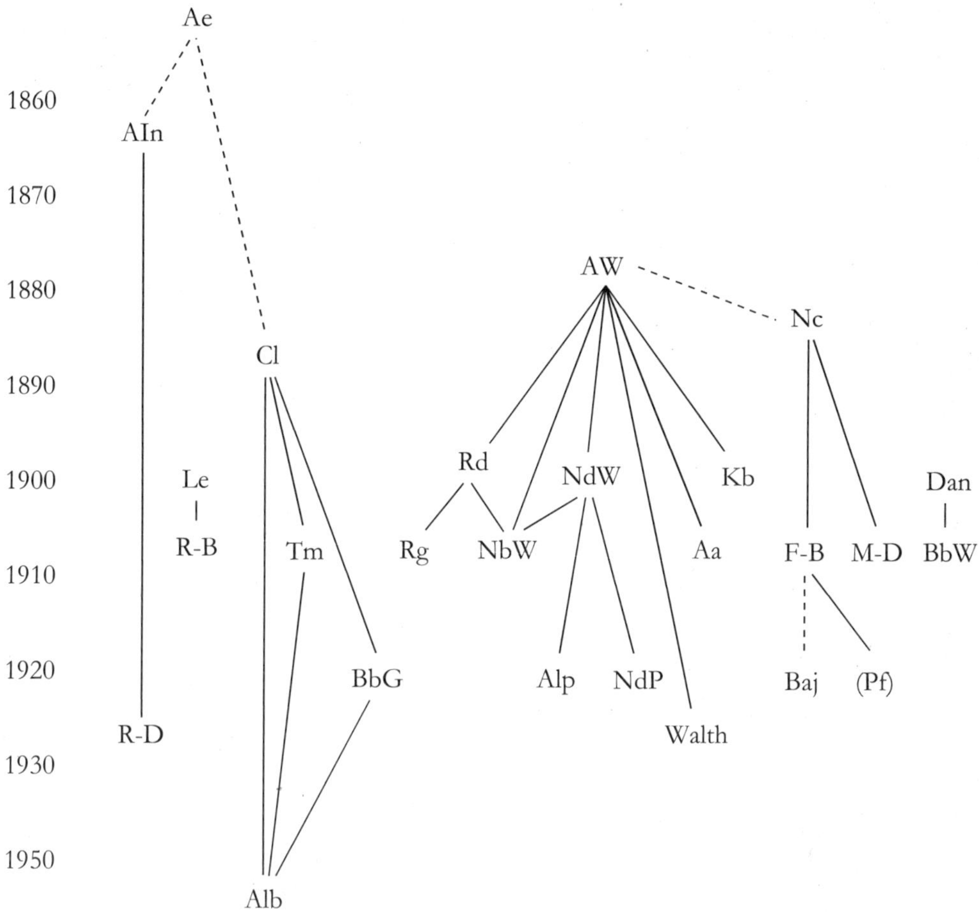

Vor allem zwischen den älteren Verbindungen des ÖCV gibt es ein engmaschiges Netz von „Tochtergründungen“. Zeitlich am Anfang steht der indirekte Einfluß der Münchener Aenania auf die Gründung der Austria Innsbruck (siehe S. 31). Diese war wiederum personell indirekt an der Gründung der Carolina Graz beteiligt (siehe S. 36). Davon unabhängig entstand die Austria Wien, aus dieser heraus „dissidentenhaft“ die Norica (siehe S. 34). Die Austria Wien gründete sechs Verbindungen, zwei von diesen je eine bzw zwei weitere, so daß die „Austria-Familie“ insgesamt zehn Verbindungen umfaßt (die gelegentlich das Abstimmungsverhalten auf der CVV beeinflußte). Separiert sind hingegen die Gründungen der ohne Mitwirkung einer CV-Verbindung entstandenen Leopoldina (Raeto-Bavaria) und Danubia (Babenberg Wien). Nach 1945 gibt es sog. „Gründungen aus dem Verband“ (wie z. B. Austro Dabubia Linz oder Carinthia).

iv INDUSTRIELLEN VEREINIGUNG

Erfolgsgeschichte Industrie

DIE ÖSTERREICHISCHE INDUSTRIE

- ➔ sichert 2 von 3 Arbeitsplätzen in Österreich
- ➔ erwirtschaftet direkt und indirekt mehr als 40% der österreichischen Wertschöpfung
- ➔ hat maßgeblich den Wiederaufbau Österreich getragen und ist heute Garant für Wachstum, Beschäftigung und Wohlstand

www.iv-net.at

Industrieland Österreich

FEIERN
MIT
SCHNEIDER WEISSE.
SCHNEIDER WEISSE
HEFE-WEIZENBIER
Bestes Weissbier aus Familientradition
www.schneider-weisse.de

Academia

Zeitschrift für Politik | Wirtschaft | Religion | Kultur

Die ACADEMIA, Zeitschrift für Politik, Wirtschaft, Religion und Kultur ist die Zeitschrift des Österreichischen Cartellverbandes (ÖCV), des größten Akademikerverbandes Österreichs. Sie wird aber nicht nur von den rund 13.000 Mitgliedern des ÖCV gelesen, sondern auch von interessierten Menschen, die mehr als nur oberflächliche Information suchen. Schon die Erscheinungsweise von fünf Heften p.a. zeigt, dass sie sich der tiefergehenden Behandlung von Themen anstatt tagesaktuellen Schnellschüssen verpflichtet sieht.

Das Jahresabo (5 Hefte zu je 48 Seiten) ist erhältlich durch Überweisung von EUR 15,- (für Österreich) bzw. EUR 25,- (für Europa) auf das Konto Nr. 09493198720 bei BACA, BLZ 12000, (für Europa: BIC: BKAUATWW, IBAN: AT 77 1100 0094 9319 8720) oder Bestellung per Mail unter academia@oecv.at, telefonisch unter 01/405 16 22 30.

Academia

Zeitschrift für Politik | Wirtschaft | Religion | Kultur